蒋介石全纪录

郑闯琦◎编著

上卷

中国文史出版社

图书在版编目（CIP）数据

蒋介石全纪录：上下 / 郑闯琦编著. – 2 版. – 北京：中国文史出版社，2020.7

ISBN 978-7-5205-1073-8

Ⅰ.①蒋… Ⅱ.①郑… Ⅲ.①蒋介石（1887-1975）–传记 Ⅳ.① K827 = 7

中国版本图书馆 CIP 数据核字（2019）第 086296 号

责任编辑 / 蔡晓欧 薛未未

出版发行 / 中国文史出版社
图片提供 / 国民党党史馆王铭石先生授权
英国gettyimages图片网授权
长城出版社（解放军画报社）授权

社　　址 / 北京市海淀区西八里庄路 69 号院 邮编：100142
电　　话 / 010–81136606 81136602 81136603（发行部）
传　　真 / 010–81136655
印　　装 / 北京新华印刷有限公司
经　　销 / 全国新华书店
开　　本 / 787 × 1092 1/16
印　　张 / 70.5 字数：600 千字
版　　次 / 2020 年 7 月第 2 版
印　　次 / 2020 年 7 月第 1 次印刷
定　　价 / 279.00 元（上下卷）

在历史的烟云中，权势与煊赫已慢慢归于平淡。斯人已逝，历史的真相，后人或许难以感知，唯有从泛黄的纸页与陈年的照片中去揣测曾经的辉煌、荣辱、凄凉。

在历史的惊涛骇浪中，总会浮现出一批为民请愿，左右政局，或革命，或保皇，或维新等的仁人志士或贼臣逆子。正是在这样的历史洪流中，蒋介石逐渐浮现在了人们的视野中。也正是因为有了蒋介石，才有了曾经煊赫一时的“四大家族”——蒋宋孔陈。蒋宋孔陈的兴衰透视了一段历史的荣辱兴衰，一个民族的悲欢离合。作为四大家族的领军人物，蒋介石不仅成就了自己的梦想，也在一定程度上成就了四大家族的崛起与兴盛。

蒋介石出生和成长是在19世纪末20世纪初的中国社会急剧变化时期，千百年来的封建制度正在没落和瓦解，但是它的思想文化仍然根深蒂固。出生在浙东一个山村小镇盐商之家的蒋介石，深受小生产者思想观念和文化习俗的熏陶。他早期所受的教育，是传统的纲常伦理。忠孝仁义等道德规范和儒家经典，深深地烙印在他的思想上。

近代著名政治家曾国藩说:“结网天下，雀无所逃。”他把结交关系，纺织从政网络，培植势力，视为“一生成败之所系”。视曾国藩为“祖师爷”的蒋介石，对此道备加欣赏，并运用自如。建立关系网络，不分黑道白道；网罗人才，不计历史恩怨；攀附权贵，不择手段；培植势力，不计成本。在他的精心组织下，形成了一支“坚船利炮”的蒋记“联合舰队”。他依靠这个网络，夺“天下”，坐“天下”。

在国民党内，蒋介石起初仅是一个无名小辈，论资历，在国民党内虽属“首义党员”，只是小字辈，充其量不过是二等“公民”而已，根本不能与“元勋公民”中的汪精卫、胡汉民等元老派这些重量级的人物相提并论；论实力，他在一段时间里，无权、无兵、无钱，远不及拥兵自重的大小军阀。然而，正是这样的一个后来者，却花了不到十年的功夫，在权力的博弈中独占鳌头。

蒋介石自称是“革命家”，以承继孙中山的革命法统自任，视政敌为反动或反革命。但是“革命”两字自有其客观的含义，最简单地说，就是改变旧的生产关系和旧的上层建筑，解放被束缚的生产力，推动社会进一步向前发展。当年国民革命军北伐，要推翻的是代表旧社会的军阀与地主势力，以及代表外国利益的帝国主义势力，要建立的则是三

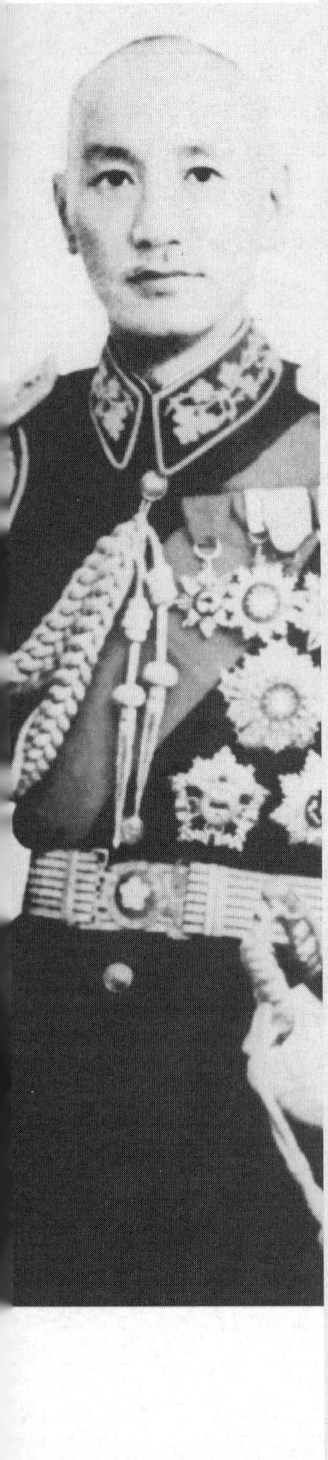

民主义的新中国。然而蒋介石却一一与军阀、地主、帝国主义势力妥协，这与孙中山的“三民主义”相差何其远矣！

作为一个在乱世中崛起的枭雄，蒋介石凭借的是他的胆识与权术。在一个封建制度被打破、民主制度逐渐萌发的年代里，蒋介石缺乏相应的现代知识和外交能力，虽然他的弱点和短处可由宋美龄在一定程度上弥补，然而“从此无限江山，别时容易见时难”的凄凉依然伴随他终老台湾。

蒋介石是从专制走向民主政治的过渡性人物，他本应义无反顾地推进这一历史过程，不幸的是，他人为地中断了这一历史过程。他自诩为孙中山事业的继承人，却背叛了孙中山的三民主义，逆潮流而行，坚持独裁统治，在中国现代政治文明史上留下黑暗的一页。

在中国传统文化背景下成长起来的蒋介石，从秦始皇的“天下事无小大，皆决于上”，到董仲舒“春秋大一统者，天地之常经，古今之通谊”的政治理论，在蒋介石的思想上打下了深深的烙印，所以有了他以后政治生涯中的独裁统治，即“一个党，一个主义，一个领袖”。而且“家天下”的思想统治了他的大脑，所以在选择后继者时，他不是采用西方民主的选举制，而是延用实具中国封建传统的“嫡长子继承制”，这样蒋氏家族才有了绵延悠长的权力脉络。

蒋介石曾有“一经一纬治天下”的美好期望，然而随着岁月的流逝，蒋纬国早已成了蒋家背后的一个影子，他承载着“既生瑜，何生亮”的悲凉，而蒋介石的美好愿望便这般付诸东流了。而蒋经国所希望的“梅兰竹菊”“松柏常青”也没有如其想象的那样延续蒋家的政治生命。正如蒋孝勇所言：“蒋家过去和中国现代史联系在一起的，总要有个结束。”

时代变迁，岁月浮尘都随雨打风吹去，枭雄也好，奸雄也罢，岁月荣辱自有人评说。

第一章 顽劣少年，忍辱含恨

少年时代的生活和成长环境往往对一个人的一生会产生极大的影响。对于蒋介石来说，中国人认为人生的三大不幸之一——幼年丧父，不幸让他赶上了。在这样的环境下，蒋介石的整个少年时期就和守寡的母亲相依为命，不断地遭受乡人的歧视和白眼。他后来不断地回忆起自己少年时期所遭受到的种种欺凌和歧视对自己的影响，他说正是这些欺凌点燃了他内心的革命火花。

第二章 野心难展，年华蹉跎

历史似乎一直在等待着蒋介石。与陈其美的相识，让蒋介石开始迈上了革命的道路。那时的蒋介石是满怀凌云壮志的。然而没想到正迈开大步向前走时，陈其美却一头栽倒，蒋介石顿时感到前方的道路上浓雾迷漫，迷茫开始在他那里安家落户。军阀混战，民不聊生。面对北京政府、广州政府、军阀，蒋介石究竟该何去何从？北伐给蒋介石带来了飞黄腾达的时机，他却宁愿纵情上海滩，而不愿在排挤中度日。上海是冒险家的乐园，蒋介石拜黄金荣为师，与张静江称兄道弟，追求年仅15岁的纯情少女陈洁如，他的日子似乎惬意，然而政治和军事才是他真正的舞台，接近权力、掌握权力才是他最大的梦想。

第三章 在广东为军事统帅

北伐风起云涌，陈炯明关键时刻叛变，蒋介石“临危赴难”，与陈炯明对峙五十余天，并亲自到永丰舰护卫孙中山。孙中山看到危难中不远万里，勇入虎穴的蒋介石时，心中的愧疚和感激一起涌上心头，感慨地说：“蒋君一人来此足当两万援军。”从那一刻起，蒋介石在孙中山的心目中的位置一下重要了起来。本来机遇垂青了蒋介石，他却一次次地以敷衍和不满来抵制。访苏归来，他直接回了溪口，仅以一份《旅俄报告书》敷衍孙中山。在众人争抢黄埔军校筹备委员会委员长的职务时，蒋介石宁愿待在家乡，看日出日落。军校筹建工作全面展开、人手缺乏的时候，他却突然向国民党中央提出辞呈，“拂袖而去”。在一次次的不合作中，蒋介石获得了黄埔军校校长兼粤军总司令的高位。

第四章 夺得最高权力

孙中山逝世后，国民党内部争夺继承权的斗争顿时激烈起来。而国民政府的成立，事实上就是各方斗争后妥协的结果。在国民党内部各主要派系里，蒋介石当时并不起眼。他当时还显得年轻尤其是资历太浅，而且他是个军人，被认为和政治党务是不相干的专业人员。孙中山在世时就曾经有意不让他参与军事之外的政治和国民党的大事。在当时，公认的候选继承人只有汪精卫、胡汉民和廖仲恺——他们三人都深得孙中山的信任，可谓孙的左膀右臂。

廖仲恺被暗杀，胡汉民被逼走，汪精卫一个人从此可以稳坐国民党最高领袖的宝座了。而逼走许崇智，也为蒋介石扫除了攫取军事大权的最大障碍。汪、蒋两人开始了短暂的第一次“蜜月”。

第五章 北伐军的最高统帅

“中山舰事件”“整理党务案”，彻底暴露了蒋介石的狼子野心。他亦撕下“左派”的面具，变成了十足的“右派”。北伐军克复岳阳，光复武昌，扫平孙传芳，对峙吴佩孚。北伐军的节节胜利，使国民革命军声威大震，国民政府势力范围迅速扩大。蒋介石在枪林弹雨中，镇压异己，在血雨腥风中，壮大自己。南京的收复，使得孙传芳失去了最后的根据地，也使得北伐军控制了整个长江流域和华南、华中的10个省份。形势一片大好，若北伐军乘胜追击，打败奉系军阀，国民政府将建于何处？蒋介石又会面临怎样的对手？在权力的争夺中，蒋介石又该做怎样的抉择？

第六章 鲜血染红的南京政府

随着北伐的节节胜利，蒋介石的野心和反动本质也渐渐明显了起来。在大资本家和帝国主义的拉拢下，他悍然发动了“四·一二”反革命政变。大肆屠杀共产党人，公开叛变了革命。而面对难以插手的武汉政府，他自行取消武汉国民政府，组建南京国民政府。汪蒋第一次“蜜月”到此彻底破裂。在第一次国共合作彻底破裂，汪精卫公然分兵三路东征讨蒋，李宗仁、白崇禧投靠武汉政府的情况下，蒋介石已是四面楚歌，不得不以“深念党国前途”为名，宣布下野。

第七章 三妻一妾，迎新弃旧

1927年，当北伐军总司令蒋介石和宋美龄婚姻的其他障碍都已经消除的时候，剩下的最大障碍就是蒋介石作为已婚男人这个难题了，而且，蒋介石不仅有一个结发妻子，而且还有一个举行过隆重婚礼的妻子和一个对蒋家忠心耿耿的侧室。偏偏这两妻一妾的现实对于信奉基督教、恪守一夫一妻制的宋家来说，是无论如何也不能容忍的。但是权力与政治的力量是强大的，这也就注定了蒋介石的前3个女人的悲剧性命运。

第八章 对新军阀的武力解决

统一中国，成为真正的最高统治者，是蒋介石最大的梦想。而此时他的权力宝座还远未达到稳固，有随时被人“拉下马”的危险。国内、党内的政治派系和军事力量山头纷立，表面上“拥护中央”，实际上各行其是，根本不买南京政府的账。蒋介石不想当被各路诸侯架空的周天子，而是要把所有权力切切实实地掌握在自己手中。虽然他曾在日记中写道：“政治使人过狗一般的生活……道德何在，友谊何在？”然而游离于政治漩涡中的蒋介石，早已在斗争的风雨中，将道德、友谊抛却。

第九章 不抵抗主义的恶果

“九·一八”事变后，全国掀起了抗日怒潮。蒋介石奉行“攘外必先安内”的不抵抗政策，使得东三省沦陷。张学良面对国仇家恨，悲愤地说：“国土不能守，父仇不能报，何面目重见江东父老？我是一个民族罪人了！”

得民心者得天下，失民心者失天下。由于蒋介石执行不抵抗的卖国政策，引起了国人的激愤，在各派反蒋政治力量的一致攻击下，蒋介石再一次“下野”，返回溪口，住进了妙高台。

雄心勃勃，但又志大才疏，一心想像父亲孙中山那样成为领袖的孙科，终于得来机会。然而面对蒋介石设置的重重障碍，他又怎能实现积聚多年的梦想？

第十章 西安，正义的力量已经忍无可忍

华北危急！中华民族危急！

蒋介石在全国各阶层抗日浪潮日益高涨的情况下，仍然一意孤行，集结大军“围剿“红军，而将外侵的威胁抛置脑后，甚至给以利益。张学良面对民众强烈要求抗日的呼声，白山黑水沦陷在敌手的境遇，曾多次上书蒋介石，请缨抗战，但都遭蒋介石严词拒绝。为此，张学良、杨虎城决定“孤注一掷”，发动“兵谏”。

“西安事变”让蒋介石惊悚，然而宋美龄的誓死救夫却让蒋介石感动。正如后来宋庆龄所说，“开始他们没有爱情，但西安事变后，他们有了爱情”。

第十一章 在抗战中崛起

“卢沟桥事变”发生后，人民要求抗日的怒潮，席卷全国。在这个危急时候，蒋介石处于事关国家、民族和个人命运的十字路口。张群的“和必乱，战必败，败而言和，和而后安”让蒋介石在迷茫中似乎看到了光明。1937年8月14日，国民党政府外交部宣布了迟到的对日宣战书。

淞沪抗战，台儿庄战役，彻底粉碎了日军“三个月灭亡中国”的言论并给日军以沉重打击。然而，愚昧的思想却在胜利中占据了蒋介石的思想，为阻敌炸毁黄河大堤，烧毁长沙，步步撤退的结果只能让他愈加迷茫，愈加盲目。而百姓草根树皮食尽，争水酿成人命，四处飘零，甚至盗尸为食。“得道多助，失道寡助”在这里埋下伏笔。

第十二章 在金陵的最后几年

中国共产党的胜利，引起了全世界的震惊。特别是在美国，一场政治风暴随之而起，从国会、国家安全委员会以至各大媒体，都在质问“国民党是怎样倒下去的”？本来，在美国政府强大的支持下，从1945～1948年，美国援助国民党540余架飞机，69个师的武器装备，都是希望国民党能够长期统治中国，维护中国的“稳定”，同时保护美国在中国以至在远东的利益。没有人会想到，只不过3年，美国的坚船利炮没能拯救国民党，国民党兵败如山倒，不得不离开大陆，退守台湾一隅。几乎所有人都认为国民党政权是腐败无能的，但是它倒台如此之快，却还是让人措手不及，美国政府甚至还没想到谁是下一任接替者……

第十三章 退守孤岛的铁血寡人

20世纪70年代是败退治岛的“蒋氏王朝”的多事之秋，1972年是台湾的“大选”之年，年届86岁高龄的蒋介石在遭到“内政”“外交”等一连串的打击过后，自感日落西山，“家天下”的思想愈加强烈，“传子”之念愈加迫切。他竭力利用连任“总统”的机会将手中的党、政、军大权彻底让渡给自己的儿子蒋经国。此后，他一直缠绵病榻，直到最后去世。遥远的大陆，曾经梦回千转的奉化溪口也只能成为一个缥缈的“黄粱之梦”了。从此“江山依旧，人事已非，只剩古月照今尘”。“蒋氏王朝”的命运随着国际风云变幻的风潮而沉浮着……

蒋介石自述

余性行狂直愚拙，故对人对事皆无戒惧，
更无疑虑，所谓直道而行者乎？
因之此身虽入险境，而不知其为冒险；
已当万难，而不知其为犯难……

凡事有败必有成，亦有成必有败。
今日认为恶因者，或适为他日之善果。
而今日所获恶果，在昔日反视为善因者。
以此证之，无事不在矛盾之中，并无绝对之善果也……

01

顽劣少年，忍辱含恨

少年时代的生活和成长环境往往对一个人的一生会产生极大的影响。对于蒋介石来说，中国人认为人生的三大不幸之一——幼年丧父，不幸让他赶上了。而他母亲比他更为不幸，出嫁的第二年就在春天死了儿子，在秋天失去了丈夫。后来改嫁给蒋介石的父亲8年后，又一次成了寡妇。偏偏蒋介石从小顽劣，到处惹是生非，让她操碎了心，后来当蒋介石发达的时候，她却过早地离开了人世。在这样的环境下，蒋介石的整个少年时期就和守寡的母亲相依为命，不断地遭受乡人的歧视和白眼。尤其是族人的欺侮，让年幼的蒋介石过早地懂得了人世间的冷酷和强权的重要。他后来不断地回忆起自己少年时期所遭受到的种种欺凌和歧视对自己的影响，他说正是这些欺凌点燃了他内心的革命火花。

蒋家——积财也积德的溪口大户人家

清朝道光年间的一天，太阳火辣辣地炙烤着地面，水田里白花花的，刺眼的亮。一个光着上身的青年从秧田里直起酸痛的腰，用手使劲抹去脸上小溪一样流淌的汗水，脸上满是酸苦的神色。他看着田边的路上坐着马车、摇着蒲扇的财主，不由得骂起自己来："我的父亲一辈子插秧，我的爷爷一辈子插秧，我多少代的祖上都起早贪黑地种地，却始终过不上好日子。难道我也要像他们一样，一辈子只能过这种艰辛的生活吗？"忽然，他猛地把手里的秧苗扔到了水里，大踏步地向田外走去。

这个青年就是蒋介石的祖父蒋斯千。

很快，在响彻整个村街的鞭炮声中，玉泰盐铺崭新的招牌出现在溪口镇的热闹地段，而盐铺的掌柜就是不久前才脱下庄稼人短褂、换上长袍的蒋斯千。

溪口镇位于宁波市西边40里处，地处风光宜人的四明山南麓，由一条3里长的街市组成。和缓的剡溪在街边日夜流淌，一代代蒋家人就在这个地方繁衍生息。溪口"众山环翠，群涧澄练，民居宛若桃源仙境"，有千余年的历史。据说汉代便有文人将此地称为"海上蓬莱"，东晋时期，王羲之曾经隐居于此。

但是对于蒋斯千来说，最重要的是这里地处宁波、绍兴、台州三府交界之处，大路上大商小贩，整天往来不断，是做生意的金银宝地。玉泰盐铺在溪口的位置非常好，加上盐铺是镇上唯一经营官盐专卖的店铺，做的是独家买卖，生意很好。后来还经销安徽的大米，自家也酿酒出售，一度非常兴盛。随着盐铺的发展，蒋家的地位也在当地扶摇直上，成为镇上的体面人家。

蒋家其实在溪口已经定居了很多代。据蒋介石说，溪口以前叫禽孝，后来觉得难听，于是改名溪口——因为当地是剡溪入锦溪的入口处。而蒋介石也始终用当地的另一个名字武岭来称呼自己的家乡，称自己的祖籍为浙江奉化武岭。事实上，蒋家的族谱就叫《武岭蒋氏族谱》。根据族谱，蒋介石是五岭蒋氏在这个地方的第二十八代，为周字辈，所以蒋介石的名字叫蒋周泰。深受传统文化熏陶的蒋介石掌权后，一直为蒋家没有显赫的祖先而深深地感到苦恼。为了证明蒋家是周公旦的第三子伯龄的后裔，蒋介石一生费了许多周折。后来终于把北宋时做过中书平章事，赠金紫光禄大夫的蒋浚明作为供奉的始祖。

蒋家在蒋斯千之前一直务农，日子过得至多也就是小康水平。因此，蒋斯千这次经商成功，也可以说是蒋家历史的一个重大事件和转折。

正当蒋斯千的盐铺生意越来越好的时候，太平天国却已经进军到了浙江。宁波附近的府县一个个被攻破，玉泰盐铺的生意也大受影响。眼看着顾客越来越少，有时候几乎一天都没有一个顾客，雇的伙计脸上也有了要走的意思，蒋斯千没有办法，只好把盐铺停业了事。

太平天国起义★失败后，局势渐渐安定下来。这个时候，蒋斯千已经50多岁了。他虽然满脸皱纹，背也有些弯了，但是精神依然很好。他看着那块写着“玉泰盐铺”的招牌，决定重整家业。经过多方筹措，盐铺终于重新开张了。盐铺的生意又渐渐好了起来，蒋斯千每天早出晚归，慢慢地感到非常疲惫，晚上也睡不踏实。

有一天，他对正在盐铺里忙活的儿子蒋肇聪说：“我现在身子骨不比以前了，也该享享清福了。这个铺子就交给你来打理吧。”

蒋肇聪一听，赶忙说：“我才22岁，怕担不起这个担子。”

“铺子里的事情其实你早就熟悉了，不用担心，还有我在后面看着你呢。”

从此蒋斯千就把生意整个交给儿子去管，自己每天乐呵呵地在家享福。他是虔诚的佛教徒，在乡里乐善好施，又略懂医道，谁家有点困难都喜欢去找他。因此他在当地有很好的声誉。

★太平天国起义

中国历史上规模最大的一次农民起义。1840年鸦片战争后，半封建半殖民地的中国开始了反帝反封建的斗争。1851年1月11日，以洪秀全、冯云山为首的拜上帝会，在广西桂平县的金田村起义。1853年3月19日，攻下南京，定为国都，改称天京。1864年在中外敌人的联合镇压下失败。这次起义沉重打击了清朝的封建统治，鼓舞了中国人民的反封建斗志。

蒋肇聪虽然年龄不大，但是非常精明能干，溪口人很快就送了他一个既羡慕又有些贬义的外号“埠头黄鳝”，意思是说他非常油滑，做事从来不会吃亏，要占到他的便宜非常之难。蒋肇聪继承了父亲的商业头脑，做事井井有条，玉泰盐铺在他的掌管下也进入了最兴盛的时期，蒋家一跃成为溪口最富裕的十户人家之一。蒋肇聪读过一些书，又有很好的口才，加上蒋家在当地属于大姓，因此邻里间若有了纠纷，往往请他来从中调解，这为他在溪口赢得了名声和威望。蒋肇聪还像他父亲一样，经常会拿出钱物扶助穷困，这一点也为蒋家在当地赢得了很好的名声。

蒋介石的生母是蒋肇聪的第三个妻子。蒋肇聪的结发妻子是徐氏，为他生有一儿一女。其中的儿子蒋介卿后来成为欺负幼年蒋介石和他母亲的若干族人之一。蒋肇聪的第二个妻子

∨ 溪口，蒋介石的故乡，众山环绕，群涧澄练，宛若桃园仙境，人称“海上蓬莱”。踏上政坛的蒋介石仕途每有不顺，必回溪口休养生息，以待重整旗鼓。

< 蒋介石的母亲王采玉，一生命运坎坷，蒋介石的出生寄托了她后半生的全部希望。

< 蒋介石的出生给蒋家带来了无限的喜悦，顽皮的他又让家人操了不少心。

没有孩子，过门两年就去世了。1886 年，当蒋肇聪 45 岁的时候，把只有 23 岁的蒋介石的生母王采玉娶进了家门。

已经经历了很多人生风雨的蒋肇聪每天晚上从盐铺里回来后，都会全神贯注地端详着自己年轻的妻子，眼睛里满是疼爱的神情。备受命运打击的王采玉也非常珍惜这仿佛上天所赐的婚姻。丈夫经营店铺，妻子掌管家务，二人婚后的生活非常幸福。有一天，王采玉正在做饭，忽然感到胃里涌动得厉害，还没有来得及跑到外面，就吐在了地上。已经是中年人的蒋肇聪看在眼里，喜在心里。

他轻轻地扶起妻子，微笑着问道："是不是有了？"

王采玉有些羞涩地低下头，小声回答说："嗯。"

"太好了！"蒋肇聪不由得喊了起来。本来就心满意足的他现在整天乐呵呵的，见了谁都是一副笑模样，对妻子更是嘘寒问暖，照顾有加。

第二年，也就是光绪十三年，公历1887年，蒋肇聪正在产房外焦急地等候着消息。他不停地走来走去，搓着手，额头上满是汗水。房间里王采玉正一浪高过一浪痛苦地叫喊着。

忽然，只听"哇"的一声响亮的哭声，蒋肇聪提到嗓子眼的心终于放了下来。产婆一边在屋里处理善后事情，一边大声喊着："恭喜恭喜，是个儿子！母子平安！"蒋肇聪听罢，不由得心花怒放——他们的第一个孩子蒋介石出生了。

按照谱名，蒋介石名叫周泰。安享晚年的祖父蒋斯千满脸的皱纹都舒展开来，高兴得不知道说什么好。这个孙子就是他的心肝宝贝，他亲自为孙子取了一个乳名——瑞元，而聪明顽皮的瑞元也为老人的晚年带来了无限的乐趣。但是蒋介石的顽劣淘气、惹是生非也让家人整天提心吊胆，操碎了心。

蒋介石小时候的好奇心特别重，有好几次就因为这好奇心，几乎让他丢掉了性命。他4岁那年除夕，蒋家大小高高兴兴，一团忙碌，准备吃年夜饭。他瞪着满桌丰盛的菜肴，口水早就流了下来。但是他左看看右瞅瞅，却发现大家还没有吃饭的意思，于是索性自己爬到椅子上，等在桌边。家里人都忙，也没人顾得上看他都干些什么。

等了一会儿，祖父先到桌边坐下，却见宝贝孙子仰靠着椅背，小脸苍白，大张着口，已经不省人事了，不由得喊道："瑞元！瑞元！你怎么啦，你怎么啦？"

蒋家人一个个顿时大惊失色，乱作一团，也不知道是怎么回事。有心细的人一看，才发现蒋介石的座位旁边少了一根筷子。再一检查他的嘴，发现是一根筷子插入了喉咙。于是祖父赶紧喊道："快去叫大夫！快去叫大夫！"

医生来后，问明了情况，又检查了一下瑞元的嘴巴，对哭成泪人的王采玉说："不要紧，没有伤到要命处。把筷子取出来，调养几天就没事了。"

医生于是从包里取出钳子，让助手固定好蒋介石的头，把筷子慢慢地夹了出来。过了一会儿，蒋介石才逐渐醒来。大家这才松了口气。就这样，好好的一个除夕，大家本来想和和美美、高高兴兴地吃上一顿年夜饭，让他这一吓，搞得大家心慌意乱，也就没有心思再吃年夜饭了。孩子是救活了，可那么长的筷子捅入喉咙，着实让人害怕。

吃过饭后，祖父搂着蒋介石说："瑞元你还疼吗？刚才是怎么回事？"

蒋介石只是看着祖父，嘴巴动了动，什么话也没有说。

其他人感到奇怪，也都纷纷问他："你好些了吗？是不是还很疼？"

蒋介石还是不说话。祖父和家人都非常担心是不是他的喉咙给捅坏了。如果孩子成了哑巴可怎么办？

祖父晚上辗转反侧，一直睡不着觉。后来实在难受，就披衣起来问儿媳妇："瑞元会不会成了哑巴？"

蒋介石这时忽然大声说道："我会说话，我没有变成哑巴！"

当时把祖父和母亲吓了一跳，不知道他什么时候竟然已经睡醒了。大家悬着的心总算放了下来。

他母亲后来问他："好好的为什么要把筷子插入喉咙？"

他回答说："我不知道从口到胃到底有多深，于是就想用筷子试探着量一下，没想到插进去后就出不来了！"

5岁那年冬天，蒋介石看到屋檐下放的水缸内水刚刚冻成冰，晶莹剔透，非常好看。他看着看着高兴起来，就想抓一块拿到手中。于是爬上缸沿，伸出两只小手去缸里捞冰。只听“扑通”一声，因为他用力过猛，身子探过了头，一下子就倒栽进水缸里。缸很大，小孩子掉下去就爬不上来，这个时候大人们都不在旁边，结果他浑身上下湿了个透，结成了冰，还吞了一肚子冰水。等到有人发现时，他已经奄奄一息了。幸亏发现得还算及时，才把他的一条小命救了回来。

蒋家门前有条小溪，每到夏季，他总要独自溜出去游泳，几次遇到山洪暴发，都险些被洪水卷走，这让蒋母每到夏季就整天担惊受怕。

对大自然，幼年蒋介石充满了好奇，在孩子们中间，他都争强斗狠，从小就显示出了独断霸道的个性。这样的个性，难免整天要和其他孩子发生冲突，于是蒋母就整天都得看着他。既要担心他让别的孩子欺负了，又要提防他去欺负别的孩子。

幼年蒋介石天生就是孩子王，并且工于心计。和其他地方的中国人一样，奉化蒋家也有拜祖的习惯。每年旧历正月初一，蒋家人都去祠堂拜祖先，拜过之后，每人可以领几个糖饼，蒋介石也去拜。领糖饼大家都是排队按顺序去领的，蒋介石不先去拜祖先，却想插队先去领糖饼。前面的孩子就喊：“瑞元，大家都排队，你干吗不排队？”

他说：“我就是不排队！”

但是大家都使劲用身子挡在他前面，不让他过去。他一看过不去，就又耍起无赖来。他看到雪后地上有泥，于是灵机一动，马上倒地乱滚，滚了一身污泥，然后站起身来，向别人身上乱挤。众人怕他挤脏了春节刚换上的新衣服，只好让出路来，让他先领。

和孩子们玩耍时，对不听他话的人，蒋介石就拳打脚踢，非常霸道。加上他还喜欢舞枪弄刀，因此在小孩之间打架时，他往往会真打实战，打得其他小孩头破血流。这些挨了他打的小孩，纷纷到蒋母处哭诉，让生性善良的蒋母大伤脑筋，屡屡狠下心来，对蒋介石又是鞭打又是斥责，又是饿饭又是罚跪。有一次，他在外面又闯了祸，蒋母又气又恨，抓住就打，他吓得钻到床底下，不敢出来。

蒋介石小时候极为顽劣，尽管蒋母对他管教极严，并且经常责骂鞭打，但是对顽劣的蒋介石却没有什么效果。后来蒋介石回忆起自己小时候的顽劣时，一点也不掩饰，并且为自己当年让母亲担心生气而感到非常懊悔。他曾经在他母亲墓前亲自撰写了一副对联来表达自己的愧疚之情：“祸及贤慈，当日顽梗悔已晚；愧为逆子，终身沉痛恨靡涯。”

∧ 就是这样一个顽劣少年，多年后竟在中国叱咤风云一时，这是他的乡邻们怎么都不曾想到的。

蒋介石的祖父、父亲两代都没有读过多少书，因此对蒋介石寄予了厚望，希望他以后能金榜题名，光宗耀祖。于是在蒋介石6岁的时候，家里就把他送入了学堂。入了学的蒋介石，学习倒是用功，成绩也很好，只是顽劣不改，常常把课堂当成战场，把同学当作玩物。

有一次，他闯了祸，老师为了惩罚他，用戒尺打他的手心，没想到他马上躺倒在地，大哭大叫起来："被你打伤了，被你打伤了！要赔！"这样一撒泼，连教书先生也没有了主意，只好放他一马。

总的来说，虽然蒋介石出生后让家人操了不少心，但是在蒋母嫁到蒋家后的八九年时间里，蒋家生意兴隆，家庭和睦，一家人过着非常幸福的生活。

在蒋介石发迹后，溪口这个千年小镇便被国民党文人描述为"真龙天子"的诞生之地。而蒋介石当政后也经常回溪口小住，因此20世纪前半期的许多重大决策都和溪口有关，国民党的党政大员，更是以能去溪口为受宠的标志和无上的荣耀。蒋介石对家乡怀有非常深厚的感情，他发迹后，即在溪口大兴土木。他重建了"溪口十景"之一的文昌阁（蒋介石命名为"乐亭"），扩建了祖屋丰镐房，亲自题写了蒋家祖业"玉泰盐铺原址"界石，蒋母去世后，

V 文昌阁——"溪口十景"之一。

在溪口以北的白岩山鱼鳞岙中段被称为“弥勒佛的肚脐眼”的地方为其母筑坟，其后又两度修建了“慈庵”。如今，“蒋氏故里”已经成为溪口的标志性旅游景点。

死了两个丈夫的蒋母，曾经去做尼姑

蒋介石的母亲王采玉，家在离溪口有几十里地的葛竹村。

葛竹村北依四明山，村里有一湾小溪流过，村庄就散落在山坡上。葛竹村在四明山的怀抱中，远望像一把交椅，向来有“金交椅”的美称。王采玉家境比较好，她又聪明伶俐，在父亲的教育下，从小就读了不少书，而且对于女红也非常精通。她受家人影响，从小就吃斋念佛，而且还能阅读《楞严经》《金刚经》等佛经。

天有不测风云，在她19岁的时候，父亲忽而得了一场重病。全家立即陷入了变卖家产来给父亲治病的境地，小康之家很快就衰落下去。

本来是小家碧玉的王采玉的脸上也失去了少女的羞涩和活泼。刚开始的时候，她每天除了照看病中的父亲，剩下的时间就坐在那里发呆，手里的针线活掉到地上都不知道。这个无忧无虑的少女突然间感到了人生的艰辛和生活的压力。但是她是坚强的，她看着自己细腻而灵巧的双手，决定做针线活，来补贴家中用度。即使这样，全家的日子过得依然十分艰苦。

有一天，已经习惯了冷清的王家外面忽而热闹起来，原来是方圆有名的媒婆来到了王家的门前。许多小孩子跟在这个虽然上了年纪、却打扮得很妖艳的媒婆后面看热闹。

进屋后，媒婆仔细地绕着王采玉转了几圈，然后笑眯眯地对王采玉的母亲说：“你家姑娘果然出息，难怪曹家田俞家的儿子见了一次，就整天茶饭不思，一定要娶回家去，哈哈！”

王妈妈应酬着，说些客气话，然后问道：“俞家的家境怎么样？他家儿子人怎么样？我家玉儿嫁到他家会不会受苦？”

媒婆手里拿着手帕，说一句甩一下手帕：“这个你就放一万个心好了。俞家的儿子长得浓眉大眼，人标致精神得很。他家的田产和房子都比你家的多，你家玉儿给他家做媳妇，一定不会吃苦，而且你们王家还会沾他家的光的！”

家人商量后，都觉得现在这种情况，王采玉嫁给俞家其实是不错的选择。王采玉很懂事，也就什么话都没有说，点点头答应了。

结婚之后，夫妻俩相亲相爱，日子过得倒还不错。只是丈夫性情急躁，往往为了一点小事就大发脾气，经常和妻子争吵不休，有时甚至大打出手。婚后的第二年春天，王采玉生了一个儿子，一家人都十分高兴。没想到孩子生下来几个月后，就忽然得了急症，还没来得及救治就死了。夫妻俩为此伤心不已。没想到祸不单行，这年秋天，曹家田一带霍乱流行，很多人都一个接一个地染病死去，她的丈夫不幸也是其中之一。年纪轻轻的王采玉在不到一年时间里接连失去了儿子和丈夫，本来就悲痛异常，又听到邻居说她“面有克夫克子之相”的冷言闲语，一下子接受不了这样的现实。看看家里也没有什么值得留恋的东西了，于是认为自己再在这个家里苦守下去也没有什么意思，就萌发了削发为尼的念头。

这个时候，不幸的事再一次向她压了下来，她的父亲因病去世了。年轻的王采玉悲痛欲绝，她的眼泪很快就流干了，很多天里她就那么呆呆地坐着。她似乎感到所有这些灾祸都是由她自己带来的，她感到自己是被老天惩罚和厌弃的罪人。她不知道在这个空空的屋子里待下去有什么意义，没有人让她等候，没有人愿意接近她，没有任何、哪怕是渺茫的希望会在这个屋子里出现，一切都是冰冷和令人绝望的。她甚至不知道自己在这个世上活下去还有什么意义。她忽然想到母亲——那个和自己一样失去了丈夫的女人，于是决定回娘家，与母亲和弟弟几个伤心人一起相依为命。

在娘家过了一段时间后，有一天她母亲听说附近金竹庵的一个老尼姑病死了。信佛的母女俩就一同前去帮忙料理后事。本来就有出家想法的王采玉，见有了机会，就向管事的尼姑提出了在此地出家的想法。管事尼姑听了她的遭遇后很是同情，便答应了她的请求。开始的时候，她母亲因为女儿年轻，就一再反对她出家，后来见她已经下定了决心，就改变了态度，只是不许她剃去头发。从此她在这个尼姑庵里过起了带发修行的尼姑的生活。每日素菜淡饭，日子过得倒也安稳。如果没有什么变故的话，她可能也就在青灯古佛下度过一生了。

> 王采玉失父、失夫、当尼姑，命运给她的是一次又一次的打击。和蒋肇聪一起生活的几年是她一生中最幸福的时光。这是1920年蒋介石与其母王采玉的合影。

∧ 蒋介石一生极其重视亲情，这是蒋介石夫妇与胞妹瑞莲合影。

也许是前世的姻缘在冥冥中召唤着她，她出家没有几年，情况就出现了变化。王采玉有个堂兄叫王贤东，在蒋肇聪的店铺里当伙计。当他看到蒋肇聪在第二个妻子去世后依然独自一人的时候，不禁心里一动。有一天，他特地借故请假回家，有意路过金竹庵，进去看望带发修行的堂妹王采玉。

闲谈中，王贤东谈起了溪口东家的情况，然后关心地劝道："采玉，你还很年轻，人生还有很长的路要走。你想在这个地方一直待下去，很难熬啊……"

王采玉顿时显出犹豫的神色，想说什么，却不知说些什么才好。最后她说："这件事还得与我母亲好好商量商量。"

她母亲当初之所以不许女儿剃去头发，就是想着她以后好还俗再嫁。现在王采玉自己已经动了心，就等于大家都同意了。已经失去了两个妻子的蒋肇聪答应得非常痛快，他原本想找个能帮他理家的女人就行了，现在出现一个还非常年轻、又有才有德的女子愿意嫁给他，他很是高兴。

光绪十二年（1886）6月，23岁的带发尼姑王采玉还俗后，被45岁的蒋肇聪娶进了家门，成为他的第三位妻子和生意兴隆的玉泰盐铺的女主人。光绪十三年（1887）9月15日午后，王采玉在玉泰盐铺的后屋楼上产下一个男婴，这就是后来溪口街上无人不知的顽劣少年、三十几年后的北伐军总司令——蒋介石。

蒋介石4岁时，王采玉生下了女儿瑞莲，后来又生了女儿瑞菊、儿子瑞青。王采玉和她公公都信佛，也都迷信算命看相，以前听看相人说王采玉“必生贵子”，都非常高兴，因此对蒋介石就格外疼爱，把“光宗耀祖”的期望寄托在他的身上。蒋介石幼年多病，每次都由略懂医术的祖父亲自把脉，家人对他的一些自私任性的坏习惯也都放任自流，因此让蒋介石养成了顽劣倔强的性格。

王采玉非常孝顺，嫁到蒋家后，一直惦记着照顾娘家的母亲和弟弟。她的两个弟弟就是在她的资助下读书成家的。这段时间她和蒋家全家、和自己的母亲弟弟可以说都过着很幸福的生活。

没想到好日子只持续了八九年光景，灾祸就又一次接二连三地向她袭来。1894年，蒋介石的祖父因病去世；第二年的夏天，瘟疫又再次在溪口爆发，先是蒋家私塾的教书先生染病身亡，然后蒋家的支柱蒋肇聪也染病去世。这对好不容易过了近十年好日子、才32岁的王采玉来说，简直就是一场巨大的灾难。蒋肇聪临死前，拉着长子蒋介卿的手一再要他善待继母和幼小的蒋介石等弟妹，蒋介卿涕泪横流，连连说：“父亲放心，孩儿一定会照顾好他们的！”没想到，父亲一死，他就完全变成了另一个人。他不但经常在店铺和家务等事情上和继母针锋相对，丝毫没有孝敬之心，而且闹着要分家。王采玉素来宽厚，再加上丈夫去世后，一直处于伤心之中，还要抚养几个年幼的孩子，就觉得还不如答应蒋介卿极不公平的分家要求，省得再添事端。这样，蒋介卿不但分得了玉泰盐铺的全部资产和房屋，而且分得早死的叔父的全部田产，而王采玉和蒋介石孤儿寡母，却只分得3间祖屋和30亩耕田，一片竹山。即使这样，不幸的事情还是躲也躲不过。在丈夫死后的4年之内，她的小女儿瑞菊、小儿子瑞青也相继夭折。一个已经经历过一次丧夫丧子打击的人，再次遭遇了同样的打击，面对接连不断的家庭变故，她哭告无门，简直要崩溃了。尤其是小儿子瑞青，简直就是她的掌上明珠，她并不掩饰自己爱瑞青胜过蒋介石的偏心，不但为死去的瑞青寻找了一个夭折的王姓女子举行了冥婚，而且一反中国传统中“绝次不绝长”的惯例，后来执意把蒋介石的长子蒋经国过继给瑞青，以免他绝后。好在蒋介石对母亲非常孝顺，并没有放在心上。遭到这样大的打击，没有精神寄托是很难承受的。对于此时的王采玉来说，儿子和菩萨就成了她所有的精神寄托。她祈求菩萨保佑儿子没病没灾，她也如同自古以来那些优秀的母亲一样希望儿子将来能成就一番事业，光宗耀祖，扬眉吐气，改变孤儿寡母多年来忍受的屈辱境遇。因此对蒋介石要求非常之严。而蒋介石之所以能够从小树立自己的雄心壮志，也同王采玉从小的教育以及自己耳闻身受的被欺凌生活有着直接关系。第二年，王采玉娘家的姚宗元在王氏宗祠设塾授课，她便送儿子去那里读书，以便能换个环境，在严师的管教下改变顽性，专心读书。并且，她认为儿子在那里有外婆照料衣食住行，自己也可以放心。蒋介石在王家私塾学了四书五经，开始懂得了孝道，并且发誓要读书上进，求取功名。

> 儿子与菩萨是王采玉的所有精神寄托。

蒋介石奋起抗争，却被恶霸送进了大牢

随着一家之主蒋肇聪的去世，蒋介石母子很快就体味到世态的炎凉和人心的黑暗。

当蒋肇聪在世的时候，蒋家蒸蒸日上，是溪口镇上有头有脸的人家，顽劣的幼年蒋介石可以为所欲为，处处都有人让着他，甚至恭维他，即使他闯了祸，人们也会大事化小地说：“小孩子嘛，还不懂事，长大了就好了。”但是现在，随着蒋家的两个大男人——祖父和父亲的去世，在封建时代的农村，蒋家一下子就失去了往日的地位，不再受人尊敬，而且成为被欺诈被侮辱的对象。先是一些族人和亲戚的冷落、疏远，继而是乡人的公开蔑视，蒋家母子所能做的，只是默默地忍受。尤其是对于蒋介石，一下子成为大家唾弃和辱骂的“无赖”。事实上，他也确实被乡人称为“瑞元无赖”。小时候一起玩得很开心的伙伴们开始嫌弃他，他们的父母也一再告诫他们不要和“无赖”打交道，以免被这样又穷又没出息的孩子给带坏了。

有一次，蒋介石和几个伙伴像往常一样在邻居家玩耍，到了吃饭的时候，主人拿出了香喷喷的鸡汁烤芋头说：“大家都来吃吧，刚烤熟的芋头！”大家立即兴高采烈地伸手去拿，蒋介石也伸出了自己的手，没想到主人却毫不犹豫地把那份给了旁边的伙伴。最后，所有的人都在吃着烤芋头的时候，只有蒋介石一个人在众目睽睽之下空着手干瞪着眼。从小就争强好胜的他当时满脸通红，强忍着泪水和愤怒站在那里，好久都说不出话来。这件事让他一生都刻骨铭心，难以忘记。此后，更加难听的话、更加屈辱的事情就更加频繁地出现在他的生活中。乡人们几乎不加掩饰地在他背后议论他：“看看瑞元那副穷酸样，还那样顽皮，将来肯定没什么出息！”“是呀，要是我，就整天躲在家里，哪里还敢跑出来丢人现眼！”“这也是他妈惯着他，也不管管！唉，没爹的孩子就是没教养啊……”

蒋介石知道自己和他们讲理是没有用的，也就是在这样的情形下，他慢慢学会了忍耐和发愤图强。他每次都强咽下那口恶气，在众人鄙夷的目光里兀自孤傲地默默走过，同时心里对自己说：“狗眼看人低！看我将来当了大官后怎么收拾你们这些人！”这个只有十一二岁的少年一下子变得懂事起来，他不再整天一副趾高气扬、没心没肺的样子，而是经常一个人待在角落里，一脸严肃地思考着，他也突然间明白了母亲含辛茹苦的眼神和恨铁不成钢的打骂。

1906年，已经做了5年丈夫、19岁的蒋介石遭遇了少年时期最大的一次屈辱，他惨遭村中的地痞恶棍欺诈、陷害，最后被送进了县里的大牢。

一天，在县城读书的蒋介石正在看书，忽然看见门口有人探头探脑地在张望，接着就听见同学对他说：“是找你的。”他出门一看，原来是乡里的一个熟人。那人一见他就说：“不得了了，你家出事了！你母亲让我捎话，叫你赶紧回去看看。”蒋介石丈二和尚摸不到头脑，连忙说：“不着急！先喝口水，慢慢说。”

原来村里负责征收田赋的人要他家把30亩地的捐赋再交一次。他母亲就说：“今年秋天的田赋不是已经交了吗？怎么还要再交一次！”

对方脸一沉，反而很不耐烦起来，只是说：“这是上面摊派下来的，你不交就是抗税！就要拆掉你家的房子！”

< 长子蒋介石身上承载着母亲太多的希冀。

后来蒋母才知道这是地方政府自行收取的无主粮，就是让当年没有耕种的田地也要交的田赋。这本来跟蒋家无关，因为蒋家的地当年是耕种了的，并且已经交了田赋。但是征收田赋的人欺负他家无权无势，竟然把这个田赋硬生生地摊派到他家，要他家再多交一次。蒋家现在早已经不是当年祖父父亲在世时的境况，而且蒋介石同父异母的哥哥本身就欺负他们，加上蒋母和女儿瑞莲哪里经历过这样的事情，马上吓得没有了主意，只是说："这可怎么办，这可怎么办？"

蒋介石回来后，开始也没有把这样的事情放在心上。想着这般没有道理的事情，到什么地方都讲不通的。可是他没有想到自己现在还仅仅是个没人放在眼里的学生，再加上名声一直不好，征税的地痞是不会把他当一回事的。蒋介石年轻气盛，一回家就到地痞家破口大骂："你们这些贪官，整天搜刮民脂民膏，今天竟然欺负到我们蒋家门前了，我可不是你想怎么摆布就怎么摆布的人！有种的咱们就到县里评理去！现在是什么时代了！都在讲人人平等，依法办事，你们这样贪赃枉法，我一定要告你们！"

没想到这恶棍竟然比他强横很多："你这个刁民，公然抗粮，眼里还有没有王法？有没有皇上？我还要到县里去告你呢！"

最后，地痞竟然以"刁民抗粮"为罪名，把他关进了县里的大牢。后来蒋介石的岳父不得不托人情，让蒋家屈辱地把田赋交了，才把蒋介石救了出来。

从监狱里出来后，蒋介石满腔悲愤，他后来回忆说："中正9岁丧父，一门孤寡，茕孑无依。其时清政不纲，吏胥势豪……欺凌胁逼，靡日而宁；尝以田赋征收，强令供役，产业

> 一系列的挫折让蒋介石萌发了到日本学习军事的念头，他认为只有学习军事才可以改变被人欺侮的命运。

被夺，先畴不保，甚至构陷公庭，迫辱备至。乡里既无正论，戚族亦多旁观。吾母子含愤茹痛，荼蘖之苦，不足以喻。”（蒋介石《报国与报亲》，1936年10月31日）

经历了这件事情之后，蒋介石开始萌发了到日本学习军事的念头，认为只有学习军事才可以改变被人欺侮的命运，并在龙津中学学了3个月的日语。从此，他基本上结束了对传统的四书五经的学习，而开始了对新式西方知识的追求。

9岁丧父，对于蒋介石的一生来说具有非常重要的影响。一方面，孤儿寡母从此开始体味到世态的炎凉和受人欺辱的滋味；另一方面，也使蒋母更加严格地要求蒋介石，把改变这种境况的期望寄托在了他的身上，而少年的蒋介石也因此渐渐改变了自己顽劣骄纵的性格，变得懂事起来，并且立志要成为强大的人以改变受欺侮的命运。

在对方母亲唾骂中结束的初恋

长到十三四岁时，营养良好的蒋介石个子已经很高了，嘴巴上面也毛茸茸地长出了些浅浅的胡须。他的声音比以前深厚多了，说起话来有些瓮声瓮气，见了女孩也不像以前那样没大没小，疯闹一气。他已经进入了青春期，并且很快就陷入了初恋之中，难以自拔。

1899年，由于蒋家在溪口镇上经常被人欺负，而儿子又性格暴戾，容易惹是生非，王采玉就对蒋介石说：“你已经12岁了，把你送到你舅舅家去念书，你害怕吗？”

蒋介石也不愿意再经常待在溪口被人欺负，就像个小男子汉一样爽快地说："那有什么，我都这么大了，上学还有什么害怕的！"于是蒋介石就到王采玉娘家的私塾去读书。

很快，十三四岁的蒋介石此时已经开始喜欢女孩子，并且有了自己的意中人——自己堂姑的女儿毛阿春。如果没有什么意外的话，蒋介石本可以成为当地少有的自由恋爱结婚的少年。

毛阿春的母亲蒋赛凤是蒋肇聪的堂妹，嫁到了离溪口30里远的岩头村，丈夫已经去世多年，一个人拉扯着女儿，生活很不容易，因此经常带着女儿回娘家居住。她经常和堂嫂王采玉说："咱们俩都是苦命人啊！"王采玉就劝慰她一番，两人于是就聊些闲话。在两个大人一起说话的时候，蒋介石就和阿春一起玩闹，两个人可以说是青梅竹马。

两个年龄相当的孩子都很喜欢对方。在漂亮伶俐的阿春面前，顽皮的蒋介石经常会变得非常听话，像个懂事的小大人。在外公家上学期间，节假日他总是会找个理由到离学校只有二里路的阿春家去看望堂姑。当时人人都讨厌蒋介石，只有阿春不讨厌，而蒋介石也非常喜欢阿春，他在同学和朋友中公开宣布："我此生一定要娶阿春为妻！"

更让蒋介石高兴的是，他的自由恋爱得到了向来严厉的母亲的大力支持。当母亲从其他人那里听到蒋介石喜欢阿春的消息后，心中也分外满意，因为她对阿春的印象也十分好。她对蒋介石说："阿春是个好姑娘，阿春她娘也和我关系很好，你要是喜欢，娘找人给你提亲去，保准一说就成！"

当她喜滋滋地和蒋介石的外婆说起这件事的时候，这位外婆比她更加爽快："这还真是个好办法！瑞元是个淘气孩子，没什么能把他的心拴住，他在外面疯跑，让人提心吊胆，不知道会闯出什么祸来。他既然喜欢阿春，刚好可以把阿春娶回来，把他的人和心都拴在屋里。你还可以尽早抱孙子呢！"

王采玉说："你说得对。事不宜迟，我这就去操办这件事。我也可以给他死去的爹做个交代。"于是王采玉立即喜滋滋地着手准备提亲的事情。当时，蒋家母子都认为这是一件成功率很大的事情，因为蒋母和阿春的母亲本就是很好的朋友。

可是，远在岩头村的这位堂姑听到蒋介石喜欢自己女儿的消息后却非常生气。虽然阿春不讨厌蒋介石，蒋赛凤却讨厌这位堂侄子。她想：这个乡人眼中的无赖怎么可以配得上我那堪称当地"一朵花"的女儿阿春呢！于是蒋赛凤立即教训女儿说："你听着，你也不是小姑娘了，以后不准再和瑞元来往！尤其是不能谈婚论嫁，以免坏了你姑娘家的清白名声。"

对这一切毫不知情的王采玉依然在按照自己的安排，满怀期待地请了当地最好的媒人到阿春家郑重地提亲。蒋赛凤没想到蒋家居然还敢来她家提亲，肺都要气炸了！她心里想：这简直就是癞蛤蟆想吃天鹅肉，是对她和她女儿的公开侮辱。火气十足的蒋赛凤当着媒人的面拒绝婚事不说，还狠狠地数落了蒋介石一顿："瑞元这个无赖，他娘还当作宝贝似的，我看以

∧ 溪口蒋氏宗祠。

后是个不成器的败家子，我的女儿岂能嫁给他！我就是有10个女儿嫁不出去也不嫁给他！”

蒋赛凤的话非常难听，极大地刺伤了王采玉的心，作为含辛茹苦带大子女的寡母，她把全部的希望都寄托在了儿子身上，不料儿子竟然被人如此贬损，一口气咽不下，她当时发狠说：“你是蒋家自己人，不愿意把女儿嫁给我儿子，倒也罢了，为什么还要这样刻毒地讥讽我们！我非要在岩头毛家选择一个门当户对的人家，为我儿子娶一个比阿春更好的媳妇不可！”

王采玉坐着小轿，来到榆林村表兄陈春泉家，因为蒋介石正在陈春泉开办的私塾中上学。王采玉一见表兄就说：“你可要帮我出出这口恶气啊！一定要给咱们瑞元找个比阿春更好的媳妇！蒋赛凤真是太欺负人了！”

陈春泉赶紧让人端上茶来，说：“先喝口水，喘口气。”他在村上也是个有头面的人物，与岩头村的大户人家多有交往，他家中的私塾也收了不少村里村外的学生上学。陈春泉给年轻人介绍对象不在话下。但是当他听了王采玉的话后，沉吟了一下说道：“给瑞元找个媳妇并不难，难的是在毛姓人家中，要找出比毛阿春更漂亮、更贤惠的姑娘可真是不容易。不过，能与蒋赛凤家相比的毛姓人家却有。”他停顿了一下，看看王采玉的表情，然后继续说道：“你觉得岩头村的毛鼎和家怎么样？他家是岩头一带的望族，他的祖父是清朝的恩贡，家里田产可是不少啊，绝对和咱们家是门当户对。他家的祖屋是一座工字型的独院，坐落在西溪，在当地也很有名哩。尤其是，毛鼎和是毛氏一族的长辈，在族中和乡里声望很高。他还有做生意的好本事，开了一家南货店，还开有祥丰米行。他家绝对是当地的殷实人家，乡里人都管他叫‘祥丰先生’。他家里有4个孩子，两个男孩两个女孩。二女儿毛福梅是光绪八年（1882）农历十一月初九生的，本来名叫馥梅，后来乡里人都觉得这个名字太文雅，叫着不顺口，就叫她福梅、福美或者福妹，后来弄得自家人也索性把她叫作福梅。”

王采玉一听，心里就高兴起来。她说：“家里好就行，做媳妇的长那么好看有什么用，毛家女儿的人怎么样？”

陈春泉说：“这个没说的。听说毛福梅出生时，算命先生给她算了一卦，说她是一个‘福星’，命相很好。全家人也都觉得她将来肯定是个有福之人，从小就非常喜欢她。你到时候见到就知道了，那女子确实长得很有‘福相’，并且性子很好，非常孝顺。毛鼎和因此一心要为她找一个门当户对的世家子弟，以便她能幸福地生活。但是因为乡里闭塞，始终没有找到合适的人家，一来二去，毛福梅已经长到了19岁，家里人现在都着急起来。要是知道你家愿意娶她女儿，肯定会非常高兴的！”

王采玉听罢心里舒坦了很多，都有些着急起来，恨不得立即就把毛家的女儿娶回家。她当即说：“那就有劳你去做个大媒吧。”

陈春泉也是毛鼎和的好友，当他来到毛家说出此行的目的后，毛鼎和登时心中大喜。他心中明白，蒋家当年曾经是溪口最体面的人家，如今虽然家道中落，但是声望还在。而且蒋介石6岁读书，性格和名声虽然不好，但是一看就知道非常聪明，前程不可限量。况且虽然

∧ 蒋氏旧居——清庐。清庐里张灯结彩，喜气洋洋。母亲满心欢喜筹备的婚礼，蒋介石却把它当作了过家家。

蒋介石很顽劣，但是毕竟是个孝子，对他教子有方的母亲百依百顺，所以不会做出什么出格的事情来。而且退一步说，女婿如何并不重要，因为十几岁的男孩子不可能有多大功名和成就，只要家庭可以就行了。于是他很爽快地同意了这门亲事。在王采玉这边，她觉得为蒋介石娶一个虽然大5岁、但是懂事能干的媳妇，不但能为自己操劳家务，还能帮自己管束顽劣的儿子，最重要的是，还可以早日抱上孙子，这是多么好的事情！

于是，除了当时还比较懵懂的蒋介石外，对这门亲事大家都皆大欢喜。1901年冬天，蒋介石和毛福梅举行了隆重的婚礼。溪口蒋家老屋多年来第一次张灯结彩，忙得不亦乐乎。当日宾客盈门，喜气洋洋，账房先生登记贺礼都有些忙不过来。整个溪口镇上，蒋介石的婚礼成为那些日子里最大的新闻，被大家说来说去。在毛家，毛鼎和出嫁最心爱的小女儿，因此里里外外，到处都是亲朋好友，热闹非凡，只等着迎亲队伍的到来。

迎亲的队伍终于来了，一派喜气洋洋的混乱后，新娘子上了花轿，一行人又吹吹打打地向溪口的蒋家走去。到了蒋家后，蒋母最后一次叮嘱着自己还正在发育的儿子，要他一定要遵守规矩，完成结婚仪式。忽然，爆竹震天，人声鼎沸，毛福梅在喜娘和引轿娘子的搀扶下走出了花轿，踏着花毡，低垂着头向蒋家祠堂走去。

此时的蒋介石也非常兴奋，他只是个半大的孩子，虽然对阿春感兴趣，不等于知道结婚的含义，更不知道结婚的义务和责任，只是以为家中的一种亲友来往仪式罢了；二是福梅不是阿春，他没有什么积极性。他只是看到今天这么多平时瞧不起自己的人都纷纷对自己笑脸相迎，说着吉祥话，家里又难得有这么多的人、这么多伙伴一起热闹，不由得心花怒放！

因此，他对于毛福梅和结婚并没有什么兴趣，心中装的都是玩闹的伙伴们，因为溪口只要有人结婚，那就是孩子放心玩闹的时候。此时外面爆竹声声，满地都是没有爆炸的爆竹和兴奋不已、满地捡爆竹的孩子们——捡爆竹是溪口孩童最喜欢的事情，他们往往成群结伙，满地去寻找那些还没有爆炸的爆竹，然后自己再接着燃放。而捡爆竹也是少年蒋介石最喜欢的事情之一。因此，当他在顺利完成迎接拜堂任务，听到司仪高喊“送新郎新娘入洞房”的声音时，再也忍不住心头的痒痒，跪在地上的他乘傧相不注意，一手摘下头上的红缨西瓜帽，往房顶一扔，提起新郎礼服的前襟，塞在大红的腰带里，一溜烟冲出门外，跑到大街上和孩子们一起抢爆竹去了。

这样，当毛福梅充满害羞和期待地被搀入洞房时，新郎却不知去向。

这个时候，按照风俗，蒋母已经坐在了喜堂正中的红木交椅上，两旁依次坐着蒋家的各房长辈。大家表情肃穆，正襟危坐，专等着接受新郎引着新娘双手奉献的蜜糖桂花茶。能被请到这里来喝茶的人都是有身份的人，他们在喝完茶后，把空杯子放回新郎端着的空盘子时，要把一份丰厚的见面钱放到盘子里。可是就是在这个神圣庄严的场合，却找不到新郎的人了。这下可急坏了蒋母王采玉，她马上安排前来帮忙的亲友四处寻找。

正在这个时候，只见外面冲进一队边放边抢鞭炮的小孩。这在当地司空见惯，孩子们从来都是闹新房的主力。只是此次带队的人不一般，在这帮边放鞭炮边闹的孩子中，放得最多、抢得最快、喊得最响、闹得最凶的正是女主人王采玉正在寻找的蒋介石。而且，按照奉化的风俗，“新郎拾蒂头，夫妻难到头”。现在蒋介石居然在新婚典礼上去拾爆竹，

∧ 毛福梅。世上能有几个女子的洞房花烛夜是伴着泪水度过的，可毛福梅的新婚之夜就是这般的凄凉。那个熟睡中的丈夫不曾给过她所谓的幸福，他一次次地远离，一次次地将新妻子带回，她只有一次次接纳，最终失望的她只有将希望寄托在菩萨那里。

∧ 蒋经国与生母毛福梅。新婚的毛福梅怎么都不会想到在闺房中憧憬的婚姻，在现实中是那样的经不起风吹雨打。即便是自己的希望寄托——蒋经国，不仅不能让自己担负教育的职责，而且连陪伴在自己的身边都是奢望。

这怎能不让蒋母和新娘子伤心生气呢？蒋母登时气不打一处来，当着众人的面冲着蒋介石大哭起来。

蒋介石此时才感觉到自己做了难以挽回的错事，赶紧丢下爆竹，跪倒在蒋母面前。蒋母本来想狠狠处罚他一顿，但是一看到他跪在那里，真诚认错的样子，一下子心又软了。婚礼结束，蒋介石也玩累了，倒头躺在娘的床上，呼呼大睡。不知是真睡，还是假睡，反正怎么也叫不醒，最后是王采玉请人把新郎连拖带拉扶进新房，睡在床上一夜没醒。新娘毛福梅对着龙凤花烛，望着熟睡中的小丈夫，委屈的眼泪不由得簌簌落下。她只好自己默默地靠在椅子上，泪水陪伴自己度过了新婚之夜。在失望之余，毛福梅似乎对今后的生活有某种预感。

毛福梅堪称传统的贤惠妻子，对上服侍婆婆，对下照顾小姑，都能做到尽心尽力，尤其是对自己顽皮的丈夫，更是又体贴又周到。几天下来，婆婆王采玉喜在心中，笑在脸上。只是蒋介石劣根难改，还是不争气。在蒋家，丈夫再顽劣也毕竟是丈夫，毛福梅不忘家丑不能外扬的古训，打掉牙齿往肚子里咽，从不向父母诉苦。

因为担心蒋介石到丈人家丢人现眼，做出让人难堪的事情，王采玉和毛福梅婆媳俩都不敢让他轻易去见岳父母。但是，按照当地风俗，大年初二新女婿必须去岳父家拜年，岳父家则照例要准备丰盛的宴席请“生头女婿”吃饭，叫做“拔食”。这个礼节在当地属于非常重要的礼节，男方在去的时候还要带去许多礼物，比如桂圆、红枣、糖果、糕点等，送给女方的长辈。但是蒋介石却没有把这个礼节当作一回事。大年初二那天，岩头村毛家分外热闹，迎接新夫婿回家。全家忙上忙下，准备了丰富的饭菜，只等女婿进门。可是等到太阳西下，还不见新人进门。

直到太阳落山，蒋介石才到了岩头村。不过，他没有去岳父家，反而去了毛家祠堂。原来，蒋介石在路上看见了溪口“花灯会”的队伍，也加入了进去，一路演出一路赶来，此时正在毛家祠堂里唱戏，而且送给岳父家的礼物也和那些讨主人家赏赐的花灯队的东西放在一起。岳父毛鼎和一见，立即气得七窍生烟。在毛鼎和的眼里，花灯会、舞狮队等犹如走江湖、卖狗皮膏药者一样，属于下九流的行业，他听到女婿不体面地来到自己家里，却丢人现眼地去卖唱，顿时气得脸色铁青。毛鼎和当即气喘吁吁地来到祠堂，用烟袋杆儿点着蒋介石的鼻子，把他骂了个狗血喷头：“你这个没出息的东西！还有脸上门来出丑？蒋毛两家的门风都给你败光了！”但是老丈人没有想到的是，蒋介石并不买账，他倔强而好面子，当即大怒，又不便发作，于是干脆扭头就走。福梅的母亲见女婿被气走，赶紧让毛福梅的堂弟毛鸿芳前去追赶。不料，倔强的蒋介石从地上捡起一块砖头，扔进路边的水里，发狠地说：“要我回去，除非这块砖头浮起来！”毛鸿芳只好跪下来恳求堂姐夫，蒋介石这才怒气冲冲地来到岳父家。从此，蒋介石一直没有原谅自己的岳父，虽然表面上还保持着客套。蒋介石发迹后，一次去雪窦寺修养，毛鼎和坐轿来看望他，他就推脱有事不见，只吩咐侍卫官转告毛福梅，送给毛鼎和2,000块银元作答。

> 19世纪70年代以来，随着洋务运动的开展，西学在中国逐渐兴起，而蒋介石仍然上了传统私塾接受了传统的教育。这是光绪年间影响了许多人思想的西学刊物。

总之，这个由慈母所包办的婚姻从一开始就埋下了悲剧的阴影。而其中受害最深的，还是被认为是“福星”的毛福梅。

在奉化县城闹学潮

蒋介石5岁的时候，家里就为他请了一位先生来教他读书识字。

这天，先生穿戴一新，在蒋肇聪的陪同下来给蒋介石上课。开始的时候，蒋介石还比较听话，只是睁着好奇的眼睛观察着先生。可是没过多久，他就开始把自己的书本当作玩具来玩了。先生严厉地说：“不要玩耍！”可是蒋介石仿佛压根就没有听见他说话，玩的时候还挑衅般地瞄一眼先生。先生刚举起戒尺，蒋介石已经哭喊起来：“啊，好痛啊！爷爷，老师打得我好疼啊！”

先生知道家里溺爱他，只好放下戒尺。但是要教课，却是毫无办法，只是叹息：“我教了这么多年，还没有遇见这样的学生！”于是气得愤然离去。

到了7岁的时候，家里把他送到蒋谨藩开办的私塾去上学，他的学名是蒋志清。他每天也跟着其他同学一起读书、写字，家里倒也放心。在这个私塾里，他学习了《大学》《中庸》《论语》《孟子》《礼记》《诗经》等儒家经典。这个时期的学习为他打下了很坚实的古文和传统文化的底子。他日后能熟读经书，作文时动辄引用一段古训，都是和这个时期的学习分不开的。这个时候，他的祖父、父亲还在世，蒋家在当地还是望族，因此他学习不怎么用功，并且经常惹是生非。但是自从9岁那年父亲去世后，蒋家的家境急剧衰落，蒋介石和母亲王采玉也备受乡人的白眼和欺负，好强的母亲把扭转家里境遇的希望寄托在他的身上，对他要求非常严格，而他也慢慢在众人的欺侮中懂得了求学上进的重要意义，因此读书慢慢地认真起来。

1899年，因为感到蒋介石在溪口镇上不断受到众人的欺侮，而他本身又喜欢到处生事，王采玉决定把儿子送到自己娘家姚宗元开办的私塾上学。那一年蒋介石12岁。第二年，蒋介石又转到榆林村的陈春泉家的私塾上学。也就是在这个时期，蒋介石和自己的堂表妹阿春陷入了朦胧的爱情之中。陈家的私塾老师是毛凤美，当时给学生们正讲解《易经》。当蒋介石看到《易经》的豫卦中的“介于石，不终日，贞吉”这句话后，决定改名介石，字中正。但是这个名和字当时并没有正式使用。直到他去日本留学时，才正式用上了“介石”和“中正”这个名和字。

1901年，14岁的蒋介石和岩头村的毛福梅正式结婚。然后他又转学到了岩溪村的“勉庐书馆”学习，书馆的老师是毛思诚。当时蒋介石学习了《尚书》《易经》《左传》《纲鉴易知录》等典籍。毛思诚对蒋介石影响很大，后来蒋介石发迹后，他成为蒋介石的一名主要幕僚。而且，正是这位毛思诚，在1936年出版了一本《民国十五年以前之蒋介石先生》，成为研究蒋介石早期思想的主要资料。不过这位老师对当年的蒋介石似乎印象并不是很好，认为他“以讲舍为舞台，以同学为玩物，狂态不可一世”。（毛思诚《民国十五年以前之蒋介石先生》）

> 菜市口屠杀义和团团民旧照。义和团运动是一场农民反帝爱国运动，他们英勇抗击了八国联军的侵略，沉重打击了帝国主义的侵略势力，粉碎了帝国主义瓜分中国的迷梦。然而这股风潮对年幼的蒋介石却没有产生丝毫影响。

> 溪口蒋介石故居一瞥。

1902年，毛思诚鼓励15岁的蒋介石去奉化县城参加“童子试”，以便走上求取功名的传统道路。蒋介石的妻子毛福梅在送丈夫赴考之后，也学婆婆的样子，天天在观世音菩萨像前祈祷，求菩萨保佑丈夫榜上有名，衣锦还乡。可是，报喜的没有上门，蒋介石已挂着一脸霜回来了。他考场失败，连个秀才也没有考上。蒋母赶紧前去嘘寒问暖，进行安慰，毛福梅更是小心服侍，唯恐这位心高气傲的丈夫一时想不开，做出什么吓

清廬
全国重点文物保护单位
蒋氏故居
(玉泰盐铺)
玉泰盐铺原址

∧ 蒋介石生母王采玉在溪口的住室。

人的事情来。面对这次学业上的失败，蒋介石也并没有感到多么难受。因为当时科举制已经受到了新学的强大冲击，有抱负的青年人已经渐渐厌弃了科举，而蒋介石无疑也受到了这种新潮流的影响。事实上，1905年，清政府就宣布取消了科举。

1903年夏天，16岁的蒋介石来到奉化县城新建立的凤麓学堂学习。他听说奉化县城里还办了名叫“作新女校”的女子学堂，许多大家闺秀都在读书，于是觉得自己的妻子也不该落在人后，因此把毛福梅也带到县城一起读书。这段时期可以说是这对夫妻的幸福时期。蒋介石觉得毛福梅对他的照顾是别人无法代替的，而已经21岁、一直受到丈夫疏远的毛福梅现在终于得到了丈夫的爱怜，高兴得愿意为丈夫去做一切。事实上，她是强迫自己去读书的，在她看来，读书就是为了能让丈夫高兴。她被编在新女校的启蒙班里。启蒙班专为不识字的女子进行启蒙教育。学生大多是八九岁的女孩子，有钱人家的少女慕名就读的也不少，但几乎没有已经结婚的。上学那天，当已经发育得非常丰满的毛福梅走进教室，拜了孔夫子像和师长，向教室最后一排座位移步走去时，数十双惊奇的大眼睛不由得盯着她看。毛福梅自己也感到身为人妇，却与一群小姑娘，甚至有的还是流鼻涕的小丫头坐在一个屋檐下读书，有点羞愧难言，不好意思。但是，为了丈夫的心意，也为了能变得时髦些，与丈夫有更多的话题，毛福梅还是坚持去上课。并且她也有自己的优点。她为人稳重，富有同情心，很快就赢得了这些很小的同班同学的信赖。在老师和女伴的关心下，毛福梅渐渐习惯了学校生活，如果能坚持下去，一定是一件很好的事情。没想到蒋介石在凤麓学堂又闹出事来，使毛福梅不得不中途辍学，随夫回家。

原来凤麓学堂虽然名义上是新式学堂，但是课程设置还跟以前没有什么大的变化，依然是《春秋》《周礼》等传统主课，英语、算术等新式课程不过装装样子，做些点缀而已。可是这些传统的古文，蒋介石已经学习了很多年，差不多已经嚼烂了。他是抱着“学真本领”“求实用知识”的目的来这所学校就读的，因此很不满意。再加上当时在凤麓学堂还有许多和蒋介石想法一样的热血青年，如周日宣（淡游）、陈泉卿、俞镇臣等，他们对学校也很有意见，于是大家凑在一起拟了个提纲，推蒋介石为代表，去跟校董谈判，要求设置西式新课。

蒋介石从小就没有怕过什么，不管是在私塾的先生还是在学堂的教师面前，他从来都不心怯气虚。这一次他仍然大模大样走到姓林的校董面前，先是深深鞠了一躬，然后就昂起头，挺起胸脯，开始滔滔不绝地教训起来：“西洋之所以船坚炮利，就是因为科学的缘故。我们现在要想不亡国灭种，就得从小让学生大力学习西洋的科学。现在其他地方的洋学堂都开设有西洋科学课程，可是在我们学校，虽然打着洋学堂的招牌，但是开设的课程还是老一套。这怎么可以呢！”然后，蒋介石理直气壮地提出改良的要求：要减少老八股课程，增加理化、史地等新课；要减少上课时间，给学生更多的学习自学时间；要请留学回来的人教课，以增加大家的见识；要放宽校规，让学生自由交往，不得束缚学生的思想发展。由于蒋介石措辞激烈，情态高昂，咄咄逼人，但是又讲得头头是道，只气得林校董脸涨得通红，却无言以对，只是大喊：“反了，反了！”

第二天，校董们就紧急开会，宣布蒋介石“煽惑学生，诋毁校务”，威胁要开除他的学籍。针对这种威胁，周日宣等人把一些同学组织起来，集体向校方进行抗议。学生们来到林校董办公室前，大声说：“蒋志清说出了我们的心里话，学校早应该开设科学课程了。如果您一定要处理蒋志清，我们就集体退出学校！”

林校董见这些学生都是佼佼者，并且组织者周日宣还是一个大才子、有名气的教师，只好自认晦气，不了了之。这场风潮以学生的胜利而告终，很快就过去了，但是蒋介石却再也不愿在这个学堂待下去了。学年还未结束，他就带了妻子毛福梅回到溪口老家去了。有意思的是，这位20年后的独裁者，多次血腥镇压了学潮，而他第一次领导的政治运动竟然是学潮。

小夫妻双双回家，虽然书没有读下去，但是蒋母王采玉却非常高兴。她看着儿子说：“哟，半年就长高了这么多！福梅也胖了！”说时心里掩饰不住地感到喜悦。对一个寡母来说，没有什么比这更能让她心里欢喜的了。到了快过年的时候，一家人正忙得不亦乐乎之际，忽然来了一位举止阔绰的客人。王采玉出门一看，喜出望外，连说：“原来是孙家舅舅啊！什么风把你给吹来了？真是高兴啊！”原来这个客人是孙琴风——蒋介石的父亲蒋肇聪第二个妻子孙氏的堂弟，家住奉化萧王庙村。

孙琴风说：“呵呵，我最近有事路过这里，刚好来看看你们。也来看看我的外甥和他的媳妇。”王采玉急忙让儿子媳妇拜见这位孙家舅父。

孙琴风比王采玉小两岁，一直把她当亲姐姐看待。而蒋介石小时候也经常跑孙琴风家拜年，跟这位舅父的感情很不错。而孙琴风对于这位血缘上并不亲的外甥从小就刮目相看，别人眼里蒋介石的种种顽劣，在他看来正是小孩子聪明和有出息的表现。因此他们两人的感情就很深。现在蒋介石见到他后，忙不迭地把凤麓学堂风潮及自己退学的始末向他说了一遍。孙琴风走南闯北，受过新思潮影响，对外甥的“越轨”行动不但不责怪，还说：“我看你眉宇间有一股阳刚之气，不像是将来吃文饭、吃生意饭的人，还是继续读书的好。宁波箭金学堂有个主讲我认识，姓顾名清廉，是鄞县山下塘人，廪生出身，对周秦诸子，尤其对《孙子》及曾文正公很有研究。你到他那里去学点性理学问和变通之法，对今后的前途大有好处。”蒋家全家都觉得他说得很有道理。

> 曾国藩旧照。曾国藩曾说："结网天下，雀无所逃。"对曾国藩崇拜至极的蒋介石，极力使用此道，网罗人才，建立自己的关系网络，并依靠这个网络，夺"天下"，坐"天下"。

冒着杀头的危险，"咔嚓"一下剪掉辫子

1905年，蒋介石带着妻子毛福梅到宁波箭金学堂读书，在这里遇见了第二位对他的一生具有深远影响的老师——顾清廉。同时，这段时间也是蒋介石和妻子毛福梅一生中相处最融洽的一段时间。夫妻二人当时住在宁波植物园内一所幽静的住宅里。这是蒋介石小夫妻第一次离开奉化家乡，开始独立的家庭生活。

毛福梅又喜又怕，她在晚上悄悄地问："宁波的人会不会瞧不起我？我是不是很土气？"蒋介石说："宁波人也是人，有什么好怕的！咱们又不是穷人家。"

都市生活十分新鲜，而且有自己的丈夫每日陪伴，毛福梅心里很是兴奋。但是同时心里又有些担心，她怕丈夫年少气盛，顽劣之气还在，如今单独过起日子来，不知会生出什么事来。

没想到这个时期蒋介石对妻子竟然非常好，尽起了丈夫的责任来。有一天蒋介石一进门就说："快来看，快来看！"毛福梅来到门口一看，是个中年妇女，不由得一愣，然后就听蒋介石说："这是为你找的梳头姨娘。"毛福梅这才放了心，心里感到暖融融的。

姨娘见女主人的发式很土气，就大胆地给她梳了个时兴的发式。这个发式使她原先的圆白脸变成了鹅蛋脸。蒋介石生怕妻子觉得冷清、不习惯，还特地请了一位姓林的同学的妹妹来家与毛福梅做伴。他自己白天按时去学校，晚上及时回家，一面复习功课，一面教毛福梅识字。每逢节假日，夫妻两人还一起去天童、育王、报国寺等处游览烧香。在这段时间，他们的日子过得和美、甜蜜，这是毛福梅最幸福的时期。

顾清廉的学识渊博，不但对四书五经等传统国学有很深的造诣，而且对新潮的西学也非常熟悉，尤其重要的是，他懂得当时世界列国的情况，也知道并赞成孙中山等人的革命活动。他对蒋介石除了讲解传统的经学外，还详细教授先秦诸子百家、《说文解字》《孙子兵法》《曾文正公全集》。更为重要的是，顾清廉不仅在单纯地教授蒋介石死板的知识，而且是在培养从当时来看最优秀的人才：既爱国，有挽救国家危亡的献身精神，又懂得新学和军事，用最强大

的力量去救亡图存。这些教育对蒋介石的人生观、价值观、道德观和人生理想等都产生了深远的影响。可以说通过顾清廉，他才懂得了人应该是怎样的，自己应该做一个什么样的人。

顾清廉对蒋介石说："国家只有强盛了，才能免于列强的侵略；而国家要强盛，就必须壮大国家的军事力量，要用最先进的军事理论来训练军队。因此，你们这些青年人最好能出国学习，学到更多更先进的知识和技能。"

他还让蒋介石知道了目前中国最有希望的力量，告诉他孙中山领导的革命事业是怎么回事。事实上，孙中山从此成为蒋介石心目中的当代英雄。蒋介石在凤麓学堂闹学潮的时候就已经受到了京津等地思潮的影响，当时就有了到日本留学的念头，现在在宁波箭金学堂，新学的影响更大，而他的想法也就更加强烈。他向顾清廉吐露了自己的心曲，顾清廉鼓励他说："当今青年欲成大器，留学日本，是最好的选择。"这席话使蒋介石坚定了目标，于是开始做出洋留学的准备。

跟顾清廉学习的那段时期，蒋介石获益匪浅。在思想上，他被引向了更为正统的儒家学派——以宋朝朱熹为首的儒家学派。此后，"存天理，灭人欲"等主张修身养德、自我约束的思想对他开始产生影响。后来，蒋介石之所以经常到庐山去举行会议和开办训练班，除了因为那里风光优美之外，还因为那儿正是当年朱熹经常讲学的地方。王阳明是蒋介石深为敬仰的另一位大儒。后来蒋介石流落到台湾，还将一座草山重新命名为阳明山，以示缅怀。而曾国藩的忠孝仁

∧ 董显光曾担任青年时期蒋介石的英文教师。

★邹容所著《革命军》

1903年5月，《革命军》由上海大同书局印行，署名革命军中马前卒邹容，请章太炎作序。全书约两万字，颂扬革命，抨击封建专制主义，号召推翻清王朝，建立"中华共和国"，被《苏报》刊文誉为"今日国民教育教科书之一"。孙中山十分重视《革命军》的作用，他在《革命原起》一文中追述说："《革命军》一书，宣传革命，华侨极为欢迎，其开导华侨风气，为力甚大，此则革命风潮初盛时代也。"

> 年轻的革命者邹容。他所著的《革命军》主张用革命手段“扫除数千年种种之专制政体”，恢复人民应当享有的民主权利，蒋介石深受其思想影响。

礼、为人处世成为他能够、也打算毕生效仿的人生楷模。在求学期间，蒋介石对著名的军事著作——《孙子兵法》产生了极大的兴趣。他经常向顾清廉请教，并且受益匪浅。正因为顾清廉对他的深远影响，他后来还把儿子蒋经国也送到顾清廉那里学习。在求学的几年中，蒋介石最喜欢读的书有邹容所著的《革命军》★、王阳明的《传习录》和黄宗羲的《明夷待访录》。他后来谈到这三部书的影响时说：“第一部是启发民族大义，确立革命思想的基础。第二部是阐明致良知的道理……第三部是贯注我民主思想的精神。”

在这样的思想影响下，如何留学日本学习军事、如何投身革命运动、如何建功立业等问题就成为他日常生活中压倒一切的问题。

在顾清廉的私塾学堂满师后，蒋介石又回到奉化的龙津中学读书。他此时满脑子都是自己的理想，对周围的一切都漠不关心。蒋介石当时的英文老师、多年以后蒋介石的英文翻译、并担任过南京政府新闻局长的董显光后来带有神化色彩地回忆说，蒋介石每天都起得很早，起床后就在卧室前的阳台上，笔直地一站就是半个小时，双唇紧闭，双臂紧抱胸前，思考的主要是如何到日本留学并学习军事。他之所以想投笔从戎是因为他觉得需要拿出实际行动，需要去冒险，需要去争取为国效力的机会。他选择东京作为开始学习的地方，是因为日本的首都是当时世界所公认的军事艺术中心。更为吸引他的是在东京他最有可能去结识流落东洋的中国革命者。正是因为有了这样的想法，此后蒋介石的学习有了动力，他的学习成绩基本上各科都非常好。

但是他留学日本的想法遭到了众人的一致反对。

在溪口的亲戚眼里，从小被称为“无赖”的蒋介石干什么都没有出息。他们都说：“考秀才，考举人才是正经的光宗耀祖的道路。瑞元放着好好的路不走，要出外留洋，而且还去当兵，更加低人一等。他真是脑壳有问题！”

母亲王采玉也哭着对他说：“你父亲去世早，咱家受够了家中没有男人的苦处，现在好不容易你长大成人了，却要大老远地去日本留学，还要学习拿命不当命的军事，你让为娘怎么能放心呢！”

妻子毛福梅更不愿意他走，那个时候正是他们夫妻结婚以来关系最好的时期，她几乎是在享受着初恋的甜蜜，而且，结婚多年，她还没有怀孕，如果丈夫走了，还不知道什么时候才能够回来。这些阻力让蒋介石暂时遏止了留洋的念头。

但是不久，就发生了蒋介石被乡里土豪诬告，抓进大牢的事件。为了让母亲免于受辱，他在公堂上忍辱画押，承认了恶人对他的诬告。虽然在岳父的周旋下，最后很快被放了出来，但是这件事情无疑对蒋介石和母亲、妻子都产生了巨大的影响。

无端被欺凌受辱的经历激起了蒋介石强烈的愤慨和仇恨，外出求学、出人头地以报仇雪恨的念头简直使他无法抑制。他于是写信给母亲，说如果不出洋留学，蒋家就难有翻身之时，也就永远无法解心头之恨。为了表示自己的决心，他回到学校后一声不响，在当时没有辫子可能还要杀头的年代里，操起一把剪刀"咔嚓"一下剪掉自己脑后的辫子，让人把辫子送回家去。一时之间，乡里议论纷纷，有反对的，有气愤的，有仇视的，有担心和惋惜的，但是已经没有办法挽回蒋介石剪掉的辫子和下定的决心。没有辫子的蒋介石会被乡人拒之门外。他已经无法在乡里容身，因此他可以说是破釜沉舟，去意已决。

而母亲和妻子此时也切身地体会到，要改变家中的处境，只有靠家中的男子外出求取功名才行。再加上蒋介石的堂舅王贤甲再次劝导，婆媳二人终于答应支持蒋介石留学东洋。

1906 年，蒋介石开始筹备留学的费用。妻子毛福梅拿出自己的首饰盒，让他卖掉，作为对他的直接支持。于是蒋介石拿着首饰盒到宁波去见一直在宁波、杭州和上海做生意的孙家舅舅孙琴风，让他想办法兑换成银圆。生意兴隆、一直对蒋介石评价颇高的孙琴风看到外甥不惜变卖妻子的首饰盒也要外出留洋，心里又高兴又佩服，于是决定送给他100块银圆作为资助，让他把首饰盒拿回去还给妻子。100块银圆在当时可是一大笔钱，足见这位没有血缘关系的舅舅对蒋介石的器重和支持。

1944 年，蒋介石谈到了自己第一次留学日本的原因："我在本县龙津中学肄业的当时，因为痛愤乡里土豪的横行，目击我们国家遭受帝国主义者的压迫，尤其在那时我看到日本以一个弱小的国家，能够发愤图强，战败帝俄，予我精神上以极大的刺激。所以我在龙津中学肄业不到半年，请求家母准许我到日本去学军事，来尽到我国民一分子的义务，促成我们国家的雪耻自强。"也许当年的蒋介石确实是真诚的，但是具有讽刺意味的是，当他的南京政府建立起来后，他不知道造成了多少起冤狱，把多少如当年蒋介石一样的怀凌云壮志却又无辜的青年投入到大牢之中。而后来对日本侵略军的不断纵容，又造成了多少国土的沦丧，把多少国民投入到了水深火热之中。

当年中日两国之间没有什么复杂的出入境手续，只要能买得起船票，就可以去日本。这样，蒋介石终于如愿以偿，顺利地登上了开往日本的客轮。

1906年4月，蒋介石首次赴日本留学。蒋介石首渡东瀛之后，丰镐房顿时笼上了一层苍凉的色调，蒋家婆媳守着一尊观音像，相对无语，都不知道怎么办才好。对毛福梅来说，这种凄清的感觉更加强烈。虽然成亲已有 4 年，真正的夫妻和谐生活才刚刚开头，一旦长久分

∧ 第一次赴日留学，身着和服踌躇满志的蒋介石（前右）与其他中国学生合影。

★日本陆军军官学校

日本帝国主义陆军培养基层部队军官骨干的学校。1874年创建。学校的军事教学初期崇尚法国，后仿效德国。在教育中注意培养学员武士道精神，宣扬天皇至上，侵略扩张有理的思想，并对各学科学员施以极其严格的学科和术科的教育和考核制度，使这些学员成为日本陆军的骨干。在整个侵华战争和第二次世界大战时期，日本陆军的基层军官、将军、元帅均毕业于该校。

别，相思的滋味是难以忍受的。不过，她是个传统的守礼法的女人，上有婆婆，下有小姑，不能失态，有伤妇道，因此强打精神，依然做好自己的一切事务。蒋介石凭着一时激愤，东渡日本，原打算报考日本陆军军官学校★，不料清政府与日本有约在先：凡进军校的学生，都需经过清政府陆军部的保荐。蒋介石被拒在军事学校大门之外，只得进入日本专为旅日学生学习日文的清华学校学习。但是这次的日本之行也并非没有意义，最大的收获就是他认识了对他此后的发展奠定了基础的陈其美★。正是通过陈其美，他才成为同盟会的一员，开始了自己的革命事业，并赢得了孙中山的信任。可以说，在对蒋介石的一生产生重要推动作用的人中间，陈其美就是其中的关键一位。但是这个时候两人并没有深入的接触。只是到了蒋介石第二次去日本后，他们的关系才得到了迅速发展。

蒋介石去日本的那年冬天，忽然接到母亲的来信，让他回国参加妹妹蒋瑞莲的婚礼。其实蒋母真实的想法则是希望蒋介石回家与妻子团聚，能够为蒋家生下一个儿子。因为毛福梅已经结婚5年，至今还没有身孕。这个想法毛福梅更是举双手赞成。而蒋介石也觉得像目前这种情况，在日本待下去也不是办法，不如暂且回去，设法取得合法身份，再赴日本，便有立足之地了。他听说保定陆军军官学校第二年招生，就想到何不先去那个学校就读？这样可作为一个跳板，取得正式进日本军校的资格。于是蒋介石结束了第一次留学生活，回到溪口与家人团聚。

孙中山说，这个人将成为革命的中坚

蒋介石回到溪口，王采玉高兴得合不拢嘴，她拉着儿子的手说："这次回来，好好养养身体，让你媳妇好好伺候你。"她心里当然想的是早日抱上孙子的事情。毛福梅也不多说话，只在没人的时候偷着乐，在日常生活中更加关心这个比自己小、但是现在已经长大了的丈夫。

蒋介石的心思却全在保定军校上面。王采玉和毛福梅也就不多打扰他，只是在生活方面对他更加体贴和照顾。

保定军校是清政府的正规军校，前身是直隶总督兼北洋大臣李鸿章在同治年间创办的“将弁学堂”，袁世凯掌权时将学堂改为“武备学堂”，后来清政府又把学堂名称改为保定北洋协和学堂，预备立宪时改为陆军部通国陆军速成学堂。学校的一切费用，都由陆军部拨给。学堂内部的组织和设备非常完善，训练和管教也非常严格、认真，是当时中国最好的军校。蒋介石回国后，积极准备，坚信自己一定能够考取保定军校。

当时的考试竞争非常激烈。虽然该校在浙江名义上要招收60名学员，但是在这60名学员中就有46名是由官府根据清朝有关世袭制的规定保送和递升的，真正在民间招收的只有14名。为了争夺这14名名额，报考者就有1,000多人。

有一天，蒋介石正在刻苦读书，忽然感到头一阵发晕，险些摔倒。毛福梅赶紧跑过来抱着他，连问：“怎么了，怎么了？赶紧去叫大夫。来，我先扶你躺一会儿。”

大夫来后，把了脉，开了些药方。然后说：“一定要注意休息，不要太劳累。”

蒋介石服了几天药，身体有点好了起来。但是还是很虚弱。想到考试的事情，他不由得又着急起来，对毛福梅说：“快考试了，把我的书拿过来。”

毛福梅说：“还是先把身体养好再看吧。你现在这样虚弱，病再加重了可怎么办？”

蒋介石说：“不要紧，现在身体已经很好了。”说着就自己走到书桌旁，开始看起书来。

考试的竞争非常激烈，但是他竟然顺利考过了笔试。等到发榜，蒋介石的大名竟挂上了杭州考区挑选出来的14名录取红榜。榜上有名，还要进行面试，由于蒋介石的年龄离报考规定的20岁还有几个月，因此主考官打算取消他的面试资格。蒋介石听说后立即面见考官，据理力争：“大人，我现在虚岁已经到了20岁。而且我多年来一直等着学习军事、报效国家的这一天。恳求你满足了我这个愿望吧。况且，我的身体素质非常好，完全符合军人的条件。”

考官仔细一看，蒋介石确实有着军人的气质和身材，而

★陈其美（1878～1916）

浙江湖州人，1906年留学日本，加入同盟会。1909～1910年，先后在上海创办《中国公报》《民声丛报》等宣传革命。1911年7月，中国同盟会中部总会在上海成立，掌庶务，担任繁重的组织工作。武昌起义后，任沪军都督，为南京临时政府的成立，发挥了关键的作用。1913年任上海讨袁军总司令，策动武装讨袁。1914年7月，任中华革命党总务部长。1916年5月18日，被袁世凯派人暗杀。

< 蒋介石考取了保定军校炮科。

且非常自信，有着其他考生所少见的口才和知识，因此很爽快地答应了他的请求，同意他进入军校学习。进入保定军校是蒋介石一生中的一个转折点，从此，他的人生走上了他希望走的道路。蒋母也心满意足了，她年年盼望的就是让儿子为蒋氏门楣争光。毛福梅默默地为丈夫赶制行装。乍相逢又别离，这种滋味是无法用言语表述的。

1907 年夏天，蒋介石到保定军校报到。当时交通还很落后，他从溪口到保定花费了一个月的时间。但是这次北上也给他留下了深刻的印象。他第一次感受到中国的辽阔，看到了比溪口、宁波更广阔的世界，上海十里洋场的繁华，南京的古都气派，长江天堑的战略地位，徐州在军事上的重要性都让他难以忘怀，激励了他的远大抱负。

保定军校设有步、骑、炮、工、辎五科，蒋介石毫不犹豫地选择了威力最大的炮科。这是因为从鸦片战争以来，中国人就对西洋大炮的神威深有了解，而为了战胜洋人，掌握炮兵也就成为中国军人的重要选择。而蒋介石后来重用的军事人才中，就有许多是炮科出身的，比如陈诚、张群、何应钦等。在保定的学习也给蒋介石留下了深刻的印象。保定军校入伍训练非常正规和严格，尤其和北方的严冬结合起来，着实训练了他的意志。学校课程分为战术、兵器、筑城、地形、交通五大项，还有外语课，但是军校的大部分时间则用来进行操练和野外实地演习。学校的教官大部分都是发达国家正规军校的毕业生和外国顾问，具有较高的军事素质，而且学校管理正规、严格，因此成为北洋军队、地方军阀和后来国民党军队里中高级将领的摇篮，出了许多优秀的军事将领。保定军校的毕业生在中华人民共和国成立前的中国军队里还形成了保定系，而蒋介石则是保定系的核心人物。这不仅因为他后来成为国民党军队的统帅，而且因为他在保定军校时期就已经建立起了自己的威望。

蒋介石进入军校的时候就没有和其他学员一样留有清朝规定的长辫子，这引起了学生和学校管理者的议论，被大家作为一个怪物来看待。但是也让部分学员为他的勇敢感到敬佩。

学校里的教员大多是日本人。由于他们国家刚刚打败沙皇军队，取得了辉煌的胜利，早些时候还战胜了中国军队，所以他们一个个都显得趾高气扬，毫不掩饰对中国人的蔑视。

有一次上卫生课，日本教员拿出一个土块，将它比作中国，看到学生们一个个脸上都露出迷惑不解的神色，这个教员解释道："中国有4亿人，而他手中的那个土块正好有4亿个微生物。"

看到这，蒋介石胸中陡然升起一股怒火，他不顾军纪走上前去，把那土块一下掰成差不多大小的8块，两眼怒视着教员问道："日本有5,000万人，是否也像5,000万个微生物，寄生在这土块的1/8中？"

教员被问得哑口无言，可不一会儿，他用手指着蒋介石剪去了辫子的头威胁他说道："你是个革命分子！"

据说蒋答道："先回答我说的对不对，请别把问题岔开。"

在军校，是不允许学员这么做的。对蒋介石来说，他是冒了很大的风险的。他可能因此而被军校赶出来，还有可能被秘密逮捕。

他被召到校长办公室，但是学校总办赵理泰比较开明，觉得他这么干有他自己的理由，只严厉训斥了他，没有深究。并且内心对他还产生了一种赞许之意。事后蒋介石在学校里的名声大振，有志青年纷纷慕名而来，希望认识他。可惜后来成为南京政府首脑的蒋介石却没有坚持他当军校学生时对日本人的正义立场，而是把对日妥协作为自己的基本国策，终于引起了全国人民的愤怒。

1907年冬天，清朝陆军部从保定速成学堂中选派留日习武人选，蒋介石却因为没有在日语班而没有考试资格。但是他决不会放过这次机会。他找到学校总办赵理泰，慷慨陈词："我已经读过一年日文，去日本学习先进的军事经验一直是我最大的理想。请您允许我参加这次宝贵的考试吧。"赵理泰望着他，没有说话。最后说："你的情况我会考虑一下。你先回去吧。"

到了考试的前一天，还没有任何消息。蒋介石几乎要绝望了，但是就在当天深夜，他终于等到了梦寐以求的考试通知。估计这和学校总办对他的赏识也是有关系的。蒋介石这次参加考试又是一帆风顺，几乎没有费吹灰之力，就被录取，破格保送日本振武学校。蒋介石金榜题名，好不得意。他回到溪口，向蒋母报告喜讯。谁知蒋母却给他兜头一瓢冷水，王采玉不支持儿子再去东京读什么"士官预备学堂"。婆婆的态度，正是毛福梅求之不得的，她也热切地帮助婆婆劝阻丈夫。但这时的蒋介石翅膀已经硬了，两个弱女子哪怕泪水淌成一条河，

∧ 蒋介石如愿进入保定军校。在保定军校学习时，蒋介石的报国热情得到了师生们的赞许。

也阻挡不住他了。1908年3月，蒋介石离开溪口，从此踏上了正式到日本留学的道路。

这批赴日的60名留学生也如同清朝选派的其他留学生一样，其中有很多都成为了反清的革命者，而且，其中有好几名后来都成为蒋介石的得力干将，比如后来出任黄埔军校教授部主任、立法委员的王柏龄，后来成为蒋介石亲密助手的张群等。

虽然他在保定军校待的时间并不算长，但是由于他是正式学生，是保定系资格最老的学员，而且在学校时就建立起了自己的威望，因此在讲究资力的国民党军界，就成为保定系首领的最佳人选。出身保定系的国民党有名将领有保定军校一期的李品仙、唐生智，二期的熊式辉、刘峙、刘文辉，三期的张治中、白崇禧、何键，六期的邓演达、叶挺、顾祝同、薛岳，八期的陈诚等。

按照规定，凡是进入日本士官学校学习的中国学生，先进入振武学堂学习，毕业后获得日本士官候补生的资格，再到日本军队见习一年，合格的才能成为正式的士官生，进入士官学校正式学习。振武学堂创办于1903年，由清政府陆军部委任良弼和日本政府参谋本部福岛安正中将等人组成的“清国留日学生委员会”主持。学校管理很严格，非常注重意志的磨炼和纪律的约束，只有星期天才允许外出。入学要受七条誓约的管束，比如以服从上级为要

★同盟会

1905年8月20日，孙中山联合黄兴、宋教仁等人，以兴中会和华兴会为基础在日本东京组建同盟会。同盟会以“驱除鞑虏，恢复中华，创建民国，平均地权”为革命纲领；推举孙中山为总理，黄兴为执行部代理庶务；以《民报》作为机关刊物。1912年4月25日，同盟会本部迁往北京。1912年8月，同盟会改组为国民党。

道，吃苦耐劳，起居有节，不准议论课程的轻重等。振武学堂的课程分为普通学科和军事学科，蒋介石依然主攻炮科。但是因为日本对中国一直存有戒心，因此并不怎么讲授那些精深的军事知识，只是一些比较粗浅的知识，而这些粗浅的知识蒋介石早已经非常熟悉。

虽然振武学堂管理严格，但是蒋介石的日常生活却还过得比较滋润。据蒋介石后来回忆说，当时清政府每月发给每个留学生10元生活费，学校再发给3元，在当时消费水平很低的条件下，蒋介石过得绰绰有余。他每天早上的早饭只需要4分钱，加上他不吸烟不喝酒，因此每逢节假日还可以回国探亲。在日本学习的蒋介石据说虽然待人彬彬有礼，但很冷淡，他对同学间的友谊并不大在意，常常对别人的友好表示无动于衷，这使他的人际关系并不怎么好，同学们多认为他过于傲慢。不过他对一个人是例外的，那就是张群——他是蒋介石当时的同学。后来，除了夫人宋美龄和儿子蒋经国外，张群要算蒋介石最亲密的知己了。蒋介石和张群等人本来家境就比较好，因此他们在外面租了一间民房，用来过周末。两人还经常花8角钱买一套当地人不吃的猪下水，美美饱餐一顿。

蒋介石到日本后，就密切关注发生在身边的革命活动，经常阅读《革命军》《警世钟》《猛回头》等革命著作，书中的“只要我人心不死，这中国万无可亡之理”等豪言壮语深深地打动了他，让他产生了长久的共鸣。他心潮起伏，难以平静，在当时寄给表兄单维则的照片上，他写下了这样的诗句：“腾腾杀气满全球，力不如人肯且休。光我神州完我责，东来志岂在封侯！”

蒋介石一到日本，就联系上了陈其美。这时的陈其美已经是同盟会★会员，他看到蒋介石英武精明，又是自己的浙江老乡，所学的又是同盟会中急需的军事，于是产生了结为知己的想法。二人的交往日益亲密，蒋介

< 在振武学堂学习时，蒋介石与张华飞、王侃等人合影。蒋介石此时已开始密切关注革命活动，阅读革命著作，接触革命青年。

石经常去陈其美的住处聊天，陈其美对他也另眼相看，两人相处，如同兄弟。1908年夏天蒋介石回国度假前，陈其美介绍蒋介石加入了同盟会。加入同盟会，可以说是蒋介石一生中的又一个关键。从此，蒋介石再也不是一个找不到革命道路、空有抱负的热血青年，而是中国当时先进组织的一个成员。从此他个人的生命和命运才和中国的资产阶级革命联系在了一起，才同孙中山等革命者站在了一起。蒋介石加入同盟会后，积极参加各种革命活动，并且和同盟会内的一些主要活动家建立起了经常性的联系。他结识了苏曼殊等人，和他们一起展开革命活动。由于振武学堂平时不能随便外出，因此就利用星期天在蒋介石租的民房里开会，讨论各种事情。

在这期间，陈其美和蒋介石又结识了另一位在日本留学的士官学生，就是黄郛。由于三个人志趣相同，经常在一起谈论天下大事，关系越来越密切。陈其美提出，要和黄郛及当时名为蒋志清的蒋介石结为兄弟。陈其美是1878年生，蒋介石是1887年生，算来陈其美要比蒋介石整整大9岁，黄郛的年龄也比蒋介石大得多。所以蒋志清竭力谦让，自称自己担当不起。后来在陈其美和黄郛的极力坚持下，他才同意。这样，蒋介石最小，黄郛和陈其美便自然而然地成了他的盟兄。三人互换了兰谱，盟约称“安危他日终须杖，甘苦来时要共尝”。蒋介石还特将誓言刻在两把宝剑的柄上，作为礼物，分送给了两位盟兄。这一次结盟，缔造了三人的终身友谊。尤其对蒋介石在政治上的崛起，以后有非常大的影响。

对于蒋介石来说，因为同盟会并没有提供明确的革命纲领和奋斗目标，因此他的革命热情就全部聚集在了陈其美——同盟会的一个负责人身上。陈其美就是他的方向和旗帜。对于陈布置的各种任务，他都竭尽全力地尽快完成，不敢有丝毫懈怠。而陈其美也格外照顾蒋介石，对他非常信任，任何重大的秘密行动都从不对他隐瞒。因此，在蒋介石和陈其美之间，建立了非常牢固的友谊。

不久，陈其美回国，在上海马霍路（今黄陂路）德福里一号设立了秘密革命机关天保客栈。在进行革命活动的同时，陈其美纵情声色，频频出入于舞厅妓院和各种娱乐场所，同时也以这种形象掩护自己的革命行动。当时，陈其美主要在联络江浙一带革命党人秘密进行革命活动。而蒋介石每次回国，也都要到上海去找陈其美，接受各种任务。

1910年6月，孙中山经檀香山来到日本，经过陈其美的大力推荐和介绍，孙中山召见了蒋介石。这是两人的第一次会面，后来被蒋介石多次提起。他回忆说："我还牢牢记得，总理说：'革命党的青年，应该不计名位，而要为革命任务牺牲、奋斗。美国建国有英雄华盛顿，也并不是他一个人的力量而造成的，而是千千万万无名的华盛顿共同奋斗，为他们的领袖华盛顿牺牲而造成的。我们的革命者，不是要成为有名的华盛顿，而是要成为无名的华盛顿——无名英雄。'我听了这个训示以后，就立定了志愿，要实践这个训示，决不辜负总理对党员的期勉。"（蒋介石《我们复国的精神志节和建国的目标方略》，1963年11月）这次会面，据说孙中山对蒋介石的印象非常好，曾经陈其美说："这个人将成为革命的中坚，我们的革命运动正需要这样的人。"但是也有人对这样的说法表示怀疑。不管怎样，蒋介石通过孙中山看到了革命党人的前途，把追随孙中山当作自己革命事业的目标，并且这种忠诚的追随后来确实也给他带来了巨大的政治利益。

∧ 伟大的革命先行者孙中山。

蒋介石在振武学堂期间，还对学校的压制性管理进行过公开的反抗。当时许多留学生对于清政府的黑暗和腐朽已经绝望，纷纷加入反清革命组织。清政府为了阻止这种风潮，加强了对留学生的管束。振武学堂为了压制中国学生的反抗和进行反对清政府的革命活动，在经过清政府的同意后，制定了《取缔留学生规则》。这个规则处处限制留学生的自由，甚至连一些基本权利也被剥夺，引起了留学生的愤慨和抗议。在经过公开抗议无效后，蒋介石和张群提出了"退学报告书"，离开了学校，藏到了一家中国

< 1912年，孙中山（前排右三）与陈其美（前排右四）等在杭州合影。他们两人对蒋介石的一生产生了不可磨灭的影响。

料理店里。经过一个多月的坚持，最后学校让步，同意他们复学，仅仅以扣分来象征性处理了一下。

1910年11月25日，蒋介石和张群等人从振武学堂毕业，然后需要到日本的军队中去见习一年。1911年1月一个凛冽的早晨，蒋介石站到了驻扎在高田的野战炮兵第19联队队长日奉大佐面前，“啪”一个立正，打了个敬礼，他俩的顶头上司是“大胡子将军”长冈外史，他统率着日本陆军第13师团，日奉大佐的联队就隶属于这个师团。

在实习期间，日本军队的生活、管理和训练给他留下了终生难忘的印象。蒋介石初到日本军队时，只是个二等兵，后来升为候补士官生，地位很低，而且日本的下级士兵经常要为长官干一些奴仆的工作。但是蒋介石很少提起自己这段时期的艰苦生活，虽然所有日本下级士兵干过的工作他都干过。高田位于北海道附近，是日本最寒冷的地方，冬天尤其冷得令人难以忍受，但是部队规定士兵必须早上5点起床，然后到井边汲取冷水洗脸刷牙。这些让蒋介石感到难以忍受，但是他像不少日本人那样都一一做到了，并且用雪擦洗身体，冬天也依然用冷水洗澡。整个冬季，蒋介石每天天亮前三小时就起床，第一件事就是去喂自己的马，然后上早操，他整天都在户外，晚上通常要干奴仆般的苦活。后来蒋介石对他在日本这几年的生活只字不提。这些活是规定死了的，非干不可，他几乎没有时间和其他中国同学往来，但一旦和他们聊起来，他总要说些“上战场比这要苦得多，没有人不可忍耐之事，习惯成自然嘛”等等诸如此类的话。蒋介石认为就是通过这段时间的锻炼，自己的身体强壮起来了。后来，他还总结经验说：“可以断言，好的身体，天生成的只有三成，其余七成全靠锻炼。”后来，当他当上黄埔军校校长和特级上将的时候，就十分重视官兵的身体训练，强调军人要有良好的身体素质，要坚持平时用冷水洗脸，坚持吃冷饭。

让蒋介石终生难忘的还有在日本军营的饥饿感。当时部队的训练任务非常繁重，可是伙食却出奇得差劲，远不能和振武学堂相比。蒋介石后来回忆说，那个高炮部队竟然只允许每

∧ 蒋介石于高田野炮 19 联队见习时留影。

人每餐只吃一碗饭，下饭菜是三片萝卜，有时候有一块咸鱼，他强迫自己把分到的这点东西凑合着吃下，由此他渐渐养成了节俭的习惯并保持终身。每周他们还要吃难以下咽、质量非常差的麦饭。只有到了礼拜天才会有所改善，但是也只是一点豆腐、青菜和肉片。这么少的定量一般人都吃不饱，只得到军营俱乐部去买饼干，但是一次也只允许买三片。日本军队这种有意识的艰苦生活训练，一般人要经过一段时间，身体才能够适应。果然，过了一段时间后，蒋介石不再感到饥饿难忍了。他后来认为，伙食定量有利于身体健康，日本军人的身体素质很好，就是在低定量下给饿出来的，而中国人爱生病就是因为吃得太饱的原因。因此，中国的军人不要吃饱，只要吃够就行了。但是事实上，后来国民党军队的士兵经常处于过度的营养不良之中，远远不能吃够，行军打仗都没有力气，但是蒋介石却认为这样才有利于他们的身体。当时在日本军队中，中下级军官用对待奴隶和牛马的方法来管理士兵，蒋介石有着切身体会，并且认为中国军队应该彻底禁绝这种野蛮的管理方式，但是国民党军队中的体罚式管理依然非常盛行。

蒋介石在日本军营里似乎非常普通，当时没有人会认为他的将来会和杰出人物有什么关系。事实上，他并没有给他的日本长官们留下什么印象。他们绝不会想到他会干成什么大事。因此，等到他成名之后，这些当年的长官都感到非常惊讶。1929年，这时的蒋介石已经成为中国的重量级人物，他当年所在部队的长官长冈外史冥思苦想，试图找到蒋介石成功的秘密，他写了篇文章回忆说：1927年在东京，他邀请蒋和日奉大佐一起喝茶。和往常一样，蒋穿戴得笔挺，"像个潇洒的影星"，谦恭有礼得有点儿过分，告别的时候，蒋献给长冈一个条幅，上书"不负师教"四个字。

每到漫长的暑假，蒋介石总要千里迢迢赶回家去看望母亲（看妻子倒是次要的），不过每次他总要在上海停留，去看望那里的革命者，并帮助他们征募人员和筹集资金。在蒋介石留学的这段时期，蒋家婆媳两人的心思都放在佛事上，希望佛祖保佑蒋家能早日生出第三代。俗话说：不孝有三，无后为大。王采玉早有抱孙之心，可是儿子结婚之后，多年不见媳妇生育，不免有些心焦，后来媳妇终于怀孕了，她不由得喜形于色，整日笑得合不拢嘴。可是蒋介石虽然已经年过二十，脾气却依然没有多大改变。当他寒假归来探亲时，夫妻之间偶尔因为一件小事吵了起来，毛福梅气不过，顶了他几句，他竟然大怒，抬脚踢去，正踢到毛福梅已经怀胎七八个月的大肚子上。当时毛福梅就扑倒在床上痛不欲生，放声大哭。蒋母听见后赶紧跑过来，大骂儿子，让他火速去请医生，吃安胎药，但是已经来不及了，当夜毛福梅就流产了。蒋母边哭边痛骂这个不肖的逆子，诉说着自己的不幸身世，责骂蒋介石没有心肝，不为蒋家着想。向来孝顺的蒋介石只好跪下，听任蒋母训斥。事情过后，蒋母又请人替儿子媳妇排流年，算子息。

每逢初一、十五，是蒋家的斋期，附近寺庙和庵堂的和尚尼姑也会到蒋家来。法华庵内有个叫"王大人"的尼姑，与毛福梅年岁差不多，每当吃饱喝足之后，便到毛福梅卧室里拉家常。毛福梅有洁癖，尤其不喜欢闲杂人等到她卧室里去，唯独对这个尼姑是个例外。这个尼姑见房内陈设很干净，便啧着嘴说："大奶奶真是个福人。"不想这句话恰触到了毛福梅的痛处，她心酸地说："只怕我没有什么福气……"尼姑是个善于察言观色的人，便说自己会看手相，一定要毛福梅伸出手来给她看看。尼姑翻来覆去地看着，忽然笑了起来："大奶奶，你不要急，从你的手相看来，你命中注定有大富大贵的儿子呢。"善于迎合主人的尼姑一通信口开河，对于毛福梅来说却好像遇难的人在茫茫大海中出现了一艘大船一样，让她心里一阵高兴，觉得自己有了盼头。因为她和蒋介石结婚已经好多年了，虽然曾经怀过孕，却在上次吵架的时候，被蒋介石一脚踢到肚子上，结果给流产了，难道以后还能有个儿子吗？

过了不久，蒋家又来了一位看风水的方士，由这个尼姑陪着踏勘蒋氏宅基。他用罗盘东测测，西望望，上下左右转了几圈之后，便对蒋母王采玉说："太太，贵府是藏龙卧虎之地啊！从气运看，你家早该添丁加口，百业兴旺了。"王采玉听了非常快乐，毛福梅也十分高兴。

1909年，王采玉接到儿子的信，说有时间回来过暑假。但信中又说，因为在上海有要事，暑假里只能住在上海。原来蒋介石是奉陈其美之命，回上海来联络革命党人。王采玉抱孙子心切，等到蒋介石到上海后，便急忙把毛福梅送到上海去，让她与儿子团聚。蒋介石和毛福梅住在上海的日子，一些革命志士常到他们的临时住处去高谈阔论。在这种场合，毛福梅作为女主人当然应该出来应酬，可是她哪里经过这样的世面？她从小在山村长大，孤陋寡闻，结婚后又多年随婆婆做伴，每日除了念佛就没有什么应酬，因此很难适应大上海的都市生活，心里充满了自卑感，况且现在接待的又是留学归来的洋化青年。她无法在会客的场合里对答应酬，即便在别的男人面前站一站，也羞得连头都不敢抬起来。有时候，还无意中会做出一些尴尬失礼的举动。蒋介石认为这让他很丢人，老脾气又发作起来，对妻子大发雷霆，甚至连房门都几天不进。蒋母王采玉感觉不对头，等问清情况后，立即痛斥儿子不孝忘本，坚决要求蒋介石要进毛福梅的房间，做一个合格的丈夫。并且以要投黄浦江自杀来相威胁。蒋介石只得按捺下自己的脾气，勉强和毛福梅度过了一个假期。等到蒋介石过完暑假又去日本留学时，终于绿竹生春，红梅结子，毛福梅有孕了。蒋母简直欣喜若狂，她随即也带着媳妇离开上海，回到溪口，等待着抱盼望已久的孙子。

1910年（清宣统二年）农历三月十八，一个壮实的男婴在蒋家的丰镐房呱呱坠地，这就是后来蒋家的第二代传人、后来的国民党领袖和"总统"蒋经国。这年，蒋介石23岁，毛福梅已经28岁。消息传到日本，蒋介石得知自己做了父亲，不禁大喜过望。蒋母通过族辈并征得蒋介石同意，给孩子取了个寄托厚望的名字——建丰（即蒋经国）。蒋介石觉得有了孩子，自己的天地马上变得开阔起来，蒋家有了后代，自己为蒋家和老母已经尽了孝心。母亲因此有了慰藉，妻子有了寄托，他就可以无所牵挂地去做自己要做的事情了，对家里的责任也轻了许多。建丰（经国）出世，蒋家到处都喜气洋洋。最高兴的当然还是毛福梅。结婚9年，丈夫跟一个客人一样，经常不在身边，而且他们的关系眼见着也越来越疏远。从上海回来后，她似乎感到她与蒋介石的距离是又远了一些。如今好了，有了孩子，她便可以把整个身心都倾注到儿子身上去，而不再去多想丈夫的事情。毛福梅把儿子抱在怀里，心里有说不尽的快乐。她的人也似乎变得容光焕发，比9年前结婚那阵子还显得年轻。她每天在观音菩萨像前所祈祷的愿望终于实现了。第二年夏天，在蒋经国出生15个月的时候，远在日本北海道当兵的蒋介石也风尘仆仆赶回溪口来探望新生儿子。这些日子，对于蒋家全家来说，都是一个非常愉快的时期。蒋母终于抱上了孙子，毛福梅也有了依托，他们都激动得如醉如痴。但是蒋介石此时的心思则全部花在了自己的事业上。

历史备忘录

HISTORY MEMORANDUM

∨ 八国联军在天津大沽口登陆的情景。

∨ 1901年，孙中山与友人在日本留影。

2
3
4

1

中国最早的国立大学——京师大学堂

1898年戊戌变法时筹办，是我国最早的国立大学，现北京大学的前身。办学方针为“中西并用”；宗旨是“广育人才，讲求时务”；分普通学和专门学两类课程。原设官书局和新增译书局，均并入大学堂。学堂开始议设道学、商学等10科，实际只办了诗书易礼四堂及春秋二堂。复校后译学馆设了专门从事翻译和编辑英、俄、法、德、日5种文字字典的文典处。从此中华大地上各种新式学堂纷纷兴起，中国于是有了专门自己培养人才的科学化教育机构。

八国联军占领北京，全城惨遭洗劫

1900年8月16日北京城沦陷。八国联军所到之处烧杀劫掠洗劫一空。典章文物及国宝珍奇损失不计其数。紫禁城、颐和园、天坛，连各王宫府邸都损失惨重。更可恨的是他们在对中国的万园之园——圆明园劫掠后竟一把火将之毁掉，还残暴地杀害了无数的中国人。现在在英国、法国等一些国家的博物馆里还正大光明地摆放着他们巧取豪夺得来的中国的珍奇异宝。而北京圆明园遗址就是当时帝国主义对中国人民犯下的滔天罪行的历史见证。

清廷废除八股程式

1901年8月29日，清廷下诏：1902年起，废除八股程式，并命各省书院改为学堂，鼓励游学。这是清廷具体推行新政的一部分。清朝的科举沿袭明朝，考试文体采取八股程式，要求在一篇文章中必须包括破题承题、起讲、领题、提比、中比、后比、束比、启下（大结）8个段落，体裁排偶，格式死板，始于中国汉朝时期。几千年流传下来的科举制度至此废除。

留日学生创立第一个革命团体——青年会

1902年12月，留日学生叶澜、汪荣宝等人，为避开清廷的注意，仿照意大利的一个“少年意大利”团体，发起了“青年会”，含“少年中国”之意的一个组织。青年会的会约规定：“以民族主义为宗旨，以破坏主义为目的”，有着鲜明的革命色彩。青年会是留日学生中创建的第一个具有革命倾向的团体，对留日学生产生了重大的影响。随着革命团体的纷纷建立，预示着中国的新革命即将爆发。

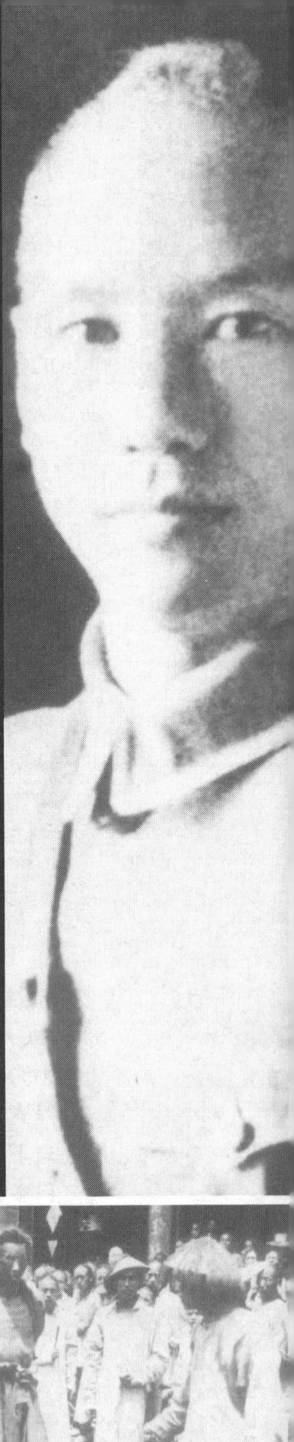

影像大扫描

IMAGE SCANNING

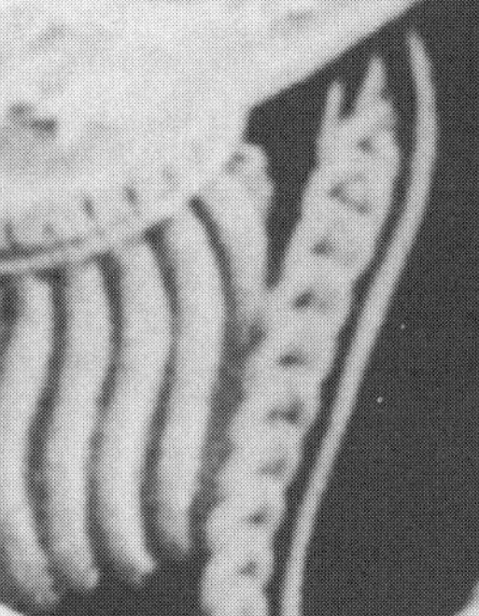

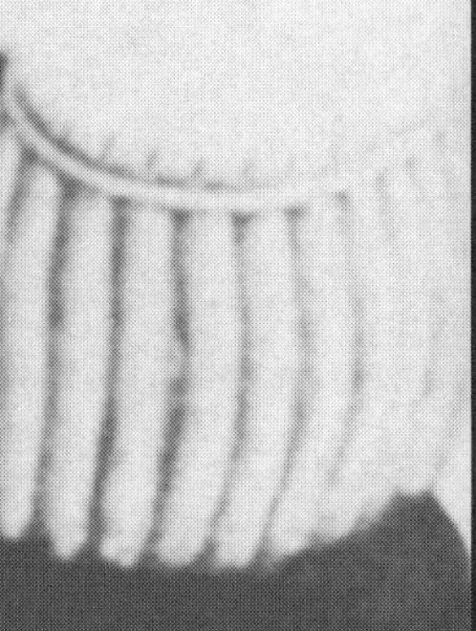

02

野心难展，年华蹉跎

历史似乎一直在等待着蒋介石。与陈其美的相识，让蒋介石开始迈上了革命的道路。

那时的蒋介石是满怀凌云壮志的。然而没想到正迈开大步向前走时，陈其美却一头栽倒，蒋介石顿时感到前方的道路上浓雾迷漫，迷茫开始在他那里安家落户。军阀混战，民不聊生。

面对北京政府、广州政府、军阀，蒋介石究竟该何去何从？

北伐给蒋介石带来了飞黄腾达的时机，他却宁愿纵情上海滩，而不愿在排挤中度日。上海是冒险家的乐园，蒋介石拜黄金荣为师，与张静江称兄道弟，追求年仅15岁的纯情少女陈洁如，他的日子似乎惬意，然而政治和军事才是他真正的舞台，接近权力、掌握权力才是他最大的梦想。

起义中如有不幸，请家人来杭州安排后事

1911年，蒋介石已经是一个表情坚毅冷酷、内心狂热的年轻军人。他走路时经常迈开大步，目光坚定地看向远方，建功立业的勃勃野心在胸腔里燃烧。他从陈其美、孙中山等人身上看到了自己将来的远大前程。他感到自己已经具备了各种杰出人物的才干，只缺发现自己的伯乐和一次重任在肩的历史机遇。因此，陈其美的赏识和提携让他打心眼里感到兴奋，也由衷地感激这位既师且友的革命党人，打算随时听从陈其美的号令，不惜牺牲自己的生命向前冲锋。

历史似乎也一直在等待着蒋介石。1911年是农历辛亥年，蒋介石在这一年里也开始正式走上了中国历史的舞台。

1911年夏天，陈其美对蒋介石说："刘师培夫妇现在已经成了革命的叛徒，你能不能制定一个计划，把这两个叛徒暗杀掉，以正人心？"蒋介石毫不含糊地回答说："请放心，我一定会圆满地完成这次任务。"

原来当时四川的保路运动正发展得如火如荼，引起了全国各地的关注。当时担任同盟会中部总会庶务部长的陈其美也密切关注着事态的发展，并准备发动起义进行呼应。但是他没有想到自己的计划却被叛徒刘师培夫妇告诉了两江总督。两江总督大惊，当即派兵采取行动，破坏了秘密的革命机关，并抓走了同盟会会员张恭。陈其美非常愤怒，他一方面设法营救张恭，一方面制订了暗杀刘师培的计划，并命令蒋介石具体执行这次暗杀。一直欲报陈其美知遇之恩的蒋介石当时一阵冲动，感到报效的时刻终于来临了，于是马上全身心地行动起来，着手制订行动计划。但是当孙中山知道这个暗杀计划后，却对陈其美说："我们是光明正大的革命党人，暗杀这样的事情会有损我们的形象。我认为这个计划不宜执行。"陈其美只好对蒋介石说："辛苦你了，这次计划还是停止吧。"

蒋介石听罢，也只好满怀痛惜地雪藏了自己完美的暗杀计划。但是经过这次预谋，蒋介石已经对暗杀的程序非常清楚，这就为他以后刺杀陶成章进行了一次"实战演习"。

1911年10月10日，武昌起义爆发，一时之间，全国各地纷纷响应，宣布脱离清政府而独立。清朝统治者大惊失色，在全国一片讨逆声中，急忙派兵进行镇压。为了救急，清政府罢免了行事不力的以庆亲王为首的内阁，重新启用心怀不轨的袁世凯为内阁总理大臣。一直声称在乡间"养病"的袁世凯大喜，推辞一番后立即走马上任。他一边部署重兵来到武

< 与孙中山、陈其美的接触让蒋介石看到了自己将来的远大前程。

> 武昌起义时，革命军炮队隔江轰击北洋军。

昌城下，一边利用手中的权力开始与清政府进行讨价还价，为自己的夺权创造更好的条件。此时，革命党人抓住时机，迅速向全国发出“极望各处响应”的急电，呼吁各地一齐起义，完成革命大业。上海地区对武昌起义*的反应热烈，革命热情也非常高，陈其美作为同盟会中部总会的负责人之一，当然不肯错过这个大好时机，于是义不容辞地把上海起义的重担担在了自己肩上。他在最短的时间内就建立起革命的联络机关，一方面加紧策动青帮、商团和部分驻军一起起义，一方面向在日本学习军事并和他有密切关系的同盟会会员发出电报，催促他们早日回国参加革命。

蒋介石此时也接到了陈其美的电报。蒋介石一看心里一阵激动，当即向野炮兵第13师团师团长长冈外史请假回国。但长冈外史则对他说：“你们这些留学生是清国陆军部委托我们管理的，没有清国的许可，不能许可擅自回国。”

蒋介石遭到拒绝，却并不罢休，又去找联队长飞松宽吾请假。当时规定，联队长最多只能准许48小时的假。于是，飞松联队长给了蒋介石48小时假，同时对蒋介石说：“你如果在48小时内不归队，就要被当作逃兵而受到宪兵的缉查。”事实上，这只是一种形式上的警告而已，因为谁都知道日本宪兵是不可能跑到中国来捉拿逃兵的。

蒋介石在得到48小时的短假后，和同时准假离队的张群，一起从高田乘火车来到东京。当他们向同盟会驻东京浙江支部领取了路费后，48小时的假期期限已到。于是，蒋、张二人干脆脱下日本军装。蒋介石换了一套日本和服，张群穿了一身日本学生装，二人兴冲冲地登船启程，赶赴上海。在登船之前，蒋介石还把自己在高田野炮兵所穿的军服和所佩军刀寄回高田野炮兵联队，表示自己去意已决。

★武昌起义

在同盟会的影响下，革命团体文学社、共进会于1911年9月24日联合组成起义领导机构，拟订了起义计划。后起义之事不慎暴露，领导机关遭到破坏。革命党人暗中联络，相约按计划起义。10月11日晨，占领武昌城，取得首义胜利。同时，湖北军政府成立，发表宣言，号召各省起义。不久，湖南、陕西、江西等省相继响应，宣布独立，形成全国规模的辛亥革命，推翻了清王朝的反动统治。

蒋介石回到上海后，没有回家，而是立即赶到陈其美的住处。此时陈其美正在策划上海和杭州的起义，一见到风尘仆仆的蒋介石，说道："你回来得很及时。太好了！不过你旅途肯定很劳累，先去休息几天，然后我再给你下达任务。"

蒋介石说："我还好。现在是革命的关键时刻，我不能休息，现在就请给我下达命令吧。"陈其美说："好，浙江现在起义条件已经成熟，正好需要我们的得力人手前去领导。你愿意去浙江吗？"蒋介石说："好，我这就去浙江。"

∧ 蒋介石与革命伙伴合影，立志为革命赴汤蹈火。

当时，蒋介石怀着激动的心情给家里写了一封信，说自己已经立志为革命献出生命，如果有不幸的消息请家人来安排后事。信中恳切地希望母亲"恕儿不孝之罪"。接着他又说他是多么希望能干一番事业出人头地，纵然战死也心甘情愿。他的母亲王采玉在给他的回信中说："献身与否均由你的事业决定。家中的事不必挂念。"但是她还是很不放心，让儿媳毛福梅专程去杭州探望蒋介石。

蒋介石到达杭州后，就同革命志士顾乃斌、汤寿潜等成立了先锋敢死队，并制订了具体的起义计划。敢死队主要是由王金发等革命党人从浙江奉化等地招募的会党成员和贫苦渔民，一共100多人。他们到达杭州后，分散住在奉化会馆、大方旅馆等处。敢死队中大多是蒋介石的同乡，因此蒋介石就加入了这个敢死队。由于他是刚从日本军队回来的留学生，又学的是军事，因此自然就成为敢死队的核心人物。

起义计划分为三个部分，分别由朱瑞、顾乃斌、王金发、蒋介石等率领各部分头行动。计划制订好后，蒋介石亲自到上海向陈其美汇报，得到了陈的同意。于是蒋介石又回到了杭州，单等陈其美在上海起义成功后就立即在杭州进行响应。

1911年11月3日，陈其美在上海起义成功。消息传来，杭州方面立即进行起义准备。1911年11月4日夜，蒋介石任担任敢死队的炸弹队的临时指挥官，指挥第一队张伯岐、第二队董梦蛟、第三队孙贯生和步兵一个营进攻浙江巡抚衙门。敢死队队员个个奋不顾身，勇猛冲锋，很快就攻占了巡抚署、军械局、将军署和旗营等重地。巡抚一看大惊，也顾不上组织抵抗，就赶紧跳墙逃命，没想到刚跳下墙，就被起义军抓住了。这样，浙江起义成功。起义者建立了杭州军政府，并公推汤寿潜为都督。11月7日杭州宣告光复。随后，蒋介石返回上海向陈其美汇报。

陈其美听完蒋介石的汇报后，高兴地说："太好了！你这次为革命立了大功。我想让你出任沪军第5团团长，你觉得怎么样？"蒋介石高兴得简直要跳起来。第5团隶属黄郛为师长的沪军第2师，现在自己就要实现多年的愿望，成为一个名副其实的领军将领了！事实上，蒋介石外出奋斗不到六年，但是从回国前的一个士官候补生已经成为一个团长，已经彻底改变了原来受人欺负的状况，开始有了权势。尤其重要的是，由于这次战斗蒋介石确实表现非常英勇，因此成为他日后享之不尽的政治资本。他起义前确实作好了最坏的准备，给家里写了遗书。在起义中，领导着最危险的敢死队。在具体的战斗中，也能做到身先士卒，奋勇杀敌。并且比之后来孙中山的重要助手汪精卫、胡汉民等人，他是有着成功地组织领导光复了一个省会城市的独特资本，因此在军事控制权上占据着有力的位置。最后终于因为他掌握了军队，在竞争国民党最高领袖的斗争中成为优胜者。

黑暗中，向陶成章举起了手枪

1912年1月1日，中华民国宣布成立，中国几千年的帝制终于被推翻，举国上下沉浸在一片欢庆之中。

1912年1月14日，凌晨两点左右，上海法租界金神甫路的广慈医院一片死静，偶然只能听见几声野狗的叫声。守门的警卫冷得直打哆嗦，但还是困倦得眼睛难以睁开。他艰难地抬起眼帘，看了看漆黑一片的门前，估计像往日一样，不会有什么意外发生，于是索性关上门沉沉睡去，进入了梦乡。

忽然，两条黑影悄悄地来到了医院大门口。他们互相望了一眼，其中一个先推了一下门，发现已经关死。于是这个黑影用事先准备好的工具撬开了大门。但是这轻微的响声还是惊醒了警卫，他迷迷糊糊地问道："是谁，这么晚了有什么事？"来人轻轻地回答说："是来看望陶先生的。"警卫有些奇怪，但是他看来并没有从浓浓的睡意中清醒过来，于是喉咙里咕哝了几句谁也听不清楚的话，就又睡着了。这两个人显然对道路非常熟悉，左转右拐，很快就来到了楼上陶成章的病房前。

两人推了推房门，发现并没有关上。于是轻轻推开门，闪身进去，如同影子一样地来到了病床前面。其中一人小声叫道："陶先生……"陶成章似乎醒了过来，轻轻地哼了一声。另一个人听到声音，迅速用手枪对准陶成章的头部，只听几声清脆的枪声，陶成章闷哼了一声，头歪到了一边。两个黑影迅速逃走。医院里顿时大乱，一片惊恐……

第二天，这个惊人的消息迅速传播开来。

谁也没有想到，革命成功，仅仅过了13天，革命的功臣，光复会领袖之一陶成章在上海住院养病时，竟然被人暗杀在病房之中。消息传出后，震动了全国。孙中山表示一定要追查凶手和幕后主使。上海都督陈其美也公开悬赏1,000块银元捉拿凶手。

但是孙中山永远也不会想到的是，真正的幕后主使竟然就是陈其美。而具体的计划制订者和执行者，就是刚刚在革命中崭露头角的蒋介石。事情的起因则是陈其美和陶成章的权力之争。

事实上，从上海1911年11月3日起义成功开始，陈其美就开始了争权夺利的斗争。当时由于领导起义的各革命团体互不统属，各团体为了争夺统治权，都互不相让。领导上海起义的核心人物是李燮和和陈其美两人，于是两人马上成为竞争沪军都督一职的对手。

1911年11月6日下午，推举沪军都督的大会在上海城小东门的海防厅内举行，海防厅内外，到处都是荷枪实弹的卫队士兵，门上高挂着"沪军都督推选大会"的红色横幅。下午两点左右，陈其美穿着一身学生装，器宇轩昂地来到会场外面，他的背后跟着刘福彪率领的几十名敢死队队员。刘福彪是陈其美的把兄、洪帮老头子范高头的徒弟，是老头子的"四庭柱"之一。按照规定，只准刘福彪跟着陈其美走入会场，他带领的敢死队队员们则被留在了外面。这时，李燮和也骑着一匹大马耀武扬威地进了会场。他腰上悬着一把佩刀，背后是全副武装的商团团员。

推举都督的会议很快便陷入充满火药味的对峙状态。商团的代表大声说："李燮和先生军事学识渊博，足以担当重任，并且在指挥上海光复的过程中劳苦功高。因此我们提议，由李燮和出任沪军都督！"同盟会

∧ 1912年1月1日，中华民国宣告成立，孙中山就任临时大总统。1912年定为中华民国元年。

和会党方面则坚决主张推选陈其美为都督。双方很快就开始争吵起来。这时候黄郛拔出了手枪，大家都吃了一惊，会场随即安静了下来。黄郛看了看大家，然后说："是陈其美先进入上海制造局，立下了第一功的，因此理应担任都督！"在场的商团军官一听也不甘示弱，立即拔出了手枪，大声说："陈其美根本就没有立什么头功！他刚进制造局就被敌人抓了起来，要不是李燮和指挥会党和商团攻下制造局，他连命都丢了！"双方又开始争论起来，空气中弥漫着浓浓的火药味。

这时刘福彪突然站了起来，只见他举起一颗手榴弹，大声说道："攻打制造局，陈先生吃了那么大的苦头，都督非选陈先生不可，否则我手榴弹一甩，大家同归于尽！"大家一看，都吓得不敢作声，只是面面相觑。就这样，陈其美被推选为沪军都督。

李燮和窝着一肚子火，没想到自己失败得这样窝囊，他岂能容忍被陈其美所指挥，于是一怒之下，带着自己的人马跑到吴淞，自任吴淞军政分府总司令。这次斗争的胜利，陈其美受到了很大鼓舞，同时他的野心也更加强烈起来。

陈其美出任沪军都督不久，就和担任浙江都督府总参谋的陶成章发生了冲突。

陶成章是浙江绍兴人。他传统教育的根底很深，后来又学习了一些新学，于是就有了推翻腐败的清朝统治，挽救国家危亡的革命志向。义和团运动时，年仅22岁的陶成章便两次计划刺杀慈禧太后，但是都没有成功。此后他并没有放弃，始终从事反清大业。1904年10月，他在上海和蔡元培等人一起创立了光复会，成为和同盟会齐名的资产阶级革命团体。他具体负责联络苏、浙、皖、闽、赣五省的会党工作，在这个过程中，他与下层社会建立了广泛的联系。陶成章曾经带领光复会组织了很多次起义，受到国内外革命志士的敬仰，享有很高的声望。但是同时，他的宗派情绪和门户观念也非常强烈。1908年，他两度下南洋宣传革命，请求孙中山协助他向华侨募集款项。当时孙中山因为南洋经济恐慌，感到筹款不是时机，于是没有答应他。他从此就对孙中山产生了误会和不满，而且后来还不负责任地诽谤孙中山侵吞华侨巨款，随后他和章太炎一起要把光复会从同盟会中分裂出去。1910年2月，他在东京成立光复会总会，决心和孙中山的同盟会分庭抗礼。这种分裂给革命事业造成了极坏

∧ 1911 年广州起义失败后，就义前的起义者。为了实现推翻封建专制的理想，年轻的生命慷慨赴难，演绎了一曲悲壮的革命战歌。

★黄花岗起义

1910年11月13日，孙中山在马来西亚召开大会，决定于广州同清政府决战。原定次年4月13日起义，因同盟会会员温生在8日的单独行动，走漏了风声，被迫延期。4月27日黄兴率部分四路攻打两广总督衙门、小北门、巡警教练所和南大门。由于敌众我寡，队伍得不到接应，遂与清军展开巷战，终告失败，黄兴侥幸脱险。事后，收敛烈士遗骸七十二具，由同盟会会员潘达微葬于城东红花岗，后改名黄花岗。人们称“黄花岗七十二烈士”。

的影响。但是不管怎样，陶成章和同盟会在武装推翻清朝统治这一点上是始终一致的。因此，到了辛亥革命时期，陶成章也能够和同盟会一起共同斗争。但是他和陈其美的矛盾却根深蒂固，最后严重到了你死我活的程度。

首先是争夺上海地盘的斗争。广州黄花岗起义★失败，同盟会损失惨重，陈其美于是打算到上海继续发展同盟会。陶成章知道后，命令李燮和迅速到上海去筹建光复会支部，扩展力量，以便与同盟会分庭抗礼。李燮和到了上海后，听说陈其美已经在上海建立了同盟会中部总会，于是就打算设法争取吴淞炮台总台长姜国梁归附光复会，这样就可以占有一个军事战略要地。这个秘密计划被陈其美得知，他于是单枪匹马劝说姜

< 辛亥革命的元勋——黄兴。

国梁归附了同盟会。李燮和和陶成章都非常恼火。不久，陶成章从南洋筹回了巨款。陈其美当时的工作非常顺利，但是唯一紧缺的就是经费。于是向陶成章提出能否拨给一部分款项。陶成章从大局出发，认为只有同盟会和光复会联合起事，才有成功的希望。于是就答应了陈其美的请求，并且和他一起商定各自负责上海一部分地区，同时起义。

但是当陈其美带着感激，伸出手去，要从他手里接过5万元的汇票时，没想到陶成章忽然脸色一沉，把手缩回去，让陈其美伸出的手就那么尴尬地伸着。然后他指着支票说："这钱是华侨捐赠的，来之不易，是专供革命用的，定当珍惜，不能用作他途。"

原来陈其美经常出入一些烟花柳巷，这对于许多革命党人来说，都是个公开的秘密。不过这话在这样的场合公开说出来，而且是以这样的口气说出来，立即在会场上引起了一片喧哗。陈其美气得脸色铁青，当时二话不说，拔出手枪就要瞄准陶成章。幸亏周围的人一把夺下了手枪，避免了一场流血冲突。虽然会议取得了结果，但是陈其美已经和陶成章结下了难以化解的仇恨。

南京临时政府成立后，浙江都督汤寿潜调任交通总长。他推荐章太炎、陶成章、陈其美为浙江都督一职的三个候选人。章太炎威望颇高，是光复会会长，他致电汤寿潜和浙江各界人士，表示自己"天性耿介，唯愿处于民党地位"，极力推荐陶成章出任。陈其美非常想得到浙江都督这个肥缺，于是派蒋介石等人前往杭州活动，但浙江各界对陈其美却非常冷淡，而更欢迎时任光复会副会长的陶成章。

陶成章本来对浙江都督一职并没有什么想法，但是当他得知陈其美想得到这个空缺时，就对询问他意思的浙江士绅说："只要有才能，谁都可以当这个都督，唯独陈其美不能当！"陈其美知道后恨得咬牙切齿。

上海光复后，陶成章仍然在上海大力发展自己的军事势力。他选择吴淞一带作为据点，利用光复会的经费招募和训练新兵。陈其美感到光复会这样发展军事力量，对自己是个巨大的威胁。陈其美慢慢地下了决心，要除掉陶成章这个心腹大患。

蒋介石一直对陈其美的知遇之恩不能忘怀，而且在很多时候，把陈其美的意愿当作革命的目标来看待。为了报答陈其美，他很积极地策划了这件事情，陈其美知道后大喜过望。在刺杀之前，上海已有陈其美要刺陶的传闻，光复会的王文庆写信给陶成章，让他小心为妙。陶虽然有些不信，但是还是做了一些准备。他秘密更换了几次住所，由客利旅馆转移到光复会机关，最后又转移到了法租界金神甫路的广慈医院。但是蒋介石已经买通了光复会的王竹卿。王竹卿以前就经常把光复会的机密出卖给同盟会，现在蒋介石一方面用这点来要挟，一方面用钱财来收买，因此王竹卿除了就范没有其他的选择。

1912年1月13日，蒋介石对陶成章的部下张伟文、曹锡爵说，他和陶本没意见，想对陶说明，以解除误会。下午4点，陶成章约见了蒋介石，二人谈论得非常投机。谈完后，蒋询问陶的住址，陶便写了一个纸条告诉了他。

第二天凌晨，陶成章就被人暗杀。后来经过医生检查，发现子弹从左颊射入，斜穿过脑部而出，陶成章当即死亡。陶成章被刺后，举国震惊，上海各界更是议论纷纷。

消息传到南京，孙中山也极为震怒，接连拍电报给陈其美，严令他不惜代价，缉拿凶手。孙中山胸怀宽广，他虽然和陶成章政见不同，并且陶成章对他进行过恶意的中伤，但是他不计前嫌，公开宣称陶是为革命立下大功的人。黄兴也发电报给陈其美，要他缉拿凶手，并保护好章太炎的安全。陈其美接到这些电报后，立即大张旗鼓地安排破案。他调动了所有的警察，四处侦察。但是贼喊捉贼，当然没有什么结果。光复会也大举出动，侦察这件血案。他们很快从王竹卿的失踪开始查起，终于在嘉兴找到了王竹卿的下落。不久，有消息说王竹卿在嘉兴被人杀害。一时传言四起，有的说是被警方当场击毙的，有的说是被光复会给镇压的。也就在这个时候，陈其美安排蒋介石去日本学习德语，为去德国留学作准备，离开了上海。虽然许多人一开始就怀疑是陈其美所为，但是没有真凭实据，只得暂时作罢。1916年陈其美被暗杀后，这个案子也就不了了之。到了蒋介石成为统帅之后，就再也没有人提起这件事情了。

蒋介石到日本后，并没有安心学习德语，而是密切关注着国内的形势发展，积极寻找着返回国内舞台的机会。1912年11月1日，他凭着对军事的兴趣，与一些人创办了一本军事杂志《军声》，一方面对国内的形势作出反应，一方面宣传民族独立和富国强兵的思想。

当时国内的形势已经发生了急剧而重大的变化。1912年2月12日，清廷接受了优待条件，清朝最后一个皇帝溥仪宣布退位。随后孙中山辞去了中华民国临时大总统的职位，由临时参议院选举袁世凯为中华民国大总统。4月初，临时政府迁往北京。袁世凯至此盗取了辛亥革命的胜利果实。而资产阶级革命派的领袖们也都认为自己已经完成了历史使命，有的准备要从事社会建设，振兴实业；有的准备放下武器，积极进行议会斗争。孙中山表示要在10年内修筑20万里铁路，黄兴要"解甲归田"，宋教仁在孙中山、黄兴的支持下，在8月把同盟会、统一共和党以及几个小政团合并为国民党。宋教仁为了在议会斗争中争取到多数席位，删除了同盟会纲领中的革命内容，以便合法地把大批政客和前朝遗老们拉拢到自己的阵营之内，从而在中国实现西方的议会民主制度。

蒋介石对应国内局势的发展，连续发表了《军政统一问题》等文章，基本上表现了他的治国安邦思想，他以后在实践中所做的，只是把这个时期的思想系统化和完整化而已。他主张加强中央集权，"当用开明专制之精神以为之规划"，以"专制"为实，而以"共和"为名。国家领袖应当具有华盛顿的胸怀，而用拿破仑的手段。这些主张后来果然都被他所具体实施。在对外关系上，他主张联合西方国家，孤立日本和俄国，遏制其扩张势力。他的这些主张和想法和当时正积极走向独裁的袁世凯的思路惊人的相似，因此恰好成为袁世凯复辟的辩护理论。

蒋介石的志向并不在杂志方面，他时刻都想着回国的事情。一旦看到国内的局势不那么紧张了，他就向陈其美要求回国。1912年冬天，蒋介石从日本秘密回国。但是他害怕刺杀陶成章的事情败露，也不敢在上海政界露面，就待在家乡养精蓄锐，等待着重新登上政治舞台的时机。

> 袁世凯盗取了辛亥革命的胜利果实，成为"中华民国"大总统。他的倒行逆施引起了人民的不满。

∧ 宋教仁旧照。一生致力于社会改革的他，惨遭袁世凯的暗杀。这时，袁世凯已撕下他伪善的面具，公开篡夺了革命成果，并开始残忍地杀害革命党人。

←

★宋教仁（1882～1913）

湖南桃源人，国民党早期领导人，辛亥革命组织者之一。1904年2月与黄兴等在长沙创立华兴会，任副会长。1905年加入同盟会，任司法部检事长，后任同盟会中部总会总务干事。1912年1月任南京临时政府法制局局长，3月任唐绍仪内阁农林部长。1912年8月国民党成立后，任理事并代理理事长。反对袁世凯专权，主张成立责任内阁，制定民主宪法。1913年3月20日，被袁世凯派人刺死于上海。

袁世凯悬赏2,000大洋要蒋介石的人头

1913年3月20日晚，在全国演讲、积极为竞选作准备的宋教仁★，在黄兴等人的陪同下，向上海车站赶去，准备北上。10点40分的时候，当他们走到检票口的时候，突然几声枪响，宋教仁随即倒在了血泊之中。黄兴等人大惊，立即把宋教仁送往附近的铁路医院。

宋教仁中了三颗子弹，由于伤势严重，抢救无效，于22日凌晨去世，年仅30岁。宋教仁临终前，还挣扎着让黄兴代笔，向袁世凯报告了枪击情形，以及自己一生致力社会改革而“不敢有一毫权利之见存”的心迹。可怜他永远也无法知道，杀害他的元凶就是袁世凯。

案件发生后，全国震惊，袁世凯也假装一定要缉拿凶手，还发表了对宋教仁的褒奖。但是凶手很快被捉拿归案，证明真正的元凶就是袁世凯本人。这个时候，袁世凯也就撕下了自己的面具，公开篡夺了辛亥革命的果实。

全国人民在极大的愤怒和极大的失望之下纷纷发出了讨袁之声，而国民党的议会斗争之梦也随着宋教仁被刺杀及善后大借款的签订而最终破灭。孙中山也终于从袁世凯所高呼的“孙中山先生万岁”的迷魂阵中惊醒，他意识到袁世凯并没有继承自己的革命理想，相反，他一心一意实行独裁专制，试图复辟帝制。于是，孙中山决定立即发动武装讨袁，号召南方各省都督迅速起兵，进行二次革命。

面对全国的倒袁浪潮，袁世凯宣布撤销反袁浪潮中最猛烈的江西都督李烈钧、安徽都督柏文蔚、广东都督胡汉民的职务，这一举动等于点燃了全国反袁的怒火，把没有公开反袁的

革命党人逼上了梁山。1913年7月12日，江西都督李烈钧首先宣布独立。7月14日，黄兴赶到南京，强迫江苏都督程德全宣布独立讨袁。7月16日，陈其美宣布就任上海讨袁军总司令。7月19日，宣布上海独立。正在家乡的蒋介石，经过孙中山的劝说，改变了留学德国的打算，立即赶到上海，参加陈其美组织的讨袁军事行动。

陈其美在上海宣布独立，是在迫不得已的情况下宣布的，按照当时的形势，陈其美讨袁的成功性非常小。当时袁世凯在上海已经做出了非常充分的准备。袁世凯的亲信上海镇守使郑汝成和被袁收买的海军司令李鼎新都反对上海独立，上海江南制造总局也拒绝了陈其美和平接收制造总局的计划。而孙中山又急催陈其美在上海响应已宣布独立的江西李烈钧和南京黄兴。陈其美不得已，被迫打起了讨袁旗帜。陈其美接受了蒋介石的建议，把作战重点放在了攻克上海制造总局之战上。

陈其美对蒋介石说："我们的讨袁军只有几千人，主要是沪防各营、刘福彪的敢死队、钮永键的松军、镇军、浙军第61团和第37团，当下最需要的就是军队。你原来在沪军第5团当过团长，现在能不能把那个团争取过来？那个团现在是北军第93团。"

蒋介石回答说："大哥放心，小弟会竭尽全力去做的。"

陈其美高兴地说："好兄弟，去的时候小心些，注意安全。"

蒋介石也心里没底，但是他还是来到了沪军第5团团部，对哨兵说："我是你们团原来的团长，现在想见你们现在的团长陈其蔚，有重要的事情要和他商谈。"

哨兵让蒋介石等一会儿。但是过了很久，里面也没有动静，后来蒋介石急了，说："你们这是什么意思？"里面才传出话来，说团长有事，抽不开身，请蒋介石改日再来。

蒋介石气哼哼地说："有什么了不起！我不会再来了。"但是说归说，他还是悄悄把93团的张绍良营拉到了讨袁阵营。

1913年7月23日凌晨，按照蒋介石预定的作战计划，各路讨袁军分头进攻制造总局。不久，松、镇两军占领了望道桥，形势看起来不错。但是北军不久就发起了猛烈的反攻，海军总司令李鼎新也命令停泊在黄浦江上的兵舰炮击讨袁军。松、镇两军支持不住，只得后撤。此后，讨袁军多次进攻都没有什么进展，自己反而伤亡很大。27日，讨袁军各部无法支撑，不得不退往闸北。不料当天晚上，闸北士绅夏粹芳竟然请英租界当局去抓捕讨袁军。于是，万国商团和租界巡捕当即进入了闸北南海

< 李烈钧旧照。面对袁世凯一心实行独裁专制，试图复辟帝制的倒行逆施，全国掀起了倒袁浪潮。江西都督李烈钧在湖口起兵，掀起二次革命。

< 1913年，安徽都督柏文蔚在安庆起兵讨袁，引发二次革命。

会馆讨袁军总司令部，并将退往闸北的奋勇军和松军包围起来，全部缴械。陈其美无奈，只得把司令部又转移到吴淞。

陈其美退到吴淞后，没想到一直跟随自己的刘福彪，竟然被江苏都督程德全策反过去，打算反戈一击。幸好这个消息被吴淞要塞总监和司令白逾桓、居正得到了，于是两人联手在8月6日击败了刘福彪。此后，北洋海军在海军总长刘冠雄和海军总司令李鼎新的指挥下，炮轰吴淞炮台。讨袁军此时已经弹尽粮绝，丧失了斗志，于是8月12日，钮永键代表讨袁军接受了红十字会的调停，钮永键、居正等带着近千人的讨袁军退往嘉定，上海二次革命至此失败。

上海讨袁失败后，郑汝成被袁世凯委以重任，统帅两个师的重兵屯扎在淞江、龙华、制造局至吴淞一线。郑汝成在牢牢控制上海局势的同时，疯狂镇压在上海、江浙一带活动的革命党人，甚至深入租界进行搜杀。袁世凯到处张贴告示，悬赏两千大洋捉拿要犯蒋介石。上海顿时处于恐怖之中。蒋介石只好在革命党人的掩护下，悄悄回家乡躲避。但是没想到差点被袁世凯抓住，经历了一次真真切切的虎口脱险。

原来蒋介石回乡后，不敢住在家里。他想起了父亲的第二个妻子孙氏的弟弟，认为那里是个安全的藏身之处。他趁夜色悄悄来到了孙家，轻轻地敲了敲门。等了一会儿，院子里传来了脚步声，有个女人的声音问：“这么晚了，是谁啊？”

蒋介石听出是舅母蒋妙月的声音，于是压低了声音回答说：“舅妈，是我，瑞元。”

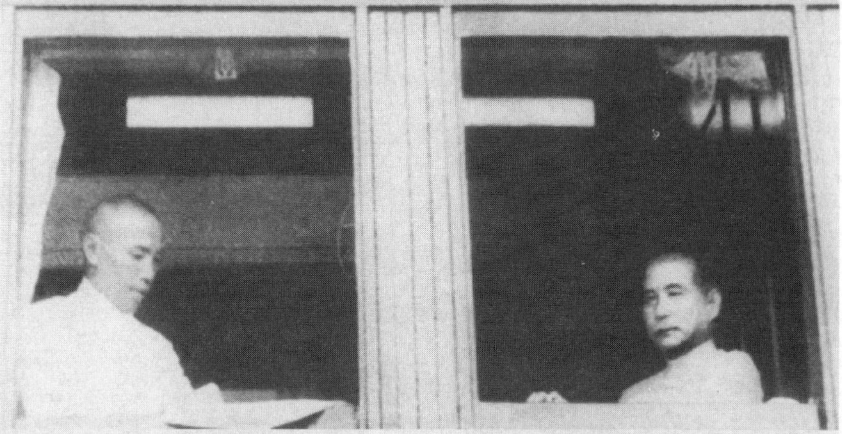

∧ 孙中山、蒋介石合影旧照。孙中山与蒋介石密切接触，为蒋介石之后在国民政府呼风唤雨的政治生涯铺平了道路。

“哎哟，是瑞元啊！快进来！”说话间门开了，蒋妙月把蒋介石迎了进来，然后赶紧关上了门。等进了里屋后，蒋介石把门关紧，然后看着舅母低声说：“袁世凯在通缉我，我想在你家躲躲，等风声过了再离开。如果不方便，我就去其他地方。”

蒋妙月稍微想了一下，说：“没问题，你就住在这里吧。”

很快，浙江省通缉蒋介石的公文就下到了奉化县城，责成奉化县知事抓到蒋介石后立即押送杭州法办。县知事不敢怠慢，立即把警察所干事丁志国找来说：“抓蒋介石的事情就交给你了。一定要把这个乱党抓住。”丁志国一听，心里咯噔一下，心想，幸亏这事交到了我手里，还能想法子帮蒋介石一下。

丁志国满口答应，但是每天只带几个警察到乡下去装模作样地搜查一番交差了事。有一天，他们来到了蒋介石的孙家舅母所在的村子。一进村，丁志国就虚张声势，大吵大闹：“哎，蒋介石是乱党，你们都知道吗？见到他之后要马上报官！”他的大嗓门直喊得满村的狗乱叫一阵，小孩吓得要哭。他希望这么大的响动能给蒋介石通个信，以便及时躲避。可是村子也太小了，蒋介石开始只听到村口乱哄哄的，也没往心里去。没想到听见说要捉拿他时，警察已经到了大门口，在啪啪地砸门。他的脸色一下子变得煞白，匆忙之间赶紧躲到了舅母住的楼上。蒋妙月见警察要上楼搜查，立即又哭又闹。丁志国一见，马上明白蒋介石就在楼上。于是他马上对蒋妙月说：“如果你觉得人多上楼去不方便，那么我一个人上去怎么样？”于是，命令警察在楼下监视，他独自一人上了楼。楼上根本无法藏人，蒋介石一见丁志国，就低声说道：“我反对军阀政府没有罪！你要邀功请赏，把我抓去好了！”丁志国沉默了一会

∧ 蒋介石积极投身于讨袁革命运动之中。

儿，然后突然转身向楼下走去，一面大声说道："上面没人！弟兄们，到别处去看看！"说完后带着众警察扬长而去。蒋介石和蒋妙月的心方才放了下来。丁志国虽然放过了蒋介石，但是也唯恐事情败露，于是不久就辞去警职，带着全家到一个镇上摆香烟摊去了。蒋介石受到了这次惊吓，也感到家乡不是久留之地。他看到孙中山、陈其美等人都纷纷去了日本，于是也想去日本躲避一时。但是苦于没有路费，无法动身。蒋妙月知道此事后，认为蒋介石是有大出息的人，应该予以资助。于是下狠心卖掉了家里的20亩良田，把所得的款项交给了蒋介石。蒋介石终于逃脱了是非之地，到达了日本。这是蒋介石第四次去日本。当时日本官方在一份监视中国革命党人的文件中，称蒋介石为"陆军少将"，这是蒋介石得到的第一个"将军"称号。

蒋介石对这次脱险的印象很深，也对蒋妙月和丁志国对他的恩德牢记在心。当后来成为北伐军总司令的蒋介石得知丁志国家庭困难后，马上派人送去了一份肥差的委任状，任命他为温州的一个税务官。对于自己的舅母蒋妙月，他更是感激不尽，待她比亲舅母还亲。等他发迹后，每次回乡，都不忘记去看望这位舅母。

蒋介石来到日本后，马上与陈其美取得了联系。此时，孙中山也流亡日本，并且积极筹划成立中华革命党，以便再次形成新的更团结更有战斗力的革命力量。1913年二次革命失败后，孙中山也深刻地检讨反思了自己的失败原因。他认为失败的关键在于国民党内部意见不一，缺乏纪律性，因此在行动时往往各种意见争吵不休，行动很难一致。因此，这次组织新的党时，孙中山着重强调要加强纪律。陈其美也认为需要加强精神凝聚力，加强纪律。这样，在陈其美等人的鼎力支持下，孙中山于1913年在日本正式组建了中华革命党，孙中山亲自担任总理，陈其美担任总务部部长，地位仅次于孙中山。1913年10月，蒋介石加入了中华革命党。由于蒋介石是军事专业出身，长于战略策划，因此越来越得到陈其美的信任。当年12月，陈其美还专门把蒋介石引荐给孙中山。蒋介石于是第一次受到了孙中山的单独接见。蒋介石清晰的思维、深刻的见解很快就赢得了孙中山的赏识。而蒋介石也对这次接见印象深刻，感动万分。这次接见为蒋介石以后政治上发迹准备了非常有利的条件。孙中山在接见中命令蒋介石回上海组织一次起义，以庆祝中华革命党的成立，同时也向袁世凯示威。这是孙中山第一次向蒋介石下达的任务，蒋介石非常重视。

蒋介石于1914年初夏回到上海，对起义进行了充分而周密的布置。他计划亲自率领主力第一路，向市区的谭子湾、曹家渡等地进攻，而让陈荣廷率领第二路进攻上海警察署，让何云龙率领第三路破坏铁路、电信等设施。不料起义还没有开始，就被上海镇守使郑汝成发现。他迅速派兵镇压，下令立即搜查蒋介石的司令部，一些革命党人被捕，4人殉难，为起义准备的枪械、弹药、文件、旗帜都被搜去。袁世凯以大总统的名义向各省发出通缉令，要求捉拿肇事主谋蒋介石。袁世凯宣称："此次谋乱，系蒋介石代表孙文主持一切……"这是袁世凯第一次也是最后一次把蒋介石作为一个重要人物来看待。

∧ 钮永键，早年在日本学习军事，并加入同盟会。

蒋介石一看事情败露，急忙躲到了中华革命党人张静江家里。没想到革命党人中又出了叛徒王金发。王金发为了在袁世凯处立功，于是带人到张静江家来抓蒋介石。当天碰巧蒋介石外出，回来时发现张家外面有许多陌生人，凭着职业的敏感，于是立即返身逃走，又躲过了一次劫难。

蒋介石再次逃到家乡避难。这次他来到了堂舅王贤甲家里。王贤甲把他藏在家中，一有风吹草动，就把他带到四明山中躲藏。蒋介石在王贤甲的帮助下，惴惴不安地躲过了这次通缉。

这次起义虽然失败，但是由于蒋介石尽心尽力地投身于起义之中，因此得到了孙中山的由衷赞扬。由于陈其美的大力扶持和孙中山的赏识，1914年以后，蒋介石在革命党人中的地位日渐提高，逐渐取得了独当一面的地位。

∧ 张静江（前坐者）在广州。张静江是20世纪初江浙财团的四大亨之一，亦是国民党“四大元老”之一。孙中山称他为“中华第一奇人”；蒋介石称他为“革命导师”；陈果夫称他为“党国理财第一人”；毛泽东称他是“有经济眼光”的人。

> 1914年初夏，蒋介石奉孙中山之命赴东北筹划革命工作。

1914年，蒋介石躲在家乡的时候，陈其美从日本发来电报，要他前往东北，去策划和领导东北革命。这样，蒋介石在第一次独当一面失败后，又接受了孙中山和陈其美交给的第二项任务。

原来蒋介石在上海进行革命活动期间，孙中山接到东北一位名叫宁孟的革命党人的报告。宁孟声称，吉林、黑龙江两省的军队已经具备了革命条件，请孙中山尽快派得力人员前去领导起义。孙中山当时就相信了这个人的说法。随即，派蒋介石和戴季陶一起前往东北活动，并让他们在条件成熟的情况下组织革命力量。蒋、戴二人和同行的日本友人在东北活动了几个月后，才发现东北的张作霖的统治手段非常严酷，根本就没有革命力量生存的土壤。要是二人没有东北日本关东军的掩护，根本无法在那里活动几个月的时间。宁孟其实只是在骗取革命经费而已。8月，蒋介石只好无功地回到日本。

1915年10月，孙中山发表了讨袁宣言，并委任陈其美为淞沪司令长官，在法租界霞飞路5号安家，作为反袁活动的总部。陈其美随即邀蒋回上海，和他一起共同策划起义。蒋介石回到上海后，出任参谋长，和陈其美筹划，决定首先除掉曾几次使上海起义失败的上海镇守使郑汝成。他们利用11月10日郑汝成前往日本领事馆，祝贺日本大正天皇登基的机会，派出敢死队员在白渡桥头先扔炸弹炸毁郑的汽车，然后枪杀了郑汝成。可惜勇士没有来得及逃脱，当即被捕。刺杀成功，给了蒋介石以很大的鼓舞。随后，蒋介石拟定"淞沪起义军事计划书"，计划先发动海军兵舰起义，然后占领上海江南制造局，控制上海。

停泊在上海的军舰中，肇和、应瑞、通济三舰倾向革命，革命党人决定在12月15日起义。但肇和舰不稳定的情况很快被袁世凯所知道，他决定立即将肇和、应瑞两舰调往广州。在这种情况下，陈其美被迫决定提前起义，时间定为12月5日。但是到了起义的这一天，肇和舰虽起义成功，但是应瑞、通济两舰却被袁世凯所收买，于是这两舰随即炮击肇和舰。在这个关键时刻，起义的总机关不幸也被法租界巡捕所搜查，陈其美和蒋介石仓皇中翻墙从屋顶逃走，起义失败。

在这次脱险中，陈其美的侄子、后来著名的CC系头目陈果夫表现非常出色。

辛亥革命以后，陈果夫由于身体太弱，无法学习军事，便打算出国留学。为此，他在叔叔陈其美的帮助下，先去日本治病，然后又请了一位名叫薛仙舟的老师，学习德文，准备留学德国。但是不久就发生了第一次世界大战，德国陷入了战争的泥淖。陈果夫没有学习军事，德国也无法去了，只能留在上海给陈其美和蒋介石帮忙做些杂事，就这样他竟然也成了革命党人。

陈果夫和蒋介石相识的时间是比较早的。据陈果夫自己后来回忆说，早在1911年的冬季，他们就认识了。陈果夫说："我以南京学生军的身份预备去武汉，到了上海，我的二叔卧病在床，但他还是指挥同志们进行苏州一带的革命工作。有一天，在二叔病榻前见到蒋先生，二叔替我介绍，说蒋先生是主持杭州方面敢死队的革命工作的。我在旁边恭聆二叔和蒋先生商谈策动革命、训练军队和起义时期、地点，等等。蒋先生威毅稳重的风度，使我第一次所产生的印象非常深刻。"

这次策划起义的过程中，陈果夫照例负责起义总部的一些杂事。起义当天，准备攻占其他军舰的革命党人孙祥夫带领的士兵，由于租界巡捕干预，不能上事先准备好的运输船。孙祥夫无奈，回到设在渔洋里的司令部进行请示。陈其美马上命令陈果夫和另一个革命党人周淡游与孙祥夫一起去召集士兵再次设法登船，务必完成任务。但是当他们到达孙祥夫的寓所时，才知道孙祥夫平时带兵纪律松懈，他的手下没有上船的竟然大多已经私自离开了。正在他们召集离散的士兵时，肇和舰发动起义的第一炮已经打响了。孙祥夫没有完成自己的任务，当时羞愧难当，竟要自杀谢罪，陈果夫劝了一番，孙才没有自杀。陈果夫回到总司令部，向陈其美报告了情况。陈其美正准备亲自到前线查看战况，于是命令陈果夫、周淡游继续执行没有完成的任务，率领孙祥夫的士兵，登上军舰。

> 由于蒋、陈两家的渊源，使得陈氏兄弟在国民政府内顺势而上，逐渐掌握了国民党的党权，所以有了人人熟知的"蒋家天下陈家党"的说法。图中左起：甘乃光、蒋介石、陈果夫。

< 陈果夫旧照。蒋介石与陈其美的结识使他走上了革命的道路，与陈果夫的相识，又使陈果夫成为蒋介石集团的一员干将，并逐渐掌握了国民党的党权。

但是，由于江面戒严，找不到船只，陈果夫也无法完成率军登舰的任务，不得已命令孙祥夫集合全部人员在寓所候命，自己回去向总司令陈其美报告。这时担任起义军总司令的陈其美和参谋长蒋介石正在南市督战，但是各路战况都不顺利，于是二人便从水路乘小船回到了法租界。12月5日11点左右，到达总司令部所在的渔阳里5号。

陈其美和蒋介石、陈果夫、周淡游到达渔阳里5号以后，决定派孙祥夫的部队改由陆路进攻。孙祥夫说部队需要炸弹，于是陈果夫就派佣人去渔阳里7号去取，陈果夫本人在5号等候。当时正是上海秋末冬初的季节，天气突然变冷，门外风很大。陈果夫忽然听到有人打门，就前去开门，门开之后，看到门外站着5个恶狠狠的法租界巡捕，手里都拿着手枪，枪口对着他，随后把他抓了起来。陈果夫大惊，因为他知道陈其美、蒋介石、周淡游等起义的领导人都在楼上。于是他想方设法拖延时间，他不断地制造各种大的声响，又是摇晃窗子又是拍打门环，还用脚勾倒椅子。巡捕见到这种情况，就扭住他的胳膊，试图制服他。这时候一个革命党人俞剑光恰好从前门进来，陈立即挥手示意，不巧被巡捕给看见了，于是有两个巡捕向前门追去，抓住了俞剑光。楼上听到声音不对劲，又见巡捕追着捉人，陈其美等人赶紧到阳台，翻墙而逃。此时陈果夫已经筋疲力尽，被一巡捕揿在地上，无法动弹。巡捕因为在楼下遇到激烈抵抗，并且发现在门口遇到的几个人，都身藏手枪，因此不敢贸然上楼。于是先捉了4个人，把刚才抵抗而无手枪者一一审讯后，才知道都是小角色，并不重要，就把他们禁闭在楼后面的亭子间。然后上楼搜索，不料扑了个空，毫无所得。关在亭子间的4个人里就有陈果夫。他看到巡捕只扣了亭子间的门而没有扣窗，便从窗口跳出逃走。陈其美等人因为陈果夫在楼下发出响动都逃到了邻居家，躲过了一次劫难。

这次陈果夫为保存上海的革命机关可算立了大功。他本以为陈其美、蒋介石等人都在楼

∧ 蔡锷旧照。其于1915年在云南组织“护国军”通电讨袁，在全国掀起新的一轮反袁热潮。

上，但实际当时楼上仅陈其美、杨沧白、吴忠信和日本人山田纯三郎4人。肇和起义失败以后，陈其美、蒋介石等人逃往日本。

肇和一役虽然失败，但是在全国反袁斗争中造成了很大影响。孙中山因此评价说：“肇和一役，事岁未集，然挽回民气，使由静而动，实为西南义军之先导。”事实上，在此影响下，1915年蔡锷★就在云南组织“护国军”通电反袁。很快，贵州、广西、广东等地也先后响应，全国反袁形势一片大好。于是陈其美和蒋介石决定再次发动起义，进行响应。随后，由日本人山田纯三郎出面，在法租界的萨坡赛路租下了14号寓所，作为起义的总部机关。经过他们二人几个月的筹备，各方面的联络都已经准备就绪。于是他们决定在1916年4月12日午夜发动起义，并且约定以号炮为信号，届时陆海军同时响应。没想到12日晚上竟然风雨大作，号炮淋雨后无法点燃，一直等到次日凌晨3点才点燃了信炮。但是因为没有及时通知，陆军和海军并不知情，因此没有作出任何反应。于是13日、14日晚上这两次发动起义，但是都因为事情太仓促，事先联络不到位，各方面缺乏密切配合，使得起义没有成功。由于连续三次起义都没有成功，许多人都变得灰心起来。这时有个叫杨虎的革命党人说他在上海的下层社会和附近各地驻军都有联络，要求陈其美派他去攻打江阴要塞，因为一旦得手，必然会震动大江南北。经过再三商议，陈其美决定派蒋介石与杨虎一起去完成这个任务。他们二人利用自己的关系，动员守军军官王连德等十几个人反正成功。当他们于4月16日一起到达炮台的要塞的时候，王连德等人立即动员士兵起义。守军旅长望风而逃，参谋长萧先礼投降。蒋介石和杨虎任命革命党人李正秋为要塞司令。同时宣布江阴独立。消息传到北京，袁世凯十分震怒，立即命令江苏督军冯国璋和徐州的张勋带领重兵镇压。萧先礼这时候叛变了革命军，趁杨虎离开的时候突然扣押了蒋介石。幸亏有两个士兵引导蒋介石逃出了要塞。后来遇见杨虎，一道逃回上海。江阴城区的革命军早遭到了冯国璋陆军和海军的优势兵力夹击，损失巨大，不得不撤离江阴。江阴起义失败。

★蔡锷（1882～1916）

湖南邵阳人。民国初年军事家。先后在中国长沙时务学堂、日本的东京大同高等学校、陆军成城学校和陆军士官学校学习。1911年在云南策动反清武装起义，后任云南军都督。1913年调往北京，先后任陆军部编译处副总裁、参政院参政等。1915年潜回昆明，与唐继尧等宣布云南独立，反对袁世凯复辟帝制，组织护国军。1916年任四川督军兼省长，后病逝于日本福冈。

虽然革命党人的几次起义连续失败，但是对袁世凯及其政府给予了猛烈的打击。1916年3月22日，袁世凯在一片反对的声浪中，被迫宣布取消帝制。1916年6月6日，袁世凯在众叛亲离中死去，北洋军阀上层陷入争权夺利的分裂和内耗之中，大大地鼓舞了革命党人的信心。

> 1912年，孙中山与陈其美（左二坐者）在杭州合影。

> 慧眼相识自己的伯乐和领路人陈其美的牺牲，对蒋介石的打击不言而喻。（右页图）

陈其美血流如注，已经不能说话

江阴起义失败，蒋介石和杨虎慌慌张张地逃回了上海，算是把命捡了回来。蒋介石向陈其美简要汇报了一下情况。陈其美安慰他说："现在回到了上海，到处都是革命党人，相对还比较安全。你先休息几天，咱们还有许多事情要做。到时候还需要你去执行重要任务。"

但是蒋介石和陈其美都没有想到，不久后陈其美就被袁世凯派人暗杀，并且抛尸街头。这让正跟着陈其美的蒋介石悲痛不已。原来陈其美早已经成为袁世凯的眼中钉，袁世凯几次收买他，但是都没有成功，于是就准备暗杀他。

肇和起义失败不久，蔡锷在云南发动护国战争。陈其美趁机由日本回到上海，策划讨伐袁世凯。当陈其美在东京准备回国时，袁世凯就派人前往游说。

游说者对陈其美说："袁大总统的意思是，只要你不在国内过问政治，就给你50万元，你可以赴欧美考察。"

陈其美不动声色，装作沉思了一下说："能不能一次把钱都给我呢？"

游说者说："这可不行。只能分几次给你。"

陈其美对游说者说："我个人不需要这么多的钱，我想要这笔钱，无非是为了国家。一次付清，可以用作革命经费。"

游说者一听，冷笑着说："你错了，这笔钱不是想让你拿去革命，而是让你不要革命了。你如果拒绝了，那袁世凯就要把这笔款子用于杀你。"

陈其美也冷冷地说："我陈某人是干什么的，会怕他袁世凯这一套！你回去告诉姓袁的，让他死了这份心！"

陈其美回到上海后，袁世凯派人来劝说他，以重金要陈其美离开上海。陈其美又断然拒绝。袁世凯听说后，恶狠狠地说："这个陈其美，敬酒不吃吃罚酒！"他于是决定出重金募人刺杀陈其美。

陈其美回到上海后，发动了一连串的起义，但是都失败了，经费渐渐变得紧张起来。虽然他极力设法筹集，但仍然没有筹得所需款项。陈其美经济窘困的情况被袁世凯的爪牙知道了，于是，他们定下了刺杀陈其美的诡计。

当时恰好张宗昌来投靠袁世凯，于是袁世凯就让张宗昌暗杀陈其美，张一口答应下来。

到达上海后，张宗昌便安排自己原来手下的一个排长程子安，假装建立了一个鸿丰煤矿公司，然后收买了原同盟会会员李海秋。

李海秋对陈其美说："鸿丰煤矿公司有一块在广西的矿地，准备向外国洋行抵押借款，数字可达100万元。但是购买的外国商人要求，必须有一位上海的名流作保，才肯提供贷款。您在上海是知名人士，鸿丰煤矿公司希望由您出面，事成之后，他们愿意拿出卖款的40%给您作革命经费。不知道您意下如何？"

陈其美正苦于无法筹款，听了之后立刻心里暗喜，当时假装推辞了一下就说："好，为了革命，我也就当一回保人。"于是第二天他就去虹口一家日本洋行咨询具体事务。洋行的经理是他的朋友，一听见这件事，也热心地为他从中撮合，并向日本的总公司发电报述说情由。总公司的总经理跟陈其美也是熟人，表示自己的洋行也可以为这家鸿丰煤矿公司提供100万元贷款，并委托陈其美为自己公司的代理人，代表日方跟鸿丰煤矿签订合同。陈其美在约见了许国霖、程子安几次后，约定1916年5月18日由李海秋与鸿丰公司办事人员带合同底稿来给陈其美签字。

凭空就得几十万，革命党人中的很多人表示怀疑，黄郛、吴文藻等人尤其不信，他们说："天下哪里有这么好的事情！鸿丰仅仅为了一个证人，就出几十万，实在是太慷慨了！而且作保，纯粹是商业上的事，没必要找像您这样当过沪军都督、当过讨袁军总司令，但是却又没什么财产之类的人出面。因此，我们觉得应该慎重才好，先要弄清虚实，再去也不迟。"

陈其美笑了笑说："二位多虑了。我们湖州人有句俗话，'和尚要钱连经也卖。’革命需要，财政枯竭，眼前悠悠万事，该冒的险也就得冒了。”

5月18日下午，陈其美乘坐一辆黄包车，来到法租界萨坡赛路14号寓所。李海秋则和鸿丰公司办事人员许国霖、程子安等5人坐小汽车来到。大家刚刚坐定，李海秋便借口忘记带合同底稿，要回去取。李刚出门，在门外已埋伏好的刺客立即持枪闯入陈其美的会客室，拔枪向陈猛击。第一颗子弹打中了陈的右颊下部口边，第二颗子弹打中了他的右颊上面一寸处，第三颗子弹打中了接近眉心之处。

在其他房间的革命党人黄郛、吴忠信、丁景梁、萧纫秋等人听见枪声，马上奔赴陈其美会客室，和刺客展开枪战，结果一个刺客被击毙，其余人被捉。他们把陈其美从地上扶起，发现他脸上血流如注。不一会儿，他的心脏停止了跳动，年仅39岁。

陈其美死时，经济相当窘困，检查身边遗物，仅有款项20元。陈临终时，黄郛抱着他，他还说："惜乎讨贼未成，身死小人之手，此为憾事！"

蒋介石从电话中知道了情况后，立即从新民里11号的寓所赶来。这时候陈其美的遗体已经被抬出门外，陈的亲友都不见踪影，孤零零的一具尸体躺在那里，十分令人心酸。蒋介石见此情景，如同被人重击了一下，眼里满是泪水，几乎失去知觉。当他清醒过来后，立即雇了一辆车把陈其美的遗体带回自己藏身的处所。过了一会儿，孙中山也赶了过来，泪流不止。他看见陈其美还没有瞑目，就为他闭上了眼睛，说道："英士，你安息吧！一切责任，有我负责。"并当场手书"失我长城"4个字，表达自己的悲痛心情。孙中山在袁世凯死后，曾专门为陈其美写了一篇祭文，其中说：

"……君总群豪，与贼奋搏。百怪张牙，图君益渴，七十万金，头颅如许，自有史来，莫之或匹。君死之夕，屋欷巷哭。我时抚尸，犹勿瞑目。曾不逾月，贼忽自殂，君倘无知，天胡此怒？含笑九泉，当自兹始。文老幸生，必成君志……"

最后，蒋介石亲自安葬了陈其美，并为他撰写了祭文。

因蒋介石与陈其美的关系非同一般。多年后，在蒋介石成为国民党领导人之时，他尽力帮助和提携陈氏兄弟，也算是对陈其美的一种回报吧。

不甘被人利用的光杆司令

陈其美作为发现蒋介石的伯乐和领路人，让蒋介石野心勃勃的目标有了具体实现的道路。没想到正迈开大步向前走时，陈其美却突然一头栽倒，蒋介石随即感到前方的道路马上浓雾弥漫，天地也变得迷茫起来。他经常一个人坐在角落里，沉浸在和陈其美一起从事革命运动的回忆之中。每当想到陈其美已经被杀害后，他眼睛里那种燃烧的光芒立即就黯淡下来。中国的局势越来越复杂，他不知道自己的路该怎么走。

袁世凯死后，中国出现了两个政权，一个是北京政府，另一个是孙中山在广州领导的政府，但是实际上全国出现了军阀割据的局面。1917年7月，张勋曾经带着3,000辫子军到北京发动政变，企图重新恢复清王朝的统治，但张勋复辟★仅仅维持了11天就失败了。事实上，不管是北京政府还是孙中山的广州政府都没有实权，几乎所有省份都为当地军阀所统治。军阀之间连年混战，争夺地盘，战争的胜负决定了其势力范围的大小。这些军阀肆意残酷地剥削老百姓，收敛钱财。他们拼命增加苛捐杂税，开烟馆设妓院。他们强迫农民在地里种鸦片，结果造成各地区普遍饥荒，商人们也被迫向军阀纳贡，以免被公开掠夺，当时的鸦片监督局不进行毒品控制，却巧立名目强征税款。

从当时的形势看，袁世凯死后，段祺瑞继任总理，是当时实力最大的北洋军阀派系。他依然实行对外卖国、对内镇压的反动专制统治。他拒绝召开国会和恢复《临时约法》。他认为辛亥革命所创造的民国，在溥仪复辟后就已经灭亡了，他的执政是“再造共和”，因此他拒绝召开原来的国会，拒绝恢复原来的《临时约法》。在这种情况下，孙中山再次举起了护法的旗帜，再次领导革命阵营展开了反对北洋军阀的斗争。但是当时孙中山的中华革命党经过多次的起义失败，已经溃散无力，名存实亡了。孙中山没有自己直接掌握的武装，于是只好依赖西南实力派军阀和与段祺瑞政府不合的力量。

1917年7月17日，孙中山带领章太炎、朱执信、廖仲恺等人乘巡洋舰“海琛”号，南下广州，号召护法。海军总司令程璧光在孙中山的一再争取下，发表宣言，支持孙中山的护法主张，并率领海军第一舰队从上海南赴广州。在北京的一些国会议员，也对袁世凯死后的段祺瑞政府表示不满，纷纷离开北京，前往广州支持孙中山。这时控制两广的桂系军阀陆荣廷和控制云贵的滇系军阀唐继尧，都是在护国运动中充实和发展起来的，对于段祺瑞的武力统一政策持激烈的反对态度，当然支持孙中山的护法斗争，以便借助孙中山的威望，光明正大地招兵买马，扩充实力，巩固自己的割据势力。这样，孙中山一下子便成了南方各种反段祺瑞力量的中心。

8月中旬，各派议员南下的人数已经达到了150余人，但是由于还不够召开正式国会的法定开会人数，于是决定召

∧ 张勋旧照。张勋率辫子军北上进京，企图复辟帝制，但只做了11天的美梦就以失败告终。

★张勋复辟

1917年6月，张勋利用黎元洪与段祺瑞的矛盾，率3,000辫子军，借“调停”之名于6月14日进入北京，解散国会，逼走黎元洪。7月1日，张勋、康有为等人拥戴12岁的溥仪复辟，恢复旧制。改称此年为“宣统九年”，通电全国改挂龙旗。掌管政府的最高权力。康有为被封为“弼德院”副院长兼太傅。7月12日，段祺瑞率“讨逆军”进攻北京，辫子军战败，张逃入东交民巷荷兰使馆。溥仪再次宣告退位，复辟丑剧仅11天便以破产告终。

开“非常国会”，讨论护法问题。8月25日，国会非常会议在广州开幕，通过《中华民国军政府组织大纲》，决定组织护法军政府。9月1日，非常国会选举孙中山为军政府大元帅，陆荣廷、唐继尧为元帅。并任命唐绍仪为财政部长，伍廷芳为外交部长，孙洪伊为内务部长，张开儒为陆军部长，程璧光为海军部长，胡汉民为交通部长。

孙中山又以大元帅的名义任命章太炎为秘书长，许崇智为参军长，李烈钧为参谋总长，林葆怿为海军总司令，方声涛为卫戍总司令，李福林为亲军总司令，李耀汉为筹饷总长，陈炯明为第一军总司令。护法军政府严正地指出北京的“总统”是革命的叛徒，宣布段祺瑞、梁启超为叛逆，准备北伐。

陈其美的被刺，对于孙中山的反袁事业来说，是一个巨大的损失。但对于蒋介石本人的政治前途来说，则是祸福参半。陈其美的去世使蒋介石一下子失去了一个有力的政治靠山，看似对蒋不利。但是，这时蒋和孙中山已有很密切的联系，而蒋一直在陈其美的身影下，陈其美的去世，使蒋一下子成了孙中山的参谋重臣，直接和孙中山打交道。这使蒋能够在孙中山面前直接显示自己的才华，为以后的飞黄腾达创造了条件。当孙中山准备北伐时，蒋介石正在上海，他凭着军人的敏感立即感到自己的军事才能有了用武之地，于是接连给孙中山呈上了两份军事计划。在9月20日，他向孙中山提出一份《对北军作战计划》。计划称：

∨ 身着大元帅服的孙中山。1917年八九月间，在广州召开国会非常会议，通过《中华民国军政府组织大纲》，选举孙中山为军政府大元帅。

∧ 1918 年，孙中山在上海。

北方政府所辖之军队，约在三十万以上，然实际上可为其动员者，即以冯（国璋）、段（祺瑞）二派势力合计，则其数亦不过六万。……我军乃在十师以上，其总员几倍于敌军各师之兵数，或者不足，虽折减至二成，则亦多于敌军三分之一也。至于实力之比较，唯战用器材不及敌军外，其余如给养力、人马之战斗力，不甚上下也。而敌军南来，其地势不宜，气候不惯，则南军较胜一筹也。

根据上述分析，蒋介石认为作战应采取如下方针：

吾军以长江沿岸为主作战地，先克武昌，决定南京，击破敌军长江一带之势力，再图直捣北京，以为作战之方针。作战分为两个阶段，第一阶段中央军由两粤进击长沙，肃清湖南全境，待左翼军解决四川、东下湖北时，与之合攻武昌。左翼军解决四川后，当派一支队据守川北，牵制秦、晋之敌军，使第二期作战北伐时，即可道出秦、晋，与本军互相策应，而其主力乘势东下与中央军合攻武昌。右翼军与海军共同作战，合攻闽浙，连下淞沪，待中央军与左翼军克复武昌；然后与之合师南京，肃清长江上、下游之敌军。海军与右翼军占领淞沪时，即以吴淞为根据地，封锁长江门户，扫除长江下游之敌舰，声援上海陆军之作战，待各军会师南京时，与之合力攻城，同时搜捕长江舰队，俾第二期作战时海上全权归于我有，不使复为东北海岸之患也。

第二阶段作战运动开始，乃在明年之三月间也。各军进发之道，以中央军由津浦路北进；左翼军由京汉路北进；右翼军由海道前进，在辽西登陆。三军分道并进，而左翼军之一支队则由川北而出秦、晋，以袭敌军之左，为本军之声援。各军会师燕京，为总攻击最后之准备也。

从以后北伐战争的战况看，蒋介石的这一作战计划是相当高明的。1926年的北伐和1928年的北伐基本上就是对这一作战战略和作战计划的具体实施。但是蒋介石的计划是建立在具备相当大的数量、并且战斗力非常强大的正规军队的基础上的，而孙中山当时手中只有为数不多的南方军阀的军队，即使真正听他的指挥，按当时的兵力，不要说分成三路，即便是集中成一路进行北伐，相对于北洋军阀的力量来说，都显得非常弱小，何况那些军阀骨子里本是在利用孙中山，哪里会真心实意地听他的调遣。因此孙中山没有采纳蒋介石的计划是正确的。

1917年11月，蒋介石被任命为大元帅府参军，以表彰他的计划书。但是蒋介石似乎对这个职务并没有什么兴趣，他并没有到广州就职，仍然留在上海，纵情享乐。

此时，以孙中山为首的护法军政府组成了以湘、桂、粤军联合组成的护法联军，与北洋军阀在湖南开战。双方各自都投入了10万多人的兵力，战场横跨湖南、湖北、四川、广东、福建等几个省，规模非常可观。护法联军在战争中渐渐取得了优势，其他各省的军阀看见形势很好，也有了反对北洋军阀的动向。正在这样的时候，英、美帝国主义开始干涉护法战争。在他们的授意下，北洋军阀和桂系军阀边打边秘密谈判，而护法联军的其他军阀也都开始有了停战的打算。原来孙中山南下护法，本来主要借助的是陆荣廷和唐继尧的力量，但孙中山和陆荣廷、唐继尧的目的显然不同。孙中山的目的在于恢复辛亥革命后为袁世凯所废除的《临时约法》，而陆荣廷和唐继尧的主要目的是利用孙中山的政治威望反对段祺瑞的“武力统一”政策。陆、唐支持孙“护法”的真实目的不在护法，而是抵制段祺瑞的“武力统一”。

北洋军阀政府那边形势也发生了一些变化。冯国璋代理大总统后，采取了“和平统一”的政策，在北京与主张“武力统一”的段祺瑞产生严重的分歧。而在湖南与护法军作战的主力，是直系的吴佩孚师，吴佩孚也主张南北和解，在攻占衡阳以后，便按兵不动。孙中山主张武力北伐，段祺瑞主张武力南伐，而各自使用的军队，却都不听从他们的命令。

远在上海的蒋介石审时度势，觉察出了护法军内部的对立和冲突，1917年10月1日，蒋介石向孙中山提出《滇粤两军对于闽浙单独作战之计划》，建议：

我军主作战地，当定于东南沿海一带之地区，而于湘省暂取守势。先以海军为主力，向东南沿海一带之闽浙两省，扫除北军之势力，击攘淞沪之敌军。以吴淞为海军根据地，封锁长江之门户。东南之势力不难完全造成矣。若西南战局能有转机，则与之互相策应，出入于长江沿岸一带，肃清长江下游之敌军，则第二期作战北伐之基本定矣。

但是孙中山感到这个计划难以实现，于是没有采纳这个建议。

湖南前线停战前后，由于孙中山的主战已经引起主和的陆荣廷和唐继尧的不满，又不便直接将孙中山从大元帅的宝座上硬赶下来，便给孙制造种种事端，赶他下台，阻挠护法军北伐。掌握广东省财政的桂系拒绝支付军政府的开支和其他物资需要，陆荣廷指派的广东代理督军莫荣新通电主张成立湘、粤、桂三省联合“都司令部”，以岑春煊为都司令，借以排挤孙中山。他命令广州电报局限制大元帅府的对外联系。他又指使部下拘杀大元帅府卫队数十人，暗杀了支持孙中山的海军总长程璧光。在这种情况下，孙中山坚定了要拥有自己的军队的想法。

∧ 1917 年，唐绍仪（左起第十三人戴眼镜者）南下广州，参加护法军政府，出任财政总长。

孙中山一直苦于自己手中未能掌握一支忠诚的军队，被迫采用拉军阀打军阀的策略。在南方军阀开始阻挠护法北伐的时候，他更加迫切地感到了拥有一支自己的军队的重要性，于是决心组建起自己的队伍。在护国战争的时候，担任广东都督的陈炯明就在广东建立了20个营的民军。后来这支军队在袁世凯整顿地方实力派的时候，收归广东省指挥，称为“省长亲军”。1917 年孙中山护法到达广州，时任广东省省长的朱庆澜支持孙中山组织军队的计划，将他控制的广东省府“省长亲军”20营约8,000人交给了孙中山，让孙中山作为组织军队的基础。但是这时代表陆荣廷控制广东的是陆荣廷的亲信、广东督军陈炳，桂系不愿孙中山插手军队，所以“省长亲军”迟迟不能移交。由于“省长亲军”的移交问题，孙中山和陈炳产生了激烈的冲突，最后，陆荣廷为避免矛盾激化，将陈炳调离广东，改派莫荣新代理广东督军。莫荣新到任后，答应将“省长亲军”20营交给孙中山，但条件是必须离开广东，就职他

> 皖系军阀段祺瑞主张“武力统一”的政策。

省，孙中山答应了莫荣新的条件。1918年1月，军队终于移交给孙中山，孙中山任命陈炯明为这支军队的总司令，邓铿为参谋长，许崇智为第二支队司令。“省长亲军”刚刚移交马上就产生了出路问题，按照约定，这支军队不能待在广东境内。好在经过和福建督军李厚基协商，李欢迎该军开往福建。这样，朱庆澜送给孙中山的“省长亲军”20营便以“援闽粤军”的名义，由陈炯明、许崇智、邓铿等人率领，开往汕头闽南一带。

当“援闽粤军”组成时，孙中山对它抱着极大的希望。以后，因“援闽粤军”经费困难，他甚至将他在上海，由南洋华侨捐助购买的住房抵押，借钱充作“援闽粤军”的经费。

在和蒋介石的交往中，孙中山也认为蒋是难得的军事人才。1918年3月5日，电召蒋介石至广州，15日，派蒋至汕头，任“援闽粤军”总司令部作战科主任，领上校军衔。蒋介石这次倒是很爽快，很快就到达军队就职，并和参谋长邓铿一起商议进攻福建的计划。

此时，南方军阀对孙中山的反对也到了极点。他们首先刺杀了海军总长程璧光。孙中山明白，暗杀程璧光，矛头完全是指向他的，因为程璧光是坚决拥护他的护法主张的。在同安舰上，孙中山、程夫人和水兵们向程璧光的遗体志哀。孙中山命令，放炮21响，祭奠程总长的英灵。1918年5月，程璧光的死因终于查明，原来是陆荣廷花重金买下刺客，将程璧光置于死地。程璧光一死，孙中山护法运动的主要军事力量受到了沉重打击。紧接着，陆荣廷等人操纵非常国会，竟然收买国会议员，于1918年5月20日不顾孙中山的反对，悍然决定改组军政府，改大元帅制为七总裁制，以岑春煊、唐绍仪、伍廷芳、孙中山、陆荣廷、唐继尧、林葆怿7人为总裁，架空了孙中山的权力。孙中山明白，所谓改组军政府，实际想砍掉护法的大旗，要从他手中把军政府的大权夺过去。5月4日，孙中山提出辞职，并发表宣言，沉痛指出：“吾国之大患，莫过于武人之争雄。南与北系一丘之貉。虽号称护法之省，也莫肯俯首于法律及民意之下。”

改组后的军政府完全由桂、滇军阀及其附庸非常国会里的政学会控制。护法运动宣告失败。5月21日，孙中山回到了上海，对于"外方纷纭，殊不欲过问"，意志消沉。后来他开始继续写作未完成的《建国方略》。

孙中山虽然离开了广东，但是对"援闽粤军"却寄予了厚望。他不但到粤军驻地视察，而且会见了陈炯明、邓铿、蒋介石等人，鼓励大家努力建设好自己的革命军队，并尽快讨伐福建的北洋军阀。

在孙中山的督促下，1918年6月，粤军与福建北洋军的战争正式爆发。粤军旗开得胜，向福建迅速推进。而在"援闽粤军"中，蒋介石也充分显示了他的军事才能，"一切作战计划，均由蒋介石一手草拟"，蒋在粤军中的地位也逐渐提高，先为总司令部作战科主任，随后任第2支队司令官、第2军参谋长、第2军前敌总指挥等。并且，蒋介石在几次战役的关键时刻也确实都起到了很重要的作用。即便是对蒋并不信任的陈炯明，也在1918年蒋介石第一次辞职时，给蒋的亲笔挽留信中称"粤军可百败而不可无兄一人"，可见蒋地位的重要。

因为蒋在福建运筹帷幄，指挥作战屡战屡胜，在孙中山心目中的地位也急剧提高。到了1920年9月21日朱执信遇难后，孙中山身边基本上已没有得力的军事人才。10月29日，孙中山在给蒋的一封信中说："执信忽然殂折，使我如失左右手。计吾党中知兵事而能肝胆照人者，今已不可多得，唯兄之勇敢诚笃，与执信比，而知兵则尤过之。"此时孙中山对蒋介石的评价之高，在军事上，已经超过了朱执信。

蒋介石加入"援闽粤军"，并任作战科主任，负责"援闽粤军"一切作战计划的草拟，背后又有孙中山这个大后台，看来是可以宏图大展了。可事实却恰恰相反。战争结束后，粤军上下对于蒋介石的成功均抱之以嫉妒和戒备的心理，时刻排挤着他。

原来蒋介石是浙江人，"援闽粤军"主要是由广东人组成的。蒋介石的家乡观念很重，喜欢重用同乡；而恰恰广东

∧ 旧桂系军阀首领陆荣廷。

★陆荣廷（1859～1928）

旧桂系军阀首领。广西武鸣人。1912年初任广西都督，1913年兼任民政长。他打着"桂人治桂"的旗号，扩充兵力，成为旧桂系军阀集团的首领。1916年3月宣布广西独立。5月肇庆军务院成立，他为九抚军之一。6月任广东督军，1917年任两广巡阅使。1918年5月，他与唐继尧策动改组军政府为总裁合议制，陆为七总裁之一。1921年任广西边防军务督办。1922年以李宗仁为首的新桂系崛起，旧桂系势力逐渐衰亡。

人的乡土观念也很重，不愿一个外省人在他们头上指手画脚。陈炯明甚至提出“广东人的广东”的口号，以拉拢人心，驱逐盘踞在广东的广西军阀陆荣廷★。事实上，虽然蒋介石的顶头上司陈炯明、许崇智、邓铿等人一方面自己内争不息，但是另一方面在防止蒋介石分享他们手中的权力这件事情上，立场却是出奇的一致。而蒋介石又是一个权力欲很强，很想有所作为的人，这样冲突也就难免了。蒋介石自己也对粤军非常反感，知道那里不是自己的地方，于是就坚决地提出了辞呈，回上海的交易所赚钱去了。

1918年9月，经过一次辞职抗争，在孙中山的要求下，蒋介石回到了“援闽粤军”中，并得到提升，晋升为粤军第2支队司令官。此时“援闽粤军”正和福建督军发生争夺地盘的战争，陈炯明拨给他1,000人，命他驻守距漳州城北30里的长泰镇。

11月，粤军兵分两路，自漳州出发，会攻福州。12月初，蒋介石部占领嵩口。12月7日，蒋率所部向福州市的门户永泰县城进发时，接到了总司令部停战的命令。这时的永泰城已举手可得，于是，蒋不听命令，于8日攻克永泰，10日蒋宣布停战。

永泰是福州门户，关系福州安全甚大，蒋介石占永泰，为李厚基所不能容忍。于是，李厚基也不顾停战协议，于1918年12月15日，集中5,000多人的优势兵力，袭击永泰，蒋介石部措手不及，很快被打垮。蒋介石在部队全部后撤逃跑的情况下，只身一人逃出永泰城。后来追兵临近，他藏在了一个农妇家的水缸里才没有被发觉，捡回了一条命。然后他迅速逃回漳州。

当蒋介石在永泰被袭击时，陈炯明在漳州并未发兵援助。蒋介石失败回到漳州后，虽仍任第2支队司令官，但实际上已被取消了对军队的指挥权，仅从事设计营房、练兵一类的事。他感到闷闷不乐，也很无聊，于是于1919年3月5日请假回上海休息。5月初，他又回到了前线，但是6月间，他便写信给粤军参谋长邓铿，说自己在粤军一直受到排挤，难以忍受，因此要辞去粤军第2支队司令官的职务。于是又回到了上海。在上海期间，他和孙中山又进行了一次密谈，并一再提出要出国留学。但是孙中山认为他这样紧缺的军事人才出国对革命很不利，因此不同意他出国留学。然后他奉孙中山之命到日本看望支持孙中山的日本友人。

孙中山1918年离粤回沪时，护法军政府在桂系把持下，虽已无护法之实，但广东这块地方却被他们盘踞着。孙中山为了继续护法，就须首

< 曾任广东都督和广东省省长的陈炯明，一度深得孙中山的器重。

< 20 世纪 20 年代的孙中山。

先打倒桂系，夺取广东和统一南方。他把实现自己计划的全部希望，寄托于他全力培植起来的陈炯明所部“援闽粤军”身上。1920年粤军从开始的8,000人，已发展到2万余人，扩编成两个军。孙中山把这支部队视为最可靠的革命力量，经常派他最亲密的战友廖仲恺、朱执信到粤军中去送军饷和传送指示。

1920年8月12日，孙中山命令粤军誓师回粤，分兵三路出发，进攻陆荣廷等桂系势力。此时蒋介石并没有在军中，而是在家乡游山玩水，过得非常快乐。以陆荣廷为首的旧桂系军阀在广东横征暴敛，强行推出“以粤养桂”的政策，引起了广东人民的强烈不满。粤军趁机打出了“粤人治粤”“实行民主政治”的旗帜，得到了广东人民的热烈响应。粤军所到之处，人们热烈欢迎，军事进展非常顺利。但是孙中山最重要的军事智囊和助手朱执信却在9月21日在虎门炮台策动桂军归降时不幸遇害。迫于形势紧急，孙中山当机立断，任命蒋介石担任粤军第2军军长许崇智的参谋长。这一意外的提升，调动了远在家乡的蒋介石的积极性，他迅速动身，回到广东前线上任。

许崇智一向追随孙中山，是孙中山的重要军事干部，20多岁就被誉为“军界前辈”。蒋介石通过关系，与许崇智结为拜把子兄弟。许崇智对蒋介石非常器重，并多次在孙中山面前夸赞蒋。鉴于粤军中反对蒋介石的人很多，许崇智公开对各将领说：“服从许总司令就要服从蒋参谋长。以后凡总司令的命令，无论盖的是许崇智还是蒋介石的印章。都同样有效。”蒋介石到任第四天，许崇智因作战疲劳患病离军，陈炯明任命蒋介石为第2军前敌总指挥。10月22日，蒋指挥第2军攻克惠州。桂系军阀见大势已去，纷纷逃离广州。10月28日，广州市由起义的地方派军队魏邦平和李福林部接管。陈炯明率粤军回到广州。

> 许崇智旧照。在政治生涯上，蒋介石总是通过义结金兰来达到一定的目的。为了展现自己的才能，他费尽心机攀附许崇智，并与其成为结拜兄弟。为的是来日出人头地。

粤军收复广州后，蒋介石率粤军第2军追击粤西北一带桂军残部，但是不久，有些粤军将领就担心蒋介石反客为主，因此处处刁难，不听命令，蒋被迫于11月6日离职，返回奉化。

蒋介石的这次离职，仍旧是受到粤军各将领的排挤。许崇智和蒋介石本也是盟兄弟，蒋介石任第2军参谋长之初，许虽然在其高级将领会议上公开声称，各将领要服从蒋介石的命令。但在内心深处，许崇智和陈炯明一样不信任蒋介石，他们都看到了蒋的才干，想利用他帮助自己作战，但是他们骨子里都是军阀心态，都把军队当作自己的私产，决不容许其他人来分一杯羹。许崇智生病之初，让蒋介石带他的第2军，但病情一好，就马上想把蒋介石赶走。他自己不好直接回第2军向蒋介石夺权，就暗中指使第2军的其他将领不听蒋的命令，处处设置障碍，逼迫蒋介石离开。实际上，蒋当然知道第2军的将领为什么突然反抗自己。军队是别人的，自己无法中途插进去，也就只能悄然出走。蒋介石走之前还专门去见孙中山，把自己为什么要离开的事情解释了一番，并且提醒孙中山警惕陈炯明等人，多加防范。但是孙中山并不以为然，蒋介石在尴尬之下，只好心情抑郁地回家乡去了。

蒋介石在粤军中屡获提升，实际上主要得力于孙中山的赏识。陈炯明、许崇智、邓铿等人在蒋辞职期间，虽然也多次给蒋去电去函，用相当恳切的言辞要求他重出任职，但是实际上，这并不是他们的本意。孙中山当时的威望是相当高的，孙中山希望蒋介石重出任职，他们不便反对，只能附和。而蒋介石在粤军中其实始终没有什么实权，从作战科主任到第2军参谋长，其实只是小幕僚和大幕僚的区别，他还是光杆司令一个。蒋介石对这一点看得也很清楚，他知道粤军各将领不会让他有掌握军队的机会，他只是在“替他人做嫁衣裳”，所以后来干脆不干，返回奉化，整日忘情于山水，乐得逍遥自在。后来戴季陶还专程跑到溪口来劝他回去，但是二人很快就激烈地争吵起来，戴季陶后来一怒之下，拂袖而去。蒋介石事后感到自己有错，于是就给戴写了一封信，言辞恳切，检讨了自己的错误。

拜青帮老爷子为师

蒋介石深切地感受到了怀才不遇的滋味，感受到了被小人所嫉恨的滋味。他经常咬牙切齿地大骂陈炯明，同时也对孙中山和自己保持距离感到郁闷烦躁。春天来了又走了，一年又一年，蒋介石从参加辛亥革命时的24岁，弹指一挥间马上就到30岁了，却始终无法受到孙中山的信任，把他纳入革命的核心圈子，自己的理想抱负始终只是心中的凌云壮志，并不能得到施展。他怀念陈其美，也怨恨时光的无情。这段时期，他纵情上海滩，日子过得倒也惬意，但是他的内心却感到空虚和时光流逝所引起的烦躁郁闷情绪。

自从袁世凯死后，国际风云变幻，世界上也发生了一系列令人震惊的重大事件。1917年11月，十月革命爆发，布尔什维克在俄国夺得政权，建立了世界上第一个社会主义国家。孙中山虽然对十月革命和共产主义并不了解，但是凭着政治家的远见，他向被帝国主义列强孤立的新生苏维埃政权致电祝贺。

1918年，德国在第一次世界大战中失败。所有的中国人都满怀希望，要求中国作为战胜国收回清朝时被外国人占领的土地和给予外国人的特权，尤其是收回德国在山东的特权。美国总统威尔逊至少三次提出和平公正地解决战后问题，他的著名的“十四点计划”（1918年1月8日提出）号召要公正地调整殖民地政策，要考虑到人民的利益。但是他作为美帝国主义的代表，根本不会把中国人民的愿望放在心上。中国问题的焦点是山东半岛的主权归属问题，1898年德国强行占领了山东。在第一次世界大战中，日本也宣称对山东拥有主权。而当时的巴黎和会居然要把德国在山东的特权转让给日本。1919年5月，中国人民的愤怒情绪达到顶点，北京的学生们上街游行，强烈要求政府外争国权，内惩国贼。5月4日，愤怒的学生与反动政府的警察发生冲突，导致了大规模的游行示威，全国各地的学生纷纷声援，后来上海的工人也参加了进来。这就是著名的“五四”运动。

6月12日，北洋政府内阁成员被迫引咎辞职。6月28日，出席凡尔

∧ 在粤军中，蒋介石深感“替他人做嫁衣裳”，决然辞职，纵情山水。

∧ 1919 年 1 月,胜利的协约国集团为缔结和约，在巴黎凡尔赛宫召开会议。巴黎和会其实是“一战”后帝国主义列强为了重新瓜分世界的一场分赃大会,它并没有解决帝国主义之间争夺殖民地的矛盾。图为参加巴黎和会的王云五、顾维钧、丘吉尔、王世杰、胡霖（前排左起）合影。

∨ 1919 年 5 月 4 日，北京爆发了“外抗强权，内除国贼”的学生运动。“五四”运动是中国新民主义革命的开端，是中国由旧民主主义革命转变为新民主主义革命的转折点。

赛会议的中国代表，在未得到任何指示的情况下，拒绝在凡尔赛和约上签字。直到7月10日，代表们才收到政府的指示，但拒绝签字已成事实。"五四"运动取得了胜利。

1919年7月，苏俄人民外交部宣布了《第一次对华宣言》，受到中国人民的欢迎。它宣布苏俄政府将把沙皇时代割占的中国领土全部归还中国，中东铁路也将交还中国，苏俄放弃庚子赔款中的应赔偿给俄国的那部分，苏俄在中国的特权也将取消，而所有这些的交换条件只有一个：北洋政府承认新生的苏维埃政权。但是已经沦为帝国主义傀儡的北洋政府却不敢接受这个惊人的礼物，没有外国主子的同意，它不敢承认苏维埃政权。最后，产生了一个妥协的办法，这就是北洋政府宣布不承认沙皇政府。即使这样，那些外国主子仍不满意，但北洋政府决定不再后退了。

与此同时，"五四"运动也为中国聚集起了新的革命力量，促进了一些大大小小的具有社会主义倾向的革命团体的建立。各地的"共产主义小组"纷纷成立，其中的成员包括北京大学文学院院长陈独秀和图书馆馆长李大钊，他们两人后来都成为中国共产党的创始人。精力充沛、正在寻找救国之路的毛泽东当时是北京大学的图书馆助理员，他也积极组织和参加了共产主义小组。这些代表着中国未来的力量都聚集在北京，而他们的行动注定要让中国以后的革命焕然一新。而蒋介石此时对这一股新兴的力量一无所知，他在干着别的事情。

上海是冒险家的乐园，这个乐园里有战场、商场、情场和赌场，也有让许多人一夜暴富、一夜跳楼的股票交易场。当年蒋介石在上海这个"乐园"里也是各种事情都尝试过。包括加入在孙中山授意下创办的交易所。在陈其美被暗杀后，从1916～1922年之间的6年时间里，蒋介石如果感到不如意了，一般就会回到上海来观望新的时机。在此期间，他不但参加了证券交易所赚钱，拜了上海滩青帮老爷子黄金荣为师，而且娶了自己的第二个妻子陈洁如。蒋介石加入的这家交易所其实是在孙中山的授意之下创办的。在孙中山倡导的历次革命中，最让他头疼的事之一，就是缺少革命经费，于是他不仅在海外华侨中广泛募捐，和外国政府、商界频频接触，而且在辛亥革命中，有一次为了能从日本政府借钱，他甚至想把著名的汉冶萍公司抵押给日本，以致引起当时全国舆论哗然。1918年5月护法运动失败，孙中山被迫回到上海，在款项无处筹措的情况下，孙中山看上了在上海刚刚兴起的交易所，觉得交易所买空卖空，不花本钱，是革命党人筹措经费的最好办法。1920年秋，他命在上海的国民党人在上海筹设证券物品交易所，以筹措经费，救助牺牲的革命党人的家属和掩护革命工作。

但是上海证券物品交易所的真正创办人是上海滩文人虞洽卿。1917～1918年间，他就一直提出办理申请，直到1919年才得到农商部的批准。到1920年，上海证券物品交易所才正式开张。虞洽卿和包括孙中山在内的一些国民党人有着非常密切的关系，尤其和陈其美、张静江、戴季陶等人，关系更为密切，所以上海证券物品交易所开张之初，革命党人便参与了进来。

参加上海证券物品交易所的国民党人很多，最主要的是张静江和戴季陶，蒋介石虽也参加，但是他主要参与的是由张静江、戴季陶等共同组织的经纪人牌号“恒泰号”，并且参加的时间很短，因为这段时间，蒋介石主要是去广东从事军事活动，空闲时间不多，在上海待的时间并不很多，而且他的心思也并没有在经商上面。事实上，张静江等人也并不希望他多参与经商活动，他们认为他应该在广东的军事方面担当重任。这样等蒋介石发迹了，对大家都有利。因此，蒋介石的职责，经常就由陈果夫代理。

按照证券交易所的规定，交易所的经纪人要有殷实商号作担保，并交纳一定数目的保金才能参与业务。据说，蒋介石担任经纪人的经纪牌号是“恒泰号”，资本共有35,000元，1,000元一股，共35股，蒋介石的经纪人保证金是由张静江代交的，张还代他认购了4股恒泰股份。

交易所开张初期，由于所有成员都热情高涨，非常卖力，在当地赢得了很好的信誉，因此生意兴隆，门庭若市。整个股票行情也不断看涨，人们纷纷看好恒泰号。不到半年，利润就达到了50万元。蒋介石作为重要股东，自然分得了不少红利，他的手头一下子宽裕起来。著有《蒋介石全集》的秦瘦鸥称：“先生（指蒋介石）即离党部，只身留沪，无聊殊甚，偶遇同乡周佩箴，劝之习商。先生以既已闲居，不妨一试。时上海交易所正当全盛时代。先生乃从周略习其术，即于证券物品交易所充经纪人，出其优越之天资，周旋商场，每有测度，无不中的，而办事时精神勇毅，尤为他人所莫及。经营未及半载，迭获巨利，母子相加，竟达十数万元，俨然富商矣。”日本人石丸藤太也说蒋介石在投机事业上“也是一位常胜将军”，“一时被同志认为潦倒的蒋氏，竟在投机事业上成功”。蒋介石有了钱之后，生活上也恢复了以前的一些习气，就是在这个时候他认识了只有十几岁的陈洁如，穷追不舍，终于让陈成为他的第二个妻子。他还给粤军资助了一些钱，为家乡溪口武岭小学承担了开办经费。但是后来由于大家看到交易所的赚钱优势，于是纷纷开办自己的交易所，很快竞争就非常激烈，于是恒泰号很快就倒闭了，而且欠了大量的债务。蒋介石也一夜之间又变成了穷光蛋，而且背了一身债，整日提心吊胆，担心债主上门催要。他只好请青帮的黄金荣为自己疏通了解，然后在他们的资助下，悄悄地离开上海，一走了之。

在孙中山的心里，陈炯明要比蒋介石重要得多

蒋介石在上海滩过得花天酒地，依靠青帮，没人敢惹，和张静江等巨富称兄道弟，迅速暴富，而且又追到了15岁的少女陈洁如，让她成了自己的第二个妻子，但是却经常显出阴郁的神色，让周围的人感到害怕。政治和军事才是蒋介石真正的舞台。对于无职无权的蒋介石来说，接近权力、掌握权力才是他最大的梦想。因此他虽然大多时候在上海过得还算惬意，满足了很多个人的欲望，但是内心却感到空虚难耐。因为孙中山虽看重他的军事才能，但限于种种因素，并未重用他。这使得蒋介石负气难忍，一触即发。

对孙中山来说，一直苦于没有自己的独立军事力量，而粤军则给了他这个机会，是他领导的唯一的军事力量，因此对这支军队寄予了厚望。正因为如此，他对于带领粤军的陈炯明充满了信任和期待。在"援闽粤军"最困难的时候，他几乎是发动整个国民党的力量，支持"援闽粤军"维持和壮大起来。这些努力，使他获得了一定的成功，"援闽粤军"由8,000人发展到2万余人，并于1920年8月在福建漳州誓师，打回了广东。而孙中山也因此得以在桂系被逐出广州后，于1920年11月29日重新回到广州。他回广州后，立即成立军政府，组织召开非常国会，选举非常大总统。1921年5月4日，军政府解散，5月5日，孙中山宣誓就任非常大总统，随后任命陈炯明为内务部长兼陆军部长，伍廷芳为外交部长，唐绍仪为财政部长，汤廷光为海军部长，李烈钧为总参谋长，胡汉民为总参议兼文官长，马君武为总统府秘书长。

1921年6月27日，孙中山命令讨伐一直在干扰护法的桂系旧军阀。经过3个月的战斗，攻入广西，旧桂系陆荣廷势力垮台，陆被迫出洋。旧桂系垮台后，孙中山决定乘胜北伐，以便完成打倒北洋军阀的革命任务。1921年10月8日，孙中山催促非常国会通过了北伐案；12月4日，孙中山在桂林设北伐军大本营，命令粤、赣、滇、黔各军准备分路出师北伐。北伐军一共有13个旅，约3万人。1922年2月，北伐军北出全州，向湖南进军。

可是孙中山的北伐计划很快就陷入了困境。留守后方的陈炯明此时随着军队的增加、野心的膨胀，已经萌生了反叛之心。原来，当孙中山在桂林设北伐军大本营时，已和湖南军阀赵恒惕商定，北伐军可以借道湖南，直接进攻直系控制的湖北。这种远离后方的作战计划，马上遭到陈炯明的反对。陈炯明并不反对北伐，但他认为，两广刚刚平定，内部尚不稳定，

目前应该“保境息民”，待条件成熟，力量准备充足，再北伐不迟。而孙中山则想乘平定两广的余威，一鼓作气。从当时的形势看，陈炯明的看法实际上更为现实，所以也得到了当时在广东的一些知名人物包括陈独秀的支持，这使陈炯明在和孙中山对抗时更加自信。由于北方直系势力正盛，赵恒惕害怕孙中山北伐不成反给湖南引来兵火，又看实力在握的陈炯明反对贸然北伐，赵恒惕也就改变了允许北伐军假道湖南的初衷，不允许孙中山通过。同时，陈炯明还断绝了北伐军的粮弹供应。当实力派人物、陈炯明的表弟、粤军参谋长邓铿问他为什么不供应军火时，他回答说，蒋介石建议孙中山要撤他的职务，因此他不会帮助想对付他的人的。后来邓铿私下买了些军火打算送到前线去，但是被陈炯明发觉。他竟然指使部下刺杀了邓铿，并指使粤军不参加北伐。

借道湖南的计划失败了，孙中山不得已，于1922年3月26日在桂林召开紧急会议，会上蒋介石坚决主张先回广东稳定后方，然后再继续北伐。但是全国局势突然发生了变化，直奉战争爆发，为了顾全大局，多数将领都主张应该呼应，于是孙中山决定北伐军移师广东，改在韶关设大本营，由江西出师北伐。但是陈炯明依然坚决反对，他还向孙中山以辞职进行要挟。为了减少北伐的阻力，孙中山于4月21日只好下令免去陈炯明的广东省长、粤军总司令和内政部长三项任职，专任没有实权的陆军部长，由伍廷芳继任广东省长。陈炯明向孙中山辞职，其本意是进行要挟，迫使孙中山出面挽留。没想到孙中山竟然趁势赶他下台，二人的矛盾一下子便激化起来。为避免矛盾立即激化，陈炯明表面上完全服从，离开广州，返回老家惠州，但暗地里却在粤军中加紧了反叛活动。

孙中山之所以敢迫使陈炯明下台，是因为他把粤军当作自己的军队，认为自己在粤军中有足够的威望，陈炯明不能也不敢反抗。所以于1922年5月6日，他还亲自到韶关督师，并于5月18日发布了北伐总攻击令，任命李烈钧为北伐军总司令，许崇智为前敌总指挥，分兵三路向江西进攻。战争进行得很顺利，从5月末到6月初，北伐军接连攻克龙南、元镇、赣州、吉安，江西军阀陈光远一看抵挡不住，只好弃职逃走。

但是孙中山没想到陈炯明确实敢于反叛他，而且他自以为忠于自己的粤军主力竟然也会跟着陈公开反叛他。其实蒋介石很早就对他说陈炯明有野心、不可靠，但是他始终不相信。

当蒋介石在“援闽粤军”中时，就对陈炯明非常不满。原因很简单，就是他不想让有军事才能的蒋介石在自己的军队中发展壮大，待到羽翼

丰满时成为自己的竞争者。所以每当局势紧张时，陈炯明也和孙中山一样，一再给蒋介石发电，用恳切的言辞要他回去“共赴时艰”；而当紧张局势过去时，陈炯明就立刻改变了态度，要么让蒋介石成为无所事事的闲人，要么唆使蒋介石的部下和同僚，制造各种事端，把蒋介石气走。蒋介石在粤军中前后总共4年，当他1922年4月23日最后一次辞去第2军参谋长时，还是光杆一人。因此，蒋介石与陈炯明的矛盾很早就已经不可调和。

1920年11月，孙中山写了一封情真意切而又严肃的信给蒋介石，劝他留下来并努力与陈炯明搞好关系。起初，蒋介石还能听进孙中山的劝告，但他对陈炯明的不满还是有增无减。陈炯明未采纳蒋介石的意见，结果没有全部消灭桂系军阀。蒋介石愤怒之下，拂袖而去，前往上海。他打电话给孙中山，解释他离职的原因，但此时孙中山已无心思听蒋介石的抱怨了。在他看来，陈炯明已实现了他的目的，即将桂系军阀赶出广东，虽然桂系军阀还有残余势力，但是却已经无妨大局，孙中山决定返回广州，重建军政府。孙中山要求蒋回广州，履行自己的职责。蒋一气之下，回到老家溪口探家去了。

蒋介石由于和陈炯明长期共事，对陈炯明“外宽内忌，难与共事”的性格是相当了解的，对于陈炯明的想法和野心也非常清楚。1921年3月5日，蒋介石写信对孙中山说，“先生对于竞存（陈炯明字竞存），只可望其宗旨相同，不超范围。若望其见危授命，尊党攘敌，则非其人，请先生善诱之而已。”但是在孙中山的心里，很明显陈炯明要比蒋介石重要得多。

< 蒋介石旧照。掌握权力是蒋介石最大的梦想，可孙中山虽看重他的军事才能，却并不重用，这使得蒋介石负气在身，愤愤不平。

∧ 1922 年时的蒋介石。

陈炯明自从率“援闽粤军”打回广东后，孙中山就对他信任异常，把他看作自己的大功臣，给他的地位相当于辛亥革命前的黄兴和革命二年后的陈其美。所以，陈炯明除了继续任粤军总司令兼第 1 军军长外，回到广东后，又被孙中山任命为广东省长、陆军部长和内务部长，他的职务头衔甚至超过了孙中山。在国民党中，他掌握着军权，俨然一人之下，众人之上。

陈炯明★的权力野心其实由来已久。早在辛亥革命中，他当时就和胡汉民争权夺利。广东独立后，众人公推胡汉民为都督，陈炯明对此就大为不满，但是苦于那个时候自己力量还比较弱小，所以暂时忍了下来。等到 1920 年陈炯明带领粤军打回广东并进占了广西后，孙中山给了巨大的权利，让他身兼粤军总司令、广东省长、陆军部长和内务部长四职，可以说权倾一时，但这并没有让他满足，反而激起了他更大的权利欲。

与此同时，蒋介石却因为不断地提醒孙中山要注意陈炯明的野心，被认为有嫉贤妒能的嫌疑，因而和孙中山的关系经常处于不和谐状态。

广东的革命政府最愁的是缺乏经费问题，而征收关税是筹集资金的最佳办法。但问题是在北京的外国使馆和公馆不承认广东军政府，拒绝与之合作，而陈炯明也支持外国使馆的态度。正是这个原因，促使孙中山进行选举，以当选非常大总统。因为这样一来，就使得他和北洋政府的首脑一样，具有平等的法律地位。1921 年 1 月 12 日，在广州召开国会议员大会，进行投票选举。尽管代表不足法定人数，孙中山作为“革命之父”的威望使他相信，这样的选举依然是合法和有效的。4 月，国会议员选举孙中山为全国非常大总统。5 月 5 日，孙正式宣誓就职。

★陈炯明（1878～1933）

广东海丰人，粤系军阀首领。广东法政学堂毕业。1909年加入同盟会。1910年参与策划和发动广州新军起义。次年参加广州起义。1913年任广东都督，宣布独立，参加了讨袁、护国战争。1917年任粤军总司令兼广东省省长，1921年任广州中华民国政府内务总长兼陆军总长。桂粤战争后与吴佩孚、唐继尧等人勾结，阻挠北伐，妄图在广东建立军阀政权。1922年炮轰总统府，公开背叛革命。1925年经广州革命政府组织的两次东征，陈炯明所部被全歼，其逃往香港。

但是在这件事情上，蒋介石却再三劝告孙中山不要搞这个选举，因为这种选举未达法定人数，缺少法律效力；而且一旦南方联合瓦解，不再效忠政府，这种选举便毫无意义。蒋介石说，任何不同意见都应被考虑。1921年5月，蒋介石写信给孙中山，表示完全反对这个选举计划。他认为：广西的军阀还未彻底清除，西南部也还未得到控制，此刻没有时间进行选举。更何况，选举因议员不够法定人数而缺乏法律依据，他写道："在平息广西的叛乱后，我们可望继续向东北进军，直捣敌人的心脏。"他还充满信心地写道："统一全中国并非一个非常艰苦的任务。"在信的最后，他再次提醒孙中山不要轻信陈炯明。

当时踌躇满志的孙中山并未重视蒋介石的这封信。蒋介石没有参加平定广西的战役，6月14日他母亲去世，他立即赶了回去，一直待到11月他母亲安葬完毕。这期间，他除了几次返回广东外，大部分时间都在溪口。

但是蒋之所以仍然回到广州，一方面是由于孙中山再三催促，另一方面是他一直渴望有机会彻底铲除广西的残余桂军。

而陈炯明却在孙中山打算北伐时，和孙中山因为看法不同，而迅速对立起来。蒋介石在这个过程中已经屡次直言自己对陈炯明的怀疑，即使遭到了孙中山的冷遇也在所不惜。1921年9月13日，蒋介石由上海到达广州，随后到广西南宁见到了陈炯明，和他讨论粤军参加北伐的问题，发现他对孙中山的北伐计划颇具异议。由于这个时候孙中山还非常信任陈炯明，蒋介石从南宁回到广州向孙中山报告了陈炯明的情况后，发现孙中山根本就听不进去自己的话，于是觉得自己夹在孙陈两人之间，处境尴尬。他不能不向孙中山如实汇报自己对陈炯明的看法，但是汇报了孙中山反而觉得他是出于自己的利害和好恶，不利于革命队伍的团结和稳定。于是，蒋介石只好怀着满肚子委屈一走了之，先躲到香港，随后干脆来个眼不见心不烦，回了老家溪口，免得两头都不讨好。

在孙中山、廖仲恺、胡汉民、许崇智等人的多次电报催促下，直到1922年1月18日，蒋介石才回到桂林北伐军大本营。到了那里之后，他立即发现自己担负的仍是费力不讨好的差使。孙中山除了让他忍辱负重迁就陈炯明外，并不听从他的忠言。他向廖仲恺要求回后方办兵站，也没有得到允许。但是事情很快就变得明朗起来，先是陈炯明拒绝向北伐军供应军

∧ 1921 年，孙中山与宋庆龄在广州。

> 1922年春，蒋介石任粤军第2军参谋长时摄于广州。

火，进而还刺杀了孙中山派去做联络的邓铿。陈炯明暗杀邓铿后，蒋介石认为陈是在清洗内部，一旦陈炯明能够完全掌握粤军，必不听命。因此，认为“欲北伐成功，必先讨伐陈炯明”。

这次孙中山也被陈给激怒了，1922年4月21日，他下令免去陈炯明粤军总司令、广东省长和内务部长的职位，同时派蒋介石去广州向陈炯明解释，等蒋介石到广州时，陈炯明已经退避到了惠州。蒋介石看到孙陈矛盾已不可调和，于是在4月22日晚在三水向孙中山进言，要求孙中山采取果断措施，调动力量，进攻石龙、惠州，以便解除陈炯明部武装，消除陈炯明对北伐作战的威胁。

从当时的局势和孙陈的关系看，蒋介石的主张是非常高明的。但是，由于孙中山过于相信陈炯明，并没有采取行动。蒋介石看到局势已经到了这样的程度，自己无力扭转大局，便一气之下于4月23日向孙中山提出辞去第2军参谋长职务，并于当晚登上轮船返回上海。孙中山听说后，曾经亲自到蒋介石住所进行挽留，但是蒋介石已经下定了决心，挽留没有成功。

1922年4月23日，蒋介石离开广东后，依然时刻关注着广东的局势。他在5月25日致电汪精卫、胡汉民、廖仲恺、许崇智等人，对陈炯明的部队由桂林返回广州表示担心，强调要“先巩固后方，再图北伐”。6月1日，他又写信给许崇智，声称“非从速回兵解决广州根本，决无安全和平之道”。并说：“吾果能先发制人，则无论其集中东江，或盘踞省城，不难一网打尽，否则犹豫不决，迁延隐忍，必致有束手无策，噬脐莫及。”

6月1日，当孙中山带部分卫队返回广州时，也发现陈炯明有兵变迹象，但是他依然不相信陈炯明会背叛自己。事实上直到陈炯明的叛军炮轰他的总统府时他才相信了这个事实。此时孙中山除了发电报给远在溪口的蒋介石，要他前往广州外，并没有采取有力的防范措施。蒋介石知道孙中山依然相信陈炯明，自己去了形势也不会发生什么变化，所以不管孙中山如何电催，他既不拒绝，也不复电，只是静观时变。直到陈炯明发动兵变，炮击孙中山的总统府，孙中山逃上永丰舰，他才急忙从上海赶到广州，在白鹅湖上指挥海军和陈炯明对峙了50余天。陈炯明的叛变，使蒋介石得到了一次“临危赴难”的表现机会，更加受到孙中山的信赖，也成为他政治生涯中的转折点。

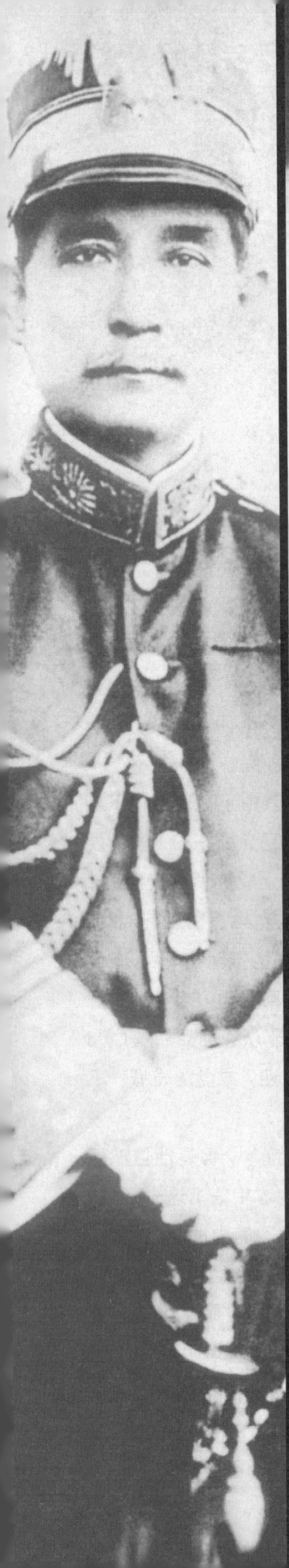

影像大扫描

IMAGE SCANNING

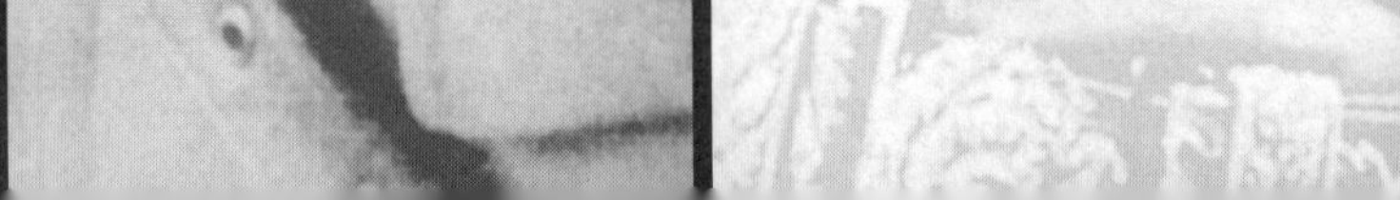

03

在广东为军事统帅

北伐风起云涌，陈炯明关键时刻叛变，蒋介石“临危赴难”，亲自到永丰舰护卫孙中山，与陈炯明对峙50余天。孙中山看到危难中不远万里，勇入虎穴的蒋介石时，心中的愧疚和感激一起涌上心头，感慨地说：“蒋君一人来此足当两万援军。”从那一刻起，蒋介石在孙中山的心目中的位置一下重要了起来。本来机遇垂青了蒋介石，他却一次次地以敷衍和不满来抵制。访苏归来，他直接回了溪口，仅以一份《旅俄报告书》敷衍孙中山。在众人争抢黄埔军校筹备委员会委员长的职务时，蒋介石宁愿待在家乡，看日出日落。军校筹建工作全面展开、人手缺乏的时候，他却突然向国民党中央提出辞呈，“拂袖而去”。在一次次的不合作中，蒋介石获得了黄埔军校校长兼粤军总司令的高位。

乱军中始终护卫在孙中山身旁

1922年6月16日凌晨时分，广州城北观音山麓的非常大总统府外面白云山、瘦狗岭等几个方向，如地动山裂般响起了隆隆的炮声。炮弹在总统府前和围墙边爆炸，震得粤秀楼也摇晃起来。随后号角齐鸣。非常大总统孙中山心里顿时猛然一紧：陈炯明真的叛变了！

当时，孙中山为了稳定局势，避免陈炯明产生疑忌，把服从自己的军队几乎全部派往了江西前线，只带领了500多人的警卫团坐镇广州。而陈炯明在广州控制的军队有25,000人之多。但是孙中山没有想到追随自己十几年的陈炯明居然真的叛变了。

早在6月13日，陈炯明的部队就开始在广州白云山一带宣布戒严。他手下的重要将领叶举等人也纷纷由东江回到广州。6月14日陈系人马在叶举的总指挥部召开秘密会议。6月15日孙中山派往惠州迎接陈炯明的廖仲恺在石龙被扣，局势陷入了最紧张危急的关头。

据说陈炯明、叶举等在召开秘密会议计划叛变时，曾经为谁先发难进行过讨论。当时陈炯明问："各位，谁愿意担任进攻总统府的重任？"各将领面面相觑，一言不发。后来陈炯明急了，鼓励大家说："谁先发难，就是首功！"但是依然没有人响应。

最后陈炯明只好下命令："既然诸位都不肯主动担当重任，我只好亲自来点将了。我命令湘军的洪兆麟部担任先行发难部队！"

原来这也是陈设计好的借刀杀人、一箭双雕的阴谋。洪兆麟的一支部队恰好就驻扎在观音山后，正好就近担任围攻总统府的任务，而陈炯明自己的军队则负责巡查街道，把守重要地段。陈炯明本人则在石龙坐镇指挥，等待消息，表面上装作什么都不知道的样子。如果湘军进攻总统府，孙中山不幸遇害，陈炯明就进军广州，装作为孙中山举哀，非常悲痛，然后发表通电，把杀害总统的罪名全部推给洪兆麟、李云复和湖南士兵，而自己则带兵作为复仇之师去围捕洪、李及湘籍军官，并趁机给这支湘军加上大逆不道的罪名，解散了事。事实上，洪兆麟向来在陈炯明面前就不驯服，现在也正好可以借机除掉他。

6月15日晚上10点左右，孙中山正在总统府内批阅公文，忽然电话铃声大作，孙中山拿起话筒，听见一个声音对他焦急地说："今晚粤军将有行动，请总统尽快离开总统府！"

由于这个电话是匿名的，孙中山认为是谣言，或者是陈炯明的手下

∧ 一生为人正直且真诚的孙中山，始终都不相信陈炯明会公然背叛自己。

有意在对他进行恐吓，所以不曾理会。半夜里，他的秘书林直勉、参军林树巍急匆匆地喘着气跑进来报告说："今夜可能陈炯明会采取行动，为了安全起见，请总统离开总统府暂时躲避一下才好！"

但是孙中山却说："我认为陈炯明虽然恶劣，还不至于敢叛变我。即使他有不轨打算，粤军那么多将领难道都会跟着他一起反叛吗？这些将领曾经追随我奋斗多年，而且将领中也不乏正直之辈，我想他们必然不会不明是非，听从陈炯明摆布的。"

林直勉着急地喊着说："总统，粤军本来就很蛮横，那些将领也人心难测，不可不防啊！如果他们真做出不利于总统的事情，那么我们就一点办法都没有了！"

孙中山说："我把在广州的警卫军都已经全部撤到韶关去了，这就表示我对陈炯明没有什么敌意。我这样待他，他即使对我有什么想法，也不至于发动叛变吧。如果他果真明目张胆，作乱谋叛，就是叛徒贼子，天下人人得而诛之。我身为总统，不能不重职守，如果临时退缩，屈服于暴力之下，岂不贻笑中外，污辱民国，轻弃人民之付托！”

林直勉等人见孙中山这样说，而且态度非常坚决，也就不敢再多说什么，只得暂时离开了。

在林直勉等人离开后，电话铃声又不断地响起来。拿起话筒，电话里的内容几乎都一样，都在向孙中山报告粤军很快将有行动的消息，并劝孙中山尽快离开总统府。林直勉等人也不断得到新的消息，于是赶紧再次报告孙中山，但是孙中山仍然不信。到了16日凌晨2点左右的时候，陈炯明手下一位忠于孙中山的军官从军营中跑出来，亲自到总统府来报信。他喘着粗气对孙中山说："粤军各营已经提前吃了早饭，约定立即发动叛乱。陈炯明还准备了现金20万元，来奖励杀死大总统的人。他并且向各军许诺，如果叛变成功，将放假三天进行庆贺。”孙中山默默地听着，没有说话，然后说："我还是不相信陈炯明会叛变。”

这时大本营陆军总长程潜*穿着军装，着急地跑到粤秀楼孙中山和宋庆龄的临时住处。“报告大总统，我刚刚从郑仙祠叶举的司令部出来。他们那里好像已经做好了叛变的准备。我本来打算劝他们效忠总统，顾及国家大局，不要擅自驻兵广州，威慑政府。可我发现陈军将领翁武亮、熊略、陈炯光、杨坤如等都集聚在那里，司令部里里外外都杀气腾腾。我看出叶举的辩辞纯粹是口是心非。另外，据确切情报，原来驻守淡水附近、陈炯明的18营湘兵，下午也已紧急调进广州，布置在东堤至观音山之间的要道上。我担心陈炯明这畜生会抢在大总统返回韶关之前下毒手。为了安全起见，我觉得大总统和夫人最好现在就离开总统府。”

***程潜**（1882～1968）

湖南醴陵人，国民党一级陆军上将。曾任国民党军第四路军总指挥、参谋总长。抗日战争爆发后，任第一战区司令长官、天水行营主任、代理总参谋长等职。抗战胜利后，任武汉行营主任、湖南省主席、长沙绥靖公署主任等职。1949年8月，在长沙通电起义。中华人民共和国成立后，任国防委员会副主席等职。

孙中山听罢，过了一会儿才以低沉的嗓音对大家说："我对陈炯明始终以诚相待，他决不会背叛我。"凌晨3点多的时候，总统府四周忽然响起了尖厉的号声，接着到处都是枪声，一切都已经无法挽回，陈炯明叛变的消息被证实了。众人这时一齐在孙中山面前跪下，带着哭腔劝谏说："大总统身负国家命运，万不敢半点意外，再不走就来不及了！"

孙中山依然非常镇定，他沉着地对大家说："陈炯明果然谋逆作乱，那么戡乱正是我的责任，我怎么能放弃职守、逃避责任呢？万一力不从心，我也只有一死殉国，以谢国民。"秘书林直勉、参军林树巍等人急得简直要自杀来劝谏，后来不管孙中山的意见如何，两人互相使了个眼色，连拉带拽，强行把孙中山带出总统府。

这时，总统府附近已经被粤军控制，到处都是他们的岗哨，对路人盘查得非常严格。林直勉等一群人目标过大，被叛军步哨盘查了好几次，但是最终都侥幸通过。孙中山一行人到了财政厅门前的时候，叛军的大队人马由东边冲了过来。孙中山的随从人员多受到盘问，无法通过。可是孙中山一个人却趁着天黑，混杂在叛军中间向前走去。在深夜里，叛军看不清人，只当是自己的同伴。孙中山步行到了永汉马路口，终于摆脱了叛军，于是他直接走进了设在海珠的海军总司令部。

海军总司令温树德此时已经知道了粤军叛变的消息，现在忽然看到总统一个人竟然出现在自己面前，于是非常高兴。

孙中山见到温树德后，面色平静地对他说："我们先上军舰去吧。"于是温树德赶紧率领高级海军军官陪同孙中山登上了楚豫舰，并紧急召集各舰舰长前来商量平乱之事。

到16日上午的时候，陈炯明的叛军已经控制了全市的交通要道，占领了各个重要机关。首先发难的洪兆麟以为孙中山还在总统府内，于是率领部队在黎明时分开始向总统府

∧ 20世纪20年代初孙中山、宋庆龄摄于上海。

< 曾任广州政府外交部长的伍廷芳。历经清和民国的伍廷芳是一位改革家，也是中国近代史上一个有代表性的人物，他对中西文明所先后采取的不同态度，对后人影响深远。

发起进攻。叛军先后组织了10余次冲锋，都被只有50多人的总统卫队用机关枪击退，叛军的死伤达到三四百人。叛军见仅靠步兵无法冲进去，于是就动用大炮轰击总统府，并且倒上煤油，放火焚烧粤秀楼的栈桥，以烧断总统府的出路。

由于寡不敌众，弹药也打光了，16日上午12点左右，总统卫队的官兵决定开始突围。卫士姚观顺、黄惠龙、马湘负责护送孙夫人突围。姚观顺突围时不小心腿部中弹，于是4个人只好在总统府后院藏起来。这时候，叛军已经冲了进来，情况非常危急，幸好叛军此时开始疯狂地抢夺总统府的衣物，于是马湘、黄惠龙趁机护送着孙夫人从第一公园的小巷里逃了出来。总统府卫士只有50多人，却能以少敌众，激烈战斗十几个小时，以自己伤亡1/3的代价，杀死叛军300多人，这个消息很快就在中外引起了轰动。

6月16日早上，外交部长伍廷芳和卫戍司令魏邦平到楚豫舰来见孙中山。孙中山随即命令魏邦平带领部队到大沙头集中，以配合海军恢复广州。他对伍廷芳说：“今天我要率舰队击破叛变的军队。否则中外人士一定认为我没有戡乱的能力，并且不知道我在何处。如果我潜伏黄埔，仅仅为了个人避难偷生，我将何以昭示中外？”伍廷芳同意这个想法，于是他迅速离开战舰，到广州要求各国驻粤领事严守中立。

当天下午，孙中山率领海军舰队的永丰、永翔、楚豫等七艘军舰从黄埔出发，经东歪炮台，来到白鹅潭水面，随即他下令各军舰向大沙头、白云山、沙河、观音山、五层楼等处的叛军开炮射击。下午5点，他又带领舰队向东航行，下令各舰用炮火击毙了沿途的几百名叛军，此后，叛军只要一见到军舰，就纷纷逃散。可是令孙中山感到失望的是，他发现市区里没有陆军的任何回应。原来，魏邦平手下的旅长陈章甫已经被叛军策反，因此没有策应海军。孙中山无奈，只好命令舰队驶回黄埔港。

孙中山随即把指挥部设在了黄埔。不过此时虎门要塞已经被叛军攻占。陈炯明看到海军在全力支持孙中山，于是便想收买海军。不过当时海军官兵都一心拥护孙中山，因此他们的收买没有奏效。

6月19日，由于形势发生了变化，孙中山不得不改变原定的北伐计划。他给北伐军的李烈钧、许崇智、朱培德、彭程万、黄大伟、李福林、梁鸿楷等将领都写了信，并命令他们迅速率军回广州，救援平乱，他自己则带领海军坚守广州。后来他就一直在永丰舰上进行指挥。

陈炯明见海军无法收买，于是又演了一出假求和的戏。他假惺惺地在信中说：

大总统钧鉴：国事至此，痛心何极，炯虽下野，万难辞咎，自十六日奉到钧谕，而省变已作，挽救无及矣。连日焦思苦虑，不得其道而行。唯念十年患难相从，此心未敢丝毫有负钧座，不图兵柄现已解除，而事变之来，仍集一身，处境至此，亦云苦矣。现唯恳请开示一途，俾能遵行，庶北征部队，免至相戕，保全人道，以召天和。国难方殷，此后图报，为日正长也。

孙中山严词拒绝了陈炯明的求和诡计。然后焦急地等待着李烈钧等人的援兵，但是他也知道他们此时根本无法立即回到广州。这个时候，孙中山不由得想起了蒋介石的直言进谏和种种好处，于是在6月18号用蒋纬国的名字发电报给蒋介石，以便保密。电报中孙中山要蒋介石火速前来广州。蒋介石一见电报，立即安排好家里的事情，于6月25日离开上海，4天后到达广州。一到广州，蒋介石就马不停蹄地赶到永丰舰，去见孙中山。

孙中山看到危难中不远千里、勇入虎穴的蒋介石时，心中的愧疚和感激一起涌上心头。据说陈炯明听说蒋介石到达广州后，惊惶失措。汪精卫在7月1日给蒋介石的信中说："……陈闻兄来，面色发青，说：他在先生身边，必定出许多鬼主意。"

从那一刻起，蒋介石在孙中山心目中的地位一下子重要起来。孙中山当时也确实是把他当作"救星"来看待的，他发自内心地说："蒋君一人来此足当两万援军。"随即孙中山把海上全权指挥的大权交给了蒋介石。蒋介石也立即向孙中山表示，在任何时候他都会保护在孙中山身边，以自己的生命来保卫他的安全。孙中山听了非常感动。舰上当时非常闷热，又缺乏食物和淡水。蒋介石对孙中山说："再这样下去，我们在舰上就会被饿死或者渴死，让我带人去岸上找些食物吧。"

> 蒋介石勇闯虎穴，救先生于危难中，孙中山对此说"蒋君一人来此足当两万援军"，可见对蒋介石的评价之高。

孙中山说：“岸上都是叛军，非常危险，你到晚上再去吧。一定要注意安全。”此后，每天晚上，蒋介石就带人上岸去找食物，天亮时就回到舰上睡觉，或者在甲板上巡查岗哨。

此时在江西前线北伐的各军，从6月20日后，也不断接到孙中山蒙难的消息。许崇智、李福林、朱培德决定迅速回师广州，讨伐陈炯明。他们决定粤军第2军、滇军（朱培德部）、福军（李福林部）及粤军第1师（梁鸿楷）分别由大庾、信丰向广东火速前进。其他各军则暂时驻守在江西。回师行动开始后，不料粤军第1师梁鸿楷带领部队走到信丰后，竟然连夜向惠州投奔陈炯明去了。第1师由邓铿手创，北伐进入江西后和许崇智等部一起作战，战功卓著，不料陈炯明叛变后，竟然归附了陈炯明。

当许崇智等将领火速向广州赶的时候，海军方面也出现了叛变。由于陈炯明的全力收买，海军司令温树德的态度开始动摇，各舰长也有了反常之心。7月5日，陈炯明再次派遣钟惺可假惺惺地到永丰舰上向孙中山求和。孙中山对钟说道：“陈炯明对我只有悔过自首，才可以言求和，因为他是犯上作乱，对乱臣贼子怎有言和可言。”其实陈炯明的求和是个阴谋，他打算利用求和的时间加紧收买海军。最终，海军的海圻、海琛、肇和三大舰终于被他收买，计划脱离孙中山的指挥。7月8日，孙中山得到了三大舰叛变的消息，于是下令各舰开往长洲要塞后方的新造村一带，以免被叛军封锁消灭。当天晚上11点，海圻、海琛、肇和三大叛变的舰艇离开了黄埔港。

由于海军的三个战舰叛变而去，平叛的力量骤然减弱，孙中山只好改变了依靠海军进攻叛军的打算，决心坚守长洲要塞。9日下午1点，鱼珠炮台的叛军钟景棠部向长洲要塞发起攻击。要塞司令马伯麟率领军队奋起还击，打死打伤叛军多人。可是没想到海军陆战队的孙祥夫部竟然在这个时候叛变了，并带领叛军攻上要塞，长洲要塞很快就被叛军占领。孙中山认为，长洲要塞失守，必须全力进攻东歪炮台，他说：“我们如往西江，必须经过中山、鱼珠各炮台，何况三大叛舰驻守沙路港口，正监视我们各舰行动，就算我们能冲过中山、鱼珠，三大叛舰也会阻挡我们，到那时岂不是进退两难。所以我们唯有出击东歪炮台，驶入省河，别无他途。”

7月10日凌晨2点，孙中山率领永丰、楚豫、豫章、广玉、宝璧等舰艇由海心冈开往三江口。当时天色已经开始亮了起来，各舰于是开始向东歪炮台的叛军阵地开炮轰击，叛军的炮火也不断反击。但是由于舰队的炮比较少，而叛军炮台上的大炮非常多，而且防守很严密，因此各舰虽然在不断炮击，却难通过炮台。孙中山见状，就对各舰舰长下令说："民国存亡，在此一举，今日之事，有进无退。"上午9点半的时候，孙中山亲自率领座舰永丰舰在前边开路，命令其他各舰随后向前跟进，一起向东歪炮台猛轰。舰队到炮台附近时，叛军早已准备就绪的两营野炮队立即从四面八方向各舰进行炮击，永丰舰瞬间被打中了六弹，船身剧烈地震动起来，其余各舰也都或轻或重地被炮火击中。

此时，孙中山就在枪林弹雨中，沉着地立在永丰舰的甲板上，率领各舰企图驶入白鹅潭。而蒋介石一路上也一直陪同在孙中山的左右。当永丰舰被炮火击伤后，蒋介石着急地对孙中山说："大总统还是返回船舱里吧，外面实在太危险！外面就由我来指挥吧！"此时孙中山才返回舱里，由蒋介石继续指挥其他战舰前进，一直驶入比较安全的白鹅潭。

白鹅潭水面有许多外国的军舰，陈炯明、叶举等担心不慎击中外国军舰，造成外交事端，因此就停止了对孙中山舰队的进攻。可是他们却并不甘心，而是想出了用水雷炸死孙中山的阴谋。一天，只听见白鹅潭水面突然"轰隆"一声巨响，却没有见到任何军舰被炸伤。原来这个水雷爆炸力很小，加上潮水涨满后，永丰舰的位置出现了偏移，才幸运地躲开了水雷。当时，执行爆炸任务的刺客很快就被水兵抓获，终于查出了陈炯明的阴谋真相。由于白鹅潭内有英、美、日等国的军舰往来，叛军的水雷自然会威胁到外国军舰的安全，所以各国领事纷纷向叛军提出抗议，陈炯明才停止了这种暗杀行动。

陈炯明在处于后方的广州发动叛乱，使得正在江西前线作战的北伐军一下子处于腹背受敌的困境。7月下旬，北伐军被迫分路向江西、湖南边境撤退，并企图回援广州。但是回师的北伐军第1师竟然投靠了陈炯明，海军中的三大巡洋舰也背叛了孙中山。至此，败局已经无法挽回。孙中山原来打算留在广州，以维持人心和军心，伺机打败叛军，现在，他看到没有什么结果，继续留在广州反而会有很多危险，于是在蒋介石的劝说下，他决定暂时离开广州，以便等待新的时机。1922年8月9日，孙中山在凄风苦雨中乘坐英国军舰去了香港，8月10日，他又换乘俄国的轮船返回上海，在这个过程中，蒋介石始终护卫在孙中山的左右。

对于这次事件，宋庆龄后来有详细的回忆：

6月16日凌晨2时左右，孙先生把我从甜蜜的睡梦中叫醒，让我赶快穿上衣服，并告诉我说，我们正处在危险中，一定要想办法冲出去。他已经接到一个电话，大意是陈炯明的部队即将向我们进攻；我们必须立即动身去一艘炮舰，可以在舰上指挥我们的人抵抗叛乱分子。

我想他带着一位妇女在身边很不方便，于是便催促他暂时把我留在后面。我说，对我这个普通眷属来说不致有多大危险。他最后才同意我的主张。但是，他当时定要留下我们所有的50个卫兵保护这所房子，然后只身离去。

他走后半小时，凌晨2时半左右，附近枪声响了。我们的房子在半山腰，由一条约一里路长的小道与观音庵的总统府连接起来，这条小道凌空穿过街道和房屋，像一座小桥。敌人

> “国母”宋庆龄，是20世纪最伟大的女性之一。

居高临下，从左右向我们开火，并大声喊着：“杀死孙文，杀死孙文！”在漆黑的夜里，完全看不见敌人。我们的小卫队只好保持寂静。在黑暗中，我只能辨出我们的卫兵蹲伏在地上。

拂晓，敌人用野炮射击，我们的卫兵开始用步枪和机关枪还击。我的浴室被击毁。我们这支小卫队伤亡已有1/3，但剩下的卫兵抵抗的意志更加坚决。一名勤务兵爬到高处，杀死了一大批敌人。到8时，我们手头的弹药越来越少了，于是我们决定停止射击，把剩下的弹药尽可能留到最后的时刻使用。

现在留在那里似乎也没有用了。队长建议我离开，卫兵们同意他的建议，答应他们这部分人留在这里，以便阻止敌人可能发动的追击……后来，据报道，50名卫兵全部牺牲。

为了躲避敌人，我们4个人，孙先生的外国随员鲍上校，两个卫兵和我自己，只携带着最必需的日常用品，沿着那桥梁式的小道匍匐爬行。敌人立即把火力集中到这条小道上来，飞来的子弹从我们耳边呼啸而过。尽管我们当时由于桥两边结实的栏杆而受到很好的掩护，子弹还是两次掠过我的鬓角，但我没有受伤。不久，到了栏杆已被炮火炸毁的一个地方，我们不得不猛冲过去。突然鲍上校大叫一声，血从他的腿上流下来。他的大腿被射中，一条大动脉被打断。两位卫兵架着他走。

经过几个钟头，我们才走完这条小道，进入总统府的后花园。到达那里半小时后，我们看见火光一闪，一段桥完全被炸毁了。联系完全断绝了。敌人的火力现在集中在总统府，我们不能还击，因为它四周是私人住宅；我们把鲍上校带到一间卧室，粗粗地包扎了他的伤口。

我看到他痛苦的样子感到很伤心，可是他却不停地安慰我，说："胜利总有一天是属于我们的！"

从早晨8时到下午4时，我们简直像葬身于炮火连天的地狱里。子弹从四面八方飞来。有一次，在我离开一个房间仅仅几分钟之后，房顶中弹，整个天花板坍塌下来。

下午4时，一直保持中立的师长魏邦平派遣一名军官同我们讲和并提出投降条件。我们的卫兵提的第一个要求是保证我的安全，那名军官拒绝做出保证，说他们没有权力指挥另一个人的军队；即使敌人的指挥官对这些士兵也无可奈何，因为他们到这时已完全疯狂起来了。我们的铁大门立即被毁坏了，我们面对叛兵们嗜血的刺刀和左轮手枪。他们猛冲，不是为了要消灭我们这几个人，而是要抢走我们手上那些包裹。我们迅速看准机会，跑进两股散兵游勇之中，各自夺路而逃。一股是逃跑的士兵，一股是抢劫的敌兵。我头戴鲍上校的大帽子，身披孙先生的雨衣，于是逃脱了。

一队敌兵从眼前迅速掠过，企图去抢劫财政部和海关督察署。我们从暴徒人群中择路而行，终于来到一条小巷，这时才算躲开了那些抢劫者。我已精疲力竭，要求卫兵打死我。他们没有这样做，一边一个架着我向前走……尸体遍地，有的是党员，有的是普通老百姓，他们胸膛开了花，胳膊被砍掉，腿打断了。我们曾看见两个人面对面地蹲在屋顶底下。就近一看、发现他们已经死去，眼睛还睁着。想必他们是被流弹打死的。

我们的路再一次被一伙从小巷跑出来的暴徒切断了。我们一行人互相悄悄传话说，我们应当直挺挺地躺在街上装死。这样我们总算躲过去了，后来我们爬起来继续赶路。卫兵劝我不要看那些尸体，怕我要昏倒。半小时后，枪声渐渐稀疏了，我们来到了一家小农舍。主人要赶我们出来，怕受连累。可是，就在这时候我晕倒了，他才没有这样做。

我醒来，发现卫兵用凉水敷我的头，替我扇扇子。突然一连串的枪声响了，一个卫兵跑出去看看外面的情况。屋内的一个卫兵冲过去关上了门。他告诉我，外边的那个卫兵被子弹打中，也许已经死了。

枪声平静下来时，我自己打扮成一个老农妇，同伪装成一个小贩的卫兵离开了这所农舍。我提着一个篮子，在路上拾了一些蔬菜带着。最后我们到了一个朋友家中，那天上午这里已被搜查过。继续赶路是绝对不可能的，于是我们就在这里过夜。

炮声通宵未停。最后听到炮舰开炮的声音，我们才大为宽慰。孙先生已安全无恙了。

……

第二天早晨，我仍然一身农妇装束，和另外一些人一起来到沙面，那里有另一位朋友，他是一个翻沙工人，为我安排了一艘小汽艇，我们乘这艘小艇来到岭南的另一所房子里，珠江上壅塞着挤满姑娘和物品的小船，她们是被送往安全的地方。

据说，两位相貌与我相似的妇女很不幸，被投进了监狱。当天下午我离开广州，我晚上留宿的那所房子又一次被搜查。

那天晚上，我经过一场出生入死的搏斗后终于在军舰上见到了孙先生。我们不久就化装前往香港。

陳逆之變介石赴難來粵入艦日侍余側而籌策多中樂與余及海軍將士共死生茲紀殆為實錄亦直其犖犖大者其詳乃未遑更僕數余非有取於其溢詞僅冀掬誠與國人相見而已余之知人之鑒不及豫寢逆謀而卒以長亂詒禍賊跌至今為烈則茲編之紀亦聊以志吾過且以矜吾海軍及北伐軍諸將士之能為國不顧其私其視於世功罪何如也民國十一年雙十節孫文序於上海

∧ 孙中山为《孙大总统广州蒙难记》作序。

陈炯明跟随孙中山十几年，在军事上一直是孙的得力助手之一。孙中山无论如何也想不到，陈炯明不仅背叛了他，而且还想置他于死地。陈炯明的叛变，也使孙中山数年的辛苦经营和满怀的希望一扫而空，被迫重新回到上海租界，去等待新的时机。对于陈炯明的叛变，孙中山认为是“祸患生于肘腋，干戈起于肺腑”，因而非常痛苦。1922年9月18日，他在上海发表的《致国民党员书》中说：“文率同志为民国而奋斗，垂三十年。中间出生入死，失败之数，不可缕指，顾失败之残酷，未有甚于此役者。”

在这段处于逆境的日子里，蒋介石一直追随在孙中山左右，忠诚不移，尽管他并不事事服从。事后，蒋介石很快写成了《孙大总统广州蒙难记》，记录了陈炯明叛乱期间长达62天孙中山的事情。10月4日，蒋介石还为《蒙难记》写了一个跋，他说：

此记为余极沉痛之作，付印尤为余所不获已也……广州叛乱，谋害总统之事实，其历历可数者不下六七次。至余所闻而尚未发现者，又不知凡几。叛逆之智，不为不足。今既事过境迁，如其苟为天地父母之所生者，应有天良。于此当悔昔日之非，幡然自新，以恢复其堕落人格之暇，奈何必欲置其十余年父事师事之长上于死地，而后甘心乎？

呜呼陈逆！即使汝能谋害总统一人，其能谋害三百万之党友乎！即能掩盖中华民国四万万国民之耳目，其能抹杀汝遗臭万年之历史乎？……

孙中山看后，非常感动，亲自为《蒙难记》写了一篇序，序中说：“陈逆之变，介石赴难来粤，人舰日侍予侧；而筹策多中，乐与予及海军将士共死生。”

孙中山也因为这件事情终于认识到，此前曾给予他良好建议并一直坚定不移地支持他的人，不是别人而正是蒋介石。此后，孙中山认为蒋介石对于自己是“如身之臂，如骖之靳”。他还赞扬蒋介石说蒋“昂昂千里之资，虽夷险不测，成败无定，而守经达变，如江河之自适，山岳之不移”。在写给蒋介石的信中，孙中山说：“兄能代我在军中多持一日，则我之信用可加多一日。”这些资料都被蒋介石很好地保存起来，经常拿出来，以便显示自己和孙中山的特殊关系。

从此蒋介石开始了自己飞黄腾达的人生道路。

国共合作为蒋介石提供了天赐良机

随行孙中山左右的蒋介石，神色谦恭，小心谨慎。他现在很少同孙中山争吵，反而经常有意识地安慰孙中山。他目光中的浮躁之气似乎在经历了生死的考验后一下子给蒸发掉了。他走路时还是看着远方，但是

∧ 1921年12月23日，孙中山与马林在广西桂林独秀峰下桂王府会晤。图为当年会晤地。

∧ 1921年7月1日，中国共产党第一次全国代表大会在上海市兴业路76号（当时的法租界）召开。

已经不再咄咄逼人，而是多了一份从容和自信。他甚至经常会莫名其妙地流露出一丝令人难以觉察的笑容。虽然孙中山的革命事业现在处于巨大的低谷之中，但是对于蒋介石个人来说，却是人生境运开始蒸蒸日上的转机。他现在是民国之父最信赖和最亲近的人。每当想到这一点的时候，他在心里都会长舒一口气，同时告诫自己不要把这种得意流露出来。

如果没有孙中山以非凡的胸怀和魄力做出的联俄联共主张，那么就不会有中国革命形势的蓬勃发展，就不会有黄埔军校的诞生。而蒋介石的崛起，也许永远也没有条件实现。蒋介石正是很好地利用了这一历史性的机遇，从而在几年之内，就从一个前途渺茫、屡受排挤的军人，转变为统一中国的一代枭雄。

陈炯明的叛变，对于孙中山是一生中最大的打击，他的头发一下子白了许多。孙中山来到上海后，住在法租界附近一幢二层楼上，很长时间心情都非常沉重。据马湘回忆："此次孙中山来到上海，心情苦闷极了。他不出门，也很少同别人说话，甚至楼都难得下。每当他在楼上不停地踱步，宋夫人总是不让我们打扰他。"在饱尝失败的痛苦后，他对自己领导的革命进行了深刻的反思，对过去提出的以旧三民主义为代表的政治路线进行了系统的历史的批判，意识到只有把反对满清的民族主义调整到反对帝国主义的立场上，只有发动最广大的民众参加革命，才能真正推动国民革命的进行，才能最终打倒列强和军阀统治。他同时感到，只靠国民党来进行革命，是难以成功的，而十月革命的成功则让他看到了新的希望。十月革命后才建立起来的中国共产党，短短一年时间，已经迅速成为中国政治舞台上的重要政治力量，这让他看到了把希望变成现实的途径。苏联这时候也对孙中山和国民党采取了积极的帮助和合作态度。

早在1918年7月4日，苏维埃政权刚成立不久，苏俄就宣布，苏俄单方面废除历代沙皇与中国及以中国为代价而与日本和其他国家签订的协议和不平等条约。1920年9月27日，苏俄正式发表第二次对华宣言，并正式通知了北京政府。

这一系列友好的声明深受中国人民的欢迎，但是最初，苏俄只把孙中山和他的国民党看作南方的一个小集团，并不重视。苏俄当时的主要联系对象还是北洋政府，但是北洋政府受到西方列强和日本的控制，各届北洋政府都拒绝了苏俄的善意，于是，苏联领导人转而决定发展与国民党的关系。

苏联派往中国的第一个代表是斯内弗利特，化名为马林，他以旅游者的身份于1921年春来到中国。1921年底，在共产党人李大钊的引荐下，孙中山在桂林约见了苏联代表马林。马林向孙中山提出了两点建议：要建立一个能联合各阶层尤其是工农群众的政党；要有革命的武装和革命军官学校。

这次和孙中山的见面，使马林认识到国民党才是中国民族主义力量的主要代表。回到莫斯科后，马林向苏联领导人提出了一项重要的建议，中国共产党应加入国民党，和国民党结成联盟，同时在内部对国民党进行改造，二者联合起来，共同完成中国的反帝反封建任务。同时，苏联领导人也接到了十月革命后派往中国的另一个苏联代表的报告，这个报告主张与北方军阀发展关系。最终苏联采纳了马林的建议。

共产国际在这个时期也起到了重要的推动作用。在马林和共产国际的代表魏金斯基的推动下，中国各地分散的共产主义小组，于1921年7月23日举行了中国共产党第一次全国代表大会，正式成立了中国共产党。

1922年8月，马林与孙中山在上海举行了第二次会谈。马林认为孙中山应该学习共产党的群众宣传和群众组织等经验，并正式向孙中山提出建议，认为中共党员应加入国民党。孙中山此时也认识到国民党力量过于弱小，于是欢迎共产党员以个人身份参加国民党。

1922年8月，苏联原驻柏林大使越飞代表苏联，到上海与孙中山进行进一步的会谈。而越飞和廖仲恺在日本的会谈也让国民党左派放下了疑虑。越飞针对廖仲恺的担心说，在中国实行共产主义还是非常遥远的事，因此廖仲恺不必担心，可以依旧去宣传三民主义。而共产主义者是三民主义者的好朋友。越飞还对廖仲恺说："以往中国的革命，过于借重军阀之力，因而常导致失败。国民党必须组织培养自身的军队。"

廖仲恺听后觉得很有道理。会谈后，廖仲恺与越飞达成协议，苏联政府每年向国民党提供200万元的援助，其中70万元用于军官学校。苏联将帮助国民党建立军官学校，并参照托洛茨基所订立的红军制度来建立这个军校。

廖仲恺由日本回国后，向孙中山汇报了会谈的经过，从此就成为孙中山联俄工作的急先锋。孙中山和苏俄的关系越来越亲近，马林每周有三四次机会去见孙中山。苏联政府对孙中山说，苏联准备派第一批军事顾问5人，由苏联驻华武官阿纳托里·伊里奇·格克尔带领来到中国。1923年1月26日，孙中山和苏联发表了《孙文越飞联合宣言》：

∧ 1923年，孙中山亲赴东江督剿陈炯明。

越飞君此次在沪，曾与孙逸仙博士谈数次，关于中俄关系各重要事件，意见一致，而以下列数端尤著：

一、孙逸仙博士以为共产主义组织甚至苏维埃制度，事实上均不能引用于中国，因中国并无可使此项共产主义或苏维埃制度实施成功之情形存在之故。此项见解，越飞君完全同感，且以为中国最重要最迫切之问题，乃在民国的统一之成功，与完全国家的独立之获得。关于此项大事业，越飞君并向孙博士保证，中国当得到俄国国民最挚热之同情，且可以俄国援助为依赖。

二、为明了此等地位起见，孙逸仙博士要求越飞君再度切实声明1920年9月27日俄国对中国通牒中所列之原则。越飞君当即重新确认此项原则，并向孙博士切实宣称：俄国政府准备且愿意根据俄国抛弃帝政时代对华一切条约及强夺权利之基础，另行开始中俄交涉。上述各条约中，包括关于中东铁路之各项条约及协定在内（关于此路之管理，上述通牒中第7条曾特别叙述之）。

三、因承认全部中东铁路问题，只能于适当之中俄会议始克满意解决，故孙逸仙博士以为就目前的实际情况，宜于该路之管理之上，觅一相当办法，且与越飞君同意现行铁路管理法，只能由中俄两国政府不加成见，协商暂时改组。但不得损害两方之真实权利及特别利益。同时，孙逸仙博士以为此点应与张作霖将军商洽。

四、越飞君向孙逸仙博士切实宣称（孙博士对此层完全满意）：俄国现政府决无意无欲在外蒙实施帝国主义政策，或使其脱离中国之意思与目的。孙博士因此以为俄国军队不必立时由外蒙撤退，缘为中国实际利益与必要计，中国北京政府庸弱无能，无力阻止因俄兵撤退后白俄反对赤俄之阴谋与敌对行为之发生，而酿成一种较目下尤为严重之局面。

越飞君与孙博士以最为亲挚与有礼之情形相别，彼将于离日本之际，重来中国南方访问，然后赴北京。

1923年10月6日，苏联政治局委派工作出色的鲍罗廷来进行这项工作。

虽然双方主要领导达成了合作的意向，但是要分别统一共产党和国民党内部的思想并非一件容易的事情。在这个过程中，中国共产党和孙中山分别作出了非常大的努力。

当时，大多数共产党员只赞成民主革命的联合战线，不愿加入国民党。

这个时期，南方的形势也发生了有利于孙中山的变化，也为国共合作创造了更好的条件。在广东兵败后撤往福建的许崇智率领部队攻克了福州。孙中山非常高兴，于是调兵遣将，决心夺回广州根据地。9月，孙中山把北伐军改名为讨贼军，任命许崇智为总司令，蒋介石为参谋长，黄大伟、许崇智（兼）、李福林为第1、2、3军军长。10月25日，孙中山派邹鲁到香港联络滇军杨希闵，桂军刘震寰、沈鸿英等部，同时写信给湘军鲁涤平、蔡钜猷，约请他们联合讨伐陈炯明。12月，许崇智部从福建出发，开始向广州进军（称东路讨贼军）。1923年12月，形势非常好，讨贼军已经兵临广州城下。这个时候，广西军阀刘震寰也宣布加入孙中山的讨贼军，孙中山于是任命他为西路讨贼军司令。刘部很快也攻到了广州城下。1923年1月16日，各路讨贼军打败了陈炯明的军队，胜利进入广州，陈炯明仓皇逃往惠州。

蒋介石虽然担任了参谋长这一要职，但是在战争期间，他始终和其他将领冲突不断，于是两次离开了前线。

1923年2月21日，孙中山第三次回到广州，宣布出任中华民国军政府大元帅。孙中山知道蒋介石不在广州，但是依然任命他为大本营参谋长。蒋介石并不热心，拖延了一段时间才到广州上任，但是在收复韶关后，又认为内部倾轧激烈，任性地跑回了上海。

在这段时期，孙中山所做的两个主要工作：一是决定接受苏联和中共的帮助，改组国民党；二是着手建立现代化的军校。

1923年4月10日，孙中山任命陈独秀为大本营宣传委员会委员，委员会推举陈独秀为委员长，中共中央也因此由上海迁到广州。为了促进国共合作，中共中央于6月12日至20日在广州召开了第三次全国代表大会。

中共“三大”的中心议题是党员加入国民党的问题，马林、陈独秀等人主张共产党员应全体加入国民党，在工人群众中也应发展国民党的组织；张国焘、蔡和森等人反对全体共产党员都加入国民党，尤其反对在工人群众中发展国民党的组织。

马林说：“中国的劳动运动太软弱无力，实际上等于没有。中国共产党是人为地组织起来的，而且也产生得过早。目前在中国只能发展国民运动。国民党是代表国民运动的，但是它必须进行改组。现在我们有了改组国民党的机会，也有了这种可能。共产国际以为国民运动是当前中国共产党的中心任务，苏维埃俄国应该支持国民党。因此，中国共产党人一定要集中自己的力量改组国民党，在国民党内工作和发展国民党。除了马克思主义的宣传教育工作之外，中国共产党的一切政治宣传工作都应当在国民党内进行，全国的工人都必须参加国民党。只有在国民党内的工人阶级觉悟提高之后，才能产生国民党左翼。只有到那个时候，一个真正的中国共产党才能形成。中国革命运动只能这样发展。现在就企图建立一个独立的、群众性的共产党是一种梦想，我们的团体还一直这么小，谈不上是一个政党。几乎没有工人党员，党组织只在一些大城市的工会里与工人有些联系。”

∧ 1924 年时的毛泽东。

陈独秀在报告中说，中共中央决定劝说全体党员加入国民党。他说党的政治主张有了重大改变，以前党的政策是唯心主义的。张国焘、蔡和森等人，担心共产党加入国民党而削弱自己的势力，因而反对参加国民党。马林则坚持：“所有共产党员没有例外地都应加入国民党，并在国民党内积极工作，一切工作归国民党。”与会者多数则反对张国焘等人的观点，也不全部接受马林“一切工作归国民党”的观点。

毛泽东则认为，湖南工人数量很少，国民党员和共产党员更少，可是满山遍野都是农民，因此，任何革命，农民问题都是最重要的。

大会经过长时间的讨论，最后就进行表决，以 21 票赞成、16 票反对通过陈独秀起草的《关于国民运动及国民党问题的决议案》。《决议》决定全体共产党员以个人名义加入国民党，实现民主统一战线。共产党员加入国民党后，仍旧保存共产党组织，并须努力从各工人团体中，从国民党左派中，吸收真有阶级觉悟的革命分子，渐渐扩大共产党组织，谨严党的纪律，以建立强大的群众共产党之基础。并须努力扩大国民党的组织于全中国，使全中国革命分子集中于国民党，以应目前中国国民革命之需要。

∧ 鲍罗廷（右）旧照。1923年鲍罗廷来到中国，受到孙中山的热烈欢迎。在中国的4年中，鲍罗廷协助国民党改组，促成第一次国共合作，并为开办黄埔军校和创办国民革命军作出了努力。

孙中山在统一国民党内部思想方面也作出了巨大的努力。

1923年9月，苏联派老布尔什维克鲍罗廷担任孙中山的军事顾问。孙中山授予他很大的权力，任命他为国民党组织教练员，参与所有最重要的会议，接触最核心的政治文件。在鲍的推动下，国共合作改组国民党的步伐明显变快了。

国民党召开了恳亲大会，对国民党员耐心地进行思想动员。10月19日，孙中山委派廖仲恺、汪精卫、张继、戴季陶、李大钊5人为国民党改组委员，负责办理本部的改组事宜，接着又聘请鲍罗廷为临时中央执行委员会顾问，并请他起草国民党的章程。

但是国民党内部却产生了巨大的分歧。国民党右派使用各种手段反对国共合作。11月29日，邓泽如和包括在陈炯明叛变时曾经护卫孙中山逃出总统府的林直勉等11人以国民党广东支部的名义，上书孙中山，说共产党是要把国民党变成共产党，是一个阴谋，并对苏联帮助国民党改组的动机表示怀疑。孙中山大怒："我国革命向为各国所不乐闻，故尝助反对我者以扑灭吾党，故资本国家断无表同情于我党，所望为同情者只有俄国及受屈之国家及受屈之人民耳。……此稿为我请鲍罗廷所起，我加审定，原为英文，廖仲恺译之为汉文。陈独

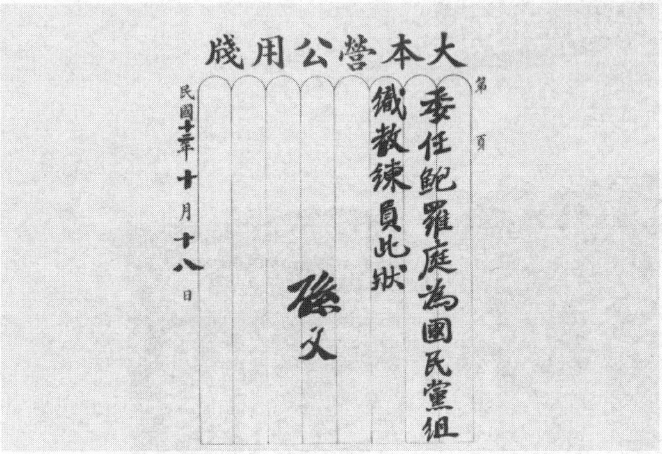

大本營公用牋

第 頁

委任鮑羅庭為國民黨組織教練員此狀

孫文

民國十二年十月十八日

∧ 孙中山亲笔签署的给鲍罗廷的委任状。

秀并未与闻其事，切不可疑神疑鬼。”在一次会议上，冯自由站起来对孙中山说：“总理，我名自由，我想自由发言，希望总理尊重我的自由！”孙中山看了看冯自由，说道：“你想说什么，尽管说吧！”冯自由说道：“如果我们把国民党改组成中国的第二个共产党，把中华民国统一成第二个苏维埃，这样的革命即使成功，我们也不希望！”孙中山针锋相对地回答说：“啊，冯自由，这就是你的自由呀？放心好了，我可以尊重你的自由。你们若不赞成改组，可以退出国民党呀！这是你们的自由啊！你们若不赞成改组，又不愿退出国民党，我将来可以解散国民党，我自己一个人去加入共产党，这也是我的自由！”

国民党左派则坚决支持孙中山的政策。廖仲恺说：“民国成立已经十余年，孙先生的三民主义还不能够实现，这明明是党的组织问题。我可怜孙先生奋斗一生，还未能够实现他的主义，所以非把国民党改组不可。我为国家，为本党，无论何人反对，我皆不畏，既击我杀我，亦在所不恤。”

孙中山于是授命廖仲恺改组国民党，并写信给国民党全体党员说：

兹委廖君仲恺、邓君泽如召集本党特别会议，商量本党改组问题，悉心擘划，务期党基巩固，党务活动，以达吾人之宗旨目的。本总理有厚望焉！

∧ 国民党“一大”会场。国民党“一大”的召开，标志着国共第一次合作的成功开始，此次合作为中国革命的深入发展、为打倒北洋军阀奠定了坚实的基础。

廖仲恺没有辜负孙中山的期望与重托，在他的主持下，改组国民党的进程有条不紊地进行着。

1924年1月20日上午，中国国民党第一次全国代表大会在广州的广东高等师范学校礼堂开幕。孙中山担任大会主席。大会通过了由孙中山提名的胡汉民、汪精卫、林森、谢持、李大钊5人为大会主席团。孙中山致辞：

今天在此开中国国民党全国大会，这是本党自有民国以来的第一次，也是自有革命党以来的第一次，我们革命党用了30年工夫，流了许多热烈的心血，牺牲无数的聪明才力，才推翻满清，变更国体，但在这30年中，我们在国内从没有机会开全国国民党大会，所以，今天这个盛会，是本党开的第一次，也是中华民国新纪元。

下午，孙中山又发表了题为《中国之现状及国民党改组问题》的演说：

此次改组，就是从今天起重新做过，古人有言，以前种种譬如昨日死，以后种种譬如今日生。由今日起，将13年前种种可宝贵、最难得的教训经验来办以后的事，以前有种种力量创设民国，以后便有种种力量改造政府，由今天起，按照办法条理，合全国而为一，群策群力，努力而行，则将来成功必定更大。

孙中山又向大会提出《中国国民党第一次全国代表大会宣言》案。他说：这个宣言系此次大会之精神生命。此宣言，今后即可管束吾人之一切举动，故须详细审慎研究。大家通过后，不能随意改变，都应遵守，完全达到目的，才算大功告成。

大会通过的《中国国民党第一次全国代表大会宣言》正确地分析了当时的中国国情，重新解释了三民主义，确定了联俄、联共、扶助农工三大政策，明确地提出反对帝国主义的口号。

李大钊在大会上发言说：

我等之加入本党，是为有所贡献于本党，以贡献于国民革命的事业而来的，断乎不是为取巧讨便宜、借国民党的名义作共产党的运动而来的。我们加入本党的时候，自己先从理论上事实上作过详密的研究。本党总理孙先生亦曾允许我们仍跨第三国际在中国的组织，所以我们来参加本党而兼跨固有的党籍，是光明正大的行为，不是阴谋鬼祟的举动。不过我们既参加了本党，我们留在本党一日，即当执行本党的政纲，遵守本党的章程及纪律；倘有不遵守本党政纲，不守本党纪律者，理宜受本党的惩戒。我们所希望于先辈诸同志者，本党既许我们以参加，即不必对于我们发生猜疑，而再在加以防制。倘认为我们参加本党为不合，则尽可详细磋商，苟有利于本党，则我们之为发展本党而来者，亦不难为发展本党而去；唯有猜疑防制，实为本党发展前途的障害，断断乎不可不于本党改造之日明揭而扫除之。

李大钊的发言感动了许多人，对会议的成功起到了重要的作用。后来绝大多数的发言都反对右派的反动提案。廖仲恺发言说：

吾人第一要问：我们的党是什么党？是不是国民党？第二要问：我们的党是否有主义

∧ 孙中山、李大钊等步出国民党“一大”会场。

的？是否要革命的？如果对于我们的主义能服膺，革命能彻底，则一切皆可不生问题。此次彼等加入，是本党一个新生命，诸君如果不以为然，请先闭目静想其意何居？彼等亦不是来拖累我们的，是与我们同做国民革命工作的，请大家思之，重思之。

会议表决通过了《中国国民党总章》，挫败了方瑞麟等右派分子反对孙中山的联共政策的企图。

大会决定保留孙中山为总理，同时实行委员制，并选出中央执行委员24人，候补中央执行委员17人。其中共产党人李大钊、谭平山、于树德被选为中央执行委员，林伯渠、毛泽东、沈定一、瞿秋白、张国焘、于方舟、韩麟符为候补执行委员。

第一次国共合作自此成功开始，为中国革命的深入发展、为打倒北洋军阀打下了坚实的基础。

回国后，对苏联非常失望

1923年的一天，孙中山突然把蒋介石召来，兴冲冲地对他说：“我们决定联俄联共。苏联方面已经提出愿意大力帮助我们。他们答应帮助我们建立一所军官学校。你是军人出身，我决定派你带队去苏联考察一下，看看他们革命成功后的党的体制以及政治和军事组织状况。最好说服他们对中国革命进行进一步的帮助。”蒋介石沉默了一下，然后说：“好，我一定满载而归。”

1923年8月5日，蒋介石在上海与马林商谈了出访苏联的具体安排。9月2日，蒋介石

★列夫·托洛茨基（1879～1940）

俄共（布）党内反对派领袖，国际共产主义运动中机会主义代表人物之一，第四国际建立者。1927年被开除出党，1932年被取消苏联国籍。1940年3月于墨西哥遭暗杀。

率领“孙逸仙代表团”正式前往苏联，进行考察，并学习革命经验。随团的团员有沈定一、张太雷、王登云。代表团一共在苏联考察了3个月。当时，为了避免帝国主义和北洋军阀制造麻烦，对外的说法是蒋介石到欧洲去游历。由于当时列宁身患重病，蒋介石没有见到列宁，只拜会了托洛茨基★以及苏维埃主席加里宁等重要人物。同时，蒋介石还兴致勃勃地考察了红军的训练情况，参观了一些军事学校，访问了一些工矿企业。11月29日蒋介石一行离开苏联，并于12月15日回到上海。

蒋介石后来说：“对于我们代表的参观和考察，无论其党政军各方面，到处都表示热烈的欢迎，并恳切接待。”（蒋介石《苏俄在中国》第268页）但是回国后，蒋介石对苏联得出了与事实截然相反的结论，对他在苏联目睹的苏联革命非常失望和不满。在莫斯科时，他读到一份共产国际关于国民党的文件，立即说道：“我太绝望了！看看它都说了些什么？这么忽视一个友好的党，它怎么能成为世界革命的中心呢？”后来蒋介石在文章里解释了自己对苏联失望的原因。

当时在共产国际的执行委员会里，蒋介石乐观地认为，以孙中山的三民主义为思想基础的中国革命运动，将在两三年内取得成功。因此，他认为共产国际并不了解中国革命的性质，并且建议共产国际多派些人去中国进行实际考察。蒋介石和苏联的一些部长及一些地方官员进行了会谈，并且参加了莫斯科苏维埃全体代表大会。在会上，蒋介石受到了热情的欢迎。但是他得出的结论却是，苏维埃政权是专制暴政。

领土问题也导致了蒋介石对苏联的失望和不满。在前一年元月份的《孙文越飞联合宣言》中，苏联代表明确表示，苏联“无意继续奉行在外蒙古问题上的帝国主义政策，也无意使它脱离中国”。但是，当蒋介石和苏联外交人民委员齐契林谈到这一问题时，会谈却总是会“无结果而散”。

< 孙中山与廖仲恺在一起。

∨ 1923年6月，蒋介石摄于广州。

托洛茨基请蒋介石转告孙中山：“苏联将支持他的民族革命，将给予积极的军事和经济援助，但是苏联不会直接出兵。”

蒋介石还一直认为苏联将会成为新的帝国主义。他认为中苏合作的基础非常脆弱，一旦苏联强大起来，就会恢复沙皇时代的帝国野心。蒋介石在返回上海的途中，把自己的这些想法写了下来。回国后，蒋介石并没有首先去见孙中山复命，而是先回了老家溪口，只给孙中山交了一份《游俄报告书》敷衍了事。

孙中山认为蒋介石这样做是目无纪律的表现。1923年12月24日，孙中山发了封电报给蒋介石，说他这次的苏联考察事关重大，应该尽快回广东向他报告具体情况，并详细制订一份中苏合作计划。孙中山还对蒋介石说，他尊重蒋介石关于政治形势的意见和建议，但是希望到广州后详细商谈。

蒋介石只好很不情愿地回到了广州。他对孙中山说，在去苏联之前，他认为苏联对国民党的帮助是真诚的，但是，苏联之行让他感到失望。

孙中山认为蒋介石的建议是不成熟的。他认为，目前的革命形势迫切需要国共合作，需要得到苏联的援助，合作成功，就联合起来进行北伐，北伐胜利后，就可以实现三民主义。

蒋介石回到广州后不几天，国民党第一次全国代表大会在广州隆重召开。但是并没有被入选由41名中央执行委员和候补执行委员组成的中央委员会，这让蒋介石感到非常不满，感到自己受到了孙中山的冷落。

其实孙中山并没有忘记蒋介石，而是给了他一个具有巨大发展潜力的差事。1月24日，在国民党第一次全国大会即将闭幕时，蒋介石被任命为陆军军官学校筹备委员会委员长，负责筹划在广州郊外的黄埔岛创建军事学校。

当时广东各派力量，纷纷看好军校校长的差事，不断向孙中山推荐校长人选，并且不同意由蒋介石担任校长。事实上，当时孙中山在挑选军校校长人选时，也有自己的苦衷。在他的主要帮手中，最合适的人选自然是廖仲恺，可惜廖不是军事专业出身，并且当时肩负着难度最大的财政工作。而军人出身的李烈钧、程潜、许崇智等人，手里掌握着实际的军权，统帅着自己的本部人马。当时，军校能否顺利开办都是没有把握的，何况不小心可能还会把自己的政治资本赔进去。因此这些合适的人都不愿意当这个军校校长。

虽然蒋介石许多时候都给人一种目无纪律、难以合作的印象，但是他也是少数军事专业出身、担任过前线指挥官的人，并且，这些年来蒋介石一直追随在孙中山左右，还经历了陈炯明叛变的考验，他的忠诚是让孙中山感到放心的。

但是蒋介石对与共产党进行合作始终不热心，而且一开始时他也对军校没有什么兴趣。当时许多人积极争取这个职位，但是蒋介石却宁愿待在家乡，也不愿意回到广州去办军校。后来蒋介石虽然勉强回到广州，却在军校的筹建工作全面展开、人手缺乏的时候，又以“环境恶劣，办事多遭掣肘”为由，向国民党中央提出辞呈。

★叶剑英（1897～1986）

无产阶级革命家、军事家。广东梅县人。早年追随孙中山参加民主革命，曾任黄埔军校教授部副主任。后投身于无产阶级革命事业。土地革命战争时期，任福建军区司令员、军委四局局长、红军前敌总指挥部参谋长、红一方面军和军委参谋长等职。抗日战争时期，任八路军参谋长、中央军委参谋长等职。解放战争时期，任中国人民革命军事委员会副总参谋长、中共中央后方委员会书记、中国人民解放军参谋长、北平市市长等职。中华人民共和国成立后，历任军事科学院院长、中共中央军委副主席、国防部部长等职。1955年被授予元帅军衔。

原来，孙中山当时虽然决定让蒋介石筹办军校，却在内部协商，打算将来由程潜任校长，蒋介石、李济深为副校长。对此，蒋介石觉得自己又是“为他人作嫁衣裳”，所以才不顾大局，愤然提出辞职。他在辞职的同时，还派秘书前往军校筹备委员会，宣布筹备委员会正式解散。叶剑英★后来对这一情况作了详细的回忆。他说：“中山先生决定办黄埔后，便叫蒋介石负责筹备工作。我那时候是第2师的参谋长，廖仲恺先生邀我参加军校的筹备工作，于是我就暂时离开了第2师参加了筹备处工作。当黄埔军校的校舍已快修好，上海正进行招生考试，广州也进行招生的时候，有一天，蒋的英文秘书王登云突然召集筹备人员说，蒋先生已决定黄埔军校不办了，筹备处马上解散。当场还宣布了每个人发多少遣散费。那时，筹备处的人大多是蒋邀请来的，听了后便想散伙。可是我与邓演达坚决反对，另一部分人也表示了怀疑，因此决定问廖仲恺先生的意见。可是那天适逢廖先生去象山县开农民协会去了，我们便等他回来。三四天后，廖先生回来了，他对我们说，‘应该了解，办黄埔学校是党要办的，而且一定要办成。我们中间有不少人是蒋先生邀请来的，你们应该以君子爱人以德的态度帮助蒋先生。如果党要办，蒋先生不要办，或因此办不成，蒋先生要因此开罪于党，将来他如想回来再参加革命，怕也困难了。所以筹备工作要照常进行。’那一次是因为蒋个人闹意见，悄悄去了上海，后来中山先生表示要另请他人，他才回到黄埔来。”

事实上，当年黄埔军校的创办，并非一件容易的事情，甚至可以说是个烫手的山芋。首先招生就很困难。当时各省军阀为了遏制革命，想方设法阻止军校去自己的地盘招生，甚至限制自己地盘内的青年出境。因此，军校的前几期只得采取秘密招生的方式。

其次经费是个大难题。虽然大元帅府决定每月由广东省财政厅等机关给军校提供经费，但是广东的财政把持在滇军军阀杨希闵、桂军军阀刘震寰手里。他们一开始就反对这个威胁他们自身的军校，因此军校的军费非常让人头疼。

再次是武器弹药问题。当时的军工厂被滇系军阀控制着，这些军阀把军工厂生产的武器基本上都留给了自己，还采取各种办法抵制军校的发展。因此，军校的学生入学后可能会没有什么枪械。

对于蒋介石的辞职，后来苏联顾问切列潘诺夫分析原因说："蒋介石担心，在广州的军阀，其中包括滇系军阀，不赞成创办黄埔军校，因而会解除军校学生的武装，最后会跟他算账。"

方鼎英说："滇军第3军军长范石生，曾当面奚落蒋介石曰：你在黄埔办什么鸟学校，你那几根'吹火筒'，我只派一营人就可完全缴你的械。"

这些问题本身就让人头疼，而蒋介石当时在国民党中也没有多少权力和地位，很多实力派都不把他这个军校的筹备委员会委员长放在眼里，他要办成一件事，经常会受到各种刁难。孙中山当时也有意把他限制在军事领域，不让他过问党务和军政大事。况且，当时孙中山也并没有正式任命他为军校校长，社会上到处都是关于军校校长人选的传言。因此他也就感到自己其实并没有受到重用，对孙中山也多有抱怨。因此，他为了向孙中山要到更大的权力，才以退为进，再次提出辞职。

蒋介石离开广州，悄悄地去了上海。孙中山对蒋介石辞职一事批示说："务须任劳任怨，勉为其难，从难苦中去奋斗，百折不回，以贯彻革命党牺牲之主张，所请辞职，碍难照准。"

蒋介石回国后一直反对孙中山的联俄联共政策，因此也感到自己受到了很多打击。蒋介石到上海后给廖仲恺写信说：

以弟观察，俄党殊无诚意可言，即弟对兄言俄人之言只有三分可信者，亦以兄过信俄人，而不能尽扫兄之兴趣也。至其对孙先生个人致崇仰之意者，非俄国共产党，而乃国际共产党员也。至我国党员在俄国者，对于孙先生唯有诋毁与怀疑而已。俄党对中国之唯一方针，乃在造成中国共产党为其正统，决不信吾党可与始终合作，以互策成功者也。……其故在于中国人只崇拜外人，而抹杀本国人之人格，如中国共产党员之在俄者，但骂他人为美奴、英奴与日奴，而不知其本身已完全成为一俄奴矣。吾兄如仍以弟言力不足信，而毫不省察，则将来恐亦不免堕落耳。……弟在俄行动，自觉无可为人诽谤之处，亦无失却党体之点，因入共产党问题，而弟以须请命孙先生一语，即以弟为个人忠臣相讥刺，弟自知个性如此，殊不能免他人之笑。然而忠臣报君，不失其报国爱民之心，至于汉奸、汉奴，则卖国害民而已也。吾愿负忠臣卑鄙之名，而不愿带洋奴光荣之衔，窃愿与兄共勉之！

蒋介石的这封信在国民党常务委员中进行了传阅。但是，并没有什么结果。

广州公安局长吴铁城说："这个胆小鬼是靠不住的。一有风吹草动，蒋介石为了躲避风险，总是逃跑，躲到一个安全地方。这次他逃跑了，下次他还照样逃跑。不能依靠他。"

∧ 1924 年，深受孙中山器重的蒋介石当上了黄埔陆军军官学校校长。

> 1924 年，孙中山与黄埔军校校长蒋介石（后中）、军事总教官何应钦（后左）、军校训练部主任王柏龄合影。

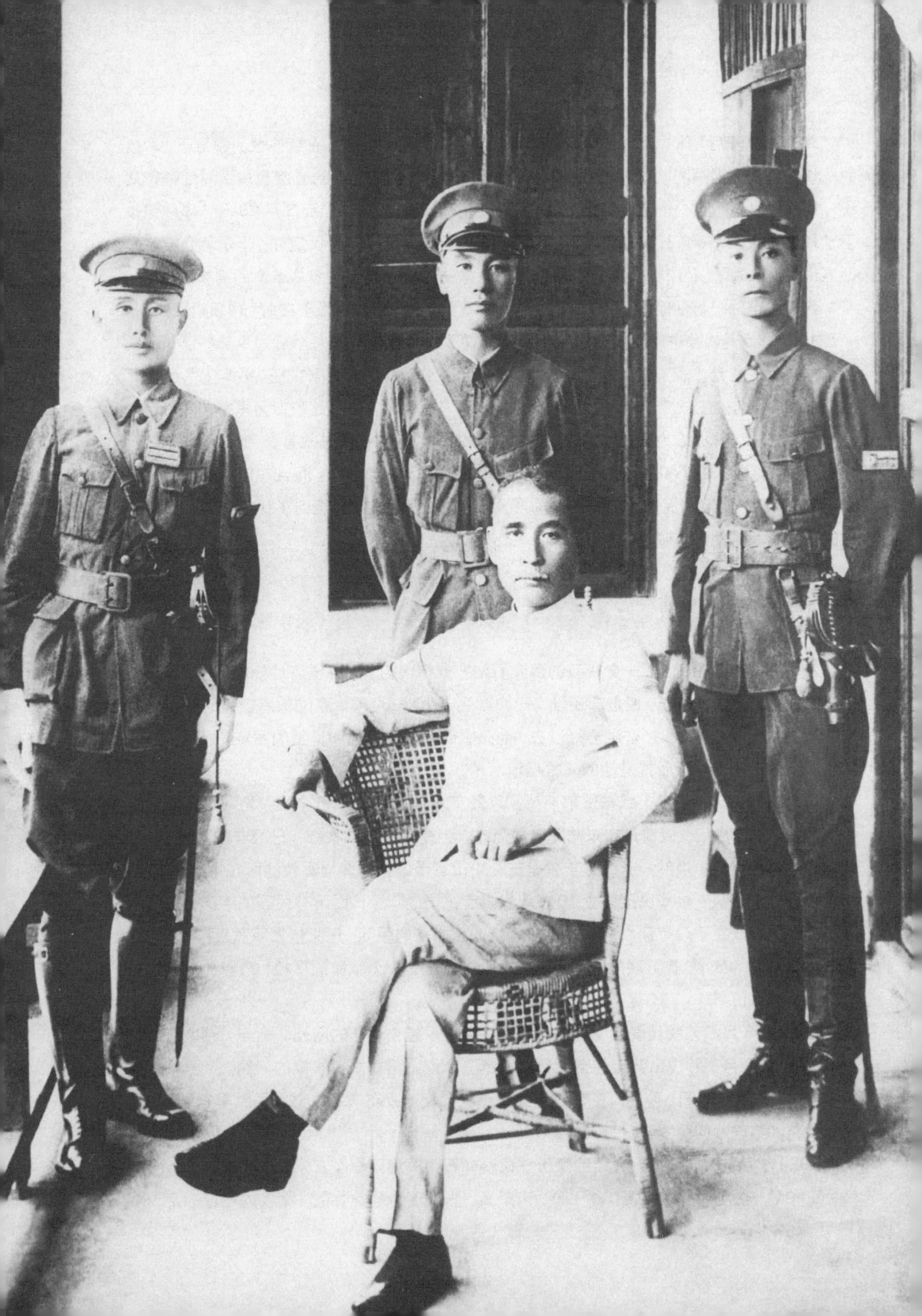

蒋介石离开后，孙中山命廖仲恺代理军校筹备委员会委员长。在廖仲恺的领导下，军校的一切工作都进展顺利，只等着蒋介石回来主政一切。戴季陶等蒋的心腹也多次对他进行劝说，提醒他机不可失，一定要牢牢把握住，日后一定会飞黄腾达。而3月26日，廖仲恺也下了最后通牒，对蒋介石说，如果他再不回来，一切将由自己来全权定夺。于是蒋介石赶紧回电说“必来粤”。孙中山也又一次发信和拍电报催他，提醒他要服从革命的需要。

经廖仲恺的一再催促，经孙中山派去的许崇智的劝说，蒋介石终于在4月14日返回广州。

1924年5月，孙中山正式任命蒋介石为黄埔军官学校校长兼粤军总司令部参谋长，任命廖仲恺为军校党代表，任命王柏龄为军校教授部主任、叶剑英为副主任，戴季陶为政治部主任、张申府为副主任，李济深为教练部主任、邓演达为副主任，周骏彦为军需部主任、俞飞鹏为副主任，林振雄为管理部主任、陈适为副主任，何应钦为总教官。

至此，蒋介石终于如愿以偿，开始全身心地投入到了工作中去，而且在以后的三年时间里，一直以一个坚定的拥护新三民主义的形象出现在公众面前，甚至到了让右派把他当作坚定的左派，而对他进行刺杀的程度。

把黄埔变成蒋家的黄埔

夜幕降临，黄埔岛上，一身戎装的蒋介石站在一棵大树下，眺望着远处的江水。他，现在已经是黄埔军校的校长，但是却还没有一个学生。他以一个政治家的敏感懂得这个校长职位的重要。当初的高兴和兴奋早已经过去，他只感到肩上的重任和重重的困难。但是无论如何，脚下的这块土地今后就是他的“根据地”了。

黄埔岛四面环水，岛上绿树郁郁葱葱，风景宜人。岛上方圆20余里，地理位置非常重要。黄埔岛南连虎门，以前是广东陆军学校所在，但是因为年久失修，已经非常破败。2月中旬经过重新整修，焕然一新。这里就是被孙中山寄予厚望的黄埔军校的所在地。

由于军阀混战，中华民国建立10多年来只有民国的年号，而没有民国的事实。孙中山痛感革命的失败在于没有建立一支被革命思想武装起来的军队，只能依靠军阀来打军阀，结果自然是失败。因此，在苏联的帮助下，孙中山决心建立一个革命的军校，来培养一支独立的革命军官队伍。

1922年8月，苏联代表越飞拜见孙中山，商讨了建立军队的问题。

1923年2月，孙中山派廖仲恺到日本和越飞商议了建立军事学校的问题。

1923年11月26日，孙中山在临时中央第十次会议上宣布决定设立国民党军官学校，并让廖仲恺和苏联顾问鲍罗廷负责具体筹划。

1924年1月24日，孙以大元帅身份任命蒋介石为黄埔陆军军官学校筹备委员长，同时任命王柏龄、沈应时、林振雄、俞飞鹏、宋荣昌、张家瑞为筹备委员，军校的地址选定于距

> 黄埔军校旧址。黄埔军校是第一次国共合作时期，孙中山先生在中国共产党的积极支持与帮助下，为建立革命军队而创办的中国第一所新型军事干部学校，全名为“黄埔陆军军官学校”。

离广州市40里的黄埔岛。

1924年3月1日，黄埔军校举行第一期招生考试，考生达到1,200人。由于黄埔军校是革命根据地创办的新式军校，因此一开办就迅速吸引了全国有志青年的目光。一些旧军队中很有前途的青年军官，也都不惜放弃现有的官衔地位，极力想考入黄埔军校，如著名的范汉杰，当时已是一位旅长，仍执意考入黄埔第一期，重当学生。

军校的考试非常严格，第一次考试只录取了200多人，因为学生不够才又重招了一次。4月28日，学校录取榜发布，总共录取了350名正取生，120余名备取生和20多名保送生。这就是著名的黄埔一期学员，他们之中有山西的徐向前、湖南的陈赓、湖南的左权、浙江的胡宗南、湖南的宋希濂、广东的范汉杰、山东的李仙洲、湖南的郑洞国、陕西的杜聿明等。后来这些人在中国现代军事史上都留下了自己醒目的一笔。

1924年5月3日，孙中山以大元帅名义，正式任命蒋介石为黄埔军校校长。5月5日，蒋介石正式负起了校长责任，黄埔军校第一期学生也正式入学。5月11日，蒋介石以校长的身份对全体学生训话，谈了“静肃、整齐、平直、敏捷”八字办学方针。

6月16日，是陈炯明炮轰总统府的日子，孙中山择定在这个日子黄埔军校开学，就是要让他寄予厚望的军校师生们，牢牢记住这一惨重教训。

这一天，军校校门挂上了“亲爱精诚”的校训，二道门两旁悬挂着蒋介石手书的“先烈之血，主义之花”的对联。在操场一侧，用木头和向日葵秆搭成的主席台上方张挂着一条巨大的横幅，上面写着“陆军军官学校开学典礼”几个遒劲的大字。两旁的横标上写着：“打倒列强，打倒军阀！”“赴义蹈仁，奋斗牺牲！”学员们嘹亮的军歌声从大操场上向四处传荡：“怒潮澎湃，党旗飞舞，这是革命的黄埔！主义须贯彻，纪律莫放松，预备做奋斗的先锋！打条血路，引导被压迫民众。携着手，向前行；路不远，莫要惊。亲爱精诚，继续永守……”

上午8点，13门礼炮连续轰鸣，激昂的军乐声振奋人心。随后，何应钦大声宣布：“中国国民党陆军军官学校开学典礼现在开始！”孙中山作为国民党总理和黄埔军校总理，身穿白色中山服，头戴礼帽，和夫人宋庆龄亲自出席开学典礼。出席典礼的还有国民党中执委委员胡汉民、汪精卫、张继、林森，大元帅大本营军政部长程潜、外交部长伍朝枢、广东省民政厅厅长孙科、粤军总司令许崇智等人。黄埔军校校长蒋介石、党代表廖仲恺略显兴奋地分别站在孙中山的两侧。

在热烈的掌声中，孙中山神采奕奕，走到主席台前发表了著名的讲话。

孙中山在讲话中明确宣布了创办黄埔军校的宗旨，并对全校师生提出了更高的要求和殷切的期望。孙中山讲话完毕后，就郑重地把军校校印交到蒋介石手上。蒋介石手捧校印，禁不住心潮澎湃，他强烈地感受到整个会场向他投射来的充满敬意和期待的目光，感到自己终于正式走上了属于自己的舞台。

∧ 孙中山在黄埔军校开学典礼上发表演说。指出开办军校的“独一无二的希望，就是创造革命军来挽救中国的危亡”。

黄埔军校可以说是当时历史条件下具有鲜明特色的军事学校，一方面它像苏俄一样实行党代表制度，校党代表的权力和校长的权力是并列的，以加强党对军校的控制；另一方面，孙中山又在校长和党代表之上，亲自担任总理，以便使军校直接服从自己。孙中山逝世后，黄埔军校就不再设总理一职。

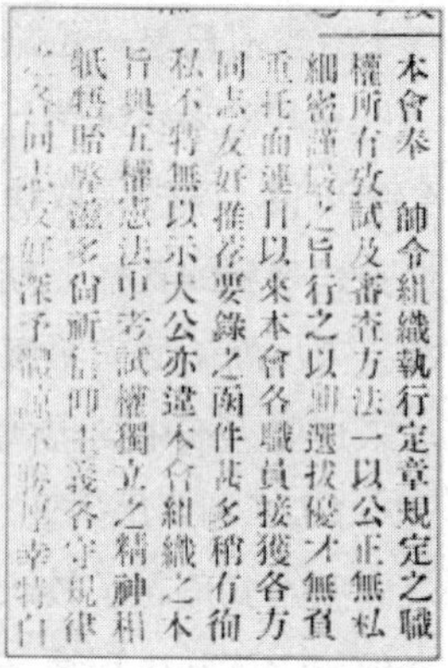
本會奉　帥令組織執行定章規定之職權所有致試及審查方法一以公正無私細密謹嚴之旨行之以期選拔優才無負重託而邇日以來本會各職員接獲各方同志友好推荐要錄之函件甚多稍有徇私不特無以示大公亦違本會組織之本旨與五權憲法中考試權獨立之精神相牴牾貽譏滋多尚祈信仰主義各守規律之各同志友好深予體諒不勝厚幸特白

∧ 1924年4月7日在《广州民国日报》刊登的军校考试委员会启事。

黄埔军校下设政治部、教授部、训练部、管理部、军需部和办公厅，各部主任和教官均为精选之才。政治部主任戴季陶，是国民党的理论家；黄埔军校的教师队伍以军事教官队伍最为出色。总教官何应钦，毕业于日本士官学校。教官中的顾祝同、刘峙、陈继承、严重、钱大钧都毕业于保定军校，既受过严格的军事教育，也有一定的带兵经验。

在黄埔军校开办不久，戴季陶、张申府相继离职，邵元冲继任政治部主任。邵元冲随孙中山北上后，便由周恩来继任。

当时的广东国民政府，四面都有敌人的威胁，陈炯明在惠州和潮梅一带；北方军阀吴佩孚、张作霖、孙传芳虎视眈眈。孙中山不得不将国外正规军事院校3年才能完成的训练内容，压缩在半年之内完成，课程设置上以最急需的学科和术科优先安排学习。

黄埔初建时，蒋介石对军校寄予了无限的希望，所以工作和生活，都非常勤恳严谨。每天清晨，在学生未起床

∧ 1924年6月16日，孙中山夫妇出席黄埔军校开学典礼。孙中山以“革命军的基础在高深的学问”为题，发表演说。

之前，他都要巡视校园。学生上操，他必到操场巡查。晚上他还会亲自查岗、查哨很晚才睡。他还会突然检查学生宿舍，查看鞋袜、被包情况，检查值日生是否负责，事后还要在全校进行讲评。

有一次晨练时，蒋介石发现有几个教官不在，于是生气得命令属下：“你们到教官宿舍去查一下，凡是没有参加早操的，立即到大操场集合。”很快，后来赫赫有名的军事教官刘峙、顾祝同等几个人从被窝里被拉了出来，满脸羞愧地站在自己的学生们和其他教官面前。蒋介石说：“你们是当教官的，有相当资格，本应为人师表，可你们只因为昨晚训练时间稍长了一点，就躺在被窝里不出操了。你们拿什么给大家作榜样？我希望从今以后，再也没有任何人站在你们今天这个位置。”刘峙、顾祝同这些日后国民党的著名将领当时被说得简直无地自容。

蒋介石还特别注意和学生建立起比较私人的感情。每个星期天晚上，蒋介石必亲自点名单独问话。这种方式让学生既激动又紧张，同时也和蒋介石加深了私人感情，蒋介石的嫡系人马就这样慢慢建立起来了。

蒋介石十分重视军校的工作，就学校的一系列方面，不断地发表讲话。从5月5日新生开始陆续入学，到6月15日正式开学这段时间里，蒋介石对学生进行“精神训话”就达到了11次。

他说：“军人字典里没有难字，军人的目的只有一个死字，要以杀身成仁的精神为主义而奋斗，要把不怕死的精神作为‘黄埔精神’！”

蒋介石还让学生学习曾国藩治军语录——曾国藩是他最钦佩的人物。

在治军方面，他强调必须绝对服从。同时蒋介石还特别要求学生讲究卫生。军校每月6元的生活费比外面士兵的军饷略高一些，但是蒋介石规定每人只许添一次饭，要穿草鞋，用冷水洗澡，以便像日本军校一样锻炼学生吃苦耐劳的精神和坚强的意志。比起旧军校来，黄埔军校更重视军人的政治改造和现代军事知识的学习。

蒋介石在军事训练上并不按照孙中山的规定和对军队的编制来进行，而实行自己的一套。孙中山为此曾经严厉批评他，然而他依旧我行我素。

蒋介石反对对孙中山的个人崇拜：“我们革命是以主义为中心，跟着这个主义来革命，认识这个主义来尊命的。绝不是跟着一个人，或是认识一个人来革命的。如其跟着一个人，或是认识一个人来革命，那就不能叫革命。那就叫盲从，那就叫私党，那就叫把他人当奴才、走狗了。”“中国人的思想习惯到如今，仍旧是几千年前皇帝奴隶的恶劣思想。”

但是后来的蒋介石却千方百计建立对自己的个人崇拜。不过这些矛盾在当时都没有明显显现出来。

黄埔军校区别于旧军校的一个显著特点，就是一切命令，都必须由党代表副署交校长执行，未经党代表副署无效。但是初期的政治部形同虚设。在中国军事史上具有开创意义的军队政治工作的建立，是由周恩来在黄埔军校开始的。

周恩来就职后，在政治部设立指导、编纂、秘书三股，重新制定政治教育计划，加授“社会进化史”“帝国主义侵略中国史”等课程，主要是讲授中国怎样受帝国主义列强的压迫，中国的农工商各界怎样受封建军阀的压迫以及解脱的途径及办法。周恩来还在军校成立了中共黄埔军校特别支部，以便发动党团员和进步青年开展工作。周恩来提出了军队政治工作的方针、方法和目的，指出：“政治工作就是使军阀军队渐渐觉悟，革命军队确实具有革命观念”，“革命军的行动要依着党的政策”，以公开讲演、找士兵个别谈话等方式，“使官佐士兵及一切群众晓得党的理论、主义、政策”。

周恩来还从学生中选调了李之龙、蒋先云、李汉藩、洪剑雄等思想进步的青年到政治部任职或任见习干事，并在学生和军校一般军官中选拔人员，担任各级党代表职务。与此同时，每天工作之余，周恩来都到教官、一般军官、各学生队中去，和他们拉家常，谈工作和思想，

∧ 黄埔军校教官在上军事课。

以便改进自己的工作。

周恩来平易近人，深得学生们的喜爱和尊敬，经常会看到他在军校内的大榕树下同学员们促膝谈心的情境。周恩来还提议在军校遍设“政治问答箱”，“凡学生关于主义及一切政治经济问题有疑问时，可投函于问答箱。每星期一各质问函件，由主任、教官复质问者”。后来，周恩来又把问答箱中所收集的问题及解答都分类印成小册子，下发给每一个学员，让大家学习和探讨。周恩来还在每周六晚上自由活动时间，在大操场组织每一次围绕一个论点的政治演讲。每次演讲时，大家都纷纷前来听讲。

在周恩来的努力下，学员们思想觉悟得到了迅速提高，军校一片生机勃勃的气象。

周恩来的成绩很快就引起了蒋介石的注意，后来他亲自邀请周恩来担任军法处的处长。蒋介石当时认为，周恩来在政治部公布的服务细则将自己的权力、职责都具体明确公之于众，接受大家的监督和检查，这是一个非常好的做法，可以推广到全校，于是他决定在军校增设军法处，负责军校的立法和制度审查、督促，让周恩来兼任军法处处长。

从黄埔军校1924年10月建立教导团开始，蒋介石开始逐步培植自己的嫡系军事力量。蒋介石让自己的心腹陈果夫等人去江、浙、沪招募

★叶挺（1896～1946）

中国人民解放军创建人、军事家。广东归善（今惠阳）人。早年追随孙中山参加革命，参加“援闽”粤军。北伐战争中，因屡建战功，被誉为“北伐名将”，所部被称为“叶挺独立团”，为4军赢得“铁军”称号。南昌起义时，任前敌总指挥兼11军军长。广州起义时，任工农红军总司令。抗日战争爆发后，任新四军军长。皖南事变后，被国民党囚禁。抗日战争胜利后，经中共中央营救，于1946年3月4日获释。不久，因飞机失事遇难。

新兵，又在广州招考学兵队，培养教导团下级干部。教导团1团团长为何应钦，2团团长为王柏龄，都是蒋介石的人马。不久，教导团被改编为党军第1旅，由蒋介石直接调遣。

在军校教导团成立的同时，军校又以黄埔军校学生为骨干，建立了另一支革命武装——铁甲车队。不过这支革命武装力量则是由周恩来领导建立起来的。铁甲车队有150人左右，其中正副队长徐成章、周士第以及军事教官赵自选、党代表廖乾五、政治教官曹汝谦都是共产党员。后来铁甲车队被扩充为叶挺独立团。叶挺★曾是孙中山卫队团的营长。孙中山派他到苏联学习，他在苏联加入了共产党，回国后叶挺便担任独立团团长。

黄埔军校成立后，就成功地平定了商团的叛乱，一时大名远扬。

率领400名学生军平定商团叛乱

1924年春天，广州城里城外都充满了一种生机勃勃的景象。国共开始合作，苏联的支援也将到来。在一间宽大的客厅里，广州商团团长陈廉伯一面恶狠狠地看着外面的标语，一面强压着自己那种跃跃欲试的野心。他憎恨孙中山和他的革命，但是现在，他却有点从心里感谢孙中山，因为孙中山的存在，使得他儿时的一个几乎不能实现的宏伟梦想又重新复活了。他的耳边不断回想着英国人对自己说的话：“如果你能够运动商团，反对政府，我们英国便帮助你组织商人政府，你陈廉伯就是中国的华盛顿。”他的嘴角不由得流露出一种压抑不住的微笑。

陈廉伯也是英国汇丰银行广州分行的买办，他利用英国人的背景和商团的基础，秘密组织中国法西斯党，积极进行颠覆广州革命政府的活动。

原来，1924年中国国民党“一大”召开后，广州革命政府的“联俄、联共、扶助农工”

∧ 时任黄埔军校政治部主任的周恩来。

∧ 孙中山与鲍罗廷（前右）视察黄埔军校。黄埔军校在中国革命史上留下了浓墨重彩的一笔。

∨ 孙中山视察黄埔军校时向师生发表演说。

的三大政策得到了切实的实施，中国共产党领导下的工农运动也蓬勃地发展起来。1924年7月，广州工人和农民分别成立了工团军和农民运动讲习所，有组织地进行反帝反封建的斗争。这种革命形势的发展，让帝国主义与其走狗广州商团感到了巨大的威胁。为了维护他们的反动利益，广州商团在团长陈廉伯的领导下，开始准备以武力来颠覆广州革命政府。

陈廉伯以沙面租界为据点，勾结北洋军阀和陈炯明以及省内各种反动商团、乡团，妄图建立自己的反动商人政府。陈廉伯在5月27日主持召开有108埠商团代表、300余人参加的“商团乡团会议”，宣布将于8月13日成立“全国商团联合总部”，并计划在8月14日推翻大元帅府。

8月初，陈廉伯和佛山商团团长陈恭受在香港向德商顺全隆洋行订购了大批军火——长枪9,841支，子弹330余发——并用悬挂丹麦商船旗号的哈佛号秘密运到了广州。8月4日他们骗到政府的护照，将9,000余支枪械私自运进内河。孙中山得到密报后，下令军政府取消其护照；同时派永丰、江固两舰扣押了他们的运械船，并且采取措施，禁止商团联防总部的成立。

8月10日，孙中山对兼任长洲要塞司令的蒋介石下达命令：“着长洲要塞司令即饬江固军舰迅赴沙角附近，将载运军器已被扣留之船，监押来省听候处分。此令。”当天晚上，蒋介石命令江固号军舰把哈佛号押到黄埔。孙中山随即命令把船上的枪械全部扣起来，并存放在黄埔军校。8月12日，陈廉伯大怒，举行了全市商店总罢市，试图逼迫蒋介石释放哈佛号，发还私运的军火。8月13日，商团不顾孙中山的命令，仍然举行了“庆祝联防总部成立活动”。8月14日，陈廉伯还命令2,000多团丁围攻孙中山的大元帅府，对革命政府进行挑衅。革命政府当即对陈廉伯进行通缉，陈廉伯随即逃往香港。8月18日，革命政府经过检查后确认哈佛号只是被租来的商船，因此除过船上非法的武器外，其余物品遵照国际法一律发还船主，同时释放了哈佛号。8月20号，商团总部迁往佛山，陈廉伯号召各县的商团发动叛乱，赶走革命政府委任的县长，控制当地政府。8月29日，英国总领事竟然发出最后通牒，支持商团，并威胁说将派遣英国海军对付广东革命政府。孙中山于9月1日发表对外宣言，并向英相麦克唐纳政府提出严正抗议。事态至此暂时得到缓解。

这个时候，恰逢第二次直奉战争爆发前夜。1921年，孙中山与奉系军阀张作霖和浙江的皖系军阀卢永祥结成了反直三角大同盟，现在理应站在奉系一边。而孙中山感到广州的形势越来越危险，就决定趁反对直系的机会把大本营由广州迁往韶关，进行北伐。而把商团事件交给胡汉民和汪精卫来全权处理。

1924年9月16日，第二次直奉战争爆发，9月18日，孙中山宣布进行第二次北伐。孙中山认为广州可能无法保全，同时考虑到北伐军队太少，于是命令蒋介石率领黄埔军校学生也跟自己到韶关参加北伐。而此时的广州，确实已经到了非常危急的关头，商团的叛乱，一触即发。

> 孙中山一生为救国救民而鞠躬尽瘁。

孙中山、廖仲恺一方面紧急派湘、滇、桂、豫各军1,000多人，驻防佛山市区和铁路沿线，进行军事准备；一方面劝告各地商会不要加入叛乱。不料，各地军阀竟然暗中同商团勾结起来。滇军总司令杨希闵、桂军总司令刘震寰，滇军范石生、廖行超等人，都反对镇压商团。范还威胁孙中山说："市面危机四伏，险象环生，万一变故发生，全局皆坏，所谓小不忍，则乱大谋。在此两三日内，无论如何，必要解决，否则，我撒手不理，将全军调回。"孙中山最后只好委曲求全，被迫让廖仲恺辞去了广东省长职务，改换广州市长和公安局长，并交还所扣商团枪械，商团更加嚣张起来。

10月7日，苏联援助的一船军械运到广州，其中有山炮、野炮等重武器和轻重机枪、弹药等。孙中山从韶关电告蒋介石全权处理。蒋介石大喜，立即发给黄埔师生，解决了军校生的枪械困难，全体师生不由得欢呼雀跃。

10月9日，蒋介石奉令发还商团枪支，将长短枪5,000支交由李福林点收转交商团，并以电报向韶关的孙中山报告经过。而陈廉伯见状更加嚣张，以为孙中山忙于北伐，无力顾及广州，城里除了黄埔学生外，已经没有什么像样的军队。于是于10月10日举行了第二次总罢市，并开始构筑街垒备战，准备进行武装叛乱。

10月10日，广州各界举行庆祝双十节大会。30多个爱国团体和学生、市民三四万人举行游行示威，高喊"打倒帝国主义""推翻反动军阀""打倒一切反革命派""实行国民革命""复活辛亥革命精神"等口号。当游行队伍走到太平路至西壕之间时，被全副武装的商团军阻截，商团军开枪，当场打死20多人，受伤10多人，被捕10多人。

蒋介石连连向孙中山的大本营告急，要求孙中山严厉镇压商团，并且急速率军回广州平乱。他在电报中说："各军非先准备南下，击灭逆敌，断难北伐。中正当死守长洲，尽我职务。"中国共产党人也坚决主张镇压商团叛乱。10月14日孙中山终于下决心平乱。

广东政府立即成立革命委员会，孙中山为会长，廖仲恺、许崇智、汪精卫、蒋介石、谭平山、陈友仁为委员，作为平定叛乱的最高指挥机关。

孙中山又任命蒋介石为指挥，廖仲恺、谭平山为正副监察，负责平乱。孙中山限令在24小时内，务必解除商团武装。孙中山下令由黄埔军校、铁甲车队、工团军、飞机队、农民自卫军、陆军讲武学校、滇军干部学校、兵工厂、吴铁城的警察部队参加平叛战斗。

★曹锟（1862~1938）

天津人。直系军阀首领。天津北洋武备学堂毕业。1914年任长江上游警备总司令官。1916年任直隶督军。1917年任讨逆军西路军总司令。1919年冯国璋死后被拥为直系军阀首领。1920年任直鲁豫巡阅史。1923年曹以贿选手段当上大总统。1924年第二次直奉战争中，被冯玉祥等人发动的北京政变赶下台。1926年到河南投奔吴佩孚。1938年去世。

蒋介石立即行动起来。他把军校的日常事务托付给苏联顾问，随后秘密命令军校第2、第3队学生400余人，全副武装赶往广州市区，对外解释为夜间演习，以免市民惊慌。10月14日黄昏时分，政府军向商团军发起进攻。5万多人的商团军不堪一击，很快就被击溃。陈廉伯逃上了英舰，商团副团长李颂韶纳械请降。至此，商团叛乱被平息。

学生军迅速平定商团叛乱，清除了广州革命政府的心腹之患，政局和人心也很快得到稳定。黄埔师生在平定叛乱的过程中也得到了真枪实弹的训练，声名远扬。对于蒋介石来说，这次平叛不仅再度验证了他的个人能力，也使他在黄埔师生心目中的形象和威信在更高层面上树立了起来，为他发展自己的势力奠定了坚实的基础。

孙中山逝世，谁将成为他的继承人

1924年9月4日，山海关外的道路上烟尘蔽日，杀气腾腾，一列军队正浩浩荡荡地向前挺进。

原来是奉系军阀张作霖自任总司令，以姜登选、李锦林、张学良、张作相、吴俊升、许兰洲分任6个军的司令，正向北京杀来。

第二次直奉战争正式爆发。时任大总统的曹锟★无计可施，急忙向直系军阀的头领吴佩孚进行求救。

吴佩孚到北京后，亲自担任总司令，从容地在中南海四照堂召开了“讨逆军总司令部”军事会议。他露出一副成竹在胸、稳操胜券的样子，宣布王承斌为副总司令，彭寿草为第1军总司令，王怀庆为第2军总司令，冯玉祥为第3军总司令，张福来为援军总司令。

然后他以一副志在必得的样子说：“这次作战，我们有20万人马以逸待劳。但是奉军有日本的支援，而且有着较长时间的准备，开始时必然气势非常旺盛。我们不宜硬拼，应先利用坚固的工事消耗他们的锐气。等他们的人死够了，我们再杀他个措手不及，猛烈反攻，把他赶回奉天去！”

正当吴佩孚杀了几员大将，顶住奉系的攻势，形势正变得有利时，没想到自己一方的第3军司令冯玉祥★却忽然反戈一击。1924年10月中旬，冯玉祥突然命令自己的部队从开往北方前线的路上掉转头来向北京进军。10月25日，冯玉祥的部队占领了北京。形势一下子一泻千里，直系军队溃不成军。冯玉祥、胡景翼、孙岳组成国民军推翻了曹（锟）吴（佩孚）政权，吴佩孚被赶出北京。

< 冯玉祥旧照。第二次直奉战争进行之时，冯玉祥率部从前线返抵北京，发动兵变。

★冯玉祥（1882～1948）

安徽巢县人，国民党一级陆军上将。北洋军阀时期，任陆军第16混成旅旅长，陕西、河南督军等职。1927年任国民革命军第2集团军总司令。1931年“九·一八”事变后，组建察哈尔民众抗日同盟军并任总司令。抗日战争时期，任第三战区和第二战区司令长官。1946年出国考察水利，在美国组织旅美中国和平民主同盟。1948年任中国国民党革命委员会常务委员和政治委员会主席等职。

原来当时控制北方的三个主要人物是吴佩孚、张作霖和冯玉祥。吴佩孚控制了北京及其周围的省份。张作霖控制着东北。冯玉祥当时是吴的部属，控制着西北。他心宽体胖，脸庞宽大、身材魁伟，被人称为“基督将军”。据说他曾让自己的部队用水管洗身进行洗礼，以显示他的基督徒身份。吴佩孚与冯玉祥当时组成了针对张作霖的军事联盟。但是奉军在几年前的直奉战争失败后，很快又强大起来，经过几年认真的整顿和编练，奉军中一批有真才实学的新派军官陆续担任要职，对士兵的训练也加强了，并建立了一支拥有飞机300架、军舰20余舰的相当强大的空、海军劲旅，这都是当时国内各地军阀所无法相比的。那两年，张作霖还派人与广州护法军政府大元帅孙中山和住在天津的皖系军阀段祺瑞及浙江提督卢永祥联系，结成了“三角同盟”，并成功地策反了冯玉祥，使冯反对直系。冯玉祥兑现承诺，使得奉系迅速占领了平津地区。第二次直奉战争以奉军大胜结束。

10月25日，冯、张等联名邀请孙中山先生北上，共商国是。电报说：“先生党国伟人，革命先进，务祈即日北上，指导一切。”11月11日，冯玉祥再次电请孙中山：“一切建国方略，尚赖指挥，望速命驾北来。”

∧ 北洋军阀奉系首领张作霖。

北京政变后，孙中山感到北方确实发生了有利于革命的变化，因此本着和平统一全国的初衷，在权衡轻重后，孙中山做出了北上商讨统一的决定。孙中山任命胡汉民留守广州代行大元帅职权，任命谭延闿为北伐联军总司令，主持北伐。

1924年11月10日孙中山发表了北上宣言：

"……十三年来，军阀本身有新陈代谢，而其性质作用，则自袁世凯以至于曹锟、吴佩孚，如出一辙。故北伐之目的，不仅在覆灭曹、吴，尤在曹、吴覆灭之后，永无同样继续之人。换言之，北伐之目的，不仅在推倒军阀，尤在推倒军阀所赖以生存之帝国主义……

"本党根据以上理论，对于时局，主张召集国民会议，以谋中国之统一与建设……"

11月12日，孙中山正式启程，前往北京。11月13日，孙中山乘坐的船只经过黄埔，当晚他便在黄埔军校过夜。他对蒋介石说，他就要去北京了，是否能活着回来还很难说，不管怎么说，他是去那里进行斗争。看了黄埔军校表现出来的精神面貌，他感到它能完成我的革命任务。这样，他就是死也可以瞑目了。

在孙中山启程北上之前，鲍罗廷曾邀请他去莫斯科访问。孙中山就这件事曾经征求蒋介石的意见，蒋介石认为，与俄国人的合作是中国争取自由和独立所必须迈出的一步，但共产党总是抓住一些事情大做文章。如果孙中山去访问莫斯科，那么俄国人肯定会就此事散布一些有害的谣言。孙中山静静地听着，没有说话。

随后，孙中山一行乘永丰舰到达香港，随后改乘日本邮船"春阳丸"号赶赴上海。孙中山一行在上海受到了各界群众1万多人的热烈欢迎。

孙中山等人在上海停留了一个星期左右，然后继续北上。由于军阀割据，北方的交通和安全都有问题，尤其是当时津浦路受战争影响还没有通车，上海至天津的客轮头等舱客票已经售完，因此孙中山一行决定乘日本的"上海丸"号先去日本，从日本再乘船去天津。在途经日本的长崎、神户、门司等地时，孙中山受到了日本各界人士、旅日华侨和中国留学生的欢迎，孙中山沿途也多次发表演说和谈话，宣传自己对时局的主张。这个时候，由于旅途的劳累和频繁的政治活动，孙中山已经感到身体欠安。

1924年12月4日，孙中山和宋庆龄等一行到达天津，50多个团体

2万多群众前往欢迎。天津冬季过于寒冷，孙中山又在欢迎仪式上长时间地脱帽致敬，得了重感冒。

此时，政变功臣冯玉祥已被入关的张作霖和狡猾的段祺瑞排挤出京。北京的局势和孙中山动身时已经大不相同。

到达天津的第二天，孙中山到张作霖处作礼节性拜访，以谋求建立统一的革命战线。

张作霖劝孙放弃联俄、联共政策，孙中山觉得可笑。

在政局的归属上，冯玉祥倾向于请孙中山主持，召开国民会议；而张作霖则倾向于支持段祺瑞，主张举行以实力派的代表为基础的善后会议，孙、段之间的联合终因政见不同而破裂，但是孙中山的风范和气度

∧ 1924年10月22日，冯玉祥的西北军进入北京城。

还是给张作霖留下了深刻的印象，他后来对张学良说："中山伟人也，名不虚传，颇有容人之雅量，吾服矣！"

段祺瑞也派叶恭绰、许世英来到天津，名为欢迎孙中山，实则要劝说孙中山不要"过于激烈"，以免引起"列强干涉"。孙中山在病榻上接见了叶、许。许世英向孙中山报告了段祺瑞所谓"外崇国信"的声明和善后会议条例。孙中山大怒，厉声问道："我在外面要废除那些不平等条约，你们在北京偏偏要尊重那些不平等条约，这是什么道理？你们要升官发财，怕那些外国人，要尊重他们，为什么还来欢迎我？假如不打倒帝国主义，我就不革命了！"

孙中山本来已经得了重感冒，由于这次震怒，使他的肝病迅速加剧。孙中山打算扶病入京，进行政治斗争。

到北京后，有30多万市民前来欢迎。

1925年1月25日，孙中山病情加重，体温难以控制，已经无法正常

∧ 1924年，孙中山与宋庆龄在“上海丸”号轮船上合影。

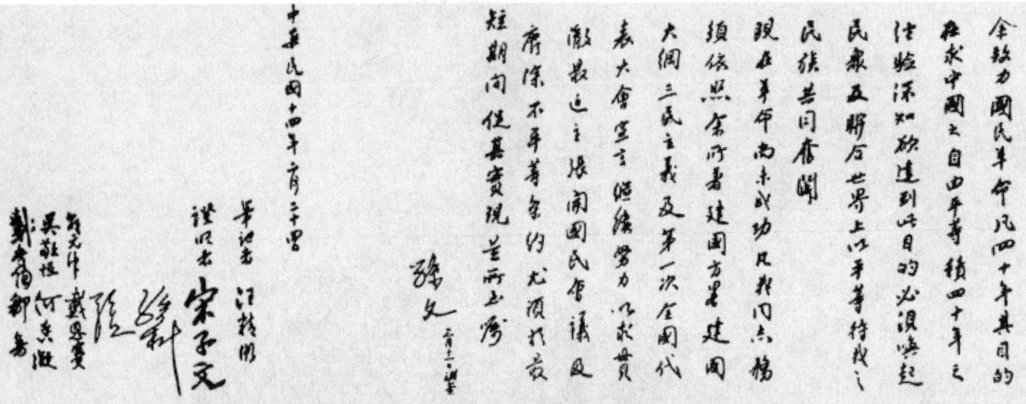
余致力国民革命凡四十年其目的在求中国之自由平等积四十年之经验深知欲达到此目的必须唤起民众及联合世界上以平等待我之民族共同奋斗

现在革命尚未成功凡我同志务须依照余所著建国方略建国大纲三民主义及第一次全国代表大会宣言继续努力以求贯彻最近主张开国民会议及废除不平等条约尤须于最短期间促其实现是所至嘱

孙文 三月十一日补签

中华民国十四年二月二十四日

笔记者 汪精卫

证明者 宋子文

邵元冲 戴恩赛

吴敬恒 何香凝

戴季陶 邹鲁

∧ 孙中山遗嘱全文。为革命事业献出毕生心血的孙中山先生带着"革命尚未成功，同志仍需努力"的遗憾离开了。

吃饭。第二天，孙中山在协和医院，准备进行手术治疗。当切开腹腔后，医生发现他的肝脏等器官表面已经长满了大小肿块。对一块活组织进行化验后，医生确诊为晚期肝癌。大夫知道孙中山是医学出身，因此就向他直言相告。2月18日，医院认为已经没有痊愈的希望，于是孙中山决定出院，搬到铁狮子胡同行馆，改用中医进行保守治疗。

1925年2月24日，孙科、汪精卫、孔祥熙、宋子文经过宋庆龄同意，出面请孙中山口授遗嘱及家事遗嘱。

1925年3月12日9时30分，孙中山与世长辞，终年59岁。举世瞩目的《总理遗嘱》内容如下：

余致力于国民革命凡四十年，其目的在求中国之自由平等，积四十年之经验，深知欲达到此目的，必须唤起民众及联合世界上以平等待我之民族，共同奋斗。

现在革命尚未成功。凡我同志，务须依照余所著《建国方略》《建国大纲》《三民主义》及《第一次全国代表大会宣言》，继续努力，以求贯彻，最近主张开国民会议及废除不平等条约，尤须于最短期间促其实现。是所至嘱！

孙中山逝世后，全国人民都沉浸在巨大的悲痛之中。

4月2日，孙中山的灵柩暂厝西山碧云寺。参加送灵的人数高达30余万，其中有2万多名学生。学生、军人和工人等在沿途散发宣传孙中山关于召开国民会议和废除不平等条约的传单，并高呼"打倒军阀""打倒帝国主义""中山主义万岁""国民革命万岁"等口号。

孙中山是1925年3月12日病逝的，但是广东省长胡汉民担心影响正在东征的学生军士气，所以在东征胜利后才通知了黄埔校军。因此，3月21日棉湖战役胜利后，蒋介石才接到了胡汉民发来的电报。当时黄埔师生正在庆祝东征大捷，却突然听到了孙中山在北京病逝的

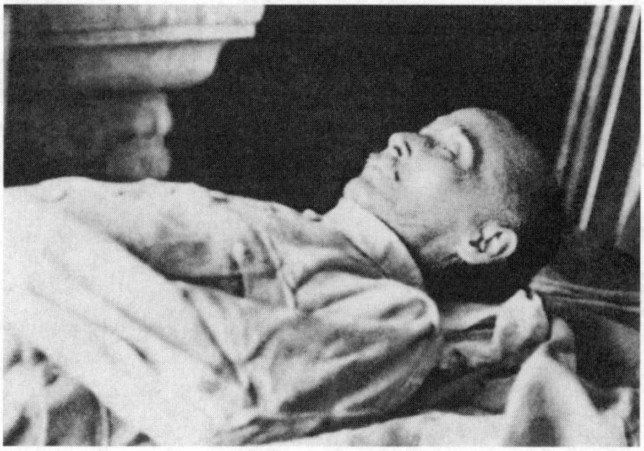

> 孙中山先生遗容。

噩耗，全军将士顿时陷于悲恸之中。蒋介石得到孙中山逝世的消息后，当即在前线阵地举行了隆重的追悼大会。会场上的挽联上写着“主义扬中外，精灵炳日月”，周恩来宣读了祭文。3月27日正午蒋介石集合军队在兴宁城东门外以悲恸的语调对全军训话。

训话中说，总理虽然逝世，他的灵魂在上，也是可以非常欣慰的，他的灵魂一定会来保护我们的，只要我们努力奋斗，总可不负我们总理的一番苦心。

从此，蒋介石就开始把自己当作孙中山的正宗接班人来看待，在他发动“四·一二”反革命政变后，为了欺骗舆论，更为了压倒国民党中的其他派系，马上着手在南京大规模进行孙中山的陵墓建筑工程。蒋介石在孙中山葬事上大做文章的目的就是要给世人造成自己是孙中山正统接班人的印象，谁要是反对他就是反对孙中山的革命事业，就是叛乱，这样就可以为他在政治上、军事上打击异己找到了借口。1929年，蒋介石政府成立了“奉安委员会”，于6月1日为孙中山举行了隆重的移灵典礼。但是由于蒋介石已经走向了法西斯独裁统治，国民党内部也进行着激烈的混战，汪精卫、李烈钧、许崇智等元老，李宗仁、白崇禧、冯玉祥等军政大员并没有参加这次典礼。

东征中，蒋介石被围，陈诚的炮终于打响

当陈炯明听说孙中山离开广州后，不由得哈哈大笑。他对左右说：“我报仇的时刻到来了！”

原来广东革命政府平定商团叛乱、孙中山离开广州北上之后，两广的形势出现了新的变化。广州革命政府在江西和湖南的北伐行动受挫，面临着北洋军阀的凶猛反扑。此时广州的

革命阵营由于孙中山不在而缺少强有力的政治中心和力量制衡者，地方军阀人心不稳。当时广州革命政府名义上所属的军队就有粤军、福军、桂军、滇军、湘军等，但是大多没有战斗力，而有战斗力的滇军、桂军又密谋进行叛乱。但是在共产党的领导下，南方的工农运动高涨，成为与反动军阀作战的强大支持力量。陈炯明占据着据说300年没有被攻破的惠州，在商团叛乱时已经攻占了保安、东莞等地，他乘孙中山北上之机更是自封为"粤军总司令"，下令进攻广州。在陈炯明的指挥下，叶举、洪兆麟部集中惠阳、平山，向石滩进犯，目标则是广州；林虎一部向龙门、增城北面进扰，以策应叶举部而夹击广州；林虎另一部则向赣边之

∧ 宋庆龄、孙科等在孙中山灵堂前守灵。

∧ 1925年3月30日，东征军在广东兴宁沉痛哀悼孙中山逝世。前为东征军总指挥蒋介石，其身后手持祭文者为东征军政治部主任周恩来。

南聚集，企图切断北伐军之后路。陈炯明的军队有7个军，10万之众，可谓来势汹汹。

在孙中山北上后，蒋介石也开始放手扩充实力。1924年11月，黄埔军校第一期毕业生共639人，这时军校又从浙江、江苏、湖南等地招到一批青年士兵，蒋介石于是以军校教官和军校第一期毕业生为骨干，组织了两个军官教导团。第1团团长何应钦，第2团团长王柏龄，都是他的亲信。每团下辖3营，每营3连，每连3排，每排26 － 30名士兵，分别由他的亲信刘峙、顾祝同、严重等人担任营长。蒋介石还新建了一个炮兵营。这样，蒋介石组建了一支3,000人左右的武装力量。

这两个团是国民党通过自己办的军校创建的、完全受自己指挥的第一支武装力量，对国民党来说分外重要。并且，这支军队是按照现代军事理论创建的，具有很强的战斗力。这支军队听命于蒋介石，而其中的成员，日后也多成为国民党的高级将领。抗战以后的战区长官、

> 蒋介石与时任广东革命政府代理大元帅的胡汉民合影。

兵团指挥、军长师长中，绝大部分出身于教导团。可以说，第1、第2教导团是黄埔系的摇篮。

面对陈炯明的进攻，广东革命政府在代理大元帅胡汉民的主持下，于1925年1月15日发布了东征宣言，决定讨伐陈炯明。在北京处于病危状态的孙中山，也来电坚决要求大本营消灭陈炯明。于是革命政府把许崇智的建国粤军、杨希闵的建国滇军、刘震寰的建国桂军、建国湘军及黄埔军校学生队、两个教导团，一起组成东征联军，任命杨希闵为联军总司令。

东征联军分为左、中、右3路，其中以杨希闵的滇军实力最为强大，而且杨部滇军胡思舜部的主力曾万钟师和4个独立旅就驻扎在惠州地区，可以迅速对陈炯明发起进攻，因而大元帅府才任命杨希闵为东征军总指挥。但是杨希闵虽然接受了总指挥职务，却为了保存实力，不愿担任进攻陈炯明的主力，只答应配合作战。因此苏联军事顾问加伦建议，由右路军担任主攻任务。右路军有1万多人，由粤军和黄埔军校军组成，以许崇智为统帅，主要打击广九铁路沿线的敌军，然后向淡水、平山、海丰、汕头一线发起进攻。左路军3万多人由杨希闵的滇军组成，负责迎战陈炯明精锐的林虎部；中路军6,000多人，由刘震寰的桂军组成，负责直接进攻陈炯明的根据地惠州城。

2月10日前，右路军已经完全占领了广九铁路，随后开始了攻取淡水的战役。右路军打算速战速决，争在惠州敌人的援军到达之前拿下淡水。这次攻城战，以黄埔教导团为攻城主力，目标是淡水东南阵地，粤军第2师负责攻淡水城的西北阵地，并负责拦截北面的援兵，粤军独立第7旅负责进攻淡水城东北阵地。

黄埔学生军由蒋介石以粤军总司令部参谋长和黄埔军校校长的身份亲自指挥，党代表廖仲恺、政治部主任周恩来、苏联顾问斯捷潘诺夫、什涅伊杰尔也直接参加指挥作战。后来，粤军张民达的第2师以及第7独立旅，都归入校军统一指挥。周恩来让铁甲车队的一部也参加了东征。周恩来在战前组织了有效的宣传动员工作，让共产党员参加的宣传队将50万份致士兵的传单、10万份致农民的传单、5万份革命歌曲带到前线进行散发。他还规定了“不拉夫，不筹饷，不强占民房，不用军用券”等纪律。

东征军军纪严明，赢得了群众的信任和支持。东征军还有“莫走人家取门板，莫拆民房搬砖石，莫踏禾苗坏田产，莫打民间鸭和鸡”的《爱民歌》。“革命军所到之地，人民乐于贸易，自愿帮助运输并代做侦探工作，所以作战顺利，一战而克服东江，此乃中国军队第一次战时政治工作之成绩。”

2月1日，教导团正式由黄埔出发，很快就接连占领了东莞、石龙、平湖、深圳等地，蒋介石十分高兴。2月14日，东征军包围了淡水城。淡水距离惠州有70里左右，被陈炯明看作是惠州的外围阵地，派重兵进行防守。

当晚，许崇智、蒋介石、周恩来、苏联顾问加伦等人经过研究后决定，从三个方向同时进攻淡水城，由蒋介石负责具体指挥，以黄埔教导团作为攻城主力。

2月15日，蒋介石下令开始攻击淡水。陈诚先指挥炮兵轰坍了淡水城墙，随后由8名共产党员学员和2名国民党党员军官及100名士兵组成的攻城敢死队从城墙缺口蜂拥而入，攻入城内。第二天清晨，在炮火和重火力的掩护下，东征军从云梯攀登入城，并和敌军在淡水城内进行巷战和肉搏，最终全部消灭了敌军。

此时，敌军的援军洪兆麟部赶来救援，在淡水城东北同粤军第7独立旅、教导团一部展开了激战。当时，教导2团团长王柏龄竟然临阵逃跑，共产党员陈赓等人则主动率领学生军迎击敌人。师长张民达、参谋长叶剑英也率领粤军第2师及第7独立旅与敌军进行激战，到了傍晚，终于击败了敌人的援军。

至此，东征军完全占领淡水。战役结束后，东征军总部特意向远在北京的孙中山总理报捷。这一仗打得非常艰苦，蒋介石这次也奖罚分明，当即下令免去王柏龄团长职务，就地处决擅自退却的教导2团第7连连长孙良。蒋介石还提拔作战英勇的教导2团第1营营长沈应时为该团团长。但是沈因为负伤无法到任，就由钱大钧暂时代理。

淡水之战，是东征开战以来最大的一次胜利，对整个战局影响非常大，可以说这次战役为第一次东征的胜利奠定了基础。这次获胜对蒋介石的影响也非常大，他是本次战役实际上的指挥官，因此名声大振，连正在病中的孙中山都说出了“国民党军事靠蒋介石”的话。事实上，东征的胜利是许多因素共同努力的结果，其中有学生军的英勇作战，有来自被共产党发动起来的广大工农群众的支持，而周恩来和加伦也提出了很好的建议。

就在右路军一路凯歌之际，没有想到却因为滇桂军阀刘震寰、杨希阀同陈炯明、林虎的互相勾结，而处于非常危险的境地。原来这几个军阀之间早就秘密约定，在东征过程中，左路军和中路军始终按兵不动，这就使陈炯明的林虎部得以集中主力2万多兵力，顺利穿过东征左路军和中路军的防线南下，打算一举将右路军消灭在揭阳、潮汕之间。腹背受敌，形势危急，3月12日，蒋介石下令粤军第2师留守潮汕，自己率领教导第1、第2团和粤军第7旅去棉湖迎击林虎部。

12日晚，蒋介石命令何应钦的教导第1团进占棉湖，攻击和顺的敌军；命令教导第2团

∨ 1925年4月，广东梅县商会举行欢迎东征军大会，前排中为周恩来。

∧ 东征时的蒋介石与李济深合影。

进占池尾，攻击鲤湖的敌军。命令陈诚部的炮兵跟随第1团进行作战。

13日早上7点半左右，没想到何应钦教导1团先头部队第1营在距和顺约4华里的曾塘村后遭遇了林虎部的先头部队。当时教导第1团总共不到2,000人，而林虎部却有1万多人。兵力相差非常悬殊，而且林虎军是陈明炯的主力，作战勇猛。

双方随即在棉湖拉开阵势，开始激战起来。

蒋介石不放心，于是亲自到教导1团指挥所进行督战，他命令陈诚的炮兵连配合第1团作战。这确实是一场恶战。黄埔教导团第1团首先向林虎军发起攻击，但是毕竟士兵数量相差太远，很快就被10倍左右的敌军包围起来。团长何应钦亲自率领卫士队机枪排，向冲入阵地的敌军射击，但是自己的卫士伤亡严重，形势非常危急。

蒋介石非常焦急，他对何应钦说："何团长，你要坚持，必须想办法挽回局势，我们不能后退一步，假如今天在此地失败了，我们就一切都完了，再无希望返回广州了，革命事业也会遭到严重挫折。"

当两军交火后，陈诚的炮兵连就占领了曾塘村东北方的一个小高地，向对面山地敌军密集处开炮。但是因为距离太远，炮击多次都杀伤力很小，还使大炮的撞针发软，无法再发射炮弹。陈诚没有办法，只得命令士兵将炮拆下，抬到了团部。

这时，凶猛的林虎军已经攻占了曾塘村，缴了教导1团1营2连的数十支枪，把1连和3连也渐渐打退了。林虎军径直向教导一团的团部冲锋过来，先锋分队离团部指挥所只有200～300米远。这时，蒋介石、廖仲恺、苏联顾问加仑和周恩来都在前线督战，形势万分危急。蒋介石严令何应钦坚决顶住，不得后退。何应钦于是命令教导1团2营营长刘峙率领该营去包抄敌军后路，以减轻林虎军的正面攻击。何又下令陈诚向只有几百米远的林虎军进行炮击，但是却没有听见任何的炮声。蒋介石气急败坏地质问陈诚说："为什么6门大炮都打不响了，你为什么不亲自去试一试！"随即，蒋介石和苏联顾问也跟着陈诚来到炮兵阵地。

★陈诚（1898～1965）

国民党一级陆军上将。浙江青田人，保定军校毕业。曾任黄埔军校教官、第21师师长、第18军军长。抗日战争时期，任第三战区前敌总指挥，武汉卫戍总司令，第九、六战区司令和军政部部长。抗战结束后，曾任国防部参谋总长兼海军总司令，东北行辕主任。1948年去台湾。

陈诚把一门山炮调整了一下后，装上了炮弹，然后对准正聚集在前方小河对岸的几百名敌军，亲自拉火发射，没想到这一炮居然打响了，炮弹正落在敌人中间，发生爆炸后当场炸死了几十个敌人。敌人见状大惊，顿时开始向后奔逃。接着，其他几门炮都逐一打响，而且每炮都打中目标，敌军大惊，纷纷开始后退。黄埔军官兵看到这个情形，突然士气昂扬，对敌军发起了猛烈的反攻。陈诚★的第二炮向村东端打去，把林虎军赶入曾塘村中心。陈诚再向村中心发炮，又把林虎军赶出了村子。何应钦于是立即下令进行追击，并顺利占领了曾塘村。这个时候，粤军的一部也从右翼赶来增援，敌军于是开始后退。

在教导1团和林虎军浴血奋战的时候，担任左翼的教导2团在下午也迅速加入战斗，猛攻林虎军。林虎军的侧后方遭到猛烈袭击，感到非常意外，只好下令后退。林虎军顿时陷入混乱状态，不得不全线开始溃退。

棉湖之战，是第一次东征中规模最大、最激烈壮观、最具历史意义的一次战斗。黄埔学生军初次参加作战，就经受住了一次严峻的考验，并为自己赢得了极大的荣誉。战斗中，黄埔学生军以两个团战胜了林虎6个师，一时威名远扬。所以战后蒋介石说："棉湖一役，以教导第1团，御万余精干之敌，其危实甚；万一惨败，不唯总理首创之党军尽歼，广东策源地亦不保。"

在这次战役中，第1团团长何应钦和炮兵连连长陈诚都表现出色。何应钦后来虽然历经百战，但是却始终认为棉湖战役是他一生中的得意之笔，每逢棉湖之战爆发纪念日（3月12日），他都出面邀请当年参加过棉湖之役的黄埔学生聚餐庆贺。而陈诚在关键时候打响的第一炮，也是聚餐时常被说起的话题。多年以后，何应钦回忆说："棉湖之役在今天看来，

> 时任黄埔军校总教官的何应钦。后来追随蒋介石反共，由广州到南京，登上他“一人之下，万人之上”的军政生涯的巅峰。

V 1925年东征军胜利后，叶剑英（中）出任梅县县长。

< 蒋介石自诩为孙中山的继承人，这成为他飞黄腾达的政治资本，北伐的胜利又给他的政绩增添了重重的砝码。

是一个很小很小规模的战斗，但在当时，却是吃力的一仗，那时的炮兵不像现在，有马匹或车辆拉拽，那时的炮，要由人扛抬。在那种情况下，身为炮兵连连长的辞公，不论步兵行军多么快，他总使他的炮兵跟得上，每次都能完成任务。炮弹有限，但他弹无虚发，对促使这一次战役的胜利，可以说是最有功的人士之一。”陈诚自己对在棉湖之役中的表现很是满意，他后来回忆说：“我的炮兵连只有几尊旧式七五大炮，炮弹少得可怜，但每发必中，如有神助。”陈诚也因此获得了蒋介石的格外信任。

3月19日，黄埔教导团2团及陈铭枢旅乘胜追击，在几天内就控制了整个潮汕地区。陈炯明残部被迫退出东江地区，向福建江西边境逃去，而困守惠州的陈军杨坤如部，也被廖仲恺派人劝降，杨坤如的部队被改编为滇军第8、9两师。

至此，第一次东征胜利结束，陈炯明再度逃到香港。

第一次东征胜利后，广州革命政府以蒋介石为潮汕督办，张民达为梅属绥靖督办，罗翼群为东江剿匪督办，叶剑英任梅县县长。国民党中央执行委员会特派周恩来为东江各地党务组织主任，以巩固和稳定地方秩序。东征军本来打算继续战斗，但是没想到后方却出现了危机——滇桂军阀杨希闵、刘震寰在广州发动了叛乱。

杨、刘本来是起家于云南、广西的旧军阀，他们之所以参加孙中山的革命阵营，并非为了革命，打倒北洋军阀，而是因为他们各自在本省的实力太小，无法立足，因此才利用孙中山讨伐陈炯明的机会，成为迎接孙中山回广州重新建立政权的功臣。当革命形势发展之后，他们的真面目很快就暴露了出来。由于善于伪装，在国民党“一大”上，杨希闵被选为中央执行委员，刘震寰被选为候补中央监察委员，但他们占驻广州以后，搜刮民财，无恶不作，不听孙中山的号令。

刘震寰、杨希闵还勾结唐继尧、段祺瑞、陈炯明、林虎、邓本殷以及陈廉伯妄图推翻国民政府。

在第一次东征期间，滇军杨希闵、桂军刘震寰表面答应参加东征，暗中却和陈炯明的前敌总指挥林虎秘密约定，由杨希闵向林虎提供东征军右路军行动的情报，这差点造成右路军的彻底失败。杨、刘两军还找借口按兵不动。但是没想到杨希闵给林虎的情报被右路军中途截获了。于是蒋介石决定放弃已占领的潮汕地区，回师广州讨伐杨希闵、刘震寰。这时，杨、刘也积极进行准备，调兵遣将，随时准备进占广州。杨希闵的部队于4月26日包围和占领了广州石井兵工厂，滇桂军开始移防，广州顿呈紧张气氛。

开始的时候，胡汉民和汪精卫感到杨、刘的军队很多，怕打不过，因此主张妥协，还派专人去劝说杨、刘。没想到杨、刘放出话来：“你要打的话，我让你打三天不还手。”而廖仲恺和中共主张坚决镇压。广州政府最终接受了共产党和国民党左派的建议，决定讨伐叛军。5月13日，廖仲恺、汪精卫、许崇智、蒋介石、朱培德、谭延闿*及苏联顾问加伦等人参加了国民政府在汕头召开的紧急会议。这次会议研究了加伦提出的讨伐杨、刘的计划，同时任命蒋介石为讨逆军总指挥，命令他统帅粤军和党军迅速回广州平定叛乱。这个时候的蒋介石表面上还是一个左派的形象，他给人的印象是拥护联俄联共政策，大力赞同共产主义，主张学习苏联，因此得到了中共和左派的支持。5月19日，蒋介石在梅县主持了班师动员大会，在会上他号召“班师回省去打反革命强盗式的军队，为平定杨、刘军阀叛乱作战！”随即蒋介石军队回师广州，并在沿途先后消灭了部分滇军。

***谭延闿（1880～1930）**

湖南茶陵人。1916年任湖南省长兼署督军。1923年追随孙中山到广州，任陆海军大元帅府内政部长，7月任湖南省长兼湘军总司令。1925年7月任广州国民政府委员，所部湘军改编为国民革命军第2军，兼任军长。1926年4月任国民党中央政治委员会主席，继又代理国民政府主席。1928年任南京国民政府主席、行政院长等职。1930年卒于南京。

∧ 曾任黄埔军校教官的陈诚，日后他成为蒋介石的重臣之一。

∧ 东征军攻打惠州时，炮兵部队官兵合影。前排左三为陈诚。

6月4日，叛军公然占领广东省长公署、财政厅、市公安局、电报局及电话局等机关，杨希闵自称滇桂联军总司令，发表通电，声称“希闵等断不容彼辈播共产流毒于社会，我军因此喋血疆场，亦所不恤”。

6月5日，广州革命政府下令免去杨希闵的建国滇军总司令、刘震寰的建国桂军总司令本兼各职，揭露杨、刘通敌，勾结唐、段，密谋颠覆革命政府，发动叛乱的罪状。

6月6日起，东征军开始了平叛的军事行动。6月10日，蒋介石率领东征军进攻广州东郊，同时，李济深、朱培德等军队也发动了对叛军的进攻。当时，革命政府、国民党中央许多人士和苏联顾问还留在广州市区，形势非常危险。大本营的铁甲车队发挥了巨大的作用，他们英勇作战，抢占了大沙头，掩护各机关和顾问团安全转移到南岸土敏土厂、黄埔等安全地带。广州市民也以铁棒、菜刀、扁担等为武器加入平叛战斗。共产党人领导铁路工人发动了大罢工，断绝滇桂军的交通。革命军经过几天战斗，全歼滇桂军2万余人。杨希闵、刘震寰逃到香港。

这次战役根除了杨、刘之祸，打破了唐继尧趁孙中山逝世而日益膨胀的野心，使广州的局势再次转危为安，为大本营的改组、国民政府成立，打下了良好的基础。

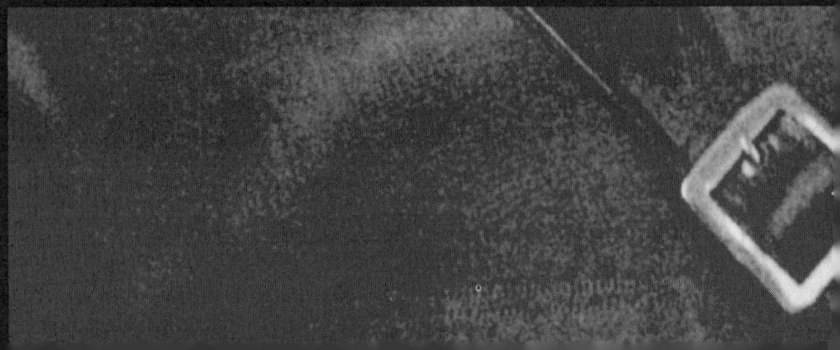

影像大扫描

IMAGE SCANNING

04 夺得最高权力

孙中山逝世后，国民党内部争夺继承权的斗争顿时激烈起来。

而国民政府的成立，事实上就是各方斗争后妥协的结果。在国民党内部各主要派系里，蒋介石当时并不起眼。他当时还显得年轻，尤其是资历太浅，而且他是个军人，被认为和政治党务是不相干的专业人员。孙中山在世时就曾经有意不让他参与军事之外的政治和国民党的大事。

在当时，公认的候选继承人只有汪精卫、胡汉民和廖仲恺——他们三人都深得孙中山的信任，可谓孙的左膀右臂。

廖仲恺被暗杀，胡汉民被逼走，汪精卫一个人从此可以稳坐国民党最高领袖的宝座了。而逼走许崇智，也为蒋介石扫除了攫取军事大权的最大障碍。汪、蒋两人开始了短暂的第一次“蜜月”。

伪装成坚定的左派

平定了杨、刘之乱后，汪精卫把自己一个人关在房间里，在沙发上舒服地伸张开了身体，长长地舒了一口气。这个姿势对于一个党的领导人来说，显得很不文雅，但是着实舒服。窗外有清凉的风吹进来，把花的香味也吹了进来。他满足地打了个哈欠。多少年来，他在外面一直保持着一个微笑、睿智、宽厚、众所瞩目的公众人物形象，也实在太累了。现在，他觉得自己所有的努力都已经开花结果，只等着他伸手去摘取了。他，汪精卫，作为总理的当然继承人，即将登上权力的最高位置。

1925年6月15日，国民党中央执行委员会把大元帅府改组为国民政府，把建国军改为国民革命军。7月1日，国民政府在广州正式成立，汪精卫、廖仲恺、胡汉民、许崇智等16人为国民政府委员，汪精卫、胡汉民、谭延闿、许崇智、林森等5人为国民政府常务委员，汪精卫为主席。国民政府下设5个部，廖仲恺为财政部长，胡汉民为外交部长，许崇智为军事部长，徐谦为司法部长，孙科为交通部长；李文范为国民政府秘书长。鲍罗廷为国民政府高等顾问。

7月3日，国民政府军事委员会成立。汪精卫任主席，汪精卫、胡汉民、许崇智、廖仲恺、朱培德、谭延闿、伍朝枢、蒋介石为军事委员会委员。蒋介石在这次改组中也获得了很大的实惠，实际上得到了国民政府的军事大权。他的地位已经超过了长期以来主管军事的谭延闿、许崇智、廖仲恺、朱培德等人，成为国民党实际上的最高指挥官。

此时，善于抓住时机的蒋介石正迅速以孙中山逝世、自己作为第一次东征的功臣为契机，把自己装扮成当时影响最大的左派，以便向更高的地位攀登。他一方面积极地提出建设性的建议，一方面把自己的内心隐藏起来，反而装扮成一个激进的左派，到处说共产党和苏联的好话。

他说：

我们的三民主义，是整个的，在社会学名词中，就是“国家社会主义”。三民主义和共产主义都是为无产阶级奋斗以求生存。三民主义的最后一步就是共产主义。

俄国共产党为什么能成功呢？因为他们重在纪律，组织严密，党员服从党的命令，遵守党的纪律，有自我牺牲精神，把苦留给自己，把乐让给人民，因而取得了人民的感佩。

他们为什么甘愿牺牲个人的自由呢？因为他们明白主义，决心牺牲

∨ 孙中山逝世后，国民党中央执行委员会议改组大元帅府为国民政府。图为前排左起：谭延闿、许崇智、汪精卫、胡汉民、孙科、廖仲恺、林森；后排左起：古应芬、程潜、伍朝枢、朱培德。

个人的自由来救全人类的自由，所以他们成功就那么快，就能以一万五千人治平他一万万五千万人。我们党要成功，主义实现，一定要仿效俄国共产党的办法。

他说：

有人说我们党里有许多俄国人在里面办事。这是共产的表示。我说这是谣言！俄国人来帮助我们，是为求中国之自由平等。因为要中国能够更自由平等，才可以打倒帝国主义，俄国才不至于再受帝国主义的牵制和压迫，全世界的弱小民族才可以解放起来……我到俄国研究赤卫军那样守纪律，不骚扰人民，完全是为人民做工作的，和人民大众很相亲相爱的——人民同他们好，那么团结，这样的军队有什么打不胜的仗呀！所以我回国之后就决定了，如果使军队真个能为人民求自由安乐去打仗，真个能为党实行三民主义去打仗，非用俄国赤卫军这种编制不可，故此实行照仿这样方法训练我们的党军。

现在我们学校里，常常有共产党和国民党之争，我以为这种现象，适足以使我们总理在地下痛苦。共产党员固然不应反对国民党，国民党员也不可反对共产党，反对共产党就是背反了总理定下来的方针和主张。这样就是信奉三民主义，能做总理的信徒，反不如不信三民主义的好。共产党真正革命的同志们，实在不比我们国民党少，加入了国民党，实在能替国民党进步求发展，促进本党的革命精神。所以总理能下这么大决心，不为众论所动摇，并且总理说，“如果国民党的党员，反对共产党，我便要自己去加入共产党”。我们要晓得“反共产”这句口号，是帝国主义者用来中伤我们的。如果我们也跟着唱“反共产”的口号，这不是中了帝国主义的毒计吗？总理容纳共产党加入本党，是要团结革命分子，如果我们反对这个主张，就是要拆散革命团体，岂不是革命党罪人？我一个人的意思，我们国民党，现在只有左派与右派之分，不能有共产党与非共产党之分，更不可有国民党与共产党之分，如果国民党员有这种见解，那是无异于削弱自己革命的元气。

沙基惨案发生后，蒋介石哭着说："帝国主义者，不以华人为生命，屠之如豕犬。国耻至此，我何以生为？"他在集会上说："此案在惨烈中，有一种光明在。烈士们死得其所。我们要以烈士为榜样，为爱国而奋斗，而献身。现在已到了和帝国主义者决战的最后5分钟。

∨ 1925年6月，为了抗议帝国主义在上海制造"五卅惨案"，声援上海工人阶级的"五卅"运动，广州、香港爆发了省港大罢工。为镇压省港大罢工，英国从香港调去军舰3艘，停泊在沙面的江面，炮口朝向广州市中心，激起广州人民更大的愤慨。6月23日，广州各界群众10多万人举行集会和游行示威，当游行队伍行至沙基时，英军开枪扫射，江面英舰亦开炮轰击，当场打死打伤200多人，这就是骇人听闻的"沙基惨案"。图中是在沙基惨案中牺牲的黄埔学生。

> 孙中山先生逝世后，国民党内部争夺继承权的斗争异常激烈。当时，汪精卫、胡汉民和廖仲恺是公认的继承人选。这是汪精卫（左一）、胡汉民（左三）、廖仲恺（右三）等人与孙中山在一起。

如果我们真是三民主义的信徒，真能继续我们总理和先烈的精神，真能奋斗到底，帝国主义者，是会死在我们手里！”

蒋介石因为忙于治校治军，讲演，写文章，弄得鼻孔流血不止，头晕目眩，只好住院治疗。但是刚一出院，他就向军委会提出扩大根据地、反对帝国主义、北伐和统一军队名称等问题。

根据蒋介石的建议，国民政府军事委员会8月26日正式建立国民革命军，第1军军长由蒋介石兼任，副军长何应钦，政治部主任周恩来；第2军军长谭延闿，政治部主任李富春；第3军军长朱培德；第4军军长李济深，政治部主任罗汉；第5军军长李福林；第6军军长程潜，政治部主任林伯渠。中国共产党在各军中具有比较大的影响，在所有6个军中，有周恩来、李富春、林伯渠、罗汉4个共产党员任政治部主任。不少共产党员担任了师、团一级的党代表，即使在蒋介石的第1军中，共产党员担任了3个师中的两个师的党代表，担任了9个团中7个团的党代表。

国民革命军的成立，具有巨大的意义，它使国民党从此有了自己的军队，结束了依靠军阀军队打军阀的历史。虽然上述部队政治目标也有冲突，内部派系斗争激烈，但是都愿意接受国民政府军事委员会的统一指挥。也就是有了这支军队，国民政府才最终取得了北伐战争的胜利。

在孙中山逝世后，国民党内部争夺继承权的斗争顿时激烈起来。而国民政府的成立，事实上就是各方斗争后妥协的结果。在国民党内部各主要派系里，蒋介石当时并不起眼。他当时还显得年轻，尤其是资历太浅，而且他是个军人，被认为和政治党务是不相干的专业人员。孙中山在世时就曾经有意不让他参与军事之外的政治和国民党的大事。

在当时，公认的候选继承人只有汪精卫、胡汉民和廖仲恺——他们三人都深得孙中山的信任，可谓孙的左膀右臂。

虽然汪精卫后来由于在抗日战争期间当了汉奸，受到了国人的唾骂，永远地成为人民的罪人，但是在1920年，汪精卫却被公认为是一个有献身精神的革命者。他曾在1910年冒着生命危险用炸弹去谋杀摄政王，事败后被清政府关进大牢，要不是辛亥革命，可能永远也无法被释放。这成了他用之不尽的政治资本。汪在三个候选人之中，还是唯一一个陪同孙中山北上的人。在孙中山病危之际，是汪精卫负责起草了孙中山的政治遗嘱。汪精卫虽然比胡和廖都年轻，但是他更加善于把当时的各派势力团结在自己周围。他在公共场合总是强烈支持与苏联进行合作。因此，被当时的人们认为是个"真正的"左派。

廖仲恺富有献身精神，大公无私，是个真正的左派。当时右翼的国民党人都怀疑他其实是一个秘密的共产党员。他曾代表孙中山在日本与苏联代表越飞进行了长达一个月的谈判，最终开启了国民党与苏联的合作关系。

胡汉民属于保守派。他坚定地反对孙中山的三大政策。胡汉民很早就开始协助孙中山进行革命工作，主要在香港编辑出版报纸，宣传孙中山的革命思想。胡汉民是一个学者，有理论修养，而且，在孙中山启程前往北京之前，任命他为代理大元帅——这对外界来说具有非常强烈的暗示性。

但是没想到国民党改组、国民政府成立后权力受到极大削弱的却是胡汉民。汪精卫则一举被选为国民政府主席和军委主席，成为最大的胜利者。因为汪精卫是左派和国民党右派都能够接受的人选。因为左派憎恶胡汉民，而右派要打击廖仲恺。这时，外界普遍认为汪精卫已经明显地登上了孙中山继承人的位置。此后，国民党内部右派与左派的矛盾不断激化，于是发生了两次针对左派的刺杀事件。

∧ 贺衷寒旧照。蒋先云、贺衷寒、陈赓是黄埔军校数百名学生中的佼佼者，人称"黄埔三杰"，也是蒋介石最引为骄傲的三个得意门生。但是由于各自对革命前途和信仰等问题上的不同认识，最后走上了不同的道路。

连续遭遇两次右派的暗杀

1925年7月下旬的一天，当插着青天白日小旗的蒋介石专车快速驶向东坡楼转弯处时，司机习惯性地减慢了车速。突然间，"嗒嗒嗒……"一串机枪子弹发疯一般射向汽车，汽车前面的挡风玻璃立即在吓人的劈里啪啦声中被打得粉碎。司机和坐在前排的1名卫士当即被子弹打死，汽车失去了控制，摇摇晃晃地撞向路边的电线杆上，随后停了下来。

车内后座的卫士开始时被这突如其来的机枪射击给打懵了，直到汽车撞到电线杆上，他们才明白是怎么回事，于是一名卫士滚下汽车，匍匐到路边，开枪还击。车内的6名卫士则在冲下车的时候，被迎面射来的机枪子弹当场打死。

然而鬼使神差般地，黄埔军校校长蒋介石竟然没有在自己的专车上。

在国民政府成立到廖仲恺被刺杀短短的一段时间内，蒋介石连续遭遇了两次刺杀。如果不是出现了意外，极有可能蒋介石要先廖仲恺一步离开人世。

就在出事的当天早些时候，蒋介石就接到了死亡恐吓信。

郊区的黄埔军校是蒋介石的住处和主要办公地点，但是有时候他必须去军校驻广州的办事处去处理一些公务。

刺杀事件的当天早上，侍从秘书贺衷寒小心翼翼地拿着一封信来到黄埔军校校长兼粤军参谋长、广州卫戍司令蒋介石的办公桌上，然后说："校长，这里有一封奇怪的信。"

蒋介石并没有在意，只是随口问道："是一封什么样的信？"

贺衷寒展开信，吞吞吐吐地说道："这封信上的字全都是从报纸上剪贴下来的。"

蒋介石这才感到有些蹊跷，于是拿起信念道：

"蒋中正：鉴于你的独断专行，谨以此信郑重通告，你的死期来临。"

蒋介石读完信，不由得勃然大怒："娘希匹，敢恐吓我！"

然后他情不自禁地在屋子里走来走去，他多少有点害怕。虽然蒋介石开始有所防备，但是他绝没有想到，当天下午就会遇到刺杀事件。

当天下午，蒋介石加强了自己的警卫力量，然后和自己的卫队一起来到位于广州郊外北校场的黄埔军校入伍生总队部处理公务。当他处理完毕，正准备乘车前往广州城内的黄埔军校办事处时，他那辆车头上挂着一面醒目的青天白日小旗的专用黑色轿车却不知道怎么回事，发动不起来了。司机知道蒋介石的脾气很坏，虽然满头大汗，却检查不出车的毛病。坐在车里的蒋介石等得着急，就不耐烦地把一辆卫兵乘坐的警卫车叫过来，然后板着脸命令道："我有急事，先坐这辆车回去。"于是他随即带了4名卫士乘着这辆警卫车向城内开去。

东坡楼是从城郊的北校场到城内的黄埔军校办事处的必经之地。当蒋介石乘坐警卫车路过东坡楼时，他不经意间看见路边站着许多荷枪实弹的粤军士兵，当时只是有点奇怪，但也没有在意。因为东坡楼附近驻扎有粤军的两个连，军队训练也不足为奇。蒋介石的专车其实并没有大故障，司机在蒋介石走后很快就把故障排除了。

当这辆插着青天白日小旗的蒋介石专车驶到东坡楼转弯处时，当即遭到了早已埋伏在那里的机枪扫射，司机和6名卫士被当场打死。只有一名卫士命大，满身是血地逃了回来，赶紧向蒋介石报信。蒋介石闻讯大惊，随即出了一身冷汗，不由得感到后怕，也暗自庆幸神明保佑，让自己避免了一场劫难。他很快让自己冷静下来，向匆匆赶来的贺衷寒问道："在东坡楼驻军的是哪支部队？"

> 蒋介石历经两次暗杀，却安然无恙，只能归结为意外或者说是运气。

★胡公冕（1888～1979）

浙江永嘉人。曾任黄埔军校教导第2团营长、中央军事政治学校政治科大队长。北伐战争中，任北伐军总政治部宣传大队大队长、总司令部副官处处长、东路军前敌总指挥部政治部主任。1927年任浙南红军游击队总指挥。1930年创建中国工农红军第13军。1931年被捕入狱，与中共组织失去联系。中华人民共和国成立后，任政务院参事、国务院参事。1979年在北京逝世。

贺衷寒立即回答说："东坡楼驻军是粤军第4军梁鸿楷部下杨锦龙部。"

蒋介石立即恶狠狠地说："你马上叫第4军军长梁鸿楷来见我。"

蒋介石身兼粤军参谋长和广州卫戍司令之职，梁鸿楷部名义上也归他调遣。因此梁鸿楷当即从家中乘车火速赶往黄埔军校办事处。

蒋介石脸气得脸色发青，一见梁鸿楷，就指着他的鼻子骂道："娘希匹！你的部下把我的卫士全都打死了！这件事，你要负责！你要负责！"

梁鸿楷一听，顿时吓得满头冷汗，结结巴巴地说不出完整的话来。蒋介石随即命令以秉公执法、刚正不阿著称的黄埔军校教导第2团2营营长胡公冕★和梁鸿楷负责追查这次刺杀事件，一定要找到幕后主使。

看着梁鸿楷的背影，蒋介石越想越生气，在屋内不停地走来走去，然后把桌子上的茶杯使劲摔到地上。但是他很快又冷静下来，他想到现在梁鸿楷的第4军就在广州城内担任卫戍任务。此事如果处理不当，很有可能会引发难以预料的事端。而且如果胡汉民果真是幕后主使，那么事情就会更加凶险。他知道胡汉民对自己恨之入骨，完全有杀自己的想法。蒋介石最后认为"东坡楼事件"有可能是胡汉民勾结梁鸿楷所为，但他还需要作进一步调查和证实。他之所以派胡公冕跟随梁鸿楷去东坡楼实地调查，一方面为了查清事实，一方面不放心，也是为了监视梁鸿楷。

胡公冕接受任务后，带领1个全副武装的警卫连，跟随梁鸿楷火速赶到东坡楼驻军的营房。胡公冕当即下令荷枪实弹的警卫连士兵把肇事的两个连团团包围起来。这两个连的连长随即被士兵押到梁鸿楷和胡公冕面前。那两个连长一见阵势，知道祸闯得不轻，吓得跪在地上。胡公冕却以平和的语调问道："是谁命令你们向那辆汽车开枪的？"

∧ 1925年时的蒋介石。

一个连长赶紧回答说："今天下午2点左右，我们接到旅长杨锦龙的电话命令，他让我们在东坡楼阻击1辆车头上插着青天白日旗的黑色轿车。杨旅长特别交代说，如果发现这辆汽车，一定要集中火力把它打翻，车里面的人一个也不留，统统打死。我们接到命令后就集合部队到东坡楼进行布置，不一会儿就看见开过来一辆黑色轿车，但这辆汽车没插小旗子，我们就把它放了过去。很快又开来一辆黑色小轿车，车头上插着一面小旗，当这辆车拐弯减速时，我们下令开火，一下子就把它打瘫了。一共打死了6个穿军装的人，还有一个司机。"

梁鸿楷和胡公冕迅速把这一情况向蒋介石进行了汇报。蒋介石听罢，脸色非常难看，但他知道事关重大，因此极力保持冷静，对梁鸿楷说："梁军长，既然这件事是你的部下干的，那么就由你来全权负责处理。要立即把杨锦龙扣留查办，限令他的部队在4小时内全部撤离广州市区。驻在东坡楼的那两个连长也要扣押查办，一定要把这件事查个水落石出。"

梁鸿楷表情紧张地答应一定遵令照办。

蒋介石想，如果梁鸿楷是幕后主使，那么在暗杀失败后，他就不敢单枪匹马来见自己。现在，梁鸿楷来了，而且看起来很配合，因此好像不是他干的。但梁鸿楷又肯定与此事有关。如果不是忌惮梁鸿楷手中的重兵，蒋介石早就把他抓起来了，但是现在却只好让梁鸿楷去处理这一事件，以便进一步查清事实。同时，蒋介石已经通知自己的嫡系部队做好预防梁部叛乱的准备。

2个小时后，梁鸿楷又亲自向蒋介石报告说："我已将旅长杨锦龙和那两个连长都扣押起来，杨旅所有的部队都已撤离市区。"

蒋介石听罢，觉得梁的处置还比较让他满意，于是就在想如何进一步调查"东坡楼事件"。这时，贺衷寒突然急匆匆地闯进来报告说："校长，我刚刚接到情报，梁鸿楷阳奉阴违，他并没有执行校长的命令，既没有扣留查办杨锦龙，也没有把他的部队撤出市区，只是应付差事地把那两个连长监禁起来。我们应当怎么办？"

∧ 张静江旧照。人称"现代吕不韦"的民国奇人张静江，为蒋介石攫取党政最高权力出谋划策，不遗余力，使蒋介石在国民党内迅速崛起。

蒋介石大惊，他确实没有料到梁鸿楷会这么大胆，敢骗他。他知道事情复杂，于是对贺衷寒说："你赶快坐车去把张静江先生请来，就说我有要事相商。"

张静江是蒋的高参，他了解过情况后对蒋说："如果梁鸿楷果真是幕后主谋，他必然会做好军事上的准备。粤军第4军在广州市区及周围有万余人的武装，远远多于你所掌握的党军，一旦动起手来，你未必能操胜算，此其一。如果梁鸿楷与此事没有什么瓜葛，或者他虽是幕后主谋，但你没有掌握真凭实据，即或你能解除第4军的武装，也是师出无名，事后如何向国民政府交代？如何向你的盟兄、粤军总司令许崇智交代呢？此其二。你现在名义上是粤军参谋长，但与粤军将领并无太深的历史渊源和关系。据我所知，粤军中的许多将领对你一直心怀不满，也不听从你的指挥，你若贸然行事，他们以此为借口，联合起来共同发难，恐怕到时没有人能够解救你。所以，万万不可莽撞行事。"

"俗话说'君子报仇，十年不晚。'愚兄劝你尚且忍耐一时。"张静江又劝慰蒋介石说："胡汉民毕竟是一介书生，手中没有兵权；梁鸿楷虽掌握着兵权，但也只是一介武夫，寡谋少智，对付这两个人不算什么难事。谋大事者，一定要目光远大，要有政治头脑。目前，广州的形势异常错综复杂，汪精卫仰仗着左派的支持，谋得了国民政府主席的职位，但他的地位并不巩固；胡汉民虽然没有了'代帅'的身份，但他却成了右派的领袖，身边不乏追随者和支持者。这两个人都有极强的权力欲，将来必然还会有一场你死我活的争夺；廖仲恺是中山先生的忠实信徒，执行三大政策最坚决，因而遭到军阀、政客和右派的攻击谩骂最多；仲恺一心为公，没有权欲野心。至于军队方面，虽然隶属于国民政府的军队在名义上有10多支，但真正有实力的也就是许崇智的粤军和你所领导的党军。我知你素来胸怀大志，不甘屈居他人之下，但以目前的资历和实力而言，你还无法超越汪、胡、廖、许4人。所以，在这个紧要关口，你切切不要轻举妄动，以免断送了自己的前程。"

张静江停顿了一下，然后缓缓说道："我送你8个字：韬光养晦，伺机而动。今天这件事我看你就不要再追究下去了，索性表现出一种高姿态，以向世人表明你有宽大的胸怀。当务之急是要抓牢军权，你要利用机会尽量多掌握一些军队，手中掌握了枪杆子，说话才会有分量。据我的分析和观察，目前广州政局的这种状况很难再继续维持下去。今天在东坡楼发生的事件清楚地表明，有些人急不可耐地要动手了，最近很可能会发生一场大变故。你要‘明修栈道，暗度陈仓’，表面上不露声色，暗中要做好应变的准备。”

蒋介石觉得很有道理，于是就遵照张静江的建议，表面上放弃了对东坡楼事件的追查，甚至也装作不在意杨锦龙的公开露面，但在他的内心深处，已经宣判了梁鸿楷和杨锦龙的死刑，只等待合适的时机，再与他们算账。

在廖仲恺被刺杀前不久，蒋介石又遭遇了另外一次暗杀。当时他把自己的第三个夫人陈洁如接到广州，两人住到广州东城门外东山脚下的一所西式住宅里，和廖仲恺、何香凝夫妇做起了邻居。有一天他发现住处附近有两个形迹可疑的人。几天后，蒋介石走到东城门大约100米处的时候，坐在汽车前排的警卫连长忽然看见一个穿长袍的可疑人物在举枪准备射击，于是果断开枪，先发制人，将那人打倒在地。后面的卫兵车立即把那人抓了起来，经过审讯，果然是原来的商团团长陈廉伯派来的刺客。

经过这两次事件，蒋介石变得更加小心了，他索性搬到长洲要塞去住，每日乘坐快艇往来。

廖仲恺被暗杀，蒋介石派兵包围了胡汉民的住宅

1925年8月20日清晨，蒋介石很早就乘汽艇来到了城内的黄埔军校办事处上班。他刚处理了几件例行公务，正准备去中央党部开会时，忽然电话铃声大作，拿起话筒后，只听见一个人着急地对他说：“廖仲恺先生在中央党部大礼堂门前遭暴徒刺杀，头部中了两枪……”蒋介石大吃一惊，当即扔下电话，带着卫士急急忙忙地上了汽车，火速向市内医院赶去。但是，当蒋介石小跑着冲进病房时，廖仲恺已停止了呼吸。蒋介石抚着廖仲恺的遗体，不禁号啕大哭。

对于廖仲恺的被杀，蒋介石还是真心悲痛的，因为他对廖还是比较感激的。但是作为一名政治家，他很快就从悲痛中清醒过来，而看到了在这个事件中自己获得的巨大机遇。他要迅速行动起来，抓住这一天赐的良机。此时蒋介石挫败陈廉伯的暗杀后没过多久，他不但因此而获得了一个报仇雪恨的机会，而且抓住时机，联合汪精卫，借处理廖案的机会，把自己的两个强大的政敌许崇智和胡汉民赶出了广州。

国民政府成立后，军政、财政都被统一起来，还厉行禁烟禁赌，改组军队，得到了人民的拥护。但是这些政策却让军阀、官僚、国民党右派感到难受，使他们无法再继续割据地盘、独霸一方。于是，右派分子称支持工农运动者为共产派，指责执行革命政策的人过激。在被攻击者中，首当其冲的是廖仲恺。廖仲恺因为竭力奉行与捍卫孙中山的联俄、联共、扶助农工三大政策，而被右派分子视为眼中钉、肉中刺。1925年7月初，邹鲁、孙科、邓泽如、傅秉常、吴铁城、林直勉、胡毅生、林树巍等多次在胡汉民家中开会，主要矛头就针对廖仲恺，

说他“被人利用，祸害国民党”；“挑拨各方恶感”。他们打算打倒廖仲恺，从而全盘推翻孙中山的三大革命政策。而廖仲恺在大力推行统一财政、军政政策的时候，更是得罪了军阀政客，尤其是占有防地税收的军阀魏邦平、梁鸿楷等人，失意右派政客朱卓文、胡毅生、林直勉等人，都对廖仲恺怀有刻骨的仇恨。

朱卓文担任中山县县长时办事不力，被廖省长批评处分过；胡毅生依仗胡汉民的支持，在参加广州市长竞选时舞弊，受到廖仲恺的查办。朱、胡政治失意，于是就靠包揽捐务、沙田等牟取暴利，没想到现在廖仲恺再次出手，废私包改为公投，朱、胡不禁大怒，产生了暗杀廖仲恺的念头。

胡汉民在国民政府成立后，把他的寓所变成了右派集会的基地，右派们再次策划了对付廖仲恺的各种办法。吴铁城、林直勉、胡毅生、邹鲁、邓泽如等十几人常常开会，商量怎样才能打倒廖仲恺。胡汉民本来觉得自己这个“代帅”是“孙中山的天然继承人”，没想到后来夺得国民政府主席宝座的竟然是汪精卫，而汪能够成功，和廖仲恺的支持有很大的关系，因此他对廖非常憎恨。他本来与廖的私人关系很好，但这时则对右派针对廖的阴谋和攻击，采取了听之任之的态度。胡汉民曾经对黄季陆说：“在第一届中央委员里，我们还是多数。你赶快到上海去见季陶、右任等人，叫他们赶快到广州来，我们召开一次一届四中全会，再商量出一个办法。”胡汉民为了改变局势，一连写了十几封信，让黄季陆到上海、北京等地去联络右派中央委员，但是这个阴谋也不幸被廖仲恺发觉而没有实现。

胡毅生、朱卓文、魏邦平、林直勉组织的文华堂俱乐部到处吸收反共人士，他们又在自己办的《国民新闻》日报，再度攻击廖仲恺，说他“年将50，兼职10余，……对于政府、党务用个人包办”。

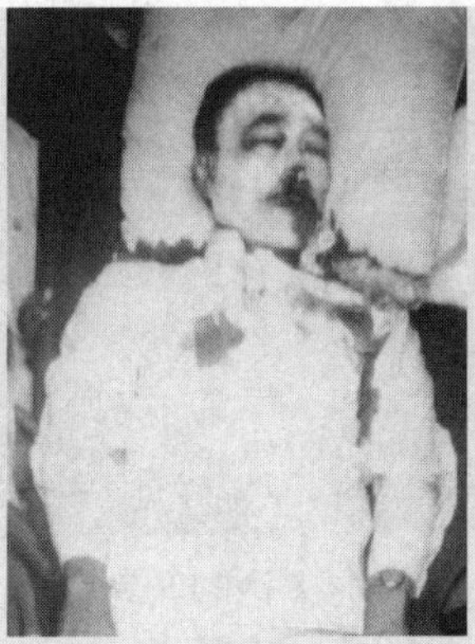

> 1925年8月20日，遭暗杀的廖仲恺遗体。

< 国民党元老、曾任国民政府主席的胡汉民。

右派政客及军阀对廖仲恺和三大政策恨之入骨，除掉廖仲恺已经成为他们的首要任务。他们首先采取了恐吓手段，故意将暗杀计划张扬出去，企图把廖仲恺吓退。8月初，社会上流言四起，说廖仲恺、共产党员谭平山以及当时以“左派”面目出现的汪精卫、蒋介石等已被列入暗杀名单。而廖仲恺闻讯后，四处奔忙，开会、演讲、理财，丝毫不畏惧。

何香凝焦急地对丈夫说：“既然有人谋划行刺，你也该多加两个卫兵防备一下才是。”

廖仲恺坦然一笑，说道：“增加卫兵，只是捉拿刺客方便，并不能阻挡他们行凶。我天天到工会、农会、学生会去开会、演说，而且一天要跑好几个地方，他们要想谋杀我，可以假扮成工人、农民、学生模样，混入群众中间下手的。我平生为人做事，凭良心，自问没有对不起党、对不起国家、对不起民众的地方。有人对我坚持联俄、联共不满，可不这样做没有出路啊！总之，生死由他去，革命我总是不能松懈一步的。”

何香凝深知丈夫为人赤诚，因此更加为他感到担心，于是提出要与廖拍一张合影。廖仲恺慨然说：“为国为党而牺牲，是革命家的夙愿，有什么可顾忌的！”

∧ 他们本是孙中山的忠实信徒，总理仙逝后，却走上不同的道路。前排左一为廖仲恺，二排左一为汪精卫，左二为胡汉民。

有人悄悄地对廖仲恺说，敌人要暗杀他，他说：“余无负于国，无负于党，个人更不营私，不牟利，要暗杀便暗杀，余复何恤！”

就在遇害前两天，汪精卫也收到了暗杀廖的消息，他于是在国民政府的一次会议上，递给坐在旁边的廖仲恺一张纸条，告诉他据传有人将对他不利，请他注意。廖仲恺当时只是耸耸肩，笑着回答道：“我也听说了。我们都是预备随时死的，那有什么关系！听说人家要用手提机关枪杀死我们，用手枪、炸弹是常听见的，若是用手提机关枪，却新鲜得很！”

遇害前一天，有人把右派要进行暗杀的确切消息紧急通知了廖仲恺，但是廖仲恺仍然毫不畏惧，凛然说道：“值兹党国多难之秋，个人生死早已置之度外，所终日不能忘怀者，为罢工运动及统一广东运动两问题尚未解决！”

右派对整个左派都加紧了谋杀活动。朱卓文密谋在东山百子路鲍罗廷公馆进行爆炸，把在那里开会的廖仲恺、汪精卫、加伦等人和主人鲍罗廷一起炸死。后来这个消息被广州卫戍司令吴铁城知道了，吴怕连累自己，就要朱卓文顾全大局，不要使他为难。但是吴并不追究这个密谋的责任。朱卓文等人随后制定了刺杀防卫疏忽的廖仲恺的阴谋。

8月19日晚，廖仲恺一直忙于给黄埔军校筹集经费，回到家已经是深夜了。

1925年8月20日上午9时35分，廖仲恺、何香凝乘汽车去惠州会馆中央党部参加中执委第106次会议。路上，他们遇见了国民政府监察委员陈秋霖，于是邀请他搭车一同前往。此时，他们不知道一路跟踪的刺客有40多人，一直在找机会对他们动手。

廖仲恺的汽车很快到达惠州会馆门前。下车后，何香凝碰巧被妇女部的一名女同志有事叫住，于是廖仲恺同陈秋霖并肩向会场走去。当时，廖的4名卫士在前面，首先登上台阶。当廖仲恺登上门前第三级台阶时，5名刺客突然从骑楼下跳出来，其中2人站在廖仲恺两边，3人站在廖的身后，三人随即用左轮手枪向廖仲恺开枪射击。同时，大门铁栅内也突然出现了刺客，向廖仲恺开枪射击。刺客们打了20余发子弹，其中两发打中了廖仲恺。廖中枪倒地，挣扎着想用手撑着石级站起来。凶手随即又向他打了2枪。身中4枪的廖仲恺随即仰面倒地。陈秋霖同时也中枪倒了下去。

此时，随行的卫士奋起还击，但是只打中一名刺客，其余五六名刺客夺路逃走。正在与人谈话的何香凝听到枪声后看见丈夫廖先生已倒在血泊中，急忙大喊："救命！救命！""抓人！抓人！"

她边喊边俯身去察看丈夫，此时凶手又向她打了一枪，好在没有打中。

何香凝和那位女同志急忙把廖仲恺架起来，只见他的衣服上和地上都是鲜血。她们把廖抬上汽车后，司机迅速启动汽车，向东门外百子路公立医院驶去。但是因为廖仲恺被打中了要害，半路上就与世长辞了。这位为民主革命流尽最后一滴血的革命家，去世时年仅48岁。陈秋霖也在两天后因伤重去世。

听到廖仲恺被害的消息，蒋介石感到非常痛惜，因为他对廖仲恺一直抱有一种感激之情。蒋介石性格暴戾，很少能与人和睦共事，可是廖仲恺却是个例外。

廖仲恺与蒋介石携手创办黄埔军校，为蒋介石解决了事关军校存亡的经费难题，两人在这个过程中一直合作得十分愉快。尤其关键的是，廖仲恺是个没有野心和权力欲的实干家，他把自己的全部心思都用在了为黄埔军校筹措款项方面。虽然蒋介石知道廖仲恺倾向于共产党和苏联，但是当时苏联和共产党给予了黄埔军校极大的支持，他并不反对。因此，蒋介石对廖仲恺是怀有感激之情的。如今，廖仲恺竟然在光天化日之下，在中央党部门口被人暗杀，这使得躲过两次暗杀的蒋介石敏感地意识到，这不仅是针对廖仲恺一个人的政治谋杀，而是针对与左派关系密切的所有人的。因此，他很快镇静下来，以沉稳、坚定的口吻向何香凝表示："一定要查个水落石出，严办凶手，以告慰廖先生在天之灵！"

当天，国民党中央执行委员会、国民政府委员会及军事委员会召开紧急联席会议，蒋介石在会上提议成立一个特别委员会，全权负责调查处理廖仲恺被刺案。会议通过了这个提议，并

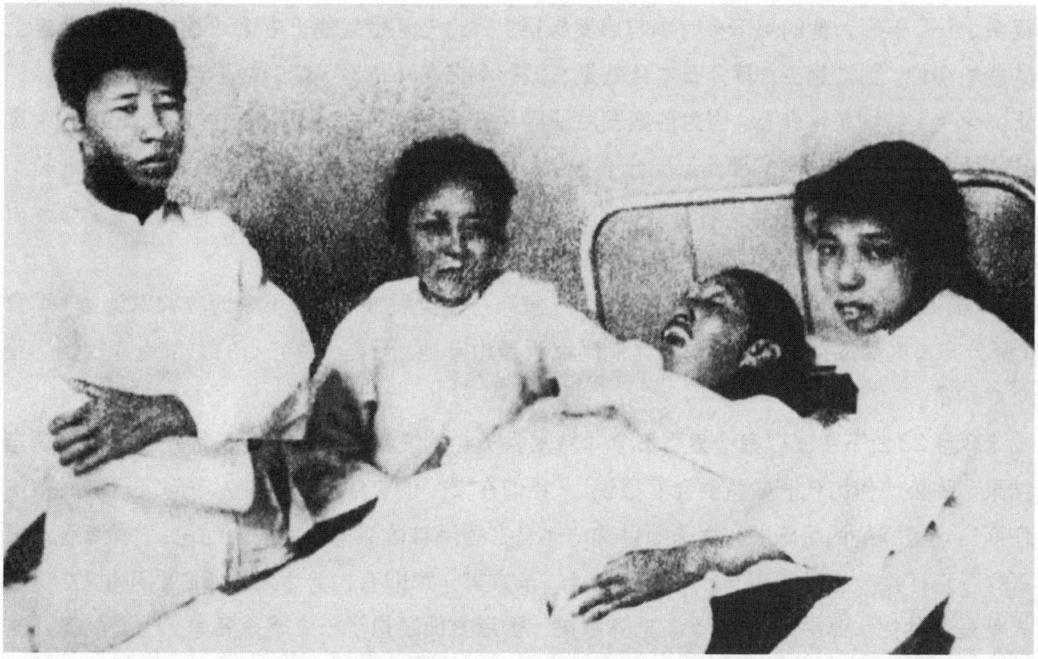

∧ 廖仲恺遇刺身亡后，其妻何香凝，子女廖承志、廖梦醒在医院守护在其遗体旁。

＜ 廖仲恺坚定地奉行三大政策，密切地同中国共产党人合作，支持工农革命运动，推动了中国国民革命发展。

任命汪精卫、许崇智、蒋介石为特别委员会委员："授以政治、军事及警察一切全权，应付时局。"

这个权力非常大，使得蒋介石一下子跃升为国民党和国民政府内三大巨头之一。这是蒋在国民党内第一次获得的最大权力。随后，国民政府成立了以朱培德为委员长，李福林、吴铁城、周恩来、陈树人、甘乃光，杨匏安、陈公博等9人为委员的廖案检查委员会。

右派一开始就被确定为这个案件的最大嫌疑者。

案发时，廖的卫士负伤后掏出手枪打倒了前面开枪的两名凶手，其中一死一伤（伤者被捕），后面掩护行凶的两个刺客夺路逃跑。何香凝同法医发现，廖仲恺身上中的4枪有3枪是大口径手枪的伤口，但是真正致命的一枪却是从另外方向射来的小口径左轮手枪子弹。而已知的两名凶手都用的是大口径手枪，这就说明，还有人在隐蔽处用那支左轮手枪进行了刺杀。

而当天早上，国民党内大右派、广州大财阀邓泽如很早就赶到了中央党部，何香凝因此怀疑那一枪就是邓的卫士在楼内窗口所打的。可是身为右派的公安局长吴铁城不肯就这个线索继续追查下去。

这次调查廖案，使得国民党内各派力量对比重新得到调整。

右派在这次调查中成为重点嫌疑，因此胡汉民不仅被排除在调查委员会之外，而且他自身难保，甚至和他接近的人也多被认为是廖案的嫌疑对象。许崇智虽然是调查委员会成员三巨头之一，但因为他的部下多有参与廖案嫌疑，因此一开始就处于应该回避、甚至被牵连上的尴尬境地。而汪精卫、蒋介石本身就是右派行刺名单中的人，此刻根正苗红，成为公认的正义化身。特别是蒋介石，因为自案发后便痛斥右派是反革命，是甘心投靠帝国主义、为虎作伥的群奸，并一再声称要为廖党代表报仇，因此得到了“左派军人”的桂冠。因此，特别委员会实际上成了汪蒋联手对付异己的机构。因为清查廖案的关系，汪、蒋被授予了有权审查任何人与党、政、军机关的至高无上的权力。

当天，蒋介石就以卫戍区司令的名义，宣布广州全城戒严，并下令何应钦率领第1军第1师分布市区警戒，并派兵驻防市区制高点观音山阵地。于是，蒋介石的力量迅速控制了整个广州市。

8月23日下午，廖案检察委员会向特别委员会的汪精卫、许崇智和蒋介石报告了调查结果。陈公博作为代表向特委会汇报说：“我们在接受调查任务后，首先审问了行刺时被击伤而当场被捕的凶手陈顺。据陈顺供称，他是在香港被收买来行刺的。他说，‘香港有人出200万元打共产党，出几十万元打猛人（广东方言，意即有权势之人）’。陈顺还供称，‘猛人就是廖仲恺、谭平山这些人’。据陈顺讲，香港方面还拟了一个暗杀名单，上面列有汪主席、蒋校长等诸同志的名字。由于陈顺只是一个位次很低的杀手，知道的情况有限，而且他因伤势过重已经死亡，所以，我们从他身上并没有得到多少有价值的线索。”

说着，陈公博随即从包中取出一把手枪，小心翼翼地放在了桌子上。随即，他接着说：“警察在现场只捡到了这把头号曲尺手枪。经过调查，现已证实这把手枪系郭敏卿私人用枪。郭敏卿一向追随朱卓文，是朱卓文未来的女婿，而且凶手所用子弹经检验系由朱卓文经手向兵工厂配领的。此种人证、物证已充分说明朱卓文与廖案关系密切，嫌疑最大。在追查朱卓文的过程中，我们发现最近一个时期，朱卓文与胡毅生、林直勉等人来往密切，他们曾数度在胡毅生家召开秘密会议，参加会议的除朱、胡、林外，还有粤军将领梁鸿楷、杨锦龙和魏邦平等人。这些人与廖案都有脱不掉的干系。”

当天，国民政府当即下发了捉拿朱卓文、胡毅生和林直勉的通缉令。但朱卓文和胡毅生已先后逃到了香港，他们分别发表声明，称自己与廖案无关，因此警察只捉到了林直勉一个人。被捕的林直勉也坚决否认自己与廖案的关系。

8月24日傍晚时分，蒋介石在广州市北校场党军司令部营以上军官会议上宣布：“粤军第4军军长梁鸿楷及其部下杨锦龙等人密谋叛乱，前次曾派人暗害了本校长，这一次又参与谋杀廖仲恺先生，其狼子野心昭然若揭。奉汪主席之命，着即解除梁鸿楷部武装，把梁鸿楷、杨锦龙等人捉拿归案。”士兵迅速抄了梁鸿楷的家，搜到了英国人许诺事成之后让梁鸿楷当总司令、魏邦平为广东省长的信件。梁鸿楷当场被抓。蒋介石未经军法审判，便趁机报私仇，下令秘密处死了杨锦龙。

在解除梁鸿楷部武装的同时，蒋介石还对胡汉民采取了措施，他派兵包围了胡汉民的住宅。

∧ 廖案调查委员会成员之一的陈公博。在中国近现代史上，陈公博可谓是一个富于多变的人物。他早年参加中国共产党，是中共“一大”代表，尔后脱党而去，跻身国民党行列，以“左派”自诩。后演变为反蒋的改组派的代表人物，但不久又与蒋合流，是蒋的座上客。最后，他追随汪精卫叛国投敌，成为中国的第二号大汉奸。

∧ 朱培德被任命为廖案调查委员会委员长。

胡汉民的弟弟胡毅生因为是涉嫌参与谋杀廖仲恺名单上的人，因此胡本人也被怀疑是真正的幕后主使，因此他每天都处于担惊受怕的状态。胡汉民怕自己被抓起来，因此有一天晚上因为有人敲门，就吓得没有穿鞋，从后门跑到汪精卫家里寻求庇护。汪精卫当年因刺杀摄政王被捕后，胡汉民曾经多方营救他，对汪有救命之恩。但是胡目前也是汪最大的政治竞争对手。因此汪精卫一方面安慰胡汉民，另一方面却立即通知蒋介石胡汉民在自己这里。当蒋介石派人从汪精卫家里带走胡汉民时，汪精卫还假惺惺地让自己正在怀孕的妻子陪同他一起到黄埔。

胡汉民一到黄埔，立即就被蒋介石软禁起来。但是因为没有确切证据证明胡汉民参与了刺杀事件，汪精卫和蒋介石对处理他也感到很为难。最后，他们想出了一条逼走胡汉民的妙计。汪精卫在国民党中央常委会上说，胡汉民与廖案没有关系，但是鉴于目前的形势，提议胡汉民作为国民党的代表，到国外去进行考察。胡汉民已经成了惊弓之鸟，深知自己当时已经无法在广州立足，于是只好勉强答应。一周后，胡汉民老泪横流，被汪精卫和蒋介石送上了开往苏联的“列宁”号客轮，开始了自己的被放逐生涯。

在调查过程中，凶手陈顺、梁博及其他有关案犯林直勉、郭敏卿、梅光培、赵士伟和粤军将校梁鸿楷、杨锦龙、邵桂章、梁士锋、谭启秀、张国桢等50余人都相继被抓或被杀，其中很多人都是许崇智的部下。许自觉难以洗刷嫌疑，因此也整日处于担惊受怕之中。但是他还是没有想到，自己的结拜兄弟蒋介石已经开始对他动手。蒋介石经过调查，宣布许崇智纵容部下勾结右派刺廖，并有阴谋叛国的行为。同时，蒋又揭露说，许崇智把持财政、私吞公款、克扣军饷，因此得到了汪精卫和各军军长的支持，使他的倒许行动有了保障。蒋介石随即派黄埔军校学生军以保护为由，担任了许的公馆警卫，借此把他软禁起来。

许崇智最初在日本避难时认识了蒋介石，但是当时并没有在意这个穷学生。但蒋介石深知许崇智多年追随孙中山，功绩显赫，20多岁就已经被人称誉为“军界前辈”。当

< 孙中山麾下“三杰”，而今只剩汪精卫一人，他不禁沾沾自喜起来，心想从此可以稳坐国民党最高领袖的宝座。

时传言在国民党的军界要想有个出路，就得先走许崇智的门路。因此，蒋介石便费尽心思要攀附许崇智，后来还与他结拜为兄弟。

现在，许崇智怎么也没有想到，与自己义结金兰、备受自己宠信的蒋介石竟然恩将仇报，不但夺取了自己的军权，还要把自己置于死地。但许崇智毕竟身经百战，他审时度势，当即写了一道密令，派人偷偷送给驻守在东莞、石龙的他的两个心腹旅长——许济和莫雄，要他们立即率军回广州，“勤许捉蒋”。没有兵权的汪精卫闻讯后赶紧授权蒋介石全权处理这件事情。

蒋介石早有安排，在征得了汪精卫的同意后，连夜命令黄埔军校全体学生和教官抢占了广州四周的战略要地，随后又以“侵吞公款，接济反革命军队”的罪名，逮捕了许崇智的亲信、广东省财政厅长李基鸿、军需局长关道职等人，以防他们与许济、莫雄里应外合。同时，蒋介石以重金买通了原粤军将领李济深、谭曙卿、卫立煌等人，合力突然包围了许济和莫雄的部队，进行强行缴械。许济、莫雄仓皇逃跑。

9月20日，完全掌握了局势的蒋介石派人给许崇智送去一封历数他十大罪状的亲笔信，要求许崇智暂时离开广东，不要阻碍革命进展，以免“无以对总理在天之灵”。

许崇智看到蒋介石的信后，给蒋打了两次电话向他进行申辩，但是蒋介石此时已经不打算搭理他。许崇智知道自己已经无力回天，于是悲愤地向国民政府递交了一封辞呈。汪精卫立即召开国民党中央政治委员会会议，准予许崇智辞去军事部长、财政监督等本兼各职，到上海休养。下午3点，蒋介石让陈铭枢带着去上海的船票和2万元现金，武装“护送”许崇智前往上海。

凶手被抓，胡、许两大巨头被逼离开广东，过去与他们关系密切的邹鲁、伍朝枢、居正、谢持、张继等人都惶惶不可终日，都想着早日逃离广州这个“是非之地”。于是，国府委员兼广州市政委员长伍朝枢辞职去了香港；邹鲁组织“国民外交代表团”出国；谢持、居正、邓泽如、张继等右派也纷纷离开广州。

汪精卫和蒋介石在这次事件中成了最大的赢家。过去汪精卫、胡汉民、廖仲恺被称为孙中山麾下“三杰”，今日廖仲恺被刺杀，胡汉民被逼走，汪精卫一个人从此可以稳坐在国民党最高领袖的宝座上了。而逼走许崇智，也为蒋介石扫除了攫取军事大权的最大障碍，同时那些资历很深的国民党元老辈右派离开广州，也给资历欠缺的蒋介石进身国民党领袖层创造了极有利的形势。汪蒋两人短暂的政治蜜月，客观上也为第二次东征的迅速胜利提供了很好的条件。

二次东征中蒋介石拔出佩剑说：我必须杀身成仁

枪声大作，硝烟滚滚，漫山遍野都是林虎的军队，蒋介石的总指挥部已经被冲得找不到几个人。刚刚取得了一系列胜利、眼看东征就要大功告成的蒋介石不由得仰天长叹：“难道天要亡我蒋中正吗？”一时羞愤难当，眼含热泪。只见他颤抖着拔出了锋利的佩剑，就要自杀……

这是怎么回事呢？说来话长，让我们从头说起。

原来正在国民政府全力处理廖案之际，陈炯明残部在英帝国主义和段祺瑞政府的支持下，也趁机开始进攻广州。港英政府给陈炯明30万发子弹和100多万现金，段政府给陈炯明30万元，并派海筹、永绩两艘战舰和福建的张毅部协助作战。1925年9月间，陈炯明部的林虎、洪兆麟、叶举等各部迅速赶走了驻汕头的许崇智部，占领了汕头及其周围各县。随后，陈军兵分三路，进攻海丰、陆丰、紫金、老隆等地区，把许崇智部赶到了平山、淡水一线。9月16日，陈炯明到达香港，打算进犯广州。他任命刘志陆为总指挥，李易标为前敌指挥，并联合南路邓本殷、北江的熊克武川军一起发起进攻，打算三面夹击，一举拿下广州。战况紧急，陈军最近的军队离广州城只有300里。

★“五卅运动”

1925年5月30日，在中国共产党领导下，上海爆发了以工人为主体的有全国各阶层人士广泛参加的反帝爱国运动。5月15日，上海内外棉厂厂方无故宣布停工，工人代表顾正红带领工人要求上工被枪杀。30日，上海各校学生2,000多人上街抗议要求释放被捕的工人、学生等。帝国主义却大肆逮捕关押学生，上海各界近万名群众前来支援，遭英帝国主义屠杀，当场打死13人，打伤数十人，逮捕53人，造成了震惊中外的“五卅惨案”。

陈炯明等军阀之所以如此嚣张，也是同当时的国内国外形势分不开的。随着1925年“五卅运动”★和省港大罢工的相继爆发，中国人民反对帝国主义的爱国运动进入一个崭新时期。而广州国民政府也在全国民族解放斗争中起到了很重要的作用，引起了帝国主义者，尤其是英帝国主义者的极大憎恨，因此力图分化瓦解以至武力推翻广州国民政府。一方面伙同中国的反动势力造谣中伤国民政府，说“广东赤化”，将要实行“共产共妻”，又诬蔑中国人民的反帝运动是“排外”和新的“拳匪之乱”，以便再次联合帝国主义国家共同镇压中国革命和

抑制苏联。在这种形势下，广东省内的军阀势力和国民党右派蠢蠢欲动，加紧了反革命活动。

面对帝国主义与反动军阀勾结起来向国民政府进攻的严重局面，国民政府意识到，只有彻底消灭陈炯明、邓本殷军队，才能保证国民政府的安全，巩固和发展国民革命。因此，各界群众纷纷声讨陈炯明，并强烈要求国民政府出兵平叛。

9月21日，国民政府正式东征。任命蒋介石为东征军总司令，汪精卫为党代表，周恩来为总政治部主任，罗加觉夫为军事顾问。总指挥部由左中右三路纵队组成：第一纵队以何应钦为纵队长，兵力1.5万人，任中路，是这次东征的主力；第二纵队以李济深为纵队长，兵力约1.2万人，任右路；第三纵队以程潜为纵队长，兵力约6,000人，任左路。国民革命军于10月6日出发，向东推进。同时，命令李济深第4军南征邓本殷。

这次东征国民政府占据优势：广州革命根据地更加巩固；国民政府6个军的兵力远多于敌人；陈炯明余部经过第一次东征军沉重打击，战斗力和士气都大为下降。而且，陈军各将领不和，分裂倾向严重。林虎、洪兆麟想独立发展，受到陈炯明的提防。因此，这一切都在客观上为统一广东提供了大好时机。

这次东征吸取第一次东征的经验，还大力加强了政治工作。出征前夕，总政治部组织了200多人的政治宣传队，随军进行动员和宣传。在周恩来领导下，总政治部还制定了《战事宣传大纲》，拟定了《政治设施方案》。还成立了社会运动科，以大力扶助工农运动，并提出发展党务工作的规划。

蒋介石和汪精卫在东征出发前，还制定了一个《重征东江训诫》：

一、军人最后目的是在于死，古语所谓“好汉死在阵头上”，孔子所谓“杀身成仁”是也。

二、打胜仗的秘诀：1.严守军纪；2.服从命令；3.保护人民；4.万人一心。

三、革命军口号：1.不要钱；2.不要命；3.爱国家；4.爱百姓。

< 省港大罢工游行示威的情形。省港大罢工是国际工人运动史上罕见的壮举，它沉重地从政治和经济上打击了英帝国主义的嚣张气焰，促进了广东革命根据地的统一和巩固，推动了国民革命形势的发展，锻炼了中国工人阶级队伍，为中国共产党领导工人运动和中国革命运动积累了宝贵的经验。

四、革命军十不怕：1.不怕死；2.不怕穷；3.不怕冻；4.不怕痛；5.不怕热；6.不怕饥；7.不怕疲；8.不怕远；9.不怕重；10.不怕险。

五、保护百姓（不拉夫；不抢物；不捐饷；不占屋）就是实行三民主义。反之，扰害老百姓，就是违反主义违反革命的强盗军队。

六、毋忘革命军的《连坐法》。

七、要紧记着革命军的《刑事条例》。

八、革命军只有前进，不许后退。退却是军人一生无上之耻辱。

九、革命军人，要忍耐到最后5分钟，非得到最后的胜利，决不放手。

十、我们的名誉，是已死同志们的头和血换得的。我们切不可忘了杀害我们同志的仇敌，大家要为已死的同志来报仇。

< 何应钦旧照。第二次东征中，何应钦统领的第一纵队成为东征军的主力。

这次东征中，总指挥部采取了中央突破、直捣惠州的作战方针。惠州是陈炯明的老巢，东、西、北三面环水，南面又有飞鹅岭作为屏障，城墙坚固，易守难攻，夙称“东江锁钥”，据说自宋代以来就无人攻破过。有人因此写诗说：“铁链锁孤舟，白鹅水上浮，任凭天下乱，此地永无忧。”并且，自从1920年以来的5年多时间里，云南和广西军阀也曾经5次进攻惠州，都没有攻下。现在，叛军杨坤如部一个师在这里凭险固守。第一次东征时，革命军把攻下的惠州又交给陈的部下杨坤如，而杨现在又投靠了陈炯明，与革命军为敌。

陈炯明把主力集中在惠州地区，准备进行决战。而杨坤如打算先利用天险将革命军挡在惠州城下，然后和其他叛军一起反守为攻，包围消灭革命军。因此，攻下惠州就成为第二次东征取胜的关键。

蒋介石认为惠州城虽然坚固，但是杨坤如的部队只有5,000多人，3,000多支枪，因此决定强攻。

10月10日，东征军进军惠州城外飞鹅岭。10月11日，东征军完成了对惠州的包围。因为惠州城非常坚固险要，所以蒋介石决定充分发挥炮兵的威力。他说：“炮火集中攻射北城

∧ 20世纪20年代，蒋介石与汪精卫合影。蒋介石和汪精卫在党内的地位原本悬殊，但在孙中山去世后，蒋介石运用一系列政治手腕攫取了军政大权与汪精卫鼎力抗衡。三次合作三次分手直至最后分道扬镳，展示了他们之间复杂而又微妙的关系。

门，待炮火奏效以后，步兵准备爬城。”“炮兵的射击目标：城内公园里的敌人炮兵阵地、电灯局、敌司令部、东门桥、北门城上的敌人军棚、北门、南门及城的东南门、西门。”蒋介石还决定亲自在炮兵阵地进行指挥。

13日上午9时30分，蒋介石下达了攻城命令，东征军的炮兵顿时炮声隆隆，发起了对惠州城的猛烈攻击。陈诚的炮兵连担任了支援配合攻城主力第4团的任务，于是他下令集中炮火，轰击北门。下午2点，何应钦见北门的城楼城垛已被轰塌多处，于是向步兵下达了攻城命令。

∧ 1925年10月，蒋介石亲率国民革命军第1军攻占了“南中国第一天险”的惠州城。

没想到陈炯明在惠州城修筑了大批的隐蔽机枪阵地，这些阵地并没有被炮兵摧毁，因此很快就打退了东征军的第一次爬城进攻。下午5点30分，东征军的进攻再次失败，而且伤亡惨重，团长也阵亡在城下。何应钦只好下令停止进攻，明日再战。

蒋介石乘夜幕在阵地上转了一圈后，便沮丧地提出了放弃惠州、改攻海陆丰的主张。周恩来则坚决不同意这种“罢兵另谋”的主意，他说：

“攻下惠州，藩篱撤而破竹之势成，对整个战局将有决定性的意义，而且还有重大的政治影响。而罢兵改道，则意味着初战失利，动摇军心，显然对东征全局极为不利。”

蒋介石说惠州城非常坚固，恐怕进攻牺牲太大，而且难以取胜。但是周恩来却说，只要打法正确，惠州还是可以攻下来的。他建议采取“围师必缺”的战法，“瓮中捉鳖，鳖会咬人的手。在瓮的三面打击，留一出口让鳖爬出，捉它就较为容易。围城也应示以活门，使守敌觉得有路可逃，以动摇其守城信心，利于攻城和歼敌”。

蒋介石觉得有理，于是提出了“三面围攻，网开一面，待敌外逃，聚而歼之”的攻城方案。他决定仍由第4团主攻北门，命令第8团进行侧翼掩护，第7团和第1补充团进攻西门。随后，周恩来召集各团党代表蒋先云、张际春、傅维钰、王逸常等人开会，要求他们带动中共党员和青年团员，组织敢死队，冲锋在前，保证攻下惠州城。

14日午后2点，蒋介石下达了总攻命令。蒋介石和周恩来在飞鹅岭进行指挥，何应钦在城下督战。蒋介石亲自到陈诚的炮兵阵地进行督战，陈诚建议说，应该先让炮兵击毁敌火力工事后，再组织步兵进行进攻。蒋介石认为有道理，就采纳了这个建议。陈诚于是命令士兵把大炮推到离城只有500米的地方，直接瞄准敌军的阵地进行轰击。这一部署非常有效，第一炮就击中了北门城上的敌机枪阵地草棚，敌军大惊，军心开始动摇。杨坤如急忙从隐蔽处跑出来查看，没想到又是一炮打来，隐蔽的机枪工事被彻底摧毁。杨坤如刚跑回去，第三炮竟然击中了杨的卫队。炮火过后，只见650名敢死队员沿着竹梯开始爬城。杨坤如听到北门告急，东征军已爬上城墙，想亲自登上北城门督战，但是炮火密集，无法登城。杨坤如于是低声问左右：“可有突围之路？”侍卫参谋说：“东门空虚，可由此出走。”杨于是开始部署军队撤退。陈诚大喜，下令炮兵集中轰击撤退的敌人，杨坤如也在炮击中受伤。杨于是仓皇逃离了惠州。他的部队在弃城逃跑时，被东征军包围歼灭。

革命军之所以能在两天之内就攻下素称“南方第一坚城”的惠州，是由于军队与人民的团结，尤其是共产党员在其中起了主要作用。据统计，第1军就有27名连党代表参加了攻城先锋队，其中21名牺牲，6名负伤。因此参加这一战役的苏联顾问切列潘诺夫才说：“惠州要塞实际上是共产党人拿下的，他们的意志比攻不破的围墙还要坚硬。”

攻克惠州后，10月16日，东征军在惠州城举行“攻城阵亡将士追悼

∧ 蒋介石在“攻城阵亡将士追悼大会”上情绪激昂地讲话。

大会”。会场上安放着数百名牺牲将士的灵位，悬挂着“阵亡将士精神不死”的横幅。挽联上写着：“一鼓攻克天险惠城，取义成仁，长留浩气；余事为后死者本责，鞠躬尽瘁，共建殊勋。”追悼大会由蒋介石担任主祭，周恩来发表演说。他激昂地说：“孙中山先生的愿望，第一是统一广东，第二是统一中国，第三是打倒帝国主义。而要实现这个目标，不是我们第1军3个师的部队就够了，而必须全中国的军队，都化为革命军。”

蒋介石在会上大声宣布，为表彰在攻城中阵亡的团长刘尧宸，追认他为中将，抚恤其家属5,000银元。

国民政府也下令表彰蒋介石，说他“忠勇激发，成此伟功”，同时也奖励了何应钦、谭曙卿、陆瑞荣等将领。

蒋介石决定乘胜追击，因此制定了第二期作战计划，决定三路纵队分道进击，彻底打败陈炯明军队。10月16日晚上，蒋介石命令东征军向潮梅进军，彻底消灭东江上游的陈炯明残部。东征军势如破竹，在十来天时间就占领了海陆丰、紫金、老隆等地，基本上控制了通往潮梅的战略要地。

但是此时蒋介石没有想到一场毁灭性的打击，正在前方等待着自己。当东征军从惠州分途进军时，蒋介石带领总指挥部和谭曙卿率领的第3师一起行动。谭师经历惠州之役后开始骄傲轻敌，为了抢攻，不顾其他部队，孤军冒进。10月27日下午，谭曙卿送急电给蒋介石说：“今早4时出发，7时半在塘湖遇敌。敌有人马万余，抵抗顽强。职部兵力，尚嫌单薄，恳请调兵向梅林、龙村两翼增援，以期一鼓歼灭。”

蒋介石有些惊讶，但是很快就明白了局势的严重性。原来，谭师已经深陷敌军林虎属下

> 红军时期的陈赓。黄埔军校第一期毕业，第二次东征时曾救过蒋介石一命。

黄任寰部的重围，自团长以下千余名官兵已经牺牲，开始全线崩溃。蒋介石急忙命令总指挥部的护卫陈赓立即去传达命令，无论如何要坚守阵地。原来由于陈赓在惠州战中英勇善战，此时已经被调到总指挥部担任蒋介石的警卫。谭接到命令后，立即亲自率领部队，打算坚守一个高地。但是因为他的部队基本上是收编莫雄的旧部，军纪涣散，战斗力很弱，因此林虎军队从侧面发起攻击后，全军很快就开始溃败。在乱军中蒋介石的总指挥部也被冲散了。蒋介石立即命令陈赓道："你代理第3师师长，立即收集溃散部队，重新组织抵抗！"无奈到处都是乱军，陈赓也没有办法挽回败局。总指挥部的随从人员被败退的士兵冲得七零八落，蒋介石的坐轿和行李也在混乱中丢失了。

蒋介石不久前刚刚经历过旗开得胜的喜悦，此刻又看到溃败的局面，简直无法承受如此沉重的打击。他想到追兵在即，顿时一阵阵心悸，不由得拔出短剑说道："我必须在这里杀身成仁。我没有脸回去见江东父老！"

陈赓急忙上前劝阻说："校长何出此言！胜败乃兵家常事，何况这仅是一个新编过来的师，并不是黄埔训练出来的部队。校长是总指挥，考虑的应该是战争的全局。这里太危险，请校长赶快离开！我们还可以把部队重新集合起来，再打过来。留得青山在，不怕没柴烧！"

蒋介石不知道是犹豫不决，还是已经不知所措，对此没有任何反应。这个时候，叛军已快冲到蒋介石跟前，陈赓见事情紧急，于是一面指挥身边的士兵阻击追兵，一面果断地把蒋介石背起来，向安全地带跑去。他背着蒋来到几里外的小河边，找到一条小船，迅速把蒋介石送到对岸，随后又背着他到了一个叫羊高墟的地方。

这个时候蒋介石才渐渐恢复镇定。他知道这里四周都是叛军的活动范围，一旦叛军搜寻

★刘峙（1892～1971）

国民党二级陆军上将。江西庐陵人，保定陆军军官学校毕业。曾任赣粤闽湘鄂"剿匪"军北路总司令、豫皖绥靖主任。抗日战争爆发后，任国民党第一战区副司令长官兼第2集团军司令、重庆卫戍总司令、国民党第五战区司令。抗战胜利后，任郑州绥靖公署主任、徐总"剿总"总司令。1953年10月，获准返回台湾。

∧ 刘峙旧照。刘峙在东征中勇猛作战，表现突出，深受蒋介石青睐，从此平步青云，成为蒋介石的"五虎上将"之一。

过来，后果不堪设想。他于是对随后跟来的总指挥部的军官说："这里不是久留之地！要尽快与第1师的周恩来和何应钦取得联系，让他们派援兵过来。我要跟周主任联系。你们谁去送信？"大家都知道四周敌军，此去凶多吉少，因此军官们没有人应声。陈赓瞥了一眼那几个胆小的军官，慨然承命，带上蒋介石的亲笔信，连夜去找救兵。

22岁的陈赓把自己打扮成当地的农民，身上带了50块银元，提着一根木棍就毫不犹豫地上路了。他沿着陡峭的山路，翻过了1,300米的莲花山。后来又三次遭遇到被逼上梁山做强盗的破产农民，但都凭着他的机智，被放行通过。他忍饥挨饿，赶了100多里路，终于在第二天正午找到了第1师师部。周恩来和何应钦看到蒋介石的信，立即派出一支部队把蒋介石接了过来。

蒋介石决心报仇雪恨，立即重新组织第1、3、11师进行反攻，一举击溃林虎部1万多人，林虎于是仓皇向梅林、安流方向逃去。当天，陈军的洪兆麟亲自率领5,000余人袭击位于河婆的第1师第1团，企图一举把第1团围歼在此，以阻止第1团支援反攻林虎部的东征军。在敌众我寡的情况下，第1团团长刘峙★决心背水一战。他命令部队攻击敌军中心，以攻代守。于是他亲自带领部队，突然插入两岸的敌军之间，用机关枪猛烈扫射，同时命令炮兵轰击敌军的预备部队。敌军没有想到刘峙胆敢主动进攻，猝不及防，一时间死伤严重，一片混乱。到了傍晚时分，敌人开始溃败，失去了战斗力。

华阳、河婆战役的胜利，彻底击溃了敌军的包围圈，从此东征军攻城略地，都没有受到什么大的阻击。蒋介石后来说："华阳一役，为成败之最大关键，其重要性不下于棉湖

∨ 1926 年，周恩来任广东东江各属行政委员时与邓颖超在汕头合影。

之役。”这一战使得蒋介石和东征战事转危为安。刘峙在这次解围之战中也受到了蒋介石的青睐，从此平步青云，成为蒋介石的“五虎上将”之一。

11月4日，何应钦的第1军两个师进入潮州，周恩来率政治部人员进入汕头。11月8日，东征军总指挥部进入福建追击陈炯明的残余部队，因此后方由总政治部主任周恩来全权主持。11月14日，东征军在福建永定全歼陈军的刘志陆残部。第二次东征至此胜利结束。

接着，李济深指挥南征军于12月下旬进军雷州半岛，第二年2月收复了海南岛，全歼邓本殷部。陈炯明本人在第二次东征时并不在部队。他的主力被消灭后，他去了上海，不久又到香港组织了致公党，他自己担任总理。“九·一八事变”后，他发表了《告国民书》，赶到上海联络章太炎，一起到天津见段祺瑞，共商抗战大计，但是没有结果。1933年，陈炯明因病去世，终年57岁。他去世时非常穷困，在朋友的帮助下才得以安葬。

林虎兵败后隐居在上海，当北伐军到达上海时他去了法国。1929年后林虎回国，曾担任国民参政员、立委等职。中华人民共和国成立后他曾任广西省政协副主席，全国政协常委，1960年病逝。

东征之后，蒋介石对陈赓的几次舍命“护驾”非常感激，认为他忠诚可靠，不但送给他礼物，而且让他担任侍从参谋，可以随便出入自己的办公室。

两次东征和南征统一了广东，从此革命军有了稳固的根据地，为稍后进行的北伐战争奠定了基础。

11月21日，国民政府任命周恩来为东江行政委员，管辖惠、潮、梅地区。

1926年3月，广西李宗仁等接受国民政府的领导，他的桂军被编为国民革命军第7军，至此，两广实现了统一。

第二次东征胜利后，蒋介石战功显赫，地位不断提高。1926年1月，国民党第二次全国代表大会召开，蒋介石当选为中央执行委员，随后被选为中央常委。1926年2月1日，蒋被任命为国民革命军总监。

两广统一，李宗仁成为潜在的对手

在广东省实现统一的同时，广西省在李宗仁、黄绍竑、白崇禧的领导下，经过艰苦复杂的斗争，实现了统一。

1921年孙中山率军征讨桂军陆荣廷，陆荣廷战败逃走。但是桂系的残部却从此退到桂西的百色，桂北的黔桂、湘桂边境，继续与革命军为敌。不久，这些残部和当地的地主武装、占山为王的土匪都纷纷打起了地方自治的旗号，于是广西到处都是自治军。这些自治军在地方上割据称霸，造成广西四分五裂的混乱局面，给广西人民带来深重的灾难。

陆荣廷、沈鸿英等桂系首领趁广西混乱之机，先后于1922年9月和11月返回广西。陆荣廷被北洋军阀政府委任为"广西边防督办",不久改为"广西全省善后督办"。沈鸿英也得到了北洋军阀吴佩孚的支持。陆、沈各自组织了强大的割据力量，都想独占广西，于是双方开始了旷日持久的战争。1924年夏天，陆、沈在桂林争夺战中激战3个月，给桂林人民带来了极大的灾难，田园荒废，人民流离失所。结束动乱，实现全省统一已经成为广西人民的心愿。

此时，以李宗仁、黄绍竑为首的两股武装力量迅速在广西的玉林、梧州崛起，并经过艰苦的斗争，最终统一了广西。

李宗仁，字德邻，是广西桂林头村人。他的祖父是当地的名医，广受尊敬。他的父亲以教书为生。随着李家人口逐渐增多，家庭负担也越来越大，李母便勇敢地挑起了家庭生活的重担。李宗仁兄弟5人从小都下田耕作，因此都黝黑结实，十分健壮。李宗仁读书不好，也没有一技之长，因此对前途比较担心。1908年，陆军小学招考第三期学员，17岁的李宗仁决定从军，并顺利地被正式录取了。

毕业后，李宗仁被陆荣廷选派到南宁的广西将校讲习所教书。没想到讲习所开办不到一年就停办了，李宗仁从此失业。在等候无望的情况下，只得郁郁返回乡里，在家中务农。李宗仁从南宁讲习所回到村里，重新务农，村里人难免会讲闲话。家中又越来越困难，李宗仁比较忧愁。后来他应召去南宁投军，终于担任了护国第6军桂军林虎部第13团排长。他在军中作战勇敢，很快就被提升为连长、营长。

1920年10月，在粤桂军被陈炯明击溃，剩下的1万多人向广西撤退。一路上狼狈不堪，又与粤军李福林、魏邦平部正面遭遇，形势非常危急。林虎、马济深等将领知道只有强行闯关，才有一线生机，但是部队却已经疲惫不堪，状况极差。恰好此时李宗仁率后卫一营主动前来请战。林、马大喜，立即下达抢关命令。李宗仁身先士卒，带领全营向敌阵猛扑，敌军着急中只好用炮火猛轰，李身边的士兵纷纷牺

< 李宗仁，新桂系首领。

牲，但全营终于冲破了敌军中央阵地。他们与后续部队一起，打败了敌军，平安通过关口。李宗仁的勇武和大名也由此天下皆知。

桂军退回广西后，林虎被陆荣廷排挤出走，林部交由李宗仁上司黄业兴指挥。黄率部开往玉林驻防。1921年6月，粤、桂重开战。粤军士气旺盛，桂军连连败北，陆荣廷见军心涣散，通电辞职。当时李宗仁所在的黄业兴打算将队伍带回广东，以备粤军收编。

李宗仁回到驻地后，带领千余人独立出去，打算以玉林地区和6万大山为根据地，图谋东山再起。于是他派人对陈炯明说，愿意接受陈的归编，条件是把玉林地区交给李部驻防，部队独立。这个独立部队的名号有两省头衔，以免在调动中被强行缴械。陈炯明于是委任李为“粤桂边防军第3路司令”。

不久，陈炯明在广州叛乱，把留在广西的军队撤回广东。在玉林静观局势的李宗仁赶紧宣布与粤军脱离关系，宣布就任“广西自治军第2路总司令”，并趁机扩大了7个县的地盘。

此时，广西全境一片混乱，进入所谓“自治军时代”。广西有民谣形容当时情景：“司令满街走，将军多如狗，杀人兼越货，无日不干戈。”

各路自治军司令纷纷向北京政府求官，北洋军阀也爽快地分别给图谋者加官晋爵。李宗仁也得到了一个桂林镇守使的头衔。北洋政府又让陆荣廷任广西边防军务督办，陆召集旧部各自治军首领开会，打算取消自治军名号，改编各部队番号。李宗仁得到陆的任命后采取了既不拒绝、也不就职的策略。他觉得重要的是军权，除此之外，师长、旅长、镇守使的名号，都可以接受。他因此只管埋头在玉林招兵买马，扩充军力。这个时候，他的陆小同学黄绍竑因为兵败带着一营兵力并入了他的部队。

∧ 白崇禧，新桂系首领之一。在国民党军内有“小诸葛”之誉。

< 1927年，新桂系首领之一的黄绍竑（后排左一）与蒋介石（前排左一）、胡汉民（前排右二）等人在南京汤山。

黄绍竑，字季宽，广西容县山嘴村人。黄家是容县有名的望族。黄于1914年进入保定陆军军官学校学习，1916年毕业后回广西百色，在马晓军的陆军模范营当连副。以后黄晋升为连长、营长。后随马晓军一起被粤军改编。后来当马晓军率部撤往广东时，沿途遭到自治军的拦截，马晓军对前途感到绝望，于是将部队交给黄绍竑，自己随即离开军队。

黄绍竑便把部队带到自己的家乡容县。李宗仁于是派人委任黄绍竑为“第3支队司令”，并送去了军饷。黄于是率部来到玉林。李宗仁部的人马一下子由原来的2,000多人，扩大为3,000多人，2个支队增为3个支队，如虎添翼。

由于李宗仁以诚待人，广泛接纳军校同学，一时声威大震。而且在李宗仁的3个支队中，营以上军官，军校出身的竟然占了大半。

但是黄绍竑和李宗仁还是有分歧的。黄是个受过较高军事教育的人，其部又是模范营底子，官兵思想比较进步。黄绍竑无奈之中接受了李宗仁的委任，但是他的本意却是加入广东革命政府。他认为这样才是真正的出路。于是，黄绍竑私下派出本部参谋陈雄到广州去联系在那里养伤的白崇禧，协商联系广州革命政府事宜。

白崇禧，字健行，广西临桂县南乡会仙圩山尾村人。他在1907年考入陆小第一期，1914年进入保定军校学习。1916年，他同黄绍竑一起毕业，一起回到广西，又同在马晓军的模范营担任连副，后来晋升为连长、营长。1922年，马部

∧ 20 世纪 20 年代，李宗仁与白崇禧合影。

在百色被自治军袭击后，白崇禧率领部分军队逃到贵州，后又返回百色。在途中他不慎跌伤了左脚，于是到广州就医。

陈雄同白崇禧会面后，决定开始积极联系革命政府。不久，他们就在朱培德、廖仲恺的引见下，见到了孙中山，并汇报了黄部的情况，希望参加革命。孙中山当即同意，并任命黄绍竑为广西讨贼军第1军军长。

黄绍竑将计划告诉李宗仁。李宗仁知道无法挽留，就全力支持。黄向李表示，日后如果成功，还将拥戴李为首领，绝不独树一帜。黄绍竑决定7月中旬后起义，并委托白崇禧到玉林同李宗仁通气。白崇禧同李宗仁相见恨晚，彻夜长谈，讨论两广和天下大事。白对李说："此举若成，功劳岂仅在于广西。"这次会谈开始了李、白二人此后长达二十余年的合作。

7月中旬，黄绍竑部突然向沈军一部八九百人发起进攻，将该部缴械，并正式亮出"广西讨贼军总指挥"的旗帜。后来黄绍竑、白崇禧率部向梧州进发，与粤军夹击梧州，大获全胜。在李济深、邓演达的推荐下，孙中山授命黄绍竑在梧州正式成立"讨贼军总指挥部"。黄的部队发展迅速，两个月就由1,000人扩至4,000人，威震广西。

李宗仁从黄绍竑出师大捷中深深感到：自己如果继续只满足于割据玉林这个小地方，面对革命潮流无鲜明立场，就会很难得到部下和民众的同情。但是如何跟上潮流，对他来说还是个问题。他首先要改变自己军队的名称。他的部下认为，无论如何李宗仁在名义上不能摆在黄绍竑之下，一致要求把部队改称"定桂军"。恰巧此时黄绍竑派人相商合作问题。于是两军商定好了协同作战计划，伺机向柳州发展。

两军分头行事，拿下了广西最富庶的梧州、浔州、玉林3个地区，广西也因此成为三雄鼎立的局面，即：沈鸿英部；陆荣廷部；李、黄部。陆、沈强大，各有2万多人马，而李、黄加起来还不到1万。

李、黄共制定了统一广西的计划。他们打算利用陆、沈之间的矛盾，渔翁得利，然后各个击破。开始，则采取了"先联沈讨陆"的战略。

李、黄乘陆、沈在桂林对峙，无暇他顾的机会，迅速集中兵力向南宁进发。左路军由李宗仁率领，沿邕江而上，直取南宁。右路由白崇禧率领，攻打宾阳、迁江、上林、武鸣，对南宁作迂回包围。黄绍竑则指挥剩余部队留驻梧州，对各方进行策应。

李宗仁的左路军很快逼近南宁，在南宁附近与陆部的蒙仁潜、林俊廷部队展开血战。右路白崇禧的部队，连下柳州、庆远，也奔南宁而来。1924年6月25日，李、黄两军在南宁胜利会师。

< 曾任黄埔军校政治部秘书兼教官的甘乃光。

> 在两广统一战事中的新桂系将领。

南宁被攻克后，李、黄军两军士气旺盛，本来两军应同心协力，一举歼灭敌人，但是此刻一直存在于两军之间的矛盾却骤然升温。李、白虽然宽和，但是他们的部属却为争夺权力而互不相让，甚至到了要火并的边缘。李宗仁、白崇禧大惊，立即联名打电报要还在梧州的黄绍竑回来会商。李、黄、白三首领见面后，白便对黄说明了事情的严重性，黄当即说道："决不能这样做，一切以团体为重，恪守前约，推李为首。"

李、黄随后召集两支部队中营长以上军官参加宴会，席间黄致辞说："立即组织定桂、讨贼联军指挥部，拥护李宗仁当联军总指挥，本人副之。"并宣誓说："今后我们将领，誓为一心一德，服从李总指挥领导，如有口是心非，三心二意的，当如此杯！"说完把酒杯摔得粉碎。众将领见状纷纷表示："既然您都这样做，还有什么可说。"于是，两军终于化解了前嫌。

新桂系的联军总指挥部随即成立，实行李、黄、白三巨头领导体制。李、黄为正、副指挥，白崇禧为参谋长兼前敌总指挥，新桂系也成为广西最强大的军事力量。此时陆荣廷被沈鸿英的军队围困在桂林城内，对南宁方面无暇顾及，李宗仁抓住时机，兵分三路向全省进军。右路大胜，中、左路也进展顺利。很快，左右江至南宁以北，都成为李、黄的天下。陆荣廷见大势已去，无心再战，于是放弃桂林，退入湖南，并于9月23日通电下野，到苏州做寓公，结束了陆氏统治广西40余年的历史。广西由三强鼎足之势变为李、黄联军与沈鸿英两强对峙的局面。

为了消灭沈鸿英部，李宗仁急需广东的国民革命军帮助，于是在1924年11月间正式就任广东革命政府任命的广西绥靖督办，加入了国民党，所部也改编为广西陆军第1军、第2军。李兼第1军军长，黄为第2军军长，白为督办公署参谋长。李济深随即派出陈济棠旅参加讨沈。

∧ 时任黄埔军校校长兼东征军总指挥的蒋介石。

1925年2月1日，李宗仁发出讨沈通电。经过激烈争夺，2月13日，攻克桂林。沈鸿英兵败后哀叹说："我沈鸿英10余年来，带兵数万横行桂、湘、粤、赣，谁奈我何，初不料今日竟败于几个排长出身的小子之手。"

桂林克复后，李宗仁命令各部乘胜追击。沈鸿英只好跑到香港当寓公。

正当李、黄、白率军统一广西时，不料，云南军阀唐继尧的大军已经向广西边境压了过来。李、黄部先避其锋芒，弃守南宁。唐军不战而入邕，更加趾高气扬，于是孤军冒进，与唐继尧率领的军队东、西距离很远，给李、黄运用各个击破策略提供了战机。

5月上旬，广州派范石生部约1万人增援李、黄、白，于是4人共同制定了讨唐计划。

李集结兵力，夺回昆仑关，回攻南宁。唐军突遭主力迎击，猝不及防，缩回南宁，但是滇军另一路却由贵州长驱直下，向柳州逼近。柳州方面的主将李石愚在前线指挥时阵亡。李宗仁闻讯分身不得，急电黄、白增援。黄绍竑、白崇禧率部向滇军展开全线反攻，滇军大败而逃，黄、白紧追不舍。最后两军在沙浦决战，滇军大败，狼狈窜回云南。

滇军沙浦之战的败讯传到南宁，守城敌军无心作战，弃城而去。至此，混战了近5年的广西战事终于平歇，李、黄、白成为广西一统天下的新主人。

1926年1月，广东全省统一后，广东、广西统一问题提到了议事日程。26日，广州国民政府特派汪精卫、谭延闿、甘乃光等前往梧州会晤李宗仁、黄绍竑、白崇禧，谋求实现两广联合的步骤，并取得初步成果。2月，广州国民政府特组成统一两广特别委员会，负责具体事务。特别委员会由汪精卫、蒋介石、谭延闿、朱培德、李济深和白崇禧6人组成。随后两广统一会议在广东召开。会议决定：一、广西省政府于中国国民党指导监督之下，受国民政府之命令，处理全省政务；二、广西现有军队全部编为国民革命军，其应编地方军与否及其数量呈军事委员会决定及由改组委员会拟具办法呈军事委员会决定；三、凡两广之财政机关及财政计划均受国民政府之指挥监督。对会议决定，李宗仁、黄绍竑来电表示"至诚领受，遵照实行。"6月，黄绍竑按照国民政府的"省政府组织法"改组广西省政府机构，并电告广西省政府正式成立。国民政府任命黄绍竑为广西省政府主席和第7军党代表，任命李宗仁为广西军务督办、第7军军长。

广西统一和两广统一，是广西历史上的一大进步，它不仅对广西省，而且对华南、全国都有较大影响。它结束了广西内部军阀长期战乱和分裂局面，有利于本省的政治改革和经济建设，而且为扩大革命和北伐战争提供了条件。

邀请周恩来参加的阴险会议

东征胜利结束，大家都沉浸在喜庆的氛围之中。在一次连长和连党代表以上的军官会议上，号称"黄埔三杰"之一的贺衷寒突然喊道："今天的天下是我们国民党打下来的，打天下者坐天下！你们共产党算什么呢？主人？客人？都不像。国共毕竟是两个政党，迟早要分道扬镳，而迟分不如早分。”

在主席台上就座的周恩来不由得心里一惊，随即不动声色地继续听下去，且看蒋介石是什么态度。此时，蒋介石正表面上一脸平和、实际上却暗暗得意地正襟危坐在那里。但是他时不时向周恩来瞟过来的目光却暴露了内心的不安和紧张。

会场上开始时胜利的喜悦已经一扫而空，形势一下子紧张起来……

原来东征结束后，威胁国民政府的外部力量暂时消失了，但是内部的斗争却迅速尖锐起来，军事和政治方面都出现了严重不稳的状态。东征、南征等一连串战争的胜利，大大增加了蒋介石的资本。因为处理廖仲恺被暗杀事件，蒋介石和汪精卫联手，一起赶走了胡汉民和许崇智，蒋介石走上政治前台的阻力大大减小了。如果说他前一阶段在赶走胡、许的过程中利用左派打击了右派，那么此后一段时间则是利用右派打击共产党和伪左派汪精卫。而蒋介石之所以能够得手，跟当时的政治气候是有着密切关系的。

当时以戴季陶主义的出炉和西山会议派的活动为代表，国民党内的右派势力影响迅速扩大，为蒋介石的反共活动提供了大气候。

戴季陶是国民党右派的“理论家”，他假装有时赞成革命，本质上反对革命，是“右派中最危险的一个家伙”。还在国民党“一大”之前，他就对孙中山实行三大政策表示“根本怀疑”。在国民党第一次全国代表大会上，戴季陶表面上同意国共两党合作，还被选为中央执行委员、常务委员、宣传部长，但大会闭幕后，他却去往上海，不愿就职。孙中山逝世不久，1925年5月，戴就在广州召开的国民党一届三中全会上，提出建立“纯正的三民主义”作为国民党的“最高原则”。会议还通过了由他主持草拟的《中国国民党关于共产党员加入本党之训令》，规定孙中山的三民主义是国民党的“最高原则”，所有党员务必“确实信守”，违者即“一律以纪律制裁之”。戴就用这种办法来限制共产主义和共产党人。会后，他就在上海设立了“季陶办事处”，专门写作反共理论。他还一直把自己装扮成孙中山的“忠实信徒”，“见着人就痛哭流涕地大讲其‘孙文主义’。从上海讲到广东，又从广东讲到上海”。他分别写了《孙文主义之哲学的基础》和《国民革命与中国国民党》，借口“在理论上建立三民主义中心思想”，改换了孙中山学说中的一切革命内容，却将孙中山思想中的消极方面极力加以利用和夸大，并系统地提出了一套反动理论，被称之为“戴季陶主义”。

∧ 戴季陶是国民党右派的“理论家”，在蒋介石成为国民党最高当权者后，他成为忠实的追随者。

戴季陶说三民主义是一种“温和中庸”“和平中正”的主义。它既反对布尔什维克主义，又反对法西斯主义。这也就是他的信徒所说的“举起你的左手打倒帝国主义，举起你的右手打倒共产党”。但实际上他攻击的真正对象是共产党。

在戴季陶主义的鼓动下，“孙文主义学会”等右派小团体、各种各样的右派刊物一起为蒋介石篡夺革命领导权和最后叛变革命进行了舆论上和组织上的准备。

戴季陶主义出笼后不久，以谢持、邹鲁为头子的国民党老右派就率先打出了“反共清党”的旗号，并于1925年11月在北京西山碧云寺孙中山灵堂前非法召开所谓的“国民党一届四中全会”。

出席会议的有中央执行委员叶楚伧、居正、沈定一、邵元冲、石瑛、邹鲁、林森、覃振、石青阳，候补执行委员茅祖权、傅汝霖，中央监察委员张继、谢持，共13人。林森、邹鲁分别担任会议主席。这些人后来即被称为“西山会议派”。

会议宣布取消共产党员的国民党党籍，解除共产党员谭平山、李大钊、林伯渠、毛泽东等中央执行委员和候补执行委员职务。解除苏联人鲍罗廷顾问职务，取消政治委员会。会议也开除了汪精卫的党籍。

西山会议最后宣布停止广州中央执行委员会的职权，决议将“中执会”移至上海，在上海另设中央党部，并拟定“二大”全会于次年3月29日举行。会议特别提醒：如果不在国民党内实行清党，恐怕“再过一年，青天白日之旗，必化为红色矣”。

∧ 1926年1月1日至19日，国民党第二次全国代表大会在广州召开。在国民党内地位本不高的蒋介石，在此次大会上一跃当选为中央执行委员。

＞ 西山会议派是国民党内的一个反对孙中山“联俄、联共、扶助农工”三大政策的派别。代表有谢持、居正、邹鲁、林森等，他们主张“反共清党”。图为谢持与夫人。

由于中国共产党人和国民党左派的坚决斗争，使“西山会议派”陷于孤立。原来打算参加“西山会议派”或给予支持的一些右派分子如戴季陶、吴稚晖等，这时都表示不和“西山会议派”合作。一些列名“西山会议派”第二次大会的代表如叶楚伧、邵元冲等，也纷纷刊登启事表示不参加会议。

1926年1月1日至19日，国民党第二次全国代表大会在广州召开，出席大会的代表共278人。大会期间，共产党人和国民党左派参加了大会的各个主要机构，承担了主要的工作，他们密切合作，共同努力，挫败了国民党右派的种种干扰和破坏，使大会开得比较成功，取得了积极

的成果。大会重申了国民党“一大”确定的打倒帝国主义和封建军阀、官僚买办阶级的革命纲领，决定进一步贯彻执行孙中山“联俄、联共、扶助农工”的三大政策。大会强烈谴责了“西山会议派”的分裂行为，决定给“西山会议派”分子做出如下的处分：一、谢持、邹鲁永远开除党籍；二、居正、石青阳、石瑛、茅祖权、覃振、傅汝霖、沈定一、叶楚伧、邵元冲、林森、张继、张知本12人提出警告，如不接受警告即开除党籍。三、大会训令戴季陶猛省，不可再误。大会在对“西山会议派”及其他反动分子实施党纪制裁的同时，还进一步重申了党的纪律，强调指出：“森严的纪律，为党的生命所寄托。以后凡违反总理遗嘱，第一二次全国代表大会中央各党部之决议者，应依总章之规定惩戒之。”这不但对国民党右派是个沉重的打击，而且在一定程度上扼制了国民党长期以来纪律松弛、组织涣散的现象，使孙中山逝世后被动摇了的国民党的基础又重新稳定下来。

国民党“二大”的基本方面是正确的，但由于陈独秀等人自愿放弃了对国民党的领导权，因此造成了极严重的后果。结果，在中央执委中，中派、右派占了很大比重，在监委中，右派更是占了绝对优势。尤其是，原来连中央候补委员都不是的蒋介石，此次竟然当选为正式中央委员，随后又当选为中央常委，成为国民党的主要领导人之一。这就为蒋介石后来篡夺革命领导权提供了有利条件。

周恩来后来说：“这是陈独秀右倾机会主义对国民党右派、中派的第一次大让步。”

毛泽东说：“第一个失败的关键是二次代表大会。我主张反击，因我们有1/3，左派1/3，其他2/3，左派很赞成，结果我们自动退却。”

吴玉章说：“本来我们有条件使进步力量在国民党领导机构中取得优势，但我们却自动地放弃了。事实证明，不进行斗争、幻想以片面的退让换取团结，其结果只会助长右派的气焰。”

东征胜利后，蒋介石威名大震，已成为广东革命政府军事方面举足轻重的人物。他表面上仍在亲共、亲苏，颂扬第三国际，甚至在讲话中引用列宁的词句，实际上却在限制和提防共产党，暗中保护和组织右派势力。

周恩来很早就觉察到了蒋介石的想法。东征结束后的一天傍晚，蒋介石突然邀请周恩来参加个会议，这种不正常的举动引起了周恩来的警惕，尽管表面上仍是若无其事地答应着。随后，不出所料，果然就出现我们开始时见到的那一幕。

会议就要开始后，蒋介石满脸笑容地对周恩来说：“今天是东征胜利后首次召开的连长和连党代表以上的军官会议。广东统一后，下一步的任务就是北伐。”这时，他忽然看了周恩来一眼说道：“大家想想，我们队伍中有国共两党的同志，如果大家认为两党齐心，那么我们就要很好地合作下去；如果认为相互间有矛盾和摩擦，那又应该怎么办呢？请同志们随便发表意见。”

早已按捺不住的孙文主义学会骨干分子倪弼马上接口说：“我是国民党的老党员，就让

∧ 有“黄埔三杰”之誉的蒋先云。

我先说吧。两党同志常有摩擦，在军校内已经闹过几次，这是谁都知道的。那么怎么办呢？戴季陶先生说：共信不立，互信不生；互信不生，团结不固；团结不固，不能生存。我以为，叫共产党去信仰国民党，或者反过来，都不大可能。然而，共产党可以作为在野党，继续与我们合作。”

号称“黄埔三杰”之一的贺衷寒咄咄逼人地说：“今天的天下是我们国民党打下来的，打天下者坐天下！你们共产党算什么呢？主人？客人？都不像。国共毕竟是两个政党，迟早要分道扬镳，而迟分不如早分。”

主席台上，蒋介石对两位得意门生的发言非常满意，一副志在必得的神气。周恩来的脸上没有任何表情。

青年军人联合会的领导者纷纷站起来严正反击右派言论。第7团团长蒋先云★说：“国共两党的分与合，都应从革命的全局和前途来考虑。目前两党虽有一些矛盾，但可以调和。今天我们才占有广东，北方还有孙传芳、吴佩孚、张作霖等军阀在虎视眈眈，敌人的力量比我们强大得多。大敌当前，根本不是讨论分与合的时候。”共产党员许继慎义正词严地说：“东征中，有多少共产党人献出了宝贵的生命？如果说共产党是客人，那就根本不需要作出这样的牺牲。相反，有一位担任攻城指挥官的国民党员却临阵脱逃。当然，那也是个人的事情，我们校长已经处罚了他。忠于革命的共产党人和国民党人都是占绝大多数的，这正是两党合作的前提。”

看到会上多数人都反对国共分裂，蒋介石只好说：“今天大家发表了很好的意见，以后还有机会讨论这个问题。”

午饭后，蒋介石在散步时对周恩来说：“我最担心的是黄埔军校分裂。你是军校共产党的领导人，但首先是政治部主任，希望你积极配合，维护军校的团结。”周恩来说：“维护军校团结，我周恩来责无旁贷。你也知道，我经常做各种调解工作，而且总是从严要求共产党员，凡有险重任务，也总是动员共产党员冲锋在前。”

蒋介石点点头，终于说出了他的目的：“是啊是啊，确是如此。那么你能不能把所有在黄埔军校以及在军队中的共产党员的名字都告诉我，还有国民党员加入共产党的名字，

★蒋先云（1902～1927）

湖南新田人，黄埔军校第一期毕业。与陈赓、贺衷寒并称“黄埔三杰”。曾任黄埔军校政治部秘书、国民革命军第1军7团党代表。“中山舰事件”后，对蒋介石的反共阴谋进行了坚决的斗争。1927年任湖北省总工会工人纠察队总队长。4月任国民革命军第11军26师77团团长兼党代表，率部参加第二次北伐。5月在河南临颖的战斗中壮烈牺牲。

也请告诉我。”说完，眼睛直盯着周恩来。周恩来略一沉吟，说道：“此事关系两党，我哪有权做主，须请示中共中央才能决定。”蒋介石知道周恩来不愿意告诉他，但又不便发作，一时说不出话来。

过了一会儿，蒋介石说：“我看为了保证黄埔军校的统一，共产党员或者退出共产党、或者加入国民党、或者退出黄埔军校。”说完，他又补充一句：“当然，后者是我所不愿意的。”周恩来沉思着，不置一词。

周恩来又想起蒋介石对陈赓的态度变化。蒋介石曾很想重用救他一命的陈赓，可是当他弄清陈赓原来是一个共产党员之后，态度立即大变。他在黄埔名册“陈赓”旁边做了一个批注：“此人是C.P，不可让他带兵。”但是却被陈赓偶然间发现了。周恩来知道后，让陈赓以退为进，托词母亲病重，向蒋介石请假回家，看看蒋的反应。陈赓请假时，蒋介石狡黠地说：“陈赓你一定看了什么东西吧？”陈赓没有吭声。蒋介石觉得自己对不起陈赓，只好让陈赓回黄埔军校任中校队长。

周恩来从潮州返回汕头后，立即召集军校里的党员领导同志，提醒大家说：“蒋介石这次拉我到潮州开会，搞了突然袭击，事先我一点也不知道。我本想发言驳斥他，揭穿他的花招，但看到同志们的发言已达到目的，同时也为了有利于两党合作和今后斗争，我保持了沉默。大家应该提高警惕，不能麻痹，他不会就此罢休，更严峻的斗争就要到来了。”

周恩来回到广州后，立即去找中共两广书记陈延年和苏联顾问鲍罗廷说：“我们不能束手待毙，应该采取打击右派、孤立中派、扩大左派的政策，给蒋介石以坚决的回击！”陈、鲍同意周恩来的看法，计划撤出蒋介石部队中的共产党员，另外与汪精卫成立国共两党合作的军队。但是由于陈独秀的右倾投降主义占了上风，这个计划流产了。国民党“二大”对“西山会议派”表示强烈愤慨，但蒋介石和孙科、汪精卫要求对“西山派”尽量从宽处理。不过他们的想法遭到多数代表的反对和批判。

不过在表面上，这个时期的蒋介石仍在亲苏亲共，高喊“我们党的前途端赖尊俄为师”，积极向左派靠拢。他的伪装为自己赢得了“红色将军”“中国的托洛茨基”的称呼。他甚至把自己的长子蒋经国送到苏联去留学，更让人觉得他是一个“真正的”左派。

1921年3月3日，蒋经国告别母亲，考入上海万竹小学4年级。蒋介石虽然不在儿子身边，但很关心儿子的功课，经常写信询问他的学业，并告诫儿子务必学好英文课：“你校下学期即有英文课，你须用心学习；现在时世，不懂英文，正如瞎子一样，将来什么地方都走不通，什么事业都赶不上。你星期日有工夫的时候，可到商务印书馆去买些英文小说杂志看看……英文最为重要，必须将每日教过的生字，在自习时，默记烂熟，一星期之后，再将上星期所学的生字，熟记一遍，总要使其一字不忘为止。算学亦要留心。”但是毕竟身边没有人照看，蒋经国经常做些让蒋介石不放心的事情。1925 年“五卅”运动中，蒋经国积极参加罢课和示威游行。事后，浦东中学以“该生行为不轨”为罪名，开除了蒋经国的学籍。1925 年7 月，蒋介石只得介绍儿子去吴稚晖当校长的北京“海外补习学校”学习俄文。不久，蒋经国又因为参加反对北洋军阀政府的示威游行，被警察局关押了两个星期。被释放后，蒋经国于8 月 8 日来到广州投奔蒋介石。蒋介石对儿子的前途也非常焦虑。

这个时候，恰好莫斯科成立了孙逸仙大学，以纪念孙中山。苏联建议选派中国学生去苏联留学。苏联当时是革命青年心目中的圣地，因此各地向往革命的青年，纷纷报名投考，仅广东一地，考生就有 1,000 多名。但由于名额限制，最后只录取了 340 名，其中还包括 30 名鲍罗廷推荐的国民党要员子弟。这些子弟中就有蒋经国。蒋经国当时只有 15 岁，但是却深受革命思想的影响，而且他也很为父亲被称为“红色将军”“中国的托洛茨基”而感到骄傲，因此，他非常愿意去革命策源地莫斯科学习。

∨ 曾任国民政府政治顾问的鲍罗廷与汪精卫、吴铁城在一起。

< 青年时的蒋经国。早年留学苏联并加入共产党。

蒋介石原想给儿子找最好的学校读书，但是因为儿子已经两次参加了学潮，这让他感到不安。他本人又在广东政府身居要职，根本没有时间亲自培养儿子。现在忽然孙逸仙大学来招生，又有鲍罗廷引荐，而且儿子也希望去学习，于是就答应了这件事情。当然也有另外一种说法，认为虽然蒋经国多次向蒋介石提出要求，但是蒋介石起初并不赞成，因为他不怎么喜欢苏联。蒋介石后来勉强赞同，却在经济上很少接济蒋经国，因此蒋经国在苏联的生活是相当穷困的。还是陈洁如将全部私蓄2,000元托陈果夫转汇蒋经国，才解决了他的困难。

1925年10月19日，蒋经国和第一批22位同学一起，搭上一艘苏联轮船，去苏联留学。他的同学中，后来出了不少名人，如邓小平、乌兰夫、廖承志、屈武等，乌兰夫和蒋经国还是同桌。蒋介石和蒋经国都没有想到，这一去便是12年，直到1937年蒋经国才带着苏联妻子回到中国。

蒋介石的伪装为他赢得了不少政治利益，也麻痹了共产国际和中共内部的一些人。在国民党"二大"的选举中，原来在国民党内地位并不高的蒋介石，竟一跃当选为中央执行委员，并接着在二届一中全会上又当选为国民党中央常务委员会委员。常务委员共9人：蒋介石、汪精卫、谭延闿、谭平山、林伯渠、胡汉民、陈公博、甘乃光、杨匏安。蒋介石的亲信何应钦当选为候补中央执行委员，陈果夫当选为中央监察委员。蒋介石在反对西山会议派的斗争中，伪装成左派，为自己赢得了不少声誉；他作为国民革命军东征军总指挥，在大会上备受礼遇。他又以军事领袖自居，一跃而成为国民党内地位很高的人物。这些都让陈独秀等共产党的领导人和在广州的苏联顾问对他放松了警惕，让他进一步实现了自己的反共阴谋。

在心里对共产党举起了屠刀

1926年，在中共领导的青年军人联合会在《黄埔潮》上发表了一幅漫画。画面上，一脸邪恶的戴季陶身穿长袍马褂，头戴灰暗的小帽，凶神恶煞般地把孙中山背在身上，走向阴森的孔庙，强迫孙中山吃孔圣人灵前的冷猪头肉。孙中山泪流满面，而站在旁边的军阀、洋人和党棍则哈哈大笑，拍手称快。

这幅揭露新右派和孙文主义学会反动本质的漫画，很快出现在黄埔军校的各个角落，还有许多被贴到了广州街头。蒋介石看后，顿时气得"连头发都竖起来"，他一边嘴里骂着娘，一边大声训斥。他担心自己苦心经营的黄埔军校"共产化"，有朝一日变成反对自己的武装力量。在国民党"二大"上，他更感到了日益强大的共产党对他的严重威胁。在1926年1月26日的日记披露了他的心声，当天他徒步登上白云山巅，"骋怀四眺，犹不能稍解郁衷，因叹如何可使我驰责释负，达隐居目的"。1月29日，"与张人杰谈本党现象与个人处境，不禁感慨系之"。1926年3月17日黎明，就在中山舰事件的前几天，蒋介石秘密由黄埔岛乘汽船来到位于广州东堤八旗馆的卫戍司令部。当晚，他在日记中写下了这样一些愤懑不已的话："所受痛苦，至不能说，不忍说，是非梦想所能及者。政治生活至此，何异以佛入地狱耶！"蒋介石已经在心里对共产党举起了屠刀。

就在蒋介石的反共本质渐渐显露出来的时候，陈独秀等党的领导人和苏联顾问却还陶醉在东征胜利、两广统一的喜悦里，对蒋介石没有一点警惕和提防，反而做了一些加强蒋介石权力的事情。

陈独秀对于"西山会议派"，一味主张在革命统一战线方面要执行让步的策略。他因此同张国焘一起代表中共中央，对参与过"西山会议派"活动的叶楚伧、邵元冲、孙科说："中共并没有包办国民党事务的企图，而且反对这种企图。中共中央已通知各地党部，多推选国民党人士出席国民党第二次代表大会。中共亦不希望在大会的中央委员改选中，增加中共方面的国民党中央委员人数。"还邀请他们回广东参加国民党"二大"。会谈中双方就继续合作达成了几点协议。

1925年10月到12月，陈独秀连续在《向导》上发表文章，说蒋介石"是实行反对帝国主义及军阀，实行三民主义的革命派"。"现在蒋介石先生手创了有力的党军，用这帮打军阀绝不扰民的党军，不顾成败利钝地肃清了那些拉夫开赌、苛税苛捐、各霸一方，历年残害广东人民的

∧ 随着地位，权力的提升和政治野心的膨胀，蒋介石已不甘居于国民党现任领袖汪精卫之下，他说："我以为党政军只能有一个领袖，不能有两个领袖。"其野心昭然若揭。

滇、桂、粤各派小军阀，以图广东军政财政之统一，这不但为国民党建立了惊人的勋劳，并且为已死的中山先生出了口力不从心的怨气。”陈独秀还把蒋介石列为国民党第二号左派领袖。

1926年2月上旬，鲍罗廷等顾问向来华的红军总政治部主任布勃诺夫汇报以后，这些苏联人做出结论说：蒋介石“在政治上是个左派，并正往左发展”。国际执委会主席季诺维也夫在共产国际第六次扩大会议上说：“有40万党员的国民党，历史的‘明天’将使它在全中国掌权，而它却在思想上表示赞同我们，这已经是巨大的成就了。”全会做出的《关于中国问题的决议》中说，国民党已经同最广大的工农群众和城市民主派建立了联系，广州政府乃是中国人民争取独立斗争的先锋队。共产国际根据联共（布）的建议，批准国民党参加共产国际，并推选蒋介石为共产国际主席团的名誉委员。

但是所有这些，却都更加使反共反俄的蒋介石感到抑郁异常。对“五卅”运动和省港大罢工中工农运动的发展和共产党的壮大非常恐惧，对共产党在黄埔军校和革命军队中的发展，尤其感到害怕。因为共产党人和国民党左派在国民党的各级领导机关中还占有相当优势，而蒋介石排除异己的政策又引起国民革命军其他各军的不满，本身实力又不足，他深感自己“单枪匹马，前虎后狼，孤孽颠危”，处境不妙，并为此忧虑抑郁至深夜而不能安眠。他整日闷闷不乐，烦躁不安，常对部下发火。连1月19日的“二大”闭幕式，他都借口“足痛心闷”，避不出席。

他和苏联首席军事顾问季山嘉，几乎到了势不两立的地步。他不仅感到季山嘉等人在一些具体问题上碍手碍脚，而且认为他们成了他走向成功的绊脚石。1926年2月，苏联政治顾问鲍罗廷的职务暂时由另一名苏联顾问季山嘉代理。季山嘉不满蒋的独裁擅权，主张联合汪精卫对蒋进行抑制。右派乘机散布谣言说苏联顾问和中共要“倒蒋”，广州市面上出现了称蒋介石为“新军阀”的传单。骨子里反共的蒋介石受到挑拨，开始寻找机会发动政变。

随着地位、权力的提高和政治野心的不断膨胀，一心想成为国民党领袖的蒋介石也越来越难以忍受现任领袖汪精卫的存在。孙中山逝世后，蒋介石常以孙中山的唯一继承者自居，一心想当国民党领袖。他说：“我以为党政军只能有一个领袖，不能有两个领袖。”又说：“我自信我是一个富于革命性的人，我敢说我可以继续总理革命的精神，我可以做总理真正的信徒。这句话只有我能说亦只有我敢说，这是不用客气的。”

蒋介石不但有这种野心，而且利用自己的权谋和欺骗手段准备了强大的实力。他玩弄两面手法，权力不断扩大，在军事方面，拥有汪精卫所不具有的军事地位和实力；在政治方面，蒋介石享有李济深、程潜等人所不具有的政治地位和影响。

然而，膨胀的野心必然谋求更大的权力，现在，在他实现自己更大的野心和权力的道路上，共产党、苏联顾问和左派领袖汪精卫成了他实现政治野心的严重阻碍。同时，身兼国府主席、政委会主席、军委主席和军校党代表的汪精卫也开始打算在军队建立自己的威望，经

< 曾任黄埔军校教授部主任的王柏龄。蒋介石说“打击了王柏龄，等于打断了我的一只臂膀”。

常到军校讲演。这让把军校视为自己地盘的蒋介石感到非常恼火。对于这些严重“阻碍”他野心的力量，开始时蒋介石想“以屈求伸”，以退为进。后来他决定铤而走险，发动反革命军事政变，以求“奋斗决战，死中求生”。于是蒋介石利用中国共产党人和共产国际对他的麻痹，对共产党人采取了闪电式打击，制造了中山舰事件。

早在1926年3月初，蒋介石就授意王柏龄等孙文主义学会反动分子，为他发动反革命事变制造舆论。很快，在军校和广州市区就不断听到各种政治谣言，比如说："共产党要暴动，推翻国民政府，组织工农政府”，“共产党准备倒蒋”，“共产党制造叛乱，阴谋策动海军局武装政变”，等等。3月10日，蒋介石说："近日反蒋传单不一，疑我、谤我、忌我、诬我、害我者，渐次显明。”并诬赖共产党员、军校政治主任教官高语罕影射他为“新军阀”。当时，苏联顾问季山嘉频繁和汪精卫进行密谈，右派就造谣说，汪精卫和苏联人要把蒋介石强行押送到海参崴去。蒋介石为此还愤而辞职，而汪精卫竟然不加挽留，同时也不批准，这更增加了蒋介石的疑忌和行动的决心。

孙文主义学会是国民党的右派组织，在制造中山舰事件中起到了重要的作用。

由于由共产党领导的青年军人联合会迅速壮大，政治影响不断提高，引起了右派势力的恐惧和不满。黄埔军校右派分子王柏龄等为了与联合会相对抗，组织了“中山主义学会”。在第一次东征出师前数日的学生聚餐宴会上，就出现了贺衷寒起草的发起组织孙中山主义研究会的油印文件。东征期间，冷欣等右翼学生曾集合30多人，在梅县召开会议，酝酿成立组织。4月24日，孙中山主义研究会宣布成立（后改名为孙文主义学会）。6月3日，该组织发表宣言，含沙射影地攻击左派势力。在王柏龄、冷欣等人的活动下，右翼分子纷纷加入该会，原被推选参加青年军人联合会筹备会的曾扩情、贺衷寒成为孙文主义学会的骨干分子。

从此，黄埔军校内左右两派的分化日益明显，矛盾冲突不断加剧。孙文主义学会出版了《革命导报》等刊物和组织“青白剧社”公开与青年军人联合会对抗。孙文主义学会的成员常常借故向青年军人联合会挑衅，甚至殴打加入青年军人联合会的学生。两派斗争愈演愈烈。二次东征结束后，孙文主义学会作为一股反共势力已在社会上形成。1925年12月29日，孙文主义学会在广东大学操场召开成立大会。他们打着研究孙文主义的旗号，欺骗不明真相群众，组织有武装力量参加的示威游行，向左派进行挑战。在黄埔军校内，围绕着是维护孙中山的三大政策还是否定三大政策、是拥护国共合作还是破坏国共合作的原则问题，青年军人联合会同孙文主义学会展开了辩论。孙文主义学会分子否认三大政策，声称谁不相信他们所说的孙文主义，谁便是国民党的“叛逆”，并扬言要“在统一战线中开除共产党”。王柏龄说：“成立孙文主义学会，就是要与共产党和青年军人联合会划上一道鸿沟，尔为尔，我为我。”面对右派的猖獗进攻，青年军人联合会组织了有力的反击。在周恩来的直接领导下，共产党人论证了两党坚持合作、保持革命统一战线的必要性，而破坏统一战线只能对帝国主义封建军阀有利。蒋先云在《怎样做革命派》一文中指出：“在革命阵营中，对反帝反封建的革命斗争进行破坏的人，才是孙中山的叛徒。”孙文主义学会的骨干都是蒋介石的亲信，如王柏龄、贺衷寒、何应钦、陈诚、顾祝同、胡宗南、吴铁城、刘峙等。

蒋介石对左派力量在黄埔军校的发展壮大早怀疑忌，他对两派斗争表面上采取局外人姿态，暗中则支持孙文主义学会，压制左派的活动。当东征军进占潮梅之后，右派分子王柏龄乘周恩来因公离开总部之机，指使孙文主义学会成员无理取闹，甚至殴打共产党员李之龙。事后，蒋介石不但不处理肇事分子，反而将李之龙调离黄埔军校。蒋介石偏袒孙文主义学会的行动引起群众不满，青年军人联合会随即发动师生，揭露王柏龄破坏国共合作的种种罪行。由于证据确凿，使王柏龄威信扫地。青年军人联合会这一行动，打在王柏龄身上，却痛在蒋介石心里，他曾私下对人说，“打击了王柏龄，等于打断了我的一只臂膀。”

此后，蒋介石压抑、打击左派的行动变本加厉。11月间，他向周恩来提出要共产党交出共产党员名单的要求。周恩来婉言拒绝。

1926年2月2日，蒋介石装作协调两会关系，召集两会负责人开会，提出了4条办法：一、“两方面干部互相加入”；二、两会在军校和党军内的活动，“领受本校校长及党代表的指导”；三、“团长以上高级长官（除党代表外）不得加入两会”；四、“两会会员对此有不谅解，得请本校校长及党代表解决之”。这样就把联合会摆在自己的控制之下，庇护右派，打击左派。

而中山舰事件，就是在孙文主义学会的煽风点火和蒋介石的操纵下发生的。

蒋介石下令：扣押中山舰，拘捕军校和第1军中的共产党员

1926年3月17日，周恩来从汕头回到广州。向来机敏的周恩来马上发觉蒋介石眼睛里有一种凶光，但是当看他时，他的目光却有意躲闪。周恩来联系到蒋介石同右派人物来往密切，觉得形势比较危急。他马上把这种异常的情况告诉了张太雷★。

那时，张太雷担任中共广东区委宣传部长，兼作苏联顾问的翻译。这时广东区委书记陈延年还在上海，鲍罗廷和加伦也都不在广州。3月19日，周恩来通过张太雷向苏共中央使团团长布勃诺夫报告说，看来右派现在准备采取行动了，现在的形势与谋杀廖仲恺前的形势相仿，到处是谣言和传单。但是布勃诺夫没有重视周恩来的话。毛泽东也“预感到要出事了”。19日夜，毛泽东得知第1军各部奉命“枕戈待旦”，于是立即提醒陈延年注意这一异常信号。陈却答复说：“事出有因，查无实据，只能提高警惕，静观其变。”毛泽东对沈雁冰说：“莫非再来个廖仲恺事件？”果然，周恩来、毛泽东的预感应验了。

3月18日傍晚，有三名军官突然来到海军局，声称奉蒋校长之命，有紧急事情，请李之龙派军舰到黄埔待命。李之龙当时没在，海军局作战科邹科长便给李之龙留下一封函，中称：已通知宝璧舰预备前往，其余一艘，只有中山、自由两舰可派，请由此两舰决定一艘。李之龙归来阅信后，即去对门和自由舰舰长谢崇坚商量，因自由舰新从海南回省，机件稍有损件，李之龙决定派中山舰前往。

他分别给宝璧舰黄舰长和中山舰代舰长章臣桐下达了命令，命令“该舰长即将该舰开赴黄埔，听候蒋校长调遣”。中山舰是国民政府唯一的一支装备完全的兵舰，它原是由永丰舰改名的，孙中山曾在永丰舰上避难，为纪念孙中山而改名“中山舰”。

3月19日早晨，两舰相继到达黄埔，却没有见到蒋介石，于是中山

> 张太雷遗照。

★张太雷（1898～1927）

江苏常州人，广州起义的领导人。天津北洋大学毕业。1921年赴莫斯科，任共产国际远东书记处中国科书记。1925年当选为中共第四届中央候补委员。1927年5月任中共湖北省委书记，7月任中共中央常务委员会委员，后任中共广东省委书记、中共中央南方局书记。同年制定并领导了广州起义，建立了广州苏维埃政府，任代理主席、人民海陆军委员。12日在庆祝政府成立大会后遭敌袭击时牺牲。

舰代理舰长就向教育长邓演达报告并请示任务。邓演达当即感到非常吃惊，表示自己从来没有调遣过军舰，并说过会儿请示一下蒋校长。

事情非常蹊跷。后来调查后才知道，这是误传命令：原来，有一艘上海商船在黄埔上游遭劫，请求救援。18日下午4时，黄埔军校办公厅主任孔庆睿便命令管理科长赵锦雯派一艘军舰去紧急援救。赵便把任务交给科员黎时雍去执行。黎看到黄埔附近没有可派舰艇，便打电话到在广州的军校驻省办事处办理。办事员王学臣接到电话后，就打电话请示办事处主任欧阳钟。因电话有些故障，欧阳钟没有听明白是谁下的指示，就猜想一定是教育长的指示，而派遣一艘军舰也被他听成了派舰二艘。欧阳钟知道，只有海军局代理局长李之龙的命令，才能调动兵舰。他想直接向李去请求，又觉得单凭教育长的电话指示恐怕还不够分量，于是就擅自加了一句“转奉校长命令”。

李之龙见是“奉校长命令”，自然不会怀疑，立即遵令照办。

却说邓演达看到舰长的请示后，非常疑惑，就下令两艘军舰原地待命。

上午，李之龙到局里刚处理了几件公文，作战科长邹毅就报告说：“苏联顾问团来电话，询问中山舰是否在省，可否按原定计划检阅中山舰。”李之龙于是就打电话给蒋介石，请示能否调回中山舰。蒋介石大惊，这才知道竟然有两艘军舰昨夜去了黄埔。他当时极力按捺住自己的慌乱情绪，先“嗯”了一声，过了一会儿才假装平静地说：“好吧，我同意。”于是，中山舰在下午6点20分返回广州军港。

但是李之龙万万想不到刚才自己把蒋介石吓了一身冷汗。19日一整天，蒋介石都在惶惶不安、疑虑重重中度过。这时，蒋介石觉得自己与汪精卫、季山嘉以及共产党人之间的矛盾

< 时任海军代理局长的李之龙。"中山舰事件"后，李之龙被捕。1928年2月8日，被国民党杀害于广州黄花岗。

< 曾任黄埔军校教育长的共产党人邓演达。早年追随孙中山先生，对革命忠勇奋发，两次率兵讨伐陈炯明叛军，深得孙中山的信任和嘉许。

越来越严重，担心有人要算计他。碰巧在3月19日上午，蒋介石还因同一个人3次给他打电话，询问他何时去黄埔而感到纳闷。同时，中山舰未得到他的同意而开去黄埔，又因他不在黄埔而要开回广州，这件事也引起了他的联想和不安。他怀疑这是汪精卫、季山嘉和共产党人要把他强行劫上中山舰，然后押送去海参崴。尤其他还知道李之龙与周恩来、汪精卫、鲍

罗廷关系密切，因此更加确信这是个阴谋。所以，蒋介石接到李之龙电话之后的第一个反应便是：中共私调两舰去黄埔，是不是想算计他？据蒋介石后来自述，他在接到李之龙电话之前，曾3次接到汪精卫的电话，都问他当天去不去黄埔。

蒋介石后来还自我辩解说："我自汕头回到广州以后，就有一种倒蒋运动，无论本军里或本校里，都造成一种不良的空气，使得军队的长官来反叛，并且拿利禄来引诱我们的长官。""我知道共产党阴谋的爆发，就在于此。但我在当时，只知道他们是要叛变、要害我，还不知道他们的企图究竟是什么。一直到了这一叛乱平定之后，我才知道他们的计划，就是要在我从广州省城乘舰回黄埔军校途中，强迫我离粤，直驶海参崴，送往俄国，以消除他们假借国民革命来实行其'无产阶级专政'的唯一障碍。"

当时右派王柏龄等人趁机四处煽风点火，有意制造混乱，他们造谣说"中山舰要炮轰黄埔军校"，"共产党阴谋暴动"，"要赶走蒋介石，推翻国民政府，建立工农政府"，等等。

蒋介石本来知道中山舰的往返开动，本是奉命行事，这件事可能是个误会，但是现在他立即就意识到这是个绝佳的反共时机，因此就有意说这是"无故露械外出，经一昼夜"，"中正防其扰乱政府之举，为党国计，不得不施行迅速之处置"。于是，蒋介石背着国民党中央和国民政府，悍然制造了中山舰事件。

1926年3月19日傍晚，蒋介石在卫队保护下从卫戍司令部来到越秀南路火车站附近的第一军经理处。在这里，他紧急召集自己的亲信，秘密下达了命令。当时，第1军第1师师长王柏龄兴奋地说："我得到密报，共产党阴谋暴动，要推翻政府，唆使海军局李之龙，诱骗校长乘舰回黄埔，在途中劫校长去苏联，阴谋加害。此刻中山舰升火，戒备森严，就是明证。"在场的蒋系人马立即开始疯狂攻击苏联和共产党。最后，蒋介石说："我认为革命形势至此，个人生死，自不足惜；而党和革命的存亡，则刻不容缓。我身负卫戍重任，不能不负起责任。现在宣布全城戒严，立即平叛。各位同志都是总理的忠实信徒，也是本校长的忠实同志，务必遵守命令，即刻行动！"

此时已经是3月20日凌晨，蒋介石宣布广州紧急戒严，命令陈肇英、王柏龄、陈策、欧阳格、吴铁城等人，率武装部队，包围苏联顾问季山嘉及苏联代表团住宅、苏联领事馆和省港罢工委员会，断绝市内交通；

占领海军局，扣留中山舰等军舰，逮捕李之龙★；以保护为名包围汪精卫住宅；拘捕黄埔军校和第1军中的共产党员；秘密监视邓演达……广州大沙头、东山、北较场、东较场和惠爱路一带，顿时出现一片紧张恐怖气氛。

在蒋介石的坐镇指挥下，陈肇英、欧阳格派兵占领中山舰及海军舰队，并由欧阳格的卫兵带领六七个人到文德楼逮捕李之龙，强行押解到造币厂。

与此同时，2师师长刘峙和团长惠东升指挥军队强行收缴了省港罢工委员会工人纠察队的枪支；营长李森树带人包围了苏联顾问的参谋部和住宅，对他们的卫队武装进行缴械，并把苏联顾问监视起来；广州市公安局长吴铁城率领武装警察，借口"保护"，把汪精卫的住宅包围起来，并派人监视共产党在广州的领导机关和负责人；团长蒋鼎文率兵占领海军局机关；2师党代表缪斌在集合全师官兵训话时，突然下令逮捕了在场的团党代表胡公冕等40多名共产党员，并押赴造币厂。当天上午10点，蒋介石又派2师两个营的兵力，把黄埔军校的教职员和学生监视起来，并下令严密监视教育长邓演达、政治主任教官高语罕和军官团长张治中等人，"以防变动"。与此同时，蒋介石又密令何应钦逮捕在潮汕的第2军中的所有共产党员，并取消党代表制度。他们决定，只要任何方面的共产党开枪反抗，就让第2师、新编第1师及公安部队对共产党进行大屠杀。当这一系列行动部署完毕后，蒋介石得意地说："今日若无决心，岂能挽救本党。"

事件发生的当天上午，刚从东江回来的周恩来非常焦急，当即不顾生命危险，带着几个卫兵就直奔黄华路造币厂去质问蒋介石。守在大门口的部队一见是周恩来，就毫不含糊地收缴了周恩来卫士的武器，才让他们进去。蒋介石一见是周恩来，有些吃惊，他没有料到周恩来知道他的所在，更想不到周恩来敢直接来找他。周恩来怒火中烧，厉声责问他说："你解释一下夜里发生的一连串的事情是什么原因？"

★李之龙（1897～1928）

湖北沔阳（今仙桃）人，黄埔军校第一期毕业。1912年响应孙中山号召，参加江西湖口起义，讨伐袁世凯。1923年参加领导京汉铁路工人大罢工。1924年任共产国际代表鲍罗廷的翻译。1925年参加讨伐陈炯明的第一次东征，同年秋调任广东革命政府海军局局长兼中山舰舰长，1926年在蒋介石制造"中山舰事件"中被捕。北伐前获释，随军北伐。大革命失败后发动海军起义失败。1928年2月8日，在广州红花岗（后改名为黄花岗）就义。

∧ 北伐时期的蒋介石。

蒋介石心里一惊，但是故作镇静地说，李之龙和中山舰有叛变的嫌疑，幸亏自己及时发现，才逮捕了李之龙，解除了中山舰的武装。周问有没有证据，蒋就狡辩说正在查证。周又问，既然如此，为什么要抓1军的共产党员。蒋无法自圆其说，只好狡辩说，不是抓，只是集中看管起来。这样做，也是为了他们的安全着想，以免出现什么不利于他们的举动。周恩来大怒，说，既是为了他们的安全，又何必捆绑起来？蒋介石无言以对，只好装作生气地向手下的人喝道："谁叫捆他们的？岂有此理！赶紧松绑！"

蒋介石这时还不敢贸然对周恩来下毒手，只好叫人把武器送还周恩来的卫士，派人送周恩来出门。

中山舰事件将蒋介石的利欲熏心完全暴露了出来，他右派的身份呈现在了众人面前。同时也表明蒋介石与共产党成了对立的局面。

阴谋得逞，退一步进两步

中山舰事件发生后，中外反动派对蒋介石纷纷表示喝彩和支持。

香港总督金文泰兴奋地说："报告诸位一个好消息，就是20日广州政治已上轨道了。"

帝国主义国家在香港、上海、天津等地办的英文、中文各报，连续大规模报道这一事件，并煽动蒋介石驱逐在广州的苏联人，实行分共。

美联社的消息说："蒋介石借伍朝枢等诸名人力助，在广州变制成功。"东方通讯社在香港报道说："20日对于共产党之非常手段，乃蒋介石部下孙文主义学会派拥蒋氏而施行者。"

上海孙文主义学会持志分会，对广州孙文主义学会说，他们"大义凛然，爱党爱国，不遗余力，兹竟能助介石先生，于短时间就平叛党祸国之分子。"

3月29日，"西山会议派"在上海召开伪国民党第二次代表大会，当会上报告中山舰事件时，"每至一段落时，全体皆鼓掌称快"，并致电蒋介石进行赞扬。

事变之后，周恩来、毛泽东等都主张反击。

当时，广州工人、省港罢工工人有10多万人，工人纠察队有几千人，并有统一的司令部——省港罢工委员会。广东有许多武装的农民自卫军。黄埔军校第4期2,000多学生中，共产党、共青团员很多。在国民党军队中，6个军中的政治部主任，除第5军外，都是共产党员担任。中国共产党在广大群众、革命军官兵和国民党人士中，有良好的影响和很高的威信。

国民党内部和国民革命军中，有很多人反对蒋介石制造这次事件。

何香凝冒险来到造币厂，要求蒋介石立即解除包围并释放被扣押的共产党人。她指责蒋说："孙先生和仲恺尸骨未寒，你就背叛三大政策，对得起谁？"黄埔军校教育长邓演达等人坚决谴责中山舰事件为反革命行为，他斥责蒋介石说："3月20日镇压中山舰及缴苏联顾问卫队械事，疑近反革命。"柳亚子则怒斥蒋介石是新军阀。汪精卫对蒋也深感不满。作为国民党党、政、军最高领导人，发生这么大的事件，他竟然一无所知。更让他感到窝火的是，蒋介石竟然还派兵包围了他的住宅，简直就

∧ 伍朝枢一生主要致力于外交领域，但他与同代的顾维钧、施肇基等只活跃于国际外交界、不参与国内政治斗争的外交家不同，伍朝枢同时在国内革命与国际外交两个舞台上展示其过人才华。图为蒋介石、王宠惠、胡汉民、伍朝枢（左起）。

是在造反。他随后发火说："我是国府主席，又是军事委员会主席，介石这样举动，事前一点也不通知我，这不是造反吗？"第二天，汪就以国民党军事委员会主席的身份，让朱培德、李济深等几个军界要人"嘱咐军人准备，以备万一之变"。随后，他径直问李济深："你们能立刻到军队去吗？"这说明汪当时已经产生了武力反击的念头。

第2军军长谭延闿认为蒋介石的位置被提得太高了；第3军军长朱培德不甘心受蒋介石

< 时任国民政府主席和国民党军事委员会主席的汪精卫，对蒋介石擅自制造“中山舰事件”表达了不满。

指挥；第4军军长李济深、第6军军长程潜都和蒋介石有很深的矛盾；第5军军长李福林同蒋介石也不和。

如果当时要把蒋介石赶下台，那么这几个军肯定都会赞成。事实上，事件发生后，谭延闿、朱培德在拜访苏联军事顾问季山嘉时，就已经“称蒋介石为反革命，提议严厉反蒋”。谭延闿还准备联合第3、4军共同讨蒋。李济深、宋子文等也表示坚决反对蒋介石。蒋介石的第1军中，由于共产党员在军中有较大影响，因此对蒋介石把共产党员一律赶出第1军去的做法很不满。

这些条件都有利于把蒋介石赶下台。

3月21日，中共广东区委广州《民国日报》以公开信的形式驳斥所谓“共产党有推翻国民政府的阴谋”的谣言，并严正声明：“共产党员是努力于组织工农群众的，工农群众是国民政府的保障，是国民政府的基础”，“共产党决计不因为敌人的造谣而放弃革命的工作。”在共产党的领导下，黄埔军校的革命学生在校内贴出抗议书，强烈抗议蒋介石逮捕共产党员，并四处联络，准备上街游行示威；在广州法政学校、南洋医科大学、女子师范等校园里，也出现了针对蒋介石的“打倒新军阀”的标语。

事变发生后第二天，毛泽东非常着急，立即和中共广东区委负责人陈延年、张太雷去见苏联军事顾问团代理团长季山嘉等人，紧急商讨对付蒋介石的对策。毛泽东在商讨后对沈雁冰说：“这几天我正在思考，我们对蒋介石要强硬。蒋介石本来是陈其美的部下，虽然在日本学过一点军事，却在上海进交易所当经纪人搞投机，当时戴季陶和蒋介石是一伙，穿的是连裆裤子。蒋介石此番也是投机。我们示弱，他就得进步；我们强硬，他就缩回去。”毛泽东又说道：“我对陈延年和季山嘉说，我们应当动员所有在广州的国民党中央执、监委员，秘密到肇庆集中，驻防肇庆的是叶挺的独立团。目前就广州一隅而言，蒋介石的武力占优势，他有王柏龄一个师的兵力，还有吴铁城手下的武装警察。然而就两广而言，蒋介石这点兵力居于劣势。第1军中的士兵和中下级军官都是要革命的，蒋的面目一旦暴露，第1军会反对他。况且，他和第2军谭延闿、第3军朱培德、第4军李济深、第5军李福林，都是面和心不和，李济深和蒋还有宿怨。"二大"以后，又升蒋介石为军事总监，凭空在各军之上又来一个人管制他们，他们更加不服气。因此，我们可以争取他们，至少使他们中立。我对陈延年他们说，中央执、监委员到肇庆以后，就开会通电讨蒋，指责他违反党纪国法，必须严办，削其兵权，开除党籍。广西的李宗仁本来和蒋有矛盾，再加上李济深，这两股力量很大，可能为我所用。我们摆开这么一个阵势，蒋便无能为力。"

＜"中山舰事件"发生后，毛泽东审时度势，高瞻远瞩积极寻找对策。

毛泽东接着惋惜地说："陈延年先是站在我一边，可是季山嘉这些苏联顾问却反对。他们以纯粹的军事观点看问题，认为要打仗，肇庆一地的财力要支付一个独立团的费用，必然不够，而广州的税收比肇庆多10倍。假使其他各军袖手旁观，蒋介石的兵力对付独立团就绰绰有余。况且独立团只有手头的弹药，无法补充。而蒋介石刚收到苏联运来的大批弹药，就这点而言，独立团不能坚持到一个星期。季山嘉这样一反对，陈延年也犹豫起来。我再三跟他们辩论。没有效果，最后决定请示党中央。"

随后，毛泽东又着急地赶到第2军党代表李富春家里商讨对策，正好在那里见到了第1军副党代表兼政治部主任周恩来。周恩来后来回忆说，他在李富春家里遇见了毛泽东，毛问了各军力量，主张反击……他听了毛的话找季山嘉。但是季山嘉却说不能破裂。

这个时候，蒋介石忽然发现事情并不像他自己想的那样简单，共产党和各方面的力量纷纷对他进行强烈反对和谴责，使他感到陷入四面楚歌、进退两难的境地。他也深知自己力量和权力毕竟有限，目前处于“单枪匹马，前虎后狼，孤孽颠危”的境地，如果中共、左派和其他军事将领联合起来对付他，说不定会以惨败收场。因此，现在蒋介石急于为自己找到一个出路。蒋介石老谋深算、诡计多端，当他对准共产党猛然一击之后，就立即收缩回来。他感到现在羽毛尚未丰满，同共产党彻底决裂还为时尚早，还需要共产党的支持和苏联的军火援助，于是，在20日下午，蒋介石决定释放一批被扣押的共产党员。为了给自己解围，蒋介石还向共产党提出两个条件：第一，共产党员退出第1军；第二，不退出的要交名单。

3月22日，蒋介石对黄埔军校第四期学生发表训话说：

前星期发生一件事，我想大家都想要赶紧明白的，便是中山舰无故移动的事。该舰刚才修整好，忽然开到黄埔来。当19日正午海军局代理局长李之龙打电话给我，说中山舰可否开回广州。

当时我并不知道中山舰已经开来了黄埔，我就问他是谁的命令开去的。他答的话，是很含糊的，答不出所以然。我当时就很奇怪，我就说你要开回来，就开回来好了。

后来我研究中山舰为什么开来黄埔？究竟有什么作用？我当事出之后问他竟和昨日的话完全不同。他又说是教育长的命令，又说是校长的命令。我要他拿命令来看，他说是电话。后来中山舰当夜开回省城，通宵不熄火，戒备甚严，我料他必有不法的行动，所以即派了兵登舰监视。这件事，是否是不利于我们黄埔，或不利于政府和本党，现在还没有调查清楚。但社会上一般不明了的人，有很多的猜疑、很多的谣言。李之龙他是个共产党的党员。他是本校第一期学生。但是这回事情，现在尚未审问明白，即使他如果有罪，也只是他一个人的问题，不能牵涉到团体的身上。李之龙这种行为，如对于本校和本校长有不利，或者是有什么阴谋，我倒以为不是本校的悲观，并且是件很可乐观的事情。因为我教学生的方针，是要他来监督我的，并且是要他来革命的。如果我学生之中，有来革我命的学生了，那我教育方针可以说是达到了。并且我本人自己也可以借此来反省我果有违反三民主义的地方没有？我是否已立在被革命的地位没有？这些事，都是于校长革命事业上是有很大的益处的。所以对于此案只有乐观。

在各方的强大压力下，蒋介石被迫释放了被拘捕的50多名共产党员，发还了他们的枪支，并公开承认，中山舰事件只是一场“误会”。蒋介石说：“3月18日中山舰案，是与中国共产党本部没有关系的。我绝不承认3月18日那天的事件，共产党有什么阴谋在内。”为了掩盖自己的反革命罪行，蒋介石继续对外界进行欺骗。3月23日，蒋介石假意呈文给国民政府说：“此次事起仓促，处置非常，事先未及报告，……应自请从严处分。”他还给汪精卫写信说要“负荆请罪”；为了平息众怒，他还把特别参与事件的亲信作为他的“替罪羊”分别进行处分：免去王柏龄的第1军第1师师长职务，免去陈肇英虎门司令职务，“软禁”广州公安局长吴铁城，解散孙文主义学会。蒋介石还假惺惺地说：“我对于共产党同志亲爱的精神是不言而喻的”，“对共产主义，不但不反对，并且很赞成的”。

周恩来针对新的情况，紧急和陈延年、聂荣臻、黄锦辉等人一起商讨对策。周恩来分析说：“现在国民革命军6个军中，只有第1军是直属蒋介石指挥的，其他5个军都不会听他的，有的还想乘机搞掉蒋介石。而在第1军的3个师中，有两个师的党代表是共产党员，9个团的党代表，我们占了7个，团长中金佛庄、郭俊是共产党员，营以下各级军官和部队中的共产党员也不少，至于同情左派的革命力量就更大了。第1军又是以黄埔军校教导团为底子的，党的传统影响很大，我们是完全有能力反击蒋介石的。”

大家纷纷赞同周恩来的分析，但是他们都同周恩来一样，并没有决策权，一切都得由党中央决定。当时党中央是由陈独秀领导的。

但是陈独秀和苏联顾问一样，都主张退守和让步。以季山嘉为首的苏联军事顾问团认为蒋介石在军事上占优势，回击必将失败。当时苏联顾问团中地位最高的是使团团长、红军政治部主任布勃诺夫，他虽然已经被蒋介石软禁，但也主张进行妥协。22日，苏联领事馆代表紧急与蒋介石举行会晤，以探听蒋介石的底线。苏方代表问道：“这是对人问题，还是对苏问题？”蒋回答道：“对人不对苏，希望鲍罗廷速回苏。”苏方代表一听，悬着的心一下子放了下来。很快，苏方就决定撤掉季山嘉军事顾问团团长职务，并派领事馆代表对蒋介石说：“如此即可安心，乃令季山嘉回苏。”布勃诺夫也立即把苏联顾问组组长季山嘉和其他顾问组成员10余人遣返回国。

党的总书记陈独秀在蒋介石突然袭击时，进行了错误的妥协。他认为，“当时不仅有戴季陶主义思想，不仅有蒋介石的武装力量，而且在他们后面还有整个资产阶级。我们的力量不足以镇压蒋介石”，“况且蒋介石还没有公开地暴露出自己的反革命面目，社会舆论也不会同意对他进行镇压”，因此决定采取“退守和让步的策略”。他甚至荒谬地认为，由于“共产分子在国民党一切工作中都太过负责任”，“当退让而没有退让”，才导致了中山舰事件的发生。因此他强调今后在统一战线中必须采取“办而不包，退而不出”的方针。

★张国焘（1897～1979）

江西萍乡人。早年就读北京大学。1925年任中共中央军事部部长，1927年任中央组织部部长。1931年任中共鄂豫皖中央分局书记兼革命军事委员会主席、中华苏维埃共和国临时中央政府副主席。1932年任西北革命军事委员会主席，1934年被选为中华苏维埃共和国中央政府副主席。后来推行“左”倾冒险主义，企图分裂和危害党中央。1937年3月，中共中央政治局扩大会议批评了他的反党分裂主义错误，1938年其逃往武汉发表反共宣言。1949年逃往香港，后定居加拿大。1979年病逝于多伦多。

< 张国焘，“五四”运动学生领袖。是中国共产党的发起人之一，曾经多年在党内排名位于前列。

过了几天，在上海的中共中央经过研究，正式决定了对蒋介石的对策，并正式指令广州方面说：“蒋介石的行动是极其错误的。但是，事情不能用简单的惩罚蒋的办法来解决，不能让蒋介石和汪精卫之间的关系破裂，更不能让第2军、第3军和蒋介石军队之间发生冲突。”对蒋介石，“我们现在应该全力援救他，将他从陷入的深渊中拔出来”。

此时，苏联撤换顾问团的妥协态度引起了一连串的反应，汪精卫原本希望依靠苏联人对蒋介石进行军事解决，现在也感到只能妥协。因此，在22日召开的国民党中央政治委员会在事实上默认了蒋介石的反革命行动。会议决定，工作上意见不同的苏联同志暂行离去，另聘其他顾问。汪主席患病应予暂时休假。李之龙有重大嫌疑，应即查办。汪精卫感到仿佛自己被打了一顿，还像狗一样被赶走，因此羞愤异常，便决定躲起来。他于是借口“因患晕眩”，要求请假治疗。

对蒋介石自请处分的呈文，国民党中央执行委员会也决定：“对于蒋同志表示信任”，“毋庸议处”。

4月初，陈独秀派张国焘★来广州代表中共中央处理中山舰事件一案。张国焘积极贯彻陈独秀的右倾退让政策，蛮横压制陈延年、周恩来等人的正确意见。他在传达了中央关于处理“三·二〇”事件的基本方针后说：“中共中央根据全国政治形势，决定采取妥协的政策，要求同志们一致遵行，对蒋介石应表示让步，同志们对外的言论和行动不可再有参差。”会后，张国焘由周恩来陪同去见蒋介石。张说：“我是代表中共中央特来看望蒋先生的，希望彼此仍然精诚无间地合作，使广东的局面更加稳定，进而达到全国统一的革命愿望。”蒋介石说：“我非常赞同张先生的意见。国民党内要求限制共产党的呼声甚高，我一直在顶着。如今误会已经消除，我当更加竭尽全力维护两党团结。”

张国焘接着说：“外间都希望蒋先生能与汪先生继续合作，未知蒋先生对此有何意见？黄埔学生中的共产党员，一向是爱戴和服从蒋先生的，但在‘三·二〇’事件上被驱逐，希望蒋先生要善待这批人员。”

蒋介石对第一个问题含糊其辞；对第二个问题，他表示：“黄埔的中共党员，都是我的好学生，我素来爱护他们，今后也一定重用他们。”

陈独秀一面派张国焘去广州和蒋介石妥协，一面在《向导》上发表文章为蒋介石开脱，只把孙文主义学会当作事件的元凶。陈在文中说，共产党不是疯子的党，当然不会在广州建设工农政府，蒋介石是中国民族革命运动中的一个柱石，共产党若不是帝国主义者的工具，决不会采用这种破坏中国革命势力统一的政策，挑起这次事变的是在广州以孙文主义学会为中心的国民党右派。

当蒋介石在4月7日假意发出辞去一切军职的虞电以后，陈独秀当即劝蒋介石说，你的责任是不在自己变成军阀，并努力使国民党及国民政府没有军阀发生，自己个人消极的辞去军职，这是不对的。

当时在广州考察的、以布勃诺夫为团长的苏联使团对蒋的反苏反共行为采取了容忍态度。在3月24日苏联顾问团举行的会议上，布勃诺夫认为“中山舰事件”是一次针对“苏联顾问和中国党代表的小型的半暴动”。但是会议仍然决定接受蒋介石的要求，撤换季山嘉等顾问。3月底，布勃诺夫使团从广州回国路过上海时，向中共中央说：“事变发生时，包围省港罢工委员会、苏联人住宅等，都是事实，但也只有这些事实。周恩来、邓中夏并未被捕，均尚在广州，更无杀人事。蒋介石表示他此次举动只是防止有叛乱之事发生，他本人并不反苏反共，……他未发出包围苏联人住宅及罢工委员会之命令。此时蒋氏似已了解共产派确未有谋危政府及蒋氏个人之计划，风波已归平静；唯孙文主义学会一派挑拨离间之举动仍未停止，随时会有事故发生。”布勃诺夫写信给在莫斯科的鲍罗廷说：“中国共产党必须十分审慎行事，……绝不能突出自己作为助手和领导者的地位。”布勃诺夫在给苏联顾问的报告中还说，“这次事件，是由于军事工作和总的政治领导方面的严重错误而引起的，中国将军脖子上戴着5个套，这就是参谋部、军需部、政治部、党代表和顾问。这种情况与中国军队历来的习惯，是毫无共同之处的。”布勃诺夫要顾问们特别注意到中国军阀们的过敏的民族主义，外国军事专家的任何一个压力，都会引起他们的强烈不满。因此，在任何情况下，都不应越权，不应承担任何直接领导军队的职责，以免使破坏国民革命的危险更趋严重。

4月29日，回国述职的鲍罗廷按照斯大林的指示，急忙赶回广州，以便修补和蒋介石的关系。胡汉民此时听说蒋介石镇压左派，非常高兴，以为蒋介石会和自己联手，于是也匆匆

∧ 胡汉民旧照。在南京国民政府建立后的9年里，蒋胡二人，一武一文，时而联袂登台，共济同舟；时而翻脸相向，攻讦挞伐，这期间既有党统、约法之争，又有汤山软禁的波澜。

∧ 时任苏联共产党领导人的约瑟夫・斯大林。

赶回广州。胡汉民提出“党外无党，党内无派”等反共口号，并建议蒋介石逮捕鲍罗廷，进行全面反共。老谋深算的蒋介石不同意胡的建议，但是却把胡的建议告诉了鲍罗廷，以便换取更多的利益。当时，蒋介石急于从苏联手中拿到大量的武器装备，于是就在与鲍罗廷会晤时，对鲍罗廷大说好话：“现在总理不在了，听鲍先生的话就是听总理的话，早在3月21日，我就希望鲍先生速回广州。”鲍罗廷听了蒋介石的话，知道蒋的底线是不与苏联彻底决裂，于是说道：“从前，苏联援助土耳其革命，很多顾问同志都被杀害了。这次中山舰事件，不过是个小误会，撤走几个顾问而已，没有什么大不了的！”

接着鲍罗廷代表共产党与蒋介石进行谈判，达成所谓三项“君子协议”：一、共产党接受蒋介石的建议，限制共产党在国民党中的活动；二、蒋介石同意共产党的主张，采取反对右派的措施；三、共产党支持蒋介石北伐。这个协议事实上满足了蒋介石对共产党的限制要求，而蒋本人从来没有在行动上“反对右派”。至此，蒋介石获得了巨大的胜利——打击了共产党，撤换了季山嘉，击败了汪精卫。同时，他还保住了“联俄”“联共”的左派形象，继续得到苏联的大批军事援助。3月24日，蒋介石在黄埔军校演讲时说，如果李之龙有罪，也只是他一个人的问题，不能牵涉到团体的身上。但事实上，他让已暴露的250多名共产党员全部退出了国民党。而且，蒋介石因此夺得了中山舰的指挥权，驱逐了第1军的全体共产党员，取消了党代表制度，解散了青年军人联合会，让所有会员全部退出黄埔学生军。

蒋介石又假装“惩办”右派，以迷惑左派。但是，他虽然免去了亲信王柏龄的职务，解散了孙文主义学会，但是，不久，他就以孙文主义学会的骨干分子为基础，成立了黄埔同学会，并亲自担任会长。

由于陈独秀、鲍罗廷等人的右倾退让政策，使蒋介石不但没有受到应有的惩罚，反而得到了更多更大的权力。4月7日召开的国民党中央政治委员会议给予蒋介石“考察任免”第1军和黄埔军校各级党代表的权力。蒋介石大喜，当即下令党代表“统统调回政治训练部来再行训练”。这次事件使苏联顾问团的地位受到很大削弱，鲍罗廷在国民政府中的发言权也下降。蒋介石还成功地打击、孤立和分化了国民党左派。汪精卫被迫去法国养病。而汪精卫的隐退，使得国民党左派出现了群龙无首的局面，逐渐开始分化：“一部分不满现状，而又无法解决现状，彷徨无主”；“一部分根本动摇，行动右倾”。谭延闿、朱培德等原来反蒋坚决的人，这

> 恽代英遗照。大革命前期，恽代英的主要革命活动是主编《中国青年》，大力宣传马克思主义，引导青年走上革命道路；在大革命的高潮和后期，恽代英主要从事军事领导方面的工作，在武装斗争问题上，做出了不可磨灭的贡献。而他的一句“留得豪情作楚囚”，更是他坚贞不屈的革命理念的真实体现。

时转过头来赞成蒋介石的反共反苏政策。而蒋介石对他们也纷纷进行拉拢。4月16日，国民党中央执行委员与国民政府委员举行联席会议，选举谭延闿为国民政府主席，蒋介石为军事委员会主席。

但是冒险获胜的蒋介石并不会因此罢休，他很快又积极地策划了进一步打击共产党和左派的“整理党务案”。

柳亚子说：不暗杀蒋介石，后患无穷

国民党元老柳亚子眼睛都气红了，他匆匆找到时任黄埔军校政治总教官的共产党员恽代英★，焦急地说：“形势危急！形势危急！蒋介石要做第二个陈炯明！照我的主张，就非立刻出重赏、求勇夫，把蒋介石打死了再讲。不然，将来的后果，我就不忍说了！”

恽代英被他的话感动了，但是却沉吟着……

柳亚子急得大声说道：“北伐为的是什么？不是目的在求中国之自由平等吗？倘然让这种总理的叛徒去统一中国，结果一定比北洋军阀还要糟糕。在杨、刘割据的时代，总理说过，他们戴了我的帽子，来蹂躏我的家乡，是非常痛心的事情。照我的意见，与其让蒋介石戴着中国国民党的帽子，来做出卖民族的勾当，还不如让北洋军阀打进来，连广州都不要。因为后者还不过是军事上的损失，随时可以卷土重来。而前者呢？把中国国民党的金字招牌，丢到粪坑里去，将来就是有人把它捞出来、三熏而三称之，恐怕臭气熏蒸，还是叫人家不容易忍受吧！”

恽代英依然迟疑着，整个中共的核心领导层当时也在犹疑着……

原来蒋介石通过阴谋策划中山舰事件，对中共、苏联和国民党左派进行打击后，并不满足，而是进一步抛出了精心炮制的“整理党务案”，以便从党务方面对共产党下手，夺取国民党的党权。

★恽代英（1895~1931）

湖北武昌人。广州起义领导人。1923年任中国社会主义青年团宣传部部长。1926年任黄埔军校政治总教官。1927年5月任国民党中央独立师党代表，12月任广州苏维埃政府秘书长。1928年任中共中央宣传部秘书长、组织部秘书长等职。1930年5月被国民党当局逮捕，1931年4月29日在南京被杀害。

早在4月1日，他就与已经被拉拢过来的谭延闿、朱培德、宋子文等商议处置广东政局的办法。蒋介石提出了一项所谓“整军肃党，准期北伐”的建议。并要求“于一月内召集全体中央执行委员会，整顿纪律，检查分子”。4月6日，蒋介石又在国民党中央常务委员会议上，建议尽快召开国民党第二次中央执行委员会全体会议，以解决自中山舰事件发生以来的党政问题。他说：“近来国内政治现状，瞬息变化，本党对于时局问题，亟应确定方针，以资应付。……自前次中山舰事件发生后，外间因误会而发生种种谣言，故对内对外均应有召集全体中央执行委员会之必要。”国民党中央常务委员会于是决定5月在广州召开国民党二届二中全会。

为了配合蒋介石的反共计划，在全会召开之前，张静江、吴稚晖、孙科等右派开始积极为蒋介石出谋献策，制定整理党务案的具体计划。其中张静江被认为是真正的幕后人物。他对蒋介石于中山舰事件后站稳脚跟、化险为夷起了谋臣策士甚至“导师”的作用。

张静江年轻时因病下肢瘫痪，但是很有头脑。他原来是浙江盐商，后来在巴黎开办通运公司，发了大财。1905年冬，巧遇孙中山，此后开始大力资助孙中山的革命活动，后来张静江加入了同盟会，成为孙中山的战友之一。以后，他还曾出任中华革命党的财政部长。

张静江跟蒋介石有着非常密切的关系。陈其美被刺杀后，蒋介石就和张静江建立起了非常深的关系，张大力资助蒋介石，把自己的前途押在了蒋介石的身上。张静江还帮助蒋介石娶到他的第3个妻子陈洁如。1920年，蒋介石在上海证券交易所当经纪人时，便靠张静江资助，认了4股，并在张的指点下投机发财。后来，蒋介石投机失败，张静江替他还了欠款，并资助他投奔孙中山。在陈炯明炮轰永丰舰后，蒋介石曾把两个儿子托给张静江。当张静江得知中山舰事变后，就特地来到蒋的身边出谋划策。蒋介石把张安排住在自己住所的对面，以便随时联系。正如张国焘后来所回忆的：“他虽从未对外露面，却是人所共知的幕后人物。”而著名的“整理党务案”就是蒋介石在张静江帮助下炮制出来的。

这个时候，邵元冲等“西山会议派”分子也纷纷来到广州进行反共活动。他们大量散布

∧ 张静江身残志不残，积极为蒋介石出谋划策，是人所皆知的“幕后军师”。

谣言，说共产党“将要宣布共产”“将要没收商人财产”“要暴动”等；他们还到处张贴“拥护西山会议”和“打倒国民政府”等反动传单，煽动群众。他们还唆使商人罢市，到广州中央银行挤兑，扰乱财政金融市场。

与此同时，由国民党右派所把持的广东机器工会等组织，也公开反对共产党，故意制造各种摩擦和纠纷，破坏广东革命阵线的团结。这时，蒋介石又忽然宣布广州戒严，有意制造紧张局势和惶恐空气。国民党右派和反动分子的活动使共产党和“左派无形之中受四周空气之压迫，虽占多数而不能发展”，使国民党二届二中全会“不期而然的以全力注重于所谓‘整理党务案’”，使蒋介石排挤打击共产党的方案得以顺利通过。

5月15日至22日，蒋介石等右派实际操纵下的国民党二届二中全会，在广州召开。会议选举谭延闿、蒋介石和谭平山为大会主席团成员，并由蒋介石担任首次会议的执行主席。

在开会的前一天傍晚，蒋介石在自己的住处向前来商谈的张国焘和谭平山透露了将于第二天召开的国民党第二届中执委第二次全会的一些反共内容，并特别提醒他们说，他和鲍罗廷已经达成了关于“整理党务”的8条协定，会上将通过一些相应的决定。对于这些反共决定请共产党给予协助，不要闹事，以使今后“消除疑虑，杜绝纠纷”。

会上，蒋介石以协调国共两党关系的身份出现，他以“消释疑虑，杜绝纠纷”，“改善中国国民党与共产党的关系”为名，提出了四个所谓“整理党务”的提案。

蒋介石的第一个提案是“整理党务”，经大会讨论修改后通过，并改名为“整理党务第一决议案”。内容是：

一、确定整理党务之四项原则：(1) 改善中国国民党与共产党之间的关系；(2) 纠正两党党员妨碍两党合作之行动及言论；(3) 保障中国国民党党纲党章的统一权威；(4) 确定共产党员加入国民党之地位与其意义。二、组织国民党与共产党之联席会议：(1) 本会议以国民党代表五名，共产党代表三名组织之；(2) 本会议之议题范围，为审查两党党员妨碍合作之行动、言论及两党党员之纠纷问题，并协定两党有连带关系之各种重要事件；(3) 国民党员对于共产党员，或共产党员对于国民党员有怀疑或不满之处，应呈诉或报告于该党中央执行委员会，提交本会议审查后，交各该党中央执行委员会分别执行；(4) 联席会议代表有代表其党之全权；(5) 联席会议聘第三国际代表为顾问；(6) 国民党或共产党中央执行委员会对联席会议决议案不满意时，得提交复议一次；(7) 联席会议之代表任期一年；(8) 联席会议无修改整理党务案之权。

这个提案通过后，国民党方面推选张静江、谭延闿、蒋介石、吴稚晖、顾孟余5人为参加联席会议的代表。

蒋介石的第二个提案是“国民党与共产党协定事项”。这个提案经大会讨论修改通过，并改名为“整理党务第二决议案”。它规定：

一、凡他党党员之加入本党者，各该党应训令其党员明白国民党之基础为总理所创之三民主义，对于总理及三民主义，不得加以怀疑或批评；二、凡他党党员之加入本党者，各该党应将其加入本党党员之名册交本党中央执行委员会主席保存；三、他党党员之加入本党者，在高级党部（中央党部、省党部、特别市党部）任执行委员时，其额数不得超过各该党部执行委员总数三分之一；四、凡他党党员之加入本党者，不得充任本党中央机关之部长；五、凡属于国民党党籍者，不许在党部许可以外，有任何以国民党名义召集之党务会议；六、凡属于国民党党籍者，非得有最高党部之许可，不得别有政治关系之组织及行动；七、对于加入国民党之他党党员，各该党所发之一切训令，应先交国民党、共产党联席会议通过，如有特别紧急事故，不及提出通过时，应将此项训令请联席会议追认；八、国民党党员未准予脱党前，不得加入其他党籍，如既脱离国民党党籍而加入他党者，不得再入国民党；九、党员违反以上各项时，应立即取消其党籍，或依其所犯之程度加以惩罚。

< “中山舰事件”“整理党务案”，蒋介石一次又一次地对共产党进行打击和削弱。

蒋介石的第三个提案是"选举中央执行委员会主席案",他提议设立中央常务委员会主席一人,监督党务进行。这个提案也获得通过,经过修改后改称为"整理党务第三决议案"。它规定,"常务委员会主席由中央执行委员会全体会议于本会委员及监察委员中选任之",其职权是:"一、常务委员会开会时为其主席;二、依照整理党务案第二决议案第二条之规定,将加入本党之他党党员名册妥为保存;三、督促常务委员会及中央机关各部长之工作进行。"

蒋介石在大会上还临时提出了第四个提案,他主张:一、本党全部党员重行登记;二、各处党部须统一,无中央命令之党部应一律取消。这个提案也经20日大会修正通过,定名为"整理党务第四决议案"。

显然,蒋介石及其一伙炮制的"整理党务案",其"目的完全在压共产党"。根据这些提案的核心内容,共产党员在国民党各高级党部中不得占委员总数1/3以上,共产党员不得当中央各部部长,国民党员不得加入共产党,共产党须将加入国民党的党员名单交国民党中央主席保存,共产党对加入国民党的党员的指示须先提交国共两党联席会议通过才能下达,等等——这显然是对共产党的限制和防范,对共产党的进一步打击和削弱,是蒋介石篡夺国民党党权的又一个严重步骤。

这次大会设计的国共关系问题,是由蒋介石、张静江、鲍罗廷3人讨论后商定的。鲍罗廷已经在会前知道了《整理党务案》的大概内容,他虽然知道这是一个严重的反共反苏步骤,但是却不敢反击。他担心苏联顾问会被蒋介石驱逐出广州,因此采取了妥协接受的态度。他还要张国焘、谭平山对蒋介石说,中共对《整理党务案》决不反对。蒋介石听后非常高兴。

在国民党二中全会上,中共中央委派彭述之、张国焘全权指导中共党团。当党团会上讨论接受不接受整理党务案时,虽然彭述之认为不能接受,但是他对不接受后的情况却提不出任何办法和对策。在讨论了7天之后,没有取得任何结果。张国焘于是提出了退让妥协的意见,强迫大家签字接受,结果使得蒋介石的《整理党务案》得以顺利通过。

根据获得通过的整理党务案,担任国民党中央部长的中共党员必须辞职。于是,在5月25日举行的国民党中央常委会第26次会议上,就出现了这样三项议程:"毛泽东同志提出辞去宣传部代理部长职务,请另荐贤能继任案;林祖涵同志提出辞去常务委员会秘书及中央财政委员两职,请另选继任案;谭平山同志提出辞去常务委员会秘书,请另选继任案。"

三天后，在国民党中央常委会第29次会议同意通过以上三项辞职案。

当时，对于《整理党务案》，毛泽东、邓颖超等共产党人和与会的国民党左派代表何香凝、柳亚子、彭泽民等，都曾经竭力进行反对。何香凝含泪说："中山先生去世不到15个月，尸骨未寒，这一伙不肖之党徒为达到其利己主义目的，竟采用这样的手段，这实际上是反共、反对联俄，给工人农民带来不利。"

柳亚子质问蒋介石："你到底是总理的信徒，还是总理的叛徒？如果是总理的信徒，就应当切实地执行三大政策。"蒋介石答道："这个么，政策和主义不同，主义亘古不变，政策不妨变通一下。"柳亚子驳斥道："不对！你不懂得政策和政略的分别。政略是可以随时变换的，政策就不应该轻易放弃。就以政略而论，必须环境变化才有变通的必要。总理生前，为了反帝、反封建、反买办资产阶级，所以定下了伟大的三大政策。现在帝国主义鸱张犹昔，北洋军阀虎负如前，而买办资产阶级，以广州而论，就曾挑起了商团之变。这些事实，难道你身负党国重任，还能瞠目不睹吗？"

后来，柳亚子找到了正在黄埔军校担任政治总教官的恽代英，向他建议找一个刺客杀死蒋介石。恽代英不同意，说："北伐大业未成，我们还要留着他打仗呢！"

柳亚子生气了，说："你们不听我的话，将来是要上当的。"

后来，柳亚子的预言果然不幸而言中了。大批共产党人纷纷被蒋介石杀害。柳亚子在晚年忆起当年的这段往事，写下了"曲突迁薪今已矣、一夫不杀血成江"的诗句。并自注说："1926年夏，余游广州，初见蒋贼，即决其必反，力劝恽代英募力士狙击之，为中国除大害。代英不从。卒酿1927年南京上海之变。"

在当时的条件下，虽然蒋介石在政治上、军事上和党务上接连得到3次大胜利，但如果共产党采取正确的政策，进行针锋相对的斗争，蒋介石的力量还是无法取得胜利的。因为到这时为止，蒋介石的嫡系军事力量还只有6个师，在国民党的8个军中，他只占1个军。但是陈独秀却继续采取右倾退让政策。6月4日，陈独秀在《向导》上公开发表给蒋介石的信，说："从建立黄埔军校一直到3月20日，都找不出蒋介石有一件反革命的行动"，而且表示，"中国共产党若阴谋倒蒋，就应该起来打倒中国共产党；共产党员若阴谋倒蒋，就应该枪毙"。蒋介石看到了陈独秀写给他的信说，"不要噜噜苏苏，长篇大论的打起笔墨官司来，……我讲的话，并不是对共产党而讲的，故无答复之必要"。

这时，蒋介石已经成功地巩固了自己的联盟，拉拢广东军界的头面人物谭延闿出任国民政府代理主席，使谭成为一个抱定了"三不主义"的傀儡：不负责任、不建言、不得罪人。谭先后被称为"甘草主席""伴食宰相"。他还对人戏言："我的妙诀就是一个'混'，我一生的功名富贵，都是从'混'的妙诀中混出来的。"

由于汪精卫已离职出国，在蒋介石一手导演下，会议推选"混字当头"的谭延闿担任国民党中央政治委员会主席兼国民政府主席，张静江任国民党中央常务委员会执行委员会主席，蒋介石

∧ 1926 年，蒋介石与次子蒋纬国在广州。

自己担任了中央组织部长兼军人部长（随后让他的义侄陈果夫担任组织部长），顾孟余任中央宣传部长，叶楚伧任中央党部秘书长。这样，蒋介石的右派羽翼丰满，把党政实权都掌握在手。

对于苏联人，蒋介石则是行动打压，言论吹捧，他说："我们不但应该和第三国际联络，而且还承认它是处于指导的地位。"他说，在军事上、政治上都要听从苏联顾问的指挥，甚至称"孙中山是国父，鲍罗廷是亚父"。这些好听的话为蒋介石换来了源源不断的苏联军火。周恩来要求鲍罗廷拨给中共 5,000 支步枪，鲍都不答应，要全数送给蒋介石。

不过当时有些苏联人中也有不同的看法。一个顾问说："我们认为蒋介石是一个脾气古

> 谭延闿在蒋介石的拉拢下，当上了国民政府代理主席，成为蒋介石在政治上的傀儡。

怪的人，其中最显著的特征就是追求荣誉和权力，渴望成为中国的英雄。他声称，他不仅支持中国国民革命，还支持世界革命。毋庸说，他对革命的实际了解程度完全是另一回事……他是完全根据个人愿望行动的，并不依靠群众。但是，为了得到荣誉（这是他的目标），他有时候要利用群众、中国共产党和我们自己。”托洛茨基后来说得更加一针见血。他说：“（蒋介石）为了发挥刽子手的作用，需要世界共产主义的掩护，他得到了这种掩护。”

李宗仁在广西对蒋介石的伪装也看得一清二楚，他说：“汪氏既除，蒋氏表示左倾……如此亦左亦右的手法，并非由于政治观点的改变，事实上，只是其个人的权术，以虚虚实实的姿态，排除异己，以达其个人独裁目的。”

6月5日，蒋介石又通过国民政府任命，担任了国民革命军总司令，夺得了军队的控制权、指挥权。7月6日，蒋介石担任了国民党常务委员会主席。这样，蒋介石就实现了把国民党的党权、军权、政权集中于自己一身的目标。这样，蒋介石在整理党务案中又进一步实现了自己的野心。

但是这时，蒋介石还不敢公开同共产党彻底决裂，而要暂时维持“合作”关系。一是因为他的嫡系力量还不强大，他不能不有所顾忌；二是因为北伐中他还需要共产党和工农的革命力量，需要苏联的援助，来实现他成为全国独裁者的政治野心。

蒋介石深知自己从中所得的实惠，他当时也承认：两年来联俄、联共，“对于革命势力的增厚，革命方略之进步，唤起民众，及对帝国主义的影响，实有一日千里之势。由此观之，对于此两种势力，仍有联合之必要”。因此，他就要继续利用孙中山三大政策的影响为自己服务。为此，在“整理党务案”通过后，蒋介石继续玩弄权谋，一面假意歌颂革命，赞成联俄、联共、扶助农工，说他的“整理党务案”并非放弃国共合作政策，而只是重新规定国共合作的方法，另一方面却在行动上和陈果夫等人，加紧在各省发展蒋系势力。

历史备忘录

HISTORY MEMORANDUM

V “沙基惨案”发生现场情景。

V 冯玉祥与部属在一起。

234

1

英国制造“沙基惨案”

1925年6月22日，在中华全国总工会主持下召开的广州各界代表会议决定23日召开广州市民大会，举行大规模示威游行。23日由工人、学生、农民、商人、黄埔军校学生组成五六万人以上的游行队伍，沿预定路线行进。当游行队伍有秩序地通过沙面租界对岸的沙基时，英帝国主义用机枪扫射游行队伍，当场死亡50多人，重伤170多人，制造了震惊中外的“沙基惨案”。此后广州、香港人民的反帝情绪更加激愤。

北京爆发“首都革命”

1925年11月28日，在关税会议开幕的当天，力图推翻段祺瑞政府，建立国民政府的“首都革命”爆发了。北京学生敢死队，工人保卫队，开始到处张贴《告国民书》等，并占领了警察局、邮电局等要害部门。当日下午，各界群众5万多人在北京召开国民大会，树起“首都革命”之大旗。29日，5万多群众在天安门召开国民革命示威运动大会。会后示威群众以“首都革命”大旗为先导，举行示威大游行。

英军制造“万县惨案”

北伐战争时期，英帝国主义在四川万县制造的屠杀中国人民的惨案。1926年8月29日，英国轮船在长江中游四川云阳地区撞沉中国木船数艘，造成数十人死亡。当地军民扣留了英国在万县的轮船。9月5日英帝国主义派兵舰对万县城进行炮击，炸毁商店200余家，民房不计其数，炸死炸伤军民无数。惨案发生后，激起了中国人民的反帝怒潮，万县工人举行了罢工。北京、上海、汉口等各界人民纷纷举行抗议集会和示威游行。

冯玉祥率部五原誓师

1926年9月16日，冯玉祥发表了参加国民革命的宣言。17日，率部在绥远五原县城举行参加北伐、集体加入国民党的誓师大会。号召国民军全体官兵从事国民革命，实行孙中山倡导的三民主义，配合国民革命军完成北伐使命。誓师会上举行了易旗仪式，将五色旗更换为青天白日旗。成立国民军联军总司令部，自任联军总司令。27日－29日，国民革命军联军召开全军代表大会，宣布国民军联军全体将士集体加入国民党，成立国民军联军最高特别党部。

影像大扫描

IMAGE SCANNING

05

北伐军的最高统帅

“中山舰事件”“整理党务案”，彻底暴露了蒋介石的狼子野心。他亦撕下“左派”的面具，变成了十足的“右派”。北伐军克复岳阳，光复武昌，扫平孙传芳，对峙吴佩孚。北伐军的节节胜利，使国民革命军声威大震，国民政府势力范围迅速扩大。蒋介石在枪林弹雨中，镇压异己，在血雨腥风中，壮大自己。南京的收复，使得孙传芳失去了最后的根据地，也使得北伐军控制了整个长江流域和华南、华中的10个省份。形势一片大好，若北伐军乘胜追击，打败奉系军阀，国民政府将建于何处？蒋介石又会面临怎样的对手？在权力的争夺中，蒋介石又该做怎样的抉择？

北伐已经成为人心所向

“整理党务案”后，蒋介石坐在宽大的扶手椅里笑得很愉快，他感到一种从未有过的轻松，不由得哼起了小调。他心里想，右派已经臣服，左派已经被自己大力打击。在国民党内，自己已经具有最高的实力。现在，是该做一些大的功业的时候了。北伐，这个必将名垂青史的大业，当然要历史性地落在他蒋介石的身上。

他在军校的一次学生大会就曾经慷慨激昂地讲过：“北伐未完成，为国父毕生的遗憾；且以此重托于中正者，故回省以来，竭力提倡。中正以为无论何事皆可捐弃成见，唯此北伐问题，非贯彻主张，则昔日同志之牺牲，皆为无意义的举动。”

不仅蒋介石是这样想的，当时的形势也决定了北伐已经是大势所趋。

1926年春夏，直、奉军阀依据双方达成的讨伐“南北二赤”的反革命协定，积极准备进攻冯玉祥的国民军和北伐军。1926年5月，直系、奉系、晋军、直鲁联军的10万大军，从几个方向，向冯玉祥国民军的南口、晋北、西安、甘肃等驻地发起了强大的军事攻势。吴佩孚组织了援湘军，与东南军阀孙传芳、滇军唐继尧、川军刘湘、杨森等联合起来，发动了针对北伐军的援赵（恒惕）驱唐（生智）战争。打算先占领湖南，随后以之为根据地进攻广东革命军。为了打破军阀的包围和进攻，巩固和扩大国民革命的成果，就必须进行北伐。

1926年1月的国民党“二大”认为，处在敌人四面包围中的广州，必须利用当时北方的大好形势，向北洋军阀进攻。2月，中共中央负责人李大钊、张国焘、瞿秋白、陈延年、谭平山、任弼时等12人在北京召开特别会议，指出中国共产党在当前的主要任务是准备北伐，“不仅是在广东作军事的准备，更要在广东以外北伐路线必经之湖南、湖北、河南、直隶等处预备民众奋起的接应”，发动北方地区的群众支持冯玉祥的国民军，“以建筑工农革命联合的基础，而达到国民革命在全国范围的胜利”。四五月间，广州第一次“工代会”、广东第二次“农代会”及全国第三次劳动大会都相继提出了发动北伐战争的要求，催促国民政府“从速出师北伐”“拯救处在帝国主义与军阀宰割之下水深火热中的民众”。

蒋介石也积极主张北伐。中山舰事件之后，他还没有放弃反帝反封建的口号，而且也需要在向北发展中扩张蒋系势力。因此，他对共产党采取了既限制又不断然决裂的态度。他对黄埔师生训话说：“我们中国国民党和中国共产党，确实是要合作到底的。我现在确定方针：第一，就要中国国民党的同志和中国共产党的同志，彼此先避免一切的冲突；第二，避免冲突之后，两党诚心诚意地团结起来。”

早在二次东征时蒋介石就主张：“要在一年之内统一两广，三年之内统一中国。”在国民党第二次全国代表大会上，他在军事报告中说：“现在的国民革命军完全在政府的管辖之下，一个命令出来，完全可以动员，人数有8.5万人。兵士的饷额有一定预算，兵士的生活，也较前改善。又有军校陆军学生6,000余人，足抵一师之数。再用此精神积极整顿，本党力量就不难统一中国。”

> 北伐前夕，为提高部队技术水平，除黄埔军校外，国民革命军各军纷纷举行短期军事训练班，以提高军官的军事素质与指挥才能。图为国民革命军第6军军事高等班开学时合影。

1926年4月3日，蒋介石再次呼吁国民政府早日确定北伐大计：“北方自国民军退出京、津以后，中国形势之变化，其迅速与重要，非昔日沉闷与轻易之状态可比，如奉军占领京、津，则日本在华之势力愈为稳固。吴佩孚在鄂、豫之势力，英必竭力助长之。孙传芳盘踞江、浙，英必逼孙与吴联，……法国恨苏俄在华之势力复张，故急使与英、日联合战线，在滇助唐（继尧），以牵制广东之北伐。总之，此后列强在华，对于北方国民军处置既毕之后，其必转移视线，注全力于两广根据地无疑，且其限期，不出于三月至半年之内也。”

4月30日，他再次提请中央执行委员会及监察委员会研究北伐计划。他提出的战略是：“中国势力均衡，现已有所改变，正与奉系军阀张作霖交战之冯玉祥国民军，已撤出北京，退守平绥路，预料日本将予张作霖以财政与军事援助，使其摧毁冯玉祥之国民军。同时，英、日两国均可能支援军阀吴佩孚，使其进攻广东之国民革命军，在云南之军阀唐继尧★，亦将接受外援，出兵阻挠北伐。在此一情势之下，国民党之正当策略，为谋

★唐继尧（1883～1927）

云南会泽人，滇系军阀首领。日本陆军士官学校毕业。1912年初任云南北伐军总司令，3月被推举为都督。1913年兼任滇黔援川联军总司令，6月被袁世凯任命为开武将军。1915年护国战争中，被推举为都督兼护国军第3军总司令。1918年任川滇黔鄂豫五省靖国联军总司令。1924年以讨伐贿选总统曹锟为名，成立“建国联军总司令部”自命总司令。1925年图谋夺取广东未遂。1927年2月，昆明镇守使龙云不满其独裁统治，举行兵谏，唐被迫交出政权。

∨ 1926年3月，冯玉祥（中）赴苏期间拜谒列宁墓。

∨ 奉系军阀张作霖。

> 吴佩孚起先是大清朝的秀才,后来投笔从戎做了军人,曾一度叱咤风云，成为当时左右中国局势的重要人物之一。

取冯玉祥之合作，劝其退至西北，联合山西阎锡山之晋军，以牵制奉系军阀张作霖之向南扩张。同时，争取贵州及四川之地方部队，用以防止唐继尧之阻挠北伐。并应积极争取湖南唐生智湘军与江西地方部队，使其参加国民革命军阵营。尤应设法中立盘踞苏、浙、赣、皖、闽五省之军阀孙传芳。倘以上各工作皆已进行，则国民革命军准备，当于3个月内完成。深信北伐军必能迅速占领武汉，将国民革命第一层障碍之直系军阀吴佩孚势力，完全消除。”

广州国民政府也因为经济问题迫切需要北伐。政府虽然在军政、民政和财政方面实现了统一，并将番号复杂的各省地方力量统编为国民革命军，但是，这么多的军队聚集在广东，防区、军饷都成了大问题，而且主客籍军队之间的矛盾也越来越严重。寄居广东的客军将领如湘军谭延闿、程潜、滇军朱培德等，都希望借北伐向外发展，以摆脱目前的困境。粤籍军人，则希望在北伐时把客军请出广东。蒋介石、李宗仁、李济深等将领，都认为只有向北发展，才能摆脱广州政府面临的政治、经济、军事上的不利局面以及因权利不够分配而引起的各种矛盾。中国共产党和国民党左派也认为：广州国民政府只有出师北伐，彻底消灭北洋军阀，才能完成国民革命，实现孙中山的新三民主义，广州国民政府才有出路。

无疑，北伐是各方力量的一致选择。

★张作霖（1875～1928）

奉天海城人，奉系军阀。1916年起任奉天督军，在日本帝国主义支持下长期盘踞东北。1922年第一次直奉战争后，任东三省保安总司令。1924年打败直系军阀，控制北京政府。1928年6月同蒋介石作战失败，退回东北。因未满足日本帝国主义侵犯东北主权的全部要求，4日清晨，乘火车经过皇姑屯车站时，被日军预埋炸药炸死。

国民革命军当时面临的主要对手有三个：一是直系军阀吴佩孚，二是奉系军阀张作霖★，三是从直系分化出来自成一派的孙传芳。

以张作霖为首的奉系，兵力35万，占有东三省及京津和山东大部分地区。奉系经过多年经营，拥有一支力量强大的陆军，而且还拥有一支在当时非常可观的空军与海军，总计拥有飞机260架，军舰数十艘。而且，奉天兵工厂每天可以制造子弹40万发，年产大炮200余门。因此，就军队数量、武器装备来看，奉系在北洋军阀中可以排第一位。

直系军阀吴佩孚，兵力20余万。他有湖北汉阳、河南巩县两大兵工厂提供武器，控制范围包括京汉、陇海两大铁路干线，地域包括长江、黄河中上游，势力远达河北、河南、湖北、湖南、陕西和四川。北伐之前，他的主要对手是奉系军阀，双方在争夺中央政权和北方地盘的过程中战争不断。后来，他在联合"反赤"口号下，与奉系的张作霖达成协议，一致进攻冯玉祥的国民军，同时联合闽、赣、粤、桂各省军阀，打算进攻广东。这时，他已经把国民革命军当作主要对手。

孙传芳占据着中国最富裕的闽、浙、苏、皖、赣等东南五省地盘，经济力量雄厚，兵力20多万，军事实力仅次于奉系。孙传芳打着"保境安局""和平中立"的幌子，却积极备战，打算进攻湖南、广东等北伐革命军的后方基地。

与北洋军阀并存的还有一个西南军阀集团。他们大都是西南各省的地方军阀，其中包括滇系、桂系、黔系、粤系、川系和湘系。北伐战争前，桂系军阀陆荣廷被李宗仁、白崇禧为首的新桂系所取代。粤系军阀陈炯明、邓本殷，经过革命军的东征与南伐，已经名存实亡。湘系军阀经过内争而削弱，赵恒惕依附了吴佩孚，谭延闿、程潜投奔了广东革命政府。

只有滇系唐继尧的力量还比较强大，他自己也以西南军阀"盟主"和

“领袖”自居。唐继尧联手陈炯明对抗广东政府，后来又支持杨希闵、刘震寰发动叛乱，现在他又与吴佩孚、孙传芳勾结起来，企图共同进攻广东国民政府。

因此，广东国民政府的形势特别严峻，必须出师北伐。但是在开始的时候，苏联、中共和蒋介石，却都不赞成立即北伐。

李宗仁不明白广州为什么不愿意北伐

李宗仁看起来脸色很不好，他的眉头紧紧地皱着，形成了一个深深的“川”字。广西对于两支原来各自为战的部队来说，实在是太小了。眼看着双方人马摩擦不断，几乎要到内讧的地步。但是面对困难，他那矮小的身躯却显得更加坚定，甚至有意识地向上挺拔着。他把粗糙的大手握成拳头，狠狠地敲在桌子上：是的，什么困难也不会难倒他的，当年为打下广西地盘，大仗小仗无数，脑袋提在手上，那样的困难和危险他都扛过来了，难道现在大权在握时的困难会难倒他吗？想到这里，他的眉头不由得舒展了开来。

北伐！是的，必须北伐，打出广西去，这才是最好的、利国利民利己的唯一选择。李宗仁想到这里时已经不由得要喊了起来，他立即去找黄绍竑、白崇禧商量此事。

事实上，李宗仁等桂系军队首先开始北伐，确实是有着迫不得已的原因的。新桂系是由李宗仁和黄绍竑两方面的军队组成的。二人在合力平定广西后，李宗仁虽然被推为首领，但是李、黄的下属部队人心却并不一致，尤其在广西统一后，由于牵扯到省内党务、军事、政治、经济、财政等方方面面的职位、权利分配，因此两军的人马都在不断争斗，李、黄虽然竭力想做到团结一致，但是具体的人事任用繁杂多变，两人也不免会有隔阂。对此，他们都非常担心，认为如果不能找到新的出路，两军很可能会重新分裂，甚至酿成事端。李宗仁、黄绍竑、白崇禧都一致认为，要彻底解决这一问题，必须向外发展，而北伐正是最好的机会。

当时李宗仁担任国民革命军第7军军长，黄绍竑主持广西省务。他们的部队已经发展到4万人，于是他们果断决定，由广西方面先期推进北伐。他们把军队分成两个部分，一部分是“前方第7军”，由李宗仁率领，准备随时北伐出征。另一部分叫“后方第7军”，由黄绍竑统领，驻守广西后方。

正当广西积极准备北伐的时候，机会竟然送上门来。湖南军阀唐生智因为难以抵抗吴佩孚的进攻，急电向广西的李、黄、白请求支援，同时致电广州国民政府，表示只要能得到援助，就率部归附国民政府，并且愿意作为北伐先锋。

孙中山在世时，就曾经多次宣布北伐，但是北洋军阀集团内一般不相信，只当作是宣传的需要，因为他们知道南方军阀的内部斗争非常激烈，根本无法统一起来进行北伐，而且南北之间还有一个实行省宪自治的湖南作为缓冲地带，北伐军首先得过湖南这一关。事实上，孙中山的前两次出师北伐就是被自己人搞垮的。

∧ 1926 年，广州民众手持“拥护国民政府北伐”“拥护国民革命军北伐胜利”等标语，欢送国民革命军出师北伐。

然而现在，局势却发生了出人意料的变化，作为缓冲地的湖南突然“自行消失了”。

先是湘军第 4 师师长兼湖南善后督办唐生智，在衡山宣告“反英、讨吴、驱赵”的政治主张，限他的老上司、湖南省主席赵恒惕于 24 小时之内离开长沙。赵恒惕感到无法打败唐生智，只好匆匆逃到了湖北。3 月 16 日，唐生智的军队开进了长沙。

原来湖南军阀赵恒惕执掌湖南大权后，一方面表示归附吴佩孚，一方面又宣布联省自治，打算独立。吴佩孚就支持赵恒惕的部下第 4 师师长唐生智对付赵恒惕。唐也不弱，在争取吴的支持时又把桂系拉进了湖南的争夺之中，以免自己事后被吴吞并。因此唐打电报给李宗仁，请他“派一旅之众，在黄沙河遥为应援”。李宗仁深知吴佩孚打算采取鹬蚌相争、渔翁得利的办法，事后发兵攻打唐生智，但是无论如何，这个事件恰好为桂系北伐提供了一个

良机。李宗仁不但答应了唐的要求，而且建议唐紧急时向广东求援，并加入国民政府，作为北伐先锋讨伐吴佩孚。

野心勃勃的唐生智毕业于保定军校，当实力增强后，他便希望执掌湖南大权。1926年初，他利用湖南民众发起的驱赵运动，占领长沙，就任湖南代理省长。

唐生智倾向广州政府，这让吴佩孚非常震惊。3月30日，他紧急召开军事会议，开始组织布防和进攻事宜。他组织起鄂、湘、赣三省的兵力，进攻唐生智，并很快攻下岳州，大军直逼长沙。唐生智见形势危急，于是只好紧急向广西的李、黄、白寻求援兵，同时致电广州国民政府，表示只要能得到援助，就率领部队归附国民政府，并愿意作为先锋进行北伐。

李宗仁接到唐生智的电报后，立即找来黄绍竑、白崇禧等人召开紧急会议，最后他们一致

★唐生智（1889～1970）

国民党一级陆军上将。湖南东安人。保定陆军军官学校毕业。曾任国民革命军第6军军长、湖南省主席、第五路军总指挥、讨逆军第二路总司令、军事参议院院长、训练总监部训练总监、首都卫戍司令。1949年参加湖南和平起义。解放后，历任湖南省副省长、全国人民代表大会代表等职。1970年病逝于长沙。

< 1926年，时任湘军第4师师长的唐生智利用湖南民众发起的驱赵运动，挥兵占领长沙，就任湖南代省长。

认为：北伐是国民政府的既定方针，势在必行，只是具体的时间和时机没有确定。现在吴佩孚挥师大举南下，正好提供了一个大好的出兵时机。

因为如果不援助唐生智★，吴佩孚占领湖南后，将直接进攻两广。那时两广就会变成了被动应战，而不是北伐了。唐生智一旦战败，其军队势必逃进广西，吴佩孚的军队则正好利用这个借口进军广西，使桂系苦心经营的广西局势难以维持下去。

现在如果趁唐生智的军队还有战斗力的时候全力援助他，一方面可以帮助他，另一方面也可以趁机出兵北伐。以后北伐成功，那么广西将无疑为北伐立下了头功。况且，唐生智攻占长沙后，白崇禧和陈铭枢也曾经以广东革命政府的正式名义去湖南，对他进行口头声援，现在，正好可以把口头的声援变为实际的援助。

于是李宗仁、黄绍竑在来不及向国民政府请示的情况下，当机做出了援助唐生智的决定，同时向国民党中央发去急电，说第7军援湘之师已经出发，请中央尽快决定是否北伐。

但是李宗仁没有想到国民党中央的态度却并不积极。几天后，国民党中央回电李宗仁说："策动唐部举义，至深嘉许，桂省出兵支援，亦表赞同，至北伐问题，关系重大，深盼李督办来粤会商，再行决定。"李宗仁非常着急，只得和唐生智的代表刘文岛一起去广州商讨北伐事宜。但是令他百思不得其解的是，几乎没有人支持他。

当时的广州政府处于蒋介石一手制造的不安定的政治气氛中，接连发生了"中山舰事件"和"整理党务案"，蒋介石把共产党人排挤出国民党中央领导机构，集党、政、军权于一身的梦想正在变成现实。但是他本人也受到来自共产党和革命力量方面的巨大压力。此时，可以说国民政府还无暇顾及北伐。而李宗仁已经出兵湖南，于是只好全力求助于手握兵权的蒋介石。

5月11日，李宗仁向蒋提出了立即北伐的三条理由：一、直系经第二次直奉战争，已一蹶不振，内部貌合神离，已有解体之势。近来吴佩孚乘张作霖、冯玉祥大战于天津一带的时机，东山再起，自称讨贼联军总司令，以武汉为根据地，正联络奉系张作霖，北上进攻冯玉祥的国民军。如果冯玉祥被打败，吴佩孚的势力重新坐大，那么北伐的大好时机将很难再来，以后只有困守两广，等候北洋军阀南征了；二、趁两广统一，民心士气极盛之时，另外寻找目标发展，容易取胜。否则在广东富庶之区待久了，容易偷安腐化，不利于事业发展；三、如今他的第7军已经出兵，骑虎难下；唐生智目的在于做主湖南，已经暗中派人与吴佩孚联络，一旦成功，日后再让他归附就会非常困难，不如趁现在的形势，以援助唐生智为名，大兵北上，且出师有名。

∨ 北伐前夕，时任国民政府政治顾问的鲍罗廷（左）及夫人在广州。

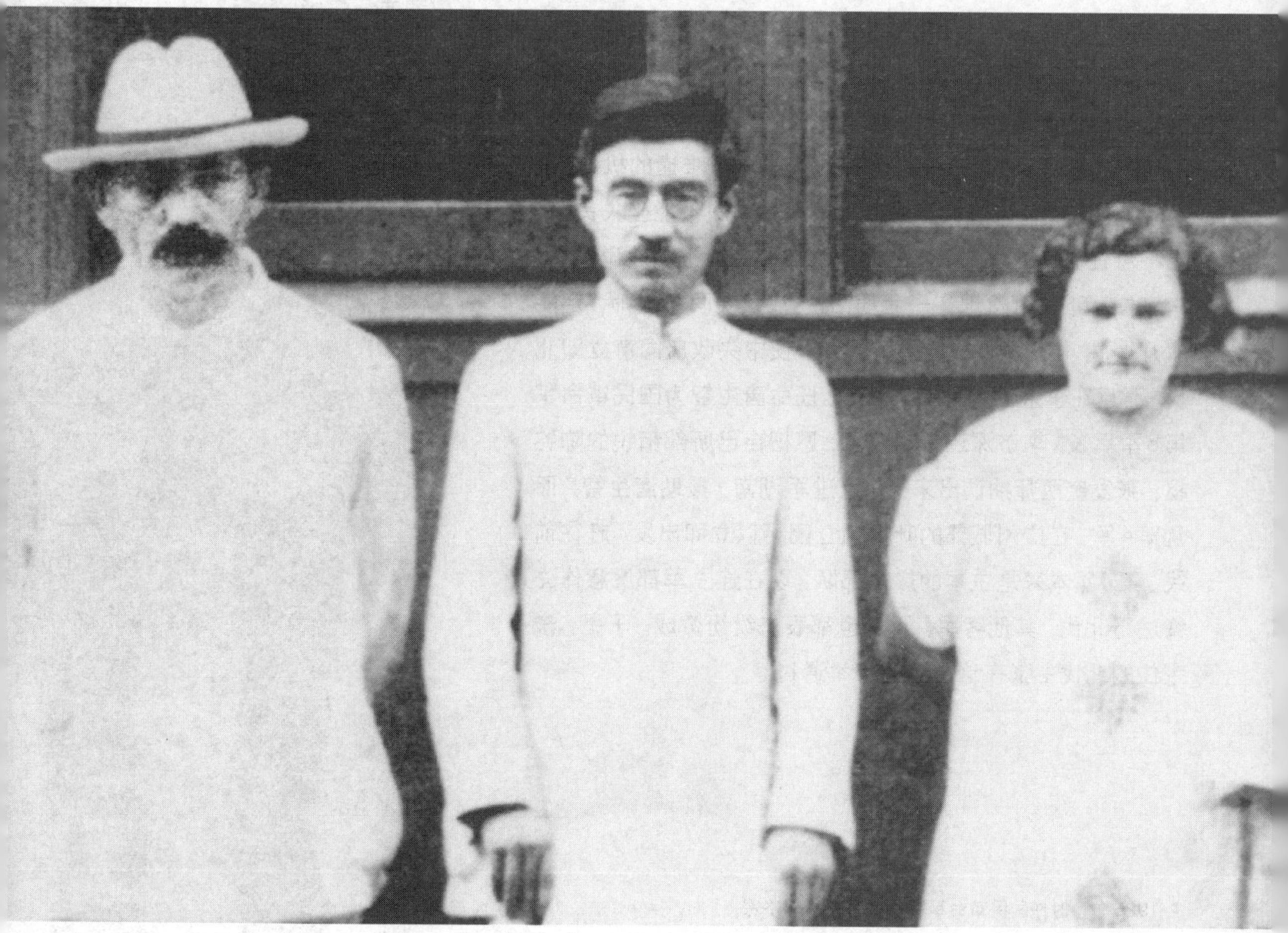

但是尽管李宗仁说得头头是道，蒋介石此时却没有心思北伐，他明朗地对李说：“你初到广州，不知广州的情形太复杂……现在如何能谈北伐呢？”蒋介石的回答，让李宗仁摸不着头脑。李宗仁于是又去向张杰、谭延闿、程潜等中央要人进行游说。这些人也都不反对北伐，但更关心当时广州的形势，对立即北伐没有兴趣。李宗仁又去找国民政府苏联顾问鲍罗廷，但是鲍罗廷也正为解决因中山舰事件而引起的国民党内部以及国共之间的矛盾而大伤脑筋，根本没有心思讨论北伐。李宗仁在广州几乎要绝望了。

但是意外的是，第4军军长李济深却非常赞同李宗仁的主张。他本来就与广西方面有特殊关系，并且他迫切希望北伐可以使“在粤就食”的客籍各军包括蒋介石的黄埔军，早日离开广东，所以全力支持李宗仁的建议。他们经过多次彻夜长谈后，商定了一个促成中央早日北伐的办法。

5月25日，国民党中央政治会议开始讨论北伐问题，李宗仁当即侃侃而谈，充分陈述了北伐的理由。李宗仁的话音刚落，李济深就站起来说：“现在北伐是千载难逢的机会，第7军在前方节节推进，形势非常好，中央决不能坐失良机，更不可任凭第7军孤军作战……”与会者终于被他说动了。李宗仁又不失时机地在一旁插话说：“只要同意出师，定能旗开得胜。”在两人的努力下，终于使中央政府同意立即北伐，而且在李宗仁的坚决推荐下，任命唐生智为国民革命军第8军军长。李济深还主动表示，愿把自己所部精锐的陈铭枢、张发奎两师抽调出来，北上进军湖南，援助唐生智，而且第4军，在广州城郊的叶挺独立团可以立即出发，赶往前线。第4军本来是主军的广东部队，现在连主军都愿意作先锋进行北伐，其他客军，于是也都表态纷纷赞成。于是，李宗仁的北伐主张在这次会上一举通过。

> 1925年，时任国民革命军第4军军长的李济深。

> 叶挺旧照。作为北伐先锋的叶挺独立团,在汀泗桥、贺胜桥等著名战役中出生入死,所向披靡,取得辉煌战绩,为第4军赢得了“铁军”的称号。

加伦问周恩来：北伐中是帮蒋还是削弱蒋

1926年5月，军旗猎猎，车轮滚滚，一支士气昂扬的部队向北挺进。

原来，国民政府正式派出以共产党员叶挺为团长的第4军独立团作为北伐前锋先行入湘。随后，第4军第10、12师和第7军一部也相继出发，拉开了北伐的序幕。

周恩来当时主持广东军委的工作，当他知道这个消息后，把独立团的党员召集到叶挺家里进行战前动员。周恩来充满激情地向大家分析了国内外形势和北伐的有利条件，并着重说明独立团担任北伐先遣队的任务的重要意义，要求大家加强政治工作，注意发动群众，注意统一战线工作，很好地与友军团结，作战要勇敢，要有牺牲精神，要起先锋作用、模范作用、骨干作用。

讲完这些话后，他把手臂一挥，满怀豪情地激励大家说：“饮马长江，武汉再见。”

叶挺独立团当即从广州出发，前往湖南安仁、渌田前线阻击吴佩孚的军队，第4军的陈铭枢、张发奎两部也从南路和琼崖出发，迅速向湖南开去。

吴佩孚得知广东国民政府派兵援助唐生智后，立即命令鄂军的孙建业、陆潭、余荫森三旅组成“援湘军”，增援湖南军队。他又从汉阳兵工厂调拨大批枪支弹药，补充衡山前线的军队。

唐生智知道广州国民政府出兵后，立即发出《讨吴通电》，随即在衡山、衡阳、安仁、攸县同叶开鑫的北洋湘军进行作战。5月5日，衡山战役打响，5月中旬，唐生智击退了进攻的北洋军，衡山战役胜利。

衡山战役的胜利，使得唐生智转为主动，也稳住了湘南局势。6月2日，唐生智在衡阳召开大会，正式宣布就任国民革命军第8军军长，宣布进行北伐。6月4日湖南省临时政府在衡山成立，唐任省长。唐生智把自己的4个旅随即扩编为4个师：任命何键为第1师师长，李品仙为第2师师长，刘兴为第3师师长，周斓为教导师师长。

北伐军乘胜进击，连续作战，一举赶走了北洋军阀在湖南的势力，破坏了吴佩孚★“援湘攻粤”的计划，为国民革命军大举进军湖南进行了先期准备。在安仁、攸县战役中，叶挺独立团还开创了以少胜多的范例，使北伐军在湖南战场开始由防御转为进攻。

此后，北伐军又强渡涟水、渌水，胜利攻占了湖南省会长沙。7月17日，李宗仁率第7军后续部队进入长沙，唐生智随即发出定湘通电，长沙城里到处飘起了青天白日旗。长沙是湖南的政治、经济和文化中心，北伐军光复长沙，大大鼓舞了革命军北伐的信心和斗志。也正是在湖南战场势如破竹的形势鼓舞下，广东革命政府最终做出了全面北伐的决定。

1926年6月4日，国民党中央执行委员会临时全体会议通过国民革命军出师北伐案。

国民革命军分析全国形势后认为：“吴佩孚因缘时会，既已声震北国，且野心勃勃，仍企图囊括西南，是当前直接加害我政府，为我大敌者，莫若吴佩孚。……孙传芳已取得五省联军总司令之荣衔，其人素以乘机观变称，惯收渔人之利，从不作鹬蚌之争。故此时未必有积极对我之行动。张作霖纵心雄力厚，其势力犹在黄河以北，对我殊有鞭长莫及之感。”因此，制定了各个击破的方针，首先打倒吴佩孚，尔后次第打倒孙传芳、张作霖。提出了“打倒吴佩孚”“联络孙传芳”“不理张作霖”的口号。

★吴佩孚（1874～1939）

山东蓬莱人，直系军阀。1898年赴天津投淮军当兵。1903年入北洋陆军速成学堂学习。民国成立后，任直系军队炮兵第3标标统，步兵第6旅旅长，第3师师长等职。到1922年第一次直奉战争时，任直军总司令。1924年，因在第二次直奉战争中战败而率部逃往南方。北伐战争开始后，因其残部被彻底歼灭，最后辗转流落北京。“七七”事变后，拒绝了日本人的政治诱降。1939年12月4日，在北平去世。

蒋介石假意对孙传芳说："国民革命军并无进攻江西的意图，如果有略取江西之意，则敝军久已集中湘东，岂肯屯兵不进，坐失时机？""兄与弟爱国同心，而进行方法则不无出入，今日救国要以民众为本，断非少数军人所得而私，封建制度决不能幸存于今日，所望兄内审国内情形，外瞻世界趋势，毅然加入革命战线，共为爱国彻底之谋。"

∧ 黄埔军官学校学生在北伐动员大会上。

7月1日，国民革命军总司令蒋介石下达"北伐动员令"。

7月4日，国民党中央临时全体会议正式通过《国民革命军北伐宣言》。宣布了北伐的任务和目的："剿灭卖国军阀之势力，建设一人民的统一政府"。

7月9日，国民革命军北伐誓师大会在广州东较场隆重举行，"打倒帝国主义""打倒封建军阀"的口号声响彻云天。

誓师典礼上，由国民政府代主席谭延闿和国民党中央党部代表吴稚晖分别向蒋介石授印、授旗，完毕后，蒋介石宣誓并发表了演说：

今日是国民革命军举行誓师典礼的日子，亦是本总司令就职的日子。本总司令自觉才力绵薄，为中国国民革命的前途负如此重大的责任，惶恐万分。但是，北洋军阀与帝国主义，已重重包围我们、压迫我们了，如果国民革命的势力不集中统一起来，一定不能冲破此种包围，解除此种压迫。所以本总司令不敢推辞重大的责任，只有竭尽个人的天职担负起来，以生命交给党、交给国民政府、交给国民革命军多位将士。自矢鞠躬尽瘁，死而后已……

随后，蒋介石宣布了北伐军的重要人员任命：

加伦为军事总顾问，李济深为总参谋长，邓演达为总政治部主任。

第1军军长何应钦，第2军军长谭延闿，第3军军长朱培德，第4军军长李济深，第5军军长李福林，第6军军长程潜，第7军军长李宗仁，第8军军长唐生智。

国民政府军事委员会副总参谋长白崇禧兼任北伐军参谋长，张群担任总参议。

蒋介石宣布了亲自制定、国民政府颁布的《国民革命军总司令部组织大纲》：

∧ 1926年7月，国民革命军誓师北伐，广州市民在中山大学举行欢送大会。

凡国民政府下之陆、海、空各军，均归其统辖；国民革命军总司令，对国民政府与中国国民党，在军事上完全负责并兼任军事委员会主席；出征动员令下后，即为战争状态，凡国民政府所属军、民、财政各部机关，均须受总司令指挥，秉其意旨，办理公事。

国民革命军包括蒋介石的嫡系第1军，重新全部实行党代表制，共产党员李富春任第2军副党代表，朱克靖任第3军副党代表，林伯渠任第6军副党代表，郭沫若为总政治部副主任，李一氓为总政治部秘书，孙炳文为总政治部后方留守处主任。聂荣臻作为军委特派员。

7月27日，插满青天白日旗的列车载着无数士兵朝北开去，蒋介石率部出发了。随行的有以加伦将军为首的苏联军事顾问团和司令部全体人员。加伦出征前问周恩来："在北伐战争过程中，是帮助蒋介石呢，还是削弱蒋介石？"周恩来从上海中央得到的张国焘的说法是："北伐中我们的方针就是既反对蒋介石，又不反对蒋介石。"后来，周恩来沉痛地回忆说："在北伐战争中，一直到国民党三中全会前，对国民党的方针是不明确的，结果就是客观上帮助了蒋介石，而助成蒋介石地位的提高。"

蒋介石偕同北伐司令部主要成员，包括总政治部主任邓演达、行营参谋长白崇禧、总军事顾问加伦一行于8月11日抵达长沙，受到民众的热烈欢迎。蒋介石感激地说："此次国民革命军自广州出发至长沙，沿途民众放爆致敬，商店公平交易，迷路者则为之指引，任重者则为之分担，疲者设凳，渴者给茶，饥者授食。其对全军来与助之诚意，盖有如此者。”

北伐军克复长沙前，吴佩孚把军事重心放在北方围攻国民军，并不十分重视湖南战场，后来看到20万军队竟然守不住醴陵、株洲、湘潭、长沙，于是急令布置了两道防线，并打算亲自率直系主力与北伐军决战。此时，北伐军的进攻也处于停滞状态，第4、7、8军沿汨罗江与吴佩孚北军相峙。第1、3、6军也开始抵湘赣边，准备投入战斗。贵州军阀彭汉章、王天培和江西军阀方本仁先后被暗中编为国民革命军第9、10、11军。孙传芳多次来电表示中立。

蒋介石到长沙的第二天晚上，即开会讨论作战计划。蒋介石说：“我来长沙以前，有人主张放弃攻取武汉，将主力转攻江西孙传芳，旨在巩固广东革命根据地，实质是将北伐转为守势。请问各位有何高见？”李宗仁认为：“此议十分不妥。此时应乘吴佩孚于南北两战场（同北伐军作战和同冯玉祥国民军作战）难以相顾之际，迅速北上击鄂，直取武汉。然后以大别山、桐柏山为屏障，扼守武胜关。北上可以进中原，直取幽燕；沿江东下，可三面包围孙传芳五省联军，抵定东南，亦非难事。而孙传芳，因欲取北伐军、吴佩孚两败俱伤的渔人之利，现在必取中立：因此，我军正可以各个击破。如先攻江西，则孙必联吴，对北伐军极为不利。再者，如攻赣失败，新附各军亦必动摇，则大势去矣。总之，弃鄂攻赣之策，实为兵家大忌。”唐生智、白崇禧、加伦等都赞同李宗仁远交近攻，各个击破的建议。

蒋介石最后发言说：“诸位，现在我决定，我军将采取集中优势兵力、各个击破的方针。具体分三步走：首先以主力攻击盘踞两湖的吴佩孚，占领长江中游；然后探戈东南，消灭孙传芳，占领长江下游；最后消灭张作霖及其他军阀势力。”

蒋介石派张群去杭州游说孙传芳。张群说：“我看你不像一个军阀，倒很像一个政客。”

孙传芳冷笑道：“我不是政客，我最反对政客。我的儿子，也不让他当政客。政客全是些朝三暮四、迎新送旧的妓女般的下流东西。我是一个地地道道的军阀！我已多次表示中立，决不援吴，就看以后蒋总司令守不守信用了。”孙传芳妄想坐收渔翁之利，却因此丢失了联手对抗北伐军的最佳机会。

V 北伐军中部分政治工作人员在南昌合影。前排左二为总政治部副主任郭沫若。

★李宗仁(1891～1969)

国民党一级陆军上将。广西临桂人。北伐战争时任国民革命军第7军军长、第三路军总指挥、第4集团军总司令。抗日战争时期，任第五战区司令长官兼安徽省主席。抗战胜利后任北平行辕主任，执行蒋介石的内战政策，1948年4月当选国民党政府副总统，1949年1月任代总统，12月去美国。1965年7月发表声明投向人民，毅然回归祖国大陆。

8月15日，根据第二期战略计划，蒋介石发布作战部署：国民革命军第4、7、8军为中央军，担任两湖的主攻任务。中央军以唐生智为前敌总指挥，率所部第8军为左纵队。另以4、7两军为右纵队，由李宗仁统一指挥，下分两路，一路由李宗仁亲自督率第7军，一路由第4军副军长陈可钰指挥，各路军分途进击，最后会攻武昌；右翼军总指挥为朱培德，统领第2、3两军，监视江西方面之敌，并掩护主力军之右侧翼；以第1、6军为总预备军，随中央军前敌部队推进；以袁祖铭为左翼军总指挥，统率第9、10军，进取沙市、宜昌。显然，蒋处处保护其嫡系第1军，使其少受损伤。

同一天，蒋介石决定检阅整装待发的7、8两军，当检阅到唐生智的第8军时，排头的乐队忽然乐声大作。一时间，各乐器金光闪闪，鼓号齐鸣。蒋介石的坐骑受惊狂奔。蒋介石手足朝天，摔倒在地，被惊马甩出两丈来远。幸亏他穿的马靴从脚上脱落下来，才捡回了一条命。李宗仁★、唐生智赶忙将总司令扶起，只见蒋的一身哔叽军服上沾满了泥土，帽脱靴落，白手套也满是泥污。蒋脸色惨白，气喘吁吁，狼狈不堪。但蒋介石毕竟是军人出身，他坚持步行继续阅兵。阅兵之后，蒋介石主动提出和李宗仁结拜为兄弟，并把兰谱送给他，上面写着："谊属同志，情切同胞，同心一德，生死系之。"李宗仁只好也给蒋介石写了一个兰谱。

北伐军根据长沙军事会议部署，决定在吴佩孚主力南下之前，摧毁汨水防线，拿下平江、岳阳。平江城位于汨水北岸，是进入湖南中部的门户，也是北洋军汨水防线的主要支撑点。北洋军在这里集中了2万兵力，并在平江修筑了坚固周密的防御体系。8月18日，北伐军首先发起总攻击。国民革命军迅速把北洋军的汨罗江防线截成三段，分三路纵队分别进攻。8月19日凌晨，平江战役打响，第4军的叶挺独立团和12师黄琪翔团在中共平江地委领导的农民武装配合下，经过一天的浴血奋战，彻底消灭了防守平江的北洋军。敌军守城主将陆潭

∧时任国民革命军总司令的蒋介石。这是他送给张静江夫人的亲笔签名照片。

在通城北门楼司令部自杀。这一仗俘敌军官79人，士兵1,500余人，缴获大炮11门，长短枪2,000多支。北伐军伤亡官兵173人。平江战役的胜利，使北洋军的汨水防线失去了重要依托。

在第4军发动平江战役的同时，第7、8两军在李宗仁、唐生智指挥下，分别在汨罗江北岸乘胜追击敌军。从8月19日至22日，两军分别占领了长乐、新市、浯口、将军坪、王狮桥等20多个城镇，前锋逼近湖北、湖南边境。此时北洋军的汨水防线已经被北伐军摧毁，敌军只好向岳阳、五里牌、羊楼司、通城进行撤退。

岳阳（岳州）位于长江、洞庭湖及粤汉路的会合处，是水陆交通枢纽，也是攻武汉、守长沙的战略要地，因此成为双方重点争夺的目标之一。北洋军的叶开鑫、宋大霈、董政国等部在岳阳以南的新墙河与粤汉线上的新墙、麻塘、北港等地修筑了坚固的防御工事，决心固守待援。唐生智的国民革命军第8军担任攻取岳阳的任务。8月21日傍晚，何键第1师开始向新墙的敌军发起进攻。叶开鑫、宋大霈见无法抵挡，于是撤离岳阳。22日下午，国民革命军第8军占领岳阳。随后，革命军又光复了岳阳以北的城陵矶、梅溪、云溪、五里牌、羊楼司等地，使得吴佩孚的北洋军阀势力彻底被赶出湖南，而北伐军的前锋部队已紧逼湖北的通城。

一个月过去，武昌守敌还在顽抗

汀泗桥在咸宁市城西南15公里汀泗桥镇西侧小山岗上。这里东靠群山，西临大湖，一桥飞架，构成天险，是鄂南门户粤汉铁路上一个易守难攻的军事要隘，素为兵家必争之地，攻下汀泗桥就等于打通了直捣武汉的道路。

随着因北宋名臣范仲淹的《岳阳楼记》而闻名于世的古城岳阳被收复，湖南的战争基本上结束了。北伐军越战越勇，迅速进入湖北战场，并与北洋军对峙汀泗桥。这时，在北方指挥同冯玉祥国民军作战的吴佩孚，听到了湖南的消息，惊慌失措，于8月25日连夜赶到武汉，决定死守汀泗桥，挽回败局。

25日晚，吴佩孚到达汉口。26日他就在汉口查家墩司令部召开紧急军事会议，布置湖北南部的防线，并打算向南进行反攻。他手下的将领陈嘉谟、刘佐龙、赵荣华、刘玉青、陈德麟、赵恒惕、董政国等30余人

∧ 北伐军中由黄埔学生组织的宣传队，他们的宣传活动极大地鼓舞了北伐军的士气。

∨ 北伐军炮兵向敌军轰击。

参加了会议。最后，吴决定调集宋大霈、董政国、孙建业、陈嘉谟各部2万多兵力死守汀泗桥，并任命宋大霈为指挥。

汀泗桥"后枕高山，前临巨浸"，三面环水，为"武汉之最险要门户"，"北军所恃为天险"。北伐军第4军担负起了攻占汀泗桥的艰巨任务。

8月23日下午，第4军军长陈可钰在团以上军官参加的军事会议上宣布，一定要抢在吴军大举南下前攻克汀泗桥。25日，全军到达指定攻击阵地。26日清晨，北伐军开始向敌军阵地发起猛烈进攻，陈可钰和各师师长都亲临前线，进行指挥。但是敌军的抵抗非常激烈。

27日清晨，第4军向北洋军发起了总攻。叶挺独立团、36团、30团、29团、35团及炮兵营将士经过浴血奋战，在上午8点左右，就占领了号称"鄂南第一门户"的汀泗桥。独立团抓住战机，乘胜追击，在27日上午率先占领咸宁城。

汀泗桥战役，北伐军大获全胜，共毙敌1,000余人，俘敌军官157人、士兵2,296人，缴获大炮4门、机枪9挺、长短枪3,000余支，革命军第4军伤亡官兵379人。汀泗桥战役，是北伐军在湖北战场所打的第一仗，也是和吴佩孚本人直接较量的第一个回合。此战第4军以少胜多，给吴佩孚来了个下马威，使北伐军的声威大震，也打开了进攻武汉的门户。

与此同时，李宗仁统率的第7军也节节胜利，与第4军胜利会师，并掩护、配合了第4军的汀泗桥战役。随后两路大军一起向贺胜桥挺进，准备攻打贺胜桥。

贺胜桥号称"鄂南第二门户"。直系军阀主帅吴佩孚决定亲自指挥贺胜桥决战。他在桃林铺、印斗山和贺胜桥构筑了三道坚固的防线。把陈嘉谟、董政国、叶开鑫、马济各部等10万兵力投入其中，并配置了几十辆铁甲车，数十门大炮，200多挺重机枪。从数量上看，吴军比北伐军多出好几倍。吴佩孚因此狂妄地叫嚣说："限三日夺回汀泗桥！"

当吴佩孚在贺胜桥紧急布防时，8月29日，北伐中央军第4、7、8军的前方高级指挥官在咸宁召开会议，共同商讨进攻贺胜桥的计划。蒋介石、唐生智、李宗仁、陈可钰、陈铭枢、苏联军事顾问加伦等都参加了这次重要会议。会议决定乘北洋军立足未稳、增援部队还没有全部到

V 挂帅出征的蒋介石在北伐途中。

达之前，速战速决，一举攻下贺胜桥。会议决定在8月30日凌晨发起进攻，要求部队29日晚全部进入阵地。会议决定任命李宗仁为攻打贺胜桥战役的总指挥，指挥第4、7两军全力攻桥，而让唐生智的第8军作为总预备队，并调第8军的何键、夏斗寅部绕到汉口、汉阳，从后面进攻吴军。

8月29日，李宗仁下令第4军沿铁路进逼贺胜桥正面，第7军攻击贺胜桥以东地区。此时，敌我双方主力都在贺胜桥严阵以待，一场决战即将展开。

8月30日天将破晓时，一声令下，第4军独立团和12师等部队，开始向铁路左右两侧的吴家湾、黄石桥、北路学校敌军据点发起进攻。吴军调集精锐的第13混成旅、刘玉春的第8师、陈嘉谟的第25师，集中了优势兵力和密集炮火，向北伐军发起了疯狂反扑，吴军的铁甲车也来回奔驰。吴佩孚自己到前线督战，他下令营务执法总司令赵荣华组织大刀队，分八路把守各个要口，如果有官兵胆敢退缩，当即一刀砍掉脑袋。在大刀队进驻的当天，就砍掉了团营长9个人的脑袋，被正法的士兵更是不计其数，暂时挽回了败势。

吴还安排机枪督战队对付退缩的官兵，而且亲自临近炮火，鼓舞士气。

因此，这场大战非常激烈，双方都伤亡严重。但是是正义之师，军中的共产党员发挥了重要的先锋动员作用，是吴军所无法抵挡的。

当时，北伐军第4、7两军携手作战，在经过激烈搏杀后，终于拿下了敌军的第一道防线。

吴军退到第二道防线后，妄图利用有利的江湖港汉、灌木丛蒿地形，重新组织反攻。吴佩孚杀红了眼，下令刘玉春、陈嘉谟各自率领大刀队去前线督战，自己率领卫队团、宪兵队，高竖起“吴”字帅旗，乘上专列在贺胜桥往返督战。

吴下了死命令：凡作战不力，畏缩退却者，立即射杀。

30日上午10点，英勇的北伐军向吴军的第二道防线发起了进攻，独立团担任了主攻吴军主要阵地印斗山的重任。

随着一声令下，第4军第10、12师全力向敌军防线发起进攻。吴军本无斗志，在猛烈的进攻下难以支撑，开始向后退却。吴佩孚大怒，下令机枪手“向退却者扫射，积尸累累，血流成河”。吴还亲自用刀砍杀了退却的十几个旅长和团长，对其他军官进行震慑。但是效果并不明显，败退的官兵如潮水一般向后涌来，遭到督战队的屠杀后，当即就有溃兵向督战队开火反击，战场上一片混乱。

败势已经无法挽回，溃退的士兵由于不堪大刀队和督战队的惩罚，竟然向吴的专列开枪，并打死了一名副官和两名卫兵。此时有人向吴密报说，汉阳军心不稳，守将刘佐龙可能勾通革命军。但是吴并不相信。

此时，前线不断败退，援军又没有消息，海军来不及调遣，吴佩孚已经感到了四面楚歌。他的大将刘玉春从前方败下来后，直挺挺地跪在地下对他说：“我对不起大帅，我的人死了一半，请大帅把我正法吧！”吴停下正在写的反攻命令，沉痛地叹了一口气说：“好，你起来吧，你是尽了最大的力量。现在你仍回前方照料，我决定死在武昌了。”

吴感到贺胜桥败局难以挽回，于是乘专列逃向武昌。据说，吴佩孚专列所过之处，“败兵攀援欲上，卫士呵禁弗能止，急挥刀砍其臂，人纷纷随臂而坠，婉转呼号，惨不忍闻”。从桃林铺至贺胜桥，到处都是肢体残缺的吴军士兵，惨不忍睹。

北伐军第4军乘胜占领了贺胜桥。

贺胜桥战役，俘虏敌军军官201人、士兵3,334人，缴获大炮24门、步枪2,900余支、机枪30余挺，毙敌近2,000人。这一仗是北伐军出师以来的最激烈的一次战役。吴佩孚也拼尽全力，为“死守贺胜桥，以保武汉，巩固华中”，把直系十余万军队部署在贺胜桥，并亲自督战，妄想一举决战，打败国民革命军。没想到在短短5天内，号称“常胜将军”的“吴大帅”，就连续被打败于汀泗桥和贺胜桥，他的精锐部队损失过半。他的王牌师刘玉春第8师在贺胜桥一役中，士兵损失一半，三个团长全部阵亡，30多个连长中只有5个还活着。贺胜桥大胜，成为打败吴佩孚的重要转折点。

北伐军在贺胜桥战役中，“前兵甫倒，后卒即继”，“置生死于度外，欲胜利之在我”，仅用了一天时间，就打败了装备、数量都占据优势，号称北洋劲旅的直系主力，摧毁了重兵把守的贺胜桥要塞，使得“北伐军声威震动全国”。而作为此次战役的主力第4军和叶挺独立团，由于在汀泗桥、贺胜桥战役中的英勇表现，也受到“民众称誉”，“咸以‘铁军’目之”。

∧ 1926年8月下旬，北伐军攻下据守武汉的要冲汀泗桥、贺胜桥，继续向武汉逼进。图为北伐军在武昌城下挖战壕。

汀泗、贺胜两桥失守后，吴佩孚决定坚守武汉。他的部队一部分渡江北逃，一部分退入武昌城内。8月31日，吴佩孚在司令部召开紧急军事会议，部署武汉防务。会议决定放弃华北的保定，把田维勤、王为蔚、魏益三的部队调回武汉；任命靳云鹗为“讨贼”联军副总司令；把鄂军将领刘佐龙提升为湖北省省长。会议还任命湖北督理兼第25师师长陈嘉谟为武汉防御司令；陆军第8师师长刘玉春为武昌守备军总司令；靳部师长高汝桐为汉阳、汉口守备军总司令。吴命令南下各师驻防广水、花园一线，重点防守蛇山、龟山、江汉水面。

刘玉春当年48岁，是河北省玉田县人，一副北方人高大魁梧模样，头发带着灰白色，他原是第8师第15旅旅长，第8师本驻守宜昌，并非吴佩孚的基本队伍。吴再起后，左右没有可用之人，于是提升刘为第8师师长，继而又任命他为第8军军长。在吴北上时，还以刘的三个团作为自己的卫队旅。吴南下时又调这三个团赶赴汀泗桥前线。由此可见吴对刘的重视，当时人都说刘玉春算是吴的“赵子龙”。汀泗桥之战，刘玉春的三个团也确实奋勇作战，致使三个团长战死，39个连长只剩5个，士兵死伤过半。刘玉春为报答吴的知遇之恩，慷慨表示愿意死守武昌。

9月2日，在吴军的部署还没有完成的时候，北伐军第4军就已来到武昌城下，第7、8两军也接近武汉，形成了三路大军从东、西、南三面包围武汉的形势。

当天，北伐军前敌总指挥部在余家湾车站召开了高级将领会议，分析了当时敌我军事形势，一致认为，攻取武汉“贵在速决”，不宜拖延。会议决定第4军第10、12两师，第1军第2师，第7军第二路负责主攻武昌；第8军第1、2、4各师、鄂军第1师负责进攻汉阳、汉口；第1军第1师作为总预备队。攻占武汉的主要战场在武昌。

武昌是湖北政治、交通中心，城防非常坚固，是易守难攻之地。并且吴安排自己的大将刘玉春、陈嘉谟以2万重兵进行防守。还有汉阳、汉口的高汝桐第14师，武汉上游屯口和金口一带的叶开鑫湘军残部等多方力量进行配合呼应，防守力量非常强大。

9月3日，蒋介石乘专车到达武昌城附近的余家湾。蒋介石认为武昌虽然城高壕深、工事坚固、易守难攻，但是革命军攻坚能力更强，因此命令李宗仁和第4军军长陈可钰率部负责攻城。但是经过1、4、7军各一部分三路两次强攻，都没有成功，而且北伐军伤亡惨重。9月4日晚上，进攻武昌失利。

9月5日，蒋介石任命李宗仁为攻城司令，第二次进攻武昌。蒋介石命令：“武昌限于四十八小时内攻下”。

这时，李宗仁对蒋介石不顾牺牲，蛮干硬冲很是不满，以为蒋介石没有当过下级军官，不知道火线是什么滋味。然而接着发生的一件事改变了他对蒋的看法。李宗仁后来回忆说：“正当前线战况最激烈时，蒋总司令忽然约我一道赴城郭视察，我因为蒋氏未尝当过下级军官，没有亲上前线一尝炮火轰击的机会，深恐其在枪林弹雨下感到畏缩胆怯。我二人走到了城边，战火正烈，流弹在我们左右簌簌横飞，我默察蒋氏极为镇定，态度从容，颇具主帅风度很使我佩服……蒋介石眼看着强攻无望，遂下令停止攻击，改变策略。”

当天攻城非常惨烈，各师的奋勇队用云梯、手枪、斧头、炸弹、绳索和爆破器材，在敌人的炮火中，奋勇攀登攻城。独立团奋勇队在队长、第1营长、共产党员曹渊的带领下，奋不顾身，一度攻上城头，与敌军展开了肉搏战。但由于敌人火力严密猛烈，城墙太高，而且敌军兵力充足，最终奋勇队“竹梯甫架，伤亡随之”，没有成功。当时，独立团阵亡营长1员、排长2员、士兵80余人。而且，自9月13日以来，北伐军“两次强迫登城，均未奏功，伤亡2,000余人”。

于是，蒋介石不得不改变强攻的念头，在洪山军事会议上决定对武汉实行长期围困。他下令第4军和第8军的一部负责围城，等敌军弹尽粮

∧ 北伐军进入武昌。

∨ 北伐军攻下武昌后，各界群众集会欢迎北伐军。

绝时，再发起进攻。蒋介石此时的目光已经放在了江西战场，于是命令李宗仁率第7军赶赴江西战场，而以邓演达代替李宗仁的北伐军攻城司令职务。

北伐军采取了先攻汉阳、汉口，彻底断绝武昌外援的策略，于是发动了攻取汉阳、汉口的战役。守卫汉阳和汉口的敌军是吴佩孚的嫡系4万余人。唐生智的第8军的三个师和鄂军夏斗寅师担任了进攻的主力。在战役前，董必武、陈潭秋领导的中共湖北省委和国民党湖北省党部及武汉特别市党部作了争取刘佐龙起义的工作，并对汉阳兵工厂、武昌第一纱厂的工人进行了动员和宣传工作。

9月5日，北伐军分水陆两路进攻汉阳，敌军激烈抵抗。进攻龟山的北伐军也不顺利，"三攻三挫"。后来，刘佐龙部起义部队也加入了进攻阵营，汉阳兵工厂工人武装也进行配合，北伐军于是集中火力猛攻龟山阵地，同时炮击位于汉口的吴军司令部，汉阳守敌阵地于是开始动摇。经过激战，汉阳的吴军阵线终于开始崩溃。吴佩孚逃跑，一部分敌军投降。

9月6日，第8军占领了汉阳。当晚，第8军第2师及刘佐龙师一部，开始进攻汉口。经过肉搏苦战后，终于在7日凌晨占领了汉口。

汉阳、汉口之战，北伐军消灭敌军2,000余人，俘虏官兵900余人。刘佐龙被任命为临时公安总司令和国民革命军第15军军长。

汉阳、汉口光复后，吴军军心动摇，北伐军迅速攻克横店、孝感、广水、东篁店、九里关、武胜关、平清关等地，吴军败退到了信阳。而且，由于北伐军攻占了"鄂北天险"武胜关后，锁住了敌军南下救援武汉的通道，使得武昌守敌彻底成为瓮中之鳖。

为解救武昌的几十万民众，9月17日，北伐军武昌攻城军的南湖军事会议决定，趁敌粮尽、弹缺和兵疲之机，攻取武昌。第二天，北伐军总部向守敌发出最后通牒：限24小时内投降。

但是守将刘玉春打算死守武昌，他以炮轰北伐军紫金山阵地作为回应。21日拂晓，北伐军下达了总攻城令。

由于刘玉春等吴军将领坚决抵抗，并且占据有利的防守位置，使得北伐军的三次攻城都没有成功。从9月下旬起，北伐军决定采用掘地道方法，爆破攻城。10月1日和3日，武昌守军开始冒险突围，但是两次都被北伐军痛击回城。

10月6、7日两天，守军开始派人与北伐军谈判开城投降事宜。为了保护古城，给敌人一条活命自新的生路，北伐军同意谈判。双方商定10月10日吴军全部撤出武昌，接受北伐军改编。但是刘玉春拒绝在改编时交出武器，使得谈判破裂。

但是此时守城敌军已经开始分裂。吴军的豫军第3师师长吴俊卿、团长贺对庭开始单独与北伐军议降，并约定10月9日晚打开城门，让北伐军入城。10日拂晓以后，北伐军分别从保安门、中和门、宾阳门、通湘门相继进入武昌，对顽抗敌军发起进攻。大多数敌军因为长期饥饿，在经过督军署、学兵营、省长公署等地的激烈巷战后纷纷投降，只有刘玉春部依然拒绝放下武器，后来独立团将其包围后进行围歼，最后终于全歼该部。守城主将陈嘉谟、刘玉春在化装潜逃时被北伐军的巡逻兵抓获。10月10日上午，独立团占领蛇山。至此，长达40天之久的武昌围城战胜利结束，武汉三镇被全部收复。

武昌战役，北伐军俘虏了陈嘉谟、刘玉春以下军官740余人，士兵9,495人，缴获大炮18门，机枪160挺，步枪7,000余支，大获全胜。革命军在攻克武昌的作战中，也伤亡官兵1,157人，阵亡97人。

在武昌攻坚战役中，第4军第10、12两师的官兵，特别是叶挺独立团的官兵，英勇作战，屡建奇功。独立团团长叶挺，36团黄团长在作战时都身先士卒，战绩赫然，成为全军将官的表率，国民政府军委会为此破格授予叶、黄两团长少将军衔。在作战中，叶挺独立团伤亡官兵400余名，为表彰烈士们的英雄业绩，国民政府决定在洪山为他们修建巍峨的烈士陵园。

吴佩孚兵败后率残部逃窜到河南，北伐军乘胜追踪进据武胜关。

吴佩孚逃到信阳后，遭到手下心腹大将靳云鹗、国民军、奉军三方面的夹击，于是不得不逃往四川，从此消失在历史舞台上。

蒋介石没有想到，江西竟然是一场苦战

北伐军光复江城武汉，宽阔的长江江面上阳光灿烂，胜利的旗帜飘扬在武汉上空。各界群众纷纷上街，欢庆这个来之不易的胜利。但是北伐军的将领们的心思却早已离开了武汉，大家的目光都盯在北洋直系另一军阀集团——以孙传芳★为首的五省联军上面。

★孙传芳（1885～1935）

山东历城人，直系军阀。日本陆军士官学校毕业。回国后历任福建军务督理、闽浙巡阅使、联军总司令兼江苏总司令、联军军官学校校长、安国军副司令兼五省联军总司令。1928年任安国军鲁西前线总指挥，与蒋介石、冯玉祥部作战，失败后逃回济南。6月张作霖被炸死，孙的残部由晋军收编，孙见大事已去逃往沈阳归附张学良。1931年“九·一八”事变后遇刺身亡。

当北伐军在两湖与吴佩孚主力作殊死战时，吴曾多次请东南五省联军总司令孙传芳发兵救援。但孙传芳却正打着“坐收渔翁之利”的主意，企图让吴军与北伐军先混战一场，两败俱伤后，再由自己来逐个消灭。当吴佩孚的主力在汀泗桥、贺胜桥被北伐军打垮后，孙传芳才如梦初醒，赶紧调集军队去阻止北伐军。1926年8月3日，孙传芳在南京举行军事会议，决定从苏、浙、皖抽调自己的主力部队，组成援赣军进入江西阻击北伐军，另派一路军队进攻湖南和湖北，以便截断北伐军退路，进而拿下两湖。

9月，孙传芳把赣军和援赣军合编为5个方面军，合计20余万人，气势汹汹。北伐军先发制人，由蒋介石亲自率领北伐军第1、2、3、6军，在湖南、湖北战局初定后，分三路向江西进攻，提前进入对孙传芳的战略决战。9月初，蒋介石还调集围攻武昌的李宗仁第7军进入江西作战。三路人马合计4.6万人，计划从赣西、赣西北、赣南分进合击，会攻南昌，夺取江西。

9月19日，程潜所部的第6军和王柏龄所部的第1军第1师，看到南昌守军只有邓如琢的一个骑兵团600余人，于是一举攻下了江西省会南昌。正在萍乡的蒋介石闻讯大喜，兴致勃勃地参观了安源煤矿，当晚出席萍乡各界的欢迎会，在演说中一再感谢各界民众对北伐军的支援。

孙传芳听到南昌失守后，大为震惊，立即由南京赶到九江，亲自在九江口外的江新轮上坐镇指挥督战，并调遣精锐部队第1、2、10方面军从南北反攻南昌。反复争夺后，北伐军退出南昌。

> 北伐时国民革命军用过的大炮。

9月23日，蒋介石在宜春制定了收复江西的作战计划：以第3军全力及第1军之第1师协力攻南昌；以第6军主力攻永修，一部策应南昌之攻击；以第2军之一部向峡江方面警戒，该军主力与第1军之第2师攻取樟树；以第7军一部沿长江南岸警戒，该军主力攻占九江；第14军及第2军之第5师，攻击吉安。

再说李宗仁率第7军主力进入江西后，与第6军失去了联系，周围军队敌我不明，相当危险，于是李宗仁决定放弃

原定的进攻九江计划，而是南下寻找第6军。途中主动向敌军精锐谢鸿勋部2万多人进攻，大胜，俘获近万人，敌主将谢鸿勋重伤后毙命。

李宗仁从缴获的敌人文件中得知了最近的江西战况，知道第1、6两军西退，孙传芳军正全力追击，李宗仁却果断决定孤军深入敌军腹地，出其不意进行进攻。

10月3日拂晓，第7军准备进攻南浔路重镇德安。德安城易守难攻，由孙传芳精锐卢香亭部近4万人防守，还配有铁甲车、野炮等重武器。

李宗仁亲自上阵，在伤亡2,000余人、第9团团长陆受祺阵亡的情况下，占据了南浔铁路桥，最终大败守敌，收复了德安。

李宗仁在德安战役后，又与程潜部合力将敌军精锐部队3万余人击溃。

同时，蒋介石也率领军队发动了攻打南昌的战役。10月初，蒋介石决定再次攻打南昌。白崇禧认为背水攻城，非常危险，因此不同意围攻。但蒋介石坚持认为可以攻克，白也没有办法，只得同意。南昌守军实行坚壁清野，在城外把所有民房都烧毁了，这就使北伐军进攻时没有任何屏障。蒋介石也不等增援部队到达，就命令军队向这个被孙传芳重兵把守的城市发起突击。

他亲自来到南昌城南门指挥作战，并决定组织敢死队当晚连夜爬城硬攻。孙传芳部队先后撤一段距离，让蒋介石进入阵地的部分地区，然后突然伏兵四起，发起反击，把蒋军逼入

V 北伐军在行军途中。

城墙和一条河之间的起伏地带。更让蒋军意外的是，城内守军的敢死队竟突然从城下水闸中破关而出，黑夜中第6团被围困起来，乱成一团，几乎被全歼。攻城其他部队见状，也只好撤退，一时蒋军乱了阵脚。蒋介石这个时候才着急起来，他紧紧抓住白崇禧的手，不断问道："怎么办，怎么办？"幸亏白崇禧有所准备，他已经让人提前在赣江上游搭了两座浮桥，于是全军才得以通过浮桥退回赣江两岸。这次攻城，北伐军的人员和装备都损失极大。

蒋介石指挥进攻南昌失败后，只得撤退到高安县城，命令全军暂行休息，并检讨江西战场第一期的作战情况。他认为北伐军在江西战场之所以进军不利，主要原因是各部队协同作战不够。10月15日，他和加伦、李宗仁、白崇禧等共同制定了《肃清江西计划》，将江西战场的北伐军统一编为左、中、右三路，自己亲自担任总指挥。他任命李宗仁为左路指挥，并从武汉抽调张发奎第4军第12师协同李宗仁的第7军一起作战。任命第3军军长朱培德为右路指挥官，第6军军长程潜为中路指挥官。他以自己的嫡系第1军的1、2师继续担任总预备队，由刘峙指挥。

北伐军自南昌撤围后，打算集中兵力先消灭南浔路上的孙军主力。当时，孙部援赣部队3.5万兵力全部集中在南浔路：孙部第二方面军主力在牛行至乐化一带，孙部第三方面军主力及第六方面军一部在涂家埠至永修、德安一带，马回岭至九江一带则为孙部的总预备队。孙部第五方面军负责在瑞昌、阳新、武穴、田家镇方面与南浔路方面协同作战。在抚州、进贤、东乡方面的孙军蒋镇臣、杨池生、杨如轩、谢文炳、陈修爵等部，虽然被北伐军打败，但是仍然有1.3万兵力。

此时，北伐军已经光复了武汉，北伐军左翼已进逼沙市，福建的周荫人部则被北伐东路军挡在了永定、松口地区；而江苏的白宝山和浙江的夏超则宣布独立，脱离孙传芳。因此，孙传芳现在已经开始呈现败势。

由于江西战局关系到北伐的成败，因此决定一举在江西消灭孙军的主力。10月28日蒋介石在高安行营亲自下达对孙传芳军的总攻击令，并颁布了作战命令：

我军自出师以来，与贼鏖战于湘、鄂、赣之间者，三月于兹，吴佩孚军阀所部已被我歼灭，孙传芳军阀之主力亦已被我击溃，革命力量日益扩大，民众痛苦逐渐减除，因为先总理呵护之灵，实亦我将士奋斗之绩。风声所播，庆慰同殷。且我前敌官兵，辗转应战，艰苦备尝，甚至衣被不完，壇粥不继，乃能深明大义，益励坚贞，奋勇图功，杀敌致果，此本总司令尤深嘉念者也。迩来国内军阀冀图苟延残喘，遂合力以谋我，复勾结帝国主义者阴相援助，狡焉思逞，日甚一日。孙传芳尤为军阀现时重心，党国前途之障碍。故我军此次总攻击，务将孙贼势力迅速扑灭，使军阀余孽不至蔓延，即帝国主义者亦必震慑而不敢发，则时局方可成功。凡我革命军人，须知我不杀贼，贼必杀我，宁为玉碎，毋为瓦全，能抱最后之牺牲，方能博得最后之胜利，若纵寇长乱，功败垂成，不独贻羞天下，死且无葬身之地矣。懔之！勉之！此令。

∧ 坐落于黄埔军校旧址的北伐阵亡将士纪念碑。

10月28日，北伐军正式发起了对孙传芳的总攻。

11月1日，北伐军在江西开始第二期作战。2日，北伐左路军在江西北部攻占了被孙军夺回的德安，然后攻克了江西重镇九江。北伐中路军攻占了奉新、安义，南昌西南的守敌至此被全部消灭。北伐右路军则消灭了南昌城的外围敌军。

经过这些战役，孙传芳的部队已经溃不成军，他只好在11月2日乘军舰离开九江返回吴淞。现在，江西的孙军只有残留在南昌牛行车站及瀛上一带的郑俊彦部凭借防御工事进行最后的顽抗，另外还有蒋镇臣、唐福山、张凤岐、岳思寅等残部坚守南昌城和郊区。

11月3日，南昌攻城正式开始，北伐军的左、中、右3路大军会攻南昌。北伐军士气高涨，势如破竹。白崇禧率军将苏军及唐福山两残部全部歼灭，又在马口圩附近俘虏了李彦清、王良田两位孙军将领，和他们的部属1.5万人。北伐军右纵队将南昌城外蒋镇臣部的6,000人全部包围缴械，南昌城内守军唐福山、张凤岐、岳思寅部见大势已去，3,000多人竖起白旗请求投降。11月8日，朱培德率领第3军首先攻进南昌城。11月9日，蒋介石的总司令部移驻南昌。随即他下令各军乘胜追击，不给孙军以喘息之机。

李宗仁左路军扫灭了江西北部的敌军，占领湖口、武穴的贺耀祖师追击逃往江西东部的敌军，张发奎部前往黄梅截击孙军的陈调元、王普残部。至此，孙传芳在江西迎击北伐军的10万主力几乎全部被歼，江西境内的残敌全部被消灭。而第7军由于在江西战场上屡建战功，被世人称为“钢军”，李宗仁也成了蜚声中外的北伐名将。

北伐军在江西打败孙传芳，使得孙元气大伤，他的败亡已经无可挽回。同时，孙传芳内部也出现了分裂，浙江省长夏超宣布起义，率部加入了北伐军；福建周荫人的部下也纷纷起义；上海工人发动武装暴动。孙传芳见大势已去，于是乘军舰逃往南京作最后的挣扎。

北伐军在江西战场作战的胜利，消灭了孙传芳集团的主力，国民革命军声威大震，国民政府管辖的范围迅速扩大，这些都为国民政府迁都武汉创造了条件。北伐军占领武汉、九江、湖口后，就控制了长江，掌握了进军苏、浙、皖的主动权，进军中国经济重心东南，已经指日可待。

轻松平定福建

北伐军总司令蒋介石的心里并不轻松，他虽然亲自率领军队在江西和孙传芳的主力进行鏖战，但是却没有忘记广东革命军的责任，没有忘记福建的北洋军。他站在巨大的地图前面，有些头疼地看着东南那一片区域。那里就是福建，驻扎在那里的6万北洋军就像一把高悬的铡刀，对革命军始终是个巨大的威胁。

由福建可以迅速进军广东东部，从而威胁广州国民政府。从前陈炯明就是利用这条道路，对国民政府造成了很大的威胁。因此，福建战场的战略位置非常重要。

∧ 北伐期间，国民革命军总政治部主任邓演达与苏联顾问在前线督战。

∧ 北伐时任国民革命军第1军军长的何应钦（中）。

福建属于孙传芳的势力范围，当北伐军与孙传芳军在江西大战时，福建的周荫人的主力却驻守在福建和广东的边境地带，进可攻广东，退可据守福建，对北伐军构成了很大的威胁。北伐前，周荫人就以福建省督理兼第2师师长身份统治福建。他的军队号称有6万之众，但是内部并不统一，派系林立，矛盾重重。周荫人真正能调动的兵力不过3万余人。孙传芳成立五省联军后，周荫人部被编为孙的第四方面军，周任第四方面军总司令，并将所部改编为4个军，第4军军长周自兼任。周虽然不是孙传芳的嫡系，却也服从孙的节制。周奉孙的命令，以重兵驻扎在闽、粤边境，如同一把悬着的利剑，始终牵制和威胁着广州国民政府。而当时闽、粤边界驻防的北伐军只有何应钦第1军的3个师：即谭曙卿第3师、冯轶裴第10师、钱大钧第20师的一个团以及张贞的独立第4师，只有7,000余人，不足周部兵马的1/3。

不管怎样，周荫人部在数量上对北伐军占有优势。当孙传芳在江西作战失利后，他就一再严令周荫人进攻广东东部地区，以牵制北伐军的进攻。1926年9月中旬，周荫人在孙传芳的督责下，以三路兵马2.5万兵力进攻粤东。他命令张毅的第2军两个旅从潭州出发，进攻诏安、饶平；李凤翔第2军曹万顺、杜起云两旅从岩前、大坝出发，进攻蕉岭；刘俊第3军两个旅从永定、峰市出发，紧逼松口、大埔、梅县；第4军为总预备队，驻守在长汀、上杭。周荫人把指挥部设在永定，亲自坐镇指挥各路。周荫人开始进军粤东时，还暗中接济陈炯明在广东东江一带的余党，让他们在北伐军的后方进行破坏。

蒋介石在北伐之初，就决定派自己的嫡系第1军军长何应钦率军镇守潮、梅地区，以防福建的北洋军进攻广东，同时蒋介石还秘密派人联络周荫人的部下进行起义，同时搜集周部的情报。所以蒋介石对于福建的情况还是很了解的。

周部开始进攻粤东后，蒋介石认为粤东第1军的兵力太少，无法对付周的进攻，因此命令何应钦采取守势。但是何应钦认为，自己辖区广大，而士兵太少，如果处处设防，则处处都会力量薄弱，而且他很了解周荫人部队的弱点。周的部队多数是北方人，不善于在山路上行军，而且行军时多用草鞋套在布鞋上，速度很慢，每天走上20余公里，就感到疲惫不堪。而闽、粤边区基本上是山地，周的部队士兵肯定非常不习惯。周荫人在福建名声很坏，横征暴敛，引起了福建人民的憎恨，他的各个部队之间也矛盾重重，这些都是周的软肋。何应钦因此认为，北伐军如果能集中兵力，击败周荫人的主力第3军，其他部队就会作鸟兽散，福建平定也就指日可待。

蒋介石在权衡后接受了何应钦的建议，于是下令何应钦主动出击，进入福建进攻周军，进而平定福建。

何应钦受令后先巩固后方，他让中央军校潮州分校教育长王绳祖担任潮州卫戍司令，率全校学生400余人协助代理潮、梅警备司令何辑五保卫潮汕的后方。同时，福建省的国民党人也组织了福建参谋团，以宋渊源为临时主任，领导各路民军、联络海军在福建响应北伐军。

何应钦大军于9月30日到达三河坝，10月9日到左弼，然后他命令第3师奇袭永定城。10日，第3师第7、8两团分别从西南的老虎寨、城东的书院岗包围永定城，然后发起进攻。但是守城卫队旅是周荫人的精锐部队，进行了顽强的抵抗。此时，永定城内民众及城外的民军则积极配合北伐军，一起进攻守军。守城敌军受到前后夹击，见阻挡无望，于是大部分缴械投降。周荫人仓皇间只带了少数卫队化装逃跑。这场战斗俘虏了周部支队长李宝珩及团、营、连长以下官佐50余名、士兵4,000余人，缴获步枪4,000余支、炮10余门，敌军几乎被全部歼灭。

10月8日，周部第2军李凤翔部曹万顺、杜起云两旅在蕉岭起义，加入北伐军，随即被改编为国民革命军第17军。

福建战场非常顺利。

当何军在福建不断取胜的时候，北伐军在江西也取得了决定性的胜利，蒋介石随即进驻南昌，并命令各部自大江南北向东南进军。蒋介石于是任命何应钦为国民革命军东路总指挥。何应钦的部队势如破竹，很快就收复了汀州、漳州、南靖、同安等地，并逼近福州。

驻守福州的是福州城防司令李生春部和海军第一舰队，兵力强大。北伐军紧逼福州城时，中共福州地委书记方尔灏、国民党左派代表施秉政以及何应钦的代表，先后去做李生春的工作，希望他能“易帜反正”。中共中央特派员王荷波、国民党人林森、中共福州地委负责人，同时也在做海军司令杨树庄、海军第一舰队司令陈秀良的工作，希望他们能尽快起义，加入北伐军。经过多次谈判，12月2日，李、陈终于发表联合宣言，表示服从国民政府，加入北伐军。

江西战场结束后，国民革命军第2军第6师也奉命进军福建北部，协助东路军第1军和第14军，共同歼灭周荫人残部。11月下旬，该师官兵在党代表兼政治部主任萧劲光（共产党员）、师长戴岳、副师长朱耀华率领下，从南昌出发，长途进军，接连攻克福建的光泽、邵武、建阳，建瓯地区。12月初，东路军第14军赖世璜部连克邵武、建阳、顺昌、将乐、泰宁等地。第6师随后在党城、政和两地歼敌3,000余人，并乘胜把周荫人残部赶入浙江境内。至此，福建战事胜利结束。12月18日，何应钦率第3、14两师进入福州。

李生春虽然在福州归附了北伐军，可是后来却不听指挥。当何应钦派他进入浙江作战时，他从福州出发行军到建瓯，就不再前进，反而要求补发周荫人时代的欠饷。3月2日，何应钦大军来到延平，随即果断命令第二路指挥官冯轶裴率部将李生春部包围缴械。至此，福建全省被北伐军完全控制。福建的平定，何应钦立下了首功。他知己知彼，以弱胜强，以少胜多，先发制人，最终大获全胜。

北伐军在福建战场的胜利，消灭了孙传芳的第四方面军，粉碎了孙传芳利用福建进攻广东革命根据地的企图，打通了北伐军东路进军浙江的通道，孙传芳的败亡，已经为时不远。

冯玉祥带领西北军加入北伐

1926年9月17日，人烟稀少、荒凉冷落的西北小城五原，忽然间热闹起来。县政府西首广场上，临时垒起了一个两丈见方、六尺多高、坐北朝南的土台。国民党中央执行委员会常务委员于右任器宇轩昂地走上了高台。在这里，他将代表国民政府为冯玉祥的国民军举行授旗仪式。台下是到会的官兵们。据冯玉祥回忆，当日“天气极好，但漠北气候极冷，于先生头发蓬乱，胡须黑多白少，长及腹部，戴着一顶半新半旧的黑色学生帽，上穿夹袄，下穿棉裤，外罩一件黑色皮大衣，脚上玄色鱼头布鞋，白布袜子，都已变成灰色。到会的官兵们的服装五颜六色，有的破鞋破袜，有的穿着破袜而没有鞋子，衣服破烂不堪，领章肩章全都没有了，帽子有的为奉军的皮帽，有的为直军的布帽。器械皆不全，枪上有的没有背带，有的没有刺刀，亦有无子弹袋者，真是七零八落，找不着一个整齐的人”。

虽然当时的情形看起来并不引人注目，但这却是一个历史无法错过的时刻，是对历史有重大影响的事件。从这一天起，冯玉祥的西北军将加入革命军阵营。北洋军阀盘踞的地盘迅速地缩减下去，离自己的末路越来越近了。

西北军能走到这一步，并不容易。1926年1月1日，冯玉祥通电宣布下野后，于3月20日启程赴苏联考察。4月间在蒙古库伦经徐谦介绍加入了国民党。当时鲍罗廷对冯玉祥说：“您拥有中国最刚毅的军队，口称救国，但不知您的救国方针具体计划如何？何时实现？假设您的救国大策优于国民党，我们可以离开国民党来助您；假设您没有，就请您加入国民党，接受其主义和政策，联合一致，并计革命的成功，这是我们的希望！”

冯沉吟了一下说：“我是一个军人，不懂政治，更没有具体办法，耿耿此心，只知道要革命。”

经过一夜的思考，冯玉祥第二天正式决定加入国民党。

冯玉祥由库仑出发，经过长途跋涉，到达了莫斯科。他在那里拜会了许多重要的苏联领导人，如季诺维也夫、加里宁、托洛茨基、拉狄克、伏罗希洛夫等。斯大林当时还在黑海养病，他给冯玉祥写信说，等他病愈后再行约会。6月，冯玉祥派刘骥、李鸣钟作为自己的全权代表，由莫斯科前往广州，与国民党中央及国民政府接洽国民军入党手续及共同革命的计划。刘骥在7月中旬到达广州，随后通过协商，与谭延闿、徐谦、宋子文、孙科等达成了协议。其主要内容是：“一、冯玉祥统率所部国民军接受孙中山先生的三民主义和联俄、联共、扶助农工三大政策，从北方协助国民革命军北伐的进行；二、国民政府对于国民军按照国民革命军的标准，一律待遇。”冯玉祥完全同意。

冯玉祥在苏期间，每周都安排两个下午请朱务善、周达文给自己讲解有关中国革命的问题，请蔡和森讲国共合作、三大政策等问题。国民革命军正式出师北伐后，李大钊请于右任去莫斯科，敦促冯玉祥回国参

∨ 20世纪20年代的冯玉祥。

∧ 1926年3月，冯玉祥赴苏联考察时在莫斯科留影。

∧ 1926年9月17日，国民联军在绥远五原誓师。图为总司令冯玉祥（左一）与总政治部副部长、共产党人刘伯坚（右一）在誓师大会上。

∧ 国民党元老于右任。在书法、诗词方面有相当造诣，所写草书，自成一家。晚年思念故乡，写有“葬我于高山之上兮，望我大陆。大陆不可见兮，只有痛哭。”的诗句。

加北伐战争。冯、于开始着手回国事宜。苏联政府大力支持冯回国参加北伐战争，不但应冯的请求派给他军事顾问，而且给了他大量的军械弹药。

8月17日，冯玉祥从莫斯科出发回国。冯玉祥在苏联虽然只停留了3个月，但是在苏联、中国共产党人和苏联顾问的帮助下，他的思想有了较大的进步。

这最终促使他回国组织国民军联军，并正式加入了国民革命军。9月16日，冯玉祥一行到达绥远五原（在今内蒙古自治区巴彦淖内盟），随即发表回国宣言。

他先回顾了自己走过的道路，认为自己过去没有明白革命的真正含义，现在则认识到了，因此他宣告：“我现在所努力的，是遵奉孙中山先生的遗嘱，进行国民革命，实行三民主义。所有国民党一、二两次全国代表大会宣言与决议案，全部接受，并促其实现。今后将国民军建立在民众的意义上面，完全为民众的武力，与民众深相结合。”

冯玉祥回国时，正值国民军在南口被直奉军阀打败之后，西撤的国民军人心涣散，纪律松散，“简直成了土崩瓦解的局面”。西安的国民军被围已达5个月，时刻等待着援军的到来。冯玉祥面对严峻的现状，并没有感到气馁。

国民军将领鹿钟麟、邓哲熙、过之翰、孙岳、方振武、弓富魁、邓宝珊等都在五原，还驻扎着张凌云、弓富魁、徐永昌、方振武、冯治安等部近5万人。韩复榘、石友三等部听说冯玉祥在五原后都纷纷归来。

9月17日上午，国民军各部将领公举冯玉祥为国民联军总司令。中午12时，冯玉祥在五原举行就职誓师受旗典礼，接受党旗，宣誓就职，并发表“自我怀抱与献身革命的信心的宣言”，即《五原誓师宣言》：“国民军之目的，以国民党之主义，唤起民众，铲除卖国军阀，打倒帝国主义，求中国之自由独立，并联合世界上以平等待我之民族，共同奋斗，特宣誓生死与共，不达目的不止，此誓。”这就是著名的“五原誓师”。于右任代表国民党中央执行委员会授予国民党党旗，并宣布接受全军官兵加入国民党。

五原誓师是国民军历史上的一个转折点，是国民军正式加入革命行列的标志，也是国民军在南口战役后重新崛起的起点。五原誓师壮大了革命统一战线，发展了革命势力，产生了巨大的政治影响，既鼓舞了革命人民的斗志，也促进了敌人阵营的动摇和分化。正当北伐胜利进军之际，在敌人侧翼出现了这支革命军队，不仅在战略上牵制了敌人，而且能直接给敌人以打击。

∧ 阎锡山深谙权术，朝秦暮楚，一生中苦心经营自己的“地盘”，素有山西“土皇帝”之称。

国民军联军成立后，对于如何发展，军中有两种不同的意见：一是由五原回师南口，进攻北京；另一种是进攻陕西，出兵潼关，与北伐军会师中原。冯玉祥最后确定了从甘肃发兵救援西安，而后从潼关出发，与北伐军在郑州会师的计划。于是当即决定先分兵10路，火速援陕。

国民2军李虎臣和国民3军杨虎城部，自1926年2月起被吴佩孚支持的刘镇华的镇嵩军10万余众围困西安达8个月之久，已经濒临绝境。

驻甘肃的国民军孙良诚远道救援，先取咸阳，后与增援的刘汝明、孙连仲两部于11月26日拂晓与西安城内守军里应外合，一举击溃镇嵩军，镇嵩军向潼关、同州、武关等处逃跑。27日，被围8月之久的西安解围。国民军乘胜追击，12月2日占领潼关。

据说在被围期间，城内冻饿而死的军民达5万人之多，杨虎城对李虎臣说：“如果城破了，我们弟兄俩只有在钟鼓楼上一同上吊。”西安解围后，杨虎城为牺牲将士写的挽联是：“生也千古，死也千古；功满三秦，怨满三秦。”

国民政府任命冯玉祥为国民革命军第2集团军总司令，冯在西安宣誓就职：

谨奉国民政府命令，于十六年五月一日劳动节，在西安率全体革命将士，以为大多数被迫民众谋最大幸福之决心，联合革命民众，将全力献给于党，拥护党之主义及政策，与国际帝国主义者及国内一切反革命势力作最后之决斗，完成国民革命，悬此目的，生死赴之，谨宣誓于青天白日旗帜之下。

西安解围吸引了吴佩孚的10万镇嵩军，为国民革命军北伐立下了功劳。国民军占领陕西后，与南方北伐军遥相呼应，使西北的敌我对比发生了明显改观，使强大的奉系军阀不敢轻易南下阻击北伐军，也迫使阎锡山★进一步改善与国民军的关系，而疏远与奉系军阀的关系。在新形势的影响下，吴佩孚军队内部的矛盾不断激化，吴的部下靳云鹗、魏益三在暗中投向国民革命军，使吴军面临内部瓦解的境地。由于西北和中原有国民军的存在，北伐军也得以集中兵力向东进攻。陕西关中平原物产丰富，国民军因此可以恢复力量，尤其重要的是，经过这一战，冯部国民军的士气旺盛，彻底扭转了失败后的被动局面。冯玉祥因此写诗抒情说："拼命流血求解放，一往直前不回头。重层压迫均推倒，要使平等现五洲。"

★阎锡山（1883～1960）

国民党陆军上将。山西五台人。1909年毕业于日本陆军士官学校。回国后历任山西陆军监督、新军标统、山西都督。北洋政府期间任山西省省长。1927年任国民革命军北方总司令，1928年任第3集团军总司令，1929年任陆海空军副司令，1932年任太原绥靖公署主任。1949年6月，任国民政府在大陆的最后一任行政院长兼国防部长。到台湾后任"行政院长"及国民党中央评议委员。

对孙传芳的最后一战

1926年11月中旬的一天，孙传芳在自己的司令部里紧张地踱来踱去。厨师几次悄悄地从门口探头进来，又都悄悄地缩了回去。向来在吃饭方面一点都不亏待自己的孙大帅今天却似乎忘记了饥饿。饭菜已经热过好几次了。忽然，孙传芳猛然站住，有力地挥了一下手，使劲地点了一下头。然后立即吩咐上菜，狼吞虎咽地吃了起来。

孙传芳已经做出了一个大胆的决定，这个决定可能会丢掉自己的脑袋。但是他现在已经别无选择。他决定秘密去见自己的仇人张作霖，向他负荆请罪，以期背水一战，联合对抗北伐军。

孙传芳之所以做出这样的决定，实在是迫不得已，但是他对自己的决定也有一定的把握。原来当时北伐军已经先后平定了湖北、江西、福建，其他各地受到革命形势的影响，纷纷响应。四川军阀杨森受命为国民革命军的第20军军长，长江半壁已经是革命军的天下，冯玉祥、张之江也在西北响应。冯玉祥在北伐军进攻湖北时由苏联回国，就任北方国民革命军总司令，同时冯军进占了潼关。

对于北洋军阀，这真是生死存亡关头。长江以北最强大、完整无损的北洋力量就是奉系，它兵马众多、装备精良、资源丰富。唯一有力量与革命军一决胜负的，也就只有它了。

1926年11月10日张作霖离开东北，进入天津，这个消息立即成为各大报纸的头条新闻。但是对张作霖来说，他深知自己所面临的形势是非常严峻的，而且许多问题刻不容缓，需要立即解决。

他当时面临着三个需要立即解决的大问题。首先是北京政权问题。当时的北京政权是吴佩孚扶植起来的，现在吴佩孚大势已去，自顾不暇，当然无力照顾北京方面，因此北京的政权急需重新安排；其次，过去吴佩孚是抵挡北伐军的头号盾牌，吴军败后孙传芳独当一面，现在孙军五省地盘已经难以保全，北伐军再继续前进，就威胁到北方的安全。为了保全北方，奉系等必须立即援助吴佩孚和孙传芳，但是援吴、援孙已说了好几个月，却都没有什么行动；最后，如何防范自己的死对头、被打败的西北军（冯玉祥系）再起，是一个张作霖一直关心的问题。冯玉祥在陕甘一带目前发展迅速，西北军时刻准备向奉系报仇，因此必须妥为部署。

在这种情况下，北洋军阀决定以奉系军阀张作霖为首，联合起来对抗北伐军。张作霖于1926年11月14日在天津蔡园召开了一次大规模的军事会议，把奉鲁军阀都召集到天津商议大计。吴佩孚、阎锡山、孙传芳都派自己的代表出席了会议。张作霖的计划是，由津浦、京汉两大铁路干线运兵南下，直接进攻北伐军。张作霖最不放心的是冯玉祥，因此决定派军队同晋军的商震及阎锡山阻止冯玉祥、张之江在陕甘的活动。但是对于自己的计划，吴佩孚和孙传芳的态度，张作霖始终不清楚。张作霖原来打算等着吴、孙来向自己求援，但是偏偏吴佩孚虽然兵败，就是不向他低头乞援；孙传芳在江西、福建战场没有失败前也坚持不向他求援。不过现在情势已经大为改变，孙传芳的代表杨文恺在天津向张作霖表示，孙传芳一切听从张作霖主持，但是吴佩孚却仍然不愿向他求援。

张作霖先以会议主持人的身份发言说，自己没有当总统的野心，当前的问题是团结北洋派，先军事后政治等等。但是会场的气氛相当沉闷，因为没有看到什么行动上的安排。张作霖对孙传芳的代表说："你们那里还有多少军队？"孙的代表说："还有5万以上。"张认为这是骗人的鬼话，因此很不高兴。

孙传芳了解了会议的情况后，决定亲自北上，这就出现了开始时我们见到的那一幕。11月19日，从江西战败回来的孙传芳急急忙忙地秘密从南京乘专车前往天津。他的行动非常机密。铁路局只知道这节专车是孙的参谋长刘宗纪北上迎接老母用的，却没有想到孙传芳竟然在极端秘密的情况下，只带了两名幕僚和两名副官就上车前往虎穴。车到天津后，孙传芳直接闯进会场，把张作霖等人吓了一跳。只见孙传芳向他深深鞠了一躬说："我对不起大帅了。"

张作霖邀请他在身边就座。孙传芳说："过去我们有什么误会，那都是兄弟之争，没什么大不了的。在这里，我给大家赔礼道歉。我们北洋派现在应该重新团结起来，共同对付南方赤党。事到如今，就别再说什么地盘不地盘了，我情愿回浙江，让出江苏来请鲁军接防，鲁军总部设在南京，以便指挥前方。为了统一指挥起见，目前应组织一个讨贼军统率办事处，推举雨帅为全国讨赤总司令，本人愿听候调遣。"11月19日，由孙传芳领衔，直、鲁、晋、豫、苏、皖、赣、浙、闽、陕、察、热、绥、吉、黑15省区联名推戴张作霖为安国军总司令，并发通电说：

天津张雨帅鉴：

……传芳等仗义讨贼，义不容辞，然成城有志，束箭弭坚，自非有统一指挥之谋，难收提纲挈领之效。伏审我公公忠体国，视民如伤。四海威加，万流敬仰。当经集议研讨，询谋佥同。谨愿推戴我公为安国军总司令，统驭群师，同申天讨。挽颓波于既倒，媲时雨之来苏。以冀扫荡逆氛，扶持国本。传芳等当躬率所部，待命前驱。便日照临，丹心不泯，即请俯顺众意，勉仰谦光。克日就职出师，以解人民倒悬之厄。国家幸甚，谨电。伏乞鉴察！孙传芳、吴俊升、张宗昌、阎锡山、商震、寇英杰、陈调元、张作相、卢香亭、韩麟春、高维岳、周荫人、陈仪、褚玉璞、汤玉麟、刘镇华同叩。三十。印。

天津会议的结果决定了以下各点：（一）拟公推张作霖为联军总司令，吴佩孚、孙传芳、张宗昌、阎锡山为副总司令，杨宇霆为联军总参谋长。张作霖组织了安国军总司令部，并把总司令部迁到北京，改称大元帅，又重新组织了内阁；（二）张宗昌、张学良、韩麟春、褚玉璞率兵南下，不

< 张作霖旧照。奉系军阀张作霖在孙传芳的游说下，组成了安国军与国民联军对抗。

过不必一齐出发，先由张宗昌、褚玉璞督师；（三）张宗昌返鲁，鲁军先动，车辆集中韩庄；（四）派察哈尔部队向绥远包头进击冯玉祥，声明俟消灭冯玉祥后，奉军即撤回，不留驻绥远，另由山西阎军负责协助刘镇华抵抗冯军；（五）渤海舰队、东北舰队当同时出动，将来须封锁海口，断绝革命军的外援；（六）京汉路方面请吴佩孚明白表示，如吴确有力量，则请积极进攻，否则奉军愿代劳。

12月1日，张作霖在天津宣誓就职，并发表就职通电：

各报馆钧鉴：比以国政不纲，暴民乱纪，……年余以来，夺地争城，残民以逞，长此以往，国将不国。顷据孙馨帅诸君，以时局艰危，暴楚肆虐，联名电请以安国军总司令名义，统率同志，保安国家。作霖自分驽骀，岂堪膺兹重任。屡经电辞，未承谅许。当兹危急存亡之秋，敢昧匹夫有责之义。爰于12月1日，在津就安国军总司令之职。所冀袍泽同仇，共纾国难。凡有敢于危害我国家安宁者，愿与同仁共逐之。以全我安国军保安国家之素志。近年暴徒骚扰，全国苦兵，凡安国军师行所至，军纪风纪，整齐严肃。但知救国，决不扰民。作霖戎马半生，饱经忧患。只期国家谋永久之安，决于个人无权利之见。事平之日，仍当与海内外名流，共商国是。总期造成真正法治之共和国家，不致使神明华胄，陷于洪水猛兽。免为世界人类所不齿，则幸甚矣。特布区区，敬希谅察！张作霖。东。印。

张作霖任命孙传芳为安国军副司令仍兼苏、皖、赣、浙、闽五省联军总司令，张宗昌为安国军副司令兼直鲁联军总司令，杨宇霆为安国军总参谋长。张作霖又在“安国军总司令部”下设总务厅、军务厅、秘书厅，充当临时政府职能。半年之后，张作霖组织了安国军政府，亲自就任“中华民国陆海军大元帅”，实际上是北洋军阀的统治者。

张作霖为了拉拢阎锡山，任命阎为安国军副元帅。阎锡山在左右摇摆后于1927年1月底就任国民革命军北路总司令。晋军半年后易帜为国民革命军北方军。

从张作霖那里得到支持后，孙传芳马上腰杆直了起来，他立即赶回南京，召开军事会议，决定和革命军大战一场，以决胜负。浙、苏、皖位于长江中下游，是孙传芳的腹地，他迅速将剩余兵力集中在沪宁、沪杭以西地区进行防守。1926年12月上旬，孙传芳在南京召集苏、浙、皖三省的重要将领开会，妄图打算浙江为基地，向北伐军发起反攻，从而夺回江西。

> 在张作霖的拉拢下，山西“土皇帝”阎锡山就任安国军副元帅。

国民革命军攻占南昌和收复福建之后，为彻底消灭孙传芳，也决定进入浙江战场，对孙传芳发起攻击。1927年1月初，北伐军总司令部在南昌召开军事会议，制定了进军长江下游的作战计划：确定先期攻取沪、杭，然后会师南京；将北伐军作战部队编成东、西、中三路，以东路军为主担任浙江战场的作战任务。鉴于孙军主力集中在沪杭、沪宁两线，并以杭（州）、嘉（兴）、湖（州）为其驻防的重要战略支撑点，故东路军在浙江的作战，多在浙西钱塘江流域及浙、赣路沿线。

战争初期，由于北伐军东路军的主力还在福建，因此在浙江战场上，孙军占有优势。1927年1月初，孙军嫡系部队三个师的重兵，在闽军周荫人的配合下，向驻扎富阳的东路军第26军的第1、2两师发起了猛烈进攻。面对敌强我弱的形势，东路军前敌总指挥白崇禧一方面下令各师转守为攻，放弃衢州，另一方面急电北伐军总司令部，要求迅速派兵增援。

此时，浙江人士发起了一个浙江自治运动，呼吁革命军和孙军都不要进入浙江，要求双方把浙江作为缓冲区，并主张浙江省的防务由陈仪、周凤岐负责，民政则完全自治。孙传芳哪里肯在自己的势力范围内撤兵，他只同意把民政还给浙江，认为军事关系国防，人民不应干涉。因此浙江人士的免战希望宣告失败。

12月14日，革命军李宗仁部由玉山进入浙江，随即进军衢州，而驻守浙西的周凤岐早已与革命军达成默契，任由李宗仁部顺利进入浙西。革命军总部当时扬言说，三个星期内就可以攻克杭州。孙传芳大惊，立即集中兵力，打算与革命军进行决战。沪杭一带立即人心惶惶，有钱人纷纷拥进上海的租界里。

孙传芳的海军司令杨树庄下令把舰艇集中到上海，但是当孙传芳回南京后，杨却并没有去见孙传芳，这说明海军方面已经出现了变化。

12月19日，浙江宣布自治，自治宣言为：一、浙人治浙，组设人民政府；二、反对任何军人假自治名义割据；三、政治公开；四、现有军队服从省政府；五、集会结社言论出版自由；六、废除苛捐杂税。这个自治政府有名无实，有人还说这是孙传芳授意组建的，所以蔡元培、黄郛等知名人士并没有响应。

革命军方面对北洋军阀的情况非常了解，这可以从蒋介石亲笔给何应钦的一封分析北方情况的密电中看出：

何总指挥勋鉴：密，大局情况如下，一、奉张就安国军事，全系宁孙赴津促成，欲思引奉为后援以保其地位，而奉亦欲假统一北方名义以为总统过渡之张本；二、西北军（注：指冯玉祥）迫近潼关，奉张吃紧，定比对南军事更急，故奉军必先防制西北军之入豫，而始能对南。唯闻西北军无即入豫取攻势之可能；三、在鄂军队现已从事肃清鄂西一方，俟西北军收拾陕南以图两军在鄂北联络后再定入豫之期；四、东南方面先定闽浙，闽平后应即以全力入浙，一俟浙局统一，再图苏皖，暂以划江而守，以待时局之变迁。总之，上海不得，则长江闭塞，而海内外交通亦难自如，故南京与皖南亦应急谋收复。河南不得，则中原难定。西北军不能与我联络，阎锡山亦不能表示态度，阎已派代表正式声明，一俟我军入豫或至津浦路，彼必响应也。中意如北占河南，南得南京，晋必响应，则奉军虽不出关而不可得。否则攻守亦可自如，北伐乃可告一段落，非如今日之俸仂也。海军须注重，以长江无海军则军事甚难进展也。中正。

另有密电给何应钦、白崇禧：

何白总指挥勋鉴：刻接沪电，敌方计划孙军守松沪，直鲁守南京，由宜兴取攻势。卢香亭、周荫人在松江，张宗昌将到宁，孙来沪，毕庶澄到沪，昨晚海军一部向兵工厂开炮无结果。中正。

这封亲笔电报旁还加批："不得片刻停留，限即到。"

另有密电给何应钦：

何总指挥勋鉴：密，江西电悉，海军态度不明，误事必多，不如决由陆程入浙，时机急迫，望速前进……中正。

< 北伐时期的白崇禧。

★白崇禧（1893～1966）

国民党一级陆军上将。广西桂林人。曾任国民革命军副总参谋长、东路军前敌总指挥、淞沪卫戍司令、广西绥靖公署副主任。抗日战争时期，任国民党军事委员会副总参谋长、第五战区司令长官、桂林行营主任等职。抗战胜利后，任国民党政府国防部部长、战略顾问委员会主任委员兼华中"剿总"总司令、华中军政长官。1949年去台湾。

1927年1月，国民革命军开始兵分4路大举东下，进攻长江下游地区。何应钦、白崇禧★担任东路军总指挥和东路军前敌总指挥，统率6个纵队，由福建和江西进军浙江和上海地区。蒋介石亲自担任中路军总指挥，下辖左、右两路军：李宗仁为江左军总指挥，率第7军全部和黔军王天培部，沿长江北岸东下，攻占合肥、蚌埠，截断敌军北逃的退路；程潜担任江右军总指挥，率第6军和独立师贺耀祖等部，沿江南岸向东进兵，攻占南京；唐生智担任西路军总指挥，统率4个纵队，以一部兵力防守武汉，其余主力进军河南南部，配合江左军作战，并与陕西的冯玉祥部会师，寻找机会进攻河南中部。

1月中旬，东路军主力第1、第2、第14、第17各军相继进入浙江，北伐军此时对孙军已经占有绝对优势。此时，进入浙江西部的北伐军，兵分左、中、右3路，开始主动向敌军发起攻击。2月初，北伐军已经占领了兰溪等大片地区。2月中旬，北伐军攻克富阳，诸暨、余杭等地，进逼杭州。1月17日凌晨，孙传芳方面的孟昭月、周荫人、浙江省长蔡朴，带领2万多兵力，仓皇逃离杭州，撤退到嘉兴、松江一带。1月18日下午，北伐军进占杭州。

当东路军主力各军在钱塘江下游及沪杭线上追击孙军孟昭月部的同时，东路军3个纵队也从福建进入浙江，并分别向浙江南部的温州等地发起进攻，顺利占领了这些城市，并乘胜推进到浙江中部和东部一带。2月21日，东路军第6纵队占领了浙东重镇宁波，孙军从海路逃往上海。东路军各纵队则在浙东绍兴地区胜利会师。至此，北伐军光复了整个浙江。

孙传芳从浙江败退后，把自己的残部集结在松江、青浦、上海和苏州一带，并在江苏、浙江两省边境的嘉善、枫泾一带构筑了防御工事，打算与鲁军张宗昌部共同作战，抗击东路军的进攻。

这个时候孙传芳内部已告分裂，他手下的陆军、海军纷纷向革命军投诚，并反戈迎击孙军和鲁军。此时上海工人在周恩来等人的领导下，正进行大规模罢工，要求孙传芳撤退。为了尽早消灭孙传芳和张宗昌的鲁军，何应钦、白崇禧在杭州召开军事会议，商定了进军方略：

一、以前敌总指挥所部之第1、第2、第3各纵队，沿沪、杭路前进，攻略上海；

二、以东路军直属之第4、第5、第6各纵队及第2军经宜兴、溧阳，向常州、丹阳前进，进占该两地后，以一部进驻无锡、苏州，协同前敌部队围歼淞沪地区之敌，以主力向南京前进，与江右军协同攻略南京。

3月16日，革命军和孙传芳的淞、沪之战打响。经过激战，北伐军于21日早晨占领了松江城、苏州，并到达上海郊外，完成了对上海的包围。3月22日，上海工人阶级在中国共产党的领导下，实行武装起义，消灭北洋直鲁军5,000余人，解放了中国最大的工业城市上海。北伐军顺利进入上海。

此时，北洋海军总司令杨树庄已经率领全部海军加入了北伐军革命军，任命杨树庄为国民革命军海军总司令，将所有海军舰艇，编为4个舰队，以陈季良为第1舰队司令，陈绍宽为第2舰队司令，陈训咏为练习舰队司令，曾以鼎为鱼雷游击舰队司令。

当东路军在沪杭、沪宁线上节节胜利之时，北伐军江右、江左各军也向孙传芳、张宗昌的“安国军”发动了强大的进攻。江右军占领了安徽省重要战略城市安庆、芜湖和当涂；江左军占领了合肥、六安和蚌埠。2月下旬至3月上旬，孙军方面的刘宝题，皖军陈调元、王普，湘军叶开鑫等各部，在安庆和皖南地区，相继起义，宣布加入国民革命军，并分别就任北伐军的军长。这样，北伐军几乎是兵不血刃地占领了安徽。

北伐军东路军、江左军则把南京三面包围了起来。3月20日凌晨，江右军总指挥程潜命令各纵队，向南京外围敌军各据点发动总攻。经过3天的战斗，北伐军摧毁了敌军在南京外围的据点，为攻取南京城扫清了障碍。23日，程潜率江右军开始进攻南京。3月23日革命军江右军第2纵队鲁涤平部在占领江宁县后，开始向南京城的中山门、光华门发起进攻；第3纵队贺耀祖部在占领了将军山、牛首山、幕府山后，向通济门、武定门发起进攻；第1纵队程潜部在击败大小山、马石山、西善桥一带北洋军后，开始向雨花台方向乘胜追击。北洋军狼狈地逃向城内，革命军随即从中华门追入南京城。其余各纵队在当天晚上也都分别攻入南京城内，北洋军见大势已去，纷纷开始逃命，只有一部人马从下关坐船逃回浦口。

北伐军至此完全攻占了南京城。

上海、南京，是孙传芳反动统治的中心，南京的收复，使得孙传芳失去了最后的根据地，也使得革命军控制了整个长江流域和华南、华中的10个省份。本来北伐军应该乘胜追击，打败奉系军阀，然而，继续北伐的步伐却从此停了有一年时间，原因在于蒋介石和汪精卫对大革命的背叛。

∧ 北伐军逼近上海时，上海工人在周恩来等人领导下，举行了第三次武装起义。有利地配合了北伐军解放上海。

影像大扫描

IMAGE SCANNING

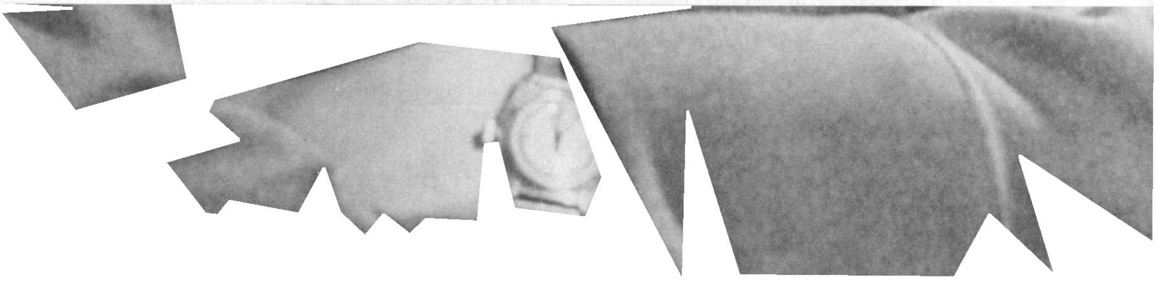

06

鲜血染红的南京政府

随着北伐的节节胜利，蒋介石的野心和反动本质也渐渐明显了起来。在大资本家和帝国主义的拉拢下，他悍然发动了“四·一二”反革命政变。大肆屠杀共产党人，公开叛变了革命。

而面对难以插手的武汉政府，他自行取消武汉国民政府，组建南京国民政府。汪蒋第一次“蜜月”到此彻底破裂。

在第一次国共合作彻底破裂，汪精卫公然分兵三路东征讨蒋，在李宗仁、白崇禧投靠武汉政府的情况下，蒋介石已是四面楚歌，不得不以“深念党国前途”为名，宣布下野。

要把武汉政府牢牢握在自己手里

北伐军总司令部里，蒋介石久久地站在墙上的军用地图前面，手指下意识地来回指点着。突然，他的手指停留在武汉那里，不停地敲打着，嘴里带着一些嫉妒和不满喃喃着：武汉，便宜了他们！北伐军攻克了武汉这个远比南昌重要的地理位置，但是那里实际的控制权却不属于他这个北伐军总司令。他的地盘在南昌，然而，国民政府却坚持要迁都武汉，却不是南昌。他恨恨地沉思着，突然，猛然握紧了拳头，低声说出了三个字：曹孟德。是的，为什么不学曹操，挟天子以令诸侯呢……

原来，随着北伐战争的节节胜利，蒋介石的野心和反动本质也渐渐明显了起来。而大资本家和帝国主义也迅速地注意到了他的转变，向他伸出了拉拢的手臂。所有这些最终促成他悍然发动了“四·一二”反革命政变★，大肆屠杀共产党人，公开叛变了革命。但是最开始，他想做的却是把武汉政府牢牢地控制在自己的手心里。

北伐开始后，中共中央与共产国际远东局就举行联席会议，打算对国共合作的形势及政策、策略进行分析研究。会议认为要发展农民运动，就不能再维持广东的中派政权。从当时的形势看，有三条路可以选择：一是迎汪倒蒋；二是汪蒋合作；三是使蒋成为一个左派，执行左派政策。会议经过讨论，认为比较好的是迎接欧洲的汪精卫回国复职，汪蒋合作。此时，陈独秀和共产国际的代表完全忽视了共产党自身的力量，也忽视了国民党左派和工农武装的力量。

★“四·一二”反革命政变

1927年春，北伐战争胜利发展，3月21日上海工人第三次武装起义胜利。蒋介石阴谋发动反革命政变。中国共产党内以陈独秀为代表的右倾投降主义者对此毫无警惕。4月12日蒋在上海用阴谋手段袭击工人纠察队，强行解除纠察队的武装，封闭上海总工会等革命团体，屠杀举行总罢工和集会游行的上海工人。接着，蒋在他所控制的地方实行“清党”。4月18日，在南京建立了代表帝国主义和地主买办资产阶级利益的南京国民政府。

迎汪复职的主张遭到蒋介石的反对。陈独秀回复蒋说："我们是在下列3个条件之下赞成汪精卫回来的：一是汪蒋合作，不是迎汪倒蒋；二是仍维持蒋之军事首领地位，愈加充实、扩大蒋之实力作更远大之发展，绝不主张别的军人拥汪以倒蒋；三是不主张推翻党务整理案。"陈独秀在党内说："我们的人力务全用在民众方面，万勿参加政府工作，共产党必须立足于在野党地位。"中共中央要求江西一些担任地方行政职务的共产党员，必须辞职，或者退党。

迎汪复职的目的是削弱蒋介石的专权，得到了对蒋不满的国民党右派分子的支持。国民党中央委员会和各省代表联席会议，通过了迎汪复职案。

迁都问题也充分暴露了蒋介石当时的反共独裁本质。早在1926年10月，在广州召开的国民党中央各省区联席会议上，就讨论了迁都武汉的问题。当时蒋介石为了便于控制国民政

∨ 随着北伐的节节胜利，蒋介石的反动本质暴露无遗。图为蒋介石在北京饭店接见记者。

府，坚决主张立即迁都武汉，并一再敦促执行。但是经过讨论，会议认为迁都为时过早，因此决定国民政府仍暂设于广州。11月上旬北伐军攻占南昌后，长江中游已经被北伐军所控制，迁都武汉的条件已经成熟。11月8日，国民党中央政治会议便决定在短期内把国民政府和中央党部迁到武汉。为慎重起见，在16日派遣司法部长徐谦、外交部长陈友仁、财政部长宋子文、交通部长孙科及宋庆龄、鲍罗廷等先去武昌进行实地考察，为迁都进行前期准备。26日，国民党中央政治会议正式决定，国民党中央党部及国民政府很快将迁都武昌。武汉的群众听到这个消息后，热情高涨，认为革命胜利了，就应该收回外国在华的租界。因此，当布置迁都事宜的国民政府代表团一下火车，就被成千上万、高喊要求收回英租界的请愿群众包围起来。国民政府认为，要争取民心，就必须收回租界。于是，在民众的有力支持下，在陈友仁、徐谦等国民党人和刘少奇、李立三等共产党人的共同努力下，政府先后收回了汉口、九江的英租界。

蒋介石本来是主张迁都武汉的，然而当他的势力控制江西后，却极力主张迁都南昌。这样他就可以把国民政府握在自己手中。但南昌和武汉相比，谁都知道不适合作首都，所以没有人支持他的想法。11月26日，中央决议迁都武汉不变。12月5日，广州停止办公，各委员先后到达武汉。蒋介石没有到达目的是不肯到武汉去。

12月2日，宋庆龄、鲍罗廷等一行60多人乘船经过南昌，蒋介石特意穿着军装，满面堆笑前来迎接，显得特别热情，还和大家一一握手。但实际上，蒋介石却希望说服这些人同意迁都南昌。他认为：政治应与军事配合，党政中央应与总司令部在一起。

当时南昌的局势比较混乱，商店因拒收蒋介石滥发的"军用钞票"而关门罢市，并组织游行进行抗议，使得原来准备在南昌召开的中央军政会议不得不转移到庐山才得以举行。

12月7日在庐山会上，宋庆龄、鲍罗廷、邓演达等坚持加强团结，巩固后方，开展工农运动，进行社会改革和从政治上改组军队等革命主张。会上通过了尽快召回寄居海外的汪精卫回国复职的决定。蒋介石此时见大家都愿意迁都武汉，也只得表示赞成。10日，宋庆龄、徐谦、孙科、宋子文、陈友仁、鲍罗廷等由九江到达武昌，受到数万群众的热烈欢迎。

先遣人员到达武汉后，立即召开紧急会议，决定在国民政府未迁到

∧ 1926 年时的宋庆龄。

∧ 时任广州国民政府外交部长的陈友仁。

武汉之前，先由宋庆龄、陈友仁、吴玉章、徐谦、蒋作宾、鲍罗廷、孙科、宋子文等组成“中国国民党中央执行委员及国民政府委员临时联席会议”，作为迁都前的临时党政最高权力机关。它实际上是武汉临时政府。在临时政府中，左派力量占据了优势地位。鲍罗廷担任临时政府的政治顾问，是政府中最重要的决策人。虽然共产党人名义上没有正式参加临时政府，但共产党人吴玉章、于树德却以国民党中央执行委员，董必武以湖北省党部代表身份参加了临时政府；政府成员中的国民党左派还有宋庆龄、邓演达以及“左倾”的徐谦、陈友仁、王法勤等。此后，国民政府正式迁都武汉。

1927年元旦，临时联席会议正式宣布国民政府在武汉开始办公，外交、财政、交通、司法四部开始行使职权。国民政府命令将武昌、汉口和汉阳3镇合组为京兆区，定名武汉，作为临时首都。国民政府迁都武汉，引起了国际上的广泛关注。苏联决定派加拉罕为驻汉大使。英国政府派驻华使馆参赞台光满担任驻汉代表，并致电外交部长陈友仁，希望国民政府派遣驻英代表。德国共产党中央致电国民党中央和国民政府说："我们庆贺你们的国民政府迁移到中国中部。""我们一定要求德国政府承认国民政府为中国之真正的政府。"

但是蒋介石却坚持一意孤行，他在1926年12月31日，利用国民党中央执行委员会代理主席张静江及国民政府代理主席谭延闿途经南昌的机会，宣称国民党中央党部及国民政府已迁至南昌。蒋介石还截留了经过南昌的国民党中央执委和国民政府委员，擅自召开了国民党"中央政治会议临时会议"，决定把中央党部及国民政府暂移南昌。

1927年1月3日，武汉国民政府隆重举行国民政府迁都武汉和北伐胜利的庆祝大会，蒋介石再次致电武汉说，根据南昌国民党中央政治会议决定，以及北伐军发展情况，主张国民政府暂设南昌。武汉当即复电说，不赞成迁都南昌。宋庆龄、陈友仁、蒋作宾、唐生智等人在联名发给蒋介石的电文中说：

初到鄂都，时局颇困难，但因人民政府之信用，得将时局改造日趋稳定，外交地位顺利，军事消息日升，财政大有起色，最近占领英租界之举，内顺民心，外崇威信，务希坚持到底，不独战争必须身先士卒，政治亦然。中央领袖必须亲临政治冲激之地，始能战胜敌人。

武汉政府随即邀请蒋介石到武汉进行具体商谈。1927年1月11日，蒋介石从南昌动身，由九江乘船西上武昌，受到武昌民众的热烈欢迎。武汉政府为弥补双方的裂痕，也有意对蒋介石大加赞扬。在阅马厂的欢迎会上，候补中央执委董必武以大会主席的身份致辞说："我们今天欢迎蒋总司令，就是欢迎三民主义的继承者。蒋总司令是我们国民党的领袖！"

在"欢迎"蒋的集会上，各界群众代表当场一致要求"国民政府中央党部从速迁鄂"。国民革命军总政治部主任邓演达率众高呼："中央党部立刻迁驻武汉！""国民政府立刻迁驻武汉！"一句百和，备极热烈。随后，国民党湖北省党

∧ 董必武为中国共产党的创始人之一，国共第一次合作期间他出任国民党候补中央执委。

＞ 20世纪20年代末的蒋介石。

∧ 1927 年元旦，武汉各界群众集会，庆祝北伐胜利及国民革命政府迁至武汉。

部、汉口特别市党部及省总工会、省学联、省妇女协会等群众团体和第 4、第 7 军政治部，纷纷通电敦促政府“立即迁鄂”。但蒋介石却回答说：“中央党部与国民政府地点，须俟中央执行委员会全体会议解决，至于中央政治会议仍应在南昌开会，不能即时到武汉来。”

鲍罗廷在发言中猛烈地抨击个人独裁不会有好结果。

蒋介石散会之后则直截了当地提出，在军事行动未结束之前，中央党部及政府应该和总司令部在一个地方。

“的确如此，”鲍罗廷说，“但总司令部为什么不能迁来武汉呢？”

“总司令部应该设在前方。”

“难道武汉就不是前方了吗？”鲍罗廷说，“武汉北可控制京汉线、东可俯瞰长江下游，南昌有这样的便利吗？”

蒋介石恼羞成怒，指责鲍罗廷干涉过多，并说：“现在的苏联不再是 3 年前的苏联，已被世界上认为是赤色帝国主义者了。并且现在不是我们放弃孙总理的联俄政策，而是你鲍罗廷来阻挠我们执行总理的联俄政策。”

鲍罗廷警告蒋介石：“蒋介石同志，我们 3 年以来，共事在患难之中，所做的事情，你应该晓得，如果有压迫农工、反对共产党这种事情，我们无论如何要想法子来打倒他的。”

两天之后，蒋介石竟然没有通知任何人，就秘密返回了南昌。1 月 27 日，他公开提出要驱逐鲍罗廷，武汉政府没有理会。

蒋介石为了缓和舆论，不得不在 2 月 8 日，以中央政治会议名义宣布：应民众及各团体

∧ 武汉各界欢迎蒋介石的集会现场。

要求，本日决议中央党部及国民政府迁至武汉。

但他又借口江西省政府要在20日才成立，拖延迁到武汉的时间。由于被蒋介石截留在南昌的各委员即将来到武汉，武汉临时联席会议于2月16日召开了第25次会议，认为武汉临时联席会议的任务已经完成，决定由临时联席会议召集中央执监委员扩大会议，结束联席会议。

2月21日，在武汉召开了国民党中央执、监委员扩大会议。会议在肯定了临时联席会议成立的必要性及其所取得的成就后，决定即日结束临时联席会议，并决定中央党部及国民政府即日正式开始在汉办公。

蒋介石依然在进行阻挠，当他接到武汉临时联席会议自2月21日起宣布结束，中央党部和国民政府在汉正式办公的决定通知后，就在2月22日以“中央政治会议”的名义电告武汉：“在党部与政府未迁以前，在武汉不得以中央党部暨国民政府名义另行办公。”不过此时大多数中央执行委员和国民政府委员实际已经到达武汉，迁都武汉也已是人心所向，所以，蒋介石不得不在3月3日表示：“中央党部和国民政府于3月6日全部迁鄂，全体委员于是日启程赴鄂，12日开中央执行委员会全体会议。”蒋介石说：“武汉是全国的中心，也是政治变迁的策源地。我们党部和政府到了武汉，一定比在南昌发展得更快。我们今天可以代表在南昌的同志，明白地告诉谭主席和各位委员：我们的政府虽然迁到武汉去了，我们在南昌的同志对于拥护政府、拥护党的热忱，比现在还要增加几倍。”至此，迁都之争以蒋介石的失败而告结束。

这时，中共中央、国民党左派、武汉政府都考虑由李宗仁代替蒋介石的总司令职务。鲍罗廷对李宗仁说：“不能再让蒋介石当总司令了，否则他要成为大独裁者，革命势必前功尽弃。我看李将军接任总司令最合适。”李宗仁没有答应。

蒋介石一面和武汉中央暗中争斗，一面继续北伐，主要任务是孙传芳的老巢苏、浙、沪一带。虽然迁都之争蒋介石失败了，但是他却从此开始了在行动上的反共活动。他一方面发表“拥护政府、拥护党”的演讲，一方面却加紧掌握基层的党权。同时，他制造各种借口，压迫农会，解散农民自卫军，排斥共产党人和国民党左派。他还收买流氓、地主及一切反对派，组织AB团（反共团体），作为反革命活动的骨干。

与此同时，蒋介石又公开向英、美等帝国主义国家示好。他一面通过宋子文、王正廷、吴稚晖、李石曾等勾结西方帝国主义，一面派黄郛、戴季陶、张群等进行勾结日本的活动。2月11日，戴季陶由汉口秘密到了上海，15日化装为日本人，用日本人的假姓名，鬼鬼祟祟地溜到日本。各帝国主义买办、北洋军阀的政客云集南昌，进行所谓的“政治南伐”。蒋介石的结拜兄弟张群、黄郛等也混迹其中，张群还被蒋介石任命为总司令部总参议。各帝国主义也看中了蒋介石是可利用的新工具，英、美在上海的买办代表人物虞洽卿准备借款6,000万元给蒋介石，让他做反共、反人民的大刽子手，并取消“打倒帝国主义”这一北伐口号。蒋介石秘密命令北伐军把“打倒帝国主义”的口号改为“和平奋斗救中国”，作出同帝国主义和好的姿态。

2月20日，蒋介石成立了以西山会议派李烈钧为主席的江西省政府。1927年3月6日，蒋介石指使其亲信、驻赣新编第1师国民党代表倪弼伙同AB团分子贺其桑等，逼令赣州总工会委员长、江西省总工会副委员长陈赞贤解散工会，遭到陈的严词拒绝后，倪弼等人当即枪杀了陈赞贤。3月16日，蒋介石又命令段锡朋、周利生等强行解散了左派控制的国民党南昌市党部。3月中旬，蒋介石率部东进，16日抵九江。17日就在九江制造了反革命事件，总司令部特务处处长杨虎等纠集流氓地痞拿着刀剑棍棒将国民党九江市党部、总工会、农协、国民新闻社一一捣毁。纠察队起而自卫，蒋介石就派了“他的卫士大队去一方面镇压工人，一方面掩护暴民出市”。杀害市党部干部3人、总工会干部1人，重伤第6军政治部干部9人。在蒋介石的指使下，AB团纠集流氓打手组织了暗杀机关，西山会议派、反革命分子和土豪劣绅横行一时。

蒋介石借总理纪念周之机，多次在南昌总部会议上发表反共演说，“现在武汉的本党一部分同志，有一种运动，有一种宣传，所谓要提高党权，集中党权。……今日提出这集中党权、提高党权的口号，不过拿一个口号来排除异己的同志，做他们真正要想把持党权的武器

∧ 1927年3月10日，国民党二届三中全会在汉口召开。会议通过了限制蒋介石权力的决议。

就是了。”他进而露骨地说：“现在共产党员，事实上有许多对国民党党员加一种压迫，表示一种强横的态度，并且有排挤国民党党员的趋向，使得国民党党员难堪。这样，我便不能照从前一样的对待共产党员了。如果共产党员有跋扈强横的事实发生，那我一定要纠正他，并且一定要制裁他们。”他还说：“我亦曾附带的有一句话，就是说：‘将来共产党强大起来了，如共产党员有跋扈强横的事实发生，那我一定要训正他们，并且一定要制裁他们，也要以今日对待本党同志的态度来对待他们。’”《向导》当时发表文章评论了蒋介石的这次讲话是：“特别是看重共产派，差不多演说中十分之六七是对共产派说话的，说共产党员如何强横，他要如何制裁共产党。”

蒋介石的这次演讲发表以后，南京、上海的帝国主义国家在华的通讯社和报纸如东方社、通电社、路透社、《匝天时报》《字林西报》等，都欢欣鼓舞，进行了大张旗鼓的报道，差不多异口同声地说：“蒋介石已起来反对左派、抑制共产派了。”《字林西报》说：“蒋介石、何应钦、白崇禧是唯一可以使长江以南的区域免于沦入共产党人之手的保护力量。”“倘蒋介石愿意拯救中国人民于共产党之手，那么他必须迅速而决断地进行起来。”《北京政闻报》说：“如果蒋介石将军不愿坚持损害他们首创的运动的名声，他就应该把自己和那些命定倒霉的过激分子分别开来。”孙传芳、张宗昌在上海办的《新申报》和西山会议派在上海办的《江南晚报》，也先后发表社论，登出蒋介石的演讲，并大加赞扬说：“到底蒋介石不错，还能起来抑制共产分子。”

3月7日，蒋介石又借南昌总部第十六次总理纪念周之机，再次发表长篇演讲，痛骂武汉政府对他反共反人民的行为的制裁是：拿一种压迫的手段对待本党的领袖，或有侮辱我们本党的行动，是反对革命领袖，破坏国民革命，而且说："如果有反宣传，阻碍我们的革命，那我们就要当作他是反动派，当作他是我们的敌人看待。"

蒋介石还说："若苏俄一旦不以平等待我，像别的帝国主义一样压迫我们的时候，我们也是像反对帝国主义一样的反对他们。"这种言论同西山会议派当时反对联俄的论调一模一样。西山会议派的上海大会宣言就是这样说的："吾人尝以'平等待我'为民族间之量尺矣，凡言行一致，合乎此量尺者皆吾友，否则不唯非友，甚至为仇。"

自2月以来，国民党中央连续召开会议，讨论反对独裁、恢复党权运动，并由徐谦、吴玉章、邓演达、孙科、顾孟余5人组成行动委员会，并准备召开国民党第二届三中全会，对这些问题作彻底解决。在邓演达、顾孟余、叶楚伧、张太雷等5人参加的国民党中央宣传工作会议上，明确提出了反对独裁、提高党权的6项措施。国民党湖北省党部、武汉市党部、安徽临时省党部代表团、国民革命军第7军政治部等单位也纷纷发表宣言，呼吁恢复党权。2月24日，在行动委员会领导下，在武昌阅马场召开了一次声势浩大的党员大会，徐谦代表国民党中央讲话，强调"统一党的领导机关，一切军事、财政、外交均须绝对受党的指挥"。"使军事领袖置于党的指挥之下"，不指名地谴责了蒋介石。共产党和国民党左派都认为蒋介石不能做国民党的领袖，只有汪精卫最适宜，于是提出了"请汪销假""迎汪复职"的口号。

国民党二届三中全会本定于3月7日召开，蒋介石见形势对己不利，始终没有到会。

出席国民党二届三中全会的代表33人，有中央执行委员宋庆龄、何香凝等18人，候补执行委员毛泽东、董必武、邓演达等11人，候补监察委员李宗仁等4人，会议选出谭延闿、宋庆龄、徐谦、孙科、顾孟余等5人为主席团。会议通过《统一革命势力决议案》《统一党的领导机关决议案》等，重申了孙中山的三大革命政策和坚持国共合作的革命原则。

全会斥责了蒋介石搞个人军事独裁的错误，批评了蒋介石以军治党、以军治政的倾向。决定将一切军事、政治、外交、财政等大权，均集中于党。这次全会选出了以汪精卫为首的9人常委会，汪还兼任组织部部长，汪未到任前，由吴玉章代理。

> 李济深旧照。李济深一生经过了旧民主主义革命、抗日战争、新民主主义革命、社会主义建设等不同的历史阶段，经历了追随孙中山、与蒋介石斗争、与国民党决裂直至拥护中国共产党的领导和社会主义制度几个阶段的思想转变过程。

这次全会实际上撤销了蒋介石国民党中央执委常委主席、军事委员会主席和中央组织部长、军人部部长职务。4月6日，武汉国民政府分别任命蒋介石、冯玉祥为国民革命军第1、第2集团军总司令。在第1集团军下设立4个方面军，以何应钦、程潜、李宗仁、唐生智分任总指挥，以限制蒋介石滥用总司令职权。

蒋介石拒不接受批评，说战时总司令必须独断，这是自己的责任。并说极愿辞掉总司令职务，“如果我愿意做总司令，我就不是蒋中正”。在心里，他对共产党和国民党左派的憎恨却在与日增长。

当时，蒋介石能够支配的仅第1军和一些杂乱的部队，而国民政府方面却拥有除蒋介石以外的几乎全部国民革命军的主力。

李济深的第4军是一支在训练、装备、军纪各方面都堪与黄埔军媲美的粤系部队，李对蒋介石不满，便在国民革命军中以陆大、保定、陆中、陆小4校同学的名义结成了一个可与蒋的黄埔军相匹的势力。广西的李宗仁、黄绍竑所部与4军的将官有着同窗、学友、师生之谊，因此，在广东军界便产生了一个以粤、桂两系军人为主的“四校同学会”，也称为“保定帮”。毕业于保定陆军学校的唐生智归顺广东革命政府后，保定帮的实力更加强大。

蒋介石面对强大的对手，再次展示了自己过人的权谋。他积极拉拢李宗仁，不但在军火和军费上给李宗仁大力援助，并让白崇禧担任北伐军前线代总参谋长，还与李宗仁“互换兰谱，结为异姓兄弟”。

同时，武汉方面的“保定系”却开始分化，张发奎有脱离李济深部的倾向。唐生智的第8军不到半年，便扩至第8、12、17、35、36计5个军，开始排挤同为保定帮的第4、7两军。

在蒋介石发起迁都之争时，唐生智、张发奎、程潜、朱培德、李宗仁等，由于对蒋介石不满，都站在汉方一边，声讨蒋以军驭党，以军控政的独裁行径。但是李宗仁同时又私下劝蒋在迁都问题上让步，暗示蒋："党务问题上，一俟军事告一段落，再行严密整理。"表示自己在反共问题上与蒋一致。

自从孙中山逝世后，蒋介石一直认为自己是孙中山唯一的真正的继承人。军事实力的迅速扩张，更加膨胀了蒋介石的野心，他拥兵自重，独断专行，认定没有他的参与，武汉方面是不可能组织一个合法政府的。因此，他一方面暗地里调动军队，加强九江、南昌的防御，以应付武汉方面可能的军事突袭。另一方面决定表面上听命于武汉，暗中积蓄力量，一俟占领南京，取得英、美及江浙财团的财政支持后，再行夺权。

蒋介石眼角露出了杀气

1927年3月26日，一身戎装、神情难测的北伐军总司令蒋介石乘"楚谦舰"威风凛凛地驶达上海高昌庙码头。白崇禧早已带人在码头上列队迎接，随后把蒋介石迎往龙华司令部。

V 参加上海市总工会升旗典礼的工人武装纠察队。

“总司令来得正好，”白崇禧说过寒暄话后，嗓门有些沙哑地说，“上海局势万分严重，全市秩序乱极了。工会拥有武装纠察2,700多人，今天游行，明天示威，如同土匪，我已经应付不过来了。”蒋介石听后眉头一皱，眼角露出了一股杀气。去往龙华途中，他们的车队忽然遇见了游行队伍，满街旗帜飞扬，喊声如潮。蒋介石一见，用手掌做了一个劈砍的姿势，凶狠地说：“这种状况一定要设法制止！”

黄浦江忽然笼罩上了一层不祥的气息。

早在3月初，国民革命军就开始兵分4路大举东下，挺进长江下游。北伐军迅速消灭了孙传芳的部队，占领了上海和南京。直鲁系军阀张宗昌和奉系军阀张作霖的部队，都退到徐州一线防守。至此，北伐战争取得了巨大的胜利。本来应该乘胜追击，继续北伐，彻底达到北洋军阀在中国的统治，但是蒋介石却挥舞起了屠刀，对和自己一道并肩作战的共产党人和革命群众进行大肆屠杀。北伐军的胜利同共产党领导的工农武装力量的配合作战是分不开的。但是，蒋介石在江西开始屠杀共产党人和革命群众之后，又制造了安庆惨案★，一直杀到上海，制造了震惊中外的“四·一二”反革命政变。

★安庆惨案

1927年3月23日，蒋介石命令在旧藩台衙门召开安庆市民大会，并收买打手，组成百人敢死队，授意他们杀害革命分子。会后，他们捣毁省党部、安庆市党部、省总工会筹备处、省妇女协会、省农民协会筹备处、怀宁县党部等，打伤数人，还剥去省党代会代表严子静、刘剑冰（女）两人的外衣，打得半死后押着游行。这是蒋介石蓄意制造的打击国民党左派和中国共产党力量的又一次严重事件。

随着北伐军的节节胜利，革命烽火迅速向长江下游蔓延，直指西方帝国主义控制中国的核心地带——上海。为保护在华利益，各帝国主义国家纷纷派遣军舰开到上海，总兵力达到万余人，兵舰达90余艘。他们公开叫嚣要以武力“保卫上海”，试图吓阻北伐军的进攻。负责进攻上海的是何应钦的第4、5、6纵队和白崇禧的东路军第1、2、3纵队。白部挺进湘沪，何部进攻上海市闸北的外围地区，却迟疑起来，不敢沿沪宁线正面进攻上海。

北伐战争的胜利开展，诱发了上海资产阶级的头面人物和上海国民党负责人推翻孙传芳的统治、获取政权的欲望。

中共上海区委书记罗亦农和中共中央总书记陈独秀，主张建立从资产阶级到工人的联合战线，发动民众暴动，但又说：“无产阶级避免领袖地位。”如果无产阶级来领导，必然引起帝国主义害怕，“而大进攻，而大屠杀”，“资产阶级必害怕不来合作”。即使起义成功，工人可不参加政权，“我们只求得民众自由，不要奢望”。

在这样的思想指导下，1926年10月发动了第一次上海工人武装起义并以失败告终。

1927年2月中旬，北伐军占领了杭州后，为了援助和配合北伐军向上海的进军，中共上海区委书记罗亦农、组织部长赵世炎于2月19日组织了全市总罢工。第二天，大罢工即转为第二次武装起义。但是，狡猾的蒋介石得悉上海工人起义后，却故意拖延对上海的进攻，使军阀得以镇压工人起义。仅2月20日这一天，就有200人被杀害。纽约《先驱论坛报》报道说：“牺牲者的头颅被士兵砍下以后，就挑在竹竿上或放在盘子里，沿街示众。当头颅挑在尖竹竿上，举得高高地带往下一个杀人地点时，数以千计的人惊恐地四散逃跑。”数不清的起义者牺牲了，尸体上还贴着“欢迎英勇的北伐军”“欢迎蒋总司令”的传单、标语。屠杀工人的军阀后来还被蒋介石任命为军长。

1927年2月23日，中共中央和上海区委召开联席会议，开始积极准备第3次起义，建立了武装起义的最高领导机关——特别委员会。特别委员会以陈独秀为首，由陈独秀、罗亦农、周恩来等8人组成，并成立特别军委，由周恩来等5人组成，周恩来为书记。随后确定周恩来为武装起义总指挥。

这时，蒋介石已经把共产党和工农运动看作自己的主要对手。3月15日，罗亦农指出：“蒋介石已被一切反革命势力所包围，根本丢弃了中山先生的三大重要政策——联俄、联共、扶助工农运动——而反对联俄、联共及镇压工农运动，且将与一切反革命的势力妥协，将使整个的革命运动右倾而导致失败。”他强调：“上海实为民众与北伐军合作的问题，而不是民众欢迎北伐军的问题。如果是民众欢迎北伐军，上海必仍为一个反动的局面。”

陈独秀提出：“要造成工人群众夺取武装的野心。”3月4日，陈独秀根据集体讨论的意见，作出决议：罢工以后，工人立即冲上街头，夺取武装，转入起义，与此同时召开市民代表大会，为建立市政权作准备。至于起义的时机，陈独秀提出：“不要太早。有两个标准：一、上海已无驻兵；二、北伐军到松江后仍然前进，或待至到龙华。”周恩来说：“北伐军攻下松江或苏州必可发动。”

这时北洋军阀只有3,000人，加上当地警察也不过5,000人，兵力并不强，且军心不稳。周恩来想利用北伐军向上海进军所造成的强大军事压力和政治声势，孤立和分化敌人，迅速夺取武装起义的胜利。

已经渐渐暴露出反共本质的蒋介石不愿看到周恩来借北伐军的军威，发展共产党的力量。3月3日，他发出一份密电：“何总指挥勋鉴：我军如攻上海，至龙华、南翔、吴淞之线为止，军队以不越此线为妥。闻某党有上海革命政府之组织，凡此类机关，应即勒令取消可也。中正江西。”

何应钦、白崇禧于是在杭嘉湖一带，按兵不动，并且拒绝帮助上海工人。

这时，由于驻上海的奉鲁军第8军军长兼渤海舰队司令毕庶澄没有诚意投降，因此何应

∧ 领导上海工人武装起义时的周恩来。

钦、白崇禧开始率部向上海进发。3月20日傍晚，周恩来从白崇禧司令部一个军事人员的家信中，得悉北伐军先头部队薛岳师秘密抵达龙华，距上海城区仅15公里，于是和赵世炎、罗亦农、汪寿华等决定21日中午开始行动。

3月21日晨，中共上海区委发出举行第三次武装起义的命令。12时，上海总工会发布第二次总同盟罢工令。上海市民代表会议执行委员会举行紧急会议，宣布于12时全市同时举行总同盟罢工、罢市、罢课。第三次武装起义和总同盟罢工几乎是同时进行的。21日，上海80万工人参加了罢工。他们纷纷走上街头，向预定的地点集中，然后迅速转入武装起义。从中午12点起，全市实行总同盟罢工、罢市、罢课。参加罢工的工人达到80万人。起义队伍在预定地点集合后，从下午1点起，在南市、虹口、浦东、吴淞、沪东、沪西、闸北等7个区同时向敌人发起进攻。全上海枪炮声四起，喊杀声震天。经过激烈巷战，除闸北区以外的警察署和兵营都被攻下，电话局和电报局也被占领，电灯熄灭，自来水断流。市民们踊跃参战，主动拿出木板、砖头、布袋，构筑工事；饭铺的伙计赶做饮食，送往前线；佩戴红十字标志的济难队员，运送伤员，往来于战火纷飞的战场。到21日晚，除闸北外其余6个地区相继解放。闸北是敌人防御力量最强的地区，在20个军事据点上，守敌用机关枪、大炮、铁甲车进行顽强抵抗。起义工人奋不顾身，英勇战斗，到22日下午6点，终于消灭了敌人。市民们欢呼雀跃，庆祝上海这座中国最大的城市和工业中心的胜利解放。

22日上午，上海市民代表大会在激烈的巷战中召开，参加会议的有千余个团体，4,000名代表，大会产生了上海市特别市临时市政府执行委员19人，其中有共产党员罗亦农、汪寿华等9人，还有钮永建、杨杏佛、虞洽卿、王晓籁等。当天下午6时，上海工人占领了上海全部华界地区，赢得了武装起义的胜利。

上海工人阶级在中国共产党领导下，经过28小时的鏖战，占领了中国最大城市上海全部华界地区，取得了第三次武装起义的胜利。在起义中共歼敌军3,000余名，武装警察2,000余名，缴获枪支5,000余支。在战斗中有200多名工人纠察队员英勇牺牲，1,000多人受伤。工人阶级依靠自己的力量解放了上海。

1小时后，北伐军白崇禧率部未费一枪一弹，不战而“胜”，开进了上海。上海工人以流血的胜利送给北伐军一个不流血的入城式。

3月23日，程潜率北伐军江右军占领了南京。同日，隶属北洋军阀的长江舰队反正。至此，整个长江流域均落入北伐军之手。在这种大好形势下，北伐军本来可以挥师北上，直驱北京，完成北伐革命统一全国的大业。可是，就在这革命即将成功的关键时刻，蒋介石却背叛了革命，向共产党人和革命群众举起了屠刀，发动了震惊中外的“四·一二”反革命政变。

3月26日，蒋介石乘“楚谦舰”驶抵上海高昌庙码头，白崇禧向他汇报说，“上海局势万分严重，全市秩序乱极了。工会拥有武装纠察2,700多人，今天游行，明天示威，如同土匪，我已经应付不过来了。”蒋介石凶狠地说：“这种状况一定要设法制止！”

他向帝国主义者和上海的商界表示：“本人对沪租界绝无用武力收回之意。”“决不使上海方面有武汉态度。所有上海地方秩序与中外人民财产，由鄙人完全负责。”对于工人纠察队，蒋介石说：“在此军事期间，应该受军事当局的节制。”

在军事方面，他将“清党”的军事部署委托给白崇禧。白“将驻沪之亲共部队分别调动或解决，密令第7军3日内赶回芜湖、江宁镇，以阻止武汉容共军队之东下，将有亲共色彩之第2军渡浦口抵御直鲁军，将第6军附共之19师全部缴械，同时令共党较多之薛岳、严重两师移驻苏州及南京附近整理，将各共党分子撤差或看管，又调刘峙、周凤歧两部接防上海”。与此同时，蒋介石收罗孙传芳部驻扬州之第5师师长白宝山和驻南通之第9师师长李宝章，分别任为第35军和第8军军长。同时，蒋介石又把李宗仁的第7军从安徽调到南京附近，监视沪宁线的有“左”的倾向的部队，最后又把他的嫡系部队第1军中的“左倾”军官全部调离。他还组织工贼流氓袭击杭州总工会，屠杀革命工人。这样，蒋介石就控制了上海和上海外围的重要城市，孤立了上海的革命力量。

蒋介石一到上海就把总商会头目虞洽卿和青红帮头目黄金荣、杜月笙、张啸林、杨虎等人拉拢到自己身边，组织了“中华共进会”“上海工界联合会”，以对抗上海总工会和共产党。

上海财界为了支持蒋介石反共，两周内借给他5,000万元。28日，李宗仁来到上海，表示要用实际行动支持蒋介石“清党”，“把越轨的左倾幼稚分子镇压下去”。

29日，蒋介石在《民国日报》发表一篇演讲说：“以现在中正的历史、中正的地位，我敢大胆地说一句，无论什么人想假借一种不落边际的宣传和诋毁，或造出一种不利于革命的空气，或赐我以独裁的名号，或污蔑我是新军阀，以反对中正革命，老实说，这是不行的！我只知道我是革命的，倘使有人要妨碍我的革命，反对我的革命，那我就要革他的命，我只知道革命的意义就是这样。”

同一天，蒋介石下令解散上海工人纠察队，取缔红色工会。

为了使反革命政变披上“合法”的外衣，蒋介石邀请蔡元培、吴稚晖、张静江、李石曾、胡汉民等国民党“元老”和李济深、何应钦等军事将领到上海进行策划。在蒋介石的支持下，国民党中央监察委员、候补监察委员张静江、吴稚晖、蔡元培、古应芬、陈果夫、李宗仁等在上海莫利哀路孙中山住宅召开了中监委紧急会议。吴稚晖诬蔑加入国民党的共产党员谋叛国民党，提出对共产党“应行纠察”。会议审查了中央执行委员，分作三类，甲类为本党忠实分子，乙类为态度可疑分子，丙类为共产党分子及其附和分子，提出“各地共产党首要危险分子，经党部举发者，就近知照公安局或军警，暂时分别看管监视”，并附上包括鲍罗廷、陈独秀、谭平山、林祖涵等在内的应先看管者197人的名单，要求作“非常紧急处置”。会议请中国国民党中央执行委员会，通电全国，开展“护党救国运动”。蒋介石随后以国民革命军总司令名义发出布告，“看管监视”共产党员，“免予活动”。

29日，当上海各界举行市政府委员就职典礼时，蒋介石派人送去一封信，要求市政府“暂缓办公”。在遭到拒绝后，蒋介石又指使投递恐吓信，声称：“限24小时解散市政府，否则要以最后手段对付”。还胁迫政

∧ “中山舰事件”后,汪精卫辞去国民政府主席和军事委员会主席职务。于1926年5月11日,离开广州前往法国马赛。汪精卫辞职后,蒋介石出任国民党中央执行委员会常务委员会主席,独揽党、政、军大权于一身。

府委员退出市政府。于是国民党和资产阶级的代表人物白崇禧、钮永建、虞洽卿、陈光甫、杨杏佛、郑毓秀等先后宣布辞职。面对蒋介石的破坏，中共上海区委采取果断措施，及时决定补选孙科为国民党代表出任政府委员（孙未到职）。4月4日，上海市政府召开会议，选举王晓籁、孙科、汪寿华为常委，王晓籁为主席。遂使蒋介石瓦解市政府的阴谋暂时未能得逞。

上海的形势急转直下，周恩来预感到蒋介石的屠刀即将举起。3月30日，他在特委会议上的报告中指出：蒋介石到上海后准备打击的“四个目标”就是中国共产党、上海总工会、工人纠察队和国民党左派。为此，蒋介石在国民党内拉住了文武两套人马，文的是建立了一个“秘密参谋部，张静江是主席，吴稚晖是小丑，李石曾是花旦，蔡元培是学究，戴季陶是军师”；武的是白崇禧、李济深、黄绍竑、何应钦“四大金刚”。并说：“如果右派军队要来缴械，我们绝对武装抵抗。”可是，鲍罗廷等共产国际代表和陈独秀为首的中共中央仍主张对蒋介石进行妥协，以维持国共合作局面。武汉国民党中央则于4月1日一致通过“蒋介石的行动是反革命，请予严惩”的强硬议案。并决议免除蒋的国民革命军总司令之职。但蒋介石已经不把武汉方面放在心上，他说：“革命责任，不容推诿”。3月底，蒋介石命令南市、闸北、沪西、浦东等地驻军，自4月1日起“均特别戒严，遇有形迹可疑工人即加检查”。5日，更借口“日来形势严重”，由总司令部宣布正式戒严。9日，各报公布了“战时戒严条例”，由蒋介石指派白崇禧和周凤歧为正副司令，成立“淞沪戒严司令部”。淞沪警察厅也根据戒严条例下令禁止集会、罢工、游行等事。蒋介石为了破坏革命的上海市政府，先要市政府“暂缓办公”，接着又策动资产阶级代表退出市政府，最后指派其党羽吴稚晖、白崇禧、陈果夫等于4月8日组织了上海临时政治委员会，规定该会“将以会议方式决定上海市一切军事、政治、财政之权”。蒋介石破坏了上海市政府之后，即下令取缔总政治部上海分部，并捕去办事职员19人。

蒋介石一面加紧屠杀革命人民的准备，一面使用其欺骗与麻痹手段。3月28日，蒋介石对上海总工会交际部主任赵子敬说：“纠察队本应武装，断无缴械之理，如有人意欲缴械，余可担保不缴一枪一械”。蒋介石还给上海总工会纠察队亲赠“共同奋斗”锦旗一面，表示对上海革命工人的“敬意”。

此时，社会上流言蜂起，真真假假，不胫而走，什么市政府是共产党的，蒋介石反对；工人要冲入租界等等。

也就在这个时候，汪精卫从法国途经苏联，于4月1日回到上海。蒋介石本来下达了命令，命刘峙的部队于当晚包围上海闸北工人纠察队，收缴枪械。可是，恰恰在这一天汪精卫到达上海，蒋介石未敢擅动，又把发出去的命令收回了。

汪精卫是“中山舰事件”后出走欧洲的。由于他头上戴着“国民党左派”的桂冠，所以几个月来共产党和左派人士一直为“抑蒋迎汪”而积极活动。以汪精卫的资历及其当时的威望而论，他此时若是到武汉政府去上任，对蒋介石这一边是极为不利的。因此，汪一到上海，蒋介石就对他说："你切不要到武汉去"，"总要把共产党消灭了再讲。"他企图让汪精卫留在上海帮助他"清党"，然后拉着汪精卫到南京去共同组建南京政府，与武汉分庭抗礼。蒋介石与他多次晤谈，反复磋商"清党"分共问题。两人在"以谁为主"的问题上发生了争执。蒋介石主张汪精卫不必到武汉而在上海立即进行分共。因为蒋介石的势力集中在上海地区，分共的结果必然以蒋为主，奉蒋为领袖。他赤裸裸地对汪说："我可以服从你，但你必须听我的话，第一，要将共产党及接近共产党的人看起来；第二，改组中央委员会。"但汪精卫对蒋介石的挽留不以为然，当蒋介石集团中的军政大员们一致向汪"抱怨共产党，诚恳地希望汪先生重负领导的责任"时，汪还表示："我是站在工农方面的呀！谁要残害工农谁就是我的敌人！"

4月2日，蒋介石召开秘密会议，筹划制裁共产党。汪精卫也被邀出席会议，但他在会上"始终袒共，一再申述总理的'联俄、联共、扶助农工'政策不可擅变，同时为武汉中央的行动辩护"。由于汪精卫一直坚持不同意见，与会军政大员们同他展开了激烈的辩论，吴稚晖竟向汪精卫下跪，求其改变态度，汪精卫措手不及，嘴里连说："稚老，您是老前辈，这样来我受不了，我受不了。"

在国民党右派势力的压力下，汪精卫妥协了。4月3日，蒋介石再次召开秘密会议，决定：一、4月15日召开国民党四中全会，解决"党事纠纷"问题。由汪精卫通知陈独秀，在开会之前，各地共产党员暂时停止一切活动，听候开会解决；二、武汉国民党中央和国民政府所发命令一概无效；三、由各军队、党部、民众团体、机关的最高长官和主要负责人对"在内阴谋捣乱者"予以制裁；四、凡工会纠察队等武装团体，应归总司令部指挥，否则，认其为反对政府的阴谋团体，不准存在。

同日，因为汪精卫做出了让步，蒋介石发表通电，表示拥护汪精卫："中正当专心军旅，……所有军政、民政、财政、外交诸端，皆须在汪主席指挥之下，完全统一于中央，"他又大耍两面派，向工人纠察队表示"断无缴械之理"，并向纠察队赠送"共同奋斗"的锦旗，以麻痹工人的警惕。

蒋介石的通电符合陈独秀过去的主张，党权、政权交与汪，军权交与蒋。处于困境的陈独秀本来就希望缓和与蒋介石的矛盾，现在他认为缓和的时机已经到来。因此，当汪精卫同他会晤时，汪将中共要打倒国民党，冲入租界的一类话向陈提出质问。陈独秀赶紧表明中共的诚意，连

∧ 时任国民党中央监察委员的吴稚晖。他主张进行“护党救国运动”，是支持国民党“清党”的中坚分子。

连“辟谣”，并亲笔起草了《国共两党领袖汪兆铭、陈独秀的联合宣言》，以解释谣传表明态度。

4月5日，汪精卫与陈独秀发表《汪精卫、陈独秀联合宣言》：

国民党、共产党同志们！此时我们的国民革命，虽然取得了胜利，我们的敌人，不但仍然大部分存在，并且还正在那里洞察我们的弱点，想乘机进攻，推翻我们的胜利，所以我们的团结，此时更加必要。中国共产党坚决的承认，中国国民党及国民党的三民主义，在中国革命中毫无疑义的重要，只有不愿意中国革命向前进展的人，才想打倒国民党，才想打倒三民主义。中国共产党无论如何错误，也不至于主张打倒自己的友党，主张打倒我们的敌人（帝国主义和军阀）素所反对之三民主义的国民党，使敌人称快。无产阶级独裁制，本是各国共产党最大限度的政纲之一，在俄国虽然实现了，照殖民地半殖民地政治经济的环境。由资本主义向社会主义的过程，是否是一定死板的经过同样形式的同样阶段，还是一个问题，何况依及中国国民革命发展之趋势，现在固然不发生这样问题，即将来也不致发生。中国所需要的，是建立一个各被压迫阶级的民主独裁来对付反革命，不是什么无产阶级独裁。

两党合作本有各种不同的方式，重要之点，是在两党大多数党员。双方以善意的态度，解决此问题，方不违背合作之根本精神。中国国民党多数同志，凡是了知中国共产党的革命理论。及其对于中国国民党真实态度的人，都不会怀疑孙总理的联共政策。现在国民革命发展到帝国主义的最后根据地上海，警醒了国内外一切反革命者，造谣中伤离间，无所不用其极。甲则曰：共产党组织工人政府，将冲入租界，残害北伐军，将打倒国民党。乙则曰：国民党领袖将驱逐共产党，将压迫工会与工人纠察队。这类谣言中不审自何而起。国民党最高党部全体会议之议决，已昭示全世界，决无有驱逐友党摧残工会之事。上海军事当局，表示服从中央，即或有些意见与误会，亦未必终不可释。在共产党方面，爱护地方安全安宁秩序，未必敢后于他人；对于国民政府不以武力收回上海租界政策，亦示赞同，总工会亦已发表不单独入租界之宣言；对于市政府，亦赞同各阶级合作政策。事实俱在，更无造谣之余地。国共两党同志们，我们强大的敌人，不但想以武力对待我们，并且想以流言离间我们，以达其以赤制赤之计。我们应该站在革命观点上，立即抛弃相互间的怀疑，不听信任何谣言，相互尊敬，事事商协，开诚进行，政见即不见同，根本须一致。

两党同志果能开诚合作，如兄弟般亲密，反间之计，自不获乘机而入也。披沥陈词，万希各省自察！勿致为亲者所悲，仇者所快，则中国革命幸甚：两党幸甚！

汪精卫、陈独秀一九二七年四月五日

∨ 1927 年，汪精卫（右）与胡汉民（中）、孙科（左）在一起。

这个公开为蒋介石的反革命活动进行辩解的宣言并没有让蒋介石感到高兴，宣言发表当天，他就和李济深、李宗仁、白崇禧、黄绍竑、蔡元培、吴稚晖、古应芬、李石曾、陈果夫、陈立夫等人愤怒地质问汪精卫，汪精卫辩解说："我也知道共产党是在利用国民党、但本人希望两党能暂时维护合作，我和陈独秀联合发表宣言，不过是在尽调和之责。本人不日将赴武汉，也是便于调和两党关系。无论如何，目前还是以不用武力解决为好。"

最后逼得汪精卫终于说："你们都不明白我的苦心。我也是主张清党分共的，只是和你们的方法不同，不像你们急功近利。将来你们就会明白了！"蒋介石见机说："我也劝你不要到武汉去。你如果真正为本党，那就要到南京去，再请一班中央执行委员过来。如果你到武汉去，一定不能出来，到那时你想不做共产党的工具也不行了，那你还要成为本党的罪人。"吴稚晖当面讽刺汪精卫说："陈独秀是共产党的党魁，是他们的'家长'，他在共产党里领袖身份是无可怀疑的。但是，我们国民党内是否有这样的一个党魁或'家长'呢？现在有人以国民党党魁自居，恐怕也不见得罢。"

这时的汪精卫虽然对蒋介石的反共反人民思想有所妥协，但他毕竟深知蒋介石的为人，不敢在这"老虎嘴"里多作逗留，于4月6日秘密离沪启程赴武汉。此外，武汉方面有苏联的支持及共产党的合作，武装力量和工农群众的力量也相当可观，国民革命2、4、6、8军等武装力量均已明确表态站在武汉政府方面，因此，他意欲依靠武汉的力量与蒋介石一争高下。所以，4月10日，汪精卫一到武汉就立即发表谈话，要与共产党同生死共存亡。

当时蒋介石的心腹第1军中，也出现了严重"动摇"，第1师师长薛岳、第21师师长严重均有"左倾迹象"。而且军中不少中下级军官更是不服从调遣，甚至一些毕业于黄埔的军官，也成群结队来沪向"校长"质询，要求对发生的反共反工农行为做出解释，对此，蒋介石感到沮丧，吴稚晖、张静江等相对哀叹。但是这个关键时刻李宗仁却带着强大的第7军来到了蒋介石的身边。

李宗仁自从自立门户的算盘落空后，唐生智的力量渐渐强大，不把李和他的第7军放在眼里。李宗仁班底的重要成员，包括黄绍竑，家中都是有名的封建大族。李宗仁要是倾向于共产党，跟穷人站在一起，就会被他的团体成员视为不仁不义。李宗仁早有反共的意图，但他单凭自身的力量，绝非共产党的对手，更不足以单独举起反共的旗帜。蒋介石为了使李不倒向武汉方面，特拨款项20万元给第7军作军饷。尽管当时武汉方面的一些要人，如邓演达、顾孟余、徐谦，乃至苏联顾问鲍罗廷都曾亲自到第7军军部，与李宗仁恳谈，但李宗仁经再三权衡之后，决意不再犹豫，转向了蒋介石一边。

武汉国民政府委李宗仁以第7军军长身份兼安徽省政府主席，但李宗仁以“政治非我所长”为借口谢绝了。不久，蒋介石亲自从九江乘军舰来到安庆，对李宗仁说：“你不高兴他们的作风，不接受武汉政府的任命，我现在来委你做安徽省主席吧。”“做安徽省主席你最适当，你现在不能分身，可以随便找个人暂行代理。”等于把安徽送给了李宗仁。

3月27日，李宗仁来到上海，主动向蒋介石献策说：“以快刀斩乱麻的方式清党”，并当场表示：“愿将第7军调一部到南京附近，监视沪宁路上的不稳部队，使其不敢异动，然后大刀阔斧地把第1军刘峙师中不稳的军官全部调职，等刘峙将该师整理就绪，再将其调至沪宁线上，监视其他各师，如法炮制，必要时将薛岳、严重两师长撤换，以固军心。”

蒋介石听后大喜，并请李、白邀请黄绍竑、李济深一起来上海，商量对策。4月2日，蒋介石、何应钦、李宗仁等人召开了臭名昭著的“龙华反共会议”，决定了“反共清党”的大政方针，他们在4月4日，又联名发出反共的“护党救国”通电，为政变大造反革命舆论。

汪精卫一走，蒋介石也加紧了反革命政变的准备。4月9日，蒋介石发布了上海戒严令，任命白崇禧为戒严司令，一切布置妥当后，蒋介石亲率已经整顿成为“可靠的”第1军第1、2两师兵力，赶往南京去了。临行前他布置其心腹杨虎留驻上海，直接监督执行其阴谋计划。据这一阴谋的主要执行者白崇禧后来供认：“第1师调离上海后，我着手部署清党之工作。……在开始行动前，我知道商务印书馆工友中有不少系地方帮会分子。所以我派员与上海帮会首领杜月笙、黄金荣等密商，借得工会之符号衣服，分给采取行动之人员，化装成工人混入工厂，以策应外面包围之部队。事前，我还派人与驻沪法国领事进行交涉，请其准许清党之部队经过法租界，因为由法租界至商务印书馆工厂是一条捷径”。

蒋介石以总司令名义命令“左”倾的第2军、第6军渡江作战，另外调遣何应钦部驻防南京。蒋介石一到南京，立即将南京附近的所有铁路切断，使在长江以北的第2、6两军不能回师南京，然后蒋介石以两个

> 张啸林旧照。在上海三大亨中，有"黄金荣贪财，张啸林善打，杜月笙会做人"的说法。1927年4月，杜月笙与黄金荣、张啸林组织中华共进会，为蒋介石镇压革命运动充当打手。

> 国民党第21师师长严重。

师的兵力，解除了林伯渠所辖3个团的武装，林伯渠侥幸脱险。随后，蒋介石的部队包围了国民党江苏省党部和总工会，逮捕了全部中共干部，并于次日开始在全城搜捕共产党员。

这时周恩来与驻在闸北的国民革命军第1师师长薛岳、驻苏州的第21师师长严重保持着良好关系。薛岳公开保护工会，第1军的士兵经常与工人联欢。蒋介石对此极为害怕，唯恐正规军与工人武装"联盟"，急忙把薛岳师调离上海，换上由北洋军阀残部改编的周凤歧部队进占闸北。白崇禧先与沪上各国公使秘密交涉，以便在动手时，准许白的便衣队通过租界。

血流成河的上海4月

4月11日，周凤歧的26军在上海市区设下几道警戒线，对过往行人进行严密盘查。

当天下午，杜月笙、黄金荣、张啸林等帮会流氓头子杀害了上海总工会委员长汪寿华。

4月12日凌晨4时左右，蒋介石发出了大屠杀的命令，"已克复的各省，一致实行清党"。停泊在高昌庙的军舰上空升起了信号。在租界内早已准备好了的数以万计的青红帮流氓凶手换上了工人服装，戴着印有"工"字符号的臂章，全副武装，准备上阵。张啸林叫嚣说："等我们迈出杜公馆大门一步，就要应生死有命这句老话，碰碰看谁的颧骨头高。"黄金荣说："价码么，一个人头10块银元。"杜月笙说："今天的事，不管成功失败，我们唯有尽心尽力。"

上海总工会的纠察队总数共有2,700人，分驻在闸北、吴淞、浦东、南市4地。黄金荣、杜月笙、张啸林的大批便衣党徒，臂缠白布黑"工"字标志，手持盒子炮，从租界冲出，向上海总工会会所湖州会馆、工人纠察队总指挥处、商务印书馆印刷所、华商电车公司等地冲锋放枪，工人纠察队立刻奋起抵抗，英勇还击。

正在这时，大批早已埋伏在附近的第26军部队先将前来攻打总工会的流氓完全缴械，把机关枪架起，把猝不及防的工人纠察队全部缴械。

上海工人武装起义指挥周恩来在11日晚被第26军第2师师长斯烈骗去扣留，周恩来大声斥责道："你还是总理的信徒呢。你们公然叛变了革命的三民主义和三大政策，反对共产党，反对人民，你们这样是得不到好下场的。"

斯烈后来改变了主意，让周恩来离开。此时各处工人纠察队已被缴械，总计12日晨被缴械的纠察队共有14处，死伤工人百余人。当天上午，上海总工会会所和各区工人纠察队驻所均被占领。在租界和华界内，外国军警搜捕共产党员和工人1,000余人、交给蒋介石的军警。

工人纠察队被缴械之后，即由白崇禧、周凤歧以淞沪戒严司令名义，发布通电和布告，诡称流氓袭击工人为"工人内讧"，所以缴械。同时颁布严禁罢工令，防止工人罢工援助。工人纠察队缴械事件发生后，帝国主义的报纸一致赞扬蒋介石处置得当。民族资产阶级上层对于蒋介石的反革命行为也热烈捧场。事件发生后，上海国民党市党部、市民代表会和市政府、市学联、市妇联等团体纷纷发表宣言文电或提出质问，一致声援上海总工会，指责反动派的倒行逆施。第26军党代表兼政治部主任赵舒十分愤慨，反对无效，因而留书出党。赵出走后，该军政治部全体人员，亦自行宣告解散，并有数十名革命士兵携带枪械逃离部队。

为了抗议血腥暴行，当天，上海各区分别召开了几万人以至几十万人参加的大会，一致要求：交还工人纠察队的枪械；惩办流氓，肃清反革命；保护上海总工会。会后游行示威。闸北区数万徒手工人行至潮州会馆总工会会所时，奋勇抵抗，将会所夺了回来，并立即召开工人代表大会，决定4月13日举行总同盟罢工。

同时，上海市民代表会还没有看清蒋介石的刽子手面目，因此竟向蒋介石告状，请其"彻底查究"血案。

> 周凤岐旧照。第26军军长周凤岐所部，是蒋介石上海"清党"行动中的主要力量。

4月13日上午，蒋介石密令周凤歧严厉镇压罢工群众。上海总工会在闸北青云路广场召开工人群众大会，到会工人6万余人，学生和市民加入者亦甚多。大会通过下列决议：一、收回工人的武装；二、严办破坏工会的长官；三、抚恤死难烈士的家属；四、向租界帝国主义者提极严重的抗议；五、通电中央政府及全国全世界起而援助；六、军事当局负责保护上海总工会。会后，工人群众整队走向宝山路天主堂第26军第2师司令部，要求立即释放被捕工人，交还纠察队枪支。当游行队伍行至宝山路三德里附近时，早已埋伏在那里的第2师士兵，忽然向毫无准备的群众用机关枪进行扫射。宝山路顿时血流成河，当场被打死100多人，伤者不计其数。这就是惨绝人寰的上海“四·一二”大屠杀。

次日，蒋介石下令查封上海总工会，14日下午，又下令强行解散上海特别临时市政府。随后，蒋介石的军警开始四处杀害共产党人，几天之内，就有1,000多名共产党员被捕。陈延年、赵世炎等著名共产党员被秘密地用排枪杀害。为了保存革命力量，上海总工会于14日下午召集全体执行委员会紧急会议，决议忍痛复工。复工令规定：“着即命令已罢工各业各厂工友，自15日起，于开追悼会后，一律忍痛复工。”并表示：“此后本会仍本初衷，领导全上海工友作政治与经济的奋斗。”号召“各工友仍当继续团结，勿为反动派权势所惑，勿因暂时挫折而气馁。死难烈士之精神不死，全上海工友团结在本会旗帜之下，继续死难烈士之精神以奋斗”。

上海总工会于15日将“四·一二”政变经过及蒋介石反动派的种种罪行，呈报武汉国民政府和国民党中央，并特派代表前往武汉当面作详细报告。呈文要求中央党部和政府“迅速将蒋介石免职查办，明正典刑，以平民众之愤怒”，彻底肃清“一切附和蒋逆之反动分子”。“对此上海80万忠实革命被压迫的工友和东南数省陷入水深火热的民众，迅速予以援助。”

斯诺统计死于上海白色恐怖的人数在5,000～10,000人之间。

英国作家韩素音回忆说：在下一周又杀害了8,000人左右。6,000妇女和少女——工人的妻子和女儿——被卖给上海的妓院和工厂。人贩子杜月笙在上海的欧洲妇女眼中成了英雄。他还受到蒋介石的奖赏，被吹捧为社会中坚。“四·一二”政变阴谋得逞之后，黄金荣、张啸林、杜月笙等因杀人有功，被蒋介石委任为他的总司令部顾问，后又被任命为军事委员会少将参议和行政院参议。10年后，在纪念“清党”10周年宴席上，虞洽卿、黄金荣、杨虎、张啸林、杜月笙被蒋介石封为“五大功臣”。

< 蒋介石发动“四·一二”反革命政变时，大街上到处可见军警及被害工人的尸体。

大屠杀在迅速蔓延，蒋介石、李宗仁、白崇禧、李济深等，在广西、广东、江西、浙江、福建、安徽，大规模“清党”，大批共产党人和无辜群众被杀害。

4月15日，李济深在广州大规模捕杀共产党员。邓颖超那时因难产后身体没有恢复，住在医院里。她怀的男孩没有活下来。局势非常危急，医院里的医生、护士送她上了去上海的轮船，到上海后就以母亲杨振德的名义登报找寻周恩来的化名伍豪。周恩来看到后派人迅速把她接走。

共产党员萧楚女、熊雄等人相继被杀。东南各省陷入反革命白色恐怖之中。与此同时，4月6日北方的奉系军阀张作霖指使反动军警采取突然行动，包围苏联驻华大使馆，逮捕李大钊等我党北方区委领导人和国民党左派张挹兰、邓文辉、苏联使馆人员以及居民等80余人。党组织和李大钊的朋友章士钊、周作人等多方营救，未获成功。4月28日，李大钊等20人英勇就义。

轰轰烈烈的北伐战争中途失败了。由于武汉政府和中共中央没有采纳周恩来“东征讨蒋”的建议，致使蒋介石得到喘息机会，站稳了脚跟，巩固了南京反革命政权，造成了宁汉分裂的政治局面。

“取消武汉国民政府，定都南京”

武汉联席会议接到蒋介石在南京成立国民政府的通电时，正在举行每星期的例会。汪精卫一看电文，顿时脸色铁青。他用有些颤抖的双手把电文举到眼前，又逐字仔细地看了一遍，然后颓然地瘫坐进宽大的椅子里，一言不发。旁边的人一看，都紧张起来，以询问的目光看着他。良久，他才低着头，把电文传给了其他人。然后，电文在几位要人的手中传递，大家的脸色都变得十分难看。

1927年4月14日，对于蒋介石集团和汪精卫集团来说都是非常重要的一天。蒋介石把部分国民党中央执行委员、候补执行委员召来南京。张静江、白崇禧、蔡元培、吴稚晖等均在“四·一二”政变的次日来到南京。国民党中央执监委员蒋介石、胡汉民、吴稚晖、李石曾、张静江、邓绎如、陈果夫等在南京举行二届四中全会预备会议，并致电武汉：15日开四中全会。由于武汉方面的执监委员无法到达，于是将会议名称改为谈话会。

V 1927年4月18日，南京国民政府在南京举行成立典礼。至此，国民党宁、汉对立的局面已经形成。

这个名称听起来很随意的会议做出的决定却一点也不随意：取消武汉中央党部和国民政府，建都南京，成立南京中央政治委员会、军事委员会和国民政府，全面清党。

16日，蒋介石主持召开中央政治委员会与军事委员会联席会议。推选谭延闿为政治委员会主席，蒋介石为军事委员会主席。17日，南京国民党中央政治会议决定：加派萧佛成、蔡元培、李石曾、邓泽如、何应钦、白崇禧、陈可钰、陈铭枢、贺耀组9人为政治会议委员；复推选胡汉民为中央政治会议主席。

18日，南京国民政府在南京举行成立典礼。蔡元培代表国民党中央党部授印，胡汉民代表国民政府受印。请在武汉的原国民政府主席汪精卫及原代理主席谭延闿来南京行使职权。成立典礼上举行了阅兵式。随后发表《告国民革命军全体将士文》，要求"武装同志亦各以至诚为党国努力，受吴（稚晖）、蒋（介石）两同志之指导"。

接着发表《国民政府宣言》，声称："在此国民革命急速进展与民众热烈盼望国民革命完成之时期中，政府谨遵总理遗志，接受多数同志之主张，依据中央政治会议决议，于4月18日在南京开始办公。南京地位在党务上、政治上、军事上、地理上均较武汉重要，定都以后，本政府所负领导国民革命与建设民国之责任愈益重大。"并宣布"国民革命之方略"4条："一、使革命军愈与人民密切的结合；二、造成廉洁之政府；三、提倡保护国内之实业；四、保障农工团体之利益并扶助其发展。"

当天，南京国民政府发出"秘字第一号令"，宣布"清党"，谓："查此次谋逆，实以鲍罗廷、陈独秀、徐谦、邓演达、吴玉章、林祖涵等为罪魁，以及各地共产党首要次要危险分子，均应从严拿办。"首批明令通缉者即有197人。

26日，南京国民政府发出通电宣布："所有汉口联席会议及中央执行委员会会议产生之机关所发命令，一律否认。"

国民党宁汉对立的局面终于形成。从此，中国出现了武汉、南京、北京3个中央政府，出现了三权鼎立的局面。革命势力以武汉政府为中心，统治着湘鄂赣3省地区；新军阀势力以南京政府为中心，占据着闽浙两省和苏皖两省的江南部分以及粤桂滇黔川等省；以张（作霖）吴（佩孚）孙（传芳）3股势力为代表的北洋军阀政府，统治着豫鲁直以及东三省。

此时，蒋介石发动"四·一二"反革命政变的消息已经传遍各地，举国震惊。

武汉国民党中央当即于4月14日向全世界发出通电，指出："蒋介石的叛国行为已暴露无遗，吾人要求全党同志，组织联合阵线，进行对抗叛国者。"4月17日，武汉国民党中央执行委员会和国民政府发布命令，严斥蒋介石的反革命罪行，宣布开除其党籍，免去其本兼各职，下令全国将士及革命群众团体将蒋捕获归案，按反革命罪惩治，所部第一集团军改归军事委员会直辖，委派唐生智接替蒋介石为第一集团军总司令。

湖北省党部、汉口市特别党部、黄埔军校学生和各民众团体都纷纷发表通电宣言，拥

∧ “四·一二”反革命政变中，国民党军警抓捕共产党员的情形。

护国民党政府拿办蒋介石之命令。4月22日，宋庆龄、邓演达、毛泽东、董必武、何香凝、汪精卫、朱培德、孙科等共40人，以国民党中央执行委员、候补执行委员、国民政府委员、军事委员名义，发表了《讨蒋通电》，号召全国民众、全体党员，尤其是革命军人，依照中央命令，去此总理之叛徒，本党之败类，民众之贼。此一时期，汪精卫仍是以"左派领袖"的面目出现的。4月23日，30万人在武汉召开大会，掀起了声势浩大的群众性反蒋高潮。

中国共产党对于蒋介石的倒行逆施也立即做出了反应。4月16日，周恩来致电中共中央，提议"迅速出师讨伐蒋介石"。指出："蒋氏之叛迹如此，苟再犹豫、图谋和缓或预备长期争斗，则蒋之东南政权将益固，与帝国主义关系将益深。""为全局计，政治不宜再缓和妥协。上海于暴动后，已曾铸此大错，再不前进，则彼进我退，我方亦将为所动摇，政权领导将尽归之右派，是不仅使左派灰心，整个革命必根本失败无疑。"

但是鲍罗廷和陈独秀都主张先举行第二次北伐，进攻已进入河南、正威胁武汉北面的张作霖。汪精卫、谭延闿、唐生智等也力主北伐，反对东征。此时，奉军来势汹汹，已经占领郑州、开封。在赶走吴佩孚后，奉军正分两路南下。4月初，右路军占领许昌，左路军由朱仙镇南下，前锋已进至上蔡。归附革命政府的靳云鹗部因反攻受挫，兵力损失大半，继续南撤，请求武汉政府出兵援豫。

4月19日，武汉政府举行第二期北伐誓师大会。此次北伐以第1集团军和第四方面军为主力，唐生智任总指挥，辖5个军，指定张发奎第4军（兼领11军）、刘兴第36军和贺龙独立师为主攻部队，总兵力6万余人。武汉政府第二次北伐的军事计划分为两期：第一期是与冯玉祥会师京汉路；第二期是3个月打到北京。北伐军装备差，补充困难。奉军装备精良，供给充足。奉军兵力比北伐军多。

4月20日，第4军最先出发，29日，第11军出发，至29日北伐军完成了在信阳和驻马店附近的集中，准备分左、中、右3路北进。右路军经汝南、上蔡进攻开封，中路军沿京汉路北进，进攻郑州，左路军沿京汉路西侧地区前进。28日和29日，唐生智、张发奎也离开武汉，北上督师。

在北伐军出师河南的同时，4月底，武汉国民政府将冯玉祥所指挥的部队改编为国民革命军第2集团军，任命冯玉祥为总司令。5月1日，冯玉祥在西安召集军民大会，宣誓就职。宣誓之后，即改组为第2集团军的编制，以石敬亭为总参谋长，何其巩为秘书长，刘伯坚为政治部长。根据作战的任务，将所部组成中路军、左路军、右路军、东路军、南路军、北路军。5月5日，冯玉祥发布命令，率师东征。以国民军联军方振武第1、3两路为先头部队，由潼关直趋灵宝等地，首先打击刘镇华、张治公等部。

这时，奉军由于正面受到北伐军的猛烈进攻，侧面受到冯军的攻击，后路又受到阎锡山的威胁和红枪会的困扰，决定放弃郑州、开封和徐州，退守山东、直隶，并从关外

∧ 冯玉祥就职国民革命军第2集团军总司令后，将其编制改组。

急调军队5万人至京汉路，掩护退却。29日，张学良、韩麟春转战退至河北。30日晨，奉军数万人从铺木板的黄河桥北撤，急于逃命，狼狈不堪。当日，奉军全部撤至黄河以北。

6月1日，北伐军第36军进驻郑州，与国民军联军会师。同日，北伐军先头部队进入开封。次日，第4军、11军、独立15师及靳云鹗部进驻开封。至此，武汉政府第二次北伐的第一期计划得以实现。

北伐军虽然在河南取得了重大的胜利，但是武汉国民政府却陷入了全面的危机。

武汉国民政府在军事上处于奉系军阀与南京蒋介石政府的两面夹攻之中。蒋介石还联合广东、广西、四川、贵州等省的军阀从东、南、西3路向湖南和湖北进攻。他任命川军刘湘为第五路总指挥，杨森为第五路前敌总指挥，令其出兵进攻鄂西；令黔军李燊第43军开抵巴东；令贵州省长周西成第25军由黔东出兵湘西；又令李宗仁和王天培所部开至安庆、九江间，威胁武汉。

武汉政府陷入四面受敌的险境。

“四·一二”之后，帝国主义和蒋介石集团对武汉政府除实行军事威胁外还进行经济封锁。4月下旬，蒋介石就声称：“武汉共产派无甚实力，宁沪方面断其财源，足制该派死命，预料两星期内，可屈服武汉。”随后，蒋介石联合各方面军阀对武汉进行封锁，切断了武汉与广州、上海、北京、重庆等地的交通。4月28日蒋介石下令禁止武汉中央银行的钞票在其统治区域内使用。同时又大量吸收武汉的现金，使武汉的货币贬值。蒋介石和帝国主义煽动奸商扰乱金融，使武汉物价飞涨。他们断绝各大商埠与武汉的商品流通，任何物资都运不到武汉，甚至救护伤兵的药品也不让进来。武汉出现了严重的米荒和煤荒。他们煽动关厂歇业，致使失业工人高达“30万之多，内中有一半是码头、建筑、香烟3种工人”。

同时，武汉政府的财政收入大量减少，来自广东每月约1,000万元的收入没有了，东南各省的财政收入也没有了。

★“七·一五”反革命政变

亦称“马日事变”。1927年7月15日，汪精卫召开武汉国民党中央常务委员会，讨论武汉国民党中央关于“分共”的意见。会上，汪精卫集团公开提出取缔中国共产党，正式宣布要进行“反共清党”。这样汪精卫集团继蒋介石之后，也公开背叛了孙中山的三大政策，背叛了国民革命。汪精卫集团在“宁可错杀一千人，不可使一人漏网”的反革命血腥口号下，大规模屠杀、逮捕共产党员及革命群众。以中国共产党和国民党的合作为标志的革命统一战线彻底破裂。

< 蒋介石与冯玉祥合作，武汉政府更加孤立。

江西方面因蒋介石曾在南昌滥发临时兑换券，金融问题成为不可收拾的局面。所以，财政部代部长张肇元报告说：“财政情形，现在是困难已极，支出有加无减，收入反而减少了一半”。

商业的危机及第二次北伐庞大的军费开支，加剧了政府的财政危机，政府不得不采取发行大量纸币来弥补财政赤字，这就使通货更加膨胀，物价更形高涨。武汉政府还被迫颁布了“现金集中”命令，禁止现洋、现银出口，试图挽救日益严重的财政危机，这一措施立即引起了武汉地区金融阻滞，汇兑不通。商业纷纷停闭，物价疯狂上涨，日用品缺乏，失业工人人数骤增，5月间，武汉市失业工人达12万人，劳资矛盾十分紧张，社会上人心惶惶。地主豪绅与资本家到处制造谣言，说武汉政府宣布“共产公妻”，汉口妇女举行“裸体游行”，诬蔑农民运动是“惰农运动”，阻碍农业生产，以此来煽动军队反对武汉政府。出身地主阶级的军官们开始咒骂工农运动。

与此同时，蒋介石拉拢冯玉祥成功，蒋、冯一联手，军事局势顿时变得对蒋介石极为有利，而冯玉祥也借此机会致电汪精卫，要他与蒋介石“通力合作”，“速决大计，早日实行”。冯玉祥倒向蒋介石，使汪精卫“夹击南京”的战略意图付诸流水，局面更趋紧张。此外，湘鄂一带工农运动中也确有“过左”倾向，直接威胁大地主大资产阶级的利益，两湖地区投机北伐革命的一些反动军官频频发动事变。在种种政治的、军事的、经济的压力之下，汪精卫终于撕下“左”的面具，对共产党和革命群众实施了疯狂的大屠杀，制造了“七·一五”反革命政变★。

＜ 1925年时的毛泽东。

＞ “马日事变”中，国民党军大肆屠杀共产党员和工农群众。

宁可错杀一千，不可漏过一个

武汉在内外夹击下，汪精卫集团开始急剧向右转。汪说：“共产党建议我们同群众站在一起，但是，群众在哪里？被高度赞扬的上海工人的力量在哪里？湖南农民又在哪里？根本没有这种力量。你们看，蒋介石没有群众也相当强大。同群众站在一起意味着同军队对抗。不，我们宁可不要群众，也要同军队站在一起。”他们害怕工农运动特别是土地革命继续发展，将会导致武汉的军队起来造反，使国民政府无法立足。谭延闿说：“现在不能讲分配，要讲分配，必惹起极大的纠纷。”汪精卫要求国民党中央成立查办“过激”言行的特别委员会，发出一系列限制工农运动的命令，如下令严禁工人纠察队活动、不准集会和示威游行、保护军人田产等，并指责农民运动“骚扰后方，动摇军心，破坏公共秩序，实可痛恨”。

然而军队的反叛还是发生了。

5月12日，驻宜昌的独立14师师长夏斗寅勾结四川军阀杨森及刘佐龙部，乘武汉国民政府大队兵马北伐之际，发表反共通电，诬蔑工农运动使“商叹于市，农怨于野”，共产党“借口总理容共，而喧宾夺主，以暴君政治扰乱我两湖”。随即他率领叛军，一直攻到武昌城外，严重威胁武汉。汪精卫惊恐万状成了热锅上的蚂蚁。叶挺、恽代英临危受命，迅速将叛军击溃，武汉形势转危为安。

然而反叛事件还是一波未平一波又起地发生了。

当时驻扎在湖北的35军大部分官兵都是湖南人，从军长何键到参谋长、秘书长、参谋

处长，全是醴陵的阀阅世家。当农民起来造反时，他们的家庭利益首当其冲地受到威胁。

全国农民协会负责人毛泽东认为“农会简直成了乡村的主宰”，“从前拜倒在绅士权力之下的人，现在却拜倒在农民的权力之下。”何键却贬斥农民政权为“痞子政权”，并且说：“在这个政权的压力下，湖南农民也已经喘不过气来了。”毛泽东针锋相对地说：“恰恰相反，农民全都扬眉吐气，只有土豪劣绅、不法地主喘不过气来。”何键说：“革命军寄回家的薪饷被农会没收了，革命军的家属被农会抓去戴高帽游城了！再这么下去，政府也不理，我的军队就没办法控制，他们只有造反了！”

武汉政府最终制订了一份革命军人土地保障条例，规定国民革命军军官家里的土地田产都不能没收。然而，反动军官们的不满情绪还是与日俱增。何键指使驻长沙的许克祥带领独立33团首先采取行动。行伍出身、性格粗犷的许克祥早就对共产党和农民协会不满，他得到何键的旨意后说：“什么共产党，什么农协会，我许克祥不怕，我杀他个鸡犬不留！”

5月21日，历史上有名的“马日事变”爆发了。大雨中的深夜，长沙街上响起了凄厉的哨音。在许克祥统一指挥下，第33团和35军教导团、35军留守处发动了叛乱。他们抢夺工人纠察队、农民自卫军的枪支和国民政府购买粮食的现金巨款，尽释被关押的土豪劣绅，到处捕杀共产党员和工农群众。一夜之间，大批共产党员、国民党左派和工会农会骨干被捕，100多人被杀。事变后，许克祥和国民党右派组织继续在长沙和各县日夜进行劫掠和屠杀。他们杀人的手段，极其残酷，“如杀女子，先行割去乳部。用刀斩断颈部一半，又用步枪向阴门一枪。杀男子，先用极惨刑法拷问，再用刀枪重刑而死，其如腰斩暴刑、割剖，种种残杀，实极为悲惨。”

剷除封建勢力

武汉形势马上急转直下，处于紧张之中。

中国共产党内的许多党员主张对叛乱予以坚决反击，但是苏联顾问鲍罗廷和陈独秀决定妥协。“我们已经无力四面出击了，”鲍罗廷说，“所谓10万农民围攻长沙，简直是天方夜谭！”他认为：“现在国民党的左派还是好的，他们没有什么错误和不好的倾向，一切错误是工农运动过火，领导湖南农民运动的是地痞与哥老会，而不是我们。”陈独秀也认为“绝对不能以武力对讨”，否则会“引起整个政局之纠纷”。

中共中央按鲍罗廷的主张，派人向汪精卫转达了谈判的意见。但汪精卫不予理睬，反而发布命令，指责农民运动“幼稚过当”，认为“马日事变”是由农民运动引起，应由中共方面承担责任。毛泽东等共产党人非常愤怒，毛泽东向国民党领导人汪精卫、谭延闿、唐生智提出6条要求：一、没收贪官污吏、土豪劣绅及一切反革命的土地财产；二、保护革命军人的土地及财产；三、保护中小地主及商人的利益；四、从速实现中央关于农民运动的政策；五、建设革命民主的乡村政权；六、武装农民自卫。

汪精卫却说：“中央知道21日晚所发生的事，是军队的错误居多，但农民协会也有错误。各位的请求，大略可以做到。讨伐许克祥这一点，刚才军事委员会已经说过，许克祥的长官是唐总指挥，现在唐总指挥已自请处分。但中央能原谅他，不下处分，仍责成他根据中央历次的训令同决议全权办理此案，以谋一个根本的解决。”

毛泽东反驳：“21日那天晚上，是军队向农民协会进攻，农民协会为自卫而抵抗，并不是农民协会抢军队的枪械。”但是汪精卫只是敷衍。

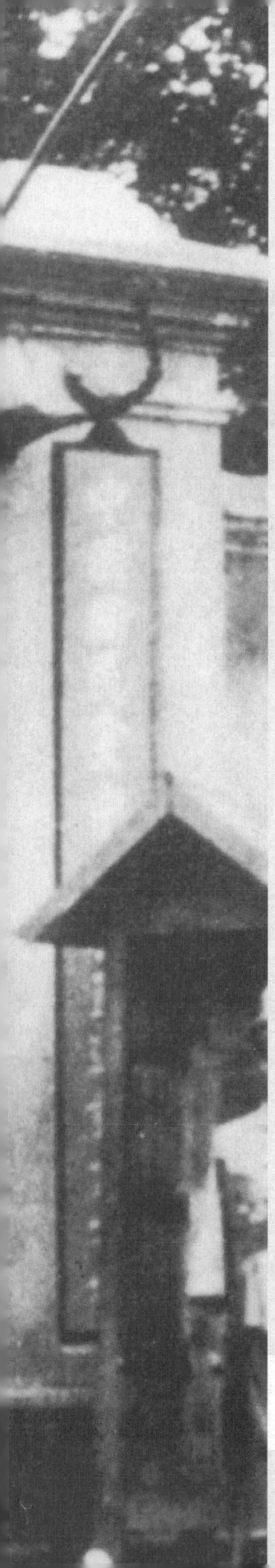

< 1927年3月，国民党中央在武昌开办中央农民运动讲习所，由毛泽东主持。图为中央农民运动讲习所旧址。

∧ 1927年6月10日，汪精卫与冯玉祥等在河南郑州开会，酝酿反共与宁汉合流等问题。前排左起：孙科、于右任、冯玉祥、谭延闿、汪精卫、唐生智。

经鲍罗廷提议，武汉政府派谭平山、陈公博、鲍罗廷等人组团去“查办”许克祥，但因受到许克祥的恐吓而退回武汉。回湖南处理此案的唐生智一面命令许克祥发还收缴的工农武装的枪支，一面说许的叛变是“激于义愤”的“自卫之谋”，要求“从轻处分”。

5月19日，江西省省长、第3军军长朱培德也开始反共。他将第3军全体政治工作人员142名和重要共产党员方志敏等21人“遣送出境”。同时，勒令江西省总工会和农民协会停止活动，并收缴了农民自卫军的枪械。

接着，又发生了汪精卫驱逐苏联顾问事件。

共产国际首席代表罗易却想入非非，认为汪精卫是国民党主要领导人中唯一努力同共产党保持友好关系的人，是国民党领导机关中唯一的小资产阶级的代表。罗易为了逼迫汪精卫彻底左转，站到中共一边，背着中共中央和其他国际代表，给汪精卫看了一封莫斯科来的密电。内容大致为：坚决实行土地革命。没有土地革命，国民党中央就会成为不可靠的将军们的可怜的玩物；国民党中央的某些老领袖害怕事变，必须吸收新的工农领袖到国民党中央委员会里去；动员2万共产党员，加上湖北、湖南约5万革命工农，组织一支可靠的军队组织革命法庭，严惩一切反革命。

汪精卫紧张地说："这份决议案是违背《孙文越飞宣言》精神的，也不符合三大政策的本意。你们破坏了当初的协议！"罗易以为汪精卫见到这份电报后会很振奋，断绝向右转的念头，因此强硬地说："这份电报可以算是最后通牒。如果你接受这些条件，共产国际将继续与你合作，否则就同国民党一刀两断！你最好是接受这个电报，不然国民党左派同中国共产党就都完了。"汪精卫很简单地问："这份东西可以给我吗？"罗易同意了。

罗易干的蠢事为汪精卫"分共"提供了话柄。他拿到电报抄件后，立即约见了外交部长陈友仁和其他几位高级官员，把电文交给他们传阅。在座的人都认为国共合作已经走到终点，早日"分共"为好。

6月5日，武汉国民党中央政治会议突然宣布解除鲍罗廷和加伦的聘约。

鲍罗廷难以置信，脸色涨得通红地连问："什么？什么？请汪主席再说一遍。"

"解除聘约是中政会的决定。"汪精卫平静地说，"过去鲍先生为中国革命殚精竭虑，我们当然铭记于心。但现在既然政见不同，抱负殊异，只好请先生离开，我们各奔前程。"

鲍罗廷直到知道罗易的泄密以后，才恍然大悟，但现在作任何解释已经无济于事，形势急转直下。

在汪精卫渐渐露出反共本质后，北伐的形势也发生了变化。5月30日，冯玉祥部占领郑州。6月1日，唐生智部也到郑州。6月2日，南京方面北伐军攻下徐州。在武汉和南京之间的战略对峙中，冯玉祥的态度成为最关键的一个因素。汪精卫和蒋介石都极力拉拢冯玉祥，以便结成联盟对付对方。

汪精卫在内外反动势力的压迫下，政治立场已经逐渐转向反共、反工农，但对公开反共还有所顾虑：首先，前方战事胜负未定，"如果后方同志发生分共问题，则联合战线为之动摇，无异给张作霖一个绝好的机会"；其次，第四方面军中有相当数量的共产党员和共青团员，还要靠他们在前方与奉系军阀作战，因此"不便提出分共问题"；再次，北伐军主

★郑州会议

1927年6月10日～11日，冯玉祥举行郑州会议，酝酿反共与宁汉合流等问题。郑州会议使冯玉祥几乎独占了武汉北伐军成果。武汉对奉作战死伤1.4万余人，冯部伤亡仅400余人反而轻取郑州，收编河南地方军队。对此唐生智等人很不满。会谈中，双方对蒋介石的态度有差异。汪精卫试图拉住冯玉祥，既反共又反蒋。尽管双方在反对共产党和反对工农运动方面表明了一致的立场，但在反蒋问题上双方的态度还不一致，冯玉祥在会上始终不愿表示反对蒋介石。

力均已开赴前线，两湖地区留守部队难以对付共产党。汪曾多次向唐生智建议："鉴于战线太长，贵部留一小部分在漯河、信阳一带，公率大部，回镇武汉"。唐生智既担心部下纷纷投靠蒋介石，又担心因军队叛变，激起两湖人民暴动，而丧失他的地盘。因此急切地希望结束战争，指望在和国民军会师后，让国民军沿陇海路东进，武汉军队全部撤回，顺长江东下讨蒋，同时全力对付共产党和工农运动。

6月初，第四方面军前敌总指挥唐生智，分别电请汪精卫和冯玉祥"赴前方指导政治"。为了解决面临的严重的政治、经济危机，和冯玉祥结成战略同盟，汪精卫决定和统辖豫、陕、甘三省，虎踞中州战略要地的冯玉祥举行郑州会议★。6月6日，汪精卫启程赴豫。汪精卫此行的目的是争取冯玉祥支持其反共反蒋计划。

6月8日，汪精卫、谭延闿、孙科、何键等人来到郑州。9日下午，冯玉祥由洛阳抵达郑州，受到了武汉要员的热烈欢迎。兴高采烈的工农群众甚至把他抬了起来，送进轿车。

6月10日，汪、冯两方面要人在郑州陇海公园举行会议，苏联顾问加伦也参加了会议。武汉方面一面谴责蒋介石独断专横，一面指责共产党搞阶级斗争，弄得人心惶惶，秩序大乱，破坏了国民革命；同时抨击鲍罗廷和共产国际。何键对冯玉祥说："现在湖南的情形真是一团糟，稍微有几个钱的人，都无法安居了，连长、营长的父母兄弟，竟被拘捕当作土豪劣绅惩办。再不严厉制止，国民革命就完了。"冯玉祥本来就反对农会带领农民拒缴租税、拘捕土豪劣绅的做法，现在受了这一番挑唆，"大为动容"，当即表示要立刻进行"清党分共"。

双方迅速在“分共”问题上取得了一致，但冯玉祥不同意“讨蒋”，而是主张宁汉联合，继续北伐张作霖。冯玉祥在郑州会议上，故意把蒋拉拢他的电报拿给汪精卫看，并骂蒋是“狼心狗肺”，以抬高自己的身价。两天后有人给汪拍了电报，说冯与蒋已经勾结好了，可能要在郑州扣留他们，汪急忙南返。

会后，唐生智班师回武汉，执行镇压两湖工农运动和“制裁”共产党的反革命任务，这就为汪精卫集团日后发动反革命政变聚集了大量的武装力量。

蒋介石也迫切需要冯玉祥的支持，以便完全压倒武汉的汪精卫。郑州会议刚过，蒋急于了解冯对南京政府的态度，致电冯，要求在开封会晤。在武汉部队攻克郑州的同时，南京部队也于6月2日占领了蚌埠、徐州。宁汉双方的军事主力都在北伐反奉的名义下集结于陇海线上。南京方面要想继续前进，就必须克服来自奉系军阀和武汉方面的障碍。张作霖在失去郑州、徐州等战略要地后，匆忙就任“陆海军大元帅”，组成了安国军政府，取得了调遣各路军阀部队的权力；并急调东三省部队入关，以全力对付国民革命军。加上他担心一旦武汉部队顺江东下，南京必然处于腹背受敌的危险境地，如果能争取冯的支持，实现蒋、冯合作，北可以合力对付奉军，继续北伐；南可以牵制武汉，甚至吞并武汉。于是，蒋介石邀请冯玉祥到徐州会谈。

冯玉祥也希望得到蒋介石的支持。郑州会议后，冯玉祥的国民军已扩充为10个方面军，号称50万，人数庞大，给养困难，单靠武汉政府是不行的，必须依靠南京政府。再则国民军的主要对手是奉系军阀，如果宁汉一旦开战，奉军必卷土重来，国民军很难取得胜利。因此，冯玉祥认为只有宁汉合作，一致北伐，才有可能打垮奉鲁军阀，国民军也就有可能在河南立足。郑州会议结束后，武汉部队立即部署东征战事，宁汉之战已是一触即发。冯玉祥感到必须立即同蒋会谈，解决宁汉争端，共商北伐大计，因此愉快地接受了蒋介石的邀请。

冯玉祥的专车抵达徐州那天的一大早，蒋介石就以总司令的高位，率李宗仁等将领，乘专车到20里外的车站迎候冯的到来，冯玉祥深受感动。

6月20日至21日，蒋介石和冯玉祥在花园饭店举行会议，蒋允诺从7月起每月给冯部军饷250万元，并立即馈赠50万元硬币犒军，还预请冯将来任军政部长之职。蒋还恭维冯为“给中国带来福音的基督将军”“民众救星”，并高呼“冯总司令万岁”，冯则称蒋为“彼得大帝和拿破仑的化身”，表示“本人当唯蒋总司令马首是瞻”。

∧ 1927年6月20日，冯玉祥（左一）同蒋介石在徐州开会，决定合作反共、反苏，并促成南京国民政府与武汉国民政府的合作。

蒋介石认定“大力接济”和“继续北伐”是争取冯玉祥的两个关键问题，于是满足了他的这两个要求，因此联合冯玉祥取得了成功。虽然冯不同意一起攻打武汉，但是慨然答应在军队及其管辖范围内清党。

21日，冯玉祥致电武汉政府，攻击共产党是“冒国民革命之名”“布全国恐怖之毒”，搞得“社会根本动摇，四民无一安宁”；要共产党“暂时退出国民革命之联合战线，停止农工运动之阶级斗争”；要求武汉汪精卫集团“速决大计，早日实行”“清党”“分共”。电报如最后通牒，大有如不照办，即派大军压境之势。就这样，冯玉祥用共同“清党”这条线，把蒋介石汪精卫连在一起，进行宁汉合流的酝酿，从而加速了汪精卫集团公开反共的步伐。

蒋、冯合作，武汉政府更加孤立。

同时，冯玉祥一回河南就下令在他的辖区实行“清党”。他先请军队中200名共产党员和辖区内中共地方党员干部吃饭，然后说：“你们到我这里帮了忙，你们要反蒋，我是不能干的，我要和蒋介石合作反张作霖。在我的军队里穿二尺半的不能反蒋。你们要反蒋，愿意到哪里就去哪里吧！”随后，冯玉祥发给遣送费，用一个闷罐子车皮把240余人拉到武胜关，让他们下车。

国共两党合作关系的全面破裂，已如箭在弦上，形势非常危急。

毛泽东、蔡和森一再建议中共中央注意反动军官磨刀霍霍的严峻形势，提议“中央及军部应检查自己的势力，作一军事计划，以备万一”。

周恩来两次提出湖南暴动计划的报告，并准备亲自去指挥这次暴动。那时，毛泽东领导下的湖南农民运动力量强大，拥有不少武装。由共产党人掌握的叶挺部队击败夏斗寅部后就驻扎在湖南边境，而唐生智的主力还没有从河南回来。这是一个稍纵即逝的良机。但国际代表罗易反对暴动，周恩来气得和他吵了起来。

中共中央和国际代表幻想拉住汪精卫和唐生智东征讨蒋，不惜做出最大让步，于6月28日宣布解散湖北省总工会纠察队，把部分枪支交给国民党，部分枪支转移和隐藏起来。陈独秀领导下的中央除了苦苦地哀求汪精卫不要“分共”外，再也拿不出什么好的主张来，完全处在不知所措的慌乱境地，人心更加涣散。

然而，这些妥协更加增强了国民党右派反共的决心。6月26日，在汪精卫的默许下，唐生智公开宣布反共。3天之后，35军军长何键杀气

∧ 1927 年时的周恩来。

腾腾地发出反共训令。他说："工农运动便是指有饭吃有衣穿的人为土豪，指有学问有道德的人为劣绅，私擅逮捕，任意残杀……佃户压迫佃东，店员压迫店主，农不耕田，工不做事，商不经营，士不读书。提倡兽化，毁弃人伦，天昏地黑，人人自危，古来大乱，未有如此。"认为这"纯系共产党中暴徒之策略，并非幼稚过火之错误"，叫喊铲除"屠杀良民的暴徒""扰乱后方的暴徒"，要求汪精卫、唐生智"明令与共产党分离"。同时，何键指使部下在街头拘捕共产党人，并伙同武汉卫戍司令李品仙派兵占领了全国总工会等机关。

这时，共产国际不指名地批评了陈独秀，随即派来罗米纳兹作为国际代表接替鲍罗廷、罗易、维经斯基的工作。7月12日，中共中央实行改组，陈独秀停职，成立了由张国焘、周恩来、李维汉、张太雷、李立三5人组成的临时中央常务委员会。这次改组为后来南昌起义、秋收起义的发动和"八七"会议的召开开辟了道路。

第二天，中共中央发表对政局宣言，指斥汪精卫等人"近日已在公开的准备政变，以反对中国人民极大多数的利益及孙中山先生之根本主义与政策"，宣布撤回参加国民政府的共

∨1927年时的宋庆龄。7月14日，她发表《为抗议违反孙中山的革命原则和政策的声明》，痛斥蒋介石、汪精卫背叛革命的行径。

产党人，但不抛弃与国民党合作的政策。随即，中国共产党的大批党员紧急撤退，党组织迅速转入地下。

鲍罗廷说："我将坚持到最后一分钟。到非得离开时，我才离开。但是，不要以为中国革命行将完结，或者彻底垮了。……它学会了如何组织，如何斗争。或迟或早，从现在起一年、两年、五年，它将再次公开。"

7月13日，国民党左派邓演达发表辞职宣言，谴责汪精卫等人"与共产党分离""残杀农工""向蒋图谋妥协"。

7月14日，宋庆龄发表《为抗议违反孙中山的革命原则和政策的声明》，严厉斥责蒋介石、汪精卫"违背了孙中山的意思和理想"，"不再是孙中山的真实信徒"，"不过是这个或那个军阀的工具"和"一条利用现在的奴隶制度以自肥的寄生虫"！她说："我对革命并没有灰心。使我失望的，只是有些领导过革命的人已经走上了歧途。"面对反共浊流，她大义凛然地表示：将不再参加"本党新政策的执行"。

汪精卫凶相毕露的时刻来临了。

∧ 部署南昌起义军事行动计划的旧址——原江西大旅社会议大厅。

7月14日，汪精卫召开的秘密会议进行了几个小时。

7月15日，汪精卫召开国民党中央常务委员会扩大会议，汪精卫在会议上逐条地宣读《五月紧急指示》，并大肆渲染、歪曲、蛊惑。会议通过了所谓"分共"决议案，宣布共产党员在国民党各级党部、各级政府及军队中有职务者，自即日起声明脱离共产党，否则一律停止职务；国民党党员未经许可，加入他党者，以叛党论。

汪精卫步蒋介石后尘，公开背叛革命。汪精卫声言："宁可错杀一千，不可使一人漏网！" 武汉政府以血腥屠杀对付共产党员，仅国民党武汉市党部就有100余名共产党员和革命志士被杀害。汪精卫集团在武汉大肆逮捕共产党人。在育才学校、文化书社等处，一日间即捕去20余人。何键的第35军当日占据汉阳，次日又占据汉口。第35军一个团长在孔垄镇，一次就枪毙了20多名共产党员。国民党已着手在武汉工会组织中"清党"，专门组成特务委员会，改组各级工会。同时汪精卫集团也在党、政、军各部门大规模地厉行"清党"。鲍罗廷、罗易、维经斯基等100余名顾问或工作人员纷纷离开中国返回苏联，刹那间，大江南北一片白色恐怖。在反共的大合唱中，阎锡山、冯玉祥采取了一致行动。阎锡山在山西"清党"反共，先后有多名共产党人被逮捕或杀害。

至此，第一次国共合作彻底破裂了。中国共产党人面对屠杀，举起了武装反抗的旗帜。中共中央当机立断，决定举行南昌起义★。命周恩来为前敌委员会书记，负责南昌起义的发动和指挥。1927年8月1日，南昌起义爆发，中国革命进入了崭新的阶段。

万万没想到何应钦背叛了自己

卫士走进来的时候，看到蒋介石很长时间都一边嘴角向上，一边嘴角向下，面目有些狰狞地笑着。他忽然看见卫士进来，于是迅速把笑容彻底收回去，又恢复那种威严而沉思的神态。蒋介石确实忍不住地想笑，但是又有意识地不让自己的笑容流露出来：你汪精卫不是激烈地反对我"清党"吗？怎么，现在终于知道我是"英明"的了吧？这说明只有我蒋

★南昌起义

大革命失败后，周恩来、朱德、叶挺、贺龙、刘伯承等共产党人率领2万多部队于1927年8月1日在江西南昌发动武装起义。经过激战，全歼国民党守军，占领南昌城。随后，起义部队按计划撤出南昌。在南下广东途中，起义军遭遇挫折。朱德率领一部分幸存部队辗转进入井冈山地区坚持战斗；另一部分转移至广东海陆丰地区，保存下来的部队成为工农红军的骨干之一。南昌起义向国民党反动派打响了第一枪，是中国共产党独立领导武装斗争和创建革命军队的开始。后来，8月1日成为中国人民解放军的建军节。

介石才是国民党的真正领袖。正当蒋介石得意非凡、沉浸在阴谋得逞的巨大喜悦中时，万万没有想到，自己的后院已经烈火四起，他还没有坐稳的头把交椅，已经变得如同烧红的铁椅，无法再安坐其上了。由于在发动“四·一二”政变、夺取南京、对抗武汉等主要事件中桂系都起到了重要的作用，因此李宗仁、白崇禧等人渐渐地已经不肯听命于蒋介石，蒋、桂矛盾日甚一日。

汪精卫虽然大肆屠杀共产党，但是他的主要目的却是与蒋介石争夺对国民党的领导权。因此他在发动政变的同时，命令张发奎率领所部第2方面军东征，进取南京。北洋军阀此时也已乘机大举南下，进逼蚌埠、淮阴。孙传芳为报江西之仇，这次南攻，更是积极，亲自率兵死战，津浦线上连连得手。

为了缓解矛盾，蒋介石在得不到桂军帮助的情况下，决定亲赴津浦前线督战。蒋介石召集在南京的将领密议：“武汉军为共产党所拖延，一时不易东下，我方应及时夺回徐州，以振声威。”蒋介石出发前曾在总理纪念周上立誓，“此次不打下徐州，便不回南京”。没想到收复徐州却以惨败告终。

战争开始时，北洋军阀部署在津浦路正面的部队假装败退，蒋军节节胜利，蒋介石于是认为很快将攻下徐州，于是亲赴前线督战，所有军队包括预备队都全部出动。不料北洋军阀突出其后，使蒋介石的部队“首尾不能相顾，全军顿形混乱……全线溃败”，“溃败之惨，实前所未有。”8月6日，蒋介石只好自食其言，仓皇退回南京，布置部队防守长江，阻击北洋军。

蒋介石又羞又怒，于是就找了一只替罪羊，把战败的责任归之于前敌总指挥、第10军军长王天培。据说有一天，南京总司令部召开高级军官会议。按照蒋介石的规定，凡是总司令部开军事会议，一律不准带武器进入。参谋长白崇禧一见王天培，便很严肃地对他说：“你不服从总部的战略部署，阳奉阴违，在进攻徐州战役中，被敌人（孙传芳）一打就垮，一直向南溃退，几乎影响整个战局；而且你部下控告你十大罪状，克扣军饷等等……你知罪吗？”王天培脸色苍白，说道：“不知道！都是下面人搞的！”在场开会的军官，大部分都站起来，满怀惊惧地注视眼前的事情。自北伐以来，国民革命军共7个军，每个军军长都是一方的实力派。一到湖南，成立第8军，军长是唐生智。王天培是第10军，其资格之老，地位之重要，可想而知。而且自北伐以来，总司令部还没有惩处过一个军长。蒋介石一直沉默地注视着。王天培含糊其词，然后被带到军法处，后来被枪毙了。这件事让其他各部将领产生了极大的震动，尤其是李宗仁、白崇禧，都担心有朝一日也被蒋介石随便干掉。

这个时候，汪精卫已在“夹攻中奋斗”的口号下东征讨蒋，分兵3路大举东下。蒋介石面临北军和武汉两方的凶猛攻势，陷入一筹莫展之中，只好求李宗仁的桂系出兵。李宗仁见逼蒋下台的时机已趋成熟，并且南京周围基本上都是桂系的部队，于是以“对汉宜先礼后兵”为辞加以拒绝。同时，李宗仁致电冯玉祥，公开呼应冯之“宁汉双方一致反共，既已志同道

∧ 1927年，蒋介石与宋美龄在上海合影，此时他尚未与陈洁如离婚。

合，请速进行合作”的建议，又写信给汉方唐生智，表示“只欲武汉反共，予愿已足”，并在言辞间对蒋有责备的意思。李宗仁又领衔发出“为武汉分共愿与武汉合作”的通电。

蒋、李、白都是靠军事手段和实力政策起家的，现在李、白反对他，他就一点办法都没有。在四面楚歌的情况下，他只好向李、白试探说：“我想趁此休息一下。”白崇禧明确地说：“总司令如果真需要休息，我也赞成，否则徒然在政治上掀起一个大风浪，那就大可不必了。”

李宗仁则更为干脆地请蒋下台。蒋介石窝着一肚子火，十分难堪，答道：“余唯以中央执、监委员会主张为依归。”

吴稚晖等在蒋的授意下，立即召集政府要员开会，讨论南京政府局势。会上吴着力助蒋留任，以主持大局。但到会的军界要人则态度不同。李宗仁付之一笑，不作任何表示，连何应钦也一言不发。

蒋介石无奈，只得表示“愿休息一下”。白崇禧立即赞同说：“唐生智、张作霖气势汹汹，我们两面受敌，蒋先生暂且歇一歇也好。”李、何等军人于是随声附和。

蒋介石既然四面楚歌，只得以“深念党国前途”为名，宣布辞职“下野”。于是报刊上披露：“8月12日下午，南京召集重要会议，蒋总司令、何应钦、白崇禧、李宗仁均列席该会。蒋以宁、汉相持，北伐军事难发展，武汉方面有一切均可磋商，对蒋个人绝对不能相谅之语，故愤自牺牲，提出辞职。何、白、李以战事日亟，亦欲速决意争，遂决退让，蒋即自动下野。”

8月13日，蒋介石在张静江等人陪同下，秘密来到上海租界。陈布雷在日记中曾说：“8月间宁汉分裂之迹更显，蒋公命余先期为准备辞职宣言，愿行退让贤以促成团结。”两天后，蒋介石正式发表下野通电。

他在通电中说：“中正自蒸沫总理之教训，即以二义自矢：一、认党高于一切。在党的利益之下，党员个人绝无逞主观、用感情、计利害之余地。二、认捍卫党基为党员最大之大职。苟有逞智弄巧，阳奉阴违，篡夺吾党基础，剽易吾党主义，使吾党名存而实亡者，必竭全力以铲除之。由第一义言：进退生死，一以党之利益的依归。……故昔日以党之命令不能不进者，今若从中正一退，可解纠纷，中正因无时无刻成忘归隐者也。”

由第二义言：苟不侵蚀中国，篡窃本党如共产党之所为，任何党员，决不能以识解小有异同，而稍道其卫党之天职。”

然后，蒋介石又宣告了自己的3项愿望：一、要求宁汉双方“悉摒外间挑拨之辞，尽捐意气猜防之念，武汉同志定期联袂迁移东来，共同集合于南京，以谋党国大政之进行”。二、“要求分驻湘、鄂、赣武装同志，拼力北进，会同津浦线作战之军队，一致完成革命”。三、“要求鄂、赣、湘诸省彻底清党。”

李宗仁随即正式充任国民革命军副总司令。

8月14日，蒋介石率卫队回到他的老家溪口，同行者有邵力子、陈果夫、张群等。

8月19日，蒋介石在奉化各界举行的欢迎大会上致辞说：“今天承请父老兄弟等开会欢迎，中正非常欣慰，比之他处更甚。不过中正为国奔走，对于桑梓事情，无甚顾及，殊当抱歉万分，幸诸父老热心举办公益事务，故中正亦得许多安慰。但是我革命事业，无非是要为民众谋幸福，为党国谋利益，所以希望诸同志，以后努力进行。待到革命成功，人民皆得享衣食住行四者之幸福，此时再来庆祝，当更为快慰。中正别无他愿，望桑梓升平，请父老兄弟皆得安居乐业，是中正之厚望也。”

蒋介石还对美国《芝加哥鹰报》记者和《纽约时报》记者表示："鄙人下野，当可促成宁汉合作。"

蒋介石明白，如果不及时辞职"下野"，他将成为众矢之的；而且，如果不避让，有可能使冯玉祥在调停宁、汉矛盾中获得实利，大权就有可能旁落。最重要的是，虽然回到了奉化，但他的影响却始终没有离开中国的政治舞台。在军事上，蒋介石的嫡系部队仍然效忠于他，尤其是第1军中的各级军官，都是蒋介石从黄埔系中挑选培养出来的，始终都是蒋介石的"私人武装力量"，因此第1军仍在他的掌握之中。何应钦当初拆蒋的台，也并不是真想把他搞垮，只是想借此改善自己的地位。蒋介石的忠实幕僚张静江、吴稚晖等人始终到处游说，为蒋介石复职做着准备。宋子文等人则积极同英美等帝国主义拉关系，施加对蒋有利的影响。江浙财团及上海的买办阶级一直是支持蒋介石的。蒋介石"下野"后，江浙财团和上海的买办势力立即停止供给军饷，切断了南京政府的经济命脉。因此蒋介石人虽然在溪口，却跟以前一样指挥着文官武将，控制着时局。蒋介石因此才决定"下野"，做出一种姿态。

桂系空前的成功

李宗仁向白崇禧举起了酒杯："来，今天我们一醉方休！""好，难得这么高兴！"白崇禧也非常痛快。他们两人都曾经身经百战，但是也许只有今天，才是他们自己最大的一次胜利。每每想到蒋介石这个最大的对手这么轻易地就被赶下了台，以后的天下就是我们桂系的了。他们两人都沉浸在对以后美好前景的憧憬之中，脸上都泛起了红光。

但是很快，他们就感到了蒋介石的厉害。他虽然人不在南京，可是他的巨大阴影依然牢牢控制着南京的政局。事实上，蒋介石和他的支持者早就已经做了充分的安排，对夺权后的李宗仁百般制造障碍，国民党内部的斗争非但没有因此而平息，反而加剧了。时局被弄得越来越乱。桂系对大局很快就难以控制。

蒋介石下野之后，国民党内"党统"争夺更加激烈。南京、武汉都以"正统"自居，攻击对方为"非法"。西山会议派也在上海租界里，打起了"沪二届正统"的旗号。于是在同时出现了一国二国民政府（南京、武汉）三中央党部（宁、汉、沪）的怪现象。

南京政府中胡汉民、吴稚晖、李石曾、张静江等人在蒋之后相继宣布辞职。并在辞职通电中以"貌合神离，唯领袖自竞"等语责备李、白。

李宗仁为增强自身在党争中的竞争地位，首先向在沪的西山会议派表达联合之意。西山派都是"党中元老"，只是没有实力做后盾，现在桂系有意联合，西山派人士自然格外高兴。

李宗仁、白崇禧又向武汉方面送出了橄榄枝，宣称统一政府之必要，并主动请示今后方针，明确表示希望以武汉中央为唯一正统，并派出胡宗铎前往武汉，与汪精卫等人接洽。汪精卫见蒋介石已经"下野"，李宗仁又有求和表示，于是发表声明说："今蒋解除兵柄，听

> “下野”对蒋介石来说，不过是以退为进，从而谋求更大的政治利益。他的巨大阴影依然笼罩着南京的政局，李宗仁和白崇禧感到了巨大的压力。

命于党，李宗仁等复请中央党部及国民政府迁都南京，兹经中执会扩大会议议决，即日迁都南京。”

这个声明盛气凌人，引起李宗仁等人的不满，但是为了救急，也不得不先行退让，公开表示欢迎汪精卫等武汉要员来南京，并亲自到庐山与武汉方面会晤，洽谈迁都的具体事项。汪精卫得意非凡，一心想恢复其党中最高领袖地位，表示武汉政府将于9月3日前迁往南京，并在南京筹备召开二届四中全会。随后派出谭延闿、孙科作为代表先去南京安排。双方决定，为了抵御孙传芳，李宗仁的第7军只负责南京防务，派武汉方面程潜的第6军东进，唐生智部开往芜湖，一起帮助南京方面攻打孙传芳。

等李宗仁回到南京时，孙传芳已经趁南京内讧，武汉和南京还没有联合之机，发动了“五省联军”全部剩余力量，加上张宗昌的直鲁联军，号称“雄兵10万”，向南京方面发起了大举进攻。当李宗仁还在路上的时候，部分北洋军已经渡过长江，秘密向乌龙山、燕子矶等处进攻，随后又占领了龙潭、栖霞、高资、下蜀一带，掩护后续主力进攻。

蒋介石“下野”前就料到孙军南下的形势，于是命令第1军逐步撤到江浙边界沪杭路一带，以保存实力，有意陷桂军以孤军作战的境地，以借刀杀人。和蒋关系密切的海军部队对守卫长江天堑负有重大责任，此时也不积极准备，坐等观望。李宗仁只得尽力调兵遣将，做出应战部署。李宗仁一面命夏威先率第7军奔赴栖霞，堵住从龙潭等地渡江的孙军主力，夺回被第1军放弃的乌龙山、栖霞防地；一面亲自赶往第1军总指挥部，找到正准备开拔的何应钦。

李宗仁说："首都存亡所系，你不能一走了事！"

何听后迟疑不决，李宗仁突然严厉地说："敬公，你真要走，我可对你不客气了！"

何应钦于是立即通令第1军停止退却，准备反攻。

孙传芳把所有运兵船只一律交由长江北岸的大刀队看管，孤注一掷，决定背水一战。李宗仁也决心拼死决战。龙潭战役双方主力拼杀，血战三昼夜，仍处于僵持状态。

第4天的时候，形势突然发生变化，孙军身后突遭生力军的进攻。原来在上海与各方交涉并筹款的白崇禧返回时，铁路遭到破坏。于是当机立断，赶赴镇江，严令驻京沪线东段之第1军第14师师长卫立煌就近率部向龙潭反攻，第1军第2师师长刘峙部回师增援，同时调驻沪第1军第1、3、21等师以及桂军新编部队，驰援南京。白又打电话给海军司令，命他派舰队守住渡口，切断敌军后援，并威胁说："孙之势力终必被歼，海军如不努力，将来一定要追究责任。"白崇禧还派人带了一班宪兵登舰，押了作战不力的舰长李世甲向龙潭开去，从背后炮击敌人。其他军舰见状也纷纷行动，孙部的后援被截断。

白崇禧、李宗仁、何应钦指挥所部对龙潭形成夹击之势，孙军终于抵挡不住。8月30日，孙军死伤惨重，被来自东、西两面军队合力逼至长江边上，孙传芳登上小汽艇逃跑，所部10万大军大部分被歼、被俘。

李宗仁见局势大变，就不甘心把政权拱手让给汪精卫。恰好南京的中执监委胡汉民等和西山会议派激烈反对汪精卫，并且一致借口武汉"联共"，要求以"叛逆罪"对汪派进行审判。李宗仁大喜，决定把他们当作排斥汪的挡箭牌。

汪精卫、陈公博、顾孟余等一到南京，就感到气氛不对，城中竟贴出不少反汪标语。汪等立即主动对自己防共过迟表示无限愧疚，说自己并非恋权，实在不能一走了事，决定促成南京四中全会，借以将功补过。

9月8日，李宗仁、汪精卫开了个特别会议，决定由汪精卫到上海劝激烈反对汪的胡汉民来出席四中全会。汪只好硬着头皮去见胡。

李宗仁、汪精卫等人一到上海，就在报上公开表示："尽可效法廉蔺，以诚意纠正既往，救济现在与将来。"并一再登门求见胡汉民。不料，胡汉民压根不吃这一套。

李宗仁心中暗喜，于是请蔡元培出面，代表宁方提出两项建议：一是放弃法统观，不用第4次字样，混称执监联席会议；二是彻底"清党"，不许带共产色彩分子与会，而徐谦、陈公博、顾孟余等正是带共产色彩之人。这明显是打击汪的势力，因此汪对第一点表容纳，对第二点，汪辩护道："顾陈对此次清党颇有助力，实属有功。"

> 我国近代著名的教育家蔡元培先生（右），一生清廉正直，终身为教育救国的理想而奋斗。毛泽东誉之为"学界泰斗，人世楷模"。这是他与鲁迅（左）、英国文豪萧伯纳合影。

∧ 汪精卫与陈璧君。此时的汪精卫徒有物事人非事事休之感，却也无能为力。

但是武汉方面早先来南京的谭延闿、孙科等人，现在早已经转向了南京方面，不再为汪出力。汪看无人支持自己，只好勉强同意由谭延闿、孙科提出建议：宁、汉、沪各自推举其执监委员6人，候补委员3人，另3方共推出委员14人组织特别委员会，为临时最高中央权力机构，以统一党务。

这样便产生了特别委员会委员32人和候补委员9人，其中桂系和西山会议派占了优势，蒋介石、胡汉民只是挂名委员而已，汪精卫派的陈公博、顾孟余等只当了个候补委员。

汪精卫感到留在南京已经没有用处，只好离开。于是他以防范共产党过于迟缓，请求处分，引咎自责，同时以"患病"为托词，同陈、顾等人一起离开南京，返回武汉。汪精卫一走，特委会中的桂系和西山派更为高兴。

1927年9月15日，国民党特别委员会在南京正式成立，同时由特委会改组产生了国民政府和军事委员会。国民政府由46人组成，以谭延闿、胡汉民、蔡元培、李烈钧、汪精卫、于右任等人任常务委员，轮流担任主席；军事委员会由66人组成，以程潜、何应钦、白崇禧为常委。在这两个委员会中，桂系居于统治地位。谭延闿、李烈钧的一举一动都必须遵循李宗仁、白崇禧的意思行事。军事委员会里，因程潜的第6军已被蒋介石解散，新组织的部队不为人所重视，所以程潜并没有实权，李宗仁只是在利用他的老招牌壮壮声势而已。何应钦虽然在蒋介石下野后拼命扩张实力，把第1军改编为第1军、第9军2个军，但何应钦还是无力与桂系抗衡，也无权过问军事委员会的事。

李宗仁利用南京、武汉、上海3个国民党中央的"党争"，纵横捭阖，跻身政坛，迅速在国民党政坛、军界发展起自己的势力——"新桂系"，成为影响民国政局的一股重要力量。

汪精卫返回武汉后，不甘心失败，联合拥有两湖的实力派唐生智，打起"反对非法特委会"的旗号。唐生智拥有5个军的力量，不断壮大，向长江下游发展。当龙潭大战时，唐生智乘虚而入，占领了安庆、芜湖，将桂系驻皖军压迫出境。汪精卫与特委会破裂，正中唐生智下怀。唐于是宣称拥护汪精卫，"不受南京节制"，公然反抗特委会。

李、白对唐生智极为不满，但是，要对付手握10万重兵、且蓄意要同自己一决雌雄的唐生智，须有一定的把握才行。

于是，李宗仁酝酿对唐生智的武力讨伐，并着力争取颇有一定实力的谭延闿、程潜的支持。

程潜曾受唐生智排挤，一直积怨在心。程部兵士多是湖南人，都有返乡之心。李宗仁许诺让程主持湖南，程当然很高兴。为了消除和程以前的误会，李宗仁向程赌咒发誓："倒唐之后，如果拥蒋，将为天地神明所不容。"程于是痛快答应联手讨唐。

李宗仁先让谭延闿、孙科出面，向武汉发起谈判攻势，遭到唐的坚决反对，谈判破裂。李便以特委会名义颁布了《中国国民党为讨伐唐生智告湘鄂皖民众书》，同时由军委会正式下达了"讨唐令"。西征军在李宗仁、程潜率领下，分左、右两路，沿长江南北岸向皖、鄂两地的唐军出击。唐军在西征军的攻击下，10余万大军一败再败。唐生智只好以"休息"为名，通电下野，逃往日本，所部撤入湖南。

李宗仁，加上程潜、朱培德等部，对退踞湖南常德、沅陵的唐部不断追赶，一直将其赶到衡阳。唐部李品仙、刘兴、周斓在李宗仁保证不予编散的条件下，5个军全数被李宗仁收编，西征大获全胜。南京政府下令解散武汉政治分会，改设湘鄂临时政务委员会，以程潜为主席。

至此，以李宗仁、白崇禧为代表的新桂系在政治上和军事上都取得了巨大的胜利。

> 20世纪20年代，桂系主要代表李宗仁（左三）、李济深（左五）等人在南京中山陵合影。

“让敌人不得不请我回来”

蒋介石神情专注地看着墙上的地图。地图在他的眼里，其实是一盘正在紧张下着的棋局。他看着看着，神情也在不断地变化。他暂时让出了一些棋子，但是却把凶险的局势留给了桂系，自己乐得在远处坐山观虎斗。现在，自己的棋子已经到了该出击的时候了……

原来，新桂系的崛起引起其他派系的不满，于是他们逐渐把攻击目标从蒋、汪等身上转向了李、白以及特委会。这为蒋介石的重新上台创造了很好的机会。

汪精卫在唐生智败北时应张发奎邀请，从武汉到了广州。汪精卫拼命拉拢张发奎的第4军，并召开了同汪精卫、李济深、陈树等主持的广州国民党中央委员会成立大会，同时宣布“国民政府”在广州再行设置。这样，宁、汉对立刚刚结束，宁粤对立的局面又出现了。

张发奎部在共产党领导的南昌起义时受损严重，又受唐生智排挤，被迫以追剿叶、贺部为名，离开江西，来到广东。广东为李济深天下，张发奎、黄琪翔等第4军将官为李济深多年部下，李有重新收纳张部的打算，故对张发奎表示欢迎，并派人带着40万元前往接济。

不料，张部不仅拒绝李的管制，而且根本不把李济深这个老长官放在眼里，军事、财政、人事上的冲突不断发生。李济深唯恐失去了广东地盘，想给张发奎港币5万元，要张出洋远游，同时制造赶走汪精卫的舆论。李济深还将与张发奎有所不合的陈铭枢由日本邀请回国。张发奎与李济深的关系陡然紧张。

正当李、张冲突加深之时，蒋介石于11月10日从日本回到上海。蒋介石下野之后，活动频繁，又是发表演说，答记者问，又是发表《谢客启事》《告别黄埔同学书》等等，把自己装扮成为民众谋幸福，为党国谋利益的英雄。"中正别无他愿，望桑梓升平，诸父老兄弟皆得安居乐业，是中正之厚望也。""余以为英雄者也，常以失败而终。大凡英雄与革命家，似皆以失败而成其价值。一经成功，则为平凡无奇。但使正气存留，则雄图虽归失败，亦无所怨，吾固常作是想者也。"蒋介石还透露他将与宋美龄结婚，并且已经同元配毛福梅正式离婚。

9月29日，蒋介石携带张群、宋子文、宋美龄等人离开上海去日本。蒋宣称："余之友人居日者甚多，欲乘此闲暇之机会，重温旧好，并愿藉与日本诸名流相晋接。"蒋介石在日本游览之余，研究了日本国情及对华政策，发表了《告日本国民书》，呼吁中日亲善："吾人今后努力亲善工作，首当扫除国民间从前之误会与恶感，以及亲善障碍之军阀，并切望日本7,000万同文同种之民族，将于我中国革命运动彻底了解，而予以道德及精神上之援助，是

∨蒋介石夫妇在日本逗留期间，与头山满（孙中山留日期间的故友）及家人合影。

实为我革命进行莫大之助力，亦即我两国根本亲善之良谟也。”为了取得日本政府的支持，以助他重新上台，蒋介石还找机会与日本首相、陆军大臣、参谋总长等人进行秘密商谈。

日本首相田中义一向蒋介石提出先决条件：一为蒋必须反共；二为蒋必须不牺牲日本在华之权利；三为蒋先行巩固南方。蒋介石一一答应，于是日本借给蒋介石4,000万日元。蒋介石于是信心大增，迅速回国，以图东山再起。

< 蒋介石一生3次“下野”又复出，每次复出必赢取更大的政治利益，或许这便是蒋介石欲擒故纵的战术。

蒋介石一回上海，立即请汪精卫赴沪“讨论党政统一问题”。他还派宋子文去广州对汪精卫说：“蒋等不忍坐视党之紊乱，故托其携亲函、劝公共出维持。”11月11日，汪精卫在广州发表演说，表示愿意与蒋合作。蒋介石的策略很明显，首先联合汪精卫打击南京的特委会。在此次宁汉合流中没有捞到任何好处的汪精卫也一改往日的仇蒋心理，迅速与蒋介石结成了新的联盟，积极促使蒋重新上台。早在蒋介石还在日本活动期间，汪精卫就专电请蒋即刻归国。蒋在复汪精卫函中表示：“此后党国重任，唯兄是赖，弟虽远游，而实神驰党国。凡能与党国有益，则弟无论在何地何时，必尽我心力，依照兄之意图，不渝始终，以尽区区之意。”

蒋介石的嫡系人马因为受到桂系压制，焦急地盼蒋复出。此时，张作霖乘国民党内部你争我夺的混战之机，大举进攻冯玉祥和阎锡山，冯、阎二人吃不住劲，也通电请蒋介石复职。局势的发展对蒋介石越发有利了。甚至有些原来对蒋下台很高兴的特别委员会委员，也一转其反蒋姿态。南京方面虽然表面上是由桂系和西山会议派共同执掌权柄，但实际上是桂系代表人物李宗仁、白崇禧在操纵大局，谭延闿、李烈钧、孙科等不过是桂系手中的工具而已，因此也有不少矛盾。因此谭延闿、孙科等转而支持蒋介石，他们以南京国民政府名义发表通电称蒋：“受命北伐以来，身经百战，卓著奇勋，不以逆亿纷来，而稍丧其护党之心。”谓“党部政府一致决议，派员敦促其返旆”。蒋介石当初是被各方推下台的，现在他下野还不到半年，各方由于对新桂系不满，于是就充满了对蒋的颂扬声。倡议蒋介石复职之通电，在上海的各家报纸上到处都是。

南京方面也怕蒋、汪联手对付他们，于是提出建议，意欲由宁、粤、蒋三方在上海举行国民党二届四中全会预备会。

11月15日，汪精卫邀李济深一起去上海参加会议。李济深便将军政要务临时托付给黄绍竑。实际上这是汪精卫施的“调虎离山”计。汪精卫与张发奎的第4军到广东后，一直在寻找机会将掌握广州军政大权的李济深赶走，这次趁蒋介石电邀请的机会，汪精卫于是和张发奎密谋实行政变。

原来桂系的黄绍竑到广州不久，张发奎便指挥黄琪翔、薛岳等部包围了黄绍竑在广州的寓所。黄绍竑只身逃走。广州附近虎门、江门等处的桂军全被缴械。第二天早晨，广州街头到处张贴出“打倒桂系军阀！”“欢送李济深”“反对南京特委会”“拥护汪精卫”等大标语。张发奎又任命汪精卫派的顾孟余为广州政治分会主席，陈公博为广东省代理主席，还通电谴责桂系军阀，要求解除李济深一切军事职务，推翻和惩办广西将领李宗仁等。

汪精卫虽然成功地策动了张发奎的政变，但宁、沪两方却又攻击他“勾结共产党”在广州发动武装叛变。在此之前，因为张发奎部队里的共产党于8月1日发动了南昌起义，打响了武装反抗国民党的第一枪。11月22日，蒋介石利用阴谋把西山会议派赶出了南京的政治舞台。在南京方面举行“庆祝讨唐（生智）胜利大会”时，会上有人提出了“打倒西山会议派”的口号。会后举行了游行，当游行队伍至复成桥时，被一伙暴徒当场打死4人，打伤20多人，凶手事后迅速逃跑。事后，舆论沸腾，人们纷纷指控这次惨案是西山派干的。其实，这一惨案正是蒋介石一手导演的。西山会议派有口难辩，声名狼藉，从此淡出了历史舞台。

蒋介石面对如此混乱的场面，心中窃喜。他现在正好处于超然物外的地位，宁、粤双方都向他求援，他大可坐收渔利了。

12月3日，国民党二届四中全会预备会在上海召开，由于蒋介石制造的“一一·二二”惨案使西山会议派失去了发言权，所以，会方中心成为汪派与反汪派的一场混战。

李宗仁等在会上提出弹劾汪精卫、顾孟余、陈公博案，认为他们对

★广州起义

1927年12月11日，中共广东省委根据中共中央的指示，决定趁粤、桂军阀混战，广州城内兵力薄弱之际，发动起义。凌晨，起义部队向广州市各要点发起突然攻击，仅两个小时，广州大部分市区解放；经十余小时奋战，市区国民党政府军保安队大部被歼。当天上午，广州苏维埃政府宣告成立。广州起义震惊了国内外，在英、法、美等国支持下，国民党军从三面围攻广州，起义军遭到严重损失。经3天浴血奋战，起义军余部撤出广州。

> 1927年12月11日，中国共产党在张太雷、叶挺、叶剑英等领导下在广州举行起义。图为在广州起义战斗中，被工人赤卫队捣毁的敌人铁甲车、汽车。

> 广州起义建立的广州苏维埃政府旧址。

广州事变有主使的嫌疑。汪精卫等则指责桂系把持特委会。蒋介石装出公允的样子发出洋洋长篇《致各委员书》。汪精卫派为和新桂系斗争，保存自己，便急不可耐地抢先抛出《请蒋复任国民革命军总司令案》。汪精卫为了摆脱孤立地位，急于讨好蒋介石，抢先在会议上提出："唯有请预备会议即日催促蒋介石同志继续执行国民革命军总司令职权，才是解决党务、政务、军事问题的当务之急"。李宗仁也向报界指责汪精卫反复无常，而自己一贯是拥护蒋介石的。这样，双方尽管争斗不已，却又一致公推蒋介石复职。蒋介石成功地利用了各派系之间的重重矛盾，使《请蒋复职案》获得正式通过，并决定取消特委会和军事常委会。蒋介石又同意李宗仁等《关于处分汪等九委员提案》，并同意四中全会将在宁召开。

这样，蒋介石成为这次斗争的最大胜利者。

1928年1月7日，蒋介石在南京发表了《总司令复职时致国民政府电》："中正叠受各级党部及各军将士之敦促，政府与民众之督责，以北伐大业亟待完成，仍令出负艰巨，爰于支日驰抵首都，继续执行中央所赋予之国民革命军总司令职权，专司军令，藉戎利机，谨电奉陈，唯冀垂察。"9日又发表了《致各军全体武装同志电》《致全党同志全国同胞电》和《致冯阎杨三总司令电》，表示自己这次重新上台后，将"以全力完成北伐，肃清共逆，以安后方，巩固中央"。

1927年12月11日，也就是蒋介石宣布复职前不久，中国共产党人在广东省委书记张太雷和叶挺、恽代英、叶剑英、杨殷、周文雍、聂荣臻等领导下，利用张发奎的主力与桂系作战的机会发动了广州起义★，建立了广州苏维埃政府。但是在敌人优势兵力的猖狂反扑下，起义失败，张太雷英勇牺牲，部分武装转移到海丰、广西等地农村。

∧ 1928年2月，出席国民党二届四中全会的代表在南京合影。

< 蒋介石复职不久，国民政府主席胡汉民即宣告退出南京国民政府，偕孙科、伍朝枢赴欧考察。图为胡汉民（左）、伍朝枢（中）与孙科（右）在“威尔逊”船上合影。

广州起义的部队是张发奎的部下，因此南京政府认为这是汪精卫暗中指使张发奎干的。吴稚晖坚决认为汪精卫就是“准共产党”，监委邓泽如提出要逮捕汪精卫集团。白崇禧更是咄咄逼人，亲自到法租界联系，部署抓捕汪精卫等的工作。

汪精卫立即处境尴尬，非但没有从蒋介石那里得到回报，反而还有被桂系暗杀的危险。这时，蒋介石便假装好心地劝告汪精卫暂离上海。汪精卫无奈，于是再次前往法国。蒋介石几乎独占了这次的“胜利果实”。

汪精卫一走，蒋介石立即竭力袒护和拉拢汪精卫派系的委员，以此抗衡胡汉民为首的右派集团。胡汉民等一气之下，宣称不参加国民党二届四中全会。1928年1月25日，胡汉民、孙科、伍朝枢等元老以出国考察为名离开了上海，去了土耳其。

1928年2月，国民党二届四中全会在南京正式召开。蒋介石没有了汪精卫和胡汉民这两个党内的劲敌，把会议开成了自家的会议。

1月8日，国民政府决定恢复蒋介石国民革命军总司令职，改组国民党中央委员会，改组国民政府和军事委员会。蒋介石兼任国民党中央政治会议主席和军事委员会主席，谭延闿任国民政府主席。2月23日，国民党中央党务委员会推蒋介石为组织部长。3月7日又推他为中央政治会议主席。至此，蒋介石成功地再次上台，并把党、政、军大权牢牢地掌握在自家手中。

娶了美女，收复了北京

蒋介石这次上台，不由得踌躇满志。真是双喜临门啊！现在，中国身价最高的美人宋美龄已经成为自己的夫人，大半个中国现在都在自己的统治之下了。现在，所有那些政敌都已经臣服在自己的脚下了。不是吗？自己可是被他们三番五次请出来驾驭大局的。除了自己，谁还能有这样的威望和能力呢？想到这里，他挥了挥自己依然有力的胳膊，忍不住笑了起来。随即脑子又飞快地转了起来，想着怎样才能把各种力量都牢牢地操纵在自己的手心里。

蒋介石为了妥当安排各派势力，采纳李宗仁等提出的“分治合作”主张，以中政会主席的名义分别任命李济深、李宗仁、冯玉祥、阎锡山四大实力派为广州、武汉、开封、太原四大政治分会主席，分别享有处理当地的党、政、军一应事务的大权。这样，各派就此联合了起来，南京政府在长江流域及西北和华北的河南、山西等省也统一了政令，具备了集中力量对奉系张作霖进行北伐、实现全国统一的条件。

因此，国民党二届四中全会决定集中力量，限期完成北伐大业，以消灭奉、鲁军阀，肃清直、鲁、热、察、绥等省区内的军阀武装，彻底实现“全国统一”。

为了进一步笼络众实力派，蒋介石又使用了结义这一法宝。他委托邵力子向冯玉祥表示想同冯“义结金兰”的意思，冯玉祥则答说：“只要对革命有利就行。”蒋介石十分高兴地写了兰谱，送交冯玉祥。冯玉祥也回了兰谱。

蒋介石的兰谱上写着：

籍贯：浙江奉化武岭，年岁：四十二，生于丁亥年九月十五日，父讳肇聪，母王氏。安危共仗，甘苦同尝，海枯石烂，死生不渝。

敬奉焕章如胞兄惠存。

十七年二月十八日
谱弟蒋中正谨订

冯玉祥的兰谱写道：

籍贯：安徽巢县竹柯村，年岁：四十七，生于壬午年九月二十六日，父讳有茂，母谢氏。结盟真义，是为主义，碎尸万段，在所不计。

敬奉介石如胞弟惠存。

十七年二月十八日
谱兄冯玉祥谨订

二人从此成为结义兄弟。

蒋介石将冯玉祥的西北军编为第2集团军，冯玉祥为总司令；将阎锡山的部队编为第3集团军，阎任总司令。蒋介石又根据李宗仁的提议，以原唐生智部新编的3个军为主力，桂军各抽1个师，由白崇禧任第4集团军前敌总指挥，统一率领北上。同时腾出郑、汉路线，由桂军北上部队接管。

此次北伐的对象是以张作霖为大元帅的奉、直、鲁联军，统称为“安国军”，下辖7个方面军，共40万人，由孙传芳、张宗昌、张学良、杨宇霆、张作相、吴俊升、褚玉璞分别担任军团长。

3月31日，蒋介石率部渡江北伐。4月1日，蒋介石进驻徐州。4月7日，蒋介石发表《渡江北伐誓师通电》说：“党国存亡，主义成败，人民祸福，同志荣辱，在此一战。全军同志，万众一心，严守纪律，服从命令，不惜牺牲，竭尽责任，发扬精神，达成使命，誓除奉、鲁军阀，完成国民革命，实行三民主义，不愧爱国救民，毋负民众期望，慰我总理及已死诸将士在天之灵。”

∨ 蒋宋的结合，为蒋介石不仅带来了政治利益，同时宋美龄也成了这个“最高领袖”的支持者和助手。图为前排左起：宋美龄、倪桂珍、宋霭龄；后排左起：宋子良、蒋介石、孔祥熙、宋子安。

∧“济南惨案”中被俘的中国士兵。

国民党北伐军全部兵力约70万人，其作战计划是：以第1集团军沿津浦线北进，进占天津。第2集团军以京汉路以东、津浦路以西地区作为作战区域，与第1集团军和第3、4集团军合力会攻京津。第4集团军为第3集团军的后援，沿京汉路前进，进占保定和北京。第3集团军沿京绥线及京汉线以西地区前进，同其他几个集团军会攻京、津。

蒋介石采取了对于北军和各省杂牌军官升一级的老招降办法，并且不论枪支多少，一律按照级别加官，削弱了北洋军的羽翼。驻防津浦线上的张宗昌鲁军，由于精锐部队已经在河南战场被冯玉祥歼灭，因此，只一天多时间，就被蒋介石军队击退，蒋军沿铁路乘胜追击。

孙传芳部队有9万多人，主力部队6万人，比较精锐，与冯玉祥的骁将孙良诚相遇，战况激烈。孙传芳为配合张宗昌部，还抽出兵力侧击蒋的部队，蒋军阵地连连丢失，孙军直逼徐州。

蒋介石看到徐州危机，连忙致电冯玉祥告急。冯令所部骁将之一石友三率全体预备队约1.5万人猛击孙传芳军右侧。孙传芳军被迫后退，解了徐州之危。孙良诚命令骑兵部队冲击孙军背后，并截断了孙军退路，孙军连忙后撤。孙良诚、石友三等部乘胜追击，孙传芳部溃不成军，无力应战。4月22日，冯、蒋两军在泰安会师，张宗昌悄悄地乘铁甲车逃走，孙传芳也被迫离开济南北撤。5月1日上午，蒋军刘峙、陈调元、顾祝同等部进占济南。

在京汉路方面，奉军与冯军展开了连续不断的激烈战争。冯玉祥电请武汉，由李宗仁派兵到河南接防，然后将驻豫中的韩复榘部火速调往前线。

冯玉祥实行“声西击东”计划，奉方以为南方北伐军主攻兵力集结于西线，于是将奉军主力集结西线，集中兵力猛攻西部战线，并用飞机、大炮狂轰滥炸。冯军据壕死守，韩复榘部有师长3人受伤，旅长2人受伤，韩本人也受伤。

∧ 1928年4月,督师北伐的蒋介石与其护卫队在徐州黄河故道旁。

东线直鲁军和孙传芳军败退后，冯军方面全线反击。5月1日夜，奉军因东线济南失守，唯恐被截后路，才全线退却。冯当夜下令，全线追击，各路军势如破竹。

蒋介石率总司令部于5月1日进入济南，日军第6师团于次日侵入济南，对北伐军肆意进行武装挑衅。北伐军被迫还击，阻止了日军的挑衅，但是在日军师团长福田的逼迫下，蒋介石被迫下了停战令，然后又严令军队全部撤退。蒋介石派外交部长黄郛与日方和谈，又遵照日方要求，命令军队不许还击。日军乘机大肆屠杀中国军民，奸淫劫掠，并将蒋介石的战地政委会外交处主任蔡公时割耳、割鼻、挖眼。日军还随时刺杀市民取乐，随意进入民宅强奸妇女。市内军民死伤近万。这就是著名的"济南惨案"★。北伐军将士群情激愤，纷纷请战。蒋介石紧急召开军长以上军官会议，严禁军队还击，命令部队绕道渡过黄河，继续北伐。

蒋介石率领部队仓皇逃出济南城，逃到党家庄车站。在这里他与从河南前线赶来的冯玉祥举行会议。蒋介石提出放弃北伐，与张作霖划江

★"济南惨案"

1928年4月，南京国民政府开始第二次"北伐"。北伐军节节胜利，很快就攻入了山东省。日本借保护侨民之名，驻兵济南。4月30日，奉系军阀军队撤离济南。5月1日，北伐军进入济南。从3日到4日，日军四处寻衅，抢劫财物，焚毁建筑，强奸妇女，枪杀战俘，屠戮百姓，罪恶令人发指。蒋介石为了求得日本"谅解"，命令部队不准抵抗，绕开济南继续北上，致使济南城被日本帝国主义占领一年之久。由于"济南惨案"发端于5月3日，故又称"五三惨案"。

而治的想法，但是遭到多数人的反对，冯玉祥反对最激烈。最后决定济南问题以外交方式办理，蒋暂返南京主持一切，军事由冯指挥，绕开济南，继续北伐。

5月10日，南京政府也派谭延闿乘车北上，劝蒋介石继续北伐。南京政府认为，奉鲁军已经无力继续作战，张作霖于9日下了停战撤兵的命令，北伐任务很快就可完成。如果北伐军退回南京，恐怕连江南半壁苟安的局面也不可能维持下去。谭延闿和蒋介石在兖州举行了重要会议。会议决定继续对日妥协，绕道北伐。

于是北伐军绕道渡过黄河北进。精明的蒋介石有意把冯、桂、阎3家都推上北进的第一线，这样既能限制冯玉祥的指挥权，又可造成3家的冲突，自己则一方面保存了实力，另一方面可以渔翁得利。而冯、阎、桂3家虽然对蒋介石的想法心知肚明，但是却依然勇往直前，

∨ 赵戴文和阎锡山是山西旧政坛上齐名的人物，赵戴文文武兼备，对阎锡山有过极大的帮助。这是赵戴文（后排左一）、蒋介石等人合影。

以便能够多占地盘，尤其是抢得京津，都有“先入关者为王”的打算。

当阎军打到离保定不远的地方时，伤亡惨重，要求冯军派韩复榘部向前推进，以缓解阎部之压力。但韩忽然接到冯的密令，要他率部撤向石家庄，干脆把阎军的右侧背暴露在敌军面前。显然，冯玉祥是在报复南口战役时阎锡山对冯军的恩将仇报。不料这次冯玉祥却失算了，因为早就想吞肥肉的桂系军队却开上去解救了阎部的危局。

冯玉祥没有想到自己的目的没有达到，反而却给了阎后来独霸河北和京、津两市的大好机会。现在冯玉祥看见阎军大胜，占领了保定，并打算挥师京、津，急忙又命韩复榘急速北进，企图抢先占领北京。

在北伐部队的强大攻势下，孙传芳于6月3日宣布下野，所部归郑俊彦统率，向国民革命军投诚。

奉军此时见大势已去，于是决定放弃关内，撤回东北，进行战略撤退。5月19日奉军放弃张家口。5月30日，张作霖召集重要将领张作相、孙传芳、杨宇霆、张学良举行会议，决定即日下达总退却令。6月1日，张作霖向各国公使宣布自己即将离开北京，政务交国务院代为行使，北京秩序请王士珍负责维持。王士珍等于是电请南京政府和平接收京津，避免继续用兵。

次日，张作霖发出通电，宣布了自己的决定。

日本帝国主义见张已经没有用处，并且在国家主权上坚守底线，成为日本侵略中国的障碍，因此决心除掉他，重新寻找傀儡代理人。张作霖对日本也产生了怀疑，为了保障安全，打算乘汽车取道古北口回东北，因为那里都是奉军控制的地段，但是张作霖近些年养尊处优，而那条路坎坷不平，难受颠簸之苦，因此就有些犹豫。后来张作相担保由北京至榆关一段的安全，沿途军队严密设防，不致发生意外。吴俊升也担保由榆关到沈阳一段的安全。因此，张作霖最终决定乘火车回东北。

虽然如此，张作霖还是布下疑阵，对自己的行程严格保密，对外宣称6月1日出京，又改为2日启程，而事实上2日仍没有动身。直到3日上午，他才悄悄上了火车，留下杨宇霆、张学良在北京与阎锡山的代表接洽和平入城接收事宜。但是这一切已经无济于事，因为他的行踪已经处于日本间谍的严密监视之下。

1926年6月4日清晨，张作霖的专车开到皇姑屯车站以东的京奉、南满两铁路交叉点的桥洞时，轰然一声巨响，专车被日本人事先埋在桥下的炸药炸得粉碎，张作霖身受重伤，倒在血泊之中，4小时后不治身亡。这就是当时轰动中外的“皇姑屯炸车案”。

∧ 1928年7月，蒋介石与冯玉祥、阎锡山、李宗仁在一起。

事件发生后，日方伪造了现场，掩盖炸车案真相，并于当晚将溥仪秘密由天津接往大连，准备用他代替奉系军阀，使东三省脱离中国。东北局势因为张作霖之死而处于紧急状态。

北伐军此时拿下京津已经是指日可待，但是内部却为争夺权利和地盘展开了斗争。蒋介石此时又展现了自己过人的权谋。他背着冯玉祥、李宗仁等，于5月30日到石家庄与阎锡山进行密谈，表示将京、津和河北省的军政大权交给阎，条件是阎要支持蒋的统一领导。6月2日，蒋在新乡对冯玉祥说，列强各国对冯没有好感，但是却对阎有好感，因此最好由阎接收京、津地区。

冯心里窝了一肚子火，却不便发作，只得表面上答应。冯玉祥不管蒋的意思，马上急令韩复榘率2万余人火速进京，于是韩部竟然三昼夜急行军800里，终于抢在阎锡山部队前到达北京。当时，韩复榘部已经到达北京南苑，阎锡山的先锋部队徐永昌部还没有到卢沟桥。韩复榘大喜，立即挑选300人乘汽车抢先入京。没想到负责维持北京秩序的王士珍却说，蒋介石已指令阎部接收北京，因此拒绝韩部接收北京，韩只得退回南苑。

阎锡山早已向北京上层社会和日军驻屯军司令等外国势力通了气。6月8日，阎锡山部商震、张阴梧军浩浩荡荡开进北京。从此北京改为北平。同一天，阎锡山喜气洋洋地在保定就任京津卫戍司令职，同时任命自己的大将傅作义为天津警备司令，商震为河北省政府主席，张阴梧为北平卫戍司令，赵戴文为察哈尔都统，徐永昌为绥远都统。这样，阎锡山的势力范围就迅速扩张到了华北大部分地区，包括晋、冀、察、绥4个省区及平、津两大城市。

冯部经五原誓师，苦战万里，才打到北京城下，却被拒之于北京城外，这是蒋介石采取的以阎抑冯的策略，即将接收北京和天津以及北方大权都交给实力最弱的阎锡山，以制止实力最大、也出力最大的冯部的发展。冯玉祥仅分得北京特别市市长和崇文门统税局一所的报偿，每月收入约20万元，虽然也不少，但是这个数目对于拥有40多万军队的冯玉祥来说，简直是杯水车薪，无济于事。冯于是耿耿于怀。

而桂系在这次“分封”中也愤愤不平。白崇禧率部进至京津后，只得到北平临时政治分会中一个委员的空名，甚至在京津连立足之地都没有，不免心生怨愤。

只有阎锡山得意洋洋，连日大宴宾客，并登报宣扬。蒋介石的嫡系也大肆鼓吹总司令的功勋。蒋介石利用冯、阎、桂之间因为争夺地盘而造成的矛盾，开始策划推行“强干弱枝”政策。

蒋介石首先导演了以退为进的好戏。当北平、天津接收工作就绪后，他于6月9日，一再表示要把军权奉还政府，请辞北伐总司令职、军委主席职、中央政治会议主席职。冯玉祥见状，首先致电挽留。他劝蒋以诸葛亮为榜样：“昔武侯鞠躬尽瘁，江陵任劳任怨，绝不闻其中道求去。我弟此时，应法先贤。”随后阎锡山、白崇禧、李宗仁、李济深纷纷通电挽留蒋介石，挽留蒋的电文由四面八方纷飞而来。蒋依然要求辞职，并且辞意似乎越来越坚定。

当看到火候已到的时候，就于6月17日发表声明，宣布他已打消辞意，仍将军事负责到底。

这一策略成功，大局的主动权又抓到了他的手里，蒋介石便开始了执行自己的权力分配计划。他首先针对阎锡山进行夺权。他以中央政治会议名义决定由何成浚接收北平军事机关，以李石曾为北平政治分会主席，以便有力地限制阎锡山的实权。阎大为不满，提出辞去京津卫戍司令之职来进行反抗。蒋介石准备在北平召开善后会议，冯玉祥托病不来参加。蒋请李宗仁劝冯"顾全大局，扶病北上"，又亲自绕道武汉到郑州，邀冯一起去北平参加善后会议，到北平后又派张群等人迎接冯玉祥，冯才于7月6日抵北平。

为了确定自己作为孙中山继承人的正统地位，蒋介石决定花费巨资，在北平举行4总司令祭灵盛典。同时想借此将冯、阎、李邀集一起，讨论裁军事宜。蒋、冯、阎、李以及南京政府的一批党、政要员前往北平西山碧云寺孙中山灵前，举行祭告典礼。由蒋介石主祭，李宗仁、冯玉祥、阎锡山任襄祭。当瞻仰孙总理遗容时，蒋介石伪善地痛哭流涕。

∨ 1928年7月，蒋介石与李宗仁（前排左四）、冯玉祥（前排左二）、阎锡山（前排左一）合影。

∧ 1927年，蒋介石在一次集会上发表讲话。

当晚蒋介石、冯玉祥、阎锡山、李宗仁、李济深、戴季陶等人在碧云寺旁李石曾住宅召开军事善后会议。会上主要讨论了地盘分配问题，原则是既承认各集团军原有地盘，又根据北伐胜利所取得的地盘，进行新的分配。会议决定蒋之第1集团军占有华东、东南等地区；冯之第2集团军占有鲁、豫、陕、宁、青、甘；阎之第3集团军占有晋、冀、察、绥及平、津；李之第4集团军占有桂、湘、鄂及武汉市。

蒋的第一集团军占据了中国最发达的地区。阎锡山也占据了远比山西富裕的京津地区，非常满意。只有桂系和冯玉祥大为不满。桂系感到地盘太小，又无出海口；冯玉祥因出力最大，却没有得到河北地盘，因此都不满意。但因北伐刚结束，都不好意思公开争夺，暂时还能相安。

分割地盘还好办，最难办的就是要各方进行裁军。大家都明白蒋的目的是借裁军削弱其他军事力量，而扩充自己的力量。因此，当蒋介石抛出《军事善后案》的裁军方案后，冯、李、阎等故意说东道西，就是不进入正题，会议开了4天，李宗仁直言说："当此军事结束，建设开始，若不开诚布公，协调内部，刷新政治，以慰全国人民望治之殷切，则恐中华民国，将为本党所牺牲，而我辈亦将为千秋万世的罪人。"蒋介石虽然脸上不高兴，但也没有办法，只得暂时搁置了"裁兵"议题。

蒋介石自北平南返后，每晚都难以安眠。虽然北伐基本上取得了胜利，但是实际上北伐军内部并不统一。桂、冯、阎各霸一方，桂系更是从两广、两湖伸展到平津，有"势力半天"之称，直接威胁华东蒋的统治腹地。蒋的谋士杨永泰建议将各派领袖调到中央做官，取消各地政治分会，统一整编全国军队。蒋于是准备召开国民党二届五中全会来具体推行这一办法。

< 1928年，冯玉祥在开封对部属训话。

8月8日至15日，国民党二届五中全会在南京召开。蒋介石在会上提出两个方案：一是《政治分会存废案》，一是《军事整理案》。然而立刻受到冯、阎、李等地方实力派的反对。对于第一个方案，冯玉祥、李济深认为，现在取消政治分会，违反四中全会决议；取消政治分会，就会削弱"剿共"力量。李石曾、张静江等元老也表示反对，蒋介石只好表示政治分会延期裁撤。至于第二个方案，更是触动众人利益，众实力派齐声反对，蒋只好表示将另开编遣会议以决定裁兵事宜。

蒋介石会前精心准备的"削藩策"不仅未能收效，反而激起各实力派领袖的怒火和戒备心理，蒋本人也郁郁不乐。

五中全会唯一大家都赞成的是实行五院制。会议通过了实行五院制的决议案，推选蒋介石为国民政府主席。五院院长和有关军、政部门首长为：

行政院院长：谭延闿　副院长：冯玉祥　训练总监：何应钦
立法院院长：胡汉民　副院长：林　森　行政院（相当于国务院）下设十部：
司法院院长：王宠惠　副院长：张　继　内政部长：阎锡山　外交部长：王正廷
考试院院长：戴季陶　副院长：孙　科　军政部长：冯玉祥　财政部长：宋子文
监察院院长：蔡元培　副院长：陈果夫　农矿部长：易培基　工商部长：孔祥熙
参谋总长：李济深　教育部长：蒋梦麟　交通部长：王伯群
军事参议院院长：李宗仁　铁道部长：孙　科　卫生部长：薛笃弼

五中全会之后，冯、李、阎都已经感到了蒋的威胁，本人却都返回到自己的地盘作军事准备，只派个代表到南京代替自己。

蒋介石首先去做冯玉祥的工作，他对冯玉祥说：“希望大哥首创入京供职，以后中央的事务，我当一切听大哥的。只要大哥先到了南京，接受了中央的职务，阎、李他们便不敢不来，大一统的新中国等于是大哥造成的……大哥只要到了中央，绝对办到一律平等待遇，第1集团军吃什么，第2集团军也吃什么！”蒋介石随即补助冯部一部分军饷。冯玉祥看到军饷到了，于是有些动心，就训诫手下将领不要只重视地盘，随后接受了行政院副院长和军政部长的职务，并到南京供职。

等冯到南京后，蒋介石却不肯兑现军队待遇“一律平等”的承诺。并且冯为军政部长，却无权查看军需署账目，被架空在那里。冯玉祥既然已经来了，只好委曲求全，但是心里却已经对蒋介石万分失望。

新军阀之间的矛盾在继续酝酿着。

∧ 1928年8月8日，国民党第二届中央执行委员会第5次全体会议在南京举行。

在形式上统一全国

1928年12月29日，历史性的时刻来临了，张学良双手接过青天白日旗，亲自率领东北的军政要员列队站在帅府门前，目视悬挂多年的红黄蓝白黑五色旗徐徐降下，又目送青天白日旗冉冉升起。随后，张学良向全国发出“易帜通电”，说：“自应仰承先大元帅遗志，力谋统一，贯彻和平，已于即日起宣布，遵守三民主义，服从国民政府，改易旗帜，伏祈诸公不遗在远，时赐明教，无任祷盼。”

12月31日，张学良在就任东北边防军司令长官的典礼上，首次穿上定做的中山装，率部走到孙中山先生的遗像前，举起紧握成拳头的右手，在方本仁和刘光的监督下向总理遗像宣誓。在庄重的氛围中实现了东北与全国的统一。

但是这一天的出现，却实在是来之不易。

张作霖被炸死后，东北军始终没有宣布这一死讯，而只是说张作霖还在住院治疗。张学良吸取教训，没有走铁路，而是化装成士兵从邯郸前线秘密回到沈阳。张学良到沈阳后，为了掩人耳目，以张作霖名义发出“奉天省长公署令特派交涉员”电。这个电报使外界不知详情的人，都认为张作霖还没有死，日本特务机关、驻奉天总领事馆的人员感到非常奇怪。

奉系内部有3大实力派，分别是张作相、杨宇霆和张学良，现在也成为奉系首领的当然人选。奉系军阀的“老班底”和旧派军人一致推选张作相，认为张学良过于年轻。新派军人，特别是留学日本的一些军官，都拥护锋芒毕露的杨宇霆。在僵持状态中，张作相坚决拒绝了让他接任张作霖位置的请求，力推张学良承，并表示愿意竭诚辅政。同时，他还说服了旧派军人，甚至使野心勃勃的杨宇霆，也只好对此表示赞同。

于是，张学良在1928年6月20日发出“张学良任奉天军务督办就职通电”。次日，公布了张作霖因伤重医治无效逝世的消息，并正式为张作霖发丧。7月2日，张学良在沈阳就任东三省保安总司令。

张学良是张作霖的长子，自幼接受“四书五经”教育，后进入洋学堂学习历史、地理和英语等知识，开始接受一些西方思想。1919年3月，他进入东北讲武堂炮兵科学习，同年7月毕业，随即晋升炮兵上校。此后，他在奉系军队中参与了军阀战争。张学良深受好友郭松龄影响，不但改掉了吸鸦片的恶习，而且对进步思想有所向往。

∧ 张学良，奉系军阀首领张作霖之长子。1928年12月，张学良宣布归附南京政府，国民政府完成了形式上的统一。

< 溥仪，一个幼年时皇宫的傀儡；一个成年后日本帝国主义的傀儡。

> 张学良刚柔并举，实现了东北易帜的壮举。

张作霖一死，日本当局和南京政府都派人到东北进行活动。日本方面在鼓动张学良宣布独立，南京方面则积极争取张学良，和平解决东北问题。最初，国民政府在对待奉系的问题上出现了两种意见。冯玉祥、李宗仁等主张即刻挥师出关，彻底消灭奉军。蒋介石坚决不同意。他认为日本人早就想侵入东北，一旦战事爆发，必然会乘虚而入，这样势必把张学良彻底推向日本方面。他又认为张学良和张作霖不同，他早有厌恶战争、统一国家的思想，因此可以用和平手段解决东北问题。

于是蒋介石派方本仁、白崇禧与何千里去沈阳，代表国民革命军吊唁张作霖，并告诉张学良，国民革命军并没有继续进军东北之意；同时寻求和平统一的道路，并提出当下应设法先行恢复平奉铁路交通，并使双方军队避免误会，以防引起冲突。

日本方面期望杨宇霆或者溥仪做新的傀儡，同时也希望张学良在东北宣布独立。日本派前驻英大使会同奉天总领事对张学良施加压力，阻挠东北易帜。张学良义正词严地说："我是中国人，所以我的想法当然是以中国为本位；我之所以愿与国民政府妥协，是要完成中国统一，实行分治合作，以实现东三省一般人民所渴望的事。我的决心，以东三省人民的意志为依归，我不能违背三省民心而有所为。"他拒绝了日本的条件，派邢士廉为代表，由海路赴北平，向蒋介石表示"愿输诚归降，并请商统一办法。"

张学良把同日本谈话的情况及时告诉方本仁、何千里。他激动地说："这不是人受的，我他妈的成了鸟总司令了。"随之泪流满面。

方、何非常感动，对张学良深表同情。他们告诉张学良，日本对东北的野心很大，因此易帜之事要好好图谋，不要着急。张愤怒地拍着桌子说："我没可说的。你们相信我张学良不会甘当亡国奴的。"

张宗昌、褚玉璞与日本人勾结，企图强占东北。张学良对张宗昌、褚玉璞等人早有察觉。

< 张学良宣布“易帜”后，国民政府派吴铁城等赴东北慰劳。

当张宗昌、褚玉璞于8月3日率部向东北军发起进攻时，遭到东北军的迎头痛击。张、褚所部的直鲁联军几天后就被彻底歼灭。张宗昌逃往大连。

杨宇霆也在积极地活动，准备代替张学良。他在滦州于8、10月间两次同白崇禧相见，密谋推翻张学良。事后白崇禧密报蒋介石。蒋便将此事转告张学良。张学良、杨宇霆之间的冲突进一步加剧。

日本政府打算以借给张学良6,000万元为诱饵，拉拢他反对东北易帜。张学良很气愤，他说：“日方欺我甚，誓必易帜，即死于青白旗下，吾亦甘心。”

10月28日，张学良在沈阳召开会议，决定易帜并把北伐战争中截获的客货列车200辆、车头10个交给国民政府。11月12日，平奉铁路开始通车。这个时候，东北人民也纷纷举行活动，强烈要求张学良早日实现易帜。

在蒋介石未来的棋盘上，张学良这粒棋子非常重要。事实上后来他之所以能够赢得新军阀战争，打败冯、阎、李联军，张学良就起到了关键的作用。张学良若是真的臣服于他，他的军事实力无疑是会得到极大的扩充，对阎锡山和冯玉祥形成有力的牵制作用。他们二人不管谁在华北兴兵，都不能不考虑东北军出关的后果。因此，如何保证张学良顺利完成易帜，这正是他现在的一项重要工作。

张群为他提出了行之有效的计划：一、为了稳定张学良的“易帜”决心，以及“易帜”后臣服于蒋介石，南京国民党政府任命张学良为东北边防总司令；二、蒋介石亲自派出高级代表携带青天白日满地红旗帜和总理遗嘱赴奉天，举行隆重的“易帜”典礼；三、为巩固张学良“易帜”后的政权，设法制造矛盾，帮助张学良消灭身边的亲日势力。

蒋介石微笑着望着张群说：“我思之良久，承办这样重大事件的人选，非你莫属！”“那我只好从命了！”张群欣然答应。

12月中旬，国民党政府派张群、吴铁城、李石曾、方本仁到沈阳，送来旗帜和任命状。张学良于是毅然决定正式易帜。1928年12月29日，张学良举行易帜典礼，宣布易帜。

12月31日，南京国民政府正式任命张学良为东北边防军司令长官，张作相、万福麟为副司令，任命翟文选为奉天省政府主席，张作相为吉林省政府主席，常荫槐为黑龙江省政府主席，汤玉麟为热河省政府主席。自此，东北与全国实现了统一。

易帜之后，张学良又以惊人的魄力解决了杨宇霆，巩固了易帜的成果。

在易帜典礼上，杨宇霆的脸上始终密布着一层阴云。当天晚上，张学良设宴庆祝易帜大典，杨宇霆同常荫槐中途离席。张群见状，连夜请何成浚、何千里等商量对策。何成浚说：杨宇霆坚持亲日路线，曾数次阻止张学良易帜。据说在一次双方摊牌的会议中，杨宇霆趾高气扬地对张学良说："你走你的中央路线，我走我的日本路线，两宝总有一宝押中，不是很好吗？"张学良当即反问："如果是你的那一宝押中了呢？"杨宇霆无法回答。但是事后，他对常荫槐等愤愤地说："小六子这个阿斗羽毛未丰，就想冲天，我看他能飞到哪里去？"

杨宇霆还决定于明年元月7日为其父庆祝70岁生日，以发泄对张学良的不满，并说："我要大张旗鼓地办，请全国各路诸侯来沈阳为父做寿，让这个阿斗看看，是谁的声望高！"

杨宇霆与常荫槐加强自己力量，借设立"黑省山林警备队"之名，扩编数万部队。杨宇霆还向捷克订购了3万支步枪。张学良因此曾经质问过杨宇霆。

张群感到张学良和杨宇霆之间的矛盾已经无法调和了，现在的形势是先下手为强，后下手遭殃。于是决定推动和促使张学良早下决心除掉杨宇霆。

为了祝寿，杨宇霆沿街巷张灯结彩，锣鼓喧天，声乐齐鸣。送礼的人也代表了各方的势力，有孙传芳、白崇禧的代表，唐生智的代表，以及前来庆典易帜的张群、李石曾、吴铁城、方本仁、何成浚、何千里等；至于辽宁、吉林、黑龙江、热河四省的文武百官几乎无一不到……张学良心情非常沉重。

1月7日上午，张学良起床后，正准备为杨宇霆的父亲祝寿去，他的副官没头没脑地报告说："总司令！您还要去为他祝寿！您如果再不发火，弟兄们就都造反了！杨宇霆、常荫槐图谋不轨，都把屠刀架在我们脖子上，可您总司令还说什么仇家是好人，不会有异心的！"

张学良极其严厉地说："你这是无中生有胡说八道！再胡说我就关你的禁闭！你赶快传我的命令，如果再有议论此事者，杀无赦！"但是张学良顿了一下又说："告诉弟兄们从现在起，你们都要只听从我一个的命令。要记牢，快些下去吧！"

过了一会儿，张作相来访。说他和常荫槐等一起去杨公馆拜寿，杨宇霆在闲谈之中直呼张学良的乳名小六子，并恶意中伤，称张学良为阿斗。张作相最后不无忧心地说："司马昭之心——路人皆知呀！他的用意，还不清楚吗？"常荫槐这些人也毫无顾忌地说："依我之见，咱们明天都捧杨宇霆吧！"张作相最后走到张学良的面前，低声说："害人之心不可有，防人之心不可无啊！"

张学良要求部属用他不同时期的职务来称呼他；而父辈的重臣叫他汉卿，直呼他乳名“小六子”的只张作霖一个。现在，杨宇霆不仅当众叫他“小六子”，而且还当他是“阿斗”，他顿时怒火中烧！他习惯地背剪起双手，许久没有说一句话。

但是张学良还是按捺着心头的怒火，带礼物去拜寿。当时的情形据说是这样的：“小河沿车水马龙，盛况为沈阳前所未有。蒋介石、白崇禧、阎锡山以及广东、四川等地方实力派，都派有代表来沈阳祝贺。日本政界也派有代表前来。东北地主官吏更不消说了。庆寿之日，张学良前往祝寿。杨以普通礼节相待，与一般宾客无异。不仅杨之一举一动傲然以东北第一领袖自居，来自全国各地的贺客们，对杨亦恭维备至，谈杨是东北众望所归的人物。张目睹这些情景，岂能所堪？当日观剧席上，张始终以手支颔，若有所思，其心情之苦闷，可想而知。”

事后，张学良曾对朋友说：“当时我也参加了祝寿，不断在想，假如杨、常取我而代之，可以兵不血刃掌握东北政权，莫非日本人林汉说的就是这种情景吗？我应该怎样来自处呢？我是等待如秀吉之子那样为德川所杀呢，还是先把他除掉……”

下午张群等任命张学良为东北政务委员会主席。此时，日本也不甘心阻止“易帜”的失败，以强硬的外交手段，要张学良承担其父生前签署的一切密约，尤其是由杨宇霆私自秘密签署的所谓修建满蒙新五路的要求。

1月10日上午，日本方面派叶野武马去见张学良，对他说：“汉卿！邻葛已经同意履行建设满蒙新五路的许诺，你看怎么样？你有什么高见？”

张学良听罢，神态严肃地站起身来，背剪双手，走来走去，最后说：“我不明白，你叶野顾问为什么会有这样的问话。”张学良瞥了一眼叶野武马，“你是一位老外交家了，应该清楚平常的外交手续吧？在这件事情上，我没想也无权和你谈判。你的谈判对手是南京国民政府！”

看着惊愕的叶野武马，张学良又说：“请你看看这份国府的文告，上边写得清楚，中央主持外事，一切协定合同，非有国府参加，不能生效。我已宣布易帜，无权和贵国洽谈这类大事了。”

当天下午，杨宇霆和常荫槐来向张学良为修建所谓满蒙新五路一事兴师问罪，并取出已经写好的便条，要张签字。张学良当即表示，目前东北刚刚安定，外交之事应该慎重考虑，须从长计议。张学良最后说现在已经到晚饭时间，容待饭后再作决定，并留杨、常共进晚餐。杨表示回去吃过饭再来吧。

张学良沉思良久，然后命副官找来了高纪毅、王以哲、刘多荃等亲信，提出了处决杨、常的想法。高纪毅说：“杀的事，说办就办，说办不办，必有后患。”张学良当即命令道：“就定在今天晚上。下边，再研究一下具体的措施，以及善后事宜的处理。”

据当事人高纪毅的回忆，当时情形是这样的：

他们走后，张立刻用电话召我进府，这时已是下午5点半。我进府立被张召入内室，他从容不迫地向我说："杨宇霆、常荫槐二人欺我太甚，他们想尽办法，阻挠全国统一，今天又来强迫我成立东北铁路督办公署，并要任命常荫槐为铁路督办，说是为的能管理中东铁路。事关同苏联的外交问题，这事要办也应该请示南京，从长计议。但他们要我立刻签字发表，太不像话了。现在他们正在回去吃饭，少刻就会回来。我给你命令，立刻将他二人处死，你率领卫士去执行好了！"我接受命令后，请示应在何处执行。张指示说：就在老虎厅内执行，并以轻松的语气嘱咐我说："你可要小心，他们二人身边都带有手枪。"于是我配备6名卫士，由我同张的侍卫副官谭海率领，另由刘多荃担任府内外警卫任务，只许进来，不许出去（刘当时仅知将有大事，但并不知要处死杨、常。一切布置完竣，经过两个多小时，杨、常来到，径入老虎厅就座。我同谭海率领六名卫士持手枪进入老虎厅，立即对杨、常宣布说："奉长官命令，你们两人阻挠国家统一，着将二位处死，即刻执行。"杨、常闻言，顿时木然，脸色惨白，一句话也没说出，当即由六名卫士分为两组执行。杨、常二人分别被两名卫士按住，一名卫士开枪，结果了性命，当夜陈尸老虎厅内。

事后，张学良接着指示处理善后事宜，他一面连夜以长途电话指示驻天津代表胡若愚，要他立刻向南京蒋介石报告处死杨、常的原因和经过，一面用文字写成军法会审形式，罪名是"妨碍统一，阻挠新政"，检察官由我署名。我遂彻夜工作，通宵未眠。

翌晨天还未明，张学良召集张作相、翟文瓣、王树翰、臧式毅、郑谦、孙传芳等东北保安委员会委员进府，宣布此事经过。这些人乍闻之下，惊愕万状，面面相觑。同时张又嘱郑谦在另室草拟电报，正式报告南京，并昭告东北各县市。郑谦是杨宇霆的亲信，提起笔来只是摇头沉吟，一个字也写不出来。过了片刻，他将笔丢下，起身要走。我严肃地警告他说："从现在起没有我的命令，任何人都不能离开。"他只得重又坐下，呆然不动，但仍未动笔。最后还是改由刘鸣九执笔，将电报稿拟好。

这时始将杨、常尸体从老虎厅用地毯包裹抬出，用汽车送到南头风雨台姜庙（杨宇霆为纪念姜登选修的庙）装棺，听由他们家亲友吊祭。杨、常被杀的消息传出以后，顿时震动了沈阳全城……

张学良宣布对杨、常的家属要加以厚待，同时还亲自写了一副挽联："瞩目西蜀偏安，总为幼常挥痛泪；凄绝东山霖雨，终怜管叔误流言。"自比于诸葛亮挥泪斩马谡，和周公旦诛管叔。

第二天，张学良领衔发表了通电，中外震惊。通电全文如下：

统一告成，建设开始，凡我同志，正宜和衷共济，协力图功。学良受事以来，对于先旧有僚佐，无不推心置腹，虚衷延纳，其中尤以东三省兵工厂督办杨宇霆，黑龙江省长常荫槐二人，共事最久，倚畀尤殷。乃杨、常朋比，操纵把持，致使一切政务，受其牵制，各事无从进行，胪其罪状，厥有数端：溯自民国13年后屡次战祸，均由彼二人怂恿播弄而成，迹其阴谋私计，世或未知，自我先大元帅，佳电息争，倡导和平，信使往来，南北协洽，独彼二人退回观望，阴事阻挠，近如滦东五县，不肯交还，其阻挠者一；平奉车辆，学良已商允交还，唯被二人从中作梗不放行，坐使中外人士，咸受苦痛，而车辆废置破坏，公私损失，何可纪极，其阻挠者二；滦东撤兵，顺应世局，正协心，而杨、常坚持异议，其阻挠者三。以上三端，学良曾再三婉商之；借友劝导之；用命令申斥之，而彼二人概置不理，使中外人士，对于我方不怀好感。

现远因则酿成战祸之罪魁；观近因则破坏和平之祸首，论其罪状，不独害我东省，实害我中华。学良夙夜警惕，和冀奠我三省于磐石之安，勿令再有军事行动，谋工商之发达，谋中外居民之幸福，使吾乡父老子弟，安居乐业，耿耿之诚，可质天日。

乃彼二人包藏祸心，事事阴图破坏，处处竭力把持，以兵工厂及交通事业为个人私利之渊教，把持收入，不解省库，且向省府通索巨款；其动用款项有案可稽者，已达现洋二万万余元，即无长官批示，亦无部处核销，一手遮天，多私囊。任用多其亲属，政府归其操纵，出门者，每予袒庇，非其私党加以摧残，前如王永江之被挨，郭松龄之激变，果谁为之？近如金融之扰乱，战争之延长，又谁致之？司马昭之心，路人皆知，吾东省皆知之，而世或未尽知也。学良忝膺疆寄，并以重任，待以腹心，诚欲化彼贪顽，共循轨道，同等念其多年共事，曲予包容，不谓彼辈奸险性成，日甚一日，近更暗结党徒，图危国家，念及此，易胜隐痛，学良与同等再四筹商，全谓非去此二人，东省大局，非待无建设之望，且将有变乱之萌。大义灭亲，何况交友？

毒蛇螫手，壮夫断腕，学良等不敢违弃公谊，徒顾私情。当于真（十一）日召集会议，并邀彼二列席，当众按状拷问，皆已俯首服罪，询谋金同，即时宣布罪状，按法执行。国家自有定律，非同等所能轻重，所冀海内明达调查内情，共明真相，特电奉闻。

张学良、张作相、万福麟、张景惠、翟文癣、刘尚清、刘哲、莫德惠、王树翰、沈鸿烈、汤玉麟、袁金铠。

至此，张学良完成了巩固东北政权的大事，也为蒋介石献上了一份见面礼。北洋军阀统治中国的历史宣告结束。蒋介石凭着他过人的权谋，在形式上完成了“统一大业”。

> 蒋介石与张学良等人在南京。张学良的东北“易帜”不仅巩固了东北政权，也为蒋介石在形式上完成“统一大业”作出了贡献。

历史备忘录

HISTORY MEMORANDUM

∨“八七”会议旧址外景。

∨ 1927年6月，汪精卫等人在郑州开会，确立“分共”，这是会议后众人的合影。

2
3
4

1

国民党开始“清党”运动，国共合作彻底破裂

1927年5月5日，南京国民党中央常务委员会及各部部长联席会议决定组织中央清党委员会，并制定了“清党原则”。7月8日，冯玉祥实行清共，对国民联军中政工人员一律加以甄别清洗。7月15日，汪精卫在武汉正式“分共”，国民党武汉中央常委会扩大会议通过了“分共”的决议案。从此，大规模“清党运动”推行到全国，许多共产党员被排除出国民党和惨遭杀害，维持3年的第一次国共合作彻底破裂。

中共召开“八七”会议

中共中央于1927年8月7日在汉口召开的紧急会议。李维汉任会议主席。代表们在发言中批判了陈独秀的右倾投降主义。毛泽东在会上作重要发言，提出“政府是由枪杆子中取得的”论断。八七会议在中国革命的危急关头纠正了陈独秀的右倾投降主义，确定了土地革命和武装反抗国民党反动派的总方针，并决定发动农民举行秋收起义。

汪精卫与南京政府对峙

1927年9月21日，汪精卫因特委会的实权落入桂系和西山会议派手中，自己未能掌握中央大权，以特委会的产生“不合法”为由，成立了中央政治委员会武汉分会，与南京对峙，并随即派唐生智率军东下。24日，南京政府军委会决定由李宗仁、陈调元、柏文蔚率军分3路西征，将唐军逐出皖境。到10月20日，宁汉战争终于爆发。

共产国际发表宣言斥责蒋介石叛变

1927年4月22日，《共产国际驻中国代表团为帝国主义威吓武汉及蒋介石背叛宣言》在汉口发表，表明了共产国际的鲜明立场。宣言指出，由于中国革命的迅速发展，迫使帝国主义使用直接的、公开的武装干涉，企图要中国人民屈服于他们的枪炮之下。蒋介石背叛革命，屠杀革命民众，怂恿帝国主义对中国革命采取进攻的态度。宣言谴责蒋介石是民族的叛徒、帝国主义的工具。强调必须铲除蒋介石主义的发源地及其根株，巩固革命民主势力的联合战线。

影像大扫描

IMAGE SCANNING

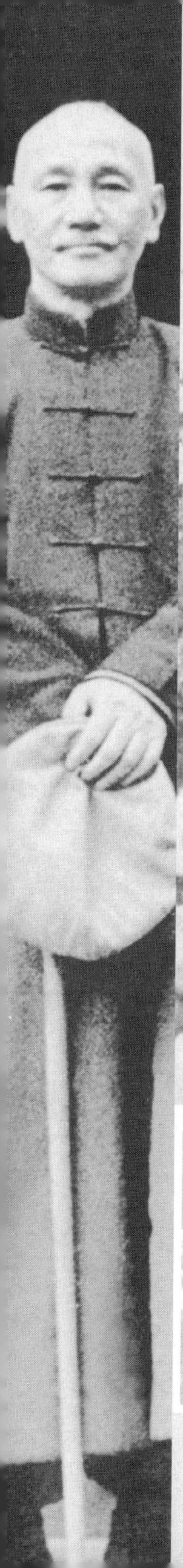

07

三妻一妾，迎新弃旧

1927 年，当北伐军总司令蒋介石和宋美龄婚姻的其他障碍都已经消除的时候，剩下的最大障碍就是蒋介石作为已婚男人这个难题了，而且，蒋介石不仅有一个结发妻子，而且还有一个举行过隆重婚礼的妻子和一个对蒋家忠心耿耿的侧室。

偏偏这两妻一妾的现实对于信奉基督教、恪守一夫一妻制的宋家来说，是无论如何也不能容忍的。

但是权力与政治的力量是强大的，这也就注定了蒋介石的前三个女人的悲剧性命运。

被多次休弃的结发妻子

在蒋介石的女人之中，作为蒋介石的结发妻子，毛福梅是最为不幸的一个。

她没有享受过蒋介石的爱情，却一次又一次地被蒋介石无情地鄙弃如糟糠，先是领回了小妾姚冶诚，再是因为陈洁如而要与她离婚，最后是因为宋美龄而要与她离婚，只是因为她没有任何过错、拼死力争，才得以离婚后继续住在蒋家祖宅。不幸一次又一次地降临在这个女人身上，连他的儿子也一去苏联，杳无音信。后来终于回来了，却不敢先来见她。没有安静几年，日本侵华，她最后的不幸终于降临了，她被炸死在自家的门外。

一心事佛、整日为自己的丈夫祈祷、希望以自己的宽厚和忍让来换得人生安宁的毛福梅没有想到，不幸还是一次又一次地从丈夫那里向她降临了。好在嫁到蒋家的二十几年里，还有一个和她一样事佛、一样心地善良的婆婆王采玉始终照顾着她，使得她能够一次又一次地化解不幸。王采玉视媳妇如同亲生的女儿，毛福梅也把婆婆当作亲娘来服侍。1921年6月14日，蒋母不幸因病去世，享年58岁。毛福梅在蒋家的靠山轰然倒塌了。她悲痛万分，大哭一场，然后披麻戴孝，不分昼夜地守在灵前。

在这个世界上，毛福梅唯一的希望和寄托就是自己的儿子蒋经国。她虽然特别疼爱他，但是也知道应该让他到好的学校去接受教育，因此同意蒋介石把他送到奉化去读小学。1921年春天，毛福梅不知道怎么的，忽然特别想念儿子，一闭上眼睛眼前就是儿子的身影，于是没有经过蒋介石的同意就把儿子从奉化小学接回了溪口。蒋介石知道后大怒，认为毛福梅“实属不成体统”，这样做是在耽误蒋经国的前程。在蒋介石训斥毛福梅的时候，毛福梅顶了几次嘴，蒋介石立即怒不可遏，挥拳就向毛福梅打去。这样还不解恨，第二天，蒋介石就写了一封信给毛福梅的哥哥毛懋卿，“缕诉决裂情形及主张离婚理由”，然后把毛福梅赶回了娘家。

蒋母王采玉非常疼爱儿媳妇。她虽然也不赞成毛福梅擅自将经国接回家里，但是蒋介石因此对毛福梅大打出手，甚至把她赶回娘家，却更加让蒋母生气。她当即要求蒋介石让毛福梅回到溪口。当时王采玉已经是重病之人，蒋介石虽然非常不乐意毛福梅再返回丰镐房，但是作为孝子的他却也不敢公然违抗母命。不过他在自己的日记中却记载了当时的恼恨心情：“母亲老悖一至于此，不仅害我一生痛苦，而且阻我一生事业，

< 1921年6月14日，蒋母王采玉病逝。蒋介石与幼子蒋纬国在蒋母墓前留影。

V 蒋家所能给予毛福梅的安慰便是婆婆的怜惜和她对儿子蒋经国的殷殷期望，可婆婆的去世却给她带来了意想不到的打击。图为王采玉怀抱小孙子孝文和蒋经国夫妇在一起。

徒以爱子孙之心，强欲破镜重圆，适足激我决绝而已。”

蒋母病逝后，蒋介石悲痛万分，每天都在灵前哭得死去活来。将近半年的时间内，丰镐房内吊客川流不息。这一切都由女主人毛福梅来安排接待，蒋介石则主要陪同方士为母亲选择墓地。蒋母于当年11月21日下葬，孙中山特派陈果夫作为自己的代表，到灵前祭奠，派戴季陶、林业明、居正等国民党要员亲自到溪口来送葬。

蒋母的葬礼基本是由毛福梅操办，半年多的时间里一切看起来好像都很正常。办完丧事后，毛福梅还没有喘过气来，万万没有想到对她更大的打击正在丈夫心里酝酿着。

11月28日晚，毛福梅注意到蒋介石坐在母亲生前的佛堂里，埋头在写什么文字，当时也没有在意。过了一会儿蒋介石写好了，便把蒋经国、蒋纬国、毛福梅和姚冶诚叫到跟前。只见蒋介石手捧写好的文书，泪流满面，满脸悲愤地颤声宣布：“我要与妻妾脱离家庭关系。”他接着读道：

余葬母既毕，为人子者一生之大事已尽，此后乃可一心致力于革命，更无其他之挂系。余今与尔等生母之离异，余以后之成败生死，家庭自不致因我而再有波累。

余十八岁立志革命以来，本已早置生死荣辱于度外；唯每念老母在堂，总不使以余不肖之罪戾，牵连家中之老少，故每于革命临难决死之前，必托友好代致留母遗禀，以冀余死后聊解亲心于万一。今后可无此念，而望尔兄弟二人，亲亲和爱，承志继先，以报尔祖母在生抚育之深恩，亦即所以代余慰藉慈亲在天之灵也。余此去何日与尔等重叙天伦，实不可知。余所望于尔等者，唯此而已。特此条示经、纬两儿，谨志毋忘，并留为永久纪念。

同时，蒋介石写了一封“休妻书”给毛福梅的胞兄毛懋卿，信中写道：

十年来，闻步声，见人影，即成刺激。顿生怨痛者，亦勉强从事，尚未有何等决心必欲夫妻分离也。不幸时至今日，家庭不成家庭，夫固不能认妻，妻亦不得认夫，甚至吾与吾慈母水火难灭之至情，亦生牵累，是则夫不夫，妻不妻，而再加以母不认子，则何有人生之乐趣也……吾今日所下离婚决心乃经十年之痛苦，受十年之刺激以成者，非发自今日临时之气愤，亦非出自轻浮之武断，须知我出此言，致此函，乃以至沉痛极悲哀的心情，作最不忍心言也。高明如兄，谅能为我代谋幸福，免我终身之苦痛。

这其实是蒋介石为了迎娶新欢陈洁如，而想到的一个办法。他希望名义上宣布与毛福梅、姚冶诚断绝夫妻关系，彼此关系转成兄弟姐妹关系，然后没有任何障碍地迎娶陈洁如。

毛福梅听到“离异”二字，耳朵里顿时“嗡”的一声，差点背过气去。事情来得突然，毛福梅一点心理准备都没有，面对这样五雷轰顶般的打击，只有抱住儿子蒋经国大哭起来。毛福梅越哭越气，忍不住对着蒋介石大骂起来：我哪一点对不起你蒋家了！多少年来你不在家，一直是我在老母面前尽孝，现在老母刚刚入土，尸骨未寒，你忘恩负义，不要我了！还冠冕堂皇地说成是什么“报母恩”和为了“革命”的“大义之举”，还有没有公道天理？你真是丧尽天良啊！蒋介石被骂得心头火起，拿起一根皮带狠狠地向毛福梅身上打去。毛福梅气愤至极，迎着皮带冲上去，抓住蒋介石疯狂地扭打起来。蒋经国后来回忆说，当时母亲毛福梅被蒋介石“抓了头发”，“从楼上拖到楼下”，后来，毛福梅又“跪下”，“哀求留在家里”，在蒋经国和众亲友的苦苦哀求和劝解下，蒋介石才住手，恨恨地离开了。

∧ 蒋介石生母王采玉的墓地。

毛福梅虽然惨遭蒋介石的毒打，却拼死不同意离婚。蒋介石眼看没有办法，加上亲朋故旧也激烈反对他这种明显不合情理的做法，只得允许毛福梅继续留在蒋家，做丰镐房的女主人，而他的那个“离婚”“条示”也就成了一种形式和象征。毛福梅此后事实上已经和蒋介石离婚，但是却以特别的身份独自操持丰镐房蒋家的家务。除此之外，她把自己的全部情感和希望寄托在了诵经拜佛和儿子蒋经国的身上。

> 留苏时的蒋经国。母子一别竟10余年，带去了毛福梅全部的希望与惦念。音信全无的年代里，菩萨是毛福梅唯一的倾诉对象与精神寄托。

不久，蒋介石与陈洁如在上海正式举行了婚礼。陈洁如后来回到溪口后，和宽厚的毛福梅相处得非常友好。

1922年，蒋经国第一次出远门到上海去读书，进了上海万竹小学读4年级。这对毛福梅来说是一个不小的打击，但是她明白儿子接受教育毕竟更为重要，她一再嘱托陈洁如好好照顾自己的儿子。

蒋经国懂得母亲的艰辛，也非常惦记母亲。但是对于这对母子来说，一段长达12年的、几乎没有任何音信的别离却很快就来临了。这对于本已遭受命运摧残的毛福梅来说，简直是雪上加霜。1925年秋天，蒋经国被蒋介石送去苏联留学。当他乘轮船从广州到达上海的时候，因为需要候船，才得以与母亲做了短暂的团聚。母子俩当时都没有想到这次竟然会分别很多年。毛福梅不由得泪流不止，儿行千里母担忧，真是千叮咛万嘱咐，最后盼儿子能够早去早回。蒋经国对母亲百般安慰，说他只是去学习几年，很快就会回来的，劝母亲不要担忧。说着也忍不住流下了眼泪。

没想到从此母子一别12年，除开头那两年外，后来因为蒋介石发动了"四·一二"反革命政变，苏联和蒋介石政权绝交，蒋经国也就和国内断绝了书信联系，从此双方音信全无。原来蒋经国去苏联两年后，也就是1927年，蒋介石发动了反革命政变，大肆屠杀共产党人，激起了举国上下和苏联的愤怒，蒋经国在莫斯科的报纸上发出声讨父亲蒋介石的《严正声明》。同时蒋经国给母亲写了封短信，说母亲多年来所受到的折磨他都非常清楚，他对家庭方面有难以想象的烦恼和愤恨，因此决定以后不再通信了。等以后回国，他就第一个先来同亲娘见面。毛福梅当时并不知道儿子登在报纸上的声明，但接到儿子寄来的信，却一下子就明白这一切都是蒋介石造成的，是蒋介石造成了他们母子的这种悲剧。她哭着请人代笔写信给蒋经国，可是再也没有收到过回信。

1927年8月，蒋介石被李宗仁等逼迫下野，不得不“出国休养”。在等候办理护照等手续的时候，他带着小儿子蒋纬国离开南京，暂时乘汽车回到溪口。毛福梅见蒋介石进了屋，不由得火冒三丈，她边哭边冲着蒋介石嚷道：“你把我的儿子弄到哪里去了？你要还我儿子！”蒋介石因为还要求毛福梅同意离婚，因此想办法先稳住了她，不久便离开住地雪窦寺，第四次前往日本，去完成自己与宋家的联姻大事去了。到达日本后，经过仔细磋商，蒋介石和宋家最后达成协议：蒋必须与元配毛氏公开离婚，然后才可与宋美龄结婚。

1927年12月，蒋介石返回溪口，来完成和妻妾们的离婚事宜。毛福梅还是原来的态度，坚决不同意离婚，甚至以死相抗。毛福梅的两位哥哥毛怡卿、毛懋卿兄弟，也遵照父亲的意思相当讲究策略地对蒋介石说：“福梅已是嫁出的囡、泼出的水，嫁鸡随鸡，嫁狗随狗，活着是蒋家的人，死了是蒋家的鬼。”蒋介石听出了话里的玄机，他担心如果事情处理不当，闹出人命来对舆论和亲戚就不好交代了。这天夜里，蒋介石思前想后，悄悄地走进丰镐房。他看见毛福梅目光呆滞，蓬头垢面，几乎和几天前判若两人，正跪在佛像前凄苦地祈祷。蒋介石想到这么多年毛福梅的好处，不禁动了恻隐之心。因此，他和毛福梅私下达成了一个协议：毛福梅仍住在丰镐房做她的主妇，蒋身边的人尊她为“大师母”，但是毛福梅必须在“离婚协议书”上签字。毛福梅见蒋介石已经无法回头，只得退而求其次，只要自己还能待在丰镐房就行了，因此忍着悲痛在离婚协议上签了字。蒋介石大喜过望，于12月1日在《申报》上登了一则离婚启事：“毛氏发妻，早经仳离，姚、陈二氏、本无契约。”不久就和宋美龄举行了盛大的婚礼。

1936年农历九月十五日是蒋介石50岁生日。不久即发生了震惊中外的“西安事变”★，蒋介石被张学良和杨虎城在西安扣留，逼他抗日。这一事件却为毛福梅带来了一个意想不到的喜事。“西安事变”很快和平解决，国共两党再次合作，蒋经国也被苏联允许回国，毛福梅终于可以见到久别的宝贝儿子了。

★“西安事变”

1936年12月12日，张学良、杨虎城发动“兵谏”，扣留了蒋介石及陈诚、卫立煌等高级军政人员。“西安事变”的发生在国内外引起了强烈反响。南京政府当局出现了强硬军事反击与和平谈判解决的两种截然对立的主张。中共中央确定了和平解决“西安事变”的基本方针，主张用和平方式解决“西安事变”引起的问题，反对新的内战；同时还主张用一切方式联合南京的左派，争取中派，反对亲日派，以推动南京政府走向抗日。23日，三方达成谈判协议，释放蒋介石，“西安事变”和平解决。

∧ 毛福梅与蒋经国夫妇。母子相别十余年，多少泪水都难言母亲这许多年来对儿子的牵挂与惦念。可儿子的归来给毛福梅带来了她日日在菩萨面前祈求的天伦之乐，她便也满心欢喜了。

∧ 手抱蒋孝文的蒋经国与毛福梅。母亲孤独地一个人守在丰镐房里，面对手握重权的父亲，蒋经国亦无奈。只有陪在母亲身边，才是对她最好的慰藉。

1937年，蒋经国带着妻子芬娜、儿子爱伦（蒋孝文），经海参崴乘船抵达上海。蒋介石派人专程到上海迎接。蒋经国此时才知道父亲已经逼迫母亲离婚，现在的妻子是宋美龄。他虽然知道母亲心中的酸痛和冤屈，恨不得立即去溪口安慰母亲，却也深知父亲力量的强大。思前想后，他终于决定：先去向自己在报纸上骂过，10年来一直看作“敌人”“军阀”的父亲负荆请罪。

1937年4月28日，蒋经国终于回到了阔别多年的溪口。他匆匆跳下汽车，依次向在门外迎接他的亲朋行礼，向大家一一介绍自己的妻子和儿子。毛福梅揉着眼睛，仔细地看着眼前这个已经长大成人、身材健硕的儿子，不由得潸然泪下。蒋经国跪倒在毛福梅膝前，颤抖着叫了一声“娘”，然后放声大哭。毛福梅一边搂紧儿子，一边把孙子抱在膝上问：“囡囡，侬叫啥名字？”蒋经国赶紧答道：“叫爱伦。阿爹说，到了祖国要按中国式取名，替他取的学名叫孝文。”毛福梅又问起这个来自外国的儿媳妇，蒋经国答道：“她在苏联的名字叫芬娜，阿爹替她改名叫芳娘，蒋芳娘。”“芳娘，这个名字不好。”毛福梅思索着说，“她是小辈，娘啊娘的，做姑姑、姨妈的都得这样叫她，多少罪过！还是改为方良吧，方正贤良，你们说好不好？”众人都说改得好。从此蒋经国的夫人就一直叫作蒋方良。

毛福梅多年来的阴郁心情似乎一扫而空，儿子孝敬、孙子聪明、媳妇听话，她整天乐呵呵地享受着天伦之乐，同时也变着法子让儿子儿媳在家里生活得更舒心，给他们做裹粽子、炸麻团、蒸大糕、烘千层饼、汆汤团等等各种家乡菜肴点心。可是这样开心的日子并没有持续几年，毛福梅生命中最后一个悲剧已经在前方等待着她。

1937年，伟大的抗日战争全面开始。一腔热血的蒋经国立即投入到了抗战之中，他在武岭学校向师生们激昂地说："我们的敌人是谁？第一是日本帝国主义，第二是日本帝国主义，第三还是日本帝国主义！"他向父亲写了份报告："我有很前进的思想，需要有机会去求证。而且，我希望在最坏的条件下去试试。"蒋介石同意蒋经国去江西参与实际工作。蒋经国再三劝慰毛福梅，等他在江西安置下来，立即接她过去。毛福梅不愿意离开丰镐房，她坚信她的虔诚祈祷会让自己和儿子都平安无事。随着战火的迅速蔓延，溪口随时有沦陷的危险。蒋经国不放心，连连发电，毛福梅也担心起来。

1939年12月12日下午2时，从宁波方向飞来了6架飞机。正当人们抬头张望时，没想到飞机却丢下了一连串的炸弹，地面上顿时响起地动山摇的爆炸声，火光冲天，人们四处奔逃，乱作一团。

本来，蒋经国已经命人在溪口家里修筑了防空洞，日机轰炸时，只要丰镐房的人及时躲进防空洞，就不会出现伤亡。可惜，没有经历战争的人们在日机轰炸时，都吓得忘记了防空洞的存在，只顾一窝蜂地往外跑。毛福梅早在几年前就住到了丰镐房后院的平房里，当敌机投掷炸弹，大家出逃时，她忽然想回去拿房门的钥匙，刚走到后墙夹道处，炸弹便在附近落地开花了。

轰炸过后，人们发现毛福梅不幸被炸弹炸死。丰镐房内，男女佣人各一人当场死亡；账房宋涨生头部重伤，未来得及送到医院就断了气；另一女佣炸断了一条腿。

唐瑞福回忆了毛福梅被炸死及此后的一些情况：

令我悲痛的是，1939年12月12日（农历十一月初二）上午，日机六架飞到溪口滥施轰炸，毛太君不幸罹难了。那天，我正在蒋家老祠堂为蒋国如娶媳妇帮忙做账房，上午9时左右警报响了，我就把收到的贺仪120元封好，交给主人后离开，想到街上自己店里去看看。走到墙弄时，看见飞机上有炸弹投下来，连忙往外逃，与从任家上来的蒋连生儿子章行互撞，都跌倒在地上。我爬起后，向外急去锁门，以后就不知怎样了。有人说看到毛太君坐轿子到肖王庙去了，也有人说到岩头去了，

< 毛福梅罹难后，蒋经国立此碑以示对帝国主义的痛恨并誓死为母报仇。

> 虽与母亲相处时间极短，可毕竟母子情深，闻听母亲罹难，蒋经国立即从赣南回家奔丧。这是蒋经国夫妇当时举丧期间的合影。

还有说到石缮去了……这时丰镐房后墙弄有堵墙已倒坍，许多人从瓦砾上来来去去，哪知毛太君即葬身在瓦砾堆中呢。直等到去外地寻人的都回来说毛太君没有去，大家才开始从近处找，怀疑到这个瓦砾堆。后来奉化县长何扬烈赶到，连夜点起汽油灯，发动许多人把瓦砾扒开，果然发现了她的尸体，她是中了弹片又被倒墙压死的。遗体寻到后，暂时停放在佛殿内，立刻发急电向赣州经国告丧，经国闻讯后便和方良、爱伦乘汽车连夜往回赶，两天之内赶到了家，他在摩诃殿母亲遗体前号啕大哭，痛不欲生；他自15岁去苏联多年，回国后又去江西，母子相聚不到一年竟告永别，怎能不叫他悲痛已极。当时他立誓要报杀母之仇，写了“以血洗血”四字，在母亲罹难处立石纪念。日军侵入溪口后，取走了此石。抗日战争胜利后，又由国民党奉化县学部书记王恩本摹写了一块石碑，此碑现存放文昌阁小洋房内。

账房宋涨生同时被炸死，经宋周运姑丈和毛娘舅等推荐，我接任了涨生的工作。

经国要为母亲造墓坊，请了多位风水先生到各处看坟地，我先后陪过十三位风水先生到溪口四处看，都没有合意的地方。有一位杨寿棋先生说：“高山见平地有大地，平地见高峰也有大地。”那时候，在摩诃殿所在地的松养园，满处是大松树和大樟树，环境十分清幽，我就向经国建议：不如就近安葬于此。经国同意了，就让母亲安葬在这块地方。

在毛太君生前，我虽未进入丰镐房做账房，但承她信任，丰镐房有什么大事我都去帮忙。她待人接物平易可亲，周到细致，一直铭记在我心中。

经国接到毛太君罹难电报，从赣州乘轿车日夜兼程赶回家来，一下汽车便奔到灵前，立即昏厥过去，苏醒后才哭了一场。但在悲痛之余，他处理各事仍有条不紊，我很佩服。

∧ 20世纪30年代末，蒋经国夫妇与长子蒋孝文在赣南留影。

蒋经国赶回溪口后，痛不欲生，但是他不愿意就这样在战乱中把母亲草草安葬，于是决定先把母亲的灵柩暂厝在摩诃殿内，等战局稍微安定后再举行隆重的葬礼，况且，母亲的名分也一直是个需要蒋介石解决的问题。于是把自己的想法告诉了蒋介石，过了几天，蒋介石发来电报说："鉴于时局动荡，总以入土为安。"只有短短12个字。除此之外，蒋介石对发妻的死没有说任何话。

蒋经国没有办法，只好遵照蒋介石的意思，请了4位"风水"先生尽快给母亲寻找可以安息的风水宝地。但是他的一些亲戚，尤其是舅公毛懋卿都激烈反对就这么安葬了，他们坚持认为毛福梅还是蒋介石的发妻，以后应该与蒋介石进行合葬，因此现在还是暂时放在佛殿里比较好。

一旦入土，就没有办法了。蒋经国知道大家的意思，于是再次向蒋介石发去电报进行恳求。这次蒋介石终于同意了。于是蒋经国把母亲的遗体暂厝在佛殿内。毛福梅惨死，又未能及时入土为安，让蒋经国一直心里不安。1940年，他在赣州举行了一次盛大的“蒋母毛太夫人追悼大会”，并在赣江上造了一座“忠孝桥”，以作纪念。

1945年，蒋经国在《五百零四小时》一文中写道：“……先母罹难，必余一生最痛心之事，且六年以来，迄未安葬，为人子者概不能为先母立德业，又不能早日办妥安葬大事，其何以慰先母之心于九泉之下也。深夜自省，饮泪自痛。”

1947年冬，蒋经国终于在溪口为毛福梅举行了隆重的丧葬仪式。葬礼由国民政府交通部部长俞飞鹏主祭，四川省省长杨森及其女儿也专程赶来参加葬礼。蒋介石、宋美龄、陈洁如等都没有来参加葬礼，只有姚冶诚派人送了一佛盒经叠，在毛氏灵前焚化。

1949年春天，蒋经国随蒋介石最后一次返乡，祭奠了母亲和祖先。从此父子两人赴台，直到先后去世，再也没有回来过。

不得不知足的小妾

姚冶诚是蒋介石真正喜欢的第二个女人。

1911年，蒋介石奉自己的革命恩师陈其美之命从日本返回上海参加革命。陈其美经常以妓院作掩护进行革命活动，因此妓院就成为他和蒋介石等骨干商议事情的办公场所。当时陈其美包下了上海五马路“群玉坊”的一家妓院里的名妓，而蒋介石作为陈其美的亲信也经常跟着他去妓院游逛。当时大的妓院一般都有高级妓女，这些高级妓女也被称为“先生”，通常都具有一些琴棋书画方面的修养，也善于应酬，有一定的文化修养。妓院通常还会找几名娘姨（又称大小姐）来服侍她们。

一天，蒋介石随陈其美去那位“先生”那里消遣。进屋后陈其美立即和那位“先生”亲亲热热地打成一片。那位“先生”随后喊道：“怡琴，还不给客人上茶！”只见门帘掀起处，出来一位很有风情的娇小女子，虽然穿的是下人衣服，但是谈笑间却让人感到销魂。蒋介石不由得看呆了。等回过神来，却发现那女子也正含情脉脉地看着自己，不禁内心狂喜。但是他马上想到既然这“先生”是恩师包养之人，那么这伺候“先生”的人也自然算是恩师的人。想到这里，只好按捺住自己的欲望，只等闲视之。后来去的多了，蒋介石知道这女子原名叫姚冶诚，是“先生”的“细作娘姨”，负责管理“先生”的衣物首饰，为“先生”梳头，并做给客人奉茶添水等轻巧活。

关于姚冶诚的身世，一直有多种说法。1927年10月18日的天津《益世报》对姚的身世是这样介绍的：“女士出身寒微。当南北和议告成时，蒋氏随陈其美居沪。陈每过北里，蒋亦与偕往。怡琴（花名）在法租界某妓院做房侍，在筵席间见蒋氏。怡琴刻意奉迎蒋氏，终

∧ 20世纪20年代，孙中山与蒋介石合影。政治上，蒋介石自命为孙中山的忠实信徒，而生活中的蒋介石则对男欢女爱有着自己的理解。

至以身相托，被蒋纳为侧室。”据说姚冶诚是标准的苏杭美女，出生在苏州冶长径河北岸一个名叫南桥的小镇上，小名阿巧。阿巧父亲名叫姚阿宝，小叔名叫姚小宝。姚家祖籍安徽，兵乱中逃难迁移江苏，历经数代，族谱称谓是吴兴郡南熏堂。阿巧家后又迁居冶长泾河南的庄浜乡。阿巧是独养女儿，从小父母很是溺爱，但是不幸的是，在她很小的时候父母就双双去世，年幼的她只好去叔父姚小宝家生活。

阿巧十几岁时已经长成了一个美丽的姑娘。她的皮肤非常白，身体稍微胖一些，一举一动都显得妩媚动人。她脾气很好，待人宽和，加上心灵手巧，有一手好女红，她的女伴们都很喜欢她，附近的小伙子们都在心里暗暗打她的主意。阿巧确实已经到了该出嫁的年龄，她的叔父姚小宝本来也没有子女，于是就认她做女儿，准备为她招一个上门女婿。姚小宝打听到漕湖畔上方港村的沈天祥三兄弟子女多，世代都是租种别人的田地，生活一直很艰难，于是认为这样的人家是招婿的好对象。他很快就托人去说媒。沈天祥也很乐意，于是就同意将次子沈天生入赘姚家。因为是“倒插门”的女婿，男随女姓，沈天生就成了姚天生。姚天生与阿巧婚后还比较恩爱，双方家人也都从心里替他们高兴。

婚后的生计是一个问题，于是姚天生想到自己的两个在上海谋生的叔父。这两个叔父当时在上海西藏路八仙桥一带做工，主要干一些力气活。通常抬轿接送出门应酬的妓女，谁家里有了丧事，一应殡殓事宜也由他们来做。夫妻俩于是到上海去投奔这两个叔父。姚天生跟着叔父们干力气活，阿巧则被介绍到堂子里去当佣人（上海人称“娘姨”）。他们干的活虽然“下贱”，但是收入比较有保障，日子过得还挺不错。一来二去，没想到富裕起来的姚天生竟然生出事来，常去浙江路宁波路口朝阳楼吃茶，吸鸦片烟。他渐渐地染上了毒瘾，并且经常喝得醉醺醺的，小两口的积蓄就这样被他渐渐花光了。姚天生醉酒后也变得非常粗暴，经常抓着阿巧的头发没来由地就痛打一顿，两人的关系越来越冷淡。

后来阿巧去一个叫“群玉芳”的妓院作“细作娘姨”，负责那里那位“先生”的起居照应、送往迎来等，花名“怡琴”。没想到机缘凑巧，已经深受家庭暴力之苦的阿巧竟然遇见了对自己一见钟情的蒋介石，二人不由得眉目传情，难以自拔，很快就陷入了热恋之中。开始时，蒋介石始终避开陈其美和阿巧约会，可是陈其美本来就是在风月场中打滚的人，这样的事情怎么可能逃得过他的眼睛？有一天他趁姚冶诚出去的时候含有深意地笑着问蒋介石：“怡琴姑娘怎么样啊？”蒋介石一听，顿时心头

< 毛福梅多的是愚讷，姚冶诚多的是风尘之气，陈洁如多的是娇弱，宋美龄则力压群芳，然而以蒋介石的感情发展轨迹来看，他对每一个都有用情至深的时候，只不过是个时间长短的问题。

一震，知道被觉察了，于是只好硬着头皮说：“很漂亮啊。”陈其美呵呵地笑起来：“是不是对人也很体贴？”

蒋介石马上脸红脖子粗，知道已经无法向陈其美隐瞒了，只好吭哧着说：“大哥的人，当然是很体贴的……”

没想到陈其美竟然拍着蒋介石的肩膀爽快地说：“既然贤弟喜欢，大哥我就成人之美，贤弟不如把怡琴接出去住算了！”

蒋介石一听，大喜过望，立即给陈其美行了个军礼。

于是蒋介石花了一笔钱把姚冶诚从妓院里接了出来，租了一处房子，二人开始了甜蜜的同居生活。蒋介石真是发自内心地感到高兴，他这时候才第一次体会到了与喜爱的女子在一起是什么样的感觉。姚冶诚已经结过婚，比之少女更具有一种成熟少妇才会有的温柔体贴与风流韵味；并且因为久处上海的风月场，而陶冶出一种既现代时髦又温婉娴雅的气度和讨男人欢心的才情。这让正当青年、激情似火的蒋介石着实感到了生活的甜美。于是，此时的蒋介石就过着一边“革命”，一边享受风情的美好生活。

成功地刺杀了陶成章后，蒋介石在陈其美的安排下逃亡到日本，后来看到上海那边已经安静了下来，于是又悄悄地回到了上海。待了一段时间后，他想回溪口看望自己的母亲和儿子。但“丑媳妇总得见公婆”，自己纳了这个小妾，不能一辈子把她藏起来，所以，他决定把姚冶诚带回溪口。但是他又非常担心姚冶诚和母亲及妻子毛福梅互相都不能接受，双方都跟他大吵大闹一场，于是决定对双方都把话挑明了，看看情况会是如何。当年，蒋介石追求姚冶诚时，隐瞒了自己的已婚身份，担心姚冶诚不接受自己。同居后，又怕姚冶诚伤心，也一直没有提到自己的妻子和孩子。现在看到无法再继续隐瞒，蒋介石于是找个机会小心翼翼地把实情和盘托出，然后紧张地等待着姚冶诚的发作。没想到姚冶诚只是怔了一怔，随即默默地低了头，轻咬下唇，什么也没说。

一股难以言说的内疚和喜悦之情混杂着涌上心头，蒋介石不由得对姚冶诚轻声说："我们是老派的方式结合的，结婚后，我跟她很少一起生活，徒然有个名分罢了，没什么感情的……"姚冶诚打断了蒋介石的辩解："说什么也都晚了。反正我已经是你的人了，以前你做过什么，我不管；今后我只有一条：你走到哪里，我就跟到那里，我是决计不离开你的！"

"当然当然，这个不用你说。"蒋介石连连答应，脸上闪过一丝得意的微笑。

搞定了姚冶诚，蒋介石接着给家里轻描淡写地写了封信，以便让家里有个心理准备。信末，他故作轻描淡写地附了一笔："不孝儿要携一新妇侍奉母亲大人。"这看似轻描淡写的一封信不啻于在溪口蒋家扔了一颗炸弹，蒋母和媳妇毛福梅先是难以相信这个事实，然而看着白纸黑字，一笔一画都是蒋介石的字体，蒋母不禁对儿子做出这样辱没家门、让妻儿伤心的事情而痛不欲生。而毛福梅这个可怜的传统妇女抱着年仅3岁的蒋经国，更是觉得天旋地转，感到天几乎要塌陷下来。然后，她忍不住号啕大哭："天啊，这让我们娘儿俩可怎么办啊？"

痛恨过蒋介石后，先是蒋母清醒了，她经过权衡，觉得男人纳妾并不是太大的新鲜事，现在既然木已成舟，再说什么也是晚了，况且俗话说"儿大不由娘"，当务之急是怎样更好地接受这个现实，而不是和自己的宝贝儿子闹僵。况且，蒋母还是个爱面子的人，她现在最担心的是儿媳妇想不开，在家里大肆哭闹起来，让溪口的人看蒋家的笑话。蒋母于是决定亲自去做儿媳妇的工作。她来到了毛氏屋里，对犹自哭得跟泪人一样的毛福梅说："不管怎么说，你是我们蒋家明媒正娶的媳妇，经国是我们蒋家的嫡长孙，这是谁也改不了的。任她什么样的人，就算进了我蒋家的门，也不过是闲花野草，你不要管他！如果你觉得看不惯，趁着他们还没来，就先回娘家住几天，省得心烦。"

其实毛福梅也已经思量过很久了，觉得只要能让她继续做正房就是很不错的结局了。现在听蒋母这样说，真是说到了她的心坎上，不由得如同吃了定心丸一样。她抬起泪眼望着婆婆说："我回娘家，谁来照顾经儿和你老人家？再说，那个女人来了如果住着不走，难道我就一辈子住在娘家？"

"那……"蒋母不知道毛福梅的意思，迟疑地看着她。

"你老人家放心，我不会让外人看笑话的。"毛氏轻轻一句，让蒋母王采玉不由得轻舒一口气，心中感叹：到哪里去找这么好的媳妇啊！

第二天，蒋介石身边跟着一位仪态万方、香艳绝伦的时髦上海女人出现在溪口镇那唯一的一条大街上。小小的溪口镇，谁家有一丁点大的事，第二天差不多全镇的人都能知道，何况蒋介石要把在外面纳的小妾带回丰镐房这么刺激人心的消息！现在，远远近近的乡邻们蜂拥而至，都等着看蒋家的热闹。

看到家乡是这样的阵势，蒋介石心里不由得有点紧张。况且，到了家门口，连一个人影也没有见到。以往，家里人知道他回来了，肯定会提前站在大门外迎候的。蒋介石没有办法，只好把姚冶诚领到报本堂，让她在那里暂候，自己一个人先进家门去拜见母亲，试探一下情况。

蒋介石径直来到经堂，见母亲正在那里诵经，夫人毛氏带着儿子也随侍在一旁。

"阿妈，不孝儿瑞元回来看你了。"蒋介石声音有些僵硬地向母亲说。

毛福梅眼看着自己朝思暮想的丈夫走进经堂，离自己就那么近，却仿佛在心里有无限远，不由得心里一阵酸楚，落下泪来。她强咽下一口酸水迎上去："你回来了？"又低头对儿子说："经儿，这是你阿爸，叫啊，叫阿爸！"

蒋介石尴尬地点点头，挤出一个笑容，伸手想去抱儿子。不料孩子当他是生人，害怕地直往王采玉身边扑了过去。蒋介石只好再一次恭恭敬敬对母亲说："阿妈，这次我回来，带了冶诚来行礼，她等在外面呢。"

"什么冶诚？冶诚是谁？站在外面，莫非等人抬了大轿去接？"

蒋母火药味十足的话让蒋介石乐得差点儿蹦起来。"莫非等人抬了大轿去接"，言外之意就等于说："来了为什么还不进来？"这就意味着母亲尽管很生气，但她毕竟已经接受了姚冶诚这个蒋家的新人。

蒋介石按捺住喜悦的心情，向毛氏投去了感激的一瞥。他实在没有想到，母亲的表情虽然冰冷如霜，却并没有责骂他，最后还接纳了姚冶诚。而且，妻子毛氏竟然如此大度，对自己的丈夫在外纳妾没有进行激烈的反对。毛福梅已经没有力气去承受蒋介石那满含歉疚、感激和赞许的目光，她默默转过身去，走向婆母和儿子。

蒋介石心中大喜，疾转身，奔到报本堂，把姚冶诚领了回来。

姚冶诚本身已经有过一次不幸的婚姻，又在大上海的风月场中待过几年，因此对于蒋介

★"二次革命"

1913年初，国民党在国会选举中赢得胜利，宋教仁准备组织内阁。袁世凯为阻止国民党执政，派人于3月20日晚暗杀宋教仁。不久，宋案真相大白，孙中山动员起兵讨袁。在孙中山的动员下，李烈钧于7月8日成立讨袁军，宣布江西独立，向进驻九江的北洋军第6师发动进攻，拉开了二次革命的战幕。随后江苏、安徽、上海以及重庆等地也相继宣布独立。但是，由于讨袁军仓促上阵，孤立无援，导致这场革命很快就遭到挫败。9月1日南京失守，二次革命宣告失败。

石现在的处境和苦衷颇能理解。而且她也觉得对不起蒋母和毛氏。于是，她一到经堂门口，就亲热而恭敬地轻轻跪在蒋母膝前说："阿妈，孩儿姚冶诚，给您请安了！"

天性善良的王采玉再也无法保持自己严肃的面容了，她急忙伸手把姚冶诚搀了起来。细看姚冶诚，只见她乖巧玲珑，很讨人喜欢，心说难怪会把儿子迷住。蒋母顿时对她产生了好印象。姚冶诚拜见完蒋母，然后转过身子，对毛福梅深深鞠一躬说："你就是阿姐吧？小妹向你赔罪了！"说着又要跪下去。敦厚的毛氏见婆母的脸色变得和善起来，说明已经接受了姚氏，感到事已至此，单凭自己一个人的单薄之力一切都已经无可挽回了。于是她对姚冶诚说："小妹，别这样多礼，进了蒋家门，就是一家人了嘛！"

站在一旁察言观色的蒋介石不由得暗暗地出了一口长气。蒋家门外看热闹的众乡邻没想到蒋母如此慈祥、毛氏如此大度，期待着的一场好戏转眼间就变成了一出家庭和睦的美好场景，也就悻悻散去了。

此后的一段日子，毛福梅认了命，蒋母暗地里高兴，蒋介石和姚冶诚过着非常恩爱的生活。加上姚冶诚对蒋母十分孝敬，对毛氏极为尊重，而且对蒋经国也当亲生儿子一般关爱，一家人和睦相处，总的来说过得十分美满。

蒋介石在侍奉老母、和姚冶诚男欢女爱的同时密切关注着外面的局势，随时准备投身到自己的事业中去。1913年6月，陶成章事件已经被人们遗忘，蒋介石于是壮起胆子带着姚冶诚来到了上海。在安顿好姚冶诚后，他再次回到恩师陈其美身边，参加了"二次革命"★。"二次革命"失败后，蒋介石不得不再次逃亡到了日本。1914年夏，蒋介石返回上海，又参与了讨袁的军事行动，事败后遭到袁世凯的通缉。虽然风声很紧，但

< 幼年时期的蒋纬国。身世之谜困扰蒋纬国一生，而经文纬武的期许更让他一生难以释怀。

是他还不忘到姚冶诚的住处亲热一番。后来，感到在上海无法立足，蒋介石只好再一次逃亡日本。

在这动荡的几年时间里，蒋介石和姚冶诚的关系很快恶化了。由于蒋介石经常处于亡命之中，东躲西藏，往来于上海、杭州、溪口、日本等地，无法顾及妻儿老小，也就更无暇照顾一个人待在上海的姚冶诚了。本性不耐寂寞的姚冶诚一个人住在上海，备感孤独无聊、烦恼苦闷，于是整天到邻居家里打牌赌博，往往彻夜不归。好在蒋介石把她拜托给了上海富豪张静江，一切吃穿用度，都由张来负责，因此姚冶诚在经济上倒没有什么可担心的。

1916年，蒋介石终于发现了姚冶诚的恶习。那时他随张静江等人在交易所做投机股票的生意，也有机会和姚冶诚一起生活了一段时间。但是令他惊讶的是，他发现姚冶诚竟然染上赌博恶习，而且常常彻夜不归。他屡屡好言相劝，但姚冶诚已经养成打牌度日的习惯，很难改掉，只好欺骗蒋介石。蒋介石因此恨恨不已。他在日记中，记述了当时的心情：

1919年10月18日：

冶诚赌博不休，恶甚、恼甚。

1920年1月1日：

早上起床时，瞟见楼下电灯尚明。甚恨冶诚不知家法，痛骂。异常娶妻之为害实不胜言。

1920年5月16日：

近日以冶诚嗜赌而不侍我疾，且出言悖谬，行动乖违，心甚愤恨之。

这一段时间，正是蒋介石感到怀才不遇、满腹牢骚的时期。他虽然已经受到孙中山的赏识，并被召至广州委以军职，但终究没有进入孙中山的决策层，加上广东军阀有意排挤他，让心高气傲的他，屡屡私自跑回上海，又不断被孙中山请回广东。在这种情况下，姚冶诚的赌博恶习难免让他感到“恶甚、恼甚”了。

后来，情况终于因为一个孩子而发生了转机。1919年秋，蒋介石从日本返回，带了一个3岁多的小孩，说是自己的儿子。蒋介石为这个儿子取名为蒋纬国，谱名建镐。这个名字，正好与蒋经国相对，一“经”一“纬”，一“丰”一“镐”。蒋介石把蒋纬国带到姚冶诚那里，让她代自己抚养这个孩子，并要求她把这个孩子当“义子”看待。姚冶诚自己终生没有孩子，这一时期又与蒋介石的关系搞得非常紧张，为了缓和矛盾，她也趁这个机会很高兴地接受了蒋纬国这个“义子”，并把自己的母爱全部倾注到纬国身上，当作自己的亲生儿子来抚养。

关于蒋纬国身世的问题，一直是个谜。据蒋纬国自己说，有一次他在蒋介石的办公室，看到一本美国作家约翰·根宝所写的《亚洲内幕》，里面有一段写道：蒋介石元帅二子蒋纬国少尉，是国民党元老戴季陶的儿子，以后为了某个原因过继给蒋公。后来，他问戴季陶先生，戴拿出一面镜子，让蒋纬国自己照自己侧面，问他：是这边像蒋公呢？还是那边像蒋公？蒋纬国说，对于两位了不起的人物，他做谁的儿子都愿意。1989年1月11日，蒋纬国在一次演讲中又说道：无论是蒋介石还是戴季陶，“做谁的儿子，我都愿意”。

民间一般对于他的身世有3种说法。一说“二次革命”失败之后，蒋介石和戴季陶逃亡日本，共同租了一屋居住，房东为他们介绍一位下女，3年3人共同生活，下女生了两个儿子，也不知道是谁的，因此二人决定大的归戴季陶，就是戴安国，小的属蒋介石，就是蒋纬国。第二种说法认为蒋纬国、戴安国都是蒋介石的儿子。蒋介石在日本时与一日本女子同居，除生了蒋纬国之外，还生了戴安国。后来，戴安国过继给戴季陶的元配钮有恒抚养。第三种说法说，蒋纬国和戴安国都是戴季陶的儿子，戴怕老婆追究，不敢将纬国带回家，因此交给蒋介石抚养。

总之蒋纬国到底是谁所出，从蒋纬国在世、去世至今日仍是个不解之谜。但是姚冶诚对蒋纬国的母爱却是实实在在的。她在上海过了一段日子后，又带纬国回到奉化溪口丰镐房，和蒋母、毛福梅一起扶养两个孩子，日子倒也过得舒心。

在溪口，蒋纬国和哥哥蒋经国每天在一起嬉戏玩耍，过得非常快乐。后来蒋纬国被送到了奉化幼稚园接受教育，姚冶诚为了能够照顾纬国，还特意从溪口搬到奉化城里周家借住。从此，她便每天都亲自接送蒋纬

∧ 戴季陶旧照。关于蒋纬国为戴季陶在日本流亡时与日本女人所生的说法是流传于世的另一版本。

国。1922 年，蒋纬国到了上学的年龄，与哥哥蒋经国一起进入宁波小学读书。为了照顾孩子上学，姚冶诚再次随孩子迁居宁波。毛福梅也经常从溪口赶到宁波看望这小兄弟俩。经国和纬国后来转入上海万竹小学学习，姚冶诚又跟着他们回到了上海。在这方面，她切实负起了一位母亲的责任。

但是此时蒋介石与姚冶诚的关系却已经越来越难以维持了。他认为没有什么文化的姚冶诚有难以改变的赌博恶习，而且不体贴自己。但是此时让他为难的却是蒋纬国已经难以离开姚冶诚了。蒋介石在日记中写道："一旦离弃姚冶诚，肯定会伤害小儿纬国的感情。"而且，没有了姚冶诚，谁来抚养蒋纬国也是个问题："盖因弃去，一则纬儿无人抚养，恐其常起思母之心；一则藕断丝连，虑其终结不解之缘。"1920 年春，蒋介石眼睛上的疾病刚好，又不幸染上伤寒，生命垂危。但是就在蒋介石生病住院、与死神殊死抗争的时候，姚冶诚依然不改赌博恶习，不但不关心蒋介石的安危，反而经常到医院去为庸常琐事与蒋介石纠缠不休。对此，蒋介石一直耿耿于怀，非常伤心。

此时，毛福梅和蒋介石的关系也非常紧张。1921 年春，爱子心切的毛福梅擅自把蒋经国从奉化小学接回了溪口。蒋介石闻讯后大怒，他认为这样做会耽搁儿子的前程，因此对毛福梅开始是大骂，后来干脆抓住殴打。到了第二天，他的气还没有消，就把毛氏赶回了娘家。后来在蒋母的干涉下才允许毛福梅回来。

1921 年夏天，蒋母王采玉去世，蒋介石悲痛欲绝。半年后，蒋介石突然做出了"休妻"的决定。毛福梅"哇"的一声哭了起来，边哭边指责蒋介石恩将仇报，丧尽天良，并冲上去抓住蒋介石，与他拼命扭打起来。但是却被蒋介石从楼上拖到楼下。

姚冶诚本来也想当众与蒋介石大闹一场的，但是眼看蒋介石对发妻都如此绝情，大打出手，于是一个人带着蒋纬国离开了蒋家祖宅。此后，蒋纬国就一直跟在姚氏身边，非常孝顺。1949 年国民党逃往台湾，姚冶诚在蒋纬国的安排下也迁往台湾，于 1966 年病逝。

蒋纬国曾就姚氏葬礼的规格请示蒋介石。蒋介石听到姚氏去世的消息，默然良久，最后对蒋纬国说："你负责把你义母的后事办好，但要顾

V 蒋介石与蒋纬国（左）、戴安国（右）在一起。蒋纬国与戴安国是亲兄弟还是无丝毫血缘关系，已成不解之谜。

全咱们蒋家的声誉，万万不可大肆声张！”于是，把自己的一辈子奉献给蒋家的姚怡诚的葬礼就在外界毫不知晓的情况下悄悄举行了。蒋纬国认为这样做实在对不起将自己抚养成人的义母，始终闷闷不乐。1990年，蒋介石与蒋经国都已经去世，蒋纬国终于在台北的善导寺为姚怡诚隆重地举行了100岁冥诞纪念追悼会，了却了心中的一件大事。

15岁的第三个娇妻

蒋介石之所以从1919年左右开始对自己的妻妾越来越难以容忍，还有一个无法明言、但是却非常直接的原因，就是他又狂热地喜欢上了一个年仅13岁的少女陈洁如，为了能够迎娶少女陈洁如，他必须和自己的妻妾彻底断绝关系，成为一个单身男人。

但是当陈洁如成功地使蒋介石和自己的妻妾离婚，和自己举办婚礼的时候，她怎么也不会想到，7年后，同样的被抛弃的命运，也会出现在自己的身上。当陈洁如被蒋介石抛弃的时候，她才22岁。令后人难以置信的是，此后一直到去世，她竟然为一个自己开始时并不喜欢的男人、一个无情地抛弃了她的男人守一而终，终生未婚。而且，多年来，她为了蒋家的颜面，对于自己曾经作为蒋介石夫人的身份只能闭口不言，忍受着世人各种传言的诋毁。

近年来，随着蒋家在台湾时代的终结，陈洁如于60年代撰写的《回忆录》在尘封30年后终于冲破禁锢，得以正式出版发行。在《回忆录》的“著者前言”中，晚年的陈洁如对社会上多年来加在她身上的种种传言表达了自己的愤怒：“甚至到了今天，有虚构成习的新闻人员仍然将我描绘成一个欧亚混血儿、一个前歌妓、一位侍妾、一位女护士、一位女教师、一位俄文翻译、一个广东人、一个女冒险家，甚至是一个女骗子。”但是，“这绝对都不是我！”

陈洁如之所以这样说，就是因为一些关于她的说法广为流传，其中一种说法是，陈洁如原籍苏州，生长在上海，受过中等教育，而且会讲俄语。后来她当过小学教师和医院护士，这个传言中，关于她曾经在长三堂子当过高级艺妓的说法引起了世人的广泛注意，也因此引起了很多猜测。人们还根据她当艺妓一事，推测她的家境比较坏，或很贫穷，或者先是有钱人家，后来在衰败中落下去。外界从长三堂子这个高级妓院来推测，认为这么有名、规矩很大的妓院，那里的艺妓当然要人长得漂

∧ 比起毛福梅的愚笨木讷、姚冶诚的风尘之气，陈洁如的柔弱触动了蒋介石怜香惜玉的心弦，可这样的怜香惜玉带给陈洁如的却是一生的寂寞与孤苦。图中左五为陈洁如。

亮，并且善于应酬，能让花钱的阔少们开心，还要精通琴棋书画，以吸引那些对文化教养有要求的富翁。外界进一步推断说，陈洁如身材苗条修长，大眼睛，高鼻梁，眉清目秀，性格温柔，对琴棋比较喜欢，因此在这家妓院比较走红。至于蒋介石为什么会遇见陈洁如，那是因为蒋介石在1920年初还没有发迹，当他在上海和广州之间来回奔走之时，经常去逛长三堂子，因此，有一次见到了陈洁如，并开始热恋，最终和她结婚。

现在看来，这个传言显然是虚假的。根据陈洁如的《回忆录》，她生于1906年，原籍浙江镇海，就是现在的宁波。陈洁如的乳名叫阿凤，父亲是一位纸商，经营很多手工艺品，家境在当时还算得上小康。她的母亲是苏州人，姓吴。陈洁如的母亲对她的性教育进行得较早，很早就让她对男人保持警惕，以便保持处女的贞操。陈洁如始终牢记母亲对自己的教育，因此说她是妓女是毫无根据的。陈洁如非常聪明，在13岁时就进入女子学校上学，学习成绩一直名列前茅，深得老师喜爱。在学校的时候，陈洁如有一个非常要好的女友——长她5岁的朱逸民小姐。当时她却没想到这个女友会对她的后半生生活产生如此大的影响。当时陈洁

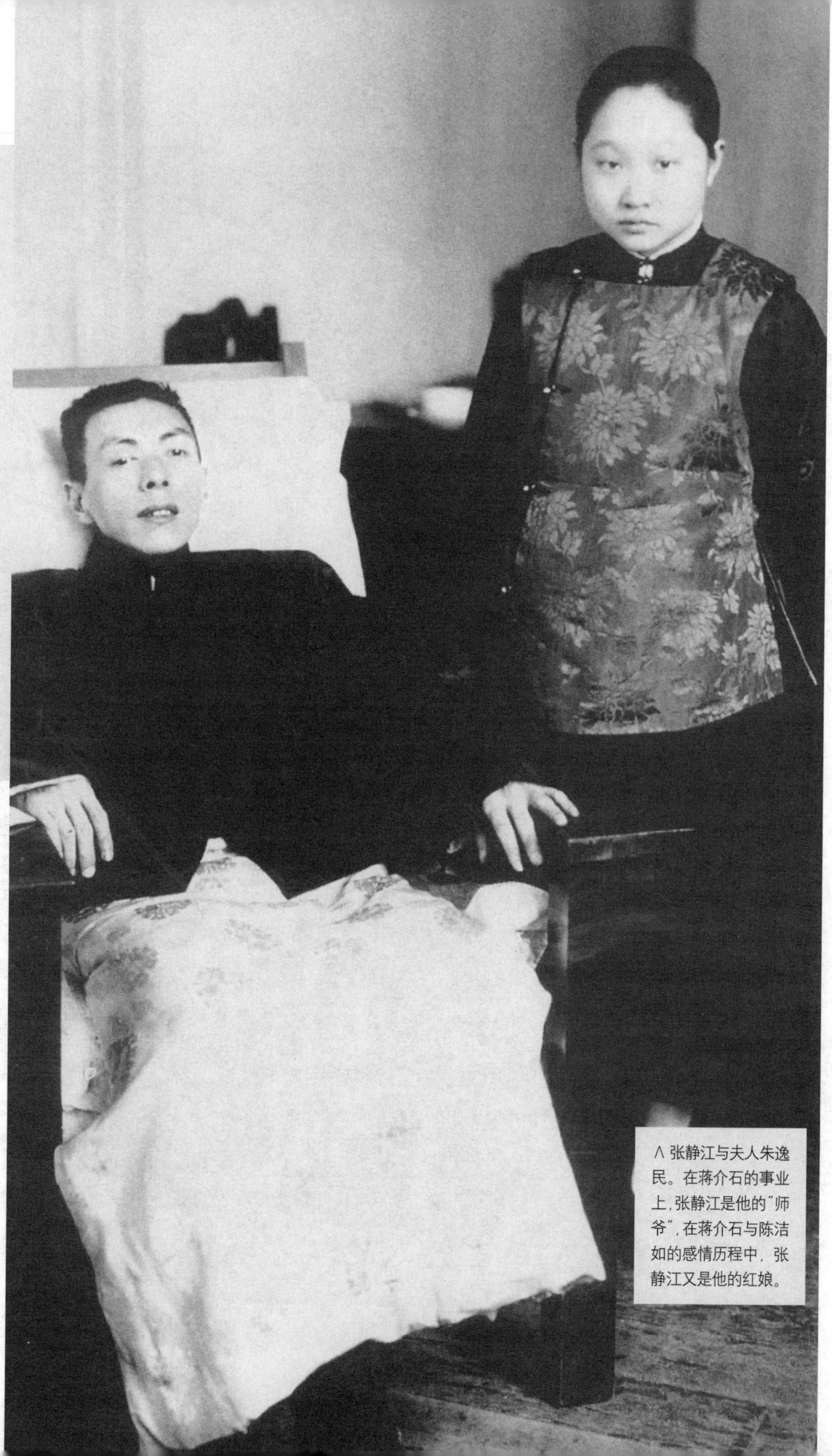

∧ 张静江与夫人朱逸民。在蒋介石的事业上，张静江是他的"师爷"，在蒋介石与陈洁如的感情历程中，张静江又是他的红娘。

V 在蒋介石的三妻一妾中，若从感情来说，他对陈洁如用情最深，当然也对陈洁如伤害最深。

如经常到朱逸民家里去讨论功课，两个女孩子几乎无所不谈，关系随着时间的流逝而越来越亲密。

不久，朱逸民嫁给了孙中山革命事业的赞助人和好友、也是蒋介石好友的上海大亨张静江。张静江因病瘫痪，但是却在孙中山和蒋介石的事业中发挥了重要作用，后来也是蒋介石的智囊人物。当时张静江已经44岁，他的夫人姚惠在美国因一次意外事故而去世了。张静江为了有人照顾自己的5个女儿，也为了自己身边有个异性的伴侣，于是在朋友的帮助下娶了朱逸民为妻子。

朱逸民嫁入张家后，张让自己在美国的5个女儿都回到了上海。为了给5个在美国成长的女儿补习中文，张静江特别请了一位姓杨的先生给她们做家庭教师。朱逸民一则希望常和好朋友见面，二则知道陈洁如文化修养很高，于是把陈洁如也请到家里给女儿当“陪读”，大家在一起，日子过得倒也快活。但是她们都没有想到，命运之神就在这个家里悄悄地等待着陈洁如。

1919年的一天，蒋介石陪同孙中山和戴季陶来看望张静江，一进客厅，就见到一群女孩子在读书，其中一位身材高挑、气质高雅的少女一下子就抓住了蒋介石的目光。主人张静江不失时机地将女孩子们逐一介绍给来客。蒋介石很快就知道那个让他一见钟情的女孩子名叫陈洁如。他稍微按捺住自己怦怦的心跳，装作随意地与陈洁如攀谈起来。

陈洁如毕竟是个还没有成年的女孩子，家教又严，对蒋介石这个已经三十几岁的大男人过分的热情感到又害羞又害怕。可是这种窘迫和羞涩的少女神态反而更加激起了蒋介石追求的欲望，久经风月场的蒋介石如同看见了真正的宝石和纯洁的象征，于是肆无忌惮、狂热地要追求到手。

作为一个军人，蒋介石说做就做，毫不拖泥带水。就在蒋介石见到陈洁如的当天晚上，他就开始实施自己的追求计划。当陈洁如从张家告别出来，忽然发现蒋介石站在张家大门外面。一见到陈洁如，蒋介石立即像熟人般满面笑容地走上前来：“陈小姐，真巧，你现在去什么地方？”陈洁如一下子愣在了那里。她没有想到这个叫蒋介石的人不仅白天在张府时多次找借口和她聊天，出门后还不放过她。白天时蒋介石那种可疑的热情和过分殷勤的态度就让她很是反感。但是蒋介石是张家的客人，碍于张家的情面，她不得不礼节性地敷衍一番。现在出了张府的大门，她觉得蒋介石就是一个陌生人。出于少女的警惕和腼腆，陈洁如勉强低声说道：“我回家去。”

没想到蒋介石竟然向前凑了一步，充满热情地追问："陈小姐府上何处？"这样唐突的问题让陈洁如更加警惕起来，她不禁用怀疑的眼神打量了一下蒋介石。眼前的蒋介石年龄上可做她的父亲，瘦高个，有一股军人的英武，头顶略秃，有一双锐利而又热情灼人的眼睛。这双眼睛正让人害怕地盯着陈洁如看，陈洁如不由被看得面红耳赤，急忙低下头。她心里一动，想着先摆脱这个人再说，于是对蒋介石低声地说出了一个假地址："西藏路88号。""那我送陈小姐回家如何？"蒋介石得寸进尺，立即展开了第二轮攻势。

"谢谢，先生的好意我心领了，我不需要人送！"陈洁如惊慌而又坚决地拒绝了。蒋介石挡住陈洁如的道路说："请你告诉我，为什么不可以？"陈洁如吓了一跳，瞪大了眼睛看着这个比自己大许多的男人，一字一板地对蒋介石说："我的父母绝对不允许我同任何陌生人在一起走。所以，请你不要同我一道走！"

"可是我们已经是熟人了呀！"蒋介石毫不气馁，继续纠缠不放。

陈洁如现在真的感到了这个人的可怕，她不再理会蒋介石，一句话也不说，低了头，朝另一个方向跑了开去。

蒋介石只好眼巴巴地看着陈洁如充满青春活力的背影越来越远。

过了几天，陈洁如已经快要忘记那天的事情时，没想到蒋介石竟然找上门来。一天，陈洁如一个人在家，突然，蒋介石喜滋滋地闯了进来，一见面就抱怨说："陈小姐给了我那个错了的门牌号码，害得我一直在这条街上转，幸亏老天保佑，终于找到了你。现在我终于把你找到了，你再也逃不脱了！"陈洁如一下子惊呆在那里，低头不语，只听蒋介石说："从在张家见到你的那一刻，我就觉得你就是我这一辈子一直在寻找的那个终身伴侣了。这几天，我什么事也做不下去，天天在找你。我每天都会梦见你！"

这种直率的表白并未激起陈洁如心灵上的回应，反而把她吓坏了，使她觉得羞愧难当。

> 蒋介石与陈洁如。陈洁如年轻貌美，才华横溢，深深地吸引了蒋介石。丈夫的爱护，权势下的荣耀，新婚的陈洁如沐浴在一片幸福之中。

正当陈洁如又害怕又无助的时候，母亲恰好回家来了。她一见女儿和蒋介石的神色，就以一个上海人的精明明白了事情的原委，在客气地问过蒋介石的姓名和来意之后，这位母亲先让女儿进入内室，然后严肃地对蒋介石说："我女儿今年才只有13岁，只是她长得高一些，发育得早一些，其实她还是个小孩子，你如果有什么事，请去找她的父亲说吧，我不希望有什么事情使她在学习上过于分心。我的意思你明白了吗？"

蒋介石虽然一脸恭敬的神态，却不妥协地回答说："我完全明白你的意思。可是，我很喜欢阿凤小姐，我希望她能够成为我的妻子。"

虽然陈洁如的母亲当即委婉而又毫不含糊地拒绝了蒋介石，但是，蒋介石并没有因此而放弃。他转而委托自己的好友张静江和张夫人朱逸民做陈家的工作。张静江和夫人在陈家不住地说蒋介石的好话，说他将来一定会成就一番事业等等，最后，终于让陈洁如有点动心。在蒋介石的执着追求下，陈洁如终于答应与蒋介石约会并一起吃饭了。

蒋介石喜滋滋地看着眼前的妙龄少女，不由得想入非非。在吃过饭、喝过咖啡之后，他说自己的"姐姐"很想见见陈洁如，于是把陈洁如骗到了一间旅馆的房间里。到了房间里后，蒋介石装作无意中关了门，但是房间里除了他们两人之外再没有其他人。陈洁如一看心里一惊，立即明白了蒋介石的居心，等蒋介石抓住她的胳膊时大声呼喊，夺门而逃，蒋介石怕事情弄僵，只好悻悻地放走了陈洁如。陈洁如受到这次惊吓后，再也不肯与蒋介石见面，甚至连他的电话也不敢接了。陈洁如的父母此后对于张静江的劝说也就一再回绝。

但是蒋介石虽屡遭挫折，仍不放弃。他采取种种手段接近陈洁如，1921年秋，蒋介石的机会终于来临了。陈洁如的父亲突然病逝，家里的支柱一下子倒了，留下陈家的孤儿寡母突然就没有了依靠。蒋介石紧紧地抓住了这个机会，充分地赢得了陈家母女的信任，终于得到了陈洁如的芳心。当他闻知陈洁如父亲的丧讯后，竟然毫无理由地穿了孝服前来

∧ 在蒋介石的感情生活中，宋美龄无疑是最长久的一位。究其原因，宋美龄独到的外交手段为蒋介石捞取了一笔又一笔的政治资本。而在这一点上，其他三位妻妾自然无法相比。

吊唁，并自作主张留下来帮助料理丧事。陈家母女正处于六神无主和巨大的悲痛之中，也就放手让他去帮忙，结果蒋介石里里外外照应得十分周到，完满地料理了这个丧事。陈母和陈洁如怀着感激之情很快改变了对蒋介石的看法，并在心里初步接纳了他。

丧事完毕后，蒋介石趁热打铁，不失时机地再次请张静江夫妇帮忙，对陈家是连威逼带利诱，什么法子灵用什么法子。张静江、朱逸民夫妇的意思很明显："如果到了这一步仍坚持不同意的话，那就是不给张静江夫妇面子了。"张静江是上海滩上的富豪，并且和革命党人关系非同寻常，是孙中山的挚友，和上海的帮会也有很深的交情，这个"面子"陈洁如的母亲是不敢不给的。

陈母只好对张氏夫妇亲自出面做媒表示感谢，同时悄悄用了一个月的时间，对蒋介石进行了调查，结果令陈母大吃一惊——原来蒋介石不仅早就结婚，而且还纳了一个小妾，更让人不放心的是他也没有什么正当的职业。这样一个人，把女儿嫁给他以后可怎么生活呢？陈母的态度马上就发生了改变。张静江知道了陈母的担忧后，亲自来到了陈家，当面向陈母详细介绍了蒋介石的情况，并打保票说蒋介石将来的前程一定不可限量，并说，连孙中山都非常器重蒋介石，你还有什么不放心的呢？张静江伶牙俐齿，恩威并施，终于说服陈母同意了这门婚事。

但陈母和陈洁如都坚持认为：蒋介石必须与妻妾离婚，恢复单身后再正式娶陈洁如为妻子。蒋介石听说了这个条件后，毫不犹豫地一口答应下来。为了表示决心和诚意，他划破手指，在白手绢上写下了"血书"，然后说："我定将用我的鲜血，为你写下一张永爱不休的誓书。"陈洁如害怕得连声大叫："请……请将那把刀放下……我相信你……只要你放下刀！"就这样，还未成年的陈洁如终于被感动了，向蒋介石交出了自己的一颗心，同意了和蒋介石的婚事。

蒋介石果然兑现了对陈家母女的许诺，他在母亲的丧事办完后立即办理了和结发妻子毛福梅、妾姚冶诚的离婚事宜。

陈洁如的母亲认为应该先举行订婚仪式，由蒋陈两家交换礼物，另在精美的红帖上填写订婚双方的生辰八字和其他项目。这就使蒋介石和陈洁如合为一体，不能改悔。订婚那天，蒋介石和陈洁如坐在南京路一家巧克力店中吃点心，蒋介石对陈洁如说："陈阿凤是你的乳名，应当只供你母亲使用。依照中国礼节，乳名是不宜给朋友叫的。因此，我已为你选了一个新名字，我想它恰合你的性格。这个名字是'洁如'，意思是

∧ 20世纪40年代，蒋介石、蒋纬国父子合影。

‘如同纯洁’或‘如同未受世间污染’。在我看来，你真是纯洁无瑕的。你喜欢它吗？看这里！”他取出他自己的一帧照片，照片上将“陈洁如”三字显著地写在他自己的左侧。

1921年12月5日，34岁的蒋介石与15岁的陈洁如在上海永安大楼大东旅馆的大宴客厅内隆重举行了结婚典礼，证婚人为张静江，婚礼由戴季陶主持。婚礼是半西半中式的。蒋介石送给陈洁如一架柯达照相机，陈洁如送给他一只金质怀表，带有金链。陈洁如穿着镶金银花的淡粉色的结婚礼服，头发上戴着珍珠头饰。蒋介石穿一身深蓝色长袍，外罩黑缎马褂。宽敞的婚礼大厅里挂着镶有彩龙的大幅红绸喜幛，大厅入口处横悬着4盏很大的红灯笼，大厅屋顶上也悬垂很多大型的绘花纱灯，屋顶中央还有一具色彩绚丽的装饰用“翠鸟”大吊灯，厅内到处摆设很多盆鲜花和绿色的棕榈，使这里显得喜气洋洋。陈洁如回忆说：“婚礼仪式分为两部分：第一部分是在结婚证书上用印，以确认这种现代式中国婚姻；这仪式要在大厅一端的一大礼桌旁举行。第二部分是在对面另一端的供案前，象征式地祭拜天地祖宗。”

洞房花烛夜，蒋介石看着这个来之不易的美丽少女，捧着她的脸信誓旦旦地说：“除你之外，我永远不会爱上别的女人了！”陈洁如也羞涩地沉浸在一个女人应有的幸福之中。更让她高兴的是，蒋介石还向陈洁如说出了他这一生中的三个最大愿望：第一，娶陈洁如为妻；第二，得到孙中山的赏识；第三，将全国统一于一个中央政府之下。

新婚后的第三天，蒋介石和陈洁如回门拜见过陈母后，启程回蒋介石的老家奉化溪口。

多年后，当蒋介石逼迫陈洁如离婚的时候，她回想起第一次和蒋介石去溪口时的路上所做的噩梦。从上海到宁波的海轮上，陈洁如梦见海上巨浪翻涌，到处都找不到蒋介石的影子，船上只剩下了她一个人，忽然，一个巨浪打来，一下子把她卷入了无底的深渊……这个噩梦她当时没有跟蒋介石提起过，但是后来想起，这其实就是个不祥之兆。

蒋介石虽然已经与毛福梅离了婚，但是毛福梅仍居住在丰镐房蒋家祖宅内。因此，陈洁如一直比较担心，害怕回到蒋家时毛福梅会对自己做出一些不好的事情来。但是一见到毛福梅，陈洁如悬着的心一下子就放了下来。她看到眼前的毛福梅是个心地善良、和蔼可亲的中年妇女。当陈洁如向毛福梅行了一个礼，打过招呼后，毛福梅真诚地表达了自己对陈洁如的欢迎。毛福梅依然是丰镐房的主妇，她安顿好了陈洁如之后，又张罗着到神坛前点燃蜡烛和香火，让蒋介石和陈洁如对蒋氏的祖先和蒋母遗像跪拜行礼。接着，蒋介石授意陈洁如把毛氏请到上座，行了鞠躬礼，并奉茶一杯，显示了对毛氏特殊地位的肯定。这个仪式也表达了这样的含义：蒋介石并没有彻底抛弃发妻毛氏。在溪口外面，陈洁如是蒋介石唯一的合法妻子，而在蒋介石的家乡，在蒋家族人面前，毛氏仍然是蒋的正房夫人，陈洁如则只是蒋介石的小妾。

陈洁如和毛福梅都是善良和宽厚的人，她们和睦相处，彼此相安无事。毛福梅曾经对陈洁如坦诚地说：“我已经年近40，这辈子也没有什么别的念头了，我只希望经国将来能有出息，这是我此生唯一的愿望了。”陈洁如在感动之余，也答应毛福梅，要帮助蒋介石改掉“怪脾气”。

蒋介石与毛福梅都对蒋经国寄予了厚望，但是怎样抚养蒋经国，二人的想法却并不一致。蒋介石认为毛氏固然是亲生母亲，但她毕竟没有什么文化，只知道爱护孩子，却不懂得如何教育和培养孩子。而如果让教养程度和学识水平都比较高的陈洁如来抚养，应该会更好。但是，陈洁如只比蒋经国大 4 岁，也还是个孩子，蒋介石心里并没有把握。因此，蒋经国在上海读书时一直是跟在蒋介石的妹夫竺芝珊身边的。毛福梅也知道儿子肯定得到上海那样的大地方去学习才会成材，因此就把照顾蒋经国的希望寄托在了陈洁如身上。她哽咽着对陈洁如说："我知道你是一个心地善良的人，如果你肯照顾经国，我就放心了，我连下辈子都会感激你！"陈洁如满口答应了。

刚好蒋介石接到孙中山的电报，让他赶快回广州，到陈炯明指挥的粤军中任职。蒋介石于是和陈洁如匆匆返回了上海。一到上海，她就在蒋介石的安排下见到了当时只有 11 岁的蒋经国。陈洁如对经国十分关怀体贴，蒋经国也非常喜欢陈洁如，此后一直唤陈洁如为"上海姆妈。"

这段时期，陈洁如皮肤上忽然出现了不少疮疹，身体也非常难受。到医院检查后，才发现原来她被蒋介石传染上了淋病，并且丧失了生育能力。陈洁如大为生气，差一点要与蒋介石离婚。蒋介石也非常后悔，于是在陈洁如面前发誓终身不饮酒、不喝咖啡和茶，只饮白开水，以此作为自我处罚，终于得到了陈洁如的原谅。此后直到去世，蒋介石果然不再沾酒和茶，只喝白开水。

不久，蒋介石带着陈洁如到广州上任，后来再次辞职回乡。不久陈炯明在广州发动兵变，孙中山坚守在永丰舰上与叛军进行周旋，蒋介石千里赴难，这段时期陈洁如一直陪伴蒋介石频繁往返于上海和广州之间。在奔波往返的日子里，陈洁如主动承担起对蒋经国的抚养和监护责任。在陈洁如的关怀照顾下，蒋经国也变得懂事多了，常回溪口去看望自己的生母毛氏。独自承受着人生不幸的毛福梅得到儿子的关怀和孝敬，又得知"上海姆妈"对儿子很好，不禁感到一种难得的安慰。

1924 年，蒋介石正式就任黄埔军校校长，他与陈洁如的生活才算安定了下来。这段时期他们的生活也算得上幸福。他们把家搬入军校，每天过着规律而忙碌的生活。陈洁如主动担任了蒋介石的秘书，负责处理日常函件往来和一般文件的保管，同时经常以校长夫人的身份参加一些集会和应酬，在这个过程中认识了廖仲恺、何香凝夫妇，汪精卫夫妇等一大批国民党要员和共产党人周恩来。

1925年秋天，蒋介石瞒着陈洁如把姚冶诚和蒋纬国从苏州叫到了广东，陈洁如知道后大为恼火。蒋介石用花言巧语来哄骗她，并不断向她进行"解释"，她只好忍气吞声地一个人返回了上海。这个时候她并没有想到蒋介石已经有了新的意中人——孙中山的妻妹宋美龄，并且在着手大力追求了。其实早在 1922 年，也就是陈洁如和蒋介石结婚后不久，蒋介石就向孙中山提出想娶宋美龄为妻。而这时，离他以血书向陈洁如表示"海枯石烂、永不变心"才不过半年的时间，只不过因为他开始时的权力有限，没有获得成功，但是他也始终没有放弃。

1926年，通过两次东征等军事行动和“中山舰事件”★、《整理党务案》★以及种种政治手腕，蒋介石已经在国民政府内攫取最大的权力，成为国民党内部的一颗“政治新星”和“军事权贵”，宋家也已经开始拉拢蒋介石，希望通过联姻把两个家族的关系紧密地结合在一起。在这种情况下，陈洁如就成为这场政治联姻的最大障碍。

蒋介石和宋家一起，利用逼迫和欺骗手段，终于达到了蒋介石和陈洁如离婚的目的，对此，陈洁如有着刻骨铭心的记忆。宋家出面撮合这桩婚姻的主要是宋家三姐妹中的老大宋霭龄。这位被外国人评价为“意志坚强，具有超凡的能量和强烈的支配人的欲望，精明强干、狡猾奸诈、野心勃勃，是中国影响最大的人之一”的宋家大小姐，认为蒋介石在不远的将来会成为一个“了不起”的人物，于是竭力撮合他和妹妹的婚事。她先设计了一个“鸽子宴”来打击陈洁如的信心，以便让她自愿放弃蒋介石。

陈洁如在她的《回忆录》中充满沉痛和自嘲地描述了蒋介石接到宋家邀请后的受宠若惊之态。

他边说边在室内来回踱着，好像兴奋。他的喉咙似乎因为紧张而收缩了。“请客！”他自言自语，“我从来想不到会有这件事。而现在，这么久了，你我终于有缘跟这位大人物同席共进晚餐了。这真是太妙了，妙得难以置信。”

他像一只孔雀一样，在地板上昂首阔步，趾高气扬，不肯坐下。他很少这样举止失常。

“何必这么兴奋？”我轻松地问，“只是一餐晚饭。天气这么热，我还真不想出门呢！你何不一个人去放怀开心一下？你可以为我设辞婉谢。”

我从热水瓶中倒了一杯开水给他，他将杯子放在桌上，没有喝。

“你怎么还没有搞懂？”他一下子就责备起我来，“你必须要体会了解，对我十分重要的一件事，就是更接近宋家。你应该知道这几年来我都未能如我所愿地接近我们的总理，而这次吃饭就是一个机会，可以更接近总理的亲戚，这……你懂了吗？”

★“中山舰事件”

1926年3月20日，蒋介石谎称共产党人指挥的中山舰要炮轰黄埔，共产党要暴动，借以宣布戒严，派兵逮捕和监视共产党人。并扣押黄埔军校和第1军中以周恩来为首的共产党员。蒋介石制造“中山舰事件”，是为了向共产党进攻，同时也是为了打击国民党领袖汪精卫。通过“中山舰事件”，蒋介石一跃成为国民党的铁腕人物，为其控制国民党党、政、军的实权打开了道路。

★《整理党务案》

1925年5月15日～22日，国民党二届二中全会在广州召开，以蒋介石为首的国民党右派炮制出《整理党务案》，从党务方面向共产党发动进攻，篡夺国民党的党权。中共中央负责人陈独秀和苏联顾问鲍罗廷采取妥协退让政策，要求中共党员接受限制，《整理党务案》在全会得到通过。一个月后，蒋介石又出任国民党中央执行委员会主席兼国民革命军总司令。实现了篡夺国民党党、政、军大权的企图。

当然，我不能否认他说的是事实。

“你同我一样了解，”他耐心地再说，“广州的军事专才多的是，可是，我完全是因为走了点运，才当上军校校长。我有了地位，但缺少声望。因此，我要走的路线是培养与总理身边的亲人间的友谊。我要把孙、宋、蒋三家紧密地连接起来，要越来越紧密。”

介石伸出手来握住我的手，满面爱意地牢牢握着它，以哄劝的口吻对我说：“我们就要跨过重大成就的门槛，在我们革命事业方面和在培养友谊关系方面，你都必须同我站在一起，争取成功。你知道这对我是何等重要。你千万不要不肯去参加晚宴。”

陈洁如后来回忆说这个鸽子宴就是一次“夺夫宴”，是蒋介石和宋霭龄精心策划的一个“计谋”。参加晚宴的有宋霭龄、美龄两姐妹，廖仲恺夫人何香凝女士及当时的国民政府外交部长陈友仁等。下午3点钟大家到后，蒋介石却要下午5点以后才能到。宋霭龄便让陈友仁陪陈洁如去“参观一下这房子”。

陈洁如回忆道：

当我们走到房子旁边的时候，客厅中的快活笑声吸引了我的注意。那是宋霭龄高亢的声音，我听到她说：“她只能做一个中等人家的主妇，怎么配做一位新兴领袖的妻子？一定要想个法子。”

“是的”，宋美龄表示同意，“她就像象征我们国家生活中一个宽阔的社会鸿沟。”然后，她带点讽刺意味：“不过，我必须说她也有好的地方，她可以做一个宁波乡下人或农人的好主妇。”我可以意识到这些话所蕴含的尖刻轻蔑之意。

更令陈洁如伤心的是，“夺夫宴”结束之后：“我从介石的神态上，看出一项重要的事实。他此来孔夫人家中做客，心花怒放得无法以文字形容，而孔夫人则不时将她妹妹捧到天上。她说宋美龄是天下第一聪明人。”洞若观火的廖仲恺先生的遗孀何香凝女士第二天特意提醒陈洁如：“你必须小心，不可太轻信别人！并且要她离那个女人（指宋霭龄）远远的，不要让介石落入她的圈套。”

1926年底，蒋介石作为北伐军总司令与搬到汉口的国民政府的矛盾激化，为了取得宋氏家族的支持，他追求宋美龄的计划也开始进入加速状态。蒋介石和宋霭龄在九江进行了一次秘密会谈，最后达成了一个政治、经济和婚姻三位一体的秘密协议：宋霭龄负责把弟弟宋子文从汉口国民政府拉到蒋介石这边，然后姐弟联手，向江浙财团筹措大笔军费支

∧ 宋氏三姐妹中，如花似玉的宋美龄最终成为了蒋介石的红颜知己。

持蒋介石。条件是蒋介石同宋美龄结婚，并保证南京国民政府成立后，即任命宋霭龄的丈夫孔祥熙为内阁总理，任命宋子文为财政部长。

金钱、权力、美女同时到手，同时还可以摆脱政治上的困境，蒋介石当即痛快地答应了下来。他立即向陈洁如提出：“避开5年，让我娶宋美龄，获得不理汉口、继续推进北伐所需要的协助。”并且骗陈洁如说：“这只是一桩政治婚姻，你先到美国去攻读5年，你返国时，南京政府将已成立，那时我们恢复共同生活，我们的爱情将始终如一，我可以发誓……”蒋介石一看陈洁如一脸讥讽之色，便又换了另一种口气说：“我的处境不稳，这你是知道的。如果我能干下去，中国就会有救，我自己也可以存活下去；否则，我将因为失败或失望而死去。你不愿看到我这样吧？现在正是我实现愿望的大好时机，我必须把握这个时机。我有野心，我要登峰造极，而且留在巅峰！不如此的话，我宁愿死去！”

陈洁如见蒋介石竟然说出这样的话来，知道一切已经无可挽回，也就彻底明白了自己的悲惨处境，一赌气一个人跑回了上海。

蒋介石为了达到离婚目的，于是亲自赶到上海做陈氏母女的工作。陈洁如回忆说：

V 当金钱和权力与感情发生矛盾时，蒋介石便毫不犹豫地舍弃感情而攫取金钱和权力。

> 1927年蒋介石与陈洁如游牯岭（后称庐山）。

他单独进宅内，将卫士和蓝衣侦探留在院中等候。在正常情形下，一位大人物惠临家中，当然是件令人兴奋的事情，但事已至此，我竟然不屑请这位不速之客就座。

这种情形，无论如何，都显得有违待客之道。我望着他，以讥讽的口气说："大驾光临，有何贵干？俗话说'无事不登三宝殿'，那么，你今天突然来，一定是有所求？"

"你猜对了，我亲爱的洁如，"他以关爱的神态说，"我是来同你谈谈赴美之行。我已跟张家的黛瑞莎和海伦谈好，请她们两人一路陪伴照料你。你只要离开5年。这是你的船票。"

我没有理他那双伸出的手，答道："我已经让开，让你去实现你的雄心，你还要怎样？你常说我容易受别人的左右！你是存心要逼我流亡吗？"

"别这么说！"他走近我，作恳求状，"这次出国旅行对你自身有益。我要你去进修，增加你的知识。以后，你回国之时，可为政府工作。你曾经答应与我并肩工作，记得吗？"

"过去已成过去。"我意兴阑珊地说，"我同母亲一起住在此地，已很心满意足了。"我望着他，感觉好笑。而今蒋介石又来求我出国去，我知道其中缘由。我在政治圈中已小有名气，只要我以蒋介石夫人的身份住在上海，宋美龄必然寝食难安。她要于成婚前，把我撵走。我的自尊心，叫我不可轻易同意。我就无精打采地说："我不想听你那些花言巧语，好像什么事都是为了我好。我已经为了你的方便，默然让贤了，因为你说过，'爱情是要以一个人所愿承担的牺牲之大小来衡量。'我之如此做，是一心为了中国的统一。换了别个女人，会把宋美龄的眼睛都给挖出来。"

"但是，你不了解，"他紧张兮兮地恳诉，"你之必须远走美国，是宋美龄的条件之一。洁如，我明知请你这样做，是过分了，但我也是完完全全为了中国之统一，才敢请你拿出你的爱国心来帮助国家。你如留在上海，这全盘交易就会告吹。你还不了解我的苦处吗？"

我轻蔑地望着他，心中对他却油然生出恻隐之情。他脸色非常苍白、紧张、憔悴。气色极坏，表情也狼狈不堪。这样熬了阵子，我不理睬他，走到神坛那边，在悬挂佛像前面的灯中，加些灯油，点燃几炷香，插在香炉中。此时，阿本采买归来，看见来客，不免一惊。

母亲请他坐下，阿本端给他一杯茶，阿本另拿了一壶茶和几个杯子到院中，请卫士和蓝衣队员们饮用。

介石和母亲礼貌地谈了几分钟，谈及全国形势的复杂情形。然后，他鼓起勇气，向母亲解释说，要我出国5年，研究政治学和公共行政，以便回国后，可以为南京政府服务。

“这里有3张船票，一张是洁如的，另两张是给张家姊妹的。”他一边看船票，一边这样说，“他那拿着船票的双手好像有点畏缩不稳，然后将票递给母亲。预订的船是杰克逊总统号，是一艘4万吨级的巨大豪华客轮。”

母亲望着我，问道：“女儿呀，你有意出国吗？”

“我不要去。”我急急地说，“为什么要我去那么远？那就像是流亡异域似的！”

“只要5年。”他轻快地大声说。

“你所有的承诺都一文不值！”我也大声说，“你还记得你要切断手指头，以使我相信你对我之爱吗？而现在呢，竟连这种事都会发生！你怎可期待我再相信你的任何话！”

母亲是一位了不起的妇人。她坐着倾听，很明白我的处境，认为我应对得宜。

她也了解介石的困境。她转身向他，一语道破地问道：“你说5年，是真心话呢？还是说来骗我女儿的？”

“我当然讲的真心话！”他恳切地说。

“不要口是心非，”我以严肃的声调说，“我们不习惯你那套搞政治的敷衍说词。”

“我发誓！”他急急地说，“我说5年，就是5年！”

“你知不知道，发誓就是祈求神明见证你的誓词？但是，如果你故意说谎，那就当心天打雷劈！”母亲说。

∨ 又一个痴情的女子，无情的人为了政治利益将她抛弃，她却付出了一生的代价。是她对他依旧痴情不改还是在等待他回心转意？在蒋介石的“精心”安排下陈洁如一行抵达檀香山时的情景。

“当然，我心口如一，我可以为此发誓！你还不相信我吗？”他争辩似的问。

“好，那么我们听你在佛前立誓！”母亲说，同时走向佛坛，她拿起三炷香、一对蜡烛，点燃它们，插在香炉中。香炉发出闪亮的光。介石毫不犹豫，走往佛坛，在佛像前立正站着，起誓说：“我发誓：自今日起，5年之内，必定恢复与洁如的婚姻关系。如果违反誓言，没有将她接回，祈求我佛将我毙，将我的南京政府打成粉碎。如果10年、20年之内，我不对她履行我的责任，祈求我佛推翻我的政府，将我放逐于中国之外，永不许回来。”誓毕，他看着母亲问道：“您现在相信我了吗？”

“好”，母亲凄怆地叹一口气，“我相信你”。

然后，他从桌上拿起那3张船票，交给母亲，又说道：“洁如不会感觉孤独的。她的一切费用都将由政府给付。她有两位同伴，会照料她。您必须切记：她此行出国，是为了增广她的知识，使她更趋成熟，而不是如她所说的去流亡。所以，请不要为此事如此伤感。”

介石离开我家之后，我那股悲楚之感仍然绵延不去，一股椎心的刺痛袭上心头。

我哭泣起来，说道：“哦！母亲，我再也不相信他。我知道这就是我的婚姻终点！”我靠近她坐着，她双臂抱住我，安慰我说：“他起了一个重誓。如果他不守誓言，就让他终生承受诅咒吧！”

我无助地倒在她身上，就像一个被遗弃的孩子。我们这样坐了很久，望着那香柱上烧过的香灰和那投影在佛像面上的曳曳烛光。

1927年8月19日，陈洁如在张静江女儿黛瑞莎和海伦陪同下，乘杰克逊总统号豪华客轮前往美国，与他们一起同行的还有蒋介石的侍从秘书陈舜耕。当海轮到达日本神户时，日本报纸还专门刊登了“蒋夫人搭轮赴美”的新闻。但是当轮船航行到太平洋上后，就从广播里传来了上海各报刊载的《蒋中正启事》：“各同志对于中正家事，多有来函质疑者，因未及启蒙复，特此奉告如下———民国十年，元配毛氏与中正正式离婚。其他两氏，本无婚约，现在与中正脱离关系。现除家有二子外，并无妻女。唯传闻失实，易滋淆惑，特此奉复。”这个消息对陈洁如来说，不啻于一个晴天霹雳，她几乎要晕倒，清醒后又几次要跳海自杀，陪伴她赴美的张家两位小姐给拦住了。这个时候，陈洁如才知道自己被彻底欺骗了。

陈洁如与蒋介石离婚后，杜月笙曾经送给她一笔巨款。因此，她出国后，经济上是没有任何问题的，也完全可以找一个互相爱恋的男人，在国外安安稳稳地过上幸福的生活，然而，陈洁如却终身独身，没有再结婚。她把自己的全部身心都用在了学业上，在5年多的学习生活中，她下苦功学习英语、养蜂和园艺，最后获得了哥伦比亚大学教育学院硕士学位。

陈洁如和蒋介石没有生育，只有一个养女陈瑶光。1933年，陈洁如回到了上海。当年她去美国留学时，把养女交给自己的母亲抚养。后来她给蒋介石写过几封信，蒋介石还批给她5万元钱。

1937年，已回到上海定居的陈洁如为避免汪伪政权的纠缠，于是独自一人秘密离开上海，来到了陪都重庆，并被蒋介石秘密安置在离自己的官邸不远的吴忠信公馆里。蒋介石对陈洁如并没有忘情，他经常偷偷地去与陈洁如幽会，不料后来被耳目众多的宋美龄发现了。不好惹的宋美龄就与蒋介石大吵大闹起来，竟然愤怒到拿起花瓶砸破了蒋介石的脸。蒋介石那段时间只好说自己病了，中外客人一律免见。

1949年，蒋介石败逃到台湾岛上，陈洁如在陆久之的劝说下，留在了上海。后来她还被选为上海市沪湾区政协委员。1961年12月，陈洁如在北京受到周恩来总理和邓颖超同志的亲切接见。1962年，经国务院总理周恩来亲自批准，陈洁如移居香港。蒋介石听到这个消息后，立即让蒋经国出面为陈洁如买了一套房子。陈洁如把这套房子租了出去，自己依然住在原有的房子里，并改名陈潞，开始写作《陈洁如回忆录》。

蒋介石听到陈洁如在写《回忆录》，马上就非常担心。因为蒋介石自从与宋美龄结婚后，对外界就一再否认自己与陈洁如的婚姻事实。国民党元老陈立夫曾写信给陈洁如说："我恳求你不要出版你的回忆录……它只会伤害最高统帅及国民党"。但陈洁如却坚持要出版《回忆录》，国民党于是采取各种卑劣的手段来阻止这本书的出版，最终，弄得这本《回忆录》在美国没有出版社敢于出版。

1962年，蒋介石75岁时，曾派戴季陶之子戴安国秘密给陈洁如送去一封亲笔信，信中说："曩昔风雨同舟的日子里，所受照拂，未尝须臾去怀。"晚年的陈洁如对蒋介石始终怀有特殊的情与恨。临终前，陈洁如写信给蒋介石说："30多年来，我的委屈唯君知之。然而，为保持君等家国名誉，我一直忍受着最大的自我牺牲，至死不肯为人利用。"

1971年2月11日，陈洁如孤零零地在香港的寓所里因为中风去世，享年65岁。蒋介石得到这个消息后，不禁黯然神伤。

曾经也是贫民的宋氏家族

在中国现代史上，宋氏三姐妹的影响和魅力是持久的。她们不但各自才华出众，而且分别嫁给了中国现代史上3位影响深远的人物。宋庆龄嫁给了民国的创建者、中国民主革命的先行者孙中山先生，宋霭龄嫁给了代表江浙财团的巨富孔祥熙，宋美龄则在蒋介石长达5年的苦苦追求之下，嫁给了这位对中国历史产生重大影响的蒋总司令。

∧ 陈洁如一行抵达檀香山后与总督合影。一个孤独的女子在荣耀尽失、所爱之人背信弃义之后，竟怜怀昔日，终身不嫁，可谓痴情。

在外界看来，宋家无疑属于当时中国的名门望族，但事实上，宋家的发迹史时间并不长。因为宋嘉树——这位被称为“世界上最杰出的三位女性”的父亲，几乎是从一文不名的情形下积累起自己的财富的。他出身贫寒、经历坎坷而具有传奇性，后来靠印刷生意和做买办而发财，成为上海滩上的知名人士。

宋家祖籍广东省文昌县（即今海南省文昌市），宋嘉树，字耀如，1866年出生于一个清贫的小商贩家庭。宋嘉树9岁那年，父母为生活所迫，将他送到在美国波士顿的舅父那里，当小店学徒。学徒期满后，宋嘉树难以忍受舅父家的环境，不辞而别，跑到一艘轮船上去谋生。

船长查理·琼斯收留了宋嘉树，并让他在船上做伙计。宋嘉树的机敏和勤快，很快就赢得了琼斯船长的喜爱。身为基督徒的琼斯把宋嘉树带到一座教堂里接受了洗礼，并改名为“查理·琼斯·宋”。

宋查理凭着自己的机敏和宽厚很快就成为一个颇受欢迎的“外国人”。北卡罗来纳州达姆市一位名叫朱利安·卡尔的将军认为宋查理是个可造之才，于是将他送到杜克大学圣三一学院学习，后又转入田纳西州的万德毕尔特大学神学院学习。1886年，20岁的宋查理被派回中国，在上海的一所教堂里担任牧师。但是在中国，他却备受一些美国教友的歧视和冷落，甚至被讥笑为“一个失去了国籍的中国佬”。

∧ 1915年10月25日，孙中山与宋庆龄在日本东京举行婚礼。

因为传教布道时屡屡被排挤，宋查理就去为教会印刷《圣经》，不想竟然发了财，于是创办了华美印书馆。做印刷生意的同时，他又兼做进口机械产品的代理商，成为上海滩上较早的买办商人。由于宋查理经营有方，他成了富商，拥有了五六十万两白银的资产。

1887年，恰好也是在蒋介石出生的那一年，宋查理与倪桂珍举行了婚礼。此后，宋家兄妹相继出生。宋查理决定让自己的6个子女接受良好的教育，特别是美国文化的教育。到了他的儿女们长大成人的时候，他的财富与声望已经使宋家成为上海滩上的名门望族。

宋家大女儿宋霭龄在给孙中山当秘书期间，结识了山西太谷的大财阀孔祥熙。孔家原为山西的名门望族，是孔子的直系后裔。孔祥熙的父亲曾在北京经商，渐渐积累了不少财富，于是回到老家太谷开设了银行。由于经营有方，孔家变得越来越富，他家的放贷业务也从华北蔓延到广东，甚至到了日本，成为当时中国最显赫也最富有的家族。孔祥熙也信仰基督教，他留学美国，获得了耶鲁大学硕士学位。

宋霭龄与孔祥熙结识后，立即意识到这是一位讲求实际的有为青年。出于对金钱与权势的渴慕，也出于对孔祥熙的好感，宋霭龄与孔祥熙结识不久便订了婚。

宋庆龄在姐姐霭龄与孔祥熙结婚后，主动提出由自己接替姐姐的位置，做孙中山先生的秘书。孙中山与宋嘉树结识于1894年，因为同是广东籍的老乡，同是基督教徒，又都在国外受过教育，所以很快就成了志同道合的朋友。宋嘉树曾以自己的财产无私地资助孙中山的革命事业。孙中山在上海时，经常就住在宋家，所以宋氏三姐妹有很多机会接近这位革命家。她们从小就很尊重也很喜欢孙中山。

宋庆龄曾接受过西方先进文化思想的教育，对于孙中山来说，她不仅仅是一位女秘书，而是一位最可信任的同志和助手。

宋庆龄自幼受到父母激进思想的影响，对祖国和人民有着深厚的感情。1911年辛亥革

∧ 海南文昌市宋氏祖居。

命★爆发后，宋嘉树给正在美国求学的女儿们寄去了一面象征民族联合的五色旗，并告诉他们国内发生的翻天覆地的变化，让她们也分享民族胜利的喜悦。接到这面旗子后，宋庆龄兴奋得满脸通红，伸手扯下悬挂在女生宿舍墙上的旧国旗，踩在脚下，大声喊着："打倒满清政府！高举共和旗帜！"

1912年4月，辛亥革命成功尚不到半年的时候，她就在美国《威斯里扬》杂志上发表了一篇题为《二十世纪最伟大的事件》的署名文章。她说：

在许多著名的教育家和政治家看来，中国革命是滑铁卢以后最伟大的事件，是20世纪最伟大的事件之一。这场革命取得了最辉煌的成就，它意味着4万万人已从君主专制政体的奴役下解放出来。这个专制制度已经存在了4,000多年，在它的统治下，生存、自由和对幸福的追求，是被剥夺的。它还标志着一个皇朝的覆灭，这个皇朝的残酷压榨和自私自利，使这个一度繁荣昌盛的国家，沦为一个贫穷不堪的国家。满清政

★辛亥革命

1911年中国爆发的资产阶级民主革命，因该年以干支计为辛亥年，故名。它是在清王朝日益腐朽、帝国主义侵略进一步加深、中国民族资本主义初步成长的基础上发生的。其目的是推翻清朝的专制统治，挽救民族危亡，争取国家的独立、民主和富强。领导这次革命的是中国资产阶级的政党同盟会及其领袖孙中山。这次革命结束了中国长达2,000年之久的君主专制制度。

∧ 亲密的三姐妹。红颜青丝又怎能预见鬓上华发时世人的任意评说？

府被推翻，意味着具有最野蛮的制度而又道德沦丧的这个皇朝的毁灭和废除。

5个月以前，我们连做梦也想不到会有一个共和国。对一些人来说，即使许诺尽早成立一个立宪政府，他们也是抱着怀疑态度的。但是，每一个爱国的中国人，无论是一个政治家或是一个劳动者，在他的内心深处，都有着反清精神。

一切苦难，如饥荒、水灾和各方面的倒行逆施，其根源都是由于清朝暴政及其贪官污吏。压迫是这场惊人革命的起因，它看来是一场灾难，实际是造福于人的一大幸事……这场革命，在中国建立了自由和平等，为了每个人的这两个不可分割的权利，许多人英勇地献出了宝贵的生命，但博爱仍然有待争取……一个拥有世界人口1/4、定居在地球上最大版图的民族，他们的文明如此光辉灿烂，不可能不对提高人类美德产生影响。

宋庆龄充满激情地预言："人口众多、热爱和平的中国，将作为和平的化身，站在世界的前列。"

因此，对于孙中山先生来说，宋庆龄的确是不可多得的理想的助手。

有一天，宋庆龄突然对她的父母说："我要和孙中山结婚。"父母大吃一惊，因为孙中山的年龄与宋嘉树差不多，而且早就结婚，并有3个孩子。然而，父母的激烈反对已经丝毫不能动摇宋庆龄的决心了。她深信她和孙中山是无法分开的。

宋嘉树只好狠心把宋庆龄软禁在卧室里，防止她私自与孙中山会面。但宋庆龄仍然给孙中山写了一封信，表示将要赶去日本与他成婚。她把信交给一个女佣人，偷偷寄了出去。孙中山接信后，立即回信说，自己现在正需要她前去。宋庆龄乘着夜色从窗户爬出去，连夜赶往横滨。到达横滨的第二天，宋庆龄便与孙中山举行了婚礼。

宋嘉树知道后大怒，他指责孙中山背叛了他们之间的友谊，并发誓要同他的党断绝一切来往，并宣布与宋庆龄断绝父女关系。

虽然宋嘉树激愤之下说了那些绝情话，实际上他自己并没有当真，宋庆龄还是经常去看望自己的父母。

宋庆龄此后一直追随在孙中山左右，照料孙中山的生活，成为孙中山生活上的忠诚伴侣和政治上的得力助手。孙中山逝世后，国民党人将

∧ 1912年5月，宋氏三姐妹中的大姐宋霭龄（后右）时任孙中山的英文秘书，这是她与孙中山全家在广州合影。

∧ 宋美龄那过人的才华和洋化的做派，在十里洋场成为风云人物，一时间，簇拥者云集，有多少人想赢得美人芳心而惴惴不安。

< 1916年，孙中山，宋庆龄与日本友人合影。

他奉为“国父”，宋庆龄也被尊为“国母”。

蒋介石背叛革命后，她多次公开指责蒋介石的行为背叛了孙中山。

在失去孙中山以后，宋庆龄始终为中国的国家统一、民族解放，为中国的社会主义现代化建设，为中国妇女儿童福利事业，为世界的和平和人类进步，做出了巨大的贡献。并因此受到全中国人民和全世界人民的尊敬和爱戴。

宋美龄生于1897年，温文尔雅，机智精明。她从小深受西方文化和现代文明的影响，又保持着中国传统书香门第的遗风。

宋老夫人倪桂珍的先祖徐光启是明代著名的科学家。上海有名的“徐家汇”，就是徐家后裔的居住地。倪佳珍毕业于女子高等学堂，弹琴唱歌都非常优美。宋美龄自幼受到家庭中浓郁的艺术氛围熏陶，5岁时就要跟大姐去学校读书。于是只有5岁的美龄就离开父母，住进了宿舍。这一时期，宋美龄非常容易冲动，每次情绪过分激动或受到恐吓时，她的全身就会出现蜂窝状的红点。所以，家里人上至父母、下至兄弟姐妹使女佣人，都不敢惹她生气。

1907年夏天，宋美龄跟随二姐庆龄到美国威斯理安女子学院读书。15岁时由旁听生转为正式学生，开始了大学生活，4年后以优等的成绩毕业。她在美国读书期间，受到了全体教师和同学们的喜爱。据威斯理安女子学院的一份关于宋美龄的备忘录记载：“大家都喜欢她，把她看作我们的当然成员，完全忘记了她是一个外国人。当然，她受到人们那么多的称赞，不是因为她像两位姐姐一样漂亮，而是因为她热情、真诚，有一种内在的力量。

“她显然喜欢交际，而且相当出风头，但她总保持那么一点距离观望着我们，时而怀疑挑剔，时而乐意赞同，觉得自己多少有点外国人的味道。”

在美求学期间，宋美龄已经从生活方式到思维习惯“全盘西化”了，正如她自己所说：“只有我的脸像个东方人。”

19岁的宋美龄大学毕业后回到中国。在美国期间，她已同刘纪文订了婚。

< 1907 年在美国威斯里安女子学院读书时的宋美龄。

1918年5月3日，宋嘉树病逝。宋美龄和她的两个姐姐都陪伴在母亲身边。丧事办完后，她的两个姐姐都回到自己的丈夫身边，只留下美龄与母亲每天待在一起，黯然垂泪。对于父亲的去世，宋美龄非常悲痛，并在很长时间里拒绝了各种各样的娱乐和交际活动。在居丧期间，上海好几所学校请她去学校任教，但是都被她拒绝了。渐渐地，天性活泼的她终于从自己悲哀的情绪中解脱出来，开始重新回到上海的上层交际圈。很快，她的美貌、学识和教养，就成为上流社会社交圈内众多男士们的谈论目标，而她本人，也成为这些男人的追求目标。在各种各样的聚会中，都有不少风流倜傥或老成持重的世家子弟、巨商富贾对她表达自己的爱慕之情，并不断向她发起爱情攻势，公开求婚，但是宋美龄总是坦率地说，自己不准备结婚。

实际上，宋美龄一直在等候一个能够满足她的欲望和理想的人。隐隐地，她觉得自己的婚姻大事应当与中国的命运有某种天然的联系。蒋介石地位奇迹般的上升让她看到了希望。她觉得蒋介石就是自己一直在等待的那个人。

长达5年的追求

当宋庆龄听到蒋介石想娶妹妹宋美龄的意愿之后，当即说道："我宁可看到妹妹死去，也不愿意让她嫁给一个仅仅在上海就找了两个女人的荒唐男人！"

但是这句话和宋家的几个主要成员的反对，并没有让蒋介石放弃自己的想法。

蒋介石一生的最大欲望是掌握至高无上的权力，并且在一定时期也实现了这一愿望。但是他作为一个男人，他对后来的"第一夫人"宋美龄的追求也和他对权力的追求是不相上下的。因为宋美龄对他来说，既是美人，也是权力。

早在1922年，当还默默无闻的蒋介石见到宋美龄的时候，就已经摩拳擦掌、跃跃欲试了。

1922年12月初，蒋介石第一次见到了宋美龄。当时上海莫里哀路孙中山先生的寓所里正在举行一个基督教晚会。宋子文是主持人，蒋介石和宋美龄都参加了这次晚会。只有24岁

> 蒋介石与宋霭龄在一起。宋霭龄为力促小妹与这位叱咤风云人物的婚姻费尽了心思。

的宋美龄很快就让在场的男性感到神魂颠倒，她的举止中混合着中西方的高贵教养，人又显得风姿绰约，具有无穷的魅力。蒋介石虽然当时已经有过一妻一妾、新近又与陈洁如举行了婚礼，但是他现在想的却是怎样才能把这位宋三小姐追求到手。对他来说，宋美龄不仅是一位让男子倾倒的美人，而且代表着宋家的势力和财力以及孙、孔、宋三家在海外的巨大影响力。

晚会后不久，孙中山电召蒋介石来到广州。一见到孙中山，蒋介石就表露了想娶宋美龄为妻的念头，并恳请孙中山代为传话。孙中山当时对蒋介石的家庭生活的确不大了解，但对他不检点的私生活却略知些许，因此当即委婉地拒绝了蒋介石的请求。蒋介石却毫不理会孙中山的态度，再三再四地请求孙中山向宋家转达自己的意愿。孙中山只好答应先去跟宋庆龄商量一下。

宋庆龄认为蒋介石是个有几个妻妾的荒唐男人，因此坚决反对。

孙中山不忍把夫人的原话转告给蒋介石，只是委婉地劝告蒋介石："先等一等吧。"蒋介石并不气馁，不但从此耐心等待，而且一有机会就重提此事，直到孙中山去世之前，他依然向孙中山提到这件事，得到的答复依然是"再等一等吧"。

但是蒋介石与宋美龄之间并非没有直接来往，在此期间，他一直在给宋美龄写情书，宋美龄虽然没有答应他的追求，但是却并不拒绝他的书信。董显光在给蒋介石写的传记中说："蒋及与宋女士相稔，知其为理想之终身良伴，而向求之不得者，故不稍犹豫，露求婚之意"，"其后5年间，蒋致全力于革命事业，北伐军兴，蒋即率师北上，此期间与宋女士函犊往还"，"仍申前情"。

他们之间不但有书信往来，而且在北伐之前，就曾由宋霭龄牵线搭桥与宋美龄见过面。蒋介石想攀上权力的顶峰，希望有宋家的财与势的支持。宋霭龄也看出了蒋介石的"腾达之象"，认为蒋介石将是未来中国的领袖。与蒋介石结为姻亲，就意味着宋氏家族和自己的夫家孔家在日后的中国政治舞台上将成为不可替代的家族。因此她极力从中撮合这桩婚姻。

到了1927年，对于宋美龄来说，蒋介石已不是5年前那个普通的军事将领，而成为统领千军万马的北伐军总司令。在国民党内，他也已成为核心人物和"总理的继承人"，名扬世界。英美的一些报刊称蒋介石为一位"最年轻的革命领袖"，美国《时代》周刊曾把蒋介石作为封面人物。

全世界许多国家已经开始建立“蒋介石档案”。因此，在宋霭龄的支持和劝说下，宋美龄对蒋的态度发生了巨大的变化，可以说是芳心初动。其中具有标志意义的是1927年的镇江焦山出游。

1927年5月，在宋霭龄的积极撮合下，蒋介石邀宋美龄到镇江焦山游玩。15日下午3点左右，宋美龄乘坐的火车徐徐驶入镇江火车东站。车站上警察依次站开，形成了一道警戒线。蒋介石换下了军装，身穿一身华贵笔挺的西装，早已等候在车站上。蒋介石的衣着不仅华贵而且气势压人，他的背后站着一排威武的卫士和恭敬伺候的公安局长俞子厚。火车停下后，宋美龄所在的车厢正好停在蒋介石的面前。蒋介石快步走进车厢，热情地向宋美龄打了个招呼。随后他帮宋美龄拿起手提包，两人一起徐步下车。随后，两人坐上一辆高级小轿车，向江边开去。在江边，他们转乘小汽艇，驶向焦山。焦山位于长江之中，山上有个大庙，僧人和游人都比较少，环境幽静宜人。

两人这次旅游之后，关系突飞猛进。又过了两个多月，蒋介石正式宣布下野。随后蒋介石一方面在暗地里操纵政局，一方面抓紧办理与毛福梅、姚冶诚、陈洁如彻底脱离婚姻关系的手续，并且专门在奉化地方政府进行备案，以便可以按照法律和宋美龄结婚。

8月，蒋介石给宋美龄写了一封情书：

余今无意政治活动，唯念生平倾慕之人，厥唯女士。前在粤时，曾使人向令兄姐处示意，均未得要领，当时或因政治关系。顾余今退而为山野之人矣，举世所弃，万念灰绝，曩日百对战疆，叱咤自喜，迄今思之，所谓功业宛如幻梦。独如女士才华荣德，恋恋终不能忘，但不知此举世所弃之下野武人，女士视之，谓如何耳？

宋美龄当初肯与蒋同游焦山，等于已经公开认可了蒋介石的求婚，现在，当她接到蒋介石的信后，便坦率地向朋友们说要同蒋介石结婚。

但是，蒋介石这时至少还要克服两大困难，一是宋美龄的母亲倪桂珍一直反对这门亲事。她看不起军人，而且蒋介石又是结过婚的人，还与几个女人都有关系，与自家的千金小姐极不般配。此外，蒋介石不是基督徒，这使得一家人都信仰基督教的宋母感到难以接受。二是宋美龄在美国学习时，已经同一位名叫刘纪文的中国留学生订了婚，并且，二人是真挚相爱。

然而，不平庸的生活、至高无上的权势，“第一夫人、母仪天下”的荣耀，轰轰烈烈的人生，这一切从刘纪文那里都是根本不可能得到的，只有蒋介石才会给她。经过一番激烈的思想斗争之后，宋美龄决心同蒋介石结为终身之好。但她郑重地向蒋介石提出了两个条件：第一，蒋介石必须一辈子忠于她，并且只属于她一个人；第二，蒋介石必须提供100万元美金，让刘纪文在美国安身立业。蒋介石一见仅仅是这两个条件，就立即高兴地一口答应了。9月16日，宋霭龄召开记者招待会，并正式宣布：“蒋总司令即将与我的三妹结婚。”

∧ 蒋介石需要的是一个温婉大方的妻子和一个政治上的得力助手；宋美龄则需要一方势力和一个能够给她一个可以肆意挥洒的舞台，两次出游让他们在对方的身上找到了所需。

< 美丽、端庄的宋美龄最终让春风得意的蒋介石抱得美人归。

< 1927年刘纪文与蒋介石在日本合影。刘纪文是一介书生，他所能给予宋美龄的唯有爱情，与蒋介石的权势和地位相比，他黯然失色。

至此，宋母的态度成为这个婚事成败的最后一个关键因素，宋美龄曾不无忧虑地告诉蒋介石："自从二姐私奔日本，嫁给了结过婚的男人之后，家母对有过婚史的男人就十分厌憎，而且尤其看不上军人。如今，你是两条都占了，所以，家母那里还有一关呢。"但是，蒋介石却并不感到气馁，他相信自己一定会赢得宋母的赞成。

被人称为宋家"佘太君"的宋母不但始终反对这门婚事，而且极力回避蒋介石。为了躲开蒋介石的死缠烂磨，宋母决定带着宋美龄远走日本。

蒋介石于是决定亲自追到日本去求见宋母，以便当面请求她答应自己和宋美龄的婚事。

蒋介石在去日本之前说："此种婚姻，并非政治结婚。诸人皆从事于政治生涯，乃属偶然巧合，并非同派。且家姓尚未允许，宋女士之母病在神户。余拟即前往问候，并向乞婚，以外并无其他任务。是否成行，尚待神户消息，视家夫人病体何如。"

同时，蒋介石这次去日本也确实还带着其他目的。当时中日关系已经相当紧张。日本的田中内阁在东方会议上确定了侵华的所谓"积极政策"。蒋介石感到，要继续北伐，统一中国，必须取得日本政府的支持和谅解。在这种情况下，蒋介石决定亲自到日本进行访问，以便争取日本的声援。

1927年9月28日，蒋介石和张群★一起前往日本。对于此事，他只对外界说："余此次来日，乃欲观察及研究13年以来进步足以惊人之日本，以定未来之计划……并愿借此与日本名流晋接"。蒋介石先到长崎上岸，然后才一路走一路游山玩水，慢悠悠地去了东京。

到达东京后，蒋介石发表了《告日本国民书》，宣扬中日亲善，希望日本抛弃张作霖等军阀转而支持他自己。并表示："吾人今后努力亲善之工作，首当扫除国民间从前

★张群（1889～1974）

四川华阳人。早年曾任国民党政府军政部政务次长兼兵工署团长、上海特别市市长、湖北省政府主席、外交部长。抗日战争爆发后，任国民党政府军事委员会秘书长、国防最高委员会秘书长、成都行营主任兼四川省政府主席等职。抗战胜利后，任行政院院长、重庆绥靖公署主任、西南军政长官等职。1949年去台湾。

∨ 1927年蒋介石赴日本访问时在东京会见记者。

之误会与恶感，以及其亲善障碍之军阀……并切望日本7,000万同文同种之民族，对于我中国革命运动彻底了解，而予以道德及精神上之援助。”

11月5日，蒋介石与日本田中首相举行了会谈。蒋介石在会谈中说：“余之意有三：第一，中日必须精诚合作以真正平等为基点，方能共存共荣。此则胥视日本以后对华政策之改善，不可再以腐败军阀为对象。换言之，不可在中国制造奴隶，应择有志爱国者为朋友——必如此，中日乃能真正携手合作。第二，中国国民革命以后必将继续北伐，完成其革命统一之使命。希望日本政府不加干涉，且有以助之。第三，日本对中国之政策，必须放弃武力，而以经济为合作之张本。

“余此次来贵国，对于中日两国之合作政策甚愿与阁下交换意见，且希望获得一结果，希有以明教之。”

田中说：“阁下今不以南京为目标，统一长江为宗旨，何以急急北伐？”

蒋说：“中国革命志在统一全国。太平天国之覆辙，其可再蹈乎？故非从速完成北伐不可，且中国如不能统一，则东亚不能安定。此因为中国人之大患，而亦非日本之福利也。”

由于蒋介石希望日本支持他北伐，而田中内阁所怕的正是中国的统一，双方没能达成任何协议。

蒋介石说：“综合今日与田中谈话之结果，可断言其毫无诚意，中日亦决无合作之可能，且知其必不许我革命成功，而其后必将妨碍我革命军北伐之行动，以阻止中国之统一，更灼然可见矣。”

却说宋老夫人得到蒋介石到达日本的消息后，便立即悄悄去了镰仓，以免被蒋介石找到。蒋介石得到消息后立即前往镰仓，当即备了礼品，亲自上门拜访。宋老夫人此时心里忽然有了一些感动——她无可奈何地叹了一口气，然后严肃地说道：“你要娶我家三小姐，但是你不是已经有3个老婆了吗？”

“但是现在我是单身。”蒋介石胸有成竹地回答说，“第一个妻子是我14岁时由父母包办的，她大我5岁，我俩根本就没有感情；后来我长期在外面奔走革命，内室空虚，曾经纳过一个妾，叫姚冶诚；这两个人与

< 宋家三姐妹与其母倪桂珍。宋老夫人已不满于宋庆龄的婚姻，所以对宋美龄的终身大事便格外小心。

Λ 雍容端庄的倪桂珍。

我脱离关系后，我又曾与陈洁如小姐共同生活，但我们并没有办理正式结婚的手续，现在我已经送她到美国去读书了，并且她答应永远在美国定居，我同她们都已经断绝了关系。”说着，蒋介石双手递上了一份自己的离婚协议书。

宋老夫人又说：“那么，你那些情妇呢？”

“那完全是造谣！”蒋介石急切地辩白，“我投身革命多年，自然有不少政敌，他们看到我追随孙中山先生，取得了一些胜利，没法子打败我，就用这种恶毒的人身攻击中伤我！”

宋老夫人沉吟了一会儿，说出了自己最后的一个不满：“你是个军人，是征伐杀戮的，这与基督教教义水火不相容。”

“战争不一定都是罪恶，”蒋介石小心地说道，“比如大卫击毙歌利亚的战争，耶和华焚毁了两座城池，都是罪恶之城……”话没说完，宋老夫人已抬起头来，换了一副表情看着蒋介石说：“你读过《圣经》？”

“是的，只是我太忙了，偶尔翻一翻。”蒋介石心头一喜，赶紧回答道。

“那么，你是否愿意成为一名基督徒呢？”宋老夫人面色和善，然而非常认真地问道。

蒋介石严肃地答道：“我可以试一试，我先得认真研读一下《圣经》，弄清楚基督教的教义内容，如果我未经研读就冒冒失失地答应了老夫人，恐怕老夫人也不会相信我的。”

宋老夫人脸上现出一丝欣悦，她点点头，取出一本《圣经》，递到蒋介石面前，缓缓地说道：“这部《圣经》是美龄父亲的遗物，他临终时曾经嘱咐我，将这部《圣经》送给未来的三女婿。”

一直惴惴不安的蒋介石简直要跳起来！他没有想到幸福来得这样迅速。他掩饰着狂喜的心情把那部《圣经》小心翼翼地捧在怀里，用颤抖的声音说：“谢谢您！晚辈一定谨遵教诲，认真研读《圣经》，不负老夫人殷殷厚望！”

3年后，蒋介石在美国牧师江长川的主持下接受了基督教的洗礼，正式成为一名基督徒。当时，蒋介石已经做好了荣任“中华民国总统”的一切前期准备工作，然后踌躇满志地偕夫人宋美龄到溪口省亲祭祖。当时蒋介石不仅感到光宗耀祖，而且还有美人相伴，真是得意之极。

★何香凝（1878～1972）

广东南海人。爱国民主人士。廖仲恺夫人。曾任国民党中央妇女部部长、第二届中央执行委员。抗战爆发后任中国妇女抗敌后援会主任，后与宋庆龄等组织保卫中国大同盟。1946年与李济深、蔡廷锴等组织中国国民党民主促进会。1948年与李济深等发起组织中国国民党革命委员会，任中央常委。中华人民共和国成立后，曾任中华全国妇女联合会名誉主席，中国国民党革命委员会中央副主席、主席等职。

1927年11月26日，上海各大报均在显著位置刊登了蒋介石与宋美龄结婚的启事："中正奔走革命，频年戎马驱驰，未退家室之私……兹定12月1日，在上海与宋女士结婚。"

12月1日，蒋介石与宋美龄的婚礼按照中西习俗分两次隆重举行。这一年蒋介石41岁，宋美龄28岁。蒋介石在上海，一直住在拉都路吴忠信的公馆里。他结婚时原本打算借用宁波巨商叶琢堂在环龙路的公馆作自己的新房，但是因为宋老夫人希望朝夕看见女儿，干脆建议就在西摩路宋家自己的公馆里为新人设置新房，蒋介石也就爽快地答应了。当天下午，新人先在上海西摩路宋家公馆举行了基督教仪式的婚礼。

婚礼原本打算邀请南方卫理公会的牧师江长川进行主持，但江长川牧师却认为蒋介石已经结过婚，不符合"圣节"，因此拒绝主持婚礼。最后只好请来中华基督教青年会全国协助会总干事余日章临时充当主持人。婚礼的具体地点在上海西藏路慕尔堂，宗教婚礼完成后，又在戈登路的大华饭店，再举行了一次新式婚礼。

当时，大华饭店大舞厅的正墙上用红色花朵组成了"长寿"和"幸福"4个大字。演歌台的中央悬挂着孙中山的巨幅肖像，肖像两旁分别挂着党旗和"国旗"——青天白日旗和青天白日满地红旗，来宾众多，热闹非凡。上海的报纸第二天报道说："这是近年来一个壮举，是中国人的一个显赫的结婚仪式……仪式举行时，大华饭店的舞厅里足足有1,300人。”

婚礼由南京政府大学院院长蔡元培主持。何香凝★、李德全、谭延闿、王正廷也参加证婚。男方主婚人为蒋介石的同父异母哥哥蒋锡侯；女方主婚人为宋美龄的哥哥宋子文。开始时宋子文是坚决反对妹妹嫁给蒋介石的，最后甚至闹到了兄妹决裂的地步。连宋老夫人劝说都没有效果，后来众人轮流进行劝解，宋子文见已经无可挽回，才勉强同意了这门婚事，并答应出面证婚。

关于婚礼的盛况，当时上海《时报》的采访主任金雄白追忆说：

蒋宋结婚的日子，我是记不起了。礼堂在戈登路的大华饭店，那是上海最豪华的一家西式大饭店。当时米价还是每担3元的时候，大华饭店一碟牛排，就取价4元了。

因为蒋夫人是虔信的基督教徒，因此先在西藏路慕尔堂由牧师余日章为他们先主持了宗教式的婚礼，观礼者限于近亲寥寥数人，连新闻记者也被拒绝参加，宗教婚礼完成后，才同车至大华饭店，再补行另一次的公开仪式。

那天冠盖云集，济济一堂，这次婚礼的另一特点，是证婚人，却有五位之多，记得有谭延闿、吴稚晖、蔡元培、何香凝等人。记得那天，蒋氏穿的是一套长礼服，蒋夫人则为白缎旗袍，他们沿袭西方的礼俗，交换婚戒，那时还不很多见的。

婚礼结束后，蒋介石和宋美龄高兴地去度蜜月。不久，蒋介石就又重新登上了权力中心。从此，对中国现在历史产生重大影响的四大家族中的蒋、宋、孔三家就以婚姻的形式紧密地联合在了一起。而宋氏家族，也因为有孙中山和蒋介石这两位女婿，而成为中国最显赫的家族之一。

里外都让人满意的“第一夫人”

如果单就对蒋介石的“辅佐”而论，宋美龄无疑是毛福梅、姚冶诚和陈洁如所望尘莫及的。婚后，宋美龄在中国的政治等领域迅速发挥了其“第一夫人”的功能和作用，成为蒋介石在处理国内外日常事务方面的得力助手，比如在促进“西安事变”的和平解决、促进第二次国共合作及抗日战争中积极争取美国援助等方面，宋美龄就作出了一般人难以替代的巨大贡献。另外，她在中国的妇女儿童事业和公益事业方面也作

< 他们的结合意味着金钱、政治与权力，当然或许还有爱情。他们的结合对中国近现代史的影响是深远的。

出了不少贡献。但是，作为蒋介石的夫人，她在很多方面也都和蒋介石的政治立场和政策保持高度的一致，在蒋介石反共、反人民的道路上，她也是不折不扣的帮凶。她的千秋功罪，历史自有公论，下面本书摘录蒋介石侍从秘书汪日章对她的部分回忆，以便从一个侧面管窥一下她婚后的生活。

宋美龄有较高的文化教养。她旗袍贴身、大衣适体、穿高跟鞋，在街道上都是轻步走过，我每次碰见，她总是面带微笑，平易近人，每每不觉得她突然出现，不觉得有骄矜盛气，和她谈话不觉得拘谨。她言谈委婉适度，声音从不放重，6年中我未见闻过她和蒋有过口角。她和别人谈话，总是只让对方可以听清楚就是，从不大声，颐指气使。

宋美龄经常随蒋出访各地，在外地他们所住房子一般总是3间，包括卧室、办公室、秘书室。宋美龄和蒋介石经常在一块儿吃饭，宋喜吃烤鸡、猪排，蒋则喜吃肉丝咸菜汤、干菜烤肉、咸菜大黄鱼。宋美龄很讲究卫生，即使在庐山时也有人从山下捎去蒸馏水饮用，1935年暑期在峨眉山时，还以瓶装矿泉水犒赏侍从室高级职员。蒋宋夫妻间感情深厚，有时说些闲话也不避人。有一次我随他俩由镇海飞机场坐黑色特长轿车去溪口，在80分钟行程中，他们谈笑风生，宋美龄还和蒋打赌说："谁先见到江口塔，谁就赢。"不一会儿蒋说："哦，我先见到了。"宋接着说："我老早就看见了，"不认输。在溪口时往往手拉手徒步于妙高台、相量岗之间，此地群峰环抱，曲径通幽，风景秀美。他们在千丈岩欣赏胜景，蒋称宋为Darling，但我一直没听到过宋称蒋为什么，即使出门散步时，便衣警卫跟随很近，也没听到怎样呼唤（依照外国习惯，远远喊人是不礼貌的）。

侍从室人员对侍从室称"公馆"，对蒋介石称先生，对宋美龄称夫人，都不带姓，不带官衔。先生方面的内务副官是蒋孝镇，是他侄孙辈，（从中尉升到少校级）；夫人的内务副官叫斯绍凯，平时穿蓝色长衫，没有军衔。还有两个下手，客来送茶点。有中、西厨师各一人，不对外。有一个40多岁的健壮外国保姆料理房间、保管衣物以及诸如给小客厅换透明纱窗帘布等，但不做洗衣服之类的下手事。

> 世人曾惊讶，一个威斯理安名校的才女，竟会辅佐"其介如石"的"一介武夫"？在混乱、落后的中国，其实宋美龄情系的是养育她的祖国。

宋也有私人秘书，所以她也有秘书室。女秘书的能力和学识素质都好，但外表都是其貌不扬的，这或许是做妻子特有的心理。1933年的女秘书叫钱用和，30多岁，嘴唇动过手术还看得出，后来调到中山门外贵族学校当校务主任，宋美龄常常去视察，关心备至。继任的忘其名，个子很小长得不顺眼；后来换了一个身体健壮、穿着时髦但一只眼睛有毛

∧ 20世纪30年代，蒋介石与宋氏三姐妹在重庆合影。因政见的不同，三姐妹分崩离析，可亲情依然占据着宋美龄的内心，她总是极力促成大家的相聚。

病的女秘书；随后又换成一个男秘书，叫吉兆鹏，广东人，40多岁，秃顶，带着妻子，是宋子文介绍的，专做与美国教会、华侨方面的通讯交流工作，包括宣传和捐赠、救济事宜。宋美龄的秘书主要是代她做些妇女儿童福利工作。宋氏三姐妹都热衷于这个工作，她们相互联系，经常碰面，共同商讨，感情非常融洽。1938年3月，宋美龄辞了航委会职务后，即去香港，三姐妹在一起，微服去一家豪华的饭店察看民情，看到那些富商、经理、贵妇、小姐们依然过着纸醉金迷的生活，便设法动员这些人有钱出钱，为祖国抗战贡献力量。1940年，三姐妹在重庆时也是共同在做救济工作。蒋介石和宋美龄请客吃饭也是常有的事，菜肴是普通的，有些人出来后说吃不饱，当然这是有些感到拘束的原因，但与不丰盛有关。

在宋美龄的厨房里没有过多的酒肉，都是按少量、新鲜所配的。

蒋介石在用度方面也较节省，若有部下请求济助，最多只批200元，

∧ 蒋介石、宋美龄与宋霭龄之子孔令侃。一生没有孩子的宋美龄，对宋霭龄家的子女极尽宠爱。

就算是面子十足了。宋美龄选购衣料，总是跑上好几家，问明价格，择合意的地方去买。但对教会方面较慷慨，每一个市县若有耶稣教会，必邀集教友特别是外国传教士及他们的家属举行茶话会或聚餐，以联络感情。1933年底和1934年初在浦城、延平，都住在教会房子里。

1933年4月，宋随蒋在江西抚州，住在抚州中学隔河的木结构3间小屋里。有一天深夜，忽闻枪声，由疏而密，间有机枪扫射，延续约两小时，宋闻声后不惊慌，即持自卫手枪准备抵抗，后查明为外来部队过境，事先未联系好而发生误会。以后侍从室文职官员每人发给手枪。

宋美龄处事仔细，也注意小节。有一次，外收发送一封从美国寄给她的信，见信封上一张邮票被扯去，她立即查询，经外收发胡某承认为集邮而犯下错误，送上原物，也就未予处罚。他俩的私人信件，都经各自的侍从秘书（又称随从秘书）拆阅送呈，一般批件也由侍从秘书加封，若密件、急件均另打记号加火漆印，外收发有所疏忽立即能查出。

宋对蒋的公务之外所谓“家务”内助也很悉心，处理得体。如1933～1934年间公务繁忙，人少事多，侍从人员常由深夜工作至天明。办公室离蒋宋住处很近，宋往往亲自做糕点派人送给电务员谢耿民、邵恩手、孙德庆等人当半夜餐；对少数侍从人员，在年终时各送一套长袍马褂以资笼络。如我因事忙不易分身，中午回去吃饭多不方便，经王世和提了报告，宋就叫她的中国厨师每天中午多开一客，每次都是两菜一汤，很可口。当时我从早到晚都在“公馆”里，随时能遇上宋美龄，她总是微微点头微笑有礼，毫无做作。她作为第一夫人，许多内外事情都得兼顾，所以每日作息时间安排有序，不浪费分秒。她有许多外国寄来的刊物，每日必看书报。

对文学、音乐造诣较深，对美国历史及世界名人传记都注意研究。她的中文也相当好，毛笔字体颇似蒋介石，但较秀柔。能说一口流利的上海话和广东话，也讲普通话。

宋美龄对蒋的日常生活有很大的影响。午休时间均由内务人员放留声机，片子皆是小提琴独奏曲，都由宋美龄亲

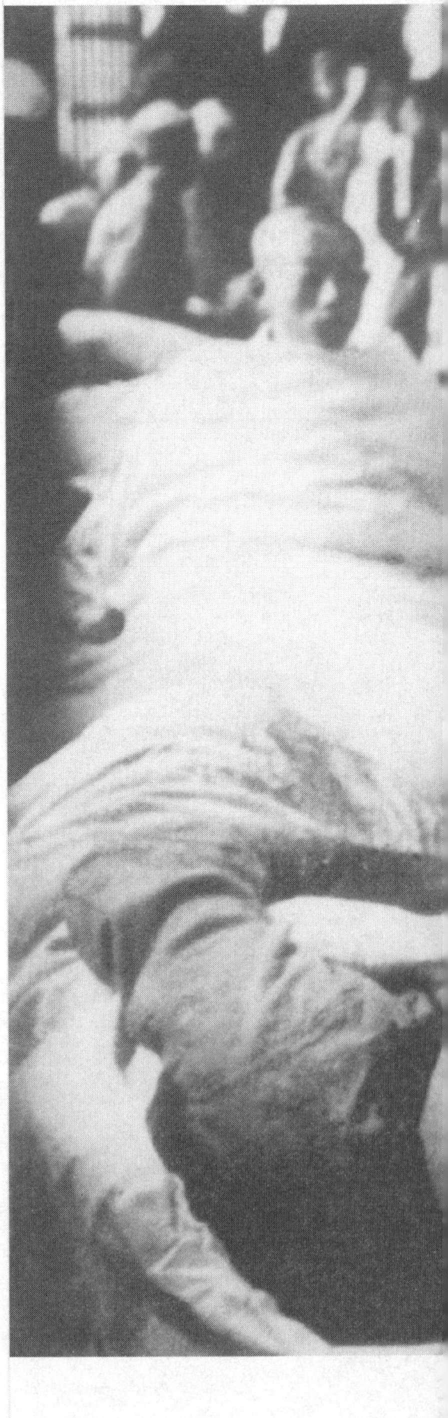

V 抗战时，宋美龄在重庆看望伤员。对宋美龄来说，幸福绝不仅仅限于嫁了一个有权有势、呼风唤雨的丈夫，重要的是她让自己的才华得以完美地释放。

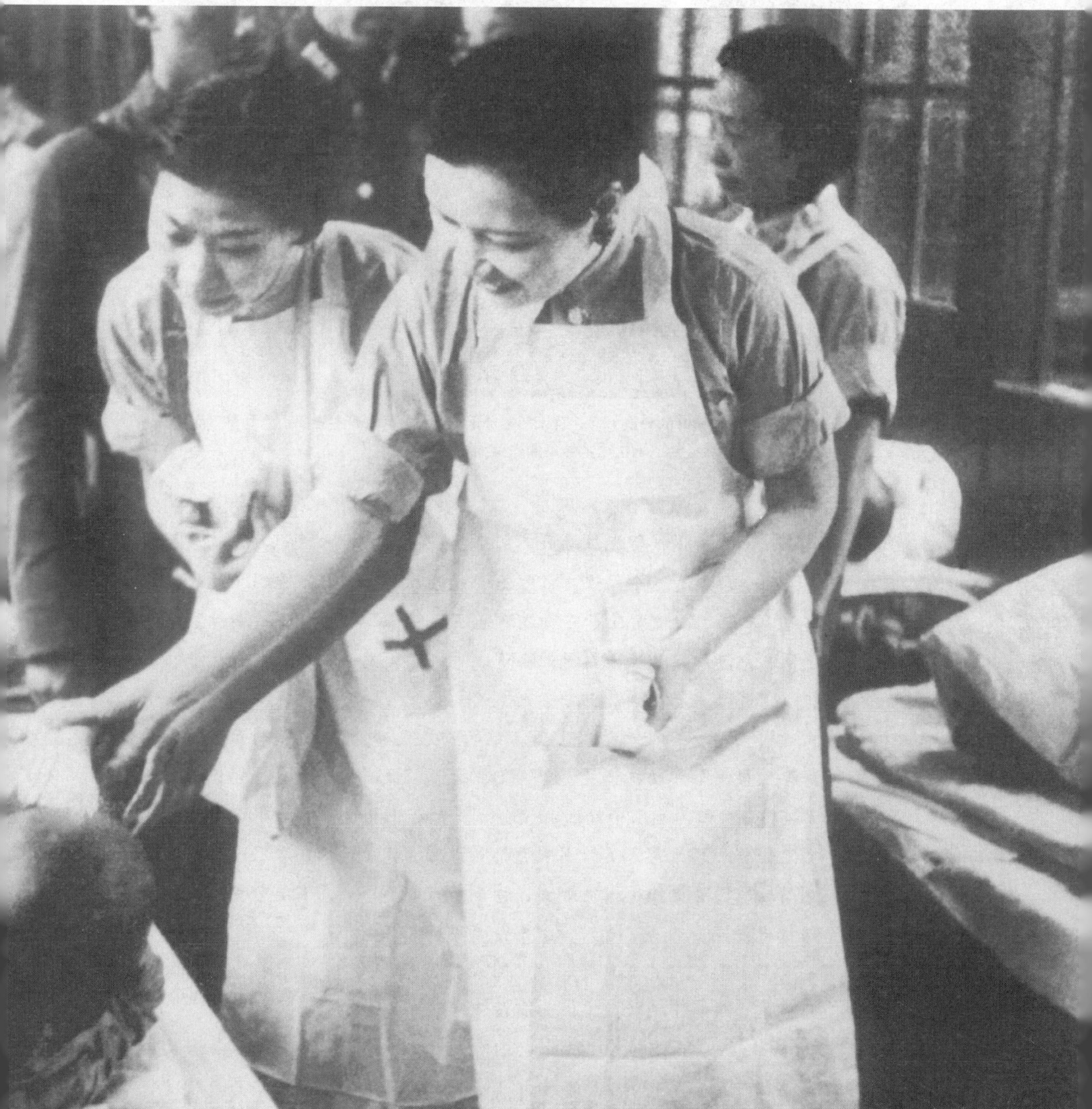

∧ 宋美龄用她独有的智识为蒋介石化解一层层的矛盾、赢取一重重的政治利益，而宋美龄亦在其中体验着显赫的地位给她带来的殊荣。

自选好放在盒内；留声机在卧室门外，直至开门时才停止放片。宋美龄不在时，蒋也有这个习惯。宋对基督教的几个节日非常重视，按西方风俗过圣诞节，即使是在军务前线时也不忘节。1933年12月，蒋和宋及侍卫同机飞往福建浦城前线，我在随后一架波音发动机塞可斯基水陆两用机上，还搭乘有德国警卫顾问斯太乃司、电务员3人、宋美龄的女秘书1人、厨师2人，带有为宋美龄烤好的一只火鸡。不料1小时后，我坐的这架飞机一个发动机失灵，迫降在景德镇20里外的小河上。那正是圣诞节前夕，又因为有两个外国人（另一个是美籍飞行师斯密司），厨师不得已只好将那只原是宋美龄用来过节的火鸡拿出来大家吃了。以后我们赶到浦城，因为文件由我携带着，蒋一整天办不了公，宋美龄要我以后都同机出发。

蒋的私人飞机里有一睡榻，因宋美龄有晕机病，在飞机上总横卧在睡榻上，但一下飞机改乘汽车就没事了。

作为一个家庭主妇，总想把自己的小家庭安排得宽敞舒适，宋美龄也不例外，而是更讲条件。除了出去在外地临时住上3间平房或楼房将就一下外，她自然想要一个永久性的像样的公馆。

宋美龄有幢陪嫁房子，在上海贾尔业爱路，正房约4开间，纵深颇长，楼下有一个大客厅，40人不挤，也可放电影。这幢房子本是外国人的花园洋房，是宋家买过来的，在上海并不算是最好的，是法租界住宅区里靠马路的两层楼洋房，小柚木条拼嵌的地板。向西延伸一排2层楼10多间下房，花园面积大于建筑面积3倍，有小溪横贯过草坪，溪阔3米，东侧安放小石块，可徒步跳跃而过。灌木丛中，间以假山，取自然园林式布局，散步其间并不觉得身处闹市。由一个40多岁麻脸男管家看管。

室内布置除应有的大小沙发、大茶几桌椅外，墙上挂的颇精致，其中给我印象最深的是八大山人画的春、夏、秋、冬四花鸟条幅，意境逼真，确是神品。这座房子终蒋之身总共住过六七次，最长一次也住不上两个月，无论蒋去南昌、重庆、昆明、贵阳……宋美龄有时是稍后赶来，有时先期回来，这种时候宋总是单独在这里住上一个时期，并和两个姐姐叙叙天伦。

抗战前在南京曾住在中央军校校长公馆，楼下有客厅、饭厅、秘书室、副官室，还有一个狭长的小会客室。宋会客就在一排玻璃窗到底的圆形书房，墙上挂着意大利人画的风景画，我见过她在这里接见过卫生署长刘瑞恒、上海税务局长吴启鼎。

楼上的房间全部都是他们俩自用。室内布置平常，墙上也不挂画。

这个公馆并不中宋美龄的意，她在1931年起就看好了中山门外小红山的一个山坡；在树木丛中从未有过建筑物，四周围都是空旷地。她就计划在这里盖一所房顶是我国宫殿式的西式楼房，有地下室，有平台，作为长久居住的地方。从这里朝东北方向可望见中山陵，正北方能看到明孝陵。建房的任务交给南京市工务局长赵志游，由陈品善为主的好几个人设计了多种建筑图案，作为房子主妇的宋美龄一再提修改意见，单就室内装饰、浴室颜色就进行了多次变换拆建，阳台也修整好几次。

市长魏道明和赵志游为了讨好宋美龄，还特请杭州西湖艺专校长林风眠亲自画室内墙壁的装饰花样：有千姿百态的鸟群嬉戏在嫩绿翠柏林中。屋内几间卧室、大小餐厅、两间办公室（他们各人一间）以及其他众多的大小房间设计布置方案，无一不是由宋美龄逐个审查鉴定，有些已经决定施工又常加改变。如浴室瓷砖先是改成绿、黄间色，后又改为一律淡蓝色，复将花样装饰一概废去，改成单色平面。于是这座房子长期不能竣工，抗战前夕只好停止建筑，抗战胜利后方才完工，但事过境迁，也就不以为好了，宋美龄把它改作耶稣教堂，每逢礼拜日准时和蒋介石同去做礼拜。

1934年在庐山观音桥旁，江西省主席熊式辉为蒋、宋盖起3开间的小木屋，在水泥平台，坐在靠椅上静听桥下泉水叮咚，远眺五老峰雄峙众山，颇心旷神怡。但他们只小住几天，就废置了，改买了一所外国人的旧房子，即牯岭路12号；那所房子起先叫13号，我提醒庐山管理局长蒋志澄：“基督徒忌讳13这个数字。”

他改为12号。这所房子傍依山脚，门前低，后面渐高，有个大平台，他们常常围坐在那里打桥牌，谈笑自若。张学良的美籍犹太顾问端纳常来做客，宋借以练习英语，这对以后她介入外交活动有很大的帮助。

因为性格及学识修养的关系，宋美龄对待“下人”和平民百姓一般是比较友善的，也比较富有同情心。抗战初期，她亲眼看到被日机炸死的孩子时，曾经不由自主地满眼都是泪水。对待下级，宋美龄也比蒋介石宽厚许多，例如她曾陪“励志社”的青年军官跳舞，一时传为美谈。甚至对下级军官的轻浮举动，她也能处之泰然，比如“军校蒙羞”就是一例。

那是1931年炎热的夏季，时任校长的蒋介石带着夫人宋美龄到黄埔军校视察。他们冒着烈日在一群教官的簇拥下，来到学员们中间。尽管有专人撑伞为蒋氏夫妇遮挡住灼人的阳光，两人还是热得满头是汗，尤其是宋美龄，已经是大汗淋漓。当时她只穿着一件无袖的黑绿色软缎旗袍，因为出汗太多的缘故，女性身体的凸凹部分就异常分明地展现在了正当少年、情窦初开的军校学员面前，而她雪白的胳膊更加激起了学员们内心的欲望。他们的目光忍不住齐刷刷地聚焦到了宋美龄高贵、美丽的身体上。有一名“优等生”竟趁宋美龄与他握手的时候，忍不住贪婪地抓住她白嫩的手，在众人吃惊和艳羡的目光之下亲昵地抚摸了几下。宋美龄立即羞得把眼睛扫向别处。蒋介石当场强忍住怒火，草草结束了视察。事后他立即派人把这个胆敢摸自己夫人手的“优等生”抓了起来，打算严惩。宋美龄则在斥责了这个“优等生”后，赦免了他。并且从此对他特别关照，让他从大尉营长，几年后升为少将代理师长、自己办公室的中将主任。

宋美龄待下级比较宽和、民主，不怎么摆“第一夫人”的架子，并且经常帮助下级。脾气暴躁的蒋介石把斥骂下级将领当成了家常便饭，还动辄狠揍一顿，并且不许分辩和移动身子。宋美龄知道后，就对侍卫们说，以后挨打的时候，就想办法跑开，别傻站着。有了宋美龄这句话，此后每当蒋介石再要动手打人的时候，被打者总是能溜则溜，不再老老实实站着挨打了。

宋美龄在家里帮助蒋介石化解了不少矛盾，在帮助蒋介石料理军国大事以及外交方面，则以“女强人”的形象卓有建树，比如处理“西安事变”、寻求美国的支援，等等，本书在后面还要详解介绍。

V 婚后不久的蒋介石、宋美龄出外郊游时所摄。

历史备忘录

HISTORY MEMORANDUM

∨ 1931年12月，全国学生代表在南京中央大学会合，要求政府对日宣战。

∨ 宋美龄以“第一夫人”的身份与外国友人谈“新生活运动”。

2 3 4

1

河南、安徽等16省发生水灾，灾民超过5,000万人

1931年7月下旬，湖南、安徽等省遭受严重水灾。31日，中共湘鄂西省委通过决议提出解决因水灾造成粮食困难等的具体办法：（1）动员红军、游击队和群众武装，掩护抢险修堤的群众，保护未受水灾地方的秋收；（2）没收地主的全部粮食财产及富农的部分粮食，以及大商人的木材、盐、布等，分给灾民；（3）动员未受灾区的互济会，募捐救济灾区。20日～28日，湖南、汉口等地水灾严重。此次水灾区域涉及湘、皖、鄂、豫、苏、赣等16省，灾民在5,000万人以上。

北平学生南下请愿，坚决要求国民政府出兵抗日

1931年12月5日，北京大学南下示威团在南京成贤街、浮桥一带举行抗日游行。6日，北平6,000余学生到顺城王府向张学良请愿。7日，当局被迫允许北平学生南下。11日，北平学生请愿团队到国民政府请愿，坚持要求蒋介石出见。15日，北平各校学生南下救国示威团500余人赴外交部示威。17日，南京发生珍珠桥事件。激起了全国人民的愤慨，各地学生和爱国群众纷纷举行抗议活动，掀起了反对国民党统治、反对内战、要求抗日的高潮。

“新生活运动”

1934年2月21日，南昌“新生活运动促进会”成立，蒋介石自任会长，颁布《新生活运动须知》，首先在江西推广“新生活运动”。23日，蒋介石对“新生活运动”的目的、内容和方法都作了详尽的说明，主张以中国固有的道德为标准，“改造社会、复兴国家”。事实上，“新生活运动”是国民党对革命文化推行“围剿”的重要步骤，其真正目的，是想以封建的伦理道德来整治人心，禁锢人民言行，使人民接受国民党的封建专制统治。

国民党军占领中央苏区

1934年11月1日，国民党军占领福建长汀。10日，国民党军占领瑞金。20日，国民党江西省政府将瑞金、会昌、于都、兴国、宁都、石城6县，划为“特别政治区”。23日，国民党军占领会昌，整个中央红色根据地全部陷落，国民党军占领中央苏区后，实行白色恐怖，瑞金被杀1.8万人，宁都被杀4,800人，兴国被杀2,100人，雩都被杀3,000人，整个中央苏区被杀约80万人。

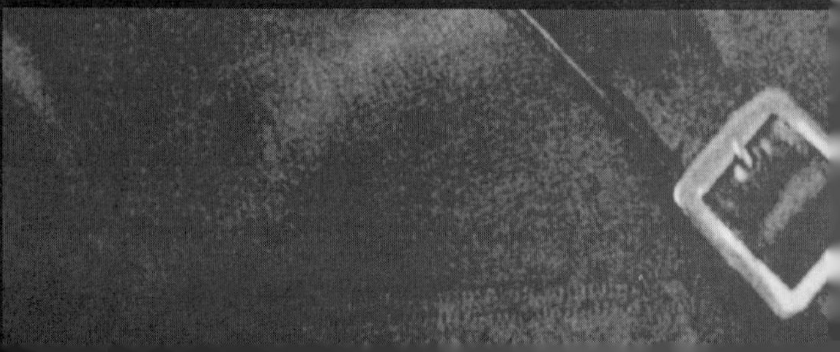

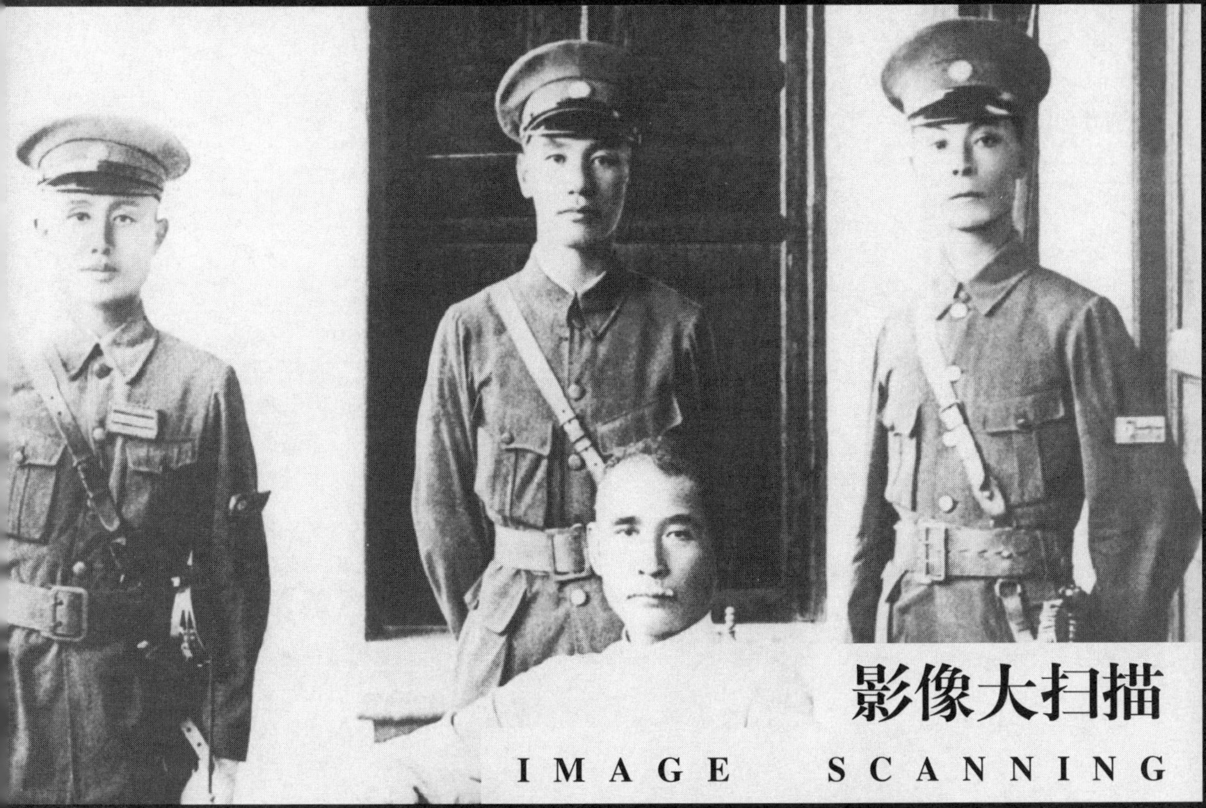

影像大扫描

IMAGE SCANNING

蒋介石全纪录

郑闯琦◎编著

下卷

中国文史出版社

08

对新军阀的武力解决

统一中国，成为真正的最高统治者，是蒋介石最大的梦想。而此时他的权力宝座还远未达到稳固，有随时被人“拉下马”的危险。

国内、党内的政治派系和军事力量山头纷立，表面上“拥护中央”，实际上各行其是，根本不买南京政府的账。

蒋介石不想当被各路诸侯架空的“周天子”，而是要把所有权力切切实实地掌握在自己手中。虽然他曾在日记中写道：“政治使人过狗一般的生活……道德何在，友谊何在？”

然而游离于政治漩涡中的蒋介石，早已在斗争的风雨中，将道德、友谊抛却。

一兵不发就吓走了白崇禧

1929年3月的一天，素有“小诸葛”之称、领有数万大军的白崇禧忽然感到极度烦躁。军营内外，军官和士兵们都在窃窃私语，对他的态度也忽然间变得奇怪起来。他现在带领的部队是原来收编湖南军阀唐生智的，现在到处都有传言，唐生智已经从日本回来了，他要夺回自己的部队。白崇禧仔细地掂量着周围的几个主要将领的心态。他发现自己一点都没有把握，他已经在不经意间成了真正的光杆司令。再不决断的话，就有可能成为阶下囚，一世英名将毁于一旦。趁现在手下还没有叛变之前，保命要紧！于是，他只带领着少数几个亲信，借口外出散步，悄悄地向唯一能够信得过的廖磊军营赶去。路上，他看见许多“打倒白崇禧”的标语，不由得胆战心惊……

这一幕不是故事，而是当年的现实。领有数万大军的白崇禧就这样丢下自己的军队，偷偷地逃命去了。而这一切的幕后导演者，就是权谋过人的蒋介石。

蒋介石精心准备的军队编遣会议，不但没有实现预定的目的，反而把自己推到了其他军事集团的对立面，冯、李、阎等军阀纷纷着手进行军事准备，以便当蒋介石进一步逼迫时与之决一雌雄。同时，蒋介石因为在军队编遣上没有得手，于是又匆匆忙忙召开国民党第三次全国代表大会，以便牢牢地控制党权。

当时的国民党内部斗争非常激烈，“改组派”以汪精卫为领袖，不断掀起反蒋风潮；“再造派”拉孙科为大旗，拥护胡汉民为党的领袖，反对改组派；此外西山会议派★也一直在激烈地活动着。这些派别一致反对蒋介石的独裁。想独揽政权和军权，必先独揽党权，为了操纵这次全国代表大会，蒋介石预先采取了一系列措施。

★西山会议派

中国国民党内的一个反对孙中山联俄、联共、扶助农工三大政策的派别，代表人物有谢持、邹鲁、张继等。1925年11月23日，谢持、邹鲁等在北京西山碧云寺非法召开“国民党一届四中全会”。会后在上海成立“国民党中央党部”，并在北京等地设立地方分部。西山会议派的分裂活动遭到国民党中央执行委员会及各级地方党部的强烈反对。1927年蒋介石发动“四·一二”政变后，通令取消“打倒西山会议派”等口号，恢复了谢持、邹鲁的党籍，西山会议派从而与蒋介石集团合流。

∧ 20世纪30年代初的蒋介石。

∧ 冯玉祥目睹蒋桂大战一触即发，为保存自己的实力暗自留了一手。

蒋的目的，路人皆知，于是各个军事实力派纷纷回到驻地，进行军事准备。冯玉祥表示不会来参加会议，反而发表通电，公开辞去军政部长一职。汪精卫一派的中央委员公开策动“反对非法的第三次全国代表大会”的运动。桂系更是在调兵遣将，摆出了大战的架势。蒋介石不得不迅速利用抓紧把党权独揽在手，以便“正名”用“中央”的名义镇压和消灭各反对派。

1929年3月15日，国民党第三次全国代表大会开幕。在蒋介石一手操纵下，大会公开指责孙中山先生的三大政策，认为共产党也是北伐革命的对象。蒋介石第一次被推上了全党最高领袖的位置，让国民党成为他实现个人目标的工具。

此时，早已酝酿的新军阀大战也已经拉开了大幕。蒋介石先发制人，把矛头首先对准了有力量与蒋抗衡的桂系。

此时桂系的力量达到了全盛时期，白崇禧、李宗仁、黄绍竑等桂系骁将占据着从广西经武汉至平津的战略要地，实力与蒋军相当。因此，实力最大的冯玉祥西北军就成了蒋、桂双方极力争取的对象。

蒋介石派邵力子、刘治洲偕已投蒋的冯玉祥的老部属马福祥携带重金奔往华山，极力拉拢冯玉祥，要求冯从河南出兵讨桂，以韩复榘为总指挥，条件是让冯担任行政院院长，孙良诚任山东省主席，并任由冯玉祥在湖北和安徽两省中选一省为西北军的地盘。但冯玉祥却采取观望态度，并不作正面答复。

∧ 白崇禧旧照。在蒋介石的导演下，白崇禧一夜间成为光杆司令，李宗仁对此亦无奈，保存实力以待东山再起是当下之急。

冯玉祥召集部属将领说："邵力子来这里的目的是要我出兵讨桂，以保证我担任行政院正院长及两湖主席为条件，并答应济南问题解决后，将山东全部交给孙良诚。但我做事以国家为前提，如果有利于国家，我绝不计及私人利害。如果以权位相饵，而陷国家于不可救药之境地，此市井无赖之所为，绝不是我老冯所能干的。北方人多爽直义侠，而南方人轻佻浮躁，易合易离，最终收拾大局者往往为北方人。"

冯玉祥最后决定致电蒋介石，表示以韩复榘为总指挥，率领13万西北军，出武胜关，进攻湖北。但是冯玉祥却秘密命令韩部进驻武胜关后，按兵不动，坐观蒋、桂大战，伺机夺取武汉，控制长江。

李宗仁派温乔生为代表，到河南辉县邀冯一起讨蒋。冯表示愿与桂系合作。他说："我一定也打蒋，但布置军队需要时间，希望李、白发动后，能够撑持两个星期，到时我一定响应。"

阎锡山这次受蒋拉拢，却明确地发出了拥蒋讨桂通电。

∨ 有"半个桂系"之称的李济深。

早在国民党“三全”大会前夕，桂系就以“武汉政治分会”的名义占据了两湖地区，和广西连成一片，形成攻守兼备的有利态势。但桂系的军事布置也有致命的弱点。桂系势力从南到北，过于分散，一旦有事，首尾不能相顾。桂军因此便以“天气渐冷，所部单衣草鞋，痛苦不堪”为名，屡次请求从北方班师。但是蒋介石也看破了桂系布防上的弱点，非但不允许班师，而且暗地里已经精心策划了一个消灭桂系的计划。他打算将桂系这条“长蛇”，分别砍头、击腹、切尾，即第一步瓦解白崇禧部，第二步拆散桂粤联盟，最后集中力量发兵攻打。主要的谋略还是拉一派打一派，抑此扬彼，分化瓦解，各个击破。

对付白崇禧，他利用的是唐生智。桂系大将白崇禧带到河北的李品仙、廖磊两部原来都是唐生智的人马，士兵多是湖南人，盼望回到家乡。现在看到白崇禧没有回湖南的意思，反而想向更偏远的西北扩展，于是就对白产生了不满情绪。蒋介石看到这一点，非常高兴，于是就给这些士兵的老上级唐生智大量金钱，劝他到河北重新掌握旧部。

唐生智本来就是被桂军大败，逃往日本的，现在有机会报仇雪恨，夺回自己的军队，当然求之不得。蒋介石又让唐生智部原来的军长刘兴先行潜往天津，并嘱“如可以把白健生捉住，便杀了他，所需军费，找子文商量”。同时派出大量亲信，占据北平行营各机构，到处传播唐生智要复职的消息。蒋介石还煽动军人打出“打倒桂系”“欢迎唐总司令东山再起”的标语。唐生智看到这些布置，立即表示竭诚拥护蒋介石，并马上赶往河北。

这一招果然厉害，白崇禧本来打算率部南下浦口，配合李宗仁攻蒋，但是当唐生智复职的消息传开后，很快就发现部队已经无法指挥，到处都有“打倒白崇禧”“欢迎唐总司令”的标语。素来精细的白崇禧，见风声不对，便只带了亲信，扔下部队，秘密赶到53师师长廖磊住所寻求保护。廖虽然是唐生智的旧部，但是为人讲义气，与白关系不错。于是廖亲自护送白到塘沽，然后让他搭乘英国轮船，化装南逃。白崇禧从塘沽脱身后，不想被蒋介石知道了行踪。于是蒋介石决定给他来个守株待兔，等他乘船驶入吴淞口时，立即派人登船抓捕。并密告吴淞炮台守军：如英轮不服检查，即可开炮击沉，即使事后与英方办理外交赔偿交涉任何损失也不要紧。

白崇禧逃出了天津，以为现在已经安全了，于是一心盼望早日到达上海，与李宗仁当面商议一切。碰巧蒋介石的一个知情的手下很佩服白崇禧，于是把蒋介石的安排告诉了李宗仁。李宗仁大惊，立即请住在上海的军界元老许崇智鼎力相救。许于是通过其与日本驻沪领事以及关东军司令，花10万块钱雇了一艘日轮，中途赶上英轮，把白直接接过来，送到了香港。

3月20日，唐生智到塘沽后就顺利重新统率起了旧部，第二天就宣布讨伐白崇禧，蒋介石也当即任命他为第五路军总指挥。这样，蒋介石不动一兵一卒，一夜之间把河北10万桂系军队转变为“拥蒋军”，使桂系受到重大打击。这就是对桂系这条长蛇的砍头战。

紧接着，蒋介石又马不停蹄地实施了第二步计划——切尾，斩断桂系和粤系的联盟。

3月21日这天，蒋介石在南京突然下令软禁了粤系将领李济深，关押于汤山俱乐部。

广东政治分会主席李济深素有“半个桂系”之称。为削弱李在粤的势力，蒋已经有意识地将李的大将陈铭枢、陈济棠升为广东省主席和广东编遣区主任，使其与老上司抗衡。又以“调停湘案”为名，骗李济深到南京来主持公道。李济深到上海后，在上海的李宗仁极力劝李济深不要深入虎穴。李济深于是犹豫起来，就停在了上海。不想，蔡元培、李石曾、吴稚晖、张静江4位元老却奉蒋之命诚恳邀请他去南京。吴稚晖信誓旦旦地说：“我以人格担保你们二位的人身安全。”李宗仁当然不相信，但是没有吃过蒋介石亏的李济深则认为：“我在广东有部队，要对我怎样，自会有人在我背后讲话。”

结果，李宗仁没有去，李济深还是去了。等李济深一到南京，立即就被蒋介石监视起来，想走已经来不及了。李济深被扣，蒋介石立即命令陈铭枢、陈济棠联合发出拥蒋反李通电。那些忠于李济深的部将极力主张兵谏，但是马上就遭到压制，失去了兵权。粤、桂联盟至此结束。粤军彻底脱离桂系，桂系顿时倍感孤立。随后，蒋介石又任命陈济棠为讨逆军第八路总指挥，陈从此成为“广东王”。

桂系的主力集中在武汉，蒋介石的第三步就是集中力量攻击武汉的桂系部队。但是他仍然使用的是分化瓦解的老办法，最后竟然兵不血刃，就拿下了武汉。

他派人游说桂系的鄂籍将领胡宗铎、陶钧，不料被胡、陶告知于李宗仁。蒋又探得武汉桂系内部的桂籍将领与鄂籍的胡、陶之间矛盾很大，战功卓著的桂军将领李明瑞、钟祖培等受到排挤，桂籍军人因而有“广西人打仗，湖北人享福”的怨言。于是蒋介石成功策动不满胡、陶的李明瑞等桂系将领秘密倒戈。

桂系在权谋下自我瓦解

至此，蒋介石撕下“宽容”面具，明令讨伐桂系。1929年3月25日，蒋、桂正式开战。27日，蒋介石发出《讨逆告将士文》，说桂系“最大者厥有五项”：“一、投机取巧，以扩张一系势力；二、阴谋毒计，以消灭革命武力；三、挑拨离间，以分裂革命袍泽；四、贪残掠夺，以剥削民众利益；五、违背中央，以破坏中国统一。”

∧ 随着倒蒋形势恶化，各路军阀在军事压力下，无奈纷纷向蒋投诚。图为蒋介石夫妇与湖南军阀何健。

< 陈济棠曾独揽广东军政大权，实行封建割据，保持广东半独立局面达八年之久，被人称作“南天王”。

★李济深（1885～1959）

爱国民主人士。广西苍梧人，国民党二级陆军上将。曾任国民革命军第四军军长、国民革命军总司令部参谋长、黄埔军校副校长、广东省政府主席、国民革命军第八路军总指挥等职。1933年联合十九路军蔡廷锴等在福建组织反蒋抗日的“中华共和国人民革命政府”，任主席。抗日战争爆发后，任国民党军事委员会委员、军事参议院议长、桂林办公厅主任等职。1948年后任中国国民党革命委员会主席等职。

同日，国民党决议：“李宗仁、李济深★、白崇禧等叛党乱国，永远开除党籍，并交中央监察委员会查明附逆叛徒，一并开除党籍。”蒋介石又发表《告湖北文武官员文》《告原隶四集团各将士文》，以收买湖北人心，分化瓦解李、白部队。蒋介石说讨逆的目的是保障国家的统一，铲除压迫湖北人民的军阀，解除湖北人民的痛苦。他还提出三点意见：一、绝对禁止贪污贿赂，努力于为人民谋利益的政治；二、绝对禁止挟嫌报复；三、绝对禁止分派别植私权。

李宗仁事先已经作了详尽的安排，他委派何键、叶琪、夏威、胡宗铎、陶钧分任第一、二、三、四、五路军司令，分别率部严阵以待，如果战局不利，则撤入湖南，与两广一起抗敌，待机向南京进兵。

然而，由于李宗仁本人不在武汉，部队难以统一调度，军心涣散。第7军军长夏威由于生病住院，竟而把部队交给了已经投蒋的李明瑞。李明瑞即调动所部3个团与杨腾辉旅，迅速赶到孝感、花园一带，随即宣布讨伐李宗仁。

形势继续恶化，湖南何键也在军事压力下向蒋投诚，桂军回大本营广西的退路被断。4月4日，胡宗铎等向湖北西部撤退，放弃了对武汉的防守。蒋介石和平进入武汉。次日，蒋介石亲自到汉口慰问桂系倒戈部队，并派兵分头追歼逃跑的桂军。桂军大势已去，已经无法再行战斗。

胡宗铎、陶钧、夏威等只好于4月15日联名致电蒋介石："个人进退实无问题，但使数万久战部属有托，则感赐多矣。"然后胡、陶、夏3人通电全国所部桂军向蒋方的张发奎、朱绍良缴械投降。

桂系20余万大军，几个月内就只剩下黄绍竑统领的广西省3个师的兵力了。李宗仁、白崇禧分别由上海、香港来到广西。李、白、黄，只盼望蒋不要赶尽杀绝，以图东山再起。

恰好被扣在南京的李济深按照蒋的意思给李、白写来一信，除自我批评外，示意李等早日流亡海外。李宗仁便让黄绍竑出面，通过广东的陈铭枢、陈济棠向蒋求和，条件是蒋撤销对李宗仁、白崇禧、李济深的查办案，恢复李济深的自由，允许李、白出洋考察，并发给旅费，广西部队编遣应该由黄绍竑全权处理。

∧ 1928年，蒋介石与冯玉祥合影。

但是蒋介石此时已经打定了对桂系斩草除根的主意，他让陈铭枢向黄绍竑转达南京政府的4项回复：一、将李宗仁、白崇禧拿解来京，听候查办；二、广西不准收容从武汉退回的部队；三、桂省部队缩编为1师1旅，剩余武器交中央；四、黄绍竑将以上3项办妥后，得任为两广编遣区副主任。

李宗仁看完电报，良久沉默不语。黄绍竑打开电报，连呼："岂有此理！岂有此理！"随即将电报递给白崇禧。过了一会儿，白崇禧说："像这样的条件，还有什么好说的！"李宗仁大声说道："算了吧，准备打仗！"

当晚，李宗仁电令省内各高级将领迎战蒋军。

蒋介石决心这次彻底铲除李、白，于是在4月24日亲自赶到长沙，制定《讨逆军第二期作战计划》。

5月5日，蒋介石"彻底铲除"桂系的战争拉开序幕，同一天，李宗仁在梧州打起了"护党救国军"的旗号。李宗仁在讨蒋檄文中斥蒋"图使内争，涂炭生灵，动兵邦内，任用外戚，贿赂公行，凌乱度支，饱盈私壑，排除异己，残害同胞，此贼不除，党国何有？"随后他只身赴香港，以联络国内其他反蒋势力。白崇禧和黄绍竑则率兵分两路向广东进军，以便能够找到一个后方。

开始阶段，桂系对广东的战事不断取胜，席卷西江各县，东江李济深部徐景唐率兵响应，海军舒宗鎏驱舰加入桂军。5月21日，桂军攻至广州近郊粤汉铁路之白坭站附近，遭遇了劲敌陈济棠部。陈济棠率军在三水、清远严阵以待，以逸待劳。当桂军进攻白坭时，陈亲自到前线督军，并动用飞机轰炸"叛舰"。桂军损失惨重，黄旭初受重伤，将士则大批死伤。

黄、白见近攻广东失败，急忙退回广西，随后又集中兵力向湖南省出击，不幸又以失败告终。在四面楚歌的处境下，黄、白只得将余部悉交师长吕焕炎、梁朝玑，命令他们率部与已经回到广西的俞作柏、李明瑞合作，使之能够保存实力，待机再起。

这时，蒋介石又从四面八方调来大军讨伐桂军。6月底，黄绍竑、白崇禧进入越南，在香港的李宗仁也被逼改名易姓亡命越南。俞作柏受命任广西省主席，李明瑞任广西编遣分区特派员，李、黄、白的残部被俞、李收编为新编第16师。但蒋介石后来却得知俞、李受共产党影响，不禁大惊失色，于是立即电召二人赴京听训。俞、李害怕去后被扣留，终于下定决心于9月27日在南宁通电讨蒋。不幸他们手下的大将也被蒋介石收买。俞、李无路可走，参加了工农红军。蒋、桂战争以蒋介石的大获全胜而告结束。

冯玉祥痛心疾首，猛打自己的嘴巴

密切关注战局的冯玉祥见蒋军已经占领了武汉，于是在4月8日发出了声讨桂系的电报，并派代表曹浩林、刘骥偕同蒋的代表邵力子、马福祥等赴武汉见蒋，努力增进蒋、冯之间的关系。冯玉祥又暗令韩复榘向武汉推进。但是没想到蒋介石竟然趁机做起了对韩的策反工作。蒋介石要求韩复榘停止进兵，并召他来见。

蒋介石和宋美龄亲自招待韩复榘和韩的二太太纪甘青，好像一点都不知道韩曾经打算坐收渔翁之利，他们不住地夸奖韩，说韩战功卓著。临走之时，蒋当面许诺要让韩担任河

> 蒋介石与韩复榘在一起。在宋美龄的美言下，在物质利益的诱惑下，韩复榘反戈，倒向了蒋介石。

南省主席，还送给贪财的韩10万元，宋美龄也送了一枚昂贵的戒指给纪甘青。韩复榘受宠若惊，高兴地说良臣择主而侍，蒋总司令才是真正的领袖。

在蒋、桂战争中，冯玉祥假意支持蒋介石倒桂，却在兵下徐州时印刷了大量“讨逆公告”，“公告”只印“贪赃枉法、横征暴敛、屠杀民众、迫害青年”一类的罪名，却不印到底要讨伐谁。冯玉祥的用意很清楚：他说是出兵14万助蒋伐桂，实际上是在等待最后的结局，蒋、桂无论谁打败了，他就在布告上填写谁的名字讨伐谁。这种两面做法不仅骗了桂系，也让蒋介石非常不快。战胜桂系后，蒋干脆撕毁此前与冯玉祥的约定，冯要想得到两湖地盘，只能依靠武力夺取。济南案件解决后，蒋介石也不再提让冯部孙良诚接收济南，而是任命陈调元为山东省政府主席，并负责接收山东。这使冯及孙良诚等难以容忍。打败桂系后，腾出手来的蒋介石立即开始布置进攻冯玉祥的斗争。

为了孤立冯玉祥，蒋介石又散布谣言说冯玉祥与苏联勾结，要打蒋介石和阎锡山。阎锡山因此对冯玉祥产生了疑虑。蒋介石又发表了《和平统一为国府唯一之政府》一文，宣称“欲消弭内乱，非铲除军阀不可”。冯玉祥指责蒋对第一、第二集团军发饷不公。蒋则说：“第一

∧ 1928年蒋介石、冯玉祥、阎锡山在石家庄合影。

集团军士兵向来生活水平较高，第二集团军士兵向来生活水平较低、习劳耐苦惯了。”

蒋介石又假意连连电请冯玉祥到南京供职，而冯玉祥明确表示自己不去南京是“恐为李济深第二”。随后冯玉祥在华阴召开军事会议，决定武装反蒋，并自任“护党救国军西北路总司令”。并即刻令韩复榘、石友三从信阳、襄樊撤退，命令在鲁、豫两省的孙良诚、马鸿逵、庞炳勋向潼关以西撤退，把兵力集结起来对抗蒋的进攻。5月8日，国民党中央政治会议推蒋介石为主席。23日，蒋介石授意国民党中央常委会革除冯玉祥的一切职务，永远开除其党籍，并下令查办。至此，蒋、冯大战一触即发。

就在即将开战的前夕，冯的心腹将领韩复榘却在华阴会上公开反对冯的安排，他说：“全军退入陕甘贫瘠之地，给养不足，怎么生存？况且，全军将士刚由贫寒地区打出，谁也不愿退入穷地方受苦，若为环境所迫倒也罢了，如今这是为啥？”

冯玉祥说蒋介石下一个进攻目标便是我。韩复榘一听，即向冯请令，愿意率领10万军队攻取武汉；并建议另由孙良诚率10万军队直取南京；以石友三统10万军队作为总预备队；留宋哲元、刘郁芬部监视阎锡山。冯玉祥认为这是冒险，不予采纳。

韩复榘反问道：“当初五原誓师，人不足10万，装备也差，奋勇向前，不是成了大功？如今兵多将广，10倍于昔，枪炮军械，也是全国无比，何以不进攻而只退守？”冯玉祥说：“以前本钱少，不得已而冒险；如今本钱大了，就得行万全之策。”韩复榘又请求准许他的部队驻防洛阳至南阳一带。冯也坚决不允许。

韩复榘是冯一手提拔起来的，是冯的亲信，被称为冯的“十三太保”之一。但韩在南口

★华阴会议

1929年5月中旬，冯玉祥在华阴召开会议，决定武装反蒋，自任护党护国军西北路总司令。为集中兵力，防止腹背受敌,会议决定缩短战线，收缩兵力，把山东、河南驻军全部西撤,集中在豫西、陕西待命。然而，这一“集结兵力，缩短防线”的部署并不能为一些部将所接受，蒋介石也加紧拉拢冯军将领。

战败后，曾经投降阎锡山。冯后来表示既往不咎，但韩、冯之间已经存有戒心。韩复榘当了河南省主席后，常偷偷嫖赌，还娶了个以唱坠子书闻名一时的纪甘青为妾。冯便在大会上不指名地批评说：“现在许多军政高级人员，生活很腐化，吸烟、喝酒、打牌还不算，有的人打了几个胜仗，自己以为了不起，你弄个唱戏的，他弄个说书的……”这让韩复榘很反感。

在蒋、桂战争中，韩嫌河南省穷苦，想借机得到湖北地盘，当湖北省主席。于是他想率部攻打武汉，冯却说他“太不懂事”，令他原地待命。这些因素聚集在一起，韩已经对冯极为不满，现在蒋介石又来收买他，韩便产生了叛变之心。

韩复榘在华阴会议★之后满眼含泪说道：“把整个河南省放弃，部队全撤到潼关以西，这不是自取灭亡吗？以后我们吃什么？穿什么？靠什么激励将士跟着我们？”随后他便联络在洛阳的石友三一起叛冯投蒋。石友三当过冯的马夫、警卫，也是冯的“十三太保”之一，但是也曾同韩一起投降阎锡山。石友三多年来战功赫赫，但是却感到封赏不公，因此也对冯产生了不满。他也瞒着冯吸食鸦片，妻妾成群，并和韩复榘有很深的私人关系。蒋介石在蒋桂战争时，派钱大钧送给石友三30万元。石很容易就被蒋所拉拢。

5月22日，韩复榘、石友三突然通电维持和平，表示拥护中央、拥护蒋介石。蒋介石喜出望外，立刻通电嘉奖，任命韩为河南省主席，并让韩指挥所有驻陕甘部队。蒋介石任命石为安徽省主席，又派石为讨逆军第十三路总指挥，并立即送现款1,000万元作为犒赏。

冯当时住在华阴，最初不敢相信这个消息，等到证实以后，立即感到痛心疾首，因为韩、石为冯的最精锐部队，多年来被寄予了厚望。在内叛外压的形势下，冯玉祥失去了迎战的信

∧ 蒋、桂大战前，蒋介石与阎锡山（前左六）等人在石家庄合影。

心，他突然宣布："自5月27日起，所有各处电文，一概谢绝，从此入山读书，遂我初衷。得为太平之民，于愿足矣。"此时叛蒋的韩、石也没有脸面去充当进攻冯的先锋，而蒋介石军队则在韩、石部队的外围，无法和冯部接触，因此战争暂时停止下来。

冯玉祥再次被出卖

冯玉祥宣布下野后，一口恶气出不来，于是他派邓哲熙和曹浩森到太原找阎锡山，表示希望与阎联手反蒋，万万没有想到竟然被阎锡山骗到山西，给软禁了起来。

蒋介石无法一口吞下冯、阎两支实力军队，只好先联合阎锡山去对付冯玉祥。6月7日，蒋介石委任阎锡山为北路军总司令，要他帮助进攻冯玉祥。阎锡山则表示不愿内战，还扬言他要与冯玉祥一起下野出洋。此前，阎捎话给冯玉祥，请冯赴太原共商反蒋大计。当时冯玉祥对阎锡山充满了警惕，不敢贸然前去。后来看到阎已经摆出了出洋的架势，加上阎锡山委托原日本士官学校的同学李书城劝冯同阎一起出洋，冯素来很敬重李书城，因此打消了顾虑，就答应了这个请求。于是冯遂决定离华山，偕妻女随李书城过黄河，赴山西。冯在运城住了3天，备受晋军将领优礼，随后乘车前往太原。

冯玉祥一到太原，即同阎联名发出出洋通电。阎让冯住在太原附近的晋祠，给冯在太原设立了办事处，配置了对外联系的电台，三天两头去看望冯。

阎还经常假装与冯商讨反蒋大计，同时也准备些出洋的行头。但是暗地里，阎锡山却把冯作为政治筹码，秘密同蒋介石进行交易。蒋介石派吴稚晖、孔祥熙去山西，劝阎不要出洋，并亲自到北平约他面谈。阎锡山偷偷跑到北平，蒋介石委任阎锡山为全国陆、海、空军副总司令，阎锡山则答应尽快解决西北军。然后，阎锡山回到太原，先是称病住院，后又退掉了赴日的船票。

冯见阎迟迟不准备出洋，表示自己要单独出洋。阎却对冯说："大哥，你如不等我，就叫我人格破产了。"

冯只好收回单独出洋的打算。冯在晋祠住了3个月后，移至五台县居住。10月5日，阎又将冯迁移到建安村，以武装岗哨和铁丝网把冯监禁起来。李书城感到对不起冯，因为当初是他奉阎委托劝冯来山西的，现在他决心陪冯一同"坐监"。

冯玉祥上了阎锡山的当，羞怒异常，但他毕竟久经沙场，因此定下了联合蒋介石对付阎锡山的对策，同时在晋军之中不露声色。阎锡山备有两套人马，一套专接南京代表，表示竭诚拥蒋；另一套则接待各方反蒋代表。

冯玉祥虽然困在建安村，但是却暗中授意留在陕西主持西北军军务的宋哲元★，秘密与南京政府联系，向蒋介石靠拢。宋哲元便派参谋长见蒋介石，表示西北军接受中央指挥，要求补给军饷。蒋介石以为西北军已然不战自降，于是委派于右任和贺耀祖到西安收编西北军，并供应西北军军饷。

∧ 冯玉祥旧照。中国近代军阀黑暗统治中，出现的一位难得的追求光明的人物。冯玉祥虽割据一方，可他治军严厉，爱民如子。

★宋哲元（1885～1940）

国民党一级陆军上将。山东乐陵人。冯玉祥西北军的主要将领之一。冯玉祥部改称为国民革命军第2集团军后，宋历任第四方面军总指挥、第29军军长、察哈尔省主席、平津卫戍司令、冀察政务委员会委员长，曾兼任过陕西省主席、河北省主席、冀察绥靖公署主任。1937年"七七事变"后，宋哲元被任命为第1集团军总司令，后辞职改任军事委员会委员等职。1940年病逝。

∧ 中原大战前，阎锡山（右二）将被软禁的冯玉祥接到太原。

＞ 中原大战前，冯玉祥的西北军在潼关红场整装待发。

阎锡山大惊，害怕蒋、冯联合起来对付自己。为了摆脱困境，他于中秋之夜亲往建安村，当面向冯玉祥赔罪，并提出联合反蒋的建议。冯玉祥见计划实现，蒋、阎已经分裂，于是表示可以不计前嫌，联手反蒋。在阎锡山的鼓动下，冯立即电令宋哲元、刘郁芬等准备讨伐蒋介石。阎锡山则信誓旦旦地答应充分供应冯军战争物资。二人协商后认为，冯玉祥仍然住在建安村幕后比较好，可以留有回旋余地。他们打算由西北军将领首先举起讨伐大旗，并通电拥戴阎锡山，然后再由晋军响应。

宋哲元一面应付蒋介石方面派来的编遣委员，一面准备军队，同时电告南京的鹿钟麟、刘郁芬等赶紧离开南京。1929年10月10日，由刘郁芬、石敬亭、宋哲元、孙良诚等27名西北军将领，联名发表拥戴冯玉祥、阎锡山，讨伐蒋介石的通电，列举了蒋介石的六大罪状：

一、"自蒋氏继任主席，滥用威权，包办三全大会，党成一人之党，中央成一人之中央。假中央集权之名，行专制独裁之实"，"天下为私"。

二、"自蒋主中枢，政以贿成。政府委员及财政官吏，非其私，即其妻党。狐鼠凭陵，秽闻昭彰。贪污之风，实甚于昔北京政府，以致开国正气，竟被蒋氏一手破坏无余。"

三、"连岁水旱成灾，遍及全国。仅西北各省灾民数近二千万。哀鸿遍野，奄奄待毙。"蒋氏对非嫡系部队，"常十余月发一饷，死者无抚恤，伤者无医药，生者无一食。而蒋氏及其左右私党，骄奢淫逸洎享帝王之奉。军民交瘁，漠不关心。自蒋氏到南京，不足3年，前

后发行公债四亿二千万元”。“蒋氏用总司令名义支用特别费，每月百余万元。凡此黑暗贪污，即榨取民脂民膏民血”。

四、“蒋氏狡悍阴鸷”，“毫无政治道德、权术诡谋百出”，“行帝王专制之淫威”，使“兄弟骨肉自相残杀。今年湘、鄂、粤、桂、川、滇、黔等省，战祸连绵，蒋氏一人实为之俑”。

五、“蒋氏假借编遣为名，一面令他人竭力灭缩，一面自己加大招募。两度会议，皆属欺骗阴谋。近更向德国大购军械，暗扩军额。外标和平统一之名，阴行武力统一之实。”

六、“蒋氏自知多行不义，为国所不谅，乃更异想天开，学拿破仑三世之所为，利用外交问题，转移国内目标。”“此次中东路事件发生愈月，和平交涉，既无把握，武力抵抗更不准备，坐令俄兵出没边境，焚烧城池。边民数百万流离失所，财产损失，以数万万计，丧权辱国，薄海痛心。”

通电最后宣布：“蒋氏不去，中国必亡”，“即日出发，为国杀贼，万死不恤”。这次宣布蒋介石毁党、误国等6大罪状。推戴阎锡山、冯玉祥为总、副司令。冯部所有军队共编八路，分路出发，各将领公推宋哲元为西北军总司令，孙良诚为前敌总指挥。

通电发出后，10月10日，西北军兵分3路，出兵潼关，浩浩荡荡向河南进军，讨伐蒋介石。

战争开始后，西北军连战连捷，进展甚快。蒋介石大惊，又玩起了阴谋，他迅速派人到山西拉拢阎锡山，命令阎锡山部属朱绶先代理军政部长，阎锡山见到有利可图，便于10月15日通电南京政府，表示支持政府制止宋哲元等人的行动。

28日，蒋介石以陆、海、空军司令的名义，发表了《讨冯誓师词》，大骂冯玉祥说：“冯逆反复，好乱成性，勾结暴俄，祸国殃民，既召外侮，又图称兵，内战国本，外失威信，举国同仇，疾首痛心，全军愤激，师出正名，为党讨逆，为国牺牲，党亡与亡，国存与存，身为后死，誓不偷生，义无反顾，勇往急进，军法连坐，敌忾同心，内奸不除，国无幸存，叛徒不灭，民难安宁，歼除内奸，固我国本，肃清反叛，安我国民。”

蒋介石任命了利用杂牌军组成的讨伐冯军的5路人马，5路总指挥分别是：第一路方鼎英，第二路刘峙，第三路韩复榘，第四路何键，第五路唐生智。总预备队总指挥为陈调元，运输总司令贺耀祖。

由于阎锡山再次背叛了冯玉祥，冯军的军事机密尽为蒋所知晓，阎锡山还接受了中华民国陆、海、空军副司令的委任，因此使得冯军处于阎锡山和蒋军的两面夹击之中。加上蒋军装备精良，供给充足，宋哲元和孙良诚孤军深入，争夺指挥权，使得西北军全线溃退到潼关以内。因此，仅仅一个多月，西北军就被蒋介石打败了。这一次冯玉祥因为身在幕后，蒋介石没有强逼他，只是让他到中央供职，或者出洋考察。

11月21日，蒋介石要回南京主持对付广西方面的张发奎、俞作柏的工作，于是请阎锡山坐镇西北军务，令唐生智代理总司令职权。至此，反蒋军事行动暂时停了下来。

< 奉行"明哲保身"哲学的阎锡山，每每随着形势和利害关系的变化，随时变换立场，以达目的。图为中原大战前，蒋介石与阎锡山在一起。

< 在风云变幻、政坛人物走马灯式地更换的民国时期，阎锡山却从辛亥革命开始一直在山西掌权达38年之久。

阎锡山被迫奋起反抗

解决了西北军后，蒋介石立即把手伸向了阎锡山。最后逼迫阎联合冯玉祥和李宗仁联合反蒋，以3倍于蒋军的兵力，和蒋进行了大规模的战争。

10月28日，蒋介石公开宣布阎锡山为陆、海、空军副总司令。11月5日，阎锡山喜洋洋地宣誓就职。到了11月26日，蒋介石突然规定："在中央有职务者不得再兼省职。国府委员应驻京，无公事不能离职。"这意味着阎锡山必须离开太原到南京去当官，这实际上等于晋军自己削藩，把军队白送给蒋介石。接着，蒋介石又派宋子文到平、津两市，接收天津海关和长芦盐运使署等税务机关，把平、津税收尽数归为国有，使盘踞平、津的阎锡山从此无税可收。阎大为不满，要求发行公债弥补，又被蒋介石所拒绝。阎又得知蒋在北平秘密会见张学良，不由得非常恐慌。阎锡山又得知蒋曾密令韩复榘在郑州逮捕自己，于是赶紧逃回山西。阎锡山还看到蒋介石的嫡系部队大批北上，要对付晋军和冯军。这些都使得阎感到无路可退，只有反蒋才可以自保。此时冯玉祥也加紧了行动，更加促使他下了决心。

开始的时候，被软禁在建安村的冯玉祥，得知因阎锡山背约，使西北军再次惨败，于是绝食100多个小时进行抗议。他想亲往太原当面责问阎锡山，又被阎的驻兵跪地拦车挡回。冯玉祥感到只有再次采用联蒋逼阎的办法，才能逼迫阎放了他。

一天，冯的大将鹿钟麟化装成某要人的勤务兵去建安村见冯。冯用米汤在《三国演义》书内密书手令，然后交给鹿。手令上写着免去宋哲元的代总司令兼职，另以鹿钟麟代理总司令职务，并令宋哲元、鹿钟麟等部将："勿以我为念，设法联合韩复榘、石友三部，甚至不惜与南京方面修好，对付阎锡山。"

鹿钟麟返回后立即提出"拥护中央开发西北"的口号，冯也派人向蒋说明第二次蒋、冯战争是阎锡山挑起的。蒋知道后大喜，因为他正希望联合其他派别对付阎锡山。蒋介石随即向西北军表示，希望"合力倒阎"，蒋还致电阎锡山，要他"恢复冯之自由"。鹿派代表秘密来到南京，对何应钦说："如能给一批军火，即愿开往山西讨阎。"何爽快地答应了。鹿又派人与韩复榘、石友三联系讨伐阎锡山的事宜，韩、石两人说："阎锡山好用权诈，搬弄是非，如不把他打倒，国家就不会太平。"鹿钟麟发给韩、石密电说："我弟如举兵入晋，兄愿受弟指挥。"

1930年1月16日，吴铁城奉蒋介石委派来到太原，请阎锡山补行副总司令就职仪式，这等于是最后通牒。阎锡山走投无路，于是只得于1930年2月10日发出通电，以"礼让为国"之名，请蒋下野。阎通电反蒋后，各方反蒋派别纷纷派出代表来到太原，形成空前的倒蒋统一战线。他们不满于蒋的独裁和残酷消灭异己，趁机起来反抗。反蒋派在太原制定了军事计划，并提出要蒋介石下台。蒋介石则一面进行舆论反击，一面派兵北上进行武力威胁，同时授意何应钦呼吁阎锡山下野。

阎锡山果然能屈能伸，他再次决定联合冯玉祥抗击蒋介石。阎锡山来到了建安村，极其诚恳地对冯玉祥说："大哥来到山西，我没有马上发

< 鹿钟麟旧照。鹿钟麟自北洋新军学兵营与冯玉祥相识后，随冯戎马生涯近40年，成为冯的主要助手。在“北京政变”中，率部先行入城，不费一枪一弹，仅三天就控制北京全城。接着，带领军警等20余人，直入清室，将中国末代皇帝溥仪驱逐出宫，废为平民。

动反蒋，使大哥受了些委屈，这是我第一次对不起大哥的地方；后来宋哲元出兵反蒋，我没有迅速出兵响应，使西北军受到损失，这是我第二次对不起大哥的地方。现在我们商定联合反蒋，大哥马上就要回到潼关，发动军队。如果大哥对我仍不谅解，我就在大哥面前自裁，以明心迹。大哥回去以后，倘若带兵来打我的话，我决不还击一弹。从今以后，晋军吃什么、穿什么、用什么，大哥的军队也吃什么、穿什么、用什么，一律待遇，决不歧视，我心耿耿，唯天可表。”说完这些话，他竟然抱着冯玉祥的头痛哭起来，冯也受到感动，痛哭起来。他们互相表示：“同生死，共患难，反蒋到底。”并歃血为盟。1930年3月9日，阎锡山还当场交给冯玉祥现款50万元、花筒手提机关枪200支、面粉2,000袋，并送冯玉祥回到潼关。

冯、阎结盟后，阎锡山开始积极备战，同时又耍了假“下野”的花招。3月10日，西北军将领23人一起发电挽留，阎锡山也就顺坡下驴，不再“下野”了。3月14日，冯玉祥秘密抵达潼关。同一天，晋军将领和第2、第3、第4集团军的将领包括阎、冯以及鹿钟麟、商震、张发奎★、李宗仁等57人联名发出讨蒋通电，并推举阎锡山为中华民国陆、海、空军总司令，冯玉祥、张学良、李宗仁为副总司令。通电中还历数蒋介石的各大罪状，要蒋下野，还政于民。

★张发奎（1896～1980）

国民党二级陆军上将。广东始兴人。曾任粤军团长，国民革命军第4军师长、军长。抗日战争爆发后，任国民党第8集团军总司令、第九战区第2兵团总司令、第四战区司令官、第二方面军司令官、广州行营主任、广东绥靖公署主任等职。1949年李宗仁“代总统”时任陆军总司令，同年7月去香港。

∨ 三位叱咤一时的人物，游刃在一个三角关系中。图为中原大战前的冯玉祥、蒋介石、阎锡山。

在大战开始前，阎锡山又一次暴露了骑墙的一面。蒋在反蒋阵营初成气候的时候开始对阎锡山进行威胁利诱。他电告第3集团军将领说："切劝百川兄及早自拔，公私两全，固党国所利赖。"蒋介石又派方本仁、何成浚、吴铁城等到太原，劝阎锡山不要发动战事。

阎锡山推荐去南京任监察院院长的赵戴文也奉蒋介石的命令回太原，劝阎锡山不要造反。赵对阎说："我在南京一年多，深知蒋的内部对他信仰很深，已经成了铁桶子，军队力量也很强大。你以为联合的人不少，这不是乌合之众吗？这些人见利则争，见害则避，打起仗来，哪能靠得住。你要打他，不是自取灭亡吗？"

阎锡山听了这些话，讨蒋决心就发生了动摇。他赶紧电告张学良暂行停发他自己草拟的讨蒋通电。张学良认为阎是拿他耍着玩，从此对阎非常不满。后来当阎决心反蒋时，蒋介石早已把张学良拉到了自己一边，阎的话已经不再受张学良重视了。

4月1日，阎锡山、冯玉祥和李宗仁分别在太原、潼关、桂平宣誓就任中华民国陆海空军总司令、副总司令，其他将领也分别通电就职。但张学良没有反应，何键、刘文辉秘密接受委任，但不肯公开通电就职。

阎锡山在就职通电中指斥蒋介石"专制独裁，为所欲为"，以致"党不党矣，政不政矣，国不国矣，民不聊生矣"。

反蒋阵营总兵力大约70万，比蒋方稍多。反蒋方面有八个方面军，军事部署是：李宗仁统率的桂军为第一方面军，从湖南进攻武汉；冯玉祥统率的西北军为第二方面军，在河南省境内陇海、平汉两路作战，分别进攻徐州和武汉；阎锡山统率的晋军为第三方面军，在山东省境内，沿津浦路、胶济路与第二方面军会攻徐州，然后沿津浦线南进，直逼南京；倒戈后投归西北军的石友三为第四方面军，进攻济宁、兖州，同时协同第三方面军会攻济南；张学良、刘光辉、何键、樊钟秀为第五至第八方面军总司令，暂时秘而不宣。蒋介石一方也针锋相对，进行了部署。

1930年4月，蒋介石首先发起了舆论攻势，他以国民党中央宣传部的名义，编写了《讨伐叛党祸国殃民的阎锡山冯玉祥书》，并公布《国民政府拿办阎逆锡山令》《讨伐阎锡山宣传大纲》《讨伐冯逆宣传大纲》等公文。蒋介石历数了阎锡山的罪恶：

一、假革命之名而攫取权位；二、残害同志，劝袁称帝；三、假名村治，搜括民财；四、摧残教育，实行愚民；五、破坏交通，扰乱金融；六、煽动冯唐，破坏统一；七、妄发主张，藉端倡乱；八、勾结反动，倾

∧ 1930年，阎锡山（右）自太原晋祠迎接被幽禁的冯玉祥共同参加中原大战。阎锡山的骑墙哲学在中原大战前，表现得淋漓尽致。

危党国；九、封闭党部，拘捕党员；十、阳唱出洋，阴行南犯；十一、勾结外国，卖国求助。

总之，阎逆为背叛中央，满足野心之故，不惜以华北民众为牺牲，不惜以国家主权为代价，其卖国求助之罪，较冯逆之勾结苏俄，断送蒙古新疆，实有过之无不及。

蒋认为冯玉祥的罪恶有：

一、勾结苏俄，招纳共党；二、破坏交通，图碍奉安；三、拥兵割据，反抗中央；四、嗾使桂系，称兵叛变；五、吞没赈款，霸占赈粮；六、苛征暴敛，强迫种烟；七、惨杀民众，摧残舆论；以上七端，特就其大者而言，有此七罪，已属死有余辜；况冯述种种劣迹，尤有笔所难宣者，虽欲以细行欺世，谁其信之。

蒋介石还公布了《为讨伐阎冯告将士》《告国民革命军全体将士文》及《阎锡山扰乱党叛迹昭彰》《北方反动势力的丑态》《阎冯勾结反动余孽捣乱情形》。其中说："阎逆锡山，冯逆玉祥，存封建之心理，具军阀之积习，举动恐统一将不利于其割据之野心，和平将消挥其作乱之机会，故处心积虑，必欲破坏统一而后已，必欲扰乱和平而后快。"说阎锡山"狡诈为心，阴险成性，常欲以别供牺牲而立于不败之地，对中央虽貌似服从，对地方则使叛变，纵横议论，挑拨离间，无所不用其极"。而冯玉祥"迭次谋叛，幸逃显戮，缉榜犹悬，野性复炽，此次受阎逆庇护，又图死灰复燃，啸聚潼关，进犯郑洛，与阎逆共肆披猖，作反革命之大团结"。因此，蒋介石表示要坚决"讨伐"阎冯等军阀：因为"此役为封建军阀最后之挣扎，亦即革命战争最后之一幕"。

同时，蒋介石暗中要蒋方各省市的党部发表通电，要求蒋介石讨伐阎锡山、冯玉祥，大造讨伐阎冯舆论。

在舆论进攻的同时，蒋介石亲自在武汉召开军事会议。蒋介石在会上说："作战的关键问题，是对敌兵员的杀伤。只有对敌兵员的大量杀伤，才能解决战事。你们应当大胆放手地尽量利用我们的优势炮火，予敌以重大的杀伤。"蒋介石对这场战争也早已经做好了准备。蒋军为三个军团。第一军团由韩复榘统率，扼守黄河南岸，阻止津浦路的晋军南下南京；第二军团由刘峙统率，防守滁州、砀山、宿县；第三军团由何成浚统率，与马鸿逵部布防于鲁西济宁、曹州，对抗石友三部；此外，以杨虎城部防守南阳一带，范石生部防守襄樊一带。蒋介石嫡系部队在徐州、蚌埠一带集结。

< 在中原大战中，据守一方的张学良成了蒋介石、阎锡山各自拉拢的对象。图为（左起）阎锡山、蒋介石、张学良。

蒋介石投入的总兵力大约有60万，比反蒋一方的70万稍微少一些，并且其中有一半左右是非嫡系军队。这样，双方共计投入130万兵力，以河南、山东、山西、陕西等省区为中心，即将进行一场历史上空前的新军阀中原大战★。

深夜，忽然被冯玉祥军队包围

1930年5月31日深夜，蒋介石指挥部所在地的朱集车站，除了哨兵之外，人们都进入了梦乡。突然，车站四周枪声大作，喊杀声震天。蒋介石满头冷汗，他清楚地知道自己的身边只有200名卫兵，敌人不知道来了多少，恐怕今晚凶多吉少！他来不及多想，立即披衣起床，询问情况。此时外面已经是一团混乱，轻重机枪和其他枪声响成了一片……

这是怎么一回事呢？让我们从头说来。

1930年4月中旬，冯的部队进驻洛阳，万选才部进占开封，万随后就任河南省主席，反蒋联军迅速控制了河南局势。5月1～3日，阎与冯商讨作战方略。

1930年5月1日，蒋介石发表了《讨阎誓师词》。5月11日，蒋、冯、阎中原混战正式打响。

陇海线位于中央，双方把主要兵力都投入到陇海线，进行较量。战事一开始，反蒋联军就暴露出要害问题，各部队

***中原大战**

1930年4～11月，蒋介石同阎锡山、冯玉祥、李宗仁等，在河南、山东、湖南等省进行的大规模新军阀混战，史称“中原大战”，是中国近代史上规模最大的一次军阀混战。中原大战是北伐统一全中国之后国民党内最大的内战，战事蔓燃河南、河北、山东、湖南、湖北，各方投入兵力超过130万，造成官兵伤亡在30万以上。最终以反蒋派的失败而告终。

都想保存实力，又要抢夺地盘，不肯真正出力，并且指挥不统一。而蒋军统一指挥，气势汹汹，并且有空军支援作战，一开战就对联军造成了重大的杀伤。由于联军中的刘茂恩部在豫东前线投降，并且为了立功，劫杀了河南省主席万选才，袭击了友军35师，结果导致联军在陇海前线阵地大规模后退。蒋军连续攻占归德、兰封，并将孙殿英部包围于亳县。其他部联军也都各怀心思，不愿意出力，因此蒋军在豫东、鲁西、皖北都进展顺利。蒋介石还把总司令部设于兰封车站，亲自坐镇指挥。陇海线正面的晋军处境非常危险。

∧ 中原大战前，冯玉祥在河南与蒋介石合影。

∨ 冯玉祥亲自指导部属修补军鞋。

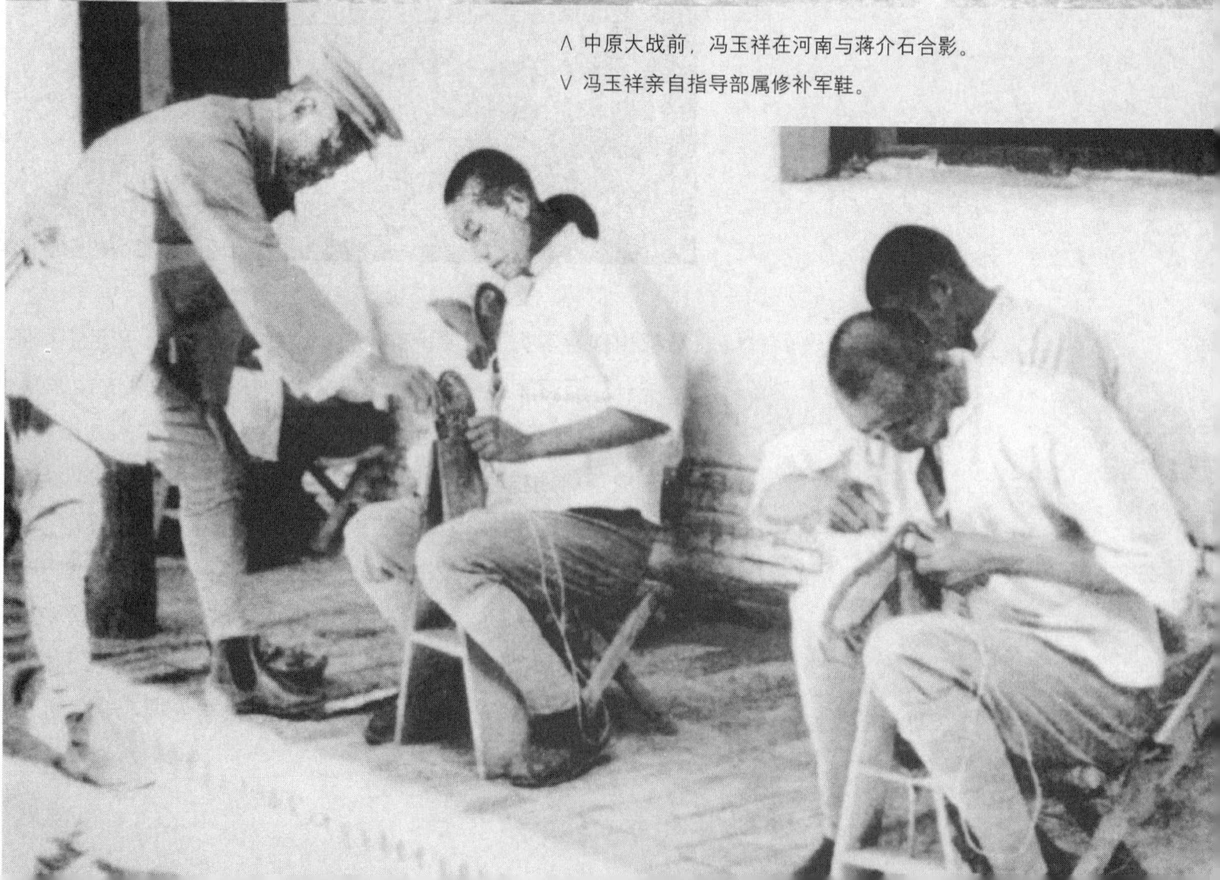

冯、阎商量后，重新制订了作战计划，发动了全线反攻。

阎锡山集中9个炮兵团324门大炮对蒋军进行轰击，一举重创了蒋军。冯玉祥派遣骁勇善战的吉鸿昌和孙良诚猛攻蒋军精锐陈诚部，使陈诚部损失严重，并且几次都被包围起来。激战十几天后，蒋军全线动摇。

5月31日，蒋介石还差点做了俘虏。当天晚上，冯玉祥部郑大章率1,000多骑兵奇袭归德飞机场，当场烧毁飞机12架。当郑部士兵进攻朱集车站时，并不知道蒋介石就在车站，因此只是试探性地进行进攻。当时蒋介石命令卫队集中火力进行密集射击，结果郑大章以为车站驻扎有重兵，加上夜间不便大举进攻，随即退走。后来冯部才知道失去了一次千载难逢、可能改写历史的良机。周佛海写的《往矣集》上说："冯玉祥的骑兵郑大章部来袭击飞机场，他们的任务是烧了飞机就回去，谁知我们车上只有200多卫兵，（当时蒋介石在归德的朱集车站指挥作战）车站上又没有其他军队，如果骑兵到达车站，主帅以下都要被俘。"另一次良机也被石友三部错过。石以两师兵力夜袭蒋军，蒋军溃败，但石不了解敌情，未能乘机追击，反而后退。缓过劲来的蒋军乘机反攻，转危为安。

在平汉线上反蒋方也失去了一次良机。作战的蒋方杂牌部队为了保存实力，并不卖力。为了配合进入湖南的桂军，冯下令向平汉线蒋军发动全线进攻，激战两昼夜后蒋军被击溃。但冯没有乘胜追击，造成战略上的一大失策。后来桂军虽攻占了岳阳，但由于没有得到冯玉祥的进攻配合，而且后路被粤军截断，桂军被迫回师。

在津浦线战场上，阎锡山命傅作义为行营主任主持作战，又另派张荫梧为总指挥去牵制傅，造成了指挥上的矛盾。开始攻击时，晋军击败了蒋军韩复榘部，并且于6月25日攻占济南。但是随后在胶济线与津浦线遇到了蒋军的顽强抵抗。阎锡山损失很大，渐渐处于劣势。在津浦线上，蒋介石军队于7月中旬开始反攻，晋军节节后退。蒋介石在7月24日给中央的呈文中说，联军"万选才就俘，樊钟秀炸毙，孙殿英被围，土匪行将次第消灭。而阎冯寇部屡次冒死来犯，迄不得逞，徒自伤亡其精锐。最近闻我方增加部队将到，其恐慌愈甚，其为困兽之斗亦愈烈。本月11日起至20日止，此10日中，逆军竭全力兵攻我陇海正面，攻我平汉各军，攻我围敌部队，而皆自取覆灭。今其全力竟皆丧失已尽，解决不难立待也"。

< 阎锡山手下将领傅作义在一次集会上讲话。

V 冯玉祥在前线观看缴获的敌方铁甲车。

阎锡山见情况危急，连忙再次厚着脸皮派人携带大批现款、弹药和面粉赶到郑州向冯玉祥求援。原来经过几次大的战役，本来就装备很差的冯部消耗很大。而阎锡山对冯部的补给，开始时还比较充分，可是越到后来，不仅数量少，而且不及时，尤其是械弹和战斗器材的补充，渐渐就彻底断绝了。好在冯为了顾全大局，没有袖手旁观。

6月上、中旬，冯军在陇海东线对蒋军的战役中则连连获胜。蒋介石决定组织新的攻势，于是命令各军向开封进军，没想到却中了冯玉祥的“口袋阵”。虽然后来破获了冯的密电，但蒋军还是没有全部抽身，损失惨重。

8月初，晋军告急，冯玉祥组织了大规模攻势，打算以徐州为目标，兵分七路进攻蒋军。冯向各将领强调：“本破釜沉舟之决心，与敌作最后之角斗。”

∧ 1930年7月13日，汪精卫、阎锡山、冯玉祥等在北平召开“扩大会议”并发表宣言。

冯军连续奋战7昼夜，蒋军大败。蒋介石只好确保退路，下令各路将领固守鹿邑、太和、阜阳、涡阳、蒙城、永城、夏邑和亳州各城。他还实行重奖政策，凡敌军来攻时能固守不失者，准将领升2级，赏大洋5万元。

这时老天帮蒋，竟然使得蒋军转危为安。当时连日大雨不停，冯部士兵连续作战后非常疲劳，加上军火和给养又非常困难，攻势大减。此时，阴险的阎锡山再次违背了事先的约定，很少供给冯军给养和军火，供给冯军的饼干，也是霉烂的。

阎锡山很快就尝到了负约的苦果，由于冯部给养困难，无法有力地支援晋军，晋军只好于8月15日放弃济南，向黄河以北撤退。当时，数万大军抢渡黄河时，被水淹死和在黄河铁桥上被蒋的飞机炸死的不计其数。这次战役非常惨烈，双方伤亡达20万人以上。

蒋介石在8月16日给中央的战报中说：“我右翼军蒋师已于15日下午2时确实占领济南，并因我军先绕道占领黄家庄等地，逆敌只一小部分渡河北窜，其余全数被擒，是役俘虏官长无数，获步枪2万余支，大炮230门，其他辎重弹药极多。逆敌仅有之飞机2架，亦不及运回。其狼狈窜逃情状，概可想见。查阎逆据济南以后，自诩胜利，号召各派反动分子妄思组织伪政府，且冯逆玉祥积极攻击陇海平汉两路，幸赖各将士忠勇奋发，一致努力，遂能克复济南，击溃晋逆主力军。现津浦路我军正分路渡河追击，胶济路各军亦早协同前进，晋逆必可完全歼灭，冯逆残部闻风丧胆，而日来向我各部作最后之猛烈攻击者，昨晚完全沉寂。此据报告，且已呈溃退之象，我军部署追击，就不难一鼓荡平。”

∧ 在中原大战中，一直袖手旁观的张学良于1930年9月18日发表通电拥蒋，率东北军大举入关，加入蒋军集团。

22日蒋介石发表训令，以争取冯阎的部下。训令说：“阎锡山、冯玉祥倡乱魁率，法无可宥，至其所部将士，皆曾为革命尽力，徒以冯、阎挟制，乃至误歧路。其情实有可原，其愚尤为可悯。现拟重行传檄，明白告诫各该部将士，果能大义灭亲，擒解祸首，听候中央惩治，自当特予懋赏；但使自拨来归，迫令其祸首阎、冯卸除兵柄，驱逐于其所谓防地者之外，杜绝割据弄兵扰乱党国之野心，则各部本为中央军队，就必仍与中央各军享受一律待遇，决不稍有歧视，并以各军反正附义时期之先后，以为论功行赏次第之表率。”

24日，蒋宣布，先占领巩县者赏大洋20万，先占领洛阳、郑州者赏大洋100万元。9月6日，蒋部发动了对冯部的总攻。

冯玉祥也宣布：活捉蒋介石者，赏大洋200万元；活捉何应钦、何成浚、刘峙者，各赏大洋10万元。但是，冯军已经处于劣势，重赏也无法挽回。冯只好指挥部队撤退。他希望晋军能够进攻济南，并抽2万兵力增援郑州，但阎锡山此时已经打算退回山西，已密令晋军全部撤回黄河以北，处于独自作战状态。

阎锡山虽然在军事上已经失败，但是却于9月9日上午9时，在北平怀仁堂举行了国民政府主席就职典礼。阎曾在7月13日在北平召开了由各反蒋政治派别参加的中国国民党中央党部扩大会议，经过改组派和西山会议派的一场既要统一又互不相让的大争吵后，终于发表了《扩大会议宣言》。原来改组派和西山会议派分别在广州和上海另立过中央，现在，双方都坚持以自己的中央为合法的党中央，因此争执不休。会后，阎派陈公博、邹鲁前往天津迎接由香港返回的汪精卫。

大战开始时，汪精卫正在香港观望。虽然改组派与西山会议派都想让汪精卫尽快北上主持大局，但是汪精卫却想在两广建立中央。后来他看到桂系和张发奎被蒋军击败，才于1930年7月23日转道日本来到北平。汪精卫抵北平后便筹组以阎锡山为首的新的国民政府。1930年8月7日，反蒋方决定组织与南京对抗的国民政府，并推举阎锡山、汪精卫、

< 东北军将领、平津卫戍司令于学忠。

冯玉祥、李宗仁、张学良、唐绍仪、谢持7人为国府委员，以阎为主席，汪精卫、张学良、谢持为副主席。

阎锡山当上“国家元首”9天后，一直袖手旁观的张学良于9月18日发表通电拥蒋，率东北军大举入关，加入蒋军集团，反对扩大会议。随着9月19日东北军大举入关，阎的“国民政府”也跟着垮台了。

蒋介石和反蒋一方一直都争取张学良加盟，但是张始终不表态。蒋介石为了拉拢张学良，曾在6月3日派李石曾到沈阳为张学良庆祝30岁生日。蒋还派自己的亲信张群、李石曾、吴铁城等对张学良采取车轮战术进行劝说。张学良到北戴河避暑，李石曾、张群、吴铁城、方本仁也跟着去避暑。张学良迫不得已，口头向张、吴表示，如蒋军攻克济南，东北军就答应出兵。当蒋军攻下济南，阎军退至黄河以北时，蒋立即派张群将陆、海、空军副司令的职位送给张学良，又让东北军将领于学忠担任平津卫戍司令，王树常担任河北省主席，同时希望张立即出兵入关。这等于以平、津两市和整个河北省为条件换取张学良出兵。

如此优厚的条件，是有很强的诱惑力的。比较而言，反蒋方只是口头拉拢张学良，没有实际的东西。并且，阎锡山派去劝说张的行营主任梁汝舟、军械处长张维清和山西省建设厅长温寿泉，冯玉祥派去的邓哲熙、门致中等人的职衔都比张学良低许多，这让张学良感到阎、冯看不起自己，于是也就只是敷衍。而蒋介石在利诱张学良的同时还以高官厚禄收买张的部下，让张学良不得不感到蒋的厉害，最终反复权衡后，张学良下定决心倒向蒋介石。

张学良召集东北军高级会议，他在会上说，蒋、冯、阎都不是好东西，阎、冯二氏的为人，一向反复无常；蒋介石亦系一阴谋的野心家，在他的阴谋里，本想以军事解决西北，以政治解决西南，以外交解决东北。张学良表示：“我们为整个大局计，必须从速实现全国统一，早停内战。最近阎、冯的军队业已退至黄河北岸，蒋军业已攻下济南，我方似应实践出兵关内的诺言。”于是发出通电，拥护中央，呼吁和平，进兵关内。这一天，是1930年的9月18日。恰好一年以后——1931年9月18日，日军在东北发动“九·一八”事变。

张学良加盟蒋介石集团，对本已呈现败势的冯、阎部队是一个致命打击。蒋介石又施展起了军事与安抚收买双管齐下的拿手策略，这样，反蒋阵营的大将孙殿英、庞炳勋、刘春荣

∧ 20世纪20年代，蒋介石与张学良等在一起。

等脱离了战场。石友三发生了动摇，随后秘密向张学良表示拥张倒阎。石为了表功，还趁冯、阎军退却时，拦路伏击，大量杀伤了二军。随后，晋军和西北军将领掀起了投靠蒋介石和张学良的浪潮，其他杂牌军更是趋之若鹜。

9月19日，北平扩大会议决定将阎记“国民政府”迁往太原，随即制定了一部《约法草案》，各派政客随即四散，这次倒蒋运动就此失败。

然后，阎锡山在没有通知冯玉祥的情况下命晋军迅速撤回山西。而冯玉祥仍在做缩短战线，固守郑州的打算。冯玉祥派部属张允荣去向阎锡山求援，阎说：“不好办，不好办，仗

∧ 参加北平“扩大会议”的代表们。

是不能打了，退到山西再说。”当冯玉祥感到形势的严峻时，他的部下已经各自另寻出路去了。蒋介石以河南省主席之职和大量金钱，利诱收买了冯的猛将吉鸿昌、梁冠英、张印湘等将领，使之也通电附和。张维玺所指挥的南路七八万精锐部队，冯部重要将领冯治安、田金凯、任应岐等部都陷入蒋军重围，难以自拔。

阎锡山、汪精卫和冯玉祥一起商讨善后方法，汪精卫、冯玉祥主张固守黄河北岸，不利时退入西北。但阎锡山则很悲观：“这是国是之争。我们军事上虽已失败，但在政治上蒋介石既已承认错误，也就是我们取得了胜利，况且中国是整个的，如果弄成华北、华南两个中国，我们就成了历史上的罪人。”第二天，阎、冯联名致电张学良，表示愿意“和平解决”。结果，蒋军攻占郑州，冯军一部由鹿钟麟统率退往晋南；另一部由宋哲元率领退往潼关以西。

阎锡山、冯玉祥、汪精卫、邹鲁、谢持、陈公博等在太原商议如何结局。但蒋介石早在10月3日的“大赦通电”中，就已把阎锡山和冯玉祥列入不可赦免的名单中，并发布了通缉令，要求二人必须出洋，离开军队和国内。10月15日，阎锡山、冯玉祥不得不通电下野。后来阎锡山不得不离开太原，由天津逃到日本占领的大连。冯玉祥则秘密躲到部下宋哲元的防地藏起来，冯玉祥历时20多年建立起来的西北军至此全部瓦解。

张学良仅仅在9月18日发出《和平通电》，然后便一枪未放，率大军入关“和平接收”了天津和北平。10月9日，张学良就任陆、海、空副司令职。随后又得到了处理华北善后和缩编晋冯部队的肥差，可谓春风得意。

张学良将晋绥军由原来的14个军40余师压缩为4个军8个师，后来再增加一个正太护路军及骑、炮兵独立旅等几个单位，最大限度地实现了对晋军的打压。

蒋介石对西北军就更不客气，他先让张钫携重金收买瓦解西北军将领，然后又授意张学良将西北军化整为零，逐个消灭。这样，冯部的鹿钟麟被迫通电下野，秘密躲到了天津。孙

∧ 1930年10月9日，张学良就任中华民国陆、海、空军副司令，蒋介石派张群（右）、吴铁城（左）前往祝贺。

连仲成为蒋介石的第26路军军长。刘郁芬被蒋任命为军事参议。宋哲元、张自忠、刘汝明、赵登禹等残部被张学良改编为第29军，以宋哲元为军长。

至此，蒋介石军事、权谋和金钱手段并用，通过中原大战，终于在半年内消灭了以阎、冯、桂系为首的地方实力派军事力量，同时瓦解了以汪精卫为首的党内反蒋政治集团。

书生胡汉民的力量

中原大战胜利结束，蒋介石本来志得意满，但是有一天他却忽然气哼哼地开始对手下人胡乱发火，吓得侍卫等人没事就躲着他。什么人现在还敢得罪他呢？

原来中原大战结束后，蒋介石感到消灭了自己的军事对手，于是决定实现自己的"总统"梦。他召开国民会议，制定训政时期约法为自己当选"总统"进行准备。不料，在重要关头帮过蒋介石好几次的胡汉民却起来反对他，见人大发牢骚，说自己类似于蒋介石的傀儡。

1928年10月，胡汉民支持蒋介石登上国民政府主席的宝座；在蒋桂战争中，为蒋扣留李济深打败桂系立下了大功；在蒋冯战争中，全力支持蒋打败了冯玉祥，又消灭了唐生智；

★国民党三届四中全会

1930年11月12～18日，国民党三届四中全会在南京举行。会议作出了：召集国民会议；“铲共剿匪”是最要急务；取消编遣会议；永远开除参加太原扩大会议分子的党籍；推蒋介石兼行政院院长，于右任为监察院院长等决议。会议还通过了《中华民国政府组织法》，确定国民政府主席兼陆、海、空军司令，国民政府行政院院长、副院长由国民政府主席任命。

在中原大战中，全力操持内政，使蒋得以用心于军事，打垮了联军，使扩大会议解散。胡汉民非常勤恳，每天早上4点半就起床，晚上11点才睡，事必躬亲，全力以赴。发挥了巨大效果的《阎逆背叛党国的罪恶之剖析》《集万恶反动之大成的阎锡山》等讨伐阎锡山的檄文也都出自他的手笔。可以说，当时如果没有胡汉民在南京主持内务，蒋介石一个人是无法在军事上、政治上那样得心应手的。中原大战结束后，胡原本以为蒋介石会把执政大权交给自己，万万没想到蒋介石的目的是要当一个一切都要管的大独裁者，党事、国事、军事都要他点头。现在蒋介石还想直接去当“总统”，胡的不满和怒火立即无法遏止。他见人就说，他虽身为中央常委会主席兼立法院院长，而实际上：“我在中央不过是一台开会机器罢了。”

胡汉民作为国民党元老之一，当时可是孙中山的战友与助手，只有汪精卫才有他那样的资历。在1930年11月12日召开的国民党三届四中全会★上，他在制定约法一事上与吴稚晖等大吵起来。他还在大会《开幕词》中指责当时的“军事影响”和“用人不当”，他说：“在欧战的时候，法国有一个飞机师，驾驶飞机的技术非常高明，在战斗时，历次都把德国的飞机战败了。一天他回巴黎，巴黎人士对他自然十分钦敬，便在车站上举行盛大的欢迎仪式。当时有一辆迎他的汽车，请他上车，他以为开马达总是他的拿手戏，便要求自己开车。于是他从飞行家的资格秉着在天空中纵横自如的开机法，开他所坐的汽车，横冲直撞，一下将汽车冲入欢迎的人群中，撞死了五六十个人。其余的欢迎者，不好责备他，只好劝他快停下来。”胡汉民的意思是蒋介石就是那个撞死许多人的飞机师，而这个开汽车的司机只有自己来干才胜任。可是蒋介石依然在准备实现自己的“总统”梦。

∧ 胡汉民（中）与王宠惠（左）、陆丹林合影。在国民党高层权争的莫测风云中，国民党元老之一的胡汉民被蒋介石软禁于南京汤山。

★国民党中央执、监委员非常会议

1931年5月27日，反蒋派在广州召开中国国民党中央执、监委员非常会议，决定在广州成立国民政府，发表成立宣言。宣言指责南京国民政府在政治、军事、财政上已沦为蒋介石一人独裁之政府，蒋介石实为“总理”的叛徒贼子，称广州国民政府以天下为公，追求民主政治。会议推定唐绍仪、汪精卫、邹鲁、古应汾、孙科5人为常务委员，轮流担任国务会议主席。这样，与蒋介石的南京政府相对峙的广东政府正式成立，形成宁、粤政府共存的局面。

1931年1月20日，蒋介石在南京成立了国民党会议选举总事务所。但是蒋介石非常沮丧地发现，如果在国民会议上进行“总统”选举的话，那么，68%的选票都将投给胡汉民，蒋介石根本就无法实现“总统”梦。向来霸道的蒋介石于是以宴请议事为名，竟然在1931年2月28日将胡汉民软禁于南京汤山。

蒋介石没有想到，这一扣会引起比冯、阎、李武装反蒋还要严重的政治后果，直至他以再次“下野”为代价才把这一切处理妥当。

胡汉民被软禁后，非常愤怒，于是秘密策动陈济棠、李宗仁、孙科联合起来反蒋。胡要孙科以两广为根据地，建立反蒋同盟，甚至要孙不惜与自己的宿敌汪精卫派联合起来。蒋介石发觉软禁胡的后果很严重，便急忙笼络立法委员，并把拉拢重点放在孙科身上。宴请孙科时，宋美龄还为孙不断地夹菜，并以亲戚的口吻说：“我们是自己人，蒋老了，以后一切，一定要你多多帮助，不可见外。”蒋介石又请吴稚晖、李石曾、蔡元培、张静江4位元老来帮助自己拉拢孙科。

随着胡汉民被扣留事件的发展，反蒋联盟再次形成。陈济棠在广东拉起了反蒋联盟的旗帜，并自任盟主。他还派人去南宁联合李宗仁、白崇禧、张发奎。李宗仁正处于失败的困境之中，见到邀请不禁高兴至极，立即同意。

4月30日，在广州的国民党中央监察委员邓泽如、林森、萧佛成、古应芬联名通电弹劾蒋介石，要求释放胡汉民。5月3日，陈济棠、李宗仁、白崇禧、张发奎、唐生智等两广将领发出拥护四监委电，并宣布欢迎国民党中央执监委员来广东商量共筹反蒋事宜。5月11日，李宗仁在广西率桂籍将领向全国发出“讨蒋通电”。唐生智等通电响应。白崇禧、张发奎、叶琪、李品仙等于5月18日抵达广州，就组织反蒋政府和两广军事统一问题与陈济棠等商谈。几天后，李宗仁也到达广州，共商大计。5月下旬，孙科率领一批人秘密从南京到了广东，并由他们向汪精卫发出了邀请。

5月27日，胡汉民派、汪精卫派、孙科派、西山会议派和陈济棠、李宗仁等在广州正式召开中国国民党中央执、监委员非常会议★。会议决定，凡是国民党第一、二、三各

> 黄旭初旧照。1931年起，黄旭初连任广西省主席19年。1940年至1949年，兼任国民党广西省党部主任委员，集党、政领导权于一身。后到香港。

届委员，只要愿来广东反蒋，一律自动当选非常会议委员。会议决定另组国民政府，并公布了政府组织大纲。第二天，广州民国政府正式成立，推选汪精卫为首任主席。这样，与蒋介石的南京政府相对峙的广东政府正式成立，形成宁粤政府共存的局面。非常会议宣言认为蒋介石“假训政之名，行个人独裁之实”，对反蒋活动“咸施以诈术与暴力，必尽去之而后已”，为此“唯有以革命之手段，集合各届中央执监委员，对党有历史宿著忠诚者，相与组织非常会议，以为本党之领导机关”。28日发表的《国民政府宣言》说：“蒋中正借训政之名，行个人独裁之实，以致海内骚然，重劳讨伐，国民政府乃复于广州宣告成立。”同时发表的《国民政府否认南京伪政府宣言》认为，蒋介石“再以政府名义，用任何方式名目，举借内债外债，一概认为无效”；《国府委员就职通电》大骂蒋介石“背党祸国，罪状昭著”，“一日不去，党国一日不安”，并提出“同仁等对蒋介石发最后通告，请其于48小时即行引退，勿以一身为党国梗”。孙科主张“一致倒蒋，重建党国”；汪精卫认为蒋介石“众叛亲离之势已成了，土崩瓦解之期将至了”，“他生平只知有他个人，不知有党，不知有国，不知有同志，不知有国民，只知有利于他个人。不但谁反对他，他要剪除谁，就是要帮助他的，他也要起疑忌，也要收拾”。

广州开府后，陈济棠与李宗仁对两广军政人事作了调整。军事上，两广军队改编为第1、4两个集团军（第2、3集团军留待阎、冯等参加者），由陈济棠、李宗仁分任第1、4集团军总司令。陈济棠兼广东省政府主席。黄旭初担任广西省政府主席。

面对广州非常会议的政治进攻，蒋介石在5月操纵国民会议通过了《中华民国训政时期约法》。他自己当选为国民政府主席。按照约法：“国民政府总揽中华民国之治权”，“选举、罢免、创制、复决4种政权之行使，由国民政府训导之”。又规定，五院院长及各部长的人选，都由国民政府主席提请、任免。这样一来，实际上蒋介石拥有了同“总统”一样大的权力。

但是蒋介石扣留胡汉民毕竟属于非法行径，遭到国内外舆论的抨击，加上在江西“剿共”

< 林森，国民政府的元老之一。

> 作为“国父”之子，孙科总是徘徊在重权之外。作为武汉政府国民党左派领袖的孙科，在步蒋介石后尘走上公开反共道路后，仍然位居国民党非主流派领袖的地位。图中右一为孙科，右三为胡汉民。

也一再失败，所以蒋对西南内定的方针是“和平统一”“设法疏通，以固国本”，而非用兵。蒋介石期望粤桂方面内部产生矛盾，自行瓦解。

而广州非常会议的目的其实也是分得南京政府的权力，而不是真正想武装进攻南京或者彻底分裂。这个国民政府内部派系各有所图，根本形不成团结的力量。陈济棠一心想借非常会议，把自己扶上“南天王”的宝座，在人事上任人唯亲，财政上一毛不拔。李宗仁以国府委员和参军处参军名义居留广州，然而陈济棠对李等并不推心置腹，反蒋又三心二意。两个月后，广州政府内陈济棠、古应芬等主和派与汪精卫、李宗仁等主战派开始争吵不休。主和派势力较大，汪精卫气走香港。陈济棠、古应芬等主和派立即放手与南京政府联系求和，广州国民政府还发出通电，说“蒋若能以剿共自效，国府断不加以一兵”。但蒋雄心勃勃，希望在江西“剿共”的同时，把共产党赶入广东，以便坐收渔翁之利。陈、古被迫又转过头来与汪、李等主战派调整关系。李宗仁于是出面劝汪返回，并由汪向陈提出“联合行动，出兵北伐，为桂军补充军饷”诸条件，陈济棠全部接受。于是陈四处购买飞机军火，准备北上讨蒋。

蒋介石也赶紧调兵遣将，准备军事解决。正当南京、广州双方剑拔弩张之时，日本趁机发动了“九·一八”事变。于是一心打内战的蒋介石成为众矢之的。

历史备忘录

HISTORY MEMORANDUM

∨ 中原大战前，西北军抓紧进行军事训练。

∨ 1947年2月，远东国际法庭就万宝山惨案开庭审理时的情形。

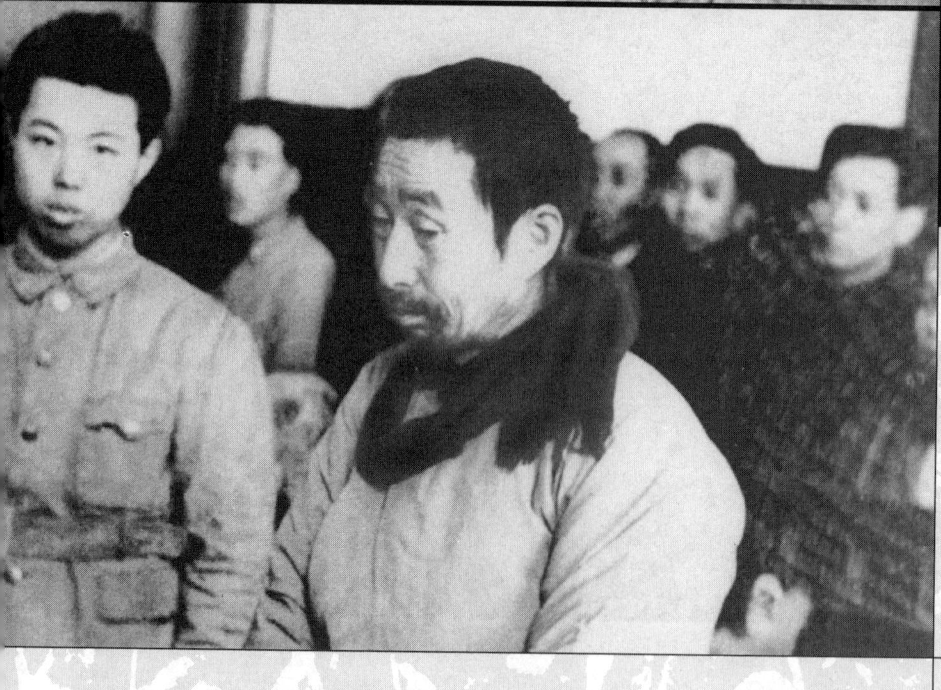

2
3
4

1

中原大战爆发

1930年4月1日，阎锡山就任“中华民国军总司令”，冯玉祥、李宗仁就任副总司令，3人分别在太原、潼关、桂平宣誓就职。冯玉祥在就职宣言中指斥蒋介石为国家动乱不安的祸根，历数了蒋介石践踏民主、弄权卖国的种种恶端，并发誓要为国家除此祸害。阎锡山就职通电称：“将统率各军，陈师中原，以救党国。古有挟天子以令诸侯者，全国必起而讨伐之，今有挟党部以作威福者，全国人亦必起而讨伐之。”

中国左翼作家联盟在上海成立

1930年3月2日，中国左翼作家联盟在上海举行成立大会。大会通过了左联的理论纲领和行动纲领要点，选举产生了左联的领导机构。左联的成立，表明中国革命作家在党的领导下的团结与统一，标志着中国革命文学发展到一个新阶段。相继创办了《萌芽》《拓荒者》等进步刊物。左联曾致力于马克思主义文艺理论的研究和宣传，促进了革命文学运动的发展。还在国民党统治区内同国民党的反革命文化“围剿”进行斗争，有力地配合了根据地军民反对国民党军事“围剿”的斗争。

23名进步青年被杀

1931年2月7日，国民党上海龙华警备司令部在没有公开审判的情况下，诡称将何孟雄、李求实、柔石、冯铿、殷夫等23人押往南京。到达南京后，国民党法官立即宣布他们死刑。李求实等人昂首挺胸，视死如归，并肩走进刑场。3月12日，周恩来得知消息后，为《群众日报》撰写社论《反对国民党残酷的白色恐怖》。社论说：何孟雄等23个同志，他们都是无产阶级的先锋战士，他们的牺牲“是革命中巨大的损失”。

日本蓄意制造万宝山事件

1931年4月，长春附近长农稻田公司经理恶棍郝永德，在长春万宝山地区未经长春县政府立案，将500垧土地转租给朝鲜移民李升薰等耕种。因李等在中国农民土地上开掘水沟，被毁土地400余亩，与中国农民发生冲突。7月1日，万宝山农民，自动毁去堤坝，将水沟填平，双方发生冲突。日本警察乘机出动干涉，枪伤中国农民多人。而日本以此为借口，歪曲事实真相，在报上进行欺骗宣传，煽动仇华情绪，在朝鲜各地挑动排华狂潮，致使旅朝华侨死伤数百人，财产损失无数。

影像大扫描

IMAGE SCANNING

09

不抵抗主义的恶果

“九·一八”事变后，全国掀起了抗日怒潮。蒋介石奉行“攘外必先安内”的不抵抗政策，使得东三省沦陷。张学良面对国仇家恨，悲愤地说："国土不能守，父仇不能报，何面目重见江东父老？我是一个民族罪人了！"

得民心者得天下，失民心者失天下。由于蒋介石执行不抵抗的卖国政策，引起了国人的激愤，在各派反蒋政治力量的一致攻击下，蒋介石再一次“下野”，返回溪口，住进了妙高台。

雄心勃勃，但又志大才疏，一心想像父亲孙中山那样成为领袖的孙科，终于得来机会。然而面对蒋介石设置的重重障碍，他又怎能实现积聚多年的梦想？

“不准抵抗，把枪放到库房里”

1931年9月18日晚10时许，日本关东军岛本中队的河本末守中尉，在离东北军北大营的兵营约800米处的地方，把骑兵用的小型炸药装置在铁轨下，并点了火。只听一声巨响，震动全城，接着又响起密集的枪声。日本军队公然向北大营射击，并在坦克掩护下，向北大营发动进攻，“九·一八”事变爆发。

自1931年春季以来，日寇就先后在东北制造了万宝山事件、中村事件，企图挑起事端。随后，日军又大量向东北增兵，在沈阳街头公然大搞军事演习。不仅如此，日军发动侵华战争的迹象已越来越明显。

日本陆军于1931年6月初，派出以中村震太郎大尉为首的几名军事间谍，到中国东北的大兴安岭地区进行军事侦察。他们在回国途中，被东北军逮捕，证据确凿，按照国际法，东北军将中村震太郎等4人枪毙。中村等人被杀的消息很快传到日方。日本帝国主义分子欣喜若狂，把这个事件作为武装入侵中国的绝好借口。8月17日，日方隐瞒中村等人的军事间谍罪行，反而向中国政府提出强烈“抗议”，要求惩处肇事官兵，否则将武力解决。

中国政府被迫妥协退让，逮捕了东北军屯垦军第3团团长关玉衡。然而，日本帝国主义并不就此罢休。9月，日本关东军司令部迁往沈阳，开始动员退伍军人重新入伍，并从朝鲜和日本内地向沈阳增兵。

张学良的东北军有20万人，中原大战时进关约7万人。石友三发动战事，张学良又调入关7万人。这就使得关外军事力量非常薄弱，也在客观上为日本发动事变创造了机会。

石友三被称为“倒戈将军”，他在中原大战中通电拥护张学良，被张学良任命为第十三路军总指挥，他亲自去见张学良，双方关系一度非常亲密。

但石友三具有浓厚的军阀割据思想，他越权在自己的军事辖区组织了运输司令部，在石家庄到新乡之间行驶车辆。关键是他的车辆是由他擅自扣留的平汉铁路的客、货列车车皮数百辆，机车近20台组成的。蒋介石大怒，电示张学良，要石迅速交还所扣之机车和车皮。张学良好意地为石说话，同时让石赴北平商谈此事，劝石起码交还一部分车皮。事情结束后，张善意挽留石多住几天。但多疑的石友三已经听到张受蒋之命要扣押他的谣言，不禁对张怀恨在心。

< 石友三旧照。其一时拥护冯玉祥，一时加入张学良，一时又投诚蒋介石，故称“倒戈将军”。有着浓厚的军阀割据思想的他，在军阀混战的年代只希求通过这种方法来保存自己的实力。

石友三返回驻地后，就开始了自己的再次反叛之旅。他在积极备战的同时，联系冯玉祥、晋军将领孙楚，以及原西北军将领宋哲元、庞炳勋、孙殿英、韩复榘、李鸣钟等人，商量反蒋大计。冯玉祥随即派代表同广州非常会议联络反蒋。广东国民政府根据冯玉祥的意见，任命石友三为广东国民政府委员、第5集团军总司令，并汇款50万元作为石部军饷，要石在北方发动反张倒蒋战争。石友三爽快地答应了。

冯玉祥抓住蒋介石进攻苏区、无暇顾及北方的机会，力主集中力量迅速打败张学良，然后同粤方南北夹攻蒋军。于是，他联络旧部和晋军，希望他们一起发起行动。

冯的军事部署是：

以石友三部为进攻主力，从平汉线北攻石家庄、保定、北平，并分兵协同友军攻取天津。晋军出兵援助。韩复榘部由山东与石友三和晋军会攻天津和北平。吉鸿昌、张印湘、葛运隆等部进攻郑州、徐州。刘汝明、张自忠、冯治安、孙殿英、阮玄武等部陈兵于平汉铁路黄河北岸一带，阻止蒋军救援。以上各军总兵力约有30万人，一时声势浩荡，张学良备感紧张。

躲在大连的阎锡山没有闲着，他与日军秘密商定，由日军进攻东北，共同进攻张学良。

但是，中原大战之后，冯玉祥已经失去了往日的影响力。他的旧部将领多持观望态度。冯的嫡系部队宋哲元的29军刚刚接受蒋介石改编，军饷刚有着落，因此不愿意冒险。冯玉祥几次派人催促，又亲自致电，都没有用处。庞炳勋对石友三、韩复榘反复无常的行径非常不齿，不愿意和这样的人一起再次共事。只有石友三7月20日在顺德誓师，发表了反对张学良的通电，然后23日进占了石家庄，26日已进攻到保定以南。

∧ 柳条湖事件发生后，各国武官在事发地点查验。

< 宋哲元，抗日名将，时任29军军长。毛泽东曾赞扬宋哲元“先生情殷抗日，曷胜仰佩，曩者日寇入关，先生奋力边陲，慨然御侮，义声所播，中外同钦”。

< “九·一八”事变前，在东北驻守的日军。

张学良关内大约有14万兵力讨伐石友三。同一天，蒋介石在南昌行营发表通电：“石逆叛变，实受粤中叛徒50万元之收买。”随即，蒋介石命刘峙调集10万大军北上，与张学良南北夹击石友三。

同时，蒋介石以军事威胁和利禄为手段，再次开始分化瓦解冯的旧部和晋军将领。晋军以为宋哲元已被蒋介石拉拢，图谋乘机抢占晋、绥二省，因此阎锡山急令晋军推出反蒋联盟，并赶紧声明：“拥护中央，整顿内部。”并致电张学良，表示晋方“各将领一致拥护陆海空军总、副司令”。晋军为了立功，又遵照蒋介石指示，袭击石友三的钢甲列车。韩复榘的五六万军队也早已陷入蒋军包围，无法支援石友三。

石友三只有6万多兵力，在蒋介石的刘峙、顾祝同部以及商震部、张学良东北军的夹攻下，很快就在7月31日向山东方向开始败退下去，随后被韩复榘收编。

张学良虽然平定了石友三的叛乱，但由于东北军的主力进入关内后，他始终没有让这些军队返回东北，这就给日本帝国主义发动“九·一八”事变★创造了有利机会。

∧ 1931年9月18日，日军向沈阳城内北大营守军攻击。

★"九·一八"事变

1931年9月18日，日本驻中国东北境内的关东军蓄意炸毁南满铁路柳条沟地区桥梁一段，诬称中国军队有意破坏，当日夜间突然炮击沈阳，同时向吉林、黑龙江发动进攻。当时蒋介石命令东北军张学良部"绝对不得抵抗"，并撤至山海关内。19日日军占领沈阳，接着分兵侵占辽宁其他地区以及吉林、黑龙江两省，至1932年2月日军占领东北全境。从此东三省沦为日本帝国主义的殖民地。

9月18日晚上10时左右，日本关东军公然在坦克的掩护下，向东北军北大营发动进攻，"九·一八"事变爆发。

留守北大营的是东北军第7旅旅长王以哲。在事变前一再请示张学良是否抵抗，张学良回答说："蒋（介石）指示不抵抗，一切从外交解决。"但是在日军发起进攻时，驻北大营的第7旅官兵，在参谋长赵镇藩指挥下，还是奋起抗战，多次打退了日军的进攻。但是由于战斗十分激烈，到第二天凌晨3点左右时，东北军伤亡严重，于是根据张学良转达的蒋介石"不准抵抗，把枪放到库房里"的命令，决定从南、北两方面突围。日本军很快占领了北大营。沈阳守军城内军警一部分退到锦州，另一部分有不少被缴械，或当了俘虏。

从9月19日开始，在日军的大举进攻下，营口、牛庄、安东、抚顺、风城、海城、本溪、盖县等地相继沦陷。1932年1月3日，锦州、热河也相继被日军侵占。在不到4个月的时间内，东北4省全部沦陷。中国官方财产损失170亿元。仅沈阳一地损失的军械装备就计有：飞机260余架、坦克60辆、迫击炮2,000门、生榴弹重炮200门、加农炮200门、轻重机关枪4,000余挺、高射炮60门、野炮1,000门、步骑枪1.2万支、军用公用汽车2,300辆、火车及各种车辆5,000辆、可装备10个师的子弹。张学良大帅府的6个金库全部被抢掠，光金银的价值就达到2.5亿元。张学良悲愤

∧ “九·一八”事变后，日军炮队进入沈阳。

∧ 1931 年 9 月 28 日，南京、上海的学生在南京国民政府门前集会示威，要求国民政府出兵抗日。

∨ 1931 年 9 月 19 日，日军占领了东北军北大营兵营。

地对部下说：“国土不能守，父仇不能报，何面目重见江东父老？我是一个民族罪人了！”

“九·一八”事变后，全国掀起了抗日怒潮。

北京大学学生组织了10万学生在天安门广场召开抗日救亡大会，并组成南下请愿团。沪、宁两地学生对此进行呼应，组织起来在南京国民政府门前示威，要求政府官员接见，在要求被拒绝后，愤怒的学生捣毁了国民党政府外交部。

蒋介石对日本人很软弱，但是对内则非常凶恶，立即下令武力镇压学生。他让《中央日报》发表文章，诬蔑学生的救亡运动是制造内乱。这激起了学生的更大愤怒。北大学生南下南京，组织了几万人的示威游行。蒋介石让南京的军警，打伤了几十名学生，抓走了185名学生。蒋又急令张学良武力阻止另外一大批南下的北京学生。

12月17日，北平、天津、长沙、汉口、广州、济南等地的学生代表3万多人在南京组织大游行，走到珍珠桥时，大批军警突然向学生开枪，当场打死30多人，打伤100多人，这就是著名的“珍珠桥血案”。蒋介石政府在血腥镇压学生后，还发表文告污蔑学生的爱国行动是“越轨”行为，把军警残杀学生的罪行说成是“自卫手段”“正当处置”。蒋介石还颁布紧急法令：“凡组织团体或集会或宣传与三民主义不相容之主义者，处5年以上15年以下有期徒刑。”

得民心者得天下，失民心者失天下。由于执行不抵抗的卖国政策，引起了国人的愤怒，在各派反蒋政治力量的一致攻击下，蒋介石已经处于四面楚歌之中。

在日军的炮声中争权夺利

通电“下野”后，蒋介石心情复杂地望着万家灯火中的南京，心里很不是滋味。他感到自己冒着生命危险赢得的中原大战的成果，就这么留给了自己的对手，心里很是不甘。现在，总统没有当成，反而还要通电“下野”，真有些适得其反的感觉。他留信给于右任、何应钦、孙科等人，说：“全会即开，弟责即完，故须还乡归田，还我自由。”并说：“此去须入山静养，请勿有函电来往。即有函电，弟亦不拆阅也。”果然，蒋介石回到溪口的第二天，就入山住进了妙高台。

为什么作为中原大战的胜利者的蒋介石会走到这一步呢？

∧ 1929 年，蒋介石与手下将领在一起。

事实上，蒋介石在全国人民的抗日怒潮中已经无法立足，加上其他反蒋派别的攻击，他不得不再次采取以退为进的策略。他迫不得已，开始改变对广州非常会议军事解决的强硬态度。蒋介石现在真可谓内外交困，为了缓和舆论谴责，他以中央执行委员会名义致电广州国民政府，要求“罢兵歇争，共赴国难”。广州国民政府一见大喜，马上同意议和，同时积极与南京方面进行讨价还价。他们的目的是力图通过“合作”来改组南京政府，抢夺蒋介石辛辛苦苦才得以独占的国民党中央与南京政府的领导大权。广州国民政府表示愿在适当条件下，停止内斗，共同对外，并提出解决时局问题的3项原则：一、蒋通电“下野”；二、广州国民政府通电取消；三、召开和平统一会议，另行组织统一政府。

蒋介石没有办法，只得派人与反蒋派别谈判，同时寻找机会，以便从中分化瓦解对方；另一方面，他决定以退为进，假装让步，甚至不惜再次下野，以争得政治上的主动权。1931年9月21日，蒋介石决定派陈铭枢、蔡元培、张继等人为代表，携带他给汪精卫等人的亲笔信，去广州同国民政府议和。蒋介石在信中说：“弟当国3年，过去是非曲直，愿一人承之。唯愿请同志以党国危亡在即，各自反省，相见以诚，勿使外间以为中山党徒只顾内争，不恤国难。”

9月30日，宁粤双方在广州举行会谈。面对粤方提出3条主张，蒋介石的代表认为其他条件可以商量，但是蒋介石下野这一条，是绝对无法接受的。在双方僵持不下之时，蒋介石却忽然出人意料地表示，他个人的去留可以考虑，只希望广州方面代表北上继续谈判。广州方面虽然充满了疑虑，害怕蒋介石再次扣人，但是机会难得，于是为了安全计提出3条：一、释放胡汉民；二、开会地点在上海；三、宁沪警备部队必须由保持中立的十九路军担任。令广州方面惊讶的是，蒋介石竟然完全地答应了粤方的条件。于是，宁粤代表齐集上海，开始进行进一步的谈判。

陈铭枢决心在这个过程中做个中间人，于是准备放弃一切职务，只担任宁、沪卫戍司令一职，以保证谈判双方的人身安全。

他果断地下令十九路军进驻宁、沪一带驻防，不惜一切保证上海谈判人员的人身安全。同时，他还建议释放胡汉民。蒋也知道自己理屈，并且现在如果不释放胡汉民，粤方代表是不会北上的，于是爽快地答应了这一请求。次日，陈铭枢高兴地去见胡汉民，讲了当前的形势情况，并将汪精卫、孙科等人的联名信交给他，同时劝胡捐弃前嫌，

∧ 中原大战反蒋派以军事失败而告终，不甘居人之下的他们于1931年5月在广州成立广州国民政府，由汪精卫担任主席。图为广州国民政府部分委员。

∨ 南北和平会议（宁粤和谈）代表在上海合影。

> 阎锡山在政坛上朝秦暮楚，长期奉行“反蒋联蒋、反共联共”的政策，其目的不过是确保自己在山西的利益。

以国事为重。接着，蒋介石为了表示歉意，在张静江的陪同下，于14日去见胡汉民，蒋对胡说：“过去的一切，我都错了，请胡先生原谅，以后遇事，还得请胡先生指教。”胡汉民一副傲然的态度，对蒋介石非常冷淡。他当天下午就去了上海，住到迈利爱路孙科的住宅，自此，结束了长达8个多月的幽禁。同时，蒋介石派陈铭枢、吴稚晖、李石曾、张静江、吴铁城等人随胡汉民也一起到上海，准备和即将到达上海的汪精卫、孙科等广州方面要人进行谈判。

广州非常会议经过激烈协商，推选出以汪精卫、孙科、唐绍仪、邹鲁、覃振、张发奎、唐生智、陈璧君、陈公博、伍朝枢、黄绍竑、李文范、陈友仁等100余人为代表的庞大代表团前往上海，汪精卫是首席代表。蒋介石在广州方面的代表启程后，为达成“和谈”目的，赶紧做出决定：“凡自二届四中全会以来，本党同志因政治问题而开除党籍者一律恢复。”蒋介石一改以前的口气，慷慨激昂地发表讲话说，冯玉祥、阎锡山等人“实际上并未叛变本党。反对攻击者，系对我蒋某人，故一切罪恶，皆由我个人造成，假使无我，各同志或不至于如此分崩离析，而帝国主义者或不至于如此压迫。故对党内同志、对总理，我承认是有罪的人。而今忏悔，愿牺牲一切，贡献党国，赎我之罪恶。”这个讲话事实上等于解除了对冯、阎、李等蒋介石的死对头的惩罚状态。

在此之前，阎锡山已于8月5日包租了1架日本的小飞机从大连回到大同。他此前曾多次恳请中央取消对他的通缉令，都没有效果。没想到现在形势转变，一切得来都不费功夫。现在，外敌当前，蒋介石不得人心，不得不与反对派和解。9月30日，中央政治会议做出了“恢复阎的自由”的决定，并派专人到山西去告知阎锡山。冯玉祥在10月1日即发出通电，提出了抗日救国的13项主张。李宗仁、白崇禧、徐谦、彭泽民等共计481人在这次和解中恢复了党籍。在蒋介石的一手策划下，汪精卫、李宗仁、白崇禧、冯玉祥、阎锡山、唐生智、

∧ 宁粤和谈后，汪精卫等召开记者会。

张发奎等被开除出党的“叛逆”，一夜间又变成了“党内忠贞同志”。不久，阎锡山开始任太原绥靖公署主任。冯玉祥则来到南京担任国民政府的训练总监。

汪精卫等到上海后，立即会见胡汉民。他对胡说：“中山先生在日本时，我就是小兄弟，现在经过多少离合悲欢，回想起中山先生，真是痛心！我情愿听老大哥的教训。”胡汉民也不推辞，公然用老大哥的口吻批评了汪精卫几句。然后胡、汪、孙（科）3人重新合作，并一起合影，表示团结。

10月22日，蒋介石亲自赶到上海，在孙科寓所与汪精卫和胡汉民等人隆重会面，会谈中几个曾经拼命死斗的对手竟然谈笑风生，握手言欢。蒋还特别表示请汪、胡主持召开和平会议。粤方毫不含糊，立即开列了自己的条件：一、为共赴国难计，先谋外交之一致行动。二、关于党国诸疑难问题，以请尊处派出代表数人在沪与弟等详细讨论解决办法，俟彼此同意，乃开正式会议，以决定实行。三、弟等认定党国根本问题，最要在集权于党，而按照建国大纲所定程序，以完成民主政治……四、关于党务，拟召集一、二、三届中央委员会议，共谋产生健全的第四次全国代表大会……五、国民政府主席，拟仿法、德总统制，以年高德助之同志任之，现役军人不宜当选。六、陆、海、空军总司令一职，拟废除之，另设军事机关，其详另定之。七、日前在粤所拟双方通电，其用意在使从前纠纷得一结束，绝非彼此抛弃责任，故会议决定以前，彼此应尽之责任，应照常担负……这些条件总结成一句话，就是要夺蒋介石的权。蒋介石当时不便表态，只是敷衍应付，并同广州方面确定了上海议和的范围。

1931年10月27日，宁粤和谈正式在上海开始进行，先后开了7次会议，于11月7日结束。会议上双方可谓针锋相对，搏杀得非常激烈：蒋介石坚决不让大权，粤方坚持要和蒋分权。起初，蒋还假装表示可以下野，但是暗中却授意何应钦等人以“军难方殷，元首不可轻易”发出通电，为自己留下了后手，并向粤方施加压力。后来蒋干脆命令南京中央以新闻稿的方式宣布：“坚持中枢不宜更动，政制未宜轻改，党统不能有问题。”

粤方在这点上决不退让。李宗仁、陈济棠等人以非常会议名义要求在沪代表对蒋方所提条件“万勿退让”，对“请蒋下野”和“改组南京政府”两条，一条也不能变。而蒋介石则在南京政府纪念周上声称：“两星期前曾有辞职之意，现在已打消，决不去职。”

和谈陷入僵局。

广州方面见状，只好另作准备。此时，碰巧粤方要人古应芬在广州去世。李、陈趁机电请胡汉民离开上海，回广州主持大局。李宗仁也请李济深从北方回广州共商大计。李、陈等还下令增兵赣、粤边界，白崇禧从广州返回广西，积极备战。

蒋介石也毫不手软，他抓住广州方面各方争权夺利的矛盾，派宋子文、陈立夫、吴铁城、程沧波、吴开先等在上海和平会议期间，成功地把汪精卫拉到自己一边。汪精卫因为广州非常会议让胡汉民坐了第一把交椅，心里非常不快。但是他依然逢人就假意说：“过去我和胡先生的不和，都是上了蒋介石的当。蒋之所以能专横跋扈，就是因为我们不能团结。这回反蒋，一定要合作到底，即使万一失败了去跳海，也要大家抱在一起去跳。”不过广东军事实力派人物陈济棠对汪却并不感冒，而只欢迎胡汉民。陈还坚决阻止汪派大将陈公博等人加入广州国府。汪精卫对这种“去皮存骨”的做法非常不满。现在，宋子文趁机对汪说：“广东要汪先生是只要骨头不要皮，我们南京要汪先生是连皮带骨头一起要。”汪派大将顾孟余说：“我们与其受地方小军阀的气，不如投降中央大军阀。”宋子文当即送给汪精卫一笔钱，汪精卫稍微权衡一番后，就被拉到了南京一边。

∧ 曾任国民政府黑龙江省省长的万福麟。

从此以后，汪精卫采取了回避策略来帮助蒋介石，他称病入院，不参加和谈会议，并拒不见客。

粤方失去了主要代表汪精卫，元气大伤，也就不再坚持要蒋下野。于是，11月7日，双方再次坐到谈判桌旁，并勉强达成协议：由南京中央和广州非常会议分别召开国民党四全大会，四届中央由宁、粤双方分别推举产生；南京政府改组后，广州政府即取消。由蔡元培、张继、吴铁城回南京汇报会谈结果，孙科、李文范、陈友仁回广州汇报。

协议内容为：

一、国民政府主席为国家元首，不负实际的行政责任，等于内阁制国家之总统，任期两年，得连任一次。国民政府主席不兼其他公职。

二、废除中央政治会议之组织，设国民政府委员会为国家最高之权力机关。国民政府委员会设常务委员3人，于会议时轮流主席。

三、国民政府委员会设委员若干人，中国国民党中央执行、监察委员均为当然委员。

四、行政院负责实际行政责任，等于责任内阁，对国民政府委员会负责。

五、立法、司法、监察、考试四院长对于国务，不与行政院长连带负责。

六、行政院长及行政院各部长为国民政府委员会当然委员。

七、司法院为最高司法裁判机关，不另设最高法院，其司法行政税务归行政院设部管理。

八、每年或两年由国民政府召集国民代表会议一次，其组织另定之。

九、国民代表会议得选举立法、监察两院委员之半数。

十、行政院多部长之人选应采人才主义，不必限于国民党党员。

十一、关于国民政府主席、五院院长之人选资格，于国民政府组织法规定之。

关于召开国民党全国第四次代表大会问题，在"在京粤双方以合作精神，各于所在地克期开第四次全国代表大会"的前提下，会议决定：

一、开会时双方发表通电表示本党统一。

二、双方四全大会一切提案均交第四届中央执行委员会在南京开第一次会议时处理之。

三、双方协商中央执监委员候选人产生方法。

四、由四届第一次全体会议修改国民政府组织法，并改组政府。

上海和会值此草草收场，陈济棠对和谈结果极不满意，尤其让他难以接受的是，协议居然要求"广州政府即刻取消"，于是他气势汹汹地质问回粤汇报的代表，"为什么没有实现请蒋下野"，并指斥汪等出卖了非常会议。

就在这些党国要员们争权夺利争吵不休时，日军却在东三省大规模地烧杀抢掠。11月18日，溥仪被日军由天津送至旅顺，阴谋利用他为傀儡，积极策划满洲独立。其后日军又占领了黑龙江省，省长万福麟逃往南京，马占山率部到松花江以北抗日。

自"九·一八"以来，在蒋介石"不抵抗"的命令之下，东北全境沦陷，日寇的铁蹄到处肆虐。张学良在山海关集结兵力要打回东北去，但蒋介石却不准他抗日。中国人民忍无可忍，抗日的怒潮席卷全国。同时，人民对宁、粤双方在国难当头的时刻不顾国家安危，一味争权夺利的言行进行了强烈谴责。人民的正义呼声，无疑对双方的会谈产生了巨大影响。

上海和谈达成协议后，宁、粤分别在南京、广州召开国民党第四次代表大会，接着汪精卫也在上海召开了国民党“四大”。这样，就出现了同一个党召开了3个“四大”的怪事。

11月12日，南京国民党四大开幕。蒋介石在开幕式上做了题为《党内团结是我们唯一出路》的讲话。称“此次大会两个最重大的使命就是，一、团结内部。二、抵御外侮”。他也不得不承认，“自从第三次全国代表大会以后到今天……本党……支离破碎，”使国家处于“内忧外患，天灾人祸”，“民不堪命”的状态中。在如此混乱的时期，他要求党员们做到“讲团结、讲宽容”，“肯退让”，“为了实现团结”，“什么都可以牺牲，什么都可以忍受。”

蒋介石在12日大会上致开幕词时，用孙中山的话让大家“精诚团结，来努力奋斗以完成革命使命”。话锋一转，则训斥反对派“自己捣乱自己”。称让他下野的人是“扰乱秩序，破坏威信，增加困难”，是对党的“一种牵掣”。

大会还通过了“奖慰马占山及黑省将士案”：一、以大会名义电慰马占山及黑龙江驻军将士；二、由国府令张学良副司令就近速调大军驰援黑省，抗击侵略；三、由国府克日电汇10万元犒军；四、请大会全体代表将每人应领之出席公费之一部或全部捐输犒军，交由大会汇黑。剩自愿多捐者听便。

但是蒋介石这样做的目的只是为了遮掩自己不抵抗的骂名，会后他没有任何实际行动。

广州国民党四大于11月18日在广州召开。会议指控赴上海和谈的代表“越权妥协”，并决定：“蒋如不发通电下野，则仍在粤组织中央党部及国民政府。”主持会议的孙科也受到强烈攻击，他眼看无法控制会场，一气之下与汪派委员共100余人退出大会，出走香港。粤“四大”不得不停顿下来。李宗仁见事情闹大，不好收场，赶紧邀请在沪之汪、胡迅速返粤，出席、指导会议。汪精卫拒绝南下，胡汉民独自于11月27日返回广州，主持“四大”。去港的汪派人士100余人则被汪秘密召至上海。胡汉民为了调解各派纠纷，提出了两项方案：一、粤方应选出24名中央委员，按人数比例，应由赴沪的200名代表中产生10名。广州出14名。

∧ 蒋介石再次下野，
以退为进，图谋再起。

二、蒋介石如不下野，也要解除他的兵权，并在广州成立中央党部。

粤方接受了胡汉民的方案。但是为了争当候选人，代表们竟然又将争吵演变成打斗，混乱不堪，最后因为学生的请愿队伍赶到会场，“共赴国难”的代表们才停止了斗殴。

12月5日，粤“四大”闭幕。胡汉民在闭幕词中代表大会坚决重申：宁粤合作必须以蒋介石辞职为先决条件。粤“四大”产生的第四届中央执、监委员会联席会议议决：如果12月20日前，蒋介石还不“下野”，粤“四大”中委不仅不赴京开会，还将自行召开四届一中全会。

汪精卫则组织广州来沪的200余名代表，加上在沪各方代表，决定召开自己的上海四大。12月3日，汪记“四大”在上海法租界大世界共和厅开幕，大会选出了10名中央委员。汪精卫在会议报告中说：“上海和平会议的议案，虽然不是完全足以使人满意，但在现在国难当前的时候，我们应以退让为精神，大家一致来共赴国难。粤“四大”不体谅共赴国难的退让精神，又不知此次和会中有了民主政治的基础，竟然随意将和会议案推翻。”

12月10日，孙科、陈友仁等从广州到达上海，向汪精卫转达了粤方四大的决议：坚持要蒋介石“下野”，如到12月20日蒋介石还不“下野”，胡、汪两派中央委员就在上海召开四届一中全会。

蒋介石看到倒蒋已经成了天下大势，于是不得不“以退为进”，决定“下野”。

蒋介石向于右任、吴稚晖、何应钦等人分别交代了以退为攻的有关事宜后，于12月15日通电宣布“下野”。在通电中他说：胡汉民微日（五）通电，“且有必须中正下野，解除兵柄，始赴京出席等语。是必使中正解职在先，和平统一方得实现”。

他指责全国民众谴责他的投降政策，是“日滋无负责之批评”，使他“莫衷一是”。他说自己的辞职是为了“从速实现团结，完成统一”。他在通电中还说：“中正许身革命，进退出处，一以党国利害为前提，解职以后，仍当本国民之天职，尽党员之责任，捐糜顶踵，同纾国难，以无负总理之教训。”16日，蒋介石又在国府谈话会上称他的“下野”是“负责任而进，负责任而退”，“虽系辞职，仍以中委资格辅佐国事”。

同一天，于右任任主席，国民党中央常委，中央执、监委在南京中央党部举行临时会议，会议决定：“一、国民政府主席兼行政院长蒋中正呈请辞职案，决议准蒋同志辞职，推林森同志代理国民政府主席、陈铭枢同志代理行政院长；二、考试院长戴季陶、监察院长于右任、立法院长邵元冲呈请辞职案，决议慰留。”随后，林森、陈铭枢即联名发表就职通电。

蒋介石宣布下野，反蒋派大获全胜，“广东”四大和“上海”四大选出的中委兴高采烈地纷纷入京。12月22日至29日，国民党四届一中全会在南京召开，宁、粤、沪三方中委均出席。但是汪精卫、胡汉民深知问题并没有表面上那么简单，于是都称病不来，分别留在上海和广州观察形势。22日，蒋介石带着宋美龄回了老家奉化溪口去。

会上，于右任致开幕词，孙科致闭幕词。会议决定以林森为国民政府主席，孙科任行政院长。同时决定中央政治会议不设专职主席，设常委三名，分别以蒋、汪、胡担任。会议还通过了粤“四大”所提关于设立西南执行部、西南政务委员会、西南军事分会之提案。孙科在闭幕词中还特别表扬了蒋介石，说：“这一次党内同志能够得到精诚团结的结果，我们又不能不想起，蒋介石同志这种伟大精神的表现。如无蒋同志这种伟大精神的表现，也不能感动全体同志，有此良好的机会，使大家集合在一起的。所以我们回想这几天内开会精神之良好，结果之圆满，不能不对蒋介石同志表示最大的敬佩。”1932年1月5日，广州国民政府正式通电取消。

这样，蒋介石遭遇了自己的第二次下野。他原想趁中原大战获胜机会，登上“总统”宝座，不料由于他对外投降，对内镇压和独裁专制，遭到了各派政治力量的一致反对，在日本军国主义和全国军民抗日怒潮中陷入了困境，最终不得不以“下野”的方式以退为进，图谋再起。

几十天后重新上台

雄心勃勃、但又志大才疏，一心想像父亲孙中山那样成为领袖的孙科在组阁后很快尝到了被蒋介石整治的滋味。这个四中全会上产生的孙科内阁只维持了一个多月就弄得焦头烂额，不得不亲自求蒋复出，而被广州方面赶走的汪精卫也不得不再次依附蒋介石的力量，请求他尽快复出，好让自己

∧ 在国民党四届一中全会上当选为行政院长的孙科。

∧ 陈友仁在西方列强面前，用他的睿智的头脑和一口流利的英语，显示出了强硬的外交姿态，在中国外交史上写下了彪炳的一页。

也分得一部分权力。蒋介石下野时为复出所作的充分准备起了作用。他为新上台的政府设置了重重障碍，使得不管谁当政都将寸步难行，最后只好求他再次出山。

蒋介石主要为孙科内阁设置了三大障碍：一是人事障碍；二是经济障碍；三是外交障碍。

在人事方面，蒋派人马依然占据优势。南京四大选出的中央委员，基本上都是蒋介石的人，在宁、沪、粤3处中委合炉时，蒋派委员仍占有相当大的比例。蒋介石在“下野”前还更换了部分不忠于自己的大员。他在第四十九次国务会议上改组了4个省的政府，从省主席、省府委员及各厅长都换上了自己的亲信。蒋介石任命自己的亲信顾祝同为江苏省主席，鲁涤平为浙江省主席，熊式辉为江西省主席，邵力子为甘肃省主席，贺耀祖为甘宁青宣慰使。这些人立即赶赴地方就职，是蒋介石的死党。尤其厉害的是，蒋介石让国民党的中央机构和南京、江浙等关键地区都置于自己的政治、军事实力的包围之中，虽然有陈铭枢的十九路军进驻宁、沪，也无法改变大的力量对比。

蒋介石还充分利用了经济手段来卡新内阁的脖子。他指使姐夫宋子文辞去财政部长一职。宋子文辞职时带走了财政部的重要档案，给部内科长以上的职员每人发薪3个月遣散。宋有意拖欠银行界1,000万元债款，不作交代即离职去了上海。他到上海又与江浙财团串通一气，准备抵制新政府。

孙科以陈友仁继任顾维钧的外交部长。陈上台后主张对日强硬，赢得了民心，但蒋介石则说他“隔阂国情，徒为孤注一掷”，并说“对日宣战，三天可以亡国”。陈友仁受气不过，竟然愤然辞职。蒋介石又指使何应钦有意向日舰挑衅，吓唬新内阁。日舰果然几乎炮击南京，孙科吓得六神无主。

★邓演达（1895～1931）

中国民主革命活动家。广东归善人。1926年任黄埔军校教育长。北伐战争后，任国民革命军总司令部政治部主任。武汉国民政府时期，极力反对蒋介石的个人独裁。1927年3月被选为国民党中央执行委员、中央军事委员会主席团成员等。1930年正式成立中国国民党临时行动委员会，号召推翻南京国民政府，建立农工平民政权，实行耕者有其田。1931年被蒋介石逮捕，11月29日被秘密杀害于南京。

蒋在下台前还密令把反对他的第三党领袖邓演达★杀害于南京。邓演达资格很老，是忠于孙中山三大政策的国民党左派。他曾参加讨伐陈炯明的东征。黄埔军校成立后，任校训练部副主任、教育长。北伐战争期间，邓演达任国民革命军总政治部主任、湖北省政务委员会主任。1927年蒋介石、汪精卫相继叛变革命后，他与宋庆龄等人以中国国民党临时行动委员会名义，在莫斯科发表《对中国及世界革命民众宣言》，提出要继承孙中山遗志，坚持反帝反封建斗争。1930年回国后，他正式成立了“中国国民党临时行动委员会”（中国农工民主党前身），反对蒋介石集团。邓演达1931年8月17日在上海为受训干部讲课时，蒋介石命令特务秘密逮捕了他。事后，宋庆龄曾亲自到南京找蒋介石，要求保释邓演达。但是蒋介石却骗宋庆龄说，他并没有逮捕邓演达。于是，在下台前，蒋介石秘密将邓杀害。

对于向来养尊处优，刚刚上台的孙科，蒋介石并没有放在眼里。胡汉民也曾评论孙科说：“因为他是孙中山先生之子，所以有革命脾气；因为他在国外长大，所以有洋人脾气；因为他是独子，所以有大少爷脾气；他有时只发一种脾气，有时两种同发，有时三种一起发。”

刚上台的孙科，还没有体会到当政的喜悦，立即就感受到了无米下炊的困境。政府只见出的钱，不见入的钱，1个月就欠1,600万元。而何应钦在蒋介石的暗中主使下，大肆索要军费，每月就要向孙科政府要1,800万元，各部也趁火打劫，纷纷向他要钱，孙科一筹莫展。江浙财阀，拒绝为新政府提供钱款。外交方面，孙科为取得民众支持，主张对日“积极抵抗”，收复东北。但孙科手中没钱没兵，所以只能空喊口号，见不到一点实际行动，而日军军舰则进入宁、沪间的长江水面，向孙科政府示威。

内政、外交的窘境一下子就难倒了孙科，他于是向报界抱怨：“以前五院对国府主席

∧ 1931 年，蒋介石夫妇会见来访的外宾。

负责，现在行政院对中政会负责，行政院须完全听命于中政会，而三常委迄今未来，行政院无所秉承，一切不能决定，故不免种种困难。盼望造成健全舆论共同欢迎蒋、胡、汪来京主持。”

孙科政府眼看就要倒台，幕后反蒋的李宗仁、李济深、冯玉祥、陈铭枢等人非常着急。李宗仁、陈铭枢决定来硬的，扬言要对金融界采取强硬措施。孙科也以“充实中枢，否则还政于民”为名，决定把大权和李宗仁、陈铭枢、冯玉祥、李济深等分享，决定在蒋、汪、胡未入京前，设特务委员会，负责中央一切政治上之责任。1 月 14 日，孙科、陈铭枢、李宗仁、李济深、冯玉祥等在沪中委在南京召开第三次中央党部常务委员会，正式酝酿成立中政会特务委员会，会上通过了特务委员会组织大纲，推出特委会委员。

李宗仁等人的活动，使在奉化一直密切关注时局动向的蒋介石感到了真正的威胁，尤其是中政会特务委员会的设立，在蒋看来是真正向自己夺权的行动。于是他像一条养精蓄锐的大鱼，开始进行攻击。他很快来到杭州，与汪精卫共同组成反击联盟。

蒋在动身前，曾对汪派大将陈公博、顾孟余、王法勤说：“本人甚盼汪先生能不顾一切，任此艰难。前在沪时，曾向汪先生面述此意，汪太客气，希望3位再代转达。中兴本党，非汪先生莫属。”始终没有靠山的汪精卫正因为依靠陈济棠不成，离开了广州，也有投蒋之心，现在蒋找上门来，不由得大喜，于是连夜赶赴杭州，与蒋介石商谈大计，据说二人“晤谈甚融洽，密谈竟夜”。双方很快取得了一致，然后二人致电胡汉民，请他北上，“一同入京，协照哲生（孙科）及诸同志”。

∧“一·二八”事变中，十九路军将士英勇抵抗日军的进攻。

胡汉民见电大怒，因为原来与汪精卫约定，谁也不单独与蒋介石妥协，而汪精卫却背叛了誓约，私下里与蒋介石议和。因此，胡汉民接到汪、蒋联名的电报后，说自己病了，“非长期休养不可”，坚决拒绝北上。他决定在广州另立门户，与蒋、汪对抗到底。

张继、张静江，蒋的谋士也迅速乘车赴杭，与蒋商议反击大计。次日，一切就绪，蒋介石派飞机把孙科从上海接到杭州。孙科现在只求摆脱困境，当即与何应钦、吴铁城同往杭州。

1月18日，对蒋介石的复出来说是个值得纪念的日子，蒋介石在杭州西湖风景幽静的烟霞洞宴请汪精卫、孙科、张继、张静江等人。蒋介石对汪、孙表示：“余不入京，则政府必贸然与日绝交，绝无通盘计划，妄逞一时血气，孤注一掷，国必亡灭。故余不顾一切，决计入京，以助林主席挽救危机，本我良心，尽我天职而已。”烟霞洞会议决定让难堪重任的孙科下台，由汪精卫组阁，并否定了陈友仁对日绝交的外交方针，成立了以亲日派蒋作宾为首的外交委员会；蒋介石再次获得军政大权。会后，蒋、汪一脸喜气，分别向报界表示，为帮助政府摆脱困境，当近日内共同进京。

1月23日，蒋、汪在南京召开中央紧急会议，孙科宣布辞职。28日，由蒋介石主持召开了临时中央政治会议，批准了孙之辞呈，同时改组南京政府。新内阁由汪精卫任行政院长，宋子文为副院长。

蒋、汪在杭州会谈的消息传到广州后，胡汉民大怒，于19日公开宣布与蒋、汪决裂。随着蒋、汪回返南京，特务委员会只好宣布取消。李宗仁深知蒋派力量目前非常强大，因此返回两广，表示拥护胡汉民，与蒋作长期斗争。

被迫辞去外交部长的陈友仁满腔悲愤地说："余敢正告国人，蒋氏对日的消极政策，必导致日军的得寸进尺。"

果然，1月28日，日军进攻上海，发动了"一·二八"事变★。随后，进入南京下关的日舰公然炮轰南京，蒋介石和汪精卫现在也顾不上体面，赶紧迁都洛阳。在日本的进攻中，蒋介石和汪精卫完成了他们的权力分配计划。国民政府迁都洛阳后，汪精卫主持召开了国民党四届二中全会，决议成立军事委员会，提议并强迫大家同意由蒋介石担任军事委员会委员长。汪精卫知道不这样的话，他自己想得到行政权是不可能的。蒋介石喜气洋洋，他在发表就职演讲时说："国难至此，遑计短出；许身革命，义不容辞；进退去留，唯党国之命是从，始终生死，无敢或苟。"紧接着，蒋介石的亲信陈立夫被任命为中央组织部长，汪派干将陈公博被任命为民众指导委员会主任，"蒋汪联合主党"的局面至此实现。

这样，蒋介石仅仅"下野"了几十天，就又重新上台，从"下野"前的"蒋主席"变成

∧ 蒋介石、汪精卫联合组党，开始了他们一段短暂的蜜月期。

了"蒋委员长"，以退为进，收服了汪精卫，逼走了胡汉民，玩弄了孙科，掌握了更大的权力。

蒋介石重新上台之后，决心向法西斯主义学习。他派人向墨索里尼和希特勒求教。蒋指使陈果夫、陈立夫组织"中央俱乐部"的中统特务组织，因"陈"的英文第一个字母为C，故二陈为CC，俗称"CC派"。"CC派"领导成员还有张厉生、张道藩、徐恩曾、叶秀峰等。1932年3月，蒋介石又组织军统特务组织"复兴社"，自任社长，其核心成员主要是黄浦系出身，如戴笠、贺衷寒、康泽、酆悌、桂永清、刘健君等人。蒋介石的法西斯反动统治就此建立了起来。

本来可能打胜的“一·二八”事变

蒋介石再次掌权后，由于奉行万人唾骂的“攘外必先安内”的卖国政策，结果导致了大片国土沦丧，广大人民陷于水深火热之中。从1931年“九·一八”事变到1937年“卢沟桥事变”的爆发，蒋介石为了打内战，对日一直妥协投降，结果越妥协日本的胃口越大，从东北一直侵略到华北。日寇很早就开始图谋东北，到“九·一八”事变前，日寇在东北的侵略势力已经制造了许多事端，不断进行挑衅。在这种危急的情况下，蒋介石本应奋起抗战，但是他在指导思想上始终是“攘外必先安内”，不作任何抵抗的准备，反而把主要军事力量用于进行军阀混战，以便实现自己的独裁统治。东北军的主力因为军阀混战而被陆续抽调入关，致使东北边防日益空虚。

1931年7月23日，蒋介石在南昌发表了《告全国同胞一致安内攘外》书，清楚地表明了他对“安内攘外”的立场与观点。他说：“我全国同胞当此赤匪军阀叛乱，与帝国主义者联合进攻，生死存亡，间不容发之秋，自应以卧薪尝胆之精神，作安内攘外之奋斗，以忍辱负重之毅力，雪党国百年之奇耻。唯攘外应先安内，却腐乃能防。”“不先消灭赤匪，恢复民族之元气，则不能御侮；不先削平粤逆，完成国家之统一，则不能攘外。”9月1日蒋介石在汉口发表的《为呼吁和平告全国同胞书》中明确说：“中正唯有一本素志，全力剿赤，不冀其他，唯冀除我民族根本之大患，以完成唯一之使命。”

在中原大战中，张学良发表声明拥蒋后，就把东北军大部分主力调入关内。进关后，战局即定，但是他却不再让东北军返回东北，而是长期驻守北平。1931年七八月间，冯玉祥部投张学良的石友三受到非常会议的收买，回头发生叛乱，进攻东北军，威胁北平。张学良为了平叛，只好把东北可能抽调的主力部队调入关内，讨伐石友三，黑龙江仅有的两个国防旅就是在这个时候被调入关内的。东北军将领对此说得很清楚：“东北军为了讨伐石友三，不但把棍子拿了出

★“一·二八”事变

中国军队抗击侵华日军进犯上海的作战。1932年1月28日，日军突然向闸北、江湾、吴淞等地大举进攻。驻上海的第十九路军在总指挥蒋光鼐、军长蔡廷锴指挥下，进行了英勇抗战。中国守军坚持抗战月余，毙伤日军逾万。由于蒋介石消极退让，中国守军陷入孤立无援、腹背受敌的困境，被迫退守嘉定、太仓一线。3月2日淞沪陷落。5月5日，国民党政府当局与日本签订了丧权辱国的《淞沪停战协定》。

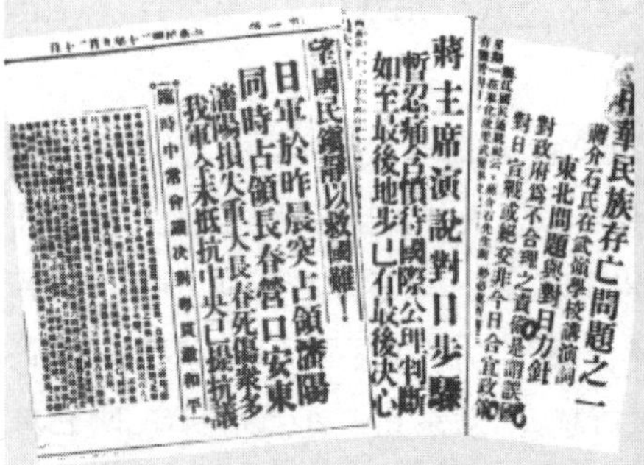

華民族存亡問題之一
蔣介石氏在武嶺學校講演詞
東北問題與對日方針
對政府爲不合理之責備是謂誤國
對日宣戰或絕交非今日合宜政策

蔣主席演說對日步驟
暫忍痛含憤待國際公理判斷
如至最後地步已有最後決心

望國民鎮靜以救國難！
日軍於昨晨突占領瀋陽
同時占領長春營口安東
瀋陽損失重大長春死傷衆多
我軍人未抵抗中央已提抗議

< “九·一八”事变发生后，人民群起激愤，报纸上也纷纷发表有关蒋介石不抵抗的消息。

V 张学良通电拥蒋后，带兵入关稳定了蒋介石的地位。这是蒋介石与张学良在南京中山陵合影留念。

来，而且连笤帚疙瘩都拿出来了。”令人不安的是，入关的东北军完成任务后并没有返回，给吉、黑两省只剩下些装备低劣、两团编制的省防旅；而日军兵力强大的辽宁，也总共只有五六个旅的兵力。冯玉祥说：“当时看见张学良跑到北平，日本人觉得这个时候可以发动了，因为日本人看见蒋介石在北伐成功之后，自己用刀把自己的臂膀和腿都砍掉了，明明地知道就是日本人占了东北，蒋介石也没有什么办法。”

东北的形势越来越危急，当时沈阳市警务处长黄显声亲自赶到北平，向张学良报告局势。但是黄返回沈阳后带来的消息却令人失望。他说：“副司令派王维宙代表他到南京请示中央了，蒋介石指示不必惊慌，有九国公约及国联，日本不能强占我领土，万一日本进攻，也不可抵抗，以免事件扩大，处理困难。副司令又说，你们地方武装可加紧训练，严加戒备。”当时第7旅旅长王以哲知道形势非常危险，因为“万一发生事变，我旅必将首当其冲”，于是火速赶到北平向张学良请示，请求将关内东北军调回一部分，以防日军进攻。但是王回到沈阳后也只能失望地对部属说：“张副司令已经派人将情况报告了蒋介石，蒋指示暂不抵抗，准备好了再干，一切事先从外交解决，并告诉张学良要效法印度甘地对英国不合作的办法来应付日本，遇事要退让，军事上要避免发生冲突，外交上要采取拖延的方针。”

第7旅参谋长赵镇藩回忆说：在“九·一八”事变前，张学良转来蒋介石的铣（8月16日）电，主要内容是：采取不抵抗政策，竭力退让，避免冲突，千万不要“逞一朝之愤，置国家民族于不顾，希转饬遵照执行”等语。

冯玉祥也回忆说，“九·一八”事变前，张请示过蒋介石，蒋对张学良说：“无论日本人占什么地方，都随日本占，我们是不抵抗主义。”蒋说“这话是我说的，但你不许对别人说”。“九·一八”事件发生后，蒋介石竭力宣扬妥协避让：“我们现在固然要尽力避免战争，且在未至开战的时候仍要镇静持重，无暴其气。”“现在我们的军备武力，虽然不如日本，但因为我们人民的知识程度的提高，所增加的卫国的力量，实在足以保卫我们国家的存在。这种精神的表现，绝不是军国主义的国家所能压倒的，所以此次事件，固希望能够和平解决，但若万不得已而须以武力自卫，就必定可以得到最后的胜利。”同时他又相信国联会帮助中国：“我国是世界国家之一，即不能离开世界；同样既是国际联合会的一分子，即不能离开国际。我们更应相信国际有公约，人类有公道，我们要

∧ 20 世纪 30 年代的蒋介石、宋美龄。

∧ “一·二八”事变发生后，上海守军十九路军在总指挥蒋光鼐、军长蔡廷锴的率领下奋起抵抗。图为蔡廷锴（右）与淞沪警备司令杨虎。

以和平的心理去遵守，以牺牲的精神去拥护。”

蒋介石在“安内”方面则最是坚决。他说：“持其复仇之志毋报雪耻之气，兄弟阋墙，外侮其御，愿我同胞，团结一致，在中国国民党领导指挥之下，坚忍刻苦，生聚教训，严守秩序，遵守纪律，期于十年之内，雪今日无穷之耻辱，完成国民革命之大业。”10月10日，他手书救国之道誓词说：“救国之道，在和平统一，御侮之要，在守法奋斗，统一为和平之基，守法为奋斗之本。”11月30日，在顾维钧宣誓就职外长时，蒋介石明确地说：“攘外必先安内，统一方能御侮，未有国不能统一而能取胜于外者。”陈布雷在日记中说：“9月18日，日军突破北大营，沈阳沦陷。蒋主席闻读次日即启程回京，变起非常，全国民意激昂，社会群情惶惑无主，而党中元老之不在中央或故树异帜者，复推波助澜，以长攻击政府之气焰。蒋主席忍辱负重，决定按照国联盟约及非战公约与九国公约，诉之于国际之公论，一面则严令东北当局，节节抵抗。然东北军骄逸成性，不能遵奉命令，达成任务，日军复锐进侵略，以致失地日广，三省相继被占，而内外责难更纷然杂起矣。”在山西汾阳的冯玉祥当时打电报给蒋介石说：“日本大肆屠杀，不闻有备战之举，反以备战为名，徒

∧ “一·二八”事变发生地点——上海四川北路。

然日日哀求国联。试问宰割弱小民族的国联能代中国求独立，能代中国打倒该会常务理事之日本乎？与虎谋皮，自欺欺人，仍其为帝国主义之工具而不悔。”外交部长顾维钧在回忆录中揭示了这个时候蒋介石对“九·一八”事变的态度。顾说：“委员长原已发现他的处境非常困难。早在沈阳事件之前的夏天，他就在庐山举行扩大会议，讨论当时提出的特别是少帅在东北的集团提出的对日采取强硬态度，和直接抵抗日本侵略的政策等要求。委员长是个现实主义的政治家，他觉得必须对日谈判。另一方面，作为一个精明的政治家，他不愿意公开明言直接谈判的政策。”

“九·一八”事变发生时，蒋介石却正在江西指挥“剿共”。电报到了南京后，群龙无首，国民党大员们一时不知所措。而日军则在国民党政府“不抵抗”政策的纵容下，迅速侵占了东北全境。东三省的银号和中国交通银行遭到日寇洗劫，张学良的私人财产也损失惨重。

张学良愤然要求带领东北军进行抵抗，但蒋介石则要他不要轻举妄动。蒋介石于9月21日从“剿共”前线返回南京后，说“以和平对野蛮，忍痛息愤，暂取逆来顺受态度”。22日，蒋介石发表《告全国同胞书》，竟然没有一个字提到抗日，只要求民众认真工作，交捐纳税，“勿问国事”。23日，在《告全国国民书》中，蒋介石宣布了自己对日的基本方针：一、依靠国联“主持公道”。二、鼓吹“以文明对野蛮”，要中国人民以“文明”的不抵抗，忍受日寇的野蛮屠杀。国民党中央执委会的《致粤要人电》，更强调“危害民族生存之赤匪必须根本铲除”，顽固坚持“攘外必先安内”的立场。

在蒋介石的妥协政策纵容下，1932年1月28日，日舰公然炮击上海，发动了“一·二八”事变。驻守上海的十九路军在总指挥蒋光鼐、军长蔡廷锴率领下奋起抵抗，“一·二八”抗战就此爆发。

日军从1月18日起，就接连在上海不断挑衅，有意制造战端。日寇还狂妄地扬言：“打上海4个小时就可解决问题。”

“一·二八”事变的前几天，张静江对蔡廷锴说：“十九路军素来军纪严明，革命战争有功。上海日军处处挑衅，如果不善于应付，大有一触即发之势。望你体念中央的意旨，最好撤到后方南翔一带，以免与日军冲突。上海华洋杂处，繁华之区，如果战端一开，损失极大。倘能撤退，我可报告蒋总司令。”

蔡廷锴则凛然答道：“上海是我国领土，十九路军是中国军队，有权驻兵上海，与日本帝国主义毫无关系。万一日军胆敢来犯，我军守土有责，决定迎头痛击，张先生也是中国人，应接纳我的意见，向蒋总司令报告。”

∨ 十九路军在闸北前线英勇抵抗日军的进攻。

∧ “一·二八”事变爆发后，时任第十九路军军长的蔡廷楷率部与日军在上海展开激战，捍卫了国人的尊严。

∧ 张治中曾是国民党的高级将领，又是毛泽东、周恩来等共产党领袖几十年间以朋友相称相待的人。在国共关系中，他担任了很重要的角色，一直为促进两党合作尽力。

蔡廷锴的凛然大义让张静江无言以对。

1月27日夜，军政部长何应钦和参谋总长朱培德害怕十九路军进行抵抗，给蔡廷锴连发3次急电，说：“着该军忍辱求全，避免冲突，万勿妄动，以免妨碍国防大计。”蒋介石还不放心，又密令宪兵第6团于1月28日赶到上海，接替十九路军闸北的防务。但是蔡廷锴命令闸北驻军拒绝交防。

1月28日，十九路军在蔡廷锴、蒋光鼐等爱国将领的指挥下，对日军的入侵进行坚决迎击。十九路军与上海各界人民一起，浴血奋战，顽强地顶住了日寇的进攻，使得宣称4个小时即可占领整个上海的日军指挥官盐泽羞愧难当，想要自杀。2月7日，日本当局撤了他的职。

消息传出，举国振奋。戴季陶、陈果夫、陈布雷、陈立夫等见形势并非像他们所预想的那样发展，于是立即建议蒋介石通电全国，表示政府要坚决抗日，以便争取民心。蒋便于1月30日发出《为“一·二八”事变告全国将士电》：“东北事变，肇始至今，中央为避免战祸，保全国起见，故不惜忍辱负重，保持和平，期以公理与正义，促倭寇之觉悟，不意我愈忍让，彼愈蛮横，沪案发生，对渠要求，且已茹痛接受，而倭寇悍然相逼，一再向我上海防军攻击，轰炸民房，掷弹街衢，同胞惨遭蹂躏，国亡即在目前，凡有血气，宁能再发忍，我十九路将士既起而为忠勇之自卫，我全军革命将士处此国亡种灭患燃眉之时，皆应为国家争人格，为民族求生存，为革命尽责任，抱宁为玉碎，毋为瓦全之决心，以与破坏和平，蔑弃信义之暴日相周旋。诸同中正愿与众将誓同生死，尽我天职，特本血诚，先行电告，务各淬砺奋发，敌忾同仇，勿作虚浮之豪气，保持牺牲之精神，枕戈待命，以救危亡。”

2月初，就在上述通电发表之后不久，蒋介石就重新回到了南京，掌握了党、政、军大权。此时蒋介石的抗战决心也受到了一些鼓舞。2月5日，蒋介石致电何应钦（当时军政部长）说：“如吴淞要塞陷落，日本陆军登陆参战时，则我空军亦应参加沪战。除与陆军预定协同动作外，而空军动作，总以飘忽无定，出没无常，使敌猝不及防为要。”

16日蒋介石致电宋子文（当时财政部长）说：“日既在沪不肯撤兵，我方只有抵抗到底，故此后军事开始，究至如何程度，均难逆料。而江西与河南伙食必日紧一日，接济必完全继续，请兄能在南昌运存1,000万元，郑州运存2,000万元之中央钞票，则政府尚可活动，军队亦可维持，或能渡此难关，不至崩溃……望设法助成之。”

蒋介石返回南京后，中央陆军军官学校教育长张治中对他说：“我们中央的部队必须参加淞沪战斗才好，如果现在没有别的人可以去，我愿意去。”蒋介石考虑了一下，觉得说得有理，于是指示何应钦迅速调动散驻京沪、京杭两线上的第87、88两师合成为第5军去上海参战，并任命张治中为军长。宋希濂回忆说：“此刻他知道如果不于这一紧要关头，酌派部分嫡系部队参加，不仅说明他的通电的虚伪，而且将会严重地影响他的地位和领导权。

日军本次出动的总兵力有六七万，还配备200架飞机，而第5军和十九路军只有4万人。但是就是这样，他们以弱抗强，竟然奋战了33天，使日军死伤1万余人，三易主帅。全国人民闻讯后，踊跃声援淞沪抗战，并且捐衣捐物，进行支援，几天内就捐了3万套棉衣，设立了几十个战时医院，捐款700万元。社会各界还纷纷组织义勇军、敢死队、救护队、运输队支援抗战。宋庆龄冒着生命危险亲自到前线慰问官兵。

陈布雷在日记中回忆说：“当时一般舆论震于蒋光鼐、蔡廷锴、翁照垣等之宣传，均以为只有十九路军能抵抗，慰劳之仪物，亦只送十九路军各部，然后第5军艰苦作战，绝不自暴，蒋公曾电张治中军长曰：在前线必须让功与十九路军，只期歼敌，切勿有所争竞，即有不能堪者，亦必为国家忍辱负重，当知在此生死关头，与十九路军应视同一体，外间毁谤一切置之，如外间不知我87、88两师同在苦战，正吾人所求之不得者。今日之事，汝等与十九路军同一命运，生死与共之，况于荣辱何！”

蒋介石在2月23日电勉淞沪抗敌各将士说：“日军倾力进犯，狼奔豕突，连日江湾、庙行镇、闸北一带冲击激烈，开未有之激战，我军卒能拼死抵御，肉搏苦战，气吞河山，屹若金汤。我革命军之勇武，大无畏之精神，足以表现于世界，而震惊全球。各将士不屈不挠，精诚卫国，放革命之异彩，争民族之生存，胥于此积极奋斗中，达成其使命，愿与诸将士共勉共励，奋斗到底。”

虽然抗日形势大好，群情激昂，但是按“攘外必先安内”的既定方针行事的蒋介石却不再调兵增援，他的目的是尽快了结淞沪战事，然后专心“剿共”。蒋介石对总参谋部说：“沪战在外交上应视为局部问题，不能扩大，在军事上剿赤部队不能调用，如挖肉补疮，将招致沦亡大祸。”

此时，全国各地许多部队纷纷请命抗战，但是何应钦却警告说：“各军抗日请求，非得军政部之命而擅自开拔者，虽意出爱国，仍须受抗令处分。”何还派人到各军进行监视，不准各军自主抗日。

2月13日，何应钦致电蒋光鼐说：“蒋公之意，我军进攻，无论如何牺牲终难达目的，已派陈次长与日武官原田及第9师团参谋长田代少将接洽，先谈双方停止射击若干时间，为办理调停余地，然后进一步商谈如何撤退等问题。”

在蒋介石的授意下，陈仪、王俊到上海对日求和。日寇蛮横地坚持要中国军队先撤，才能谈和。18日下午，和谈破裂。此前，第五军已于15日奉军政部开拔，宋希濂的部队在14日已进入阵地。到了3月3日，日寇向国联宣布停止战争行动，蒋介石大喜，在英、美策划下，派郭泰棋（当时外交部次长）、黄强（当时十九路军参谋长）为代表与日本进行和谈。5月5日，双方签订了5条淞沪停战协定。第2条规定上海至苏州一带，中国没有驻扎军队的权利，承认上海为非武装区；第3条规定日军可在上述地区驻若干军队。

这个协定使得日军有权利长期驻在吴淞、闸北、江湾及引翔港等地，而中国军队却不能在自己的领土上海及周围驻扎军队；另外，长江沿岸福山到太仓、安亭及白鹤江起，直到苏州河北为止的广大地区，竟然被划给英、美等帝国主义共管。

5月7日，蒋介石发表了《淞沪停战告各将领电》，说：“淞沪停战撤兵协定已于歌（5日）日签字，全文业已公布。此次协定成立，实依照国联之决议，关于协定内容，我方所始终坚持者，为限于日军撤退，不得附带政治性质之条件，此点已完全办到。至于日军撤退，由共同委员会负责监视，对于违背协定随时可以提出制裁。自昨日起，日军已依照协定开始撤退，我方开始接收地方矣。”

上海停战后，蒋介石立即将十九路军调往福建“剿共”。而日军虽然尝到了甜头，却没有止步，反而得寸进尺，步步进逼。

张学良在车厢里放声大哭

答应了替蒋介石当替罪羊后，张学良闷闷不乐地乘自己的专车向北平进发。他越想越委屈，不由得在车厢的卧室里抱头痛哭。他的顾问端纳和王卓然听到哭声后，赶过来劝他说：“作为一个大丈夫，要勇敢、坚强。你还记得老帅的话吗？福兮祸所伏，祸兮福所倚。你正好借机休息，恢复健康，若是真的要责成你反攻热河，你的身体精神皆不胜任，那时失败，

★伪满洲国成立

1931年，日本发动“九·一八”事变，侵占了中国东北。1932年3月9日，日本正式建立了伪满洲国政权，清朝末代皇帝溥仪出任伪满洲国“执政”，建立傀儡政权。年号“大同”。下设伪民政部、军政部、财政部、外交部、司法部等机构。1934年3月，日本改“满洲国”为“满洲帝国”，改“执政”为“皇帝”，改年号“大同”为“康德”。1945年8月18日，溥仪在日本宣布无条件投降后，宣布第三次退位，伪满洲国灭亡。

不如这时痛痛快快一走，把病治好了，留得青山在，不患无柴烧。”

张学良听罢，猛然站起身来，带着满脸泪痕仰天狂笑：“蒋先生对日仍以外交为主，并想用黄郛（亲日派）到北平来主持政务，专办对日外交。蒋先生以和为主，还不知演出什么戏来。人骂我不抵抗，我也不辩，但是我下野后，天知道我这不抵抗的罪名要背到哪天？我仿佛记得林肯有这么几句话：你可欺骗全体人民于一时，或欺骗部分人民于永久，但不能欺骗全体人民于永久。”

张学良为何这样伤心？让我们从头说起。

日本帝国主义者侵占东北之后，于1932年3月9日成立了自己的傀儡政府——“满洲国”★，用刺刀把溥仪护送上了“执政”的宝座，后来又让他登上了龙椅，成为“皇帝”。清朝遗老遗少闻讯后纷纷前来“献忠”，郑孝胥、罗振玉等人都在此时被永远钉在了汉奸的耻辱柱上。一大批原来奉系的军政要员也纷纷投降日本，并成为傀儡政府的要员。

日本将我国东北地区分割为14个省，找了一批汉奸做傀儡省长，日本人以次长的名义做太上皇，但是行使全部权力。据统计，仅仅投降日本关东军的奉系部队就达11万人。

北方抗日前线日趋紧张，东三省沦陷，日寇以锦州为基地，即将入侵热河。1932年下半年，热河成为形势最紧张的地区，蒋介石在7月8日、8月8日、8月9日和8月17日，连续致电给张学良，“从速驰援热河”“进兵热河”“悉心考虑进退大节”并“注意日军行动”。一切重担都压在了张学良和东北军身上。

1933年初，日寇为了完成建立“满洲国”的计划，开始向热河进攻。日本以武藤信义

∧ 1933年，率东北军决意抗日的张学良与前来劳军的宋子文（中）等合影。

大将为司令官，率领10万兵力，兵分3路进攻热河。一路由辽西进攻朝阳、凌源、平源；一路由开鲁进攻赤峰；一路开往多伦一带，准备分3路围攻承德，随后进攻长城各关口。1月1日，日军进攻山海关，东北军何柱国部坚决进行还击，长城抗战就此爆发。

大敌当前，全国各地军人纷纷请战，但因为蒋介石一意孤行地贯彻其"攘外必先安内"政策，因此都遭到拒绝。两广方面派出了抗日先遣军，要求北上抗日，遭到蒋介石拒绝。两广方面又多次通电，坚持主张对日抵抗，而蒋置之不理，反而要求粤、桂当局"协助剿共问题"。蒋介石还亲自写信给李宗仁，要其"不分地畛，鼎力协助"，并答应提供巨款，总之一句话："剿匪期间不准轻言抗日。"

2月2日，西南政务委员会决定成立由闽、粤、桂3省联合组织的西南国防委员会，由李宗仁、陈济棠、白崇禧、蔡廷锴、蒋光鼐等任委员。8月，胡汉民代表委员会发表公开讲话，提出"抗日重于剿共"的口号，并指斥蒋之"攘外必先安内"论纯属"规避责任之遁辞"。闽、粤、桂3省并不仅仅口头抗日，而是积极组织抗日先遣军，并公推十九路军军长蔡廷锴担任联军前敌总指挥，准备从各省分别抽调一个独立师，组合联军，在蔡的统率下北上抗日。蒋介石闻讯后大怒，立即严令出发军队退回，并说："南方党政军各同志，在匪未清之前，绝对不能言抗日。"3省抗日先遣军在蒋介石的严令和军事威胁下只好忍痛回师。

张学良因为蒋介石的不抵抗政策而放弃了东三省，现在日军大举进攻热河、河北，再不组织坚决抵抗，将无以面对国人。于是张学良把驻在长城以内的东北军4万人开始调入热河布防。1月8日，张学良为山海关失陷举行记者招待会，说："我们为争取民族的生存，只有

∧ 长城抗战中的东北军炮兵。

< 向长城进发的中国军队。

拿我们的血肉、我们的生命来保卫和平，来保障中国，除此之外，再无别的选择！我们要用武力阻击日本！要让日本看到我们中国有能力阻击他们，打败他们！”

张学良深知，日寇军力量强大，单靠东北军是无法抗战的，于是赶紧向蒋介石求援。当时，张学良是北平军事委员会分会代理委员长（蒋介石兼委员长），虽然名义上有权指挥华北各省军队，但华北的阎锡山集团、冯玉祥集团都各自独立，并不听他指挥，反而因为在中原大战中张学良帮助蒋介石，致使阎、冯失败而对他怀恨在心。蒋介石迫于全国舆论的压力，终于支持张学良抗日。

张学良请求蒋介石派遣中央军及晋军迅速增援热河，又赶到南京面见蒋介石，讨论对日作战方略。张学良对蒋介石说，只要有中央做后盾，他就有决心遏制住日本的进攻。蒋介石说：“很好，很好，我派力量支持你。”1933年1月10日、2月6日、2月25日和26日，蒋介石4次复电、致电张学良，指出“集中（热河）计划，请积极进行”，“北方军事已全权托付”，“北票即失，我军宜专力固守于凌源、平泉、赤峰三据点”，“倭寇攻热，业经开始，时至今日，吾辈军人，为国家民族争人格，为公理正义尽责任，唯有牺牲一切，以报党国”。但蒋介石虽然口头说得坚决，实际上仅调中央军黄杰的第2师、关麟征的第25师、刘戡的第83师北上，敷衍张学良。

2月中旬，蒋介石派财政部长宋子文、军政部长何应钦、外交部长罗文干、内政部长黄绍竑、参谋部次长杨杰、军政部厅长王伦、参谋部厅长熊斌等一行人，浩浩荡荡专车北上热河视察。

∧ 张学良向南京及全国发表通电，表示了坚决抗战的决心。

张学良为了对抗日军，把华北军队分编为两个集团军，他自兼第1集团军总司令，由于学忠、商震、宋哲元分任第1、第2、第3军团长；张作相为第2集团军司令，由万福麟、汤玉麟、张作相分任第4、第5、第6军团长。张作相、汤玉麟都是张作霖的老把兄弟，在东北军中辈分很高。张作相指挥的第2集团军有六七万兵力。汤玉麟担任热河省主席，外号“汤大虎”，在热河当土皇帝。热河几乎成了他家的天下。他的二儿子汤佐辅是财政厅长，大儿子汤佐荣是禁烟局长，他们父子3人在热河横征暴敛，弄得民不聊生。张学良见抗战事大，就想把汤玉麟撤下来，于是征求张作相的意见。张作相与汤玉麟交情极深，认为汤可能会抗命，出现意外，因此请张学良仔细权衡考虑。张学良一直犹豫未决。不想汤玉麟竟然听到了风声，不由得大怒，他在坚决反对的同时，竟然阴谋同伪满进行勾结。大敌当前，张作相深恐东北集团分裂，多方进行劝解，才使双方矛盾缓和。张学良因此用张作相任第2集团军总司令，以便让汤玉麟放心。

2月16日晚，张学良在北平召集有关将领布置抗战防务问题，没想到遭到了抵制。他向宋哲元说：“明轩，你可把守长城、冷口、喜峰口一线。”宋哲元当即厉声回答说：“我的兵力太薄，装备又差，怎能担当这么一个大面？”张说：“不要紧，你的右翼有何柱国，他可以支援你。”宋说：“何柱国是败军之将，靠不住，我怎能信他？我不干。”张学良当即下不了台，只好说：“再商量吧！”

张学良在承德，以他和张作相、汤玉麟、万福麟等27名守卫热河的将领的名义，向南京及全国发表通电，表示了坚决抗战的决心，同时呼吁全国进行支援。张作相听说发出通电抗战，就非常担心，他认为这样反而会促使日军加快进攻热河。他叹着气说："一点没有准备，发出这样一个电报，岂不是惹祸吗？"

张学良与宋子文等中央大员2月19日返回北平后的3天，日军就开始大举进犯热河。

当时，防守热河的第2集团军司令张作相还有一半以上兵力未到达防地，加上士气低落，士兵中间已经出现畏战情绪。因此，日军仅仅扔了几个炸弹，出动了几辆坦克，已经进入坚固防御工事的汤玉麟第5旅旅长崔兴武就吓破了胆，首先投降。万福麟的第4军团见状也不落后，飞快地逃入喜峰口。3月4日晨，守卫热河省会承德的汤玉麟竟然弃城逃跑，日军仅以几百人的快速部队，不费吹灰之力就占领了承德。由承德到北平，只有一昼夜的功夫。

热河沦陷，华北危急。

万福麟在逃入喜峰口后，要求退回北平。张学良大怒，对万喊道："我要你率部反攻，你要回来，拿头来见我！"张学良决心把临阵脱逃的汤玉麟捉住正法，以振士气，但是汤玉麟竟然事先畏罪逃往察哈尔。

张学良没有办法，只能迅速调动部队，加强古北口的防御。他又派代表去张家口向冯玉祥请教作战方略。冯玉祥回复说，他希望张学良亲自到滦州指挥作战，并悬重赏克复山海关，夺回锦州；同时要张直接请示蒋介石，用所有的骑兵抄敌后路；最后冯希望张与民众一起抗日，释放政治犯，鼓励张报父仇，雪国耻。

热河不战而失陷后，全国舆论愤怒谴责南京政府，也谴责直接的责任者张学良。张学良对部下说："我与蒋先生约定在保定见面，我要与他商讨反攻热河，主要条件是必须补充枪炮弹药。我想要求补充1,200挺轻重机枪和300门迫击炮，再就是要充足的弹药，能加些高射炮更好。若是中央有决心抗日，应向日本宣战，动员全国力量与日本人一拼，我是有决心亲临前线的，干死了比活着受全国人唾骂好得多。人反正有一死，我是不怕死的，就怕南京假抵抗真谋和，那我就没办法了。"

3月6日，蒋介石自南昌乘车北上，提前通知张学良去保定相见。9日，张学良先到了保定，蒋介石却不出面，而是让宋子文代为传话说："热河失守，张学良守土有责。全国人民谴责政府，中央政府责无旁贷，蒋首当其冲。正如同两人乘一只小船，本应同舟共济，但是目前风浪太大，如先下去一人，以避浪潮，可免同遭沉没。将来风平浪静，下船的人仍可上船。若是互守不舍，势必同归于尽，对自己对国家皆没有好处。"张学良心头

∧ 20世纪30年代初，蒋介石与张学良在一起。

一震，随即慨然说道："当然我先下去，正好趁机会休息休息。请告蒋先生不必烦心。"宋子文听后立即打电话给蒋介石说："汉卿态度很好，一切服从委员长的命令和安排，请委员长速来见面。"

5个小时后，蒋介石的专车到达保定。张学良于是到蒋介石的专车去求见。蒋首先很严肃地说："我接到你的辞职电报，很知道你的诚意，现在全国舆论沸腾，攻击我们两人，我与你同舟共命，若不先下去一人，以息全国愤怒的浪潮，难免同遭灭顶。所以我决定同意你辞职，待机会再起。子文传达你慷慨同意，这是好的，好的。一切善后问题，可按照你的意见办理，有什么问题与子文商量，他可以代表我。"张只好说："我感谢委员长的苦心，我身体不好，精神萎靡，东北丢失，我早就想引咎辞职。这次热河之变，我更是责无旁贷，免去我的本兼各职，正可以申张纪律振奋人心。我想日军必很快进攻华北，以遂其并吞整个中国阴谋，委员长应考虑动员全国与日本宣战。目前应急调中央劲旅与东北军配合反攻热河，以阻止日军前进。”

蒋介石连说：“是的，是的。”张退回自己的专车约5分钟，蒋和宋子文不放心，又来到张的专车再次劝说，要他第二天就离开北平去上海，然后出洋治病。而出洋的名义和手续，蒋介石竟然已经都为他办好了。蒋介石临走时有点歉意地说：“汉卿，再见吧，再见吧。”并对宋子文递了个眼色说：“子文你留在后面，多与汉卿谈谈。”

宋子文同张学良进一步商谈了东北军的安排，结果，张学良的北平军分会代理委员长由何应钦接任，东北军被分编为4个军，由于学忠、万福麟、何柱国、王以哲4人分别统率。中央军黄杰师和关麟征师开赴古北口，以抵抗日军前进。

3月11日，张学良发表辞职通电。4月11日，张学良偕夫人于凤至、秘书赵一荻小姐及3个子女等去德国、意大利“考察”。张学良辞职后，华北大权就由张学良手里回到了蒋介石手中。

“抗日有罪”，冯玉祥仰天长叹

热河失陷，张学良下野。面对强敌，守卫长城的中国军队却表现得异常英勇，以落后的装备抗击着拥有飞机、坦克、大炮等现代化武器的日本侵略军长达3个月，后来还是在日寇从山海关入关迂回包围的情况下，才撤出了阵地。日军占领热河后，又继续进攻喜峰口、冷口和古北口，打算越过长城，进逼中原。原属冯军的宋哲元29军奋起抗击，将士们用大刀与日军英勇拼杀，大量杀伤了日军，使日军不得越过喜峰口。冷口守军商震部32军也奋起抗击，使日军无法推进。

冯治安、张自忠两位师长经过商议后决定派出两个旅绕到日军后面，进行夜袭。当时碰巧大雪茫茫，路面冰冻打滑，难以行走，日军想不到我军竟敢在这样的雪夜袭击“皇军”，因此没有丝毫防备。当日军正在酣睡时，我军士兵用大刀杀入进来，敌人猝不及防，多数被砍杀。捷报传来，全国军民人心振奋，“大刀队”威名从此震动中外。

但是蒋介石依然对日军抱有幻想，他指示何应钦在平津全力执行他的“一面抵抗，一面交涉”的既定国策。蒋介石只派中央军17军的两个师进行抵抗，其余则以溃败下来的东北军各部防守长城各口。而把国民

< 喜峰口抗战中的29军大刀队。

党的精锐部队都调到了“剿共”战场。各抵抗日军的军队，蒋介石又不补充枪支弹药，致使整个长城防线，只能进行防御性的作战。

日寇正向长城大量增兵，形势越来越危急，但是，当3月23日蒋介石秘密来到北平听取各方面的汇报时，却指示说，要以现有的兵力“竭力抵抗”，不能希望再增加援兵。然后蒋介石又没事人似的回到南昌“剿共”去了。但是，广大军民还是进行了自发的英勇抗战。4月下旬，方振武的部队不顾蒋介石的命令，响应冯玉祥的抗日号召，由山西介休县开到了河北邯郸，打算上长城参加抗战。北平军分会委员长何应钦闻讯后大惊，不但拒绝提供任何交通工具，而且借口统一军令，防止自由行动，下令将所有在察哈尔及河北两省的抗日救国军及义勇军一律取消，其中人马充足的部队必须改编为正规军才能参加抗战。方振武、鲍刚等部队就步行到张家口参加长城抗战★。

由于蒋介石的消极抵抗政策，不给防守长城各口的中国军队进行支援，使各守军的情况越来越严峻。他们只能在极其艰难困苦的条件下英勇作战，伤亡极大。守卫古北口的第2、第25、第83三个师，经过与日寇的激烈战斗，只剩下1/3的将士，其余都为国捐躯。日军在中国守军的坚决抵抗下，长城进攻受挫，不得不改由山海关向滦东进攻。随后，占领石门寨的日军与长城沿线的日军两面夹击冷口。3月12日日寇付出了不下两千人伤亡的代价，攻破了古北口。中国军队随后退守南天门。

由于没有援军，武器装备又极差，无法和日寇飞机、大炮、坦克车的进攻进行对抗，中国军队在努力抵抗的时候渐渐处于劣势。4月11日，日寇从商震所部32军防守的冷口攻破长城防线，守卫喜峰口的29军一下子处于腹背受敌的状态，不得不撤退到三河、平谷以东地区。日寇随后逼近通州，5月14日攻占了南天门。17军只好退守怀柔、顺义一线。随后，冀东20余县被日军占领。长城抗战宣告失败。

蒋介石把所有的希望都寄托在国联上，希望国联能够为中国主持“公理”，但是事实证明这只能是自欺欺人的幻想，给中国抗战带来了难以估量的损失。5月3日，蒋介石同汪精卫命北平政务整理委员长黄郛与日方代表交涉。黄郛于是在上海、北平与日方进行秘密接洽。何应钦还擅自同意了日方提出的停战要求。没想到蒋介石在庐山听到何的汇报后，反而连声说：“好，好，你们处理得对。”

V 在喜峰口附近的罗文峪防守的中国军队。

★长城抗战

1933年春，中国军队在长城喜峰口、古北口等处抗击侵华日军进攻的战争。“九·一八”事变后，日军于1933年元旦在山海关挑衅，后占领山海关，分三路进攻热河省（今分属河北、辽宁及内蒙古自治区），随即占领长城重要防线，矛头直指平津，迫使蒋介石政府与其签订《塘沽停战协定》。长城抗战虽在蒋介石的妥协政策下失败，但29军等中国军队仍给日军以沉重打击。

∧ 长城抗战中，中国守军向日寇奋勇还击。

5月27日，蒋介石致电何应钦说："停战协定不形诸文字，此节最所企盼。如万不得已，则于成文之内容，应参照国防会所议之案，及中迭此复电，妥为运用，审慎规定，万一谈判决裂，只有不顾一切，并力死拼，尤应及早准备。北方内容复杂，前途困难，中岂不深知，递应尽吾人最后之努力，以尽其职责，不得不然耳。一切成败利害，不必再计，吾人荣辱同体，断不令兄等独任其难，艰危至此，全赖兄精心毅力以撑持，幸勿稍存消极，倘战事再发，中当此行，同生共死。"

何应钦当即遵照蒋介石旨意，派北平军分会总参议熊斌与日本关东军副参谋长冈村宁次在被日军占领的塘沽正式谈判。汪精卫在此期间指示黄郛说："除签字不承认伪国（满洲国），割让4省之条件外，其他条件，皆可答允。"熊斌最终与冈村宁次签订了割地卖国的《塘沽协定》★。这个协定事实上承认了日本对东三省、热河的占领，并将冀东19个县划为日军可以自由出入的"非武装区"，绥东、察北和冀东完全处于日军控制之下，造成了中国领土的又一次割裂。

协定签订后，汪精卫还充当卖国"英雄"一般地致电何应钦、黄郛说："倘因此而招国人之不谅，反对者之乘间抵隙，弟必奋身以当其冲。"

蒋介石在他和日本签定出卖了华北的协定后，立即腾出手来残酷镇压冯玉祥领导的抗日同盟军。

在日本大举入侵、华北危急、举国震惊的时刻，冯玉祥一时成为众望所归的抗日领袖。当他得知日本人占领山海关的消息后，就以自己在张家口的房产抵押了4.8万元，为前方将士做了1万件大皮坎肩。

> 邹鲁旧照。作为广东中山大学的首任校长，邹鲁常以孙中山先生"要革命不能不读书"的话来勉励师生，强调"革命非有学问不可"，并出面组织学生的抗日救国运动，以至日本人称当时的中山大学为"抗日大本营"。

★《塘沽协定》

1933年5月30日，中方首席代表参谋本部厅长熊斌与日方首席代表关东军副参谋长冈村宁次在塘沽会晤，并签订协议。协议规定：中国军队立即撤退至延庆、昌平、高丽营、顺义、通州、香河、宝坻、林亭口、宁河、芦台所连线之以西以南地区，不再前进。上述地区以北、以东至长城沿线为非武装区，中国不能驻有正式军队等一系列不合理条款。协议的签订为日军打开了侵华的方便大门。

邹鲁等人也于1月5日从广州密电冯玉祥说："榆关已失，华北危机，抗日救国万难刻缓，请公力为提携并示方针，以便一致动作。"冯立即分别密电广州、上海的李烈钧、徐谦、程潜等国民党中委，大声呼吁："现在已至最后关头，非速图抵抗，不足以挽兹垂亡之局。"他提出："凡为民族独立而同情于抗日者，皆为吾友，应相互提携之。凡为亲日辱国以阻挠抗日者，皆为吾敌，应竭力攻击之。"

章太炎在从上海写给冯玉祥的信中说："自榆关陷后，弟私念今日与敌人决一雌雄者，唯兄一人。兄忍辱负重，得之天性，但求立功报国，何计委任之出谁手乎？"

冯玉祥还向共产党提出派干部同他一起筹划组织抗日同盟军。共产党派党员宣侠父、张存实、张慕陶、武止戈、许权中等帮助冯玉祥。

北平著名爱国人士朱庆澜答应给冯玉祥资助军饷，待在天津的冯部猛将吉鸿昌（已加入共产党）去张家口对冯说："我是绝对要抗日的，冯先生不找我，我也打算来，我决心以身报国，万死不辞。"冯部的石友三则拒绝参加抗日。

蒋介石、汪精卫见冯玉祥已经成为众望所归的抗日领袖，十分恐慌，多次要求冯回南京供职。1月21日，孙科再次致电。冯复电说："倘介石先生有决心抗日，就应立即兴师，以未死之人心，复已失之国土。"

国民党中执会再次要冯回京。冯复电说："组织统一指挥之军事机关，统筹抗日军事之全盘计划。立即调遣精锐部队开赴热河、滦州等地最前线，严密布防，相机进击。并派兵防守河北、山东、江苏各海口，以防日军扰乱，再准备充实之预备军，分驻于山东、河南、河北、察哈尔，以厚兵力，派专员设置兵站于大军行经各地，以源源接济给养，免向民间勒索，义勇军之一切子弹饷糈，应予以充分接济。恢复各种民众组织，加以军事训练。"

南京政府又先后派李烈钧、黄绍竑、熊斌等要员来劝。3月中旬，蒋介石驻保定，要冯到保定会面，冯向蒋提出："一、不可与日妥协。二、补充前方饷械弹药。三、抚恤伤亡官兵。四、请蒋亲率大军出关收地。五、政治刷新，与民更始。"3月24日，冯写信对蒋说："如蒙采纳实行，则不独赴保，即任何驱使，亦不敢辞。"5日后，黄绍竑、熊斌又来劝冯，冯说："蒋若不认识过去之罪，痛改前非，与民更始，谁敢往南京去！"

冯玉祥以张家口为根据地，加紧组织民众抗日同盟军，并大力联络自己的旧部和各地抗日力量。冯部方振武组成抗日救国军，从山西把军队开往张家口。山西汾阳军校的师生3,000余人也长途来到张家口。

∧ 冯玉祥与手下将领合影。

5月24日，察哈尔形势日益危急，齐集在张家口的各部队和各团体、各地区代表经共同协商，组织了民众抗日同盟军；同盟军公推冯玉祥为总司令。冯玉祥当日发表就职通电说：

政府殆始终无抗日决心，始终未尝制订并实行整个作战计划，且因部队待遇不平，饥军实难作战。迩者，长城全线不守，敌军迫攻平津，公言将取张垣。不但冀察垂危，黄河以北，悉将不保。当局方以忍辱负重自欺，以安定民心欺人。数月以来，平津沪粤及各省市民众团体，信使频至，文电星驰，责以大义，勉以抗日。谨依各地民众之责望，于民国二十二年五月二十六日以民众一分子之资格，在察省前线，出任民众抗日同盟军总司令。率领志同道合之战士及民众，结成抗日，武装保卫察省，进而收复失地，争取中国之独立自由。凡真正抗日者，国民之友，亦我之友，凡不抗日或假抗日者，国民之敌，亦我之敌。

冯就任总司令后，立即派兵占领察哈尔省政府，查抄了国民党蓝衣社派遣的特务机关“张家口骡马补充所”。随即任命佟麟阁暂代察哈尔省主席兼民政厅厅长，张允荣为财政厅厅长，吉鸿昌为警备司令兼警察处长、公安局长，张砺生为警备副司令。

北平、天津及华北等地的爱国青年和学生奔赴张家口参加抗日，民众抗日同盟军迅速达到10万之众。6月15日，民众抗日同盟军在张家口召开第一次军民代表大会。冯玉祥、吉鸿昌、方振武，共产党员宣侠父和张慕陶等出席了大会。会上通过了民众抗日同盟会纲领、军事问题、财政政策等决议案，任命了民众抗日同盟军各军长官：

∧ 关麟征旧照。抗日战争时期是关麟征戎马生涯的黄金时代，他曾自我评价说：“我的一生是打日本鬼子的一生。”

第1军　　军长佟麟阁　参谋长何章海
第2军　　军长吉鸿昌　参谋长崔贡琛
第5军　　军长阮玄武
第6军　　军长张凌云　副军长徐福胜
第16军　　军长李忠义
第18军　　军长黄守中
第5路军　　总指挥邓文
第6路军　　总指挥刘桂堂
骑兵挺进军　　总指挥孙良诚　参谋长傅同善
察哈尔自卫军　　军长张砺生
抗日救国军　　总指挥方振武　参谋长阮玄武
抗日救国军属下之第1军军长张人杰　参谋长李庭华
抗日救国军属下之第4军军长米文和
蒙古军之第1军　　军长　德穆楚特栋鲁普
蒙古军之第2军　　军长　卓特巴扎普
蒙古军之自卫军　　军长　富龄阿
总部直辖4个独立团和1个卫队团
警备司令张允荣
交通司令高树勋

∧ 冯玉祥旧照。他的抗日义举，得到了全国各界爱国人士的响应。

冯玉祥的抗日旗帜一举，就得到了全国各界人士的热烈响应，全国的抗战精神也为之一振。东北军张作相联合东北军50多位将领公开通电响应，上海的马相伯、章太炎等发来贺电，全国各地的贺电雪片一样飞来。

6月20日，冯玉祥任命方振武为前敌总司令，吉鸿昌为北路前敌总指挥，邓文为左副指挥，李忠义为右副指挥，率军收复察东失地。由于共产党人成功地随军宣传和农民群众的热情支持，官兵各个奋勇向前，抗日同盟军6月22日就收复了康保城，7月1日收复宝昌。全国各地抗日组织和团体、力主抗日的著名人士极为振奋，纷纷来电祝贺，并踊跃捐款捐物，进行慰劳。

∧ 中国军队在前线顽强抗击日军的进攻。

蒋、汪见状后大为恐慌，迅速制定了分化武力镇压的两手策略。何应钦在抗日同盟军成立之初就电告冯玉祥，要他取消抗日同盟军名义。蒋介石从南昌密电汪精卫说："冯有今日，固早预料，今其赤色旗帜已益鲜明，使中外皆易认识，不为所蔽，则中央处置更易。"国民政府军事委员会命宋哲元、庞炳勋、秦德纯派人劝冯取消抗日同盟军名义，离开张家口。随即，蒋又极力收买冯的部下，冯部冯占海等将领于是被收买，先后离开了张家口。

见冯不听劝说，蒋介石于是密电何应钦："速筹军事之彻底办法。"

何应钦当即命令庞炳勋、关麟征、冯钦哉本来抗日的各部军队，自7月8日起分3路围攻抗日同盟军。

7月10日，冯玉祥非常悲痛地致电李烈钧说："现我军正进至多伦西、南、北城关附近，与贼肉搏中，宁方竟公然调兵遣将，将入察攻我。此真千古奇闻，亦人类变局也。”冯让李烈钧在南京“联合正义义士，为我义师主持正义”。

此时，抗日大军正兵分三路围攻被日军侵占的察东重镇多伦。日寇茂木骑兵旅3,000余人及伪军李守信部驻防多伦，守备相当严密。猛将吉鸿昌亲率敢死队趁夜色爬城偷袭，3次都被击退。7月11日，同盟军将士用大刀与敌军进行肉搏战，双方伤亡都非常惨重。此时，冯玉祥向前线抗日将士发出多伦最后决战以死报国电，极大地鼓舞了浴血攻城的将士。

7月12日，吉鸿昌的精兵潜入城内后，与城外军队里应外合，终于攻陷了多伦城。经过5昼夜血战，抗日同盟军收复了已经失守达72天的多伦。同盟军将士士气高昂，乘胜收复了察东各县的全部失地，并取得了击毙日伪军1,000余人的战绩。

就在这个全国人心振奋的时候，没想到蒋介石派来围攻同盟军的庞炳勋部竟然进逼张家口。日伪军顿时大喜。

冯玉祥决心不顾蒋介石的围攻，率10万爱国官兵收复更多失地。

7月27日，冯玉祥在张家口成立“收复东北4省计划委员会”，并亲自担任委员长。当日冯玉祥发出的成立通电说：“相率中原豪杰，还我河山。”

何应钦见状，竟然令人难以置信地主动与日寇土肥原贤二联络，秘密商定与日伪军夹攻抗日同盟军的计划。

7月28日，进攻冯玉祥的国民党军队已达15万余人，还配有8列铁甲车，2队飞机，蒋介石、汪精卫于是向冯玉祥发出了最后通牒。

7月31日，冯玉祥悲愤地向全国发出通电：“胜虽不足言功，但胜亦何至获罪。顾念国难之严重如此，而豆萁之煎迫，又复如此。祥屡次宣言，一则抗日到底，一则枪口决不对内，祥自兴师抗日，迄今已67日矣，究竟赤化察省与否，与确保察东失地与否，事实俱在，容有见谅于国人者，哀哉，同盟军！抗日何辜？竟而得罪蒋氏政府，致遭腹背之敌，更受轰炸之苦！”

冯玉祥为了寻求妥协，要求老部下宋哲元主持察哈尔

V 开赴前线的抗日同盟军骑兵团。在中国共产党的推动和帮助下，西北军将领冯玉祥和共产党人吉鸿昌合作，1933年5月在张家口组织了察绥抗日同盟军。

军政，可宋哲元却拒绝了。8月4日，冯玉祥不得不宣布："自即日起完全收缩军事。政权归之政府，复土交诸国人。并请政府即令原任察省主席宋哲元克日回察，接收一切，办理善后。"

不少人不理解冯玉祥的退让。冯说："他们不明了当前形势。目前国贼已和日寇勾结，已安排了进攻察省的计划，我们弹药短缺，如果不迎宋返察以增实力，怎能御敌？"

8月7日，蒋介石、汪精卫再次要冯玉祥回南京"共商大计"，冯玉祥婉言拒绝了。冯随后宣布撤销抗日同盟军总部，辞去总司令职务。8月12日，宋哲元由宣化到张家口接管一切，在车站时，他与冯玉祥含泪握手。8月14日，冯玉祥满怀悲愤地乘火车离开张家口。

方、吉二人在冯玉祥离开后，决定将抗日同盟军改为抗日讨贼军，方振武任司令，吉鸿昌任副司令。二人宣誓说："举义之日，已有死志……既不辞玉碎于强敌，更何求瓦全于汉奸……"

蒋介石决定将抗日讨贼军斩尽杀绝。方振武和吉鸿昌打算由昌平县西北附近的一个峪口，直捣北平。没想到刚过了昌平，就遭到蒋军25师和后续援军的攻击。激战八九日后，双方伤亡都很大，但是面对多过抗日讨贼军10多倍，且装备优良、弹药充足的蒋、日军的进攻，抗日讨贼军渐渐不支，东、西、南被蒋军包围，而北面则是日军。日军的野炮不断向抗日讨贼军轰击，使得抗日讨贼军只剩下约1万人。

北平8大团体，包括各国领事团在内，倡议蒋介石改编抗日讨贼军军队，但是要保证方、吉二人生命安全。方振武、吉鸿昌在顺义县商震部去见蒋介石的嫡系将领徐庭瑶时，被商震用备好的汽车送往天津。

方振武从天津经香港出国。吉鸿昌隐居在天津法租界。11月9日，吉鸿昌被特务击伤后引渡逮捕，随即被蒋介石就地枪决。1934年11月24日，吉鸿昌在刑场上，随手用树枝在地上写下五绝一首：

恨不抗日死，留作今日羞。

国破尚如此，我何惜此头！

吉鸿昌大义凛然地向特务们招招手说："我为抗日而死，不能跪，也不能倒在地上，快搬张椅子给我！"吉鸿昌端坐在椅子上，战神一般对特务们说："到前面开枪去，我的一切行为光明正大，我决不能在背后挨枪，我要亲眼看看反动派的子弹怎样打死我！"

临刑前，吉鸿昌怒目圆睁，高声喊道："抗日万岁！""中国共产党万岁！"

难以“剿灭”的红军

蒋介石之所以对日一再妥协，是希望把所有力量都用于对中国工农红军的“围剿”上。

蒋介石当上国民政府军事委员会委员长后，大权独揽。汪精卫名为“主持政务”，实际上只是个傀儡，没有一点实权，处处要看蒋介石脸色行事。在“攘外必先安内”的政策下，蒋介石调动了全国兵力，对工农红军进行了4次大规模的“围剿”。

毛泽东领导参加秋收起义的工农革命军在井冈山建立了根据地。1928年4月底，朱德、陈毅率领的1万余人同毛泽东率领的1,300余人的部队在井冈山胜利会师。会师后，革命根据地迅速扩大，中共湘赣边界特委和边界工农苏维埃政府随即成立。

朱德、毛泽东领导红4军在龙潭口歼敌1个团，击溃2个团后，这革命根据地一下子就扩大到宁冈、永新、莲花三县全境和吉安、安福县的一部分，遂川县北部，酃县东北部，井冈山革命根据地★进入了迅速发展时期。

∧ 1927年10月，毛泽东率领秋收起义部队，到达井冈山地区，建立了以宁冈为中心的第一个农村革命根据地。

★井冈山革命根据地

1927年10月，毛泽东率领秋收起义的部队到达位于湘赣边界的井冈山，在这里创立了中国共产党领导下的第一个农村革命根据地。1928年4月，朱德率领南昌起义余部和湘南农军与毛泽东领导的工农革命军在此会师。两军会师后，成立了中国工农红军第4军，毛泽东任党代表，朱德任军长。此后，红军粉碎了敌人的多次“围剿”，根据地不断扩大。井冈山革命根据地的创建，为中国革命开辟了一条以农村包围城市，最后取得全国胜利的正确道路。

毛泽东总结出“敌进我退，敌驻我扰，敌疲我打，敌退我追”的16字诀，成为红军对国民党军队进行游击战的指导原则，并赢得了一次又一次的胜利。

12月11日，彭德怀、滕代远、黄公略率领参加湖南平江起义的红5军来到井冈山。至此，井冈山革命根据地集中了朱德、彭德怀、陈毅、林彪、罗荣桓5位未来中华人民共和国元帅。

井冈山革命根据地的扩大，让蒋介石非常害怕，他在中原大战刚刚结束后就马不停蹄地开始组织对苏区的大规模“围剿”。

早在1930年8月，蒋介石便在全国各地设立了镇压革命的机构：鄂、豫、皖边区有以李鸣钟为督办的绥靖督办公署；冀、鲁、豫有以韩复榘为总指挥的“剿匪”总指挥部；在江西有以孙连仲为督办的“清乡”督办公署；在湘鄂赣边区有以王金钰为督办的“清乡督办公署”；在湘、鄂西边区有以徐源泉为督办的“清乡”督办公署。蒋介石还以武汉行营主任何应钦代行总司令职权，统辖湘、鄂、赣三省的反共军队，组织对革命根据地、特别是对赣南红军主力的军事“围剿”。

∧ 前往江西根据地“剿共”的国民党军。

1930年10月23日，蒋介石从中原大战前线赶到汉口，亲自主持召开湘、鄂、赣3省“会剿”会议。1930年11月2日，蒋介石命令参谋总长朱培德，在《豫鄂皖三省连界剿匪计划大纲》确定后，“必须规定开始与终结日期，各部队开始行动日期与所经过地点与日程，亦须在命令上规定，湘、鄂、赣区亦须如此，请电告该两区。”1930年11月4日，蒋介石又复电朱培德：“无论湘鄂部队进行迟速，而江西部队应迅即限期收复吉安，不可延缓，坐失时机。限鲁主席于日前收复吉安，肃清赣江上下游，限55师于删日前克复景德镇，勿误。”12月2日，蒋介石致电南昌鲁涤平、汉口何成浚、长沙何键：“中定鱼日由京出巡，希严督各部如计进剿匪共，务限于此一个半月内，将所失各县一律收复，不得有延误。”

12月9日，蒋介石在南昌策划第一次“围剿”计划，计划投入4.4万兵力，围攻苏区中央革命根据地。他命令朱绍良的第六路军、鲁涤平的第九路军、蒋光鼐的第十九路军，以及航空队，对赣闽中央根据地进行重点进攻。这3支军中，以鲁涤平任总指挥的第九路军为主，指挥张辉瓒的第18师、谭道源的第50师和罗林的第77师、公秉藩的第28师。同时，鲁涤平还兼陆海空军总司令行营主任。第六、十九两支路军主要负责“协剿”。

蒋介石刚取得中原大战的胜利，因此一开始就犯了轻敌的致命错误，他感到自己在兵力和装备上具有优势，又是外线作战，因此没等蒋光鼐部的后继部队集中完毕，就于12月16日开始发兵进犯。

毛泽东、朱德率领4万红军在源头地区设下口袋阵，专等敌人钻进来进行歼灭性打击。

蒋军错误地以为红军会坚守根据地，于是猛扑东固根据地。虽然没有见到红军，公秉藩却说已击溃红军，还得到蒋介石的嘉奖。

次日，前敌总指挥张辉瓒率部在大雾中前进，把东固的公秉藩师误认为是红军，于是双方激战4个小时，互有死伤。事后虽然真相大白，但公秉藩认为张辉瓒是借故进行报复，于是擅自率部自由行动到固富。张也负气，不再联系公秉藩师。然后张辉瓒率戴岳、王捷俊两个旅向龙冈冒进，正好钻进了红军主力的埋伏圈，张辉瓒、王捷俊及所属官兵全部被红军活捉。红军俘敌9,000余人，并枪毙了张辉瓒。蒋介石大惊，写了8个字“悼念”张：“呜呼石侯（张的别名），魂兮归来！”

鲁涤平得到消息后随即电令进攻的各部队互相靠拢，以免被红军各个击破。

1931年1月3日，谭道源师在与红军激战几个小时后，全线崩溃。谭道源落荒而逃。谭后来对蒋介石说：“职师江晨在东韶遇朱、毛、彭、黄号称8军之众，孤军重围，作殊死战，自辰至酉，死伤之众，战斗之烈，从来未有。职随从官员或死或伤，势穷力竭，几难幸免。”蒋介石复电：“微电悉，贵师此次失利，殊甚惋惜，尚善兄等均能脱险归来，从此加以整理补充，惩于前而毖其后，则东韶之失，未始非吾人之砺石也。”

蒋介石气急败坏，于是想反败为胜，就命令前线各部迅速向龙冈攻击红军，不允后退。他指示鲁涤平说：“已令蒋、朱各路如常向龙冈急进，围剿朱德、毛泽东，前方情形，中正不能遥控，应由兄独断专行负责挽救，不得推诿，以一挫自馁也。”

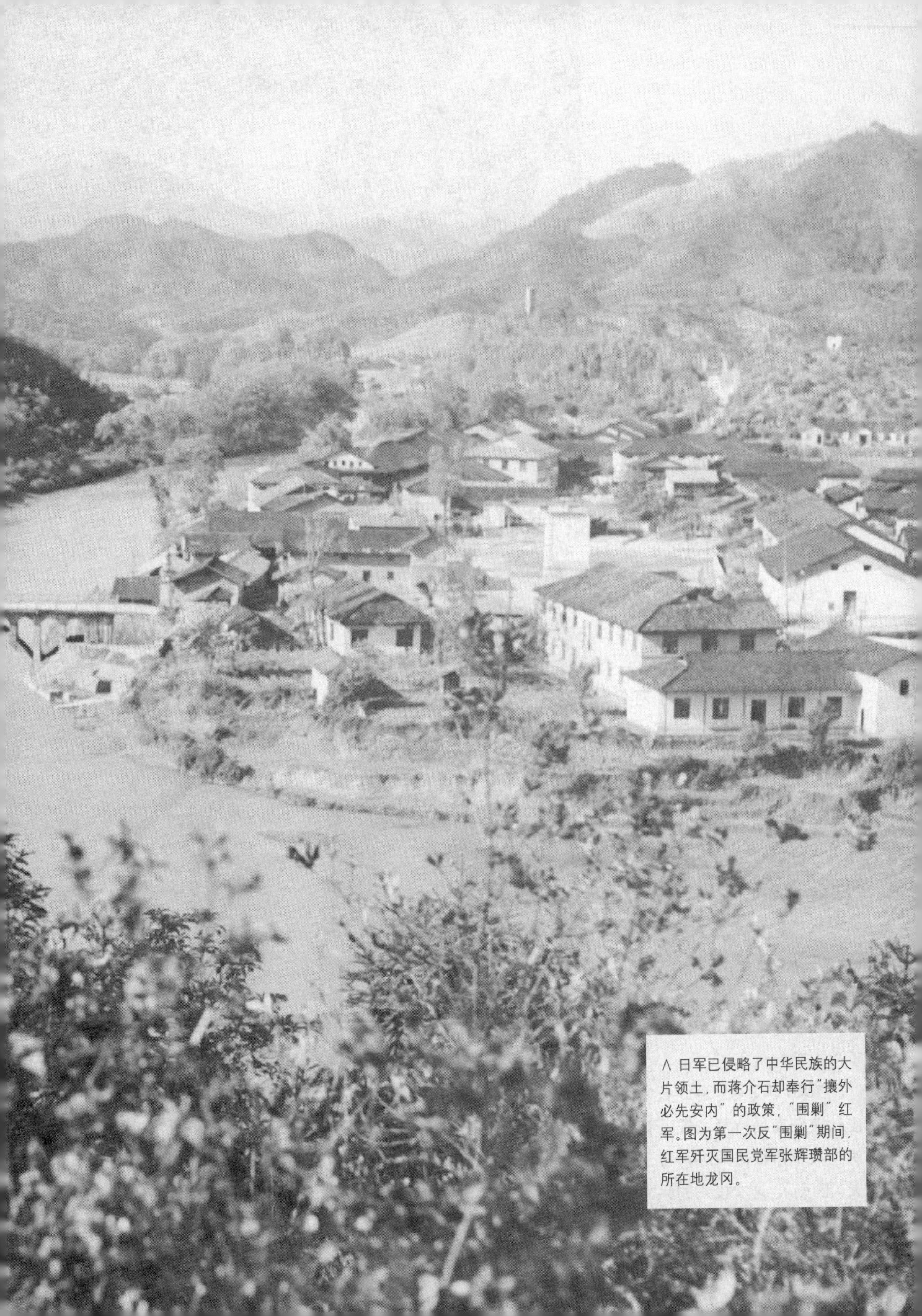

∧ 日军已侵略了中华民族的大片领土，而蒋介石却奉行"攘外必先安内"的政策，"围剿"红军。图为第一次反"围剿"期间，红军歼灭国民党军张辉瓒部的所在地龙冈。

> 何健旧照。

鲁涤平却电告蒋说“龙冈一役，18师片甲不还”，因此现在最好能够撤军。

蒋介石大怒，呵斥说：“18师失败，是乃事之当然，不足为怪。我兄每闻共党，便张皇失措，何胆小乃尔！使为共党闻之岂不为之所窃笑乎？吉安为赣中重镇，望严督固守，只许前进，不许后退！”

不久，蒋介石将不听话的鲁涤平调到浙江，派何应钦接替鲁涤平。

红军在5天内就打了两个大胜仗，彻底粉碎了蒋军的第一次大“围剿”。毛泽东因此赋诗一首：

万木霜天红烂漫，天兵怒气冲霄汉。

雾满龙冈千嶂暗，齐声唤，前头捉了张辉瓒。

二十万军重入赣，风烟滚滚来天半。

唤起工农千百万，同心干，不周山下红旗乱。

1931年2月，蒋介石令何应钦兼任南昌行营主任，着手对中央革命根据地进行第二次大“围剿”。这次投入的兵力达

20万人，计有朱绍良第六路军的5个师、鲁涤平第九路军的2个师、蒋光鼐第十九路军的3个师、王金钰第五路军的5个师、孙连仲第二十六路军的2个师，以及4个直属师、3个直属旅和3个队的空军。

蒋介石还严格制定了奖惩条例，对部队用提高番号，发给奖金，记功和传令嘉奖等方式进行激励；用取消番号，撤职查办，或降级记过等手段进行惩处。

蒋介石这次采用“稳扎稳打，步步为营”和“分兵合击”战术，军队西起赣江、东至福建之建宁，阵地蔓延达700华里。4月1日，何应钦命令各部队按计划向中央革命根据地进犯。

毛泽东针对敌情，提出了“避敌主力，打其虚弱，集中优势兵力，先打势力比较弱的王金钰第五路军，然后各个击败敌人，横扫敌军700里”的正确方针。

吃过大亏的蒋军这次非常小心，王金钰第五路军以右路纵队公秉藩师为主，3路推进，步步为营，到达东固。公秉藩汇报说：“入匪区1月有半，匪军坚壁清野，所过之处看不见人民，房屋一空如洗，没有粮食，没有锅碗瓢勺，没有坛坛罐罐，匪共游击部队到处鸣枪示威，隐藏在地形复杂的要害地方，伺机袭击队头，截击队尾，捕捉掉队士兵，每进一步，唯有小心。”

朱德、毛泽东率领红军在敌人的眼皮底下成功地穿过蔡廷锴和郭华宗部队之间50里的空地，开至东固。随后毛泽东、朱德、彭德怀决定一军团3、4两个军布置阻击和伏击阵地；三军团绕到敌右侧发起进攻。

三军团一边是河，一边是敌军，还要进攻敌军，毛泽东因此问彭德怀：“把三军团布在那里有无危险？”彭回道：“无危险，敌人意料不到我军敢侧敌侧水进攻。”

5月16日，红一军团迅速歼灭了王金钰的中路军47师，随即红三军团围歼了立足未稳的公秉藩师，公秉藩化装成向导逃走。

在南京坐镇的蒋介石非常震惊，为了鼓励其他军队，他下令说：“向公秉藩师先发收容费5万元，补充步枪2,000支，着公秉藩速来南京面谈战况。”又电令王金钰等说：“今蒋蔡各部已由岗城向东固驰援猛攻。则郝郭两师应即向东固猛进，不可延留直下，使蒋、蔡孤立难支也。希即急进勿延，盼复。”

蒋又电令蒋光鼐：“公师唐师之一部虽失利，但43、48两师尚未加入，故又严令郝郭向东固前进反攻，兄等应急进，切勿因公师而稍受影响，免中赤匪之狡计。此次我军围剿之实力雄厚，即使一部失利，被匪冲破一点，是正可使我主力各部袭击匪军之侧背，以为一鼓剿灭之机。万望兄等合力进击，有进无退，非有死中求生之决心，则党国与官兵皆将不能幸免也。务希奋进勿延，盼复。”

然而，勇不可当的红军于19日又向43、47师发起了猛攻，致使两师崩溃逃窜。红军自西向东700里横扫，势如破竹。孙连仲的第二十六路军遭受红军截击，进行顽固抵抗但也终

∧ 第二次反“围剿”期间，根据地群众书写的标语。

∧ 在江西前线与红军作战的国民党军队。

∨ 白云山。位于江西省吉安、泰和、兴国3地交界处，毛泽东曾在这里指挥中央红军进行第二次反“围剿”作战。

究无法挽回败局，于是不断后撤。事后孙连仲谎报军情说："我部奉命后，正准备向广昌增援，忽接红军向招携急进的报告，考虑结果，为不让红军近南昌，顾全大局，乃擅撤宜黄，撤退途中，失27师之一旅，此系职指挥无方，请予处分。"

何应钦不知道实情，还说孙连仲顾全大局，蒋介石也对他进行嘉奖，并补步枪1,000支，重机关枪20挺。

广昌的朱绍良看到即将被红军包围，于是将主力撤回南丰，仅留1个师守广昌。5月27日，红军挥师攻克广昌城。

至此，红军15天横扫700里，5仗连胜，共歼敌3万余人，缴获枪支2万多，彻底粉碎了蒋介石的第二次大"围剿"。毛泽东为此赋诗一首：

白云山头云欲立，白云山下呼声急，枯木朽株齐努力。

枪林逼，飞将军自重霄入。

七百里驱十五日，赣水苍茫闽山碧，横扫千军如卷席。

有人泣，为营步步嗟何及！

第二次"围剿"失败，蒋介石大为惊奇："阎桂冯70万大军我都灭得了，不信灭不了朱德、毛泽东区区3万之众！"

他非常不甘心，于是立即着手部署第三次"进剿"。

蒋介石于1931年6月13日发表了《出发剿匪告全国将士书》，并亲任"进剿"总司令。14日蒋介石致电陈铭枢说："战斗序列仍以敬之为行营主任，兄为前敌总指挥兼右军团总指挥，孙连仲为中央军团总指挥，朱逸民为左翼军团总指挥，未知兄意如何？盼复。"20日，蒋介石致电何应钦、熊式辉，提出了他这次"围剿"的"作战计划"。蒋说："中翼赤匪主力虽向赣东闽北转移，而我军仍先洗扫赣南匪巢为第一步计划，对其主力则派相当兵力以监视之。故第十九路仍由吉安、东固、龙冈以达宁都。而以第52师一旅为后续部队，以留守所克各重镇。第6、第10、第23师为一路，仍由永丰、藤田、招携前进以达广昌。而以第45师与祝旅为后续部队，其主力不经乐安，即由永丰向招携进展，以留守该路所克之重镇。如此第18军仍在抚州，同时协同第6、第26师各路进击匪之主力，第9师为总预备队。警卫第3旅由杭州开巨州，以策应赣东或闽北防务。此次作战主旨：第一，不在阵前集中，应预定目标，纵长配备，相连续进，出匪不意，使其不能详悉我之部队与兵力为主。第二，主力部队专任进击，占其全力随地集中，不使分留后方，而另派后继部队以防剿各区，如此占领宁都广昌后对粤或援闽皆不致误时失机也。第三，先将其老巢击破，确实占领，再将其赣南各县城占领，然后再定第二步计划。”

6月20日，蒋介石亲自到南昌坐镇，并任命何应钦为前敌总指挥兼左翼集团军总司令，陈铭枢为右翼集团军总司令，随后调集143个团，总兵力30万人，分左、中、右3路齐头并进，进犯苏区。

7月1日，蒋介石下令进攻。

毛泽东针对敌情，决定采取“诱敌深入，避敌主力，打其虚弱”的作战方针。红军主力穿插到千里之外的赣南兴国集中。让敌人深入赣南革命根据地，使其置于无用武之地，尔后红军回师北上，打其虚弱，利用革命根据地的有利条件，创造不利于敌人的条件，待机痛击敌军。

7月红军冒着酷暑炎热，开始向江西南部的兴国行军。

蒋介石开始时以为红军向广昌、宁都、石城地区移动，于是便命令主力快速“围剿”，结果没有发现任何红军。蒋又认为红军主力在宁都西北地区，大军到达后，再次扑空。这真是“累死陈诚，拖死赵观涛”（这二人是左翼集团军的第一和第二两部挺进军的总指挥）。以后，蒋介石认为红军主力在兴国及其以北地区，于是打算四面包围红军进行围歼，结果到达兴国后，又没有见到红军。此时，红军主力已经千里回师根据地进行整训，以逸待劳。

后来蒋介石发觉红军竟然迂回到了蒋军侧后，于是改用中间突破法，令左翼向莲塘、良村、黄陂方向突进。蒋介石着急地给参加“围剿”的部队不断地发电报。他传电朱绍良、孙连仲、陈诚说：“中正刻抵临川，前来巡视，此次我军左翼兵力数倍于赤匪，对于侧背之掩护兵力尤为雄厚，故我前方各路之进击部队，尽可能专心挺进，决无后顾之忧，且挺进部队以寻求匪军主力为目的，故进度愈速愈为得机。但行军间之前卫部队如一遇匪军，即应停止，一面详察敌情之虚实，一面选择据点构筑工事。如遇强匪则暂取守势，列阵抵抗，切勿急攻散斗，免中匪军狡计也。唯运用之妙在乎一心，贵在相机应变，此乃特举所见，以期稳健而已，希各官长审慎之。”

蒋介石又发表《剿匪宣言》说：“我全国同胞当此赤匪、军阀、叛徒与帝国主义者联合进攻生死存亡之秋，自应以卧薪尝胆之精神，作安内攘外之奋斗；以忍辱负重之毅力，雪党国百年之奇耻。唯攘外应先安内，去腐乃能防蠹。必期于最短期间，剿灭赤匪，保全民命；削平叛乱，完

∨ 蒋介石检阅“围剿”中央苏区的国民党军队时进行训话。

∧ 蒋介石向“围剿”部队训话。

成统一。赤匪一日未灭，则中正之责任一日未尽；叛乱一日未平，则中正之职务一日未了。”

红军来到兴国，各路蒋军纷纷逼近，朱德、毛泽东发现敌47师、54师两个北方部队进驻富田，不适应南方山地作战，于是决定首先击败富田敌军，然后穿入敌军前沿阵地的后方，将深入根据地的敌军孤立起来，实行截敌、阻敌、困敌、扰敌、袭敌、诱敌、毒敌策略，对之进行各个击破。

7月25日，朱德、毛泽东奇迹般地率红军主力从敌军主力赵观涛第6师和卫立煌第10师中间的空隙悄悄穿出，再从蒋鼎文第9师、韩德勤第52师和独立旅同蔡廷锴第十九路军之间的空隙秘密穿过。当朱德、毛泽东根据情报得知蒋介石已经发觉了红军迂回其后的意图，并打算将计就计时，又神话般地命令红军连夜再次穿过敌人之间的40里间隙，前往兴国的莲塘，永丰的良村，宁都的黄陂一线。

8月6日，红军在莲塘击败了敌47师。8日凌晨又击败了良村的敌54师，随后又出其不意地袭击了毛炳文师，歼敌4个团，并占领了黄陂。

蒋介石大惊，立即把南线、西线的主力部队调集黄陂，打算一举消灭红军主力。

朱德、毛泽东令红军主力连夜从敌人主力之间穿过，秘密来到兴国境内的枫边、白石、良村一带隐蔽休整，再次以逸待劳。敌人发现红军主力位置，迅速调头向良村扑来后，红军再次离开，让敌人又空跑一次。

红军主力此次充分发挥了运动战的特长，与国民党军队在大山里周旋了两个月，牵着敌人的鼻子走，让敌人疲于奔命，处处扑空，"肥的拖瘦，瘦的拖死，"加之根据地人民群众坚壁清野，时时扰乱袭击，使敌人吃饭、喝水、休息都成为问题，蒋介石只好下令偷偷退却。

至此，毛泽东运用"你打你的，我打我的，打得赢就打，打不赢就走"的8字游击运动战原则指挥红军作战，取得了第三次反"围剿"的大胜利。

蒋介石在第二次"下野"又迅速上台后，继续顽固坚持"攘外必先安内"，对革命根据地组织了更大规模的第四次"围剿"。蒋介石这次调动了63万大军，计划采取"重点进攻、分区围剿"的战略：即首先集中主要力量，消灭鄂豫皖和湘鄂西两个革命根据地；然后全力进攻中央革命根据地，实现对红军进行各个击破的目的。

1932年5月25日，蒋介石亲自担任豫鄂皖"剿匪"总司令，并任命李济深为副司令，曹浩森为参谋长。蒋介石把总司令部设在武汉，统帅左、中、右3路蒋军。左路军由何成浚指挥，进攻湘鄂西革命根据地。中、右两路军则全力围攻鄂豫皖革命根据地，两路合计有30万兵力。

6月18日，蒋介石在庐山召开了所谓5省（河南、湖北、安徽、湖南、江西）"剿匪"会议，宣布了"三分军事，七分政治"的"剿匪"方针，"确定了第四次围剿计划，决定先从肃清豫鄂皖三省匪军着手。"蒋介石计划第一步将红四方面军主力驱出鄂豫皖边境；第二步东西夹击，进占皖西根据地，再将红军主力围堵于长江沿岸而歼灭。蒋介石为了这次"围剿"，还采取"连坐法"，并强化各级反动党政机关和地方反动武装，加强地方反共力量，以配合其军事进犯。

在"围剿"鄂豫皖和湘鄂西革命根据地分别得手后，蒋介石立即回到南昌主持对中央革命根据地进行"围剿"。他计划采取军事与政治并进的方针。军事上逐步"清剿"、蚕食，夺占一地，就建立反共的反动统治

∧ 中央工农民主政府所在地——江西瑞金。

∧ 1932年7月14日，蒋介石调集26个师另5个旅约30万人发动对鄂豫皖根据地的第四次“围剿”。这是蒋介石在西路军总指挥何健陪同下检阅部队。

∧ 1933年春，蒋介石赴赣督促“剿匪”。这是蒋介石在南昌巡视。

★“左”倾冒险主义

中国共产党内部的一种错误思潮。代表人物有王明等人。其突出地表现为教条主义。他们混淆民主革命与社会主义革命的界限；否认中间力量的存在，认为国民党各派和中间派都是“最危险的敌人”，要一切斗争，整个地反对；推行“城市中心论”，反对毛泽东的在农村积蓄力量，以农村包围城市，最后夺取全国胜利的正确道路；打着“反右倾”的旗号，实行宗派主义。由于错误主张，“左”倾冒险主义和关门主义的主观蛮干，使中国共产党在组织上和武装斗争中都受到严重损失。

秩序，然后待连成片后再对中央根据地进行大举围攻。政治上，蒋介石采取修路、构筑碉堡、兴办保甲、加强地主武装、加强镇压和诱骗民众等办法封锁革命根据地。

蒋介石将“围剿”部队分为3路，中路军总指挥为陈诚，左路军总指挥为蔡廷锴，右路军总指挥为余汉谋。

蒋介石的战略构想是谋求迅速歼灭红军主力，以3路军分途向中央革命根据地中心进犯。1933年1月1日，蒋介石命前敌总指挥陈诚率50万大军的主力中路军向中央革命根据地中心“进剿”。

1月27日，蒋介石在南昌的国民党江西省党部发表训话：“完成剿匪任务，才不愧做一个江西革命青年。”1月31日，蒋介石在南昌举行“剿匪”军事会议，重新决定“剿匪”的作战计划。他亲自兼任江西省“剿匪”总司令，统一指挥“剿匪”军事。

就在蒋介石准备进犯苏区的时候，张学良发来急电，报告说日军于1月3日攻陷山海关后，开始向热河侵犯。如热河再失，平津难保，国家处于危亡之中。蒋介石没有办法，只得电告张学良，自己同意抗日。

60多万“剿匪”大军听到山海关失陷的消息后都希望北上抗日，有数万国民党军人愤怒地对天鸣枪。许多高级将领联名上书蒋介石，要求率军北上抗日。冯玉祥对蒋介石说：“譬如一家弟兄3个在家打架，外面有10个土匪打上门来了，并已打开了门进来了，这3个弟兄，还不住手，还要杀掉1个再来对付10个土匪，这样削弱自己的力量是什么道理？”

但是顽固的蒋介石则怒斥道：“我不是讲过多次了吗？日本的外来侵略不过是皮肤上渐渐溃烂的病毒，匪共的捣乱才如同内脏里的毛病，是先治心腹大患还是先治皮肤病毒，你们难道没有脑子吗？”于是继续督促50万大军向中央苏区推进。

此时，中共上海临时中央于1933年二三月间到达中央苏区首府瑞金。在王明的左倾路线下，以博古为首的临时中央夺取了党政军全部权力，全面贯彻执行“左”倾冒险主义★方针，在组织上采取宗派主义手段，把抱有不同意见的干部都看作“机会主义者”，开展残酷斗争和无情打击。毛泽东被剥夺了在中央和红军的权力。

∨ 黄陂霍源。在周恩来、朱德的正确领导下，中央红军在黄陂霍源痛歼陈时骥一个师，取得了第四次反“围剿”的胜利。

红一方面军在周恩来、朱德、王稼祥率领下，不顾博古等的左倾路线，坚持正确的战略战术，最终取得了第四次反“围剿”的胜利。

当时，博古命周、朱夺取敌人占据优势的中心城市，强令红军进攻重兵防守的南丰和南城、抚州。

1月30日，周恩来致电中共中央，指出这样做的五大不利：“一是暴露意图，二是易受夹击，三是损伤大，四是不能筹款，五是耗费时日。”周恩来、朱德采用“佯攻”战术，围点打援，在运动战中消灭了大量敌军。

2月26日，周、朱命红军主力冒雨埋伏在黄陂一线山区。当敌军第一纵队孤军前进到包围圈时，周恩来命令红一方面军主力发起猛烈进攻。敌人被拦腰切成数段，混乱不堪，几乎被全部歼灭，第52师师长李明被活捉。28日，红军又围攻了第59师4个团，师长陈时骥在部队溃散后，窜逃而去。

陈诚苦心经营的第52师、59师竟然被红军主力全歼，不由得大惊失色。蒋介石则安慰他说：“除查明阵亡官兵姓名另案呈报追赠外，特先为我伤亡官兵颁发抚费5万元，以慰英灵，而奖特功。”

周恩来、朱德利用敌军在黄陂失利后并不甘心、急于反扑的心理，再次部署了埋伏战。蒋军第11师、第9师果然进入红军伏击圈，周恩来、朱德下令红军乘着大雾向敌发动猛烈进攻。下午1时，敌第11师和59师残部又基本被全部歼灭，师长肖乾重伤逃跑。第二天，红军又在东陂歼灭第9师一部，其余敌人乘夜逃跑，其余后备敌军也纷纷后退。

蒋介石大怒，写信骂陈诚说：“如不击退赣匪，即不要回见总司令的面。”“此次挫败，凄惨异常，实有生以来唯一之隐痛。”陈诚也气不打一处来，当得知11师被歼的消息时，对收容的残部大骂说：“你们为什么不死？打败仗有什么面目见人？”蒋介石自己也承认：“我们剿匪4年，不仅于匪没有损失，而且牺牲了许多官兵，匪势一天天在猖獗起来。”

至此，蒋介石的第四次对中央苏区“围剿”，历时50天，又以大败告终。在这次“围剿”中，蒋介石的3个精锐师被歼，1万余人被俘，被缴枪1万余支，最新式机关枪300余挺，大炮40门。

华北局势平静下来后，始终不死心的蒋介石立即筹划对革命根据地进行第五次“围剿”。他总结前四次“围剿”不利的教训，认为“利其器”是绝好的办法，决定在战前拿出半年时间进行思想训练。

蒋介石分别作了《剿匪从精神、组织与纪律来奋斗》《剿匪技能之研

V 在江西前线作战的国民党军队。

究》的讲话。他说："我们现在和赤匪打仗并不是打军队数目的多寡，也不是打枪炮弹药的精粗和饷械粮服的接济，如果打这几项，那么，我们都胜过赤匪，我们早就应当剿灭赤匪了。须知我们和他们打的，第一是组织，尤其是军队的编制和民众的组织；第二是训练，就是训练士兵和民众的方法；第三是宣传，就是宣传主义来鼓动军民的精神；第四是纪律，就是使官兵用命，不怕死，不扰民；第五是战术，就是如何运用原则因地制宜，相机应变，知彼知己，取长补短，夺得最后胜利。"

∧ 反“围剿”中的工农红军。

∧ 20世纪30年代的蒋介石。

蒋介石还特地作了《统军作战制胜之道》《革命军的责任是安内与攘外》的讲话："现在我拈出四句口号，望我们一般官兵，大家牢记：一、受伤不退，被俘不屈。二、生而辱，不如死而荣。三、不成功即成仁，这是随时应当记诵的。四、壮士一去兮不复还。果真被俘更要切记这一句话。"

5月21日，蒋介石在南昌重建了行营，总管江西、广东、福建、湖南、湖北五省及"剿匪"总指挥的任务。随后，他又不断召开"剿匪军事会议"，研讨"剿匪"战争经验，分析"匪军"状况，指示"对匪彻底封锁的作战方针"，并且几乎一天一个到两个讲话。

蒋介石亲自担任团长，由陈诚任副团长专门在庐山开办了国民政府军事委员会陆军军官训练团。蒋介石还聘请原德国国防军总司令赛克特将军为首的德、意、美等国的军事教官组成军事顾问团，专门计划和讲授"剿共"的军事战术。训练团自7月18日至9月，先后办了3期，共受训蒋的嫡系部队的中下级军官7,500余人。

蒋介石在"国民政府军事委员会陆军军官训练团"第二期的开学典礼上，作了《剿匪的意义与做人的道理》讲话，说：这一次要大家到军官训练团来训练，最要紧的就是要恢复我们的革命精神。具体地说，就是要恢复我们民国十三年那种奋发向上，猛勇精进的革命精神。这种革命的精神，从何而来呢？一言以蔽之，是由做人的道理，即革命的人生观，发生出来的。我们一切的一切，都是学着要做一个堂堂正正的人，轰轰烈烈的来干一番做人的事业，为我们的国家民族，为我们的祖宗父母争一口气！现在我们要剿灭赤军，抵御倭寇，也就是为此。……这就是"剿匪"的目的和我们军官团的宗旨与精神。

蒋介石亲自编写了《剿匪手本》作为教材，书中说，"剿共"4年，"反使匪势一天天猖獗起来，其根本原因，就是革命军人主义不明，意志不坚等；以后要认识主义，发生真信仰"。正文有"救民""气节""纪律""智勇"等篇，说"吾革命军人责在救国，唯救国必先救民，救民必先清匪，匪清则民安，民安则国强，国强则外侮自息，倭寇不足平矣"，"礼

∧ 蒋介石在陈诚陪同下在庐山检阅陆军军官训练团。

义廉耻，国之四维，国维不张，国乃灭亡。今日赤匪，邪说充塞，故人欲横流，廉耻道丧，若不急起挽救，则国固不国，而人民且将沦为禽兽矣”。

蒋介石不仅为每期作了开学训词的报告，并先后作了25次专题讲话。

经过训练，蒋军实战能力比以前大为增强。

与此同时，为了让党政人员更好地推行他的“三分军事，七分政治”的“剿共”方针，蒋介石又举办了党政人员训练所。蒋亲自讲授了《党政工作人员须知》，要求党、政人员具备“克己复礼”的人格修养，要他们做到为“剿匪”去死。

1933年8～9月间，蒋介石完成了第五次“围剿”的准备工作，100万大军，200架飞机，于10月上旬齐集革命根据地外围。蒋介石将部队分为北路军、西路军和南路军，以北路军为主力，总司令为刘峙、前敌总指挥为蒋鼎文。9月10日，蒋介石致电熊式辉转蒋鼎文、卫立煌：“此次剿匪，实关党国与本军之存亡，不可以大意轻易出之。举凡中正在抚州与南昌参谋会议以及此次庐山训练各讲义，皆应仔细查阅研究，均为缺一不可之要诀，尤其对于剿匪手本与剿匪训练要旨，更应时时实施。凡遇将领必时时以此为课问之本，以试其对剿匪有无决心也。”

蒋介石请德国的赛克特以及维撒尔、克雷伯尔将军和17个德国参谋部军事专家当顾问，采用持久战和碉堡战政策，到处构筑碉堡，步步为营，稳扎稳打，以守为攻，最后靠优势兵力逐渐缩小包围圈，寻红军主力决战，从而一举歼灭。

在第四次反“围剿”胜利之后，中央苏区的红一方面军已发展到10万人，以博古为首的临时中央，对红军的军事行动直接发号施令。

6月13日，中共中央局命令在前线指挥作战的朱德、周恩来御敌于根据地之外，与优势的国民党军打阵地战和消耗战。要求朱、周“分离作战”，即分成中央军和东方军，实行“两个拳头打人”。毛泽东对此讥为“两个拳头分开来打人，结果是一个拳头置于无用，一个拳头打得很疲劳”。周恩来、朱德一再不同意这样的作战计划，但是中共中央局三令五申要求执行。

9月，苏军总参谋部派奥托·布劳恩，即李德到中央根据地当军事顾问。博古和项英授权他全权指挥红军。李德根本不了解中国，只会用教科书和苏联红军的作战经验制定作战计划，并且刚愎自用，周恩来、朱德的军事指挥权实际上被剥夺。

由于毛泽东失去了军事指挥权，运动战、游击战等战术被“阵地战”取代，致使红军与优势敌人展开“寸土必争”的正面消耗战，结果，红军主力蒙受了惨重的损失。1934年10月6日，瑞金外围防线被蒋介石攻克，中央革命根据地处于蒋军合围之中。1934年10月中旬，中央革命根据地的红军主力不得不开始大规模转移，开始了伟大的二万五千里长征，蒋介石对红军的第五次“围剿”终于得手。

1935年1月召开的遵义会议，在事实上确立了以毛泽东为核心的党中央的正确领导。在正确的战略战术指导下，摆脱了国民党几十万大军的“围、追、堵、截”，挺进陕北，实现了北上抗日的目标。蒋介石“彻底消灭赤匪”的计划成了泡影。

历史备忘录

HISTORY MEMORANDUM

∨ 1933年，张学良与邵力子在西安。

∨ 蒋介石在庐山与军官训练团教官、学员合影。

234

1

张学良发出下野通电

1933年3月7日，张学良致电国民党中央，表示引咎辞职。热河沦陷后，举国一致谴责南京国民政府和蒋介石及张学良。南京政府监察院高一涵等6名委员，对失职提出弹劾案。11日，张学良发出下野通电，称：“此次蒋公北来，会商之下，益觉余今日之引咎辞职，即所以效忠党国，巩固中央之最善方法，故毅然下野，以谢国人。”

平顶山血案

1932年9月16日，日本宪兵抚顺分遣队队长小川一郎和守备队中队长川上精一率领大批日本兵进袭平顶山。日军以照相为名，用刺刀将百姓和矿工6,000余人逼赶到平顶山南面的洼地里，用机枪扫射。同时，将居民的房子全部泼上汽油进行焚烧。此次屠杀，平顶山3,000余名无辜百姓横遭杀戮，其中2/3是妇女、儿童，400多户人家几乎被杀绝，800多间民房被烧毁，整个平顶山只有二三十人死里逃生。

蒋介石在江西庐山开办“剿共”军官训练团

1933年7月18日，蒋介石在江西庐山开办军官训练团，聘请大批外国军事教官，讲授“剿共”办法。庐山军官训练团每期两周，调集各地、各军军官，施以政治、军事训练。其主要课程有《剿匪手本》《剿匪要诀》等。并灌输“不成功、便成仁”的精神教育。还从事收买、分化地方军阀军官的工作。到1937年抗日战争爆发时，共训练军官25,000余人。抗日战争时期，该团迁至四川重庆、峨眉山等处，改为分散设立。

冯玉祥就任察哈尔民众抗日同盟军总司令

1933年5月26日，冯玉祥、吉鸿昌、方振武在张家口宣布组建“察哈尔民众抗日同盟军”，冯玉祥任总司令，方振武任前敌总司令，吉鸿昌任前敌总指挥。下辖方振武的抗日救国军所属两个军4个师，吉鸿昌的第2军4个师，蒙古军3个军等，以及同盟军直属部队，共约10万人。5月27日，召开了民众大会，庆祝抗日同盟军的成立。大会通电全国，主张联合全国各党派各军，动员全国一切力量，一致武装抗日，收复失地。

影像大扫描

IMAGE SCANNING

10

西安，正义的力量已经忍无可忍

华北危急！中华民族危急！

蒋介石在全国各阶层抗日浪潮日益高涨的情况下，仍然一意孤行，集结大军“围剿”红军，而将外侵的威胁抛置脑后，甚至给以利益。张学良面对民众强烈要求抗日的呼声，白山黑水沦陷在敌手的境遇，曾多次上书蒋介石，请缨抗战，但都遭蒋介石严词拒绝。为此，张学良、杨虎城决定“孤注一掷”，发动“兵谏”。

“西安事变”让蒋介石惊悚，然而宋美龄的誓死救夫却让蒋介石感动。正如后来宋庆龄所说：“开始他们没有爱情，但西安事变后，他们有了爱情。”

看着血泊中的汪精卫，蒋介石出了一身冷汗

1935年11月1日，国民党六中全会开幕式后，全体委员心情愉快地纷纷去会议厅门外摄影。

蒋介石看到外面人员很杂，就对汪精卫说："今天秩序很不好，说不定要出事，我决定不参加摄影，我也希望你不必出场。"汪说："各中委已伫立很久，专候蒋先生，如我再不参加，将不能收场，怎么能行？我一定要去。"

于是代表们就不再等蒋介石，而汪精卫则站在第一排中间。9点35分摄影完毕后，正当大家回身上石阶向会议厅走去时，忽然从记者群中跳出一个人来，还没等大家看清楚，这个人就举起左轮手枪，一边高呼"打倒卖国贼"，一边向正在转身的汪精卫连着就是3枪。蒋介石听到枪声，不由得惊出一身冷汗……

蒋介石清楚，这一切都是由自己的不抵抗政策引发的。

日本开始侵略华北的时候，蒋介石以为签署了《塘沽协定》，就可以满足日本的胃口，自己就可以专心地去"围剿"红军了。因此，从1933年6月到1935年10月，大约两年半的时间内，他一直奔波于赣、川、滇、黔几个省区，全力进行其所谓"安内"的反共内战，同时实行特务统治，利用军警和特务组织对人民的抗日怒潮进行严厉的镇压。但是日本侵略势力却一点也没有闲着，反而得寸进尺，不断挑衅，最终不费一兵一卒就攫取了华北的大片国土。

1935年5月，日本制造了张北事件★，将其侵略势力扩展到华北。5月29日，日本关东军天津驻屯军参谋长酒井等人，终于找到一个极好的借口：他们认为义勇军孙永勤部进入滦东非武装地区，得到了中国当局的援助，因此中国当局破坏了《塘沽协定》；这个时候天津日租界刚好有

★张北事件

1935年日本侵略华北的事件。5月30日，4名日本特务潜入察哈尔省境内偷绘地图，被中国驻军扣留。日方向中国政府提出抗议，并派飞机在北平上空示威。国民党政府屈从日方压力，派察哈尔省民政厅厅长秦德纯在北平与日本关东军代表土肥原谈判。双方以换文方式，达成《秦土协定》。这一卖国协定，使日本侵略者控制了冀、察两省，进一步加深了华北危机。

< 于学忠旧照。1927年，于学忠投奔东北军，被任命为第20军军长、临绥驻军司令、平津卫戍司令等职。从此，他在张学良的统率下，反对内战，平息内乱，拥护统一。

两个汉奸报社社长被杀，他们也认为是中国当局的排日行为。因此，日本关东军向国民党北平军分会代理委员长何应钦提出了中国在天津、河北撤军，撤销党部和军事委员会，将河北省主席于学忠撤职等蛮横无理的要求。这等于明目张胆地要侵占华北。为了配合这种不合理的要求，日本还抽调东北的关东军进入关内，威胁平津，同时驻天津的日军还派出装甲车和炮兵，到河北省政府和北洋大学示威，扬言如不接受他们的要求，就要采取“自由行动”。

蒋介石对日本的侵略要求仍然坚持“不抵抗主义”，尽可能满足日军的血口。5月31日，国民政府把河北省政府由天津移往保定，后来又遵照日本的要求将河北省主席、张学良的嫡系于学忠等人调离。此前，蒋介石为此还曾向张学良征求意见：“接行政院长汪精卫电，因对日外交关系，拟免去于学忠河北省主席职务，吾兄有何意见，速即电示。”张学良回答说：“中国的封疆大吏，不应以外人的意见为转移，如此例一开，国将不国，此事所关孝侯（于学忠）的事小，而对于国家主权攸关的事大。”蒋介石知道张学良不会同意调离于学忠，于是就要了个花招，他一边发布了免去于学忠职务的命令，一边让秘书长杨永泰发电询问张学良：“委座前为孝侯兄免去河北省主席职务一事，电询吾兄意见，为何迄今未复？”张学良知道后也没有办法。

6月9日，酒井又向何应钦提出了贪婪的要求：一、取消河北省境内一切党部，包括铁路党部在内；二、撤退驻河北的东北军第51军、国民党中央军及宪兵第3团；三、解散国民党军分会政训处及蓝衣社、励志社等机关；四、撤免日本指名的中国官吏；五、取缔全国一切反日团体及活动。以上条款，限12日上午答复，否则日军将采取“自由行动”。

6月10日，国民党为了满足日方的要求，再次妥协，发布了禁止全国排外、排日的“睦邻敦交令”，命令“凡我国民对于友邦务敦睦谊，不得有排斥及挑拨恶感之言论行为，尤其不得以此目的组织任何团体以妨国交”。同时，关闭了国民党在河北省的党部，并让长城抗战中的参战部队离开河北。

日军并不因此而满足，华北驻屯军司令官梅津美治郎派人给何应钦送去一份“备忘录”，

∧ 1935 年 11 月，日本策划华北五省自治，在日本特务土肥原的筹划下，殷汝耕宣布“独立”，成立“冀东防共自治委员会”，殷汝耕任“政务长官”。图为该“自治委员会”成立时，殷汝耕站在“长官席”上。

∨ 蒋介石与 29 军军长宋哲元（左二）等人合影。

让何应钦签署。"备忘录"上写明了中方承诺的卖国条款，还追加了更苛刻的条款，等于要拿到整个河北。南京政府开始犹豫，何应钦没有签章。6月14日，日方到南京政府外交部威胁说，如果中国方面拒绝签署，要为可能发生的严重情势做好准备。7月6日，何应钦致函梅津，全部同意了日方的无理要求，日本兵不血刃，就达到了目的，使得日本侵略者的侵略气焰更加猖狂。

> 汪精卫被刺后在医院疗伤。
> 汪精卫被刺时，会场外混乱的情形。

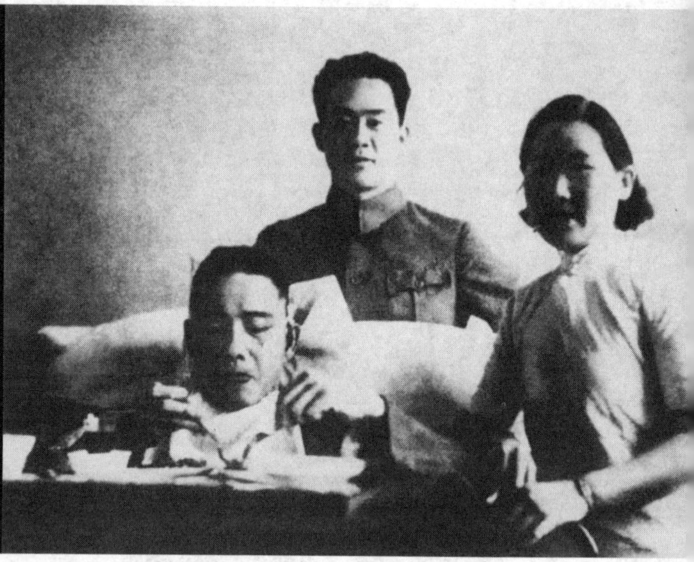

6月27日，《秦土协定》出台，日本又拿到了察哈尔的主权。

面对全国人民的愤怒谴责，蒋介石仍然不为所动，继续全心全意在四川峨眉山筹办军官训练团，准备"围剿"红军。驻日大使蒋作宾对此事件发表谈话说"中国政府不因一些不愉快的事件而变更改善中日邦交的政策。"

日本并不就此罢手，反而得寸进尺，公开策动汉奸们发动所谓"五省自治运动"，目的是吞并整个华北。蒋介石被逼到了死胡同，只好暂时离开"围剿"陕北红军的指挥部，去处理华北事件，因为他担心阎锡山、冯玉祥等参与这个"五省自治运动"。

1935年10月12日，蒋介石飞抵开封找29军军长宋哲元谈话，以便拉拢宋。蒋介石又赶到山西劝阎锡山不要参加"华北自治运动"，同时拉冯玉祥和阎锡山一起去南京参加国民党六中全会。

1935年11月1日，国民党六中全会开幕。蒋介石高兴地说这次大会“显示国内趋于团结”，因为除桂系李宗仁、白崇禧外，出席大会的中央委员100多人，包括反蒋派的冯玉祥、阎锡山。在开幕式后，全体委员去会议厅门外合影留念。

合影后即发生汪精卫被刺事件。由于距离很近，一发子弹射进汪的左颧骨，一枪穿透左

臂，一枪从后背射进第六、七胸脊柱骨旁部位。站在汪身旁的张学良及会场警卫，立即去擒拿行刺者。张学良猛踢一脚，把刺客的手枪打落地下。随即汪精卫的卫士连开两枪，刺客胸肺中弹倒地。

汪精卫被刺的消息传出后，全国轰动。因为当时蒋介石不在摄影现场，因而立即引发人们的怀疑。汪精卫之妻陈璧君对蒋介石愤怒地说：“你不要汪先生干，汪先生就不干，为什么要派人下此毒手。”广西的李宗仁、白崇禧也来电责问蒋介石。

蒋感到比较冤枉，他特地把汪派陈公博等人找来说：“这件事不是我们自己人干的。”蒋介石训斥特务头子戴笠说：“人家打到中央党部，你还不知道。每月花上几十万元，就让出现这类祸事吗？限你3天之内把指使者缉获，否则要你的脑袋。”

戴笠很快就查明行刺者名叫孙凤鸣，原来是十九路军的一名排长，因为不满蒋、汪对内

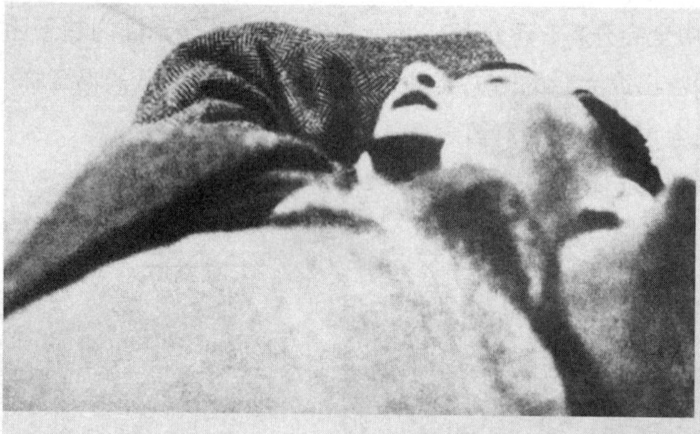

∧ 刺杀汪精卫的壮士孙凤鸣遗照。

镇压、对外妥协的反动卖国政策，就以晨光通讯社采访员的身份进入会场，准备刺杀蒋介石。没想到蒋介石居然鬼使神差地没有参加合影，于是顺手向汪精卫连开3枪，因为汪是行政院长兼外交部长，对卖国也负有不可推卸的责任。

孙凤鸣当时被汪的卫士击中要害，处于死亡边缘。南京当局为从孙凤鸣口中得到刺杀行动的幕后主使，每小时给他注射强心针10次。宪兵司令谷正伦、警察厅长陈体、内政部长陶履谦等都亲自守在医院。孙凤鸣醒过来时愤怒地说："我是一个老粗，不懂得什么党派和主义，要我刺汪的主使人就是我的良心"，"请你们看看地图，整个东北和华北那半个中国还是我们的吗？六中全会开完就要签字，再不打，要亡国，做亡国奴了。"孙凤鸣大义凛然，坚贞不屈，没有留下一句蒋介石需要的话，于第二天清晨去世。

汪精卫遇刺后，迅速被送到南京中央医院抢救，由德国医生诺尔亲自主刀，将其左脸上的子弹取了出来，但是却未能取出背部夹于第五、六根肋骨间的子弹，因为担心损伤脊椎，造成生命危险。手术后医生断定，汪精卫最多只有10年寿命。

事实上是华克之、孙凤鸣、张玉华、贺坡光4位爱国青年在一起组织策划了蒋介石、汪精卫刺杀计划。他们在南京组织晨光通讯社，以新闻记者的身份进入中央党部，寻机刺杀蒋介石。晨光通讯社的主要负责人华克之，毕业于南京金陵大学，曾任南京学联理事。刺杀事件后，戴笠悬赏10万重金抓他，但是他成功地逃脱了。1937年，华克之来到延安，经廖承志介绍加入共产党，此后为人民革命事业奉献了终身。

孙凤鸣是江苏徐州人，是一位爱国义士，淞沪战役中他曾担任十九路军排长。孙凤鸣接受刺蒋任务后，吞食了鸦片烟泡，报定了杀身成仁的决心。出发前，他慷慨激昂地唱着古老的《易水之歌》："风萧萧兮易水寒，壮士一去兮不复还！"

孙凤鸣刺蒋、汪一事为世人所知，大快人心。国民党立法委员娄桐苏称孙凤鸣是当代民族英雄。1939年元旦，冯玉祥感慨地说："姓孙的青年真可佩服"，"那青年有先见之明"，可是，"我们把人家弄死的弄死，下监的下监，我们又把汪精卫弄成国民党的副总裁。到如今汪精卫跑了，要到南京去组织汉奸政府"，"我们应当为姓孙的铸一个铜像，来纪念他"。

汪精卫始终怀疑蒋才是幕后主使，因此才借故不参加合影。于是，他便在出院后要求辞去行政院长兼外交部长职务。国民政府接受了汪的辞职。接着，汪派要员陈公博、顾孟余、曾仲鸣、褚民谊等，也相继辞职。汪精卫于是于1936年2月19日，在枪伤未愈的情况下就乘船前往德国疗养。

∧ 陈立夫旧照。由于陈家与蒋介石的渊源，使得陈立夫不仅在国民党内迅速崛起，而且为蒋介石出谋划策，建立CC系控制党权，规划中统局清除反对势力，终致开创出"蒋家天下陈家党"的局面。

12月7日，国民党召开五届一中全会，选举中央领导人。由于汪精卫辞职，蒋介石无意中又成为最大的赢家。蒋介石除了继任汪的行政院长一职外，同时还被选为国民党中央副主席（主席为胡汉民，但当时也已被蒋排挤出国）。至此，蒋介石成为集党、政、军权于一身的"领袖"。他更加肆无忌惮地执行对外妥协、对内镇压的反动政策。

华北危急！中华民族危急！

面对国民党政府对华北的出卖，中国各阶层人民掀起了一次又一次的抗日爱国运动。12月9日，在中国共产党领导下，北平爆发了"一二·九"学生爱国运动。国民党当局竟然悍然派军警进行镇压，打伤100多名学生，逮捕30多名。12月16日，"冀察政务委员会"预定宣告成立，北平爱国学生冲破军警的封锁，与市民共同集会进行抗议。国民党政府再次野蛮进行镇压，爱国学生和市民400余人被打伤，20余人遭到逮捕。

蒋介石在国民党第五次全国代表大会上谈到对日本的政策时说："和平有和平之限度，牺牲有牺牲之决心。"因此，在继续"剿共"的同时，为了对日本的进一步侵略作最后准备，他又悄悄地派人与中国共产党进行政治接触。他派陈立夫同苏联大使、驻苏使馆武官邓文仪找中共驻共产国际代表王明进行谈判。王明回答说："无论共产党还是国民党的中

∨ 1933 年，蒋介石在庐山视察。

央都在国内，谈判以在国内进行为好。”王明后来让潘汉年作为谈判的联系人。

蒋介石还设法与中共中央进行直接联系。蒋让陈立夫全权负责此事。陈于是把任务交给他的亲信、CC派重要成员、铁道部次长曾养甫。曾养甫的下属谌小岑同周恩来、邓颖超比较熟悉，便承担了与共产党联系的任务。

宋子文代表国民党中央，请宋庆龄转达说，希望能同中共中央直接取得联系。1936年1月，宋庆龄请共产党员、上海牧师董健吾去陕北苏区带去这个重要信息。董健吾同宋子文、顾维钧都是同学，他在宋庆龄的资助下开办了“大同幼稚园”，秘密收养了包括毛泽东的儿子毛岸英、毛岸青、毛岸龙，以及彭湃、恽代英、李立三的子女等失散流落在江、浙、沪等地革命家的子女。

宋庆龄把一封信和一张由孔祥熙签名委董为“西北经济专员”的委任状交给董健吾。董来到张学良部的驻区，张学良很快就明白了南京的意图，于是派专人护送他进入苏区。张学良对部下说：“既然中央可以和共产党联络，我们也可以。”

董健吾到达瓦窑堡后，通过博古将宋庆龄的密信送往在山西前线作战的毛泽东、周恩来。毛、周给宋庆龄复信表示：“愿与南京当局开始具体实际之谈判。”董健吾成功地完成了使命，把这个密件交给了宋庆龄。

潘汉年也在南京同曾养甫进行了秘密会谈，然后把会谈的内容向陕北的中共中央进行汇报。周恩来于是分别给曾养甫和陈立夫复信，邀请陈立夫、曾养甫到苏区或陕西华阴会晤，信中说，“务望立夫先生不辞劳瘁，以便双方迅作负责之商谈。”中共中央由此也作出重大决定，将“抗日必须反蒋”的策略，改为“逼蒋抗日”。

中共中央委派潘汉年为谈判代表，去上海同陈立夫进行谈判。但是谈判因为蒋介石坚持中共必先解除武装，因此并没有结果。中共对此回答说：“我们愿以战争求和平，绝对不作无原则之让步。”

< 胡汉民旧照。蒋介石和胡汉民，他们的理欲与权欲，他们的分合演绎出20世纪二三十年代国民党高层权力斗争的莫测风云，把一杯本已很浊的酒搅得更加混浊、更加苦涩。

胡汉民猝死，蒋介石大喜过望

棋盘上的局势看起来很激烈，但是坐在棋盘两边的人却显得很悠闲，一点也不着急。其中一个气宇轩昂的人就是国民党元老胡汉民，另一个是他的妻兄。二人一边下棋一边聊天，仿佛这棋是别人在下一样。事实上，从欧洲回国后，国民党元老胡汉民终于有了一种比较舒心的感觉。蒋介石的南京政府让他去做中央党务委员会主席，广西军阀李宗仁用优厚的政治和经济条件恳求他留在广州。他现在在下的棋，就是蒋介石和两广的人在下，而他，则只需要静观棋变就行。

忽然，胡汉民一头栽倒在棋盘上。周围的人一下子乱了起来，赶紧去叫医生。等医生来时，他已经停止了呼吸。原来是脑溢血猝发。

蒋介石听到这个消息后禁不住大喜过望。这个曾经把他逼"下野"的书生，现在终于无法再打扰他了。在蒋介石、陈济棠*等军事实力派看来，胡汉民这样的国民党元老只是一个傀儡而已。但是正是这一个傀儡，却让蒋介石头疼不已，因为胡汉民是个个性很强、不甘任人摆布的傀儡。

***陈济棠（1890～1954）**

国民党一级陆军上将。广东防城（今属广西壮族自治区）人。曾任国民党第4军军长兼西区善后委员，广东编遣区主任，讨逆军第八路军总指挥，赣、粤、闽、湘边区"剿匪"副总司令，南路军总司令。抗日战争爆发后，任国民政府委员及最高国防委员、国民政府农林部长、国民党中央执行委员会常务委员会委员长。1949年任琼崖行政长官，后去台湾。

蒋介石一直对两广的半独立状况感到非常担心，先后派张继、孙科、王宠惠等人与胡汉民和西南当局进行谈判，并以国民政府主席的名位拉拢胡汉民。但是胡却按兵不动。

国民党中央召开五届一中全会前，蒋介石再次以中央党务委员会主席的高位请胡来南京。胡汉民因为在广州做"南天王"陈济棠的招牌，没有实权，因此这次有点动心。于是他以退为进，以"养病"为由去欧洲游玩，其实却在静观形势发展。

1936年初，胡宣称准备结束"养病"回国。蒋介石听到消息后，马上派司法院长居正去香港等候胡汉民。李宗仁也来到广州，以优厚的条件希望胡留在广州。李宗仁对胡具体提出了政治上尊重、经济上支持、生活上照顾三点保证。陈济棠知道胡的重要性，于是协同李宗仁，派出代表到更远的新加坡接胡。李宗仁则亲自在香港迎接。

胡汉民权衡利弊后，于是答应李宗仁，自己暂不北上。蒋介石闻讯后很不高兴，但是也没有办法。没有想到老天帮忙，胡汉民竟然患脑溢血猝死了。蒋介石大喜，两广局势为之大变。

5月13日凌晨，蒋发电报给陈济棠说："中央将对桂用兵，但维持广东现状。"陈济棠深知两广唇亡齿寒，亡桂后必将亡粤，于是打算扛起抗日大旗，让南京政府无法名正言顺地出兵讨伐。

蒋派出的居正、孙科、王宠惠借为胡汉民吊丧的机会，向两广提出了包括取消西南军政两机构，发还广东军、政、财权在内的5项条件。陈、李、白看到已经没有了退路，于是打算拼死一战。

5月26日，陈济棠、李宗仁、白崇禧以中国国民党西南执行部名义发出《反对日本增兵华北》通电。6月1日，西南两机构要求国民党中央和国民政府坚决抗战。第二天两机构向全国发出通电，吁请全国党政军民各界一致督促国民政府领导全国抗战，并表示西南方面已向中央请命，坚决要求北上抗日。

6月4日，陈济棠、李宗仁把两广部队改编为"中华民国国民革命抗日救国军"，由陈、李分任正、副司令，开始向湖南进发。途中陈、李四处张贴"中国人不打中国人！""反对内战，一致对外！""全国抗日势力联合起来！"等标语口号。

6月9日，蒋见状大怒，立即致电陈、李说："希望迅饬所属部队，勿因轻率，自由行动，致误救亡之大计。"蒋介石说自己从来没有向西南提出所谓的5项条件，认为那是外边的谣言，劝他们与中央团结一致。同

< 与李宗仁联合发动“两广事变”反蒋的陈济棠（前中）。

> 蒋介石夫妇与李宗仁（前排右二）等人合影。

时，蒋介石却暗中命陈诚率精锐部队开向衡阳，随后而来的中央军源源不断地从武汉南下增援。湖南军阀何键见事态严重，于是拒绝了两广的拉拢，使得两广的军队无法通过湖南。

蒋介石以高人一筹的权谋使得他对两广的离间计和收买再次大见成效。广东空军黄志刚等40余人被蒋以高官厚禄所收买，于7月4日驾驶陈济棠的几乎所有飞机离开广州，表示服从中央，报效党国。8日，粤军主力第1军军长余汉谋投靠了蒋介石。广东东区绥靖委员李汉魂离开汕头，粤军第2军军长张达也暗中投蒋。这样，广东方面不战而败。

陈济棠决定一去了之。陈送李大洋20万元，要李回桂缓图善后，自己则于7月18日晨悄然离粤去港，就此结束了他的7年“南天王”生涯。

李宗仁虽然还有近10万雄兵，但是因为广东的失败，已经处于孤立状态。李、白退回广西后，决定对蒋介石进行求和，答应五届二中全会上蒋提出的“广西维持现状，仍以李、白分任正副绥靖主任”的命令。李、白又通过黄绍竑等向蒋介石表示：“但要中央真抗日，广西将竭诚拥护。”

蒋介石正志得意满，想一举拿下广西，以免再生后患。于是7月25日以国民政府名义免去二中全会对李、白的任命，另以军事委员会常委和浙江省主席来委派李、白，以便

调虎离山，同时调遣大军进逼广西。蒋介石还在广州设立委员长行营，打算亲自指挥清剿广西的战事。

李、白深知离开广西就等于自杀，于是，与南京公开决裂，并斥责蒋是阴险毒辣的野心家和独裁者。李、白立即下令广西全民动员，在一周内组编了21个师，并发表《告军民书》说："期望全体将士宁为玉碎，不为瓦全，与蒋奋战到底！"

李、白又多次对外声称，决不因广东内变而停止抗日运动，并竭诚欢迎各抗日反蒋党派、团体、人士，到南宁共商救国大计。李、白还积极与反蒋派李济深、蔡廷锴、区寿年等联系。

7月底，李济深、蔡廷锴、翁照垣、胡鄂公与全国抗日组织救国会的杨东莼、何思敬，第三党要员章伯钧，以及国内各界名流邓初民、彭泽湘、刘芦隐等也相继聚集南宁。

毛泽东于6月9日通过无线电台向全国发表讲话表示：西南抗日反蒋，虽不免夹杂有权位地盘等不正当的动机，但客观上是革命与进步的行动，我们将在各方面给西南以可能的援助。李宗仁、白崇禧和李济深十分高兴，立即派人去延安与中共商谈订立《抗日救国协定》。

面对全国的抗日反蒋潮流，蒋介石不得不有所顾虑。他深知在西北"剿共"的张学良、杨虎城部对反共而不抗日已经不满，四川刘湘、山东韩复榘、云南龙云等也都不愿意讨伐桂系。而西南战事看样子难以速战速决，如果处于胶着状态，难免生乱。因此蒋虽然表面气势汹汹，暗中却开始谋求和平解决的途径。李、白当然对此求之不得。

8月，蒋派居正、朱培德、程潜、邓世增、韩翰屏等先后向李、白表达和平解决的意向。李、白派刘斐去广州见蒋。蒋对刘斐说："你们广西方面有什么要求都可以提，叫我吃亏，我的地位可以吃亏，就是对国民失点信用也没什么。他李、白吃不起亏，为他们政治生命，不能叫他们吃亏。"

但是来到广西的各方抗日人士的意见并不统一。中共代表云广英希望李、白与蒋和平谈判，逼蒋抗日。李、白于是向蒋提出了8项和议方案。

***两广事件**

1936年6月1日，广东军阀陈济棠为反对蒋介石消灭异己和对日妥协政策，联络广西军阀李宗仁、白崇禧，打起"抗日救国"旗号，进行反蒋。4日组成"中华民国国民革命抗日救国军"。6日，组成"抗日救国西南联军"。8日，李宗仁发表演说称，北上抗日完全是争取生存的民族革命战争，决不是对内的争夺权利。10日，粤、桂两军分路北上湖南。事变发生后，蒋介石派军舰抵达厦门并向武汉、衡阳集结兵力。9月2日，国民党要员居正等前往两广调解。14日，李宗仁、白崇禧发表通电，表示服从"中央"。两广事件和平解决。

9月中旬，双方就和议达成一致，主要内容有：蒋承认以中、日现状为基础，积极准备抗战，如日人再前进一步，立即实行全面抗战。广西届时保证出兵参战；蒋收回调动李、白职务的命令，李、白通电服从中央领导；蒋答应对广西事变以来之财政开支予以补助。

9月16日，李宗仁按协定在南宁宣誓就任广西绥靖主任，并发出和平通电。18日，李宗仁飞到广州与蒋见面。两个政敌在兵戎相见了8年后，终于因为抗日而重新会面。据说李宗仁当时脸上发热，有点尴尬，而蒋则老道得多，始终笑容可掬。

两广事件★至此和平解决。蒋介石当即命令用来进攻两广的部队，迅速回西北"围剿"红军。

被逼向绝路的张、杨

张学良已经很多次对蒋介石感到绝望了，然而他注定还得再多绝望几次。

张学良在陕北"围剿"红军时损失惨重，当他请求蒋介石补充武器、弹药，以及给两个阵亡师长特别抚恤金各10万元时，没想到蒋介石的回答却是："特恤碍难照准，两师番号，予以撤销。"张学良愤慨地说："我张某人混得不值10万块钱了！"

这时张学良才知道自己一直对蒋介石赤诚相待，而蒋介石却把自己当作威胁，他调东北军来西北"剿共"，本来就是一箭双雕，借刀杀人。假如打败了红军，东北军的实力也会大大削弱，如果失败，则东北军被红军消灭，蒋介石从此消灭一个异己。少壮派智囊人物应德田担忧地对张学良说："先'剿共'而后攘外是蒋委员长坚定不移的政策，可是他自己又剿得怎样呢？进攻江西红军4年，前后5次投入总兵力达100余万，结果损兵折将，占了些什么便宜？红军还是红军，仍然存在！以往的教训，如不及早觉悟，固执坚持，东北军迟早会在天天'剿共'声中毁灭自己，委员长的治国决策不能不令人警惕。再者，东北军迁驻西北'剿共'前线，越俎代庖，兵马弹药损失得不到补充，先不说东北军阵亡将士的家属如何安抚，他们跟着副司令辗转南北，是为了有一天打回老家去，现在他们却成了异乡孤鬼，怎么不令人心寒？这些东北军阵亡将士的鲜血是感动不了委员长的。他远居南京，坐山观虎斗，是想借用内战之机一箭双雕，达到既'剿共'又削弱东北军实力的目的。现在亡羊补牢，犹未为晚。对委员长的决策，请副司令深思。"

张学良回答说："委员长是握有全国军政大权而又最有实力的领袖，他要'剿共'，你就无法停止内战。他不要抗日，中国就无法抗日，为了团结抗战，我们应该设法谏诤去说服他，不应该抛弃他。共产党主张团结抗日是对的，但为什么一定要反蒋呢？也许因为委员长要'剿共'，因此他们就不能不针锋相对吧！"

事实上，蒋介石在全国各阶层抗日浪潮日益高涨的情况下，仍然一意孤行，他集结了33万大军，以陈诚为总指挥，到山西协同阎锡山"阻截"红军。同时，他又命张学良，担任"西

北剿共”副总司令代总司令，立即指挥东北军继续“围剿”陕北的红军。蒋介石又下令杨虎城的十七路军统归“西北剿总”指挥。

张学良刚到西北时，对执行“剿共”政策还是比较卖力的。他把东北军的主力调集陕北，对官兵说：“为了抗日，为了集中力量，为了免除抗日战争进行中的后顾之忧，为了保证能够取得这一战争的最后胜利，希望我全体官兵，同心同德，奋勇直前，完成‘剿共’之重任，建树统一功勋。然后回师北上抗日，收复东北，返回老家。”

但是东北军中少壮派向张学良说：“联共抗日的问题迫在眉睫，不容迟疑，应从速解决。”

东北军少壮派成员有孙铭九、应德田、苗剑秋等人，他们重感情，讲义气，对张学良忠心耿耿。这些人与张学良同生共死，既是部属，又是朋友。在少壮派和一些进步朋友的影响下，张学良的思想逐渐发生了改变。

张学良的十几万东北军在陕北“剿共”，没想到连吃败仗，短短3个月就损失了3个师。1935年9月间崂山战役，王以哲的67军110师几乎全部被红军歼灭，师长何立中被击毙；10月榆林桥战役，107师和619团全部被歼，团长高福源被俘；11月直罗镇战役，109师被歼，师长牛元锋阵亡；黑水寺之役，106师一个团被歼。张学良不得不开始思索东北军的命运。

1936年1月25日，红军以毛泽东、周恩来、叶剑英等20名将领署名发出了《红军为愿意同东北军联合抗日致东北军全体将士书》，对张学良和东北军高级将领产生了很大的震撼。红军揭露了蒋介石把东北军调到甘、陕一带打红军的阴谋，告诉东北军将士，蒋介石的目的是使东北军和决心抗日的红军都受到损失，以达到其消灭异己的目的；东北军只有抗日反蒋才是唯一出路。中共还建议互派代表，协商关于建立国防政府和抗日联军的问题。东北军广大官兵对中国共产党的主张深表拥护。1935年11月，毛泽东曾派汪锋为代表，持毛泽东的亲笔信到西安面见西北军将领杨虎城。1936年3月初，中共中央派李克农前往洛川同张学良、王以哲等人谈判，并达成口头协议。

< 1934年，张学良在南京。

∧ 1934 年 3 月 1 日，张学良在武昌就任三省“剿匪”副总司令职时，与军政官员合影。

中共申明了中共中央建立抗日民族统一战线的主张，并与张学良就停止内战、互派代表、在西安建立交通站及准备联合抗日等问题达成了初步协议。4 月 9 日，周恩来、李克农与张学良在延安举行会谈，双方就互不侵犯、互相帮助、互守原则、互派代表及红军帮助东北军进行抗日教育等方面的问题达成了一致意见。至此，东北军、西北军和中国红军已形成了三位一体、联合抗日的局面。中共中央派遣红军参谋长叶剑英作为红军正式代表常驻西安，协助张学良和杨虎城整训部队，进行抗日的准备工作。同时还派遣彭雪枫、朱理治等 40 多名干部进入西安，进一步开展对东北军的工作。

至此，以中国共产党为领导的红军与东北军、西北军的联合抗日民族统一战线建立起来了。

8 月 25 日，中共中央发出《中国共产党致中国国民党书》，再次呼吁国民党“立停内战，

∧ 1933年红四方面军进入川陕。杨虎城本着不打内战的原则，派人与红四方面军口头达成互不侵犯协定。这是杨虎城视察汉中防务时与属下合影。左起：赵寿山、杨虎城、孙蔚如、机师。

组织全国的抗日统一战线，发动神圣的民族自卫战争”。9月1日，中共中央向党内发出《关于逼蒋抗日问题的指示》，指出：“在日本帝国主义继续进攻，全国民族革命运动继续发展的条件下，国民党中央军全部或其大部有参加抗日的可能。我们的总方针应是逼蒋抗日。”中共中央并准备派出代表与国民党进行谈判。同日，周恩来致电陈立夫、陈果夫，陈述了共产党建立抗日民族统一战线的一贯主张，要求国民党“立即停止军事行动，实行联俄联共，一致抗日”。

周恩来先后给蒋介石、陈果夫和陈立夫写信，规劝他们改变“清党剿共”政策。他在致蒋介石的信中说：“自先生揭橥反共以来，为正义与先生抗争者，倏已十年，先生亦以清党剿共劳瘁有加，然劳瘁之代价所付几何？日本大盗攫去我半壁河山，今日登堂入室，民族浩劫，高压于四万万人之身矣……共产党与红军则亟望先生从过去之误国政策抽身而出，进入于重新合作共同抗日之域，愿先生变为民族英雄，而不愿先生为民族罪人。”

毛泽东先后分别写信给宋庆龄、宋子文、蔡元培、冯玉祥、傅作义、李宗仁、白崇禧、沈钧儒、邹韬奋等各方人士，说明中共中央抗日民族统一战线政策。为促进抗日战线工作，中共中央还在上海设立办事处，命潘汉年为主任，冯雪峰为副主任。

1936年12月1日，毛泽东、朱德、周恩来及红军主要将领彭德怀、贺龙、刘伯承、徐向前、叶剑英等致书蒋介石，促其合作抗日：

今日之事，抗日降日，二者择一，徘徊歧途，将国为之毁，身为之奴，失通国之人心，遭千秋之辱骂，吾人诚不愿见天下后世之人聚而称曰，亡中国者非他人，蒋介石也，而愿天下后世之人，视先生为能及时改过救国救民之豪杰。语曰，过则勿惮改，又曰，放下屠刀，立地成佛。何去何从，愿先生熟察之。

1936年10月，红军第二、四方面军与先期到达的红一方面军三大主力在甘肃会宁胜利会师，结束了历时两年的中国工农红军的战略大转移——长征。蒋介石认为这是他在陕北彻底消灭红军的绝好机会，于是在和平解决“两广事变”后，蒋介石便强横地说：“红军不答应改编，我想还是送他们到外蒙去吧！”蒋介石打算把嫡系与精锐部队260个团，约计30万人，调往平汉线汉口到郑州段和陇海线郑州到灵宝线上，准备督促东北军和西北军“围剿”红军。如果张学良和杨虎城“剿共”不力，那么蒋的嫡系部队将代替他们进入陕西，“围歼”红军。如果张、杨有异心，则消灭张、杨。

1936年10月22日，蒋介石偕宋美龄到西安亲自“督剿共匪”。在张学良、杨虎城和邵力子等陪同他游览华山和终南山的时候，他听张学良说平时在看唯物辩证法和政治经济学，就严厉地说：“我在十几年前，看了不少这类书，都是俄国人写的，不适合中国的国情，你看了会中毒的，以后不许你看这些书！要好好地读《大学》和《曾文正公全集》，把这些书读通了，将一生受用不尽。”

蒋介石、宋美龄下榻在西安东面30公里远的华清池。华清池位于临潼县的骊山脚下，相传西周末期周幽王在那里修建骊宫，唐玄宗又在那里建造了华清宫，因为围绕4个泉眼修汤井为池，因此也叫“华清池”。邵力子担任陕西省主席后，把华清池改造为蒋介石的临时行宫。蒋介石夫妇住山坡上的一排老式的五开间式房屋里，那个地方因此也叫五间厅。

蒋介石一到五间厅，就召集张学良、杨虎城、晏道刚和东北军、十七路军的部分军、师长召开军事会议。蒋介石带着几分杀气走进会议室，严肃地说：“我这次来西安之意，一言以蔽之：围剿共匪！南方之共匪经国军多次围歼，伤亡惨重，侥幸漏网的残匪长途跋涉，现已流窜到陕甘

∧ 红军三大主力在会宁会师，标志着长征的伟大胜利。

V “西安事变”前，蒋介石偕宋美龄在西安游览古迹。

★东北军

张学良统率的东北边防军的简称，前身为奉系军阀张作霖统辖的奉军。1924年，张作霖联合冯玉祥打败直系军阀吴佩孚，率部进入关内。1927～1928年，张的部队被蒋介石、李宗仁、冯玉祥、阎锡山的联军打败，退回东北。1929年1月，奉军被蒋介石改编为东北边防军，简称“东北军”，由张学良统辖。1931年“九·一八”事变时，奉命退入关内，后又调到陕甘一带进攻红军。1936年12月12日，张学良与杨虎城发动“西安事变”，随后东北军被改编为国民党军。

边境，我们要乘共匪立足未稳之良机，集中兵力进行围剿，以绝后患。东北军★开到陕西剿匪，为时一年，战果甚微，赤患不仅没有根除，反有向河东、关中蔓延之势。我这次来陕，一方面想了解进展迟缓的原因，另一方面是部署新的围歼，决定调集30万兵力，配备100架战斗机，力争在两三个月内，把共匪聚歼于陕甘边境。现在，你们先谈谈各自的意见。”

张学良说：“我向委员长再次请求，以国家、民族利益为重，接受中共建议，共商抗日大计。这不仅是我个人的请求，也是东北军全体将士的愿望和要求，请委员长明察！”

杨虎城也委婉地说：“是的，我也有同感。十七路军全体官兵抗日情绪十分高涨，而‘剿共’却士气低落颇值得忧虑。”

蒋介石大怒：“什么剿共士气低落！当统帅的不动摇，当兵的会动摇吗？在未杀尽红军、捉尽共匪之前，决不准轻言抗日，‘攘外必先安内’是既定国策！你们绝不可被共匪蛊惑，要坚定信心。明天我去军官训练团训话，我相信东北军和十七路军的官兵深明大义，会服从党国的利益的！”

10月27日上午，蒋介石穿着陆、海、空大元帅蓝呢军礼服，腰悬指挥刀，手带白手套，威风凛凛地在张学良、杨虎城、邵力子的陪同下来到会场。他扫视了一眼会场，然后对下面校级以上军官开始训话：“革命军人要明礼义，知廉耻，要孝顺父母，为国尽忠，服从长官，这是革命军人的本分。我们最近的敌人是共产党，为害也最急；日本离我们很远，为害尚缓。如果远近不分，缓急不辨，不积极剿共，而轻言抗日，便是是非不明，本末倒置，蓄奸养贼，便不是革命，这样的军官，党国是要严厉制裁的。东北军和十七路军当前任务，第一是剿共，第二也是剿共，第三还是剿共。剿共是你们唯一的、光荣的任务！”

蒋介石正讲得高兴，没想到台下的反应却是一阵喧哗。蒋感到了会场上的敌意，于是便草草收场，阴沉着脸走了。张学良对受训军官们说：“蒋的讲话，主要是对我说的，不是对

< 20世纪30年代，身着陆海空大元帅蓝呢军礼服的蒋介石。

> 此时的蒋介石心里，抵抗日寇侵略不是头等大事，尽快“剿灭”共产党才是首要任务。

你们，希望你们安下心来，我们应当有最大的忍耐和克制，小不忍则乱大谋。”

10月29日，蒋介石去洛阳西宫军校住了一个多月。他在那里继续部署“围剿”红军事宜，打算让蒋鼎文担任西北“剿匪”前敌总司令，卫立煌、朱绍良、陈继承等人担任各路军总指挥；并下令在西安、兰州扩建能够容纳100架轰炸机的飞机场。

10月31日，张学良和太原绥靖公署主任阎锡山一起去洛阳为蒋介石祝50大寿，打算趁机劝说蒋介石抗日。阎锡山在张学良的劝说下此时已同意与中共合作。中共中央也托人向阎锡山表达联合抗日之意，还派彭雪枫、周小舟向阎说明了中共建立抗日民族统一战线的主张。阎锡山表示同意。

于是中共中央北方局决定由薄一波、杨献珍等组成“中共山西省公开工作委员会”。委员会同阎锡山多次谈判，达成3项协议：一、取消山西以反共为宗旨的反动组织；二、取消对陕北苏区的封锁；三、组织抗日的民众团体，发动民众开展抗日运动。

因此，当张学良邀请阎锡山一同赴洛阳劝蒋时，阎锡山很爽快地同意了。

10月31日上午，洛阳西宫军校内洋溢着一派喜庆气氛，蒋介石和宋美龄在鞭炮声中微笑着走上主席台。台下前几排威严地坐着各地来祝寿的军政大员，后面是洛阳军分校学员。蒋介石夫妇很高兴，频频向台下挥手致意，全场上众人于是起立鼓掌。祝寿典礼开始后，代表先致祝辞，对蒋介石的“丰功伟绩”进行歌功颂德，随后，各地军政大员相继登台，轮番歌颂。蒋介石正襟危坐，一副得意洋洋的样子。

祝寿典礼完毕后，张学良、阎锡山随即去见蒋介石。张学良说：“现在国难当头，民生凋敝，老百姓愿捐资热忱支援抗日，拥戴您领导国军收复失地，把日寇赶出中国去。”

∧ 蒋介石与张学良。蒋介石一心只顾“围剿”，张学良为民族大义不达目的誓不罢休，这也注定了他日后的人生悲剧。

蒋介石一听这话马上就脸色一变，说道：“抗日，又是抗日！我给你说过多少攘外必先安内的道理，共产党就在你们身边，而日本远在千里之外，我们必须先消灭眼前的敌人，免除后顾之忧，然后再去解决远处的敌人。你怎么置党国利益于不顾，把剿共放到一边呢？共匪已成强弩之末，只要大家努力，短期内不难彻底消灭，永绝后患。”

张学良说：“广大官兵的家乡沦入敌手，不图收复，却叫我们到西北来‘剿共’，你叫我们的意志怎么坚决起来？而共产党却提出中国人不打中国人，停止内战，团结抗日，打回东北老家去！我们的官兵听了怎能不动心！8年来我跟随委员长，爱护之心始终如一，希望委员长能采纳忠言，千秋万世留下美名。否则，即使我本人愿效忠到底，部下也不肯听命……”

阎锡山也跟着说：“委员长，汉卿讲的停止内战，一致对外，实行全民族的抗日，是舆论所归，人心所向，我以为是很有道理的，这也是当今中国的唯一出路。”

蒋介石见状大怒："我现在只要你们回答一句话，到底是我服从你们呢，还是你们应该服从我？"

圆滑的阎锡山连忙赔着笑说："委员长是最高统帅，我们当然应该听委员长的。"

"既然如此，那我告诉你们，在杀尽红军、捉尽共匪之前，我决不谈抗日之事。你们若是非要坚持，那就等我死了之后，再去抗日好了！"

次日，蒋介石在洛阳军校纪念周上训话说："共产党不要祖国，不要祖宗，主张停止剿共的人，也不要祖国，不要祖宗。共产党是大汉奸，是要亡中国的，这种敌人不打，还侈谈什么抗日？当面的敌人不打，偏要打远处的敌人，这种军队有什么用处？勾结日本者，是汉奸；勾结共产党者亦是汉奸……"

11月17日，蒋介石飞往太原，要求阎锡山和绥远省主席、35军军长傅作义迅速结束绥东抗日战争，全力准备"剿共"。绥远抗战就此结束。

蒋介石的如意算盘是，调集30万大军和100架战斗轰炸机，不惜使用毒气弹，在两三个月内，将"匪共残余大部分歼灭在陕北地区，小部分可能渡过黄河，到达蒙古沙漠地区"。那时他将以重兵相机围歼或收编，但是他认为收编数额最多不能超过5,000人。

但是，蒋介石虽然亲自坐镇指挥，东北军前线各部队却很反感他的政策，因此不愿意与红军打仗，万不得已时，士兵们也选择向天放枪。在此情况下，胡宗南的中央军第1军由于缺乏东北军的配合，在山城堡被红军击败，廖昂一旅被全歼。蒋介石知道后大怒，他对张学良大喊大叫，声称要追究责任。张学良流着眼泪说："我遭国难家仇，受国人唾骂为不抵抗将军，对不起国家，对不起部下。"

11月23日，蒋介石在上海逮捕了全国各界救国会领袖沈钧儒、邹韬奋、李公朴、章乃器、王造时、沙千里、史良7人，制造了震惊中外的"七君子事件"★，激起全国人民的公愤和抗议，强烈要求国民党政府立即放人。宋庆龄和何香凝、胡愈之等领导和发起了"救国入狱"运动，要求蒋介

★"七君子事件"

在中国共产党建立抗日民族统一战线的号召下，1936年5月，由沈钧儒、邹韬奋等发起，在上海成立了"全国各界救国联合会"，要求国民党政府停止内战、立即释放政治犯，建立抗日民主政权。1936年11月23日，国民政府以"危害民国"之罪名，将在上海领导各界抗日救亡运动的救国会领导人沈钧儒、章乃器、邹韬奋、李公朴、沙千里、史良、王造时等7人非法逮捕入狱，制造了震惊全国的"七君子事件"。

∧ 1935 年，蒋介石巡视山西时与阎锡山在一起。

石放人。冯玉祥、于右任等也在南京发起征集10万人签名的营救“七君子”运动。美国普林斯顿大学教授、世界著名科学家爱因斯坦，美国著名哲学家杜威等人也纷纷致电南京国民党政府，要求释放“七君子”。蒋介石迫于国内外的舆论压力，不得不释放了“七君子”。

12月3日，张学良到洛阳去见蒋介石，再次请求蒋介石停止“剿共”、和中共合作抗日，并要求蒋介石释放“七君子”。蒋介石厉声回答说，他决不能停止“剿共”。对张学良要求释放“七君子”一事，蒋介石斥责说：“全国只有你一个人是这样想的。”张学良一时很是尴尬。

12月4日，蒋介石虽然也知道西安军心不稳，还是由洛阳去了西安。根据他在12月2日的日记记载：“东北军之兵心，为察绥战事而动摇，则剿赤之举，几将功亏一旦。此实为国家安危最后之关键，故余不可不进驻西安，以资震慑，而挽危局，盖余个人之生死早置之度外矣。”看来，他认为“剿共”已到了“最后5分钟成功之阶段”，同时也过于相信自己的影响，于是打算以自己之力震慑东北军和西北军，督促他们与红军作战。

随同蒋介石去西安的，还有蒋鼎文、陈诚、卫立煌、陈继承、朱绍良、陈调元、万耀煌、邵元冲、钱大钧等蒋的嫡系高级将领，以及南京政府大员蒋作宾、张冲、蒋百里等。为了自己的安全，蒋介石让自己的嫡系军队纷纷开进潼关，同时，最新式的战斗机先行降落西安机场。蒋介石感到此次对红军作战是志在必须得。

第二天，蒋介石找东北军和十七路军师以上军官分别谈话，要他们继续彻底“剿共”。蒋介石接着向张学良、杨虎城发出最后通牒，让他们要么服从“剿共”命令，要么将陕甘两省地盘让给中央军，以便“剿共”。

张、杨无法接受第一个办法，但他们又深知两军一旦离开西北，将面临被蒋介石消灭的危险。而任何劝说蒋介石打消念头的想法，现在看来都无异于火中取栗。

蒋介石的强横终于把张、杨逼上了绝路，他们协商后决定扣押蒋介石，逼蒋抗日。但是事前尽量尽力说服他。

★ **“一二·九”运动**

1935年，“华北事变”爆发。为了反对日本的侵略和国民党的妥协政策，北平大中专学生于12月9日举行大规模游行，高呼“停止内战，一致对外”“打倒日本帝国主义”等口号，同前来镇压的国民党军警展开英勇的搏斗。第二天，学生实行总罢课。12月16日，北平学生和各界群众1万余人举行了更大规模的游行示威。北平学生的爱国行动，得到了全国人民的支持，形成了抗日民主运动的新高潮。

“胆大包天”的决断

张学良决定尽一切可能先说服蒋。

他来到华清池对蒋说：“当前的国内形势只有先对外，一致抗日，才不负全国人民所望，才是国家唯一图存的道路；全体东北军，特别是中下级军官和士兵抗日情绪激昂，前线各部队准备自动组织援绥抗日，我自己也可亲自上前线指挥；为领袖着想，不能不披肝沥胆相劝……”说着说着张学良已是泣不成声。

蒋介石非常冷漠，后来暴怒地拍着桌子狂叫道：“你现在就是拿枪把我打死，我的政策也不能改变！”

张学良只好建议杨虎城再去劝蒋。

蒋介石对杨说：“虎城，张汉卿年轻幼稚，容易受人欺骗，你和他一地共事，要多加开导，以免误入歧路！”

杨虎城回答道：“张副司令年轻有为，是一位难得的将才，很值得虎城效仿。”

蒋介石惊讶地问：“他和共匪暗中勾结，你也效仿？”

杨虎城说：“委员长，请听虎城进一言。我们国家和民族已到了危急关头，不抗日是没有出路的。依我之见，红军的问题宜采取和平方式解决，不宜用兵。不然鹬蚌相争，渔人得利。”

蒋介石不高兴地说：“你也是荒谬之论！对付共匪的唯一办法是军事解决！红军必须交出武装，听从政府的命令，予以遣散。如果顽抗，我们以数十倍的兵力，三面合围，用不了多长时间就可以把他们消灭。虎城，你和张汉卿不同，你是本党老同志，不要和他一般见识，应当知道我们同共产党是势不两立的。请相信我，消灭共产党，我会领导你们抗日的。你是

> 傅作义旧照。绥远抗战中，傅作义带领官兵英勇奋战，肃清了绥远境内的伪军，挫败了日军西侵绥远，妄图建立“蒙古帝国”的阴谋，大大鼓舞了全国人民的爱国抗日热情。

忠于党国的，一定要珍视自己的锦绣前程，‘剿共’有什么困难，尽管对我说。”

杨虎城见话不投机，只好起身告辞。

蒋介石又邀请刘多荃和王以哲两位东北军的大将去临潼吃早餐。刘说：“中下级军官全想留着力量，准备打回东北老家去。”

蒋说：“自从‘九·一八’后，国人对你们东北军很不原谅，现在剿共战事仅剩最后5分钟了，我是给你们东北军一个立功的机会，你们要理解我的用意，服从命令，努力剿共，方是你们应持的态度。”

蒋又怒气冲冲地对王以哲说：“你军部的电台经常和共产党通报，你还以为我不晓得，我早知道你们这些举动！希望你们即刻悬崖勒马，将功补过。”

1936年12月9日，西安大、中、小学校学生1万余人在开完“一二·九”运动★一周年纪念会后，决定到临潼向蒋介石请愿。

蒋介石派侍从室组长蒋孝先指挥宪兵2团去堵截游行队伍。

蒋介石打电话给张学良说：“西安的学生娃子受共产党的煽动，要到临潼来找我闹事，令你立即出动部队，途中加以阻拦，如有暴徒不听劝阻，格杀勿论！听到没有？格杀勿论！”

蒋孝先迅速率领宪兵2团开到西安东郊十里铺和浐河桥一线，架起机关枪，并出动了大批骑兵，准备对学生进行血腥镇压。

张学良大惊，立即乘汽车赶到已经到达十里铺的游行队伍前面，然后下车对游行队伍说：“各位同胞，各位同学，你们的救国热忱，我是非常钦佩的，只是今天时间不早，不如请大家先回去，把请愿书交给我，由我代你们向蒋委员长陈述，比你们去还要快些。”

“不，必须由委员长答复我们的请愿要求！”

张学良又说："你们的救国志愿，我并不阻挠，只是政府不满学生干预国事，你们此去必触怒最高当权者。我为保护你们，不忍见你们去流血牺牲。"

学生们高声喊道："我们愿为救国而流血，愿为救国而牺牲，死在救国路上是光荣的！"

张学良见无法劝阻，于是流着眼泪对学生们说："同学们，同胞们，我张学良不是不救国。自从失掉东北4省，全国人民无不骂我张学良，我何尝不想打日本强盗？可上级不许我打。我与日寇有杀父之仇，是不共戴天的，我的最后一滴血，是要流在抗日战场上的，请你们相信我，在一星期内，我准有满足你们心愿的事实答复你们！"

请愿学生听到这个许诺后，才整队返回西安。

张学良当即来到华清池向蒋介石报告学生请愿情况。蒋一听不由得勃然大怒，说："你是代表学生呢，还是代表我？你到底是站在学生的立场，还是站在国家大员的立场？"

张学良为此同蒋介石一直争吵，直到深夜。蒋在当日的日记中写道："张学良为人，小事精明，而心志不定，可悲也！"

蒋介石晚上睡不着觉，生着闷气，于是给邵力子写了一张便条：

力子主席兄勋鉴：

可密嘱驻陕《大公报》记者发表以下消息："蒋鼎文、卫立煌先后皆列西安。闻蒋委员长已派蒋鼎文为西北剿匪军前敌总司令，卫立煌为晋陕绥宁四省边区总指挥。陈诚亦来谒蒋，闻将以军政部次长名义指挥绥东中央各部队云。"但此消息不必交中央社及其记者，西安各报亦不必发表，为要！

中正

这个消息意味着蒋介石要把西北交给自己的嫡系来掌管，而把张、杨赶出去。这也显示了蒋介石对张学良的绝望。

杨虎城对张说："民众和军队对老蒋的愤恨情绪，都是箭在弦上。扣蒋的时间不能再迟延了，万一你我错失良机，控制不住形势，发生骚动，那就更危险！当断不断，反受其乱！"

∧ 就任鄂、豫、皖三省"剿匪"副总司令时的张学良。

＞ 国家生死存亡之际，爱国之热潮激涌，民众上街游行要求政府抗日。

张学良说："先礼后兵，仁至义尽，今天我们再劝他一次，这是最后一次。他再不听，我们也算对得起他。"

12月10日，张学良最后一次到临潼痛哭劝蒋。结果劝说又以争吵结束。至此，哭谏、委婉劝说等手段都失败了，张、杨别无选择，只有决心冒着生命危险，扣押蒋介石，逼迫蒋介石抗日。

华清池的枪声

12月12日蒋介石就要离开西安。

张、杨几乎异口同声地说："不能再等了！必须把蒋介石抓起来！"两人于是决心在11日晚上发动兵谏。

12月11日夜，张、杨确定了兵谏的分工：东北军方面，由张学良的警卫营和105师担任到华清池捉蒋和西安到临潼线的警戒任务；电令兰州的东北军解除该地的朱绍良部武装，扣留其在兰州的飞机。十七路军方面，由杨虎城部队负责拘禁西安城内蒋介石的军政大员，解除城内蒋介石的部队和宪兵、警察的武装，并封锁机场，扣留飞机，防止有人逃脱。

夜里11点，张学良、杨虎城把在西安的东北军和十七路军将领召集在一起，正式宣布了实行捉蒋、逼蒋抗日的决定和计划。

12月12日清晨5点，张学良命令自己的警卫营直接开往临潼华清池蒋介石的住所。蒋的卫队很快发现情况不对，双方随即展开激烈的枪战。蒋介石半夜里听到枪声，从睡梦中醒来，还以为是红军打进来了，急忙披着睡衣，穿着拖鞋就向房外跑去。由于围墙里面矮外面高，因此蒋介石在翻越围墙时一下子跌进墙外七八尺深的乱石沟里，摔伤了脊骨，碰破了脚，一只鞋也跑丢了。他顾不上察看，忍着疼痛往山上逃去。后来他的贴身侍卫、族侄蒋孝镇赶上来，把他背上骊山山腰，并在虎畔石后的中岩洞里躲藏起来。

张学良警卫营营长孙铭九带人闯进蒋的住所五间厅时，没有见到蒋介石，但是发现蒋介石的衣帽、斗篷仍放在床边，假牙、皮包放在桌上，一摸，被窝里还是热的，说明蒋介石还没有逃远。突然，一个战士发现后墙边有一只鞋，孙铭九知道蒋介石逃到了山上，于是便率队开始搜山。

张学良听说没有抓到蒋介石，非常焦躁。他对杨虎城说："如果发生意外，将贻害大局。我张学良便成为千古罪人。我割下自己的头，请你

∧ 20 世纪 30 年代的蒋介石，在一次集会上讲话。

< 1936年，蒋介石夫妇与张学良夫妇合影。张学良不仅是“九·一八”事变的悲剧主角，而且毅然决然地发动了“西安事变”，此举让他经历了半个多世纪的囚禁生涯。

送到南京请罪，绝不能因此而打内战。”他对孙铭九说：“如果抓不到蒋介石，你就提头来见。”

早上8点左右，警卫营抓住了蒋孝镇。孙铭九问他：“委员长在哪里？”蒋孝镇不说话，最后终于示意蒋介石在山洞里。警卫营士兵于是在山洞附近吓唬着说要开枪，有的还说扔个手榴弹过去。

蒋介石一听赶紧喊道：“我是委员长，不要开枪，你们不要开枪！”蒋一走出洞口，就看见十几枝枪口对着他。他强装起威严质问道：“你们是哪一部分的？”

孙铭九答道：“张副司令让我们来保护委员长，请委员长进城！”

蒋介石一听是张学良的部队，立即来了精神，大喊着坚持不下山。

蒋介石跳墙时腰部摔伤了，无法行走，因此警卫营连长王协一就强行背着他下山。然后士兵们把蒋介石抬进小汽车，汽车飞快地向西安驶去。

蒋介石在事后所著《西安半月记》中记述了当日的经过：

叛部乃四出搜索，经过余所在之穴前后二次，均未为所发觉。忽闻距余二三丈外之地，有与叛兵厉声争执者；察其声，知为孝镇。时叛部搜索益急，闻岩穴上叛兵相语曰：“此间有一服便衣者，或即为委员长也。”另一叛兵曰：“姑先击以一枪再说。”又一叛兵呵止之曰：“不要胡闹！”余乃抗声答曰：“余即蒋委员长，尔等不得无礼！如尔等以余为俘虏，则可将余立即枪杀，但不得稍加侮辱。”叛兵称不敢，向天空发枪者三，高呼：“蒋委员长在此矣！”旋孙铭九营长来前，向余长跪而泣，连言：“请委员长下山。”余乃知围攻行辕者，为张之卫队第2营也。

孙随护下山，至华清池行辕前，余欲入内稍憩，见门内物件纷乱，尸体枕藉。孙坚请余登车入西安，谓：“委员长所居之室，已凌杂不可居，营长奉上官命，请委员长入城。”余命孙：“找尔之副司令来！”孙曰：“副司令在西安相候。吾人非敢对上官叛变，实对国事有所请求，将面陈于委员长，望委员长接纳吾人之所请。”

余怒斥曰：“叛逆狂谬至此！无多言，欲毙余，则速毙余可也！”孙与第105师第2旅旅长唐君尧又向余敬礼，请登车入城。余欲见汉卿询其究竟，遂登车行。

孙铭九与唐君尧旅长既扶余登车，夹坐余之左右；另一副官坐车前，即张汉卿亲信之侍从谭海也。车向西安城直驶，经东关，遇见张汉卿之车，唐旅长谓：“副司令来矣！”既近，实非张，乃来传令送余至何处者。

唐旅长询前坐之谭副官："送委员长至何处？"副官答："新城大楼。"新城大楼者，即西安绥署，杨虎城所居，余闻而大疑，以围攻叛变者为东北军，何乃送余至杨处？时车已近东门，见守卫兵士均佩"十七路"臂章，余更为骇异。继思昨晚约宴客各将领，虎城未到，必以先赴张宴，为张所绐，被其扣留。更念中央在西安之高级将领，必为其一网打尽矣。

顷所见佩"十七路"臂章之兵士，疑系张部将第十七路军留西安部队缴械后，脱其军衣而令东北军服之，以掩人之耳目者。杨虎城参加革命之历史甚久，亦为本党之老同志，信其不致附和叛变也。既入城，唐君尧向余悄然叹曰："委员长鬓发渐白，较二年之前我等在庐山受训时，苍老多矣！国家实不能一日无委员长！只看西安城内之繁荣景况，与二年以前大不相同，非委员长主持西北建设，易克臻此？甚望委员长善自珍重！"余未及答。10时，抵新城大楼。

余既入绥署，未见虎城。移时，绥署之"特务营"营长宋文梅来，孙铭九以护卫之责交付于宋而去。

∧ 钱大钧旧照。侍从室虽然只是一个幕僚机构，所谓位不算高，权亦不算大，然而，由于它近水楼台的位置，人们便趋之若鹜。作为蒋介石的亲信，钱大钧坐稳了侍从室主任的位子。

在东北军去临潼抓蒋介石的同时，十七路军城防司令孔从周也率领警备第1旅、炮兵团和宪兵营迅速对蒋介石系统的宪兵第2团、陕西省保安处、省公安局大队和西安城内外其他武装力量进行缴械，并控制了飞机场、火车站、银行、邮电局等关键场所，扣留了停在西安飞机场上的50架战斗机和轰炸机，以及空军人员。

十七路军包围了西京招待所，逮捕了住在那里的蒋介石方面的军政大员，其中有西北"剿匪"前敌总司令蒋鼎文、第6军总指挥朱绍良、军事参议院院长陈调元，还有卫立煌、蒋百里、蒋作宾、李基鸿、万耀煌、陈继承等高级将领。陈诚藏在一个空啤酒箱子里，但是却不住地微微动弹，于是被士兵发现，随即被捕。其他大员虽然被抓，但是人身都没有出意外，只有邵元冲听到枪声后立即跳窗逃跑，不幸被流弹击中，重伤不治而亡。

在兰州的东北军同时采取行动，解除了毫无戒备的朱绍良部队的武装，并控制了飞机场。

蒋介石被孙铭九等押送到西安新城大楼的一个房间后，

张学良走进来对他说："委员长，您受惊了！"蒋介石一见是张学良，立即绷起脸，不加理睬。当张学良问候第二遍时，蒋介石突然站起身，怒喝道："我不是你的长官，你也不是我的部下，你不要叫我委员长！"

张学良严正地回答说："不承认我是你的部下，我还可以以人民的资格同你讲话。"

"我问你，这件事是你的部下干的，还是你干的？"

"是我让部下干的。我是拥护你领导抗日，完全是为了国家，对你并无恶意。"

"既然是为了国家，应先送我回洛阳，问题在洛阳谈。""抗日之事，岂容搪塞！你如果仍然执迷不悟，坚持从前那一套，那只有让群众公裁。"

张、杨在扣蒋的同时，撤销了"西北剿匪总司令部"，成立了抗日联军西北临时军事委员会，由张学良为主任委员，杨虎城为副主任委员，董英斌为参谋长。抗日联军西北临时军事委员会通令释放政治犯；成立政治设计委员会；组织了抗日援绥军；还接管了西安的报纸和广播电台，并请史沫特莱主持对外英语广播。

民生快報
張學良之五項要求
日軍舉行重要會議
西安業已易懸紅旂
宋美齡何應欽抵洛 錢大鈞被擊受重傷
楊虎城胡宗南已與張學良激戰

< 1936年12月14日，《民生快报》上刊登的张学良的五项要求。

政治设计委员会根据张、杨的指示，经过商讨后很快拟出了8项救国主张。张学良随即带着这8项救国主张文稿赶往西京招待所，向被扣的军政大员进行宣读。宣读完毕后张学良要求他们在文稿下签名。

陈诚最担心的是红军，于是在签名后特地对张学良说："汉卿，我有一句最当紧的话：就是咱们自己人什么事都好办，什么话都好商量，但是你千万别让戴红帽子的来。他们一插手，我们都得完蛋。"张学良笑着回答说："共产党也是爱国的，爱国家者都是讲道理的。天下为公，用不着怕他们。"

在八项救国主张上签名的有：张学良、杨虎城、朱绍良、马占山、于学忠、陈诚、邵力子、蒋鼎文、陈调元、卫立煌、钱大钧、何柱国、冯钦哉、孙蔚如、陈继承、王以哲、万耀煌、董英斌、廖澄流等。12月12日，张学良、杨虎城向全国公布了这8项救国主张，以及签名者的名单，同时说明了逮捕蒋介石的理由：

东北沦亡，时逾五载，国权凌夷，疆土日蹙，淞沪协定，屈辱于前，塘沽、何梅协定，继之于后。凡属国人，无不痛心。……我中枢领袖，应如何激励军民，发动全国之整个抗战。乃前方之守土将士浴血杀敌，后方之外交当局仍力谋妥协。自上海爱国冤狱爆发，世界震惊，举国痛愤。爱国获罪，令人发指。蒋委员长介公受群小包围弃绝民众，误国咎深，学良等涕泣进谏，屡遭重斥……学良等多年袍泽，不忍坐视，因对介公作最后之诤谏，保其安全，促其反省，西北军民，一致主张如下：一、改组南京政府，容纳各党各派共同负责救国；二、停止一切内战；三、立即释放上海被捕之爱国领袖；四、释放全国一切政治犯；五、开放民众爱国运动；六、保障人民集会、结社一切之政治自由；七、切实遵行总理遗嘱；八、立即召开救国会议。

12月13日下午5点，张学良对“西北剿总”全体职员发表讲话说：“我们对蒋委员长绝对没有私仇私怨，我们绝对不是反对委员长个人，是反对他的主张和办法。如蒋委员长放弃过去主张，毅然主持抗日工作，我们马上绝对拥护他，服从他。”

事变发生的当天晚上，张学良和杨虎城就给中共中央致电，通报了抓蒋的详细情况，并请中共派代表给予指导。张学良致电毛泽东说：

吾等为中华民族及抗日前途利益计，不顾一切，今已将蒋介石及其重要将领陈诚、朱绍良、蒋鼎文、卫立煌等扣留，迫其释放爱国分子，改组政府，兄等有何高见，速复，并望红军全部速集于环县一带，以便共同行动，防胡（宗南）敌北进。

张学良还分别致电孔祥熙、宋子文、宋美龄等，向他们说明，只要蒋介石接受停止内战，一致抗日的要求，自己就绝对保证蒋的安全。

张学良一再说：“周先生来了，一切就有办法”

“西安事变”的消息迅速传遍全球。南京政府、中共中央、日本、苏联和英美等立即行动起来，展开了一场关系到中国乃至世界命运的激烈斗争。

> 孔祥熙旧照。无论是作为连襟还是上下级的关系，在蒋介石危难之际他都理应挺身而出，可此时的孔祥熙却明哲保身不离南京一步。

12月12日下午，消息传到南京，国民党中央常务委员会立即紧急召开会议，接着又召开政治会议，商讨对策。与会成员分成几派，激烈地争吵起来。何应钦，戴季陶、居正、吴雅晖等主张重兵讨伐西安，对张、杨进行惩罚；李烈钧、孙科、冯玉祥等则主张和平解决。双方一直吵到13日凌晨3点，才通过了剿抚兼施的四项决定：

一、孔祥熙以副院长代理蒋介石行政院长职；二、军事委员会执委增至7人，包括何应钦、陈诚、李烈钧、朱培德、唐生智、陈绍宽；三、军委会工作由副委员长冯玉祥及执委负责；四、陆军部长何应钦及军委会成员负责指挥部队。

会议还决定“剥夺张学良一切官职并缉拿严办，同时决定由何应钦指挥部队讨伐叛乱。”会议决定任命何应钦为讨逆总司令，任命刘峙、顾祝同为东西两路集团军总司令，准备对西安进行武力讨伐。会议同时任命于右任、张钫为陕甘宣抚使，迅速前往西安进行谈判。

> 何应钦在黄埔系中的地位仅次于蒋介石。“西安事变”的发生，让他感到前所未有的良机，所以竭力策动“讨伐”，轰炸西安，企图取代蒋介石的统治地位。

“西安事变”的消息传来后，何应钦兴奋到了极点，并以军政部长的身份迅速控制了军权。他感到蒋介石这次必死无疑，他自己此后将成为“蒋介石第二”。因此他3昼夜都没有睡觉，全力进行讨伐西安的军事部署。他命令中央军的20个师，沿河南、陕西边境向前推进，命令集中在洛阳的轰炸机，飞往西安上空示威。

朱培德、戴季陶、居正、吴雅晖、叶楚伧等大员也赞成对西安明令“讨伐”。戴季陶、居正等则急电正在德国养病的汪精卫，要他迅速回国，准备在蒋“不幸”时，由汪精卫和何应钦分别执掌行政权和军权。

∧ 张学良阅读端纳带来的宋美龄的亲笔信。

∧ “西安事变”发生后，在国内外引起了强烈的反响。在如何对待事变的问题上，南京当权势力中出现了两种对立的主张。

张学良、杨虎城给冯玉祥发来了一封电报：“务祈迅即命驾来陕，共策大计。”何应钦大喜，立即抓住这个事情说冯玉祥与张、杨勾结，并准备逮捕杀害冯玉祥。很快，冯玉祥住处周围就出现了暗探特务。

宋美龄、宋子文、孔祥熙等亲英美派，在上海听到“西安事变”的消息后，非常震惊，但是随即迅速采取措施，应对事变。他们与蒋介石的顾问端纳迅速飞回南京，与英、美大使馆紧急磋商，并请曾给张学良当过顾问的端纳飞往西安探明真相。孔祥熙立即给张学良发去电报说：“现弟对于国事，尚有种种意见，亟等奉商。尚希指定电台一处，以便随时通电，而免延误。”

在国民党中央的会议上，宋美龄同何应钦针锋相对，激烈争吵起来。针对何应钦轰炸西安的建议，宋美龄说：“你这样做，玉石俱焚，万一把委员长炸死在西安，中央政府由谁来主持？”何应钦也不甘示弱，怒冲冲地回答说：“你女人家懂得什么？无见识，只知道救丈夫而已。国家之事，不要你管。”

最终，在宋美龄的要求下，孔祥熙以行政院长名义召开紧急会议。会上和谈派力量强大，因此会议最终做出了暂缓武力解决、先进行和平试探的决定。会议派黄绍竑等前往太原，请阎锡山出面调停。

日本帝国主义听到“西安事变”的消息后，非常高兴，立即着手拉拢以何应钦为首的亲日派，同时制造和谈派与“讨伐派”之间的矛盾。日本政府公开声明，要求国民党政府实行“反共防共”，同时暗中支持何应钦“讨伐”张、杨，并唆使汉奸、特务潜入西安，造谣破坏，制造混乱，煽动杀蒋。德、意帝国主义积极支持汪精卫回国。

12月16日，何应钦正式就任讨逆军总司令，开始部署对西安的讨伐行动，同时派出大批空军轰炸西安。亲英美派的孔祥熙、宋子文、宋美龄怕将蒋介石炸死，坚决反对轰炸，因此何应钦才命令空军只轰炸西安近郊。中央军此时已经开到华县，与守卫在那里的杨虎城西北军交火。

12月17日，日本外相发表声明说："绝对不能与张学良妥协，否则，日本政府将不能坐视。"日寇还要求南京政府进攻张、杨，并提出日本愿提供军事援助。日本又授意内蒙伪军李守信发表通电，表示愿意与南京政府合作，共同讨伐张、杨。

西安如同一个火药桶，一触即发。

再说和谈派的行动。12月14日，端纳在西安一下飞机，就立即去见张、杨，并把宋美龄给张学良的信当面呈上。经过与张、杨的会谈，端纳终于放下了心——原来张、杨并无加害蒋介石的意思，他们的确只是想"劝"蒋介石停止内战，领导中国进行抗日战争。端纳马不停蹄地又去见蒋介石，把宋美龄的亲笔信交给了蒋。蒋介石很是激动，转过身去把信连看了两遍。

夫君爱鉴：

你脾气不好，你心中的话总不肯好好地说给部下听，同时你也不好好地倾听部下的意见。这样情形，我一直是很担心的。因此，你每次外出，我总是常常陪同你一起去。这次航空协会在上海开会，我不能不去参加，所以没能同你一起到陕西来，想不到就在这一次出了事情！

东北军都是亡省亡家的人，他们同情抗日，要求抗日，是自然的事情，你应该把你心里的话告诉他们，对他们抗日的情绪应该很好地加以安慰。可是你不这样做，所以激出事情来了！我现在托端纳先生冒险去看你，望你为国家为民族保重身体。在可能和必要的时候，我愿意亲自去西安一趟。最后告诉你一句话：南京的情形是戏中有戏。

当蒋介石看到宋美龄信上所说"南京的情形是戏中有戏"一句时，立即意识到何应钦的险恶用心，原来何想借这个机会置自己于死地，从而自己去当领袖。这样一想，蒋介石很快改变了态度，由不合作改变为消极合作。端纳也郑重地对蒋介石说："我到这里，是受蒋夫人的委托而来的，我已经同张将军进行了晤谈，对这次事变情况有了一些了解。我首先告慰您，张将军对您并无加害之意，只要您答应他们的主张，他们还是衷心拥护您为领袖。我认为这不仅是张、杨两将军的个人意愿，也是全中国人民的迫切要求。而且许多西洋人也赞同这样的政见。您若是接

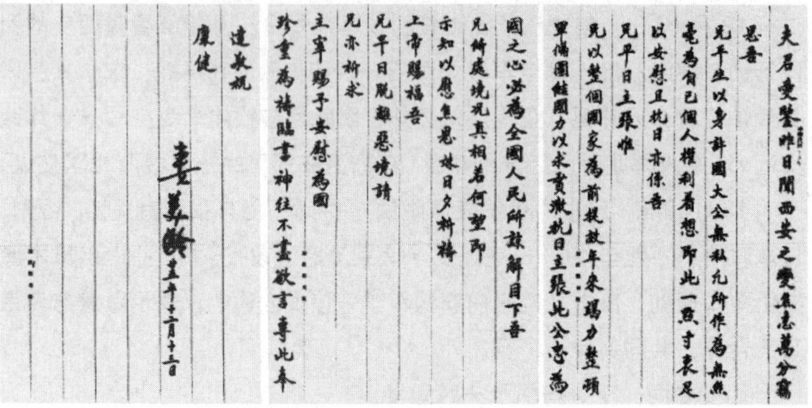

夫君愛鑒昨日聞西安之變焦急萬分竊
思吾
兄平生以身許國大公無私凡所作為無絲
毫為自己個人權利着想即此一點寸衷足
以安慰且抗日亦係吾
兄平日主張惟
兄以整個國家為前提數年來竭力整頓
軍備團結國力以求貫徹抗日主張此公忠為
國之心必為全國人民所諒解目下吾
兄所處境況真相若何望即
示知以慰焦思妹日夕祈禱
上帝賜福吾
兄早日脫離惡境請
兄亦祈求
主宰賜予安慰為國
珍重為禱臨書神往不盡欲言專此奉
達敬祝
康健
妻美齡 廿五年十二月十三日

∧ “西安事变”发生后，宋美龄写给蒋介石的信。

∨ 为了保证“西安事变”谈判的胜利，中共中央在军事上也作了部署，准备还击汪精卫、何应钦等国民党亲日派对西安的“讨伐”。这是率部在咸阳、潼关一带驻防的红十五军团军团长徐海东（右四）与前来慰问的西北救国会宣传部副部长宋绮云（右五）以及杨虎城的秘书米暂沉（右三）在咸阳西乡合影。

受他们的主张，今后将成为世界的伟人；若是拒绝，势必成为渺小的人物。国家和委员长个人的安危荣辱全系于委员长心思的一转。”蒋介石对端纳的劝慰沉默不语，但是思想已经动摇，于是答应搬到张学良公馆斜对面的金家巷高桂滋公馆去住。

端纳第二天就飞回洛阳，打电话向宋美龄报告了西安的情况和张、杨的态度，宋美龄高兴地“发现了第一次希望的曙光”。

何应钦唯恐失去转瞬即逝的时机，于是在16日操纵国民党中央政治会议发布了对张、杨的讨伐令，然后他以讨逆军总司令的名义，声称“督率三军，指日西上”。宋美龄非常着急，竭尽全力阻止何应钦的讨伐行动，同时打电话给端纳，要他马上向蒋介石报告南京的险恶情况，要求蒋介石写一个停战手令，让端纳带给何应钦。

蒋介石于是写了一个手令：“敬之吾兄，闻昨日空军在渭南轰炸，望即令停止。以近情观察，中正于本星期六以前可以回京，故星期六以前万不可冲突，并即停止轰炸，为要！顺颂戎祉。”

端纳的西安之行和蒋介石的手令，终于扭转了南京的局势，主和派占了上风。孔祥熙、何应钦、孙科、宋美龄等做出决定：批准宋子文以私人资格去西安营救蒋介石；停止轰炸的日期延长到22日。

张学良和杨虎城捉住蒋后，由于蒋的不合作态度，加上国民党大军压境，竟然有骑虎难下之感，不知道下一步该怎么办，于是急切地等待着中共来处理此事。

毛泽东收到张学良、杨虎城的电报时，已是12日夜间了，他派人马上通知周恩来、张闻天、朱德、秦邦宪、张国焘等来开会商讨对策。第二天，毛泽东又召开政治局会议讨论这个问题。毛泽东在会上说：“现在处在一个历史事变的新阶段。这个阶段的前途摆着许多通路，同时也有很多困难。敌人要争取很多人到他们方面去，我们也要争取很多人到我们方面来。”会后，毛泽东致电张学良、杨虎城：“恩来拟来兄处，协商大计。”中共中央决定立即用全力联合国民党左派，争取中间派，反对亲日派，促使“西安事变”能够和平解决，以实现建立抗日民族统一战线的目的。中共中央还揭露了日本与亲日派利用“拥蒋”“救蒋”的旗号挑起大规模内战的阴谋。同时，中共中央决定派彭德怀率领红军主力向潼关附近集结，准备配合张、杨抵抗何应钦“讨逆军”的进攻。

12月17日，周恩来、李克农、罗瑞卿等20多人组成的中共中央代表团来到西安，受到一直焦躁不安的张学良、杨虎城的热烈欢迎。张、杨在决心扣留蒋介石时并没有想到事情会发展到这样的复杂的地步，因此无法处理许多重大问题，一直在盼望中共代表团，特别是周恩来的到来。张学良一再说：“周先生来了，一切就有办法了。”

周恩来到达西安的当天就同张学良进行彻夜长谈。周恩来令张学良信服地分析了对蒋介石的不同处置方法可能导致的两种截然不同结果，力主释放蒋介石，和平解决事变。周、张随后商定了同国民党政府谈判的五项条件，即：一、停止内战，中央军全部开出潼关。二、下令全国援绥抗战。三、宋子文负责成立南京过渡政府，肃清一切亲日派。四、成立抗日联军。五、释放政治犯，实现民主，武装群众，开救国会议，先在西安开筹备会。他们商定，红军主力先前往庆阳、环县，以打退胡宗南的进攻，然后挥师渭水下游，打击从潼关西进的刘峙部队。

当杨虎城听说周和张主张释放蒋后，吃惊地说："蒋介石这个人，真真是凤毛麟角，在中国历史上是少见的。这块土地上的所有军阀包括我在内，谁都拧不过他，斗不过他。贵党和他敌对，长期分庭抗礼，地位上是平等的，可以和他平起平坐，要打就打，不打就罢。可我和张副司令是他的部下，轻易把他放了，他一旦失信，一旦翻脸，我们的处境就很危险，很不妙。"

周恩来说："我要是处在杨先生这个位置，也会这样想的，不过，说到蒋介石守不守信用，我以为信义问题在目前关系着蒋介石个人的政治生命，他倘若失信，更便于我们向全国人民揭露他，他在道义上必然是一败涂地。至于会不会报复，也不完全取决于蒋介石个人，只要我们东北军、西北军和红军三方面团结一致，与全国人民形成强大的团体，老蒋他纵有报复之心，也是难以施展的。"

"蒋介石这个人，心如刀刃，毫无信义，诡诈阴险，睚眦必报，什么事他都干得出来。文人反对他，他还勉强睁只眼闭只眼；我们武人反对他，他便恨之入骨。话又说回来，贵党比我胆量大，看得远。现在，你们置血海深仇于不计，以国家民族为重，我还有什么顾虑的！我只是说，放蒋是有条件的，不能轻而易举放他走。"杨虎城说，并最终接受了周恩来的意见。

在劝说张、杨及其所部军官的同时，周恩来也亲自去见蒋介石，减轻了蒋介石对中共的戒惧。原来蒋介石以为自己在"四·一二"反革命政府以后杀害了许多共产党员，中共一定不会放过他，没想到周恩来居然主张放过他。

12月19日，张、杨联名发表了《告东北军、西北军将士书》：

双十二抗日救国运动，酝酿了许久，现在已经揭开七八天了。我们为什么发动这样的运动？为争地盘吗？不是。为泄愤吗？也不是。我们反对政府的屈辱外交，国家都要亡了，还在这里出死力相残杀。所以才提出抗日救国运动八项主张。我们主张的核心是集合全国各党各派的力量，以民众的总动员，去抗日救国。

V “西安事变”发生后，西安各界群众上街游行，支持张杨行动，呼吁联合抗日。

也许有人在那里怀疑，绥远军队已经在那里抗日了，听说也有些中央军队在那里参加。可见中央已在那里抗日，为什么还要我们这样发动？不！不！事实绝不是这样简单。中央军是摆在晋军与绥军中间，而且只有两师。阎副委员长所要求的二十万大军援绥，中央答复无法抽调。然而到西北打红军的内战却源源来了几十万大军。由这样的事实，他们所说抗日，不过是欺骗民众的一种办法，绝对没有真正抗日的决心，这不是很清楚吗？

双十二运动发生的一天，中央飞机数十架一齐发动到西安来侦察，而在绥远的抗日血战中，中国飞机却半架也没有。据他们说是因为天气太冷，飞机发动不容易，但敌人的飞机怎么能发动呢？也许我们的飞机不好，那我们为什么必要买那样不好的飞机呢？而且到寒冷和绥远差不

> “西安事变”发生后，宋美龄抵达西安。

< “西安事变”后，端纳陪宋美龄到西安。端纳曾是张学良的幕僚，后成为蒋介石的洋顾问，“西安事变”和平解决，他发挥了重要的作用。

多的西北的飞机怎么就能发动使用呢？这种欺骗情形，凡是有知识有眼睛的人，谁看不清楚。我们全是中国人，谁不知飞机献寿为的是抗日。因为有抗日作目标，群众才那样的热烈。而现在我们有飞机却不去对外，使我们的抗日战士无可奈何地受着敌人飞机的时时轰炸。这是抗日吗？这是真心抗日吗？如果这样就算抗日，试问我们的东北四省，我们的察北六县，我们的冀东二十二县，什么时候才能收复回来？这是敷衍欺骗的抗日，绝对不是我们要求的彻底抗日。

也许还有人相信抗日的“准备论”，这更是大错。我们不要把日本当傻瓜，认为我们会准备人家不会准备。老实说，我们准备得还不到五分，人家已经准备到十分了，试问这样准备有什么用呢？这岂不是等人家准备好了来整个吞并我们中国吗？

再说，人家也绝对不许可我们准备，在我们准备过程中，人家已经用经济、政治、外交、军事各种各样的锁枷把我们束缚得死紧，教我们动不得身、抬不得头。试问我们又如何能够准备起来？这不是梦想吗？

我们因为不信任变相汉奸的、至少也是犯恐日病的抗日准备论，我们因为看破了南京抗日是欺骗，至少也是敷衍民众的一种手段，所以才以极大的热诚劝蒋委员长变更他的错误政策。但我们大胆的赤诚劝谏，都一次一次的失败了。我们为服从全国潜在的大多数民意，我们为贯彻我们的也是全民的抗日救国主张，所以才有这一次双十二事件的发动。

我们的希望，只是集合全国的力量去抗日救国，是绝对纯洁的，是绝对发自内心的，无一毫私心，无一点背景。凡是同情我们主张的，不管他是哪党哪派我们均愿意竭诚欢迎。我们的目的在对外，绝对不造成内战，并且极力避免内战。但是如果有违反民意的汉奸，用武力压迫我们，使我们不得贯彻主张，那我们为扫除误国误民的分子，争取民族的最后生存，当然我们要起而自卫，并且要粉碎这种恶势力。

这不是我们造成内战，而是实行抗日救国的清道工作。

亲爱的将士们！事实已经摆在我们面前，我们的国家，已到了生死关头，真是抗日则生，不抗日则死。我们必须巩固我们抗日救国的战线，去与一切破坏我们的恶势力相拼，方能实现我们的主张，才能收复我们的失地，才能湔雪我们的一切国耻。这是我们由理论而实践的时候了，我们需要团结，我们需要奋斗，我们必须不辞一切光荣胜利的牺牲。我们的基础是民众，必须用尽我们的智慧爱护他们。我们所要贯彻的是我们的主张，所以必须确信我们的基本理论。我们需要以不顾一切的精神来冲破我们的一切困难，这才是我们抗日救国战线上忠实同志所必要的精神和勇气。

亲爱的将士们！我们热血沸腾的将士们，我们一定要不辞一切艰险牺牲，去争取中华民族的解放与自由，去达到我们最后的胜利。

蒋介石得知“讨逆军”已开始行动的消息后，忽然又变得强硬起来，他想利用讨伐的王牌来要挟张、杨早日放他。所以，他借助端纳只给何应钦下了停止军事讨伐3天的命令。但何应钦则说这个命令是蒋介石在西安被迫下达的，因此决定不予执行。因此直到18日，蒋鼎文携带蒋介石的亲笔手令从西安飞回南京，何应钦才停止了讨伐行动。

12月20日，宋子文在端纳的陪同下，飞到西安。张学良、杨虎城都向宋子文表示：“兵谏只要蒋停止内战，团结抗日，不会杀害他的。”周恩来同宋子文进行长谈，希望他能够说服蒋介石真正改变政策。周恩来说，只要蒋介石抗日，共产党当全力以赴，并号召全国拥护国民政府，结成抗日统一战线。宋子文听了喜出望外，对中共的胸怀和态度十分赞赏。

当晚，宋子文和张学良一起劝蒋介石进行谈判。蒋情绪激动地同宋子文谈了30分钟。当他看到宋美龄信上“如子文三日内不回京，则必来与君共生死！”一句时，竟落下了眼泪。经过一番激烈的思想斗争，蒋介石终于改变了拒不谈判的态度，只是不断地讨价还价。

21日，宋子文带着满意的心情返回南京，他一到南京就到处宣传西安的情况，他逢人就说周恩来有“政治远见”。22日，宋美龄偕同宋子文、端纳、蒋鼎文、戴笠等人来到西安。宋美龄、宋子文等人对蒋介石说明了南京方面的严峻形势，劝蒋介石不要中计。蒋介石终于认清了何应钦、汪精卫等人的险恶。12月24日，蒋介石同意与张、杨还有周恩来进行谈判。

西安方面的谈判代表是张学良、杨虎城、周恩来，南京方面的代表

∧ “西安事变”发生后，国民政府内可谓是芸芸众生相。何应钦积极“篡位”，孔祥熙明哲保身，宋家兄妹积极营救。图为宋美龄赴西安前与孔祥熙等人合影。

是宋氏兄妹，由应德田担任记录。周恩来代表中共，在首次会上提出和平解决西安事变的6项主张，即：

一、双方停战，中央军撤至潼关以东。

二、改组南京政府，肃清亲日派，加入抗日分子。

三、释放政治犯，保障民主权利。

四、停止“剿共”，联合红军抗日，共产党公开活动。

五、召开各党、各派、各界、各军救国会议。

六、与同情抗日的国家合作。

英、美国家都督促和平解决事变，宋氏兄妹更是救蒋心切，于是很快代表蒋介石基本上同意了这些条件。

12月24日，谈判结束，周恩来在宋氏兄妹的陪同下当晚会见了蒋介石。蒋介石十几年来残杀了无数共产党人，两手沾满了共产党人的鲜血。他被捉后最害怕的就是共产党和红军杀他报仇。不料共产党不仅不主张杀他，而且只要他停止内战，共同抗日，还让他回南京继续当国民党的领袖。

但蒋介石虽然口头答应，却始终不肯在书面文件上签字，他说，如果形成书面文件，他就将在全国失去威信，以后的领袖就不好当了。但蒋介石再三保证：对自己的承诺决不食言。

周恩来对蒋介石说，中共以国家民族利益为重，对蒋以德报怨，不仅不主张杀他，只要他停止内战，共同抗日，还主张放他。周恩来最后一针见血地指出，目前形势是不抗日无以报国，非团结无以救国，坚持内战，自速其亡，只有放弃“攘外必先安内”的反动策略，一致团结对外御侮，才是唯一出路。

在周恩来同蒋介石谈话时，宋美龄及宋子文兄妹也在座相陪，他们非常敬佩和感谢周恩来。蒋介石在会谈中表示，自己可以以“领袖人格”担保，回南京后即执行谈判协议。

当时，蒋介石只是口头上同意了要执行谈判协议，但由于他没有签字，口说无凭，中央军也还没有撤至潼关以东，鉴于蒋介石做过许多出尔反尔的事情，因此，在西安的许多爱国将领坚决不同意就这样放蒋介石回南京。

> “西安事变”发生后，中共中央委派周恩来、叶剑英、秦邦宪（左）等赴西安与国民党谈判，促成了事变和平解决。

宋氏兄妹非常着急，担心夜长梦多，于是请求张学良第二天就放蒋介石和他们回南京。张学良说：“杨主任还未松口，我不好办。”蒋介石听后就一下子躺在床上说：“我这次在西安栽了个大筋斗，名声、地位、尊严全毁了。一个国家统帅走上了这种末路，在人们心目中还有什么分量呢？对于汉卿、虎城和周先生，我绝对没有话可说，你们确实待我不错。可事情已经陷入这步田地，我日后怎么领导政府，怎么发号施令呢？汉卿，你成全我吧，我想好了，还是把我和美龄一块处置了干净！这样活着有什么意思！”说罢便“呜呜”地哭起来。

张学良见状，心头一热，东北人那种顶天立地的气概当时就被激发了出来，他慷慨地说：“我愿跟你一起去南京，负荆请罪！一言九鼎，让天下人看看我张学良！不管别人允许不允许，我决定的事情，都由得我。”

第二天，张学良对杨虎城说，自己打算亲自送蒋介石等人回南京。杨虎城大惊："放虎归山，酒后伤人。老蒋是集中外权变手法之大成的人物，不揪住他的辫子，他一回头就要打击报复。"张学良慨然说："既然想得这么多，你我又何必当初！"

张要放蒋的消息迅速传播开来，东北军和十七路军的一些高级将领联名写信给宋子文，强硬地表示：商定的条件必须有人签字，中央军必须先退到潼关以东，才能放蒋，否则虽然张、杨两将军答应，我们也誓死反对。蒋介石闻讯后也感到西安形势比较凶险，立即要宋子文去求张学良尽早放蒋。宋氏兄妹也每天惴惴不安，担心发生异变。宋美龄和宋子文一方面在东北军和十七路军将领们中间来回穿梭，给他们做解释工作，另一方面为了稳住军人们的情绪，要蒋介石火速派蒋鼎文带上蒋的手令，命令双方的军队自潼关各向后撤1,000米，并将西安谈判的具体进展转告何应钦和孔祥熙。除此之外，宋美龄深知张学良的关键作用，因此努力去做张学良的工作，不断告诫他，说南京方面已有彻底军事解决的决心，一旦国军开始进攻，没有人能够逃脱这次劫难。

12月25日下午3时许，张学良拉上杨虎城，一起护送蒋介石夫妇及宋子文等人秘密乘上汽车，汽车发动后张学良让司机直接开向西郊机场，连周恩来也没有通知。

下午4时，张、杨、蒋介石和宋氏兄妹到了飞机场，看见机场有两千多群众欢迎预定来西安的抗日将军傅作义。蒋介石见有那么多人，就紧张地对张、杨说："我答应你们的条件，我以'领袖的人格'保证实现，你们放心，假如以后不能实现，你们可以不承认我是你们的领袖。我答应你们的条件，我再重复一遍：一、明令中央入关之部队于25日起调出潼关。二、停止内战，集中国力，一致对外。三、改组政府，集中各方人才，容纳抗日主张。四、改变外交政策，联合一切同情中国民族解放的国家。五、释放上海各被捕领

> 张学良旧照。

袖，即下令办理。六、西北各省军政，统由张、杨两将军负其全责。”又说：“今天以前发生内战，你们负责；今天以后发生内战，我负责。今后我绝不剿共。我有错，我承认；你们有错，你们亦应承认。我所答应你们的那些事，我回南京后，一一都可实现，你们放心，不然我也不成其为国家民族之领袖。”

蒋介石登机前再次看了一眼古城西安，然后缓缓地对张学良说：“汉卿，到此为止吧。我看你现在去南京没有必要，南京有南京的体统，我虽是领袖，好多事情并不由我，你去了，如果他们打你的主意，对你下毒手，我可就遗臭万年了。你一定要去，也须待我回去安排安排再去。”

张学良慨然说道：“别再耽误了，上飞机吧！”

随后，张学良似乎犹豫了一下，然后转过身，把亲笔写下的手令交给杨虎城，然后毅然登上了自己的专机。蒋和张各自的专机很快起飞，消失为天边的小点。

杨虎城看见张学良的手令上写道：

弟离陕之际，万一发生事故，切请诸兄听从虎城、孝侯（于学忠）指挥。此致，何、王、缪、董各军师。以虎城代理余之职。

张学良　二十五日

周恩来得知张学良送蒋的消息后，大惊，急忙乘车赶往机场劝阻。但是当他来到机场时，飞机已经起飞。周恩来看着苍茫的天空，嗓音低沉地说：“张汉卿看《连环套》那些旧戏中毒了，他不但摆队送天霸，还要负荆请罪啊！”

“西安事变”就此和平解决。

蒋介石一离开西安上空，立刻舒了一口气。等飞机到了洛阳，蒋和几个小时之前简直判若两人，又恢复了那个蒋委员长的神气。他命令张学良立即释放被扣押在西安的卫立煌、陈诚、蒋鼎文、朱绍良、陈调元等国民党大员。张、杨当即遵命照办。蒋介石回到南京时，南京国民政府组织了一个“举国狂欢领袖回京”活动。陈公博在回忆中说：“蒋先生离陕的那夜，说张、杨服从蒋先生的命令了。然而西安那夜也全城放鞭炮，警察也一样地拍老百姓的门叫放鞭炮，说蒋先生服从张、杨的主张了。”

蒋介石稍事休息后，在12月29日递上辞呈，假意要求辞去行政院院长及军事委员会委员长职务，但是经过国民政府和国民党中央委员会的挽留，也就不再请辞了。国民政府准许他用一个月时间进行疗养。

张学良陪蒋介石回南京后，就被蒋介石下令软禁起来，从此失去了人身自由。蒋介石还授意组织高等军事法庭，以李烈钧为审判长，朱培德、鹿钟麟为审判官，对张学良进行审判。

12月31日，军委会举行军法会审。李烈钧问：“东北是怎样丧失的？难道你不知罪吗？”

张学良听后，冷笑一声，然后威严地站起来，从怀里取出“九·一八”时蒋介石发给他

> 杨虎城旧照。“西安事变”的两大功臣，一位为此失去了一生的自由，一位付出了自己宝贵的生命。可他们的义举有大功于抗战事业，他们是中华民族的千古功臣。

的电报读道：“无论日本军队此后在东北如何寻衅，我方应不予抵抗，力避冲突。吾兄万勿逞一时之愤，置国家民族于不顾。蒋中正。”

张学良又说：“九·一八事变，日寇打进来，我接到这封电报，只得命部队拔营而起，退出山海关。不抵抗主义，不是创自我张学良，而是创自蒋委员长！这次我在西安向蒋委员长上疏、哭谏，直至不得已而兵谏，完全是为抗日救国而发。我一片赤诚不料却落得这个下场！耿耿此心，天日可以为证！”

李烈钧听罢无话可说，只好拿起蒋介石交给他的判决书，照着读道：“张学良首谋伙党，对于上官为暴行胁迫罪，判处有期徒刑10年，褫夺公民权5年。”4天之后，即1937年1月4日，军事法庭又应蒋介石的请求命令对张学良进行特赦，但是要交军委会严加管束。蒋介石就这样从一个体面的台阶上走了下来，但是张学良却从此开始了自己长达半个多世纪的被软禁生涯。

1937年1月5日，蒋介石开始对西安下手，他命令将杨虎城、于学忠撤职留任，由顾祝同担任军事委员会西安行营主任，同时调集37个师兵分5路进攻西安。西安危急！面对如此严峻的形势，周恩来、叶剑英、秦邦宪等几乎彻夜难眠。周恩来同杨虎城连夜紧急商议，最后决定由杨虎城领衔向南京政府发一封措辞强硬的电报，抗议南京政府扣押张学良和妄图重新挑起内战的阴谋。周恩来还同杨虎城等东北军、十七路军将领们商定，组成东北军、十七路军和红军第三方面的联军，并拟定了具体的联军作战方案。周恩来还通过中共中央电调红1军团到达耀县、三原，红15军团到达咸阳，红27军到达洛川，严阵以待，准备对付国民党中央军的进攻。毛泽东代表中共中央对此发表严正声明，公布了蒋介石允诺的6项条件，并严厉地说："推迟其诺言的实践，则全国人民的革命浪潮，将席卷蒋氏以去。语曰：'人而无信，不知其可。'蒋氏及其一派必须深切注意。"

蒋介石也深知自己理亏，在全国激愤的情况下，他终于没有妄动兵戈。但是蒋介石却并没有放松对西安的压力。

为了顾全大局，杨虎城被逼于1937年6月出国去欧洲考察。抗日战争爆发后，杨又不顾个人安危，于1937年11月毅然带着家人返回祖国。没想到杨一回国，便被蒋的特务盯上，被捕后被关进监狱。1949年9月，蒋介石在逃离大陆前，密令毛人凤杀害了杨虎城。

对"西安事变"，蒋介石认为："此次事变，为我国民革命过程中一大顿挫。八年剿共之功，预计将于二星期（至多一个月）可竟全功者，几乎毁于一旦。而西北国防交通、经济建设，竭国家社会数年之心力，经营敷设，初有规模；经此变乱，损失难计。欲使地方秩序、经济信用恢复旧观，又绝非咄嗟可办。反言之：建设进程，至少要后退三年。可痛至此！"

"西安事变"带给蒋介石的一个意外好处是：他与宋美龄的关系有了质的进展。尤其是宋美龄冒死来西安救蒋的勇气、意志以及为解决事变所作出的不懈努力都让蒋非常感动。宋庆龄在此后说过一句话："蒋宋之间，开始并没有爱情，但是我认为现在有爱情了。美龄真诚地爱蒋，蒋也真诚地爱她。"

"西安事变"后，蒋介石对"剿共"和抗日问题上的态度已有显著变化。国民党军队中止"剿共"，国共双方开始了第二次合作的谈判。

∧ 顾祝同旧照。在"西安事变"中，顾祝同凭借灵活、善变的方法，不仅赢得了宋美龄的信任，也赢得了蒋介石的重视，成了蒋介石的心腹，稳固了他在国民政府高层的地位。

内战终于停止，红军得到了接济

1937年1月，国民党开始在行动上迈出了重要一步，撤销了设在西安的西北"剿匪"总司令部，另设军事委员会西北行营，任命顾祝同为行营主任。1月31日，顾祝同通过专线电话向蒋介石报告，说"周恩来要求派代表来，其意在协商共军接受政府收编事宜"。蒋介石回答说："在政府立场，姑且每月支付二三十万元的军费，由杨虎城间接颁发；共军番号暂时照旧，其驻军地点及收编事宜，视情况再作商量。”但是蒋介石气势比较犹豫，在2月8日给顾祝同的指示中他又说：“最要注意之一点，不在形式之统一，而在精神实质上统一；一国之中，决不能有性质与精神不同之军队。简言之，要其共同实行三民主义，不作赤化宣传工作。若在此点同意，则其他当易商量。如彼与兄面谈，可以此言直接相告。盖以总理与越飞共同声明中，越飞已承认中国不能实行共产主义，而赞成三民主义也。”

蒋介石2月5日的日记中说出了他当时的5项方针：“一、对内避免内战。然一遇内乱，即不放弃戡乱安内之责。二、政治、军事仍应渐进，由近及远，预定3～5年内为统一时间。三、不说排日，而说抗战。四、加强军队之训练。五、分省物色品行方正之人才。”

2月，国共终于坐在了一起，开始正式谈判，中共方面的代表是让蒋介石又佩服又头疼的周恩来。

国民党此时的另一个巨大转变是国民党五届三中全会★的召开。

1937年1月20日，就任国民党中央政治委员会主席的汪精卫主持中央会议，会议决定2月15日召开国民党五届三中全会。

中共不失时机地抓住机会，于2月10日发出致国民党三中全会电，提出了著名的停止内战、团结抗日的5项要求和4点保证，以促使国民党改变政策。中共提出的5项要求是：一、停止一切内战，集中国力，一致对外；二、保证言论、集会、结社之自由，释放一切政治犯；三、召集各党各派各界各军的代表会议，集中全国人才，共同救国；四、迅速完成对日抗战之一切准备工作；五、改善人民生活。

在此基础上，中共还进而提出了自己的4项保证，但前提是国民党“能毅然决然确定此国策”。中国共产党表示，“为着表示团结御侮之诚

★国民党五届三中全会

1937年2月15日，国民党五届三中全会在南京举行。会议的中心议题是确定国民党在“西安事变”和平解决后对中国共产党和对日本帝国主义的政策。这次会议尽管国民党没有放弃反共立场，但在对内政策上基本确定了停止内战，实行国共合作的原则。这次会议是国民党向着和平和抗日的方向转化的开始，标志着国共合作的抗日民族统一战线的初步形成。

意”，特作出以下四项保证：一、在全国范围内停止推翻国民政府之武装暴动方针；二、工农政府改名为中华民国特区政府，红军改名为国民革命军，直接受南京中央政府与军事委员会之指导；三、在特区政府区域内，实施普选的彻底民主制度；四、停止没收地主土地之政策，坚决执行抗日民族统一战线之共同纲领。

这4项保证是中共中央面对时局变化，为取得国内和平、实现全国抗日这一任务而采取的重大让步。但是，这个让步是保持底线原则的，即中国共产党必须保留对红军和革命根据地的绝对领导权。如果丢失了这个原则，后果将不堪设想。中共中央的电报发出后，立即受到全国各界民众的热烈拥护和欢迎，其中包括国民党内的许多党员和一部分上层人士。

2月15日，国民党三中全会正式开幕，汪精卫在开幕词中历史性地不再提“消灭中共”和“抗日必须统一”，而提出“当前最重要的问题是收回已失的领土”。在对日政策上，蒋介石也明确地表示，“如果让步超出了限度，只有出于抗战之一途”。这是国民党和蒋介石第一次明确提出“抗战”这个词，而在国民党二中全会上，蒋介石的发言还是“牺牲未到最后关头，决不轻言牺牲”。

这次会议标志着蒋介石已经由内战独裁和对日不抵抗政策，向和平民主和抗日的方向开始转化。在对内政策上，这次全会基本上确定了停止内战和国共合作的原则，同时还表示要扩大民主，修改选举法。蒋介石还发表了关于言论及出版的自由、集中人才、释放政治犯的声明。

全国抗日民族统一战线至此已经初步形成。

但蒋介石又提出不协调的“根绝赤祸案”，引起了一些爱国元老宋庆龄、何香凝、冯玉祥的不满。宋庆龄还亲自领衔，和何香凝、冯玉祥、张静江、李石曾、孙科、鹿钟麟、李烈钧、梁寒操、经亨颐等13人联名提出了“恢复中山先生联俄、联共、扶助农工三大政策案”。李宗仁向大会提交了《抗日救亡之方案》。会上抗战派和亲日派经过激烈争论，压倒了亲日派，最终“停止内战，一致抗日”的局面基本形成。

国民党三中全会后，国共谈判正式开始。中共谈判代表周恩来先后在浙江杭州、江西庐山同蒋介石进行谈判。蒋介石赞扬共产党有民族意识和革命精神，是新生力量，也承认之所以10年来革命失败，军阀割据，帝国主义占领中国土地，是由于国共分家所致。不久，他就露出了反共的尾巴，认为共产党必须“溶化”于国民党之中，蛮横地要求毛泽东、朱德离开红军出国留洋。但是共产党此时已经变得成熟，决不会上当，因

∧ 周恩来、叶剑英赴西安和国民党谈判期间与国民党代表张冲合影。

此坚决反对蒋介石的图谋。此时，毛泽东思想也趋于成熟，他在1936年到1937年8月先后发表了《中国革命战争的战略问题》《实践论》《矛盾论》等军事的和哲学的著作，为中国共产党和中国革命提供了思想和理论指导。

谈判非常艰难，持续了很长时间，也未能达成最后的协议，但不管怎么说，内战却已经停止，红军也得到了接济。中共中央于4月15日发表了《告全党同志书》，明确指出"全国人民与中国共产党'停止内战'的目的已经实现了，中国革命新时期的第一阶段，基本上已经结束，今后发展阶段的任务是巩固国内和平，争取民主权利，实现对日抗战。"

正当国共双方的谈判处于胶着状态时，日本却悍然发动了"卢沟桥事变"，中国军队奋起还击，中国人民开始了伟大的抗日战争。

历史备忘录

HISTORY MEMORANDUM

∨ 20世纪30年代，蒋介石与汪精卫合影。

∨ 1935年，蒋介石检阅“围剿”红军的国民党军队。

2

3

4

1

蒋、汪亲日达成共识

1935年2月20日，汪精卫在国民党中央政治会议上报告中日外交方针，声称：“中日两国所发生纠纷，可用诚意来解决，广田外相的演说，与我们素来主张，大致吻合。”蒋介石随后致电汪精卫说：“兄在中政会报告对日关系书，灼见宏猷，至深钦佩，与弟在京时对中央社记者所谈各节，实属同一见解。中央同人既有所决定，弟能力所及，自当本此方针，共策进行。”

蒋介石飞抵重庆，“督剿”红军

1935年3月2日，蒋介石为“督剿”红军，整理川政，由汉口飞抵重庆亲自指挥。3日，蒋介石判断中央红军将“东渡乌江”，即令其各部“分途追剿，并于巴黔大道及其以西数线布防，于乌江沿岸严密守备，坚固防堵”。5日，蒋介石命令吴奇伟纵队伏于乌江南岸，暂秘行动；周浑元纵队在长冈山附近集中，暂取攻势防御，实行南北夹击，歼灭中央红军于遵义、鸭溪狭小地区。

《何梅协定》签订，日本打开了侵华大门

1935年7月6日，国民党代表何应钦与日本驻华北军司令梅津美治郎经过秘密会谈而订立的出卖华北部分主权的秘密协定。其主要内容为：中国政府取消在河北的党政机关；撤退驻河北省的东北军和国民党中央军；解散国民党北平军分会政训处并禁止一切反日团体及活动；撤免河北省主席于学忠及平津两市市长等。《何梅协定》的签订为日本实现完全吞并华北的计划提供了便利条件。

《五五宪章》公布，确立蒋介石独裁统治

1936年5月5日，国民党制定公布《五五宪章》。全称《中华民国宪法草案》。以根本法的形式确认了蒋介石的个人独裁统治。《宪草》共8章148条。基本内容是：确认总统拥有政治、经济、军事、外交、司法等一切大权，并赋予处置“紧急事故”“重大变故”的特权。以保护人民财产的名义，保障四大家族及帝国主义各国在华的财产所有权不受侵犯。1946年国民大会通过的宪法，即是以此为基础的。

影像大扫描

IMAGE SCANNING

在抗战中崛起

11

"卢沟桥事变"发生后，人民要求抗日的怒潮，席卷全国。在这个危急时候，蒋介石处于事关国家、民族和个人命运的十字路口。张群的"和必乱，战必败，败而言和，和而后安"，让蒋介石在迷茫中似乎看到了光明。1937年8月14日，国民党政府外交部宣布了迟到的对日宣战书。

淞沪抗战，台儿庄战役，彻底粉碎了日军"三个月灭亡中国"的言论并给日军以沉重打击。然而，愚昧的思想却在胜利中占据了蒋介石的思想，为阻敌炸毁黄河大堤，烧毁长沙，步步撤退的结果只能让他愈加迷茫，愈加盲目。而百姓草根树皮食尽，争水酿成人命，四处飘零，甚至盗尸为食。"得道多助，失道寡助"，在这里埋下伏笔。

卢沟桥的狮吼

1937年6月6日，在北平一个中日间盛大的宴会上，日本人松岛忽然开始舞刀，目光如刀，寒光闪闪。中方的董升堂见状，也针锋相对，大声喊跳到大厅中间，先打了一路八卦拳，随后拔刀在手，舞动起来。李致远也跟着跳到大厅，打起拳来。何基沣一看，竟然跳上桌子，高声唱了起来。

这是日本华北驻屯军特务机关长松室孝良，顾问松岛、樱井在北平中南海怀仁堂举行的宴会，到会的中方人员有冀察政务委员会委员长、29军军长宋哲元，副军长、北平市长秦德纯，第37师师长、河北省主席冯治安，第37师110旅旅长何基沣，第38师114旅旅长董升堂，独立第28旅旅长李致远等。日军驻北平附近部队的连以上军官都参加了。

忽然，几个日本人竟然把宋哲元、秦德纯高举起来，如同玩物一样戏耍起来。29军军官大怒，也把松室孝良、松岛高举起来。双方都怒目圆睁，空气紧张得要爆炸一般。松室孝良见状，只好作罢，他讲了一番“亲善、友好”的鬼话，双方不欢而散。

北平形势的危急状况，此时已如同火药桶，几乎一触即发。

1937年以后，中日关系越来越紧张，中日的外交交涉几乎走入绝境。日本侵略者野心极大，不断提出极为苛刻的条件，要求：一、中国应承认“满洲国”存在之事实，并承认“满洲”为已失之领土；二、中国应与日本签订特殊协定，保证于将来不侵犯日本在华权益；三、中国应同意日本在华北享有之特权，关于内蒙问题，中国应注意日本意旨。这种公然分割中国领土和主权的态度，即使是一再妥协的蒋介石也感到十分气愤，他说：“倭寇向外侵略，已至满溢时期，物极必反，其败可立待也。”

7月7日，驻丰台的日军竟然要求穿过宛平城到长辛店举行军事演习，并以卢沟桥为假想敌阵地，这一无理要求遭到29军驻地部队的严正拒绝。

卢沟桥地理位置十分重要，它离北平城只有20里，平广、平包、平山三条铁路干线在这里交错，是北平以至整个华北和南方之间的咽喉要地。日本特务头子土肥原一直在打卢沟桥的算盘，还曾到那里进行了精心策划。

7月7日晚，驻丰台日军第1联队第3大队第8中队，由中队长清水节郎带领，不顾中方的严正反对态度，按计划向宛平城进发，并以卢沟桥为假想攻击目标，举行军事演习。在演习中，清水节郎声称他们一个

∧ 卢沟桥距北京城10余公里，是北京西南的门户。

军士失踪了，要求进入中国守军驻守的宛平城进行搜查。中国守军严正拒绝了这一非分要求。日军便以此为借口，于7月8日凌晨5点炮轰宛平城，中国守军奋起还击，举世震惊的“卢沟桥事变”至此爆发。

7月8日，日军以优势兵力开始向宛平县城发起进攻，我驻地部队官兵态度坚决，英勇奋战，多次打退了日军的猖狂进攻。何基沣旅长鼓舞士兵们说：“国家多难！民族多难，吾辈受人民养育深恩之军人，当以死报国，笑卧沙场，何惧马革裹尸？战死者光荣，偷生者耻辱！”

∧ 1937年春，国民党第29军高级将领在北平举行军事会议后合影。前排左起：张维藩、张自忠、宋哲元、刘汝明、石友三；后排左起：郑大章、冯治安、赵登禹、佟麟阁。

何基沣旅下辖两个团，219团团长吉星文率全团同日军激烈战斗，谢世全220团在音庙附近打了个歼灭战，歼灭敌人一个连，并在卢沟桥地区同日军反复拼杀，取得了击毙日军指挥官松游上将的战绩。

7月8日，北平市长秦德纯给在庐山的蒋介石发去了十万火急的电报，报告“卢沟桥事变”的情况。

同日，中共中央迅速做出反应，向全国军民发出了“中国共产党为日军进攻卢沟桥通电”，指出“平津危急！华北危急！中华民族危急！只有全民族实行抗战，才是我们的出路”。同日，毛泽东、朱德、彭德怀等7人还联名打电报给蒋介石：“庐山蒋委员长钧鉴：日寇进攻卢沟桥，实行其武装攫取华北之已定步骤。……平津为华北重镇，万不容再有疏失。敬恳严令29军奋勇抵抗，并本三中全会御侮抗战之旨实行全国总动员，保卫平津，保卫华北，收复失地。红军将士诚愿在委员长领导之下为国家效命，与敌周旋，以达保土卫国之目的。”

7月9日，彭德怀、贺龙、刘伯承、林彪等将领率全体红军，打电报给蒋介石表示：“我全体红军愿即改名为国民革命军，并请授名为抗日前驱，与日寇决一死战！”

蒋介石这次也做出了积极的反应，他召集全国的军政要人到庐山，于7月16日开始举行谈话会。中国共产党派周恩来、秦邦宪、林伯渠为代表，也参加了庐山谈话会。

7月16日，中共代表将《中国共产党为公布国共合作宣言》交给蒋介石。《宣言》提出了发动全民族抗战、实现民权政治、改善人民生活等三项基本政治纲领。为了共赴国难，中国共产党提出如下4项保证：一、孙中山先生的三民主义为中国今日之必需。本党愿为其彻底的实现而奋斗。二、取消一切推翻国民党政权的暴动政策及赤化运动，停止以暴力没收地主土地的政策。三、取消现在的苏维埃政府，实行民权政治，以期全国政权之统一。四、取消红军名义及番号，改编为国民革命军，受国民政府军事委员会之统辖，并待命出发，担任抗战前线之职责。

7月17日，中国共产党的代表周恩来、秦邦宪、林伯渠同国民党蒋介石、张冲、邵力子等在庐山举行正式会谈。中国共产党建议以《中国共产党为公布国共合作宣言》作为两党合作的政治基础，并由国民党公开发表这一宣言。但蒋介石表示只能承认陕甘宁边区，极力抢夺红军改编之后的指挥权，坚持要把红军改编后的3个师直属行营指挥，并且3个师的参谋长须由国民党方面指派。周恩来根据中共中央的指示，只对

V “七七事变”的爆发激起了全国人民的愤慨，有志者纷纷走上街头抗议日本帝国主义的侵略。

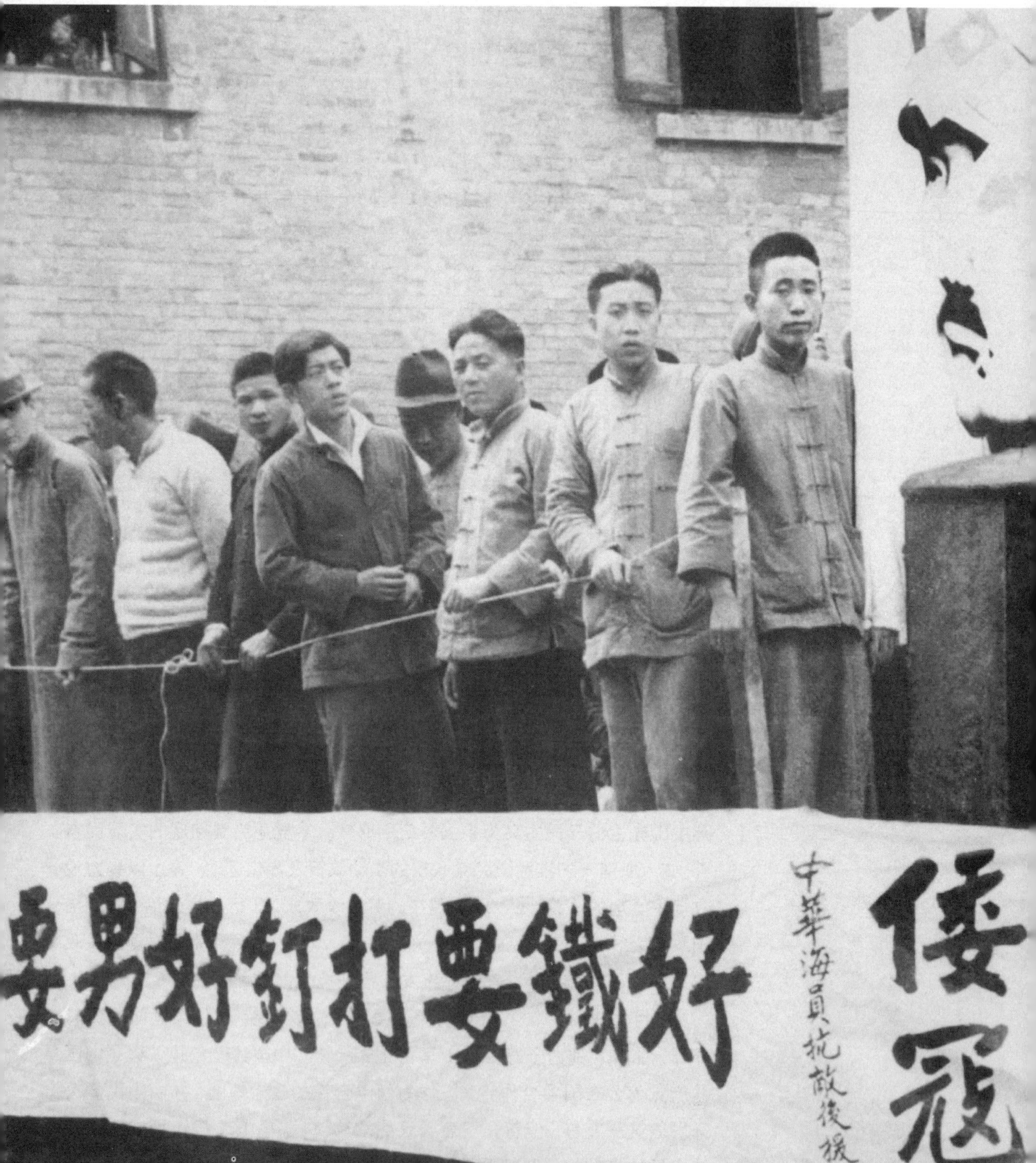

红军统帅机关名义问题作了些让步，但坚守“国民党不准插入一个人”的原则，坚决拒绝国民党派人参与中共军队的指挥。

这时，蒋介石还对日寇抱有幻想，还没有下定全面抗日的决心，仍然“希望由和平的方法，求得卢事的解决”，因此他对中共的提议，采取了暂时搁置的办法。

蒋介石一方面命令驻北平的29军抵抗日军进攻，一方面又派外交部长王宠惠向日本提出书面抗议，希望用外交手段解决“卢沟桥事变”。同时，蒋介石也开始动员其他国民党军事力量，他打电报给李宗仁、白崇禧，说中央已经决心抗日，因此约李、白二人尽快到庐山商议抗日大计。李宗仁复电说：“中央既已决心抗战，我辈誓当拥护到底，崇禧当即遵命首途，听候驱遣，我本人则暂留桂林，筹划全省动员事宜，一俟稍有头绪，亦即兼程北上，共效驱驰。”

在这个危急的时刻，蒋介石处于事关国家、民族和个人命运的十字路口，必须作出抉择。他的智囊张群向他提出了“和必乱，战必败，败而言和，和而后安”的看法，并说：“第一句‘和必乱’，如果我们和日本讲和，反对延安共产党抗战，那么老百姓当然拥护延安。我们内部也必发生哗变，中国就会大乱，这对蒋委员长和我们大家都非常不利；第二句‘战必败’，就是说我们同日本开战，我们必败无疑。3日亡国论，7日亡国论，这都是不容置辩的名言；第三句‘败而言和’，就是说目前不能同日本言和，因为那样做不仅全国民众和延安方面都不会答应，而且还会引起国际的诧异。等和日本打了败仗，吃了亏，遭到惨败，大家认输了，认错了，到那时，败而言和，就没有人敢讲一句反对的话，如果共产党反对，那就让日本去收拾他们好了；最后一句话‘和而后安’，我们打了败仗，同日本和谈成了。好！到那时候，我们同日本不再是敌人，而是朋友，再让我们的朋友去收拾我们的冤家共产党。共产党一解决，国家不就可以久治长安了吗？！”

蒋介石听罢，仿佛一下子云雾消散，不由得大笑道：“好好好，这简直是14字真言！”

∧“七七事变”发生后，驻守卢沟桥的中国守军英勇奋战，多次打退日军的猖狂进攻。

人民要求对日抗战的怒潮，席卷全国。特别是中国共产党、全国爱国将领、民主人士力主抗战，对蒋介石形成了巨大的压力，蒋介石终于下了决心。

7月17日，蒋介石针对“卢沟桥事变”首次发表了较为强硬的讲话：“卢沟桥事件能否不扩大为中日战争，全系于日本政府的态度。和平希望继续之关键，全系于日本军队之行。在和平根本绝望之前一秒钟，我们还是希望和平的，希望用和平的外交方法，求得卢事的解决。但是，我们的立场有极明显的四点：一、任何解决，不得侵害中国主权与领土之完整。二、冀察行政组织，不容任何不合法之改变。三、中央政府所派地方官吏，如冀察政务委员会委员长宋哲元等，不能任人要求撤换。四、第29军现在所驻地区，不能受任何的约束。这四点立场，是弱国外交最低限度。”

蒋介石在此关键时刻，于7月17日的讲话中向全国人民发出号召：“如果战端一开，那就是地无分南北，人无分老幼，无论何人皆有守土抗战之责任，皆应抱定牺牲一切之决心。”

日本帝国主义为了积极策划大规模的侵华战争，为运兵争取时间，就宣称华北事件可以“局部解决”，对宋哲元采取威逼和诱降兼施的办法。7月11日，日本首相近卫文磨召集了紧急内阁会议；16日，日本决定调动10万陆军进入中国；17日，东京“五相会议”决定动员

∧ 1937 年 7 月，蒋介石在庐山发表讲话，号召“我们只有牺牲到底，抗战到底，唯有牺牲的决心，才能搏得最后的胜利”……

40万日军进犯中国。以东条英机为参谋长的关东军自东北迅速增兵关内，经海上运送的大批日军在天津塘沽口紧急登陆，驻扎在热河省的日军也经古北口开拔到北平近郊。日本空军每天都派出飞机在北平上空和平汉路沿线侦察。日本的援军已经调齐，于是立即停止谈判，开始大举进犯。

7 月 21 日，日军用重炮轰击宛平县城及长辛店，25、26 日，又炮击廊坊。同时，日军企图从广安门外冲进北平城内。7 月 27 日，日寇已经在平津地区增调了约 16 万陆军和 18 个空军中队，使侵略华北的日军总数达到 30 万人。7 月 28 日深夜，日军开始了向平、津两市的总攻。28 日，日军在飞机和重炮的掩护下，同驻守北平南苑的 29 军发生了激战，29 军副军长兼教导团团长佟麟阁和 132 师师长赵登禹率 2,000 余人的部队坚守阵地，决不后退。战斗惨烈，双方都损失惨重。下午，由于日军源源不断地进行增援，佟麟阁等奉命转移，中途不幸陷入日军的包围。佟在激战中被敌机的炸弹击中，头部受重伤，英勇殉国。

赵登禹师长率军与日军激战，在右臂中弹的情况下仍继续作战。后来赵登禹率部突围到黄亭子时，遭到日军的伏击，胸部中弹，壮烈殉国。佟麟阁、赵登禹抗日殉国的噩耗迅速传遍全国，全国军民抗日复仇的怒火被熊熊点燃了。南京国民政府也发布褒扬令，追赠佟麟阁、赵登禹为陆军上将。

< 赵登禹遗照。1937年7月28日，日本侵略军向北平发起总攻。赵登禹身先士卒，率部在北平南苑大红门一带英勇抗击，不幸壮烈牺牲。抗日战争胜利后，北平市政府把崇元观往南至太平桥的马路命名为赵登禹路，以纪念这位抗战中阵亡的英烈。

宋哲元眼看北平失守，于是在28日晚成功地由北平逃往保定。1937年7月30日，日军占领北平、天津。随后，日军继续向华北和全国进犯。

平、津失守后，蒋介石于7月31日发表《告抗战全体将士书》，在号召军民抗战到底的同时，也为自己长期坚持的“攘外必先安内”的政策进行了辩解：“这几年来的忍耐，骂了不还口，打了不还手，我们为的是什么？实在为的要安定内部，完成统一，充实国力，到‘最后关头’来抗战雪耻。现在，和平既然绝望，只有抗战到底，那就必须不惜牺牲来和倭寇死拼。我们大家都是许身革命的黄帝子孙，只有齐心努力杀贼，驱逐万恶的倭寇。”

8月9日，蒋介石看到抗战已经成为定局，因此重新想起了7月中旬周恩来在庐山交给他的《中国共产党为公布国共合作宣言》，并为此在南京召开了国民党最高国防会议。周恩来、朱德、叶剑英代表中国共产党出席了会议。8月中旬，蒋介石在与中共代表的谈判中，企图删掉宣言中的3项基本政治纲领，只保留中共方面的4项保证，对这种只索取、不给予的蛮横要求，周恩来当即予以拒绝，并建议暂缓公布这个《宣言》。周恩来也坚决反对蒋介石的在红军改编后由国民党方面派任参谋长的主张，坚决主张设立指挥部，并由朱德和彭德怀任正副指挥。

8月12日，蒋介石主持了在南京召开的国民党最高国防会议及党政联席会议。国民党军政部长、亲日派何应钦充满了失败情绪，他首先发言说：“敌强我弱，中日双方军事力量过于悬殊，特别是缺乏装备，抗战前途令人忧虑。”

周恩来反驳他说：“不错，日本的军事力量、经济力量和政治组织力量在亚洲是一等的，这是它发动侵略战争的主要条件。但是，日本国度比较小，先天不足，人力、军力、财力和物力都感到缺乏。日本帝国主义侵略战争具有退步性和野蛮性。它虽然和法西斯国家相勾结，但失道寡助，不会得到国际上的援助。中国的军事、经济和政治组织力量都不如日本，但中国是个大国，地大物博，人多兵多，可以进行长期战争，且进行的是反对侵略的正义战争，得道多助，坚持长期全面抗战，必获胜利。”

∧ 1937 年 8 月 9 日，中国共产党代表周恩来（后右一）、朱德（左一）、叶剑英（前右一）在南京出席国民党召开的国防会议。

∧ 红军骑兵准备东渡黄河奔赴抗日前线。

> “七七事变”的爆发打破了蒋介石对日本帝国主义侵略者的迷梦，但未战先示哀的思想却弥漫了国民党将领的上上下下。

朱德接着说：“日本根据本国的情况，它对中国的侵略，一贯采取逐步蚕食的政策，和这种政策相适应，在战略上便采取速战速决的歼灭战方针。我们要利用自己的有利条件，以空间换取时间，进行持久战的消耗战，胜利一定是我们的！”

蒋介石和与会的大部分将领也都十分赞赏周、朱的观点，因此，这次主张坚持抗战的会议取得了一致。

会议决定以南京政府军事委员会为抗战最高统帅部，推举蒋介石为陆、海、空军大元帅，组织大本营，行使陆、海、空军最高统帅权，并统一指挥各个政党。

蒋介石制定的作战方针是，对华北战场，集中一部分军队进行持久战，确保有天然堡垒之称的山西；把国民党军的主力集中在华东，全力保护淞沪要地，巩固国民政府所在地——南京；另外，鉴于日军由北面而来，只以少量兵力守备华南各港口。

冯玉祥曾记述“七七事变”的情况说：

那天（1937年7月7日），是日本的军队在河北省宛平县卢沟桥附近，同29军宋哲元的军队发生冲突。宋军的团

长吉星文（吉鸿昌将军的侄子），看着日本人处处都欺侮中国人，并且以为中国军队绝不敢抵抗日本军队，吉团长对他的全团官兵说："若日本人有一点越轨行动，无论官兵都要拼命牺牲保持国家的体面，万不可怕发生事端。"因此日本人硬要进卢沟桥的地方，就发生了战事。果然是愈打愈厉害，日本人死在吉团长这一团人的炮火之下的人不少。到了9日，日本的军队更增加了。12日，日本人就占了天津车站。26日，日本军队占领廊坊。日本人香月向宋哲元提了最后通牒，宋哲元拒绝日方要求，北平四郊发生激战。

日本人轰炸南苑的时候，副军长佟麟阁、师长赵登禹同时阵亡。都是蒋介石预先有命令：不要抵抗，不然的话，这两位高级将领，就是死也应当打死好些日本人，绝不会只被日本飞机炸死了。这是一件使我最痛心的事情，当时我作了一首哭佟、赵的诗。

北平城里，因为宋哲元的军队撤走了，留下张自忠将军；张自忠后来也走了。

他有一个旅长要留在北平，张自忠的一个团长（刘汝珍）说："我们要向日本鬼子拼死命，为什么留在这里等死？”马上带着他的一团人出了德胜门向北走了，很有意思的是另一团人也跟着刘汝珍走了十分之九。日本军队在后面追着打，他们还是很勇敢地退到南口以北同刘军联合起来。由此可见他们的旅长虽想要苟且偷安，但一般的官兵能够很勇敢地不听他的乱命。这就是他们的军队，平素里有一种无形的精神教育。到了重要时候，他们能够分辨出什么是对的，什么是不对的；更能认出来，什么是治命，什么是乱命。

到了7月19日，蒋介石、张冲、邵力子为国民党的代表，同共产党周恩来、秦邦宪、林伯渠，在庐山开谈话会。蒋介石允许承认陕甘宁边区，从此才算是国内的党派斗争要停止了。团结一致，抵抗日本的事情有了很大的希望。当时我对蒋介石说："只有这一件事，你办得好。"蒋回答我说，以后他愿意更要本着这个意思，继续努力下去。我说："应当如此，我要恭贺你。"

想不到29日那天，汪精卫在南京广播，题目是最后关头。那天汪说的完全是宣传民族失败主义。由此可见，汉奸的作用，汪、蒋两个人是一致，蒋介石刚刚有了千分之一的团结内部、抵抗日寇的打算，马上这个卖国贼汪精卫又在那里胡说起来，又加上蒋介石的心腹刘峙，从平汉路一直向后跑，弄得大局只看见坏，看不见好。他们因此好宣传：你们看抗日不能成功吧？为了用种种方法，证明不能抗日，粮食、弹药、交通，什么都没有一点准备。我问过蒋："为什么不准备呢？"蒋说："若一准备，日本人就知道了，日本一向我们进攻，那还不亡国么？"他没想到他没准备，日本就不向他进攻么？

蒋介石对日本人的侵略行径虽也十分气愤，说日本人"其败可立而待也"，但一到了日本人拿刀动枪真杀真打的时候，他就又开始"不抵抗"了。这一个"不抵抗"，害了佟、赵两位将军的性命。据说，因为当时蒋在庐山，得到消息已是7月9日，而他的对策都是"不屈服不扩大之方针"。……若不是因为"西安事变"中已答应了抗日，若不是全国人民要求抗日的呼声日益高涨，恐怕蒋介石连这个“不屈服不扩大”的方针也不会下达，多半又要严令北平守军“不准抵抗”了。

“卢沟桥事变”发生后，蒋介石除了命令29军宋哲元“从速构筑预定之国防线工事，星夜赶筑……守士应具决死决战之决心与积极准备之精神应付”之外，还调动商震等部驰赴河北待命支援。在庐山上，蒋介石也有一系列主张抗日的举动。这一切，总算稍许洗刷了一点“不抵抗”的劣史。

在侵华战争的战略上，日本统帅部的目标是迅速消灭蒋介石军队的军力，不宜陷入持久战，因此决定寻找蒋介石主力尽快决战。日本认为上海是中国最大的经济、金融中心和贸易港口，占领上海就会使中国经济中心崩溃，切断中国的对外联系，使中国军队及国民丧失战斗意志，从而迫使中国政府尽快投降，达到快速灭亡中国的目的。8月12日，日本参谋部决定组织淞沪决战，并以第3师团、第11师团为基干组成上海派遣军。

8月13日上午9点，日军以20余万军队，大炮300余门，战车200余辆，兵舰数十艘的兵力开始进攻上海。日军军舰首先突然轰击闸北，海军陆战队则同时进攻闸北和江湾地区。同时日寇扬言3个月灭亡中国。“八·一三”事变★至此爆发，淞沪抗战的帷幕就此拉开。

由于日军这次空前的军事进攻，已经直接威胁到国民党统治的中心地区，蒋介石不得不彻底丢掉幻想，下了全面抗战的决心。事变前，京沪警备司令张治中发现了一个先发制人的良机，他调动军队，预定在13日拂晓向立足未稳的日军发动突然攻击，打算一举将敌主力击溃，但南京统帅部却命令他：“不得进攻。”张治中在此急电：“我军业已展开，攻击准备也已完毕。”但南京统帅部仍然要他“不得进攻”。

8月14日凌晨，蒋介石电令京沪警备司令张治中对敌发动总攻击。此时，聚集上海的日舰已达32艘，日军的飞机和军舰开始发起了进攻，敌军已先后占领八字桥、持志大学等地，已经没有发起突然攻击的机会。

★“八·一三”事变

1937年8月13日，日军大举进攻上海，制造了“八·一三”事变。中国守军奋起抵抗，爆发了大规模的中日淞沪会战。整个会战历时3个月，日军多次增兵，总兵力达9个师团22万余人。中国军队也陆续增至6个集团军70余万人。会战期间，日军曾多次在长江口登陆，遭顽强抗击。11月5日，日军一部从杭州湾登陆，从侧后迂回包围上海。12日淞沪陷落。淞沪会战粉碎了日本“三个月灭亡中国”的狂妄叫嚣，鼓舞了全国军民坚持长期抗战的信心。

> 淞沪抗战中，中国军队依托沙袋工事与日军展开巷战。

8月14日，国民党政府外交部发表抗战自卫声明："中国之领土主权已横受日本之侵略……中国决不放弃领土之任何部分，遇有侵略，唯有实行天赋之自卫权以应之。"

蒋介石下令将京沪警备部队改编为第9集团军，仍由张治中任总司令，攻击虹口及杨树浦的日军；苏浙边区部队改编为第8集团军，由张发奎任总司令，严密防守杭州湾北岸，并对浦东日军进行扫荡，对浦西汇山码头发起炮击；蒋介石命令空军协同陆军作战，并担任要地防空。这是中国空军的首次出动。

张治中随即向全国发出通电：

治中奉命统率所部，保卫我先祖列宗筚路蓝缕辛苦经营之国土，争取4亿5,000万炎黄华胄之生存，誓不与倭奴共戴一天！我为决死求生之自卫，彼为发挥野心之侵略，彼曲我直，彼怯我壮。愿我举国同胞，武装袍泽，共负洗雪国耻收复失地之重任，以百折不挠抗战到底之决心，求得最后最光荣之胜利。擐甲阵词，不胜激越！

8月17日拂晓，张治中部第87、88师开始全线总攻击。张治中冒着炮火亲自到前线视察，看见官兵都士气高涨，同仇敌忾。张部同日军在万国体育场附近的战斗异常激烈。傍晚时分，张部夺回了八字桥、持志大学、沪江大学等地。中国空军也在处于劣势的情况下勇敢执行任务，对虹口及汇山码头等处日军据点进行轰炸，并炸伤日第三舰队旗舰"出云号"巡洋舰，首战告捷。在连日空战中，中国空军取得了击落日机42架的佳绩。中国陆军在空军配合下，也不断向敌军阵地发起进攻。

在这次淞沪抗战中，蒋介石先后调集了国民党最精锐的部队参加作战，总数达73个师，占当时蒋介石的军事委员会能够指挥的全部兵力的三分之一强。中国军队发扬同仇敌忾、不怕牺牲、英勇抗敌的爱国精神，多次重创敌军，极大地鼓舞了上海和全国人民决死抗战的勇气。

8月15日，中国共产党发表了著名的《抗日救国十大纲领》，申明了中共在抗日战争时期的政治主张：一、打倒日本帝国主义；二、全国军事的总动员；三、全国人民的总动员；四、改革政治机构；五、抗日的外交政策；六、战时的财政经济政策；七、改良人民生活；八、抗日的教育政策；九、肃清汉奸卖国贼亲日派，巩固后方；十、抗日的民族团结。

∨ 面对日本帝国主义的侵略，中国首次出动空军应战。图为1937年8月14日，中国空军飞机轰炸在上海黄埔江上的日军军舰。

∧ 淞沪会战期间，日军向上海发动进攻。

8月19日，蒋介石不再坚持无理的指挥权要求，表示同意共产党关于红军改编问题的主张。8月22日，国民政府军事委员会正式发布命令，将红军改编为国民革命第八路军，任命朱德为总指挥，彭德怀为副指挥，叶剑英为参谋长，任弼时为政治部主任、邓小平为副主任。八路军下辖115、120、129三个师，第115师师长林彪，第120师师长贺龙，第129师师长刘伯承。八路军全军共3万多人。红军改编后，随即东渡黄河，进入山西的抗日前线。

1937年9月22日，国民党中央通讯社正式发表了《中国共产党为公布国共合作宣言》。23日，该社发表了蒋介石《对中国共产党宣言的谈话》。蒋介石在谈话中说："此次共产党发表之宣言，即为民族意识胜过一切之例证，如放弃暴动政策与赤化运动，取消苏区与红军，皆为救亡御侮之必要条件；且均与本党三中全会之宣言及决议相符合。而其宣称愿为实现三民主义而奋斗，更足证明中国今日只能有一个努力之方向。余以为吾人革命，所争者不在个人之意气与私见，而为三民主义之实行。在存亡危急之秋，更不应计较过去之一切，而当使全国国民彻底更始，力谋团结，以共保国家之生命与生存"。

蒋介石的这次谈话，实际上承认了中国共产党的合法地位。《中国共产党为公布国共合作宣言》和蒋介石谈话的公开发表，标志着第二次国共合作的开始。

10月2日，国共两党经过艰苦谈判后又达成协议，将长征后留在南方坚持革命游击战争的中国工农红军游击队改编为国民革命军新编第4军，任命叶挺为军长，项英为政治委员。

∨ 日军对上海狂轰滥炸，到处一片狼藉。一名被炸伤的幼儿在剧痛和惊骇中号啕大哭。

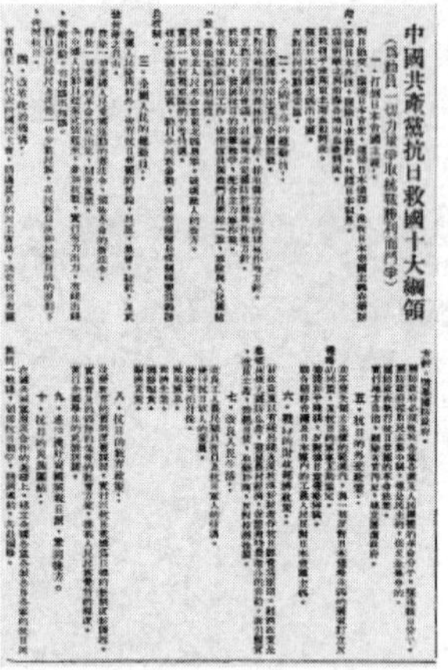
中國共產黨抗日救國十大綱領
（爲動員一切力量爭取抗戰勝利而鬥爭）

< 中国共产党发表的《中国共产党抗日救国十大纲领》。

V 红军改编后，整装待发，准备东渡黄河与日军作战。

淞沪抗战中，蒋介石经常带领高级将领们亲赴前线进行督战，中国军队也奋不顾身，英勇抵抗，加上全国民众的支持，使得上海保卫战坚持了3个月之久，彻底粉碎了日寇3个月灭亡中国的狂论。到10月底，日本陆军省公布的经过大大缩水的日军死伤数字已达4万余人。

在淞沪抗战中，中国共产党号召和领导工、学、商、妇女、华侨等各界群众和爱国人士有力地配合了中国军队作战，他们有钱出钱，有力出力，形成了轰轰烈烈的抗日救亡运动。

中国参战的广大官兵，面对装备着世界上最先进武器的侵略者，以落后的武器装备英勇战斗，涌现了许多可歌可泣的英雄事迹。守卫宝山的一个营，在坚守两昼夜，大量杀伤日寇后，最后几乎全部殉国；坚守苏州河北岸四行仓库的谢晋元团800壮士，激战4昼夜，有力地阻击了日寇的进攻，为主力部队赢得了宝贵的时间，最后奉命撤入英租界。

8月14日下午，中国空军第4大队大队长高志航率27架战斗机迎击日寇13架轰炸机，创造了在杭州上空一举击落敌机6架，而我空军无1架受损伤的辉煌战绩。此役也成为抗日战争中空战史上最辉煌的战例。后来，宋美龄建议以每年的8月14日作为国民党军队的“空军节”。

1937年9月25日，八路军115师在师长林彪的指挥下，在晋北平型关战役中成功地伏击了日军坂垣师团一部，歼敌1,000余人，取得了抗日战争开始后中国军队的第一次大胜利，粉碎了“皇军不可战胜”的神话，大大鼓舞了中国军民的士气。

∧ 平型关战斗中的115师指挥所。平型关大捷取得了抗战开始后中国军队的第一次大胜利，粉碎了“日军不可战胜”的神话，大大鼓舞了中国军民的士气。

“3个月灭亡中国”的狂言，在淞沪摔得粉碎

在淞沪抗战中，蒋介石对“国联调停”仍存幻想，因此打得不坚决，延误了不少战机，给日军增援赢得了时间，给中国军队带来了极为严重的后果。蒋介石为了赢得国联出手，在军队已经开始撤退的时候坚决要求坚守，致使军令混乱，导致了上海大溃退的灾难。

为了更好地适应战争环境，8月20日，南京政府军事委员会颁布了中国军队战斗序列及作战指导计划，将全国划分为5个战区：

第一战区司令长官为程潜，辖平汉、津浦两路北段地区，兵力为第1、第2、第3集团军。

第二战区司令长官为阎锡山，辖晋、察、绥，兵力为第6、第7集团军及骑兵第1军等。

第三战区司令长官为冯玉祥，副司令长官为顾祝同，前敌指挥陈诚，辖江苏、浙江，兵力为第8、第9、第10、第15集团军。

第四战区司令长官为何应钦，辖福建、广东，兵力为第4、第12集团军。

第五战区司令长官为李宗仁，辖山东，兵力为第3、第5集团军。

南京政府军事委员会同时命令第一战区阻击沿津浦、平汉两路南下敌人，并侧击南口敌军；第二战区进攻察北的敌人；第三战区击灭淞沪登陆敌军；第四战区固守闽粤海岸；第五战区防守山东及津浦路徐州地区。

第三战区的全部兵力共有19个师和6个旅，由张治中的第9集团军负责围攻淞沪日军；由张发奎的第8集团军负责杭州湾北岸守备区；刘建绪的第10集团军负责浙东守备区。

围攻淞沪的中国军队根据命令再次向日军发起总攻，激战了一夜后，第36师终于突破日军阵地进入百老汇路，后来又前进到汇山码头。但兵力消耗严重，官兵伤亡达2,000余人。

8月23日清晨，日本援军第3、第11师团在飞机、舰炮、坦克等优势火力掩护下，从张家浜、狮子林、川沙口一带强行登陆。中国守军由于装备落后，经过激战后，阻止日军登陆的计划未能成功。日军主力登陆后，立即向吴淞、宝山、罗店、浏河一线发起猛烈进攻。

此时，中国新编第15集团军加入第三战区作战，对日军造成了重大杀伤，但自己也伤亡很大，双方都陷入苦战胶着状态。

9月上旬，蒋介石把津浦路划为第六战区，任命冯玉祥为战区司令长官。蒋介石亲自兼任第三战区司令长官。

此时，日军的援兵源源不断地登陆作战，总兵力达到了20万，坦克200余辆，飞机300余架，军舰70余艘。蒋介石针对这种变化，决定增兵到70万，并再次调整作战部署，把军队分为左、中、右三军，迎击日寇的进攻。蒋介石任命朱绍良为中央作战军总司令兼第9集团军司令，辖第9集团军和第21集团军；任命陈诚为左翼作战军总司令，下辖第19集团军和第15集团军；任命张发奎为右翼作战军总司令，下辖第8集团军和第10集团军。

9月下旬到10月初，日军第101、第9、第13师团援兵陆续登陆上

> 蒋介石检阅部队，
鼓励将士杀敌卫国。

> 中国士兵奋起反击进犯上海的日军。

∧ 日军部队向上海疯狂进犯。

海。9月30日拂晓，力量已经集结完毕的日军向中国军队发起了猛烈进攻，中国守备部队伤亡惨重。10月5～8日，面对日军的猛攻，中国军队在蕴藻浜南岸阵地进行激烈抗击，中国军队伤亡很重。

日军统帅部见上海3个月都无法攻下，于是决定继续增派第10军在杭州湾北岸登陆。第10军下辖第6、第18、第114师团，以柳川平助中将为司令官。日军统帅部又抽调在华北的第16师团等部增援上海。至此，上海周围的日军达到了两个军9个师团，超过华北方面1个师团。

蒋介石根据战区变化，决定撤销第三战区中央作战军，而将全军正面划分为左、右两个作战军，分别由陈诚、张发奎指挥。

11月5日拂晓，日军第10军第1梯队登陆兵团——第6师团、第18师团趁着浓雾，在海军、飞机火力的强大掩护下，在杭州湾北侧实施登陆作战。

中国的增援部队因为联络困难，延误了行动，最终未能阻止日军登陆。日军第10军主力随即跃进到黄浦江一线。

11月7日，日军统帅部把派遣到上海地区的日军组成华中方面军，任命松井石根大将为司令官。第二天拂晓，日军第10军主力渡过黄浦江，在淞江附近遭到中国军队第108师的激烈阻击。中国军队最终由于消耗过大，而放弃了松江。

此时，中国军队消耗过大，已经到了必须战略撤退的时刻。参战的每个师都伤亡过半，每个师多的只剩下三四千人，少的只有两三千人。上海许多地区已经失陷，中国又无法提供援军替换消耗过大的部队。由于日军火力猛烈，若中央苦撑下去，只是徒然损失兵力。但蒋介石却一味要求坚守阵地，并下严令，擅自撤退者，军法从事。因此前线指挥官多骗说部下士气旺盛。

按原作战计划，到10月底，上海抗战如果失利，中国军队主力应撤退到两条国防工事，以便更好地阻击日军，并补充和整训保存力量。这两条国防工事分别在吴江、福山一线，和江阴、无锡、海盐一线，是蒋介石于1934～1936年花费巨额军费，投入4

∧ 抗战时期，蒋介石与顾祝同在一起。

＞ 上海于1937年11月12日失陷。图为日军进入上海市区。

个师的工兵团，费时两年辛苦构筑的阵地。阵地里钢筋水泥做的轻重机关枪掩体星罗棋布，许多半永久性的工事可以抵御重炮轰击和飞机轰炸。如果中国军队能够及时撤守到这两条国防工事，就可与敌人进行持久战，争取最后胜利。那么战局可能将大大不利于日寇。因此，在上海抗战陷入苦战时，白崇禧和作战组组长刘斐就再三向蒋介石进行苦谏，说明上海会战应适可而止，现在应该尽快把主力向吴福线和锡澄线阵地转移，以便更好地打击敌人和保存我军的战斗力。蒋介石思考再三，才同意了这个意见，下达了转移命令。

但在下达转移命令后的第二天，即11月1日，蒋介石突然召集紧急会议，激烈地反对撤退。他说："九国公约国家要开会了，只要我们在上海继续顶下去，九国公约国家就可能会出面制裁日本。"因此蒋介石要求各军"必须收回撤退命令，要各部队仍回原来阵地死守"。

白崇禧抗争说："要部队再回到原来的阵地，我看十分困难。淞沪三角地带的数十万大军已经接到撤退命令，有的已经行动，怎么能收回撤退命令呢！我军已陷入敌人的重围，已到了千钧一发的危急时刻，再不撤退就来不及了。"

蒋介石生气地说："如果前线将领和部队有意见，我去前线说服！"

蒋介石当天夜里果真带领白崇禧、顾祝同等人，坐火车到了南翔去说服各军师长以上将领。他召集军官们训话说："你们坚守上海快3个月了，这在我国战史上是罕见的。你们在前线作战非常英勇，艰苦奋斗，前仆后继，宁死不屈，继承我们黄埔的传统，表现了我们革命军人的伟大精神，博得了国内外的赞扬和支持。有你们这样善于指挥、身先士卒、不怕牺牲的将领，何愁打不败日寇！九国公约会议将于11月3日在比利时首都开会，这次会议对国家的命运关系甚大。只要我们在上海再坚决死守一下，九国公约国家会出面制裁日本。因此，我要收回撤退的命令，命令你们仍回到原来的阵地死守，死守！"同时他又说："上海是政府的一个很重要的经济基地，如果过早放弃，也会使政府的财政和物资受到很大的影响。"蒋介石反复地阐述这番话，不准其他人发表不同意见。

九国公约，即《九国关于中国事件应适用各原则及政策之条约》，是1922年2月6日，美、英、法、日、意、比、荷、葡和中国北洋军阀政府在华盛顿会议上签订的，是对中国主权、独立、领土完整的粗暴侵犯。条约规定："维护各国在中国全境之商务实业机会均等"和"中国之门户开放"的"原则"。蒋介石天真地一味认为其他8国列强会为了自己的在华利益，不会允许日本独吞中国，因此他们就会联合出面制裁日本。

但是此时中国几十万大军已经集中在沪西、青浦、南翔至昆山的一条狭窄的公路上，陷入了空前的混乱。有的军队接到了停止后撤命令，有的还没有，于是没有接到新的命令的部队在继续后撤，已接"回原阵地死守"新的命令的部队又不断返回，两方面的军队一下子就堵在这条公路上，谁也动不了。此时日军的进攻非常猛烈，后撤的部队也已很难脱离敌人的追击，何况让后撤的部队重新返回原阵地！后面从海上登陆的日本援军迅速开始了对中国军队的追击，企图把中国军队包围歼灭。而混乱的中国军队在这样的形势下更是乱成一团。中国军队后面是日寇机械化部队的追击，天上是日军炮兵部队的炮弹和飞机的狂轰滥炸，中国军队第三战区

V 日军攻击石家庄时，用榴弹炮向中国守军阵地轰击。

的70万大军，完全失去了联络和指挥，只能无目的地仓皇溃退。

由于日军机械化部队追击速度很快，而中国军队已经失去了指挥和联络，因此撤退变成了逃命，而蒋介石还没有来得及在国防工事上布置掩护留守部队，也没有把工事位置图交给后撤部队，运气好的后撤部队找到了工事，却又没有打开工事的钥匙。这样，蒋介石苦心经营了多年的吴福线和锡澄线国防工事，在真正需要时竟然变成了一个摆设。淞沪撤退变成了淞沪大溃退。

11月12日，日军占领上海市区。日军在上海战场上死伤4万多人，而中国军队的伤亡高达30余万人。

日军占领上海后，立即分兵三路，向南京进击。

节节抗争的华北

日军在进攻上海的同时，在华北也发动凶猛的进攻。日军在华北侵占平津后，集中了30万重兵，以寺内寿一为司令，打算分三路对中国守军发起进攻：一路沿津浦路、胶济线进攻山东；一路沿平汉线进攻河北和河南；一路沿平汉线进攻察哈尔和绥远，得手后向西发展，切断同蒲路后，随即南下与平汉线、正太路的日军配合攻取山西。

蒋介石在这一战场上集中了70个师，约70万兵力。他在陇海线以北和山西以东地区准备了30个师进行防守，在山西境内（阎锡山所部）准备了27个师防守，余下十几个师待命于黄河以北和新乡等地。蒋介石制定的作战方针是：冀、鲁正面战场对日军实行柔性之攻击，以吸引其主力，从而使晋、察、绥等地的部队得以从容展开；而晋、察、绥地区部队则打破日军惯用的包围行动的企图，从而使日军不敢放手对冀、鲁正面战场展开攻击，同时牵制日军，使他们对淞沪作战不能转运兵力。

日军则狂妄地高叫"速战速决"，声称要在两周内攻下大同，1个月占领华北战略要地山西。8月初，日军调第20师团及第5、第10师团各一部，第11混成旅团，以第1军司令香月清司为总指挥，沿平绥路发动进攻，打算占领南口。

南口战略地位极为重要，是进入察、绥、晋3省的门户。南口由第二战区司令长官阎锡山负责，阎锡山于是组织对日军的作战。8月20日，察北日军开始进攻张家口。傅作义不得不率两旅人马回援张家口。南口依然危急，而卫立煌的增援部队在永定河右岸遭到日军的猛烈狙击，卫立煌见无法通过，于是带领部队被迫撤走。这样，南口一线守军就处于孤立无援状态，最终在25日失守。张家口也因刘汝明部防守失误，很快陷落。

南口、张家口失守后，蒋介石又将汤恩伯第13军、刘汝明第68军（刚由师扩建）调往平汉路防守。这样一来，山西北部的兵力就更加薄弱，完全暴露在日军面前。

阎锡山为了保卫自己的根据地，在雁门关下的岭口设立行营，亲自督战。

日军坂垣师团却避重就轻，没有强攻中国军队全力守卫的要塞，而是选择中国军队防御的空当地区，单兵孤进，于9月13日占领了娘子关西面的大同。3天内，日军向西急进，接连攻占呼和浩特和包头，平绥路全线完全失陷。日军的另一路军以第6师团、第14师团和第20师团为主力，沿平汉线进攻，打算攻占保定和石家庄，从而向西进攻，与平绥线一带的日军夹击山西和河南。平汉线由刘峙的第2集团军、卫立煌的第14集团军、商震的第20集团军、万福麟的第13军等部队进行防守。

9月初，坂垣师团开始强渡永定河。中国守军猛烈阻击，但是日军在优势炮火掩护下，几天后强渡成功，随后占领了固安、霸县一带。这样，就使得保定陷入三面包围之中。守卫保定的刘峙见难以取胜，于是弃城南逃，一直逃到河南才停下来，被人们讥讽为“长腿将军”。

日军没有多费力气就占领了保定，10多天后又攻占了华北交通枢纽石家庄。接着，日军分成两路向太原进军。

阎锡山见情况突变，于是重新配置防守兵力，沿平型关——茹越口——雁门关——阳方口一线以重兵布防，重点守卫平型关。

平型关地势险要，易守难攻，是内长城的重要关隘。阎锡山在这里布下了“口袋阵”，声称要让敌人“进得来，出不去”。9月20日，日军开始进攻平型关。日军的一部由灵丘方向正面进攻，一部偷袭平型关右侧后。

阎锡山多次要求八路军尽快增援灵丘，阻击日军。林彪、聂荣臻的115师，9月中旬就飞驰到达平型关西面的大营镇。

9月23日，林彪马上召集全师连以上干部动员开会，他高声说：“中华民族正在经历着巨大的考验！我们共产党人一定能承担起救国救民的责任！我们一定要利用这里的有利地形，打一个大胜仗。”

当晚下起了倾盆大雨，没有携带雨具的115师官兵不顾困难，于次

∨ 向华北大举进攻的日军部队。

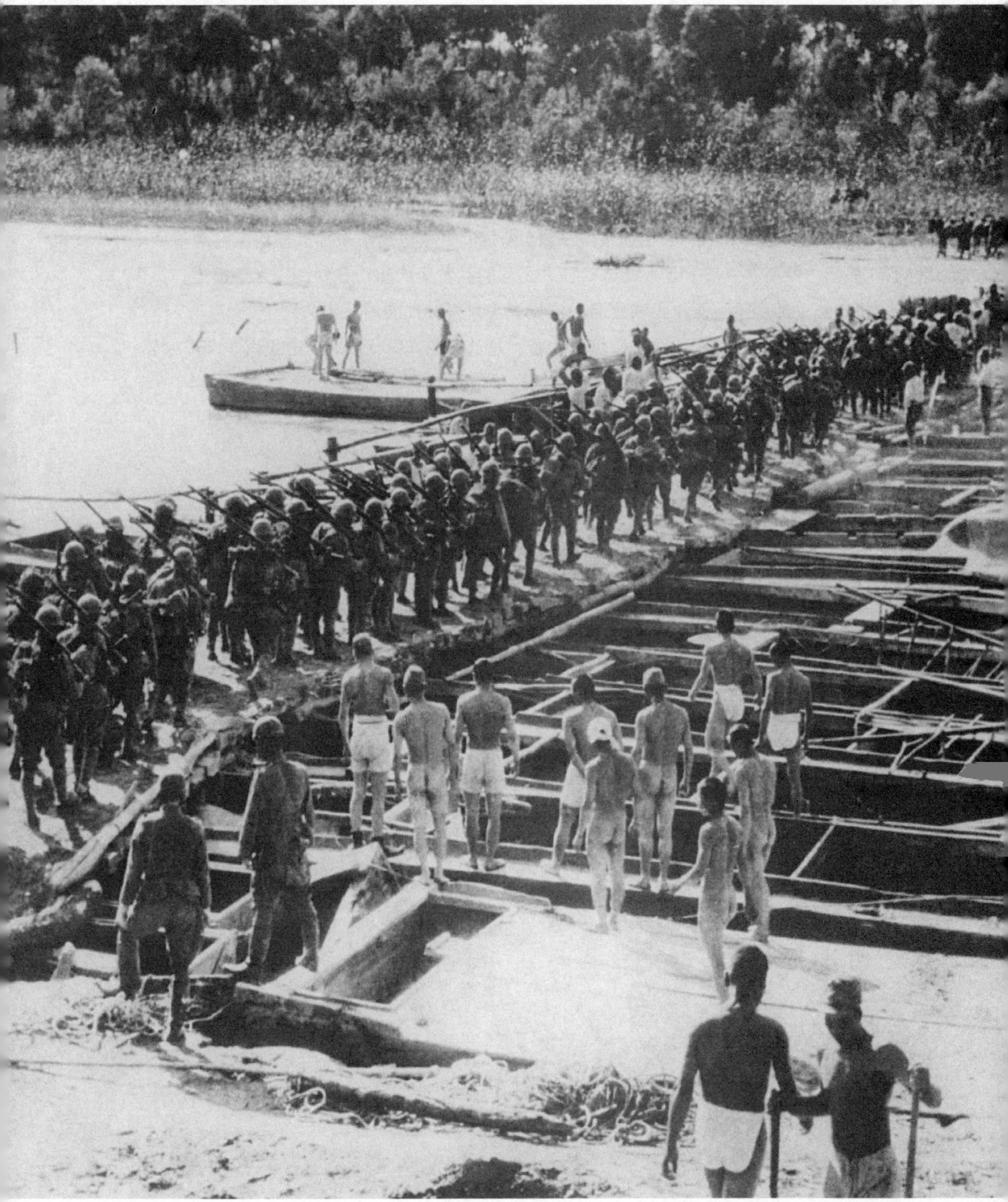

日拂晓前到达平型关东北预定的伏击地区。官兵们虽然衣服已经湿透，趴在潮湿的地上，但是却士气旺盛，等待着即将到来的日军。日军精锐的坂垣师团之第21旅团的4,000余人终于出现在视线内，官兵们都屏住了呼吸，时刻准备着发起冲击。日军连战连胜，因此非常大意，排成一路纵队从山谷里走向伏击区。林彪见时机成熟，命令号兵吹响了冲锋号。顿时，山坡上埋伏的八路军以排山倒海之势压向山谷里的敌人。在10余里长的地段上，日军迅速被八路军截成许多段，数千人的部队由于慌乱而挤在窄狭的山谷中，顿时乱作一团，而汽车、大车、马匹、士兵互不相让，互相撞击。涞源、蔚县的日军迅速前来增援被包围在老爷庙地区的21旅团，但在途中被115师杨成武独立团和骑兵营坚决狙击在外围，无法前进。日军派来飞机轰炸，却由于下面敌我难分而无法投弹，只好转几圈后飞走。

经过一天激战，八路军取得了平型关大捷，总计歼敌3,000余人，击毁汽车100余辆、

∨ 忻口前线中国军队的炮兵阵地。

大车200余辆，缴获大炮1门、轻重机枪20余挺、步枪1,000余支、日币30万元，以及大量军用物品、军用大衣几千件。在战斗中，115师也付出了伤亡600余人的代价。

平型关战斗是中国抗日战争史上取得的最大胜利的一仗，打破了日寇不可抗拒的神话，大大鼓舞了中国军民的抗战决心。

由于日军的主力赶来增援平型关，为了避免不必要的消耗，阎锡山决定放弃平型关，把主力集结在忻口附近地区，以便巩固保卫太原的最后一道防线。

日军攻占山西作为华北战略的关键，认为抢占太原后，就可以堵塞平汉路中国军队的西退之路，然后东进河北，与河北正面的日军对河北的中国军队主力形成合围态势。日军统帅部因此要迅速攻克太原，于是于10月1日下令开始太原会战。

忻口位于太原北面，是进入晋中的交通要道和通向太原的北大门，为战略要地。忻口失守，太原将不保。阎锡山决心死守忻口，不惜抽调第二战区总兵力的一半，组成左、中、右3个兵团，在忻口以北布防。蒋介石也命令卫立煌把他的前敌总指挥部设在忻县。

山西北面的日军在占领崞县、原平后，随即以5万重兵开始猛攻忻口正面阵地的中国守军。中国军队奋起抗击，战况非常激烈，最终形成拉锯战胶着态势。

忻口会战*中央兵团前敌总指挥是郝梦龄，他召集了4个军的营以上军官开会说："此次抗战是民族战争，胜则国存，败则国亡，人人都应抱定有我无敌、有敌无我的决心与敌拼杀，决不后退半步！敌人已经打到我们家里来了！是我们中国军人洒热血的时候了！"

郝梦龄指挥部队在忻口西北与日军展开激烈的拉锯战，大量杀伤了日军的有生力量。10月16日，郝梦龄指挥7个旅从正南攻击敌军。他把生死置之度外，同54师师长刘家麒一起身先士卒，向前沿阵地冲去。在穿越日军火力封锁地段时，郝梦龄和刘家麒不幸被流弹击中，壮烈牺牲。

同日，独立第5旅旅长郑廷珍率先冲入敌阵，与敌军

***忻口会战**

1937年10月1日，日军第5师团及关东军一部突破长城防线，向太原进犯。中国第二战区司令长官阎锡山和前敌总指挥卫立煌在忻口地区组织防御。13日，日军5万余人在飞机、坦克支援下，猛攻忻口西北侧南怀化阵地。中国守军顽强抗击，双方伤亡较大，中国守军第9军军长郝梦龄、师长刘家骐英勇殉国。与此同时，日军一部向大白水猛攻，先后占领娘子关、榆次、平定。忻口守军于11月2日撤退。8日，太原失守，战役结束。

∧ 平型关战斗结束后，八路军战士们兴高采烈地背着缴获的战利品胜利归来。

∧ 日军在飞机掩护下向太原进攻。

进行肉搏战，士兵见后士气大受鼓舞，连续攻下几个山头。但是在混战中，郑廷珍不幸中弹身亡。

当郝梦龄、刘家麒、郑廷珍等将领的灵柩运回武汉后，武汉各界4,000余人到车站迎接。武汉市为英雄们下半旗志哀，武汉行营主任何成浚代表蒋介石主祭英灵。蒋介石亲自发表了祭文。国民政府为了表彰抗日英雄，追赠郝梦龄为陆军上将，刘家麒、郑廷珍为陆军中将。

日军见忻口会战陷入拉锯战，兵力损耗严重，而忻口守军坚持一个月后依然斗志昂扬，于是改变了进攻方向，打算攻占山西东部要塞娘子关。阎锡山在娘子关筑有窑洞式半永久性的工事和钢筋水泥永久性的火力点，防守非常严密。但是由于日军火力猛烈，中国守军坚持到10月26日时，娘子关阵地终于被日军打开了缺口。为了防止退路被日军切断，中国军队开始撤退。

娘子关失守，忻口就处于两面受敌的状态，阎锡山见忻口难以继续防守，于是命傅作义撤到太原，准备进行固守。但是黄绍竑、卫立煌等高级将领并不同意死守太原。11月2日到4日，阎锡山连续召集卫立煌、傅作义、杨爱源、朱绶光等高级将领商议固守太原事宜，黄绍竑认为不宜固守太原，后来同阎锡山争吵起来，卫立煌也不主张死守太原，大家不欢而散。

黄绍竑、卫立煌因为不赞成阎锡山固守太原的战略方针，因此拒绝进入原定的防守阵地，而是绕过太原城后向南撤退。

11月8日，日军开始从东、北、西三面发起太原城夺城战，日军的空降伞兵也从空中进入太原城内。到晚上9点的时候，傅作义见无法坚守，于是下令守城部队开始向石交镇方向撤退，太原就此失守。

忻口会战，中国军队歼灭日军近3万人，阻滞了日军的进攻步伐，打击了日军的嚣张气焰。这一战中，中国军人也伤亡达10万之众。

沿津浦路推进的日军于8月中旬向中国守军第29军发起猛烈进攻，最终突破前沿阵地，随后开始进攻重镇沧州。沧州是第3集团军的守备区，总司令是韩复榘。

韩复榘有10万兵力，他不愿意抗击日军，而是希望利用蒋、日矛盾而自我发展。日本深知其意，于是设法拉拢利诱韩投靠日本，多次诱韩宣布“独立”。

冯玉祥得知韩复榘有同日本人狼狈为奸之意，便写信给韩说：“复榘，惊闻你与日方打得火热，这是与民族不利，与民意不合的，现在全国都在注视山东，你可不能卖国当汉奸啊！吉鸿昌为抗日牺牲了生命，没有给我们西北军丢脸，他的英雄业绩可以流芳千古了。你应该向他学习。”

“七七事变”后，日本人继续引诱韩“中立”。但是这次韩则断然令日本领事馆人员及侨民撤走。

蒋介石把山东划为第五战区，由第3集团军防守，主要负责津浦路南段的对日作战。第3集团军由韩复榘的第三路军、东北军于学忠的第51军和沈鸿烈的青岛守备队与第三舰队组成，由韩复榘任总司令，于学忠、沈鸿烈任副司令，有10万兵力。蒋介石命令韩全权指挥山东军事，并承担黄河防务。1937年10月，蒋又任命李宗仁为第五战区司令长官，韩复榘为副司令长官。

韩复榘开始时担心自己因为不抗战而被孤立，因此就以消极抗战而保存实力。这给日军提供了良机，很快就逼近黄河北岸，并从鹊山向济南进行炮击。

华北形势进一步恶化。

防守南京的难题

日军占领上海后，立即分兵三路向南京进犯：一路沿京沪铁路北进；一路经苏州、金坛向西进犯；一路沿太湖南岸进击。由于中国军队处于混乱状态，官兵只能各自为战，拼命西奔，致使敌人没有遇到任何抵抗，一路烧杀劫掠，很快就进犯到南京附近。

蒋介石面对南京的存亡，不得不紧急召开会议，解决南京的防守问题。大本营作战厅长刘斐在会议上发言认为：“日寇利用它在上海取胜后的有利形势，依仗其海陆空军和重装备的优势，进攻南京，则南京将处在被敌即将包围之时。我军在上海会战中损失太大，又经过混乱的长途退却，已无战斗力，非在后方进行较长时间的补充整训，不能恢复战斗力。在这种情况下，南京是守不住的。我军应避免在抗战初期与强敌进行决战，更不应在一城一地的得失上争胜负，而要从全盘战略着眼，同日寇展开全面而持久的战争。拖到日寇对占领我国的每个县都要出一个连，甚至一个营的兵力来防守战地，即使日寇在战术上有某些胜利，但在整个战争上它就非垮台不可。但南京是国民政府所在地，不做任何抵抗就放弃，当然不可。做象征性的防守，适当抵抗后即主动撤退。"

蒋介石、白崇禧、何应钦、徐永昌听后觉得合乎实际，都表示赞成刘斐的意见。因此，刘斐的意见便作为当时的作战方针。

不料唐生智却忽然站起来反对说："南京是中国的首都，为国际观瞻所系，又是孙总理陵墓所在，如果放弃南京将何以对总理在天之灵？因此，非死守不可。"蒋介石无法直接反对这种大道理，只好模棱两可地说："孟潇的意见很对，值得考虑，我们再研究研究吧！"

11月8日晚，唐生智仍然坚持固守南京的观点。蒋介石于是问他："谁负责固守南京为好？"

在场者都知道这不是个好差事，因此沉默不作声，最后坚持固守的唐生智站起来说："委员长，若没有别人负责，我愿意勉为其难，我一定坚决死守，与南京城共存亡！"

蒋高兴地说："很好，就由孟潇负责。"蒋又转头对何应钦说："就这么办，有什么要准备的，马上办，可让孟潇先行视事，命令随即发表。"

会后，蒋介石当即任命唐生智为南京卫戍司令长官，罗卓英、刘兴为副司令长官。唐生智找到蒋介石说："现在南京只有3个师，兵力远远不够，委员长至少应该留给我10万大军。"蒋介石想了想，说行，就又给了唐生智6个军。

蒋介石随后在11月20日宣布迁都四川重庆，表达了国民政府要长期抗战的打算和决心。

日本空军对南京进行重点轰炸，到处都是炸弹的爆炸声，城中硝烟弥漫，其中有两次轰炸了南京的飞机场——如果飞机场被毁，那么城内除了突围之外就无路可逃。此时，所有的中央机关各部门都已经纷纷迁往武汉。就在这种情况下，蒋介石冒着危险依然留在南京。他躲在中山陵山下"四方城"的一幢极小的两间房子里，那里树木繁茂，可以遮掩视线。他打算在那里同德国驻华大使陶德曼谈判停战问题。

德国公开支持日本的侵华战争，现在在日军进攻南京的情况下，则极力劝诱和压迫国民党政府向日本投降。陶德曼向蒋介石转达了日本提出的停战条件，即：

> 唐生智旧照。1937年11月日军进攻南京时，唐生智力主死守，主动出任南京卫戍司令长官，作为南京保卫战的最高指挥官。他声称要与南京共存亡，下令封锁南京通往江北的道路，焚毁渡船，使得大量平民不能撤离。他在未组织任何撤退的情况下，于12月12日下达弃城命令，自己乘保留的汽艇逃跑。守军失去指挥、军心动摇，第二天南京陷落，随后发生了惨绝人寰的南京大屠杀。

一、承认伪满、内蒙独立；

二、扩大“何梅协定”，划华北为不驻兵区域；

三、扩大“淞沪协定”，设非武装区域，上海国际共管；

四、中、日共同防共；

五、中、日经济合作，减低日货进口关税；

六、根绝反日运动；

七、尊重外国人在华权利。

蒋介石对陶德曼说：“中国如同意日本的要求，国民政府将会被舆论浪潮所冲倒。我只接受‘卢沟桥事变’前的状态。假定国民政府因日本采取的政策而倾倒了，则结果是共产党在中国占优势。”

日军已经逼近南京，于是再次通过陶德曼出面诱逼蒋介石。蒋于是在12月2日召集了军事长官会议，白崇禧、唐生智、顾祝同、徐永昌等人表示可以接受日本提出的条件。阎锡山也回电表示赞同。于是，蒋介石向陶德曼表示：“中国政府愿以日本所提出的各点作为谈判基础。”

不料，日寇贪得无厌，在原有7项苛刻条件外，又增加了4项“亡人之国的新条件”，其中包括两项超过蒋介石承受底线的要求，即日军要在占领地域内建立伪政权，并要求中国对日给予巨额战争赔款。蒋介石于是断然表示：“倭所提条件如此苛刻，决无接受余地。”

蒋介石于是在12月4日晚召集守卫南京部队的师以上高级将领会议，临别训话说：“抗战5个月来，虽然军事上是暂时的失败了，丧失了许多地方，但也给了日军以相当大的打击，使日军不能达到它速战速决的目的；也正由于我全体将士英勇抗战，获得了世界上越来越多的国家的同情和支持。南京是我国的首都，又是总理陵墓所在地，为国际观瞻所系，所以必须固守。守卫南京是一个伟大而光荣的任务，大家要在唐司令长官指挥下，同心同

∧ 陶德曼，1935年出任德国驻华大使。1937年12月到南京充当中日战争的调停者，1938年年初斡旋失败，1941年因德国承认汪伪政权，中德断交后被迫回国。图中左二为陶德曼。

德，抱定不成功即成仁的决心，克尽军人守土卫国的神圣职责。现云南部队三个师，装备齐全，兵力充足，又有作战经验，不久就可到达武汉。我将率领这支部队从皖南方面来解南京之围。”

蒋介石于12月6日在外国记者招待会上说：“南京危急！保卫南京的战事已经部署完成！”他最后振臂高声喊道：“我庆幸有个忠心耿耿、自告奋勇守卫南京的大将唐生智，唐将军同进犯南京的日军拼命！”

蒋介石随后从记者招待会来到唐生智司令部，对守城将领们说：“国家兴亡，匹夫有责！何况我是军委会负责人！你们不要听信谣言，说中日将要停火。这个仗我是要打下去的，人无分男女老幼，地无分东西南北，奋起抗战！一直把日本人驱逐出国境！我命令唐总司令负卫戍南京之责，把10多万军队交给他指挥，服从为军人之天职，希望你们同仇敌忾，万众一心，努力杀敌！”

唐生智则表示，作为军人，杀敌报国，是义无反顾的事情！然后请蒋介石赶快离开南京。

蒋介石走时对唐说，南京的一切，就拜托了，他一到汉口，就把团结御侮的工作做好。

12月7日凌晨，蒋介石登上“美龄”号专机，在一小分队战斗机的保护下，悄悄离开了南京。

守卫南京部队的大都是刚从淞沪战场败退下来的军队，身心都已经疲惫不堪。其中宋希濂的28军，王敬久的71军，孙元良的72军，叶肇的66军，俞济时的74军，邓龙光的83军，徐源泉的第二军团，以及教导队和宪兵团等，共计有11万余人。

日军则凭借飞机、坦克、重炮的优势和旺盛的士气，不断突破中国军队的防守阵地。12月9日，日军派飞机在南京上空投下一个空投袋。上面写着“南京卫戍长官唐生智收”。

唐生智派人捡来空投袋，打开后，发现里面是日本司令官松井石根致唐生智的劝降书。劝降书写道：“日本军对负隅顽抗的人将格杀勿论，但对一般无辜之良民及没有敌意的中国军队将宽大为怀，并保障其安全。特别是对于东亚文化，更将竭尽全力予以保护，然而，贵军如果继续抵抗的话，南京将无法免于战火。千年的文化精髓将会毁之一旦，10年的苦心经营也将化为乌有。限于12月10日午答复，否则开始攻城。”

唐生智看罢随手扔到一边，并下令道：“准备与敌死战！”

12月10日上午，答复时间过后，城中还没有投降消息，日军于是开始猛烈攻城。日军派第114、第6两师团主力向雨花台、通济门、光华门、紫金山、第三峰几处同时发起进攻，遭到中国守军的激烈抵抗。日军派第18师团去切断南京守军的退路。当日军攻占芜湖后，即向当涂方向前进，中国军队的后路随即被切断。

12月11日，日军继续以猛烈的火力猛攻雨花台、紫金山两处阵地。第二天，雨花台主阵地被日军攻陷。孙元良只好率残部2,000余人向下关方向败退。雨花台失陷，意味着南京城防被打开了一个致命的缺口，日军乘机蜂拥而入。

唐生智看到形势危急，于是将南京市中山北路以北地区，即自新街口为起点至山西路为止划为可容25万人的难民区。

唐生智此时也接到了蒋介石的电令：“如情势不能久持时，可相机撤退。”

12月12日夜晚，唐生智紧急召集各部队长官开会，下达了突围命令。具体安排是一部渡江，大部向城郊各处突围。但是唐生智没有考虑到此

< 1937年12月13日，国民党军队在混乱中仓皇退出南京，日军长驱直入进占南京城，并开始了他们灭绝人性的大屠杀。

> 日军在砍杀中国军队士兵。在守军的节节溃退下，日军占领了南京，疯狂大屠杀充分暴露了日本帝国主义的凶残，在人类文明史上留下了最野蛮的一页。

时公开撤退对于军心所带来的毁灭性影响。当各军长师长回去大声叫撤时，军心立刻大乱，逃命之心立即占据了官兵的思想。

唐生智本人虽然和少数人员在第36师掩护下成功渡江逃走。但是其他各部都已经无法控制。他们纷纷拒绝唐生智要他们大部向各个方向突围的命令，因为其他方向都有日军重兵把守。各个部队都一心想渡过长江逃命，于是纷纷涌向江边。只有66、83两军遵照执行了唐的突围命令，当夜分别由紫金山北麓和栖霞山附近成功突围而去。

由于下关至浦口渡口之间，船少人多，人心惶惶，秩序非常混乱。没有上船的部队纷纷叫喊，甚至把已经行到江心的船只开火击沉，大量的船都严重超载，许多船只因此沉没于水里。败退下来的军队不断涌到下关，都一心争抢着要过江逃命，因此许多人又死于自相践踏与残杀。滚滚而流的江水里满是守城士兵的尸体，伤兵被丢弃一边，任其生死。

日军于12月13日清晨攻入南京城内，南京至此沦陷。当时，多数守城部队都困于城内，有10万人未能渡江，都成为日军俘虏。

日军进城之后，兽性发作，开始了震惊世界、惨绝人寰的南京大屠杀。

蒋介石在南京失陷后发表了《为我军退出南京宣言》："国军退出南京，绝不致影响我政府始终一贯抵抗日本侵略原定的国策，其唯一意义，实只加强全国一致继续抗战之决心。盖政府所在地既已他迁，南京在政治上军事上皆无重要性可言。予作战计划，本定于敌军炮兵过烈，使我军作无谓牺牲过甚时，将阵线向后转移。"

日军在南京烧杀、奸淫长达6个星期。被屠杀的中国人总数达到43万多人（一说达35万多人）。南京到处是遭到强暴的女尸，所有女尸都面目青黑，有的被挖出乳房，有的被刺刀穿透胸腹，有些女尸的肠子流了一地。在这惨绝人寰的6个星期里，每天24小时，每时每刻都有妇女被日本兵强奸，上至80岁的老人，下至几岁的女童，日军都不放过。中国人将永远铭记这个民族的巨大伤痛。

> 日军在南京城制造了惨绝人寰的大屠杀。扬子江岸边到处漂浮着中国军民的尸体。

来之不易的徐州胜利

日军在攻占了北方的东北、内蒙、山西、平津和南方的上海、南京后，为了使这两处连接起来，解除中间的威胁，于是便制定了打通津浦线的计划。日军打算南北接通后再集结兵力，全力进攻武汉、中原，最终迫使中国政府屈服。于是，日军决定从南北两路同时向津浦线中部发起进攻。

徐州位于津浦路中间，是历代兵家必争之地，具有非常重要的战略地位。蒋介石下决心以徐州为中心部署重兵，分别在津浦路南北两头坚决堵住日军的进攻，坚守徐州。防守徐州的任务交由李宗仁的第五战区来承担。李宗仁第五战区的守备范围包括山东全省、长江以北江苏、安徽两省的大部。所属部队有：孙连仲的第2集团军，韩复榘的第3集团军，李品仙的第11集团军，廖磊的第21集团军，邓锡侯的第22集团军，顾祝同的第24集团军，杨森的第27集团军，庞炳勋的第三军团，冯治安的第十九军团，汤恩伯的第二十军团，张自忠的第二十七军团等，计29个步兵师，3个步兵旅，共计近30万人。

李宗仁根据敌情，详细制定了"先拒南下之敌于黄河北岸，而后集中主力先求击破由南京北上之敌"的作战方案。

日军占领南京后，立即以4个师团兵力渡过长江，沿津浦线北上进犯，同时从山东德州派遣6个师团的兵力以及一个特种机械化兵团南下夹击徐州，目的是打通津浦线。

由于防守津浦路北段的韩复榘不听指挥，消极抗战，致使日军很快就逼近黄河北岸防线。李宗仁大怒，亲自来到韩复榘的司令部里对韩说："只要我们坚持抗战，最后胜利必属于我们！如果济南失陷，3集团军可以退到沂蒙山区，监视津浦路左侧，使日军不敢急剧南下。"

韩复榘则说："南路日军很快就要打到蚌埠，北路日军如过了济南，两路一夹，我岂不断了接济？沂蒙山区贫困，就地无法筹措粮饷，即使饿不死，还不是让日本人拿我们当‘包子馅’吃了？”两人话不投机，只好不欢而散。

李宗仁离开济南后，为了保存实力，韩复榘便起了炸毁黄河铁桥，阻止日军过河，然后放弃济南，后撤逃跑的念头。

当晚，韩复榘先把3个老婆以及孩子们叫来，让他们赶快带上家私，在护兵们的保护下向河南逃跑。

第二天，当韩复榘正要下达撤退命令时，秘书送来了南京的急电："向方兄，请你务必死守黄河，绝不可放弃济南。蒋中正。"韩复榘看了看电报，然后说："不管它！如果拿我们兄弟的头去开玩笑，我们今天也就彻底完了。"

V 沿津浦路北犯的日军部队。

韩复榘在撤出济南以前，竟然打着“焦土抗战”的幌子，在济南等地进行大规模的焚烧抢劫，并向各县强行征收“救国捐”，搜刮民脂民膏。当地人民为此苦不堪言，有不少人因为被逼得家破人亡，于是跳河自杀或悬梁自尽。韩又命令把民生银行和金库里的1.5亿两黄金、3万两白银全部装好，连夜装车运往自己的老家河南洛阳。韩部官兵也不落空，在当地连抢3天。中国银行和交通等银行、各面粉公司、各大纱厂及其仓库，都被韩和他的部下抢劫一空。在撤离济南的前一天，韩复榘下令焚烧省政府各厅局、法院、兵工厂、“进德会”、前总督署等处建筑物。济南全城，顿时一片火海，人民呼天喊地，惨不忍睹。

当韩复榘退往泰安时，蒋介石再次发来十万火急的电报，命令他“千万不能放弃济南”。但是韩则轻蔑地说：“老子已经到了泰安，看你怎么样？！”12月28日，韩复榘乘车逃到济宁。李宗仁因此电令他：“你部务必死守泰安。”韩干脆在电报上批了一句：“南京不守，何守泰安。”

韩复榘不但抗令不战而逃，而且在沿路各地，纵容士兵抢劫，日军也趁机在几天之内，就兵不血刃占领了山东的大半国土。韩的罪恶行径，激起了全国人民的极大愤恨。而蒋介石对韩也是恨到了骨子里，因为他已经得知韩竟然要对付他。

原来，日寇占领南京后，国民党政府准备迁往四川，韩于是就主动同四川军阀刘湘进行密谋，并与宋哲元联络，打算由刘湘派川军封死蒋介石入川之路，而韩复榘率部撤到南阳、襄樊、汉中一带；宋哲元部撤至潼关以西，刘、韩、宋合力夹击包围蒋军，然后通电联合倒蒋。蒋介石的密探很快得到了这个消息，蒋恨恨不已，下了除掉韩的决心。

蒋介石要李宗仁安排在徐州召开第五战区会议，点名要韩出席。但韩已经有所戒备，于是让何思源代表他去徐州开会。1938年1月10日，蒋介石和白崇禧等到达开封，蒋介石亲自给韩复榘打电话说：“我决定明天召集师长以上官佐来开会，请向方兄同孙军长等务必出席。”

韩复榘的部下都认为韩此去凶多吉少，不如仍然派一个代表去，因为蒋为人向来阴险毒辣，难以看透。韩复榘正在犹豫之时，没想到身边的术士“青天鉴”却帮韩解梦说，韩若骑白马西行，定有好运等他。韩没有想到“青天鉴”是蒋安插在他那里的密探，于是，迷信的韩决定参加会议。

1月11日下午，韩复榘和孙桐萱带着一个旅的卫队戒备森严地乘坐汽车来到开封。但是在会场大门口，韩的卫队就被军警宪兵拦住，不

∧ 中国军队开赴前线抗击日军。

准入内。在第二道门，韩的4个卫士又被留在了接待处。走了不到50米，韩一抬头，看见墙上贴了一张通知："与会将领不可携带武器进入会议厅，随身自卫武器请暂交副官处保管。"韩见站在他身边的许多将领都自动将腰间的手枪交给守卫人员，他思忖了一下，也就交出了手枪。

参加会议的有第一、五战区80多位师以上将领，韩复榘的座位同刘峙的连在一起，他的部下则在其他位置。蒋介石首先气势汹汹地教训在座军官说："外敌入侵，中国到了生死存亡的关头，我们如再不铲除保存实力的落后思想，洗刷那卑劣无耻的亡国心理，还要拥兵自重，就一定要踏着东四省伪军的覆辙，要被敌人压迫来毁灭我们祖宗的庐墓，残杀我们自己的同胞，绝灭我们子孙的生命。真是生无立足之地，死无葬身之所，比奴隶牛马还不如！我们打败仗，并不是倭寇的军队怎么多，实力怎么强，也不是我们一般下级官兵不勇敢，不牺牲，而是由于我们一般高级将领指挥失当，虽有很多部队，也不能发挥相当效力，所以被敌人打败！竟有一个高级将领，放弃山东黄河天险，违抗命令，连续失陷数个大城市，使日寇顺利地进入山东，影响巨大，照此下去成何体统？敌人由济南攻下泰安的部队，不足一师人，而且不是正式部队。他们如此脆弱的部队，居然向南深犯，这完全是我们等敌人到了就

∧ 由南京向徐州方向进攻的日军。

退，既不攻击，也不死守的缘故。此种现象必须坚决纠正，绝不允许有类似情况发生！”

韩听着头上就冒出了冷汗，没想到蒋介石随即就点了他的名：“我问韩主席：你不发一枪，从山东黄河北岸，一再向后撤退，继而放弃济南、泰安，使后方动摇，这个责任，应当是你负担！”韩复榘站起来抗辩说：“山东丢失是我应负的责任，南京丢失是谁的责任呢？”蒋大怒，声色俱厉地打断韩的话说道：“现在我问的是山东，不是问南京，南京丢失，自有人负责！”

当宣布散会后，会场内只剩下李宗仁、刘峙、蒋介石及四五名卫士。刘峙看了一眼韩，随后指着卫士对韩说：“韩总司令，你可以跟他们走。”韩于是灰溜溜地跟在卫士后面走了出去。刚走出会场，军统头子戴笠和龚仙舫就带着一帮特务将韩复榘押送到武昌军法执行总监部。

等韩复榘被押解到武昌后，蒋介石才在一次会上宣布：“韩复榘目无中央，违抗命令，大敌当前，擅自撤退，为民众所不容，为党纪国法所不容，现已逮捕法办，交军法总监部审理，请诸位安心供职！第3集团军由于学忠任总司令，孙桐萱为副司令。”

蒋介石决定组成高等军事法庭，对韩进行审讯。他委派军政部长何应钦为审判长，第一战区副司令长官鹿钟麟、武汉行营主任何成浚为审判官，徐业道、贾焕巨为军法官，开始审理韩案。

∧ 韩复榘旧照。1938年1月24日，国民革命军第3集团军总司令兼山东省主席韩复榘，因弃守山东不战而逃，被蒋介石枪决。

1月24日，韩复榘被枪决。

韩复榘被扣时，蒋介石特地派何应钦到汉口去见住院治疗胃溃疡的刘湘，告诉他韩复榘已被扣押的消息。刘湘大惊，知道事已败露，于是何应钦刚走后10分钟，他就大口吐血，随后昏迷不醒，3天以后死去。

蒋介石为了严明军纪，惩戒作战不力者，还曾数度枪毙军事将领。在扣押韩复榘的当天，蒋介石就当众宣布了一个10条《作战惩罚办法》和10条《作战奖励办法》。他说："这一个办法颁布以后，各位就要转告部下一般官兵，使他们个个都能透彻了解，大家从此格外惕厉奋发，努力抗战。因忠勇战斗而牺牲的，本委员长一定本着至中至正大公无私的精神，转请政府，尽量补充以优奖励。"无论如何，在当时那种情况下枪杀韩复榘，确实起到了"杀一儆百""振奋了士气和民心"的作用。

在津浦路南段，日军占领南京后立即发兵渡过长江，向北进犯。日军本以为乘胜利余威，就可以长驱直入，没想到刚到张八岭、岱山铺、株龙桥、藕塘一带，就遭到第五战区的韦云淞第31军的顽强阻击。日军不愿意相信这个事实，于是不断增兵，一直增加到三个师的兵力，比中国军队多几倍，竟然还是无法前进一步，这大出日军指挥官意料。后来，中国守军主动西撤，日军以为可以乘胜追击，没想到在淮河南岸又遭到中国军队有力的阻击。日军主力被31军吸引牵制在淮河岸边，始终无法前进，双方形成对峙态势。

日军眼见北守南攻的计划无法实现，于是又改变策略，改为从北段向南主攻。坂垣第5师团于是在海军配合下，成功在青岛登陆，然后迅速逼近台儿庄，准备攻取徐州。李宗仁并不慌乱，而是决心大干一场，给日军以颜色，于是命令军队积极进行部署。

日军打算让矶谷的第10师团与坂垣第5师团在台儿庄会师，而后兵分两路，实现夹击徐州的战略目标。

坂垣第5师团进攻临沂，形势告急，李宗仁只有就近抽调原守海州的庞炳勋军固守临沂县城。庞炳勋很快就在临沂被日军包围。如果不去增援，凶多吉少，而战区除了张自忠的59军之外，已无军可调前去增援。但李宗仁知道张与庞有仇，张调来第五战区时也曾私下表示："在任何战场皆可拼一死，唯独不愿与庞炳勋在同一战场。"原来，张、庞都曾是冯玉祥的部

< 蒋介石在徐州与白崇禧（右）、李宗仁（左）合影。

> 日军主力沿枣庄、台儿庄公路进犯、防守台儿庄的中国队在台儿庄外围进行阻击。

> 孙连仲（手持电话者）在台儿庄郊外指挥作战。

下，1930年蒋、冯、阎中原大战时，庞被蒋收买，倒戈反冯，为了向蒋表功，庞在张不知情的情况下出其不意地袭击了张部。现在，张自忠会去救援自己的仇家吗？李宗仁有些担心。但是没想到大敌当前，张摒弃个人恩仇，听说后不计前嫌，马上率部星夜赶赴临沂。"两军内外夹击，如疾风暴雨。坂垣师团不支，仓皇撤退。庞炳勋、张自忠两部合力穷追一昼夜，敌军无法立足，一退90里，缩入富县县城内，据城死守。沿途敌军尸横遍野，器械弹药损失尤大"。冯玉祥在后来称赞这一仗说："张自忠将军在山东临沂打了胜仗，日本人的大队攻临沂城，守临沂的是庞炳勋。双方打得很厉害，日本人想不到张自忠将军的军队那么听命令，那么的勇敢！"

由于张与庞部密切配合，经过5昼夜血战，歼灭数千日军，终于破坏了日军的会师计划。

这时，蒋介石看到北方危急，于是又将第一战区的第2集团军孙连仲部调来守卫台儿庄。

1938年3月24日，蒋介石带领白崇禧来到徐州和台儿庄向将领们亲自"指示机宜"。在

正确的策略指导下，从3月24日至4月3日，日军矶谷师团的主力几乎全部被孙连仲部吸引在台儿庄附近。原来从3月下旬开始，骄横的日军矶谷师团主力为了抢攻，不顾其他日军的配合，孤军冒进，开始沿津浦路台儿庄枣庄支线迅速南下。日军有坦克七八十辆，山野炮和重炮100余门的强大火力和突击能力，在飞机的掩护下，向台儿庄发起猛攻，著名的台儿庄大战至此拉开了序幕。

在整个大战中，日军投入的兵力有两个师团，一个炮兵旅团，伪军两个师和一个旅，总计有七八万人，而中国方面先后投入作战部队达到了约40万人。

李宗仁命令孙连仲的第2集团军的三个师扼守台儿庄正面阵地，命令汤恩伯的第20军团以一部防守运河南岸，以两个军攻击日军的侧背，以便和孙连仲的第2集团军形成包围圈，对敌人发起围歼战。蒋介石对这一会战非常重视，3月24日，亲自到徐州督战。同时他派副总参谋长白崇禧、军令部次长林蔚、厅长刘斐等组成临时参谋团，火速赶往徐州协助李宗仁指挥作战。

3月23日，日军自峄县沿台（儿庄）枣（庄）铁路支线开始向南边的台儿庄发起攻击。3月27日，日军援军赶到后，又开始对台儿庄发起第三次猛攻，中国守军进行了顽强抵抗，致使双方展开激烈的巷战。日军久攻不下，矶谷感到没有脸面，于是亲自赶到台儿庄的西范口附近督战。而中国军队的池峰城师则抱定了与台儿庄共存亡的决心，面对强敌，

∧ 抗战时期，蒋介石与孙连仲在一起。

中国士兵不惜以血肉之躯对抗敌军的坦克和炮火，并充分利用宅院、街道、墙垣同敌军展开近身搏斗，寸步不让。

李宗仁见形势危急，急令全部德国装备的汤恩伯军团迅速南下增援。但是汤恩伯却在姑婆山犹豫不决。李宗仁气恨之极，严厉地警告汤恩伯说："如再不听军令，致误戎机，当照韩复榘的前例严办。"蒋介石也电令汤恩伯率军南进增援。汤部主力这时才下定决心，火速南下台儿庄，对日军形成合围之势。

4月3日，台儿庄城西北门、北门、东门、东南门和全城一半的面积都已经被日军攻占。但是中国守军仍然坚守南关，拼死还击。中国守军还组成大刀队，趁夜晚袭击敌人，给敌人造成很大杀伤。但由于士兵伤亡太大，中国守军的形势渐渐危急。4月4日深夜，第2集团军司令孙连仲向李宗仁报告说："第2集团军已伤亡多半。敌人火力太强，攻势过猛，但是我们把敌人也消耗得差不多了。可否请长官答应暂时撤退到运河南岸，好让第2集团军留点种子，也是长官的大恩大德。"

李宗仁说："敌我在台儿庄已血战一周，胜负之数决定于最后5分钟。援军明日中午可到，我本人也将于明晨来台儿庄督战。你务必守至明天拂晓，并要组织夜袭。坚持就是胜利，待明天援军到后，我们就可对敌人内外夹攻！这是我的命令，如违背命令，当军法从事！”

孙连仲慨然应允。他的预备队现在已全部用上了，部队伤亡非常大。许多轻伤员于是自动组织起来，并主动要求承担进攻的任务。孙连仲对师长池峰城说：“士兵打完了你就自己上前填进去，你填过了，我就来填进去。有谁敢退过运河者，杀无赦！”

池峰城于是坚守着，对每个墙垣都进行反复争夺，死守不退。到黄昏的时候，日军暂时停止了进攻。深夜里，孙部组织了几百名先锋敢死队，手持大刀，分组冲入敌阵，向已精疲力竭的日军进行砍杀，日军只好在慌乱中仓促应战，乱作一团。这种夜袭的效果惊人，日军经过多日血战才到手的台儿庄市街，竟被中国军队一举夺回3/4的地方。

4月5日拂晓，养精蓄锐的汤恩伯军团终于到达台儿庄以北，中国军队对日军的反包围态势已经形成，于是两军开始内外夹击，发起了反攻。在强大的炮火支援下，中国军队敢死队勇猛地冲入日军阵地，给敌人以重创。

4月6日，中国军队完成了对日军的彻底合围，于是全线出击。此时，日军的弹药汽油已经用完，机动车辆无法动弹，多数被击毁或者处于瘫痪状态。日军多日疲惫，现在被包围起来，士气全无，在中国生力军和复仇守军的攻击下，只剩下狼狈突围逃窜的份，很快就溃不成军。中国军队乘胜追击，矶谷师团长最后只好带着万余人突围逃往峄县，不敢再战，开始闭城死守，等待援军。

> 台儿庄战场上中国军队的机枪阵地。

台儿庄战役，中国军队杀死杀伤日军2万余人，缴获各种大炮70余门，战车40余辆，装甲车70余辆，汽车100余辆，机关枪数百挺，步枪上万支，还缴获了大量其他战利品。

李宗仁说：“台儿庄捷报传出之后，举国若狂。京、沪沦陷后，笼罩全国的悲观空气，至此一扫而空，抗战前途露出一线新曙光。”

据日本方面的资料说，当时蒋介石对台儿庄胜利的宣传作了如下指示：

一、台儿庄之战，不过是第二期抗战的初始胜利，应力戒因此次胜利带来骄傲。

> 台儿庄大捷后，李宗仁在台儿庄车站留影。

二、长期抗战主要在于消耗敌人之战斗力，而不在一城一市之得失。此点应有深刻认识，以免对持久心理发生不良影响。

三、努力阐明本党宣言及抗战建国纲领等之重大意义。

四、所有宣传应努力报道事实，慎勿夸张。

五、对敌加以笔伐之时，应止于攻击日本军阀，决不可对日本皇室及日本民族有所诽谤。

台儿庄战役，是抗战以来所取得的一次空前的重大胜利，举国欢庆，悲观失败的情绪一扫而空。当时中国军民还曾在武汉举行了盛大的火把游行，全国军民都欢欣鼓舞。

矶谷和坂垣两师团从台儿庄撤退后，暂时补充休整兵力。但是此时日军也开始了新的部署，打算趁中国军队集结在徐州之机，一举进行决战，彻底消灭中国军队主力。于是日军迅速从平、津、晋、绥、苏、皖等地陆续增调了13个师团，将近40万人，组成了以桥本群作战部长为首的“大本营派遣班”，协调指导南北两兵团，打算对中国军队展开战略决战。很快，日军就兵分6路，形成了对徐州的大包围。而蒋介石此时也希望扩大台儿庄胜利成果，于是分别从各战区调集大批军队增援徐州，使得第五战区的兵力很快就由29个师增加到64个师3个旅，兵力达60万人。一场大决战眼看就要爆发。

日军的部署是，在徐州南面，先以第16、第144师团沿津浦路向南推进，增援北线的第5、第10师团，以吸引中国军队的主力；在徐州西面，以第14师团进入山东西南和河南东部，切断陇海铁路，这样就切断了中国军队从西边增援徐州的道路，也切断徐州守军向西的退路；徐州的其他方向，则有日军第6师团、第9师团、第13师团、第101师团，并渐渐形成对徐州的包围圈。

李宗仁认真研究了形势，并从持久消耗战的战略高度出发，认为徐州为平原地带，非常适合日军机械化部队作战，加上日军强大的空军力量，中国军队在徐州同敌军作阵地消耗战是难以取胜的。为了避免重蹈淞沪和南京战场的覆辙，李宗仁提出了撤离徐州的意见，而蒋介石此时却依然陶醉在台儿庄的胜利中，打算坚持作战，以取得更大的胜利。

形势正如李宗仁所料，虽然第五战区的中国军队在徐州附近地区寸土必争，进行了非常激烈的逐次抵抗，但是最终没有挡住日军的攻势，而

∧ 在台儿庄战役中，被俘的日军一部。

∧ 李宗仁（右一）与属下将领在研究作战计划。

日军对徐州的包围圈越来越小，形势日益险恶。为了保存有生力量，国民政府军事委员会最终决定放弃徐州。

5月17日，李宗仁发挥自己的军事天才，在日军的重围下进行了非常高超的突围。他在开始时积极部署军队，给日军造成要进行决战的假象，等日军作了相应的决战部署后，李宗仁却又让部队有条理地逐步进行撤退。由于指挥得力，各部队都能做到有条不紊地撤退，随后迅速突围而去。他命令孙连仲、张自忠、庞炳勋部队以运河设防，进行坚守，掩护大军撤退。同时命令装备精良的汤恩伯军团猛烈冲击日军，向西面突围。日军见中国军队开始出现大幅度行动，随即也开始迅速收缩包围圈。但是中国军队这次一改淞沪撤退时的状态，并不慌乱，而是按照计划边阻击边撤退，最终两路军队都相继冲出重围。

5月18日黄昏，李宗仁与长官部官兵人员700余人，乘夜色越过日军的包围圈，向潢川转移。而留守徐州城的刘汝明部则装作要进行死守，同日军发生了激烈的攻防战。等刘汝明看到各路大军都已经成功撤离后，才于19日离开徐州。

中国军队在徐州的成功突围，破坏了日军企图合围中国军队主力，强迫进行决战的战略意图。

台儿庄战役后，程潜调集了大量精锐部队防守兰封、商丘、砀山之间的陇海铁路以阻止日军的西进。而日军的意图则恰恰是西进切断平汉路，然后南下攻占华中重镇武汉。于是，日军分东、北两路向陇海路东段的中国守军发起了进攻。

守卫在平汉线上的部队属于程潜的第一战区。而守卫河南北部的则是宋哲元的第1

> 时任第一战区司令的程潜。

集团军，也属于第一战区。宋部的任务是利用遍布河南北部的坚固国防工事，全力阻止日军南下。

土肥原师团于1938年2月初紧逼河南北部，于是很快就对第1集团军发动了攻势。2月7日，日军第27旅团长仅仅带了5个步兵大队、3个炮兵大队就从大名出发，开始向南乐、清丰、濮阳一线进犯。但是宋哲元的军队却一经接火，就弃枪逃跑，致使日军迅速攻占了南乐、清丰、濮阳。

蒋介石闻讯后十分震怒。他一方面电令第一战区总司令程潜固守道清、滑县、浚县及淇河阵地，一方面命令宋哲元死守河南北部阵地。但是宋却并没有执行蒋介石的命令。宋的副手秦德纯辩称："豫北我军兵力薄弱，应援不及，如两日内新乡无大部援军到达，深恐无法收拾也。"2月14日，濮阳日军仅仅一个混成联队5,000余人，还携带有大量笨重的架桥器材和渡河工具，开始南下进犯。而宋哲元第1集团军虽然在豫北有近10万兵力，还有着坚固的国防工事，却面对这5,000日军闻风而逃。宋本人在从获嘉狼狈西逃时，还差点被日军装甲车追上俘虏。由于惧敌逃跑，致使这股日军当天就侵入长垣，第二天攻陷封丘，并向新乡南边的平汉铁路加速进击。当第一战区司令长官程潜斥责宋哲元的不战而逃时，宋哲元竟然辩称："应力求避免与敌决战，以免部队作无谓的牺牲。"程潜非常气愤，当即下令第46军军长樊崧甫严密守住黄河南岸，没有战区长官命令，不得放任何部队南渡黄河，为了根绝侥幸，程潜还下令并炸毁了郑州黄河铁桥。

5月27日，程潜命令军长黄杰、刘汝明率部死守商丘、亳州，没想到黄杰竟然临阵脱逃，致使日军一个旅团于5月29日兵不血刃就占领了商丘。

∧ 蒋介石下令掘堤放水，不但未能阻挡日军的进攻，造成的黄泛区却给当地民众带来了灾难。

此时，骄横的土肥原第14师团主力孤军冒进，以1万余人、100余门炮、100余辆战车的兵力，准备沿陇海路西进，进攻兰封。中国军队当即决定抓住战机，以13个师近15万人的精锐部队，打算以十五敌一，将土肥原师团全部围歼。为此，蒋介石亲自赶到郑州督战。

5月25日，中国军队对日军的围攻开始。虽然中国军队以手榴弹、大刀冲入敌阵，与日军进行激烈战斗，但是并没有歼灭日军。此时，河南东面和西面的日军却已经频频得手，正向郑州方面压来，打算将几十万中国军队一举围歼。蒋介石非常气愤，他训斥各军、师、旅、团长说："此次作战奋勇争先者极其少数，大都缺乏勇气、鲜自振作，遂致战局迁延。"为了严明军纪，蒋介石还下令对丢失兰封、归德的桂永清、黄杰两人撤职查办，还枪毙了擅自退出兰封的第88师师长龙慕韩。

河南东面的日军攻势猛烈，相继攻陷了开封等地，逼近郑州。而从北面南下的日军已经占领了位于郑州西部的同蒲铁路南段。日军随即用15门大炮向潼关猛轰，并与郑州东面的开封日军遥相呼应，打算东西进击，切断平汉铁路，歼灭国民党几十万大军。

万一郑州失陷，那么武汉的北大门就会洞开，武汉危急。程潜见事态紧急，情急之下竟然建议蒋介石利用黄河伏汛期间，炸毁黄河河堤，让黄河洪水淹没平汉路以东地区，以阻止依靠机械化部队的日军的进攻。

蒋介石只是到黄河岸边随便查看后，便决定炸毁黄河大堤。有些将领反对说："水淹三军，古已有之，但时至今日，这样做会不会牺牲太大？而且老百姓会不会有闲话？"蒋介石说："现在国难当头，一切以国家利益为重，我已经决定了，把郑州东北花园口附近的黄河大堤炸四五个大缺口，就可以利用黄河的水阻止敌人前进。"

蒋介石随即命令商震执行这一任务，并告诫说"要注意保密，绝不让日本人事先风闻！"6月4日夜晚，工兵营按照计划用黄色炸药和地雷炸开堤内斜面的石基，开始放水，但是因为黄河水位较低，水量太小而失败。于是蒋介石又命令在第一道决口以东30米处炸开第二道决口，也宣告失败，蒋介石非常焦灼，为了尽快炸开决口，他竟然在一日之内三四次询问决口情况，并要商震随时向他汇报进展情况。在蒋介石监督下，花园口决口被加宽到50米。

6月9日早上9时，花园口黄河大堤终于开始释放河水。蒋介石又让用平射炮两门将缺口再打宽约2丈，水势一下子变得非常猛烈。恰逢大雨倾盆，致使决口越来越大，汹涌的河水宽达两三里，迅速向东南方向的良田和村庄泛滥而去，平汉路以东方向很快就成为一片泽国，形成了触目惊心的黄泛区。

整个黄泛区由西北到东南长达400多公里，流经豫、皖、苏3省44个县，淹没了1,700多万亩良田，冲毁了140万余家民宅，造成90万人死亡，1,200多万人无家可归的惨剧，而且造成了此后黄泛区的连年灾荒，致使难民流离失所。

黄泛区虽然挡住了河南东面的日军，但是却并没有阻止日军对武汉的进攻，日军迅速改变进攻策略，又从长江下游开始向武汉进犯。日军以畑俊六大将为华中派遣军司令官，率领第2军和第11军共12个师团约40万兵力，并有海军陆战队和500架飞机协同作战，兵分4路向武汉进逼。日军在长江以北分为两路：一路从大别山北路进攻信阳；一路沿长江北岸直扑汉口。在长江以南，一路沿南浔路南进；一路沿瑞武路西进，直取武昌。另外派遣海军舰队沿江而上，随时准备进行登陆作战。武汉会战★已经无可避免。

为了进行武汉会战，蒋介石调集了60个师共100万兵力参加会战，其中有骑兵、炮兵、工兵、飞机和长江舰队。蒋介石还从国外购买了战机100余架，野炮、高射炮、轻榴弹炮、战车防御炮100余门。

蒋介石在武汉主持讨论制定武汉会战计划时说：“战争打到现在，基本是平原作战，现在战场移到山地和湖泽，已对我军有利。湖北是‘千湖之省’，遍地为湖，都是地障，武汉地处千湖中心，千湖之中，约有1/3在武汉东侧，此是绝大的地利。日军北面已为黄泛区所阻，唯一攻击面是东面。从日军战略看，是要以速战攻取武汉，压迫我政府屈服，同时歼灭我军主力。我们的计划是固守5个月左右，以武汉会战彻底打破日

∧ 1937年底，国民政府从南京撤退，蒋介石在武汉表示坚持抗战到底。

★武汉会战

1938年8月，日军沿长江两岸从东、北、东南三面逼进武汉，先后共投入兵力35万人。中国军队先后共投入兵力110万人，并在武汉外围的若干战略要地，对日军的进攻进行了顽强的抵抗，但未能阻挡住日军前进，武汉被日军包围。10月25日，中国军队全线撤退，27日，武汉失陷。武汉会战是抗战以来战线最长、规模最大、持续时间最长并具有重要意义的一次会战。

军的速胜战略，此种会战本拟在徐州进行，因地形不利，而移武汉。武汉东连吴会，西通巴蜀，南接岭表，北带中原，有九省通衢之称。武汉的地位十分重要。此次保卫武汉的战役，乃是我们国家前途和整个抗战局势最重要最紧急的关头，其成败得失，内则关系我抗战前途和国家民族的安危，外则足以影响国际局势，实在是关系重大的一件大事。”

蒋介石制定的总体战略方针是：将主力军置于武汉外围，不局限于城市，争取进攻和退守的自由。利用鄱阳湖和大别山的自然屏障，以及长江两岸湖泽丘陵与日军作持久的阵地坚守战；确保对现有的华南、华北、华东阵地的防守，同时实行积极的游击战争，破坏日军的长江航运，全力在长江下游消耗和拖住日军力量，阻止日军攻到九江，从而形成武汉外围的屏障。争取同日军主力打4～6个月时间。

蒋介石确定的武汉保卫战的具体布防是：

程潜的第一战区，主力防守汜水、确山，主防阵地是黄河、河南东部、山东西部，重点设防郑州南部的禹县。把兵力分为三个部分，第一部分在郑州西北的黄河北岸泌阳一带留作预备队；第二部分是以游击方式骚扰河南北部的日军；第三部分兵力作为前锋，迎击日军，阻击其前进。

李宗仁的第五战区，主要任务是坚守大别山阵地，阻止日军前进，同时以游击方式骚扰津浦路南端的日军，破坏其后方补给线。兵力一部分驻防商丘，侧击向西南进攻的日军；一部分在六安、舒城、桐城一线，阻击西进的日军；一部分在安庆、无为、庐江一线固守，从侧面向沿江西进的日军发起进攻。

新组编第九战区，以陈诚为司令长官，下辖薛岳第1兵团，李汉魂第2兵团，武汉卫戍部队和江防守备部队。在第三战区、第五战区以背后的鄱阳湖以西作第二道屏障阻击日军，同时以6个师与第三战区防守马当要塞。

< 指挥进犯武汉的日华中派遣军司令官畑俊六。

< 日军部队向武汉方向进军。

顾祝同的第三战区重点是长江防御。

汤恩伯的豫鄂边区总司令部于南阳、襄樊一线协助第九战区制敌。

空军则主要集中在汉口、南昌两个机场，不分日夜地对长江中的日军舰队进行轰炸；对日机来武汉进行轰炸的机群进行拦截，同时派遣轰炸机轰炸南京、芜湖一带的日本飞机场。

长江舰队则主要防守沿江要塞马当、湖口等地，选择有利地形密布水雷，以封锁长江，阻止日舰前进。

1938年6月初，日军开始向武汉方向发动进攻。

日军先打算攻占安庆作为西进武汉的据点，于是在长江集结44艘军舰、83艘汽艇、13艘客轮、数百条木船，在飞机掩护下，海陆空军联合作战，猛攻安庆。杨森部苦战两昼夜后，安庆失守。

日军占领安庆、潜山后，立即开始进攻中国军队第二道防线的重要据点马当要塞。第九战区在马当有6个师的重兵把守，第三战区也以重兵进行呼应，并在长江密布水雷。蒋介石为阻挡日军沿长江向西进攻，还命令将装满石头的轮船沉入马当附近的长江，堵塞了长江船道，但还是未能阻止日军的进攻。日军在上百架飞机的轰炸、扫射下，军舰开始攻击马当要塞。26日马当要塞失陷。

马当失陷，蒋介石极为震怒。为严明军纪，下令逮捕未能及时增援的薛蔚英，并处以死刑，同时将167师解散。

日军占领马当以后，虽然面对中国军队的重兵阻击，依然在5天之内继续攻克了彭泽。3天后，于7月4日又攻陷了湖口。日军随即从湖口向九江进攻。此时，中日两军都是海陆空三军协同作战，战斗非常激烈。日军经过22天的进攻后，以重大代价终于攻占了九江。到8月初，长江北岸的日寇又攻占了宿松和黄梅。至此，武汉东面的屏障尽失，日军完成了夺取武汉的军事部署。

∧ 中国军队在废墟中向日军射击。

7月18日，蒋介石在接见英国《每日先驱报》驻华记者斯诺时说："武汉必能坚守，而日军后方，因中国游击部队日益活跃之故，则将变为前线。"他又说："纵令武汉将来有不能守之一日，殊亦无损于抗战之毫末，相信保卫武汉之战，必使敌人遭受重大之损失也。"

8月初，武汉保卫战正式开始，双方在数千里的战场上，进行了为期近三个月的激战，中国军队表现了惊人的勇气和爱国热情，大量杀伤了日军，也涌现了许多英雄事迹。

9月1日，日军集结在黄梅的2师团步兵、4个联队炮兵、七八十辆战车，和七八十架战机，开始兵分3路向西进犯，随即展开了激烈的田家集攻防战。

田家镇在九江与黄石之间，中国守军依靠坚固的防御工事，以重兵进行防守。日军海陆空三军协同作战，每天投弹1,000多枚，炮击500余次，但是中国守军依然坚守阵地，使得日军无法前进。日军竟然不顾国际法使用毒气进行攻击。由于中国军队没有防毒面具，因此死伤惨重。在经过28个昼夜的鏖战后，9月28日，日军终于攻克了田家镇要塞。

孙连仲、宋希濂部与日军13师团和16师团在河南激战30余日，使日军无法前进一步。

汤恩伯集团军在马头镇、富池口要塞对日军第9师团进行猛烈抵抗，消耗了一半的日军，最后在日军军舰、炮兵及空军、毒气的进攻下，马头镇、富池口先后失陷。张发奎兵团也多次重创日军。

日军在不断得手后，打算兵分三路发起进攻，企图截断粤汉线，围攻武汉。

蒋介石在保卫武汉的各部队长官会议上作长篇训话说："各位此次奉令率部守卫武汉，职责异常艰巨，使命格外重大，今后武汉的存亡，整个抗战的胜败，要由你们负起全责。我们一定要借此一战，将寇军主力歼灭于我阵地前，这样，才算达成我们的任务，才对得起总理和一般革命先烈在天之灵。高级将领应抱定必死的决心，誓与武汉共存亡。高级长官应始终不离部队，誓与士兵共患难同生死。高级将领应有坚决的企图心，虽天崩地裂，此志不移，誓死求其贯彻。”

为了协助武汉会战，并切断中国同国际的联络，日本大本营御前会议做出了攻占广州的决定。随即日军抽调第5、第18、第104师团，以及第4飞行团组成了第21军，与海军第5舰队协同作战。10月12日，日军分别在大亚湾海岸和珠江沿岸登陆，进攻广州。21日广州失陷。

广州失陷后，粤汉铁路随即被切断，加之平汉铁路也被日军切断，因此武汉失去了战略上的重要性。蒋介石在日记中写道：“此时武汉地位已失重要性，如勉强保持，则最后必失，不如决心自动放弃，保全若干力量，以为持久抗战与最后胜利之根基。”

10月24日晚，蒋介石偕宋美龄乘飞机离开武汉，飞行中途因为飞机迷失方向不得不重新返回汉口。当第二天早晨4点，蒋介石的飞机再度起飞时，日军已进攻到汉口城外15公里处了。

10月25日，日军开始进攻武汉近郊，中国军队激烈抗击。蒋介石随即下令放弃武汉，他在命令中说：“将凡有可能被敌军利用之虞的设施均予破坏。”

∧ 在武汉会战中，中国军队重机枪手予日军以重创。

10月31日，蒋介石发表《为国军退出武汉告全国国民书》：“保卫武汉之军事，其主要意义源于阻滞敌军西进，消耗敌军实力，准备后方交通，运输必要武器，迁移我东南与中部之工业，以进行西南之建设。今者我中部及东南之人力物力多已移植于西部诸省，西部之开发与交通建设，已达初步基础。故我守卫武汉之任务已毕，目的已达。且抗战军事胜负之关键，不在武汉一地得失，而在保持我继续抗战持久之力量。自今伊始，必须更哀戚、更坚忍、更踏实、更刻苦、更勇猛奋进以致力于全面之战争与抗战根据地之充实，而造成最后之胜利。”

∧ 时任 71 军军长的宋希濂（图中）在武汉会战期间查看地图，研究作战方案。

∨ 在战时艰苦的条件下，宋美龄也坚持陪伴在蒋介石的身边。

武汉失陷后，国民政府军政部门迁到长沙。

武汉会战，从6月12日到10月27日，长达4个半月，大小战斗数百次，是战略相持阶段最大的一次会战。日军共出动12个师团计40万人参加会战。中国军队调动了130个师，计100多万人参加会战。双方在皖、豫、鄂、赣4省，纵横数百公里地域展开大规模会战。日军公布的伤亡数是3万余人，国民党官方公布日军死伤20多万人。日军在会战中共损失军舰90艘，飞机80余架。而中国军队的牺牲人数高达40万人。

从1937年7月7日“卢沟桥事变”到1938年10月武汉失守，是抗战的防御阶段。在这一年多的时间里，蒋介石在军事和政治上的抗日都是比较坚定的。毛泽东也指出，在这一时期内，“国民党政府的对日作战是比较努力的。在这个时期内，日本侵略者的大举进攻和全国人民民族义愤的高涨，使得国民党政府政策的重点还放在反对日本侵略者身上，这就比较顺利地形成了全国军民抗日战争的高潮，一时出现了生气蓬勃的新气象”。

蒋介石将1937年7月至10月这段时间划为抗战第一期。陈诚对这第一期的抗战概貌曾总结说：

第一期之作战，为我抗战最困难之时期。敌挟其优势军备，图以“速战速决”之战略，行连续不断之攻击，以歼灭我野战军，夺取战略要地，迫我屈服，我在持久战方针指导下，必须阻止敌之攻势，消耗敌力，且保持我之主力。故对敌之大攻势，仅能作战略上守势，与战术上攻势，以消耗打击敌之战力，而求以空间换时间。

同时以我装备关系，不能在华北平原行决战，因此在华北方面，沿津浦、平汉、平绥、同蒲各铁道交通要点，行纵深配备，多线设防，主力依然使用于淞沪方面。

因上海乃我经济重心，中外观瞻所系，故我不惜任何牺牲，予以强韧作战，双方作战重心，乃由华北移至华中；相持三月以上，使我长江下游工厂物资，得以内运，国际观感，就为之一新，所获政略上之成效尤伟。此役强韧之作战，大出敌作战指导预想之外。以战略观点言，敌拥有便利之海洋交通，易于发挥陆海空联合之威力，我则后方交通未辟，集中迟缓，本难发挥优势，而欲与敌在上海行阵地战，似非得计；然就全国地形言，如当时在黄河流域与敌作战，殊不若在长江流域，利用湖沼山地，较为有利也。由此战役演成之结果，使敌人被我诱引，不

< 时任第九战区司令长官的陈诚。

V 日军占领武汉后在国民政府武汉行营大门前“欢呼”胜利。

V 日军占领武汉后举行入城式。

得不逐次被动增援，而形成上海敌我主力三个月之激战，使在华之敌军，不能任意行动，造成华北有利之形势，尤其使山西之我军，有准备之余裕，结果在山西之敌军，始终不能西越黄河一步，此实为我战略上最大之成功。

淞沪会战后，敌乘势迫南京，并以一部迂回芜湖，我为改变不利态势，乃以离心退却，诱敌北上。至三月间，演成徐州会战，敌以南北夹击之姿态，被我由合肥方面之威胁，阻止南路敌之暴进，乃对北路之敌，造成台儿庄大捷。其后，敌图遮断陇海路，经力图挽回，掩护大军撤退，旋敌被阻于河汛，乃改变其作战轴线，转由长江两岸溯攻武汉，复鏖战五月之久，使我争取有利时间，而转入第二期作战。

随着抗战的开始，蒋介石在国民党内的独裁地位也得到进一步强化，权力高度集中在他一个人的手里。

1938年3月29日至4月1日，国民党在武汉召开了临时全国代表大会。大会选举蒋介石为国民党总裁、汪精卫为副总裁。大会还决定加强特务统治，增设了中央调查统计局，即有名的“中统”，对内外进行严密监控。

为了适应战争需要，大会制定了《抗战建国纲领》，通过了《组织国民参政会案》《非常时期经济方案》《战时各级教育实施方案纲要》。

《抗战建国纲领》总则规定以三民主义为抗战行动及建国最高准绳，以蒋介石为全国抗战力量之领导。外交项目中规定了“独立自主”“和平与正义”条文，有“联合一切反对日本帝国主义侵略之势力，制止日本侵略；否认及取消日本在中国领土内以武力造成之一切伪政治组织及其对内对外之行为”的内容。在军事上，纲领规定加紧军队政治训练和民众武力训练，并“援助各地武装人民”在敌后开展游击战争。政治方面，纲领规定改善政治机构以适合战时之需要，严惩贪官污吏，并组织国民参政机关。经济方面，规定“以军事为中心”，发展农业、工矿业，实行战时税制，改革财务行政，发展交通事业，调整和管理内外商业和贸易等，并提到“注意改善人民生活”。在民众运动方面，规定了在有限范围内发动群众抗日，组织群众团体。教育项目中，规定实行战时教育，训练青年、妇女及各种专门技术人员为抗战服务。

《抗战建国纲领》与抗战前国民党的国策相比有相当大的进步性。但是《抗战建国纲领》依然自始至终强调坚持一个党、一个主义、一个领袖的独裁统治，这些都不利于发动各阶层人民进行抗日。

蒋介石还在抗战期间设立了国民参政会，允许抗日党派存在，并议论国事。但是这个机构事实上对国民政府无任何约束力，只是一个咨询性机关而已。

国民参政会的职权，按《条例》规定是："在抗战期间政府对内对外之重要施政方针，于实施前，应提交国民参政会决议"。但《条例》又规定：参政会的决议案，要"经国防最高会议通过"才能实行。尽管如此，各抗日党派都充分利用参政会提出了自己的政见，宣传抗日主张和政策。共产党有7名参政员，除毛泽东外的其余6名都出席会议。共产党和民主党派、爱国人士，都充分利用这个机会，在会上积极认真地提出了有利于抗战的施政方针和建议。

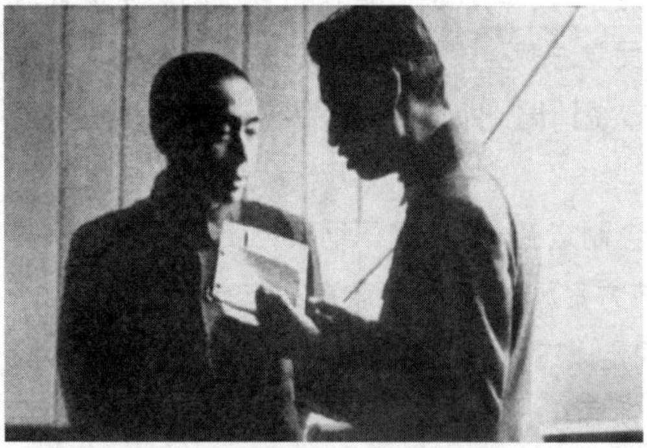

∧ 武汉会战中，中国共产党和国民党共商抗日大计。图为周恩来（左）在武汉。

为了推动蒋介石抗战，增强国共两党合作，在武汉保卫战期间，毛泽东让周恩来转交给蒋介石一封亲笔信：

介石先生惠鉴：

恩来诸同志回延安，称述先生盛德，钦佩无既。先生领导全民族进行空前伟大的革命战争，凡在国人，无不崇仰。15个月之抗战，愈挫愈奋，再接再厉，虽顽寇尚未戢其凶锋，然胜利之始基，业已奠定，前途之光明，希望无穷。此次敝党中央六次全会一致认为抗战形势，有渐次进入一新阶段之趋势，将是一方面更加困难，然又一方面必更加进步。而其任务在于团结全民、巩固与扩大抗日阵线，坚持持久战争，动员新生

∧ 抗战时期的蒋介石夫妇。

∧ 抗战时期，毛泽东在延安奋笔疾书《论持久战》。

力量，克服困难，准备反攻。在此过程中，敌人必利用欧洲事变与吾国弱点，策动各种不利吾国统一团结之破坏阴谋。因此，同仁认为此时期中之统一团结，比任何时期都重要，唯有各党各派及全国人民克尽最善之努力，在先生统一领导之下，严防与击破敌人破坏阴谋，清洗国人之悲观情绪，提高民族觉悟及胜利信心，并施行新阶段中必要的战时政策，方能达到停止敌之进攻，准备战争反击之目的。因武汉紧张，故欲恩来同志不待会议（中共六届六中全会）完毕，即行返汉，晋谒先生，商承一切。未尽之意，概托恩来面陈。泽东坚决相信国共两党之长期团结，必能支持长期战争，敌虽凶顽，终必失败，四万万五千万人之中华民族，终必能于长期的艰苦奋斗中克服困难，准备力量，实行反攻，驱除顽寇，而使自己雄立于东亚。此心此志，知先生必有同感也。

专此布臆，敬祝健康并致民族革命之礼。

毛泽东谨启

民国二十七年九月二十九日

这个时期，日本对中国局势的分析是："武汉攻略后，中国将利用其残存之西部数省，努力恢复其战力……今后应重视政略的进攻，培植并加强新政权，使国民政府趋于没落，始克有效。"自此之后，日本对蒋介石采取了以政治诱降为主、军事打击为辅的新侵华政策。

“长沙如失陷，务将全城焚毁”

武汉失陷后，国民政府把军政部门暂时迁到长沙。蒋介石夫妇随即也来到长沙，由于这个决定比较仓促，没有安排住处，因此到长沙后先在城外何键家里安顿下来。武汉失守之后，日寇主力很快又进入湖南北部，蒋介石判断日寇夺取湖南长沙是迟早的事情，因此，他开始考虑守卫长沙的事宜。11月初，在蒋介石主持的高级军事会议上，蒋介石问湖南省政府主席兼保安司令张治中："敌人来了，你们长沙怎么办？"张治中说："我们已构成了1,000余公里的国防工事，可以凭借工事进行坚强抵抗。"唐生智和冯玉祥相继发言表示坚决支持张治中誓死保卫湖南。蒋介石内心已准备放弃长沙，他考虑的不是怎样守卫长沙，而是日军进占长沙之后的事情。张治中恍然大悟，蒋介石关心的是怎么处理长沙。武汉和广州失守前，不少物资和交通工具都运到了长沙，敌人来了，这些东西怎么处理，确实要有个办法。于是便说："长沙囤积的物资，以及运来的火车头和车皮，是否趁早运到西南去？"

显然，张治中还是没有明白蒋的意图，蒋介石说："不行！这些车头和车皮运到西南，就把铁路占满了，西南铁路要不要开车？最简单的办法，就是烧掉！"

白崇禧迟疑了一下，说车头和车皮恐怕不好烧。

蒋介石道："有什么不好烧的？倒上煤油，把所有的火车头和车皮都烧掉！"

张治中心里惊异，小心翼翼地试探着问："长沙呢？"

"还有什么可思索的，都用火烧了。长沙我们不能住了，也不能让敌人来住，都给我用火烧了！不论什么物资，粮食也好，器材也好，凡是不能带走的东西都用火烧掉！统统烧掉！不容易烧的东西，要多准备一些煤油，就可以全部烧光了！"

蒋介石见没有人支持他的建议，冯玉祥、白崇禧、唐生智反而一再支持张治中的意见，便草草结束会议。

当天晚上，蒋介石决定不再理会其他人的看法，开始具体安排火烧长沙事宜。他密令戴笠和长沙警备司令酆悌、警备第2团团长徐昆、长沙警察局长文重孚说："局势紧急，万一日军要来，先放火烧光，任何牺牲在所不惜！"

第二天，蒋介石和国民党政府军政部门暂时转移到了衡山。

11月12日，日军攻陷岳阳。蒋介石于是感到很快长沙就会被攻陷，因此电令张治中说："长沙如失陷，务将全城焚毁，望事前妥密准备，勿误！"蒋介石不放心，还特定要侍从室副主任林蔚给张治中打电话说明，说："我们对长沙要用焦土政策。"

张治中看到电报后大惊，心情十分矛盾痛苦，他在中华人民共和国成立后曾回忆当时的情形说："当时我的心情是非常激动不安。一年来的工作，使我对湖南人民产生了深厚的感情，我怎忍使长沙人民的财产付之一炬？所以思潮起伏，矛盾苦闷。不执行是不行的。蒋当时是最高统帅，我是省主席，理应服从命令。……所以我只好照办，就将电令交给长沙警备司令酆悌执行。"思前想后，张只好把警备司令酆悌找来，给他看了蒋介石的电令，然后说："此事可否交你去办？"酆悌本来已答应蒋介石去执行这件事情，现在又见到了蒋的电令，便爽快地说："舍不得孩子套不住狼，半个中国都丢得，一个长沙有什么丢不得的？既有最高统帅的命令，我就照办！"

他当即又把文重孚、徐昆找来说："日军离长沙只有200多里了，上峰有令对长沙实行焦土政策，我们三人负责具体执行。"

按照蒋的意思，如果日军开始进攻长沙，那么就将长沙市内一切重要设施都进行烧毁，然后再行撤退。为此，蒋介石还下令专门组织了放火组。当时的命令规定：见市内起火便是信号，放火组随即便在全市一齐放火烧城。1938年11月13日凌晨，长沙南门外的伤兵医院突然失火，火势熊熊，烧红了半边天，放火组的士兵们不明真相，误认为这就是就是放火信号，于是当即行动，在长沙市四处一起放起火来。因为市民没有得到任何通知，火起时又很突然，还在深夜，很多人便糊里糊涂地被大火吞没。长沙大火整整烧了三天三夜，整个古城被烧毁了一多半，到处都是灰烬，男女老少和医院无法逃跑的伤兵被烧死将近3万人，100万余户人家被烧毁，公私财产损失更是无法统计。这场人为的滔天大火到14日才渐渐熄灭。长沙大火引起中外舆论的强烈谴责。

∧ 抗战时期的张治中在记者招待会上讲话。

＞ 面对日军咄咄逼人的攻势，蒋介石与手下高级将领商讨对策。

∧ 进攻长沙之日军伤亡惨重，人困马乏。

然而更令人可气的是日军却始终停留在岳阳，并没有来进攻长沙，而且，在以后抗战的6年时间里，长沙也始终由中国军队防守。这场大火激起了民众的极大愤怒，民众和舆论坚决要求国民政府追查责任者，绳之以法，进行严惩。

蒋介石见状，反倒严厉训斥省主席张治中，说："让你焚毁长沙，并没让你焚烧民众，此事当由你负全责！"命令张立即写一份焚城报告交上来。张治中深知老蒋在找替罪羊，因此不好直言，只好对"火变"的原因闪烁其词，最后还说："我应该承担责任，没有领导好，是我的过失，请求委座严予处分，以为失职者戒！"

蒋介石为了挽回民心，不得不由衡山来到长沙"视察"灾情，当地的外国侨民以及外交使团人员纷纷上门来质问："为什么日兵未到，城先烧了？为什么纵火之前，不通知外侨？"蒋介石无话可说，只好表示一定要严办失职人员。

蒋介石向外国侨民和民众道过歉，然后下令："祸首长沙警备司令酆悌、警备2团团长徐昆、省会警察局长文重孚交由军委会高等军事法庭判决死刑。湖南省主席张治中用人不当，特予革职留任处分，并负责办理善后。"张治中深知酆悌等人其实当了蒋的替死鬼，他们是在执行蒋的命令，现在却被处死，因此死得冤枉。于是他两次建议蒋介石可否不判他们死判，或者判死刑缓期两年执行。蒋介石一度有些动摇，表示可以考虑，但是最终考虑到民愤太大，没有改变决定，酆悌等三人便被冤枉地枪决了。国民政府又慷慨地拨出10万元经费给长沙民众进行重建，以安抚人心。

事实上，日寇在占领湖南的岳阳后，由于战线拉得太长，已没有多余兵力继续向内侵犯，就停止了进攻。战争至此进入了第二阶段——相持阶段。蒋介石于12月初来到重庆。

岳阳失守后，蒋介石认为抗战进入了第二期。1938年11月25～28日，蒋介石在湖南南岳召开了军事会议，参加会议的有第三、第九两个战区师长以上100余人，中共方面也派周恩来、叶剑英参加会议。

> 1939年4月10日，出任“西南游击干部训练班”副教育长的叶剑英（左二）与其他八路军工作人员合影。

★毛泽东的《论持久战》

1938年5月26日～6月3日，毛泽东在延安抗日研究会上的讲演稿。1952年4月收入《毛泽东选集》第2卷，全文共120段，21个问题。《论持久战》是毛泽东在抗日战争初期批判“亡国论”和“速胜论”，为人们指示抗日战争胜利的道路以及争取胜利的方法的一部著作，也是毛泽东运用历史唯物主义和辩证唯物主义解决战争问题的一个典范。抗日战争的历史进程和最后胜利，完全证实了毛泽东对抗日战争的科学论断和预测。

蒋介石在开幕式上作了长篇讲话。他说：“自去年7月7日我们和敌人开战，直到现在，已经17个月了。我们这次抗战，依照预定的战略来划分，可以说只有两个时期，截至目前17个月的抗战为第一时期，从今以后的战争，才是第二期战争。在第一期战争中，我们虽然失去了许多土地，死伤了许多同胞，就一时的进退看，表面上我们是失败，但从整个长期的战局上说，在精神上，我们不但没有失败，而且是完全成功的。从第二期抗战开始，希望各位将领要本着我们自己对一般先烈与已死官兵所应有的责任心，以及我们对于国家民族和主义应尽的责任，殚精竭虑，集思广益，看如何才能求得一个以后作战可操必胜的具体方案。然后，以万众一心协同一致的精神，彻底实施，以完成我们第二期抗战的使命。在第二期抗战中，要政治重于军事，民众重于士兵，精神重于物质，游击重于正规，从而达到转败为胜，转守为攻的目的。”

蒋介石要求趁日寇无力继续进攻的机会分三期轮流整训全国的军队。他认为，中国军队的素质过于低劣，因此在作战时，阵亡官兵多没有人管，任由烈士暴尸疆场，士兵逃亡也不能制止。军队纪律败坏，吓得老百姓见到军队就争相逃避，许多军官谎报军情，不负责任，躲避命令，规避责任，这些毛病以后都要通过轮训加以改变。对于第一期抗日作战中的许多重大失败，蒋介石也承认是“统帅职责所在，实不能辞其责”。

白崇禧看到了毛泽东的《论持久战》★，读了几页后感到非常好，于是很快读完，并向许多人进行推荐。在这次会上，他还将郑重地把《论持久战》一书介绍给蒋介石，并说要全国人民都看看。蒋介石随即也要求善于游击战的中共派干部担任“西南游击干部训练班”教

∧ 时任第三战区司令长官的顾祝同在前线指挥作战。

员，讲解游击战。中共中央和毛泽东于是决定派叶剑英担任训练班副教育长，周恩来任讲师。

南岳会议时，抗日战场的态势已经出现了新的变化，蒋介石于是重新划分了战区，即：

第一战区，辖区为河南和安徽一部，司令长官卫立煌。战区下辖孙连仲的第2集团军（辖第30、第42、第68军）、孔桐萱的第3集团军（辖第12军），以及战区直辖之第40、第76军。有12个步兵师、1个步兵旅、1个骑兵师、1个骑兵旅和其他特别部队。

第二战区，辖区为山西和陕西一部，司令长官阎锡山。下辖有卫立煌兼任总司令的第14集团军（辖第14、第93、第98军）、孙蔚如的第4集团军（辖第38、第96、第47军）、曾万钟的第5集团军（辖第3、第15、第17军）、杨爱源的第6集团军（辖第61、第19、骑1军）、傅作义的第7集团军（辖新1、第22、第35军以及东北挺进军）、朱德的第18集团军，以及战区直辖第9军和第71、第66师、暂1、暂2师等。有32个步兵师、14个步兵旅、5个骑兵师、3个骑兵旅和其他特种及地方部队等。

第三战区，辖区为苏南、皖南和浙闽两省，司令长官顾祝同。下辖有陈仪的第25集团军（辖第100军、第28师）、刘建绪的第10集团军（辖第28、第91军）、上官云相的第32集团军（辖第25、第29两军、第67师）、唐式遵的第23集团军（辖第21、第50军），以及战区直辖叶挺的新4军。有22个步兵师、2个步兵旅和其他特种部队。

第四战区，辖区为广东广西两省，司令长官张发奎。下辖有吴奇伟第9集团军（辖第65、第4军）、余汉谋第12集团军（辖第62、第63、第66、第83军）、夏威第16集团军（辖第46、第64军）。有18个步兵师、2个步兵独立旅和其他特种部队。

第五战区，辖区为皖西豫南鄂北诸地区，司令长官李宗仁。下辖有廖磊的豫鄂皖边区游击总队（辖第7、第48军）、张自忠第33集团军（辖第55、第59、第77军）、李品仙第2集团军（辖第84、第39军）、孙震第22集团军（辖第41、第45军）、王钻绪第29集团军（辖第44军），兵力有26个步兵师、1个骑兵师、1个骑兵旅和其他特种、保安部队。

第八战区，辖区为甘宁青及绥远诸地区，司令长官朱绍良。下辖有马鸿宾第17集团军（辖第81军和第168师）、门炳岳第7集团军（辖骑兵第6军），以及战区直辖第80、第82、骑5、骑2、新2军和191师。有6个步兵师、9个步兵旅、4个骑兵师、4个骑兵旅和其他特种、保安部队。

∧ 日军疯狂残杀我抗日民众。

第九战区，辖区为湘、鄂南和赣之一部。司令长官陈诚，由薛岳代理。下辖有罗卓英第19集团军（辖第79、第49、第70、第78、第32军），周磊第31集团军（辖第13、第18、第92、第37、第52军）、樊松甫的湘鄂赣边区游击总队（辖第8、第73军）、龙云第一集团军（辖第58、第60、新3军）、杨森第27集团军（辖第20军）、王陵基第30集团军（辖

< 抗战期间在前线与日军英勇战斗的中国士兵。

第72军)；商震第20集团军（辖第54、第53、第87军），以及战区直辖第74军。有53个步兵师，以及其他特种、游击部队。

第十战区，辖区为陕西之一部，司令长官蒋鼎文。下辖有蒋鼎文兼任总司令的第34集团军（辖第27、第90军），战区直辖第16军。有9个步兵师、1个步兵旅、一个骑兵师、1个骑兵旅，以及其他特种、保安部队。

鲁苏战区，辖区为苏北及山东，总司令于学忠。下辖有第51、第89、第57军和一支游击总队。有7个步兵师，以及其他特种、保安部队。

冀察战区，辖冀察方面，总司令鹿钟麟。下辖有第99、第69、新5军和河北民团。有5个步兵师、1个骑兵师，以及其他特种、游击部队。

蒋介石在重新划分战区的同时，撤销了原来在广州、西安、重庆设置的行营，重新设立了桂林和天水两个行营，以统一指挥南北两个战场。同时，在沦陷区设立直属军事委员会的战场党政委员会，各沦陷区设立分会，以“发动民众对敌全面抗战，并消灭伪组织，阻止敌政治、经济、文化之侵略”。

南岳军事会议后，国民军事委员会制定了《第二期作战指导方针》：连续发动有限度之攻势与反攻，以牵制消耗敌人，策应敌后游击部队，加强敌后之控制与扰袭，化敌人后方为前方，迫敌局促于点线，阻止其全面统治与物资掠夺，粉碎其以华制华以战养战之企图；同时，抽出部队轮流整训，强化战力，准备总反攻。

蒋介石提出的“转守为攻，转败为胜”只是“有限度之攻势与反攻”，事实上，他将主力调去整训，以便保存实力。这样一来，日军和蒋介石基本上都停止了大规模的战争，中国共产党领导的解放区战场，则从此上升为抗日战争的主要战场。

战略相持阶段的抗日战争呈现犬牙交错形态，并且出现了新的特点。中国军民用一年多的奋力抗战，不但顶住了日军的进攻，没有亡国，反而消耗了大量的日军兵力。随着抗日战争的扩大，中国广袤的领土使得战线不断延长，日军本来就有限的兵力越来越分散；特别是中国共产党在敌后领导的游击战争不断发展，敌后抗日根据地相继建立，使日军的后方受到越来越大的威胁；在日本国内，由于军费支出的剧增，租税日重，日本人民的厌战心理也与日俱增；战争的长期化，使日军的军事进攻锐气不再，日军官兵由于看不到战争彻底胜利的希望，因此有深陷泥潭之感，各种内部矛盾反而越来越凸现出来。

∧ 时任第九战区司令长官的薛岳。他指挥的三次长沙会战令其声名鹊起。

∧ 时任第二战区司令长官的阎锡山。

战略相持阶段的出现，表明日军原来妄想的“速战速胜”方针的彻底破产。日军由于国小兵少，只能采用“闪电战”，梦想“三个月灭亡中国”。侵占南京前，他们的打算是“南京的陷落就意味着中国政府的投降”。这个打算落空后，又断言攻占徐州后，蒋介石政权就会屈服或瓦解；后来又修改为占领广州、武汉后，蒋介石政府就会求和。但是这一切断言都失败了。因此，不得不开始调整自己的战略。日寇在战争的第一阶段进攻的主要对象是国民党，口号是“反蒋反共”，或“灭党（国民党）剿共”。在第二阶段日寇就改变了这个方针。

日本的困境具体说来有以下几个方面。首先是巨大的战争消耗已经让日本难以承受。日本陆军在“七七事变”前只有17个师团，但到了1938年底不得不扩充到34个师团和4个独立混成旅团，把国内的主要劳动力都投入到军队中来。而且，日军为了应付对广大中国领土的占领，不得不把其中的31个师团和4个混成旅团近100万兵力用于中国战场，占日军全部兵力的94%以上。而且，这个占领还是比较脆弱的，并没有取得决定性的胜利，因为日军用近一年半的时间，占据的只是华北、华中、华南的一些主要的城市和交通线，主要城市和交通线外围仍然被中国军队控制着，而且中国军队的主力依然存在，共产党领导的八路军、新四军还在飞快地成长壮大。日军在正面战线已经无力再发动战略进攻。但是日军此时的伤亡已达40万人，损失飞机700余架、舰艇100艘，消耗了大量军用物资。日军看不到战争前途，因此士气低落，对战争已经深感厌倦。

∧ 1939 年在诺门坎战役中被俘的日军官兵。

∧ 1939年，孙连仲陪同蒋介石视察童子军教导人员训练班。

在侵略中国领土的同时，日军也连续不断地对苏联进行挑衅，但都以失败告终。先是1938年7月的张鼓峰战斗，日军惨败，死伤1,400余人。1939年5月，日军又在诺门坎事件先后出动五六万部队向苏军发起进攻，3个月的激烈战斗后，日军1.89万人死亡，遭到惨败。从此之后，日本侵华战争深陷泥潭而不能自拔，使国内厌战思想和反战运动日益高涨。

日本国内矛盾此时也越来越尖锐。由于军费开支大幅度增长，对外贸易严重失衡，国内黄金储备告急。物价飞涨，通货膨胀，原料匮乏，大批企业倒闭，失业人数剧增。粮食减产，广大人民生活日益陷入困境。

为了应付上述困难和矛盾，日本侵略者不得不开始调整自己的对华政策。在政治上，日本加强了对蒋介石政府的"争取"和诱降活动。日本帝国主义者对国民党的政策由过去的军事打击为主，以政治诱降为辅，改变为以政治诱降为主，以军事打击为辅。并以中制中，唆使蒋介石来牵制抗战最坚决的共产党，在政治上鼓励蒋介石进行反共活动。

日军大本营陆军部在1938年11月制定的《陆军作战指导纲要》中写道："确保占据地区，促进其安定；以坚强的长期围攻态势，扑灭残余的抗日势力。"日军还要求在华中参加武汉会战的部队除在安庆上游留下6个师团外，其他主要部队都调往华北对付共产党游击队。这说明日本侵略者改变了过去轻视共产党和只以第二等部队对付其后方的游击战和抗日根据地的政策，而是以主力来对付敌后战场的八路军、新四军。

日军在华北方面原有第1军、驻蒙军，现在不仅增设了第12军，还从华中、华南又调来第5、第10、第27师团等部队。1939年，又在华北增加了5个独立混成旅，从日本本土调来了第32、第35、第36、第37师团。

1939年，在敌后广大地区，八路军、新四军成为抗日战场的主力，抗击的日军占日军侵华总兵力的64%。日军对敌后抗日根据地实行了残酷的分区“扫荡”，并大规模修筑铁路、公路、碉堡和据点，把抗日根据地分割包围起来，实行“囚笼政策”，以便彻底消灭八路军和新四军。

在这种情况下，汪精卫投降了日本，组织了伪政府。

∧ 时任“中华民国维新政府”“行政院长”的梁鸿志。

永远开除投敌的汪精卫党籍

日寇占领中国领土后，就开始建立自己的傀儡政权，同时积极诱降国民政府中的亲日力量。1937年11月，日寇成立了“蒙疆联合委员会”，下辖察南、晋北、绥远等地区。12月4日，又成立了以汉奸王克敏为首的伪“中华民国临时政府”，下辖平津和华北等地区。蒋介石也展开了对汉奸和伪政权的惩罚活动。听说竟然成立了伪“中华民国临时政府”，立即变得怒不可遏，他把军统特务头子戴笠召来，气愤地说：“娘希皮，国难当头，王克敏卖国卖民，组建傀儡政权，为虎作伥，应严惩不贷。”

戴笠不敢怠慢，马上命令军统天津站站长陈恭澍积极部署刺杀汉奸王克敏事宜。1938年3月28日下午1时45分，王克敏的专车缓缓驶入煤渣胡同，汽车在胡同口刚一露头，事先埋伏好的枪手同时开枪。王克敏的日本顾问山本荣治被打死，但王克敏竟然只受了一点轻伤，不过这次事件终究把他吓得不轻。

就在军统刺杀王克敏的同一天，日寇又在南京成立了“中华民国维新政府”★，并任命汉奸梁鸿志为“行政院长”兼“交通部长”。梁鸿志就任后，就提出“绝对否认国民政府，反对共产党，对日密切提携”3大原则。

但是不管怎样，日本人认为王、梁等人都是小角色，因此决定加紧对国民党的诱降活动。他们把主要诱降目标设定为蒋介石和汪精卫。

周佛海摸透了蒋介石有向日本求和的心思，于是便找个机会求见蒋介石，竟然同蒋密谈了一个下午。二人在密谈中提到了一个关键人物——外交部亚洲司司长高宗武，周向蒋建议说："为收集关于日本的情报起见，把高宗武留在汉口是没有用处的，不过此人是一个相当有用的人才，故把他派往香港，俾以收集关于日本的情报才好的呢。"

蒋介石觉得周佛海说的有道理，于是便点头同意了他的看法，并在第二天召见了高宗武。高宗武从此就肩负起了对日求和的秘密使命。他转道香港去了上海，找到了日本方面的松本重治，向他探听近卫内阁声明中"不以国民政府为对手"的含义。不久，受他委派去日本探听消息的外交部亚洲司第一科科长董道宁回国向他报告说，日本虽然只是发表了"不以国民政府为对手"的声明，但真正的意图远比这个声明要深，是想迅速招致对华的和平。高宗武大喜，把这一重要情报迅速送到蒋介石手里。蒋介石也很高兴，指示高宗武继续同日本人接触。

高宗武在活动中向日本人透露了国民政府内部的新动向，即以汪精卫、周佛海为首的"低调俱乐部"已经形成了国民党内的"和平派"，并且将逐渐占据优势。日本人听后，非常兴奋，立即给何应钦和张群写了封信。高宗武于是带着日本方面的信很快回到汉口，把信交给了汪精卫和周佛海。汪精卫仔细研究之后，认为这封信虽然属于私人性质，但是却明显代表着日本政府的意图。于是，汪精卫把这封日本人影佐祯昭写给何应钦和张群的私信，交给了蒋介石。

蒋介石看完信后把高宗武召来说："你再上香港去一趟，而且对日本传达我们的意旨：我们并不反对和平。不过，先反共然后和平，这是不可能的。只要停战，我们自然会反共的。把此要点传给日本知道！"

★"中华民国维新政府"

1938年3月28日，"中华民国维新政府"在南京成立。梁鸿志任"行政院长"。下辖苏、浙、皖3个省政府和南京、上海两个特别市政府。在梁鸿志一伙登台的两年时间里，以"维新政府"的名义组建汉奸军队，订立卖国条约，出卖华中资源，劫掠人民财产，发行伪钞，控制金融，犯下了累累罪行。1940年3月，汪伪国民政府成立后，该伪政权被吞并。

∧ 蒋介石虽一再对日妥协，可对傀儡政权却憎恨至极，对汉奸王克敏实施的刺杀就是典型例子。图为汪精卫与王克敏（左）、梁鸿志在一起。

高宗武去香港对日本方面的西义显说"蒋委员长读了影佐大佐的信非常感动，拟向日本当局以口头传递委员长之意向。蒋介石亲口说，我方以武士之心情与礼仪，除对此事深表铭感外，当绝对不发表，请予安心。中国与日本作战之根本意旨，是不战则亲日不可能，而胜败则非所问。若我的真意能承你们了解，我有考虑下列条件之意：我认为日本对中国作战之真正意图，一是对俄关系之安全保障，二是对中国经济发展及依存之确保。东北四省、内蒙可留他日协议，河北、察哈尔须绝对交还中国。长城以南中国领土主权之确立与行政完整，日本须予尊重。"

此时，形势忽然发生了变化，原来日本军方正调集重兵准备进攻徐州。因此，日军参谋本部对华的态度又变得强硬起来。西义显只好将东京新近的"实情"告诉高宗武。

日本内阁改组后，态度又有了变化。日本外务大臣宇垣一诚宣称：只要中国放弃抗日政策，承认日本在华的特殊地位，日本愿意考虑"不以国民政府为对手"的声明。对此，蒋介石集团当即表示欢迎，国民政府行政院副院长兼国防最高会议秘书长张群，还亲自电贺宇垣出任日本

> 周佛海旧照。周佛海是中国近现代史上少有的变化无常的人物。他曾是中共一大代表并代理书记。"一大"后，他居然叛党而去，成为蒋介石的亲信和国民党内的"状元中委"。抗战期间，他又叛蒋投日，成为汪伪政权的"股肱之臣"。在抗战胜利之时，他摇身一变，由臭名昭著的大汉奸，变成了国民党的接收大员。

∧ 20 世纪 30 年代，蒋介石与高宗武（右）等人合影。

外相，祝愿他能早日实现中日“友好亲善”的夙愿，并表示，如日方有意重开“和平谈判之门，可由汪精卫或他本人出面接洽”。

听到这个消息后，汪精卫集团非常兴奋。周佛海彻夜和高宗武一起分析当前的新形势，商讨对日外交及和谈事宜，并一再劝高到东京去实地观察动向。高宗武也非常兴奋。

蒋介石担心明目张胆地求和会导致国民党政府在抗日舆论中倒台，也担心日方狮子大张口，过多地损害他的个人统治，因此只在暗地里秘密与日本接触，明里依然坚持抗战。而汪精卫此时为了个人利益，则想通过促成中日“和谈”，来换取日本帝国主义对汪氏集团的支持，抗衡蒋的独裁，并最终取代蒋介石，成为中国的最高领袖。汪精卫于是在1938年7月，派自己的亲信高宗武秘密到东京与日本军政首脑会谈，寻求日本对自己的支持，并商定由汪精卫出面“交涉和平”，“收拾时局”。日本内阁面对汪精卫的主动求和，此时也举行了关于对华新政策的首相、外相、陆相、海相、藏相五相会议，通过了《适应时局的对中国谋略》，确定了“使中国丧失抗战能力，并推翻中国现中央政府，使蒋介石垮台”的方针，提出所谓“起用中国第一流人物，削弱中国现中央政府和中国民众的抗战意识，同时，酝酿建立巩固的新兴政权的趋势”，“建立反蒋、反共、反战的政府”。五相会议又制订了《从内部指导中国政府的大纲》，把诱降的对象由蒋介石转为汪精卫等“中国第一流人物”。

高宗武非常高兴，当即写了一份情况报告，迅速派人送到武汉的周佛海手里。

周佛海看到报告，见事关重大，立即去同汪精卫商量。周说：“本来要拿此报告书给蒋介石看的，但因为有日本希望汪先生出马的字句，倘使您对此字句认为不大好，不妨把此汪先生的字削除为妙。”

汪精卫看到日本人竟然指明要他“主持和平”，又吃惊，又高兴。不过汪精卫此时还没有产生自己单独与日本媾和的决心，他现在只是想借日本人来压一下蒋介石，同时促使蒋介石出面与日本和谈。因此他对周佛海说：“这是没关系的，将报告原样交给蒋。我单独对日言和，是不可能的事，我绝不瞒过蒋先生。”

蒋介石看了信后，先是吃惊，紧接着非常恼火，认为日本人在逼他下台。于是蒋让张群来看高宗武的报告。蒋当时不知道汪精卫已经看过，所以特地嘱咐张群看过之后，让汪也看。

过了3天，蒋介石越想越觉得不对劲，不由得怒不可遏，他当着陈布雷的面大发雷霆说:"高宗武是个混蛋!真是太大胆了,谁允许他上日本去的?自今以后,我与高宗武断绝关系,完全与他无关系了,其活动经费立即停发。"

周佛海和汪精卫此时则非常愉快,他们已经知道了日本政府的底牌,于是决心单独把求和之路走下去。

1938年11月中旬,在汪精卫的委托下,高宗武与国民党立法委员梅思平与日本签订了《日华协议记录谅解事项》《日华协议记录》。他们还和日本方面草拟了近卫、汪精卫声明要点,制定了汪的叛逃计划。双方的《协议》规定:

一、中日缔结防共协定,中国承认日军防共驻扎,内蒙地区作为防共特殊区。

二、中国承认"满洲国"。

三、日本侨民有在中国居住、营业的自由,日本允许废除在华治外法权,并考虑归还在华租界。

四、中日经济合作,特别是利用、开发华北资源,承认日本有优先权。

五、赔偿日侨损失。

六、协议以外的日军,于两国和平恢复后,开始撤退,两年内撤完。

这份秘密等于把汪精卫集团卖给了日本。然而,日本帝国主义只是在骗汪精卫。10天以后,日本御前会议就通过了《调整日华关系的方针》,对中国提出更广泛、更苛刻的要求,而这才是日本方面的真实想法。

这次密谈结束后,日汪双方便紧张地行动起来。

影佐祯昭、今井武夫飞回东京,向陆相坂垣、参谋次长多田骏、土肥原贤二中将等提交了与汪精卫代表进行会谈的报告。随后坂垣带领影佐、今井在首相官邸向五相会议进行了汇报,并商定了近卫第三次对华声明的内容。随后今井返回上海等候汪精卫集团的答复。

梅思平、高宗武在与日秘密会谈之后返回香港。梅思平为了安全起见,将"密约"缝在西装马甲里,迅速飞往重庆向汪精卫汇报。汪精卫见了密约后大喜,当即召集周佛海、陶希圣、陈璧君、曾仲鸣、梅思平等人秘密会商,他们连续开了七八次会,讨论是否接受"密约"问题。而此时,汪精卫的夫人陈璧君则起了关键性的作用。这个女人急于当"第一夫人",因此极力主张怕老婆的汪精卫接受这份密约。在以后几天中,汪精卫处于巨大的惶恐不安之中,他深知成为民族罪人的可耻,惧怕全国人民的鄙视和愤怒，也对日本人的狡诈心怀恐惧。据说那几天汪精卫每天晚饭后总是在院子里走来走去，陷入愁思而不能自拔。他在一次会上仿佛忽然狠下了心，表示要对过去的和谈决定“一概推翻，方须商量”。梅思平见汪精卫无法做出决定，不能再等，于是打算就这样回复日本人。临行前，汪在家设筵为梅饯行。宴后汪送梅至客厅门口时，汪还没有做出明确答复。陈璧君见状厉声呵斥说：“梅先生明天要走了，这次你要打定主意，不可反悔！”汪精卫连连点头说：“决定了，决定了！”此时的汪精卫不知是要做“总统”的诱惑的吸引还是惧内思想的作祟终于下定了决心。

梅思平到达香港后，就先后在香港和上海两地对日本方面作了正式答复。随后日方也正式通知汪精卫集团：日本政府没有异议。这样，汪精卫和日本人正式勾结在了一起。

∨ 梅思平，历任中央大学、中央政治学校教授，是国民党“CC系”的重要骨干之一。抗战爆发后，梅思平对抗战胜利失去了希望，曾鼓吹反共论调和民族失败主义。图中后排左二为梅思平。

∧ 周佛海与汪精卫都是政治野心极端膨胀的人。就汪精卫来说，除了与蒋介石的政策分歧外，他不甘于仰蒋介石鼻息，看蒋介石脸色行事，屈居蒋下，这或许是他叛逃的原因之一。而对周佛海说来，除了反共媚日等因素和汪有共识外，他亲身感受到汪精卫对他是以“国士”相待，十分倚重。与蒋介石仅把他当做侍从对待不可同日而语，所谓“士为知己者死”，因而他与汪精卫臭味相投，伺机大展身手。图为汪精卫（前中）与周佛海（二排中）等人在日本合影。

汪精卫随后开始紧张地策划逃离重庆、投靠日本的计划。他选择了逃离重庆的两条路线，一是由重庆直飞香港，二是经昆明赴河内。

汪精卫、周佛海认为，由重庆乘飞机直接去香港，风险太大，因为汪精卫是国民党的副总裁、国民参政会会长，公开去香港，招牌太大，而且由于汪的身份，也不可能随便公开乘机去香港。最后，他们选择了昆明－河内路线。因为昆明是云南军阀龙云的地盘，而龙云与蒋介石的矛盾现在比较尖锐。原来蒋介石迁都重庆后，就派云南的地方部队去前线抗战，借机削弱龙云的势力，引起了龙云的强烈不满。汪精卫正好可以利用这个矛盾。

果然，龙云一听就爽快地说："汪先生如果来昆明，我很欢迎，如果愿由昆明出国，我亦负责护送，一切绝无问题。"

汪大喜，立即开始出逃的准备工作，他先借故把侍卫队长刘文焕支走，把女佣遣散，以免被人发现。他还把知情者限制到最低限度，除汪本人和少数几个心腹之外，连在重庆的陈璧君的亲妹妹和汪精卫的亲侄子都不告诉，也没有通知自己的许多骨干。陈璧君担心地问道："我们走后，他们留在蒋介石的罗网中，能不牺牲吗？"汪精卫胸有成竹地说："蒋介石是个奸雄，我们走后，他还要重用他们，柔和他们，以孤立我。他们是被严防，不会被害，我们现又无力保护他们，通知他们，才是牺牲他们。"

一切就绪，汪精卫集团开始了出逃行动。周佛海借故于12月5日飞往昆明。而陈春圃则带着汪精卫的两个孩子，搭机前往。

日本政府此时已经漏出口风：日本首相近卫文麿将于12月11日晚在大阪大礼堂发表演讲，宣布对华"新政策"。

当时是战时非常时期，即使汪精卫这样的显要人物要离开重庆，也要得到最高当局的批准。当天，正巧蒋介石去了前线，汪精卫就抓住这个机会，让属于自己认定的交通部政务次长彭学沛给自己预订了12月10日去昆明的机票。

本来一切都很顺利，但是一个偶然的事件还着实吓了汪精卫一身冷汗。12月9日早饭后，突然有电话找汪精卫，话筒里陈布雷说："蒋委员长已从前线回了重庆，要汪先生下午两点参加会议。"汪精卫当时吓得魂飞魄散，以为自己的计划已经泄漏。汪精卫只好硬着头皮去开会，没想到并没有什么事情。

汪精卫感到需要调整计划，就说："近几天都有重要活动，蒋介石均要我参加，故不能轻举妄动，且过两天再说吧。"

< 汪精卫与侵华战争的策划者——日本首相近卫文麿在东京会晤。

为了掩人耳目，汪精卫这几天便故意大规模参加各种活动，他又是接见记者，出席讲演会，又是接见孔祥熙、戴笠、陈布雷等一班蒋介石的人马。而已到达昆明的周佛海从陈春圃那里得知："蒋先生今日到重庆，汪先生嘱一切慎重。"他当即也吓坏了，在日记中写道："天下事多周折，往往如此，成败真由天定，非人力所能预谋。午睡不能成寐，苦心焦思，为平生所未有，其立即脱离现状欤？其返渝暂观形势欤？苦思深想，仍决定不返。原因甚多，最要者有二：一为迟早均须脱离，早则多挨几天骂，迟不过少挨几天骂，但届时恐无法脱身；二则思平两度赴渝，蛛丝马迹，在在可寻，一旦发现，国未得救，而身先丧矣！"

由于汪精卫推迟了出逃计划，因此周佛海紧急让高宗武、梅思平通知日本方面，请近卫首相暂缓发表声明。近卫只好声称自己因为肠病，中止大阪之行。

12月17日傍晚，汪精卫听说蒋介石18日上午要给年轻的中央委员训话，决定趁这个机会逃离重庆。

1938年12月18日上午，正当蒋介石在中央党部礼堂对中央委员讲话时，汪精卫乘一辆吉普车向珊瑚坝机场高速驶去。

下午1点左右，飞机已经到达昆明上空，汪精卫不由得舒了一口气，但是当他向机场看了一眼后，当即大惊，随即大骂龙云："龙云这个老滑头，搞的什么名堂。"原来龙云居然在机场上组织了声势浩大的欢迎仪式，特大横幅上醒目地写着"欢迎副总裁莅临视察"。汪精卫大怒道："谁让他搞这么大场面？仲鸣，你去告诉他，就说我身体不适，一律改日延见，把欢迎队伍撤去！"

"这老滑头居心不良。"汪精卫知道龙云把自己给涮了，他想："我是托词来昆明的，知道的人越多，就越难对付，将来他们明白真相后，还不是群起攻击骂得更凶吗？"

原来龙云也怕蒋介石追究帮助汪精卫叛逃的罪名，于是才有意安排了盛大的欢迎场面。汪精卫当晚向龙云说出了自己的要投靠日本的"和平运动"计划，然后说，"该说的都已告诉了你，你如果不同意，即可电告重庆把我扣留，向蒋介石邀功请赏。"龙云则说："汪先生何出此言？汪先生的努力真能达救国之目的，我必赞同。不过有一点，希望汪先生与日方交涉，日军在一年内撤退。”

“我必向日方力争实现之。”汪精卫听到龙云这样说，于是一颗悬着的心才放了下来，他说：“既然你赞同我的意见，就请给我定一架飞机，明天飞河内。”龙云爽快地说：“定机位的事包在我身上，由省府出面包一架专机，明天我亲自恭送。”

1938年12月19日，汪精卫、周佛海、陶希圣、陈璧君、曾仲鸣、陈君慧、陈国琦、汪文惺、何文杰及副官、随从等人登上了龙云代包的专机，从昆明起飞，直接到了河内。汪精卫在离开昆明前打电报给蒋介石，骗说自己因身体不适，决定在昆明待几天后返回重庆。

∧ 1938年12月18日，汪精卫乘飞机从重庆逃往昆明，经越南河内潜赴上海，走上叛国之路，拉开了汪伪“国民政府”丑剧的序幕。“云南王”龙云（左三）为汪精卫出逃提供了帮助。

汪精卫原来打算把云南龙云、广东张发奎以及广西、四川等地的地方实力派一起拉下水，让龙云发表拥汪通电，张发奎以及广西、四川的地方实力派起来响应。而龙云也对汪精卫承诺自己会这样做。但是没想到汪精卫等人走后，龙云就立即向蒋介石报告说，汪精卫等人已经在“午后2时已离滇飞航河内”。等汪系的陈公博离开昆明后，龙云再次向蒋报告说：“汪到滇之日，身感不适，未及深探，其态度亦不似昔日之安详，不无诧异。匆匆离滇时，始道出真语，谓与日有约，须到港商洽中日和平事件，若能成功，国家之福，万一不成，则暂不返渝，亦不作离开钧座之工作。职观其言行，早有此种心理，唯关系甚大，未知在渝时与钧座切实讨论及此否？现陈公博继续赴港。”

1938年12月20日，当身在陕西西安的蒋介石接到龙云的报告后大吃一惊，他虽然对汪精卫有过种种的猜测，但是却万万没有想到汪精卫会走上这条叛国的道路。蒋介石在当天的日记中写道：“此事殊所不料。当此国难空前未有之危局，不恤一切，拂袖私行，置党国于不顾，是岂吾革命党员之行动乎？痛惜之至！唯望其能自觉回头耳！”

而龙云的言行，也引起蒋介石的高度警惕。此时，蒋介石的嫡系部队已经在抗战中遭到重创，对地方军阀的力量相对变小，此时如果云南、四川等地的军阀宣布独立或者投靠日本，后果将非常严重。而且云南作为后方的一个大省，还有着当时唯一的外援路线——滇缅公路，昆明机场也是连接重庆、香港和印度之间最忙碌的中国机场。因此，云南的大局，蒋介石不能不管。

蒋介石当即请国民党元老、云南军政界老前辈李根源去劝说龙云。李是龙云的老师，深得龙云敬重。李对龙云说：“若你发出通电，中央的飞机就轰炸你，你首先被解决无疑。”龙云问：“依老前辈的意思，应如何办呢？”李根源说：“你这个通电不发就行了。你没有行动，中央也不会追究，你就无事了。”

唐生智也以自己在1927年和1929年被汪精卫玩弄、吃亏上当的经历来劝告龙云，他说：“汪为人善辩多变，生性凉薄，对人毫无诚意，尤喜玩弄军人。”并郑重地对龙云说：“民族大义，千古是非，在抗战期间，忠奸不两立。”

最终，龙云没有发表通电，而广东的张发奎以及广西、四川的地方实力派也都没有继续支持汪精卫。

日本首相近卫得到汪精卫一伙逃到越南河内的确切消息后，就在12月22日晚向新闻界宣读了一个长约10分钟的声明：“日满华三国应以建设东亚新秩序为共同目标而联合起来，共谋实现相互善邻友好、共同防共和经济合作。”这就是所谓的近卫“三原则”声明。“善邻友好”的意思是要中国停止抗日，承认“满洲国”，并与之建立国与国之间“完全正

> 抗战时期，蒋介石与龙云在一起。

常的外交关系"；"共同防共"的意思是签订日华"防共协定"，要中国答应日本有权"在特定地点驻扎日军"，并以"内蒙地方为防共特殊区域"；"经济合作"就是经济掠夺，尤其要求中国在华北和内蒙地区的"资源开发利用上，积极地向日本提供便利"。

汪精卫收到近卫声明后，立即起草声明进行响应。周佛海、陈公博、陶希圣等人随即带着汪的声明去香港公开发表。

汪精卫当时是国民党副总裁，国民政府国防最高委员会主席，地位仅次于蒋介石。现在他突然叛逃，立即引起国内外舆论的各种猜测，一时流言四起。

12月24日下午，蒋介石通过顾问端纳郑重转告美、英两国驻华大使："汪兆铭无权和任何人谈判和平。中国不但没有想到和日本谈和，而且现在正准备大规模之抵抗。"因为当时外界普遍推测——"汪兆铭受了国民政府的密令，是和战两面工作的一个使者"，所以慌得蒋介石才急忙向美、英表态。与此同时，蒋介石竭尽全力想把汪精卫拉回来，于是秘密派谷正鼎带着外交护照和旅费去找汪精卫。

12月26日，蒋介石发表了《驳斥敌相近卫荒谬声明演词》："这是敌人整个的吞灭中国独霸东亚进而以图征服世界的一切妄想阴谋的总括，也是敌人整个亡我国家灭我民族的一切计划内容的总暴露。"蒋介石还在国民党中央党部纪念日上讲话说："日本真正之所欲，乃在整个并吞我国家，与根本消灭我民族，而决不在所谓中日合作或经济提携等等的形势。"在这次的声明和讲话中，蒋介石刻意回避汪精卫叛逃一事，希望给汪精卫返回留一个空间。

但是汪精卫已经无法回头，他在29日发表臭名昭著的"艳电"回应了近卫的声明，并致书国民党中央，辩称自己的行动蒋介石也做过，因为抗战初期蒋介石曾经通过陶德曼同日本搞过和谈。

29日的韵目代日为"艳"，因此汪精卫当天的声明被称为"艳电"。汪精卫的"艳电"是写给蒋介石的，电文说："顷读日本政府本月22日关于调整中日邦交根本方针之阐

∧ 汪精卫多次到日本活动，为自己的伪政府寻求庇护。

∧ 汪伪"国民政府"设在南京鸡鸣寺（原国民政府考试院旧址）宁远楼。

明：第一点，为善邻友好，……谋东北四省问题之合理解决，实为应有之决心与步骤。第二点，为共同防共。……防共目的在于防止共产国际之扰乱的阴谋，对苏邦交不生影响。中国共产党人既声明愿为三民主义之实现而奋斗，则应即彻底抛弃其组织及宣传，并取消其边区政府及军队之特殊组织。……第三点，为经济提携。此亦数年以来，日本政府屡曾提议者，吾人以政治纠纷尚未解决，……对此主张应在原则上予以赞同，并应本此原则，以商订各种具体方案。以上三点，兆铭经熟虑之后，以为国民政府应即以此为根据，与日本政府交换诚意，以期恢复和平。……中、日两国壤地相接，善邻友好有其自然与必要，历年以来所以背道而驰，不可不深求其故，而各自明了其责任。今后中国应以善邻友好为教育方针，日本尤应令其国民放弃侵华侮华之传统思想，而在教育上确立亲华之方针，以奠定两国永久和平之基础，此为吾人对于东亚幸福应有之努力。同时吾人对于太平洋之安宁秩序及世界之和平保障，亦必须与关系各国一致努力，以维持增进其友谊及共同利益也。谨此提议，伏盼采纳。”

蒋介石一直严密保守自己通过德国驻华大使陶德曼对日进行谈判的事情，现在叛逃的汪精卫竟然把此事公开捅了出来，使蒋介石感到恼怒异常。此后，蒋介石命令特务组织竭尽全力刺杀汪精卫。

汪精卫发表“艳电”之后，又向日方提出了4点要求：

一、日、华两国在完成新东亚建设的基础以前，尽量与英、美列强避免摩擦是重要的，因此当前对这些列强不要引起纷繁的事端。

二、在军事发动以前的3～6个月期间，希望日本方面每月援助港币约300万元，但希望尽可能在对华文化事业费中开支。

三、对北海、长沙、南昌、潼关等地日本军作战的行动，以获得政治效果为目标。

四、彻底轰炸重庆。

叛逃后的汪精卫迫切希望日军加快摧毁中国军民的抗战力量和抗战决心，以便使自己的叛逃有所依据，实现自己“当儿皇帝”的野心。

汪精卫的“艳电”一出笼，就受到全国人民的一致谴责。中共中央书记处当即发表《关于汪精卫出走后时局的指示》，号召全国人民用一切方法打击卖国叛党的汉奸汪精卫，并批评他的汉奸理论。周恩来在重庆向外国记者严正斥责了汪精卫的卖国行为。何香凝著文说汪精卫良心丧尽。国民党第一、第三、第四、第五、第九战区的高级将领发表通电，要求国民党政府下令通缉汪精卫，并严加查办。连广东的地方实力派张发奎、余汉谋等也通电要求对汪“明正典刑，以肃纪纲”。龙云公开通电表示“拥护既定国策，抗战到底”。

蒋介石先竭力隐瞒汪精卫出逃一事，后来见无法隐瞒，就在12月26日发表演讲说：“汪主席已去河内，实有此事，但是，他是因为身体欠适，前往治疗，这纯属他个人行动，于国民政府，于政治均无关系。汪先生与中央同人，尤其与中正个人久共患难之深切关系，无话不可明言，何事不可切商，果有不同的意见，亦必在中央公开或私人相互讨论，因此，外间一切猜测与谣言，国人必不置信。”

1939年元旦，蒋介石见事态已经无法挽回，就主持召开了国民党中央常务委员会，对汪精卫叛国一事做出了正式决议：“永远开除汪兆铭党籍。”

1939年8月28日，汪精卫及其同伙在上海召开了所谓的“国民党第六次全国代表大会”。大会通过的《整理党务案》让汪精卫成为国民党中央主席，大会还以《修订中国国民党政纲案》《决定以反共为基本国策案》《根本调整中日关系并尽速恢复邦交案》的形式为汪精卫的“合法”登台进行准备。

9月20日，日本内阁宣布支持汪精卫建立“中央政府”。汪精卫大喜，并在讨价还价后，同另外两个傀儡王克敏、梁鸿志达成了《决定事项》。汪精卫希望尽快成立汪伪政权，但是日本却一再拖延，直到12月30日，日本政府才同汪精卫签订了《日汪密约》《日华新关系调整要纲》《关于收拾时局之具体办法》。

其中主要条款为：

一、承认“满洲帝国”。华北、蒙疆为日华间紧密的合作地带，设置华北政务委员会，并在财政、经济、人事权，与日满间的交涉方面，均有自主权。蒙疆在防共军事上及政治上，有其特殊地位，有广泛的自治权，作为高度的防共自治区域。长江下游地域，为经济上实现日华间的紧密合作的地带，在华南沿岸特定岛屿、须实现军事上的紧密合作。

二、日本须把必要的军队驻扎于蒙疆的华北一定地域，以便日华合作实行防共。中国对于日军驻扎地域和与此有关地域的铁路、航空、通讯，主要港口和水路，须适应日本军事上必要事项的要求。在治安确立两年内，撤完约定地域以外的日本军队。

三、华北和蒙疆的特定资源及其他地域内的有关国防的特定资源的开发和利用，要对日本提供“特别的、必要的便利”。对中国的财政、金融、交通、通讯等项，日方将作必要的援助。

四、日华合作事项，须聘请日本顾问和职员，中国“中央政府”和最高军事机关，可以聘请日本顾问。但第三国的军事顾问不得参与日华军事合作事项。

日汪密约其实就是汪精卫卖国、帮助日本独占中国的条约。

双方还规定：这一密约“永不公布”。

但是让汪精卫意想不到的是，不到1个月，高宗武、陶希圣就因为没有得到想要的官位而离开了汪精卫，把这个丑恶的密约暴露在光天化日之下。

1月21日，香港《大公报》以《汪的卖国密约》为标题，头版头条披露了日汪密约，同时发表了高、陶致该报及致汪精卫的公开信，使汪精卫的丑恶卖国嘴脸大白于天下。

陶希圣回到重庆，后来成为蒋介石的笔杆子。高宗武则拿了重庆国民党政府的官员护照和一大笔美金，去美国定居。

汪精卫为了赶紧成立伪政权，实现自己的“总统”梦，对于卖国是在所不惜的，可惜日本一直想要的是蒋介石的投降，因此对汪的态度并不明朗。正当汪精卫加紧筹备登台的时候，日方却突然通知汪精卫：“日方与渝方接洽，所谈条件已有头绪，因此，日方主张汪先生组府日期延迟。”

∨ 1940年3月，汪伪国民政府在南京正式成立，汪精卫粉墨登场当上“主席”，走上了卖国求荣的不归路。

∧ 八路军在长城一线与日伪军展开激战。

汪精卫大惊。

原来日本人这段时间又背着汪精卫加大了拉拢蒋介石的工作。蒋介石的谈判代表坚持"和平"的先决条件是恢复"七七事变"前的状态，并且不愿在日方起草的"备忘录"上签字。

由于中国共产党发起的有针对性的反投降运动进入了高潮，蒋介石最终没敢公开投降。日本人见蒋介石那里没有进展，于是通知汪精卫，要他在4月1日（后改在3月20日）成立汪伪政权。

1940年3月30日，汪精卫的伪国民政府以"国民政府还都"的名义，在南京正式成立。同时汪精卫宣布蒋介石的重庆政府为"非法"政权。

不料，日本政府对自己扶植起来的这个伪政权并没有当即给予承认。汪精卫极为尴尬，极力请求日本方面派出常驻大使，日本人却并不理睬。

只因日本还在与重庆政府代表之间进行"和平谈判"，蒋介石才是他们的首选。同时，日本控制了汪伪政府的一切，汪精卫只能是个可怜的傀儡。

11月中旬，日本御前会议决定正式承认汪精卫的伪国民政府。11月30日，阿部信行同汪精卫正式签订了《日本与中华民国关于基本关系的条约》及附属秘密协约；汪精卫又同阿部信行、伪满洲国皇帝溥仪的代表臧式毅签订了《中日满共同宣言》，公开承认"满洲国"。至此，中国近代史上最大的傀儡政权建立起来了。

★国民党五届五中全会

1939年1月21～30日在重庆召开。会议确定国民党的政策重点由对外转向对内；在会上及会后制定了一整套“溶共”“防共”“限共”“反共”的具体办法；并决定设立“防共委员会”。中共中央于24日和25日致电国民党五中全会和蒋介石，指出：在日本侵略者阴谋分化我国内部团结、进行诱降之际，必须巩固和扩大抗日民族统一战线。

“宁亡于日，勿亡于共”

在抗战中，八路军、新四军和共产党领导的抗日根据地对日军造成了重大的打击，自身也得到了迅速发展。这引起了蒋介石的恐慌，他在日记中写道：“军事如常，无变化，唯共产党作祟，为可恨耳！”

从1937年11月至1938年4月，八路军在华北共进行大小400多次战斗，杀死杀伤日伪军1万多人，缴获了大量步枪、轻重机枪，击毁日伪军汽车500余辆。仅仅在1938年5月到10月的5个月内，就同日伪军发生战斗1,000多次，杀死杀伤日伪军2万多人，缴获了更多的枪支弹药，击毁了敌人更多的汽车。八路军的英勇抗战得到了人民的拥护，抗日根据地不断发展壮大，人民群众踊跃参军，到1938年10月为止，共产党的军队已发展到25万人。到1939年，八路军、新四军的队伍迅速壮大到50多万人，民兵发展到100万人。

这一切让蒋介石寝食难安，在1939年1月召开的国民党五届五中全会★上，蒋介石将其政策转到了反共反人民方面。他在会上作了长篇报告《唤醒党魂发扬党德与巩固党基》，并发表了重要讲话：《整理党务之要点》。他还授意大会通过了“整理党务”决议，这个决议规定国民党要以“防共、反共”为中心任务加紧组织发展，“力谋新力量之增加与培养”，“力求乡村社会力量中之发展”，以便加强国民党内部的思想统治。会议还根据蒋介石的报告与

∧ 抗战时期，蒋介石与长子蒋经国、次子蒋纬国在一起。

讲话和既定的“溶共、防共、限共、反共”方针，设置了专门的“防共委员会”。

在这次大会上，蒋介石进一步垄断了党政军大权，强化了他的独裁统治。会议决定设立党政军一元化的国防最高委员会，任命蒋介石为委员长。会议规定“委员长对于党政军一切事务，得不依平时程序，以命令为便宜之措施”。这就给了蒋介石超越一切的个人独裁权力。

大会还加强了对人民的思想和行动控制，在《国民抗敌公约》中规定：全国人民以保甲为单位，宣誓“服从最高领袖蒋委员长之领导，尽心尽力，报效国家”；宣誓后如违反誓言，要“依法治罪”。

根据会议精神，会后国民党有关部门制订和发布了一系列反对共产党的文件，如《共党问题处置办法》《沦陷区防范共产党活动办法草案》《第八路军在华北陕北之自由行动应如何处置》《异党问题处理办法》等。

在制定政策的同时，蒋介石还派遣军队开始执行反共计划。他要求加派精锐部队“前往冀鲁”，“以限制共产党之发展”，同时以“收复失地”为名，侵占八路军通过战斗在敌后建立起来的解放区；在经济上对八路军进行封锁，既不给八路军发军饷，又不许八路军自筹军饷，说是要统一经济制度；在政治上，蒋介石不承认敌后抗日民主政权，设置各种障碍阻止爱国青年奔赴解放区，同时破坏共产党在国统区的组织。

当战争进入相持阶段，日寇停止对国民党正面战场进攻的时候，蒋介石就立即开始集中力量，不断制造反共摩擦，打算逐步“剿灭”共产党。

在蒋介石看来，“做了日军傀儡的汉奸”和“不服从命令的共产党”是国民政府“面对的两大内敌”。蒋介石在日记中多次攻击中国共产党是“假抗日、真作乱”。

蒋介石为了加强思想统治，把三民主义篡改为为自己独裁统治服务的工具。1939年5月7日，蒋介石在中央训练团党政班上作了《三民主义之体系及其实行程序》的讲演。他认为民主主义、共产主义和法西斯主义都不可行，在中国只有三民主义“博大精深”，“能涵盖一切”，“无丝毫偏颇之弊”，是最“充满无缺的革命建国的最高指挥原则”。蒋介石为此制定了“三民主义之体系及其实行程序表”，但是核心则是主张由国民党一党独裁，也就是他的个人独裁。他说：“一切要由党来负责。所谓‘以党治国’‘以党建国’，其意义即是以党来管理一切，由党来负起责任。”

蒋介石命令胡宗南率领大军进攻陕甘宁边区，妄图一举消灭共产党

∧ 新四军在驻地召开追悼大会，悼念平江惨案中牺牲的烈士。

的抗日武装力量。蒋介石在解放区周围构筑了长达700余里的纵深堡垒群。然后陆空军协同作战，占领了解放区的淳化、栒邑、正宁、宁县、镇原五座县城，随即集结部队，准备进占延安。朱德、彭德怀等八路军将领愤怒地通电全国，反对蒋介石大举进攻边区。在山东，国民党顽固派为了响应蒋介石的号召，竟然发出了“宁亡于日，勿亡于共”的叫嚣，同时在行动上对八路军“见人就捉，见枪就下，见干部就杀”。

山东的国民党顽固派沈鸿烈是蒋介石任命的山东省政府主席，他提出了反动卖国的“反共第一，抗日第二”“日可以不抗，共不可不打！”等口号。秦启荣是国民党别动纵队第5纵队司令。1939年3月下旬，秦启荣在沈鸿烈的唆使下，悍然伏击了八路军山东纵队第3支队过路的干部和掩护部队，杀害了该支队政治部主任鲍辉、团长潘建军等以下指战员400余人，造成“博山惨案”。8月上旬，秦启荣又乘八路军山东纵队第4支队在泰莱公路进攻日军的机会，从后面进攻八路军，造成了“雪野事件”。8月中旬，在淄河流域又发生围攻山东纵队第3、第4支队10余天的“淄河事件”。仅在6～12月，6个月期间，山东的国民党顽固派就向八路军山东纵队发起了90多次进攻，杀害了1,350多军民，扣押了近1,000名干部和战士。

在忍无可忍的情况下，山东纵队开始组织自卫反击。经过几天的连

> 时任国民政府军委会政治部副部长的周恩来。

续反击作战，八路军解放了峨庄、太河、朱崖等地，彻底击溃了秦启荣的反动武装。在这个过程中，东北军第111师由于不满国民党政府反共卖国的投降政策，举行了起义。

对于当时的反共摩擦，毛泽东在同新闻记者谈话时说："张荫梧、秦启荣是两位摩擦专家，张荫梧在河北，秦启荣在山东，简直是无法无天，和汉奸的行为很少区别。"

张荫梧是有名的反共专家，但是却被蒋介石任命为河北省保安司令。张荫梧到任后，就命令手下进攻安国、博野、蠡县等地区的八路军，结果全被八路军俘获。1939年6月，张荫梧竟然乘日军"扫荡"、八路军主力正在同日军作战之机，亲自带领3,000余人，偷袭深县守备空虚的八路军后方机关。张荫梧得手后残杀八路军官兵400多人，制造了骇人听闻的"深县事件"。八路军主力闻讯后奋起反击，经过一天的激战，歼灭了张的部队，张荫梧只率10余人狼狈逃走。

国民党第12集团军特务营打死新四军在湖南平江的通讯处主任涂正坤，活埋八路军少校副官罗梓铭等人，造成平江惨案。延安各界人士举行集会进行强烈抗议。

蒋介石还命令河北省主席鹿钟麟不是向日军，而是向八路军的根据地"收复失地"。鹿钟麟和河北省政府机关在河北南部不断掀起"摩擦"。

但是，在1940年4月召开的由蒋介石主持的国民参政会第一届第五次会议上，何应钦大肆攻击中国共产党及其所领导的抗日武装力量"破坏行政系统，建立特殊名称""违背现行法令，建立特殊组织""利用军队，造成割据""利用抗战形势，达成国家民族利益以外之任何企图"。

∧ 驻扎在皖南泾县茂林地区的新四军部队。

何应钦在回答董必武、梁漱溟的询问时恶狠狠地说："18集团军在陕北造成一种特殊组织，即所谓'陕甘宁边区政府'。继又造成'晋察边区政府''冀中冀南行政主任公署'，均自委官吏，自成风气，自行征收粮税。此外，擅设银行，发行纸币，至数千万元以上。似此破坏行政系统，违背现行法令，利用军队，造成割据，企图达成国家民族以外之利益，实属非是。至于军队方面……朱总司令等刚电谓其全军有23万众，在中央机关从来无案可稽。据调查该集团不但自由扩军，而且自由行动。"而且威胁说，"目前政府对于各地的不幸事件，在政治上，仍抱宽大态度，希望18集团军禀于国难之严重，一致团结抗战，但在军事上必须严格要求。任何军队，均应严守军纪，绝对服从军令，如再有轨外行动，必照军纪，予以严厉制裁。"

1940年7月16日，蒋介石让人把一个《提示案》交给军事委员会政治部副部长周恩来及第18集团军参谋长叶剑英："一、拟定'陕甘宁边区'的范围（此时准其包括18县），改称'陕北行政区'，暂隶行政院，但归陕西省政府指导。二、划定第18集团军及新四军作战地境。将冀察战区取消，其冀、察两省及鲁省黄河以北，并入第二战区，仍以阎锡山为司令长官，以朱德为副司令长官，秉承军事委员会命令，指挥作战。三、第18集团军及新四军于奉令后1个月内，全部开到前条规定地区之内。四、第18集团军准编为三军六个师，三个补充团，另再增加两个补充团。新四军准编为两个师。"蒋介石希望通过这个"提示案"把战斗在黄河两岸和大江南北的八路军和新四军，全部赶到黄河以北贫瘠而狭窄的地区，把50万八路军压缩为10万人，然后趁机进行围歼，企图消灭共产党及其领导的人民抗日武装力量。

此时，在大江南北与日寇作战的新四军已经发展到9万人，建立了皖东、皖东北、豫皖苏边、苏北抗日根据地，并扩大了苏南、皖中根据地。

蒋介石提出"提示案"，遭到了共产党的严正拒绝。此时，蒋介石还没有敢撕下面具，全面反共。但是，由于斯大林决定给蒋介石进行军事援助，则促使蒋介石下了决心。1940年9月，希特勒准备向东侵略苏联。苏联为了防止日本趁机从东面发起进攻，避免两线作战，便急于修复同国民党的外交关系。斯大林认为中国共产党力量太小，因此决定支持蒋介石，他决定再次向国民党提供包括150架战斗机、100架快速轰炸机、300门大炮和500辆汽车的军事援助，条件是要求蒋介石排除对日议和的可能。斯大林还派崔可夫将军担任蒋介石政府的军事总顾问。

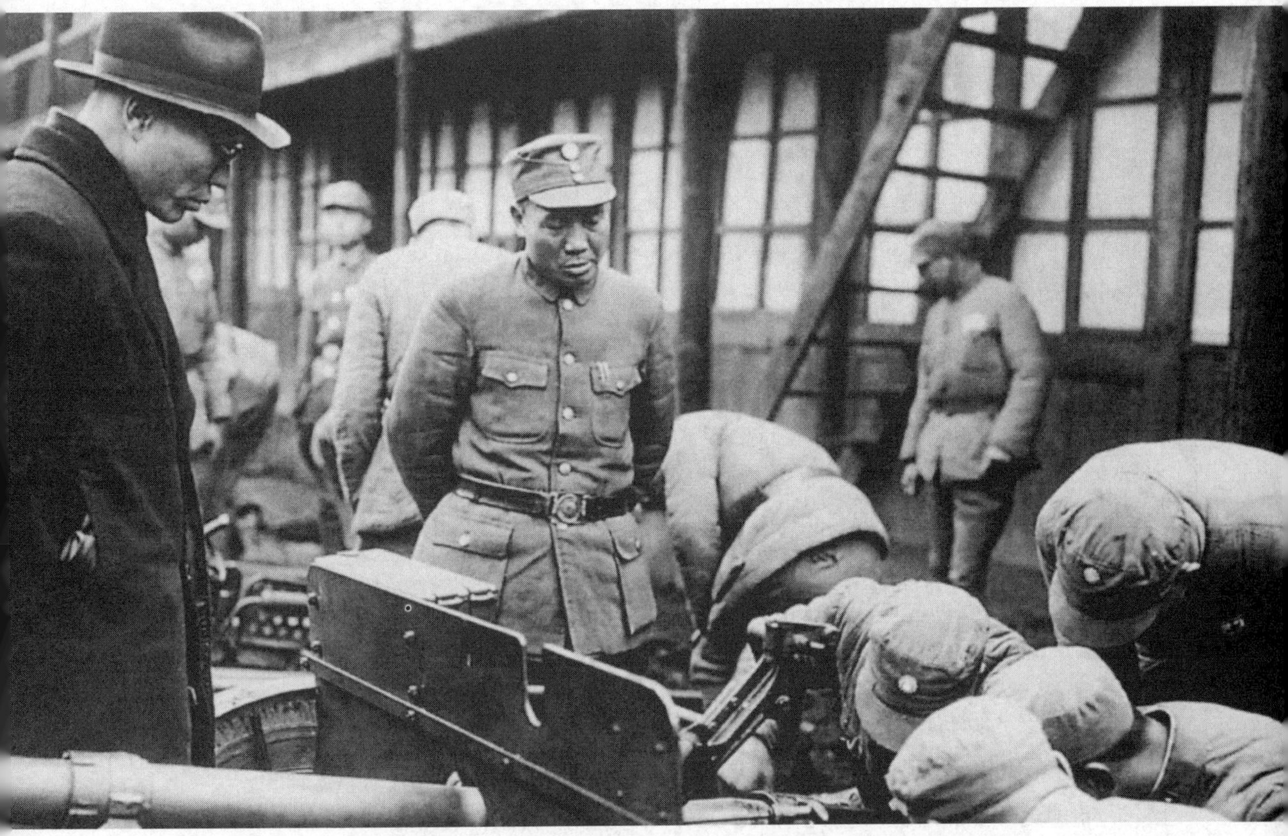

∧ 抗战时期，时任第 31 集团军总司令的汤恩伯（中）在前线视察炮兵部队。

10月16日，蒋介石接到斯大林肯定援助的电报后，非常高兴，于是下定了全面反共的决心。他首先采取阴谋诡计来实现自己的计划。10月19日，蒋介石指使何应钦、白崇禧以国民政府军事委员会正、副参谋总长名义向第18集团军总司令朱德、副总司令彭德怀、参谋长叶剑英以及新四军军长叶挺、副军长项英发出“皓电”，说“历次不幸事件，其症结所在，皆缘于第18集团军及新四军所属部队：一、不守战区范围，自由行动。二、不遵编制数量，自由扩充。三、不服从中央命令，破坏行政系统。四、不打敌人，专事并吞友军”。于是蛮横地提出“第18集团军及新四军各部队，限于电到1个月内全部开到中央提示地点。即所规定之作战地境内（黄河以北），并对本问题所示其他各项规定切实遵行，静候中央颁发对于执行提示其他各问题之命令”。

同年12月9日，蒋介石下达手令说：“前令第18集团军及新四军各部开到黄河以北作战；兹再分别地区，宽展时限。”“凡在长江以南之新四军，全部限于本年12月31日前开到

∧ “皖南事变”后，晋察冀边区军民举行游行示威，抗议国民党的罪行。

长江以北地区，明年1月30日以前开到黄河以北地区作战。”“现在黄河以南之第18集团军所有部队，限本年12月31日止开到黄河以北地区”。“希即遵照参谋总长10月皓电所示之作战地境内，共同作战，恪尽职守，毋得再误。此令！”

蒋介石同时密令国民党第31集团军总司令汤恩伯率10万兵力向皖东北进攻，第21集团军总司令李品仙率5万兵力向皖东进攻。

早在10月初，顾祝同就开始部署兵力，准备围歼皖南的新四军。顾先将本来防守日军的第32集团军总部，第146师、第79师、第40师、第63师，以及九战区的第19师集结到皖南。不久，顾祝同又命第144师、第52师、第40师、新7师、第108师等共约七八万部队迅速接近新四军，封锁交通要道，占领战略要地。随后顾说：“如果新四军蓄意要挟，即予以彻底解决，防止其向黄山及天目山流窜。”为了消灭新四军，国民党不惜勾结日军来合围新四军。国民党的广播电台变相地向日伪通报说：“新四军要渡江北上了。”于是日伪军迅速封锁了长江，焚毁了渡船，每日有军舰在长江巡游，同时又在苏南、皖南、皖东等地进行大举“扫荡”。

局势严峻，毛泽东给在重庆的周恩来打电报说：“一面极力争取好转避免内战，一面准备应付投降应付内战，把重点放在应付投降应付

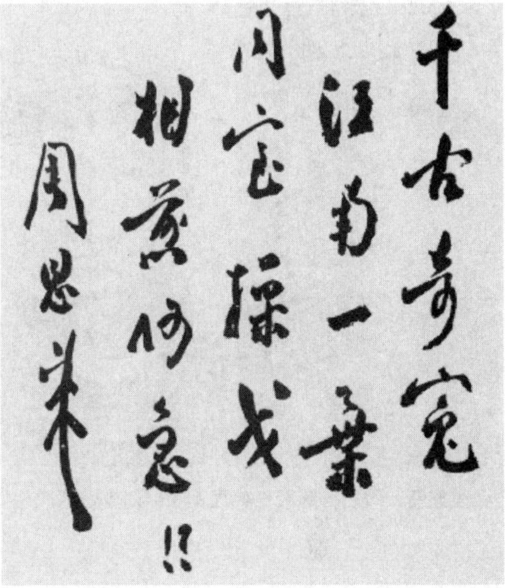

> “皖南事变”后，愤慨的周恩来写下了这样的诗句。

内战方面，方不吃亏，方不上蒋的当。立即准备对付黑暗局面，这是全党的中心任务。有了这一着，就不会重蹈陈独秀的覆辙了。”又说：“我之方针是表面和缓，实际抵抗，有软有硬，针锋相对，缓和所以争取群众，抵抗所以保卫自己，软所以给他以面子，硬所以给他以恐怖。”

朱德、彭德怀、叶挺则联名发出“佳电”，对“皓电”作了公开答复，坚决拒绝国民党要我军限期撤退到黄河以北的无理命令，同时，为了顾全团结抗日大局，采取了让步政策，表示同意将皖南新四军部队移到长江以北。

驻扎在皖南的新四军军部和所属部队有1万余人，驻扎在纵横不到100公里的狭长地带，地势非常不利。日军封锁了北面的长江，而另外三个方面的国民党重兵则步步紧逼。

1941年1月，当新四军军部和1、2、3支队的部分武装1万人北上转移时，遭到国民党军队突然以数倍的优势兵力的包围，新四军奋起反击，但是最终除千余人突围外，大部分都壮烈牺牲。这就是震惊中外的“皖南事变”。当天晚上，当周恩来在重庆得知情况后，立即打电话愤怒地斥责何应钦：“你们的行动，使亲者痛，仇者快。你们做了日寇想做而做不到的事。你何应钦是中华民族的千古罪人。”当天晚上，周恩来奋笔疾书，写下了：“为江南死难者志哀！”“千古奇冤，江南一叶，同室操戈，相煎何急？！”等条幅。第二天早上，《新华日报》发表了周恩来上述之语。

而蒋介石在同年1月25日对苏驻华大使说：“新四军之干纪抗命，已非一日，由来已久。余可保证：新四军之种种宣传，纯为谣言，绝不可信……新四军违抗命令，伤害友军与妨碍抗战之事，自去年春夏以来，先后在江北袭击友军，指不胜数，中央一再宽容，冀其终所觉悟。”

∧ 重整新四军后，陈毅任代理军长、刘少奇任政治委员、张云逸任副军长、赖传珠任参谋长（自左至右）。

蒋介石还把这次袭击新四军北撤的“皖南事变”与北伐战争时期的“中山舰事件”等同看待。蒋在1月30日的日记上说：“解决新四军案，撤销其番号，此为国民革命过程中之大事，其性质或甚于民国十五年三月二十日中山舰事件也。”

国民党一直封锁“皖南事变”的真相，妄图欺骗国内外舆论。1月17日，蒋介石竟然公然宣布新四军为“叛军”，取消新四军番号，军长叶挺被送到军事法庭进行审判。

汪精卫伪政权得知蒋介石发动了“皖南事变”后，在南京说：“蒋介石盲目抗战数年，只做了‘皖南事变’一件大好事！”伪国民政府宣传部也发表谈话说：“救国必须和平，和平必须反共”，并呼吁重庆方面“明智之士”能同汪伪“同立于统一领导、统一国策之下，共同奋斗，使全面和平得以早日实现”。

苏联政府没想到自己援助蒋介石的武器竟然被用来消灭共产党，因此对蒋介石发动“皖南事变”十分不满。苏联外交部副部长对国民党驻苏大使邵力子说：“苏联人决不做可使敌人快心的事。请问大使阁下，日本人对此高兴否？请转告贵国政府勿做敌人快心之事。”崔可夫在重庆质问何应钦、白崇禧说：“是否在和新四军的冲突中使用了苏联提供的武器？何以要打自己人，要屠杀自己的士兵和军官呢？”苏联驻华大使潘友新对蒋介石说：“对中国来说，内战将意味着灭亡。”

美国总统特使居里也在重庆对蒋介石说：“美国在国共纠纷未获解决前，无法大量援助中国，中美之经济财政问题不可能有任何进展。”英国发表评论说：“解散皖南新四军事件，只有日本最为兴奋。”

蒋介石耳边到处都是国内的责难声，英、美、苏3国政府也对蒋介石形成了巨大的外交压力。

1月20日，中共中央革命军事委员会发布命令，重建新四军，任命陈毅为新四军代理军长，刘少奇为政委，张云逸为副军长，赖传珠为参谋长，邓子恢为政治部主任。新四军军部即在苏北盐城成立。全军7个师1个独立旅，9万余人。

同时，毛泽东代表中共中央革命军事委员会提出关于解决时局的12条办法：

一、悬崖勒马，停止挑衅。

二、取消1月17日的反动命令，并宣布自己是完全错了。

三、惩办“皖南事变”的祸首何应钦、顾祝同、上官云相3人。

四、恢复叶挺自由，继续当新四军军长。

五、交还皖南新四军全部人枪。

六、抚恤皖南新四军全部伤亡将士。

七、撤退华中的“剿共”军。

八、平毁西北的封锁线。

九、释放全国一切被捕的爱国政治犯。

十、废止一党专政，实行民主政治。

十一、实行三民主义，服从《总理遗嘱》。

十二、逮捕各亲日派首领，交付国法审判。

毛泽东又说：“如能实行以上12条，则事态自然平复，我们共产党和全国人民，必不过为已甚。否则，‘吾恐季孙之忧，不在颛臾，而在萧墙之内’，反动派必然是搬起石头砸他们自己的脚。那时我们就爱莫能助了。我们是珍重合作的，但必须他们也珍重合作。老实说，我说的让步是有限度的，我们让步的阶段已完结了。他们已经杀了第一刀，这个伤痕是很深重的。他们如果还为前途着想，他们就应该自己出来医治这个伤痕，‘亡羊补牢，犹未为晚’。这是他们自己性命交关的大问题，我们不得不尽最后的忠告。如若他们怙恶不悛，继续胡闹，那时，全国人民忍无可忍，把他们抛到茅厕里去，那就悔之无及了。”

蒋介石看到自己已经成为众矢之的，不得不在第二届国民参政会上保证说：“以后亦绝无剿共的军事。”至此，国民党发动的第二次反共高潮宣告破产。

为了顾全大局，早日打败日寇，中国共产党在正确地分析了当时的国内外局势后，决定采取对蒋介石一面坚决斗争、一面在斗争中求团结的策略，有力地回击蒋介石制造的反共摩擦，但是原则上要做到有理、有利、有节。

在国内外舆论的压力下，以蒋介石为首的国民党顽固派被日益孤立起来，而他们的反共行动也不得不有所收敛。

罗斯福说，应该以大国之礼对待中国

1941年对于中国的抗战来说是具有重要意义的一年，6月22日，法西斯德国不宣而战，突然向苏联发起“闪电式”的军事攻击。12月7日，日本不宣而战，偷袭了美国在太平洋地区的主要海空军基地珍珠港。世界反法西斯同盟因此而建立，中国的抗日战争成为世界反法西斯战场的一个重要组成部分。

苏、德战争爆发的当天，自称“最近25年来，没有人比我更一贯地反对共产主义”的英国首相丘吉尔发表声明说：“希特勒侵犯俄国只是侵犯不列颠岛的先声，因之苏联的危险也就是我们的危险！”明确表示了英国的立场。6月24日，美国总统罗斯福也发表声明说：“美国决定于可能范围内，全力援助苏联。”

毛泽东更是迅速做出了反应。战争爆发第二天，他就为中共中央起草了一个决定，提出要建立反法西斯的国际统一战线。他在给周恩来的电报中，更明确指出：“不管是否帝国主义国家，凡反法西斯者就是好的，凡助法西斯者就是坏的，以此来分界限。”

谈到国内形势，毛泽东以他高瞻远瞩的视野着重强调了蒋介石的作用。6月28日他给彭雪枫的电报说：“蒋介石还在抗战，蒋在全国军队中，在中产阶级及小资产阶级中，还有很大信仰，目前抗战还少不了他，他也没有破裂统一战线，他还是两面政策……我们对付蒋介石反共政策的方针只应该是有理、有利、有节的自卫政策，你的意见却超越了这个方针。在苏德战争爆发后，我党对国民党态度尤须慎重，不可大意。”

这个时候，美、英的态度也发生了重要的变化。此前，美国和英国一直对日本的侵略采取绥靖政策，避免引火上身。随着汪精卫叛国，日本扶植起了汪伪政权，美国从长远利益考虑，决定支持蒋介石的抗日战争。

但是苏德战争爆发后的一段时间里，美英等国对中国的支持还主要停留在向中国提供物质支援上，他们的目的是希望用这些战争物资把中国撑持下去，与日本战斗到底，从而既避免自己卷入战火，又可以削弱日本的力量。美国与日本特使在华盛顿的谈判中，甚至不惜抛弃中国利益，一度打算与日本签订协定。

∧ 20世纪40年代，毛泽东在延安。

★整风运动

1942 年至 1944 年，中国共产党开展的一次普遍的马克思列宁主义的教育运动。整风的任务是“反对主观主义以整顿学风，反对宗派主义以整顿党风，反对党八股以整顿文风”。在运动中，着重从思想上对王明“左”倾机会主义路线进行批判，实行“惩前毖后，治病救人”的方针，开展批评与自我批评。延安整风运动为党的“七大”的召开准备了条件，为抗日战争和解放战争的胜利奠定了思想基础。

当蒋介石得到这个消息后，非常着急，立即让中国驻美国大使胡适对美国政府说，如果美国对日本的经济封锁稍有放松或变化，那么“中国抗战必立见崩溃”。同时，蒋介石要求出面反对美日签约。丘吉尔深知厉害所在，于是立即对罗斯福指出：“中国如果崩溃，将大大增加英、美共同的危机。”宋美龄也在广播中以英语直接向美国人民呼吁：“我觉得美国这样一个国家，决不会因势乘便，以作便利自己的打算的……我们中国为了正义与人道，流血斗争，迄今已有4年半了。因此，我相信我们中、美两国的友谊是建基于一致的理想上的……”

此时，毛泽东正在边区集中力量领导大生产运动，以克服巨大的财政经济困难。同时，他已开始发起整风运动★，以统一党内思想，分清路线是非，消除主观主义和宗派主义。

1941 年 10 月 16 日，日本近卫内阁总辞职，10 月 18 日，东条英机的新内阁宣告成立。这标志着日本已经彻底法西斯化了。

就在日、美谈判还在进行中的时候，1941 年 12 月 7 日，日本不宣而战，悍然偷袭了美国在太平洋地区的主要海空军基地珍珠港，美军损失惨重，并迅速占领了西太平洋美属所有岛屿。同时，日本南方军在马来半岛登陆，进攻英国殖民地新加坡。太平洋战争至此爆发。随后，英、美等相继对日宣战，美国与德、意之间也相互宣战。

这正是蒋介石一直期盼的局势。重庆没有为珍珠港的损失进行哀悼，反而出现一片欢欣鼓舞的热烈场景。英国作家韩素音这样回忆说：街上不多时立即喧嚷起来，报童喊叫卖号外，人们从屋子里潮水般涌出来争相抢买报纸，他们拥挤在一起，喧闹声音竟盖过了车辆的喧杂声……军事委员会一片欢腾；蒋介石抑制不住心头的喜悦，口里哼起了一段京剧的唱腔，并且整天向圣母祈祷。国民党政府官员纷纷互相祝贺，仿佛已经获得了一次伟大的胜利。在他们看来，美国对日作战，这是他们盼望已久的伟大胜利。美国终于同日本打起来了，终于打起来了！现在中国的战略地位将越来越重要了。美国的钞票和装备将源源不断地流入对日作战。

日本偷袭珍珠港的消息，蒋介石是12月8日凌晨才得知的。8日的凌晨4点钟，国民党

∧ 1941年12月7日，日本不宣而战偷袭了美国太平洋舰队司令部所在地珍珠港，标志着太平洋战争的全面爆发。

中央宣传部副部长董显光无法等到蒋介石起床，就兴奋地打来电话，向蒋介石报告了这一“特大喜讯”。蒋介石立即行动起来，以便充分利用这一大好形势。当天上午8点，蒋介石紧急召开了国民党中央常委特别会议，决定向美国提出建议，要求成立中、美、英、苏、荷、澳等国军事联盟，并由美国作为领导。当日下午，蒋介石分别接见了美、英、苏3国驻华大使，并将成立军事同盟的建议交给3位大使。

12月9日，中国国民政府在中日全面战争进行4年半之后，终于发表文告，正式宣布向日本国宣战。蒋介石仿佛抓到了救命的木筏，终于对中国的抗战有充分的信心，不再谈论“和平谈判”了。

当天，罗斯福很快就回电蒋介石，对中国坚持了4年的抗战，重申了美国的敬意，同时呼吁共同携手，努力打败日本。

蒋对这一变化发表评论说，以前美国在限制日本的时候，只是不许其南进北进，独不反对其西进中国。现在，因为有了共同利害，美国才来找中国做朋友。

12日，丘吉尔首先回电，赞成蒋介石的提议。随后，斯大林回电说，目前苏联力量集中在西方，不宜分兵远东，因此暂时无法对日宣战。16日，罗斯福来电，请蒋介石在重庆召开一次各国联合军事会议，“借以交换情报，并考虑在东南亚实施最有效的陆海军行动，以击败日本及其盟国”。

1941年12月23日，具有历史意义的中、美、英3国联合军事会议在重庆举行。蒋介石亲自主持了这次会议，何应钦与宋美龄也参加了这次会议。在会议上，由于英国擅自截留美国援华物资，中、英两国在会上发生了争执。当时，英军为保护自己的印度殖民地，已经进

∧ 美国总统罗斯福发表讲话，正式对日宣战。

入缅甸对日军作战，但是并不关心中国抗战的成败。因此，英方代表的中、英联合作战方案首先是保卫缅甸。英方认为缅甸也是中国仅存的一条国外补给线，大批的美援物资要通过滇缅公路运往大西南，中国需要保住缅甸不被日本军队控制。在会上，英国不但想独吞美国援华物资，而且公然蔑视蒋介石和中国军人。对此，蒋介石很大度，只是说："中、英两国此时可算得上是患难之交，理应彼此互助互谅。运给中国的援助物资，像前次的卡车，贵国如需要借用，不妨与中国商洽。"英方代表不由得感到惭愧，因此双方停止了争执。

中国的抗战从一开始，就得到了美国大量军事装备和战略物资的援助。美国总统罗斯福曾对他的儿子说过："你想想看，如果中国屈服，会有多少日本军队脱身出来？那些部队会占领澳大利亚、占领印度，然后长驱直入，直捣中东……"罗斯福还从美国的长远利益考虑认为，中国战后应成为一个名副其实的大国，并成为抵御苏联的广阔空间地带，既然战后的中国会"站在我们这一边"，那么，现在就应该以大国之礼对待中国，以大量军事物资来支持中国抗战。

1942年元旦，26个国家在华盛顿发表了著名的华盛顿宣言，宣言声明一致对抗德、意、日的侵略，并约定加盟诸国应以自己的全部兵力与资源打击共同的敌人，且不得单独与任何敌人媾和。

中国外交部长宋子文代表中国出席会议并在宣言上正式签字。在开列签字国顺序时，罗斯福颇费心思，最初他亲笔把中国排在仅次于美的第二位，第三是苏联，第四是英国，后来，斟酌再三，他又把英国改排在第二，苏联第三，把中国排在第四位。而对其余22个国家，则按照字母顺序排列签字。中国因此成为华盛顿联合宣言的四大领衔签字国之一。

1月3日，在罗斯福的极力主张下，盟国决定单独设立中国战区，成立中国战区盟军统帅部，并委任蒋介石出任最高统帅。蒋介石曾对此在日记中写道："我国签字于共同宣言，罗斯福总统特别对子文表示：欢迎中国列为四强之一。此言闻之，但有惭惶而已！""26国共同宣言发表后，中、美、英、苏4国已成为反侵略中心，于是我国遂列为'四强'之一；再自我允任中国战区最高统帅之后，越南、泰国亦划入本区内。国家之声誉及地位，实为有史以来空前未有之提高，甚恐受虚名之害，能不戒惧乎哉。"似乎在一夜之间，中国确立了大国的地位。而蒋介石本人，在国际上许多人的心目中，也成了中国和中国抗战的化身。

太平洋战争刚一爆发，毛泽东就于12月8日和9日两天在延安的窑洞里主持召开政治局会议，讨论时局的巨变，并通过了《中国共产党为太平洋战争的宣言》。毛泽东说："自罗斯托夫胜利开始，苏德战争的好转已确定。日美战争爆发后已解除日苏战争的危险。日美战争爆发，对中苏两国有利之处有六点：第一，华北华中日军的扫荡势将逐渐减弱，即是说无大举增兵之可能了；第二，国民党对边区的进攻可能会减少；第三，给亲日亲德两派一致命打击，我们使国民党既不能投降又不能剿共的可能性增大了；第四，中国民主政治的前途也更大了；第五，苏联可从东方抽调一部兵力向西；第六，欧洲有建立第二条战线之可能。将来战争欧洲会短些，东方会长些。日美战争前途，最初对日会有利，战争会延长，将要二三年后英、美准备好才能决战。英、美可能集中力量先打败德国，然后英、美力量均向东打败日本……"日后的战争进程，恰恰就是这样惊人地印证了毛泽东的预言。

蒋介石就任中国战区盟国统帅后，请求美国委派一位将领来华担任中国战区统帅部参谋长。于是，由美国参谋总长马歇尔推荐自己的老部下和好友、陆军中将史迪威来华就任这个职位。

太平洋战争爆发后，蒋介石的判断是：如果美日开战，日本必败，中国会因此而得救。而且，随着战事发展，中国的战略地位将越来越重要，美国即使出于自身利益的考虑也会继续援助中国。

蒋介石此后就把战胜日本的希望寄托在美国的物资支援和美国的直接参战上。早在1940年9月，当德、意、日3个法西斯国家签订《柏林

∧ 1942年1月2日，蒋介石就任盟军中国战区最高统帅。

协定》、组成协约国时，蒋介石就顿时高兴起来。他说："德、意、倭三国同盟，果已实现，此在抗战与国际形势上于我实求之不得者，抗战必胜之局已定矣！"蒋介石当时就向各战区将领说，《柏林协定》是"抗战最后胜利唯一的转机"，"只有等候国际局势的转变，期待美英苏的合作，造成最后胜利"。

美国开始时对日本法西斯实行绥靖政策，因此对中国的援助很少，直到太平洋战争爆发，美国才改变了政策，援助变得积极起来。

早在1940年6月，蒋介石就让当时没有公职在身的宋子文以自己的"私人代表"身份出使美国，以便寻求美国的贷款。结果，宋子文在美国待了3个月，没有拿到1个美元。当时，美国主要支援英国抗击希特勒，而且当时罗斯福在忙于竞选连任第三任总统，美国国内普遍认为"这场战争与美国无关"。直到1940年9月，日寇出兵占领越南北部，直接威胁到美国的利益后，美国才同意借给中国2,500万美元。

1940年11月，得知罗斯福第三次当选为美国总统，蒋介石立即高兴地打电报进行祝贺，希望罗斯福继续向中国伸出援助之手。蒋介石在11月6日的日记中写道："此虽为美国之内政，然有关于世界之安危与人心之振靡者极大"，"美国之民主，令人羡慕不置，特电罗斯福总统，祝其成功。此乃出余之至诚，而非可以普通应酬之电文祝之也"。

11月9日，蒋介石分别在接见美国驻华大使詹森和英国驻华大使卡尔的时候，当面交给他们一份关于中、英、美3国的合作方案。蒋介石在方案中提出了3项原则和4项具体协助项目。3项原则是：一、中国坚持执行九国公约规定的门户开放政策（即保证各帝国主义在中国"机会均等""利益分沾"）。二、反对日本独霸亚洲的所谓"大东亚新秩序"。三、在认定中国独立、自由的基础上，作为远东及太平洋地区之和平基础的4项相互协助项目是：(1) 发表宣言后，英、美两国即共同或分别借款与中国，以维持中国之外汇与法币信用。此项借款总额为美金2亿～3亿元。(2) 由美国每年以信用贷款方式售给中国战斗机500～1,000架，但本年（1940年）内先运华200～300架。此外，并由英、美两国供给中国以其他之武器，其数量及种类另行商定之。(3) 英、美派遣军事与经济、交通代表团来华，组织远东合作机关。此项代表团之团员，得由中国政府聘为顾问。四、英、美与日本，或英、美两国中任何一国与日本开战时，中国陆军全部参战，中国全国空军场所，联军亦可使用。

美国国内认为蒋介石的这个要求"令人惊愕"，因为跟自己无关的蒋

∧ 时任国民政府外交部长的宋子文。多次赴美游说，争取美国政府的经济和军事援助。

介石竟然要求给予数亿美元贷款和1,000架飞机。美国财政部长摩根索直接对宋子文说："要500架飞机就像是要500颗星星。"但蒋介石并不气馁，他坚持认为："英倭与美倭的关系，皆无法改善，美参战时期将日近矣！"他相信英、美总会认清中国所占的战略地位，会答应中国的要求的。

1940年11月30日，日本正式承认了自己扶植起来的汪伪傀儡政权，并与汪精卫的伪中央政府签订了一个《日华基本关系条约》。在这种情况下，大批国民党军政人员投降了日伪，重庆政府有垮台的危机。美国驻华大使詹森因此向华盛顿发出了警告："若不给蒋介石在财政和政治上更大的支援，重庆政府的垮台就迫在眼前了。"

1940年12月2日，美国国会终于通过了给中国1亿美元贷款的议案。因为日本加入法西斯轴心国联盟，占领越南北部，直接威胁到英国在新加坡、马来西亚、印度的殖民地，因此，英国随后给蒋介石政府贷款1,000万英镑。美国《时代》杂志社社长当时说："中国为1亿美元答应把112.5万名日军牵制在战场上，让日本的庞大海军继续封锁中国海岸，使侵略者向邻近的美国势力范围的进攻放慢了速度。按照这种价格，这笔买卖是非常合算的。"

1941年1月6日，美国罗斯福总统向国会提出《军火租借法案》，国会允许总统向其认为对美国至关重要的国家租借武器和物资以便让这些国家继续作战，从而使美国本身保持非交战状态，使战争不致蔓延到美国本土。正如罗斯福所解释的那样："在邻居失火、火舌要延伸到我家来的时候，我只在庭院草坪上浇水，却不把水管拿给邻居，还不应该被人家指为傻瓜吗？”这项提案对美国的“中立主义者”也产生了吸引力，国会以压倒多数的优势通过了提案，而且第一次就批准了价值7亿美元的军用物资。

美国国会刚通过租借法案，3月15日，罗斯福总统即发表演说：“亿万中国苦难人民，在抵抗割裂其国家的奋斗中，已表现出非常的意志，他们通过蒋委员长要求美国的援助，美国已经说：中国应当获得我们的援助。”

当美国宣布军火租借法案也适用于中国后，蒋介石十分高兴，并催促美国的对华援助早日兑现。3月30日，宋子文向美国正式提出3项具体援华办法：一、帮助中国建立有1,000架飞机的现代化空军，由美国提供飞机、技术训练和飞行员。二、帮助训练并装备中国陆军30个师。三、帮助中国修整及建设滇缅公路等对外交通补给线。4月26日，罗斯福打电报给重庆国民政府：“业已批准4,500万美元的对华援助，包括有铁路、交通器材、卡车、汽车、兵工器材等类。至于飞机和其他项目正在研究中。”

∧ 1941年8月14日，美国总统罗斯福和英国首相丘吉尔共同签署了《大西洋宪章》。

6月，苏德战争爆发。国际上形成了反法西斯阵营，中国在这个阵营中，已具有重要的地位。但是蒋介石却发现，英、美、苏甚至荷兰等国都没有把中国放在眼里。1941年2月22日，在新加坡召开的美、英、荷、澳4国会议，居然没有邀请蒋介石参加，蒋介石因此感到非常生气。同年8月14日，罗斯福与丘吉尔依然没有邀请蒋介石，就在大西洋的一艘军舰上发表了著名的《大西洋宪章》。

因此，此前中国在世界上是一直没有地位的。直到1942年，在美国总统罗斯福的极力要求下，中国才终于被列入反法西斯阵营四强国之一，得到了“大国”的待遇，蒋介石成为中国战区的最高统帅。

由于蒋介石打算把运来的美援物资存起来，以便抗日战争胜利后用这些物资去打败中国共产党所领导的人民武装力量，因此蒋介石就无休止地向美国要钱要物，这引起了一些美国高层人士的怀疑，史迪威更是坚决反对给蒋介石大量

∧ 宋美龄和罗斯福夫人在白宫合影。

的财物。他坚信蒋介石把美国的援助物资和金钱都私自存了起来，而且其中很大一部分被腐败的官僚拿回了家。

尽管如此，罗斯福从大局出发，仍然十分看重中国的战略地位，希望中国能够把日军主力牵制在中国战场，因此仍然愿意援助蒋介石。

1942年6月初，日军在和美军进行的中途岛海战中一败涂地，损失了4艘大型航空母舰，1艘重量级巡洋舰，各种飞机400余架，从此元气大伤。这次海战成为太平洋战场的转折点。8～10月，从美军进攻所罗门群岛南部的瓜岛登陆战开始，日军开始转入战略防守阶段。此时，苏军在斯大林格勒战役中也打败了不可一世的德军，由战略防御转入战略进攻阶段。北非战场上的英军也开始进入反攻。世界反法西斯战争进入了一个新的阶段。日军也日趋困难，不得不取消了进攻重庆的5号作战计划。

随着中国战区战略地位的提高，中国的国际地位也随之上升了。

1942年8月，罗斯福委派威尔基作为他的私人代表，在中国待了50天，以便考察抗战中的中国军队。蒋介石在应付检查方面是个内行，他花了不少心思取悦威尔基，并期望通过威尔基向罗斯福施加影响，把史迪威换掉。

但事实上，正如史迪威事后所说，威尔基"完全被蒋介石夫妇骗住了"。在整个访问过程中，宋美龄作为蒋介石的夫人和威尔基的翻译，很快就以自己流利纯正的英语和雍容典雅的外貌把威尔基迷住了。

威尔基在华访问的50天里，由当时的国民党中央宣传部副部长董显光全程陪同，国民党陪同人员在威尔基面前表演双簧戏，让他得出了蒋介石把美援物资全部用到了抗日上的结论。在宋美龄的魅力影响下，威尔基还建议她到美国去"进行一次亲善访问"。

他强调说："必须从这个地区派出一个有智慧、口才和道义力量的人来进行帮助，使我们了解中国和印度以及他们的人民。夫人将是一位十全十美的大使。她的巨大才能——而且我知道她会原谅我说出这番私人的话——她对中国的高度忠诚，在美国是众所周知的。她将会发现她不仅会受到热爱，而且会发挥巨大作用。我们愿意倾听她的话，因为谁都比不上她。她既聪敏，又有魅力，怀有一颗慷慨和理解他人的心，具有优雅端庄的风度和容颜，加上抱有炽烈的信念，她正是我们所需要的那样一种客人。"

威尔基的建议和蒋介石的想法不谋而合。蒋介石于是在1942年11月16日向罗斯福总统说："内子非仅为中正之妻室，且为中正过去15年中，共生死、同患难之同志，对中正意志甚明了，当非他人所能及。故请阁下坦率畅谈，有如对中正之面罄也。”

1942年11月17日，宋美龄由重庆乘飞机秘密出发，经由非洲、南美洲，于11月27日到达纽约长老会医疗中心就医。宋美龄曾经在1937年10月，冒着生命危险在淞沪前线慰问抗战官兵时，翻车负伤，一直没有痊愈。此外，此行的一个重要目的还有治疗慢性皮肤病。宋美龄出院后，随即受到罗斯福总统夫妇的邀请，到白宫做客。2月11日，罗斯福夫妇将宋美龄迎进白宫。宋美龄在白宫前后度过了11天愉快的时光。早在她住院期间，罗斯福夫人埃莉诺·罗斯福就曾去医院看望，觉得她“娇小脆弱”，“我真想帮助照料她，好像她是我的亲生女儿似的。”但是，由于在一次晚餐时宋美龄认为对参加矿工罢工的人应该进行残酷镇压，使得罗斯福总统夫妇对宋美龄的印象不再是“娇小脆弱”，而是“心狠如铁”。埃莉诺·罗斯福夫人在私下里说：“她对民主制度能够讲得很漂亮，但是她可不知道怎样实行民主制度。”

1943年2月18日，宋美龄在罗斯福总统夫人陪同下，向美国国会成功地发表了演说。一些美国报刊对她的印象是，脸色阴沉，身材娇小苗条，身穿一件黑色紧身的富有魅力的中国旗袍，下摆开衩几乎高到膝盖，一头柔和黑发别致地盘在颈后。她佩戴的饰物是价值连城的宝石，纤指上涂着红指甲油，腿上穿透明长筒袜和轻便高跟鞋。举止端庄，说一口地道的英语，声音柔美。

“议员们被她的优雅风度、妩媚和智慧迷住了……在议员们长达4分钟的起立欢呼之后，她开始讲话……美龄向国会发表的讲话像一篇加以修饰的散文，发表的材料同样富丽堂皇，但它取得了很大的成功。”

> 宋美龄在美国国会发表演讲，议员和众议员席上座无虚席。众人都惊讶于她那铿锵有力的声音和完美的说辞。

∧ 罗斯福在宋美龄访美期间给了她最高的赞誉和礼遇。

∧ 宋美龄访美期间与美国总统罗斯福在一起。

关于美国和中国的亲密关系，她说：我们两个伟大民族之间有着160年的传统友谊，这种友谊从来没有被误解削弱过，它在世界历史中是从未有过的。

关于中国的抗战，她说：我们决不能忘记在遭到全面侵略的头4年半中，中国是在没有援助的情况下单独抗击日本的残暴战祸的。在中国人经过5年半的抵抗后，确信应该“宁可光荣冒险，不愿屈辱认输”。她的讲话再次博得了议员们的起立鼓掌。

宋美龄在演讲中强调：盟军应当改变偏重欧洲战场的观点，因为打败日本比打败德国更重要。

宋美龄谈话的第二目的是使中国跻身于世界四大国之列。她详尽地叙述了自己对和平进程和战后世界的看法，敦促美国立即采取行动，发起研究战后问题的四大国会谈。

在这几个月里，宋美龄达到了她一生事业最辉煌的顶点。仅美国各大学授予她的名誉博士学位就有16个之多。同时，美、英也在这次访问后决定为中国抗战增加贷款。

宋美龄在辞行前，和罗斯福总统作了最后的会谈。事后，她立即将谈话结果用电报报告给蒋介石：

一、罗斯福允派美军二师，赴缅作战，于9月准备完毕。

二、丘吉尔对于由缅甸发动总反攻之事未必履行。

三、关于大连、旅顺、台湾由中、美海空军共同使用一事，罗斯福表示同意。并谓候中国方面准备完妥后，美军即可退出。

四、罗斯福之意，朝鲜可暂由中、美、俄共管。

五、前国际联盟交由日本管理南太平洋各岛，罗斯福同意，战后可由联合国接收，组织暂时共管。

∧ 开罗会议期间，罗斯福与蒋介石在一起。

∧ 中、美、英 3 国首脑在开罗进行了历史性的第一次见面。

宋美龄访美，为几个月以后的罗、丘、蒋开罗会议铺设了路轨。

蒋看到这样的结果，非常高兴。

一方面是宋美龄的访问十分成功，另一方面也由于太平洋战争爆发后，美、英等国认识到了中国在世界反法西斯战争中的重要战略作用。所以，以后一段时间，美国对中国的援助是比较大量和比较积极的。

开罗会议上尽享繁华

1943 年夏，盟军开始对法西斯轴心国反攻。中、英、美 3 国商定，分进合击，收复缅甸。蒋介石认为收复缅甸就可打通滇缅公路，可使大量美国军用物资运入中国。因此，他立即调兵遣将，准备于 11 月入缅作战。

1943年8月，美、英两巨头罗斯福和丘吉尔在加拿大的魁北克举行最高级会谈，讨论盟军对德、意、日法西斯军队作战的问题。这次重要会谈没有邀请蒋介石参加，他命令当时正在美国的宋子文以中国外交部长的名义向美、英两国提出抗议。美、英未予明确答复，只搪塞了事。

9月8日，意大利宣布无条件投降，法西斯军事轴心开始趋向瓦解。美国从本国利益考虑，计划提前从法国北部开辟欧洲第二战场。在这种情况下，英、美两国重新商议作战计划，决定取消与中国军队联合收复缅甸的军事计划，以便集中兵力与德军决战。而美国对英国变更原订军事计划的建议表示首肯，而这一商议过程和变更决定，蒋介石的国民政府和军事统帅部压根就不知道。消息还是宋子文在美国得到后用电报转告蒋介石的。蒋介石读完电报，

< 在罗斯福的提议下，开罗会议将中国列为“四强国”之一，圆了蒋介石的“大国梦”。图为开罗会议时，蒋介石夫妇与美国总统罗斯福、英国首相丘吉尔合影。

< 开罗会议期间，蒋介石夫妇与史迪威合影。

不由得大骂英国“反复无常”“欺人太甚”，骂丘吉尔是一只“狡猾的狐狸”。

魁北克会议后，罗斯福和丘吉尔曾经联名致电蒋介石，想说服蒋介石单独从缅北发动对日进攻，蒋介石当时就坚决拒绝了。他觉得这又是英国的一个骗局。

美国总统罗斯福一直有让中国和美、英、苏一起成为世界“四大强国”的构想。

罗斯福认为：有5亿人口、亲美的中国站在美国一边，这在“紧接着战争结束以后的时期”是会“非常有用的”，这样可以孤立苏联。这个想法是苏联所反对的。

1942年10月19日，美、英、苏3国外长在莫斯科举行会议，罗斯福下定决心要以“四大强国”外长会议发表宣言，不惜与苏联决裂。苏联外长莫洛托夫被迫于10月26日表示同意。1943年10月30日，中国驻苏大使傅秉常代表外交部长签字，“四强宣言”正式发表，中国因此跻入“四强”。这次晋级也为战后中国成为联合国安全理事会常任理事国打下了基础。接着，罗斯福又强力推进召开四大强国首脑会议，以讨论盟国将要取得胜利的协同作战问题。1943年10月28日，罗斯福致电蒋介石：“莫斯科会议，至今进行甚速，极望其会议结果能有布于各方，我正促成中、英、苏、美同盟之团结。我尚不知史达林（斯大林）能否与我相晤，但在任何情况下，我极望与阁下及丘吉尔能及早会晤于某处，时间为11月20~25日之间。我想亚历山大（埃及海港）当为一良好地点，……会议日期约为3日，……并祈极守秘密为盼！”蒋介石看到电报后非常兴奋，立刻给罗斯福回电：“同意。”

1943年11月1日，罗斯福再次致电蒋介石：“我尚未接获斯大林元帅之明确答复，但丘吉尔与我仍有会晤阁下的机会，我望阁下能决定11月26日，约在开罗邻近之处，与丘吉尔及我相晤。”

1943年11月9日，罗斯福第三次给蒋介石发电报：“我于二、三日内即将前往北非，望于21日抵达开罗，丘吉尔将晤我于此。我与丘吉尔拟于26日或27日在波斯与斯大林相晤。

★约瑟夫·史迪威（1883～1946）

美军高级将领，四星上将。西点陆军军官学校毕业。1925～1929年在驻中国天津美军中服役。1935～1939年为美驻华使馆武官。太平洋战争爆发后，1942年来华，任中国—缅甸—印度战区美军司令、中国战区参谋长、援华租借物资管理人等职。在此期间指挥过两次缅甸战役。1944年10月被美国政府召回，由魏德迈取代其职，回国后担任美国陆军地面部队司令。1945年任美军第10集团军司令。1946年任美军第6集团军司令，10月在旧金山病故。

故我殊愿阁下、丘吉尔与我得先此相晤，盼阁下能于11月22日抵达开罗。”

蒋介石非常高兴，中国在莫斯科外长会议上被列为“四强”签字国之一，现在他又要去开罗出席最高首脑会议，和丘吉尔、罗斯福、斯大林这3位大国巨头平起平坐了。但是，蒋介石却非常担心史迪威★会向罗斯福总统反映中国的实际情况，打自己的小报告。因为蒋介石深知自己与史迪威的矛盾已经无法调和。蒋介石说自己已经无法再忍受史迪威的诬蔑言行。蒋介石对刚抵达重庆的美空军补给司令萨摩维尔中将说，他已决心要求美方把史迪威撤职。蒋介石认为史迪威和他的两个政治顾问是共产党的爪牙，他们向华盛顿汇报时，称赞共产党，诋毁国民政府，还说蒋介石“由于没有受过教育而不足以成事”，并说蒋介石是“微不足道的小人物”。

蒋介石无法容忍史迪威反对自己的反共政策，无法容忍让他撤出包围共产党的几十万大军去打日本的建议。最终，在各方的压力下，史迪威对蒋介石说：“我唯一的目的是为中国好，如果我有错误，那并非有意。”两人因此暂时和解了。蒋介石在这天的日记中写道：“最后允史迪威悔改留任，重加信用。”但是史迪威则在心里愤怒地说：“这条响尾蛇没有发出响声就咬人了，我决不宽容！”

11月18日，蒋介石与夫人宋美龄率国防最高委员会秘书长王宠惠、军委办公厅主任商震、航空委员会主任周至柔、中宣部副部长董显光等一行20人，自重庆乘飞机启程，途经安哥拉、卡拉奇，于21日上午抵达开罗机场。会议地点选在米纳饭店。华丽的米纳饭店位于沙漠边缘，雄伟的金字塔遥遥在望。这是一次规模巨大的聚会，几乎所有知名的英、美军官都来到了这里。21日下午，丘吉尔到达，蒋介石先去拜访。罗斯福22日上午到达，向蒋介石解释了斯大林不能到会的原因：开罗会议只讨论对日作战问题，与斯大林关系不大。斯大林将参加紧接着召开的德黑兰会议。

蒋介石出席开罗会议，被列为“四强国”之一，也同英、美首脑享受相同的礼遇，算是圆了他的“大国梦”，可是，蒋介石的行为却给罗斯福和丘吉尔这两位铁腕人物留下了不好的印象。以中国战区统帅部参谋长的身份出席会议的史迪威向罗斯福汇报了蒋介石政权的“腐败无能”，罗斯福通过与蒋介石接触，也对他感到失望了。

但尽管如此，罗斯福总统仍然认为：“不管他的军队的作战情况有多么糟”，蒋介石仍是战后唯一能使中国人民保持团结统一的人。

23日，三巨头会议开始。首先由罗斯福致辞，继之，由盟军东南亚战区统帅蒙巴顿报告近期战况。下午，丘吉尔和蒋介石先后对照地图发表了对战局的看法。

当晚，罗斯福设宴招待蒋介石和宋美龄夫妇，特别助理霍普金斯作陪。罗斯福对中国军队在常德地区的作战表示满意，并特地为正在与日军作战的中国将士干了杯。罗斯福说：“由于中国人民在抗战中的杰出表现，提高了中国的国际地位。我以为，中国应以平等的地位列入四强，参加四强组织的机构及各项决策。关于这一点，我已同斯大林和丘吉尔交换过意见。不知蒋先生以为如何？”蒋介石：“我同意。”

罗斯福说：“日本国之所以能发动大规模的战争，是因为他们不民主。如今，日本战败已成定局。战后的日本应该是民主的日本。美国国内已在传播着对日本天皇追究战争责任的舆论。日本的天皇制应予保留还是废止？特地征求中国的意见。”

蒋介石沉思片刻，答道：“这个问题，我以为除了日本军阀必须根本铲除，不能再让其起来干预政治以外，至于日本国体如何，最好待日本新进的觉悟分子自己来解决。”等宋美龄译完后，他又说：“如果日本国民能起来对付战争祸首的军阀而革命，推倒他现在侵略主义的军阀政府，彻底消灭其侵略主义的根蒂，那我们就应该尊重他们国民自由的意志，去选择他们自己政府的形式。”

罗斯福又问起蒋介石对战后派兵进驻日本一节，是否应由中国为主体？蒋介石的态度是：“对日本本土驻军监视问题，我的意见应由美国主持，如需要中国派兵协助，我们一定尽力而为。我对领土问题比较关心，日本攫取中国之土地，如东北四省与台湾、澎湖列岛，均应归还中国；唯琉球可由国际机构委托中美共管。”

罗斯福完全同意。他有意要使中美关系打下基础，并帮助调解国共两党之间的矛盾，他估计这些问题可能会影响战后的世界秩序。而在当

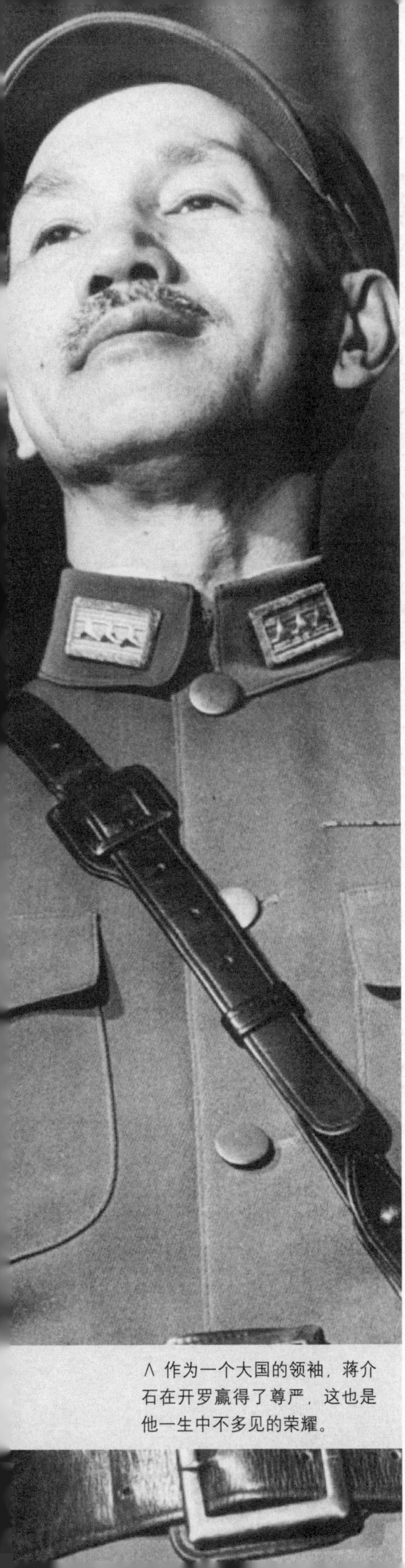

∧ 作为一个大国的领袖，蒋介石在开罗赢得了尊严，这也是他一生中不多见的荣耀。

前，最要紧的是让中国继续战斗下去，拖住日本军队。他试探着问蒋介石："政府军为什么非要监视共军不可？还有苏联……"蒋介石拿餐巾擦擦嘴，答道："共产主义与帝国主义为问题之重心。我期望总统尚须注重俄国今后之行动与事实为要，反正我对俄国不敢深信。"

罗斯福建议："国民政府应该容纳共产党，组织国共联合政府。"蒋介石低头拨弄着刀叉："如果苏联不插手东北，则可予考虑。"罗斯福说："我当和斯大林洽谈。"

至于香港、广州、上海等地之英国割据地及租界之归还中国问题，罗斯福也以组织国共联合政府为条件，允为努力促其实现。

第二天，丘吉尔举行晚宴，请蒋介石参加。由于丘吉尔对蒋介石十分关心的反攻缅甸、恢复滇缅公路问题持消极态度，二人谈得并不愉快。蒋介石在日记中写道："丘吉尔为英国式之政治家，实不失为盎格鲁萨克逊之典型人物。虽其思想与精神气魄不能与罗斯福总统同日而语，而其深谋远虑，老成持重，则现代政治家中实所罕见。"同时感慨道："开罗会议之经验，英国决不肯牺牲丝毫之利益以济他人。彼对于美国之主张亦决不肯迁就……其与中国存亡生死，则更不值一顾矣。"其后丘吉尔曾对罗斯福说："不通过战争就休想从英国手中夺回任何东西。"他指的是新加坡和香港。

11月26日，一群外国将军，包括蒙巴顿、史迪威、阿诺德、萨默维尔、惠勒、斯特拉特迈耶和陈纳德，都来拜访蒋介石，一个个戎装笔挺，威武潇洒，蒋介石非常高兴。而罗斯福、丘吉尔和欧洲战区的代表，已经前往德黑兰，与斯大林会晤去了。

德黑兰会议上的两件事使得开罗会议的成果变得明朗化了。这两件事是：一、斯大林表示，在战胜德国之后，苏联将增兵西伯利亚，协同打击日军；二、英、美同意，在法国西部和南部登陆，开辟第二战场。12月1日，由英国、中国和美国签署的开罗宣言公开发表。

蒋介石参加开罗会议返渝后，英、美两国突然取消在开罗会议上达成的协同反攻缅甸的作战计划。这使蒋介石非常恼火，他怒气冲冲地召见美国大使高斯说，只有提供10亿美元的贷款才能“使中国人民和军队相信你们是严重关注的”。史迪威将军当即告诫宋美龄不要搞讹诈，因为“我们的人听烦了”。罗斯福总统对蒋介石的要求亦予以拒绝，这使蒋介石十分不满。蒋介石威胁说，中国经济上如得不到补偿，他就不能继续抵抗日本，不得不退出战争，并扬言要停止帮助修建美军在成都昆明等地的轰炸机基地。

罗斯福总统很恼火地答应归还欠款。孔祥熙索回1亿多美金现钞，与美国人结下了不解之怨。然而，国民党的军政要员们却利用劳苦大众血汗换来的美元大搞货币投机，以孔祥熙为主谋，私分了中央银行库存的美金债券，从中套取美金，牟取暴利。这样一件轰动全国的大案，却被蒋介石一手压下，不了了之。

∧ 东条英机与访日的汪精卫在一起。

1944年初，苏联红军实施战略大反攻，欧洲战场开始了历史的转折。5月，中国远征军与中美混合部队会师，在缅北取得了决定性胜利。

日军在太平洋战场节节败退，其海上交通线也更加难以维持。日本首相东条英机决定打通横贯中国大陆的交通线，使平汉、粤汉和湘桂铁路恢复通车，经由印度支那与南洋地区同日本建立交通联系。

东条英机发出命令，要求在4月下旬从黄河两岸发动攻势，1个半月打通平汉铁路，6~9月打通粤汉和湘桂铁路，这个命令定名为“一号作战”。这是东条英机在中国大陆发动的最后一次大规模进攻，故称“最后一跳”。这次作战地区从黄河到信阳400公里，从湖南的岳阳到越南的谅山约1,400公里，从衡阳到广州约600公里。在这条漫长的战线上，日军出动约50万人、10万匹战马、1万多辆汽车、1,500门大炮和250架飞机。

1944年4月18日，日寇纠集五六万人首先发动了河南战役。国民党汤恩伯、胡宗南等指挥的40万大军望风而逃，仅40天，郑州、许昌等45个重镇和38个县相继陷落，损失兵力20万。5月下旬，敌又纠集兵力12万人发动湖南战役，陈诚、薛岳等指挥的国民党军3倍于敌，但仍是一触即溃。6月17日，日寇总攻长沙，仅3天，国民党守军便弃城逃跑。蒋介石并未处罚战区司令长官，只把第4军军长张德能枪毙了。8月7日，湖南重镇衡阳告急，第10军军长方先觉急电蒋介石求援，蒋介石不积极派兵增援，却在“当天夜晚，三度向上帝祷告”。给第10军回电也只说：“祝上帝保佑你们。”衡阳遂于8月8日陷落，国民党第10军军长方先觉带全军投敌叛国，后来方先觉只身逃回重庆，蒋介石对这位投敌叛国的将军不但不予惩处，当见到方先觉时还说：“回来了！好！好！我每天在为你们祈祷，希望你们也崇信上帝。”9月，日寇三路会攻广西，到11月，桂林、柳州、南宁等重镇接连丧失。至此，日寇打通大陆交通线的计划告成。日寇为了巩固和扩大战果，只派出二三千人追击，国民党几十万大军望风而逃，被日寇直追到贵州独山。

∨ 抗战时期，蒋介石夫妇在重庆接见了访华的美国五星上将马歇尔。

∨ 宋美龄多次赴美斡旋，寻求援助。

豫湘桂战役，是抗战以来国民党战场第二次战略上的大溃败。日军从4月中旬到12月初，击溃了国民党军队五六十万人，夺取了平汉、粤汉、湘桂3条铁路干线，占领了洛阳、长沙、桂林、福州4个省会，以及郑州、许昌、宝庆等146个大小城市，取得了衡阳、零陵、柳州、丹竹、南宁等7个空军基地和36个飞机场，从而打通了中国大陆的交通线，可谓取得重大胜利。这次大失败是蒋介石一党专政腐朽没落的大暴露，加深了蒋介石独裁统治的全面危机，也让美国人对蒋介石失去了希望。

1944年6月，罗斯福派副总统华莱士到中国“调谐国际关系”。在华莱士的坚持下，蒋介石勉强同意美国军事观察组访问共产党地区，但他强烈要求美国召回史迪威将军。

华莱士访问共产党地区后，经过一夜的思考之后，从昆明给罗斯福发出了如下电报：“蒋充其量只是一个短期可以依靠的人物。人们不相信他具有治理战后中国的智慧政治力量。战后中国的领导人将在演变中或者革命中涌现，而现在看来更可能的是在后一种情况中涌现。”华莱士批评完国民党及蒋介石之后，所得出的结论却是：“除支持蒋介石以外，好像也没有别的办法。现今中国的任何领导人或集团显然都没有足够的力量去接收这个政府”，美国能够做到的只有设法去“影响”蒋介石。

蒋介石在日寇进攻豫湘桂战争中的大溃败，引起美国的不满，罗斯福找到正在美国请求贷款的孔祥熙问道：“我想弄明白的问题是，中国军队在哪里？他们为什么不同日军打仗？看来日军想把中国军队赶到哪里就把他们赶到哪里。”这时蒋介石又突然要求把中国远征军从缅甸的酣战中撤回国内。史迪威在日记里说蒋介石“叫人无法容忍”，于是他向马歇尔建议，剥夺蒋介石指挥中国军队的权力，将指挥权交给他，甚至把共产党的部队也纳入他的军事计划，否则国民党军队在抗战中将不会发生任何作用。

中国的进步开明的民主人士，也通过美国驻华使馆向美国政府呼吁，说蒋介石不实行民主政治，美国提供的军事和财政援助，只能加强国民党的反动，蒋介石集团“没有能力在中国建立一个现代国家”，没有就战后恢复制订出“合理计划”，蒋介石本人是一位能力有限、目光短浅的人，中国在他的领导下“前途黯淡”。美国大使高斯无可奈何地耸耸肩膀说：“我什么法子也想不出来……”美国驻昆明总领事威廉·兰登在给美国政府正式呈交的报告中写道：“只有蒋介石死去或是发生一场成功的革命，中国目前的趋势才能改变。”

6月下旬，鉴于长沙失陷后，中国战局已非常危急，美国国防部长马歇尔忽然生出了让美国人指挥中国军队与日作战的念头。7月1日，马歇尔电告史迪威，征求对此事的意见。与蒋介石的矛盾愈来愈深的史迪威当然愿意亲自指挥几百万军队。不过，他在华已有两年多，深知中国的事情难办的很。7月3日，他电告马歇尔：“此事应电总统出面促成，告诉蒋介石，现在剧变情势应采取激烈手段之必要，这样蒋或能被迫使我担任此职，中国军队才能受我指挥。即便如此，还应免去何应钦参谋总长职务，或规定其无权过问战事。我如无实权则不能担任。其实，中国局势不能扭转，自中国陕西向洛阳、郑州、武汉发攻，即为良策。”

马歇尔收电后，马上拟定了一个备忘录和致蒋介石电呈报罗斯福审定。罗斯福很快同意了马歇尔的意见。7月7日，他发给蒋介石一封措辞强硬的电报。内称：“日本进攻华中后所形成的严重局势，不仅使中国政府感受威胁，且使美军在华基础同受影响。今欲挽救危局，必须迅速采取紧急之措施。鉴于现状之危急，我意应责成一人，授予协调盟军在中国的作战资源的全权，包括共产党部队在内。”罗斯福历数史迪威的优长后，写道：“我拟将史迪威晋升上将，并建议将彼置于阁下直辖之下，统率全部华军及美军。为使史迪威能顺利指挥作战，请阁下授予他全部权力与责任。”

蒋介石非常窝火，当天晚上他在日记里这样写道：“罗斯福让史迪威统领中国军队，是其必欲干涉中国之心，昭然若揭矣！余于此不外拒绝、接受与缓和之三种方针，以为应付之道，缓和处之为上矣……局势至此，若不自立自强，国家民族亡无日矣！今日之事，唯有奋斗图强，才能挽救也。”

他不敢拒绝，只能采取拖延战术。7月8日，他电复罗斯福：“原则赞成此事。中国军队与政治内容，不若他国之简单，全部统率之情形亦非缅北少数军队所可比，故非有一准备时期，不能使史将军指挥顺利，以符尊望。”

罗斯福于1944年9月17日，再次给蒋介石发来一封如“最后通牒”式的电报。电报中说：“近几个月来，我曾屡次敦促你采取果断的行动来抵御正在日益临近中国和逼近你本人的灾难。现在，由于你还没让史迪威将军指挥中国所有军队，我们面临着在中国东部丢掉一个极重要的地区的危险，而这有可能带来灾难性后果……我们的军队正在跨太平洋迅速推进，但是，除非你现在就采取积极行动……来保卫你经过多年奋斗所取得的成果，来维护我一直为支持你而作的努力……否则此番进军对于解救中国也许太晚了。

“我确信，你目前能够阻止日军达到其在中国的侵略目标的唯一办法，就是立即增援萨温江部队，继续使他们进攻，同时立即使史迪威将军能不受限制地指挥所有中国军队。我要你采取的行动将有利于我们的决断，也有利于美国为保持和增加对你的援助而打算继续进行的努力……在我们这里所有的人看来，事情已经非常明显，如果再作拖延，你和我们为挽救中国所做的一切努力将付诸东流。”

罗斯福的这份电报是打给史迪威转呈蒋介石的。这就表明，罗斯福总统是偏向史迪威一边的。当史迪威以兴奋的心情将电报交给蒋介石后，蒋介石只扫了一眼，立即把电报放下，直气得仰面呆坐，一言不发。蒋介石曾在日记中提及此事，称其“实为余平生最大之耻辱也”。

9月20日，蒋介石通知罗斯福总统的私人代表赫尔利说：“我已下决心，请罗斯福总统调回史迪威，另派一位能合作的高级军官来接替参谋长的职务。希望罗斯福总统不要因为坚决要求调回史迪威而使中美之间产生隔阂。”

美国特使赫尔利权衡利弊，决心支持蒋介石，并发了一份电报给罗斯福，竭力劝说总统收回9月18日电报中对蒋所提的要求。

∧ 蒋介石、蒋纬国与美国总统私人代表赫尔利在重庆。蒋介石与史迪威的矛盾已不可调和，赫尔利权衡利弊后，决定支持蒋介石。

∧ 1944年11月，毛泽东在延安机场迎接到访的美国总统私人代表赫尔利。右为杨尚昆。

赫尔利的理由是：一、蒋介石"是一个统帅几百万军队、抗日已经7年的国家元首"，对他不应施加压力。如果支持史迪威，则必会失去蒋介石及其抗日力量。二、蒋介石需要美国援助。他能诚心与美国合作，美国任何将领来华，蒋介石都能与之合作，只有史迪威不行。据此，赫尔利要求罗斯福立即调回史迪威，另派一高级将领来华充任参谋长。罗斯福接受了赫尔利的劝告，下达了召回史迪威的命令。接替史迪威职务的是魏德迈将军。

同时，为了中国继续能将日军拖在中国战场上，不至威胁到美国的利益，赫尔利在中国积极行动起来。1944年11月，赫尔利以罗斯福总统的私人代表和国共两党调解人的身份飞往延安，与中国共产党进行谈判并达成了5项协议。

这5项协议由毛泽东、赫尔利代表双方签字，由赫尔利带回重庆。赫尔利认为这五项协议是对蒋介石更有利的——让共产党参加政府，就可以使共产党把军队交出来，以获得对共产党军队的控制权。赫尔利说，他与毛泽东共同签字的5项协议案"是共产党签订协议，将他们武装部队控制权交给国民党政府的唯一文件"。但是，蒋介石对赫尔利从延安带回来的5点建议十分恼火，甚至称赫尔利为"大傻瓜"。蒋介石提出3点反对建议，重弹老调，要求共产党必须"竭诚"拥护国民政府，并把军队交给他指挥。蒋介石给予中共的只是象征性的政治代表权。至于成立民主联合政府的问题则只字不提，对中共提出的最起码的民主措施都不予以考虑，只想在谈判桌上向中共施加压力，以“军事统一”为借口，达到“整编”共产党领导下的人民军队的目的。

1945年2月，罗斯福、丘吉尔、斯大林在苏联的雅尔塔举行了3国首脑会议。罗斯福在既未通知中国又未曾事先与中国商议的情况下，擅自以中国的领土主权与苏联做交易，秘密签订了雅尔塔协定。美、英同意维持原属中国领土的蒙古人民共和国的现状；同意苏联租用旅顺港为其海军基地，大连国际化；同意苏联与中国共同经营中东铁路和南满铁路。

1945年4月2日，赫尔利在华盛顿举行记者招待会，宣称“美国只同蒋介石合作，不同中共合作”。表明了美国的扶蒋反共政策，助长了蒋介石的反动气焰。

1945年4月，毛泽东在党的“七大”开幕式上说：党的任务是要用全力去争取光明的前途和光明的命运。

在抗日战争即将取得胜利的前夕，全国人民掀起了废除国民党一党专政、成立民主联合政府的爱国民主运动高潮。1945年5月5日至21日，国民党“六大”在重庆召开。蒋介石伪装民主，装出“还政于民”的姿态，宣布将在11月12日召开的国民大会上通过“宪法”。但是国民大会的代表却是由蒋介石圈定的；要制定的宪法，依然代表大地主、大资产阶级的利益。

蒋介石还放出烟幕弹，以遮掩自己独裁、内战的政策，他说：3个月把军队和学校中的国民党党部及三青团部一律撤销、6个月内把各省市的临时参议会变成正式民意机关，以上党、团、参议会等机关统统移归给国民政府。

大会上，许多国民党民主派人士纷纷要求民主，并追问政府如何打败日本。

冯玉祥、屈武等人提出了《加强民主设施促成国家统一案》，“主张在召开国民大会前先承认各党派之合法地位与活动，反对以武力消灭中共”。蒋介石大骂王昆仑等人，他的爪牙在会场上高喊要枪毙民主派的代表。

蒋介石在大会上说：“党内许多同志常夸大中共力量，……不知在某一定情况下，我们必消灭之！”“今天的中心工作，在于消灭共产党！日本是我们国外的敌人，中共是我们国内的敌人！只有消灭中共，才能完成我们的任务。”

最终，蒋介石授意大会作出了两套关于中共问题的决议案。一个是对外发表的《对中共问题的决议案》，其中写道：“在不妨碍抗战、危害国家之范围内，一切问题，可以商谈解决。”另一个是对内的《本党同志对中共问题之工作方针》，明确反对中共提出的“联合政府”口号，要求国民党全党“努力奋斗，肃军肃政，加强力量”，以加强反共，准备内战。

国民党“六大”制定了一条坚持独裁、准备内战、抢夺人民抗战胜利果实的路线。会后第三天，蒋介石就命令上官云相和胡宗南进攻新四军和八路军。

蒋介石的工作重心已经再次转换到了消灭共产党上面。

历史备忘录

HISTORY MEMORANDUM

∨ 百团大战期间，破袭正太路的八路军战士。

∨ 抗战时期，援华的美国志愿航空队成员合影。

2 3 4

1

百团大战

1940年8月20日，晋察冀军区、第129、第120师在八路军总部统一指挥下，发动了以破袭正太铁路（石家庄至太原）为重点的战役。战役发起第3天，参战部队已达105个团，故称“百团大战”。从8月20日至12月5日的3个半月中，八路军共进行大小战斗1,824次，共计毙、伤、俘和投诚日伪军达46,480人。百团大战粉碎了日军的“囚笼政策”，增强了全国军民取得抗战胜利的信心，提高了中国共产党和八路军的声望。

国民政府正式对日宣战

1941年12月9日，国民政府发布文告，正式对日宣战。1937年7月，日本发动全面侵华战争，中国展开了全国性抗战。中、日之间已完全处于战争状态，但国民政府仅发表了《自卫抗战声明书》，并未正式对日宣战。太平洋战争爆发后，美国政府对日宣战，于是国民政府也正式发布《中国政府对日宣战文告》，明确宣布：“正式对日宣战，昭告中外。所有一切条约、协定、合同，有涉及中日间之关系者，一律废止。”

日军对冀中抗日根据地进行“大扫荡”

1942年5月初至6月底，日本华北方面军在冈村宁次指挥下聚集4个师团、2个旅团共日伪军5万余人，采取“铁壁合围”“分区清剿”等手段，对冀中抗日根据地进行“拉网大扫荡”。实行烧光、杀光、抢光的“三光”政策，企图消灭冀中区党政军领导机关和主力部队，全面控制冀中地区。

美国人陈纳德率领“飞虎队”来华参战

“飞虎队”是美国志愿航空队的美称，由美国空军退役军官克莱尔·李·陈纳德出面招募美国陆、海军的预备役以及退役飞行员而组建的。1941年8月1日，蒋介石下令将“飞虎队”正式纳入中国武装部队序列。1943年，志愿航空队改为第14航空队，除了协助组建中国空军，对日作战外，还协助飞越喜马拉雅山，从印度接运战略物资到中国，以突破日本的封锁，人称“驼峰航线”。第14航空队的来华，有力地配合了中国军队的战斗。

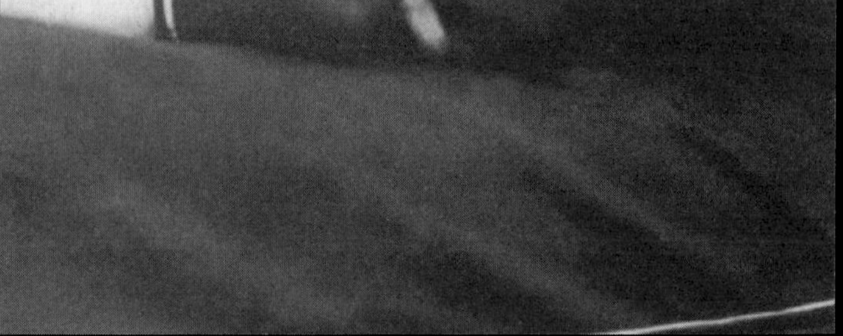

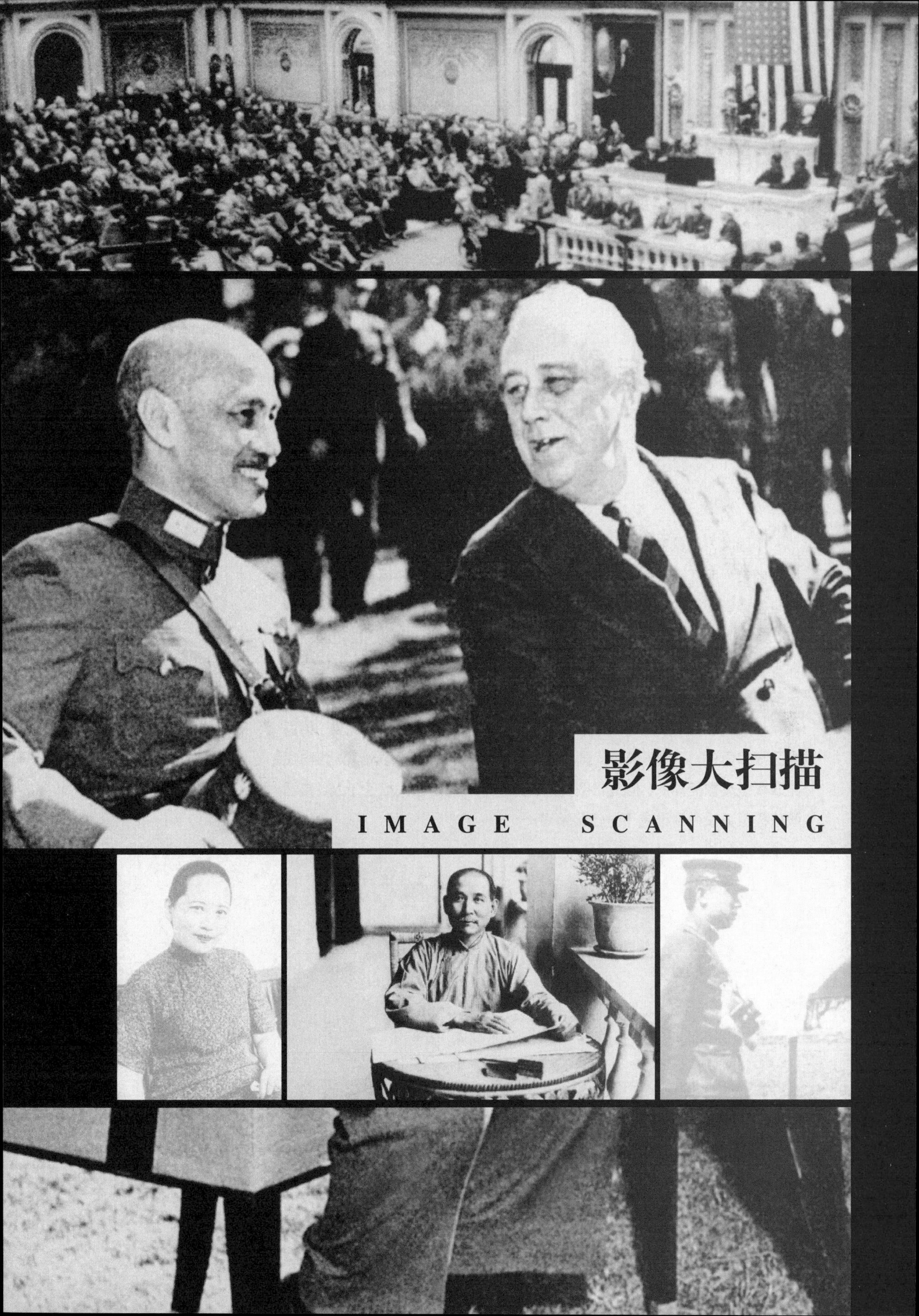

影像大扫描

IMAGE SCANNING

12

在金陵的最后几年

中国共产党的胜利，引起了全世界的震惊。特别是在美国，一场政治风暴随之而起，从国会、国家安全委员会以至各大媒体，都在质问“国民党是怎样倒下去的”？本来，在美国政府强大的支持下，从1945～1948年，美国援助国民党540余架飞机，69个师的武器装备，都是希望国民党能够长期统治中国，维护中国的“稳定”，同时保护美国在中国以至在远东的利益。

没有人会想到，只不过3年，美国的坚船利炮没能拯救国民党，国民党兵败如山倒，不得不离开大陆，退守台湾一隅。几乎所有人都认为国民党政权是腐败无能的，但是它倒台如此之快，却还是让人措手不及，美国政府甚至还没想到谁是下一任接替者……

日本投降，蒋介石高兴地亲自撰写广播稿

1945年4月16日，苏军250万大军，在6,000多辆坦克、4.2万门火炮、7,000多架飞机的支援下，对柏林发起决定性突击。德国法西斯行将灭亡，山穷水尽的希特勒孤注一掷，企图顽抗到底。4月30日下午，苏军士兵将红旗插上了总理府大厦屋顶。下午2时25分，战斗结束，2,500名残存的德军官兵被苏军俘虏。同日下午3时30分，穷途末路的希特勒，自知罪孽深重，在总理府的地下室开枪自杀。5月2日，守城德军所余7万多人全部投降。

1945年5月8日，德国正式签署了无条件投降书，至此，欧洲的反法西斯战争胜利结束。

1945年5月上旬，日军在湘西芷江地区对国民党军队发动了最后一次进犯，中国军队同日军激战，日军士气低落。中国军队将日寇分割包围，歼日寇近2万人，取得反攻胜利。5月18日，中国军队收复了福州，5月27日收复南宁，6月29日收复柳州，7月28日光复桂林。在中国国民党军队防守的正面战场上，日寇已经开始呈现大溃败的迹象。

与此同时，中国共产党领导的人民军队在华北、华中和华南敌后广大区域内，对日伪军发动攻势作战，为转入全面反攻创造了有利条件。

对于罗斯福、丘吉尔在雅尔塔协定中擅自以中国的领土主权交换苏联出兵的做法，蒋介石知道后非常生气，但是为了继续得到美国的援助，他只好暂时承认，不过不久即派他儿子蒋经国去苏联就此事进行谈判。

但是由于斯大林态度非常强硬，认为是中国在求他，而不是相反，拒绝进行谈判，因此蒋经国、宋子文等最终无功而返。

为了加速日本的投降，美、英、苏3国首脑和外长于7月17日～8月2日，在德国柏林郊外的波茨坦举行会议，通过了著名的《波茨坦公告》。公告由美、英、中、苏4国签字以共同宣言的形式公布，敦促日本投降。《波茨坦公告》指出："美国、英帝国及中国之庞大陆海空部队，业已增强多倍，其由西方调来之军队及空军，即将予日本以最后之打击，彼等之武力受所有联合国之决心之支持及鼓励，对日作战，不至其停止抵抗不止。"公告最后勒令："立即宣布所有日本武装部队无条件投降，并对此种行动诚意实行予以适当之各项保证。除此一途，日本将迅速完全毁灭。"

1945年8月6日，美国在日本广岛投下了第一颗原子弹。8月6日早

∧ 丘吉尔、罗斯福和斯大林在雅尔塔会议上。雅尔塔会议中，罗斯福、丘吉尔擅自以中国的领土主权与苏联做交易，蒋介石异常恼怒。

晨7时许，广岛人看见一些美国飞机飞到广岛市上空，但是只盘旋了几周就离开了。上午8点左右，美国两架巨大的B－29战略轰炸机从高空进入广岛上空，很多广岛市民纷纷出来抬头观看。突然，一架美机投下了一个巨大的降落伞，随即发生了足以致人失明的强烈白色闪光，广岛市中心上空发生了震耳欲聋的大爆炸。瞬间，广岛上空升腾起巨大的蘑菇云，全市被淹没于黑色云雾之中。接着市区冲起几百根火柱，广岛市随即成为灼热的火海。据统计，广岛市当日死亡7.8万多人，负伤失踪5万多人。美国在投原子弹之前，曾经派飞机多次在日本各大城市大量散发《波茨坦公告》和传单，警告说，如果日本不投降，将受到猛烈的空中轰炸。但日本政府毫无接受《波茨坦公告》的迹象。

8月8日，苏联对日宣战。

8月9日，美国在日本长崎投下了第二颗原子弹。

8月9日，157万苏联红军兵分4路，在总长400多公里的战线上同时向日本关东军发动全面进攻。同时苏联的太平舰队和红旗黑龙江分舰

∧ 1945年8月6日，美国在日本广岛投下第一颗原子弹，3天之后，长崎又遭到了灭顶之灾。原子弹的投放使二战得以尽快结束,从而挽救了数百万人的生命，但是原子弹也给日本平民造成了巨大伤害。

队也投入了战斗。苏军在3,400多架飞机，5,500多辆坦克的支援下，经过20多天时间，一举打垮了侵占中国东北多年的精锐的日本关东军。苏军共击毙日军8.37万多人，俘虏59万多人，缴获大炮1,565门、坦克600辆、飞机861架，以及其他许多武器。

在苏联红军出兵对日作战的同时，中国军队也开始了全线大反攻。毛泽东发表了《对日寇的最后一战》，八路军朱德总司令发布了大反攻第一号命令，延安总部连续发出第二至第七号命令。随即，八路军、新四军纷纷向日军发起了大反攻。此次大反攻，歼灭日伪军39.8万余人，缴获步枪马枪24万余枝、轻重机枪5,000余挺、各种火炮1,300余门，收复县级以上城市250余座。至此，日本的溃败已无法避免。

8月10日晚7时50分，设在重庆的盟军总部收听到了日本东京发出的英语国际广播：日本接受波茨坦宣言，宣布无条件投降。

1945年8月14日，在苏联出兵东北的情况下，蒋介石做出妥协，《中苏友好同盟条约》正式签字。这个条约的主要内容是：两国在对日战争中彼此给予援助和支持；战后共同防止日本重新侵略；双方友好合作，并互相提供可能的经济援助。

8月15日11点，日本中国派遣军总司令部全体人员在总司令冈村宁次的率领下，忐忑不安地按平时遥拜天皇的队形，在司令部广场东面整队集合，准备聆听天皇的诏书。

中午12点，日本天皇通过广播开始宣读“停战诏书”：

察世界之大势及帝国现状，朕决定采取非常措施，收拾时局。帝国政府已受旨通知美、英、中、苏四国政府，我帝国接受彼等联合宣言之各项条件。……帝国今后之苦难自不堪言，朕深知尔臣民之衷情。然者，时运之所趋，朕为和平计，不堪忍者亦忍之，不堪受者亦受之……

天皇的讲话虽然听起来在设法为日本发动侵略战争进行辩解，但是核心意思只有一个：正式宣布日本无条件投降。

这些凶残的日本兵，从总司令到警卫，立即像受到了强烈的雷击，木桩般钉在空阔的广场上，虽然汗流浃背，却都目光呆滞，如同死鱼的眼睛。

蒋介石听到这个消息后，高兴得要跳起来，心头一块石头终于落了地。再坚持抗战，不知道会是什么结局，现在忽然自己却成了胜利者。他于是发表广播讲话：

我们的抗战，在今天获得了胜利。正义战胜强权，在这里得到了最后的证明……我要告诉全世界的人们和我国的同胞，相信这个战争是世界上文明国家所参加的最后一次战争。我们所受到的凌辱和耻辱，非笔墨和语言能述。但是，如果这个战争能够成为人类历史上的最后战争，那么对于凌辱和耻辱的代价的大小和收获的迟早，是无须加以计较的……我相信今后地无分东西，人不论肤色，所有的人们都一定像一家人一样亲密地携手合作。这个战争的结束，必然会使人类发扬互谅互敬的精神，树立相互信赖的关系……中国同胞们须知，“不念旧恶”和“与人为善”是我们民族传统至高至贵的德行。我们到今天一贯声言，只认日本

> 1945年8月14日，日本天皇裕仁宣布接受盟国的《波茨坦公告》，向盟国投降。

黩武的军阀为敌，而不以日本的人民为敌……我们更不可以对敌国的无辜人民加以污辱，我们只有对他们的被纳粹军阀所愚弄、所驱迫而表示怜悯，使他们能自拔于错误和罪恶。我们必须切记，如果以暴行答复敌人从前的暴行，以污辱来答复他们从前错误的优越感，则将成为冤冤相报，永无终止，绝不是我们仁义之师的目的……

这一次的广播稿是蒋介石亲自执笔，而不是由陈布雷代笔，可见蒋介石的兴奋。

蒋命他“原地待命”，冈村宁次难以置信

1945年8月15日，不可一世的日本中国派遣军总司令冈村宁次忽然间像烈日下被拔出来的夏草，一下子蔫了下去。想到那么多被自己杀害的中国军民和盟国的军人，想到日本陆相阿南已经在8月14日夜剖腹自杀，他惶惶不可终日。他后来写道：“首先涌上心头的是如何把105万大军和80万侨民安全地撤回日本，其次是怎样处理自己等等。据报道，阿南陆相昨夜剖腹自裁，今天铃木内阁又总辞职。但我身负撤退重责，既不能自裁又不允许辞职。”他第一次感到南京的天气是如此的闷热，他痛苦绝望，烦躁难眠。他在8月15日这天日记里写道：“余决心置身于不求生亦不求死之境地。”

∧ 面对日本帝国主义的投降，蒋介石的喜悦之情无以言表。图为1945年8月15日，中、美、苏、英正式接受日本投降后，蒋介石发表广播讲话。

＞ 日本宣布投降后，蒋介石在程潜陪同下，驱车经过重庆市区。

但是让这个十恶不赦的战犯意想不到的是，8月16日，他竟然收到蒋介石要他“忠于职守”的电报，不由得心里一阵高兴。他立即复电表示：“遵令执行，对不法扰乱治安者，不视为蒋委员长统制下的部队，将断然采取自卫行动。”冈村宁次马上命令所属日军，在没有得到统帅系统命令前，对共产党军队的任何要求，都必须坚持拒绝，必要时不惜以武力进行自卫。

这一切到底是怎么一回事呢？

原来就在全国人民欢庆抗战胜利的时刻，蒋介石却已经在美国的支持下，开始迫不及待地积极准备打内战。他的主要精力，现在全部被独吞抗日胜利果实、消灭共产党这两个想法所占据了。以此，昨天的仇敌日本军队，现在转眼间就成了他需要拉拢的一方。

早在抗战胜利前夕，蒋介石就在国民党“六大”上说：“我们胜利愈接近，今后的险阻必愈纷至沓来，我们必须要有极大的信心和耐心，发挥我们总理垂训的大无畏精神，在任何危疑震撼的环境之中，坚忍奋斗，不撼不摇，遵循我们主义与政纲所指示的坦途而迈进。”抗战胜利后不久，蒋介石就在日记中写道：“呜呼！抗战胜利，而革命并未成功；第三国际政策未败，共匪未清，则革命不能日成也。勉乎哉！”9月29日，蒋介石还写了一篇《自记“中共”历年之罪行》，捏造了所谓中共十条“罪恶”。

8月11日，当蒋介石得知日本政府已接受波茨坦宣言，宣布无条件投降后，立即下达了加急命令：

首先，命令国民党部队加紧进军！千万不要等中共部队已经把包围圈中的日伪军解决

了才赶到。并告诉国民党军队，交通工具由美国负责提供。因此要火速进军！

其次，通电所有日伪军将领，要他们待在各原有阵地，向蒋介石的部队投降，在接受投降前，要他们切实负责维持地方治安。

其三，命令第18集团军总司令朱德，要共产党军队留守原地，听候待命，不准受降！

第四，电请日军侵华总司令冈村宁次大将，要他在蒋介石的军队接受投降之前，负责做好当地防御工作，如有共军所占领，日军应负责任，并由日军将其收复，再交还中央接收部队。

蒋介石随即召开紧急军政首脑会议，开始部署受降工作。陆军总司令何应钦、陆军上将顾祝同、海军上将陈绍宽等人参加会议。蒋介石宣布了指定日军投降地区及受降长官。并委任汉奸、投降将领庞炳勋为第一路军总司令，孙良诚为第二路军总司令，吴化文为第五路军总司令兼济南市市长，周佛海、罗君强为上海行动总队正、副司令，任援道为南京先遣军总司令，门致中为北平绥靖司令。

美国远东盟军总司令麦克阿瑟向日本政府和中国战区的日军发布命令，要他们只能向蒋介石政府及其军队投降，不得向八路军、新四军和中共领导的其他武装力量缴械。

苏联方面的立场也对蒋介石非常有利，在苏联红军进入东北之前，斯大林就考虑将来把东北主权交给蒋介石。1945年6月30日以后，宋子文和蒋经国在莫斯科同苏联外长莫洛托夫会谈。苏联要求以中国正式承认外蒙独立，以及以大连和旅顺口的租借界限为准，将大连划入军事区作为交换条件，换取苏联的明确保证，即只承认国民党政府为唯一合法政府，不援助中国共产党。8月10日，斯大林警告宋子文说："中国政府最好尽快地同苏联达成协议，否则，中国共产党的军队，就要进入满洲了。"

宋子文被迫于8月14日在《中苏友好同盟条约》上签字。其主要内容是：

一、中、苏两军协同其他联合国对日本作战，直至获得最后胜利为止。在战后彼此给予一切可能之援助。

二、中国长春铁路，为中、苏共同所有，并共同经营。

∨ 抗战胜利后，蒋介石在街头向民众致意。

三、大连为自由港，港口主任由苏籍人员担任，中国应将所有港口工事及设备之一半，无偿租于苏方，苏联经该口之出入口货物，均免除关税。

四、中、苏两国共同使用旅顺口为海军根据地。该海军根据地由苏联担任防护，苏联有权驻扎陆、海、空军；该区域内之民事行政属于中国，但旅顺市主要民政人员之任免，应征得苏联军事指挥当局之同意。

五、苏联根据友好同盟条约所给予中国的道义上与军需品及其他物资之援助，完全供给中国中央政府。

斯大林为使蒋介石尝到甜头，还在1945年9月召回了苏联驻延安的

∧ 日军向八路军部队投降。

3名代表，并撤走了无线电台。此后斯大林也多次声明只支持蒋介石政权，并将依照《中苏友好同盟条约》精神，将东北行政主权交给蒋介石。

8年来，中国共产党领导的军队浴血奋战，抗击了64%以上的日军和95%以上伪军，毙伤日伪军136万人，解放了广大的土地和上亿的人民。而且日军占领的大城市和重要地区，几乎都已在八路军、新四军的包围之中；将近全部的伪军和绝大多数日军，都在八路军、新四军和抗日纵队的包围之中。按理来说，只有包围日伪军的部队，才有受降的条件，即只有八路军、新四军和华南抗日纵队具备受降的资格。

因此朱德和彭德怀对蒋介石的命令感到非常愤怒，他们联名致电蒋介石说："在你给我们的命令上说，所有该集团军所属部队，应就原地

∧ 1945 年，宋子文（前右二）抵达苏联莫斯科时受到时任苏联外长的莫洛托夫（前右三）的欢迎。

∧ 1945年9月11日，国民党新6军进驻南京。

驻防待命，还有不许向敌人收缴枪械一类的话。现在日本侵略者尚未实行投降，而且每时每刻都在杀中国人，都在同中国军队作战，都在同苏联、美国、英国的军队作战，苏、美、英的军队也在每时每刻同日本侵略者作战，为什么你叫我们不打了呢？我们认为这个命令你是下错了，并且错得很厉害，使我们不得不向你表示：坚决拒绝这个命令。因为你给我们的这个命令，不但不公道，而且违背了中华民族的民族利益，仅仅有利于日本侵略者和背叛祖国的汉奸们。"

同一天，毛泽东在为新华社写的评论中提醒全国人民："蒋介石在挑动内战。"

同一天，毛泽东在延安干部会上所做的《抗日战争胜利后的时局和我们的方针》讲演中说："人民得到的权利，绝不允许轻易丧失，必须用战斗来保卫。我们是不要内战的。如果蒋介石一定要强迫中国人民接受内战，为了自卫，为了保卫解放区人民的生命、财产、权利和幸福，我们就只好拿起武器和他作战。"

国民党元老冯玉祥也为此当面质问蒋介石说："为什么偏偏不准劳苦功高的八路军、新四军受降？这究竟是为什么？"

蒋介石为了独占抗战胜利果实，竟然想到了和往日的仇敌日、伪勾结起来的办法，以便共同对付共产党。

蒋介石派自己的嫡系胡宗南、汤恩伯等火速到北平、上海等重要地区进行接收。这些接收大员一到当地，就按照蒋介石的意思把日本战犯捧为贵宾，并对他们进行特别的关怀和优待。汉口的中国国民党军司令部在重阳节时，给日军司令部赠送了满满一卡车月饼进行慰问，以此为契机，很快在国民党政府内部就掀起了中日“亲善合作”的高潮。蒋介石还指示大家说：不刺激对方，对投降的日军不称俘虏，而称“徒手官兵”，到遣返为止，不解散日军的组织，保持部队的指挥体制。称侵华总司令冈村宁次为“日本官兵善后总联络部长官”，称各方面军司令官为“某某地区善后联络部长”。

冈村宁次兴奋到简直有柳暗花明之感，因此对蒋介石的要求非常配合，很快就起草了《和平后对华处理纲要》，其中写道：“关于移交武器、弹药、军需品等问题，要根据统帅命令按指定时间、地点，完全彻底交付中国方面，为充实中央政权的武力做出贡献。在华一切军用及国有各种设施、器材等严禁破坏损毁，如数向中央政府移交，以利其复兴。”

8月14日，日本驻南京大使谷正之正式通知南京伪政权首脑陈公博：日本已决定投降。于是伪中央政治委员会临时会议决定解散“国民政府”，将“中央政治委员会”改为“南京临时政务委员会”，“军事委员会”改为“治安委员会”，并在当晚广播了《国民政府解散宣言》，伪国民政府至此结束。

但是周佛海立即就由汉奸变成了蒋介石的大员。他于8月19日前往上海，宣布自己奉命担任国民政府军事委员会“上海行动总队总司令”，并已成立“行动总司令部”，负责维持当地治安。周佛海为了表示忠心，坚决执行蒋介石的反共政策。他调集了自己能够指挥的全部伪军，在上海和杭州地区严密布防，以阻止共产党军队对上海等地区的接收。同时，周又勾结上海日军司令官松井太久郎及陆军部长川本芳太郎，要求日军听候国民党中央命令。

被蒋介石任命为“上海行动总队副司令”的伪上海市警察局长罗君强也发布紧急命令说：今后上海治安，在过

< 延安军民集会庆祝抗战胜利。

∧ 侵华日军总参谋长小林浅三郎（左）向国民党陆军总司令何应钦呈递降书。

∧ 抗战胜利后，在南京受审的冈村宁次（中）。由于蒋介石的“亲善”政策，使其逃脱了中国人民的惩罚。

渡时期由“上海行动总队司令部”负全部责任，所有官警及保甲人员，自应归顺中央，服从蒋委员长命令。各官警未得许可，不得任意参加任何团体，更不许有自由行动。

周佛海还积极筹措，为国民党接收大员及军队提供大量资金及物资。

蒋介石一方面利用日伪汉奸势力，维持南京、上海、北平、天津、青岛、杭州、广州、武汉、香港8大都市的“治安”，一方面在美国提供的交通工具的援助下，大量地向上海、北平、南京等地运兵。9月5日，国民党新编第6军空运至南京，6日，王耀武的第四方面军一部被空运到上海。

何应钦受蒋介石委派，去南京主持冈村宁次统辖的128万日军的受降典礼。这些日军包括总司令部、3个方面军、10个军、36个师团、41个独立旅团、19个独立警备队和6个海军陆战队。蒋介石把全国分为15个受降区，接受当地日军的投降。由此迅速抢占了广州、长沙、武汉、南昌、南京、上海、杭州、徐州、郑州、济南、北平、天津、山海关、太原、石家庄等24个重要城镇。

9月9日，何应钦在南京同冈村宁次举行了“亲切会见”，他们谈到反共合作问题时简直是相见恨晚。何应钦竟然说：“日军并非战败，中国也非胜利，尽管如此，我等应停止一切争议，让既往之事付诸东流而致力于中日之合作。”

大战犯冈村宁次本来满脑子想的都是自杀和被处决这样的事情，从来没想到会遇见这样的好事，不由得流下了眼泪。何应钦还对他推心置腹地说：“由于贵官认真负责的态度，及贵司令部职员热诚勤勉，使接收工作顺利进行。应趁此机会，培育中、日合作的趋势，使子子孙孙继续下去。我任军政部长以后，就提倡中、日合作，但因国内情况未能如愿以偿，而日本军部内，也有不谅解蒋委员长和我等真意者，因此遂起战端，不胜遗憾之至。我曾对矶谷、喜多两武官提出，如果日本侵占中国，外国势将介入，事态将向困难发展。卢沟桥事变前夕，喜多武官迫使中国同苏联恶化关系，并接受广田三原则时，我也曾说过，中、日相战两败俱伤，结果将使共产党势力扩大，此事不幸被我言中。”

二人密谈结束后，何应钦和冈村互相举杯祝贺，为“捐弃前嫌，中日密切合作”而干杯。

负责接收上海的汤恩伯在接见战犯、原日本第13军团大将司令官松井时竟然说：“对不起，松井将军，今天请你到这里来谈谈。”连坐在汤

∧ 日本投降后，国民党军队进驻沈阳。

恩伯身旁的美国顾问都看不下去，于是警告他说："汤将军，要顾到你的地位！你是战胜者，对于投降的人没有什么对不起。你应该说：'我命令你'！"汤恩伯才红着脸改用命令的口吻发话。

事后，汤恩伯感到心虚，竟然私下去对自己此前用命令的口气说话向松井当面表示歉意："早知道是这样，我们应该预先演习一下才是。"

蒋介石见到甲级战犯冈村宁次后，竟然向他躬身问安，并让冈村"切勿客气，如有问题，可随即向我或何总司令提出，尽量给予便利"。蒋介石随即聘请冈村宁次为自己的高级秘密军事顾问，要冈村为国民党打内战屠杀人民充当帮凶。阎锡山干脆把山西侵华日军1万多人，组成了反共别动队，让他们穿着国民党的军服去屠杀人民。

广大民众在8年抗战中做出了重大牺牲，忍受了巨大的灾难，天天盼望胜利，以便惩罚战犯和汉奸，没想到现在蒋介石对投降了的日本军队还这样好，让他们依然在上海耀武扬威，"维持治安"，汉奸们更是气焰嚣张，不可一世。那些本该被枪毙的汉奸，原来伪政府的部长、市长、局长等各级官员们纷纷变身为国民党军政机构中的司令、秘书长、办公厅参事、参议或者少将专员等等。看到如此之局面，群众无法相信这个事实，只有满腔愤恨充斥在胸间。

国民党的接收大员更是变成了祸害百姓的“劫收”大员。老百姓说他们是：“五子登科，有条有理，无法无天。”“五子登科”是说他们房子、金子、女子、车子、票子样样都有；“有条有理”，是指那些汉奸、日寇、恶霸人等，只要把金条送给接收大员，无论罪恶多大，杀过多少人，就还是“有理可讲”，可以逃过法网。当时，小汉奸只要拿出30万元法币，大汉奸拿出1万两黄金就可免罪；“无法无天”是指接收大员到地方后，到处搜刮，如果没有法币或金条，他们就无法无天，让老百姓没法活下去。

中国共产党针对这种反常状况，为顺应民心，坚决要求严惩汉奸。中共中央发表《对目前时局宣言》，公开提出严惩汉奸、解散伪军的主张。并揭露国民党当局对汉奸的纵容和袒护，是人所共怒的倒行逆施，毁坏了立国的纪纲，斫伤了中华民族的正气，丧失了作为“四强”之一的国家体统。并表示，绝不能让汉奸们超脱于法网之外。

国民参政会常务会也通过了《请政府严惩汉奸，本忠奸不两立之训，贯彻到底，以伸正义，而维民族气节案》和《请政府迅速将惩治汉奸法规切实执行案》。蒋介石及国民党当局面对民众的愤怒控诉和强烈要求，不得不从1945年9月26日起，开始改变重用汉奸的政策，开始在各地逮捕汉奸。1945年冬天到1947年底，国民党政府进行了审判汉奸的工作。伪政府主要汉奸头目陈公博、褚民谊、梅思平、梁鸿志、杨揆一、叶蓬等被判处死刑；但是首脑周佛海却因为与重庆有联系而由死刑被蒋介石特赦改判为无期徒刑。罗君强、陈春圃、陈璧君、卢英、江亢虎等被判处无期徒刑。

针对蒋介石的反共部署，毛泽东和朱德总司令在1945年8月11日连续发出6道命令：命吕正操、张学诗、万毅、李运昌所部，即日向察哈尔、热河、辽宁、吉林进发；命贺龙、聂荣臻部由绥远、察哈尔、热河等地向北行动；命令由贺龙统一指挥山西解放军，肃清同蒲路沿线及汾河流域的敌伪军，并准备接受太原的敌伪军投降；命令所有八路军、新四军以及其他抗日人民军队，肃清中国境内的交通要道的敌伪军队，并准备接受日、伪军投降；命令在华北对日作战的朝鲜义勇军司令武亭，副司令朴孝三、朴一禹立即率部向朝鲜进军，配合苏联红军，解放朝鲜；命令各抗日根据地所有部队在进入敌伪侵占的城镇要塞后，立即实行军事管制，维持秩序，保护居民，严防反动破坏分子残留的敌探奸细进行破坏活动。

< 日军向八路军缴械投降。

中共中央还作出《中央关于日本投降后我党任务的决定》，提出在目前阶段我党的任务是："应集中主要力量迫使敌伪向我投降，不投降者，按具体情况发动进攻，逐一消灭之，猛力扩大解放区，占领一切可能与必须占领的大小城市与交通要道，夺取武器与资源，并放手武装基本群众，不应稍有犹豫。"为了实现这一目的，中央要求各地应将部队迅速集中起来，脱离分散的游击状态，组成正规师团，以便集中行动，保证我军取得胜利。

8月15日，朱德以中国解放区抗日军总司令名义，向侵华日军总司令冈村宁次发出命令："应下令你所指挥的一切军队，停止一切军事行动，听候中国解放区八路军、新四军及华南抗日纵队的命令，向我方投降，除被国民党政府的军队所包围的部分外。"

面对蒋、日、伪三方合流，中国面临内战危机的复杂形势，毛泽东在8月13日的延安干部会议上发表了《抗日战争胜利后的时局和我们的方针》的演讲。他首先分析了抗日战争胜利后中国政治的基本形势，指出蒋介石方针的基本点是独裁、内战、卖国三位一体。蒋介石的内战方针是：对人民"寸权必夺，寸利必得"。毛泽东提出，共产党这一时期的基本方针是，对蒋介石"针锋相对，寸土必争"，"蒋反我亦反，蒋停我亦停"。

毛泽东说："现在蒋介石已经在磨刀了，因此我们也要磨刀。蒋介石一定要打内战，我们就只好拿起武器和他作战，以自卫战争，粉碎他的进攻。对于蒋介石反动派的政治欺骗，必须予以彻底揭露，决不上当受骗。"

中国人民军队接到中央和总部向敌人进军的命令后，奋勇前进，完成自己的光荣使命。冀热辽人民军队进军东北，与苏联红军和东北抗日武装联合协同作战，解放了东北。晋察冀人民军解放了察哈尔省，包围了北平、天津、保定。晋绥人民军解放了绥远、山西两省的广大地区。晋冀鲁豫人民军队解放了黄河沿岸广大地区，山东人民军解放了山东100个县。华中人民军开始向沪杭、江南、浙赣、淮南等路，以及陇海路东段发起反攻。华南人民抗日武装向广九、潮汕等地进军。从8月11日～10月10日的短短两个月中，共产党领导的人民军队就收复国土31.5万余平方公里，解放人口1,871万余人，收复城市190座，毙伤敌伪军23万多人。

∧ 毛泽东到达重庆时与前来迎接的国民党人士握手。

没想到毛泽东真的敢来重庆

蒋介石万万没有想到，虽然自己毫无信义地扣留过张学良等著名人士，但是自己的死对头毛泽东居然还敢到重庆来进行谈判。1945年8月28日，毛泽东等人乘坐的飞机徐徐降落在重庆机场，《大公报》记者子冈记录了当时的场面：

“没有口号，没有鲜花，没有仪仗队，几百个爱好民主自由的人士却都知道这是维系中国目前及未来历史和人民幸福的一个喜讯。

“第一个出现在飞机门口的是周恩来，他的在渝朋友们鼓起掌来。他还是穿那一套蓝的布制服，到毛泽东、赫尔利、张治中一齐出现的时候，掌声与欢笑声齐作，延安来了9个人。

“毛泽东先生，52岁，灰色通草帽，灰蓝色的中山服，蓄发，似乎与惯常见的肖像相似，衣服宽大得很。

∧ 1945年8月28日，毛泽东应蒋介石邀请偕周恩来、王若飞（右一）等人在美驻华大使赫尔利、国民党代表张治中陪同下赴重庆谈判。

“这个在9年前经过四川境的人，今天踏到了抗战首都的土地了。”

然而，毛泽东之所以敢到重庆来，是因为中国共产党和他本人已经做了充分的准备。

抗战胜利后，蒋介石的既定方针是，立即发动内战，彻底消灭中国共产党的军队。但是，日本投降之初，形势却并不像他想象的那样简单。日本在中国境内还有170万凶悍的军队，苏联红军100多万军队进入了东北，共产党领导的军队已经发展为百万大军。因此蒋介石感到暂时有些力不从心，弄不好会被打败。而且，中国苦战8年后，民生凋敝，田园荒芜，人民死伤无数，全国人心早已厌倦了战争，都盼望有个和平环境，开始重建家园。蒋介石知道这个民心，因此也不敢贸然向中共开战。对此，他决定先把100多万日军尽快转化为对自己有利的力量，于是通过已经建立八九个月的秘密电台告诉冈村宁次：只能向国民党军投降，如果中共军队来受降，可武力对抗。后来他把日军各级司令部改称为“善后联络部”，把100多万日军改称为“徒手官兵”，随后陆续遣返回国。

对于苏联方面，蒋介石一直感到十分头疼，《中苏友好同盟条约》中苏方要价太高，蒋介石一直没有敢答应。现在苏联军队已经进入东北，如果再不签字，将来恐怕要价更高，因此蒋介石只好妥协，被迫签署了条约。

在这三方力量中，最让蒋介石难受的还是中共问题。他的想法是武力解决，但是美、英、苏等国从各自的利益出发，都不支持中国发生大规模内战。况且，虽然他希望尽快摘取抗战胜利果实，但是他的精锐部队都藏在边远的西南、西北地区，甚至缅甸和印度，把这些部队很快运到华北、华中、东北，短时间内无法办到。

杜鲁门总统的回忆录对此说得很透彻：“事实上，蒋介石甚至连再占领华南都有极大的困难。要拿到华北，他就必须同共产党人达成协议。如果他不同共产党人及俄国人达成协议，他就休想进入东北。”“事情很清楚地摆在我们面前，假如我们让日本人立即放下他们的武器，并且向海边开去，那么整个中国就会被共产党人拿过去。因此我们必须以异乎寻常的步骤，利用敌人来做守备队，直到我们能将国民党的军队空运到华南，并将海军调去保卫海港为止。等到蒋介石的军队一到，日本军队便向他们投降。这种利用日本军队阻止共产党人的办法是国防部和国务院联合决定而经我批准的。”

此时，广大人民的强大心声是希望尽快建立民主联合政府，强烈反对内战。

中共中央在《对目前时局的宣言》中要求国民党政府立即实施6项紧急措施：

一、承认中国解放区的民选政府和抗日军队，撤退包围与进攻解放区的军队，以即实现和平，避免内战。

二、划定八路军、新四军及华南抗日纵队接收日军投降的地区，并给予他们以参加处置日本的一切工作权利，以昭公允。

三、严惩汉奸，解散伪军。

四、公平合理地整编军队，办理复员，救济难胞，减轻赋税，以舒民困。

五、承认各党各派合法地位，取消一切妨碍人民集会、结社、言论出版自由的法令，取消特务机关，释放爱国政治犯。

六、立即召开各党各派和无党派代表人物的会议，商讨抗战结束后的各项重大问题，制定民主的施政纲领，结束训政，成立举国一致的民主的联合政府，并筹备自由无拘束的普选的国民大会。

这个宣言一发表就得到了民主党派和各界人士的坚决支持。

中国民主同盟在《在抗战胜利声中的紧急呼吁》中提出了10项主张，要求实行普选，以明令重申保证人民一切基本自由，废止一切妨碍人民基本自由的法令与机构，包括特务，劳动营，以及束缚言论出版的检查条例；要求释放一切政治犯、思想犯，唯贪污分子和汉奸不在释放之例！要求政府召集各党派及无党无派人士的政治会议等等。

中国经济事业协进会、中国妇女联谊会、中华全国文艺界抗战协会，以及成都文化界248名教授、作家等知名人士，昆明各界628名知名人士等等，都纷纷发表《对时局严重献言》《对时局宣言》《告国人书》《呼吁书》和“通电”，支持中国共产党的主张，强烈反对内战，反对国民党一党专政，要求通过谈判、民主协商解决问题。

看到反对独裁和内战的强大民意，蒋介石不得不暂时收起自己的内战念头。但是他却和自己的心腹们想到了“假和谈，真备战”的诡计。蒋介石打算一方面争取舆论支持，一方面利用和谈争取时间，加紧运兵，准备内战。

8月14日，蒋介石给延安发去“万急”电报：

毛泽东先生勋鉴：

倭寇投降，世界永久和平局面，可期实现。举凡国际国内各种重要问题，亟待解决，特请先生克日惠临陪都，共同商讨。事关国家大计，幸勿吝驾，临电不胜迫切悬盼之至。

蒋中正

八月十四日

蒋介石的计划可以说是一箭双雕：首先，如果毛泽东拒绝到重庆来，那么拒绝谈判、蓄意内战的就是共产党，从而自己可以名正言顺地发起内战（蒋估计毛不敢冒险来重庆进行谈判）；如果毛泽东真的来了，就用几个内阁职位迫使共产党交出解放区和军队。其次，不管谈判的结果如何，都可以为他调兵遣将争取必需的时间。因此，他非常爽快地摆出了和谈的架势，并大造舆论；同时，争分夺秒利用美国的运输工具运送部队，为内战进行积极的准备。

8月16日，朱德致电蒋介石："凡被解放区军队所包围的敌伪军由解放区部队接收其投降，你的军队则接收被你的军队所包围的敌伪军投降。"

同日，毛泽东复电蒋介石："朱德总司令本日曾有一电给你陈述敝方意见，待你表示意见后，我将考虑和你会见的问题。"毛泽东巧妙地回避了是否去重庆这一关键问题。

电报发出后，毛泽东在枣园会见了国民党军令部驻延安的联络参谋周励武、罗伯伦，告诉他们自己先不准备去重庆，要等蒋委员长答复朱德的电报后，才能考虑。

周励武急忙用电台向重庆汇报这一信息，并在电文中明确指出：毛绝不会去重庆。

蒋介石一看如自己所料，忍不住笑着说道："果然不出所料，毛泽东绝不敢来重庆。"

但是蒋介石没有想到中共情报专家李克农已经获取了重庆与延安间国民党特务的电讯联络密电码，因此对延安周励武和重庆的电报内容都了如指掌。

蒋介石在判定毛泽东不敢来的基础上，决定趁机发起更大的舆论攻势，以便为自己发动内战赢得更多的支持。20日晚，他向陈布雷口授了一篇电文。21日晨，这篇电文就赫然出现在《中央日报》上。标题是：《蒋主席再电毛泽东，盼速来渝共商大计》。在电文中，蒋介石一面针对朱德总司令提出的问题为自己进行狡辩，一面起劲督促毛泽东来重庆谈判：

延安毛泽东先生勋鉴：

来电诵悉，期待正殷，而行旌迟迟未发，不无歉然。朱总司令电称一节，似于现在受降程序尽明了。查此次受降办法，系由盟军总部所规定，分行各战区，均予依照办理，中国战区亦然。自未便以朱总司令之一电，破坏我对盟军共同之信守。朱总司令对于执行命令，往往未能贯彻，然事关对内，妨碍犹小，今于盟军所已规定者，亦倡异议，则对我国家与军人之人格将置于何地？朱总司令如为一爱国爱民之将领，只有严守纪律，恪遵军令，完成我抗战建国之使命。抗战八年，全国同胞日在水深火热之中，一旦解放，必须有以安辑之而鼓舞之，未可蹉跎延误。大战方告终结，内争不容再有。深望足下体念国家之艰危，悯怀人民之疾苦，共同戮力，从事建设。如何以建国之功收抗战之果，甚有赖于先生之惠然一行，共定大计，则受益拜惠岂仅个人而已哉！特再驰电奉邀，务恳惠诺为感。

蒋中正

八月二十日

此时，苏联方面也对中共施压，斯大林致电中共中央，说中国应该走和平发展的道路，要求毛泽东去重庆同蒋介石谈判，以寻求维持国内和平的协议。并警告说如果再打内战，中华民族就有毁灭的危险。

毛泽东当即与周恩来、李克农进行紧急会商，结果他们一致得出这样的结论：蒋介石绝不是真的希望毛泽东去重庆与他谈判，而是估计毛泽东不敢去而故意逞强，假戏真做。于是，毛泽东决定将计就计，再强化一下蒋介石的看法。8月22日，他给蒋介石回了第二封电报：

重庆蒋委员长勋鉴：

从中央社新闻中，得读先生复电，兹有团结大计，特先派周恩来同志前来进谒，希予接洽为恳。

毛泽东

八月二十二日

第二天，毛泽东在中央政治局扩大会上所做的长篇发言中说："我们曾力争进入若干大城市，现在没有成功。原因有二：一是苏联受到《中苏友好同盟条约》的限制，不可能也不适于帮助我们；二是蒋介石利用他得到盟国承认的合法地位，使日军完全向他投降。我们只能在得不到大城市的情况下进入和平阶段……蒋介石想消灭共产党的方针没有改变也不会改变，他所以可能采取暂时的和平，是因为摊子没有摆好，兵力分散，需要壮大自己的力量，以便等待机会消灭我们。所以斗争是长期的，迂回曲折的。现在是独裁加若干民主，并将占相当长的时期，我们还要钻进去给蒋介石洗脸，而不是砍头。关于承认解放区和解放军的争论，一定是非常激烈的，可能要停停打打，甚至可能要打痛他才能逼他让步。我们现在的新口号是'和平、民主、团结'。这次谈判应该去，不能拖，而且估计也不会有什么危险。我是否出去？还是要出去，出去的时机由政治局、书记处决定。"

周恩来说："我出去，是一侦察战，最重要的是看蒋开的是什么盘子。毛主席出去要看我出去谈判结果才能决定，蒋的阴谋也必须考虑。"

毛泽东随即对在座的第二天就要出发到前线去的高级将领刘伯承、邓小平、林彪、陈毅、陈赓、薄一波、萧劲光等人说："蒋介石这个人我们是了解的。你们在前方打得好，我就安全一些，打得不好，我就危险一些。你们打了胜仗，我谈判就容易些，否则就困难一些。目前的情况是有三种果子，我们可能得一批小的，失一批大的，另外，还要力争一批不大不小的。"

会议还在进行的时候，蒋介石的第三封邀请电就到了。

延安毛泽东先生勋鉴：

未养电诵悉，承派周恩来来渝洽商，至为欣慰。唯目前各种重要问

∧ 1945年8月27日，赫尔利应邀到达延安与毛泽东一起协商重庆谈判事宜。

题，均待与先生面商，时机迫切，仍盼先生能与恩来先生惠然偕临，则重要问题方得迅速解决，国家前途实利赖之。兹已准备飞机迎迓，特再驰电速驾！

蒋中正梗

八月二十三日

蒋介石发出这封电报后，便胸有成竹地对他的心腹们说："毛泽东不会前来重庆同我进行谈判，他不来，这说明他蓄意作乱，我们就明令讨伐；他来，我们则利用谈判拖延日子，挥兵北进，把他们包围的包围，消灭的消灭，到了那个时候，就有毛泽东、周恩来他们的好戏看了！"

蒋介石没有想到的是，毛泽东看到电报后，竟然笑了起来："蒋介石要把假戏唱到底喽！果真以为我不敢去重庆了！"

在中共中央政治局8月23日再次召开的会议上，毛泽东发言说："为了尽一切可能争取和平，为了揭露美帝国主义和蒋介石的阴谋，以团结和教育广大人民，我应该去。如果我不去，就中了蒋介石的诡计，他正希望我不去，以便借此说我们拒绝和平，发动内战。"

毛泽东当即复电蒋介石说：

特急，蒋介石先生勋鉴：

梗电诵悉，甚感诚意。鄙人亟愿与先生会见，共商和平建国大计，俟飞机到，周恩来同志立即赶渝进谒，弟亦准备随即赴渝。晤教有期，特此奉复。

毛泽东敬

二十四日

直到此时，蒋介石仍然坚信毛泽东不会来重庆，至于电报中的"随即赴渝"，他认为"随即"可长可短，不知会长到什么时候。于是他又让赫尔利、魏德迈再去邀请毛泽东来重庆。如果赫大使、魏德迈的邀请毛泽东都不敢接受，那么毛泽东就注定戴上了那顶破坏和平、准备内战的帽子了。

25日晨，毛泽东收到了魏德迈将军和赫尔利大使邀请他到重庆进行和谈的电报。

当天深夜，毛泽东郑重地复电给美军中国战区司令官魏德迈说："鄙人承蒋委员长三电相邀，赫尔利大使两次表示愿意来延，此种诚意，极为心感。兹特奉达，欢迎赫尔利大使来延面叙，鄙人及周恩来将军可以借赫尔利大使同机飞渝，经应蒋委员长之约，以期早日协商一切大计。"

当时，延安的广大军民得知这个消息后，都对毛泽东去重庆谈判感到非常担心，因为天下人都清楚蒋介石是个不讲信义的独裁者，他软禁张学良、扣押李济深和胡汉民的卑劣行径还清晰地铭刻在人们的脑子里。如果他这次再演"鸿门宴"，扣留毛泽东，那么可怎么办呢？26日，中共中央召开政治局会议，正式决定派毛泽东和周恩来、王若飞等人组成代表团，去重庆与蒋介石进行谈判，以便戳穿蒋介石假"和平"、真内战的把戏，与国民党进行针锋相对的斗争。会议决定，中央日常工作由刘少奇负责，并迅速调派干部赶赴前线，抢占有利地形，在军事上坚决回击国民党的挑衅。毛泽东说：“去，可以取得全部主动权。要充分估计到蒋介石逼我城下之盟的可能，但签字之手在我。自然必须作一定的让步，在不伤害双方根本利益的条件下才能得到妥协。让步的限度，第一步是广东至河南，第二步是江南，第三步是江北，但陇海路以北迄外蒙古一定要我们占优势。如果这样还不行，那么城下就不盟，准备坐班房。我们党的历史上除何鸣危险外，还没有随便缴枪的事，所以决不怕，重庆是可以去，必须去。”

8月28日，在国民政府军事委员会政治部部长张治中、美国驻华大使赫尔利陪同下，毛泽东和周恩来、王若飞从延安登上飞机，飞往重庆。

8月28日下午，飞机在重庆九龙坡机场徐徐降落，前来欢迎毛泽东的人群中有蒋介石的代表周至柔、参政会秘书长邵力子、副秘书长雷震；各党派负责人张澜、沈钧儒、左舜生、章伯钧、陈铭枢、谭平山、黄炎培，著名爱国文人郭沫若、陶行知等。

毛泽东在机场向记者发表了书面谈话：“本人此次来渝，系应国民政府主席蒋介石先生邀请，商讨团结建国大计。现在抗日战争已经胜利结束，中国即将进入和平建设时期，当前时机极为重要。目前最迫切者，为保证国内和平，实施民主政治，巩固国内团结。国内政治上军事上所存在的各项迫切问题，应在和平、民主、团结的基础上加以合理解决，以期实现全国统一，建设独立、自由与富强的新中国。希望中国一切抗日政党及爱国志士团结起来。为实现上述任务而共同奋斗，本人对蒋介石先生之邀请，表示谢意。”

毛泽东的到来，打乱了蒋的如意算盘。但是既然毛泽东来了，他就想通过谈判把共产党彻底消灭。

纸上的协议

1945年8月28日晚上，蒋介石的心情有些紧张，他站在镜子前，再次理了理自己的仪容。过一会儿，他将会见毛泽东。他很想知道，这个已经有18年没有见面的共产党人现在是什么样子，有了哪些变化，他有什么样的力量，居然让自己焦头烂额了这么多年。

很快，毛泽东、周恩来、王若飞就在国民政府军委会政治部长张治

∧ 毛泽东赴重庆前与赫尔利在延安机场留影。

∧ 抵达重庆机场的毛泽东、周恩来。

< 毛泽东飞抵重庆时与陈诚（右三）张治中（左二）等人合影。

∧ 1945 年 9 月 16 日，毛泽东在重庆红岩村八路军驻重庆办事处会见美国第 14 航空队总部的 3 名士兵。

> 1945 年 10 月 11 日，毛泽东飞抵延安机场，向前来欢迎的军民讲话。

V 蒋介石宴请毛泽东时，两人举杯祝酒。

中、战地党政委员会秘书长邵力子的陪同下，神色从容地离开张治中的桂园官邸，前往蒋介石的林园官邸，去参加蒋介石为他们准备的欢迎宴会。当晚作陪的还有四川省主席张群、国民政府军政部长陈诚、航空委员会主任周至柔、青年军政治部主任蒋经国以及赫尔利大使、魏德迈司令官。晚宴后，毛泽东就被安排住在了林园。

蒋介石在8月28日、29日的日记中说："此次洽谈，政治与军事应整个解决，但对政治之要求予以极度的宽容，而对军事则严格之统一不稍迁就。"对于具体方针，他提出了3条："一、不得于现在政府法统之外来谈改组政府问题。二、不得分期或局部解决，必须现时整个解决一切问题。三、归结于政令、军令统一。一切问题，必须以此为中心也。"

29日下午，蒋介石亲自去毛泽东、周恩来的住处回拜。这次会见持续了大约20分钟，毛泽东与蒋介石举行了第一次正式商谈，在这次商谈中确定了双方此后的谈判代表：中共方面是周恩来和王若飞，国民政府方面是王世杰、张群、张治中、邵力子。蒋介石还提出了谈判的3个原则：一、所有问题整个解决；二、一切问题之解决，均须不违背政令军令之统一；三、政府之改组，不得超越现行法统之外。并表示一切问题愿听中共方面的意见。

随后，双方举行了多次会谈。

蒋介石对谈判毫无准备，因此也没有准备任何谈判方案。对于这个尴尬的状况，邵力子辩解说："国民党没提出具体方案"是"希望听取中共的意见，倘若政府先提具体方案，也许使中共方面认为政府已有一种定见，而有碍于会谈的进行"。

相反，中共则是有备而来，9月3日下午，中共代表周恩来、王若飞提出了一个完整的方案，即《谈话要点》。同一天，蒋介石与毛泽东举行了单独会谈，就军队、解放区、政治、国民大会等重要问题交换了意见。

9月4日上午，张群、张治中、邵力子3人将中共所提的《谈话要点》文件交给蒋介石。蒋介石企图在"统一军令、政令"的借口下，根本取消共产党领导的人民军队和解放区。中共则坚持必须承认人民军队和解放区的合法地位。当天，蒋介石即将他自己拟定的《对中共谈判要点》交给他的4位代表。

一、中共军队之组编，以12个师为最高限度。驻地问题，可由中共

∧ 国共双方谈判现场。

提出具体方案，经双方商定决定。

二、承认解放区，绝对行不通。只要中共对于军令政令之统一能真诚做到，各县行政人员经中央考核后，可酌予留任，省级行政人员亦可延请中共人士参加。

三、拟将原国防最高委员会改组为政治会议，由各党派人士参加。中央政府之组织与人事，拟暂不动，中共方面如现在即欲参加，可予考虑。

四、原当选之国民大会代表，仍然有效。中共欲增加代表，可酌量增加名额。

蒋介石将谈判要点交给王世杰、张群、邵力子、张治中等国民党代表，并要他们严格按照要点精神与中共举行谈判。由于国民党谈判代表秉承蒋介石的旨意，因此在谈判中没有诚意。周恩来将中共方面拟定的11项两党谈判方案交给国民党代表，再转给蒋介石。这个谈判方案的要点是：

一、确定和平建国方针，以和平、团结、民主为统一的基础，实行孙中山的三民主义。

二、拥护蒋主席之领导地位。

三、承认各党各派合法平等地位，并长期合作和平建国。

四、承认解放区政权及抗日部队。

五、严惩汉奸，解散伪军。

六、重划受降地区，参加受降工作。

七、停止一切武装冲突，令各部队暂留原地待命。

八、结束党治，迅速采取各项必要措施，实行政治民主化、军队国家化、党派平等合作。

九、政治民主化之必要办法：包括由国民政府召集由各党派参加的政治协商会议，确定省县自治，实行普选。其中解放区的解决办法，山西、山东、河北、热河、察哈尔5省主席及委员由中共推荐；绥远、河南、安徽、江苏、湖北、广东6省由中共推荐副主席；北平、天津、青岛、上海4直辖市由中共推荐副市长；参加东北各省行政组织。

十、军队国家化之必要办法：公平合理整编全国军队，中共部队改编为16个军48个师。重划军区，中共军队集中淮河流域及陇海路以北地区。设北平行营及北平政治委员会，由中共推荐人员分任；参加军事委员会及其所属各部工作。

十一、党派平等合作必要办法。

国共双方在谈判中经过几个回合的交锋之后，赫尔利和魏德迈对中共方面留下了深刻的印象，他们对蒋介石当面说：毛泽东气魄不凡，远非重庆国民党人士所能比拟，特别是周恩来在谈判桌上舌战群儒，震慑对手，在西方著名的政治家中，也极为少见。

从9月8日至21日，国共双方代表共进行了7次谈判。双方争执的焦点：军队和解放区的问题，由于双方意见相差甚远，谈判没有任何进展。

9月12日与17日，蒋介石还两次和毛泽东举行了会谈，要求减缩人民军队整编的数额。

在整个重庆谈判中，共产党为了顾全大局，避免内战，一再提出积极的建议，表达谈判的诚意：人民军队可缩编为24个师以至20个师，并同意退出8个解放区。毛泽东、周恩来在此期间还多次会见和访问各民主党派和爱国民主人士，进行了积极的统战工作，使他们了解和认可了共产党的政治主张和基本政策，明白了中共关于实现和平、民主、团结的方针，清楚了谈判的实质和进展状况，也了解了共产党对和平谈判的诚意。因此，中共得到了广大人民、各党派人士的热烈支持，并形成了一股反对蒋介石内战独裁、要求和平民主的强大舆论力量。

赫尔利一方面想方设法为蒋介石出谋划策，一方面和毛泽东谈话说："中共必须交出解放区，要么承认，要么破裂。"毛泽东不慌不忙地答道："不承认，也不破裂，问题复杂，还要讨论。"

10月10日午后，国共双方终于在张治中家的客厅里，签订了《国共代表会谈纪要》（即双十协定）。在协定上签字的国民党代表是王世杰、张治中、邵力子，中共代表是周恩来、王若飞。签字时毛泽东也在现场。而蒋介石则等签字完毕后才不慌不忙地进来。他先与毛泽东握手问候，然后坐了大约10分钟，算是为中共代表团送行。10月11日，毛泽东由张治中陪同，乘专机顺利返回延安，结束了艰险的重庆谈判之旅。周恩来、王若飞则留在重庆和国民党继续谈判。

国民党代表张治中对《双十协定》有以下看法："第一，中共在这个会谈纪要和以前多次所提的条款里，始终表示有愿意接受蒋的领导，实行三民主义，这是使国民党内大多数人认为非常满意的。第二，政治协商会议终将召开，就可协商讨论和平建国方案了。第三，军队数字始终是最棘手的问题，但也有了结果，中共愿意由48个师减到20个师，这是很大的让步。第四，解放区问题在历次协商中始终没有达成协议，这次虽然没有解决，但双方都表示愿意继续商谈的诚意。实在说起来，凡是具有远见的人，对于这个协议，应该感到满足。"

冯玉祥曾写文章说：

大家都知道中山先生的眼光远大，思虑周到。孙先生为大家留下了光明的指教，那就是三大政策，联俄、联共和扶助工农。在1936年开大会时，很多人提出了三大政策的提案，结果把它扩大了。到了这一次抗战胜利之后，不但国共合作，许多共产党的领袖和干部都来到重庆，像毛泽东先生也来到重庆，住了三个星期。注重历史的人，没有一个人不知道，蒋介石打过10年共产党。可是毛泽东先生他们，一听见说要开政治协商会议，就坦坦白白地什么危险都不怕，跑到蒋介石统治下的地方来。我记得有一天在中苏文化协会开会，孙中山先生夫人和许多民主分子老老少少，男男女女，都来欢迎毛泽东先生。于右任、孙科、邵力子各位，全部在场。有人说，找我讲几句话，我就大声疾呼地嚷着说："今天可是总理的三大政策实现了，我们在高兴的时候，喜欢的时候千万不要忘了还会有人来破坏呢！"当时的苏联大使、毛先生、周恩来先生大家都鼓起掌来。事后我听见人说，蒋介石对于我说三大政策实现的事，他真是痛恨极了。我知道那是真的，但是我是满不在乎的。蒋介石找蒋经国接我在江边上到南山他的家里。蒋问我说："听说中苏文化协会开会开

V 1945年8月，毛泽东在重庆期间与蒋介石合影。

得很热闹。”我说：“不错。当我一提到中山先生的三大政策时，大家都不知不觉地鼓起掌来了，这应当说是孙总理的成功，也就当说是你的努力。”蒋听了我的话，把眉头一皱，很不高兴的样子，对我说：“恐怕还有问题吧！”我说：“还有什么问题？日本人都无条件投降了，你还要做什么？罗斯福大总统，在百忙中常去钓鱼，我希望你找个地方钓几个月的鱼去，我也去画我的丘八画和作我的丘八诗，你千万别听坏小子的话，什么这有问题，那有问题。”我又说：“万万不可无罪找枷杠。”

蒋介石把头点了又点，说“是，是，是”。

但是，正如毛泽东所说：“已经达成的协议，还只是纸上的东西。纸上的东西并不等于现实的东西。”

∨ 赫尔利与毛泽东等共商国共谈判大事。

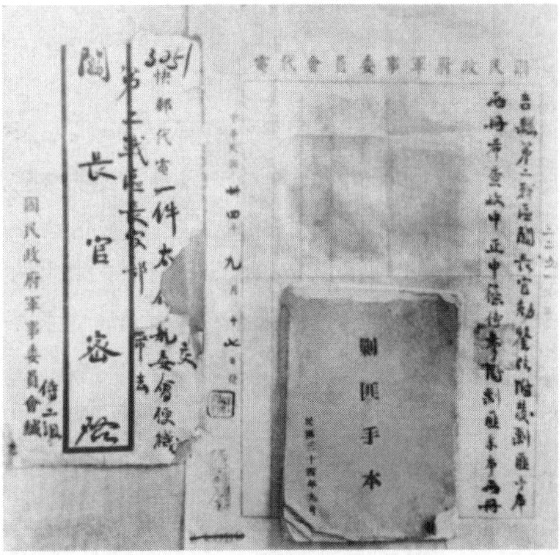

∧ 日本投降后，蒋介石秘密颁发《剿匪手本》，积极部署内战。

内战的乌云

10月13日，也就是《双十协定》签订后的第三天和公布后的第一天，蒋介石就向各战区司令长官发出了一份杀气腾腾的密令："此次剿共为人民幸福之所系，务本以往抗战之精神，遵照中正所订《剿匪手本》，督励所属，努力进剿，迅速完成任务。其功于国家者必得膺赐，其迟滞贻误者当必执法以罪。希转饬所属剿共部队官兵一体悉遵为要！"

1945年11月11日，蒋介石在重庆召开了准备全面进犯解放区的军事会议。在会议上，蒋介石大骂中国共产党是"反动派"，甚至说："我们今天要惩办汉奸，就不应该放过破坏抗战最大的汉奸，要惩办在抗战期间勾通敌人、袭击国军、出卖民族、叛国内乱的汉奸。对于这些汉奸们的惩办，应该不亚于伪组织下的汉奸。"16日，蒋介石在军事委员会会议上，做了题为《剿匪战术之研究与高级将领应有之认识》的报告。在这个报告里，蒋介石明确宣布了他要打内战的方针。他重新强调自己的《剿匪手本》，声称要"建立必胜信心，完成革命使命"，"我们回想这20年来，奸匪始终是本党唯一的敌人"。

12月底，蒋介石任命王耀武为济南第二绥靖区司令官。蒋介石在王赴任前对他说："我主张军队国家化，使国家彻底统一。但共产党不肯将他的部队变成国家的军队，他们也就不会放弃消灭国民党及颠覆国家的企图。和平解决国事，没有希望。"又对王说："山东在地理上很重要，况共军在该省已有基础，我们必须加强力量占领山东。控制山东可以支援华北及东北，而非李延年所能担任。我想将第十一战区副司令长官李延年调任徐州绥靖公署副主任，

★“一二·一”惨案

国共重庆谈判以后，国民党政府背信弃义，撕毁《双十协定》，遭到了全国人民的强烈反对。1945年11月25～29日，昆明学生连续几日举行罢课抗议，示威游行等活动。12月1日清晨，国民党云南警备司令关麟征和代理省主席李宗黄派军警特务和军官总队的队员，分头打进云大和联大等院校，肆意殴打学生，甚至投掷手榴弹，屠杀学生，结果有4人被杀害。惨案发生后，激起了全国人民的愤怒。

将第四方面军司令部及直属部队改为第二绥靖区司令部及直属部队，以你任司令官，司令部驻济南。”总统府军务局长俞济时则对王耀武坦言：“委员长一向视共产党为心腹之患，是劲敌，不消灭他们，他是不甘心的。现在我们不断地向华东、东北调动部队，还发了《剿匪手本》，把对日作战的军事指挥机构名称，改为对内作战的军事指挥名称，这些措施都是准备与共产党打的。我看国共两党的问题，最后还是以武力来解决，和谈不会有好的结果。” 最后俞对王说：“你准备作战吧！”

1946年1月下旬，王耀武试探着向蒋介石提议，“如能争取到二年以上的和平环境，积极整理内部，使我们内部健全一些，到那时一旦发生战事，就能战胜共产党”。没想到蒋介石当即就对王说：“为了国家的统一，不容许再有割据。你要知道，共产党不会给我们整顿的时间，你不打他，他要打你。他不容许我们休息。老百姓不得过太平日子，官兵不得休息，这都是共产党给予的。要随时对各界及你们所带部队的官兵说明，使他们有所认识。”

蒋又说：“你们不要因和谈放弃了准备，共产党是残酷的，我们如被他们打败了，就死无葬身之地。”何应钦对王说：“委员长已下了决心要消灭共产党。在抗战胜利后，委员长积极调动军队办理受降及接收，伺时也就占领各大城市。现在大城市除东北还有一部分没有占领外，其余的都被我们占领了。委员长决心要打，白健生、陈辞修都积极地主张打，尤其陈辞修对打共军看得太容易，将来会吃亏的。白、陈二人主张打，正适合委员长的心理，大打是不可避免的。我也认为国共两党的问题非武力不能解决，但打共产党不是容易的事，战事也绝非短期间可以结束的，要作长期打算。”

其实，早在1945年，蒋介石就开始挑起了内战。从1945年8月中旬到10月下旬的两个多月中，蒋介石一刻也没有闲着，他总共调集了113

> 1945年10月30日，国民党第十一战区副司令长官高树勋率部起义，在国民党内部引起极大震动。

个师约80万兵力进入内战前线，此外又收编了伪军30万人，共110万人，沿平绥、同蒲、正太、平汉、津浦5条铁路线东进或北上，向解放区开始了大规模的军事进攻。

当时，对于国民党的进攻，毛泽东明确地提出："蒋反我亦反，蒋停我亦停；不要浪打，打则必胜。"随即毛泽东指挥晋冀鲁豫部队进行了平汉路战役。

10月30日，高树勋率国民党新八军等部1万余人起义，投奔了共产党。

11月2日，平汉路战役结束，国民党第30、40两个军的主力2万多人被刘邓大军全部歼灭。这就沉重打击了蒋介石的反动嚣张气焰。

蒋介石逆历史潮流而动，不但对解放区的军事进攻被一一粉碎，而且也激起了全国各阶层人民的强烈反抗，国统区人民团体和民主党派迅速掀起了一个反对内战的民主运动。

各民主党派纷纷进行集会，在报刊上发表评论或声明，呼吁停止内战，撤离美军，立即召开《双十协定》中所规定的政治协商会议。12月1日，昆明学生为抗议国民党内战而罢课，遭到国民党军警的血腥镇压，发生了震惊中外的"一二·一"惨案★。国统区人民则以罢工、罢课、罢市和拒绝纳税等行动来制止内战，一时间，国内反内战运动形成了高潮。

军事进攻的失利和国统区人民反对内战的民主运动的日益高涨，使蒋介石忽然发现他还不具备进行全面内战的条件。恰好此时美国政府也从全球战略考虑，决定改变赫尔利在中国执行的扶蒋反共政策，采取调解国共争端的政策。1945年11月27日，赫尔利宣布辞职。12月15日，杜鲁门总统发表对华声明，主张由中国各政治力量的代表召开全国会议，商讨和平团结的有效办法。

12月20日，在美国内外享有很高声望的美军五星上将、美军参谋总长马歇尔以杜鲁门总统特使的身份来到上海进行"调停"。但是，打着"调停"幌子的马歇尔仍然在帮助蒋介石打内战。

12月27日，英、美、苏3国召开外长会议讨论中国问题。随后，在莫斯科召开的3国外长会议发表公报，认为"国民政府各级机构中，民主党派之广泛参与以及内部冲突之停止，均属必要"，公报还申明3国坚守不干涉中国内政的政策。

∧ 高树勋的起义，给蒋介石以沉重打击。图为中共欢迎起义官兵大会会场情形。

∧ 1946年1月10日，有国民党、共产党、其他党派和无党派人士参加的政治协商会议在重庆开幕。图为参加政治协商会议的中国共产党代表团成员周恩来、叶剑英在离开延安时向送行的人员告别。

面对这种强大的国内外舆论，蒋介石咬咬牙，只好违心地表示同意谈判停战。同时，他也深知自己的准备仍然不足，于是加紧把留在西南的军队大批调往华北或东北。

12月27日，国民党代表王世杰、张群、邵力子同中共代表周恩来、叶剑英、王若飞恢复了国共谈判。1946年1月，谈判双方一致同意成立由美国政府代表马歇尔、国民党政府代表张群（后为张治中）、中共代表周恩来组成的3人军事小组，以便共同商议各项军事问题的解决办法。经过10多天的反复磋商，周恩来和张群正式签署了《国共双方关于停止冲突、恢复交通的命令和声明》，规定在1月13日晚12时以前一律停战。

当时，美国政府希望出现一个亲美的蒋介石联合政府，而苏联则坚决反对美国的在华特权。斯大林曾于1945年12月邀请蒋经国访苏，同时揭露说："美国人想要利用中国作为满足他的利益的工具。"但是，蒋介石却依然一意孤行。

中共中央在1月10日发出通告，严令部队切实严格执行停战命令。然而，蒋介石发布密令让他的军队趁机"抢占战略要点"，并催促部队加紧行进。孙连仲部火速行动，妄图赶在停战命令生效前占领承德，或占领古北口、建平、陵源等地。但是即使在停战令生效后，国民党部队仍然不顾一切地继续向解放区发动进攻。

美国在帮助蒋介石打内战中起到了重要作用。从1945年9月至1946年元月，"美国海、空军运送国民党军到达内战前线者，已达14个军共41个师，外加8个交通警察总队，共计约54万余人。"这极大地帮助了国民党军队，使他们得以迅速抢占大量的重要城市和战略要地。美国海军陆战队还以"受降""遣俘"为名，直接登陆中国，替国民党军队抢占战略和铁路交通线。当时，仅仅驻扎在华北的美国海军陆战队，就有45,000人。同时，美军还派遣军事顾问团，直接帮助指挥国民党打内战。

1945年11月14日，美国政府宣布继续以租借物资的形式援助国民党政府，使蒋介石拥有充足的战略储备。据美国陆军部的记录，到1945年，美国供给国民党地面部队的军用物资"已经足以供给完成39个师计划的需要，其他的租借物资中，包括大量的车辆及军需用品"。仅仅给蒋介石的武器、物资和借款，在马歇尔"调停"期间就已经高达40亿美元。1946年6月，美国国务院还向美国国会提出了《军事援华法案》，这个法案使得美国总统在为国民党编练军队、供给武器和设备方面拥有广泛的权力。

1946年1月10日，全国人民企盼已久的政治协商会议在重庆国民政府大礼堂开幕。蒋介石在致开幕词时，也虚假地提出了要实施"人民自由""政党之合法地位""普驯""释放政治犯"等4项诺言。参加这次政治协商会议的代表共有38人。其中国民党代表8人，分别是孙科、吴铁城、陈布雷、陈立夫、张厉生、王世杰、邵力子、张群。共产党代表有7人：分别是周恩来、董必武、王若飞、叶剑英、吴玉章、陆定一、邓颖超。民主同盟代表9人：张澜、罗隆基、张君劢、张东荪、沈钧儒、张申府、黄炎培、梁漱溟、章伯钧。青年党代表5人：曾琦、陈启天、杨永浚、余家菊、常乃惠。无党无派代表9人：莫德惠、王云五、傅斯年、胡霖、邵从恩、钱永铭、缪嘉铭、李烛尘、郭沫若。

这5个方面代表了3种政治力量。国民党代表大地主大资产阶级利益，坚持一党专政；共产党代表无产阶级和人民大众利益，希望建立一个举国一致的民主联合政府；民主同盟代表民族资产阶级和上层小资产阶级的利益，主张在中国建立资产阶级共和国；青年党脱离民盟，开始追随国民党；无党无派人士则大多属于中间派，但在反对国民党的一党

∧ 3人小组成员：周恩来、马歇尔、张治中。

专政，实现和平、民主方面，与共产党的要求是一致的。在政治协商会议上，3种力量，3种主张，3条道路进行了激烈的争辩和复杂的较量。

斗争的焦点仍然是军队与政权问题，因此会议进行得非常激烈。最后，大会终于通过了改组国民政府、施政纲领、军队问题、宪法草案、国民大会5项协议，国民党代表被迫签字。政治协商会议通过了有利于人民，不利于蒋介石独裁统治的决议，使得蒋介石大为不满。蒋介石认为在政协会上最大的损失，就是确定了改组国民党的一党专政的政府。因此，蒋介石一面在政协决议上签字，一面随时打算撕毁决议，挑起全面内战。于是蒋介石立即进行对政协决议的破坏。

1月26日，政协民盟代表黄炎培的住宅遭国民党军警非法搜查。2月10日，国民党特务对庆祝政协成功的万人大会进行捣乱，打伤李公朴、章乃器、马寅初、郭沫若等多人，制造了震动全国的重庆“校场口事件”。

1946年3月1日～17日，国民党在重庆召开了六届二中全会。这次会议上，国民党顽固分子占了优势，他们把政协决议称之为“党国自杀”，叫嚷“不能把统治权交给多党政府”。蒋介石在会上公开号召对政协所通过的宪法原则，进行“就其荦荦大端，妥善补救”。蒋介石宣布说：“政协代表不是人民推选出来的，政协的协议是没有法律效力的。”

因此，在蒋介石的授意下，国民党六届二中全会完全否定了政协协议，并坚持一党专制。而且，“各党派推选的国府委员要经国民党中委任命”。

3月20日～4月2日，国民党包办的国民政府第四届国民参政会会议在重庆召开。蒋介石通过长篇演讲，悍然撕毁了政治协商会议的决议和东北停战协定，重新宣布独裁和大规模内战。蒋介石声称：“我们中央对于东北的职责，现在只有接收领土，恢复主权行政的完整。”陈诚放言要接收苏军控制的长春、哈尔滨、齐齐哈尔。于是国民党军队开始在东北发起了大举进攻。

中国此时已经成为美、苏争霸的焦点，而蒋介石的反共本性，已经决定了斯大林对国民党政府保持中立的想法只能是幻想。

根据苏联与国民党政府签订的“友好条约”，“日本投降以后，苏军在3个月内全部从中国的东北3省撤完”。因此，到1945年12月3日，苏联红军就应该从东北完全撤出。可是，苏联却一直没有撤军。苏联这样做，一方面以“战利品”的名义抢运东北的工矿设备和各种物资等；另一方面有感于美国公开帮助蒋介石大量运送部队和物资，帮助蒋介石打内战，于是改变了过去不支持中共的方针，帮助林彪率领的东北民主联军进入东北。

∧ 1946 年 1 月，政治协商会议会场内景和外景。

1946年5月3日，苏联红军终于撤出东北，蒋介石和宋美龄飞回南京。5月5日，国民政府正式宣布还都南京★。这时的蒋介石真是踌躇满志，得意非凡。更令蒋介石高兴的是，在美国的帮助下，他的160万大军已调到了内战前线，并先后攻克了四平、公主岭、长春等战略要地。蒋介石感到现在已经没有必要再和共产党进行谈判，而到了下决心撕下和平假面具，公开打内战的时候了。

★国民政府还都南京

1946年5月1日，国民政府正式发布还都令，宣布5月5日“凯旋南京”。5日，南京城里处处张灯结彩，旌旗招展，一派节日景象。上午10点30分，长江路国民大会堂举行首都各界庆祝国民政府还都典礼。蒋介石身穿特级上将制服，佩戴5枚勋章，精神焕发地与身穿黑底紫花绸质旗袍的宋美龄走上国民大会堂主席台，向与会者颔首致意。之后，蒋介石致训词。

“3~6个月完全消灭共军”

1946年8月6日下午3点，盛夏的延安刚下了一场雨，空气非常清新。美国女记者斯特朗在中共中央宣传部长陆定一和在延安工作的美国医生马海德的陪同下，兴冲冲地向杨家岭走去。她看见一个穿着蓝布衣服、身材高大的人从窑洞里走了出来。“这就是中国革命的领导者毛泽东！”她在心里对自己说。他们一起坐在窑洞前苹果树下的一张石桌周围，毛泽东娓娓而谈。

斯特朗惊奇地发现：“美国发生的事有许多他知道得比我还详细”。但是让她更加惊讶的是，毛泽东那种惊人的胆识和对于中国革命的自信。毛泽东爽朗地对她说：“原子弹是美国反动派用来吓人的一只纸老虎，看样子可怕，实际上并不可怕。”毛泽东当然知道原子弹是一种威力空前巨大的武器，“但是决定战争胜败的是人民，而不是一两件新式武器”。“拿中国的情形来说，我们所依靠的不过是小米加步枪，但历史最后将证明，这小米加步枪比蒋介石的飞机加坦克还要强些。虽然在中国人民面前还

< > 这是一组1946年5月5日，蒋介石夫妇率“文武百官”还都南京拜谒中山陵时的场景。

< 刘少奇与斯特朗在延安。安娜·路易斯·斯特朗是深受中国人民尊敬和爱戴的美国进步女记者与作家。斯特朗在抗战时期，6次访问中国。她撰写了《千千万万的中国人》和《中国的黎明》，将中国的抗战介绍给世界。

存在着许多困难，中国人民在美国帝国主义和中国反动派的联合进攻之下，将要受到长时间的苦难。但是这些反动派总有一天要失败，我们总有一天要胜利。这原因不是别的，就在于反动派代表反动，而我们代表进步。”

此时，面对蒋介石以优势兵力和装备对解放区的全面进攻，许多人心里产生了畏惧情绪，而毛泽东的论断无疑给了解放区军民极大的信心。

几个月前，蒋介石就在美帝国主义的帮助下，将近160万军队调到前线，进行发动内战的准备工作。6月6日，蒋介石假意又向中共代表提出停战半个月，以便做更加充分的战争准备。经中共同意，停战自6月7日起生效。6月上旬，蒋介石在南京召开军事会议，授意白崇禧、陈诚在大会上公开宣布“剿共”。6月17日，蒋介石向中共提出了人民解放军退出大片解放区的5项无理要求，他要求解放军退出：

一、陇海路以南的一切地区。

二、胶济全线。

三、承德及其以南地区。

四、东北的大部分地区。

五、1945年6月7日以后，中共军队在山东、山西两省从日伪军手里收复的一切地区。

这一非分要求，自然遭到中国共产党的坚决拒绝。周恩来对此愤怒地说：“国民党当局在强占长春后，自以为局势对它有利，便提出种种苛刻要求，企图压迫共产党屈服，或者造成破裂，而把破裂的责任推给共产党。蒋介石逼人太甚了，这个方案我们无法接受。”

周恩来随即向蒋介石提出了长期停战，恢复交通，整军复员，重开政协等4项建议。蒋介石此时已经变得趾高气扬，因此不予理睬。同时蒋介石又提出更加过分的新要求："胶济铁路线的中共军队在8月1日前，撤退到铁路两侧30公里以外的地区，中共交出哈尔滨、佳木斯、牡丹江、白城子、热河、察哈尔、威海卫等地。"周恩来毫不犹豫地拒绝了。

6月22日，蒋介石密令郑州绥靖公署主任刘峙率领30万大军，向李先念率领的中原军区6万多解放军发起突然进攻。随着蒋介石大量兵力向桐柏山区的步步进逼，中原军区避敌锋芒，主动由平汉路向东转移到以宣化为中心的东西不到100公里、南北不到25公里的狭小地区待命。蒋介石大喜，决定一举消灭已经处于国民党军四面包围下的中原解放军。于是他利用停战期间的空隙，迅速调集了11个正规军26个师，并在周边地区构筑6,000多座碉堡，将中原军区及所属的3个军分区，以"品"字形分割包围起来。蒋介石还釜底抽薪，断绝了这个地区的粮食、医药供应。蒋介石恶狠狠地说："即便不能把他们一举消灭，也要把他们饿死，困死！"

∧ 中原军区突围部队359旅回到延安。

周恩来为此对李先念说："你们不要依靠谈判，绝对不要幻想国民党发善心，他们不会发善心的，你们必须依靠自己的力量，一定要设法用枪杆子突围出去！"

中原军区丝毫不抱幻想，经过严密部署，于6月22日兵分3路，成功地从蒋介石重兵的包围中突围而出：王震率领部分主力转入陕甘宁地区，另一部主力胜利地进入了苏皖解放区，

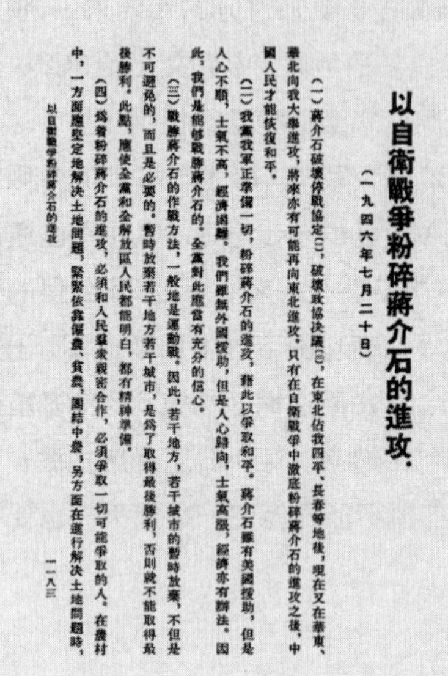

以自衛戰爭粉碎蔣介石的進攻*

（一九四六年七月二十日）

（一）蔣介石破壞停戰協定[1]，破壞政協決議[2]，在東北佔我四平、長春等地後，現在又在華東、華北向我大舉進攻，將來亦有可能再向東北進攻。只有在自衛戰爭中徹底粉碎蔣介石的進攻之後，中國人民才能恢復和平。

（二）我黨我軍正準備一切，粉碎蔣介石的進攻，藉此以爭取和平。蔣介石雖有美國援助，但是人心不順，士氣不高，經濟困難。我們雖無外國援助，但是人心歸向，士氣高昂，經濟亦有辦法。因此，我們是能夠戰勝蔣介石的。全黨對此應當有充分的信心。

（三）戰勝蔣介石的作戰方法，一般地是運動戰。因此，若干地方，若干城市的暫時放棄，不但是不可避免的，而且是必要的。暫時放棄若干地方若干城市，是為了取得最後勝利，否則就不能取得最後勝利。此點，應使全黨和全解放區人民都能明白，都有精神準備。

（四）為着粉碎蔣介石的進攻，必須和人民羣衆親密合作，必須爭取一切可能爭取的人。在農村中，一方面應堅定地解決土地問題，緊緊依靠僱農、貧農，團結中農，另方面在進行解決土地問題時，

以自衛戰爭粉碎蔣介石的進攻　　一一八三

∧ 1946年7月20日，中共中央向全党发出了《以自卫战争粉碎蒋介石的进攻》的指示，号召全党要树立打败蒋介石的信心，并从政治、军事和经济方面分析了敌我双方的形势。

其余主力则进入陕南、鄂西边境，创建了游击根据地。国民党30万大军竟然扑了个空，蒋介石不由得又开始骂娘。

气急败坏的蒋介石于1946年6月26日再次命令军队向中共中原解放区大举进犯。至此，全国性的新内战开始爆发。而马歇尔同时也宣布他的“调停”失败，以便蒋介石毫无顾忌地进攻解放军。

全面内战爆发时，国民党共有430万兵力，占据地区有3亿以上的人口，控制着全国所有的大城市、大部分公路铁路交通线和丰富的资源，并接收了日军109万人的全部装备，特别是得到了美国的巨大援助。因此，蒋介石在这个时期占据着绝对优势。蒋介石充分利用了马歇尔的“调停”，及时完成了内战部署。美国还亲自为蒋介石训练军队、特务等15万人，装备美械师45个，给蒋介石的武器、物资及借款达到40亿美元。就在内战爆发的第二天，美国国务院就决定，要为蒋介石建立833队空军。杜鲁门总统还批准了1个美蒋秘密军事协定，根据这个协定，国民党可以得到美国飞机1,000架、大炮7,000多门和其他大批军事物资。7月16日，美国国会还授权美国总统杜鲁门，可以将总数达到

271艘的舰艇“赠送”给蒋介石政府。8月30日，美国空军军官陈纳德，根据美国政府的指示，成立“陈纳德空中运输公司”，专门为蒋介石打内战空运军队和军用物资。8月31日，美国政府又决定把它在西太平洋的价值8.25亿美元的剩余战争物资，以1.75亿美元的低价卖给蒋介石。美国政府还让驻扎在上海、天津、秦皇岛等地的9万多美国海军陆战队直接配合国民党军队进攻解放区。

与此形成鲜明对比的是，人民解放军当时只有120多万人，需要以一敌三同国民党军队作战，而且装备非常简陋，用小米加步枪来形容是非常确切的。而且解放军还没有集中在一起，而是被蒋介石军队分割在十几个根据地里。解放区的人口也只有1.3亿，而且大部分地区封建势力还没有肃清，属于落后地区，经济力量非常小，又缺乏外援。

但是，国民党军队的劣势在于，蒋介石发动内战是不得人心的，因此是失道寡助。

蒋介石为这次全面进攻制定了“全面进攻，速战速决”的战略方针，让160多万正规军在第一线全面出击，妄图速战速决，一举消灭解放军。蒋介石狂傲地宣称：“在48小时内歼灭中原共军，两个星期占领苏北，3个星期打通津浦路和胶济路，3～6个月完全消灭共军。”他的具体部署是：武汉的程潜率领21万正规军和十几个保安团，向中原解放区发起进攻；徐州的薛岳、吴奇伟率领46万正规军向苏皖及山东解放区进犯；郑州的刘峙及徐州“绥署”另一部共24万正规军进攻冀鲁豫解放区；河北的孙连仲及傅作义率领16万正规军进攻晋察冀解放区；太原的阎锡山率领9万正规军进攻晋绥解放区；西安的胡宗南率15万正规军进攻陕甘宁边区；杜聿明率18万正规军进攻东北解放区；另派7万正规军进攻广东及海南岛解放区。

敌强我弱，但是毛泽东在科学地分析了国内外形势后，认为解放军必须打败蒋介石，并且能够打败蒋介石。7月20日，毛泽东起草并以中共中央名义发出《以自卫战争粉碎蒋介石的进攻》的指示，他指出：“蒋介石发动的内战，是在美国指挥之下反对中国民族独立和中国人民解放的反革命战争，如果我们表示软弱和退让，不敢坚决地用革命战争反对反革命战争，中国就变成黑暗世界，民族的前途就将被断送。只有在自卫战争中彻底粉碎蒋介石的进攻，全国才有和平民主的希望，才能保卫人民的生存和利益，才有民族的独立。蒋介石虽有美国援助，但人心不顺，士气不高，经济困难；我们虽无外国援助，但人心归向，士气高涨，经济亦有办法。”

毛泽东制定的方针和策略是：

在军事方面，战胜国民党的作战方法，一般是运动战。要将抗日战争以分散兵力打游击战为主的作战方法，改变为以集中兵力打运动战为主的作战方法，其中心要求是，以歼灭敌军有生力量为主要目标，不以保守或夺取地方为主要目标，若干地方和城市的暂时放弃，是不可避免的、必要的。

在政治方面，为着粉碎国民党的进攻，必须和人民群众亲密合作，必须争取一切可能争取的人，建立广泛的人民民主统一战线。在农村，应坚决地解决土地问题，紧紧依靠雇农、贫农，团结中农；同时应区别对待一般富农、中小地主分子和汉奸、豪绅、恶霸分子，借以减少敌对分子，使解放区得到巩固。在城市中，除团结工人阶级、小资产阶级和一切进步分子外，应注意团结一切中间分子，孤立反动派，在国民党军队中，应争取一切可能反对内战的人，孤立好战分子。

在经济方面，必须作持久打算，一切依靠自力更生、艰苦奋斗，必须努力生产，提倡节约，力戒浪费，反对贪污。在财政供给上，实行军民兼顾，既要使自卫战争的物资需要得到满足，又要使人民负担较前减轻。

毛泽东还起草了《集中优势兵力，各个歼灭敌人》《三个月总结》的指示，要求无论是在战役部署或战术部署上，都必须贯彻“集中优势兵力，各个歼灭敌人”的原则，必须集中绝对优势的兵力，即集中6倍、或5倍或4倍于敌人的兵力，至少也要有3倍于敌人的兵力，首先包围歼灭敌军中较弱的一路或敌军阵地中较弱的一点，不应企图一下子同时全部地歼灭这个被我包围之敌。因而平分兵力，处处攻击，处处不得力，拖延时间，难于奏效。

毛泽东要求在作战中必须打歼灭战、速决战。全歼，方能最有效地打击敌军，使敌军被歼一团少一团，被歼一旅少一旅；全歼方能把敌军的武器和兵员，最充分地补充自己；全歼，在敌则士气沮丧，人心不振，在我则士气高涨，人心振奋。速决，则使我军有可能各个歼灭或避开敌军增援部队，在战术和战役上的速决，是战略上持久的必要条件。

< 苏中战役七战七捷的指挥者，华中野战军司令员粟裕。

毛泽东制定的正确的战略方针，使得解放军可以一口一口地吃掉敌人，因此能够把我之劣势转化为优势，把敌之优势转化为劣势，从而扭转战局，战胜敌人。

7月中旬，蒋介石下令集结重兵向华东解放区的苏中、淮北、淮南、鲁南、胶济路等地区发动大规模进攻。其中进攻苏中解放区的主力是国民党京沪绥靖司令汤恩伯的部队，有5个整编师，15个旅，约12万人。

当时，粟裕、谭震林率领的华中野战军只有3万多人。但是华中解放军并不气馁，粟裕经过严密的考虑和筹划，决定在江都至如皋一线与敌人进行决战。在具体打法上，粟裕改变了传统的"诱敌深入"战法，而是乘敌正在实行战略展开之际，在敌人正面实施集中打击，以便打乱敌军部署，暴露敌军的弱点。7月13日，粟裕以6：1的优势兵力，率领

< 1946年11月15日，蒋介石在"制宪国大"上发表讲话。

华中解放军在宜家堡、秦兴一带，痛歼敌整编第83师第19旅的两个团、1个炮营及1个步兵营共3,000余人。随后又进行了如皋南战斗，李堡战斗，丁埝、林梓、东陵战斗，如皋、黄桥公路战斗，海安和邵伯两次防御战。解放军连续作战，取得了七战七捷、歼敌6个旅、5个交警大队共5.3万人的惊人战绩。这就沉重打击了蒋介石军队不可一世的气焰，使敌军产生畏战情绪，行动时胆战心惊，不敢放开手脚。粟裕、谭震林在敌军的小心进攻中决定向北转移，边后退边进行防御作战。

刘伯承、邓小平领导的晋冀鲁豫解放军则向陇海路开封至徐州一线的国民党军队展开分路进攻，共歼敌1.6万人，攻占了10余座城镇。随后刘邓又抓住机会，集中优势兵力在定陶附近歼敌4个旅，又远距离奔袭鄄城，歼敌1个旅。这样，在不到3个半月内，刘邓大军就歼灭了蒋介石9个旅，近5万人。

在华北，蒋介石命令军队进攻张家口的解放军。聂荣臻率领晋察冀解放军奋起还击，一举歼敌2万多人，随后并不固守阵地，主动撤离到平汉线，继续打击敌军。

此时，山东、山西、东北各解放区的人民解放军也都奋勇作战，大量歼灭了蒋介石的有生力量。

从6～10月，4个月内，从表面上看，国民党军虽然占领了承德、淮阴、张家口、安东等105座城池，但是解放军却消灭了蒋介石的大量有生力量。而且，在占领城市后，蒋介石不得不派遣重兵把守每座城池，从而使得国民党能用于进攻的兵力越来越少。事实上，经过80余次作战，解放军共歼敌33个旅，达到29.8万人。国民党除了傅作义、程潜、马鸿逵等部外，杜聿明、汤恩伯、顾祝同、薛岳、阎锡山、胡宗南、王耀武等部队，都受到了初步的或相当严重的打击。因此，解放军成功地击退了蒋介石的全面进攻。

蒋介石很快就意识到中共并不在意城市和土地的得失，而着力消灭国民党有生力量的作战方针，因此他提醒国民党将领说："共产党现除了在政治经济上多方扰乱的阴谋之外，其在军事方面的作战纲领，主要的是消耗战。其目的就是要消耗我们的兵力，使我们的兵力逐渐削弱，而他们的兵力逐渐强大，到了他们的兵力和我们平衡以后，再来和我们作主力决战，以期一鼓击溃我军，消灭我军。"

但是不管如何，占领了100多座城市，对于蒋介石和他的军政大员们来说，则是一件绝对可以大肆吹嘘的事情。蒋介石虽然损兵折将，心里发虚，但是还是显得得意洋洋。蒋介石于是在11月15日召开了所谓"国民大会"，制订《中华民国宪法》，史称"制宪国大"★。蒋介石还说这次大会"实为革命史上最艰难之创举，与划时代之新页也"，"国民大会

★"制宪国大"

1946年12月15日，国民党违背政治协商会议的规定，单方面召开"国民大会"。此次大会的中心任务是制定《中华民国宪法》，故又称为"制宪国大"。蒋介石为大会致开幕词，并将由王宠惠、雷震等在开会前夕修改补充，又经蒋介石亲自删改的"宪法"草案发交立法院、民社党、青年党和"社会贤达"审议，然后递交"国民大会"审议。大会经过41天的讨论，通过了《中华民国宪法》，以法的形式确认了蒋介石的个人统治。

> 1946年11月16日，周恩来在南京召开中外记者招待会，痛斥国民党撕毁政协决议，扩大内战、单方面召开“国民大会”，宣布中共代表团即将撤回延安。

< 1946年11月，周恩来率中共代表团从南京飞返延安时，毛泽东、朱德亲往机场迎接。

∨ 1946年11月，中共宣布谈判代表团撤离后，周恩来在南京梅园新村与中国民主同盟负责人合影。

∧ 蒋介石等在“制宪国大”主席台上。自左至右：洪兰友、孙科、蒋介石、白崇禧、李宗仁、吴铁城、邹鲁。

今已开会，共党一年来联合其他党派以孤立本党、围攻政府之阴谋，已被我完全击破”。

在这次大会上，蒋介石为了孤立共产党，竟然不惜以高官厚禄和大量金钱来收买和拉拢民主党派及中间人士。但结果却令他大失所望，愿意被他收买的只有青年党和民社党两个小党派，中国共产党和各民主党派、各人民团体均发表了严正声明，坚决不承认这个“国民大会”及其所制定的“宪法”。12月25日，《中华民国宪法》通过，大会决定在1947年12月25日开始实施这部“宪法”。蒋介石在日记中说：“国民大会圆满完成制宪任务，国内外对本党之信誉为之大增，此为30年来奋斗结果。”

蒋介石虽然损失了大量有生力量，但是还是自我鼓励说：“比较敌我的实力，无论就哪一方面而言，我们都占有绝对的优势。军队的装备、作战的技术和经验，匪军不如我们；尤其是空军、战车以及后方交通运输工具，如火车、轮船、汽车等，更完全是我们国军所独有，一切军需补给，如粮草弹药等，我们也比匪军丰富十倍，重要的交通据点、大都市和工矿的资源，也完全控制在我们的手中。无论就哪一方面的实力来比较，共产党绝对不能打败我们。”

1947年2月27日和28日，国民党政府先后通知中国共产党驻南京、上海、重庆等地担任谈判联络工作的代表于3月5日前全部撤离，就此宣布了国共谈判完全破裂。

与此同时，由于此时蒋介石已经无力进行全面进攻，于是又开始了对解放区的重点进攻。

∧ 国民党军占领延安后不久，蒋介石前往视察。

打在岩石上的两个拳头

1947年3月，中共中央果断决定主动放弃延安。3月19日，胡宗南率部耀武扬威地进占延安城，并得意洋洋地给蒋介石报捷说："我军经7昼夜的激战，第1旅终于在19日晨占领延安，是役俘敌5万余人，缴获武器弹药无数，正在清查中。"蒋介石看到电报后喜不自禁，立即回电对胡宗南进行嘉勉，并命令南京与西安等地的商家和居民，一律悬挂国旗、燃放鞭炮，大规模庆贺"陕北大捷"。

实际上，中共中央和毛泽东并没有离开陕北，而且正在以"蘑菇战术"牵着胡宗南的鼻子在走，并寻找战机集中优势兵力，逐步一个旅一个旅地消灭着国民党军队的精锐之师。

由于在前8个月中的全面进攻，蒋介石占领了大量地盘，同时战线不断拉长，加上我人民武装在敌后开展机动灵活的游击战，不断骚扰打击蒋介石的军队，终于使得蒋介石感到自己被束缚住了手脚，到了机动兵力严重缺乏的地步。因此，蒋介石不得不改"全面进攻"为"重点进攻"，集中剩余的机动兵力重点进攻陕甘宁解放区和山东解放区。其战略部署为：

一、在东北方面，以主要都市及铁路为中心进行战略防守。

二、集中力量进攻延安，以夺取共产党的军事、政治神经中枢。

三、在山东方面，集中兵力歼灭共军，并向黄河以北推进，平定平、津、保三角地区，以统一河北平原。

但是1947年5月，随着国民党的王牌军之首、整编第74师在山东被全部歼灭，蒋介石对山东解放区的重点进攻随即宣告失败。在陕北，随着青化砭、羊马河、蟠龙镇三战三捷，西北解放军一举击败了胡宗南对陕北解放区的重点进攻。1947年7月以后，东北地区的国民党军队在人民解放军反攻下，也只能收缩于中长路和北宁路的狭长走廊地带，开始面临"全面防御"的被动局面。蒋介石的重点进攻也宣告失败。

随着蒋介石在军事上的失利，他在政治上的处境也越来越糟。国内掀起了反对蒋介石独裁运动高潮。李济深、何香凝、柳亚子、王昆仑等著名民主人士利用各种关系，积极动员国民党军队将领拒绝参加内战，反对蒋介石的独裁卖国政策。

此时，由于穷兵黩武，国统区的经济状况也濒临崩溃。物价迅速上涨，竟然上涨了6万倍，产业工人大量失业，农村民不聊生，农民饿得只能吃草根和树皮，个别地方甚至出现"易子而食"的人间惨剧。1946年各地饿死人数达1,000万人，1947年，国统区处于饥饿状态的人达到1亿人以上。

而蒋介石不但不发展经济，反而不断出卖中国的主权，以换得打内战的物资。他和美国秘密签订了《中美友好通商航海条约》《中美航空协定》《青岛海军基地秘密协定》《中美国际关税与贸易一般协定》条约，大肆出卖中国从天上到地下，从陆地到海洋，从政治到经济的主权。中国共产党针对国民党的卖国条约，顺应民意，发表郑重声明说：对于1946年1月10日以后由国民党政府单独成立的一切对外借款，一切丧权辱国的条约、协定、谅解，均不予承认，并决不担负任何义务。

在不平等条约的保护下，美国商品大规模倾销到中国，民族工商业大量倒闭，工人大量失业。在这种情况下，以蒋、宋、孔、陈四大家族为首的官僚资产阶级还利用特权大发国难财。这一切都造成了国统区空前严重的经济危机。

1947年6月28日，蒋介石还授意国民党政府最高法院对毛泽东下了一道"通缉令"，罪名是"意图颠覆政府，其为内乱犯"。7月4日，国民党政府国务会议又通过了"厉行全国总动员以戡平共匪叛乱方案"。可

<国民党军占领空城延安后，1947年8月7日，蒋介石抵达延安巡视的一组照片。

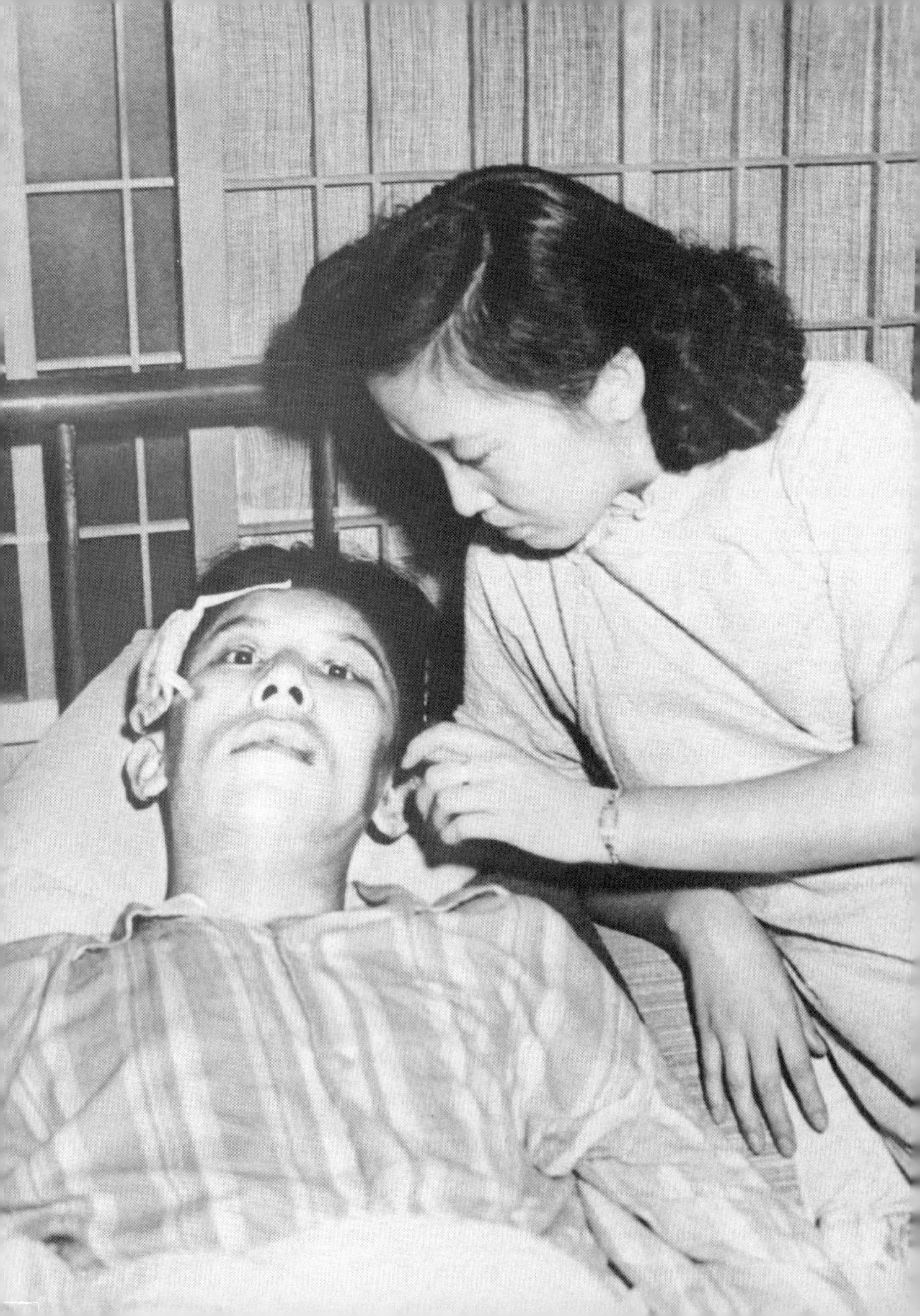

> 由于国民党穷兵黩武，国民党统治区内民不聊生。1947年5月在国民党统治区的北平爆发了"反饥饿、反内战、反迫害"的示威游行。

< 1946年6月23日晚，"和平请愿团"到达南京下关车站时，代表们遭到国民党特务的殴打，这就是闻名全国的"下关惨案"。图为被打伤的大公报记者杨集正在医院治疗。

惜，民众的眼睛是雪亮的，国统区的爱国民主运动渐渐达到了高潮。但是都遭到蒋介石的残酷镇压。

1946年6月，国民党政府逮捕了反内战的工人、学生和市民群众1.3万人。6月23日，蒋介石又制造了"下关惨案"。当时上海工人、学生和各界代表10万人汇集到火车站，举行了声势浩大的游行。当马叙伦、阎宝航、胡厥文、雷洁琼、胡子婴等11名代表为了反内战争取民主来到南京下关车站时，遭到预先埋伏好的几百名特务的围攻殴打，马叙伦、雷洁琼等受伤。这就是"下关惨案"。

7月，蒋介石下令封闭了反对内战、呼吁民主的文化团体、言论机关100余处。同时，蒋介石还向特务机关发出密令："中共与民盟分子同样可以密报、密捕、密决。"

7月11日，国民党特务在昆明街头暗杀了民盟中央委员、救国会"七君子"之一的李公朴。7月15日晚，大声质问国民党反动派的闻一多也被国民党特务暗杀。

周恩来、董必武随即向国民党政府严正抗议："特务暴行，接踵而至，遍及全国。殴打未已，暗杀继之。一城之内，

★"五·二〇"惨案

1947年5月20日，南京、上海、苏州、杭州地区16所大专院校学生6，000多人在南京组成请愿团，提出挽救教育危机等5项要求，举行示威游行。游行队伍向正在举行"国民参政会"的"国民大学堂"进发时，遭到国民党军警的残暴镇压。被国民党军警用木棍、铁棍、皮鞭打伤的学生有100多人，重伤19人，20多人被捕。

> 1947年5月16日，国民党海、陆、空三军演习时，陈诚向蒋介石汇报情况。

5日之间竟至续演杀人惨案两起，不知政府当局何以自解耳！"民盟通过《李闻惨案调查报告》来揭露国民党政治暗杀的真相，全国各地群众纷纷举行追悼会，抗议国民党反民主、特务统治的暴行。

被残酷剥削、走投无路的广大农民纷纷组织起来，以武力抗租、抗征、抗捐、反抓丁，并惩办恶霸。

1946年底到1947年初，北平、天津、上海、南京等几十个大城市，相继有50万名学生举行了罢课和游行示威，抗议美国士兵强奸北京大学女学生沈崇，并强烈要求美军撤出中国。随后，国统区广大学生又掀起了全国规模的反饥饿、反内战、反迫害民主爱国运动。蒋介石惊慌地喊道："学生已越出国民道德，形同暴徒，要断然处置。"1947年5月20日，军警特务又制造了"五·二〇"惨案★，打伤了到国民党行政院游行请愿的500多名学生。

此时，中国人民解放战争已经到了一个新的转折点。1947年10月10日，中国人民解放军总部发布了《中国人民解放军宣言》。

宣言指出，蒋介石及其集团一贯坚持卖国、独裁和内战的反动方针，使全国人民处于水深火热之中，挣扎在死亡线上。为了中国人民和中华民族的解放，宣言中提出了"打倒蒋介石，解放全中国"的口号。

此时，蒋介石的末日已经渐渐来临。1947年11月30日，蒋介石在日记上写了一篇"反省录"："全国各战场皆陷于劣势被动之危境，尤以榆林（陕西）、运城（山西）被围日久，无兵增援；12日，石家庄陷落之后，北方之民心士气尤完全动摇；加之，陈毅股匪威胁徐州（江苏）、拆

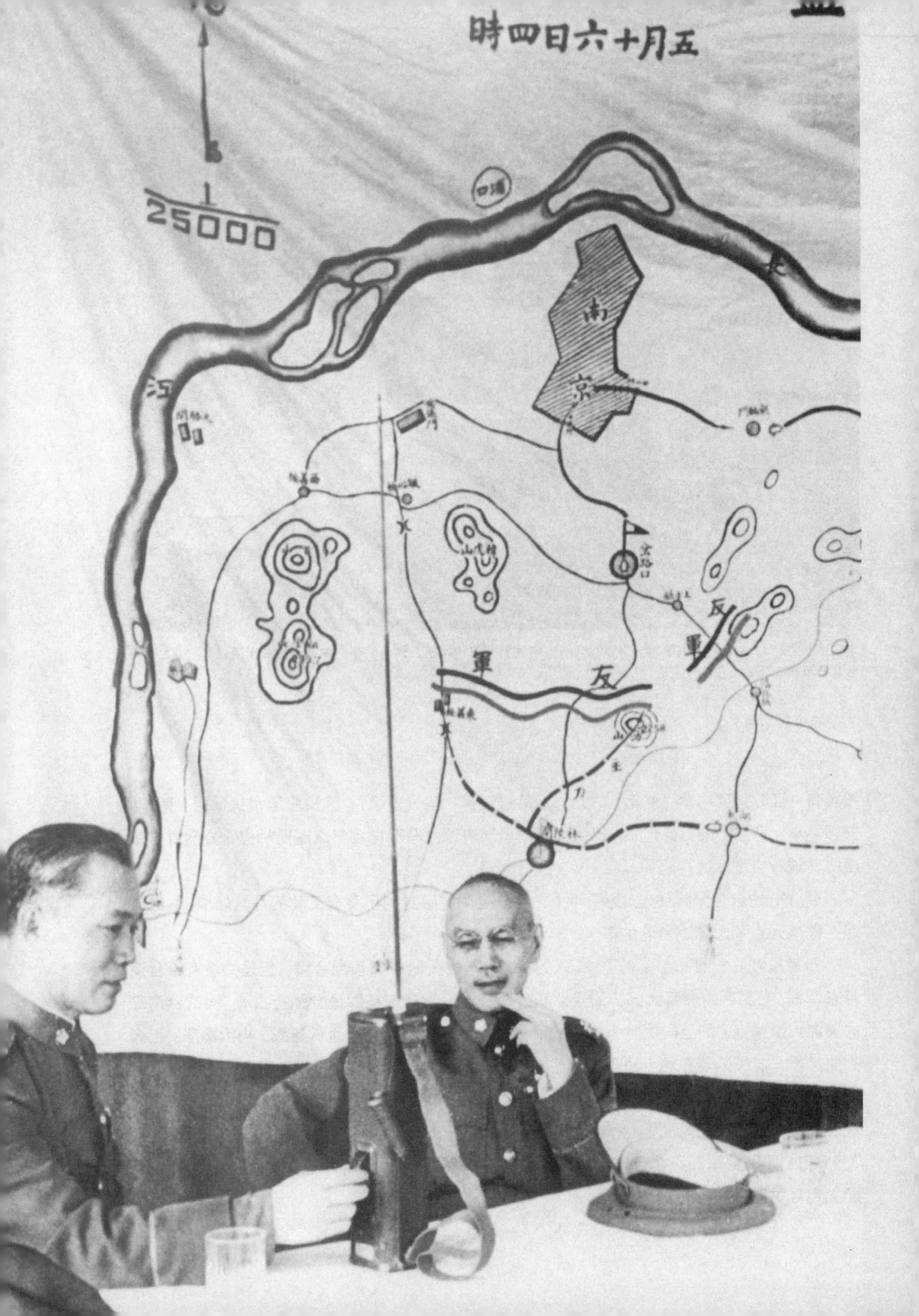
五月十六日四時
1
25000
南
京
河
友軍
友軍

∧ 台湾爆发“二·二八”武装起义后，蒋介石派国民党军前往镇压。这是时任国防部长的白崇禧（右）抵台后与台湾行政长官公署长官陈仪合影。

毁黄口（江苏）至内黄（河南）铁路，而后进逼徐、宿（安徽）；陈赓股匪窜扰豫西、南阳，安阳震动；两广、湘、豫、浙、闽伏匪蠢动，李济深、冯玉祥且与之遥遥相应，公然宣告叛国，此诚存亡危急之秋也。”

蒋介石的这个分析还是比较客观的，他已经明显感觉到了蒋家王朝的危险处境。从这时起，他就开始考虑退逃台湾的事了。

日寇投降后，国民党接管了被日寇侵占50年之久的中国领土台湾，但是并没有给台湾带来幸福。光复后的台湾大部分的企业和土地及其他财产都被国民党强行占有，同时台湾岛内美商大肆倾销，加上国民党为打内战而横征暴敛，台湾因此而通货膨胀，物价暴涨，工人失业严重，农民陷于绝境，终于引起了台湾人民的反抗。1946年间，台湾出现“抢米”风潮和反对蒋介石法西斯统治的“抗暴”斗争。1947年2月28日，台湾爆发了“二·二八”武装起义，在几天之内就控制了台湾。3月3日，蒋介石严令驻扎江苏的21军去进行镇压。3月8日，国民党军开始在台湾全省进行大逮捕、大屠杀，杀害群众达3万余人，3月13日，起义宣告失败。

> 1948年时的蒋介石。

国民党军事上的失败、经济上的崩溃引发了深刻的社会危机，为了挽回民心，挽救垂死的统治，蒋介石进行了所谓的“总统民主选举”。

他的位子，让他感到“好比一把刀指着胸膛那样难过”

按照“国民大会”的决议，为了施行新“宪法”，1948年为“实行宪政年”。1948年3月29日，国民党在南京召开第二届“国民代表大会”，即所谓的“行宪国大”，进行总统“选举”。在总统“竞选”前，美国总统杜鲁门让驻华大使司徒雷登告诉蒋介石，杜鲁门总统希望蒋介石能够做做民主姿态，以笼络民心，挽救国民党。杜鲁门同时还希望胡适能够当选“总统”，以拯救国民党政权。

蒋介石听后心里非常不高兴，为了敷衍美国人，他虽然宣布不做总统候选人，实际上却以退为进，要手段“当选”为总统。蒋介石假意“让贤”，列出了总统候选人应具备的4个条件：一、文人；二、专家学者；三、国际知名人士；四、不一定是国民党员。

这个条件一公布后，国民党上层人士都猜一定是暗指胡适，因此非常困惑：蒋介石难道会真的让贤？而蒋介石的许多亲信都对蒋介石的心理和策略心领神会，于是，他们纷纷列举出了胡适不适于当“总统”的

V 1948年5月20日，当选“总统”和“副总统”的蒋介石和李宗仁一同步入会场。

众多理由，因此轻而易举地就拿掉了胡适的候选人资格。随后，在蒋介石的指使下，那一班中常委们开始在开会时不断喧嚣，表示一定要由党的“领袖”担任总统。接着他们又假意提名国民党元老吴稚晖、于右任、居正为总统候选人。吴稚晖深知蒋介石的用意，于是以年老体弱为由，改推蒋介石为候选人。

蒋介石继续表演欲擒故纵术，开始时“坚辞”以示自己的“诚意”，一方面表演给美国人看，一方面为自己争取更大权限——“总统紧急处置权”，以便能够突破“宪法”对总统的限制。于是，4月18日，国民党中常委很快就开会增加授予总统有“紧急处置权”的条款。这时，蒋介石才以“国难当头，义不容辞”等理由，“当仁不让”地担任了“总统”候选人。与蒋介石同时成为总统候选人的还有居正。但是不出所料，4月19日，蒋介石以2,430票的绝对多数击败居正，“当选”为总统。

总统被蒋介石霸占，因此副总统的“竞选”便成了大家争夺的宝贝。“行宪国大”共推出6名副总统候选人：国民党方面有孙科、李宗仁、程潜、于右任4人，“社会贤达”方面是莫德惠，民社党方面是徐傅霖。副总统的主要竞选者是孙科与李宗仁。

关于副总统人选，原内定为孙科，但出乎意料的是，李宗仁却横空出世参加竞选，并当选为副总统。孙科虽然得党团全力支持，但反而引起一些反作用；李的票源甚多，广西全体都帮他助选，西北（新疆、宁夏、青海）、东北、华北等地区很支持，民青两党支持，同情票很多，因此能幸获多数。李宗仁的人望较高，政声也不错，这是他“当选”为副总统的重要原因。另外，李宗仁是桂系的一号代表人物，而桂系历史上与蒋介石的争斗是从未停止过的。因此，李的当选，也说明当时国内反蒋政治势力是不可低估的。

李宗仁之所以成竹在胸，是因为他背后也有美国在暗中支持。李宗仁自己曾回忆说：

此时各地“国大”代表已纷纷选出，中央也已明令规定于三十七年（1948年）3月29日召开第一届行宪国大，选举正、副总统。蒋先生并口头申明，本党同志可以自由竞选。经此鼓励，我原有的理想便进入实行的阶段了。

我既决定竞选，遂将私意告诉老友白崇禧、黄旭初和甘介侯三人。白君时任国防部长，长住南京；黄任广西省主席，常在桂林；介侯时在清华大学执教，在平无住宅，所以长住我寓，时时叙晤。黄、白二人知道我这项企图后，竟一致反对。白崇禧且特地请黄绍竑、程思远、韦永成3人先后飞平来劝我打消此意。这批老朋友们竭力反对我竞选，蒋先生必定不会支持，我就必然要落选。我如果不顾蒋先生的意旨而硬要竞选，势将引起我与蒋之间的严重摩擦。我与蒋先生摩擦起来，则向来被视为“桂系”首脑的一白二黄势必被卷入漩涡，而遭池鱼之殃。故与其听我知其不可而为之，以致牵累大家，不若早早断念于未萌之时，免惹多疑善忌的蒋先生不快。

再者，这批老朋友且预为我做了一项退路的安排。当三十六年秋广西选举监察委员时，

＜ 何应钦向新“当选”副总统的李宗仁道贺。
＞ 于右任向新“当选”副总统的李宗仁道贺。

他们替我竞选，我就当选为广西籍监察委员。他们认为，在必要时，我可以竞选那位尊而无所事事的监察院长，以免与蒋先生发生抵触。他们这项安排也可谓煞费苦心。

因此黄绍竑到了北平，便劝我说，既吃不着羊肉，何必惹一身膻呢？所以他劝我竞选监察院长，因为于院长春秋已高，可能要退休了，我去竞选，一定是轻而易举的事。

我回答他说："季宽，我的看法与你和健生的看法不大一致。你知道国民党政权在现在人民眼光中已反动透顶，但是一般人民又怕共产党，因此大家都希望我们党有像我这样比较开明而敢作敢为的人出来辅佐蒋先生，换换空气。此次竞选，蒋先生和CC系不反对我便罢，他们愈反对，我自信我获选的可能性便愈大。至于监察院长，我是不做的。因为我如做了监察院长，我可不能像于右老那样只拍苍蝇不打老虎呀！我要行使起职权来，恐怕首先受弹劾的便是蒋先生。蒋先生如不服弹劾，那事情就闹大了，可能你们更要遭受无辜的牵累了。"

黄君去后，我立刻发出两通长电分别给白崇禧和吴忠信，表示"我已决心竞选副总统，请他们便中转报蒋先生，希望蒋先生同意我的竞选。不久，得白、吴两君复电，俱说，曾将我兄之意转报介公，介公之意国民大会为实行民主的初步，我党同志均可公开竞选，介公对任何人皆毫无成见云云。我得此保证后，遂在北平组织竞选办事处，正式参加竞选了。

1月初，中外新闻界已在做将来副总统候选的各项推测。1月8日在一外籍记者招待会中，一位美国的美联社记者向我问及此事。我回答说，我确有此意图，不过尚未征得蒋先生的同意。此消息一出，各报均列为重要新闻而哄传海内外。出人意料的是，各方的反响均极为友好。中外报纸竟有作专论提出的，一致认为我参加竞选可以促使民主政治在中国早日实现……嗣后，全国各报又登出程潜、于右任、莫德惠参加竞选副总统的消息。民社党也推出徐傅霖。由此副总统候选人已有5位。计国民党3人，民社党1人，莫德惠是东北耋宿，系以“社会贤达”的身份参加。

在国民党籍的候选人中，我想到程、于二人是不足矣与我为敌的。于氏年迈，而程氏对党国的功勋似尚不足与我比拟。加以蒋先生虽反对我，也未必就支持程颂云。

他们二人之外，我还在推想党中其他可能以“黑马”姿态出现的有资望的同志。

此时我便考虑到孙科。孙是总理的哲嗣。他如出马，可能得到蒋先生和CC系的支持，同时广东方面人士与孙科有极深渊源，他很可能分取我在这一方面的选票。我既考虑到孙科是一位可能的劲敌，因此在我离平之前，便请白崇禧去访问孙科，问他有没有意思参加竞选，孙科的回答是，副总统在宪法上无权，他无意参加竞选，并祝我胜利。

∧ 1948年6月，蒋介石在南京会见美国总统特使莱普汉。中为美驻华大使司徒雷登。

4月29日，李宗仁以1,438票的微弱优势淘汰孙科，“当选”为副总统。蒋介石得知李宗仁获胜时，气得一脚把收音机踢翻。

5月1日，“国民大会”收场。5月20日，蒋介石宣誓就任第一届总统，并致辞说：“进一步整理军事，加强军事，在短期内戡平叛乱。”

1948年6月11日，美国驻华大使司徒雷登在给美国国务卿的报告中说：蒋介石“显著地衰老下来……不能像过去一贯那样迅速做出决断来；他越来越不能察看他的指示是否得到贯彻，越来越健忘了”。还说蒋介石“已经变成一个疲乏的老人，不能有效地应付事物，正在日趋丧失威信，迟早不可避免地将被解除职务”。

此时，国民党的统治已经摇摇欲坠。军事上，在华北只剩下一些孤零零的城市作为军事依托，在东北也只剩下锦州、沈阳和长春等几个据点，其余的广大地区均已在我人民解放军的控制之下。这种军事态势加上日益高涨的反蒋浪潮，已经预示“蒋家王朝”的灭亡。

这时，在整个军事力量的对比上，也出现了有利于中共而不利于国民党的重大变化。人民解放军已由120万增加到280万，用缴获“国军”的大量武器改善了装备，并在两年作战中获得作战经验，素质方面，“国军”更不能与解放军相比。同时，国民党军队数量已减到360万人，其中能用于第一线的兵力只有170万人。

为了挽救“战局危机”，1948年8月3日～8月6日，蒋介石在南京国民政府国防部大礼堂，召开了一次重要的全面的军事会议，也是蒋介石在大陆最后一次大规模召开的军事会议。

会议的参加者有各地“剿总”总司令、各兵团司令、国防部厅署长等主要负责人以及几个重要军长共120余人，包括何应钦、顾祝同、白崇禧、周至柔、王叔铭、桂永清、汤恩伯、范汉杰、杜聿明、宋希濂、黄维、李默庵、霍揆彰、孙立人、黄百韬以及刘峙的代表李树正、胡宗南的代表沈策等。还有被蒋介石点名参加的装甲兵司令部上校参谋长蒋纬国——他负责记录每个人的发言，及时向蒋介石汇报。

蒋介石在会议开幕式上做了题为《改造官兵心理加强精神武装》的讲话：“就整个局势而言，则我们无可讳言的是处处受制、着着失败！到今天不仅使得全国人民的心理动摇、军队将领信心丧失，士气低落，而且中外人士对我们国军讥刺诬蔑，令人实难忍受。我们在军事力量上本来大过共匪数十倍，制空权、制海权完全掌握在政府手中，论形势较过去在江西围剿上还要有利。但由于在接收时许多高级军官大发接收财，奢侈荒淫、沉溺于酒色之中，弄得将骄兵逸，纪律败坏，军无斗志。可以说，我们的失败，就是失败于接收。”最后他脸色沉重地说：“现在共匪势力日益强大，匪势日益猖獗，大家如果再不觉悟，再不努力，到明年这个时候能不能再在这里开会都成问题。万一共产党控制了中国，则吾辈将死无葬身之地。”蒋介石在会上提出了“起死回生”，改造精神，改革生活，明廉知耻等几条要求。蒋介石还说，自己要“继续领导一般同志，艰苦奋斗来完成戡乱建国的使命”。

何应钦在会议的第3天全面分析了当时的军事形势。何说，两年来兵员的死伤、被俘、失踪总数为300多万人；损失步枪100万支、轻重机枪7万挺、山炮野炮重炮1,000多门、迫击炮小炮1.5万多门，以及战车、装甲车、汽车、大批通讯器材和大量的各种弹药等。会上大家都议论纷纷，悲观失望的情绪到处蔓延。

蒋介石为了给与会者打气，说：“我自黄埔建军20多年以来，经过许多艰难险阻，总是抱着大无畏的精神和百折不回的决心，坚持奋斗，终能化险为夷，渡过种种难关。自对共匪作战两年来，军事上遭受了挫折，这是不容讳言的事实。但今天最重要的是我们大家同心同德，共济时艰，抱定‘有敌无我’‘有我无敌’的决心，激励士气，来挽救危机，争取胜利，而不是要互相埋怨，互相倾轧。尤其我们这些高级负责人，更应坚定信心，处在危疑震撼之际，更宜力持镇静，绝不可有丝毫悲观失败的情绪和论调，以致影响士气，影响全面。……现在我们在军事上，海军、空军占绝对优势，陆军还有几百万人，在经济上，有9亿美元的

> 1948 年，蒋介石与杜聿明在一起。

基金，长江流域及以南地区物产丰富，粮食绝无问题；国民政府仍然统治着广大地区，有众多的人力可以征调，就总的力量对比来说，我们要比共产党大过许多倍，没有任何悲观失败的理由。'破山中之贼易，去心中之贼难'，现在最要紧的就是要打破大家害怕共匪的心理。"

在会议的最后一天，顾祝同提出了一个防御性的战略："为巩固长江以南地区，防止共军渡江起见，应暂时停止战略性的进攻，将现在长江以北、黄河以南地区的部队，编组成为几个较强大的机动兵团，将原有的小兵团概行归并。这几个兵团应位于徐蚌地区、信阳地区、襄樊地区，其主要任务是防止共军渡江，并相机打击共军，在长江以南地区速编练第二线兵团。"

会后，蒋介石和宋美龄设宴招待了与会者，并在会上散发了《为什么要剿共》的宣传品。随后，蒋介石分别召见杜聿明、宋希濂、黄维等高级将领，对他们寄予了厚望。蒋介石命令杜聿明去徐州"剿总"任副司令兼第2兵团司令。蒋介石对杜说："徐蚌为首都门户，关系甚大，我们有强大的兵力在这个地区，共军是不敢轻易渡江的。"

由于徐州"剿总"司令顾祝同升任参谋总长，蒋介石因此要蒋鼎文去继任那个重任，但是蒋鼎文说自己身体不好，因此无法就任。蒋介石只好重新启用平庸的刘峙。刘

∧ 1947 年蒋介石在陈诚陪同下巡视济南时，与时任国民党第二绥靖区司令的王耀武交谈。

峙非常感激蒋介石，当即“义不容辞”地奔赴徐州上任。但是当时就有明眼人说：“徐州是南京的大门，应派一员虎将把守，不派一虎，也应派一狗看门，今派一只猪，眼看大门会守不住。”

蒋介石命令宋希濂去汉口担任华中“剿总”副司令兼兵团司令。他对宋说：“华中剿总位置于鄂西北地区，主要是要防止共军进入四川及阻止共军在宜沙一带渡江窜入湘西。”

蒋介石命令黄维到平汉路的信阳编组一个兵团。他对黄说：“主要是防止共军进犯武汉。”

面对解放军的强大攻势，蒋介石现在已经无力进行“分区防御”，只好进行“重点防御”。

∧ 人民解放军列队进入济南市。

他打算以北平、西安、汉口、徐州、沈阳为5大战略据点，集结重兵，以免被解放军包围，企图达到使解放军“吃不掉”“啃不烂”的目的。具体部署是：

在东北部署约55万兵力，共4个兵团。蒋介石命令总司令卫立煌守沈阳，统帅30万兵力；副司令郑洞国守长春，统帅10万兵力；副司令范汉杰守锦州，统帅15万兵力，并保持与华北的联系。

在华北部署55万兵力，共4个兵团，在北宁路和平绥路沿线的山海关至归绥一带防守，由总司令傅作义坐镇北平。

在徐州部署60万兵力，共4个兵团，防守徐州及其附近的津浦路和陇海路沿线，总司令刘峙坐镇徐州。

在华中部署75万兵力，以汉口为中心进行防守。由总司令白崇禧坐镇汉口。

在西安部署30万兵力，防守以西安为中心的关中。总司令胡宗南坐镇西安。

1948年9月24日，解放军成功攻克济南，让蒋介石分外震惊，因为这证明解放军不仅擅长运动战，而且具备了强大的攻坚能力，可以攻克防守严密的大城市。至此，蒋军依赖大城市进行顽抗的信心彻底动摇。济南的解放，还使得华北、东北两大解放区连成一片。

蒋介石在惊恐之余，焦虑地思考着是否需要更大规模地集结防守兵力。但是，正当蒋介石在是否制定“撤退东北确保华中”的计划中举棋不定的时候，人民解放军以迅雷不及掩耳之势发动了辽沈、淮海、平津3大战役，同蒋介石军队展开了空前规模的战略决战。

决战来得如此之快

1948年10月13日，蒋介石连夜下了死命令："拂晓攻下塔山，12时占高桥，黄昏到达锦州！"

14日凌晨6时，蒋介石解救锦州之围的"东进兵团"像发疯了一样向人民解放军的塔山阵地不断发起大规模的冲锋，双方展开了几天来最为惨烈的阵地争夺战，东野伤亡严重，阵地已9次易手。

如果在总攻锦州之前塔山失守，蒋介石机械化的"东进兵团"将在一个小时内直逼锦州，东北解放军攻城部队将面临腹背受敌的不利地位，致使整个辽沈战役无法进行。而这，也正是蒋介石的最大目的，不但化解解放军发起的辽沈战役，而且要对东北野战军主力形成重大打击。

塔山危急，该怎么办？这可是关系到东北野战军几十万大军生死存亡的事啊！面对地图沉默了半天的林彪，果断地下达了"总攻开始"的命令。然后缓慢而坚定地说："告诉程子华，我只要塔山，不要伤亡数字！"

10月14日10时，刘亚楼下达了总攻令。东野500门大炮冒出串串火舌，铺天盖地地向锦州城内猛烈轰击，随后，东野各突击队从战壕中跃起，勇猛地向蒋介石军队发起了攻击。经过激烈的战斗，第二天早上6点，锦州城被解放，国民党守军10万余人被全歼，东北"剿总"副总司令兼锦州指挥所主任范汉杰上将也在乱军中被解放军俘获。蒋介石"东进兵团"在得到锦州失守的消息后，失去了目标，只好暂时退回了锦西、葫芦岛。塔山阻击战胜利结束。

早在1948年9月12日，毛泽东就制定了《关于辽沈战役的作战方针》，并决定由林彪指挥四野集中12个主力纵队和1个炮兵纵队，连同地方武装共53个师，具体部署辽沈战役。

在辽沈战役开始前，毛泽东曾致电东北野战军司令员林彪、政委罗荣桓、参谋长刘亚楼："要预见敌人撤出东北的可能性。对我军战略利益来说，是以封闭国民党在东北加以各个歼灭为有利。"毛泽东还指示林、罗、刘：为就地全歼东北敌军，东北野战军必须首先集中力量控制北宁路锦

> 辽沈战役期间，人民解放军炮兵向锦州守敌猛烈轰击。

州、山海关段，以及山海关、滦县段。这样既关闭了东北大门，切断了东北敌军与关内的联系，在战略上又实行中间突破，使东北的卫立煌与关内的傅作义相互孤立。

在蒋介石一方，在南京国民党军事检讨会上，有人向蒋介石建议“干脆撤出东北，集中军力，可作他图”，并具体建议说，可以第一步先撤到锦州，然后进可以“恢复东北”，退可以安全撤出。但是蒋介石当时一直指望美国能够直接出兵，因此拿不定主意。同时蒋介石不信任任何人，因此几次更换东北守军主帅，从熊式辉换成陈诚，再把陈诚换成卫立煌，军心因此发生了动摇。

蒋介石还同卫立煌在战法上产生了巨大的分歧，甚至到了难以调和的程度。卫立煌主张把所有主力部队集结到沈阳，形成难以被消灭的庞大兵团。因此，卫立煌不管解放军打到什么地方，不管地方如何危急，也不管蒋介石如何命令他去救援军队，他始终率领主力待在沈阳，按兵不动，并说：“共军的战术是围城打援，我们不能上当。”

蒋介石则一再要求卫出兵，主动进攻和防御。他派国防部第三厅厅长罗泽闿到沈阳去劝说卫立煌，要他趁沈阳暂时无事的机会，派精锐部队打通北宁路沈锦段。卫立煌一听就坚决反对，并派自己的副司令郑洞国到南京向蒋介石陈词说：“目前各军均疲惫不堪，正在休息，若彻底长途行军，在兵法上有破绽，至为不妥，东北实地指挥将领均不同意出兵辽西方案。”并表示要继续坚守沈阳，等部队养精蓄锐后，才能找机会去打通沈锦线。蒋介石对这个解释不满，坚持要卫立煌去打通辽西，随后将主力撤到锦州集结，必要时可放弃吉林、长春。郑洞国于是迅速赶回沈阳去通知卫。

没想到卫立煌依然不为所动，蒋介石大怒，于是决定在东北守军中制造矛盾，以架空卫立煌的权力，最终以实现撤兵锦州的计划。他以西进机动兵团司令的头衔要廖耀湘率领沈阳精锐部队开赴锦州。随后，蒋介石又命令范汉杰在锦州建立东北“剿总”锦州指挥所，有权指挥东北全军。这就等于架空了卫立煌。但是，蒋介石的这些计划一直拖到1948年9月人民解放军发动辽沈战役时，还没有最后确定。

与此同时，毛泽东看到了锦州在整个东北战场的关键地位，因此他多次批评林彪：锦州是东北国民党军战略门户，是东北与关内联系的陆路要冲，咽喉之地。所以，先下锦州是关键，然后既可关门打狗。

然而，林彪当时对南下锦州作战还很是犹豫，他认为锦州守军兵力众多，而且有非常坚固的防御工事，很难迅速拿下来。但是在毛泽东的反复批评下，林彪终于下定了攻打锦州的决心。

∧ 1948年10月，蒋介石亲赴葫芦岛视察。

1948年8月底，范汉杰很快就发现了东野的战略意图，于是建议卫立煌迅速把至少3个军的兵力集结在锦州，以确保东北国民党军逃回关内的通道。可是卫立煌却还是坚持沈阳守军不能动的观点，认为应由关内的傅作义出兵援助锦州。就在他们互相扯皮争执之间，义县被解放军迅速攻克，义县和锦州之间的交通被彻底斩断。

锦州立即就暴露在解放军的强大攻势之下，因此蒋介石急令东北"剿总"总司令卫立煌从沈阳发兵支援锦州。蒋介石还不放心，又派参谋总长顾祝同到沈阳监督执行蒋介石的命令。卫立煌依然拒绝执行蒋介石的命令，他还对顾祝同赌咒发誓地说："出了辽西一定会全军覆没，你不信我同你画押！"顾祝同又急又怒，多次与卫立煌进行争吵，"将一切不堪入耳的话都说出来了"。但是卫立煌的耐心极好，他为了避免被解放军用围城打援的方式消灭，对顾祝同说的任何话都不作计较，就是不执行蒋介石的命令。卫立煌的如意算盘是把自己的主力撤到营口，然后乘船从海上逃走，因此他才极力主张蒋介石从关内派兵去救锦州之急。顾祝

∧ 东北野战军司令员林彪（右）、政治委员罗荣桓（左）、参谋长刘亚楼（中）在锦州前线指挥作战。

同眼看无法完成蒋介石交代的任务，只好飞回南京向蒋介石报告说：“东北负责将领不服从命令，企图避免作战。”

蒋介石听到顾祝同的汇报后，怒不可遏，但是也没有办法，于是只好在9月30日亲自到北平，要求华北“剿匪”总司令傅作义，派两个军去驰援锦州。蒋介石对傅作义等10余名高级将领说：“革命发生了困难是长期的，我预料几年后美、苏必战，战争的结果是美国胜利，我们也胜利。”

傅作义后来回忆说：蒋介石“那次讲话整个泄气，大家听了后，觉得完了，蒋介石从来没有这样讲过话，而这次来这样讲是泄气不是打气，尤其蒋介石自己毫无信心，想靠美国人侥幸获胜还有什么打头呢……”傅作义说：“这是我对蒋介石思想上起变化最深刻的一次。”

10月2日，蒋介石又急匆匆地飞到沈阳对师以上人员说：“形势的发展，实在出乎吾人所料。锦州是东北我军的咽喉，势在必保。我此次来沈，是来救你们出去的。过去你们要找共军主力找不到，现在已集中在辽西走廊，正是你们为党国立功的好机会，只要大家以革命精神下定决心，坚决服从命令，我想一定可以成功。关于空军的协助，后勤的补给，周至柔总司令、郭忏总司令已经为你们准备好了。大家一定要振奋精神，今日唯有死中求生，如此战失败，则

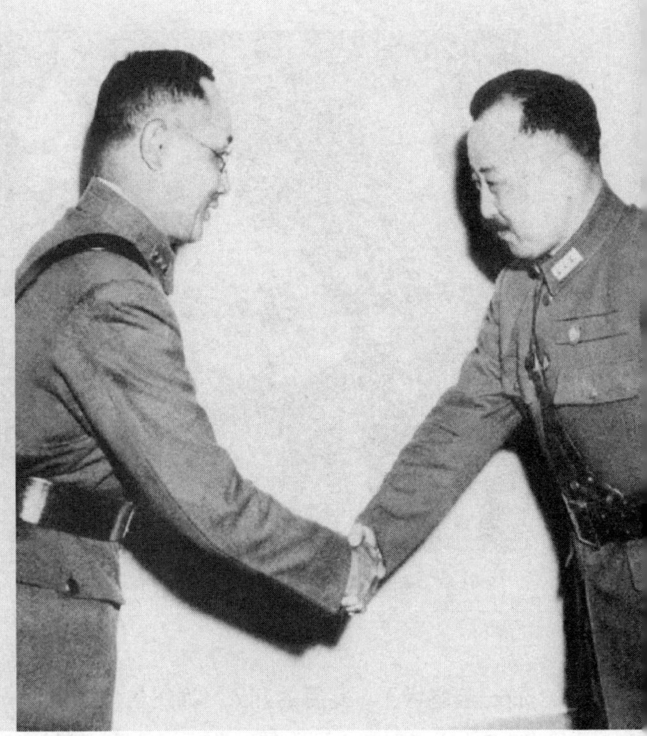

> 何应钦与卫立煌。在抗日战争中，朱德称颂卫立煌为“在忻口战役中立下大功的民族英雄”。他在蒋介石军事集团中被视为“嫡系中的杂牌”，几次被蒋罢官又起用。

< 1948 年，蒋介石与卫立煌在一起。

与各位再无相见之期矣！以往的失败，就在于不听我的话哟！我已经60多岁了，死了没有什么，可你们还年轻，再不听我的话，一个个都让共产党把你们抓了去，后悔晚矣！”

蒋介石没有想到他说的这些大实话其实是泄气话，而不是鼓舞的话，到会的人纷纷认为蒋介石最后一句话是“不祥之兆”，并且表明蒋介石自己对这次决战都是没有把握的。

10月3日，蒋介石亲自详细地部署了辽西作战方案，给各部队下达了命令后就飞回了北平。10月5日，蒋介石从天津塘沽新港出发，乘重庆号军舰亲自到锦州湾的葫芦岛坐镇指挥。10月6日，蒋介石对驻守葫芦岛的将领说：“这一次战争关系重大，等华北两个军和烟台一个军运到后，协同沈阳国军包围锦州的共匪，然后接应沈阳国军到锦州。各将士的责任重大，几十万人的生命，都交给你们负责。要有杀身成仁的决心。”蒋介石指定第三舰队以最大口径的24门大炮击毁塔山解放军阵地，当时还向守卫锦州的“冀辽热边区司令”范汉杰通电话慰问。

随后，蒋介石于10月7日乘重庆号军舰返塘沽。途中，蒋介石戴着白手套摸到“重庆”号军舰上有许多灰尘，于是对陪同自己吃饭的海军司令桂永清大骂道：“海军腐化堕落成这样，要亡国的！”蒋介石一边吃饭一边骂，一直骂到吃完饭，吓得此后各将领都不敢陪蒋介

∧ 1948 年，蒋介石与傅作义在一起。

石一起吃饭了。此后的几天，锦州告急的电报一封接一封地向蒋介石飞来。锦州失守，意味着东北40多万国民党军队将成瓮中之鳖。于是，蒋介石又急匆匆地在10月15日和宋美龄飞到沈阳，亲自指挥作战，"以期救护我范汉杰、卢清泉等忠勇将士"。蒋介石到沈阳的当天，就让飞机给守卫锦州的范汉杰空投一封"手谕"，叫范"能守则守，不能守则退出锦西"。同时也给长春守将、东北"剿总"副司令郑洞国空投一封"手谕"，命令郑赶快突围，并说，"如不遵令突围，定以军法从事"。但是，锦州守敌的败亡已经无法挽回，就在蒋介石空投手谕的当天夜里，锦州被解放军占领，范汉杰当了俘虏。10月16日，蒋介石得到了锦州失守、"7万精锐国军"被全歼的消息，感到东北危险，于是急忙和宋美龄飞回北平。10月18日，越想越气的蒋介石再次飞到沈阳督战。

10月17日，长春守将曾泽生率领60军2.6万人起义。19日，东北"剿总"副司令郑洞国被迫向解放军投诚，长春和平解放。

锦州、长春失守之后，沈阳已经成为一个孤城。

蒋介石见沈阳危急，而卫立煌始终违抗蒋介石的命令，不让由廖耀湘指挥的美械装备的5个军去夺回锦州，于是在10月20日把杜聿明召到北平说："锦州是我们东北的生命线，我这次来时，已经同美国顾问团商量好，只要我们保全锦州，美国就可以大量援助我们。现在应该研究如何把锦州的敌人打退，将沈阳主力移到锦州，保全锦州。以后我们一切都有办法。"蒋介石于是强行任命杜聿明为东北"剿总"副总司令，接替卫立煌指挥东北军队，并命令他去执行夺回锦州的任务。

> 1948年10月，蒋介石亲赴东北视察防务。

可是，杜聿明也同意卫的看法，他说，解放军"可能集中5倍10倍兵力攻我围我消灭我军的。所以我认为目前收复锦州是凶多吉少，并有全军覆没的危险。"蒋介石这时忽然说："那么我把东北完全交给你好了，你自己发纸币、找粮食、扩充军队。"杜聿明说："这样，我可不敢去，我从未搞过政治、经济，还是让卫先生在东北吧。"

蒋介石举起拳头愤怒地说："为什么共匪能打游击，就地筹粮筹饷，而我们黄埔生不能做呢？"最后蒋介石竟然骂了起来："哼！你们黄埔学生都不服从我的命令，不照我的计划执行，懦怯怕匪，这样子我们要亡国灭种的！"杜聿明坚持不去沈阳，蒋介石只好让他去葫芦岛。

10月22日，杜聿明到沈阳代替蒋介石向廖耀湘兵团下达了夺回锦州的命令。10月27日，解放军在辽河以西地区围歼了美式机械化的廖兵团10万余兵力，俘虏了兵团司令廖耀

V 1948年，国民党东北“剿总”副司令郑洞国（前中）率长春守军向人民解放军投诚。

湘。蒋介石的迷梦再次破灭。10月30日，蒋介石由北平飞回南京，3天后，即11月2日，沈阳被攻克，东北“剿总”总司令卫立煌和参谋长赵家骧乘飞机逃到了葫芦岛。

11月30日，蒋介石下令对卫立煌撤职查办。原令说：“东北剿匪总司令卫立煌迟疑不决，坐误军机，致失重镇，着即撤职查办。”李宗仁在回忆中说：“立煌不但被拘禁，几遭枪决，直至蒋先生下野后，我才下令将立煌释放。”

至此，辽沈战役胜利结束，卫立煌兵团47万人，除第52军的几千人乘招商局的一艘登陆艇逃脱之外，全部被人民解放军歼灭；东北全境得到了解放。

正在辽沈战役可以看见胜利曙光的时候，毛泽东抓住有利时机，又开始部署进行淮海战役。

解放军攻势如虎，蒋介石眼看无法抵抗，于是只好把部队集中在几个点上。蒋介石命令徐州集结邱清泉、李弥、黄百韬、孙元良4个兵团，由刘峙统帅。又命令刘汝明、李延年第四、第九两个绥靖区的兵团沿陇海线防守徐州的两翼，以第三绥靖区冯治安的59军、77军防守徐州东北地区。这样，蒋军约70万兵力就形成了以徐州为中心，以津浦、陇海两条铁路相交的十字架为骨架的“一点两线”布局。

毛泽东根据中原、华东战场的军事形势，于10月11日制定了《关于淮海战役的作战方针》，把整个战役划分为3个阶段进行。

第一阶段，华东野战军要集中兵力歼灭黄百韬兵团，完成中间突破；第二阶段歼灭海州、连云港地区之敌；第三阶段在两淮作战。

第一阶段的重心，是集中兵力歼灭黄百韬兵团，完成中间突破，占领新安镇、运河车站、曹八集、峄县、枣庄、临城、韩庄、沭阳、邳县、郯城、台儿庄、临沂等地，在兵力部署上，以两个纵队担任歼灭1个军的办法，以6～7个纵队，分割歼灭敌25军、63军、64军；以5～6个纵队担任阻援和打援；以1～2个纵队歼灭临城、韩庄地区李弥部1个旅，并力求占领临韩，从北面威胁徐州，使邱清泉、李弥两个兵团不敢以全力东援；以1个纵队加地方兵团，位于鲁西

< 人民解放军在辽西黑山、大虎山一带围歼廖耀湘兵团。

★“淮海战役”

1948年11月，人民解放军华东、中原野战军在淮海前线总前委统一指挥下，发起淮海战役。11月6日至22日，在碾庄地区全歼国民党军第7兵团，第三绥靖区2个军起义。11月23日至12月15日，在双堆集地区围歼第12兵团。杜聿明部3个兵团被解放军包围在青龙集、陈官庄地区。次年1月6日至10日，又歼灭了敌第2和第13兵团，俘徐州“剿总”副司令杜聿明。此役全歼国民党军队55万余人，解放了长江中下游以北广大地区。

南，侧击徐州、商丘段，以牵制邱兵团一部（孙元良3个军现将东进，望刘伯承、陈毅、邓小平即速部署攻击郑徐线牵制孙兵团）；以1～2个纵队，活动于宿迁、睢宁、灵璧地区，以牵制李兵团。以上部署是用一半以上的兵力牵制、阻击和歼敌一部，以对付邱、李两兵团，达到歼灭黄兵团3个军的目的。

第一阶段力争在战役开始后2～3个星期内结束。

1948年11月6日，中国人民解放军发动了“淮海战役”★。

蒋介石本不愿在徐州附近地区与人民解放军决战，他曾决定不守徐州，退守淮河来确保南京外围。放弃徐州退守淮河的计划确定之后，蒋介石却在最后一刻改变了主意。原来蒋介

∨ 淮海战役是决定现代中国命运的关键一战。蒋介石兵败淮海，犹如拿破仑兵败滑铁卢，从此一蹶不振，不久延续22年的蒋家王朝土崩瓦解。图为淮海战役中，人民解放军某部涉过水深一米多的壕沟，向守敌发起冲锋。

∧ 1949年1月31日，人民解放军在群众的欢呼声中进入北平，古都北平宣告和平解放。

石害怕东北刚败，再放弃徐州的话，军心会发生动摇。这时，他又得到“共军南下较缓”的错误情报，于是做出了坚守徐州的决定。

在统帅人选问题上，本来应该由白崇禧的华中“剿总”统一指挥，但蒋介石不相信桂系，于是另设徐州“剿总”，让自己的嫡系刘峙担任总司令。如今“徐蚌会战”开始，蒋介石想调华中兵力来支援，白崇禧也有自己的打算，决定有意不支援，坐等会战失败，以便去逼蒋“下野”，由桂系取而代之。再加上蒋介石独裁专断，大小战役都要亲自过问和指挥，因此精力难免不够，无法进行正确指挥。

从1948年11月6日到22日，解放军发起攻击，在徐州以东的新安镇、碾庄地区歼灭了国民党军第7兵团，兵团司令黄百韬负伤后自杀。此时，国民党第三绥靖区所属3个半师，共2.3万余人，在台儿庄、枣庄地区起义。这一阶段，解放军共歼灭蒋军达17.8万多人。从11月23日～12月15日，解放军又在宿县西南的双堆集地区全歼国民党军第12兵团12万余人，俘虏了兵团司令黄维。此时，蒋介石看到徐州已经无法守卫，急忙命令杜聿明率领邱清泉、李弥、孙元良3个兵团向西逃跑，结果又被解放军在永城东北地区包围。孙元良率部突围时被全歼。

此时，杜聿明部已经被解放军包围在永城东北以陈官庄为中心的一个不到10公里的框子里。杜聿明率领的3个兵团共有30万兵力，属于蒋介石最精锐的部队，也是蒋介石嫡系中的嫡系部队。蒋介石担心自己最后的本钱被消灭，急忙调华中“剿总”副总司令兼第14兵团司令宋希濂部驰援徐州地区。令蒋介石恼火的是，白崇禧竟然不惜与自己决裂，也要阻止第14兵团东调。蒋介石气得骂娘，于是亲自向白崇禧要兵，两人话不投机，当即在电话里吵了半个多小时，蒋介石最后满面通红，将电话狠狠地摔在桌子上。

就在杜聿明集团30万兵力被死死围困在淮海战场的同时，傅作义的60万军队也被南下的东野和华北野战军包围在平、津、保、唐、张家口、承德等几个大的孤立的据点中，已经成为瓮中之鳖。随着天津被迅速攻克，傅作义也率领北平8个军、25个师接受了和平改编。1949年1月31日，中国人民解放军进驻北平，北平和平解放，国民党在华北的统治至此正式结束。

美国人难看的脸色

1948年，杜鲁门总统对蒋介石产生了强烈的不满。他在回忆录中描述为自己的竞争对手拉选票的孔祥熙父子时说：“他们使许许多多众议员和参议员听他们的吩咐，他们有几十亿美元可花……”原来，当年是美国的大选年，寻求连任的杜鲁门总统对蒋介石的独裁统治持批评态度，因此，蒋介石决定反对杜鲁门，而支持杜鲁门的竞选对手、共和党的杜威接任总统。蒋介石因此派陈立夫带着大量现金到美国去支援杜威，并指使孔祥熙和孔令杰父子二人在美国为杜威四处拉选票。

1948年11月3日，美国大选揭晓，让蒋介石大跌眼镜、并懊悔不已的是，结果竟然是杜威落选，杜鲁门连任美国总统。蒋介石知道自己已经得罪了杜鲁门。果然，当他乞求杜鲁门政府发表一篇支持自己的宣言，以维持士气与民心时，杜鲁门断然拒绝了。

国民党日趋败亡，连蒋介石多年来信赖的“文胆”陈布雷也在极端绝望中自杀了，蒋介石受到了不小的打击。原来陈布雷好心地向蒋提出

> 宋美龄访美期间与美国友人参加午餐会。

与共产党谈判的建议，蒋介石非但不听，反而在1948年11月8日的国民党中央委员、立法委员、监察委员联席会议上，痛斥主和即是向共产党投降，并声称一切和谈谣言绝不能影响他战斗到底的决心。陈布雷听了感到非常委屈，想删去蒋介石的那段话，也被蒋拒绝了。陈感到自己受到了巨大的打击。

11月11日上午，陈布雷一脸病容地出席完中央政治委员会的临时会议，然后对几个文秘人员谈了自己从读书、考秀才、当记者、入参戎幕20余年的经历，最后他语调沉郁地说："外间都说我在委座面前说话有效果，不知道我不常说话，现在在委座面前说话的人多了，我更少说话，即使不得已而言，委座也未必肯听。"他又对副官和秘书说："让我安静些！我需要休息。"

然后，他拒不见人，花了一天半时间，从容地写完了一批遗书和杂记，然后吞服安眠药自杀。陈布雷在跟随蒋介石的22年里，几乎为蒋介石撰写了国民党及其政府在重大事件中的大多数重要文告、文章，现在，他竟然自杀身亡，蒋介石感到难以言说的震惊，他不禁提起笔，战栗地写了一幅横匾："当代完人"。

不甘心失败的蒋介石，把最后一线希望寄托在美国的援助上，哪怕只是一根稻草，他也要捞一把了。

1948年12月初，宋美龄作为蒋介石的私人代表，乘飞机前往华盛顿寻求美援。这次出访，是宋美龄诀别大陆的最后一次旅行，从此，她再也没回到这块土地上。

到美国后，宋美龄立即就感到了华盛顿的寒意，这里没有铺红地毯，也没有举行欢迎仪式，没有请她在白宫逗留，更没有请她向国会发表演说。宋美龄感到很难过，她的一些美国朋友也为她感到难过。马歇尔将军和他的夫人为了安慰宋美龄，就设法让她在自己家里住宿。在官方的场合，只有共和党人、院外援华集团和少数同意帮助中国的人对她表示了同情。

杜鲁门终于在一次茶话会上约见了宋美龄。半小时后，杜鲁门不耐烦地说："中美友谊在历史上留下了重要的一页，但我感到抱歉，因为美国人只能付给已经承诺的'援华计划'4亿美元，这项援助可以继续下去，直到用完为止，但美国不能保证无限期地支持一个无法支持的中国。"在回答记者的问题时，杜鲁门说："她到美国来，是为了再得到一些施舍的。我不愿意像罗斯福那样让她住在白宫。我认为她也不喜欢住在白宫，但是，对她喜欢什么或者不喜欢什么，我是完全不在意的。"

杜鲁门还向报界揭露说，美国向蒋提供援助的总额已经超过38亿美元，但是，“今天肯定有10亿美元的美国货款，在纽约列入中国人的银行户头”。1949年5月，即在宋美龄访问美国以后的几个月，杜鲁门就听说宋家和孔家有高达20亿美元存在曼哈顿的银行里。杜鲁门立即命令联邦调查局对钱数和储存地点进行调查。

若干年后，杜鲁门在对作家默尔·米勒的一次谈话中，曾骂道：“他们全都是贼，他妈的，没有一个不是贼！”“他们偷了这笔钱，把它投资在圣保罗的房地产中，有些就投资在纽约这里……这就是曾经而且仍然在为所谓的院外援华集团使用的钱。”

对于宋美龄的这次访问，美国新闻界也充满了敌意。不久，美国政府发表了指责中国政府及国民党腐败无能的《白皮书》。宋美龄见状，知道再纠缠下去已经没有意义，于是气愤地离开华盛顿，躲到里弗代尔的孔家别墅里。宋美龄从此就再也没有回过大陆，国民党逃到台湾后，她跟着也去了台湾。

最后一次“下野”

1948年12月4日晚，蒋介石疲惫异常地对曾做过李宗仁幕僚的吴忠信说：“观察最近内外情势，我干不下去了。我走开后，势必由李德邻来过渡，你的任务是拉李德邻上轿。”

吴忠信心里大喜，很快就把这个消息悄悄地告诉了李宗仁。李宗仁也不禁长出一口气。

原来，蒋介石现在没有军队阻止解放军过江，只能向白崇禧的华中部队求援。而白则坚持只有蒋介石“下野”，华中部队才去与解放军作战，否则反而会对付蒋介石。蒋介石已经无计可施，加上美国人也不再支持他，于是决定再次“以退为进”，把烫手的政局留给桂系一段时间，自己则争取在3～6个月时间里，训练200万新兵，卷土重来。

10天后，蒋介石派张群、张治中、吴忠信去同李宗仁商谈蒋“下野”后的诸多问题，随即双方达成了非正式协议：

一、蒋总统为便于政策的转变，主动“下野”。

二、李副总统依法代行总统职权，宣布和平主张。

三、和谈由行政院主持。

四、和谈的准备：

1. 组织举国一致的内阁，其人选另行研究。

2. 运用外交，特别加强对美、英、苏的关系，以期有利于和平的实现。

3. 主动争取不满政府与主张和平的政治团体及民主人士，共同为致力和平而努力。

蒋介石见到这个协议后，简直气坏了，他歇斯底里地喊道：“我一走开便算了，为什么要有协议，提出如此多的条件呢？”

蒋介石于是让自己的“下野”计划立即停顿下来。李宗仁一见非常着急，于是让吴忠信

< “下野”前的蒋介石与侍卫们在一起。

∧ 1948年，蒋介石与李宗仁在一起。由于国民党军在战场上的接连失利，蒋介石迫于美国政府和国内舆论的压力，决定将手中权利移交给李宗仁，“引退”下台。

转告蒋说：从反共来说他与蒋的利害是一致的，他的成败，与蒋氏息息相关，希望蒋能信任他，放手让他干去。幸而挽回危局，不但是国家之幸，而且蒋个人对国家、人民也有个好交代。然而让李担心的是，蒋对此竟然毫无反应。

12月24日，白崇禧终于向蒋介石发出“亥敬”电：

介公赐鉴：

民心代表军心，民气犹如士气。默察近日民心离散，士气消沉，遂使军事失利，主力兵团损失殆尽。倘无喘息整补之机会，则无论如何牺牲，亦无救于各个之崩溃。竟会及此，忧心如焚。崇禧辱承知遇，重20余年，当兹危机存亡之秋，不能再有片刻犹豫之时。倘知

∧ 白崇禧联合5省向蒋介石逼宫，也是促使蒋下台的因素。

而不言，或言而不尽，对国家为不忠，对民族为不孝。故敢不避斧钺，披肝沥胆，上渎钧听，并贡刍荛：一、相机将真正谋和诚意转知美国，请美、英、苏出面调处，共同斡旋和平；二、由民意机关向双方呼吁和平，恢复和平谈判；双方军队在原地停止军事行动，听候和平谈判解决。

白崇禧的通电听起来虽然语气和缓，但赶蒋下台的态度却一点也不含糊。李宗仁也在南京通过甘介侯等人宣布了“和平主张”的5项要求：

一、蒋总统“下野”；二、释放政治犯；三、言论集会自由；四、两军各自撤离30里；五、划上海市为自由市，政府撤退驻军，并任命各党派人士组织上海市联合政府，政府与共产党代表在上海举行和谈。

李宗仁明确提出：“总统下野，由李副总统继承大任。”

蒋介石看了“5项要求”后，憎恨地说：“他李宗仁做副总统是华盛顿撑腰，他今天逼我下台也是华盛顿撑腰，娘希皮，打狗要看主人面，现在他们却在放狗咬人，实在可恨极了！共产党只要我的命，桂系既要我的命，又要我的权，太可恨了！”

蒋介石正气得哆嗦，不料看见秘书又慌慌张张地送来了一份急电，打开一看，不禁怒火中烧，原来是程潜发来的“艳电”：

介公惠鉴：

腊鼓频催，又逢残年；局势恶劣，非言可喻！生灵涂炭，变本加厉，今日之下，唯有言和，盖非如此不能救中国也！而与中共和平商谈解决国事，则非吾公退职，不能顺利进行也！以吾公一人之退职而换得中国之救。

白崇禧此时又邀请湘、鄂、赣、豫、桂5省参议会会长齐集汉口，成立了“五省和平促进联合会”，然后联名通电蒋介石，“对个人进退问题作一明快决定，免误和平谈判”。

12月30日，白崇禧又给蒋介石发出“亥全”电继续逼宫：

当今局势，战既不易，和平亦困难。顾念时间迫促，稍纵即逝，鄙意似应迅将谋和诚意，转告友邦，公之国人，使

∧ 蒋介石第三次“下野”后，在南京与手下幕僚辞别。

外力支援和平，民众拥护和平。对方如果接受，借此摆脱困境，创造新机，试一举而两利也。总之，无论战和，必须速谋决定，时不我与，退请趁早英断。

桂系趁火打劫，想立即上台，蒋介石见没有回旋余地，只好以低沉的语调说："现在局势严重，党内有人主张和谈。我对于这样一个重大问题，不能不有所表示。现拟好一篇文告，准备在元旦发表。现在张群先生朗诵一遍，征求大家意见。"

蒋介石看见在讨论这个文告时还发生争论，于是恼火地说："我并不要离开，只是你们党员要我退职；我之愿下野，不是因为共产党，而是因为本党的某一派系。就当前局势来说，我当然不能再干下去了。但是在我走开之前必须有所布置，否则你李宗仁就不容易接手，请你告诉白崇禧也明白这个道理。不要再发表通电，以免动摇人心。"

< "引退"后的蒋介石离开南京前谒拜中山陵。

1949年1月1日，蒋介石终于发表了求和文告。文告最后说："只要和平果能实现，则个人的进退出处，绝不萦怀，而一唯国民的公意是从。"这等于宣布蒋介石准备再一次"下野"。1月3日，中共方面由新华社发表了《评战犯求和》的评论，揭露了蒋介石企图利用和谈来保存其反革命实力的图谋。

同日，蒋介石致电白崇禧："前途演变尚极微妙，望兄激励华中军民，持以宁静，借期齐一步骤，巩固基础，然后可战可和。"

白崇禧见状非但没有收敛，反而更加起劲地发表通电，逼蒋尽快下台。而河南、湖北省参议会也继续发表通电，河南省议长刘积学的通电中竟然出现了“敢请即日引退，以谢国人，国事听国人自决”等话。而武汉街上到处都贴出了“蒋总统不下野，中共将不肯谈和”“蒋不下野，美援无望”等醒目标语。

1月3日，蒋介石要求李、白以顾全大局为重，给他些时间再进行一些必要的安排，然而李、白怕夜长梦多，不断进逼。此时流言四起，有的说，“蒋氏如再坚持不下野，白崇禧的部队将退出武汉地区，让开长江一线给中共……”

蒋介石确实有许多重要事情要进行安排。他派蒋经国去上海整顿金融，还命令将中央银行的3,000万元银元和92万两黄金、蒋介石私人的4,200两黄金立即装船运往台湾。两天后，又派蒋经国率领总统府军务局局长俞济时、警卫组主任石祖德等秘密到溪口安排保安和通讯事宜，为自己的幕后指挥进行准备。

1月10日，被包围的国民党第2、第13两个兵团被解放军全部歼灭，杜聿明被俘，邱清泉被击毙。至此，蒋介石最后的主力军团55万余人被全部歼灭，淮海战役胜利结束，长江以北的华东、中原地区得到解放，南京已失去了屏障，直接暴露在人民解放军的威胁之下。

1月14日，毛泽东发表了《关于时局的声明》，蒋介石认为这是要他无条件投降的最后通牒，于是又进行了几项重大的安排。他下令把中央、中国银行的外汇化整为零，存入私人户头，以免被共产党接收。他积极布置长江防务，任命他的嫡系汤恩伯为总司令，统一指挥苏浙皖及赣东地区的军事；他命令自己的心腹朱绍良为福州绥靖公署主任，张群为重庆绥靖公署主任，余汉谋为广州绥靖公署主任，方天为江西省主席，陈诚为台湾省主席兼警备司令；蒋经国为台湾省党部主委。蒋介石此时已经把台湾看作自己最后的退路。蒋介石还利用特务残酷镇压不服从自己的力量，为此秘密成立了14个“特派队”。“特派队”于1月19日在上海大逮捕，制造白色恐怖，并决定将重要的“政治犯”迁往华南，以便情况紧急时加以杀害。

1949年1月21日下午，蒋介石向国民党中央常委会正式宣布“下野”。随后，蒋介石在黄埔路总统官邸召集国民党中央常委会临时会议，宣读了他和李宗仁的联名宣言：“战事仍然未止，和平之目的不能达到。人民之涂炭，曷其有极。为冀感格共党，解人民倒悬于万一，爰特依据中华民国宪法第49条，‘总统因故不能视事时，由副总统代行总统职权’之规定，于本月21日起，由李副总统代行总统职权。”

当时蒋介石的声音低沉而悲愤，再也听不见往日训话时那种激昂慷慨的语调。会场上有人流泪，有人痛哭，有人大声疾呼：“总裁不应退休，应继续领导，和共产党作战到底！”蒋介石缓缓地说：“事实已不可能，我已作此决定了，我今天就离开南京。”说完起身宣布散会。

这时，70多岁的国民党元老于右任追上前去喊：“总统！总统！”

蒋介石回头问道：“什么事？”

于右任说：“为和谈方便起见，可否请总统在离京之前，下个手令把张学良、杨虎城放出来？”

蒋介石冷漠地说：“你找德邻办去！”说罢，快速离开了。

事实上，张学良和杨虎城两将军的看押直接由军统局负责，没有蒋介石的命令，谁都无法放了他们。中华人民共和国成立前夕，杨虎城将军被杀害于重庆，张学良则被蒋介石带到了台湾，直到蒋介石去世后多年才获得自由。

离开中常会，蒋介石驱车先奔中山陵拜谒。他面孔严肃地站在中山陵前，默然无语。

1949年1月21日午后4时10分，蒋介石乘“美龄号”专机，回到自己的老家浙江省奉化县的溪口镇。他在那里一直待到4月25日才离开。这是他第三次“下野”，也是他最后一次回到家乡。这次“下野”他在家乡待的时间最长，同时仍然是国民党的总裁，随时遥控南京的政局。他在离开家乡前遍访蒋家宗族的豪绅名人，恋恋不舍。

在兵变的危险中永远飞离大陆

1949年3月25日，蒋介石看着手中的一封急电，不由得惊出一身冷汗。这是南京卫戍司令部发来的，上面写道：“蒋总裁：驻京45军97师过江投向共军。”

蒋介石之所以如此吃惊，是因为97师是自己最信任的“御林军”，原本是打算让这个师来保卫自己的。97师的前身是“首都”的警卫团，直接负责蒋介石本人的警卫工作，可以说是蒋介石的贴身卫队。其中290团，前身是陈诚的警卫团；291团，前身是顾祝同的警卫团。97师共3个团的官兵，本来都是经过千挑百选，出身、政治、军事双过硬的精兵强将，因此蒋介石才把3个团组成最精锐的“首都”警卫师。这个师的士兵，可以说个个身手矫健，反应机敏，并且配备有最精良的装备，比如美式冲锋枪和轻、重机枪，还配有以备不时之需的重迫击炮、火箭筒、防坦克炮。后来因为南京吃紧，蒋介石才忍痛把这支部队和102师合编成45军，让南京卫戍总司令张耀明带领他们防卫南京。蒋介石对这支部队寄予了很大的希望，对该师将官的选拔非常严格，比如师长王晏清就是由蒋经国先进行筛选举荐，然后由蒋介石亲自召见、审察之后才任命的。现在，这样一支堪称千锤百炼的“御林军”居然也背叛

★“重庆”号巡洋舰宣布起义

1949年2月25日，在中共党员毕重远等组织下，国民党海军中最大的军舰“重庆”号巡洋舰舰长邓兆祥率领全舰官兵574人，于长江吴淞口举行起义。该舰原是英国皇家空军地中海舰队的旗舰，1948年5月英国政府将该舰赠给国民党政府。该舰排水量5,270吨，舰员600人，是国民党海军中装备精良、火力最强、航速最快、排水量最大的一艘。

了自己，蒋介石怎能不吃惊和后怕呢！要是这支部队还做自己的卫队，现在自己岂不被他们抓起来送给了解放军？

其实，人心向背，大势所趋，国民党精锐部队的起义已经渐渐成了星火燎原之势。早在2月25日，国民党海军中装备精良、火力最强、航速最快、排水量最大的一艘军舰——“重庆”号巡洋舰★已经在舰长邓兆祥的率领下，在吴淞口外宣布起义。

“蒋家王朝”在大陆的统治已经风雨飘摇，但是，蒋介石不会轻易放弃，他还要进行垂死挣扎。

蒋介石虽然已经“下野”，但是实际上仍然掌握着国民党党政军的大权，南京李宗仁政府的所有举措都是在他的严密监视之下进行的；京沪杭一带还剩下的庞大军队，也都只有蒋介石才能指挥得动。因此，溪口这个小小的山镇此时实际上成了国民党新的统治中心。国民党的军政要员，纷纷去溪口汇报主要事务。李宗仁只是一个空有头衔的代“总统”。

1月25日，蒋介石刚回到溪口的第4天，就召见了何应钦、顾祝同、汤恩伯等将领，安排了在军事上限制桂系的计划。

蒋介石把长江防线分为两大战区。湖口以西由白崇禧的力量负责，兵力大约有40个师；湖口以东由汤恩伯负责，大概有75个师，45万人。蒋介石讲完作战方案后，就对顾祝同说：“会后你派专人把作战方案送交白崇禧，命其执行，但是湖口以东作战计划不用告诉他们。”

顾祝同当然清楚蒋介石的用意，于是重重地点了点头。蒋介石继续说下去道："南京沪杭战区作战方针大致是：以长江防线为外围，以沪杭三角地带为重点，从淞沪为核心，采取持久防御方针。最后坚守淞沪，与台湾相呼应。必要时我们以优势海、空军从台湾支援淞沪，然后待机反攻。"蒋介石又让汤恩伯把江宁要塞的大炮秘密拆运到上海，不让李宗仁知道。同时，蒋介石还要求汤恩伯在南京孝陵卫总指挥常备100～200辆卡车，以便应急。最后蒋要求汤把主力放在镇江以东，防守沪杭。

在政治上，蒋介石支持行政院长孙科与代总统李宗仁争权夺利。孙科内阁被称为"巨头内阁"，由吴铁城、陈立夫、朱家骅等太子系、政学系、CC派等各派人物组成，但是却偏偏没有一个代总统李宗仁桂系的人。李宗仁感到非常生气的还有一件事，就是孙科竟然待在上海。因此李宗仁亲自去上海与孙科恳谈，要他回到南京，同心协力共支危局，但孙科并不理会。后来蒋介石干脆授意孙科把内阁迁到广州，只剩下李宗仁的"总统府"独自留在南京。这样，国民党当局出现了3个中心，即溪口的蒋介石、南京的李宗仁和广州的孙科。

> 辞去行政院长职务的孙科（右一）前往溪口谒见蒋介石。

★百万解放军成功渡江

1949年4月20日午夜，人民解放军百万大军从西起湖口、东至江阴长达千里的长江北岸，以木帆船为主要航渡工具，强渡长江。23日，人民解放军冲上南京总统府大厦，摘下国民党党旗，换上了红色的解放军军旗，南京解放，宣告蒋介石国民党政府长达22年的统治从此结束。

∨ 1949年2月，被蒋介石称为"笔杆子"的戴季陶（中）在广州服药自杀。

孙科率行政院到广州后，把戴季陶从迎宾楼赶到了条件较差的东园招待所。戴非常气愤，但也只能大骂而已。这个时候，大家都预感到国民党政府即将灭亡，因此大批军政要员都纷纷逃往台湾，广州城里非常混乱。有人劝戴季陶也去台湾，他态度坚决地说："不必去！"没想到2月11日晚，戴季陶竟然服安眠药死去，死因不明，有人说是自杀，有人说是用药过量。

蒋介石把戴季陶称作自己的"畏友良师"，听到消息后半夜里大哭起来，随即称赞戴季陶"才识恢宏，勋尤懋著"。

行政院2月5日开始在广州正式办公，李宗仁非常气愤，命令行政院迁回南京办公，但是孙科托病不加理会。后来，孙科也无法忍受李宗仁的攻击，于是干脆辞职了事。当时，竟然出现了行政院长无人问津的怪事。李宗仁没有办法，只好请求何应钦组阁，但何应钦说自己要组阁，必须得到蒋介石的同意。李宗仁非常郁闷，但还是派张治中、吴忠信到溪口取得了蒋介石的应允，这样，何应钦才敢接受这个任命，并于3月11日开始组阁。

此时，蒋介石似乎意识到，只有自己的儿子才是可以依靠的人，因此一切大事基本上都交给蒋经国去具体处理。蒋经国这段时期跟随蒋介石左右，几乎形影不离，并以蒋介石全权代表的身份，开始全面介入国民党的军政要务。蒋经国这个时期按照蒋介石的要求，瞒着李宗仁，秘密把中央银行的黄金运往台湾、厦门。秘密运送任务完成后，蒋介石非常高兴，露出了"下野"以来第一次开心的微笑。蒋介石还让蒋经国迅速把定海机场修建起来，以多留下一条路。果然，后来蒋介石在上海惨败后，汤恩伯的部队就是靠了由定海基地起飞的空军掩护，才得以经舟山逃到了台湾。

蒋介石"下野"后，李宗仁开始积极筹划与共产党的和平谈判，并于1949年3月24日正式组成了国民党和谈代表团。李宗仁希望通过和谈达到"划江而治"的目的，因此并不打算接受中共提出的8项和平条件，加上蒋也大力在幕后阻挠和谈，因此，李从一开始就对和谈没有诚意。

4月13日，国共和谈在北平正式举行。15日，中共代表团提出了《国内和平协定》的最后修正案，并要国民党代表团在4月20日之前必须决定是否签字。4月20日，国民党中常会通过会议，拒绝接受《国内和平协定》，和平谈判随之宣告破裂。

1949年4月21日拂晓，人民解放军百万雄师，在西起九江、东至江阴的千里战线上，强渡长江。南京国民党政府苦心经营了3个多月的长江防线在20多分钟内，便被英勇的解放军彻底摧毁。

蒋介石在妙高台别墅紧张地等待着消息，然而他听到的却是百万解放军成功渡江★的消息。蒋介石听罢汇报，久久地站在那里，没有说一句话。突然，他似乎醒悟过来，随即迅速带着卫士下山，乘小汽车快速赶到陈社机场，飞往杭州。然后，他把李宗仁、何应钦、张群、吴忠信等人紧急召来，磋商对策。蒋介石命令炸毁南京城的下关火车站、码头、水电厂，并下令所有部队分路撤到上海、杭州，在浙赣以北山区建立第二道防线，以确保沪杭安全。但是，蒋介石的计划还在执行当中的时候，1949年4月23日，人民解放军就把旗帜插上了南京的总统府。

4月25日，蒋氏父子悄然离开了溪口，乘“泰康”号军舰驶往上海。蒋介石决定亲自指挥军队在上海进行顽抗，以“保卫大上海”。

4月28日，国民党空军总部伞兵3团“光荣起义”。蒋介石又大吃一惊，庆幸自己还没有发布把伞兵3团调作自己卫戍部队的命令。

解放军勇不可挡，很快解放了杭州，向上海挺进。

蒋介石原来认为，英、美等国在上海有巨大的投资，因此梦想英、美能够派兵协助他保卫上海。早在1948年12月间，蒋介石就授意杜月笙和潘公展，让他们向英、美巨商及各界领袖提出上海“国际化”——不设防城市的设想。但是此时英、美等国并不想卷入中国的内战，因此都反应冷淡，上海“国际化”的美梦宣告破灭。蒋介石没有办法，只好命令在上海构筑坚固的防御工事。从1948年12月初到1949年4月，蒋介石在上海构筑了外围、主阵、核心3道防线。这个坚固的防线有钢筋水泥主碉堡阵地3,800个，并且碉堡间以战壕相连接，

V 1949年4月21日拂晓，人民解放军百万雄师在西起九江、东至江阴的千里战线上强渡长江天险。

壕内宽敞，吉普车可以自由往来。而半永久性的掩体碉堡就达10万多座。

阎锡山看了阵地后说："至少可以守一年。"蒋经国认为阵地可与"马奇诺防线"媲美。汤恩伯叫嚣说："我们的大上海，要成为攻不破、摧不毁的斯大林格勒第二！"

但是，这个坚固的防御工事使用还不到一个月，就失去了作用。人民解放军迅速插进浦东和吴淞口，把汤恩伯的30余万大军包围了起来。在解放军的打击下，汤恩伯的上海守军几乎全部被歼灭，只有7万人由海上侥幸逃脱。5月27日，上海正式解放。

此时杭州已经失守，蒋介石父子无法回到溪口，只好乘军舰在海上漂泊。

蒋介石"下野"后，李宗仁的日子非常不好过。他下达的几道最重要的命令都没人执行。李宗仁曾经命令京沪杭警备司令汤恩伯率领所部精锐部队由上海撤往江西及皖南，以配合武汉的白崇禧防守长江防线。但汤恩伯只服从蒋介石的命令，对李宗仁的命令则置之不理。李宗仁又命令台湾省府主席兼警备总司令陈诚把蒋介石运往台湾的价值5亿美元的中央银行黄金、白银运回来，但是陈诚根本就充耳不闻。接着李宗仁还天真地派人劝蒋介石出国，蒋介石干脆当作没有听见。李宗仁感到这样下去实在无聊，于是在国民党政府迁往广州后，他就飞到桂林，不管事了。后来，蒋介石又承诺自己将交出一切权力，并且在5年之内不过问政治，李宗仁听后才在5月8日去广州主持"中枢大政"。

5月30日，行政院长兼国防部长何应钦，因为没有任何实权，于是愤而辞职。何从上台到下台，不到80天，是有名的"短命内阁"。何应钦去职后，经蒋介石同意，6月12日，阎锡山在广州组成"战斗内阁"，他自己担任行政院院长。

7月10日，蒋介石以中国国民党总裁身份去见菲律宾总统季里诺，希望通过季里诺向白宫寻求援助。8月6日，蒋介石又与韩国李承晚总统举行会晤，希望能够以"东亚反共同盟计划"，"构成对美国的一个战略性呼吁"。然而，这个计划最后没有任何结果。

7月16日，蒋介石在广州成立权力凌驾于政府之上的国民党非常委员会，以取代中政会，并亲自担任主席。8月1日，蒋介石又于台北草山设立总裁办公室。从此，蒋介石正式由幕后来到前台，直接出面控制政府。

7月23日，蒋介石在厦门召开军事会议，决定设法坚守福州，以便

V “下野”后的蒋介石回到溪口后前往母亲墓前祭奠。

巩固台湾的防务。同时，蒋介石决定建立以台湾为中心的东南长官公署，委任陈诚为公署长官。但是这个长官公署成立仅仅两天，就因为陈诚部败退福州而取消。

此时，解放军在大陆发起了肃清蒋军残部的战役。8月26日，兰州解放；9月5日，西宁解放；9月19日，绥远和平解放；9月26日，新疆和平解放。接着，蒋介石最担心的事情终于发生了：毛泽东于10月1日在北京向全世界宣布：中华人民共和国成立了。

人民解放军随后出兵江西，进攻广东韶关，广州危急。10月12日，李宗仁宣布把"国民政府"迁往重庆办公。但是，半年前跟随南京政府迁到广州的部分国家驻华使馆，现在没有一家愿意随之迁到重庆。10月14日，人民解放军解放了华南重镇广州。

"国民政府"刚迁到重庆，人民解放军已追到了城下。11月15日，贵阳被解放，23日，桂林被解放，30日，重庆被解放。29日，"国民政府"只得又迁往成都办公。

此时，国民党党内一部分人强烈要求蒋介石再次上台，李宗仁感到压力太大，于是就借口出外"巡视"，离开了重庆。他在昆明、桂林、南宁逗留后，不久就飞往香港。12月15日，李宗仁以治病为由，也没有发表声明辞职或引退，就私自飞往美国。蒋介石非常生气，因为这样的话，李宗仁还是"合法"的代"总统"，蒋无法在名义上取代。

成都很快就处在人民解放军的南北夹击之中，危在旦夕。12月8日，国民党"行政院"在紧急商讨后，决定将"国民政府"迁往台北，并在西昌设立总指挥部。很快，人民解放军就开始进攻成都，并击溃了胡宗南兵团。

2月9日，"国民政府云南省主席"卢汉、"西康省主席"刘文辉宣布起义，云南、西康和平解放。10日，成都市内开始出现混乱。卢汉于是致电刘文辉，要刘文辉同四川将领扣留蒋介石，以便成为"人民政府第一功臣"。蒋介石及时地截获了这个电报，不由得惊出一身冷汗，而侍卫人员也在蒋介石的住所周围发现"有可疑人物行踪"，请求蒋介石从后门逃走。

蒋介石则断然拒绝了侍卫人员的劝告，他说："我从大门进来的，还是从大门出去！"据《蒋总统秘录》所记，蒋介石和蒋经国二人在离开"中央军校"之际，边走边唱"中华民国国歌"。12月10日下午2时，蒋氏父子到达成都凤凰山机场，随即乘飞机向台湾飞去。蒋经国1949年12

∨ 1949 年 8 月 6 日，蒋介石飞抵韩国镇海与韩国总统李承晚会晤。

∧ 1949年12月10日，蒋介石在成都凤凰山机场登机飞往台湾。自此这位在中国显赫多年的枭雄再也没能回到生养他的大陆。

月10日的日记中记载道：

今晨，渝昆电讯复通；而第一封电报，却是卢汉拍致刘文辉的，要刘会同四川各将领扣留父亲，期向共匪戴罪立功……当场文武官员一致要求父亲尽速离蓉回台，勿先飞西昌。父亲近数日来徒以胡宗南部未能如期集中，必须逗留成都，以掩护其达成任务；屡次准备起行又屡次中止。今日以昆明又告陷匪，乃循各方意见，决回台北处理政府迁移各种要务。临行复与胡宗南长官单独面谈3次，始觉放心。午餐后起行，到凤凰山上机，下午2时起飞，6时30分到达台北。

父亲近台之日，即刘文辉、邓锡侯公开通电附匪之时。此次身临虎穴，比西安事变时尤为危险。福祸之间，不容一发。记之，心有余悸也。

6时30分，飞机在台北松山机场徐徐降落。"蒋家王朝"在大陆的统治正式结束。

影像大扫
IMAGE SCANNING

退守孤岛的铁血寡人

13

20世纪70年代是败退台岛的“蒋氏王朝”的多事之秋，1972年是台湾的“大选”之年，年届86岁高龄的蒋介石在遭到“内政”“外交”等一连串的打击过后，自感日落西山，“家天下”的思想愈加强烈，“传子”之念愈加迫切。他竭力利用连任“总统”的机会将手中的党、政、军大权彻底过渡给自己的儿子蒋经国。此后，他一直缠绵病榻，直到最后去世。

遥远的大陆，曾经梦回千转的奉化溪口也只能成为一个缥缈的“黄粱之梦”了。从此“江山依旧，人事已非，只剩古月照今尘”。

“蒋氏王朝”的命运随着国际风云变幻的风潮而沉浮着……

美国中央情报局：中共将在数周之内占领台湾

1950年6月15日，一直密切关注着中国形势发展的美国中央情报局远东情报处对台湾局势作了公开评估："台湾在7月15日以前可能遭到中共全面攻击。由于国民党军队军纪荡然，民心浮动，中共将于发动攻击数周之内顺利占领台湾。"这一消息无异于给台湾本已经脆弱的神经上狠狠地扎上了一刀。

事实上，从蒋介石退守台湾之日起，他的整个集团就处于担惊受怕、惶惶不可终日的状态之中。蒋介石在大陆军事大溃败后，就把他的主力部队约60万人撤退到台湾和东南沿海的一系列岛屿上。他只在台湾部署了1/3的兵力，而把其余2/3部署在靠近大陆的厦门岛、金门岛、海南岛、舟山群岛和万山岛一线，组成了台湾岛的外围屏障。但是蒋介石和其他人都心里清楚，这只是在螳臂当车，徒以自欺罢了。

以蒋、宋、孔、陈四大家族为核心的"蒋家王朝"，如今只剩蒋家父子在孤岛上艰难支撑着政局了。

在中共公布的重要战犯名单中，宋子文名列前茅，国民党内的政敌又攻击他侵吞巨款，并要求他交出全部财产的一半。宋子文大怒，干脆于1949年1月24日扔掉了广东省政府主席的位子，和夫人张乐怡去巴黎治病去了。6月10日，他又声称因为"家庭事务"而去了美国，从此便再没有回来。

孔祥熙，这位蒋介石的连襟，很早就被自己的妻弟宋子文联合CC派赶下了财政部长的宝座。因此，从1948年起，孔就离开大陆，来到美国，在纽约里弗代尔的别墅里开始了自己的流亡生活，并继续在美国经营他的银行业。

孙中山长子、前行政院长孙科也从此退出了历史舞台。他在辞去所任职务后，全家迁往香港，后来又在法国住了一段时间，最后定居于美国西海岸的一个小镇。熊式辉、沈剑虹，以及非嫡系的国民党要员张发奎、龙云等人都选择留在香港，而不去台湾。还有更多的党政要人从此消失在人们的视野中，不知去向。

当时，中共中央和毛泽东决心乘胜追击，一举解放台湾。台湾在当时的所有人看来，都是早晚要被解放军解放的命运。

早在1949年3月15日，新华社就发表了《中国人民一定要解放台湾》的声明，表明了解放台湾的决心。这个时期美国也表达了放弃支持台湾当局的想法，这为中国共产党解放台湾消除了一个大的障碍。

∨ 抗战胜利后只不过3年时间，国民党兵败如山倒，不得不离开大陆，退守台湾一隅。失去荣耀的蒋介石夫妇，开始用休闲时光来打发心中的落寞。

★毛泽东出访莫斯科

1949年12月16日，毛泽东抵达莫斯科对苏联进行访问，商谈两国的重要政治问题，了解苏联的经济和文化建设。1950年1月，周恩来奉命到达莫斯科，参加双边会谈。2月14日，两国政府签订了《中苏友好同盟互助条约》及其一系列协定。毛泽东在临别演说中高度评价了中苏两国人民的团结和友谊。这次访问加强了中国和苏联两个社会主义国家之间的友好合作，对促进中国的社会主义建设，维护远东和世界和平起了积极作用。

1950年元旦，中国共产党严正宣告："绝对不能容忍国民党反动派把台湾作为最后挣扎的根据地。中国人民解放斗争的任务，就是解放全中国，直到解放台湾、海南岛和属于中国的最后一寸土地为止。"

美国总统杜鲁门于元月5日在华盛顿举行记者招待会，公开宣布了对台湾、对中国内政的不干涉态度："美国对台湾或中国其他领土没有野心。美国无意在台湾谋求特权优惠或建立军事基地，也无意利用其军事力量干预现状。美国政府不采取导致卷入中国内战的方针。"

同样，美国政府也表示将不对台湾的国民党军队提供军事援助，因为美国政府认为台湾的资源足以让他们的军队自给自足。同时，美国宣布开始从台湾撤退侨民。

这个消息对于蒋介石来说，无异于当头一棒。蒋介石赶紧封锁这个消息，让本来已经受到严格控制的台湾报纸，不准登载半个字；只有少数几个掌权者，才了解事态的严重性。而宋美龄在美国一年多的时间里也饱受了杜鲁门总统的冷漠鄙夷，终于在1950年1月13日回到了台北。

原来，美国在1949年底得到密报说，毛泽东出访莫斯科★时受到了斯大林的冷落，因此认为可以争取使毛泽东"铁托化"，与美、苏保持等边关系。美国认为这样的中国最符合美国的根本利益。早在1949年8月5日，美国国务院就发表《中美关系白皮书》，揭露了蒋介石集团的腐败、昏庸、专制、无能，并认为国民党的失败完全是自己造成的，并不是美国支持不力。蒋经国对这份白皮书的评价是："说得难听一点，无疑是宣布我政府的死亡证书，同时暗示如何办理后事。"

当时，国民党陆军号称60万，其实官多兵少，成分混杂，由正规军、农民、渔民及流亡学生和保安团等地方武装拼凑而成，基本上是乌合之众，缺乏作战能力。空军虽然有8.5万兵力、400架飞机，但都是缺零件和汽油的旧式飞机，只有极少一部分可供随时使用。海军有4.5万兵力，有70艘战舰，包括6艘美制驱逐舰、1艘日制驱逐舰，以及一些扫雷艇、登陆艇等，但因为缺乏零件，实际作战能力很低。在美国拒绝提供军援的情况下，台湾的陆、海、空三军基本上是打一点少一点。

而且，这些兵力还分布在南起海南岛、北至舟山群岛的万里海疆之上，供给困难，无法集中力量。1950年4月16日，人民解放军一举解放了海南岛，蒋介石自诩的“海上长城”顷刻倒塌。

经济上，蒋介石也面临困境，台湾只有3万平方公里土地，山脉就

∧ 抗战时期孔祥熙与蒙巴顿在一起。孔祥熙曾经在无奈之下远走美国，然而从以后蒋介石偏安台湾的结局来看，孔祥熙的选择倒是明智之举。

占了2/3，可耕地不及1/3，原有的600万人勉强可以温饱。现在蒋介石一下子带来200多万军民，如此吃饭都成了问题。加上蒋介石超量发行钞票来维持军费，立即导致通货膨胀，经济濒临崩溃的边缘。

海南岛失守以后，台湾人已经不再相信蒋介石“共军只能陆战，不能渡海”的宣传。人们普遍将1950年9月台风来临前的3个月看作解放军渡海作战的最危险时期。顾维钧对杜勒斯说，台湾估计，中共的侵入可能发生在7月上旬。

蒋介石见人心惶惶，于是让蒋经国代表“政府”安抚人心说：一、中共压制大陆人民情绪，才进犯海南；二、苏联要用海南岛当海军空军基

> 1950年8月，时任国民党军“陆军总司令”的孙立人在台北与麦克阿瑟将军握手。

地，准备发动世界大战；三、将海南岛的铁砂运往苏联，制造武器；四、海南岛是“国军”军事上的弱点。

为了阻止解放军解放台湾，蒋介石制定了代号为“磐石”的防卫计划。然后，他让亲信陈诚出任“行政院长”，让亲美的吴国桢和孙立人分别担任台湾省“主席”和陆军总司令兼台湾防卫总司令，以求获得美国的好感和援助。

蒋介石对外摆出了要与解放军决一死战的样子来巩固人心。1950年1月27日的《中央日报》宣称：“在东南亚大战烽火一天天逼近的今日，我们要加倍警觉共匪声东击西的策略。他一方面装腔作势，压迫着越南，另一方面向台湾进行军事冒险，因此我们大声疾呼，台湾是进入战时了。”

蒋介石亲自去澎湖检查防务，宋美龄也亲自到基隆慰问军队。台湾省党部发出《告全省党员同志书》，呼吁“齐一步骤，齐一战斗”。国民党中央党部还举行宣誓仪式，“宣誓效死，确保台湾”。各部队在蒋的要求下，纷纷宣誓要“誓死效忠领袖”，并随时准备反击解放军。

6月4日，蒋介石授命成立“战时生活运动促进会”，表示要“向奢侈者挑战，向腐化者开刀”，要求“人人生产，戒除浪费，个个动员，参加战斗”。

蒋介石还把在部队中惯用的“连坐法”推广开来，他公布了检举“匪”谍条例，强制规定各机关部队学校人员必须连保，发现可疑人物要告密检举。

蒋介石还在沿海加紧建筑碉堡，进行防空演习，积极进行备战，甚至组织了“反共敢死队”。

但蒋介石实际上暗地里已开始考虑到菲律宾等国家建立流亡政府问题。5月26日，美国代理国务卿韦布曾询问菲律宾政府，蒋介石及其军政要员是否可以去“避难”。菲律宾总统季里诺表示不欢迎蒋介石“避难”，外长罗慕洛明确说：“如果蒋介石来菲律宾，他将下令要蒋在24小时内离境。”蒋介石和台湾军政要员一听更加慌乱了。

∧ 宋美龄与蒋经国到金门前线慰问战地官兵。

为镇压人心，连杀几个中将和“台湾省长”

海南岛失守后，国民党《中央日报》惊呼：“我们国家实在已经到了空前未有的危险时期，每个处在这个孤岛上的人也已没有什么可以撤退和逃避的地方。”

蒋介石也面色阴沉地向高级将领训话说：“军人要知廉耻，辨生死，负责任，重气节，忍辱负重，与中共周旋到底。如果台湾沦陷，就要以身殉国。”蒋经国主持的政治部也发动各部队宣誓“誓死效忠领袖”，“成功成仁誓为国死”。

台湾岛上，人心惶惶。

中国共产党很早就开始为解放台湾进行准备，但是缺乏海军和空军，始终是一个短时间难以解决的难题。

上海解放后，中央就指示华东军区和第三野战军，要求由副司令粟裕负责组织第9兵团开始进行解放台湾的准备。1949年4月下旬，中共中央军委批准成立华东军区海军，张爱萍被任命为司令员兼政治委员。华东军区海军主要由第三野战军教导师、苏北海防纵队和国民党海军起义、投诚人员及几十艘舰艇组成，主要为解放台湾进行训练。

∧ 人民解放军在登步岛战斗中与国民党军展开争夺战。

蒋介石惊慌失措，从4月下旬起，他疯狂地派出多批机群对人民解放军舰艇狂轰滥炸。由于人民解放军舰艇防空能力非常薄弱，因此先后有十余艘舰艇被炸沉炸伤。

当时的中国人民解放军陆、海、空军技术装备落后，因此跨海作战遇到了很大的困难。

但是毛泽东依然下定了解放台湾的决心，他命令第三野战军组织8个军的兵力，进行解放台湾的战争准备。解放军于5月开始逐步扫清台湾的外围屏障。8月解放了福州，10月解放了漳州厦门地区及滨海一些岛屿。蒋介石发动了全部的兵力拼死顽抗。10月和11月，解放军在进攻金门和登步岛的战斗中相继失利。

蒋介石为了鼓舞士气民心，于是就抓住机会，大肆吹嘘金门之战的战果，认为这是国民党反共复国的开始，各大报刊也纷纷将古宁头之役称为“古宁头大捷”。（后来中共中央根据国际形势的发展，为了给台湾和大陆的国共两党提供一个联系的渠道，决定暂停进攻金门，从此，国民党占据金门至今。）

解放军在金门失利后及时修正计划，将兵力由原来的8个军增加到了12个军，加上特种兵和后勤，总兵力达到50余万人，并将渡海作战时间进一步推迟到1950年1月或2月，以便进行更充分的准备。与此同时，蒋介石也利用一切手段加强防御，他还招募了五六千日本空军加强台湾的空军力量。

∧ 1949 年 12 月 16 日，毛泽东开始对苏联进行访问。

此时，苏联也决定对解放军进行援助，这无疑是个令人振奋的消息。但是这个援助的获得也经历了一番曲折。

1949 年 12 月 16 日毛泽东开始对苏联进行访问。当天下午，他和斯大林在克里姆林宫举行了第一次会见。斯大林紧紧地握着毛泽东的手，端详了一会儿说："你很年轻，红光满面，容光焕发，很了不起！"

毛泽东在会谈中向斯大林提出："国民党的支持者在台湾建立了一个海空军基地。海军和空军的缺乏，使人民解放军占领这个岛屿更加困难。考虑到这种情况，我们的一些将领一直在提议，请苏联援助，比如可以派志愿飞行人员或秘密军事特遣舰队协助夺取台湾。"

斯大林听到这个问题，马上令人摸不着头脑地回答说："这样的援助不是没有可能的，本来是应当考虑这样做的，问题是不能给美国一个干涉的借口。如果是指挥人员或军事教员，我们随时都可以派给你们，但其他的形式还需要考虑。"

斯大林在会谈中再三说，他在 1945 年与美国总统罗斯福、英国首相丘吉尔达成的《雅尔塔协定》是 3 大国对远东政治格局所作出的共同承诺，是应当遵守的。斯大林甚至因为担心与美国发生冲突，不敢废除跟蒋介石的旧中苏条约，因此他此时并不愿意为解放军提供军事援助。他建议毛泽东采取组织暴动等非渡海进攻方式解放台湾，如此幽默的建议，谁都明白根本不可能。这样，双方产生了不愉快，此后，斯大林再也不见毛泽东，莫斯科的新闻媒介对毛泽东的活动也冷漠起来。

毛泽东参观列宁格勒时，苏联的接待规格很低，只有列宁格勒地方领导出面接待。

此时，美国抓住机会试图争取中国在美苏之间采取中立立场，于是1950年1月5日和12日，美国总统杜鲁门和国务卿艾奇逊分别发表了关于台湾问题的声明和谈话，宣称美国不会为了保护台湾或南朝鲜而采取直接的军事行动。斯大林认为，既然美国主动放弃了《雅尔塔协定》划定的势力范围，把中国和朝鲜划在自己的防御圈之外，那么，自己就可以对中国进行援助了。斯大林因此同意毛泽东为解放台湾进行准备，并同意将苏联给中国的3亿美元贷款，一半用于购买进攻台湾最需要的海军装备。不过斯大林不同意用苏联的飞机和军舰来进攻台湾。

1950年初，为了破坏大陆的国民经济恢复，并阻挠解放军向华东沿海集结船只，蒋介石命令国民党空军突然发起了对上海及华东沿海港口的猛烈空袭。2月6日，国民党空军机群分4批轮番轰炸上海脆弱的发电设施，并炸死炸伤上海市民1,400多人，使上海电力丧失90%，多数工厂停产瘫痪。面对防空力量的薄弱，毛泽东非常焦急。

苏联此时则及时伸出了援助之手。斯大林根据不久前签订的《中苏友好同盟互助条约》，派出一个空军师到上海、徐州，以协助中华人民共和国担负防空任务。先进的米格喷气式飞机很快就让蒋介石胆战心惊，很短时间内就连续击落5架国民党飞机。此后，国民党空军再也不敢明目张胆地进入上海地区。

5月，解放军空军第4混成旅在南京正式组建，中华人民共和国终于有了一支可以配合陆军作战的空军力量。同时，具有海上作战能力的华东海军第四舰队也在上海正式组建。

1950年3月5日~5月1日，人民解放军成功地渡海作战，解放了中国的第二大岛海南岛，几乎等于为解放台湾进行了一次成功的实战演习。蒋介石和台湾守军的心理防线顿时开始崩溃。

对于国民党的海南撤守，蒋经国曾对外界这样解释说："海口对于海南岛，在军事上讲起来是个极重要的据点；而整个海南岛，在反共抗俄战争中，自然亦有它的价值。""但是战争是最现实的，而且一切应以争取最后胜利为打算。""由目前的形势看来，自从国民党撤出西昌之后，海口已失去了'跳板'的作用，同时我们反共抗俄和最高策略，就是集中一切力量，巩固以台湾为主的据点，准备反攻大陆。所以军事力量的分散，就是战略的失败。在过去政府已尽了最大的力量，在海南岛布置必要的防务，所以海口的放弃，就是基于全盘战略的要求而决定的措施。”

∧ 国民党舟山守军秘密撤退，解放军发起渡海追击作战。

而董显光在给蒋介石写的传记中对此也进行了辩解，他声称有5点撤退理由：

一、海南岛离大陆太近；

二、供给困难；

三、1950年4月间，已有一支解放军部队在海口登陆，准备与该岛中共游击队合击“国军”；

四、海南岛国民党军失去抵抗信心（解放军一部已登陆，岛上守军时刻有全军覆没的危险，故守军已成惊弓之鸟）；

五、此时中共有攻台迹象。

蒋介石此时得到的消息称，林彪的四野已全部攻占海南岛，陈毅、粟裕的三野正积极准备对舟山群岛发起登陆作战。蒋介石把国民党仅剩的陆军部队的1/3，即15万兵力部署在舟山防区，如果这些军队被消灭，台湾的防守就会更加困难。因此，蒋介石决定进行战略撤退。

5月11日，蒋介石以亲笔手谕命令在舟山的副参谋总长郭寄峤、浙江省主席兼舟山群岛防卫司令官石觉，要他们开始秘密撤退。国民党军队为了成功撤退，开始时假装要进行大“反攻”，大造声势，并频繁轰炸

∧ 1950年4月23日，解放军解放海口市。这是被解放军占领的“国民党海南特区行政长官公署”。

> 海口市人民群众举行集会，热烈庆祝海南岛解放。

慶祝海南解放巡行
私立琼崖中正小学校

★解放舟山群岛

1950年5月16日，人民解放军第三野战军第7兵团指战员们以强大的海上编队，分批向舟山群岛顺利进军，突破了国民党军的滩头阵地，完成了登陆的任务，直捣残敌主要巢穴——定海。至19日，东南沿海国防战略要地舟山群岛全部解放，完全粉碎了国民党军以舟山为基地对上海和长江口的“封锁”。舟山群岛的解放有利地打击了蒋介石仅存的幻想。

和炮击浙东沿海地区和舟山外围岛屿，同时却悄悄地对航道进行了严密的封锁。3天后，守军悄悄地全部逃脱，并且在走之前炸毁了岛上所有的重要设施，包括花费巨资4,000万银元修筑的定海机场。撤退前，国民党军队还残酷地把岛上的两万多名青年男女劫往台湾，对不愿上船者就地枪杀。由于解放军海、空军力量薄弱，无法进行有效封锁，因此才使得舟山守军得以逃脱。5月13日，当解放军发现国民党从舟山撤退后，立即以3个军的兵力解放了舟山群岛。

海南岛失守，舟山群岛★撤守，台湾岛一下子暴露在解放军的眼皮底下。台湾能否坚守？这个问题立即成为台湾的焦点话题，一时人心惶惶，不可终日。

蒋介石在这个关键时刻，不得不采取严厉的措施来巩固人心。他一方面疯狂叫喊要誓死保卫台湾，一方面又杀一儆百，杀了几个大人物以震慑人心。“国防部参谋次长”吴石中将和第4兵站总监陈宝全中将被蒋介石以通共罪名枪毙。接着，又以通共策反汤恩伯罪，枪毙了国民党大员、原浙江省主席陈仪。

由于国民党把兵力全部集结到了台湾，使解放军渡海作战的难度加大。为了确保胜利，解放军不得不三度修改战役计划，并打算把参战兵力增加到16个军。

这大大延长了战役的准备时间，加上解放军海军舰船严重不足，这就让蒋介石获得了重要的喘息时间，使他得以继续采取措施来巩固自己在台湾的统治。

> 陈立夫夫妇旧照。可以说陈氏兄弟与蒋介石曾经是一个战壕里的战友，可此时的蒋介石早已抛却了情意，一心要将“蒋家天下陈家党”变为“蒋家天下蒋家党”。任何的“小石子”或“沙粒”都是他前进途中的障碍。

冷酷清洗其他势力

1946年春天，刚刚成立的台湾“国立政治大学”的公告栏前，忽然聚集起了大量的学生，一时人声鼎沸，到处都能听见学生们的怒吼声：“反对儿子教育长！”“反对父子家校！”“蒋经国滚开吧！”

许多不知情的人都纷纷围拢上来，终于看到了事情的缘由，原来在公告栏中贴出了署名校长蒋中正的告示：“奉教育部××号令，国民政府主席任命蒋经国为国立政治大学教育长。特此遵照公告，仰全校师生一体知照。”

原来，这是蒋介石向四大家族之一的陈果夫、陈立夫兄弟开始夺权。

1946年3月，蒋介石就想让陈果夫交出中央组织部长的宝座，而外去浙江省当“主席”，他对陈果夫说：“你做一部分事情做得好，在中央做不好。”陈果夫当即心里很不高兴，于是抗辩说：“现在中央谁又做得好？！”陈果夫舍不得让出自己经营多年的组织大权。

陈氏兄弟的CC派还主动抢夺蒋家的权力，企图把蒋经国任教育长的“三青团中央干部学校”与CC派把持的“国民党中央党校”合并，成立“国立政治大学”，在这个过程中吞掉蒋经国的三青团干部。老谋深算的蒋介石干脆来个釜底抽薪，提出由自己兼任这个“国立政治大学”校长，由蒋经国任教育长，把两派力量划归到蒋家人手里。CC派没想到事情会弄成这样，不愿拱手出让权力，于是便暗中唆使“政大”学生开始闹事。蒋介石洞若观火，打蛇打七寸，于是立即把陈立夫严词训斥了一番，不过为了照顾陈家兄弟的情绪，也收回了让蒋经国当教育长的成命。

这次权力冲突也就算告一段落，但是此后蒋介石的集权运动并没有结束。

∧ 蒋介石到台湾后为了巩固政权，开始了大规模的夺权运动。

蒋介石到台湾后，其他派系都已经没有了对抗的资本，全凭蒋家操纵，因此蒋介石父子开始了大规模的夺权运动，以巩固其摇摇欲坠的统治。

首先是党权，蒋介石通过重新改造国民党这个办法对党权实现了完全的控制。在大陆时代，蒋介石不得不倚重陈家兄弟来对付其他派系，以巩固“蒋家王朝”的统治。现在，掌握国民党党权的陈果夫、陈立夫兄弟随国民党党部一起迁来台湾后，没想到却首先成为蒋介石的清理对象。蒋介石为了报答当年陈其美对自己的知遇之恩，对陈其美的侄子陈氏兄弟非常器重，把他们培养成为蒋介石的反共中坚。而在陈家兄弟帮助蒋介石的时候，他们也开始编织自己的私家势力，形成了渗透于党、政、军、文化教育、财经各方面的CC系，以至于天下人都说“蒋家天下陈家党”。陈氏兄弟为了巩固和扩大自己的实力，常常以党内民主派的姿态批评蒋介石，蒋渐渐对他们也产生了不满。现在，随着蒋经国的渐渐成熟，家天下观念根深蒂固的蒋介石已经产生了让蒋经国逐步接管党务系统的打算，没想到CC派却舍不得放手，于是，蒋介石决定采取强硬措施将CC系彻底铲除出国民党。

蒋介石把国民党与蒋经国的三青团在1947年秋合并后，蒋经国率领大批亲信进入国民党的中央，直接深入CC派的势力范围，双方的冲突就此越来越严重。1949年1月，蒋介石在李宗仁的压力下，被迫“下野”。在下野前他对有关人士公开地破口大骂：“共产党没有打败我，打败我的是自家的国民党。”然后他明白无误地转脸指着陈立夫的脸说：“就是你们一班人。”他还赌咒说，自己今后永远不进中央党部的大门。

蒋介石到台湾后，桂系集团在大陆被解放军彻底消灭，其他地方派都已经分崩离析，只剩下CC派还把持中央党部，因此就成为蒋介石需要着力对付的派别。蒋介石此时清除CC派，还可以取悦美国人，因为美国人早就因蒋、陈勾结而对国民党非常不满。

CC派此时还与蒋介石的心腹陈诚矛盾激化，这就为自己又树立了一个强大的敌人。陈诚在担任台湾“省主席”，特别是“行政院长”之后，为了扩大自己的权力，希望“立法院”能够赋予其以行政令代替法律的特权，但是陈立夫把持的“立法院”却对此决不同意。陈诚大怒，随即以“行政院”名义致函“立法院”，要求代行许多本属“立法院”的职权。“立法院”也不示弱，当即予以否决。陈诚怒不可遏，说道：“授权案乃是被他CC派所否决，从此行政院长只有陈立夫能当，本人决心马上辞职。”并宣布“行政院”立即休会。

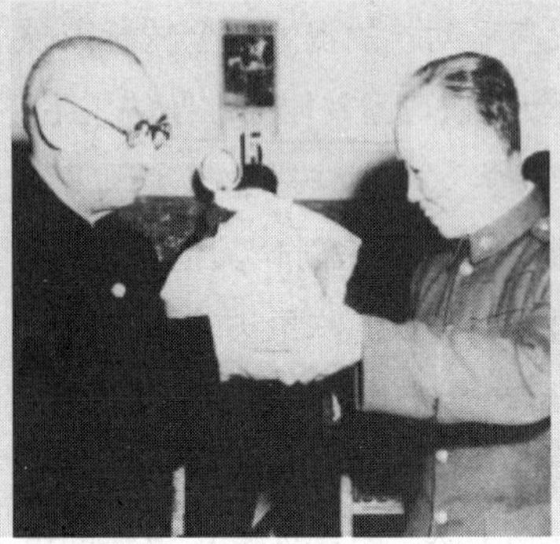

< 1950 年 3 月 14 日，陈诚与阎锡山进行“行政院长”交接。

陈诚岂肯善罢甘休，立即向蒋介石告状，还恶狠狠地建议送陈立夫和CC派骨干统统到火烧岛，干脆监禁起来了事。陈立夫知道自己力量现在很弱小，而蒋介石又早已对自己不满，肯定偏向陈诚，于是便躲到台中，并写信给蒋介石，请求出国。

蒋介石此时干脆来个釜底抽薪，拒绝看陈家兄弟把持的国民党中央党部送他批阅的文件，也不参加国民党中常委召开的会议。同时，他又让蒋经国和陈诚通过CC派的两员大将余井塘、张道藩转告陈果夫：“陈立夫是个混蛋！”

由于蒋介石不出席中常会，也退而不看中央党部的文件，故而国民党中央党部已经没有存在的意义。于是，1950 年 6 月 22 日，国民党中常委开会决定：全体中常委自觉辞职，以便让蒋总裁实施对党的改造。会议还决定派于右任、居正、邹鲁 3 元老去见蒋介石陈说这个请求。

蒋介石随后问陈立夫：“你们兄弟俩跟我一起为三民主义奋斗了几十年，当初没有想到会被共产党赶到这个海岛上来吧？”陈立夫摸不着头脑，只好硬着头皮说道：“确实没想到会有今天的这个局面。惭愧！”蒋介石又咄咄逼人地问道：“我不知道你对我党的改造现在有什么考虑？”

陈立夫心里一下子明白是怎么回事了，于是沉默了片刻后说道：“我是认为，大陆失败，党、政、军三方面都应有人出面承担责任。党的方面，当然由我和果夫承担。我俩就不适宜参加党的改造了。”陈立夫虽然宣告自己的失败，但是也将了蒋介石一军，因为政、军方面的失败责任显然是由蒋介石来承担了。

蒋介石至此成功地清除了陈家兄弟，于是在7月下旬，蒋介石宣布了他指定的中央改造委员会及中央评议委员名单。中央改造委员包括陈诚、蒋经国、张道藩、张其昀等16人，CC派只剩下了张道藩、谷正纲两人，其余14人都是蒋家的人，甚至包括10个名不见经传的小人物，比如蒋介石的侍从秘书5人。这个16人的小班子，一下子就取代了原来460人组成的国民党第六届中央委员会，成为国民党的最高权力机关。蒋介石手段之狠，可见一斑。

陈立夫眼见大势已去，只好带着蒋介石送他的5万美元，苦闷地离开台湾去了美国，在纽约长岛聊度残年，而多病的陈果夫则于1951年8月病逝于台北。在国民党中央掌权长达20多年的CC派至此彻底在历史上消失。国民党内的其他派别也日渐消亡，比如以张群、王世杰、吴铁城为首的政学系，由张静江、戴季陶一手扶植的朱家骅，都已经没有了势力。台湾至此成了蒋介石的一家天下，国民党成了“蒋家的党”。

蒋介石要做的第二件大事是重新复职。但是这件事情却因为李宗仁的“捣乱”而有些波折。原来“代总统”李宗仁始终没有辞职，也没有辞职的打算，蒋介石就不好再当“总统”。因此，虽然“中华民国政府”的招牌已经随蒋介石迁到台北市，但是它的“合法政府首脑”李宗仁却在美国不回来就职。而蒋介石虽然想成为首脑却名不正言不顺。当时，李宗仁赴美“医脖为其名，滞美不返为其实，使‘总统’的位置虚悬”。

蒋介石为此非常郁闷，于是一面指使亲信上“劝进表”，以便顺势复职，一面采取措施逼迫李宗仁退位。1950年1月13日，“国民大会”宣布：“国危至此，中枢不可一日无主”，因此请蒋介石复“总统”职。同日，国民党中央非常委员会通电李宗仁，让他迅速返回台湾。1月20日，“监察院”也电催李宗仁返回台湾。李宗仁没有办法，只好复电台湾“监察院”，说自己生病了，无法返回。李宗仁说的生病倒是实情，因为他真的动了手术，“割治十二指肠”，直到1950年1月20日，才恢复出院。李宗仁此时已经明显被动，他知道回去凶多吉少，但是不回去的话就给蒋介石留下了把柄。

果然，李宗仁拒不返台，蒋介石大喜，他当即在2月21日指使国民党中央非常委员会向李宗仁发出最后通牒，限李宗仁在三日内必须返回台湾，否则便是放弃“总统”职权。李宗仁当然无法在23日回到台湾。于是，当日国民党中常会决议：请蒋总裁早日恢复行使“总统”职权。24日，“立法院”召开会议，33名“立法委员”也一致通过了请蒋介石恢复“总统”职的决议。至此，蒋介石认为自己复职已经水到渠成，再没有推托的必要。

1950年3月1日，蒋介石正式宣布：“恢复”自己的“中华民国总统”职务。随后蒋介石通知还在美国的李宗仁，一方面说自己已根据形势需要在台北复任“总统”，一方面希望李宗仁以“副总统”的身份在美国做他的专使，以争取外援。李宗仁大怒，立即让甘介侯在美国各大报刊发表声明，强烈谴责蒋介石恢复“总统”职位是违宪行动。李宗仁还引证

∧ 蒋介石一心想恢复行使“总统”职权，无奈李宗仁远走美国，犹如芒刺在背，蒋介石怎能心安？

了“宪法”第49条规定：“总统缺位时由副总统继位”，“正、副总统”均缺位时，由“行政院长”代行职权，并由“立法院长”于3个月内召集“国民大会”补选“总统”。李宗仁指责蒋介石说，即使“代总统”李宗仁缺位，也应该由“国民大会”来补选新“总统”。蒋介石既然已经将“总统”职务移交给李宗仁，身份就已经是一个平民。一个平民又怎能自称为“中国总统”呢？李宗仁因此说：“蒋先生的‘复职’并未使我惊异，因为事实上他早已是台湾的独裁者了。”而他之所以要通电谴责蒋介石，是因为他还有“代总统”的身份，“我至少亦应作诛除叛逆的表示，得以为国家法统留一丝尊严”。

对李的声明和谴责，蒋介石充耳不闻。

李宗仁回忆说：

> 李宗仁一怒之下远走美国，他带走了一个“总统”的虚职，却让蒋介石为此惴惴不安，费尽心机。

蒋介石的复出计划，早在1949年7月便开始进行了。7月间，我还在广州的时候，黄埔系将领及蒋夹袋中的政客，已有请蒋复职的企图，然那时尚无人敢公开提出。抵渝之后，情势便迥然不同了。他们认为广州既失，我已堕入蒋的瓮中，可以任其摆布了。这时，CC系和政学系控制下的报纸，对蒋已不再以“总裁”而径以“总统”称呼。我深知蒋已呼之欲出，不久便要“复职”了。

果然不久，吴忠信、张群、朱家骅等便先后来找我，他们不敢明言要我劝蒋复职，只是含糊其辞地说，当前局势紧张，希望我拍一电报请蒋来渝坐镇。其实，蒋一直在飞来飞去，向来不需要我敦请，现在何以要我拍电促驾呢？他们辞穷，便隐约说出希望我声明“引退”，并参加他们“劝进”。

当吴忠信仍向我叨叨不休时，我勃然大怒道："礼卿兄，当初蒋先生引退要我出来，我誓死不愿，你一再劝我勉为其难；后来蒋先生处处在幕后掣肘，把局面弄垮了，你们又要我来'劝进'。蒋先生如要复辟，就自行复辟好了，我没有这个脸来'劝进'！"

他们见我态度坚决，才不敢勉强。

13日，蒋介石为了给自己辩解，便在革命实践研究院专门谈到了自己的3次复职经历："我每一次复职时所预定的目标，亦无不如计完成。我在第一次复职以后，不到8个月的工夫，北伐即告成功。第二次复职以后，虽然经过14年的长期奋斗，但终于促使日本投降，达到了我们雪耻复仇收复失地的目的。现在是第三次复职了，这一次复职以后，我们革命的目标，是恢复中华民国，消灭共产国际……我相信我们一定可以完成我第三次复职的使命。"

从此，蒋介石成为台湾名副其实的独裁者，一直到他病逝，他一直连任中华民国"总统"。

蒋介石虽然可以不理会李宗仁的谴责，但是对美国的反应却非常担心。"外交部长"叶公超向他报告说，美国总统杜鲁门将于3月2日中午在白宫会见并宴请李宗仁。蒋介石听后大惊，感到痛苦而愤怒，可又不敢对美国发火。当他第二天得知，在宴会上杜鲁门只对李宗仁说了一些冠冕堂皇的话，没有作任何政治承诺时，他那颗悬着的心才稍微安静下来。

而3月2日晚间国务院的声明，更让蒋介石感到高兴。当时美国国务院新闻发布官麦克德英特发表声明说，国务院收到了蒋介石恢复"总统"职务的正式通知，美国承认蒋介石是"中国政府"的首脑。关于谁是中国"总统"的问题，是一个由"中国政府"自己决定的问题。

蒋介石复职后，立即开始更换李宗仁当代"总统"时期的人事安排，全部换成自己的人。蒋介石本来很想把儿子蒋经国尽快送上权力宝座，但是，又觉得时机还不成熟，因此他先选中陈诚为蒋经国打前站。陈诚是四星上将，而且资历很深，在黄埔系中地位仅次于蒋，而且历任"国民党政府军政部长""东北行营主任""参谋总长""台湾省政府主席"兼"东南军政长官公署长官"等要职，战功和政绩都很显赫。陈诚还有着国民党大员中难得的优点，即比较廉洁检点。而且他对蒋介石和蒋经国都显示了极大的忠诚，让蒋介石很放心。对这样一个又忠诚又能干的人，蒋介石认为他不仅可以应付眼前的危局，而且可以扶植蒋经国稳步上升。当然，陈诚这个人还与蒋经国和宋美龄的关系都处得好。陈诚的妻子谭

∧ 蒋介石在台北接见美太平洋舰队司令马侃上将。

祥，是国民党元老谭延闿的女儿，而这个姻缘就是宋美龄一手撮合而成的，谭祥还因此拜宋美龄为干妈。这样看来，陈诚也算是半个蒋家人了。所以，陈诚几乎没有异议就被蒋介石任命为台湾的“行政院长”。

于是，陈诚接替阎锡山，成为新的“行政院长”，开始组织台湾“内阁”。蒋介石任命非嫡系的孙立人为“陆军总司令”。“海军总司令”由桂永清继续担任。“空军总司令”周至柔还兼上了“参谋总长”。

这个时候蒋介石还特别重用了吴国桢和孙立人。

吴国桢是美国普林斯顿大学的博士，非常推崇资产阶级国家的法制和民主，有“民主先生”之称。孙立人毕业于美国高等军事院校，以美国式作风治理军队，赢得了华盛顿的欣赏。

而美国人很早就希望吴国桢和孙立人能够掌握实权，甚至取代蒋介石。因此蒋介石此时为了争取美援，就重用了这两个人。

1949年10月，郑介民出使华盛顿回来时，就带回了美国人提出的3个方案，其中之一

∧ 陈诚与家人。陈诚飞黄腾达的另外一个因素是其夫人谭祥乃是宋美龄的干女儿，得了这一层关系，陈诚的升迁就不足为怪了。

就是美国希望台湾进行彻底改革，并希望由吴国桢担任台湾省“主席”，以便使台湾人民获得更多的参政机会。

孙立人当年在抗战中战功卓著，被美国人称为“史迪威的孩子”。后来孙立人以“陆军训练司令”职务到台湾训练士兵，他总共训练了3个军，美国人把他训练的军队称为“新军”，并盛赞他为“伟大的军事家”“常胜将军”等。当时，美国人还向李宗仁和蒋介石建议说，应该由孙立人出任台湾省“主席”。陈诚闻讯后，当即耍花招要让位给孙立人，蒋介石也假装对孙非常器重。但是事实上陈诚不仅没有出让自己台湾省“主席”的位子，反而把军政大权都揽了起来。孙立人后来埋怨美国人没有及时帮助他。美国人便通过各种渠道，设法制造“台湾地位未定论”，想阻止蒋介石去台湾。

蒋介石知道了美国人的意思，非常担心。在他去台湾之前他先到马公岛，并想办法去探测孙立人的意思。他派国民党驻菲律宾“大使”陈质平试探孙立人说：“蒋先生不想亡命国外，但求台湾一席之地。若孙将军以为未便，则他父子径去马尼拉矣。”

孙立人虽然对蒋介石不满，但是还没有达到要取代蒋的地步，当即吃了一惊，于是连夜召集亲信商量对策。第二天，孙立人亲自率部下去马公岛欢迎蒋介石。孙立人对蒋介石说：“台湾一切当以领袖之命是从！”

蒋介石这才稍微放了心，他高兴地握着孙立人的手说：“蒋某人从此息影田园，再不过问政治。孙将军将来可以出任陆军总司令。”孙立人当然知道蒋介石只是口头说说。

蒋介石安排蒋经国担任“国防部总政治部主任”，虽然只是三星上将（二级），官衔不高，但是却拥有非常大的权力，负责监督筹划情报业务，指挥管辖一切党政特务机构。因此，吴国桢曾经当面对蒋介石担心地说，经国兄管特务，“事情做得再好，天下人都是怨恨的”。

∧ 1948年陈诚与周至柔在一起。从北伐时期周至柔做陈诚的副手开始，他就一直追随陈诚。到台湾后，陈诚升任“行政院长”，周至柔更是坐上了“空军总司令”的宝座。

< 孙立人陪同蒋介石检阅国民党军。刚到台湾时，孙立人颇受蒋介石器重，委其以“陆军总司令”头衔。

蒋介石对其他逃到台湾的国民党元老，采取了打入冷宫的办法。白崇禧被蒋骗到台湾后，只挂了个“总统府战略顾问委员会副主任”的空名，实际上已经被蒋介石软禁起来。当“国大”罢免李宗仁“副总统”职位时，白崇禧深知自身危险，因此故意高举赞成罢免票，以表心迹。蒋介石还监视白家的一切，有一次，白的妻子去香港，机场检查人员就对她说："你的皮包如果有信件，应该交出来寄去，不应该由你带去。”白的妻子知道自己在包里装信的事情已经被特务发现，于是也不说什么，当即从包里取出一封信，随手撕毁，说没什么要事，不必交出邮寄了。蒋经国还派人去检查白崇禧和薛岳的家，把地板都要挖开，进行搜查。

何应钦有几次得罪过蒋介石，自知大势已去，于是就在无实权的“战略顾问委员会”主任位置上，处处做出一副绝意于政坛的样子。每天只是沉迷于“三打”：一打桥牌，二打猎，三打球。后来他热心于“道德重整会”，常常写写“道德”文章。一次，何应钦因为去东京过久，蒋介石便急派张群去东京催促。

阎锡山担任了“国民政府”在大陆的最后一届“行政院长”，到台湾后，又当了几天没有权力的“国防部长”，随后就改任为养老的“总统府资政”，不再有任何作用。顾祝同、汤恩伯、胡宗南等将领也完成了他们各自的使命，被蒋介石冷落到一边去。这样，通过对党、政、军各方面的重要人事布局的重新安排，蒋介石暂时巩固了自己在台湾的统治。

> 1950年朝鲜战争爆发后，杜鲁门凝视着地球仪上那片与他远隔万里的远东岛国，他需要这次机会来为美国争取利益，所以他悍然做出了派兵入侵朝鲜的决定。

朝鲜战争爆发，蒋介石内心狂喜

1950年6月25日中午，北朝鲜人民军的两个师加一个团，由苏制T－34坦克开道，在重炮、迫击炮和重机枪火力的支持下，迅速突破南朝鲜在三八线的阵地，向汉城方向挺进，朝鲜战争爆发。

蒋介石本来正如一头被赶入陷阱的黑熊，在狭小的地方凶狠地转来转去。虽然外面“保卫大台湾”的口号喊得震天响，但是谁都知道这是自己给自己壮胆，解放军随时都有可能渡海作战，解放台湾。他做梦也没有想到，形势在一夜之间会出现转机。

美国立即对朝鲜半岛的事态做出反应，杜鲁门政府宣布武装干预朝鲜战争，并立即改变了对台政策，下令第七舰队进入中国台湾海峡。同时，杜鲁门又宣布任命兰钦为驻台使节，第二年将驻台湾“总领事馆”升格为国家级的“大使馆”。

美国的干涉挽救了蒋介石。

而美国开始时放弃、这次又重新支持蒋介石，则是在冷战背景下，美国国内两派政治力量互相斗争的结果。

战后，美国在国际上对以苏联为首的社会主义国家全面推行“遏制”政策，世界上形成了东西方两个阵营的冷战格局，而这个由美国推动的“冷战”也使华盛顿感到了一种强烈的“战后不安全感”。为了确保美国的“国家安全”，苏联因素也成为美国决策层在决定对外政策、包括对华政策的重要依据。在一段时间内，是否继续支持在台湾的蒋介石，美国国内一直有两种非常强大的声音。而其中一种声音认为，台湾的“失陷”，直接关系到美国的亚洲战略利益。

这种声音认为，一旦台湾被解放，那么台湾就会处于“一个受克里姆林宫指使”的政府之下，这“对美国的安全将会产生严重不利的影响。”因为如果在亚太发生战争，美国就无法接近中国大陆这个巨大的战略要地，无法使用中国大陆的空军基地、海港和沿岸铁路集散站。台湾在亚太战争时无疑可作为美国牢固的战时基地。如果台湾被解放，苏联的势力范围将扩大到从日本到马来西亚地区的航海线，甚至“扩大到琉球和菲律宾”，这将威胁到美国的西太平洋战略安全。日本的食物及其他补给主要来自台湾，如果台湾失陷，美国将不得不负起这个难以承受的重担。综合上述因素，美国的鹰派力主“介入台湾”。

从国际冷战格局来看，由于苏联和中华人民共和国的结盟，使得美国受到了刺激，致使美国和中华人民共和国的关系也在不断恶化。

中华人民共和国一成立，就采取了对苏联和社会主义国家“一边倒”的外交政策。1949年10月2日，苏联率先断绝了与“国民党政府”的外交关系，正式承认中华人民共和国政府。随后，东欧各社会主义国家也相继承认了中华人民共和国。1949年12月16日，毛泽东乘火车到达莫斯科，开始了对苏联的国事访问。这次访问的基本目标，毛泽东认为就是要签订新的中苏友好同盟互助条约。

在致中央的电报中，毛泽东认为，这样做对中华人民共和国非常有利：“中苏关系在新的条约上固定下来，中国工人、农民、知识分子及民族资产阶级左翼都将感觉兴奋，可以孤立民族资产阶级右翼；在国际上我们可以有更大的政治资本去对付帝国主义国家，去审查过去中国和各帝国主义国家所订的条约。”在他认为，“这一行动将使人民共和国处于更有利的地位，有利于迫使各国无条件承认中国，废除旧约，重订新约，使各资本主义国家不敢妄动”。

1950年2月14日，中国和苏联在莫斯科正式签订了《中苏友好同盟互助条约》和一系列合作协定，这标志着中苏战略同盟关系正式确立。同时，中美关系开始不断恶化。

1950年10月3日，美国国务院宣称：由于中共没有做出要承担其“国际义务”的保证，美国将不会承认中华人民共和国，“国民政府”仍是“中国的合法政府”。6日，杜鲁门总统批准继续给予国民党7,500万美元的军事援助。早在中苏谈判期间，美国国务院接连不断掀起了破坏中苏结

∧ 1950年2月14日，毛泽东和斯大林出席《中苏友好互助条约》及有关协定的签字仪式。

盟的宣传攻势。艾奇逊在1950年1月12日的一次演说中挑拨说，苏联要吞并中国北方的4个地区。3月15日，他又说了类似的话。

为了回应美国对中苏条约和协定的恶意攻击，2月14日，周恩来总理在莫斯科的签字仪式上专门宣布了中华人民共和国对这些协定所持的立场：这些条约和协定的缔结是根据中苏两国人民的根本利益，并将成为中苏两国兄弟友谊和永久合作的标志。这些条约和协定的缔结，也特别表现了苏联在斯大林大元帅的政策指导下，热情地援助中国人民的革命事业，这将使中国人民感到自己是不孤立的，而且也将有助于中国经济的发展，有助于世界和平。以美帝国主义为首的帝国主义集团曾经千方百计地，企图挑拨离间我们两国的友谊，现在这种无耻的企图已经彻头彻尾地失败了。

∧ 美国参谋长联席会议主要组成人员，左起：参联会主席布莱德雷、空军参谋长范登堡、陆军参谋长柯林斯、海军作战部长谢尔曼。

∨ 蒋经国、陈诚与美参议员诺兰夫妇（右）等人合影。

周恩来说："我相信，拥护我们的条约和协定的将不只是中苏人民，而且将是全世界的进步人类，而仇恨这些条约和协定的不过是那些帝国主义者，那些战争贩子。"17日，毛泽东在离开苏联时发表临时演说宣布："业已经过条约固定下来的中苏两大国人民的团结将是永久的，不可破坏的，没有人能够分离的。"

中华人民共和国成立之后，为了减少帝国主义，特别是美国进行政治破坏和思想影响的可能性，一方面与苏联保持接近，一方面也决定对美国采取疏离和强硬的态度。

由于外交政策和国情的种种原因，中美关系逐渐恶化。1950年4月底，美国正式撤回留驻在中国的全部外交人员，双方从此长达几十年不再有任何直接的外交渠道。

在中华人民共和国与美国关系恶化的同时，美国国内的亲蒋势力则加强了支持台湾、防守台湾的阵阵鼓噪。美国国防部长约翰逊、远东司令麦克阿瑟等人都力主支持台湾，国会议员史密斯、诺兰、弗格森、塔夫脱及前总统胡佛等人更直接地主张派遣美国海军"保卫"台湾，甚至海南岛，"在太平洋上筑起一道反对共产主义的墙"。

这些反共保台分子还逼迫杜鲁门总统在1950年1月5日的"弃蒋"声明中修改了几个关键字句，从而为此后的"介入台湾"留了一手。杜鲁门原文中有美国"无意在台……建立军事基地"一句，还有美国无意"使台湾脱离中国"这句话。在参谋长联席会议主席布莱德雷的强烈要求下，杜鲁门不得不在"无意在台"一句话前加上了"现在"二字。艾奇逊在1月5日下午的记者招待会上解释说，"现在"这个词意味着"万一不幸我们在远东的部队遭到攻击，美国必须完全有自由在任何地区采取任何必要的行动来保卫它自己的安全"。至于删除美国无意"使台湾脱离中国"这句话，布莱德雷认为，当中国人民解放军渡海解放台湾时，美国就有可能考虑台湾脱离中国的问题，并有可能在台建立军事基地。

1950年1月12日，美国两派斗争中，以国务卿艾奇逊为首的"弃蒋"派占了上风，因此才出台了杜鲁门著名的"弃台"声明。而艾奇逊则在全国新闻俱乐部发表了著名的"划线"讲话，即明确划出了美国在西太平洋的岛屿链防线是，从阿留申群岛，经日本、琉球群岛至菲律宾，这个防线把台湾划在了外面。

杜鲁门的声明和艾奇逊的讲话激起了反对派的激烈反对。诺兰参议员认为政府执行了一种"宿命的"对台政策，强烈要求对国务院远东司的人员进行重新安排，要求任命对华政策强硬的麦克阿瑟为美国远东政策协调人。塔夫脱参议员认为政府的对台政策不是在阻止共产主义。

资深参议员范登堡还尖刻地批评《开罗宣言》说："我无法摆脱这样一种感觉，在台湾的600万人民的最后命运就在一个阳光明媚的星期天下午在开罗'牧羊人'旅馆的阳台上永远地决定了。"史密斯认为艾奇逊在1月12日的讲话中对国民党失败的原因产生了判断错误，因为艾奇逊认为蒋介石政权在大陆的垮台是由于该政权的腐败，是被中国人民所抛弃的。而史密斯则认为，中国是为俄国争夺过去的，国务院没有认识到台湾的重要性。

臭名昭著的麦卡锡参议员则声称，国务院内的一帮左翼分子帮助俄国"夺取"了中国。杜勒斯在1月底的一次公开演讲中攻击"防御圈战略"说："如果我们放弃了超出我们的军事和经济能力的所有目标，那意味着抛弃了1.8亿的人口；而与此同时，这些人就会招致长期并公开反对我们的苏联共产主义的包围。"还有许多参议员非常不满杜鲁门的独断专行，认为杜鲁门事先未与参院外交委员会磋商就决定对台政策是错误的。

虽然50%以上的美国人反对进一步援助国民党，艾奇逊的对台政策也得到了大多数美国公众的赞同，但国会内的"中国帮"和军方则势力强大，他们强烈要求政府采取果断改变对台的"袖手旁观"政策。为了协调两党之间的对外政策，杜鲁门和艾奇逊也不得不做出一定的妥协。1950年3月，艾奇逊任命共和党参议员约翰·库柏为顾问，负责协调欧洲事务；4月，又任命杜勒斯为国务院顾问，负责协调远东事务，并由与共和党关系密切的腊斯克接替巴特沃斯之职，担任远东事务助理国务卿，同时还同意将《1948年援华法》的有效期从1949年延长至1950年6月。

但是，反对派仍然并不满足，他们对杜鲁门政府施加了各种各样的压力。他们从台湾发来各种报告，无一例外地要求美国政府承担起"保卫"台湾的"义务"。这些报告在国务院、国会和五角大楼之间被广泛传播，对美国的对外政策起到了重要的影响。国防部长约翰逊接到的报告说，鉴于中共已同苏联结盟，并没收了美国使馆的财产，与当初杜鲁门发表声明时相比，此时形势已发生了较大变化，因而有必要重新考虑政府的对台政策。

> 蒋介石与时任美国国防部长的约翰逊在台湾合影。约翰逊在他的任期内，主张支持台湾，是美国军方人士中坚定的援台派，。

以国防部长约翰逊为代表的美国军方是坚定的援台派，他们继续要求援助逃到台湾的国民党政权。1950年1月20日，约翰逊建议从援助“泛指的中国地区”的7,500万美元中拨出3,000万来援助台湾。6月9日，约翰逊主张“美国应当尽一切努力保持台湾不落入共产党之手，即使这需要美国军事力量对台提供援助也在所不惜”。

麦克阿瑟于1950年6月份说：台湾是美国远东防线中极关键的一环。发生战事后，台湾是否留在“友好”或“中立”的政权手中，将决定美国能否守住“防线”。他说：“一旦美苏爆发战争，台湾对于共产党来说就相当于一艘不沉的航空母舰和潜水艇供应站，其位置对于苏联完成其战略十分理想，同时也可以把美国远东部队在（西太平洋）中部和南部的反攻能力彻底消灭。”

麦克阿瑟认为，如果台湾“落入”共产党之手，将严重破坏美国的战略利益，因为台湾的力量等于苏联由几十艘航空母舰组成的舰队。如果台湾失陷，美国的“防线”就可能被迫退至夏威夷和它的西海岸。麦克阿瑟还大言不惭地认为，虽然在二战结束时美国同意把台湾归还中国，但目前的政治形势需要重新考虑台湾的归属问题。他说，“台湾的最终命运无疑取决于美国”，因此主张采取断然措施把台湾包括在美国的防线内，不使台湾“落入”共产党之手。

麦克阿瑟要求美国政府“授权他立即就防止共产党占领台湾所必需的军事、经济和政治条件进行调查，并把此结果作为美国制订对台政策的基础，然后据此采取行动”。这得到了国防部长约翰逊的大力赞同。他在6月中旬赴东京访问期间，与麦克阿瑟达成了向白宫施加压力的共识，强烈要求政府改变现行的对台政策。与此同时，美国军方已开始提前制定“保卫”台湾和以台湾为跳板进攻大陆的紧急计划。

美国的保护伞

朝鲜战争爆发的消息在第一时间传送到杜鲁门总统手边，他当即匆忙结束了自己的休假，火速飞向华盛顿，准备召开战略会议，商讨应对之策。在飞行途中，杜鲁门非常肯定地认为这是俄国人在背后酝酿的。他说：“我敢肯定……必须以牙还牙，我得出的结论是，唯独实力才是俄国独裁者唯一懂得的语言。我们必须以实力为基础给予迎头痛击，痛击并击败他们。”

其实，早在朝鲜战争爆发前，美国政府对台湾的态度就已经发生了变化。当时由于冷战形势的变化，特别是中苏两个社会主义大国的结盟，使得美国国内保台势力大增，杜鲁门政府面对压力，对台政策已经开始进行调整，甚至连原来坚决主张弃蒋的国务卿艾奇逊也发生了转变。1950年6月初，艾奇逊回复国防部长约翰逊时说：“这1.25亿美元余款中尚存在海、陆、空军各部的部分是确定地、绝无变更地归国民党政府使用”，并认为“国民党政府”用

∧ 朝鲜战争的爆发，让美国改变了对台政策，阻止人民解放军解放台湾，同时操纵联合国大会通过了动用武力将北朝鲜军队逐出南朝鲜的决议。图为联大会场情形。

这笔款购买军火可以一直到用完1.25亿美元为止。艾奇逊开始对英国人说美国正在考虑台湾问题，美国将努力防止国民党集团的“马上消失”。因为美国人估计，在1950年6月~7月间，台湾随时都可能被共产党渡海攻陷。

此时，朝鲜战争爆发，杜鲁门大喜，认为这刚好为自己的政策转变提供了一个良好的借口。此时，蒋介石对自己和台湾的前途已经恐慌到了极点，“台湾已到了空前未有的危险时期”的时候，他没有想到朝鲜战争会突然爆发，也没有想到杜鲁门政府会重新卷入中国事务。因此，他打内心感到高兴，觉得自己得救了。

朝鲜战争爆发的当天，麦克阿瑟就提出了《从亚洲遏制共产党的战略计划》，并把这个计划由国防部长约翰逊转达给杜鲁门总统。这个计划的内容是：

一、立即援助朝鲜，并建议由台湾调一个军驻援南朝鲜。

二、认为台湾具有极其重要的战略地位，应以海空军保卫该岛，并给予蒋介石以广泛的军事援助。

三、加强菲律宾和印度支那的军事力量。

四、保卫日本的安全。

6月26日晚，杜鲁门在华盛顿召集了包括13位负责全国军事、外交的高级官员的紧急会议。与会人员一致认为朝鲜战争“造成了巨大的混乱，形势令人担忧”，为了防止人民解

∧ 1950年6月28日，毛泽东在中央人民政府委员会第八次会议上发表讲话，号召全国和全世界人民团结起来，进行充分的准备，打败美帝国主义的任何挑衅。

放军趁机渡海进攻台湾，美国应采取措施“保卫”台湾。随后，杜鲁门把众人的看法总结为3点：

一、授权麦克阿瑟向南朝鲜运送军援计划以外的武器和其他装备。

二、动用空军掩护美国妇女和儿童撤退，对企图阻挠撤退的一切北朝鲜飞机和坦克进行还击。

三、命令第七舰队从菲律宾向北移动，以阻止中共进攻台湾，同时劝阻国民党当局不要采取任何针对大陆的行动，并告诫麦克阿瑟不要和台湾搞得过于亲热。

这时，美国的对台政策发生了翻天覆地的变化。美国第一次公开提出了“台湾地位未定论”，即所谓的“台湾问题中立化政策”，由原来的“袖手”政策转变为干预政策。美国随后派遣第七舰队进入台湾海峡，阻止解放军解放台湾，同时操纵联合国大会通过议案，组成联合国军进攻北朝鲜。

第七舰队前身是美国大西洋舰队的一支特混舰队，第二次世界大战时，由于对日作战需要，于1943年3月调归太平洋舰队，称为第七舰队，归美国南太平洋战区司令指挥，升级为美国海军四大主力舰队之一，主要负责菲律宾至印度尼西亚一带海域的作战任务。6月28日，美国远东军总司令麦克阿瑟亲自飞往朝鲜战场督战。6月29日，美国第七舰队的6艘驱逐舰、2艘巡洋舰和1艘运输舰由菲律宾北上，正式进入台湾海峡，并开始在海峡进行游弋，担负起了“保护”台湾的任务。

第七舰队进入台湾海峡，是对中国统一的阻挠和对中国革命事业的粗暴干涉。中华人民共和国成立后制定的解放台湾的方针，因此而不得不长期搁置，中国统一的日程表也被迫无限期地后移。台湾问题本来纯属中国内政，此后则成为中美关系中的最大问题。

1950年6月28日，毛泽东在中央人民政府委员会第八次会议上指出，美国派出第七舰队的行为“暴露了自己的帝国主义面目”。他愤怒地说：“杜鲁门在今年1月5日还声明说美国不干涉台湾，现在他自己证明那是假的，并且撕毁了美国关于不干涉中国内政的一切国际协议。”周恩来外交部长同日也发表了《关于美国武装侵略中国领土台湾的声明》：“杜鲁门27日的声明和美国海军的行动，乃是对中国领土的武装侵略，对于联合国宪章的彻底破坏。”针对朝鲜战争爆发，中国政府领导人认为：“美国政府指使南朝鲜李承晚傀儡集团对朝鲜民主主义人民共和国的进攻，乃是美国的一个预定步骤，其目的是为美国侵略台湾、朝鲜、越南和菲律宾制造借口。”

周恩来代表中华人民共和国政府随即宣布：

不管美帝国主义采取任何阻挠行动，台湾属于中国的事实，永远不能改变；这不仅是历史的事实，且已为《开罗宣言》《波茨坦公告》及日本投降后的现状所肯定。我国全体人民，必将万众一心，为从美国侵略者手中解放台湾而奋斗到底。战胜了日本帝国主义和美帝国主义走狗蒋介石的中国人民，必能胜利地驱逐美国侵略者，收复台湾和一切属于中国的领土。

6月25日，麦克阿瑟从东京给蒋介石发来了一个急电，询问蒋能否派一个军去朝鲜作战。蒋介石大喜，立即召开紧急会议决定出兵朝鲜。蒋介石还立即向李承晚表示声援。蒋介石打算派遣蒋军主力52军和第13师共3.3万人出兵朝鲜。

7月1日，美国陆军进入南朝鲜，驻日本的美国远东军总司令麦克阿瑟亲自兼任朝鲜战场联军总司令。7月7日，安理会通过决议，授权美国率领联合国军干涉朝鲜内战。同一天，第七舰队司令到台北进行访问，随后美国派贾纳德少将出任驻台军事代表。

在朝鲜战争爆发的当天晚上，南朝鲜总统李承晚向蒋介石发来急电求援。蒋介石当即回电声援，并表示将采取实际措施来进行援助。紧接着，蒋介石在阳明山“总统官邸”召集陈诚、王世杰、谷正纲、黄少谷、何应钦、周至柔、孙立人、王叔铭、桂永清、蒋经国等人举行紧急军政会议，研究对策。会议决定：台湾、澎湖、金门、马祖地区从6月26日零时起，全面进入紧急备战状态，实行宵禁，停止三军官兵的休假和外宿，进行反共宣传，要“打回老家”“戡平共匪”，并发动民众请愿活动，加强台湾海峡和大陆沿岸的海空巡逻，加强各岛及台湾的防空和民防措施，加强对交通运输和经济活动的管制，加强特务活动。

25日晨，美国驻远东部队总司令兼驻日盟军总司令麦克阿瑟在东京接到了来自朝鲜的战况报告后，他立即同国防部长约翰逊以及布莱德雷等人举行紧急商谈。麦克阿瑟提出了所谓“在亚洲遏制共产党的战略计划”，建议由台湾派遣一个军支援南朝鲜。麦克阿瑟说：台湾“这个永不沉没的航空母舰，可以容纳10～20个航空大队，包括喷气式飞机至B－29型轰炸机等各式不同的飞机，并可予短程海岸潜水艇以前方作战之供应”。

6月26日晨，当接到李承晚再次请求支援的急电后，蒋介石立即召开党政军要员会议，研究出兵事宜。当时，军方持以国民党军装备很少，

∧ 美国五星上将麦克阿瑟被任命为“联合国军”总司令。

∧ 中国人民志愿军跨过鸭绿江进入朝鲜，开始了伟大的“抗美援朝，保家卫国”战争。

须先考虑台湾防御为理由，反对出兵朝鲜，而文官则多力主出兵。4个多小时的争论后，还没有达成一致，蒋介石最后做决断，说：“国民党之所以痛失大陆，就在于不敢痛下决心，不敢冒险。今日党国已无路可退，唯有拼死一搏，方可收复河山。诸公勿需再议。中正决心已下，定得参战。”蒋介石的表态改变了军方将领的态度，他们纷纷表态：“一旦校长立下决心，学生万死不辞，甘为党国舍身成仁。”于是，会议决定出兵朝鲜。

26日中午，费尔德上校率领美军驻台军事联络组由东京飞到台北，并把麦克阿瑟的亲笔信交给了蒋介石。蒋介石说：“麦帅此举是理智仁义，中国政府不胜感激。”蒋介石很快复电麦克阿瑟说，自己愿把国民党最精锐的52军3万余人派遣到南朝鲜。只要美国做出最后决定，该军即可出发。

6月27日，国民党“陆军总司令”孙立人接到蒋介石命令，开始对52军的人员进行调整。

6月28日，台湾派顾维钧、胡适向杜鲁门递交了蒋介石6月26日向杜鲁门建议派52军驰援南朝鲜的电报副本。胡适向蒋介石报告说，杜鲁门看到这个副本后表情很愉悦，蒋介石为此非常振奋，以为参加朝鲜战争很快就会实现其“反攻大陆”的愿望了。

但是美国政府内部对蒋介石援助南朝鲜的问题发生了激烈的争论。杜鲁门认为国民党军队参战可以有效减少美军的伤亡人数。他对艾奇逊说：“我在听到这个消息的时候，第一个反应是应当接受这番好意。因为，正如我今天对国家安全委员会所说的，我希望看到尽可能多的联合国成员国参加朝鲜的行动。”但是艾奇逊则提醒他说：“但是，总统先生，美国把第七舰队派到台湾，正是因为台湾是可能遭到攻击的地区之一。现在，一方面花美国的钱去保卫那个岛屿，而另一方面这个岛屿的理所当然的保卫者却跑到别的地方去，这样做多少是有些矛盾的。况且国民党新败之余，还有什么战斗力呢？”

后来，杜鲁门在艾奇逊、国防部长约翰逊和三军参谋长参加的联席会议上，继续坚持接受国民党出兵的看法。艾奇逊却继续进行反对，他认为，如果台湾国民党出兵朝鲜，共产党中国就可能马上决定出兵支援北朝鲜，以打击蒋介石军队。三军参谋长们则认为，蒋介石所提供的3万人其实并没有什么用处，“尽管他们说是他的最精锐部队，却拥有很少的现代化装备，其情况恐怕会像李承晚的军队无法对付北朝鲜的坦克一样”。而且，最关键的是，蒋介石的军队要去朝鲜，还要美国的舰船和飞机去进行运输。最后，杜鲁门只好同意多数人的意见，不允许蒋介石参战。

1950年1月6日，中、英两国建立外交关系，英国政府同时宣布不再承认国民党集团。英国为了自己的利益，一再要求美国不要和台湾军队协同作战，以免损害刚建立起来的中英关系。

但以麦克阿瑟、约翰逊为代表的美国军方则极力主张出兵台湾，支持蒋介石出兵朝鲜。7月31日，麦克阿瑟亲自带领大批将领到台湾与蒋介石举行会谈。

第二天，双方经过协商后达成如下协定：双方陆海空军归麦克阿瑟指挥，共同防守台湾；增派美国空军第13航空队常驻台湾，在台湾设立军事联络办事处。

8月1日，麦克阿瑟在离开台湾前与蒋介石分别发表了声明。麦克阿瑟说：“台湾本岛包括澎湖在内，在目前情况下，不得遭受军事进攻之政策业经宣布，是项政策之执行，即为余之责任与坚决之目的。余在台与各级人民所举行会议极为恳切而和谐。余统率下的美军与中国政府（注：指台湾国民党政权）军队间有效联系已经完成。”他还宣称：“大陆中共倘若发动对台湾的进攻，则吾人当更能做有效之应付。”

蒋介石也同时发表声明：

吾人与麦帅举行之历次会议中，对于有关各项问题，已获得一致意见，其间关于共同保卫台湾，与中、美军事合作之基础，已告奠定。

麦克阿瑟置美国政府态度于不顾，擅自亲台的嚣张态度让杜鲁门很没有面子，他的权威受到了挑战。同时，中国共产党对此也非常愤怒，台湾问题因此而进一步复杂化。1950年七八月份，中国人民解放军解放了东南沿海的一些岛屿：7月8日，长江口外的嵊泗列岛宣布解放；7月15日，浙江南部沿海的北麂山岛解放；7月16日，浙江东部沿海的披山岛解放；8月4日，珠江口外的所有岛屿已全部解放。

朝鲜战争爆发的前两个月里，朝鲜人民军的进展非常迅速，很快攻占了汉城和南朝鲜的大部分地区，韩国军队已被击溃，紧急增援的美军4个师也被赶到了滩头堡里。9月15日，麦克阿瑟率5万多“联合国军”、300多艘军舰、500多架飞机，趁朝鲜人民军主力南下、后方空虚之机，在只有500人防守的仁川港成功登陆。仁川位于朝鲜半岛狭窄的腰部，战略位置非常重要。美军在仁川登陆，立即就截断了朝鲜人民军的补给线，并进入北朝鲜进行作战。

V 1951年蒋介石视察岛内国民党军队。

战场形势迅速发生了逆转。10月1日，麦克阿瑟通过广播向北朝鲜发出最后通牒，要求朝鲜民主主义人民共和国无条件投降。形势危急，金日成当天晚上就紧急召见中华人民共和国驻朝大使，希望中国出兵援助，并派人前往北京向中华人民共和国领导人当面提出请求。

10月1日，毛泽东主持召开中央政治局常委会，讨论了金日成的要求和朝鲜局势，做出了出兵朝鲜的重大决定。8日，毛泽东任命彭德怀为中国人民志愿军司令员兼政委。10月25日，中国人民志愿军跨过鸭绿江，进入朝鲜，开始了伟大的“抗美援朝，保家卫国”战争。

蒋介石为了把美国拉入中国内战的泥潭，于1952年2月第三次向美国提出出兵朝鲜的建议。艾奇逊闻讯后表示：“蒋总统知道，单凭自己实力，绝不可能打回大陆，而我国政府一旦答应其请求，朝鲜战争就有可能演变成美中战争，到那时，美国除了死心塌地帮蒋总统打垮共产党中国外，别无选择。可这场战争，一切成果归国民党政府，但一切负担只能由我国负担。这种吃力不讨好的事，对我国利益会带来极大的损害。”所以杜鲁门再次采纳了艾奇逊的建议，公开拒绝蒋介石出兵朝鲜。

∧ “总统官印”是权力的象征。

但是，美国第七舰队进入台湾海峡，本身就撕破了美国一再声明的对台的中立立场。

同时，为了在政治上、军事上和经济上控制台湾，把台湾变成自己的一个附庸，美国已非常苛刻地提出了军事和经济援助台湾的条件。而蒋介石为了求得美国的保护，只好出卖台湾利益，接受了美国的苛刻要求。

在提供援助之前，1950年1月30日，美国驻台“公使”兰钦代表美国政府，对蒋介石提出了严格的要求，要求台湾当局在使用美国的援助物资时，必须遵守以下条款：

一、台湾当局利用美国军事物资确保内部安全与正当防卫。

二、台湾当局保证在每一事项上采取与美国政府商定好的安全措施。

三、台湾当局保证同意接待在台的一切执行美国政府

∧ 退居一岛的无奈与“光复大陆”的壮志，在端详地球仪上海岸相隔的那片土地时，顿觉渺小与无力。

∧ 美国第七舰队在台湾海峡游弋。

意图的美国政府人员，并对美国提供的援助物资的使用情形接受监督。

四、台湾当局对美国军援物资的处理，须征得美国政府的明确表示。

如果台湾不按美国规定的要求去做，那么美国政府可以撤销这些援助。

1951年5月18日，美国主管远东事务的助理国务卿腊斯克宣布："我们对于台湾，除继续予以经济援助外，并将给予选择性军事援助，以加强台湾的防卫实力。"同时，美国还成立了美军驻台军事顾问团。

美国还在逐渐加大对台湾的支援力度。1951年2月，美国政府拨款5,000万美元支援台湾，5月，又给台湾2,120余万美元用于海、空军发展计划。1951年，光是美国给予台湾的经济援助就达到了9,804万美元，1952年财政年度，美国对台湾援助8,148.2万美元，1953年财政年度，为10,550万美元。不仅如此，美国还通过对应资金计划、联合农业复兴计划和技术援助计划等方式援助台湾。

第七舰队进入台湾海峡有两个苛刻的条件：第一个条件是，"台澎地位未定论"。这让蒋介石感到难以接受。事实上，早在日本投降之际，美国就有人鼓吹由"美国单独管理台湾"，或"由联合国托管"。当时，蒋介石对此分裂台湾的主张给予了严厉驳斥和指责，而中国共产党也在这一涉及国家统一的原则问题上对美国的图谋给予了坚决的反对。最终，在中国共产党和台湾当局的共同强烈反对下，挫败了美国的阴谋，联大最后投票表决暂缓讨论"台湾问题"。

∧ 20世纪50年代，蒋介石夫妇在台湾。

1949年，当蒋介石正计划把台湾作为最后的反共基地时，美国又有人企图让台湾脱离中国，主张“台湾之最后处置，须俟结对日和约后再定”，或者“把台湾交盟军总部或联合国代管”，蒋介石对此加以严词拒绝。

1949年10月，美国国务院再次向杜鲁门提出建议说，由美国施加压力，迫使蒋介石和国民党政权离开台湾，去海南岛，台湾则交联合国托管，杜鲁门综合考虑后没有同意。此后，美国右派参议员史密斯等又提出由美方、蒋方和“台湾人”共组一个联合政权，从而既可达到“友谊地、和平地占领台湾”的目的，又可避免使美国走上“危险的和没有止境的与中共军事对抗”的道路，这就是所谓“联合政权”的主张。杜鲁门再次明确予以拒绝。美国政府的正式表态始终明确承认“台湾在政治上、地理上和战略上都是中国的一部分”，“美国对台湾和中国其他领土从无掠夺的野心”。

1950年6月26日，美国的立场开始后退，美国向台湾方面提出备忘录，提出美国视台湾海峡为未确定归属的海域，因此美国在这片海域拥有“单独或集体自卫的权力”。因此，美国将向台湾海峡派出第七舰队，但并不是应“中华民国政府”的邀请协防台湾。台湾及台湾海峡的未来地位，将由对日和约决定。蒋介石接到这个备忘录后，虽然不便表达自己的愤怒，但是却立即命令顾维钧紧急约见美国务院顾问杜勒斯，希望美国能将派遣第七舰队进入台海的理由改为“应‘中华民国政府’邀请协防”，蒋介石坚决不能承认美国在这片水域拥有自卫权力。杜勒斯向顾维钧狡辩说：“美国出兵的理由是反对北朝鲜‘侵略’，如果承认台湾海峡是中国领海，则美国第七舰队进入台湾海峡就是侵略中国。”顾维钧说：“如改成应‘中华民国政府’邀请协防，也就不存在所谓‘侵略中国’的问题了。”

杜勒斯回答说：“杜鲁门总统在1月5日已拒绝了贵政府协防邀请，不便在6个月后又出尔反尔，必须有新的托辞；而且美国此次出兵，是以联合国集体反侵略的方式，是国际行动，只有把台湾海峡说成是‘地位未定’，美国才能以‘保护战略补给线’为名，在这片水域要求自卫权力，如用‘协防’提法，便从国际行动变成为美国和‘中华民国’的双边行动，第七舰队驶入台湾海峡的性质也就成了干涉中国内政，这同美国宣布的立场相悖，难以接受。”

美国第七舰队进入台湾海峡所附加的第二条条件是，要求台湾当局承认“台湾中立化”，即美国一方面用优势海军力量遏制和阻止共产党渡海解放台湾，另一方面也要求台湾当局停止对大陆的军事袭击。

这其实反映了美国一贯坚持的“两个中国”的方针，它企图制造“台独”、蒋（介石）和中国共产党之间的矛盾，然后自己获得“鹬蚌相争，渔翁得利”的好处。

顾维钧就此对杜勒斯说：“美国政府既然承认中华民国为中国唯一合法政府，而中共早已被国民政府定为叛匪，而今美国竟不许讨伐叛匪，岂不是赤裸裸地干涉中国内政吗？”

杜勒斯答道：“第七舰队进入台湾海峡，是为了保持这片未定水域的安宁，也就是确保朝鲜战场上联合国军的海上运输线，国共双方谁在这片水域上用武，都将破坏安宁，因此美国都反对。但在大陆沿海岛屿，美国既不负防卫之责，当然也不管国民政府如何行动。”

顾维钧感到美国强权的厉害，只得感叹“弱国无外交”，郁郁地向蒋介石复命。

蒋介石急于得到美国的保护，只好咬着牙同意了美国的要求。

6月28日，台湾“外长”叶公超发表声明，宣布了台湾当局的立场：一方面，台湾当局表示对美国的建议“原则上接受”，但有两点保留：一是台湾系中国领土之一部分，乃为各国所公认，美国政府在其备忘录中向中国所言之上项提议，当不影响开罗会议关于台湾未来地位之决定，亦不影响中国对于台湾的主权。二是“中华民国”决不放弃“反攻大陆”的总原则，虽暂时同意“台湾中立”，仍保留“采取其他步骤抵抗共产党威胁”的权力。

8月29日，杜鲁门发表了美国对台湾问题的政策声明，企图进一步推动台湾脱离中国。

< 蒋氏夫妇特别是宋美龄，为美国副总统尼克松访台倾注了大量心血，所以才有之后尼克松对蒋氏夫妇的高度评价，并创造了他在美国名流中六度访台的最高纪录。

他继续鼓吹“台湾地位未定论”和“台湾中立化”，而且阴险地表示，要把台湾问题提交联合国进行讨论。

9月20日，苏联针锋相对地提请联合国讨论美国侵华问题，而美国则正式要求联合国大会讨论台湾问题。

台湾是中国领土，国共之争是中国内政问题，如果只能讨论国际问题的联合国同意讨论台湾问题，那么就意味着联合国承认台湾问题是国际问题，这就变相地承认了美国炮制的“台湾地位未定论”和“台湾中立化”论。为此，蒋介石非常焦急，立即向美国进行强力交涉，希望美国收回这个企图分裂中国的提案，并威胁说，如果美国坚决要提交这个提案，台湾当局将使用否决权。但是在谈判中，杜勒斯则咄咄逼人地警告顾维钧说：“如果中国政府（指台湾当局）强烈反对美国对台湾的立场而意欲与美国争论，则将更增加美国的困难而有碍美国确保台湾不为中共所占及维持中国政府（台湾当局）的国际地位。”这正好击中了蒋介石的软肋，他只得对美国的强权做出让步，默许联合国讨论台湾地位问题。

中国共产党在这个事件中发挥了关键性的作用，最终成功地挫败了美国的图谋。中华人民共和国强烈反对联合国讨论台湾问题，苏联等国家也坚决反对美国的无理提案，最终，由已与中国建交的英国提出了“无限期推迟讨论台湾地位案”，这个提案由于得到多数国家的赞成，而在联大获得通过。美国的图谋因此破产。蒋介石听到这个消息，不由得放下了提起来的心。此后，国共双方都心照不宣，以特殊方式共同维护了祖国的统一，使美国的分离阴谋无法实现。

1951年3月13日，美国国防部公然以正常命令形式宣布，由檀香山的太平洋舰队总部接替驻日远东统帅部负责美国协防台湾的责任。这样，美国就以指挥权调整的名义把美国协防台湾的政策，从临时变成无限，以便达到长期控制台湾的目的。5月18日，美国主管远东事务的助理国务卿腊斯克在纽约华美协进社年会上发表演说：“我们承认中国国民政府，不管它管辖下的土地是如何狭小”，“台湾将继续获得美国的重要援助及协助”。

朝鲜战争期间，杜鲁门大选失败，艾森豪威尔成为新的美国总统。艾氏就任之后，为了实现反共目的，就坚决改变了杜鲁门关于台湾“中立化”的政策，而恢复到对台湾当局的正式承认这一步上。他任命反共老手杜勒斯为国务卿，兰钦为美国驻台湾当局的“大使”。1953年2月5日，艾氏还下令第七舰队放弃在台湾海峡从事的“中立巡逻”。

对于美国撤除“中立化”“放蒋出笼”的举动，有舆论认为美国的目的是，一方面对台湾进行安抚，一方面利用台湾问题对中国大陆施加压力，进而影响正在进行的朝鲜停战谈判。

对艾森豪威尔的“放蒋出笼”政策，蒋介石非常高兴，在看到艾氏声明的第二天，蒋介石就发表了声明：“无论在政治上以及国际道义上，实为美国最合理而光明之举措。中国今日之反共复国，为自由世界反共抗俄侵略之一环，但中国不要求友邦地面部队协助我国对共匪作战。”

蒋介石为了让美国帮他防守台湾，一再向美国提出要缔结一项共同防御条约。1953年3月19日，蒋介石就让驻美“大使”顾维钧正式向美国国务卿杜勒斯提出了这一建议，但杜勒斯当即予以拒绝。

此时，由于中国人民解放军正向台湾海峡集结兵力，准备一举渡海解放台湾。为了与社会主义的中国对抗，杜勒斯在原有的立场上开始后退。1953年11月，当美国副总统尼克松访问台湾时，台湾“外交部长”叶公超再次向尼克松正式提出这一建议。蒋介石并不罢休，1954年5月，对来访的美国国防部长威尔逊再度提出签约建议。

在蒋介石的软磨硬泡下，他的目的终于实现，美国政府同意缔结这个条约。1954年12月2日，叶公超与杜勒斯在华盛顿签署了美、台“共同防御条约”。条约的大致内容是：

一、双方各自以自助及互助之方式，维持并发展各自及双方的能力，以抵抗武装攻击，保护领土完整及维持政治安定。

二、双方承认，“对在西太平洋区域内任一缔约国之领土上之武装攻击即将危及其本身之和平与安全，兹并宣告将依其宪法程序采取行动”。

三、就“中华民国”的领土而言，应指台湾与澎湖；就美利坚合众国的领土而言，应指西太平洋区域在其管辖下之岛屿领土。

四、台湾当局同意美国有在台澎及附近为其防卫所需要而部署其陆海空军之权利。

五、此条约并不影响台、美在联合国宪章下之权利义务，或联合国为维持国际和平与安全所负之责任。

∧ 晚年的蒋介石在政治上依旧处心积虑，唯有家庭的天伦之乐给了他一点心灵的慰藉。

台美“共同防御条约”的签订，使美国正式成为台湾当局的保护伞，也使美国在台湾的驻军“合法”化了。

台美“共同防御条约”签字后，蒋介石高兴地让顾维钧递交给艾森豪威尔总统一封信，信中说：“条约不仅使两国民众在其抗击共党侵略中的联结更为紧密，而且将激发千百万珍视自由的亚洲民众之信心。”

但蒋介石对条约中的一些条款也并不满意，一再要求美国对台湾协防范围没有明确包括金门、马祖一事进行公开解释，以澄清“误解”。1955年3月，艾森豪威尔宣布：“为了不损害自由中国的士气，及断绝他们的希望，美国决心协防金门、马祖，以巩固台、澎的地位。”

条约签订后，杜勒斯发表声明说：“这个条约将成为美国同西太平洋地区的其他国家已经缔约的各种集体防御条约所建立的集体安全体系中的另一环节。这些安排合在一起构成西太平洋自由国家人民抵御共产党侵略的中心体制。”并宣称这一条约是“防御性质的”。

日本官方对这一条约的签订表示祝贺，认为这个条约使远东形势大为明了。

英国则宣布：“女王陛下政府对条约在实际上的纯防御性感到满意”，将“美国政府同国民党中国政府之间的关系置于这样一个基础上，使之能保持更密切的磋商”，很是赞同。

社会主义阵营则对这个条约进行了严厉的谴责。12月15日，苏联外交部就“共同防御条约”发表声明，一方面支持中华人民共和国关于台湾是中国领土的立场，另一方面认为该“侵略条约”，“加剧”了“国际紧张局势”。但是苏联的声明并没有明确说明苏联的实际措施，而只是说中国人民解放台湾的决心对苏联人民来说是“可理解的”，并警告美国政府必须对这一“侵略性的条约”的后果“负全部责任”。

对于美台“共同防御条约”，中华人民共和国政府和人民感到强烈愤慨，并进行严厉谴责。12月3日，《人民日报》以《美国对中国人民的严重挑衅》为题，刊登了“美国与蒋介石卖国集团”签订条约的消息。12月5日《人民日报》刊登了题为《中国人民不解放台湾决不罢休》的社论。中华人民共和国外交部长周恩来在12月8日代表中国政府发表了严正的声明：

台湾是中国领土，蒋介石是中国人民的公敌。解放台湾，消灭蒋介石卖国集团，完全是中国的主权和内政，决不容他国干涉。任何战争威胁都不能动摇中国人民解放台湾的决心，只能增强中国人民的愤慨。蒋介石卖国集团没有任何权力同任何国家签订任何条约。美蒋“共同防御条约”根本是非法的、无效的。它是一个出卖中国主权和领土的条约，中国人民坚决反对。如果美国政府不从台湾、澎湖和台湾海峡撤走它的一切武装力量，仍然坚持干涉中国内政，美国政府必须承担由此产生的一切严重后果。

“改造运动”，“太子党”崛起

1950年6月25日，朝鲜战争爆发，蒋介石惊喜异常，台湾终于因此而投入了美国的怀抱。尽管蒋介石更加盼望的第三次世界大战并没有因朝鲜战争的爆发而爆发，但蒋介石仍然成为朝鲜战争中最大的受益者。美台关系也因此而迅速由冷转热，到艾森豪威尔上台后，双方的关系已经进入了“蜜月期”。

蒋介石迅速抓住朝鲜战争爆发后带给台湾的初步稳定时机，开始下重手重新安排台湾的权力关系，以把权力都集中到蒋家人手里。

从1950年7月26日到1952年10月，蒋介石进行了中国国民党的“改造运动”，这实质上是一个把党权集中到蒋家手里的夺权运动。

蒋介石的步骤是先把陈家兄弟赶出国民党中央党部，然后让由蒋系人马组成的国民党“中央改造委员会”★开始清理门户，重新建立“蒋家的国民党”。

这个运动早在1950年7月2日就已经正式开始。当时，在国民党中常会上，蒋介石发表了

★国民党“中央改造委员会”

1950年7月26日，蒋介石指定16人组成中国国民党中央改造委员会，简称“中改委”。8月5日，“中改委”在台北成立，通过《中央改造委员会组织大纲》，任蒋介石为委员会主席。“中改委”一经成立便接替国民党中央执行委员会和中央监察委员会的工作而成为国民党中央最高执行机构。1952年10月23日，国民党第七届中央委员会产生，至此，“中改委”使命结束，职权移交给国民党中央委员会。

《关于实施本党改造之说明》。这次会议通过的“党务改造案”决定：中央委员会暂停行使职权，成立中央改造委员会；开除认为不合格的党员，成立中央评议委员会；提出在“反共救国”中吸收新党员，在政治改革中提拔干部。

同年8月5日，国民党组成了由陈诚、张其昀、张道藩、谷正纲、蒋经国等16人组成的“中央改造委员会”。其中张其昀是知名地理学家，被任命为秘书长。这个只有16人的委员会取代了几百人组成的“中央执行委员会”的职权，被称为“太上内阁”，正式掌握了对国民党进行改造的大权。1950年9月1日，在国民党中央改造委员会第二次会议上，通过了《中央改造委员会大纲》。会后提出了中国国民党改造纲要，称为《本党改造纲要》。这个纲要共11大项：

一、总则。中国国民党为民主政党并扩大其社会基础；对于其他反共抗俄的民主政党尊重并与他们合作，共同“为拯救国家维护民主政治而奋斗”。

二、国民党的构成。以广大民众为社会基础，以爱国的革命分子为构成。

三、国民党的组织原则：“民主集权制”；个人服从组织；少数服从多数；下级服从上级。

四、国民党的组织整顿共10条。主要是“淘汰腐恶分子，加强革命阵容，实行彻底整肃”。其肃整对象为：“叛国通敌”者、“跨党变节”者、“毁纪反党”者、“贪污渎职”者、“信仰动摇”者、“不正当经营以取暴利为目的”者。

五、国民党的干部原则四条：大公无私、忠诚守纪和有领导才能以及接近青年、劳动民众“并能为其利益而奋斗”。

六、国民党的作用。彻底改革过去错误作风，为实现主义而奋斗，深入民众；讲求效能；精诚团结。

七、国民党的领导。（1）以原则为领导：以思想沟通全党；以政策决定人事；以工作考核党员；以是非解决纠纷。（2）一元领导：组织决定一切；“领袖采行组织决定，干部贯彻领袖的意志”；“以组织决定政策，以政策领导政治”。（3）民主领导：上下意见沟通；“以讨论统一意见，以说服打通思想”；“以宣传号召同情”；“以实践取得信任”。

八、党员权利与义务。权利是：有选举和被选举之权；“有受提名扶植之权，有爱党救国抚恤之权”。义务是：研究理论；宣扬主义；遵守党章；缴纳党费；出席会议等义务。

∧ 蒋经国旧照。蒋介石的所谓"改造运动"不过是让自己成为"终身总统"，百年后由其子接任，好让"蒋家王朝"的香火这样一代代延续下去。

九、纪律5条。不准违反整肃条款；保密规定；不准组织小组织和违背党的政策与命令和不缴党费；不准不出席小组会议。对违纪的制裁有四种：警告、停止党权、开除党籍、解散党的组织。

十、凡处地下之组织，条款另定。

十一、党政关系。实行政党政治，依主义定政策，以政策决定人事，以组织管理党员；党的政策应透过民意机关及在政府服务之党员，依法定程序构成法令及政令。

同时还提出了所谓的“四大主张”：

一、坚持反共抗俄战争，恢复“中华民国”领土主权的完整。

二、实行民生主义的社会经济措施。主张配合国家建设计划，使一般民众不受垄断投机的操纵，各行各业者有均衡合理发展的机会；国营企业应加整顿，民营企业应加扶植，以求生产的加速增进，对外贸易尽量发展；更主张厉行所得税、遗产税、财产税，以平均社会的财富。

三、完成三民主义的民主政治。主张本着“宪政”的精神，贯彻为民主政治而奋斗的决心，保障人民基本自由，推行地方自治，为民主政治树立坚实的基础。

四、积极准备“反攻大陆”。

1950年8月16日，台湾“行政院”通过《台湾省各县市行政区域调整方案》。第二天，国民党中央改造委员会根据这个新的行政区划，通过了《中央改造委员会各处组会组织章程》，决定重建国民党的地方组织。

国民党在这段时期主要在4个方面进行改造：

一、是党员归队和整肃。1950年10月6日，蒋介石要求所有国民党党员必须重新登记，并规定登记时间以20日为最后期限。对党员和干部进行整肃，同时处理党内外财物。

> 蒋介石在岛内视察。

根据《改造纲领》的规定，凡有下列情形之一者，均为整肃对象：

1. 有叛国通敌之行为者。

2. 有跨党变节之行为者。

3. 有毁纪反党之行为者。

4. 有贪污渎赃之行为者。

5. 生活腐化，劣迹显著者。

6. 放弃职守，不负责任者。

7. 信仰动摇，工作弛废者。

8. 作不正当经营，以取暴利为目的者。

二、是关于党政关系改造。蒋介石在这次改造国民党的过程中很注重党政关系改革。1951年2月28日，“中央改造委员会”通过了党政关系大纲及其说明，指出要在“民意机关”和“政府机关”设立党部或政治小组，以加强党的控制。但“司法、考核机关”除外，以便增加其独立性。

在省市县机构中设政治综合小组，使党政民三方面领导人共同协商解决问题。

三、是加强民运工作。蒋介石认为自己在大陆之所以失败的一个重要原因就在于党群关系没有搞好。到台湾后，他借鉴吸收了中国共产党的党建经验，大力改善党群关系，加强民运工作：

1. 为广大农民利益而努力。

2. 为广大劳工利益而努力。

3. 妥善照顾“全国”青年。

4. 提倡女权，团结“全国”妇女。

四、是进行广泛社会调查，沟通全党思想，走群众路线，广征意见，以便于改造。

蒋介石对党务的改造，主要有5个方面：

一、是对地方党务的改造。蒋介石认为基层就是地方党的组织，是国民党改造的成败关键。1950年9～10月，“中央改造委员会”连续通过《中国国民党省级所属党部改造之措施及组织规程》和《改造期间区党分部小组划编及改组原则》，《中国国民党省级改造委员会组织规程》和《中国国民党县（市）改造委员会组织规程》，以便使地方党的改造有据可依。同时规定，区党分部的党务改造在5个月内完成；县市党部在7个月内完成；省级党部在9个月内完成。

二、是职业党部和知识青年党部之改造。职业党部主要有职业工人和产业工人党部两大类，着重进行经济改造运动和社会改造运动。

三、是海外党务改造。

四、是掀起“反共抗俄总动员运动”。

< 江河日下，唯有夫妻间的相濡以沫才是对彼此最好的慰藉。

五、是革命实践运动。

蒋介石在台湾进行的国民党改造运动，历时2年3个月，到1952年10月10日国民党“七大”开幕前基本完成。蒋介石认为自己基本上取得了两项主要成绩：

重新整顿了国民党组织，稳定了国民党的内部，并相对扩大了国民党的社会基础。把国民党变为完全忠于蒋本人的政党。国民党在“改造”运动中吸收了大批所谓“爱国的革命分子及优秀青年入党”和台湾本土的新党员，初步实现了国民党的知识化和年轻化。同时，有计划地训练了国民党的高、中级干部，确定了各级党部的监察制度等。并初步确定了台湾今后社会经济及政治发展的基本方向。

改造完成后，国民党内非蒋派别的政治力量都受到了严重打击，军方的将领被解除了兵权，行政要员被剥夺了实权。受到打击最大的是长期把持国民党组织大权的陈立夫、陈果夫兄弟和他们组织起来的CC系。而那些原来的国民党元老和军政大员如何应钦、于右任、阎锡山、胡宗南、陈济棠，则被蒋介石架空了权力，放在了国民党中央评议委员会的虚位里。改造的另一个显著的成绩是把自己的儿子蒋经国送入了国民党中央决策机构。同时收益最大的还有蒋介石的忠实支持者陈诚和原来默默无闻的严家淦。这些新生力量为日后蒋经国的接班铺平了道路。

∧ 唯有看到下一代的成长，唯有在温馨的家里，蒋介石才会有片刻的宁静与会心的微笑。图为前排（左起）：蒋介石、蒋孝武；二排：蒋孝文、蒋孝章；后排：蒋方良、蒋经国。

长达数年的反思

已经渐渐衰老的蒋介石坐在昏暗的窗前，边揉着发胀的太阳穴，边喃喃自语：为什么800万军队加上飞机大炮，却打不过只有小米加步枪的共产党？这是蒋介石一生中最想不通的事情。因此，在紧锣密鼓地布置台湾“防务”、开展“改造运动”的同时，蒋介石开始沉痛地对自己在大陆的失败进行“反思”。

蒋介石认为：国民党在大陆失败的原因很多，“而主要的原因，是由于我们军事的崩溃”。军事崩溃的原因有以下7点：

一、军队纪纲败坏是首要因素。

“就过去一年失败的情形看来，以军队纪纲的败坏最为严重。”“最显著的一点，就是一

∧ 晚年的蒋介石在阳明山“官邸”。

般军长、师长，不经过请假的手续，可以随便离开自己的职守，自由行动……即此一点，就足以知道我们军队的纪律扫地。”

“过去北洋军阀被打败是他们本身腐朽”。但在北伐后，“所有北洋军阀的毛病，我们的军队都已习染，不论在精神上，还是在行动上，都渐次趋于腐化堕落，几乎与北洋的军队如出一辙”。

“如再不彻底觉悟，那这种军队非自取灭亡不可。”

二、对三民主义的动摇是重要原因。

“今天我们军队的失败，就是没有奉行三民主义之故。换言之就是我们军队已经失去战胜的基本条件，我们的军队已经成了没有灵魂的军队。”

蒋介石当面指责高级将领说：“你们平时口头讲信仰三民主义，但是你们在行动上，究竟是不是实行三民主义呢？对于三民主义是不是只有形式的信仰，把三民主义当作一个口头禅而已？”

三、军事制度未能健全建立。蒋介石说：“自从抗战末期到现在，我们国民革命内部所表现的贪污、腐败的内容和实情，真是光怪陆离，简直令人不能想象。”

蒋介石在《军队改革之基本精神与要点》演说中，列举国民党高级将领的八大缺点：一、“本位主义”——“只知有己，不知有人，平时相处则互相摩擦，互相攻讦，在战场上则不能协同一致，互相合作”；二、“包办主义”——“一切事情，不论自己是否可以胜任，先就包揽下来，不许大家过问，其结果使得彼此争权夺利，而业务则废弛拖沓”；三、“消极被动，推诿责任”；四、“在办事的时候，不能分别轻重缓急，不经过研究考虑，大而无当，粗制滥造”；五、“含糊笼统，不求正确”；六、“因循守旧，得过且过”；七、“迟疑犹豫，徘徊不前”；八、“主观自大，故步自封”。

蒋介石说：“我们军队里面，功过不分，是非不明，主要的原因就是因为我的军队里面没有监察制度。”北伐时期，国民革命军实行党代表制与政治工作制度。后来“因为所有部队长官都受过党的训练，又因为军队职权宜求统一，故采取一元制度，即以各部队长为建军的骨干”。“自从党代表制取消，政治部改成部队长的幕僚机关以后，军队的监察即无以实施，同时，因为政工人事的不健全，故政训工作亦完全失败”。“整个部队即失其重心，如此，我们军队怎么能不败、不崩溃呢？”

对于失败还有一个原因，蒋介石认为是由于一般军官专门模仿美国人的生活及缺点，诸如“滥肆吸烟、酗酒，打牌、嫖妓”。

> 蒋介石在金门视察。"西北望长安，可怜无数山"。遥远的奉化溪口，已成为一个缥缈的梦。

蒋介石说：“这是我们军事最近4年来失败的最大原因，也是我们中国最近4年来，党务、政治、军事彻底崩溃的最大原因。”

蒋介石认为另一原因是：“根本没有现代的军事知识。原因是学得太少，又不注意补充”；“大多数出身于农村社会及资产阶级子弟，偏于保守型的多”，一向安于“养尊处优的环境”。“大家虽然生在现在科学时代，而大家的精神、学术、生活、行动，都不配做一个现代的军人”。

为了克服上述缺点，蒋介石说：“今天我们要彻底改革过来，振作军队的精神，转移部队的风气，根本着手之点，还是要着重于建立制度”，特别要“确立一种健全的监察制度”。“要确立军队的监察制度，必须彻底改革现在的政工制度”。“今后军队的政工人员应由党部选，通过政府予以委任，决不能听由部队主管擅自任用，并且对部队负起监督的责任，来挽救今天一般军官腐败贪婪、无法无天、自由行动的流弊”。

四、官兵对立、军民脱节。蒋介石说：“许多高级指挥官每到作战的时间，不是在陆上准备了车辆，就是在水上准备了船舶，一到紧要关头，就不管你的部下生死，而先自上车或者登船逃命，这样没有人格的官长，可以说是寡廉鲜耻，怎能再取得部下的信任呢？而且，一般的高级将领，在生活上骄奢淫逸，何尝还有一点同甘苦、共患难的意思。”“在军民关系方面”可以说恶劣到了极点。我们军队每到一个村庄，这个村庄中较好的房屋，就一定被我们军队占领，借了人民的东西不归还，损坏了人民的器具不赔偿。这样，当然使人民对我们发生反感，而不愿帮助我们”。

为了纠正上述弊端，蒋介石提出必须“官兵一体”“生活一致”“军民合一”。

五、蒋介石还把失败归咎于马歇尔的调处。他说：“战争刚爆发时，我们政府误信马歇尔的调处，将最精良的国军开到东北，以致内地空虚，各战场都感到兵力单薄。战略一经犯了错误，那在战术上是无法补救的，如此，当然失败得更快。”

六、骄傲自满的习惯。"我们中国历史上同一系统的军队，只能执行一个特定的任务，当这个任务达成以后，就一定要腐化堕落，终至于失败消灭，这已成为一个历史的定律。"

"抗战胜利后，我们军队的腐败现象更加显著，在整个军队，都表现一股虚骄之气；这种军队我早就知道非失败不可。"

七、"失败在外交上"。蒋介石在1956年所写的《苏俄在中国》一书中说："从军事方面检讨，首先要知道打仗是求胜利的；而俄帝的诈术，乃使他的敌人不能打仗，欲又使他不能求得胜利。"

抗战胜利后，"我们克敌军事是无往不利的，国军处于这样的优势，本可一鼓作气，勇往直前。而军事调处的3人小组，每在我国军进展之处，总是提出严重的抗议，妨碍阻止，无所不至。因之，每逢我国军前进一步，便要受到进一步阻挠，真使我国军束手挨打，不能不使之功亏一篑。而敌人受了致命打击以后，不仅还有喘息的机会，反而使之能从容整补，

< 晚年的蒋介石，就国民党在大陆的失败进行了长达数年的反思。
> 晚年的蒋氏夫妇与陈诚在一起。

养成其坐大反噬，卒使我们'剿共'事业遭到这样最后的崩溃"。

除了军事崩溃外，蒋介石认为"党的失败"是在大陆总失败的第二个重要原因。他在《复职的使命与目的》的讲话中说："党内有若干不肖之徒，自认为本党已经失败，不惜充当汉奸的走狗，来卖党变节，甚至趁火打劫，浑水摸鱼，弄得廉耻沦丧，丑态百出，以至民心涣散，士气堕丧，形成分崩离析的局势。"

"我们今天失败到如此地步，最主要致命伤"，就是因为党的"一般干部普遍犯了虚伪的毛病，相习于虚浮夸大，而不能实事求是。这种风气流行的结果，使得部队、机关和学校一切办事、命令和报告，都是互相欺骗，互相蒙蔽而没有几件事是完全实在的，可以相信的"。

除军事崩溃、党的失败之外，蒋介石认为还有政治、组织、经济以及外交上等一系列的原因。"政治上的失败"："按照总理建国大纲规定，'由训政到宪政，必须经过一定的程序'；

我们也明知训政的程序没有完成，明知人民的智识还没有到实行民主政治的程度，但因为内外环境的关系，使得训政时期一切旧的制度完全破坏，而宪政时期新制度还没有建立。简单地说，就是新的制度未曾建立，而旧制度早已崩溃，所以在政治上形成这样混乱脱节的现象，这是我们政策的失败，以致整个政治濒于崩溃。”

“组织不严”：蒋介石在1950年1月5日阳明山演讲《国军失败的原因及雪耻复国的急务》时说：“军队腐败、政治贪污只是失败时候的各种现象，而不是促成失败的根本原因”。“军民为什么会腐败，政治上为什么有人会贪污，据我研究的结果，我们所以失败，第一在于制度没有建立，第二在于组织之不健全”。

“经济上的失败”：蒋介石认为，八年抗战使中国“农村凋敝”，“而工业尚未恢复战前的繁荣”，“国民就业的机会不能增殖”；“特别是民国三十六年间，行政院宋院长擅自动用了中央银行改革币制的基金，打破了政府改革币制的基本政策，于是经济就在通货恶性膨胀的情势之下，游资走向投机垄断，正当的企业不能生存，中产阶级趋于没落；社会心理日趋浮动之中，经济崩溃的狂澜，就无法挽救。这是大陆经济总崩溃最重要的环节，亦是今后经济事业最重要的教训，不可不特别警惕。这是经济失败内在的原因，至于外在的造成经济加速崩溃的原因就更多了”。

“国际外交上的失败”：“斯大林利用雅尔塔会议，以恢复日本1904年对俄背信攻击所取得的俄国前有权利”，“作为他对日作战的条件。美国的妥协立场助长了苏俄的侵略行动，同时导致国民党政府在外蒙古问题上向苏俄妥协”，“当时我个人的决策，就是要求战后确保胜利成果，奠定国家独立、民族复兴的基础，必须求得20年休养生息，和平建设；只要能争取这一个建设机会，就是任何牺牲，亦是值得的。承认外蒙独立还由于外蒙已为苏俄所控制，中国对外蒙领土已名存实亡”。

他还指出最大失败在“教育和文化”。教育之所以失败，原因在于学校教育当局对学生的政治思想失控。

他指责说，“人生处世的意义和革命立国的道理，让教师们随意闲谈胡说”，“大专院校里充斥了共产主义的国际思想”或“自由主义的个人思想”，“国家观念和民族意识几乎消失，三民主义和民生哲学遭致“讽刺讥笑”和“破坏反对”，学校做了“中共‘城工’的大本营”，民主与科学的口号“成了仇视民族文化的口实”和“消灭我民众精神的手法”。

针对以上反思，蒋介石要求整顿教育，强化对教育的控制。蒋介石提出：“教育是救国图存的教育”，“最急需的就是如何反共，如何复国的精神教育和生产教育，也就是道德教育和职业教育”；同时，蒋介石还提出“要建立以伦理、民主、科学的三民主义教育”。宣称“要以三民主义的思想精神，完全使治于每一个学生的精神、思想、生活和各种学术、课程之中”，

∧ 泛舟于日月潭上，心却随波荡起涟漪。“反攻大陆”不过是一个黄粱美梦而已。

使其“结合在本党三民主义旗帜之下，共同一致的消灭共产主义”，重建“三民主义新中国”。

蒋介石认为他的被迫下野也是原因之一。蒋介石认为如果他不“下野”，就可以驻守南京，就不至于有军队的溃败。长篇累牍的反思后，蒋介石认为自己的失败并不是中共有什么强大的力量，而是“自己打败了自己”。因此，蒋介石到台后提出“稳定经济”“整顿军纪”“安定社会”“团结内部”“建立民主制度”5大目标。

蒋介石的“反思”，并没有反思到他的反动立场乃是国民党反动统治必然失败的原因。“反思”的目的是“反攻大陆”，他在1964年的一次讲话中说：“最近金、马前线官兵，效

法2200年前，田单在谷县和即墨纠合军民，忍辱负重，牺牲奋斗，百折不回，卒能驱逐敌人，恢复其齐国的精神，发起了‘毋忘在莒’运动。本来，我为了勉励前线军民，殷优启圣，雪耻复国，曾经以‘毋忘在莒’4字，题名于金门太武山上，作为将来反攻复国胜利，使我全体战友和人民，毋忘今日在台、澎、金、马的军民，共患难，同生死的千古不灭的纪念。这在今天反攻复国前夕，由前线官兵来推动‘毋忘在莒’的民族复兴运动，不仅最足以显示我们前线军民的革命精神和革命志节，而且也必能在军中、在学校、在乡村、在社会的每一角落，每一军民，掀起举国一致的心理革新，精神动员，人人走向战斗的新行动和新气象。其实，这亦是我对大家所常常勉励的‘团结奋斗、雪耻复国’8个字的意义。”

蒋介石为了“反攻大陆”，成立了“反共救国联盟”，并在岛内征收“国防临时特别捐”，为“反攻大陆”筹措经费，还向国民党第九次代表大会提交了《反共建国共同行动纲领》案。在筹集“反攻”经费与建立“反攻”组织的同时，蒋介石下达了“征兵动员令”，加大力度进行“反攻”政治教育，鼓励士兵要有献身精神，并在每一个士兵的鞋上和皮带上都刻上“光复大陆”4个字。蒋介石还大肆派遣特务到大陆进行颠覆破坏，但是都遭到了彻底的失败。

歼灭蒋经国的竞争者

蒋介石脸色阴沉地传出话去：“问问何应钦愿不愿竞选副总统？”

何应钦听见后惊出一身冷汗。他深知自己在历史上曾经做过两次对不起蒋介石的事情（1927年伙同桂系逼蒋下野；“西安事变”期间，拟取蒋自代），连忙说：“我身体不好，只想安享晚年，其他什么想法都没有。”

蒋介石听后，一口气才舒了出来。

原来，1954年蒋介石开始竞选第二届“总统”，没想到远在美国的孔祥熙竟然还动了竞选“副总统”的心思。虽然他是蒋介石的亲戚，但是从蒋家夺权，也还是让蒋介石非常生气，于是对孔祥熙来了个当头棒喝。当孔让魏道明回台湾先去探路和听风声的时候，立即就被蒋经国和陈诚看穿了意图，他们授意各大报纸大骂豪门，并影射魏道明是豪门的走狗。更为凶险的是，他们还放出风声，揭露魏道明任台湾省主席时营私舞弊，现在刚好来算旧账。魏道明一听就吓得胆战心惊，感到自己简

< 1954 年，蒋经国在金门巡视时留影。

直是羊入虎口，于是赶紧在宋美龄的保护下，灰溜溜地逃出台湾。孔祥熙看到这个情形，知道自己在台湾已经没有了任何的存在空间。

蒋介石在这次事件中也深受刺激，他在生气之余对其他元老也产生了疑心，因此才特意点了何应钦一下。

蒋介石在台湾的统治稳定后，培养自己的接班人蒋经国，为其接班扫清障碍就成为最重要的一件事情。卧榻之侧，岂容他人酣睡，他不会容忍任何人，尤其是原来的元老，来破坏他的这个计划。

蒋介石"复职"后，第一件事就是认真清理企图派系，让其他逃到台湾的国民党元老纷纷靠边站，把台湾变成了蒋家独有的地盘。他只让既能够真正帮助自己，又能扶植蒋经国的陈诚进行组阁。

蒋介石为了让蒋经国全面涉足军界，于是让蒋经国当了"国防部总政治部主任"，军阶为三星二级上将。这一职务虽说官不大，但权力却非常大，主要负责监督筹划情报业务，操纵台湾特务机构，监视监察官兵思想，实权比三军总司令还要大，而且凌驾于一切行政权之上。

蒋经国，1910年3月出生，是蒋介石的长子。蒋经国于1925年进入莫斯科中山大学学习，随后在苏联待了13年，在那里娶妻生子，直到1937年国共合作后才得以回国。回国后他到江西省作了一些改革，1938年6月他加入了国民党。在国民党"改造"之初，蒋经国只有12年党龄，可以说资历很浅，但还是被蒋介石委任为"中央改造委员"。在国民党"七大"上，他又当选为中央常委，进入国民党的最高权力机构。

蒋经国的班底是"三干一俄"。"三干"是指他当年担任赣南专员时培养提拔的干部和青干校培养的干部以及后来开办政工干校时的干部；"一俄"则指蒋经国留俄时的同学，如严灵峰、王新衡等人。蒋经国的前两"干"虽然都是蒋经国的嫡系亲信，但大多地位很低，没有什么声望，在国民党元老聚集的台湾，实在只是一些小人物，需要继续培养才行。"一俄"虽然很有才干，但是因蒋介石忌讳其苏联出身，因此，"一俄"并没有什么用处。于是，蒋经国把利器都用在了培养"第三干"上。

政工干校是蒋经国的"黄埔"，培养了他的主要力量。1952年11月，政工干校在台北复兴岗正式开学。蒋经国派他的嫡系胡伟克、王永树、王升先后担任政工干校的校长。政工干校的宗旨是，"以培养笃信三民主义，服从最高领袖，忠党爱国，坚决反共抗俄之健全政治工作干部，使能参与陆、海、空军各级部队……"。蒋经国把政工干校当作自己的私人力量培养机构，不但非常忠实，而且从不容他人染指。

∧ 晚年的何应钦也渐渐被蒋介石遗忘。

王升作为蒋经国的嫡系，担任干校校长后，大力培养忠于"青年导师蒋主任"的学生。事实上，那些"太子门生"无不出身于此。

1950年蒋介石将由"政治行动委员会"改组成的"总统府机要室资料组"交给蒋经国，其实等于把指挥管辖一切党政特务机构的大权交给了儿子。

此前，主管台湾特务机构，权力最大的人是彭孟缉。他在台湾"二·二八"事件之后，就长期负责警备司令部、保安司令部，并直接掌管台湾最大的情报单位保安处。现在蒋介石让蒋经国掌管情报系统，机灵的彭孟缉干脆顺水推舟——将保安处直接交给他，变成蒋经国"总统府机要室资料组"的下属部门。1954年，彭孟缉更是把自己掌握的"台湾情报工

∧ 1949 年，蒋介石父子在溪口。让蒋经国做接班人是他晚年最大的心愿。

∧ 20 世纪 30 年代，蒋经国在赣南时与政工干校属下合影。

作委员会”的指挥权完全交给蒋经国，至此，台湾的情报特务机构正式进入“蒋经国时代”。至此，蒋经国也开始真正掌握了对台湾重要事务的大权。

蒋经国接管了“台情会”等情报机构之后，便立即用大力整治人事，消除异己力量。彭孟缉顺应形势变化，很快就不断升迁，直至成为一级上将“参谋总长”；而舍不得权力的军统“保密局”局长则被架空了权力，最后竟然气闷而死。

经过一番大力整治，蒋经国全面掌握了台湾党、政、军各个领域对内对外的特务组织，拥有了凌驾于一切行政权力之上的特权。

而蒋介石在1950年7月发动的国民党“改造运动”，更是为蒋经国在国民党系统的迅速崛起创造了条件。“改造运动”结束后，蒋经国即在1952年召开的国民党“七大”上当选为国民党中央委员，随后又被蒋介石指定为国民党中央常委，成为国民党最高权力决策层的关键人物。

蒋家父子的独裁专权，也激起了国民党内新兴政治势力的强烈不满。在美国的支持下，以反抗独裁、向往民主为口号的思潮风起云涌，最终导致了“吴国桢事件”和“孙立人兵变案”。

吴国桢是少数既让蒋介石欣赏，也得到美国支持的高级知识分子。他1903年出生在湖北，1926年拿到了美国普林斯顿大学博士学位。第二年归国后，就受到了蒋介石的重用，历任国民党政府外文部秘书、科长、副司长、湖北省税务局长、汉口地政局长、财政局长等职。从1932年开始，吴的仕途走上了快车道，先是担任蒋介石的侍从室秘书，不久就被授予了江西盐务、汉口市长、重庆市长等要职，1942年更是开始担任外交部政务次长、国民党中宣部副部长、上海市市长。由于被美国寄予了厚望，而蒋介石又希望借他来争取美援，因此吴国桢于1949年12月担任了“台湾省主席”的关键职位。

当蒋介石要吴接替陈诚的“台湾省主席”时，吴国桢推辞说：“陈诚将军不是做得很好吗？最好由俞大维担任，他善于和陈合作。”蒋介石说：“你很恰当，我要你今后全力争取美援。”

吴国桢于是接受了任命。吴在就任“台湾省主席”的当晚，就在记者招待会上提出了自己的4点施政纲领：一、彻底反共，密切配合军事；二、努力向民主途径迈进；三、推进民生主义，为人民谋福利；四、实行地方自治，发扬法治精神。同时，他还大胆宣布起用台湾本土人士。

吴国桢以西方理念为核心的改革不可避免地同其他力量发生了尖锐冲突。

早在1948年吴担任上海市市长兼经济督导员时期，就同拿着尚方宝剑到上海治理金融秩序的蒋经国发生了正面冲突。当时，蒋经国全面打击投机商人，但是吴国桢则从经济的观点出发，认为用高压的政治手段，无法解决经济问题。蒋经国认为，必须严厉打击，因为“一路哭不如一家哭”，只要上海民众能够通力合作，在高压铁腕之下，通货膨胀是一定可以控制住。但是随后由于涉及孔家的“扬子案”的风波，宋美龄亲自干预，蒋经国的声威志气受到了沉重打击。他所宣称的“只打老虎，不拍苍蝇”变成了“只拍苍蝇，不打老虎”，至此，蒋经国只好落荒而走。

到了台湾后，由于蒋经国以自己凌驾于一切军政要员之上的权力开始布置自己的势力，而吴国桢又不愿意就范，于是，吴蒋矛盾逐渐升级，最后到了势同水火的地步。

蒋、吴冲突的焦点，首先在法制与特务统治的冲突上。蒋经国掌管的特务机构，经常随意抓人，而吴作为“台湾省保安司令部司令”，许多情况下对抓人之事竟然一无所知。而且，向往西方民主与法制的吴，也打心眼里对蒋家父子的特务统治不满之极。

按照常规，“台湾省主席”同时也兼任“台湾省保安司令部司令”。由于在陈诚任上，陈无法分出精力来兼管，就交给“保安副司令”彭孟缉等去全权处理。吴国桢接任“省主席”和“保安司令”后，希望要回保安权力，没想到“保安副司令”彭孟缉只听蒋经国指挥，不把顶头上司

∧ 蒋经国与彭孟缉（右三）等人。彭孟缉对蒋经国言听计从，使其一步步获得高升。

吴国桢当一回事。

蒋经国的特务机关根本不管法制，不办理任何正当手续就随意抓人，抓人时就连吴国桢这位“保安司令”也不通知。吴痛感法制缺失，怨声载道，建议蒋介石：任何机构不通过“保安司令部”，禁止随意抓人。逮捕后14天，一定要释放或起诉。

但是蒋经国、彭孟缉对他的建议就当耳旁风。1950年的一天，台湾火柴公司总经理王哲甫被“省保安司令部”逮捕，吴国桢一无所知，于是在事后让“副司令”彭孟缉查明原委。

原来台湾火柴公司的董事长吴性栽没有来台湾，于是“保安司令部”把吴列入了“附匪商人”名单。吴还在大陆拍摄了一部《民国四十年》的影片，揭露了许多国民党、蒋介石的腐败与独裁事件。蒋经国知道后勃然大怒，但是又无法惩处吴性栽，就把怒火发到了台湾火柴公司上，并逮捕其总经理王哲甫。

吴国桢认为王哲甫同吴性栽没有任何牵连，于是命令彭孟缉放了王哲甫。但是彭拒绝执行，并同蒋经国一起对吴国桢施加压力。蒋经国坚持认为王哲甫有罪，吴国桢坚持蒋经国没有法律依据，于是双方对峙在那里，无法收场。吴最后责问彭说：“究竟你做主席兼保安司令，还是我？”

当天晚上，“总统”贴身秘书周宏涛对吴国桢说，抓王是蒋介石的意思，让吴不要再坚持了。吴国桢还是坚持自己的看法。当晚，周再度对吴说：“蒋先生看你的面子，将王的死刑改判7年徒刑。”此事就此结束。

在台湾举行第二次“县市长选举”前夕，蒋经国为了获得有利的选举结果，下令全省特务以检查户口为名，一夜逮捕无辜群众398人，其中仅19人有过轻微的违警记录。吴国桢大怒，以“省主席”和“保安司令”的身份下令全部放人。但此后，基隆市有两位“议员”又忽然失踪。吴当即查问，彭孟缉竟而百般搪塞，后来又推到“保安司令部”某“处长”身上。吴国桢当即下令在3个小时内放人。原来这两位“议员”由于没有按照党部指示投国民党提名的“议长”一票，因此遭到蒋经国惩罚。

吴国桢要彭孟缉把那个乱抓人的处长撤职查办，彭拒绝执行，后来还拿出蒋介石的手令来，吴国桢只好忍下来。

蒋经国为了扩张势力，需要大把花钱，因此不断向吴要钱，和吴发生了严重的冲突。吴国桢通常坚持原则，拒绝给钱，而“财政厅长”任显群则对蒋经国几乎是有求必应，蒋介石甚至称赞他是财政的“长才”。后来吴国桢才发现，原来任显群的钱有两个来源，一是大肆拍卖日产房地，抛售“政府”自大陆运来的黄金，一是私自把所有公营单位包括台电、台铁、台碱、台铝等存在美国购料的存款，瞒着吴擅自提了回来，送给蒋经国。吴因此大怒，蒋经国也发展到要暗杀吴国桢的地步。

1952年复活节那天，吴国桢的汽车前轮螺丝被人扭松，幸好及时发现，没有出事。吴怀疑这是蒋经国派特务干的。

吴和蒋家父子的对立在1953年达到了高潮。1953年1月，美国共和党候选人艾森豪威尔成为新的美国总统，彻底改变了“中立化”的美国对台政策，蒋美进入了蜜月期，蒋介石也不再需要用吴国桢、孙立人等亲美人物来争取美援。吴国桢见状，也就以健康原因请求辞职。

蒋介石假意慰留了一番，又派黄伯度传话给吴说，只要吴愿和蒋经国合作，愿当“行政院长”，便当“行政院长”；愿当“院长”兼“省主席”亦可。吴国桢拒绝了。后来蒋介石问吴国桢：“黄伯度给你传话了吧？”

吴国桢回答说：“经国兄，当然我是要帮助的，总统叫他管特务，盖无论其是否仗势越权，必将成为人民仇恨的焦点。如果不做特务，做点社会福利方面的工作，我决心尽力协助。”

蒋介石当即很不高兴，走到火炉边说：“今天我头痛，改天再谈。”

< 吴国桢被迫辞职后，俞鸿钧（中）接替他成为新的“台湾省主席”。

< 曾任国民党“外交部长”的王世杰。王世杰的人生经历极为复杂，其一生也历经多种角色的转换。他的前半生是一个典型的自由主义知识分子，而其后半生则是一个深谙官场之道的行政官僚。

吴国桢终于对蒋家父子彻底绝望，因为蒋介石的“爱权之心，胜于爱国，爱子之心，胜于爱民”。吴在4月辞职后，俞鸿钧成为新的“台湾省主席”。

吴国桢此时已经开始策划离开台湾。他暗中要求两个美国学术团体邀请自己到美国讲学。由于美国人和宋美龄为他说情，蒋介石最后不得不放行。吴国桢于是于5月24日前往美国，蒋介石则把吴的父亲和儿子留在台湾做人质。

12月发生了“政学系”王世杰的免职案件，扩大打击范围，把“政学系”和与张群、王世杰等人关系比较好的吴国桢也牵连到王案之内。1954年1月，台湾报纸披露了吴套取巨额外汇的内幕，并刊出《劝吴国桢从速回台湾》的长篇社论。吴认为这是栽赃，因此要求台湾报纸为自己刊登辟谣启事。没想到没有一家报纸敢于刊登。吴国桢大怒，于是在美国发表了对台湾三点“政见”。“一、台湾如不实行民主，将无法争取台湾人民及海外侨胞的全力支持，更无法争取美国的同意与支持；二、目前的台湾“政府”过于专权。国民党的经费，非来自党员，而靠“国库”支出，目的在永恒一党统治；三、“政治部”全然照搬苏联方法，若干人士竟认为——与‘共产主义作战，必须采取共产主义的方法’”。虽然没有点出姓名，但明眼人一看就知道这3条是针对蒋经国的。

吴的3点政见在美国引起轰动。《纽约时报》《芝加哥论坛报》《时代》《新闻周刊》等著名报刊均报道了相关消息，北美大陆刮起了一场“吴国桢风暴”。美国人无法相信美国政府所支持的蒋介石政权竟会是这样的“政府”，认为这是美国公众的一个耻辱。

蒋介石派系的要员“立法院长”张道藩等于是“义愤填膺”，与吴国桢开始了隔海对骂，指责吴“反动”“狂妄”“非法乱纪”，有“擅离职守，拒办移交，私自滥发钞票，抛空粮食，并在外汇、贸易、林产等问题的处理上，非法乱纪，专擅操纵，有意地包庇贪污，营私舞弊等”等13项罪名。陶希圣则以《两把刀 · 杀到底》一文对吴进行口诛笔伐。

吴国桢面对台湾民众的误解和政客的谩骂，忍无可忍，发表了《上总统书》，正式抨击蒋氏父子，认为“太子”是台湾政治进步的一大障碍，最好送到美国大学或研究院去读书，直到大陆恢复以后再回来。同时吴尖锐批评蒋介石“自私之心较爱国之心为重，且又故步自封，不予任何人以批评建议之机会”。

吴国桢的上书引起了巨大反应，蒋氏父子脸面尽失，非常震怒。蒋介石当即发布了“总统命令”：“据行政院呈：‘本院政务委员吴国桢于去年5月借病请假赴美，托故不归，自本年2月以来，竟连续散布荒诞谣诼，多方诋毁政府，企图淆乱国际视听，破坏反共复国大计，拟请予撤职处分。另据各方报告，该员前在台湾省主席任内，多有违法和渎职之处，自应一并依法查明究办，请鉴核明令示遵’等情。查该吴国桢历任政府高级官吏，负重要责职20余年，乃出国甫及数月，即背叛国家污蔑政府，妄图分化国军，离间人民与政府及侨胞与祖国之关系，居心叵测，罪迹显著，应即将所任行政院政务委员一职予以撤免，以振纲纪，至所报该吴国桢前在台湾省政府主席任内违法与渎职情事，并应依法彻查究办，此令。”

接着蒋介石开除了吴国桢的党籍，又授意民间掀起“上书”“签名”“声讨”运动，以维护自己和蒋经国的正面形象。

不过通过吴国桢事件，蒋介石和蒋经国给中外人士留下了深刻的负面印象。蒋介石十分后悔放吴国桢离开台湾，而蒋经国因为宋美龄帮助吴离开台湾，而与宋美龄之间的矛盾也开始激化。

1954年5月，蒋介石又操作“国民大会”把自己选为终身“总统”。当年蒋介石的第一届“总统”任期届满，按照国民党“宪法”规定，台湾当局应于4月选出第二届“总统”。蒋介石为了自己能够继续当“总统”，为此进行了紧急筹备。

蒋介石为了能够“合法”当选终身“总统”，先援引宪法中的“紧

∧ 蒋经国任“国防部长”时赴美活动。如果将蒋介石、蒋经国父子两代人的执政加以比较的话，蒋经国多少在他的政策中，加入了现代的因素，而不再传承其父的半部《论语》可以治天下的思想，或许这是一种进步。然而蒋经国虽受苏联教育多年，可他身上儒家思想的痕迹仍然浓重。

V 20世纪50年代的蒋介石夫妇。

∧ 1954年5月20日，蒋介石、陈诚分别当选为“总统”“副总统”。

∧ 俞鸿钧就任“行政院长”后，召开记者招待会。

急条例”，行使“总统”的“紧急处理权”，让第一届“国大代表”继续行使职权到下一届“国民大会”召开之日。由于“国民大会”是全中国的“国民大会”，因此在“反攻大陆”之前，跟随蒋介石跑到台湾的“国大代表”就可以一直当下去，成了“终身制”。这些代表以此被讥为“万年国代”。由于到台湾的代表远不够法定人数，蒋介石又指示大法官们修改选举法，依此“法”让“内政部”发薪水任命一批“国大代表”。

经过这些安排，一届二次“国民大会”终于在1954年2月19日上午10时在台北召开。

蒋介石为了显示“选举的公正”，还找了几个正副“总统”候选人来演戏。于是莫德惠、徐傅霖相继宣布竞选“总统”，王云五、石志泉宣布竞选“副总统”。

20日，“国大”举行“总统”选举，结果当然是蒋介石和陈诚分别当选正副“总统”。投票结果是，蒋介石1,507票，徐傅霖48票，蒋介石当选“总统”。24日，陈诚以1,417张票的高票数当选为“副总统”。

5月20日蒋介石宣誓就任“总统”，陈诚宣誓就任“副总统”。

21日，俞鸿钧接任陈诚的“行政院长”职务，而陈、俞两人都是蒋经国的人。

蒋经国的另一心腹唐纵，则担任了中央党部秘书长的职务，掌握了党权。

蒋介石还让蒋经国离开台湾“国防部总政治部”，而去担任“国防会议”副秘书长，成为名副其实的秘密警察首脑，因为“国防会议”掌握着“国家动员局”和“国家安全局”。

蒋介石连任“总统”，蒋经国掌握了要害部门，但是父子俩发现孙立人还是一个潜在的政治对手。

孙立人是安徽舒城人，毕业于清华大学，后保送到美国留学，获工程学士学位后进入美国著名的弗吉尼亚军校学习。孙立人毕业后回国，历任党务学校军训队长、陆海空军总司令部侍卫总队副总队长、税务警察总团特种兵团长、新38师师长、新1军军长、第四绥靖区长官兼长春警备司令、台湾编练司令、“东南军政长官公署”副长官兼“台湾防卫司令”“陆军总司令兼保安总司令”等职，1951年晋升为陆军二级“上将”。

孙立人后来在台湾负责训练新军，算得上是个台湾的实力派，并且深得美国人赏识，同负责执行对台湾军援的美国顾问团团长蔡斯关系非常好。蔡斯掌握着蒋台政权援助的大权，可以说是蒋介石当时的靠山，但是他很看不起蒋氏父子，态度颇为傲慢。他又从美国的民主观点出发，非常厌恶蒋经国一手建立起来的军中政工制度。蒋经国也非常憎恨美国人来干预他的事，但又只能忍气吞声，因此对深得蔡斯好感的孙立人连带的非常憎恶。

1950年12月底，孙立人在年终会上发言：“现在社会黑暗，人心不古，不但做事骗人，说话也骗人，所以社会动荡不安，就是彼此不能开诚相见，埋没了良心之故。”蒋经国认为孙立人话有所指，因此也开会进行反击。

孙立人还认为，如果按照现在的领导方式，台湾是无法久存的。他在私下对人说，大陆失败，纯粹是由于蒋介石把政府变成自己政府的结果。他主张放弃不切实际的“反攻大陆”。孙立人的话迅速被特务报告给蒋氏父子，引起他们的巨大不快。1954年，蒋家父子又听说美国想让李宗仁、孙立人推翻蒋家父子，以谋台湾独立。蒋介石大惊，感到孙立人已经到了非常危险的地步，如果不采取措施，就不能根绝美国人推翻自己的企图。因此蒋介石父子终于炮制了“孙立人兵变案”。

1954年6月，孙立人的“陆军总司令”任期届满，蒋介石先把他调任有名无实的“总统府参军长”。1955年5月25日，蒋介石突然逮捕孙立人的老部下郭廷亮。6月15日，蒋介石命令对孙立人进行看管侦讯。这就是著名的“孙立人兵变案”。这个消息当时严密封锁，直到两个月之后，台湾当局才公布孙辞职的消息。

孙立人禀性刚正孤傲，看不惯中国官僚那套逢迎奉承的做法。于是他和陈诚、参谋总长周至柔、空军总司令王叔铭、海军总司令桂永清之间的关系都很差，因此当“孙立人兵变案”发生后，那些将领都没有人替他说话，甚至还有人主动参与制造“孙立人兵变案”。

当时，蒋介石命令成立以陈诚为首的“调查委员会”。陈诚等人做出的调查报告说，当事人郭廷亮是被共产党派到台湾的人。郭利用与孙立人的特殊关系，在军中联络了少尉级以

< 曾受蒋介石器重的孙立人，因受“兵谏”案牵连，被蒋介石软禁了33年。

上军官100余人，准备寻找时机发动“兵谏”，囚禁蒋介石。孙立人看过将参与“兵谏”人员名单，而且于1954年8月和10月，曾两度召见郭廷亮，了解联络进展情况。孙原本计划在5月底或6月初发起行动，不料，5月25日郭廷亮事发被捕。蒋介石于是对孙立人采取了看管措施，孙立人“兵变”的计划也就因此失败。

然而，这份官方调查报告实在难以自圆其说，舆论纷纷进行质疑，比如香港《祖国》杂志就登出《孙立人案件献疑》一文。蒋介石也觉得不妥，就下令“监察院”成立以曹德宣、陶百川为首的5人小组，对孙案进行重新调查。但5人小组竟然始终没有拿出调查报告。“孙立人兵变案”实情如何，至今仍然是个谜。

为了了解这个事件，蒋介石以“总统”命令的形式宣布：“孙立人久历戎行，曾在对日抗战期间作战立功，且于案发之后，即能一再肫切陈述，自认咎责，深切痛悔。即经令准免去‘总统’府参军长职务，特准予自新，毋庸另行议处，由国防部随时察考，以观后效。”蒋介石假装进行了恩赦，其实把孙立人从此送到台中软禁起来。

把吴、孙两个异己力量清除后，蒋介石下一步要做的就是把儿子蒋经国扶上接班人的位置。排挤吴国桢后，蒋经国以“国家安全会议”副秘书长的身份主管台湾的特务工作，为他带来了很多负面的影响。1956年，台湾当局成立“国民退除役官兵就业辅导委员会”，严家淦挂名主任，蒋经国为副主任，主持实际工作。1957年蒋经国被升为正主任。蒋经国当“辅导会”主任一共8年，这个为退役官兵谋福利的职位为他赢得不少的政声，也改变了他“特务头子”的不良形象，为他日后成为接班人打下了“民意”基础。1963年11月，国民党九届一中全会后，陈诚急流勇退，辞去了“行政院长”一职。蒋介石于是任命“政治新秀”严家淦为“行政院长”。

严家淦深知自己的任务是为“太子接班”进行过渡，因此立即提名蒋经国为“国防部”

副部长。此时的“国防部”部长是蒋经国的儿女亲家俞大维，因此俞大维也聪明地让蒋经国处理全部事务，第二年，又自动把蒋经国保荐为“国防部长”。1965年1月13日，蒋介石正式任命蒋经国为“国防部长”。

至此，蒋经国接班前的过渡期已经接近完成。

1969年3月，国民党召开“十大”，蒋介石继续任总裁。蒋介石把国民党元老们都送进了空有其名的中央评议委员会当委员，同时让一批蒋经国的嫡系亲信成为中央委员，为蒋经国在国民党中央培植了羽翼。

1969年6月，台湾“行政院”原“副院长”黄少谷辞职，由蒋经国接任“副院长”职务。

∧ 新任“国防部长”的蒋经国与卸任的“国防部长”俞大维合影。

在这届“内阁”中，“国防部长”黄杰、“教育部长”钟皎光、“台湾省主席”陈大庆都是蒋经国的人马。

蒋经国虽然是“副院长”，但是“行政院长”严家淦，却把权力全部交给他，自己只是挂个虚名。

1972年3月，蒋介石当选第五任“总统”，严家淦连任“副总统”。深知蒋介石心意的严氏立即要求辞去自己的“行政院长”一职，极力推荐蒋经国出任“行政院长”。严家淦说：“蒋副院长坚韧刚毅，有守有为，献身党国数年，于整军经武、加强战备、领导青年、延揽人才、充裕财政、发展经济、推进建设，肆应世局诸大端，均有卓越之成就。职与蒋副院长共事已久，于其谋国之忠，任事之勇，爱民之勤，接物之诚，知之最审。”

蒋介石听到这话，非常高兴，于是亲自正式提名蒋经国出任“行政院长”，并给“立法院”送去了一个咨文：“行政院院长严家淦，恳请辞职，已勉循所请，予以照准。兹拟以蒋经国继任行政院院长。蒋员坚韧刚毅，有守有为，历任军政要职，于政治、军事、财经各项设施，多所建树，其于行政院副院长任内，襄助院长处理院务，贡献良多，以之任为行政院院长，必能胜任愉快。爰依宪法第五十五条第一项之规定，提请贵院同意，以使任命。此咨立法院。”

蒋经国入主“行政院”，标志着台湾从此进入了“蒋经国时代”。

谁都不相信的“反攻大陆”

蒋介石在台湾的一根主线可以说就是“反攻大陆”，从1949年12月蒋介石兵败大陆，退到台湾，至1975年他在台湾去世，整整26年间，他始终念念不忘的就是“反攻大陆”，虽然连他自己也不相信还能“反攻”回去。蒋介石在台湾的演讲和谈话，没有一次不说到这个话题。蒋介石一到台湾，便把“反共”和“反攻大陆”作为其一切工作的核心，把整个台湾变成了一个“反共”大军营。蒋介石每年都要发4次文告（新年、青年节、“双十节”、台湾“光复节”），总是会说：今年是“反攻大陆”的决定年，关键年，明年是“反攻大陆”的胜利年。

1950年1月27日，蒋介石让“行政院”颁布了“反共保民总体战动员纲要”。这个纲要规定：动员全部人力物力，实施各种“反共”战略，男女必须宣誓，绝不通“匪”。

1950年5月22日，蒋介石让国民党中央党部全体人员180人，集体宣誓效忠自己，“誓死确保台湾”。同月27日，蒋经国在自己主持的“总政治部”举行了“歃血联盟”“誓死效忠领袖”的活动。蒋经国让国民党员宣誓说：“宣誓效死，确保台湾。”

> 蒋介石父子在阳明山合影。他曾为父亲倒行逆施的政策而怒发冲冠，他曾因参加学潮而被开除学籍，他曾受了十余年的红色教育，而历尽岁月的风霜后他却走上了与父为伍的道路。晚年的他或许是看到了祖国的日益强大，或许是思乡心切，他开放了老兵返乡探亲，开放了党禁报禁，他也明确表示蒋家人不会接任，他的一生留给世人的是太多的惊讶与疑惑。

< 时任“行政院长”的蒋经国在就职仪式上讲话。

蒋介石成立了专门的“光复大陆设计委员会”，再三地告诫人们要为“党国”，“不成功，便成仁”。但是他担心别人攻击他个人为什么在丢失了大陆后还没有“成仁”，于是说：“我们所以不在大陆牺牲，就因为我要保持台湾。”“如果台湾失掉了，台湾就是我最后牺牲的地方。”

1949年6月26日，国民党军队还有不少残余兵力，蒋介石在台北召开的东南区军事会议上做了《本党革命的经过和失败的因果关系》的讲话，提出只要认真整顿党、政、军，3年之内就可以消灭中共。蒋介石还提出了几个口号作为“努力的目标和进度”：

一、“湔雪耻辱，报复国仇！誓杀共匪，完成革命！”

二、“精兵简政，缩小单位！自动降级，充实战力！”

三、“半年整训，革新精神！一年反攻，三年成功！”

蒋介石说国民党虽然处于最艰苦的阶段，但同时也处于成功立业，千载一时时期。他希望全体国民党员记住历史教训，“坚定必胜的信心，精诚团结，通力合作，充实我们反攻准备，完成国民革命，实现三民主义的使命”。

蒋介石当时认为“反攻”的准备需要半年时间，在一年后就可以开始“反攻”，然后在3年内“反攻”就可以胜利完成。然而，讽刺的是不到一年之后，蒋介石就被灰溜溜地赶到了台湾孤岛。但是蒋介石并不罢休，他在复任“总统”后的《复职的目的与使命》中，调整了自己的反攻时间表：“一年整训，二年反攻，扫荡共匪，三年成功。”

蒋介石后来解释前定的“反攻”计划为什么没有实现时说：“我去年来到台湾以后，7月间在台北个寿馆召开东南区军事会议，检讨过去剿匪失败的原因，并拟定我们今后反攻的计划和期限，在会议闭幕的时候，我提出半年整训，巩固基地，1年反攻，3年成功的结论，那时候，广东、广西、四川、云南、贵州、绥远、甘肃、宁夏、青海、新疆各省，以及陕南，都还在我们国军手中，所以我认为东南区一年之内反攻，绝对没有问题。但是，后来时局变化太快，整个的西北和西南，不到4个月时间，就全部落在敌人的铁蹄之下，这是我始料所不及的。所以现在的情况，和当时不太相同了，我们要重新制订计划，徐图恢复，决不能好高骛远，只求速效，我们知道越王勾践在会稽失败以后，经过10年生聚，10年教训，而后灭吴。今天我们要恢复整个大陆1,200万平方公里的土地，彻底消灭毒辣阴险的国际共匪，当然是需要长时间的艰苦奋斗，才能有效。”

不久，蒋介石在答记者问时，又惊人地提出了“3月反攻论”。

当时有记者尖锐地向蒋介石提问说：“究竟什么时候反攻大陆？”

蒋介石果断地说：“今后3个月内，共匪如果来侵犯台湾，那就是我们国军迎头痛击，乘机反攻大陆的时机。这样，3个月以后，我们就可正式开始反攻了。”

又有记者让蒋介石深感不快地问道：“如果中共始终不敢来台湾，我们何时反攻呢？”

蒋说：“如果共匪始终不敢来侵犯台湾，那我们亦要在一年之内，完成我们反攻大陆的准备，至迟一年以后，亦必能实行反攻大陆。”

★解放海南岛

国民党军队在大陆彻底失败后，其残部5个军19个师及海军第3舰队和空军4个大队共约10万人逃往海南岛，构筑工事，布设阵地，辅以海空军封锁海面，企图借助海峡和立体防御长期固守，与金门、马祖、舟山诸岛构成一条封锁大陆的锁链。为粉碎国民党军计划，人民解放军第四野战军第40、43军于1950年3月5日发起海南岛战役。4月17日，在海南岛北部海岸胜利登陆。5月1日，解放全岛。

∧ 蒋介石夫妇与蒋经国在岛内所摄。

就在蒋介石全力叫喊“反攻”的时候，人民解放军迅速摧毁了台湾岛的大部分外围防线，蒋介石以紧急撤军到台湾回答了自己的“反攻”计划。

蒋介石还在一次军事会议上富有创造性地说：“过去共产党用农村包围城市，现在我们要用海岛包围大陆。”

很快，海南岛又被解放军解放★，蒋介石再次用自己的行动否定了自己的“反攻”计划，他紧急命令舟山群岛的十几万国民党军迅速撤离。

为了挽回自己的面子，蒋介石授意台湾广播了《为撤退定海、海南，国军告大陆同胞书》，为自己辩解说，之所以要进行撤退，“就是第一步要集中一切兵力，第二步巩固台湾及其卫星岛屿，第三步反攻整个大陆来拯救全中国同胞，第四步复兴中华民国，建立三民主义独立自由的新中国”，“撤退海南、定海的军队那是实现第一步”，“至迟一年以后，必能实行反攻大陆”。

同时，蒋介石还发表了一份《告台湾同胞书》，提出要集中兵力确保台湾，拯救大陆同胞。同时，蒋介石再次公布了自己的“反攻”时间表：“一年准备，二年反攻，三年扫

∧ 至死不忘“反攻大陆”的蒋介石，其愿望不过是一场黄粱美梦而已。

＞蒋介石在金门留影。无论怎样反思，无论采取何种形式的运动，蒋介石“反攻大陆”的计划更多地成了装饰其颜面的一种口号和政治需要。

毋忘在莒
民國四十一年九月
蔣中正

荡，五年成功”，复兴“中华民国”。具体说就是在一年时间里作准备，第二年开始“反攻”，从东南沿海登陆，同中国人民志愿军作战，花一年多时间完全占据东南沿海省份，并以此为基地，花大约两年或三年时间向内地和东北、西北挺进。这样，第五年即1956年就可以取得“反攻大陆的胜利”。

此时，无论是大陆人民还是台湾同胞，特别是蒋军官兵，都没人相信蒋介石的美梦，而蒋介石本人和台湾守军最担心的倒是解放军会渡海解放台湾。

1950年下半年，朝鲜战争爆发，美国重新援助台湾，蒋介石抓紧时间进行“反攻”大陆的准备，组织了金三角国民党军残部和大陈岛残军等“反共游击军”。但是美国则反对蒋介石在中国大陆沿海挑起战端。

1954年，蒋介石开始把“反攻大陆”的口号变成“光复大陆”。

1955年，是蒋介石“反攻”“五年”计划的最后一年，联合国在这一年对中国问题发表了一个声明：呼吁国共双方停火。而且此次联合国在事实上采取了承认中共的立场。蒋介石闻讯后大怒，2月7日，他在台北大骂联合国，抨击其停火建议和“两个中国”的主张，声称只有一个“中华民国”。

此时，国民党不得不再从大陈岛撤军，蒋介石发表的《告海内外同胞书》说，这样做的目的是“为转移兵力，增加台、澎、金、马防卫力量，配合新战略，重新部署国军阵线，避免无谓损失，作积极反共准备”。

蒋介石在始终叫喊“反攻”大陆的同时，也坚决反抗美国让台湾脱离中国的企图。当年，美国想直接控制台湾，让台湾成为自己“永不沉没的航空母舰”，于是打算将台湾交给联合国来托管。因此美国要求蒋介石放弃金门、马祖两岛。蒋介石对此非常气愤，他在1955年3月21日对美国《纽约时报》记者塞资伯格说：“我一定为金（门）马（祖）而战，决心战至最后一人。”蒋介石还顶着美国军事顾问的压力坚决不撤军。他直到去世都一直坚持“一个中国”的立场，严词拒绝任何企图将台湾从大陆分离出去的打算。

蒋介石在80岁时继续当选为“总统”，他仍然不忘“反攻”大陆，于是发表讲话说：“我本来希望国民党同志不要提名我为候选人，因为才德兼备、对国家人民有贡献的老同志很多。但是，最后大家仍然推我，我感到很惶恐。我今年已经80岁，再连一任，还不能反攻，怎对得起国家？”又说：“此次国民大会乃是反攻前的最后一次会议。”

蒋介石到死都始终在叫喊："反攻！反攻！！光复！光复！！"但是他的"反攻"和"光复"计划的可能性却越来越小，而中华人民共和国则一天比一天更强大，"反攻"之说也就更像一个笑话。

蒋介石为了"反攻"大陆，还经常用田单复国的典故来为国民党军打气。他说台湾也相当于当年的"莒"，因此要效法田单，以小莒而成就"复国"之志。蒋介石还在台北阳明山下专门刻了"毋忘在莒"四个大字。1964年，他还发起"毋忘在莒"运动来激励人心。

1964年12月20日～22日间，蒋介石到金门视察时，对金门、澎湖官兵发表了《毋忘在莒运动的意义和启示》的讲话，重点分析了田单恢复齐国的6条长期计划和7条启示。

蒋介石认为田单复国的6条计划为：

一、采取持久消耗战略，以时间改变战力的劣势。

二、以心理战、情报战配合谋略战，以削弱燕军的斗志，并迫使燕军自乱步骤。

三、号召齐国各地志士，在敌后破坏燕军的行动和补给。

四、与莒城互为犄角，对包围两城的燕军形成外线作战的优势。

五、以战略上的攻击和战术上的防御，奇正互用，准备对敌奇袭。

六、编练士民，补充兵力，在战局转趋稳定以后，即行反攻，号召忠义，光复全齐。

蒋介石总结出的7条启示是：

"第一，就是坚韧不拔的精神"。"第二，就是团结的精神"。"第三，就是研究发展的精神"。"第四，就是以寡击众的精神。""第五，就是主动攻击的精神"。"第六，就是防谍欺敌的精神"。"第七，就是军民合作的精神。"

蒋介石认为，1964年的"毋忘在莒运动"的目的有四个：

自军中而言，"毋忘在莒运动"也就是以军作家的再开展；

自社会而言，"毋忘在莒运动"也就是革新、动员、战斗的再扩大；

自青年而言，"毋忘在莒运动"也就是青年自觉地再号召；

自党而言，"毋忘在莒运动"也就是党的战斗力的新生。

而这一切的目的是"反攻复国胜利"。"只要我们人人效法田单，念念勿忘在莒，就更将使雪耻复国的光辉史页，在我们的手里完成！"

1966年5月，中国大陆爆发了史无前例的"文化大革命"，蒋介石闻讯后大喜，感到"反攻"的时机终于来临。他认定"文化大革命"已破坏了中国共产党原有的组织，"文革"是要"重建毛家党"。他说1969年的中共"九大"就是为这个破坏作准备的。"九大"以前是共产党内第一阶段的斗争，"九大"是"第二阶段夺权斗争的开始"。这一阶段的斗争，将是军事、政治、社会、新旧派之间的"内战总爆发"。他说："就'九大'主席团名额看，主席团之主要控制力，仍然在'文革小组'的手里，因前排就座的22人中，有10位元老已经失势，而前头的12人中，又有江青等人为一个核心势力，林彪的军方只有4人，此外谢富治、于会咏又是属于江青的势力。”据此，蒋介石认为究竟是江青还是林彪最后谁将得势，还要看两个集团斗争的结果。

蒋介石根据自己的错误分析，大胆认定“反攻大陆”的时机马上就要到来。他说：“苏联反对毛泽东，不反对中国共产党，一旦中共内战爆发，苏联即助中共‘反对派’。那时，我们反攻复国的行动，就自然而然水到渠成，乃可断言。”

蒋介石还极力希望美国果断支持他“反攻大陆”，不要错过千载难逢的好时机。他危言

< 蒋介石败退台湾后，念念不忘“反攻大陆”，而这不过是他一厢情愿的痴梦而已。

耸听地说，如果错过现在这个机会，等中共完成洲际导弹发射后，将“扩大其对全世界核子灾祸”。蒋介石还劝美国不能和中共“搭桥”和联络，否则就是：“求鱼而得蛇，索饼而予石，适得其反。”

蒋介石的“毋忘在莒运动”很快就被台湾军民当成了陈词滥调，国际社会也没人理会他的说法。进入70年代以后，蒋介石“反攻大陆”的计划更多地成了一种口号和政治需要。

用冤狱和恐怖来统治台湾

原先人口不过600万的台湾岛，随着国民党军队和难民的涌入，变得一下子难以承受，秩序迅速恶化。当时兵痞、恶棍、特务横行，无家可归者到处都是，使原本就很混乱的台湾社会治安情况急剧恶化，从而也直接影响着国民党在台统治的稳固与否。为了打击任何否定国民党和“蒋家王朝”的言论和行动，也为了恢复社会秩序，蒋介石不得不借助恐怖政治和冤狱，全力以赴进行社会治安整治工作。为此，蒋利用宣传和恐怖的手段，搞得岛内人心惶惶，冤狱四起。

在宣传方面，蒋介石大搞领袖崇拜，他要国民党和其追随者必须树立起“主义、领袖、

∧ 蒋经国曾经激进、意气风发，是改革派中的一员，但最后还是子承父志，赤胆忠心地维护着蒋介石的权力。

国家、责任、荣誉”5大信念，誓死效忠领袖。他让宣传机构竭力回避自己在大陆失败中的责任，而公然宣扬蒋介石是“伟大的领袖和救星”“古往今来最杰出的圣人”。

他还极力宣传，欺骗人们相信“反攻复国”的梦想，让人们相信“反攻大陆”计划是“一年准备，二年进攻，三年扫荡，五年成功”。蒋经国还制定出“三分军事，七分政治”，“进行反共文化战、心理战、意志战、总体战、立体战”等所谓的反攻方针战略，给民众造成“反共复国”已经不是什么问题的印象。

蒋介石还极力夸大自己的军事战绩。1949年10月26日，由于客观原因，人民解放军在金门登陆中失利，此后，为了给台湾当局提供一个接近大陆的联系基地，为了有利于祖国统一，大陆停止了进攻金门岛的行动。但是蒋介石却抓住这个机会大肆宣传“古宁头大捷”，还制造了并不存在的“登步岛大捷”和“鸡冠山大捷”。

蒋介石为了“反攻大陆”，还鼓动人们为把台湾建成“反攻基地”“复国典范”而牺牲自己的生命和其他利益。蒋经国认为，为“反攻大陆”，光有“圣人领袖”和“大捷”报道还不够，还要所有人必须“追求保卫台湾的共同目标”，“忘掉个人私利，把所有的私人利益完全克服下去，过上战时生活，向奢侈者开刀，向腐化者开刀。人人生产，戒浪费。个个动员，参加战斗。”为了制造假象，欺骗民心，蒋经国还策划组织了许多“反共敢死队”“克难竞赛”“毋忘在莒运动”“文化清洁运动”“道德重整运动”。

在大力进行正面舆论宣传的同时，蒋介石在台湾全力推动特务统治，制造政治恐怖。早在1949年7月，蒋介石就成立了“政治行动委员会”，指定蒋经国、唐纵、郑介民、毛人凤、叶秀峰、张镇、毛森、彭孟缉等人“统一所有情报工作，并使之充实强化”。

蒋介石在台湾“复职总统”后，又下令成立“台湾情报工作委员会”（简称“台情会”），负责协调指挥国民党党、政、军、宪、特情报机构。不久，蒋介石又把“政治行动委员会”改为“总统府资料室”，交给爱子蒋经国掌握，并让儿子接管了“台情会”。至此，蒋介石原先在大陆的“中统”和“军统”两大特务组织被彻底替代。“中统”改变为“法务部调查局”，“军统”演化为“国防部情报局”和“军事情报局”，都归蒋经国指挥。

∧ 蒋介石在台湾实施了长达数十年的“戒严令”。

蒋经国对情报部门进行了改革，他下令“法务部调查局”主要负责社会调查，防止经济犯罪、贪污和漏税；“国防部情报局”主要负责对大陆的“情报搜集”和建立特务网；其他情治单位主要防共、防岛内“暴乱”。与此同时，蒋氏父子让中央党部及社会、海外青年等各部门都协助特务机构进行工作。

蒋家父子利用掌握的特务机构，在台湾大力制造白色恐怖。蒋介石认为，为“台湾存亡的必要，实施铁腕政策，只要行动可疑，经人检举，一概列入危险分子，格杀勿论”，一时间冤狱四起，死者无数。

1950年1月27日，蒋介石授意台湾“行政院”颁布了《反共保民总体战纲要》。纲要规定要动员全岛的人力和物力，实施各种反共战略。纲要还规定台湾公民必须宣誓：“我自己绝不通匪，并不容他人通匪，如违反此誓言，愿受民众大会制裁。”

4月14日，台湾“立法院”修订了“戡乱时期惩治叛乱条例”，进一步扩大了惩处范围，加重了惩处标准，扩大了军、警、宪、特等暴力机关的权力。

6月13日，蒋介石下令颁布“戡乱时期检肃匪谍条例”，该条例规定：

一、发现“匪谍”或有“匪谍嫌疑”者，无论何人均应向当地政府或治安机关告密检举。

二、人民居住处所有无“匪谍”潜伏区，该管区保甲长或里部长应随时严密清查。

三、各机关、部队、学校、工厂或其他团体所有人员，应取具2人以上连保切结，如有发现“匪谍”潜伏，连保人与该管直属主管人员应受严厉处分。

四、治安机关对“匪谍”或有“匪谍嫌疑”者，应严密注意侦察，必要时得予逮捕。

在蒋经国的掌握下，台湾的特务机构，可以随时插手政治、经济、军事和文教等各个领域，并可以不经过任何手续就逮捕嫌疑人，因此上自国民党高级官员，下至平民百姓，都人心惶惶。

1954年，台湾恢复“国防会议”，蒋经国向蒋介石建议说，最好成立“国家安全局”来统辖特务情治系统，自己退居二线指挥。蒋介石认为很好，于是在10月，成立了“国家安全局”。

1967年，“国防会议”改为“国家安全会议”，蒋介石亲自担任“国家安全会议主席”。“国家安全会议”的主要人选由蒋介石亲自挑选：秘书长由“行政院副院长”黄少谷兼任，“国家建设计划委员会主任”由国民党中常委周至柔担任，“国家总动员委员会主任”由“国防部长”蒋经国兼任，“战地政务委员会主任”由国民党中常委袁守谦担任，“科学发展指导委员会主任”由吴大猷担任。“国家安全局”由“安全会议”领导，依据美国中央情报局进行组织，是台湾特务情报的最高督导机构。

为了强化对台湾人民的统治，蒋介石还在台湾进行了几乎无限期的“戒严”。1949年5月19日，蒋介石打算逃到台湾，于是让陈诚通过台湾“警备司令部”颁布了“戒严令”，宣布台湾地区处于“战时动员状态”。这个“戒严”时期一直到蒋介石去世都没有结束，长达38年之久，开创了中外历史上“戒严”时限的先例。

根据“戒严令”规定：戒严时期禁止工人罢工和集会游行，严格出入境手续，实行宵禁，禁止张贴标语，禁止散布非法言论，禁止藏匿武器弹药，人员外出必须携带身份证等等。戒严时期禁止党外人士进行组党活动，如有违反，将以军法惩处。

在颁布“戒严令”的同时，蒋介石又通过一系列法规条令，进一步强化了蒋介石军事戒严和高度集权结合在一起的专制独裁。这些法令有“台湾地区戒严期间防止非法集会、罢业等规定实施办法”“台湾地区戒严时期新闻杂志图书管理办法”“动员戡乱时期新闻杂志图书管理办法”“动员戡乱时期国家安全会议组织纲要”“妨害国家动员惩罚暂行条例”等100多种。

这些严刑峻法，极大地扩大了蒋介石和国民党最高当局的权力，也极大地剥夺了台湾人

∧ 蒋经国在台湾忠实地执行着其父的独裁政策。

民的各种基本政治权利和生活自由。根据到台后历次“国民大会”修订的“动员戡乱时期临时条款”，蒋介石拥有了许多“宪法”限制的“紧急状态处分权”“连选连任权”，他有权调整“中央政府”人员的构成，有权让原来的“中央民意代表”变成终身制，有权加大“中央民意机构”的权力，等等。另一方面，在事无巨细的法律面前，台湾人民往往不小心就会“犯法”，受到严惩。

国民党刚到台湾的时候，国民党官兵外逃现象非常严重。为此，蒋介石在1950年4月29日让“外交部”宣布：停止办理出岛旅游、观光护照，同时公布因公出岛申请办理办法。

这一措施，制止了当时台湾岛上的外逃风。

蒋介石还在1952年成立了“民防委员会”，并实施身份证制度，对出入境人员进行严格控制，以“肃奸防谍”，稳定政局。

蒋介石父子还以政工制度强化了对军队的控制。蒋经国主持的“国防部总政治部”把政工人员派到各个部队，主要职责就是“调查官兵思想行为”，“监察官兵思想，检举动摇分子”。蒋经国因此在军队中形成了一个严密的思想控制网。美国人说：“国防部下的总政治部，一般认为，效率尚高，手段毒辣，政治部在军方的任何机构，安置政工人员，进行控制监视，……美国驻台军官普遍厌恶。”

蒋介石还加强了对知识文化界的控制，规定了5项不可触犯的禁令：

对于宣扬反攻无望论；有关社会主义和共产主义的书籍和言论；任何报道中国大陆的进步实况；批评蒋介石和蒋经国的言论；统一中国的言论的任何一论的书报和刊物，轻则遭到查禁，重则责任人坐牢杀头。

蒋介石还执行了非常严格的新闻检查制度，由7个警察特工机关专门组成“宣传会议”，对于任何报纸、杂志、书籍都可以随时进行检查。可以任意撤掉记者的稿件，裁撤“不称职”的记者，处分任何一家报刊或出版部门。一次“文化清洁运动”，往往会查封10余家杂志。

为防止人民收听大陆广播，蒋介石下令有收音机的人必须进行登记。凡是要买收音机的人，先要得到由“保安司令部”审核后发给的准购证。而且，一架收音机每年交30元的执照费，还要交16元的印花税，光是执照费和印花税就占收音机价值的10%以上，逾期交费的还要加倍罚款。而那些销售无线电器材、收音机和收发报机的单位，一律要进行关于器材名称、数量及存放地点等信息的详细登记，并交给“保安总部”备案。蒋介石还下令查禁华南书局出版的《音响扩大机》《单管收单放机》《初级短波收音机》《简易交流式收音机》等书，以防“向不法分子传授收音机知识，窃听毛匪广播”。

蒋介石还大兴文字狱，严厉控制知识分子和新闻界。

1960年9月，《自由中国》给蒋介石提了几点建议，蒋介石一气之下，竟然以“掩护匪谍”和发表“反共抗俄国策”等罪名勒令该刊停刊，并判处刊物负责人雷震10年徒刑。

《自立晚报》因为文字上对蒋氏父子有“不敬”的文字，而被停刊5个月。

《人世间》月刊以刊载幽默文章著称，但是也被认为“几次影射当局”，遭到好几次停刊处罚。

《时与潮》是专门谈论时事的周刊，因为“煽动民间不满情绪”，被罚停刊一年，后来又因为“藐视法庭”，受到警告。

1975年8月创刊的《台湾政论》，刚出5期后，就因为“煽动叛乱”遭到查禁，刊物编辑人员遭到逮捕。

李敖案、柏杨案都是当年著名的文字狱。李敖以抨击传统著称，他认为国民党“好谈道德和正统”，却“挂羊头，卖狗肉，而且狗肉也是当作羊肉贩给别人吃，自己吃美援”。李敖还批判台湾的党政要人和学者名流，引起了激烈的论战和骂战。被李敖点名批评的人有张其昀、陈立夫、陶希圣、胡秋原、任卓宣（叶青）、陈启天、郑学稼、钱穆、唐君毅、牟宗三、徐复观、毛子水、徐道邻、萨孟武等。

胡秋原、郑学稼和任卓宣等人开始对李敖展开笔战，李敖奋起还击，双方相互挖苦、嘲讽和调查。李敖说胡秋原“亲共”，还说任卓宣、郑学稼当过中共党员。胡秋原于是以诬陷、诽谤罪控告李敖和《文星》杂志，并骂李敖是“西式太保”、“土匪后代”和“汉奸儿子”，而且认为李敖有“匪谍嫌疑”。

∧ 1974年蒋介石父子旧照。蒋介石是一个封建主义思想极浓的人，又是一个猜疑心极强的人。这样的一种理念与这样的一种心态结合，表现在权力传承问题上，必然是“父业子承”。

最后，国民党为了维护“道统”，支持胡秋原等人，在1965年12月查封了《文星》杂志。但李敖继续写文章批评时弊。1967年，台湾高等法院以“妨碍公务”罪起诉李敖，“警备司令部”把李敖软禁起来。1971年，军事法庭以“涉嫌叛乱”罪判处李敖有期徒刑10年。

柏杨案是蒋介石搞的另一个著名的文字狱。1968年1月3日，艾玫主编的《中华日报》副刊刊登了一幅漫画，名叫《大力水手》。漫画中有水手父子二人合力买了一个小岛后在岛上建立起独立王国的内容。这幅漫画一经发表就引起轰动。“警备司令部”立即进行调查，在漫画原稿上发现了艾玫的丈夫、作家柏杨的手迹。1968年3月4日，台湾当局以“侮辱元首”罪逮捕了柏杨，然后军事法庭判处柏杨10年徒刑。

1970年，台北市日本新力电器公司的台湾总代理在《中国时报》上刊出的广告中有四句一号粗字套红的宣传广告文字：

上联是“复兴文化的新利器”；

下联是“录音器材的大革命”；

横批是“毫毛细语，传真实录”。

由于当时大陆正进行史无前例的“文化大革命”，学习马列著作和毛主席语录。而这四句广告文字当中正好有“文化大革命”和“毛语录”的字样。“警备司令部”发现后当即逮捕了广告设计人员，并命令广告公司撤回其他未刊登的广告，同时处理了广告公司、《中国时报》等有关单位和有关人员。

蒋介石坚持“宁可错抓一千，决不放过一人”和“用重典，治乱世”的恐怖政策，在小小的台湾岛上布满了特务和警察。警察当时超过10万人，分属于台省警务处，20个县市警察局，87个分局，187个分驻所，1,268个派出所，5,027个警勤区。此外，蒋介石还在乡镇设有警卫股、警卫干事、警务处还有保安警察总队和铁路警察局、森林警察局、工矿警察局、港局警察局。城市设有流动派出所。警察的种类也非常多，有政治警察、情匪警察、文化警察、新闻警察、教育警察等等。蒋介石赋予警察的任务非常多，权力非常大。警察有“户口查察，指导民众，紧急警戒，集会结社之取缔，组训民众”等90余种职责，监察着人们的衣食住行、言论思想、学习工作。

蒋介石还大力推行保甲制度。要求每户人家必须与三家进行连环保证，军、公、教人员则要与两人以上连保。如果一人被定为“不良分子”，那么就会株连到他的同事、同学、同工及亲戚、佣工中的许多人。蒋介石还建立了严格的户口管理制度，不但统一印发身份证，而且要求台湾人民在外出旅游、出门做工、下田种地都必须“随身携带”身份证，以备检查。此外，警特人员还经常进行人口总清查和突击检查，并在检查中大肆抓人。1951年3～7月，警察在台北进行了398次户口突检，其中有一次检查中就逮捕了1.2万余人。

1975年，台湾“内政部”公布了“流动人口登记办法”。外出的人被要求都必须办理“流动人口登记”；凡家里来了客人住宿的人家，必须在当天向警察机构口头申报“流动人口登记”。否则，检查时就会被抓起来。

蒋介石在各学校都大力发展特务组织，严格控制师生的言论和行动。各校校刊必须经过审查，师生讲演必须得到批准。训导人员甚至经常拆看师生的私人信件。新生入学后要向训导处交“思想保证书”，有丁点不满情绪的人会被训导处扣上“异端”“邪说”“偏激”“思想有问题”“叛徒”等大帽子，轻则处分，重则军法制裁。

蒋介石还规定老百姓不准随身携带刀具上街，3人以上聚会必须进行登记；工人不准罢工，学生不准闹学潮罢课；不准国民党以外人士组党，严厉实行“党禁”，只允许中国青年党和中国民主社会党可以合法存在，装点民主。

蒋介石的特务还经常在一些公共场所以及旅馆的家具中、床铺下安放窃听器；特务还可以随时找岔子整治人。

在蒋介石的高压政策之下，稍微“左”倾或稍有牵连者都被严厉镇压，有“通共嫌疑”的人被投进监狱，或丢到海里喂鱼。在这样的恐怖气氛下，到处都是冤假错案和“大屠杀大恐怖”的气氛。

据董显光公布的资料，1950年上半年，“台湾治安当局处理了匪党地下活动案300件。牵涉的嫌疑犯在千人以上”。

“中共台湾省工委事件”：1949年10月到1950年1月，涉案的蔡孝乾、陈泽民、朱子慧、谢添火、庄识宰、蔡国智、于开雄、梁清泉、何玉麟、张志忠、李法夫妇等多遭枪杀。

“吴石案”：1950年3月1日，“国防部中将参谋次长”吴石，受“中共台湾省工委事件”牵连，被台湾特务机关以“为中共从事间谍活动”罪名秘密逮捕，受他牵连的人有吴石的妻子王壁奎，联络人朱湛之，老部下聂曦，前“联勤总管”第四兵站中将总监陈宝仓，某公署主管人事的中校参谋方克华，某处主管补给的参谋江爱训，吴石的副官王正均等多人。1950年6月10日，“特别军事法庭”判处吴石、陈宝仓、聂曦、朱湛之4人死刑，其余的人被判入狱。

“两大企业案”：1950年3月，台糖公司总经理沈镇南被枪毙，罪名是“故意不出售糖，保留物资让共党接收，准备以台糖铁路供共军登陆用”，人事室主任林良桐被牵连枪毙，部下多人被判刑。

与此同时，台电公司总经理刘晋钰及职员严惠先被枪毙。刘的罪名是：保释参加左倾团体被捕的儿子，并纵容儿子投奔大陆。

其实，台糖、台电两公司的总经理之所以被无端枪毙，主要是因为原来的上司——主管“中华民国”公营事业资源委员会的正副主管翁文灏、钱昌照、孙越崎等前后投奔中华人民共和国。蒋介石担心台湾公营事业的其他负责人受到影响也投奔大陆，因此采取了杀鸡儆猴的做法。

“麻石事件”：1950年5月，台南县麻石镇“镇长”谢端仁等33名地方人士被国民党当局以“共同意图颠覆政府”罪逮捕，其中谢端仁、蔡国礼、张木火3人被枪毙，其余人或被判处无期徒刑或被判处10～15年不等的有期徒刑。

“桃园事件”：1950年6月，台北市“电信局”桃园收报台林清良等7名职员被发现有“共党嫌疑”被国民党当局逮捕。其中林清良、赖凤朝、李涛译3人被枪毙，罪名是传阅中共文件书籍“意图颠覆政府并着手实施”，徐文赞等人被判处无期徒刑或10～15年徒刑。

“陈仪事件”：陈仪担任过国民党军政部次长、福建省主席，抗战胜利后又担任第一任台湾行政长官。后来因为参与镇压“二·二八”台湾人民起义而下台，随后又去主政浙江。解放战争中，陈仪公开抨击蒋的内战政策。北平和平解放后，陈仪对李济深派来联系和平起义的人说，自己愿当傅作义第二。

陈仪对汤恩伯有大恩。汤恩伯出身贫苦，由陈仪出面保送并资助去日本士官学校学习军事。后来陈仪把汤认作义子，汤恩伯也以义父对待陈仪。汤恩伯回国后受到陈仪的扶植，官运亨通，被称为抗战中国民党部队的“军中三杰”之一。

1949年1月20日，蒋介石宣布下野，陈仪在浙江进行起义。他认为自己与汤恩伯有“父子”关系，因此动员时任京沪杭警备司令的汤恩伯一起起义。汤恩伯虽然满口答应，却向蒋介石告密出卖了陈仪。蒋介石夸奖了汤恩伯的忠诚，并征询汤的处置意见，汤恩伯坚决地说：“国家大事，义不徇私，自应以领袖之意见为意见。不过，我和陈仪的关系，素为人知，在不妨碍总裁及政府的威信之下，希望能予陈先生以善终天年之恩。”蒋介石当即让汤恩伯全权处理此案。

V 蒋介石与来台活动的南越政府“副总统”阮高其交谈。

< 汤恩伯旧照。在抗日战争后期，汤恩伯与胡宗南、陈诚分掌重兵，各当一面，为蒋介石政权的军事三巨头之一，并自封为“中原王”。

★汤恩伯（1899～1954）

国民党陆军中将加上将衔。浙江武义人。曾任国民革命军总司令部参谋、中央军校大队长、第2师师长、第89师师长、第13军军长。抗日战争爆发后，任第20军团军团长、第31集团军总司令、第一战区副司令长官。抗战胜利后，任陆军副总司令兼南京警备司令、京沪杭警备总司令、福建省政府主席。1949年去台湾。

中共地下党把汤的出卖行为告诉了陈仪，但是陈仪死活不相信，并在交卸浙江省主席职务后乘车去上海找汤恩伯，没想到陈一到上海就被扣押起来。国民党退守台湾后，陈仪被囚禁于基隆要塞司令部。汤恩伯派人送日用品去探望陈。

1950年6月，蒋介石出尔反尔，下令审判陈仪。号啕大哭的汤恩伯四处求救，都被蒋介石拒绝了。

1950年6月18日早晨，陈仪被判处死刑，立即执行，汤恩伯★也从此永久背上了“卖师求荣”的恶名，从此郁郁不乐，十二指肠溃疡病日益加重。1959年，汤死在了日本的手术台上。当时有人怀疑日本人是有意害死他的，据目击者说：“汤似痛苦不过，虽然上了麻药，仍图挣扎，日医用力揿住，直至力竭而死！”

20世纪50年代初期，台湾军警和特务大肆逮捕进步人士和无辜的工农大众及知识分子，弄得怨声载道，监狱里人满为患。诺贝尔奖得主李政道的母亲张明璋和兄弟李崇道，也被投进了监狱，罪名是“掩护匪谍”罪。后来才发现抓错人了。

由于监狱和看守所不够用，当局加紧修建了许多新看守所，还拨款250万元，在台北监狱建造了一座瓦斯行刑场。据国际赦免协会报道，在台湾，被国民党以政治犯罪名投入监狱者约达8,000人，这些“囚犯”经常被处以极刑。有一个台湾法官公然说：“你要叛乱，我就要乱判！”

蒋介石的军事法西斯统治激化了社会矛盾，工人罢工、商人罢市、农民抗捐税随时随处都不断发生。而以“民主自由”自诩的美国人也对蒋介石的高压政策多有谴责。

为了讨好美国人争取美援，也为了平息众怒，转移人民的不满，蒋介石也搞了点“民主”

∧ 陈仪（前右一）曾是汤恩伯的恩师，最后却为汤所出卖，被蒋介石处以死刑。

欺骗民众，一是允许中国青年党和民主社会党“合法”存在，二是实行“地方自治”。

1949年3月，台湾省成立了“地方自治研究会”，随后该研究会拟定了“台湾省调整行政区域草案”“台湾省各县市实施地方自治纲要草案”“台湾省市议员选举罢免规程草案”和“台湾省县市议员选举罢免规程草案”。1950年3月，上述四案在“台湾省政府委员会”获得通过。

1950年8月～1951年2月，各县先选出“议员”，然后成立了县市“议会”。1951年12月1日，台湾省第一届“临时议会”正式成立，规定议员的任期为3年。1959年6月，临时议会改为台湾省第一届“省议会”。台湾实施自治后，“县市长”开始由公民直接选举，任期3年，后改为4年。县市以下乡镇及县辖市区村“里长”，也由公民直接选举。

蒋介石的这一“地方自治”制度，被台湾当局吹捧为一大“德政”，认为此举“使得一般民众的民主意识大为提高，奠定了台湾良好的民治基础”。其实，这一切不过是摆摆样子罢了。

蒋介石实行的是专制极权主义，到了“蒋经国时代”，稍微开明了一些。

< 1949年清明节，蒋介石夫妇与蒋经国祭拜蒋母。
> 1949年4月，蒋介石父子在家乡奉化溪口。

生命最后的日子

1949年清明节，蒋介石预感到这次离开大陆可能是永别，于是带了蒋经国夫妇和孙儿孙女一起去祭扫蒋母墓。他表情沉重地在墓前躬身下拜，嘴里喃喃地祈祷着，好长时间都没有抬起头。当他终于抬起头时，大家发现他的脸上已经满是泪水。拜完后，蒋介石退到一旁，看了看周围，然后对众儿孙一再说："多磕几个头！多磕几个头！"

当时蒋经国的俄国妻子蒋方良似乎并不重视这个仪式，于是走上前去祈祷，却只在蒋母墓前鞠了一躬，并没有磕头。蒋介石立即脸色阴沉下来，瞪着她大声斥责说："俄国人不懂礼节！"接着，蒋介石又让堂弟蒋周峰和族人带着祭品供桌，去祭扫父亲的墓。

祭扫完后，蒋介石依然默默地站在那里，眼里充满了难以言传的忧愁。他似乎已经预感到此生再也无法回来了。作为一个深受儒家文化影响的人，他对埋葬着自己先祖列宗的家乡充满了恋恋不舍之情。早在1949年春节，一种挥之不去的忧愁就开始涌上心头。从农历正月初一到十五元宵节，他始终想在溪口镇上多走走，多看看，他找来上海、宁波的著名剧团，轮流在镇上进行演出。初一的晚上，蒋介石到武岭学校礼堂看戏，没想到上演的是京剧《苏三起解》，正好触动了他的愁绪，因此只看了几分钟，就默默地离开了。

农历正月二十一日，蒋介石专程带蒋经国和孙子孙女去葛竹外婆家扫墓探亲。当晚，他就住在表弟王震南的"洋房"里，还让人给村内每户人家都送了一双在宁波大有南货店定做的"对开"馒头。

蒋介石想带自己表弟王良穆一起去台湾，于是就对他说："良穆，你到溪口来，我在家等你。"和表弟道别上轿的时候，他这话又说了一遍。事后王良穆才回过味来说："表哥这次来，特别客气，以前的时候从来也没有这样邀请过我。当时我没有领会他的意思，直到他离开溪口，才知道原来他是想叫我跟他到台湾去。"

∧ 蒋家宗祠。

从葛竹村回来不久，蒋经国也去岩头村为外婆扫墓，并和亲戚辞别。他在村外拜祭外公外婆之后，进村去探望了大舅母张定根（毛武宝妻子），并且和他们一家人一起吃了家常的中午饭。张定根按照乡俗把一只大公鸡，一包长寿面，还有一些鸡蛋送给了蒋经国，诚恳地说："经国，过几天就是你的40岁生日了，这些东西表示舅母的一点心意。"蒋经国很高兴，恭敬地接了过来，然后说："大舅母，我们就要走了，您老人家是否和我们一起去？"张定根疑惑地问："到哪去呀？"蒋经国不便说去台湾，就含糊地说："我们到哪里，舅母也到哪里。"张定根年龄大了，不想离开家乡，最终没有随蒋经国去台湾。1984年，她在家里去世。

清明过后，蒋介石又特地带上蒋经国等人到宁波蒋姓聚居地去祭祖联宗，所到之处有宁波的柳亭庵、弥陀寺、天童寺、金峨寺，及奉化的楼隘村、山岭村、沙探头村、葛泰村等地。

蒋介石在宁波南郊的柳亭巷祭扫了柳亭庵边的蒋姓祖坟，还赠给柳亭庵500元钱，作为管理坟墓之用。随后，他又到宁波东方的小盘山去祭扫溪口蒋氏始祖蒋宗霸（即摩诃太公），随后赠给旁边弥陀寺白米五石，以便让寺里和尚常供奉香火。第三天，蒋介石乘轿与张群、蒋经国、俞济时等人去奉化后琅乡的楼隘林祭祀蒋家祠堂。

奉化山岭（三岭）的蒋姓和蒋介石家的血统最近。据《武岭蒋氏宗谱》记载，溪口蒋姓本出自三岭蒋姓，元代的蒋仕杰从三岭迁居武岭，他的后人构成了溪口蒋姓。因此，蒋介石去山岭的次数最多。清明过后几天，他就又带上蒋经国夫妇、孙子孙女全家到山岭村祭祖。随后蒋介石还依依不舍地在墓前拍了全家照。蒋介石对山岭村的族长很是敬重，称呼这个比自己大一辈的族长为阿叔，族长则也不客气，直接叫蒋介石的小名"瑞元"，蒋还感到亲切。蒋介石还一改往日的威严神态，很亲切地和当地村民聊天。卫士要阻拦试图围上来的蒋姓族人，却见蒋介石连连摇手说："不要拦，不要拦，都是自家人。"族长当时说："摩诃庵已破旧，是否可以修好？"蒋介石很爽快就答应了，但最后因为走得匆忙，而没能兑现。

蒋介石受母亲影响，也信仰佛教。因此离开溪口前他也去了许多寺庙。有一天，他去奉化城南17.5公里处奉化三大名刹之一的青莲寺拜佛。随后寺僧人为他准备了中饭，饭后蒋介石再去当地的蒋氏宗祠进行祭祀，并同当地的族长、房长、管账3人合影留念。蒋介石听到其中一个人说自己叫"蒋兴宝"，就想到了自己的处境，于是对那人说："你把你起的这个名字掉个头，叫蒋包兴就好了。"

确实，蒋介石在离开溪口前比平日更加迷信，尤其对人的姓名是否吉利很敏感。他和蒋经国、俞济时、长孙孝文、孙女孝章一到葛竹村，看见路边有个老人，就问老人姓什么？老人说姓王。蒋介石就很高兴，还脱帽点头致意，因为他觉得"王"很吉利。到蒋家祠堂后，他听到一个乡绅姓谢，还想凑到自己身边，就拉下脸要那个乡绅"走开"。蒋介石进蒋家祠堂，同样脱帽行礼，并找族内长辈叙了话。

蒋介石对自己读过的龙津、凤麓学堂也感情很深，走之前也都去怀旧。蒋介石与宋美龄还是奉化孤儿院的正副董事长，因此也常去那里看看。奉化孤儿院负责人在日记中写道："傍晚公共体育场已人满，5时公暨随从人员等自月岭来，进北门至县府，余于县前遇见频点头，旋即向中山公园行，……出公园即向孤儿院，由西屏兄（即刘汉祖）引导，余

> 武岭学校，蒋经国曾经学习过的地方。

★武岭学校

地处武山之西，锦水之阳。1929年，蒋介石出于尊母教诲，选此处新建校舍，并自题奠基石。校园整体布局、校舍建筑由工程师翁文涛设计，上海孙裕生营造厂承造，次年竣工。建成大礼堂1幢，教育楼2幢，三层宿舍楼1幢。学校占地6公顷多，建筑面积1.4万平方米，模仿法国乡村校舍构建，中西合璧，形式各异，是一个设施完备的综合型学校。学校紧临武山，故称“武岭学校”。蒋介石亲自题写了校名。

等于议会路欢迎入院，周围巡视，询问房屋被拆情形，念堂何人建造，经费现状，余一一作答。出门后，经体育场环城路而至中学。参观毕，驱车返溪口，已昏黑矣。”

蒋介石这次最后的回乡之旅，持续了3个多月，可谓，把自己能去、想去的地方都走了一遍。

4月21日，中国人民解放军百万雄师横渡长江，23日，解放军占领了国民党统治中心南京。蒋介石知道自己离开溪口的时间到了。于是他在24日中午下令：“把船只准备好，明天离开溪口。”

当时在武岭学校★工作的一位教师回忆了蒋介石父子离开溪口之前的情形：“4月21日晚上，蒋介石、蒋经国等在学校礼堂观看京剧，突然有人来报，南京有长途电话，蒋经国即离座外出，接电话回来，同蒋介石耳语几句，蒋介石立即匆匆退席。顿时会场秩序混乱，锣鼓亦停，中途散场。有人目睹4月25日临走之前，蒋介石、蒋经国父子二人，乘坐溪口渡船，到达溪南，在溪南新砌的石梯上缓缓步行，遥望对岸祖居，似有无限惜别之情。然后即从武岭门坐车启程。”

蒋经国在4月25日的日记中写道：“上午，随父亲辞别先祖母墓，再走上飞凤山顶，极目四望，溪山无语，虽未流泪，但悲痛之情，难以言表。本想再到丰镐房探视一次，而心又有所不忍；又想向乡间父老辞行，

∧ 1949年4月，蒋经国在蒋氏宗祠阅览族谱。

心更有所不忍，盖看了他们，又无法携其同走，徒增依依之恋耳。

“终于不告而别。天气阴沉，益增伤痛。……且溪口为祖宗墓庐所在，今一旦抛别，其沉痛心情，更非笔墨所能形容于万一……”

蒋介石父子于1949年4月25日下午2点，到达了宁海县西庐乡团埃村的码头，登上船后，踏上了永别家乡的旅程。

团埃村村民戴永昌当时任国民党的甲长，他回忆说：“蒋介石坐的兵舰，船头号有‘泰康’二字。这艘兵舰早在1949年阴历过年之前，就到我们村前海面来过，不久，我去宁波，又见它停在江北岸，一看就认得，所以对它印象特别深。以后，蒋介石走前一星期，这艘兵舰又停到了我们村前海面上，舰上士兵经常到村里来买菜。起初不知道这艘兵舰开来开去干什么，后来才明白是为蒋介石在这里出海探路、准备。”他又说：“蒋介石走的前一天，保长戴森庚通知我，上头告诉，明天有一大官到这里，所有甲长都要到海塘等候，撑排送他下海。当时团埃有4个保，1保10甲，共40名甲长，第二天都到了。反正这里的壮年都会撑排，所以在村的一个不漏。”

蒋介石走前，还去团埃小学看了看，但是却没有人接待。据当时任团埃学校校长和西店国民党区分部书记的戴章琏回忆说：蒋介石下海前，他曾接到宁海县教育局的通知，内容还清楚地记得：“最近3日，有一大员过境，学校准备迎送。”戴章琏又说：“当时我们有怕麻烦思想，正好原来已安排了春游，那天借此机会带着学生外出了。师生们快到西店时，见有侍卫迎面来了，我们连忙避开，从岔路走了。回来后，保长戴森庚埋怨我：蒋总统来

∧ 晚年的蒋介石在抚弄爱犬。

了，你们故意走掉，我说话听不懂，麻烦死了。蒋介石经过学校，因无人接待，一进去就又退出来了。”

当时给蒋介石撑竹排的戴扬土回忆说：“我与戴愈茂2人撑蒋介石坐的那张排，愈茂在头里，我在排尾，他的椅子是从汽艇上搬过来的。其他4个人，一个是蒋经国，矮矮胖胖身体结实，脸上还有几颗浅浅的麻子。一个是俞济时。还有两个可能是卫士，他们都穿着黑色呢制服。蒋介石登上竹排坐定后，即摊开地图，不时查问地名。他指着东北方向的栖凤村问：‘这是长河头吗？’我回答：‘不是长河头，是栖凤。’他说：‘是桐照栖凤的那个栖凤吗？’我回答：‘土名喜鹊窝。’蒋介石高兴地点点头，大概这名字也吉利。”

当竹排走了半公里后，就到了事先准备好的汽艇旁边。随后蒋介石等人登上了汽艇，再乘汽艇到“泰康”号兵舰。汽艇与兵舰的距离大概有1.5公里。戴扬土说：“我的排还未撑到岸边，顺风传来了‘泰康’兵舰上士兵欢迎的口号声。”

当时，蒋介石还赏给每个撑排的甲长一块银元，但大部分都被保长截留了，有的人不知道，有的人不敢要。

蒋介石父子从团埃村前的头江口出发，到了铁江，随后登上了停在铁江等候的国民党海军“泰康”号兵舰，随后外出狮子口，驶向大海。

蒋介石当年已经62岁，是个老人了。到台湾后，他基本上就一直住在台北的士林官邸，除非必要，很少外出，同时逐渐创造机会，向儿子蒋经国转移大权。通常事务，基本上都交由蒋经国处理，他自己过着深居简出的生活，每日在士林官邸里锻炼身体，按时作息，颐养天年。

蒋介石青年时期生活比较放纵，后来生活和工作就变得非常有规律，很注重养生，因此身体和精力都非常好。他逃到台湾以后，虽然已60多岁，但整天到处发表演说，为军队打气、安抚，精力很是旺盛，远远超过自己的同龄人。

到了台湾之后，蒋介石的业余生活也很有规律。他在办公之余，会做些养花、种草、逗狗的事情，晚饭后他喜欢看一场电影。他看电影时还喜欢有人在旁边进行解说。到了晚上10点左右，他会进入一间专门的屋子进行祈祷和沉思。完后开始洗澡，洗澡后开始写日记。蒋介石晚间写日记的习惯，保持了数十年，几乎没有间断过。

蒋介石在饮食方面也注重养生，通常简简单单以青菜、豆腐等植物性食物为主，只要营养充分就行，并不追求奢侈。蒋介石不吸烟，不喝酒，而且也不喝茶，平素只喝白开水。蒋介石还喜欢尽可能地亲自去处理事情，哪怕是很琐碎的事情，比如他就亲自督办了台湾淘汰人力车的议案。

蒋介石每天起床很早。在天边刚泛白的时候，蒋介石通常便开始悄悄起床。蒋介石在年轻时，喜欢从床上一跃而起，然后站好后马上穿上衣服，开始盥洗、晨课，动作非常敏捷。晚年后动作已经变得非常缓慢。他通常会先打亮一支笔式手电筒，然后蹑手蹑脚地摸索到盥洗室，以免发出声响，惊醒了习惯晚睡晚起的夫人宋美龄。

盥洗完后，蒋介石喜欢喝上两杯白开水。他要求这两杯白开水的温度一杯为五六十度的温开水，另一杯为刚烧开的滚烫的开水。他的习惯是把这两杯温度不同的水像调酒一样反复调节倒换，然后慢慢品尝。蒋介石只喝热水，决不碰凉开水。

喝完水后，蒋介石便开始做柔体体操。体操做完，休息一会后，蒋介石便开始唱圣诗。每次在唱到“天父”或“圣哉、圣哉”时，蒋介石就会脱下帽子，向东方行礼。

1978年2月21日，为纪念蒋介石辞世3周年，台湾的《近代中国》季刊社专门举行了一个座谈会。在座谈会上，曾任蒋介石高级幕僚的秦孝仪曾回忆说：“这是蒋公每天必定实行的一项习惯，他的书房中，陈列

∧ 在他们四十多年的婚姻中，宋美龄不单单是蒋介石夫人，更是他政治生活中不可多得的助手。

了3幅像，一是王太夫人，一是国父，一是耶稣。他每天走入书房，或是由外面归来，必定对3幅像分别行注目礼，同时口中念念有词，那情景是令人感动的。而领袖口中默祷的语句，一直也没有人晓得。

……

“蒋公有一项一直没有公开的秘密，那就是每天早上静坐之后，必定念几首赞美诗，念的时候，就在起居室中走来走去，诗中提到‘天父’时，蒋公就脱下帽子，向东方深深一鞠躬。”

每天在晨练和唱圣诗活动完成后，蒋介石便回到自己的书房里，开始静坐祈祷。通常情况下，蒋介石在坐下来后，会先用一条毛毯把自己的双腿盖好，然后开始按摩双眼，同时用特制的眼药水滴入眼睛，闭目静坐大约40分钟左右。他认为这样可以防止老年人的腰腿遭受寒气袭扰。做完这些活动后，一般天就已经大亮了，蒋介石便开始写点东西，看看当天的报纸。

蒋介石的生活习惯是早睡、早起，通常不熬夜，因此他的所有活动一般安排在白天进行，晚上和夜间基本上就安心休息。每天早晨蒋介石感到精神状态最好，他就把每天要做的事情安排在上午来做。

每天上午9点左右，蒋介石通常就可做完每天必须的几项活动，然后开始吃早饭。他的早餐很简单，但通常做得相当精致。他对小点心和鸡汤情有独钟。除此之外，对其他食物都比较马虎。蒋介石最喜欢家乡浙江奉化的小菜，比如特制的腌盐笋和芝麻酱。

蒋介石日常的中餐和晚餐通常有5个菜，2荤3素或3荤2素，非常注重卫生、营养、风味的兼顾，但是少有昂贵复杂的菜肴。有一个令夫人宋美龄终生遗憾的是，她最喜爱的西餐，蒋介石始终不感兴趣。

龙布衣曾经在1984年11月5日的台湾《民主政治》第2期上写了一篇《蒋介石是一个怎样的人》，其中有这样的记述：

可是，老先生有时也显现他俭约的一面。来台后，他在世之时，苹果一直是台湾最昂贵的舶来水果；官邸客厅里常有水果一盘，最常备的，就是苹果。这些苹果固然有时是采买人员自市上采买而来者，但绝大部分是蒋家亲戚、元老旧部们到官邸探谒时，所带去的“心意”。有一次，蒋邸亲戚的几个小孩到官邸做客，老先生拿出苹果分给小孩，其中一个小孩说：“哇！苹果，一个30块钱！”……当时一斤猪肉不过20元左右，一担蓬莱米不到100元，这是老先生知道的价格；当他听到了苹果一个30块钱，就找官邸的采买来问：“苹果一个等于三四十斤大米，为什么要买这么贵的水果？”采买回答，绝大部分是来客送的，自己买的一年不到一两次；因为苹果比较不易腐烂变质，所以在没有人送的时候，也买苹果。老先生听了，才没有话说。以后，官邸的人员，曾发现老先生不止一次在点苹果的数字。有一次，点过觉得不对，他就问："苹果一个30块，是谁吃了这么多个？"侍从官说是几个华兴育幼院的孩子给夫人送母亲节的手工品来，夫人叫拿去给孩子们吃。

老先生才“嗯”一声，没有追究下去。

享受天伦之乐也是蒋介石晚年生活的一个重要内容。像所有中国的祖父一样，晚年的蒋介石特别喜欢自己的孙子、曾孙，并喜欢和他们一起戏耍。同时，戏剧也是他晚年的一个重要爱好。1956年，蒋介石过70大寿，晚辈就为他请了香港粤剧界艺人白玉堂组团来台"祝寿"。白玉堂饰演薛仁贵，唱得很卖力，但是又担心蒋介石听不懂粤语，于是就改用普通话来唱，但毕竟不如粤语流畅。这时候就听到有人从后台来对他说："蒋公对粤语能听懂百分之百，不必用普通话，以免弄巧成拙。"白玉堂大喜，于是就重新用粤语唱，博得了蒋介石的赞许。蒋介石还喜欢评剧，但是他却说："不回大陆，不看评剧。"

V 三代同堂其乐融融。

> 或许没有了疆场的厮杀，没有了政坛的争斗，蒋介石也可以像普通人一样，坐看庭前落花，心无旁骛。

蒋介石注重养生，晚年的身体一直很好，但是没想到却在1969年出了车祸，从此身体每况愈下，直到去世也没有恢复过来。

每年7月，蒋介石和宋美龄都要从台北的士林官邸去阳明山官邸待上一段时间避暑。1969年7月，他们像往年一样前往阳明官邸避暑。

蒋介石出行时的安全工作其实是很严密的，在蒋介石夫妇去阳明山的当天早上，安全部门的人就会立即行动起来，在通往阳明山官邸的仰德大道沿途布满荷枪实弹的军警宪兵。不过"仰德大道"虽然属于台北市郊最高级的公路，但是毕竟是上路，山势陡峭，道路也难免曲折。

当天下午，当蒋介石的车队高速经过岭山附近的一个弯道时，开路车的司机突然发现前方弯道路边停了一辆公路局的班车。开路车的司机于是没有减速，径直从那辆车旁边开了过去。

没想到这时有一部吉普车突然从路边那辆车的后面拐出来，车速非常快，径直冲向开路车。开路车的司机来了个紧急刹车，才没有撞到那辆下山的车上，但是没想到事出突然，紧跟在后的蒋介石"总统"座车没有反应过来，一下子就猛撞在开路车的后尾部。此时蒋介石座车后面的"随车"都及时刹车，才没有造成连续追尾。

刹那间，保持着"大总统"威严坐姿、手中还握着拐杖的蒋介石身体猛然撞向前面的双层玻璃隔板，随即胸部严重受伤，阴囊被撞肿，满口的假牙被撞飞。坐在蒋介石左侧的宋美龄，幸好双腿撞到了前面的那块玻璃隔板，伤势并不严重。

在场的保安人员大惊失色，立即把蒋介石夫妇从车里抬出来送往医院急救。医生检查后

∧ 晚年的蒋介石、宋美龄。

∨ 斯人已去，繁华落尽，唯有哀伤不断敲打岁月的风霜。蒋介石去世后，宋美龄悲痛欲绝。

的结论是，蒋介石的胸部受到严重撞击，心脏部位明显扩大。胸部的内伤和心脏问题最终促使蒋介石的身体健康迅速恶化起来。

蒋介石小时候体弱多病，成年后身体一直很健康，只是49岁时因“西安事变”在临潼摔伤过腰，但是影响并不大。蒋介石注重养生，不近烟酒，信奉基督教，又是军人出身，生活和工作非常有规律，因此身体在同龄人中是相当好的。但是经过这次车祸，蒋介石的健康开始越来越差，他的心脏病也越来越严重，甚至出现过心脏骤停的危险时刻。

进入20世纪70年代后，中华人民共和国重入联合国，台湾同时被赶出了联合国，从此在“外交”上迅速走入困境：美、日等大国领导相继访问中国大陆，并与中华人民共和国建交，与台湾“断交”。身体本来已经衰弱不堪的、并且已经86岁高龄的蒋介石再次遭受了严重打击。1972年3月，蒋介石前列腺肥大，不得不做了手术，从此导致了身体机能的减退。蒋介石的身体健康状况从此开始进入了加速恶化期。

1973年7月，久已不见露面的蒋介石让台湾报刊发表了一张自己与孙儿蒋孝勇夫妇新婚合影的照片，想让公众认为自己的身体依然健康。但是到了1974年8月，台湾当局只好宣称：因健康状况不佳，蒋介石减少政治活动。

1974年11月23日，已经非常衰弱的蒋介石从“荣民总医院”的高级病房搬回了士林官邸，由“总统”医疗小组的专家们在家进行治疗。不久，蒋介石和宋美龄一起度过了他们在一起的最后一个圣诞节和元旦。

1975年2月下旬，蒋介石的病情渐渐变得危险起来。

1975年3月，宋美龄和“总统”医疗小组的专家们在治疗问题上产生了重大分歧。宋美龄根据美国医师的建议，要求立即对蒋介石进行“肺脏穿刺手术”，以便直接导出积存在蒋介石肺脏中的脓液。但是医疗小组主任却坚决反对，他说：“蒋介石已届88岁，照临床经验，这种年龄的老人根本承受不住任何大型手术。何况是蒋介石这种特殊身份的人物，一旦手术中出现并发症，那是谁也不敢负责的。”

在听取了美国医生和医疗小组主任双方的论辩后，宋美龄最终拍板，同意对蒋介石实施“肺脏穿刺手术”。宋美龄说：“专家提出的意见很好，我们为什么不试试看再说？就这样决定了，我负全权责任！”随后，在美国医生的主持下，蒋介石的手术进行得十分成功。美国医师在穿刺手术中，从蒋介石的肺脏中抽出了大约一碗脓水。

但年老体衰的蒋介石虽然勉强承受了一次大手术，却也元气大伤，手术后遗症纷纷出现。就在手术后的当天晚上，蒋介石就开始处于昏迷状态，体温也骤然达到41度。“总统”医疗小组的全体成员顿时慌乱起来，加紧进行抢救。

虽然医疗小组想尽了办法，但蒋介石一直处于高烧状态，而且小便开始大量出血。最为让人担心的是，蒋介石心脏骤然停止跳动的频率越来越频繁，发生心脏骤停的间隔时间也越来越短。

1975 年 3 月下旬，蒋介石预感到生命即将结束，于是召集“五院”院长来听他口授遗嘱。

1975 年 4 月 5 日，是清明节，当天一大早，蒋经国就像往常一样到“荣民总医院”看望了病危的蒋介石。下午，蒋介石的情绪开始烦躁不安，晚上 8 点 55 分，医生给他服用了一些维生素，随后他就慢慢睡着了。突然，蒋介石身边的心电图上的心搏曲线开始变成一条白色的直线。在场的医务人员大惊失色，立即进行紧急抢救，但最终没有挽回蒋介石的生命。蒋介石终于在清明节这天走完了自己的人生长路。

两小时后，台湾当局新闻部门发布了蒋介石的死亡公报。台湾当局下令从 1975 年 4 月 6 日的一个月为“中华民国”的“国丧”期。台湾当局把蒋介石的遗体在台北市的“国父（孙中山）纪念馆”停了 5 天，以便人们瞻吊。

蒋介石去世的第二天，蒋经国向国民党中常会提出辞呈，说父亲大行，“五内摧裂，已不复能治理政事”，因此请辞“行政院长”一职。当天，国民党中常会做出决定：根据“宪法”第 19 条规定，由严家淦以“副总统”职继任蒋介石遗缺；不准蒋经国辞职，要其“衔哀受命，墨经从事”。

蒋介石去世后，美国和其他国家都反应冷淡，当时的美国总统福特只打算派农业部长去台北吊丧。经过蒋经国和台湾当局的一再要求，福特最后才改派副总统洛克菲勒去吊丧。在参加葬礼的外国来宾中，南朝鲜的总理金钟泌是级别最高的，其他有日本的两位前任首相佐藤荣作和岸信介，但是却只称友人代表，以避免大陆方面的抗议。

宋美龄和蒋经国决定把蒋介石的灵柩暂时放在慈湖，等到将来“光复大陆”后，再正式安葬于南京紫金山的孙中山陵旁，最终实现蒋介石的“心愿”。

慈湖是蒋介石 1961 年为自己选择的一处坟地，位置在距离台北市 60 公里处的大溪镇福安里村。蒋介石当时一到这里就非常满意，因为他觉得这里的风景很像故乡溪口镇。蒋介石为母亲的坟庐起名为慈庵，因此便在这里建了一座中国四合院式的“行宫”，起名为“慈湖”。他此后经常在这里小住一阵，并告诉家人，他死后，要把灵柩暂厝于此。

1975 年 4 月 28 日，台湾国民党全体中央委员举行会议，会议修改了国民党党章，依照“总理”的名义永远保留给孙中山的先例，规定国民党最高领导人此后的称呼改用主席，而党“总裁”的名义，永远保留给蒋介石，他人不得再用。会议还推举蒋经国担任国民党主席。

> 1975年4月5日，蒋介石在台北去世，走完了他不平凡的一生。

蒋介石灵柩“暂厝”的“慈湖行宫”，允许人们前去参观。蒋介石的遗体经防腐处理，放置在一个黑色大理石棺廓里，停放在“行宫”正厅。蒋介石的遗体身穿长袍马褂，胸前佩戴着勋章。接连正厅的厢房里则保持着蒋介石生前卧室的原样，以便人们参观。在这个卧室的茶几上还放着一张蒋介石用红色铅笔手写的便条，上面是4个行书体的字：“能屈能伸。”

《蒋总统秘录》的作者古屋奎二认为“能屈能伸”的意思是“顺应环境，当忍则忍，应屈则屈，以待未来伸展之意”。

蒋介石虽然身在孤岛，却始终反对美国分裂中国的图谋和“台独”势力，坚持一个中国的立场，这一点是值得肯定的。并且，在这个原则问题上，国共双方其实一直有着合作关系。1955年，蒋介石驳斥了美国“两个中国”的主张，强调“大陆、台湾都是民族领土，不容割裂”。

1956年10月，毛泽东在一次谈话中明确表示：“台湾可以派人到大陆看看，公开不好来可以秘密来。”台湾回归祖国后，“一切可以照旧”，“可以实行三民主义，可以同大陆通商”。这是中华人民共和国成立后敌对的国共双方第一次在涉及国家领土的中华民族利益问题上，表现出惊人一致的立场。

而炮打金门更是双方为维护国家统一的一种配合。

1958年，毛泽东已经把对台方针由“武装解放”调整为“实现第三次国共合作，争取和平解放台湾”。1960年，毛泽东再次强调，“台湾宁可放在蒋氏父子手里，不能落到美国人手中”。

1973年5月，民主人士章士钊坐着轮椅，被人抬下了停落在香港启德机场的飞机。他带着毛泽东交给他的使命，来进行国共和谈的联络工作。但是因为不久即在香港去世而未能完成使命。

1975年春节前后，蒋介石通过国民党元老陈立夫，经秘密渠道向中共发出了邀请，邀请毛泽东到台湾进行访问。

1976年，蒋介石去世，他的遗愿是要将来把自己的灵柩奉安于南京孙中山陵寝之侧。

∧ 1978年5月20日，蒋经国宣誓就任第六任“总统”。

蒋介石去世后，宋美龄参加了葬礼大典，当时蒋经国、蒋纬国陪侍在她的左右。随后，宋美龄又在中山楼嘉勉了国民党中常委们在蒋介石辞世前后的"报国精神"。从此，宋美龄便隐居在士林官邸里，很少再公开露面。1975年9月，宋美龄因为和蒋经国不和，加上健康欠佳，身心疲乏，所以决定离开台湾去美国治病和隐居。此后，她就一直隐居在纽约市孔令侃的别墅里。

1975年9月17日，宋美龄决定乘坐她的"中美号"专机前往美国。临行前，她发表了一篇长达3,000字的《赴美就医行前书面谈话》。

这篇书面谈话的开头一段写道：

近数年来，余迭遭家人丧故，先是姊丈庸之兄（孔祥熙）去世，子安弟、子文兄相继去世，前年霭龄大姊在美病笃，其时"总统"方感不适，故迟迟未行。赶往，则姊已弥留，无从诀别，手足之情，无可补赎，遗憾良深，国难家忧，接踵而至。

二年前，余亦积渐染病，但不遑自顾，盖因"总统"身体违和，医护唯恐稍有怠忽，衷心时刻不宁……如是几近三年，不意终于舍我而去，而余本身在长期强撑坚忍，勉抑悲痛之余，及今顿感身心俱乏，憬觉确已罹疾，亟须医理。

宋美龄登机时，当时的"总统"严家淦及其夫人，"行政院长"蒋经国夫妇和家人，"总统府""资政"张群，"战略顾问委员会主席"何应钦，国民党秘书长张宝树，还有一些外国"使节团"的"大使"及夫人等到机场为她送行。

当时，宋美龄穿着旗袍，戴着墨镜，缓缓走上飞机的舷梯，向众人挥手道别。此后她就永远挥别了故土，在美国走完了自己漫长的人生道路。

4月28日，蒋经国被推举为国民党主席后，就在实际上掌握了台湾党、政、军的所有大权，而"总统"严家淦，谁都知道只是一个"过渡总统"。

1978年5月20日，蒋经国正式就任第六任"总统"。正式走到了前台，开始了台湾的"蒋经国时代"。直到他本人在1988年去世。

随着蒋经国的去世，蒋家最具实力的元老蒋纬国承担起了重振蒋家的重任，但是他虽然也曾好几次冲刺国民党的最高权力，最终却都以失败告终。1990年春，他拼尽全力，与林洋港联手，最后一次向正副"总统"进行冲刺，但还是败给了李登辉。随后，蒋纬国就渐渐远离了政治中心。蒋家自蒋介石开始的长达半个世纪的显赫风光，至此迅速走向衰落。而蒋家第三代的放纵享乐和短寿也都加速了这个家族的没落。

蒋家在进入台湾后其实人丁可谓非常兴旺，是一个祖孙三代同堂、拥有几十口人的大家庭。蒋介石的孙辈总共7人，包括：蒋经国与蒋方良所生的4个子女孝文、孝章（女）、孝武和孝勇；蒋纬国与邱爱伦的儿子蒋孝刚；蒋经国和章亚若所生的一对双胞胎兄弟章孝严和章孝慈。但是蒋介石的孙子重孙辈却一代不如一代，早在蒋介石在世时就为此非常伤怀。

蒋介石最钟爱的是长孙蒋孝文。

1935年12月14日，蒋孝文出生于前苏联乌拉尔机器制造厂，1937年4月，年仅两岁的他随父亲蒋经国回到中国。蒋介石深受儒家思想影响，因此对儿子蒋经国的要求非常严格，弄得蒋经国非常怕他。但是蒋介石却像很多中国祖父一样，对孙子非常疼爱，甚至到了溺爱的程度，不舍得严格教养。

开始的时候，由蒋经国负责教养蒋孝文，管教得还是很严格的。有一次，蒋孝文在学校对同学炫耀说：“我父亲在做专员，我祖父在中国当皇帝。”蒋经国知道后，顿时大怒，拉过儿子就狠狠地揍了一顿。但是蒋介石却非常心疼，他认为孙子还小，长大了自然会懂得道理。因此每天都要询问蒋孝文的情况，以免蒋经国再打他。蒋孝文还趁势经常向爷爷告状：“父亲又打我了！”蒋介石听后通常就会对蒋经国说：“你不应该这样粗暴，要好好诱导。”蒋经国害怕父亲，只好放松管教，蒋孝文的恶习也就越来越严重。

蒋孝文不好好学习，没能考上大学，蒋介石便叫他进入设在凤山的国民党台湾陆军军官学校学习。但是蒋孝文此时已经是个标准的公子哥，有许多劣习。有一天，台北市的警方发

> 蒋方良与蒋孝文。倚在母亲身边的蒋孝文，似女孩般娇羞温顺，孰知在豪门中成长起来的他却是一个“混世魔王”。

< 祖孙三世同堂的蒋介石全家福。

现他在第一舞厅与人争夺舞女，最后竟然挥舞手枪驱赶顾客。这个新闻迅速被传播开来，蒋孝文无法在军校继续待下去，于是蒋介石又把他送到美国伯克利商业学院去读书。在那里，蒋孝文没有拿到一个学位，而且又闹出了丑闻，他因为驾车违规而被美国《新闻周刊》以《谁丢了面子》为题，进行了无情的抨击。他看无法待下去，又转学到旧金山，随后被警方发现谎报案情，进行讹诈。最后，被蒋介石寄予厚望的蒋孝文竟然被美国列为不受欢迎的人，随即被驱逐出境。

蒋介石父子虽恨铁不成钢，但依然在台湾大花心思栽培蒋孝文，先后让他担任了台湾电力公司桃园区管理处处长、国民党桃园县党部主任委员等职，以便让他积累一些行政和经济管理方面的经验。但是，蒋孝文依然放纵自己，整天在外面鬼混，不把工作放在心上。酒色无度的蒋孝文终于得了严重的糖尿病，有人还说是国际梅毒。1970年，蒋孝文出现了昏迷，致使脑部受损，必须长期卧病在床。此后，这个被寄予厚望的蒋介石长孙的人生基本上就在病床上消磨过去。1989年4月14日，蒋孝文因患喉癌去世，享年54岁。蒋孝文的妻子徐乃锦的祖父是中国近代史上有名的革命家徐锡麟。婚后，徐乃锦为蒋孝文生有一女，即蒋友梅。

蒋孝章是蒋经国的女儿，但是却过着近乎隐居的生活，远离政治和媒体，非常神秘。蒋介石和蒋经国非常疼爱她。1957年，蒋孝章去美国攻读英国文学。1960年，蒋孝章和“国防部长”俞大维的儿子俞扬和在旧金山结婚，第二年生了儿子俞祖声。蒋孝章和丈夫定居在美国，后来加入了美国国籍。她每年都会回台湾两三次，以看望祖父母和父母，但每次往返都悄悄进行，甚至连亲友都不知道。因此，有关他们夫妇的流言非常多。

蒋孝武1945年4月25日出生在浙江奉化溪口，也属于蒋介石父子的重点培养对象。在他小的时候，蒋介石就经常夸奖他。每当看着孙子们嬉闹时，蒋介石就常对身边的人说："这个孝武啊！眼睛动不动就眨呀眨的，可见他主意多，是个计谋多端的‘鬼灵精’。"

蒋介石很重视对蒋孝武的培养，很早就把他送到德国的军事学校学习。但蒋孝武更喜欢政治，于是就自己改到慕尼黑政治学院政治系研究政治。回到台湾后，蒋经国开始相当有系统地对蒋孝武进行栽培，先让他在“行政院国军退役官兵辅导委员会”、国民党中央政策会和组织工作委员会及国民党中央委员会等国民党中央各部门担任要职，以便积累经验。蒋经国还安排蒋孝武进入文化新闻界进行锻炼。1979年，蒋经国让他进入了国民党最重要的一个部门——“国家安全会议”，他的政治前途至此看起来非常灿烂。但“国家安全会议”是一个特务部门，1984年发生了“江南命案”后，外界盛传蒋孝武是刺杀作家江南的幕后主使。为了尽快平息民怨，蒋经国被迫在20世纪80年代中期宣布，蒋家人决不会继承“总统”，随后把蒋孝武派往新加坡担任“台湾驻新加坡商务代表团副代表”。

1987年1月，随着蒋经国的去世，蒋孝武顿时失去了靠山。同年4月，台湾部分“立委”竟然提议叫蒋孝武到“立法院”去澄清“江南一案”。这使蒋孝武在愤怒之余，也决心远离政治。1991年，蒋孝武辞去了在新加坡的职务，回到台湾。1991年7月31日，蒋孝武因为慢性胰腺炎去世，年仅46岁。

蒋孝武一生结婚3次，留下了很多绯闻。他的元配夫人是瑞士籍的华侨汪长诗，但结婚7年后两人便宣布离婚。汪为蒋孝武留下了一双子女：蒋友兰和蒋友松。蒋孝武的第二任夫人是曾被列为全球十大最有身价未婚女性之一的郑绵绵。这基本上是一桩由家世的因素和其他政治方面因素综合促成的婚姻，他们的婚礼只有郑家和蒋孝武的极少数心腹人员知道，外界基本上不知情。蒋孝武的第三任夫人是台湾美女蔡惠媚，据说蒋孝武经过近10年追求才追到了她。

蒋孝勇于1948年10月27日出生在上海，他从小就深得蒋介石的喜爱和细心教育。1964年，蒋孝勇考取了陆军军官学校预备学生班，蒋介石闻讯后十分高兴，感到自己家里终于有了一个有望成为将军的孙子。但是蒋孝勇后来因为脚部被严重扭伤，做了两次手术，无法再继续军校生活，只好转学到台湾大学政治系学习政治理论。1973年7月，蒋孝勇和台湾“公路局副局长”方恩绪的女儿方智怡举行了婚礼。他们婚后有3个儿子：蒋友柏、蒋友常和蒋友青。

蒋孝勇是蒋家孙子辈中热衷于财富的人，先担任国民党党营企业的两大支柱中兴电气公司和中央玻璃纤维公司的总经理和董事长，并很快成为著名的大富翁，据说仅台湾岛内属于他的资产就高达300亿元新台

∧ 蒋孝武第三任妻子蔡惠媚出席蒋孝武葬礼。

∧ 蒋介石，是20世纪中国历史史册上无法抹杀的人物。他的荣辱与兴衰，一生都被历史这面镜子映照。

币。蒋经国去世后，蒋孝勇在蒋家人的劝说下，终于从政，以重振蒋家。他想方设法，终于成为国民党第十三届中央委员会委员。但是，刚刚当选“中央委员”的蒋孝勇却突然请长假出国进修，并将全家迁往加拿大定居，让人们百思不得其解。据传言说，因为蒋孝勇涉嫌以特权承包工程，遭到民进党“立法委员”吴淑珍的猛烈抨击，被迫离开了政坛。1997年1月，蒋孝勇因患癌症去世，年仅49岁。

蒋孝刚是蒋纬国47岁时和第二任夫人邱爱伦的独生子，生于1963年。1980年，他和比自己小一岁多的侄女蒋友梅一起到英国剑桥大学学习。蒋友梅的专业是艺术，而蒋孝刚的专业是法律。他各门功课都非常出色，尤其是对商事法和国际法研究最透。毕业后，蒋孝刚顺利通过了美国纽约律师考试。据说，当时台湾“外交部”希望他能够到“外交部”任职，但他则以对政治没兴趣为由而婉言谢绝了。同时，蒋孝刚似乎也对台湾感到厌倦，不愿回台湾当律师。于是，蒋孝刚在美国纽约开始了自己的律师生涯，并事业有成。1987年，蒋孝刚与菲律宾侨界一位著名商人的女儿王倚惠结婚。

蒋经国和章亚若的私生子章孝严、章孝慈两兄弟，用近半生的时间走在认祖归宗的道路上。章孝慈因病早已去世。他在世时，只能眼见其父，却不能以父称之。而今，蒋家人士大多凋零或流落异乡，章孝严的身份证上，已改名为蒋孝严，可在蒋家的大家长都去了天国、章孝严的同辈也都不在世的情况下，他的改名，不知可是蒋家的真心接纳？但无论怎样，他们身上蒋家的血脉都是无法割断的。

1997年，蒋纬国病逝于台北，享年81岁。

2003年10月24日，宋美龄以106岁高龄病逝于纽约寓所。

2004年12月15日，蒋经国夫人蒋方良病逝于台北，享年90岁。

随着宋美龄的病逝，蒋家王朝基本上退出了人们的视野。

对于20世纪的中国来说，蒋介石是一个怎么也绕不过去的人物。在很多时候，他个人的历史和20世纪中国的历史是紧密结合在一起的，并且对后者产生了非常大的影响。他的个性、他受到的教育、他的野心和梦想、他的性格缺陷……所有这些属于他个人的东西都对历史的发展过程产生了有力的影响。他的传奇人生旅程，他的不懈的个人奋斗，他的光荣和梦想，失败和屈辱，他的基督徒的温情与魔王的残暴，他的精明和愚顽……这些都已经成为历史之谜，成为进入20世纪中国历史的重要线索。

历史备忘录

HISTORY MEMORANDUM

∨ 1971年10月25日，第26届联大会议通过恢复中华人民共和国在联合国的一切合法权利的决议，11月15日，中华人民共和国代表团首次进入联大会场。会场上的乔冠华（左）激动不已。

∨ 1972年，尼克松访华时，与毛泽东历史性地握手。

2

3

4

1

周恩来痛斥美蒋《共同防御条约》

1954年12月2日，美国政府和台湾当局签订了《共同防御条约》。12月8日，周恩来外长代表中国政府发表声明，指出美蒋《共同防御条约》是一个露骨的侵略条约，美国政府企图利用这个条约来使它武装侵占中国领土台湾的行为合法化，并以台湾为基地扩大对中国的侵略和准备新的战争。美蒋《共同防御条约》是根本非法的、无效的。如果美国坚持干涉中国内政，美国政府必须承担由此产生的一切严重后果。

第一颗原子弹爆炸成功

1964年10月16日15时，中国自己制造的第一颗原子弹在中国西部地区爆炸成功，比美、英、法等国的首次核试验在技术上更为先进。这次核试验成功，标志着中国国防现代化进入一个新的阶段，对于打破帝国主义的核讹诈、核垄断，加强和巩固国防具有重要意义。16日，中国政府发表声明，郑重宣布：中国在任何时候、任何情况下，都不会首先使用核武器。并建议召开世界各国首脑会议，讨论全面禁止和彻底销毁核武器问题。

中华人民共和国恢复在联合国的合法权利

1971年11月11日～12月18日，中华人民共和国代表团出席在纽约举行的第26届联合国大会。中华人民共和国成立后，宣布中央人民政府为中国唯一合法政府，但遭阻挠。自1961年联合国内外开展中国在联合国合法权利的一系列斗争。1971年第26届联大又恢复中华人民共和国在联合国的一切权利。从此，中华人民共和国恢复了在联合国的合法权利，并成为联合国5个常任理事国之一。

尼克松访华

1972年2月21日～28日，美国总统尼克松应周恩来总理的邀请，访问中国。2月27日中美双方在上海就《联合公报》达成协议。中国方面重申自己立场：台湾问题是阻碍中美两国关系正常化的关键问题；中华人民共和国是中国的唯一合法政府；解放台湾是中国的内政，别国无权干涉；全部美国武装力量和军事设施必须从台湾撤走。中国政府坚决反对任何旨在制造“一中一台”“一个中国，两个政府”“两个中国”“台湾独立”和“鼓吹台湾地位未定”的活动。美国同时声明：美国认识到，在台湾海峡两边的所有中国人都认为只有一个中国，台湾是中国的一部分。此次尼克松访华意义深远，促进了中美友好关系。

影像大扫描

IMAGE SCANNING

《蒋介石全纪录》《宋美龄全纪录》参考书目

《蒋家四遗孀深宫风云》 雷鸣／著 （汉斯出版社）
《蒋介石传》 何虎生／著 （华文出版社）
《毛泽东与蒋介石》 叶永烈／著 （广西人民出版社）
《平凡平淡平实的世界伟人 蒋总统经国先生》 （立坤出版社）
《蒋介石画传》 师永刚 杨素／编著 （长江文艺出版社）
《宋美龄——美丽与哀愁》 王丰／著 （台湾书华出版事业有限公司）
《尘封的记忆——在宋美龄身边的日子》 张紫葛／著 （团结出版社）
《我所认识的蒋介石》 冯玉祥／著 （中国文史出版社）
《宋美龄评传》 刘毅政／编 （华文出版社）
《蒋委员长西安半月记 蒋夫人西安事变回忆录》 （台湾正中书局）
《蒋介石秘史》 程舒伟 孙启泰 王光远／著 （团结出版社）
《金陵残梦》 陆平／著 （中国文史出版社）
《宋美龄大传》 佟静／著 （团结出版社）
《宋美龄画传》 师永刚 林博文／著 （作家出版社）
《晚年宋美龄》 佟静／著 （安徽人民出版社）
《宋美龄传》 杨树标／著 （江西人民出版社）
《蒋介石家世》 齐鹏飞／著 （团结出版社）
《我做了七年蒋介石夫人》 陈洁如／著 （团结出版社）
《蒋氏密档与蒋介石真相》 杨天石／著 （社会科学文献出版社）
《蒋介石全传》 张宪文 方庆秋／著 （河南人民出版社）
《蒋介石的宠将陈诚》 孙宅巍／著 （河南人民出版社）
《蒋介石家事家书》 蒋介石／著 （华文出版社）
《蒋介石权谋》 李松林／编 （华文出版社）
《蒋介石一家人》 刘艳宇／著 （华文出版社）
《宋美龄自述》 袁伟 王丽萍／选编 （团结出版社）
《在蒋介石宋美龄身边的日子》 汪日章／著 （团结出版社）
《宋氏三姐妹》 罗比·尤恩森／著 （世界知识出版社）
《蒋介石大传》 刘红／著 （团结出版社）
《风雨五十年》 李艳／著 （团结出版社））
《一世枭雄蒋介石》 李理 夏潮／著 （湖北人民出版社）
《宋子文与蒋介石的恩恩怨怨》 （中国文史出版社）
《蒋介石与他的家族》 万高潮／著 （中国文史出版社）
《宋美龄最后的日子》 窦应泰／著 （华文出版社）
《宋美龄的最后一程》 （中国《新闻周刊》）
《蒋夫人言论集》 （台湾光华出版社）
《一代风流宋美龄》 刘巨才／著
《蒋介石祸国史话》 刘松涛／著
《总统言论选集》 蒋介石／著
《蒋委员长西安半月记》 蒋介石／著
《与鲍罗廷谈话的回忆》 宋美龄／著
《胜利之路》 蒋经国／著

《蒋介石全纪录》《宋美龄全纪录》图片提供

1.国民党党史馆王铭石先生授权

2.英国 gettyimages 图片网授权

3.长城出版社（解放军画报社）授权

王春山　邓宋智　刘建定　孙　候　成　山　吴印咸　张　举　张　熙　张祖道　李　峰　杨振亚　沙　飞　邹健东　陆仁生
陆文骏　郑景康　郝世保　徐　光　流　萤　耿　忠　袁克忠　郭建东　陶文治　高　粮　康矛召　童小鹏　黎　民

摄影作者（按姓氏笔画排列）、部分照片作者无记载，故未署名。